中國城市競爭力年鑒2014

Yearbook of China City Competitiveness 2014

總 編 輯
總評價師　桂强芳

中國城市競爭力研究會
CHINA INSTITUTE OF CITY COMPETITIVENESS

中國・香港

內容簡介

《中國城市競爭力年鑒 2014》（以下簡稱《年鑒》）由一眾專業的資深專家團隊分工編寫，數十位國內外著名專家、學者、教授、經濟學家、權威人士多次審閱、論證與評估。數易其稿，終於付梓。《年鑒》編著過程中，堅持資料獲取的準確與時效、城市評價的客觀與公正，將科學態度與求實精神結合；利用中國城市競爭力研究會自主研發的 GN 指標體系，對涵蓋港澳臺在內的城市競爭力及相關要素進行研究、評估，最後將城市綜合競爭力和成長競爭力兩個研究成果集中展示。《年鑒》共分兩大部分：第一部分對城市綜合競爭力、成長競爭力及其分項指標等進行評估、排名；第二部分為點評內容，參考城市綜合競爭力和成長競爭力的排名現狀，對中國 30 個最具綜合競爭力和最具成長競爭力的城市精准點評，期收點睛之效。

中國城市發展的新夢想已揚帆起航，中國城市發展突飛猛進，《年鑒》客觀公正、全面系統地記載了中國城市的華麗轉身與細微變化，《年鑒》內容兼具深度與廣度，可作為城市首腦、政府、決策機構、科研教學機構、投資人、商界研究決策時的重要參考。

中國城市競爭力年鑒 2014

著　　述：中國城市競爭力研究會
編　　輯：《中國城市競爭力年鑒》編輯委員會
總 編 輯：桂強芳
出版發行：中國城市競爭力研究會　《中國城市》雜誌社
地　　址：香港灣仔軒尼詩道 338 號北海中心 29 樓 D 室
電　　話：（852）25277992　25277979　25277980
傳　　真：（852）25277995
網　　址：www.china-citynet.com　www.c-china.cn
大陸地址：深圳市深南中路國際科技大廈 31 層
電　　話：86-755-83279594　83279518　83279666
傳　　真：86-755-83760148
訂購電話：（852）25277992（香港）　86-755-83279594（深圳）
承　　印：深圳市泰和印刷有限公司
開　　本：889×1194MM　1/16
國際書號：ISBN 978-988-12933-1-2
定　　價：800.00 港幣
2014 年 9 月第 1 版第 1 次印刷

序　言

創新——中國城市發展新動力

《中國城市競爭力年鑒2014》和广大读者见面了。在2013年版本的基礎上，中國城市競爭力研究會研究人员通过严谨工作、不懈努力，在城市競爭力研究方面又有了很大的进步，其理論體系、框架更加清晰；对国家政策的把握、分析更加精准、到位。

縱觀2013年世界經濟走势，中國城市競爭力研究會研究人员发现：發達國家再一次成為全球經濟增長的引擎，新興經濟體表現相對疲軟，而歐洲和亞洲以外的發展中國家則表現為增長動力不足。據國際貨幣基金組織（IMF）估計，2013年全球經濟增長3.0%，較上年放緩0.1個百分點，世界經濟增速繼續小幅回落，全球經濟增長格局也隨之發生新的變化，不論發達國家還是發展中國家，內部分化持續擴大。

具體表現為：美國經濟受益於葉岩氣、房地產、高新技術等方面的推動，已表現出實質性復蘇跡象；日本經濟在安倍政府經濟政策的刺激下，已經呈現出政策性復蘇特徵，歐元區經濟受益於歐元區核心國經濟表現良好，已經擺脫全面衰退，呈現出週期性復蘇態勢，但走出困境尚需時日；新興市場國家在過去近十年曾是全球經濟增長的亮點，但是近來經濟先後遭遇結構性障礙，美聯儲減少購債的言論觸發資金外流，導致匯率、利率上的劇變，新興國家一度面臨市場信心危機；「脆弱五國」(Fragile Five) 的巴西、印度、印尼、南非和土耳其依賴部分因美聯儲寬鬆貨幣政策造成的熱錢流入，貿易赤字呈現攀升，而新加坡經濟復蘇形勢良好，與其他發達經濟體的回暖表現出一致性；中國大陸經濟受外貿紅利、人口紅利的逐步減弱等因素的影響，已告別超高速增長期，進入穩中求進、提質增效的中高速增長新階段。2013年，中国實現國內生產總值568845億元，比上年增長7.7%，第一產業增加值比重為10.0%，第二產業增加值比重為43.9%，第三產業增加值比重為46.1%，三產增加值占比首次超過二產，進一步鞏固其世界第二大經濟體地位。

分析世界及中國的經濟走勢後，我們重點關注中國的城市發展狀況，2013年，中國城市發展仍面臨著一些不容忽視的問題，諸多城市發展和社會問題進一步凸顯：腐敗和官僚風氣疏遠了官民之間的緊密聯繫；隨著新中國成立後新出生的人口進入老年期，中國將迎來第一個老年人口增長高峰。《中國老齡事業發展報告2013》藍皮書預計，2013年中國老年人口數量將突破兩億大關，老齡化水平將達到 14.8%。此外，中國中東部大氣複合污染的態勢日益嚴峻，突出表現在京津冀、長三角和珠三角等城市群區域重度霧霾現象頻發，霧霾成為該年度最受關注的一大問題，也將成為制約今後中國城市發展的一大因素。

中國城市競爭力研究會在對城市的研究過程中还發現，以往在城市發展中已显现的突出問題仍舊存在：城市的規模等級和空間佈局不盡合理，城市建設同質化現象嚴重，大城市過於擁堵，中小城市發展不足；東部城市經濟實力較強，中西部城市則實力較弱，中西部發展不平衡現象依舊存在，尤其是東部沿海城市和內地中西部城市之間在教育、醫療、就業等方面的巨大差距，這些都嚴重制約了各資源要素的空間流動和優化配置。

基於此，中國政府致力探索、積極創新，力求新的解決方法：國務院出臺首部循環經濟發展戰略規劃 ----《循環經濟發展戰略及近期行動計劃》，確定了循環經濟近期發展目標，促進「大量生產、大量消費、大量廢棄」的傳統增長模式向新發展模式轉變的創新性變革；鐵路貨運組織革新、中國上海自由貿易試驗區成立，讓創新成為 2013 年城市發展的一大亮點；尤為重要的是，《中共中央關於全面深化改革若干重大問題的決定》明確指出，要緊緊圍繞使市場在資源配置中起決定性作用，深化經濟體制改革，盡可能擺脫傳統的主要靠政府擴大投資、土地財政以及高投入、高消耗、高排放、高污染的傳統經濟發展模式，把調控和管理的著力點放到發揮市場、企業、社會力量的作用上來，力求實現新的突破，這是 2013 年度最值得稱道的創新性舉措，續寫了中國夢想的新篇章。这些可圈可点之处在《中國城市競爭力年鑒 2014》中均有体现。

《中國城市競爭力年鑒 2014》是由中國城市競爭力研究會通過收集、整理大量原始資料，不斷創新研究方法，經過精密分析測算後編寫而成的一部研究中國城市的權威性工具書。年鑒記錄了中國各級城市在 2013 年的出色表現，展現出各級城市在過去一年所取得的輝煌成就，為各級政府的城市規劃建設提供了詳實的資料基礎，是中國城市首腦們在城市規劃建設和決策過程中不可或缺的重要參考資料。

借《中國城市競爭力年鑒 2014》出版之際，我謹向過去一年在中國城市建設中做出突出貢獻的城市領導者和建設者、榮登排行榜的城市表示祝賀！同時，感謝在《中國城市競爭力年鑒 2014》編寫和發行過程中付出辛勤努力的所有人士，并希望各界朋友一如既往、繼續為《中國城市競爭力年鑒》的編輯出版提供寶貴的意見和建議，使我們今後再出新版時做得更好！

中國城市競爭力研究會會長　桂强芳 教授
2014 年 7 月　香港

編輯部

主　　任　桂和芳

副 主 任　左　峰

美術編輯　曾令龍　黃福富

客戶中心

客戶總監　謝　黎

客戶經理　劉曉娜　張　旗　唐豔琴　奉晶晶　郭燕春

廣告部

廣告總監　王　陶　謝　黎

廣告經理　李銳韶　劉曉娜　張　旗　奉晶晶　郭燕春

網路資料中心

主　　任　謝文軍

副 主 任　徐海源

數　　據　陽賢傑　嚴燕華

評估師中心

主　　任　張銘軒

副 主 任　王晨陽　刁潔雨　龔偉平

評 估 師　戴與愠　謝榮激　謝曉明　吳　傑　姜洪濱　李繼紅　朱彩梅

陳永紅　陳　莉　鐘衛東　袁長輝　劉紅麗　嚴東海　羅嘉偉

發行部

主　　任　劉建文

副 主 任　黃元平　劉金明

發 行 員　雷小飛

海外發行　香港天窗出版社

編撰單位　中國城市競爭力研究會

責任編輯　謝文軍

目　錄

■ 桂强芳会长向中国国民党荣誉主席连战先生赠送《中国城市竞争力年鉴 2013》

連戰會見桂强芳會長一行

2014 年 6 月 23 日，中國國民黨榮譽主席連戰在臺北會見中國城市競爭力研究會（香港）會長桂强芳一行。

在會談中，連戰高度評價了研究會的研究成果，强調兩岸四地城市競爭力課題的研究是具有前瞻性和重要意義的事情，期許臺灣競爭力論壇學會與中國城市競爭力研究會携手推進城市競爭力研究的合作互補，發揮各自優勢，拓展群力綜效的新空間。

■ 中国国民党荣誉主席连战先生（右四）在台北会见中国城市竞争力研究会会长桂强芳（左五）一行

中國城市競爭力研究會會長桂強芳先生對連戰榮譽主席在加强兩岸關係方面所作出的積極貢獻表示欽佩，對推進臺灣與香港城市競爭力研究所寄予的期望予以積極回應。桂强芳説，在全球經濟一體化的時代背景下，城市的發展離不開互相之間的交流合作，本會願意同臺灣競爭力論壇學會進一步加强交流與合作，推動兩岸四地的城市競爭力研究。此外，桂會長邀請連戰榮譽主席出席年底在香港舉行的年度香港論壇，連戰先生對此表達了濃厚的興趣。

中國城市競爭力研究會爲首個在港成立的城市競爭力研究機構，已創會 17 年。迄今已在香港連續舉辦了 12 屆中國城市競爭力排行榜發佈會，涉 600 多個城市，其公佈的數據被哈佛商學院、美國弗裏德 – 哈德曼大學、澳大利亞國際圖書館、莫納什大學圖書館等數十家學術機構收爲參考依據，影響十分廣泛。據悉，此次連戰會見香港首間研究城市發展的學術機構，系多年少見。

在臺期間，中國城市競爭力研究會參訪團先後拜訪了臺北市政府、桃園縣政府，並與臺灣競爭力論壇學會座談，就雙方資源共享、拓展合作領域進行了深入探討。雙方希望今後加强城市發展、城市管理、城市文化等方面的交流，力爭每年都有新的研究成果；中國城市競爭力研究會誠邀臺灣競爭力論壇學會的專家學者參加年底舉辦的「香港論壇」，得到了對方積極回應。

■ 桂强芳會長向連戰先生贈送書法作品

■ 莱芜市委书记王良向研究会赠送纪念品

桂强芳會長一行赴萊蕪市考察

2014 年 3 月 27 日，中國城市競爭力研究會會長桂强芳一行到萊蕪考察，萊蕪市委書記、市人大常委會主任王良會見了桂會長一行，雙方就加强合作進行了探討交流。市委常委、副市長周勇參加會見。

王良對桂强芳一行來萊蕪市考察表示歡迎，并介紹了萊蕪市有關情况。作爲一個以鋼鐵爲主導産業的工業城市，如何實現科學發展、可持續發展，一直是萊蕪面臨的重大課題。當前，萊蕪正緊緊抓住濟萊協作區建設這一歷史性機遇，全面推進對外開放合作，廣泛聚集優質發展資源，以高質、高端、高效爲方向和目標，着力推動鋼鐵等傳統産業轉型提升，大力培植壯大新興産業，切實加快轉方式調結構步伐，同時站在時代和歷史的高度，順應人民群衆對美好生活的新期待，堅持尊重規律、尊重民意、尊重規劃、尊重自然，科學推進新型城鎮化進程，努力把萊蕪建設成爲城鄉一體、産城融合、生態宜居、幸福和諧的美好家園。中國城市競爭力研究會人才濟濟，研究成果豐富，在國内外享有很高聲譽。希望雙方充分發揮各自優勢，進一步加强溝通和交流，在良好互動的基礎上，不斷拓寬合作空間，進一步提升萊蕪的城市競爭力。

■ 桂强芳会长一行参观城市展览馆

桂强芳對萊蕪市經濟社會發展所取得的顯著成就及城市環境給予積極評價。他表示，作爲國際性研究機構，中國城市競爭力研究會願以研究團隊的智慧和專業領域的經驗與萊蕪市開展多方面的戰略合作，宣傳推介城市形象，打造城市品牌，努力把萊蕪的比較優勢、後發優勢轉變爲競爭優勢、發展優勢，爲萊蕪城市競爭力提升作出貢獻。

會見前，桂强芳一行考察了萊蕪市城市建設及部分城建重點項目。

■ 哈尔滨市委书记林铎亲切会见桂强芳会长一行

桂強芳會長一行赴哈爾濱市考察調研

2014 年 4 月 25 日，中國城市競爭力研究會會長桂強芳一行赴哈爾濱市考察調研，哈爾濱市委林鐸書記、市政府王沿民副秘書長等參加會見。

會上，林鐸書記向到訪的桂強芳會長介紹哈爾濱市的發展情況時說，哈爾濱是一座有著獨特地理位置和歷史文化底蘊的城市，中西方文化在這里交匯，城市建筑獨具風情，形成了哈爾濱自身獨特的城市魅力。近年來，哈爾濱在城市建設過程中努力調整和優化社會經濟產業結構，抓好重點項目建設的同時，也重視城市衛生環境管理、空氣治理等民生保障工作。

■ 哈尔滨市委书记林铎向桂强芳会长赠送纪念品

桂強芳會長對哈爾濱市近年來在城市建設方面取得的成就表示祝賀，并指出，中國城市競爭力研究會自 1998 年創立以來，一直秉承客觀、公正的理念，對城市發展的各項競爭力進行深入研究，已多次發布城市競爭力排行榜榜單，對推動城市發展起到了積極作用。雙方可就進一步提升哈爾濱核心競爭力、城市國際形象、城市招商宣傳推廣等領域進一步加強溝通。

雙方還就城市建設其它領域進行了深入、友好的交流。

■ 哈爾濱東安汽車發動機制造有限公司

桂強芳會長一行還在哈爾濱市建委吳向陽副主任、哈爾濱市工信委付潔萬副主任等的陪同下，參觀考察了哈爾濱市規劃展覽館、哈爾濱猶太歷史展館、哈爾濱圣·索菲亞教堂、哈爾濱東安汽車發動機制造有限公司、哈爾濱中航工業哈飛基地等一批重點項目和企業。

■ 四平市委书记刘喜杰亲切会见桂强芳会长一行

桂強芳會長一行赴四平市考察調研

2014 年 4 月 24 日，中國城市競爭力研究會會長桂強芳一行赴四平市考察調研，四平市委劉喜杰書記、王振才副書記、市政府陳振虎副市長、市經濟技術合作局劉子軍局長參加會見。

會上，劉喜杰書記向到訪的桂強芳會長介紹了四平市的發展情況時說，近年來，在吉林省委省政府的領導下，四平市城市建設取得了很大的進步。現在，四平市以經濟建設為主，精準定位，重點抓好大項目建設。同時，圍繞綠水青山、生態城市建設下功夫。重視民生建設，努力滿足老百姓的各種需求，真正為老百姓多辦實事。

桂強芳會長對四平市近年來在城市建設方面取得的成就表示祝賀，并指出，中國城市競爭力研究會自 1998 年創立以來，一直秉承客觀、公正的理念，對城市發展的各項競爭力進行深入研究，已多次發布城市競爭力排行榜榜單，對推動城市發展起到了積極作用。雙方可就四平市城市發展戰略規劃、城市招商引資、宣傳推廣等領域進一步加強溝通。

雙方還就城市建設其它領域進行了深入、友好的交流。

桂強芳會長一行還在四平市委王文漢副秘書長的陪同下，參觀考察了四平萬達廣場、四平市東南生態新城、四平綜合客運樞紐、中航四平奮進專用汽車有限公司、四平奇瑞工業園、四平九洲集團等一批重點項目和企業。

■ 桂强芳会长考察四平万达广场

■ 桂强芳会长考察四平市东南生态新城

桂強芳會長一行应邀赴台灣考察調研

中國城市競爭力研究會由桂強芳會長親自率團，一行六人於 2014 年 6 月 23 日应邀赴臺展開連續三天的交流拜會行程。

在臺期間，中國城市競爭力研究會參訪團先後拜訪了臺北市政府、桃園縣政府，並與臺灣競爭力論壇學會座談，就雙方資源共享、拓展合作領域進行了深入探討。雙方希望今後加强城市發展、城市管理、城市文化等方面的交流，力爭每年都有新的研究成果。

■ 台灣競爭力論壇宴請中國城市競爭力研究會一行

■ 臺北市政府向研究會贈紀念品

■ 桂會長聘臺灣競爭力論壇學會執行長謝明輝為研究會高級研究員

■ 桃園縣政府向研究會贈紀念品

■ 研究會向臺北市政府贈送由研究會創作的書法作品

■ 桂會長一行訪問臺北市政府

桂強芳會長一行赴信陽市考察調研

2014 年 7 月 15 日至 17 日，中國城市競爭力研究會會長桂強芳一行赴信陽市考察調研，信陽市委書記郭瑞民、市長喬新江、副市長張富治等會見。

喬新江市長向到訪的桂強芳會長介紹信陽市的城市發展情況時説，近年來，在河南省委省政府的領導下，信陽市委市政府以民生建設爲目標，以經濟發展爲主線，精心規劃、穩抓落實，城市建設取得了可喜的進步，信陽市的城市環境、市容市貌、城市交通等基礎設施建設明顯改善，人民生活的滿意度不斷提升，信陽已成爲適宜人們生活居住和創業的城市之一。

■ 桂会长一行到访信阳，乔新江市长亲切会见

桂強芳會長對信陽市近年來在城市建設方面取得的成就表示祝賀，稱信陽的發展是信陽市委市政府高瞻遠矚、創新進取和信陽人民團結一心、共同奮鬥的結果。他還指出，中國城市競爭力研究會自 1998 年創立以來，一直秉承客觀、公正的理念，對城市發展的各項競爭力進行深入研究，已發布多屆城市競爭力排行榜榜單，對城市發展産生了積極影響。雙方還就信陽市城市競爭力戰略規劃、城市産業優化、城市招商引資與推廣等領域進行了廣泛而深入的交流。

在信陽市政府副市長張富治等的陪同下，桂強芳會長一行還參觀考察了信陽波爾登國家森林公園、河南華英禽業集團、康源食品（河南）有限公司、信陽九龍春天農業科技有限公司、黄國糧業股份有限公司、羚鋭集團、鄂豫皖蘇區將帥館、河南信陽航空服務學校、河南南緯服裝有限公司、信陽文新茶葉有限公司、信陽國際茶城等一批重點項目和企業。

■ 桂会长一行考察河南华英禽业集团

■ 桂会长一行考察信阳航空服务学校

■ 桂会长一行考察信阳国际茶城

深圳龍崗區委書記楊洪會見桂强芳一行

中國城市競爭力研究會參觀考察深圳龍崗

2014年8月5日，中國城市競爭力研究會會長桂強芳與中共深圳市龍崗區委書記、區人大常委會主任楊洪座談，雙方就擴大龍崗城區市場化、法治化、國際化影響力，與國際更好地接軌等議題進行了深入交流，並達成了一系列戰略合作意向。龍崗區委常委、區委（府）辦主任郭子平，中國城市競爭力研究會執行秘書長李赤軍、副秘書長謝黎，龍崗區區委（府）辦副主任宋逸陽、區委政研室主任藺蔚青、宣傳部副部長陶紅春、經濟促進局副局長孫愷鵬，以及深圳市規劃國土委龍崗管理局局長馮江等相關局委負責人參加了座談。

■ 桂强芳會長與楊洪書記（左）座談合影

會談中，桂會長表示，中國城市競爭力研究會一直關注深圳和龍崗區的發展，在實地瞭解、認識了龍崗發展的新思路、新氣象之后，認為龍崗區在城區功能、產業構成方面，具有獨特的比較優勢、后發優勢。龍崗區委、區政府提出的打造「六區一城」（法治之區、生態之區、文化之區、教育之區、健康之區、體育之區和活力休閒之城）戰略規劃，高度符合龍崗實際。在新一屆龍崗區委的領導下，龍崗經濟社會建設工作穩步推進，在生態化城區打造方面做了很多卓有成效的工作，已經產生了示範性效果。今年上半年，龍崗區經濟發展成績斐然。桂會長認為，龍崗已經具備了打造國際化城區的硬件基礎，未來可在打造「國際化城區典範」、「中國第一個法治化城區」方面重點發力。他表示，中國城市競爭力研究會將爭取把更多高端資源引入龍崗，為對外展示龍崗的國際化形象提供全方位支持。

楊洪書記對中國城市競爭力研究會對龍崗的關注与支持表示感謝，對桂會長的到來表示歡迎。他說，中國城市競爭力研究會所推出的中國城市競爭力排行榜在全國乃至全球都有廣泛的影響。近年來，研究會依託自身資源，對國內城市的發展做出了積極貢獻。他表示，目前龍崗正處於大轉型、大發展的關鍵時期，特別是在大運會之後，龍崗經濟社會各方面均邁上了新臺階，希望中國城市競爭力研究會更多地關注、支持龍崗發展，把更多的資源引向龍崗，比如在龍崗設立研究會分支機搆、舉辦高端論壇及峰會等活動；希望雙方本著互惠互利、發揮各自強項的原則，在今後加強戰略合作，向外界更好地推介龍崗。

桂會長盛情邀請楊洪書記參加12月在香港會展中心舉辦的香港論壇並發表主旨演講，楊洪書記愉快地接受了邀請。

當天上午，桂會長一行考察了位於龍崗天安數碼城的龍崗創業投資服務廣場，認真聽取了廣東華大集成技術有限公司、博遠交通設施有限公司、貝斯達醫療器械有限公司、深信信息技術有限公司等高新技術企業的發展情況介紹，並實地參觀了四家企業的研發基地、生產車間。桂會長表示，此次交流和考察收穫良多，四家企業科技含量高、運營模式新穎，具有巨大的發展潛力和強勁的市場競爭力。未來，中國城市競爭力研究會將與龍崗企業特別是高新技術企業開展深度合作，為企業謀求更高層次的發展和海外市場的拓展獻計獻策。下午，桂會長一行還參觀了深圳國際低碳城、龍崗大運中心，對低碳城的階段建設成就、整體發展思路和大運中心的市場化運營模式均給予了高度評價。

桂強芳會長一行赴六盤水考察調研

2014 年 8 月 13 日至 14 日，中國城市競爭力研究會會長桂强芳一行赴六盤水市考察調研，六盤水市長周榮、副市長範三川等會見。

會見中，周榮市長向到訪的桂强芳會長介紹了六盤水市的城市建設和經濟發展狀況，稱六盤水市是國家「三線建設」時期發展起來的一座能源原材料工業城市，是國家確定的「攀西——六盤水資源綜合開發區」和省委、省政府確定的「畢水興經濟帶」的重要組成部分。這裏氣候涼爽，區位優越，近些年，在市政府和全市人民的共同努力下，已在避暑旅遊、產業轉型升級、循環經濟發展等方面打下了良好的基礎，城市社會經濟、文化面貌發生了巨大的變化。

桂强芳會長對六盤水市近年來在城市建設方面取得的成就表示祝賀，稱六盤水城市建設快速發展，產業結構漸趨合理，經濟實力日益增强，競爭優勢日趨凸顯，這都得益於六盤水市委市政府銳意進取、創新求變和六盤水人民的勤勞付出、團結向上。並指出，中國城市競爭力研究會自 1998 年創立以來，一直秉承客觀、公正的原則，對城市發展的各項競爭力進行深入研究，已發布多屆城市競爭力排行榜榜單，對城市發展產生了積極推動作用。

雙方還就六盤水市城市競爭力戰略規劃、城市品牌打造與提升、城市旅遊發展、城市招商引資與推廣等進行了廣泛交流。

在範三川副市長等的陪同下，桂强芳會長一行還參觀考察了六盤水市紅橋新區小微企業創業園、中央商務區項目、六盤水市三線建設博物館、六盤水市明湖濕地公園、六盤水市德塢微型企業皮鞋城、六盤水市水城礦業集團公司、六盤水市內環快線建設項目、六盤水市品三科技有限公司、六盤水市凉都體育中心等一批重點項目和企業。

■ 桂会长一行考察六盘水市三线建设博物馆

■ 桂会长一行考察六盘水市红桥新区创业园区

■ 桂会长一行考察六盘水市德坞微型企业皮鞋城

天然氧吧延邊 空氣品質最佳

桂和芳副會長在香港總部爲延邊授牌

2014 年 8 月 13 日，中國城市競爭力研究會副會長桂和芳先生在香港總部為延邊榮獲「中國十佳空氣品質城市排行榜」第一名舉行授牌儀式，延邊州環保局局長尹永日接受了牌匾。中國城市競爭力研究會執行秘書長李赤軍先生參加了活動。

中國城市競爭力研究會是中國最早涉及城市競爭力研究的學術機構，其每年製作、發佈的「中國城市分類優勢排行榜」已經成為一個具有權威性和公信力的知名品牌，得到社會各界的廣泛認可。《2014 中國城市分類優勢排行榜》由中國城市競爭力研究會對包括內地及港澳臺在內的中國 34 個省市、自治區及 358 個地級以上城市的綜合競爭力及各項分類優勢進行比較研究形成。

今年 7 月 23 日，中國城市競爭力研究會在香港世貿中心隆重發佈了 2014 中國城市分類優勢排行榜。在「2014 中國十佳空氣品質城市排行榜」上，延邊在參評的 358 個地級以上城市中脫穎而出，位居「2014 中國十佳空氣品質城市排行榜」第一名。這是延邊州繼 2013 年榮獲當年的「中國十佳空氣品質城市排行榜」第二位之後，再次獲得中國十佳空氣品質城市行列，且一舉奪冠。

■ 桂和芳副會長向延邊贈送牌匾，延邊州環保局局長尹永日接受牌匾

中國十佳空氣品質城市是指城市空氣品質日均值達到國家一級標準，空氣品質為優，區域污染物濃度很低（二氧化硫、二氧化氮、PM10、PM2.5、臭氧等等），符合自然保護區、風景名勝區空氣品質要求。《GN 中國空氣品質城市指標體系》由環境指標系統、政策法規系統、基礎設施系統 3 項一級指標，25 項二級指標組成。

位於長白山下的延邊州，氣候溫和濕潤，空氣清新，四季分明，是公認的「天然氧吧」和「生態後花園」。走進延邊，就走進了心曠神怡的大自然。

依託優美的山水，淳樸的民風，加之地處中俄朝三國交界，延邊成為八方投資的熱土。目前，延邊是多個國家級戰略規劃疊加覆蓋地區。國家沿邊開放，延邊是先行者；西部大開發，延邊是比照享受政策的地區；振興東北等老工業基礎，延邊身在其中；中國圖們江區域國際合作開發，延邊是主戰場。在延邊州 768.5 公里的邊境線上，有 11 個對俄、對朝開放口岸，加上延吉國際空港，延邊已形成中國面向日本海周邊國家的口岸群，通過公路、鐵路，1 個小時可達俄、朝深水良港。延吉機場作為東北第五大機場，開通了至北京、上海、廣州、深圳，韓國的首爾、釜山，朝鮮的平壤和俄羅斯的符拉迪沃斯托克等多條國內國際航線。

延邊是一個宜居之城，更是一片蘊藏無限商機、擁有巨大發展潛力的地方。近年來，延邊州加快「生態延邊」建設步伐，堅持經濟發展與環境保護雙贏原則，加大環境保護工作力度，更新改造熱網 647 公里，撤並分散鍋爐房 487 座，建成一批供熱、供水、污水垃圾處理項目，下屬 8 個縣市全部建成運營汙水處理廠。同時，大力開展「十年綠化美化延邊大地」活動和城市綠化、美化、亮化、淨化工程，創建了 2 個國家園林城市、3 個國家衛生城市、1 個國家森林城市。此次延邊榮膺「2014 中國十佳空氣品質城市排行榜」第一名，標誌著延邊的生態文明建設取得了巨大成效。

中國十佳投資環境城市——濟南

濟南，山東省省會，是山東省的政治、經濟、文化、金融、交通、會展和科教中心，因境內泉水衆多，被稱爲「泉城」，是少有的集「山、泉、湖、河、城」於一體的城市，素有「四面荷花三面柳，一城山色半城湖」的美譽。是環渤海經濟區和京滬經濟軸上的重要交匯點，環渤海地區和黄河中下遊地區中心城市，山東半島城市群和濟南都市圈的核心城市。擁有諸多提升城市核心競爭的優勢資源，是中國十佳投資環境城市

區位優勢顯著。北接京津唐，南接長三角，西連黄河中上遊，東連膠東半島，在山東省處於承東接西的位置；是連接華東、華北和中西部地區的重要樞紐。京滬、膠濟鐵路在此交匯；京滬高速公路、濟青高速公路、濟聊高速公路在此會合，形成了十字路口。優越的交通網絡條件，使濟南正逐漸成爲全國性的交通樞紐，成爲一處人流、商流、物流和信息流的匯聚點。

良好的區域金融中心優勢。濟南作爲省會城市，位於中國環渤海經濟圈與黄河經濟帶的交匯處，是濟南軍區、人民銀行濟南分行等跨省際管轄的大機關，以及山東銀監局、山東證監局、山東保監局駐地，集中了四大國有銀行、幾乎所有全國性股份制商業銀行、多家城商行和外資銀行等衆多金融機構的全國總部和區域總部。與周邊城市相比，在金融資源總量、服務便利性、金融輻射能力等方面都具有較强優勢。

豐富的智力資源。濟南市現有山東大學、山東師範大學、山東財經大學等 66 所大專院校，在校大學生近 60 多萬人，年均畢業生 10 多萬人；科研設計機構 300 多家，博士授予站 30 個，專業技術人員超過 4 萬人。知識技術密集，學科專業齊全，科技實力雄厚，形成了在黄河中下遊地區居於前列的科技智力優勢，爲高端産業的發展提供了堅實的人才支持。

2013 年全市實現生産總值 5230.2 億元，較上年增長 9.6%。分産業看：第一産業增加值 284.7 億元，增長 3.9%；第二産業增加值 2053.2 億元，增長 10.1%；第三産業增加值 2892.3 億元，增長 9.7%。三次産業增加值比例調整爲 5.4：39.3：55.3。

幸福安全城市——惠州

惠州，位於廣東省中南部東江之濱，珠江三角洲東北端，南臨大亞灣，與深圳、香港毗鄰，是中國大陸除深圳之外距離香港最近的城市，是廣東省歷史文化名城，全國文明城市，最具幸福感城市之一。

2013 年是惠州發展提速之年、改革深化之年、民生改善之年。緊緊圍繞「盡快進入珠三角第二梯隊」這一奮鬥目標，突出「穩中求進、好中求快、率先跨越」，大力實施「六大計劃」，積極應對復雜多變的經濟形勢，全力克服不利影響，奮發進取，扎實工作，完成了市十一屆人大三次會議確定的各項目標任務，爭先進位取得實質性進展。

經濟綜合實力進一步增强。全市實現生產總值 2678.4 億元，較上年增長 13.6%；地方公共財政預算收入 250.1 億元，增長 24.5%，經濟總量、財政實力同步從全省第六位邁進第五位，增幅均居全省第三位、珠三角首位。規模以上工業增加值 1374.6 億元，增長 17.7%。固定資產投資 1401.3 億元，增長 18.6%，其中重點建設項目投資 453.2 億元，超額完成年度計劃。

產業轉型升級進一步加快。先進制造業增加值 920 億元，增長 20%，佔規模以上工業增加值 66.9%。電子信息產業增加值 560.2 億元，增長 29.3%。石油化工產業增加值 314.1 億元，增長 9.2%。仲愷高新區成爲國家首批創新型產業集群建設試點、新型工業化移動智能終端產業示範基地、LED 產業基地。中海油惠煉二期、信利 AMOLED 等項目動工建設，中海油樂金 ABS、比亞迪鋰電池、TCL 移動互聯網智能終端、元暉 LED 照明等項目建成投產。

2013 年是「平安惠州」建設的全面鋪開階段，通過「三打」工作「3+2 模式」，全市 237 個非法磚瓦窰場全面清拆，打擊賭博行動取得顯著成效，社會環境進一步改善，「平安惠州」建設得到廣東省領導的肯定。成功舉辦「平安惠州·平安惠城」百日宣傳活動，讓全民參與，更讓「平安惠州」深入民心。

生態優勢愈發明顯。廣東省環保廳官方網站發布的信息指出，惠州 2013 年 9 月空氣質量排名位居珠三角 9 市 1 區（順德區）之首。2013 年環保部官方網站發布的上半年「城市空氣質量排行榜」，惠州名列全國第三。這是惠州生態優勢的最好例證。

中國十佳宜居城市——珠海

珠海，珠江口西岸的核心城市，經濟特區，珠江三角洲南端重要城市，位於廣東省珠江口西南部，區位優越，東與香港隔海相望，南與澳門相連，西鄰新會、臺山市，北與中山市接壤，是珠三角中海洋面積最大、島嶼最多、海岸線最長的城市，有「百島之市」、「浪漫之城」的美譽。

珠海生態優美，人居環境一流。山水相間，陸島相望，氣候宜人，是全國唯一以整體城市景觀入選「全國旅遊勝地四十佳」的城市。2013 全年空氣質量 I 級（優）天數超過 180 天。

珠海是中國最早實行對外開放政策的四個經濟特區之一，陸地面積 1701 平方公里，2013 年末，全市常住人口 159.03 萬人，户籍人口 108.57 萬人，是廣東省人口規模最小的地級市。

珠海城市規劃和建設獨具匠心，突出旅遊意識，自然和諧，優雅別致，極富海濱花園情調和時代氣息。

珠海山海相擁、陸島相望、海天一色，大自然賜予珠海先天的優勢。設立特區以來，珠海摒弃拼資源、拼環境、拼汗水、拼土地的發展模式，堅持走一條與珠三角其他城市不一樣的發展道路，保住了青山綠水，進一步改善了居住環境，是中國首批國家環保模範城市、生態文明建設試點城市，也是中國最早獲得聯合國「國際改善居住環境最佳範例獎」的城市。

2013 年，珠海全面實施「天更藍、水更清、城更美、環境更安全」四大重點工程，完成改造 49 條道路的綠化景觀、新建 65 公裏綠道、96 公裏生態景觀林帶，城市生活垃圾無害化處理率達到 100%、污水處理率超過 87%，首個有軌電車 TOD 小鎮開工建設，77 家農貿市場改造升級，既方便了市民，也讓城市變得更宜居。

中国十佳美丽城市——信阳

大山有别，水佳爲淮。人言皆信，日升曰陽。四句詩詞完整的解讀了「信陽」環境、資源與美學意蘊。

信陽之美，美在山水。作爲國家級生態示範城市，信陽一直都在致力於對「生態城市，綠色信陽」的建設。2009年開始，信陽連續五年入選中國十佳宜居城市，市内空氣環境質量居全省第一，水環境質量是河南省最好城市之一，人居環境良好，是國家級生態建設示範市。

信陽之美，美在文化。信陽是華夏文明發祥地之一，淮河文化的重要源頭，人文豐富。八千年前境内淮河兩岸原始農業已頗具規模，20多處文化遺址東西分布，長臺關戰國編鐘等文物珍寶蜚聲海内外，楚國名相孫叔敖，開漳聖王陳元光，杰出政治家、文學家司馬光等名人輩出。全國100個大姓中，有黄、賴、羅、蔣、白、陳、潘、廖、孫、江、傅、沈、謝13個姓起源於信陽，或者一支源頭在信陽。

信陽之美，美在茶香。浉河中心水，車雲頂上茶，「車運毛尖」向來爲「信陽毛尖」的代名詞，大自然日精月華，蘊育着美麗的茶香之城。1915年，在爲紀念巴拿馬運河通航而舉行的萬國博覽會上，「信陽毛尖」一舉奪得金獎。茶是信陽的象徵，信陽因茶而文明於世，信陽人愛茶、敬茶，生活中離不開茶，百姓大碗沏茶，文人墨客用玻璃器具沏茶，都在傳遞着信陽毛尖的那份清香典雅。

信陽之美，美在便捷。信陽地處豫南，左扼兩淮，右控江漢，素有「三省通衢」之稱，從古至今都是江淮戰略要地和南北交通樞紐，全國重要的交通樞紐城市和區域性物流樞紐城市。

信陽之美，美在前景。未來的信陽，將會更加美麗、宏偉，按照《信陽市城市總體規劃（2013-2030）》的遠景目標，未來的信陽：在城市性質職能上，區域中心城市的職能逐步加强；區域性交通樞紐城市地位更加突出；區域經濟一體化的格局基本形成，城市優美的生態宜居優勢更爲明顯，中心城區、明港和羅山的一主兩翼城市格局也將形成。

幸福美麗城市——青島

每一座城市都有自己獨特的夢想。站在改革開放前沿的青島，期待着在世界城市之林快速崛起的青島，也有着一個宏大而充滿激情的夢想——建設宜居幸福的現代化國際城市。800多萬青島人民，正滿懷熱情的建設自己的幸福之城。在青島市第十一次黨代會確立「建設宜居幸福的現代化國際城市」的重大戰略目標，爲青島這座幸福之城注入了新的元素和内涵。

在「世界眼光、國際標準、本土優勢」的這一前沿科學發展的思維邏輯之下，幸福青島，以瞄準發展瓶頸的破除和自身優勢的張顯，以不斷滿足市民對美好生活的新向往和新期待爲終極目標，揚帆起航。

幸福青島既着眼於破解一直以來困擾青島發展的區域不平衡痼疾，又機敏地捕捉着「新型城鎮化」的巨大機遇。在青島的歷史上，第一次以空前闊大的視野和氣魄，將市域11000平方公裏的空間，完整納入運籌格局。統籌産業布局、統籌基礎設施建設、統籌城鄉社會事業、統籌陸海一體化，利用最突出的海灣資源稟賦，構建起全新的現代化核心灣區。成功打破行政區劃壁壘，將市北區和四方區合並設立新的市北區膠南市和黄島區合並，成立新的黄島區。這不是簡單的撤並，而是按照産業發展的需要，人們生活的需要，更爲高效、科學地配置空間資源。這一突破，意味着在這座城市的廣闊空間裏，經濟要素可以自由地聚合，産業的鏈條得以自如地延展。在全局劃定生態資源管制區，以青島的母親河大沽河爲生態中軸，全局範圍内的山體、河流、灘塗、林帶、濕地，被嚴格保護，構築起支撑城市永續發展的綠色屏障。讓每一個青島人，不是生活在令人窒息的鋼筋水泥叢林，而是處處可以感受綠色的生態家園。

幸福青島，揚帆遠航。

中國十佳特色文化競爭力城市——聊城

聊城，山東省西部城市，臨河南、河北，位於華東、華中、華北三大區域交界處，黄河與京杭大運河在此交匯，是國家歷史文化名城，中國優秀旅遊城市，中國温泉之城，雙擁模範城，國家環保模範城；是京九鐵路與邯濟鐵路在山東省内的交匯點，是横跨冀魯豫三省的最大交通物流樞紐；是中國重要的交通樞紐、能源基地、内陸口岸和輻射冀魯豫交界地區的中心城市，中原經濟區東部核心城市，山東省會城市群經濟圈副城市，山東西部經濟隆起帶中心城市。

在原始社會就有先民在此繁衍生息、從事農業生産。市境發現了距今約六七千年的 8 座龍山文化城，它們是迄今爲止全國發現的最大的龍山文化城。可見，古濟水西岸是當時一個極其重要的政治文化中心。

聊城是國家歷史文化名城，是全國領導幹部楷模孔繁森的故鄉，是山東省衛生城市。聊城市從 1999 年開始展開創建「中國優秀旅遊城市」活動，2003 年通過國家旅遊局的驗收。聊城自然資源與人文景觀相互交融，擁有豐富的旅遊資源。聊城名勝古迹 2700 多處，有旅遊開發價值的景觀有 470 多處。國家級重點文物保護單位有光岳樓、山陝會館、臨清運河鈔關、景陽岡龍山文化遺址、曹植墓 5 處。省級重點文物保護單位有宋代鐵塔、鰲頭磯等 14 處。聊城城區獨具「江北水城」特色，素有「中國北方的威尼斯」之稱。

境内有徒駭河、馬頰河、京杭大運河縱貫南北。可利用地表水資源多年平均總量爲 454.86 億立方米，過境黄河水資源 420.3 億立方米，地下水資源可利用量 9.51 億立方米。

中國西部最具競爭力城市——六盤水

六盤水，貴州省第三大城市，地處貴州西部的烏蒙山區，市名由六枝、盤縣、水城三個特區的頭一個字組成，是一座美麗而又富饒的新興工業城市，也是一座具備諸多競爭優勢的魅力之城。

「煤都」具備良好的資源稟賦優勢，六盤水全市含煤總面積約 4000 平方公裏，主要分布於六枝、盤縣、水城三大煤田，共分 21 個儲煤構造，81 個井田或勘探區，已探明儲量爲 180.1 億噸，佔貴州省探明儲量的 30% 以上，有氣煤、氣肥煤、肥煤、焦煤、瘦煤、貧煤及無烟煤，尤其是煉焦煤是貴州省最集中的分布區，煉焦煤探明儲量 104.12 億噸，佔全省總量的 85%，素有「江南煤都」之稱。

「涼都」具備良好的氣候優勢，六盤水氣候涼爽宜人，冬無嚴寒、夏無酷暑，夏季平均氣温 19.8℃，比避暑之都貴陽 23.2℃的夏季均温低 3.4℃，是消夏避暑之勝地，是中國首個以氣候資源打造品牌的城市，有「中國涼都」之美譽。

六盤水具備顯著的區位優勢，是中國 45 個鐵路交通樞紐之一，與昆明、成都、重慶、貴陽、南寧五個省會城市的距離均在 300—500 公裏之間，隨着鐵路「三線一站」投入營運，株（州）六（盤水）復線鐵路橫貫東西；內（江）昆（明）線、六（盤水）紅（果）線、南（寧）昆（明）線鐵路南北連接，並擁有西南地區較大的六盤水南編組站，現已基本形成北上四川入江，南下廣西入海，東出湖南到華東，西由雲南進入東南亞的「十」字交通樞紐。六盤水向東，爲黔中經濟區提供資源與能源支持，是重要的過渡地帶；往西，是面向滇中經濟區，深入東南亞的橋頭堡，是其經濟走廊延伸的重要城市；朝南，是北部灣經濟區與東盟西南戰略通道的重要節點；走北，可承接成渝經濟區的産業轉移。這將有效發揮六盤水的資源與能源優勢，有力推動各類生産要素大流通、大融合，促使其在更寬領域、更高層次擴大對內對外開放，故有「五省立交」之稱，是貴州省區位優勢最爲明顯的地級城市之一。

中國十佳投資環境城市——四平

四平，區位獨特，備受投資者青睞。俯瞰東北亞1728萬平方公裏區域，中心點在四平，向南直抵環渤海經濟圈，向北達俄羅斯，東觸朝鮮半島，西至蒙古國。縱觀東北地區交通路網，重要樞紐在四平，連接新歐亞大陸橋，四平火車站是全國十八大編組站之一，京哈、平齊、四梅鐵路在市區交匯，四平南臨沈陽、大連，北靠長春、哈爾濱，依托大城市，可以更多參與產業鏈條延伸分工，提高產業豐厚度，所及區域人口密度高、市場潛力大，運輸半徑短，運輸成本低，制造業所需原材料充裕。獨特的地理區位，使四平愈發讓投資者和商家向往。

人才匯聚，爲城市發展提供智力支持。全市擁有獨立科研機構12個，大專院校14所，中專27所，職業技術學校68所，吉林省農業科學院，吉林師範大學，吉林省農業工程學院，四平科學技術研究院坐落域内，形成了完整的人才教育、培養、成長體系。四平是科研、工程技術、勘察設計、經營管理、咨詢服務等各類人才的匯集地。勞動力資源優勢明顯，熟練技工所佔比例在東北城市群中處於較高水平，勞動力成本相對較低，有大批高素質的產業工人隊伍，可滿足各類企業需求。

資源富饒。可利用淡水資源豐富，境内有4條主要河流和16座大中型水庫，二龍湖引水工程日供水能力達到20萬噸；電力供應充足，四平熱電廠、雙遼發電廠總裝機容量達到320萬千瓦，四平電網擁有220千伏線路26條、變電站7座，66千伏線路66條、變電站78座，供電可靠性達99.9%；天然氣保障程度高，四平境内氣源地儲量近400億立方米，市區設計供氣能力每天20萬立方米，天然氣工程可滿足市區居民生活燃氣和工業燃氣的綜合利用。

金融服務能力强。全市有政策性銀行、股份制商業銀行、地方銀行等金融分支機構288家，存貸款規模大，不斷創新金融產品和服務方式，爲企業發展提供資金支持。

■ 中国城市竞爭力研究会会长桂强芳

提升競爭力 城市發展之首選

第十二屆中國城市競爭力排行榜新聞發佈會在港舉行

12 月 10 日，中國城市競爭力研究會在香港國際會展中心隆重舉辦第十二屆中國城市競爭力排行榜新聞發布會，並同與會 20 多個城市首腦，以「中國城市發展新動力、新價值」爲主題召開第三屆香港論壇，圍繞「新動力、新價值」的主題思想，聽取各位城市首腦發表精彩演講。

這是中國城市競爭力研究會連續第十二個年度在香港發布中國城市競爭力排行榜。作爲立足於香港國際平臺的一支非官方研究隊伍，從在香港依法注册成立那一天起，就努力向國際上最優秀的競爭力學術研究機構看齊，致力於爲中國兩岸四地城市提升競爭力，促進實現中華民族復興之夢、强國之夢盡綿薄之力。始終堅持了從獨立第三方研究機構的角度，聚集港澳台、內地和海外研究城市發展問題的專家學者，恪守「科學、理性、公允」的學術精神，研制了 GN 中國城市競爭力評價指標體系，包括逐步研發了各分項分支評價體系，用於研究評價中國和全球城市競爭力諸多問題，主要包括對大陸、港澳台在內的中國城市競爭力及其各項發展資源、發展禀賦、發展理論、發展定位、發展戰略、發展經濟以及發展優勢進行綜合研究與分類評價。研究會連續十二屆發布中國城市競爭力評價成果，都得到港府、中央政府駐港聯絡辦、外交部駐港特派員公署、香港與大陸駐港新聞界和各界朋友的關注和支持。

「第十二屆（2013）中國城市競爭力排行榜」，是研究會自首屆中國城市競爭力排行榜以來第十二個年度的又一研究成果展示。研究按照本會自主創立的 GN 評估指標體系，根據翔實的基礎資料及大量的調查研究，又一次對包括內地及港澳台在內的中國 297 個地級以上城市之綜合競爭力、成長競爭力進行評價比較，産生了最新研究成果。其中包括《2013 中國城市綜合競爭力排行榜》、《2013 中國城市資産質量排行榜》、《2013 中國城市成長競爭力排行榜》、《2013 中國最具競爭力城市排行榜》、《2013 中國城市十大風雲首腦排行榜》、《2013 中國最安全城市排行榜》、《2013 中國城市最具競爭力經濟新區排行榜》、《2013 中國縣級市綜合競爭力排行榜》、《2013 中國縣級市成長競爭力排行榜》、《2013 中國綠色競爭力十强縣級市排行榜》

■ 第十二届中国城市竞爭力排行榜新闻发布会现场

■ 第十二屆中国城市竞爭力排行榜新闻发布会

10 個研究評價成果。此外,《2013 中國世界級大都市排行榜》、《2013 中國國際化城市排行榜》、《2013 中國文化競爭力十强縣排行榜》、《2013 中國區域中心城市排行榜》、《2013 中國十大傑出女市長排行榜》、《2013 中國十佳縣級市政要排行榜》、《2013 中國十佳地級市城區政要排行榜》、《2013 中國十佳行政縣政要排行榜》、《2013 中國十佳行政鎮政要排行榜》、《2013 國際友好城市排行榜》、《2013 中國城市核心企業排行榜》這十一個榜單已通過《中國城市》雜誌第 59 期對外發布了。

未來研究會將進一步在研究城市綜合競爭力的同時,深化其中關於城市綠色競爭力、城市文化競爭力、城市資產質量等研究。《2013 中國綠色競爭力十强縣排行榜》、《2013 中國城市資產質量排行榜》就是本屆發布會新推出的研究成果。增加這兩項評價,是考慮到中國城市的發展進入新的轉型階段,資源環境的保護與合理利用、生態文明的發展程度、城市資產質量的優化等,將是中共十八大三中全會後中國城市都將面臨的新的考驗與考慮。長期以來,經濟發展是中國最主要的目標,傳統的高消耗、高排放、高擴張、低效率的粗放外延式發展是中國發展的主要方式。這一發展模式導致了中國城市的生態環境壓力逐漸增大、城市經濟持續發展動力不足、城市管理問題叢生、城市交通擁堵愈演愈烈、城市公共服務嚴重滯後、城市貧富分化、城市安全問題不容忽視、城市居民的亞健康問題突出、城市建設千篇一律、城市的高資源消耗發展方式難以維持、城市人口無序膨脹等諸多問題,現有城市在規劃建設、管理體制、環境質量、公共服務、社會和諧安全等方面與城市發展的時代要求非常不適應。就這一情況,十八屆三中全會提出完善發展成果考核評價體系,糾正單純以經濟增長速度評定政績的偏向,更加重視勞動就業、居民收入、社會保障、人民健康狀況等提升國民生活質量的因素。因此中國城市的發展應該拋弃以 GDP 爲主的價值觀,轉變經濟發展方式,而應以提高城市居民生活質量爲城市新價值,提升城市居民的幸福感,全力提升城市的軟實力。

美國底特律城市破産的教訓説明,城市競爭力最堅實的支撑是城市人才、城市産業、城市環境、城市資源、城市人文和城市資産質量,這些基本要素的失衡、失速(包括過速)必將給城市發展帶來巨大風險。就此,研究會特别注意到幾個月前《南華早報》發表的《底特律破産案爲許多中國城市敲響警鐘》一文,很有見地地建言中國城市應吸取底特律破産教訓。2013 年 6 月以來到中共十八大三中全會,中國最高决策層已在多個場合反復强調,「再也不能以 GDP 論英雄」。新的制度優化的核心,就是改進現行城市政績考核體系,以生態文明爲城市發展的一個重要前提。研究會多年前研制的城市競爭力評價指標體系,一直堅持的都是重視 GDP、不唯 GDP、從經濟發展、環境資源、社會文明的綜合系數上來評價城市綜合競爭力與成長競爭力。對此,研究會還將進一步深化研究評價城市的經濟發展改革競爭力、生態文明制度競爭力,社會文化發展競爭力,進一步以三個同步發展的最佳平衡狀態作爲考慮城市發展比較優勢的基本標尺。

第十二屆中國城市競爭力排行榜

—— 2013 中國城市綜合競爭力排行榜 ——

一個城市的綜合實力就是一個城市整合自身經濟資源、社會資源、環境資源與文化資源參與區域資源配置競爭及國際資源配置競爭的能力。

《GN 中國城市綜合競爭力評價指標體系》涵蓋經濟、社會、環境、文化四大系統，由包括綜合經濟競爭力、產業競爭力、財政金融競爭力、商業貿易競爭力、基礎設施競爭力、社會體制競爭力、環境 / 資源 / 區位競爭力、人力資本教育競爭力、科技競爭力和文化形象競爭力等在內的 10 項一級指標、50 項二級指標、217 項三級指標構成。

排名	城市	分數	排名	城市	分數	排名	城市	分數
1	上海	16163.08	11	南京	5420.56	21	西安	3307.00
2	香港	16099.80	12	澳門	5120.00	22	東莞	3274.02
3	北京	15813.05	13	武漢	4845.27	23	廈門	3215.29
4	深圳	9115.16	14	成都	4404.86	24	長沙	2935.80
5	廣州	9024.81	15	瀋陽	4398.16	25	鄭州	2837.82
6	天津	7048.11	16	大連	4195.22	26	新北	2836.32
7	杭州	6747.29	17	寧波	4013.70	27	佛山	2804.79
8	蘇州	6426.11	18	青島	3805.14	28	昆明	2675.51
9	台北	5801.88	19	無錫	3547.78	29	哈爾濱	2577.53
10	重慶	5724.68	20	濟南	3422.46	30	長春	2530.16

—— 2013 中國城市資產質量排行榜 ——

香港

城市資產質量的特點是：城市實力强、經濟運行良好、負債率低、生態環境較好、城市發展具備可持續性。

《GN 中國城市資產質量評估指標體系》由包括城市實力指數、城市資源指數、城市無形資產指數和城市發展動力指數 4 項一級指標、14 項二級指標、80 項三級指標構成。

排名	城市	總分
1	香港	94.31
2	上海	92.47
3	北京	89.95
4	深圳	85.24
5	澳門	83.23
6	重慶	82.46
7	天津	78.32
8	廣州	76.66
9	杭州	73.07
10	青島	70.04

2013 中國城市成長競爭力排行榜

排名	城市	分數	排名	城市	分數	排名	城市	分數
1	天津	2219.01	11	香港	1000.06	21	無錫	669.40
2	重慶	2056.57	12	濟南	979.94	22	廈門	632.97
3	深圳	2000.70	13	南京	901.35	23	貴陽	610.55
4	上海	1931.70	14	武漢	781.30	24	長沙	586.27
5	北京	1655.00	15	瀋陽	780.06	25	煙台	583.22
6	蘇州	1548.87	16	合肥	778.58	26	哈爾濱	581.91
7	廣州	1360.76	17	澳門	718.72	27	鄭州	554.97
8	青島	1064.47	18	成都	695.94	28	長春	505.98
9	杭州	1059.13	19	寧波	683.99	29	西安	505.81
10	大連	1046.46	20	昆明	673.75	30	徐州	498.56

城市成長競爭力就是城市在動態發展的過程中，充分挖掘其潛在的潛能，不斷完善城市的社會組織體制，展示其創新活力並依據城市可持續發展的內在規律逐步提升自身綜合競爭力的能力。

《GN 中國城市成長競爭力評價指標體系》由實力指數、潛力指數、活力指數、能力指數四大指標綜合而成，包括 4 項一級指標，29 項二級指標，67 項三級指標。

2013 中國最具競爭力城市排行榜

最具競爭力城市主要考量城市的綜合競爭優勢和成長競爭優勢。其評價指標由靜態的《GN 中國城市綜合競爭力評價指標體系》和動態的《GN 中國城市成長競爭力評價指標體系》構成。

排名	城市	得分
1	重慶	83.26
2	成都	82.66
3	西安	81.70
4	昆明	78.59
5	蘭州	74.42
6	烏魯木齊	72.89
7	六盤水	71.35
8	銀川	70.05
9	瀘州	68.94
10	西寧	67.47

（西部）

排名	城市	得分
1	武漢	83.74
2	長沙	81.25
3	鄭州	80.08
4	合肥	78.92
5	哈爾濱	76.77
6	長春	75.35
7	南昌	73.86
8	太原	72.79
9	包頭	71.54
10	洛陽	70.74

（中部）

排名	城市	得分
1	上海	91.23
2	北京	90.56
3	深圳	89.22
4	廣州	85.35
5	天津	84.86
6	杭州	84.56
7	蘇州	83.74
8	青島	83.25
9	南京	82.39
10	大連	82.02

（東部）

2013 中國城市十大風雲首腦排行榜

城市首腦	經典語錄
北京市委書記郭金龍	切實維護好首都社會和諧穩定
武漢市委書記阮成發	我已準備"遍體鱗傷" 只要武漢能好
高雄市市長陳菊	一直很努力要當好高雄市長
哈爾濱市委書記林鐸	"俯身"接地氣 "抬頭"謀長遠
鄭州市委書記吳天君	胸懷百年 勇立潮頭
徐州市委書記曹新平	轉型升級領跑蘇北跨越發展
瀋陽市委書記曾維	民意是最大的執政資源
成都市委書記黃新初	城市，以滿足市民需求爲本
大連市委書記唐軍	實施四大戰略 建設"四個大連"
太原市市長耿彥波	甯受一時怨 不挨百年罵

北京市委書記郭金龍

風雲首腦主要特徵是：具有國際國內影響力，領導、决策、學習、創新能力强，組織能力突出，性格魅力獨特，對突發事件有很强的反應和處置能力。

《GN 中國城市首腦經營管理素質效能評估指標體系》由包括個人能力、城市經濟影響力、社會影響力、環境影響力等 4 項一級指標、36 項二級指標構成。

2013 中國最安全城市排行榜

安全城市的主要特徵是：當年無重特大安全事故，社會治安良好，投資環境優越，生産事故少發，消費品安全，生態可持續發展，能爲市民、企業、政府提供良好的信息網絡環境和强有力的信息安全保障。

《GN 中國最安全城市評價指標體系》由包括社會安全、經濟安全、生態安全、信息安全在内的 4 項一級指標、10 項二級指標、55 項三級指標構成。

排名	城市	總分	排名	城市	總分	排名	城市	總分
1	香港	96.57	11	澳門	84.62	21	合肥	77.49
2	台北	95.36	12	柳州	83.56	22	四平	76.97
3	深圳	93.28	13	珠海	82.87	23	衢州	76.49
4	拉薩	92.73	14	鄭州	82.75	24	昆明	75.53
5	煙台	90.29	15	金華	80.98	25	南昌	74.60
6	徐州	89.55	16	無錫	80.36	26	信陽	73.96
7	長沙	88.71	17	克拉瑪依	80.24	27	貴陽	72.87
8	惠州	87.64	18	南京	79.95	28	肇慶	72.36
9	威海	86.68	19	鄂爾多斯	78.86	29	哈爾濱	70.57
10	玉溪	86.25	20	南寧	78.30	30	泰安	70.43

—— 2013 中國城市最具競爭力經濟新區排行榜 ——

排名	經濟新區	總分
1	上海浦東新區	91.44
2	天津濱海新區	90.66
3	重慶兩江新區	90.53
4	浙江舟山群島新區	90.23
5	河南鄭州新區	89.83
6	深圳前海新區	89.47
7	甘肅蘭州新區	89.02
8	廣州南沙新區	88.44
9	珠海橫琴新區	88.17
10	滇中產業新區	87.58

上海浦東新區

經濟新區的競爭力主要特徵爲：經濟運行良好，對外開放程度高，未來成長潛力巨大，基礎設施配套完善。

《GN 中國城市經濟新區競爭力評價指標體系》由包括經濟發展指數、開放度指數、成長潛力指數和開發區環境建設指數在內的 4 項一級指標、10 項二級指標和 32 項三級指標構成。

—— 2013 中國縣級市綜合競爭力排行榜 ——

城市綜合競爭力是指一個城市整合自身經濟資源、社會資源、環境資源與文化資源參與區域資源配置競爭及國際資源配置競爭的能力。

《GN 中國縣級市綜合競爭力評價指標體系》涵蓋經濟、社會、環境、文化四大系統，由包括綜合實力競爭力指數、產業競爭力指數、財政金融競爭力指數、商業貿易競爭力指數、基礎設施競爭力指數、社會體制競爭力指數、環境 / 資源 / 區位競爭力指數、人力資本教育競爭力指數、科技競爭力指數和文化形象競爭力指數等在內的 10 項一級指標、50 項二級指標、217 項三級指標構成。

排名	城市	分數	排名	城市	分數	排名	城市	分數
1	昆山市	95.44	11	滕州市	82.89	21	溫嶺市	76.88
2	江陰市	94.71	12	丹陽市	81.90	22	膠州市	76.44
3	張家港市	92.88	13	諸暨市	81.68	23	瀏陽市	75.64
4	常熟市	92.32	14	義烏市	80.43	24	章丘市	74.32
5	晉江市	91.57	15	海城市	79.37	25	鄒城市	73.73
6	宜興市	91.21	16	增城市	78.86	26	海門市	72.60
7	太倉市	90.68	17	即墨市	78.35	27	平度市	71.95
8	慈溪市	87.82	18	榮成市	78.09	28	南安市	71.63
9	龍口市	85.05	19	莊河市	77.80	29	余姚市	70.93
10	遷安市	83.87	20	新泰市	77.37	30	肥城市	68.54

昆山

2013 中國縣級市成長競爭力排行榜

城市成長競爭力就是城市在動態發展的過程中，充分挖掘潛能，不斷完善社會體制，展示創新活力，並依據城市可持續發展的內在規律逐步提升自身綜合競爭力的能力。

《GN 中國縣級市成長競爭力評價指標體系》由能力指數、活力指數、實力指數、潛力指數在內的 4 項一級指標、29 項二級指標構成。

排名	城市	分數	排名	城市	分數	排名	城市	分數
1	仁懷市	94.28	11	泰興市	85.16	21	新鄭市	77.85
2	瀏陽市	93.74	12	靖江市	83.65	22	海城市	77.43
3	即墨市	92.42	13	招遠市	83.02	23	榮成市	76.40
4	邳州市	91.87	14	萊州市	82.53	24	溧陽市	75.85
5	醴陵市	91.24	15	興化市	82.08	25	武安市	74.95
6	平度市	90.85	16	晉江市	81.81	26	滕州市	73.87
7	東台市	89.65	17	昆山市	80.03	27	安達市	73.21
8	丹陽市	89.07	18	海門市	79.46	28	鄒城市	72.52
9	高密市	88.52	19	如臯市	79.31	29	張家港市	71.67
10	萊西市	87.42	20	啓東市	78.38	30	鞏義市	70.46

2013 中國綠色競爭力十强縣排行榜

綠色競爭力强縣的特徵是：生態環境好，森林覆蓋率高，經濟穩定，資源高效利用、人與自然和諧相處。

《GN 中國綠色競爭力强縣評估指標體系》綠色競爭力十强縣指標由綠色生態空間指數、綠色生產空間指數、綠色生活空間指數 3 個一級指標，16 項二級指標構成。

排名	城市	總分
1	浙江省安吉縣	86.76
2	黑龍江省東寧縣	85.56
3	江西省石城縣	83.38
4	福建省安溪縣	81.85
5	安徽省涇縣	80.03
6	雲南省雙江縣	79.52
7	四川省郫縣	78.30
8	湖南省炎陵縣	78.17
9	吉林省通化縣	77.71
10	河南省商城縣	76.42

安吉縣

2013 中國世界級大都市排行榜

世界級大都市是指有能力整合全球資源，在世界經濟、政治、文化事務中具有全球影響力的國際一流大都市。其特徵是：主要的金融中心、跨國公司總部所在地、國際性機構的集中地、第三產業的高度增長、主要製造業中心、世界交通的重要樞紐、城市人口達到一定標準。

《GN 中國世界級大都市評價指標體系》由包括城市規模指數、國際影響指數、對外開放指數、城市經濟指數、城市社會發展指數、城市綜合服務能力指數在內的 6 項一級指標、14 項二級指標、62 項三級指標組成。

排名	城市	總分
1	香港	92.03
2	上海	91.12
3	北京	90.73
4	台北	90.11

2013 中國國際化城市排行榜

國際化城市是指形成發達開放性經濟主體，並通過整合世界資源進行持續發展的城市。其特徵是:國際影響力大、開放度高、經濟發達、制度健全、管理有序、綜合服務能力強、城市具相當規模。

《GN 中國國際化城市評價指標體系》包括城市國際影響指數、對外開放指數、城市經濟指數、城市社會發展指數、城市綜合服務能力指數、城市規模指數在內的 6 項一級指標、16 項二級指標、47 項三級指標。

■ 香港

排名	城市	總分	排名	城市	總分
1	香港	92. 01	16	武漢	79. 98
2	上海	91. 35	17	昆明	79. 36
3	北京	89. 89	18	西安	78. 88
4	澳門	88. 12	19	廈門	77. 84
5	廣州	86. 75	20	福州	76. 33
6	深圳	85. 69	21	東莞	75. 60
7	杭州	84. 71	22	無錫	73. 91
8	青島	83. 48	23	哈爾濱	72. 79
9	大連	82. 86	24	瀋陽	71. 28
10	蘇州	82. 42	25	濟南	70. 34
11	天津	82. 09	26	珠海	65. 69
12	南京	81. 73	27	鄭州	64. 56
13	重慶	81. 66	28	威海	63. 06
14	成都	80. 78	29	佛山	62. 13
15	寧波	80. 38	30	海口	61. 01

2013 中國文化競爭力十强縣排行榜

文化競爭力是指由城市競爭力派生出的概念，指各種文化因素在推進經濟社會和人的全面發展中所產生的凝聚力、導向力、鼓舞力和推動力。文化競爭力强縣（或縣級市）其特徵是：具有豐富的各類文化資源，文化機構及其產品形象和競爭力强，文化活動氛圍好且經常舉辦。

《GN 中國文化競爭力强縣評價指標體系》包括經濟實力、文化資源、文化產業、城市文化事業在內的 4 項一級指標、11 項二級指標、60 個三級指標組成。

排 名	縣	形象錦言	總 分
1	河南孟津縣	漢風魏遺 國色天香	86.78
2	福建泰寧縣	古邑興學 丹崖讀隱	86.32
3	江蘇昆山市	老鎮古曲 陽澄玉峰	85.11
4	安徽涇縣	文房重鎮 甲秀古邦	83.44
5	河北武強縣	春看年畫 夏聞管弦	81.64
6	湖南醴陵市	花炮祖地 國土瓷都	80.82
7	山西平遙縣	老城獨秀 國寶重地	79.66
8	河北正定縣	北鎮三雄 古建寶庫	76.54
9	浙江東陽市	紅木王國 影視名都	76.12
10	雲南雙江縣	太陽轉身 兩洋人文	74.58

2013 中國區域中心城市排行榜

區域中心城市特徵是：經濟發達、功能完善，在一定的區域範圍內，具有較强的聚集力、輻射力和綜合服務能力，能够主導和帶動該區域經濟快速發展。

《GN 中國區域中心城市評價指標體系》通過該城市在區域中的經濟發展水平、產業發展水平、基礎設施建設水平、金融業發展水平、科教發展水平、綜合服務能力、區域輻射力、區域聚集力 8 個一級指標、13 個二級指標、57 個三級指標衡量。

排 名	經濟區域	中心城市
1	環渤海經濟區	北京 、天津
2	長三角經濟區	上海
3	珠三角經濟區	廣州、深圳
4	中原經濟區	鄭州
5	海峽西岸經濟區	福州 廈門
6	成渝經濟區	重慶、成都
7	山東半島藍色經濟區	青島
8	長株潭經濟區	長沙
9	關中一天水經濟區	西安
10	廣西北部灣經濟區	南寧

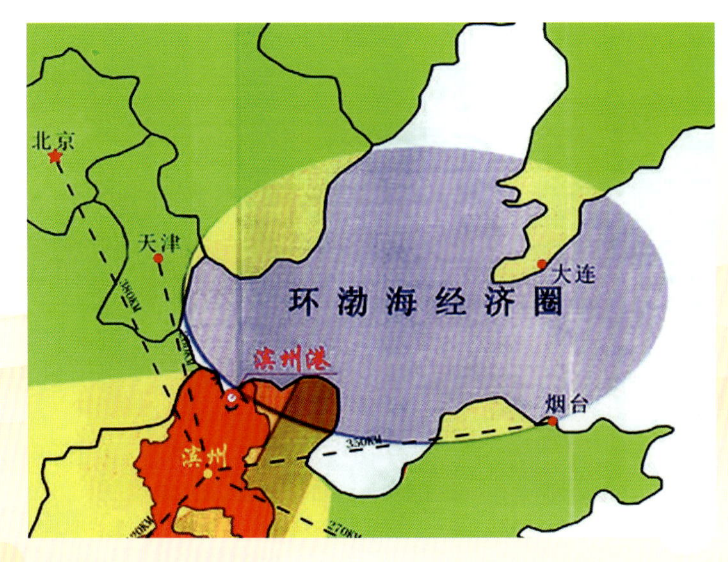

2013 中國十大傑出女市長排行榜

傑出女市長的特征是：具國際國內影響力，領導、決策、學習、創新能力强，組織能力突出，性格魅力獨特，對突發事件有很强的反應和處置能力的女性市長。

《GN 中國十大傑出女市長排行指標體系》由包括個人能力、社會影響力、城市經濟影響力、環境影響力等四項一級指標、36 項二級指標構成。

排 名	傑出女市長	得 分
1	黑龍江省大慶市市長——夏立華	96.77
2	廣東省廣州市副市長——貢兒珍	95.84
3	福建省漳州市市長——吳洪芹	95.22
4	山東省威海市市長——張惠	94.66
5	四川省宜賓副市長——于濱	93.86
6	江蘇省鎮江市市長——朱曉明	92.56
7	湖北省武漢市副市長——劉英姿	92.18
8	遼寧省瀋陽市副市長——祁鳴	92.02
9	河南省三門峽市市長——趙海燕	91.36
10	湖南省懷化市市長——李暉	91.33

2013 中國十佳縣級市政要排行榜

十佳縣級政要特徵是：在縣級市政要中具有較强的影響力，政績突出，口碑良好。

《GN 中國城市政要經營管理素質效能評估指標體系》由包括影響力、領導決策力、學習創新力、親和力等 4 項一級指標、12 項二級指標構成。

縣級市政要	爲政理念
江蘇省江陰市委書記蔣洪亮	全力以赴把江陰的事情做好
福建省石獅市委書記張永寧	一切爲了發展 一切爲了群眾
山東省萊州市委書記李明	在“真”上下功夫 在“實”上見成效
浙江省慈溪市委書記徐華江	強化創新驅動 加快經濟轉型發展
湖南省資興市委書記陳榮偉	奮力轉型 衝刺百強
遼寧省開原市委書記于洪波	再鼓幹勁 再攀高峰 進入百強縣前 50 名
貴州省福泉市委書記張仕雄	三化同步 “逐夢小康”
四川省都江堰市委書記劉俊林	爭先進位 力爭實現“保三爭二”
湖北省老河口市委書記朱厚倫	增信心 擴總量 調結構 添後勁 破難題 強服務
河南省孟州市委書記魏超傑	以轉變謀發展 以發展惠民生

2013 中國十佳地級市城區政要排行榜

十佳城區政要是指：在地級市城區政要中具有較强的影響力，政績突出，口碑良好的城區政要。

《GN 中國城市政要經營管理素質效能評估指標體系》由包括影響力、領導決策力、學習創新力、親和力等 4 項一級指標、12 項二級指標構成。

地級市城區政要	爲政理念
廣東省佛山市南海區委書記鄧偉根	禪南聯手 西部突圍
甘肅省蘭州市城關區委書記王宏	政府要做企業和銀行間的“橋樑”
福建省福州市晉安區委書記阮孝應	打造文明和諧 生態宜居新晉安
山東省煙臺市牟平區委書記王中	掀新一輪開發熱潮
江蘇省常州市武進區委書記周斌	轉型創新勇爭先 情系民生譜新篇
湖北省荊門市東寶區委書記廖明國	堅持兩輪驅動 推進文化建設
浙江省台州市椒江區委書記陳祥榮	打造“三座城市” 構築“首善之區”
湖南省常德市鼎城區委書記劉定青	推進二次創業 建設現代鼎城
河北省張家口市橋東區委書記羅利民	對照標杆補短板
安徽省合肥市瑤海區委書記汪德滿	打造轉型發展典範區

行政縣政要	爲政理念
北京市延慶縣委書記李志軍	建設美麗延慶北京畫廊
江蘇省鹽城市濱海縣委書記王斌	發展決定一切，民生壓倒一切，實幹擁有一切
浙江省湖州市安吉縣委書記單錦炎	只有敢於抓重破難，才能打開新局面
貴州省遵義市綏陽縣委書記尹恒斌	不能當“三手幹部”
湖北省恩施州鶴峰縣委書記楊安文	爲民辦事，不是對老百姓的施捨
陝西省渭南市富平縣委書記鄭成瑞	穩步發展 構建和諧富平
江西省九江市德安縣委書記葉心林	突出強工興城 實現進位趕超
福建省寧德市霞浦縣委書記楊培欽	全力推動霞浦跨越發展
吉林省通化市通化縣委書記李永傑	讓人才成爲縣域科學發展的主引擎
山東省東營市廣饒縣委書記田和友	找准定位 爭當全市大龍頭強龍頭好龍頭

2013 中國十佳行政縣政要排行榜

十佳行政縣政要特徵是：在行政縣政要中具有較强的影響力，政績突出，口碑良好。

《GN 中國城市政要經營管理素質效能評估指標體系》由包括影響力、領導決策力、學習創新力、親和力等 4 項一級指標、12 項二級指標構成。

2013 中國十佳行政鎮政要排行榜

十佳鎮政要的特徵是：在行政鎮政要中具有較强的影響力，政績突出，口碑良好。

《GN 中國城市政要經營管理素質效能評估指標體系》由包括影響力、領導決策力、學習創新力、親和力等 4 項一級指標、12 項二級指標構成。

行政鎮政要	爲政理念
江蘇蘇州工業園區婁葑鎮黨委書記顧三強	穩增長 促轉型
廣東中山市小欖鎮黨委書記彭志輝	各特色定位 副中心“起飛”
江蘇張家港市楊舍鎮黨委書記張偉	“創新爭先”激發發展“源動力”
上海浦東新區金橋鎮黨委書記鐘翟偉	網上“曬”財政 監管更透明
浙江蕭山區寧圍鎮黨委書記朱先良	加強學習教育
福建晉江市陳埭鎮黨委書記王茂泉	基礎設施先行 打造泉州“陸家嘴”
廣東順德區樂從鎮黨委書記麥連桐	心系群眾 共用成果
山東章丘市刁鎮黨委書記劉紅軍	“大信訪”使群眾工作不再難
吉林榆樹市五棵樹鎮黨委書記徐閣	打造先進的農機化示範區
湖南長沙望城區喬口鎮黨委書記鄭波	幸福喬口 魅力漁都

排名	城市	總分	排名	城市	總分
1	香港	98.84	16	西安	87.02
2	上海	97.12	17	長春	83.21
3	北京	96.93	18	蘇州	82.81
4	台北	96.57	19	武漢	81.98
5	哈爾濱	94.89	20	常州	81.73
6	重慶	93.96	21	揚州	80.58
7	澳門	93.10	22	成都	79.99
8	廣州	91.79	23	廈門	79.84
9	天津	91.04	24	昆明	78.68
10	杭州	90.23	25	南京	76.79
11	深圳	89.88	26	南寧	66.99
12	青島	89.02	27	南通	65.32
13	無錫	88.85	28	徐州	64.08
14	大連	87.93	29	瀋陽	63.42
15	濟南	87.85	30	珠海	62.36

2013 國際友好城市排行榜

國際友好城市特徵是：在國際上締結友好城市多、級別檔次高，城市間來往密切，在政治、經貿、文化、教育、人才、城市建設、環境保護等領域建立了緊密的交流與合作。

《GN 國際友好城市評價指標體系》包括對外友好城市規模指數、經濟交流指數、文化交流指數、人才交流指數、政治交流指數、城市建設交流指數、環境保護交流指數、友好城市機制指數 8 項一級指標、28 項二級指標。

2013 中國城市核心企業榜單

城市核心企業的特徵是：在行業中處於龍頭地位、具有極强的核心競爭優勢 、代表城市精神、富有社會責任感、企業文化獨特、創利能力强、對城市財政貢獻大、產品市場佔有率高、管理先進、運作高效。

《GN 中國城市核心企業評價指標體系》包括盈利模式指數，管理模式指數，企業文化指數，社會貢獻指數 4 項一級指標、14 項二級指標、32 項三級指標。

城市	企業
香港	和記黃埔有限公司
	香港上海滙豐銀行有限公司
	太古股份有限公司
	新鴻基地產發展有限公司
	長江集團
上海	光明食品(集團)有限公司
	上海汽車工業(集團)總公司
	上海複星高科技集團有限公司
	上海綠地（集團）有限公司
	上海紡織控股(集團)公司
北京	聯想控股有限公司
	中國民生銀行股份有限公司
	國美電器控股有限公司
	北大方正集團有限公司
	百度公司
廣州	保利房地產股份有限公司
	廣州藥業股份有限公司
	廣州富力地產股份有限公司
	恒大地產集團
	廣州鋼鐵股份有限公司
台北	台灣鴻海精密工業股份有限公司
	國泰人壽保險股份有限公司
	仁寶電腦集團
	華碩電腦股份有限公司
	宏碁集團
武漢	東風汽車有限公司
	武漢中百集團股份有限公司
	武漢武商集團股份有限公司
	冠捷顯示科技(武漢)有限公司
	武漢中商集團股份有限公司
天津	天津力生製藥股份有限公司
	天津天士力製藥股份有限公司
	中儲發展股份有限公司
	天津瑞普生物技術股份有限公司
	天津廣宇發展股份有限公司
杭州	廣廈控股創業投資有限公司
	萬向集團公司
	杭州娃哈哈集團有限公司
	浙江吉利控股集團有限公司
	阿裡巴巴集團股份有限公司
南京	南京汽車集團有限公司
	南京熊貓電子股份有限公司
	蘇寧電器集團公司
	雨潤集團
	金陵藥業股份有限公司
澳門	澳門旅遊娛樂有限公司
	保利達集團
	威尼斯人（澳門）股份有限公司
	澳門名嘉集團有限公司
	永利澳門有限公司

城市	企業
重慶	重慶力帆實業(集團)公司
	重慶商社（集團）有限公司
	太極集團有限公司
	隆鑫控股有限公司
	宗申產業集團有限公司
成都	四川科倫藥業股份有限公司
	四川水井坊股份有限公司
	四川華西集團有限公司
	成都華神集團股份有限公司
	四川華西集團有限公司
鄭州	鄭州宇通集團有限公司
	鄭州三全食品股份有限公司
	鄭州思念食品有限公司
	鄭州日產汽車有限公司
	河南中孚實業股份有限公司
西安	西安楊森製藥有限公司
	西安海星科技投資控股有限公司
	金花企業集團股份有限公司
	彩虹顯示器件股份有限公司
	西安銀橋乳業集團
海口	海南航空股份有限公司
	海口農工貿（羅牛山）股份有限公司
	海南康芝藥業股份有限公司
	海南椰島(集團)股份有限公司
	海南亞洲製藥集團
濟南	山東魯能集團有限公司
	浪潮集團有限公司
	力諾集團有限責任公司
	魯銀投資集團股份有限公司
	九陽股份有限公司
瀋陽	瀋陽遠大企業集團有限公司
	瀋陽機床（集團）有限責任公司
	北方重工集團有限公司
	瀋陽化工集團有限公司
	遼寧百科集團(控股)股份有限公司
昆明	雲南南磷集團股份有限公司
	雲南昆明鋼鐵集團有限責任公司
	雲南英茂集團有限公司
	雲南官房企業集團控股公司
	昆明諾仕達企業（集團）有限公司
烏魯木齊	新疆金風科技股份有限公司
	新疆廣匯實業股份有限公司
	新疆眾和股份有限公司
	新疆德藍股份有限公司
	新疆維吾爾藥業有限責任公司
呼和浩特	內蒙古伊利實業集團股份有限公司
	內蒙古蒙牛乳業（集團）股份有限公司
	內蒙古金宇集團股份有限公司
	內蒙古奈倫集團股份有限公司
	內蒙古時代科技股份有限公司

城市	企業
貴陽	貴州輪胎股份有限公司
	貴州益佰製藥股份有限公司
	老乾媽集團
	貴陽中天城投集團
	貴州開磷（集團）有限責任公司
南寧	南寧糖業股份有限公司
	南寧百貨大樓股份有限公司
	廣西五洲交通股份有限公司
	廣西桂冠電力股份有限公司
	廣西南方食品集團股份有限公司
南昌	江鈴汽車股份有限公司
	江西贛能股份有限公司
	江西聯創光電科技股份有限公司
	江中藥業股份有限公司
	誠志股份有限公司
合肥	合肥華泰集團
	榮事達集團
	合肥美菱股份有限公司
	安徽安凱汽車股份有限公司
	安徽江淮汽車股份有限公司
哈爾濱	哈藥集團有限公司
	九三糧油工業集團有限公司
	哈飛汽車工業集團有限公司
	億陽信通股份有限公司
	北大荒農業股份有限公司
福州	興業銀行股份有限公司
	中國武夷股份有限公司
	福建水泥股份有限公司
	福耀玻璃工業集團股份有限公司
	福建閩福發集團股份有限公司
長沙	湖南華菱鋼鐵集團有限責任公司
	九芝堂股份有限公司
	長沙中聯重工科技發展股份有限公司
	三一集團有限公司
	南方建材股份有限公司
長春	亞泰集團
	長春歐亞集團股份有限公司
	長春海外製藥集團有限公司
	長春高新技術產業(集團)股份有限公司
	修正藥業集團
太原	山西美錦能源股份有限公司
	山西華宇集團有限公司
	太原雙塔剛玉股份有限公司
	太原獅頭水泥股份有限公司
	太原市商業銀行股份有限公司
蘭州	蘭州三毛實業股份有限公司
	甘肅莫高實業發展股份有限公司
	蘭州長城電工股份有限公司
	蘭州鋁業股份有限公司
	蘭州黃河企業股份有限公司

城市	企業
石家莊	華北製藥集團公司
	石家莊常山紡織集團
	石家莊寶石電子集團有限責任公司
	河北威遠集團有限公司
	石家莊製藥集團
深圳	華為技術有限公司
	中國平安保險(集團)股份有限公司
	騰訊控股有限公司
	中興通訊股份有限公司
	招商銀行股份有限公司
青島	海爾集團公司
	海信集團有限公司
	山東六和集團有限公司
	青島鋼鐵控股集團有限責任公司
	青島啤酒股份有限公司
大連	大連萬達集團股份有限公司
	美羅藥業股份有限公司
	大連冰山集團有限公司
	大連大商集團有限公司
	大連獐子島漁業集團股份有限公司
寧波	雅戈爾集團股份有限公司
	奧克斯集團有限公司
	杉杉投資控股有限公司
	寧波寶新不銹鋼有限公司
	寧波金田銅業（集團）股份有限公司
廈門	廈門金龍汽車股份有限公司
	廈門華僑電子股份有限公司
	廈門夏商集團有限公司
	廈門象嶼集團有限公司
	廈門夏新電子股份有限公司
中山	樂百氏集團
	華帝燃具股份有限公司
	中山達華智慧科技股份有限公司
	廣東長青（集團）股份有限公司
	中山公用事業集團股份有限公司
珠海	珠海格力電器股份有限公司
	遠光軟體股份有限公司
	廣東德豪潤達電氣股份有限公司
	麗珠藥業集團股份有限公司
	珠海華髮實業股份有限公司
威海	山東新北洋資訊技術股份有限公司
	山東黑豹集團有限公司
	威海廣泰空港設備股份有限公司
	泓淋科技集團有限公司
	威海華東數控股份有限公司
紹興	浙江震元股份有限公司
	浙江古越龍山紹興酒股份有限公司
	浙江亞太藥業股份有限公司
	浙江醫藥股份有限公司
	浙江龍盛控股有限公司

城市	企業
常州	常林股份有限公司
	遠東實業股份有限公司
	創生控股有限公司
	常茂生物化學工程股份有限公司
	常柴股份有限公司
溫州	正泰集團
	浙江東日股份有限公司
	浙江森馬服飾股份有限公司
	金龍機電股份有限公司
	華儀電氣股份有限公司
南通	江蘇潤邦重工股份有限公司
	江山農藥化工股份有限公司
	南通科技投資集團股份有限公司
	富士通微電子股份有限公司
	南通江海電容器有限公司
蘇州	江蘇沙鋼集團有限公司
	華芳集團有限公司
	江蘇永鋼集團有限公司
	蘇州金螳螂建築裝飾股份有限公司
	江蘇江南高纖股份有限公司
無錫	江蘇華西集團公司
	江蘇三房巷集團有限公司
	紅豆集團有限公司
	江陰澄星實業集團有限公司
	無錫興達泡塑公司
佛山	美的集團有限公司
	佛山電器照明股份有限公司
	廣東格蘭仕企業（集團）公司
	廣東志高空調有限公司
	佛山市海天調味食品有限公司
煙台	南山集團有限公司
	山東玲瓏橡膠有限公司
	山東魯花集團有限公司
	煙台華聯發展集團股份有限公司
	煙台張裕集團有限公司
東莞	廣東錦龍發展股份有限公司
	廣東步步高電子工業有限公司
	廣東眾生藥業股份有限公司
	東莞勁勝精密組件股份有限公司
	廣東生益科技股份有限公司
唐山	龐大集團
	開灤精煤股份有限公司
	唐山晶源裕豐電子股份有限公司
	唐山冀東水泥股份有限公司
	唐山三友化工股份有限公司
嘉興	桐昆集團
	浙江眾成包裝材料股份有限公司
	浙江禾欣實業集團股份有限公司
	浙江雙箭橡膠股份有限公司
	晉億實業股份有限公司
泉州	鴻星爾克集團
	達利集團
	安踏體育用品有限公司
	柒牌集團
	七匹狼集團
東營	華泰集團
	山東勝利股份有限公司
	山東寶莫生物化工股份有限公司
	山東大海集團有限公司
	山東科達集團有限公司
淄博	四砂股份有限公司
	華光陶瓷集團有限公司
	山東新華醫療器械股份有限公司
	山東大成農藥股份有限公司
	山東金晶科技股份有限公司
台州	偉星集團
	浙江海正藥業股份有限公司
	星星集團
	浙江華海藥業股份有限公司
	中捷縫紉機股份有限公司
舟山	浙江金鷹股份有限公司
	弘生集團
	舟山興業有限公司
	揚帆集團股份有限公司
	金海船業股份有限公司
濰坊	山東海化集團有限公司
	濰柴重機股份有限公司
	濰柴動力股份有限公司
	歌爾聲學有限公司
	孚日集團股份有限公司
鄂爾多斯	鄂爾多斯集團
	伊泰集團
	內蒙古遠興能源股份有限公司
	內蒙古匯能煤電集團
	內蒙古伊東煤炭集團有限責任公司
秦皇島	海灣集團
	秦皇島金海糧油工業有限公司
	秦皇島渤海物流控股股份有限公司
	秦皇島廣順集團
	秦皇島耀華玻璃股份有限公司
大慶	大慶市九隆精細化工有限公司
	大慶油田飛馬有限公司
	大慶三環鑽井工程有限公司
	大慶華科股份有限公司
	大慶振富企業集團
鎮江	江蘇恒順集團有限公司
	江蘇索普(集團)有限公司
	恒寶股份有限公司
	大全集團
	江蘇天工工具有限公司

多城市首腦雲集香港 論劍城市價值之道

——第三屆香港論壇 中國城市新動力•新價值

2013 年 12 月 10 日，由中國城市競爭力研究會主辦的「第三屆香港論壇——中國城市新動力・新價值」在香港會展中心隆重舉行。此次論壇旨在探索經歷長期快速發展後的中國出現的一系列問題，以及經濟、文化、社會、政治、生態等領域的改革，爲中國城市發展、特別是「轉型」帶來的新動力、新價值。

惠州市人民政府市長麥教猛、信陽市人民政府市長喬新江，肇慶市人民政府市長郭峰，徐州市委常委、宣傳部長馮其譜，梅州市人民政府副市長杜敏琪、佳木斯人民政府副市長孫振勇、肇慶市人民政府副秘書長陳義、牡丹江市人民政府副秘書長李常武等城市政要出席本次論壇並發表精彩主題演講。此外還有資深城市研究專家、兩岸三地商界風雲領袖、各地新聞媒體出席活動。

现场嘉宾观点选摘

惠州市人民政府市长 麦教猛

一座城市，必須堅持走轉型升級道路，才能更加繁榮；必須堅持走綠色發展道路，才能更加美麗；必須堅持走以人爲本的道路，才能更加和諧。城市是人類發展的重要標志，也是地區綜合實力的集中體現。多年來，惠州始終堅持以科學發展觀的理念規劃城市，以生態環保的理念來建設城市，以惠民利民的理念管理城市，推動城市發展水平的全面提升。

站在新的歷史起點上，惠州將始終堅持「五位一體」，全力推動綠色跨越，力爭到 2017 年經濟總量突破 5000 億元，邁進珠三角第二梯隊，把惠州建設成爲經濟發達、生態優美、人民幸福、社會和諧的惠民之州。

信阳市人民政府市长　乔新江

一個美麗的城市一定是生態、宜居、宜業、宜遊的，也一定是誠信、開放、包容、和諧的。信陽始終把建設宜居信陽、美麗信陽、幸福信陽作爲提升城市競爭力的新動力、新價值和不懈追求，爲建設美麗信陽奠定了堅實的基礎。在建設美麗城市的實踐中，信陽深刻的體會到，生態文明是城市的核心競爭力，則生態環境是信陽城市最具競爭力的優勢。近年來，信陽堅持在「四個生態」的打造上狠下功夫，始終堅持生態優先的理念，以建設國家級生態示範區、淮河源生態功能保護區的契機，大力開展生物多樣性保護，以自然保護區爲主體的生物多樣性就地保護網絡基本形成。

中共徐州市委常委、宣传部部长　冯其谱

徐州是江蘇省重點規劃建設的三大都市圈（徐州都市圈）核心城市，是全國重要的交通樞紐城市和淮海經濟區中心城市，也是新亞歐大陸橋中國段五大中心城市之一。近幾年來，徐州加大力度、推進轉型升級新型工業化和生態文明建設，經濟社會保持了持續、健康、快速發展，全國地級以上城市第 32 位，走出了又好又快的發展之路。

梅州市人民政府副市长　杜敏琪

梅州正搶抓廣東省促進粵東西北振興發展的戰略機遇，圍繞「到 2020 年人均生產總值達到全國平均水平」的目標，堅守「維穩和環保」兩條底線，突出「交通基礎設施建設、產業園區建設和中心城區擴容提質」三大抓手，致力打造全國生態文明建設試驗區、廣東文化旅遊特色區、粵閩贛邊區域性中心城市和世界客都。梅州把加快經濟發展、做大經濟總量作爲第一要務，堅持產城聯動、城鄉互動，大力推進生態工業園區提質增效。

佳木斯市人民政府副市长　孙振勇

佳木斯市食品安全工作，從領導上高度重視，從源頭上全面治理，從產業環節上把控，從體制機制上保障，從綜合監管上强化，以創建食品安全城爲載體，全面實施推進並取得了明顯效果。全面推進食品安全體制機制建設。佳木斯市及所轄縣區均已成立政府食品安全監督協調辦公室，實現了食品安全職能向鄉鎮村屯、街道社區延伸，鄉鎮村屯、街道社區聘了信息員和協管員，實現了縱向到底，横向到邊的全覆蓋，實行了以報告制度、聯席會議制度爲主體的科學决策體系。

肇庆市人民政府副秘书长　陈义

新型工業化與新型城市化是區域發展的兩大引擎，肇慶市按照「企業進園區、園城相呼應」的思路，構建起「一核兩帶三板塊」的產業布局體系，建成了 30 多個產業園區和產業集聚基地。在產城互動新理念的指引下，肇慶經濟實現持續優質發展，近 5 年主要經濟指標增速均位居廣東省前列，地方生產總值和地方公共財政預算收入年均增長分別是 14.6% 和 27.1%。

牡丹江市人民政府副秘书长　李常武

牡丹江市致力於通過陸海、鐵海、陸空聯運，構築一線多點、跨越國境的現代物流網絡，全力推進牡丹江至大連港、丹東港、俄遠東港口、朝鮮羅津港、經滿洲裏至俄腹地五條出海出境大通道和總佔地面積 350 萬平方米、投資 30 億元的哈牡綏東國際物流園等 7 個物流園區建設，將逐步構建起內外聯動的現代物流體系。牡丹江開通借道俄遠東港口轉運上海、寧波和廣州，貨物「出境不出口」的陸海聯運大通道，比繞道大連港縮短運距 67%，運費和時間節省 20% 和 36%。

■ 中央人民政府駐香港特別行政區聯絡辦公室宣傳文體部副部長劉漢祺（左五）、中國城市競爭力研究會會長桂強芳爲獲獎城市頒獎，（順序從左至右）「中國最具競爭力城市」---- 六盤水、「中國最具幸福感城市」---- 青島、「中國十佳宜游城市」---- 肇慶，「中國十佳宜居城市」---- 惠州、「中國十佳宜居城市」---- 信陽、「中國十佳投資環境城市」---- 徐州、「中國十佳優質生活城市」---- 梅州、「中國十佳投資環境城市」——欽州、「中國十佳投資環境城市」——牡丹江

讓城市更優秀　讓世界更精彩

——賀第三屆「讓城市更優秀・城市頒獎禮」圓滿舉行

2013 年 12 月 10 日，由中國城市競爭力研究會主辦的第三屆「讓城市更優秀・城市頒獎禮」在香港會展中心隆重舉行。惠州、信陽、肇慶、徐州、青島、深圳、四平、佳木斯、梅州、牡丹江、聊城、欽州、六盤水等國内數十個城市政要和社會精英、專家學者等出席頒獎禮。

中國城市競爭力研究會會長桂强芳教授在頒獎禮上致辭説，城市未來價值、後續動力，以及城市面臨的新機遇新挑戰，是每一個城市領導人都需要積極思考的問題。縱觀以前的城市發展經驗，開放改革引入外資激發城市内在活力、結構調整産業轉型提高發展質量效益、加速裂變打造國際化乃至世界級城市群，這些可行性的實踐已經成就了一批優秀的城市先行者。但是，未來城市的路怎麼走？這是現階段需要面對的問題。隨着大數據時代的來臨，各行各業都將在數據時代找到創新的快捷方式，也爲城市動力增添了新的元素新的契機。這不僅僅是信息領域的革命，更是在全球範圍内啓動透明政府、企業創新、引領社會變革的利器。在可以預見的未來，從政府决策與服務，到人們包含衣食住行在内的生活方式，再到城市的産業布局和規劃，直到城市的運營和管理方式，都將在大數據支撑下走向「智能化」。

中國城市競爭力研究會於 1998 在香港成立以來，一直致力於中國城市發展的探索、研究，堅持與時俱進、積極創新、緊跟時代步伐、關注社會熱點問題。2013 年度在對中國城市競爭力的研究、考察、評價過程中，發掘、推出了年度最安全城市、最具幸福感城市、最具競爭力城市、十佳宜居城市、十佳宜遊城市、十佳空氣質量城市、十佳誠信政府、十佳投資環境城市、十佳高效政府、十佳優質生活城市、十佳食品安全城市、十佳和諧發展城市、十佳特色文化競爭力城市、十大創新城市等城市品牌。

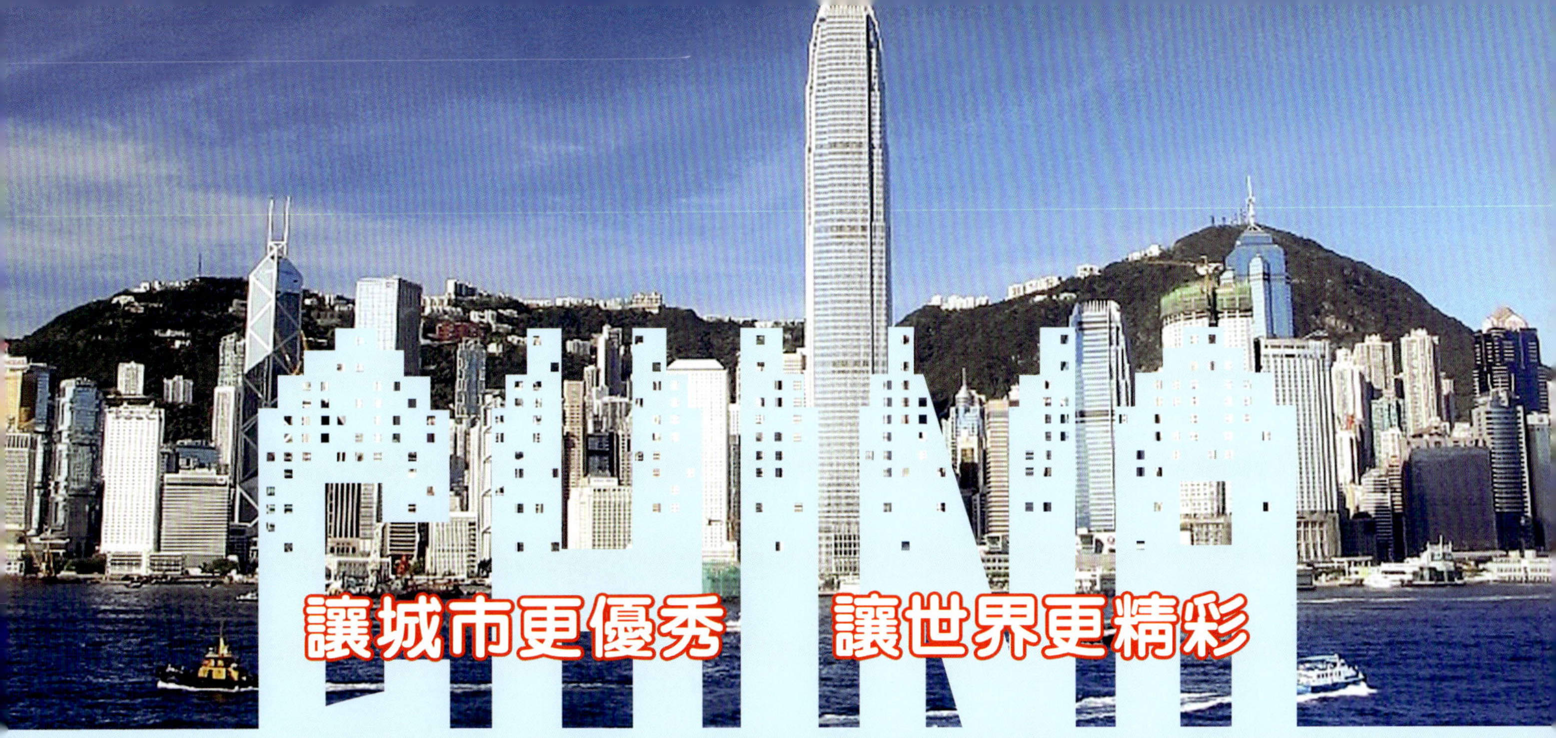

CHINA
INSTITUTE OF CITY COMPETITIVENESS

中國城市競爭力研究會
CHINA INSTITUTE OF CITY COMPETITIVENESS

——中國・香港——
China・Hongkong

中國城市競爭力研究會於1998年成立於香港，是全球最早成立的城市競爭力研究機構之一，是中國第一家爲城市提供全方位、多角度、高智力、專業化服務團體，專家學者來自中國大陸、香港、台灣、美國、英國等地。研究會擁有數百位城市專家，國家注册評估師達百餘人。中國城市競爭力研究會的創立，爲中國城市競爭力領域研究首開先河，爲續寫中國城市未來發展的輝煌與奇迹，爲推進中國兩岸四地城市化進程、經濟全面提升、加强城市之間的相互學習、借鑒與交流，爲城市首腦提供新思維、新戰略，爲世界城市的研究與發展做出了積極的貢獻。

本會已與一批國際知名城市、數百個中國城市、2000多家中外大型企業、跨國公司等建立了緊密聯繫，並已向香港、深圳、杭州、鄭州、濟南、貴陽、昆明、青島、烟台、威海、聊城、金華、鄂爾多斯、徐州、商丘、欽州、泰安、東興、銅仁、畢節、東營、惠州、肇慶、棗莊、通化、麗江、合肥、衢州、克拉瑪依、柳州等上百個國內外城市政府提供提升城市競爭力專項研究、招商引資、宣傳推廣及咨詢顧問服務。

服務內容

- 城市綜合競爭力戰略規劃
- 城市核心競爭力戰略規劃
- 城市新時期發展戰略研究
- 安全城市戰略規劃
- 宜居城市戰略規劃
- 幸福城市戰略規劃
- 美麗城市戰略規劃
- 生態城市戰略規劃
- 創新城市戰略研究
- 智慧城市戰略研究
- 宜遊城市戰略規劃
- 城市整體風貌特色規劃
- 城市風景區及旅遊發展規劃
- 城市建築設計
- 城市資產評估
- 城市項目投融資策劃
- 城市品牌建設與推廣
- 國際城市考察
- 締結國際友好城市
- 城市政要研修培訓
- 城市政府經濟顧問
- 舉辦香港論壇
- 城市專題論壇策劃
- 舉辦城市頒獎禮
- 研究發布城市排行榜
- 代理城市招商引資
- 城市會展會務全程服務
- 城市名企名產品策劃
- 城市企業赴港上市服務
- 城市核心企業經營管理顧問

聯繫方式：

香港總部：香港灣仔軒尼詩道338號北海中心29樓D室
Address:Unit D, 29/F, CNT Tower, 338 Hennessy Road, Wanchai, Hong Kong
秘書處(Tel):00852-25277992　25277980
傳真(Fax):00852-25277995

大陸地址：深圳市深南中路國際科技大厦31層
Address:31F International Technology Bldg,Shennan Road,Shenzhen,China
秘書處(Tel):86-0755-83279698　83279998
傳真(Fax):86-0755-83760148　郵編:518033
網址:Http://www.china-citynet.com

2014香港經濟前瞻

■ 香港会展中心

世界主要经济体回顾

從全球經濟形勢來看，2013 年第三季度，世界經濟繼續保持「雙速」增長的態勢，表現爲發達國家再一次成爲全球經濟增長的引擎，而新興經濟體則表現爲集體疲軟。自 2013 年第二季度以來，世界經濟增長格局已經發生了新變化。美國經濟受益於葉岩氣、高新技術等方面的推動，已表現出實質性復蘇迹象；日本經濟在安倍政府經濟政策的刺激下，已經呈現出明顯的政策性復蘇特點，連續兩個季度快速增長。歐元區經濟受益於歐元區核心國經濟表現良好，已經擺脱衰退，呈現周期性復蘇態勢，但走出困境尚需時日。中國大陸經濟隨着外貿紅利、人口紅利的逐步減弱等原因已告别超高速增長期，進入穩中求進、提質增效的中高速增長新階段。

美國

據美國商務部公布的修正數據顯示，第二季度美國國內生產總值按年率計算增長 2.5%，增速高於之前估測的 1.7%，也高於第一季度的 1.1%。能源革命等結構性變化將爲美國生產率增長提供支持，並遏制通脹壓力、提高居民購買力。盡管仍處於緊縮財政政策的不利影響之下，美國經濟下行和勞動力市場惡化的風險已經減弱，考慮到美國經濟調整取得的實際成效，就業狀况逐步改善，房地産和汽車消

費恢復良好，美國經濟已經邁上復蘇之路。

歐盟

受內需與出口的提振，歐盟正逐步走出債務危機引發的經濟衰退，歐盟統計局數據顯示，歐元區第二季度季調後 GDP 修正值季增長 0.3%，與初值一致，符合市場預期，歐元區經濟擺脱連續 6 個月的衰退，經濟恢復增長。默克爾優勢連任，有利於歐盟和歐洲央行政策的連續性，也有利於歐元區朝「歐元鞏固」的方向發展，歐元區第二大經濟體法國也在逐漸好轉，西班牙等南歐國家出現向好迹象。歐債危機是一個重要的不確定因素，是世界經濟面臨的最大風險。歐債危機已持續四年，但歐元區國家仍未完全化解這一債務難題。歐盟經濟雖然繼續惡化的可能性不大，但短期難有較大起色。

日本

日本首相安倍晋三推行的經濟改革已滿一年，「安倍經濟學」推動日本連續三個季度實現增長，工業生產改善，出口明顯回升，企業利潤尤其是製造業利潤大幅增長，PMI 顯示製造業迅速擴張，就業也有所改善，就業機會持續增加。日本銀行從 2013 年 4 月開始實施大規模買入國債的政策，使得日本在經歷 15 年通貨緊縮後，通貨膨脹率首次出現正值，CPI 創近 5 年新高，8 月同比增長 0.9%。日本經濟正在走出通縮，股市活力增加，日元匯率維持在對出口有利的低位。作爲亞洲第二大經濟體的日本，在推行全面改革措施的過程中將會對香港經濟產生影響。

中國内地

2012 年中國内地的資料初步確認經濟活動已經見底回升，特别是内需環節，零售總額呈現更快的雙位數增長，工業增加值亦恢復雙位數增長，固定資産投資按年增幅亦維持在 20% 以上。但目前中國内地經濟仍舊面臨着經濟復蘇的可持續性和地方債務規模的不確定性問題。中共十八届三中全會確定的全面深化改革將會對香港的各行業産生深遠的影響，尤其是香港的服務業。

香港经济基本分析

經濟增長速度較上年有所加快

香港經濟自 2012 年表現欠佳之後，受惠於私人消費的繼續穩步增長、大量基建工程的推進，及美國經濟的緩慢復蘇，2013 年整體情况也相對好轉，前兩季度與上年同期比較，地區生產總值變動百分率分别爲 2.9% 和 3.3%，較 2012 年 1.4% 的經濟增長率，分别提升 1.5 和 1.9 個百分點，相比 2012 年第四季度的 2.8%，分别提升 0.1 和 0.5 個百分點。11 月 21 日，特區政府統計處根據綜合消費物價指數，公布的 2013 年 10 月份整體消費物價同比上升 4.3%，剔除所有政府一次性紓困措施影響的基本通脹率爲 4%，略低於年初香港財政司 4.5% 的增長預期。特區政府發言人表示，輸入通脹目前僅屬輕微，加上自 2013 年年初新訂住宅租約租金的升幅放緩，應在短期内有助減少通脹的上行風險。港府也在密切關注通脹環境，特别是通脹對低收入人士的影響。

對外貿易仍舊嚴峻

2012 年香港對外貿易增長乏力，進口、港産品出口、轉口貿易、整體貨物出口增長速度全面放緩，增速分别爲 3.9%，-10.4%，3.2%，2.9%，增長速度爲近三年來的最低點。2013 上半年又受到碼頭工人罷工事件的影響，對外貿易受到一定影響，在該事件平息之後，進口、轉口貿易有所好轉，9 月對外貿易進口、轉口總額分别爲 3598.41 億港元和 3134.36 億港元，爲 2013 年單月峰值，較上年增加 3.6% 和 3.4%，對外貿易形勢雖有所好轉，但仍舊嚴峻。（見表一）

表一 2010–2012 年香港對外貿易增長情況

年份	2010 年	2011 年	2012 年
進口增長率 (%)	25.0	11.9	3.9
港產品出口增長率 (%)	20.4	–5.5	–10.4
轉口貿易增長率 (%)	22.8	10.5	3.2
整體貨物出口增長率 (%)	22.8	10.1	2.9

數據源：香港統計月刊 2013 年 11 月

金融業相對穩定

香港是世界金融中心城市，2013 年 8 月，香港外匯儲備資産爲 3039.02 億美元，較 2012 年底的 3173.62 億美元減少了 134.5 億美元，各類存款總額爲 86281.17 億港元，較 2012 年底的 76892.20 億港元增加 9388.97 億港元，恒生指數由 2012 年底的 22656.92 點，上升到 2013 年 10 月 31 日的 23206.37 點，主板市場總市值也由 21.87 萬億港元上升到 23.30 萬億港元。而隨着人民幣國際化的不斷推進，香港離岸人民幣資金池也逐漸增大，香港的人民幣業務實現持續增長。

失業率維持在 3.3% 的低位水平

根據香港統計處的數據，2012 年香港的失業率爲 3.3%，處於較低水平，2013 年 1–3 月和 4–6 月的失業率略有增加，爲 3.5%，7–9 月的失業率回歸到 3.3% 較低水平，與上年同期水平相當。分行業看，7–9 月失業率最高的行業爲零售住宿及膳食服務，失業率爲 4.7%，失業率最低的行業是社會及個人服務，失業率僅爲 1.6%。

政策效果顯著，房地産市場振蕩下行

據香港土地注册處的數據顯示，2013 年 10 月香港僅出售 3426 套住宅單元，同比降 60.7%，環比降 7.1%。截至 10 月的三個月内，所有種類建築單元銷售數量爲 2001 年 3 月以來最低。豪宅方面，2013 年第三季價格超過 1200 萬港元的豪宅買賣合約登記僅有 607 宗，價值 167.44 億港元，較第二季分别下跌 13.2% 及 10.8%，創下自 2008 年以來的最低成交量。2013 年 11 月 15 日，反映香港二手樓價走勢的中原城市領先指數最新報 119.93，按星期下跌 0.65%。

旅遊業繼續保持良好增長勢頭

香港旅遊業在 2013 年第三季表現依然穩健。前三季度，訪港總人數達到 3986.47 萬人，其中内地旅客爲 2992.12 萬人，佔到訪港旅客的 75.06%。整體訪港旅客較去年同期顯著增加 11.1%，達到 1450 萬人次，内地訪港旅客仍然是主要增長動力。其他旅遊市場則普遍表現疲弱，來自短途市場及長途市場的訪港旅客人次分别下跌 2.4% 及 4.0%。按留港時間分析，入境不過夜旅客及過夜旅客人次分别上升 12.5% 及 9.6%。入境不過夜旅客佔訪港旅客總人次的比例由去年同期的 50.8% 升至 51.5%，而過夜旅客的比例則由 49.2% 跌至 48.5%。同時，酒店房間平均入住率在第三季處於 90% 的高水平。(見圖一)

航運表現有升有降

2013 年第三季度對外貿易在外圍環境不穩的影響下表現欠佳，令物流業繼續受到拖累。整體貨櫃吞吐量在第三季較去年同期再跌 4.8% 至 560 萬個二十呎標準貨櫃單位。相比之下，空運吞吐量在第三季表現較佳，較去年同期温和上升 1.2% 至 102 萬公噸。大部分主要運輸工具的交通流量在第三季繼續上升。航空旅客量較去年同期顯著上升 8.4% 至 1580 萬人次，部分原因是由於訪港旅客增加所致。

圖一 訪港旅客變化情況圖

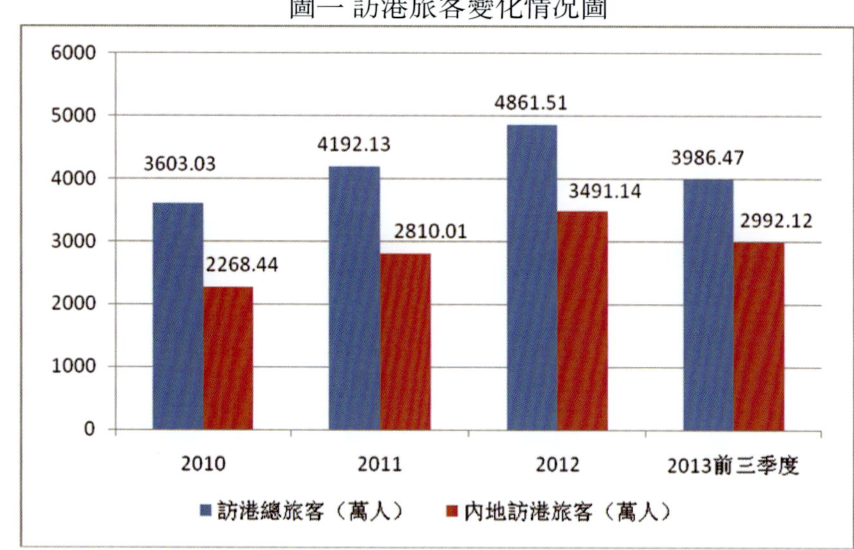

■ 香港星光大道

經濟將實現平穩增長

2013年第三季度，世界經濟繼續保持增長態勢，美國經濟已表現出實質性復蘇迹象；日本經濟在安倍政府經濟政策的刺激下，連續兩個季度快速增長；盡管歐元區經濟走出困境尚需時日，但已擺脱衰退，呈現周期性復蘇態勢；中國大陸經濟進入穩中求進、提質增效的中高速增長新階段。隨着全球主要經濟體的經濟復蘇，歐美及亞洲市場的不斷改善，將帶動香港的出口需求。中國大陸十八屆三中全會推出的新一輪改革過程中，香港的幾大優勢産業，包括金融、專業服務、物流業及社會管理等，都可爲香港引入新的動力。也爲香港金融業進一步進入和融入内地市場創造了優質條件和巨大商機。總體來説，未來的香港經濟形勢將進一步改善。

房價將進一步回落

自從2013年2月香港實施最嚴厲的房地産調控政策以來，内地購房者鋭減，樓市成交量下滑至10年來最低點，更有多家歐美銀行預測香港房價2014年將大跌20%-30%。美國銀行集團美林分行的房地産分析師指出，因爲供應充足，再加上利率可能上調，2013年香港房價有望下調5%，明年再下降15%。瑞士銀行也預計香港房價2014年有可能下降15~20%。

失業率維持低位水平

香港在2013年失業率維持穩定的同時，職位空缺人數（公務員除外）也較2012年的65095人，增加到2013年6月的77858人。由於職位空缺數量直接關係到未來的就業形勢，未來香港的失業率也將繼續維持在較低水平線上。

金融業競爭加劇

從目前來看，上海自貿區的成立，還未對香港金融業帶來强大衝擊，但今後隨着自貿區内的利率市場化、金融産品創新、放開資本賬目管制的進行；若中國内地自貿區也能够提供與香港同樣的低税收環境，一旦時機成熟，那麽有的企業可能將總部搬離香港，落户上海，這將削弱香港的中心地位。而深圳前海、南山、横琴的開發，也將加劇香港金融業的競爭環境。

旅遊業繼續保持良好增長勢頭

受惠於中國内地對港的積極影響，預計2014年香港旅遊業將繼續暢旺趨勢，但增速將有所放緩。隨着中國大陸的進一步開放，内地民衆走出國門將更加便利，訪港的内地旅客人數將會進一步增加。由數據分析可以得到，訪港客源地主要是内地，但内地旅客訪港增長率正在逐步下降。

航運將面臨更大的挑戰

香港的航運繼續受到上海、深圳、廣州、新加坡等周邊城市的强力競爭，港口的貨運量繼續保持下降趨勢，受中國内地訪港旅客激增影響，航空旅客吞吐量和航空貨運吞吐量繼續保持上升的趨勢，但前景並不十分樂觀。

綜合競爭力首次被上海超過，但城市資産質量與效益仍居榜首地位

在第十二届（2013）中國城市競爭力排行榜中，上海因中央政府設立第一個國家級自由貿易試驗區等綜合因素的驅動與影響，城市綜合競爭力首次超過香港。但香港作爲亞太地區主要的國際金融、貿易、船運、旅遊和信息中心，擁有全球最繁忙的貨櫃港，是全球最主要黄金交易中心之一和全球經濟發展最自由的地區之一，也是城市資産質量效益與城市經濟安全、生態安全、社會安全、信息安全程度綜合比較最高的城市，在競爭力排行榜中，香港競爭力獨特優勢表現依然突出，分别在中國城市資産質量排行榜、中國最安全城市排行榜等榜單中名列榜首。

2014中國城市分類優勢排行榜揭曉

■ 2014 中国城市分类优势排行榜新闻发佈会

2014 年 7 月 23 日，2014 中國城市分類優勢排行榜暨香港下半年經濟預測新聞發佈會在香港世貿中心隆重舉行。

主辦方中國城市競爭力研究會發佈了 2014 中國省區、直轄市綜合競爭力排行榜，2014 中國省區、直轄市成長競爭力排行榜，以及 2014 中國城市管理十大杰出政要排行榜、2014 中國城市科技競爭力排行榜、2014 中國城市商業貿易競爭力排行榜、2014 世界十大智慧城市排行榜、2014 中國十佳宜居城市排行榜、2014 中國最具幸福感城市排行榜、2014 中國十大創新城市排行榜、2014 中國城市文化形象競爭力排行榜、2014 中國十佳食品安全城市排行榜、2014 中國十佳空氣質量城市排行榜、2014 中國最美麗城市排行榜、2014 中國最乾淨城市排行榜、2014 中國十佳誠信政府排行榜、2014 中國十佳和諧發展城市排行榜、2014 中國城市人力資本教育競爭力排行榜、2014 中國十佳投資環境城市排行榜、2014 中國十佳開發潛力城市排行榜、2014 中國十佳投資環境縣排行榜、2014 中國十佳宜居縣排行榜、2014 中國最美麗縣排行榜、2014 中國縣域綜合競爭力排行榜、2014 中國最具幸福感縣級城市排行榜、2014 中國十大美麗鄉鎮排行榜共 25 個分類榜單。

本次發佈的榜單是中國城市競爭力研究會依據其自主創立的 GN 評價指針體系，組織上百名專家、學者，根據翔實的基礎資料及大量調查研究，歷時一年，對包括內地及港、澳、臺在内的中國 34 個省、直轄市、自治區、特別行政區及 358 個地級以上城市（州、地區、盟）之綜合競爭力、成長競爭力，以及單項、專項競爭力和分類優勢進行分析比較後的最新研究成果。

中國城市競爭力研究會自 1998 年在香港創辦以來，始終堅持「立足香港、服務中國、走向世界」的宗旨，秉承「獨立、客觀、公正」的原則，致力於中國城市競爭力研究，發現城市發展過程中遇到的問題和不足，找到城市發展的合理路徑，促進城市可持續發展。

香港綜合優勢仍然明顯 多項排行名列榜首

香港作爲亞太地區主要的國際金融、貿易、船運、旅遊和信息中心，擁有全球最繁忙的貨櫃港和全球主要黃金交易中心，憑借這些優勢，香港在「2014 中國城市商業貿易競爭力排行榜」穩居榜首。

另外，香港在「2014 中國最乾淨城市排行榜」中位列第 1，在「2014 中國十佳誠信政府排行榜」、「2014 中國城市人力資本教育競爭力排行榜」、「2014 中國十佳食品安全城市排行榜」中均居第 2 位，在「2014 中國城市科技競爭力排行榜」、「2014 中國城市文化形象競爭力排行榜」中均居第 3 位，綜合優勢仍然明顯。

政治爭拗持續 下半年經濟審慎

近十年來，由於各種因素，致使香港經濟增速緩慢。與此相對，中國大陸經濟在保持多年的高速增長之後，城市競爭力日益增强，與香港的差距逐年縮減。特別是上海、北京、深圳等城市的崛起，使香港地位受到較大挑戰。在本次發佈的榜單中，香港在「2014 中國省區、直轄市綜合競爭力排行榜」和「2014 中國省區、直轄市成長競爭力排行榜」中，分列第 6、第 18 位，與去年相比，排名均下降了 1 位。

對此，中國城市競爭力研究會會長桂强芳表示，香港的經濟發展比較成熟，其增速難以與大陸其他城市相比，所以香港競爭力下跌是必然趨勢。他同時指出，「金磚五國」總部銀行落户上海、上海自貿區和深圳前海現代服務區的創建等，都將對香港國際金融中心地位帶來直接影響。

本屆發佈會還特別增加了香港下半年經濟預測研究成果發佈環節。中國城市競爭力研究會副會長何智榮在會上對香港經濟現狀及下半年經濟走向進行了分析預測，他表示，香港經濟雖仍然極具競爭優勢，但面臨激烈競爭，隨着內地自貿區興起，未來有面臨邊緣化的可能；香港金融中心地位穩固，但受社會政治等不確定因素影響，香港金融業下半年或有震蕩可能；房地產調控成效顯現，價格將緩慢回落；貿易航運競爭加劇，仍可保持低速增長。整體來看，在現有的社會經濟格局和相關政策不變的情況下，香港下半年經濟整體審慎，預計經濟增長率爲 2.9%–3.2%。

大陸城市競爭力增强 深圳創新、美麗摘冠

十年來，中國大陸經濟高速增長，內地城市競爭力持續增强，不斷朝着國際化城市方向前進，與香港的差距逐步縮小。深圳作爲中國重要的國際門户，是世界上發展最快、中國經濟最發達的城市之一，曾創造舉世矚目的「深圳速度」，現已成爲具有一定影響力的國際化城市。

「自主創新」一直是深圳的城市靈魂和發展動力，在此次發佈的「2014 中國十大創新城市排行榜」中，深圳名列榜首。在中國城市競爭力研究會副會長、深圳大學教授魏達志看來，深圳獲此榮譽並不偶然。他說：「深圳最智慧的一點就是率先發展高新技術產業，支持企業創新。在科研機構和高等院校較少的深圳，申請科研專利卻能達到全國第一。」同時，憑借超前的城市規劃、獨特的建築風格、優美的市容環境，深圳在「2014 中國最美麗城市排行榜」中摘冠。另外，深圳亦在其它多個榜單中榮獲殊榮。

擴大研究領域 新增10榜

與往年相比，本次新增了 10 個榜單，分別爲：2014 中國城市管理十大杰出政要排行榜、2014 中國城市科技競爭力排行榜、2014 中國城市商業貿易競爭力排行榜、2014 世界十大智慧城市排行榜、2014 中國最乾淨城市排行榜、2014 中國城市人力資本教育競爭力排行榜、2014 中國十佳投資環境縣排行榜、2014 中國十佳宜居縣排行榜、2014 中國最美麗縣排行榜、2014 中國最具幸福感縣級城市排行榜。這些新榜單着眼於可持續發展和科技進步，旨在促進城市在生態環境、科技文化軟實力、城市管理水平等方面的提升，是難得的亮點。

智慧城市是當前世界城市的發展潮流和方向，爲了更好地學習、借鑒世界智慧城市成功經驗，中國城市競爭力研究會制定了《GN 智慧城市評價指標體系》，包括智慧城市基礎設施、智慧城市管理、智慧化城市經濟、人文科學素養、軟件環境建設、智慧城市市民主觀感知在內的 6 項一級指標、23 項二級指標、79 項三級指標，評出了東京、紐約、倫敦、巴黎、新加坡、維也納、哥本哈根、柏林、塔林、臺北十大智慧城市。

中國城市競爭力研究會作爲在香港、中國大陸最早涉足城市競爭力研究領域的學術機構，每年發佈的「中國城市分類優勢排行榜」已成爲具有權威性和公信力的知名品牌，得到社會各界廣泛認可。未來，研究會將不斷開拓創新，以促進城市可持續發展爲宗旨，爲把中國城市建設成爲經濟指數高、文化特色濃、人居環境好、投資條件佳、安全系數高的和諧美麗城市而不懈努力。

2014中國城市分類優勢排行榜榜單

2014年7月23日，中國城市競爭力研究會在香港世貿中心發佈了2014中國城市分類優勢競爭力排行榜。

此次發佈的榜單是中國城市競爭力研究會依據其自主創立的GN評價指標體系，組織上百名專家、學者，根據翔實的基礎資料及大量調查研究，歷時一年，對包括內地及港、澳、臺在內的中國34個省、直轄市、自治區、特別行政區及358個地級以上城市（州、地區、盟）之綜合競爭力、成長競爭力，以及單項、專項競爭力和分類優勢進行分析比較後的最新研究成果。

—— 2014中國省區、直轄市綜合競爭力排行榜 ——

中國城市競爭力研究會對中國省區綜合競爭力的總體評價，是以經濟、地理與行政劃分爲基礎，對中國兩岸四地省、區、直轄市及特別行政區進行系統而全面的研究與評價。

《GN中國省區、直轄市綜合競爭力評價指標體系》涵蓋經濟、社會、環境、文化四大系統，由包括經濟競爭力指數、產業競爭力指數、財政金融競爭力指數、商業貿易競爭力指數、基礎設施競爭力指數、社會體制競爭力指數、環境/資源/區位競爭力指數、人力資本教育競爭力指數、科技競爭力指數和文化形象競爭力指數在內的10項一級指標、50項二級指標、217項三級指標組成。

上海

排名	省域	總分	排名	省域	總分
1	廣東	15226.08	18	安徽	7781.51
2	江蘇	14218.35	19	重慶	7619.74
3	山東	13536.87	20	內蒙古	7583.95
4	浙江	12849.95	21	廣西	7182.66
5	上海	12563.54	22	黑龍江	6891.61
6	香港	11587.63	23	陝西	6787.09
7	臺灣	11372.73	24	雲南	6629.83
8	北京	11014.61	25	吉林	6425.29
9	天津	10261.67	26	江西	6166.87
10	遼寧	9781.53	27	山西	6081.22
11	河南	9319.81	28	貴州	5850.78
12	福建	9034.96	29	新疆	5679.41
13	澳門	8849.78	30	甘肅	5086.59
14	河北	8730.92	31	海南	4811.17
15	四川	8242.32	32	寧夏	4789.51
16	湖北	8158.40	33	青海	4421.43
17	湖南	8079.42	34	西藏	4063.81

2014 中國省區、直轄市成長競爭力排行榜

省區、直轄市成長競爭力是指其在動態發展的過程中，充分挖掘其潛在的潛能，不斷完善社會組織體制，展示其創新活力並依據可持續發展的內在規律逐步提升自身綜合競爭力的能力。

《GN 中國省區、直轄市成長競爭力評價指標體系》由包括實力指數、潛力指數、活力指數、能力指數在內的 4 項一級指標，29 項二級指標，67 項三級指標組成。

■ 天津

排名	省域	總分	排名	省域	總分
1	天津	8458.97	18	香港	5047.32
2	廣東	8085.98	19	湖南	5000.51
3	江蘇	7935.09	20	安徽	4991.13
4	四川	7271.30	21	浙江	4923.21
5	山東	7125.53	22	雲南	4656.63
6	重慶	7005.52	23	福建	4608.13
7	貴州	6948.17	24	江西	4391.59
8	內蒙古	6870.61	25	廣西	4269.54
9	湖北	6579.95	26	河北	4212.25
10	臺灣	6320.84	27	黑龍江	4108.79
11	陝西	6098.36	28	新疆	3940.33
12	上海	5836.72	29	山西	3926.51
13	吉林	5675.06	30	甘肅	3877.02
14	北京	5620.82	31	海南	3841.28
15	河南	5535.87	32	西藏	3634.27
16	澳門	5266.21	33	青海	3321.01
17	遼寧	5073.19	34	寧夏	3061.82

2014 中國城市管理十大杰出政要排行榜

城市管理杰出政要主要特徵是：城市規劃超前、城市理念創新、城市建設合理、城市運營科學、城市管理國際化、城市領導魄力。

《GN 中國城市管理杰出政要評價指標體系》由包括城市規劃、城市建設、城市運營、城市管理國際化、領導魄力等 4 項一級指標、32 項二級指標構成。

排名	傑出政要
1	天津市長黃興國
2	重慶市長黃奇帆
3	新北市長朱立倫
4	哈爾濱市委書記林鐸
5	深圳市長許勤
6	濟南市長楊魯豫
7	武漢市長唐良智
8	寧波市委書記劉奇
9	大連市長李萬才
10	成都市長葛紅林

天津市长黄兴国

重庆市长黄奇帆

新北市长朱立伦

哈爾濱市委書記林鐸

深圳市長許勤

濟南市長楊魯豫

武漢市長唐良智

寧波市委書記劉奇

大連市長李萬才

成都市長葛紅林

—— 2014 中國城市科技競爭力排行榜 ——

排名	城市	總分
1	北京	6465.92
2	上海	5575.62
3	香港	5306.68
4	廣州	2382.46
5	臺北	2361.76
6	深圳	2349.78
7	天津	2318.79
8	南京	1959.59
9	杭州	1851.30
10	武漢	1840.52

科技競爭力是對城市科技投入、科學研發、科研成果轉化等因素的綜合評價，其特徵是：科技投入比重大、科研機構院所眾多、科技人力資本雄厚、科研轉化率高。

城市科技競爭力比較評價指標體系包括科技投入指數、科研人力資本指數、科研機構指數、科技創新指數和科研成果轉化指數 5 個二級指標，18 個三級指標。

香港

广州

台北

—— 2014 中國城市商業貿易競爭力排行榜 ——

商業貿易競爭力是對城市在商品收購、調運、存儲和銷售能力等方面的綜合評價，其特徵是：商業貿易規模大、進出口商品價值總量高、商貿機構和從事商貿活動的人員多、貿易頻繁。

城市商業貿易競爭力比較評價指針體系包括商貿規模指數、商貿人力資本指數、外貿指數、居民消費指數、商貿機構指數 5 個二級指標，18 個三級指標。

深圳

杭州

苏州

排名	城市	總分
1	香港	5734.62
2	北京	4665.70
3	上海	3697.41
4	廣州	2226.58
5	深圳	1849.83
6	天津	1722.61
7	臺北	1432.87
8	杭州	1420.59
9	蘇州	1393.82
10	新北	1272.90

2014 世界十大智慧城市排行榜

智慧城市指的是一個復雜的，相互作用的城市系統，本質在於信息化與城市化的高度融合，是城市信息化向更高階段發展的表現。其特徵是：全面透徹的感知、寬帶泛在的互聯、智慧融合的應用以及智慧化的經濟。

《GN 智慧城市評價指標體系》由包括智慧城市基礎設施、智慧城市管理、智慧化城市經濟、人文科學素養、軟件環境建設、智慧城市市民主觀感知在內的 6 項一級指標、23 項二級指標、79 項三級指標組成。

排名	城市	總分
1	東京	93.78
2	紐約	91.67
3	倫敦	90.40
4	巴黎	88.44
5	新加坡	87.69
6	維也納	85.27
7	哥本哈根	82.95
8	柏林	81.45
9	塔林	79.67
10	臺中	75.29

东京

纽约

2014 中國十佳宜居城市排行榜

排名	城市	總分
1	珠海	88.29
2	成都	87.07
3	金華	85.59
4	惠州	83.81
5	信陽	80.56
6	煙臺	78.87
7	合肥	76.81
8	南寧	75.40
9	曲靖	73.56
10	遂寧	72.33

宜居城市是指對城市適宜居住程度的綜合評價。其特徵是：環境優美，社會安全，文明進步，生活舒適，經濟和諧，美譽度高。

《GN 中國宜居城市評價指標體系》由包括生態環境健康指數、城市安全指數、生活便利指數、生活舒適指數、經濟富裕指數、社會文明指數、城市美譽度指數在內的 7 項一級指標，48 項二級指標，74 項三級指標組成。

珠海

成都

2014 中國最具幸福感城市排行榜

排名	城市	總分	排名	城市	總分
1	哈爾濱	96.86	16	柳州	80.74
2	南京	96.07	17	昆明	79.38
3	惠州	95.67	18	香港	78.94
4	杭州	94.25	19	合肥	78.59
5	青島	93.64	20	金華	77.86
6	寧波	92.59	21	麗江	76.43
7	煙臺	91.70	22	徐州	75.96
8	信陽	90.65	23	梅州	75.32
9	成都	89.79	24	紹興	73.47
10	濟南	89.44	25	深圳	72.88
11	威海	88.04	26	南昌	72.12
12	珠海	87.42	27	撫順	71.49
13	肇慶	85.60	28	東營	70.32
14	蘇州	83.86	29	四平	69.66
15	重慶	82.39	30	湖州	68.29

惠州

城市幸福感是指城市市民主體對所在城市的認同感、歸屬感、安定感、滿足感，以及外界人群的向往度、贊譽度。其特徵是：市民普遍感到城市宜居宜業，地域文化獨特、空間舒適美麗、生活質量良好，生態環境優化，社會文明安全，社會福利及保障水平較高。

《GN 中國幸福感城市評價指標體系》由包括滿足感指數，生活質量指數，生態環境指數，社會文明指數，經濟福利指數在內的 5 項一級指標、21 項二級指標、47 項三級指標組成。

2014 中國十大創新城市排行榜

創新城市是指以科技創新爲動力、以文化創新爲基礎、以增强自主創新能力爲主導、以轉變經濟增長方式爲中心、以提高城市競爭能力爲目標的城市。其特徵是：具備創新意識，積聚創新資源，發揮創新作用，創造創新成果，把創新作爲基本驅動力推動城市的發展，高端輻射或引領其所在城市群以及更大範圍的其他區域。

《GN 中國創新城市評價指標體系》由包括經濟創新指數、政治創新指數、科教創新指數、文化創新指數、生態環保創新指數在內的 5 項一級指標、28 項二級指標、123 項三級指標組成。

排名	城市	總分
1	深圳	91.15
2	蘇州	90.97
3	合肥	89.85
4	天津	88.29
5	廣州	85.72
6	南京	83.05
7	杭州	79.68
8	西安	78.72
9	青島	75.60
10	鄭州	74.93

青島

郑州

2014 中國城市文化形象競爭力排行榜

文化形象競爭力是城市歷史文化、市民意識、城市景觀、城市氛圍等因素的綜合體現，其特徵是：城市文化設施完備、文化意識濃厚、文化資源豐富、品牌效果突出。

城市文化競爭力比較評價指標體系包括文化設施指數、文化意識指數、文化資源指數、城市營銷能力指數等 4 項二級指標，16 項三級指標。

■ 西安

■ 武汉

排名	城市	得分
1	北京	4901.88
2	上海	3983.85
3	香港	3463.78
4	廣州	2893.81
5	深圳	2752.83
6	杭州	1408.26
7	南京	1145.14
8	西安	1133.12
9	武漢	1110.93
10	蘇州	1060.69

2014 中國十佳誠信政府排行榜

排名	城市	總分
1	臺北	93.45
2	香港	92.03
3	澳門	89.06
4	哈爾濱	87.76
5	濟南	86.74
6	徐州	85.23
7	六盤水	84.01
8	四平	82.47
9	聊城	80.75
10	衢州	78.07

■ 澳門

誠信政府是指政府在指導和參與經濟社會活動過程中表現出的守信程度。其特徵是：信守承諾，政務公開，履約率高，依法依規辦事，公共形象好，投資者滿意度高，經濟開放度高，經濟發達。

《GN 中國誠信政府評價指標體系》由包括政府信用評級指數，政務公開指數，政府公共形象指數和經濟行爲指數在内的 4 項一級指標、15 項二級指標、60 項三級指標組成。

2014 中國十佳和諧發展城市排行榜

和諧發展城市是指人與自然、社會與經濟、政府與市民的共生、有序狀態，是對城市和諧有效發展的綜合評價。其特徵是：民主法治、公平正義、誠信友愛、充滿活力、安定有序、人與自然和諧相處。

《GN 中國和諧發展城市評價指標體系》由包括生活質量指數、社會公平指數、居民幸福指數、社會安全指數、城市生態指數、城市人文指數在内的 6 項一級指標、12 項二級指標、42 項三級指標組成。

■ 合肥

排名	城市	總分
1	合肥	94. 33
2	金華	90. 49
3	萊蕪	84. 75
4	遵義	82. 62
5	揚州	80. 40
6	東營	77. 53
7	玉溪	75. 06
8	克拉瑪依	74.23
9	包頭	73.71
10	瀘州	71. 68

2014 中國十佳食品安全城市排行榜

■ 佳木斯

食品安全指食品無毒、無害，符合應當有的營養要求，對人體健康不造成任何急性、亞急性或者慢性危害。同時，食品安全也是大衆話題，需要政府的持續監督管理。

《GN 中國食品安全城市評價指針體系》由食品質量安全、食品法規、食品安全監督與管理、食品安全技術與資金支持和食品安全信息、教育、交流和培訓在內的 5 個一級指標、15 個二級指標和 49 個三級指標構成。

排名	城市	總分
1	台中	97.03
2	香港	95.40
3	澳門	93.66
4	佳木斯	89.88
5	西寧	86.59
6	齊齊哈爾	78.66
7	宜昌	75.46
8	石家莊	74.08
9	延邊	73.13
10	嘉峪關	71.49

2014 中國十佳空氣質量城市排行榜

排名	城市	總分
1	延邊	88.67
2	海口	86.78
3	台東	85.53
4	舟山	83.93
5	惠州	82.36
6	拉薩	79.99
7	三明	77.43
8	北海	75.87
9	珠海	74.54
10	保山	72.88

■ 延邊

空氣質量城市是指城市空氣質量日均值達到國家一級標準，空氣質量爲優，區域污染物濃度很低（二氧化硫、二氧化氮、PM10、PM2.5、臭氧等等），符合自然保護區、風景名勝區空氣質量要求。

《GN 中國空氣質量城市指針體系》由環境指標、政策法規指數、基礎設施指數 3 項一級指數，25 項二級指標組成。

2014 中國最幹净城市排行榜

最幹淨城市是指：城市綠化覆蓋率高，建築物整潔美觀，主次幹道、街巷路面清潔，垃圾、污水處理率高，城市清掃保潔制度落實到位。

《GN 中國最幹淨城市評價指標體系》包括城市綠化指數、建築物整潔美觀指數、生活環境清潔指數、廢弃物處理指數、清掃保潔指數等 5 項一級指標、21 項二級指標組成。

■ 厦門

排名	城市	總分
1	香港	92.12
2	澳門	90.76
3	高雄	88.67
4	哈爾濱	87.81
5	厦門	86.36
6	柳州	85.09
7	寶雞	83.21
8	瀘州	81.11
9	日照	79.34
10	張家界	77.53

2014 中國最美麗城市排行榜

美麗城市的主要特徵是城市規劃設計合理，基礎設施完善，建築個性鮮明且整體協調，文化底蘊深厚，自然環境優美。《GN 中國美麗城市評價指標體系》由包括城市規劃設計美、城市基礎設施美、城市建築美、城市文明美、城市自然環境美和城市公衆口碑美在内的 6 項一級指標、17 項二級指標、62 項三級指標組成。

■ 深圳

■ 杭州

■ 拉薩

排名	城市	美態定位 2014	總分
1	深圳	青春都市美	96.25
2	杭州	湖光山色美	95.02
3	青島	碧海帆船美	94.87
4	拉薩	高原聖城美	94.69
5	惠州	山湖綠地美	93.56
6	煙臺	蓬萊仙境美	91.40
7	珠海	恬靜閒適美	91.09
8	昆明	浪漫春色美	90.81
9	哈爾濱	北國風光美	88.74
10	大連	北方時尚美	88.28
11	信陽	山水茶都美	87.81
12	南京	秦淮古風美	87.50
13	南寧	南國綠城美	86.63
14	肇慶	硯都綠道美	86.13
15	柳州	青山秀水美	85.72
16	牡丹江	林海雪鄉美	85.41
17	徐州	兩漢文風美	84.23
18	聊城	江北水城美	83.67
19	鄭州	中原腹地美	82.71
20	貴陽	山水黔都美	81.59
21	威海	碧水沙灘美	80.22
22	欽州	南海之濱美	79.90
23	濟南	山湖泉城美	79.15
24	洛陽	洛水神都美	78.33
25	揚州	煙花三月美	77.77
26	銀川	西夏古都美	76.52
27	玉溪	碧玉溪清美	74.16
28	長春	北方春城美	73.62
29	秦皇島	觀海聽濤美	73.05
30	黄山	步步生奇美	72.14

2014 中國城市人力資本教育競爭力排行榜

■ 北京

人力資本教育競爭力是對城市教育水準和人才因素等方面的綜合評價，其特徵是：城市具備一定的人力資本規模、人才引進政策優惠、對人才的吸引力大、人力資本素質高、教育設施完備、投入大。

城市人力資本教育競爭力比較評價指針體系包括人力資本規模指數、人力資本素質指數、人力資本投入指數、人力資本吸引指數和人力資本設施指數等 5 個二級指標，22 個三級指標。

排名	城市	總分
1	北京	3955. 98
2	香港	3368. 16
3	上海	3324. 64
4	臺北	2277. 77
5	廣州	2197. 05
6	天津	1971. 62
7	深圳	1844. 40
8	南京	1812. 03
9	澳門	1614. 80
10	武漢	1578. 60

2014 中國十佳投資環境城市排行榜

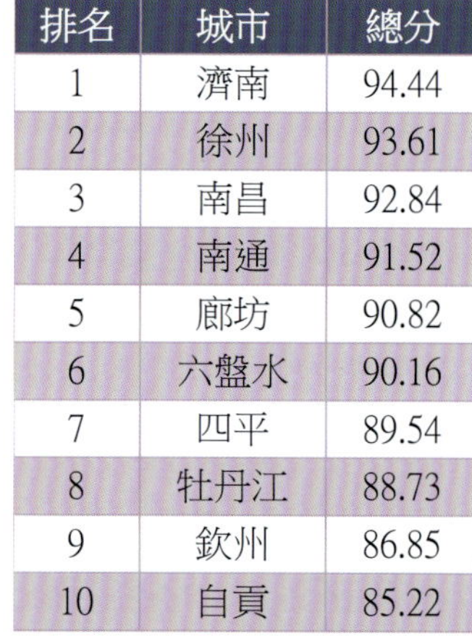

排名	城市	總分
1	濟南	94.44
2	徐州	93.61
3	南昌	92.84
4	南通	91.52
5	廊坊	90.82
6	六盤水	90.16
7	四平	89.54
8	牡丹江	88.73
9	欽州	86.85
10	自貢	85.22

■ 濟南

城市投資環境是指城市對投資者所能提供的現有支持條件。其特徵是：城市經濟發展現狀良好，基礎設施完善，配套設施充足，法制建設完備，投資扶持能力强，投資回報率高。

《GN 中國城市投資環境評價指標體系》由包括經濟發展指數，資源狀況指數，城市形象指數和政府行爲指數在內的 4 項一級指標、16 項二級指標、51 項三級指標組成。

2014 中國十佳開發潛力城市排行榜

城市開發潛力是指城市未來經濟、社會、體制、文化等各方面具有的發展空間。其特徵是：地域位置獨特，潛能豐富，十一五規劃奠定的基礎好，十二五規劃發展的潛力大；國家扶持力度大，政策支持優勢明顯，投資者關注度高。

《GN 中國城市開發潛力評價指標體系》由包括政策傾向度指數、國家扶持度指數、投資者關注度指數、支持優勢指數在內的 4 項一級指標、21 項二級指標、62 項三級指標組成。

■ 保定

排名	城市	總分
1	保定	94. 32
2	常州	91. 56
3	舟山	89. 30
4	宜賓	87. 54
5	襄陽	85. 22
6	九江	83. 79
7	遵義	82. 48
8	鎮江	81. 32
9	滄州	80. 87
10	連雲港	78. 69

2014 中國十佳投資環境縣排行榜

城市投資環境是指城市對投資者所能提供的現有支持條件。其特徵是：城市經濟發展現狀良好，基礎設施完善，配套設施充足，法制建設完備，投資扶持能力强，投資回報率高。

《GN 中國城市投資環境評價指標體系》由包括經濟發展指數，資源狀況指數，城市形象指數和政府行爲指數在内的 4 項一級指標、16 項二級指標、51 項三級指標組成。

排名	縣	總分
1	浙江省余姚市	89.93
2	江蘇省常熟市	88.75
3	山東省龍口市	88.04
4	雲南省耿馬縣	87.31
5	貴州省盤縣	86.43
6	重慶市彭水縣	85.06
7	福建省長汀縣	84.28
8	安徽省潛山縣	82.49
9	廣東省惠東縣	80.57
10	陝西省大荔縣	79.72

2014 中國十佳宜居縣排行榜

宜居城市是指對城市適宜居住程度的綜合評價。其特徵是:環境優美,社會安全,文明進步,生活舒適,經濟和諧,美譽度高。

《GN 中國宜居城市評價指標體系》由包括生態環境健康指數、城市安全指數、生活便利指數、生活舒適指數、經濟富裕指數、社會文明指數、城市美譽度指數在内的 7 項一級指標，48 項二級指標，74 項三級指標組成。

排名	縣	總分
1	江西省婺源縣	89.97
2	福建省光澤縣	87.66
3	福建省長陽縣	85.53
4	雲南省彌勒縣	82.50
5	安徽省定遠縣	80.24
6	廣東省博羅縣	77.02
7	吉林省撫松縣	76.48
8	黑龍江友誼縣	74.63
9	河北省崇禮縣	73.84
10	四川省榮縣	71.60

—— 2014 中國最美麗縣排行榜 ——

美麗縣城(或縣級市)的主要特徵是規劃設計合理,歷史遺迹保存完善,特色建築個性鮮明,文化底蘊深厚,自然環境優美。

《GN 中國美麗縣城評價指標體系》由包括規劃設計美、歷史遺風美、特色建築美、鄉村文明美、自然環境美和公衆口碑美在内的 6 項一級指標、17 項二級指標、62 項三級指標組成。

排名	縣城	美態定位 2014	總分
1	廣西陽朔縣	秀領天下美	95.83
2	湖南鳳凰縣	水色邊城美	95.14
3	浙江桐廬縣	瑤琳畫境美	94.29
4	江西婺源縣	徽風贛韻美	93.91
5	西藏江孜縣	雪域古堡美	93.54
6	四川稻城縣	三寶聖地美	92.83
7	甘肅敦煌市	大漠絲路美	91.98
8	新疆布爾津縣	幻彩山湖美	91.08
9	貴州荔波縣	嫵媚黔鄉美	90.71
10	陝西旬陽縣	夜色斑斕美	89.90
11	福建泰寧縣	丹峰雄嶠美	89.05
12	安徽壽縣	古邑黌學美	88.52
13	廣東大埔縣	溪江如繪美	87.67
14	雲南建水縣	文獻名邦美	85.43
15	山西平遙縣	古晉遺風美	84.99

排名	縣城	美態定位 2014	總分
16	湖北鐘祥市	楚風神奇美	84.51
17	山東蓬萊縣	仙邦夢幻美	83.66
18	江蘇泗陽縣	平原綠海美	82.38
19	雲南騰沖縣	翠綠翡黃美	81.50
20	黑龍江綏芬河市	黃金通道美	80.12
21	青海同仁縣	寶寺唐卡美	79.45
22	吉林臨江市	立體寶庫美	78.49
23	河北興隆縣	後龍風水美	77.83
24	遼寧新賓縣	滿族風情美	77.11
25	北京延慶縣	綠峪關山美	75.56
26	雲南巍山縣	南詔魏寶美	74.44
27	福建安溪縣	茶鄉春色美	73.78
28	四川康定縣	情歌溜溜美	73.32
29	河南商城縣	黃金湯關美	71.55
30	内蒙古多倫縣	草原商關美	70.76

2014 中國縣域綜合競爭力排行榜

城市綜合競爭力是指一個城市整合自身經濟資源、社會資源、環境資源與文化資源參與區域資源分配競爭及國際資源分配競爭的能力。

《GN 中國縣域級市綜合競爭力評價指標體系》涵蓋經濟、社會、環境、文化四大系統，由包括綜合實力競爭力指數、產業競爭力指數、財政金融競爭力指數、商業貿易競爭力指數、基礎設施競爭力指數、社會體制競爭力指數、環境 / 資源 / 區位競爭力指數、人力資本教育競爭力指數、科技競爭力指數和文化形象競爭力指數等在內的 10 項一級指標、50 項二級指標、217 項三級指標組成。

■ 昆山市

■ 江陰市

■ 張家港市

排名	城市	分數	排名	城市	分數
1	江蘇昆山市	96.54	51	福建惠安縣	80.97
2	江蘇江陰市	96.21	52	江蘇泰興市	80.64
3	江蘇張家港市	95.87	53	山東招遠市	80.36
4	江蘇常熟市	95.63	54	江蘇邳州市	80.06
5	福建晉江市	95.03	55	河北武安市	79.95
6	江蘇宜興市	94.77	56	山東萊西市	79.72
7	遼寧瓦房店市	94.35	57	河南鞏義市	79.61
8	內蒙古准格爾旗	94.06	58	江蘇興化市	79.30
9	浙江慈溪市	93.68	59	浙江桐鄉市	79.14
10	河北遷安市	92.95	60	浙江富陽市	78.86
11	江蘇太倉市	92.48	61	福建石獅市	78.47
12	湖南長沙縣	92.16	62	河北任丘市	78.09
13	山東龍口市	91.84	63	江蘇東台市	77.64
14	陝西神木縣	91.60	64	江蘇沭陽縣	77.38
15	江蘇丹陽市	91.24	65	江蘇海安縣	76.85
16	湖南瀏陽市	90.88	66	遼寧大石橋市	76.19
17	山東滕州市	90.73	67	江蘇如東縣	75.99
18	浙江諸暨市	90.23	68	河南新鄭市	75.43
19	山東即墨市	90.02	69	河南滎陽市	74.85
20	浙江義烏市	89.94	70	遼寧東港市	74.32
21	山東榮成市	89.51	71	山東青州市	73.94
22	遼寧海城市	89.36	72	山東高密市	73.67
23	山東膠州市	89.31	73	江西南昌縣	72.98
24	湖南寧鄉縣	88.92	74	江蘇沛縣	72.81
25	遼寧普蘭店市	88.47	75	吉林公主嶺市	72.07
26	遼寧莊河市	88.26	76	福建長樂市	71.88
27	山東平度市	87.91	77	山東恒台縣	71.68
28	山東新泰市	87.65	78	安徽肥西縣	70.75
29	山東章丘市	87.31	79	河北三河市	70.19
30	浙江余姚市	86.89	80	浙江平湖市	69.87
31	浙江溫嶺市	86.36	81	遼寧遼中縣	69.62
32	四川雙流縣	86.07	82	遼寧鳳城市	69.39
33	江蘇海門市	85.83	83	湖南大冶市	69.18
34	山東鄒平縣	85.62	84	河南禹州市	68.78
35	山東鄒城市	85.18	85	遼寧新民市	68.51
36	福建南安市	84.99	86	黑龍江肇東市	68.33
37	山東廣饒縣	84.37	87	山東蓬萊市	68.04
38	山東壽光市	84.27	88	廣東博羅縣	67.97
39	山東肥城市	83.52	89	湖南醴陵市	67.83
40	山東萊州市	83.14	90	江蘇大豐市	67.52
41	江蘇靖江市	82.87	91	陝西府穀縣	67.37
42	江蘇啟東市	82.76	92	浙江永康市	67.01
43	浙江樂清市	82.55	93	浙江臨海縣	66.95
44	江蘇如皋市	82.14	94	山西孝義市	66.87
45	新疆庫爾勒市	82.05	95	江蘇儀征市	66.51
46	福建福清市	81.94	96	黑龍江安達市	66.15
47	山東諸城市	81.88	97	浙江東陽市	65.94
48	江蘇溧陽市	81.37	98	浙江長興縣	65.72
49	浙江瑞安市	81.12	99	安徽肥東縣	65.35
50	浙江海寧市	81.04	100	河南永城市	65.27

2014 中國最具幸福感縣級城市排行榜

排名	城市	總分	排名	城市	總分
1	青島市即墨市	96.64	16	麗江市玉龍縣	84.79
2	寧波市余姚市	95.42	17	肇慶市高要市	83.38
3	惠州市惠東縣	94.79	18	合肥市肥東縣	81.05
4	杭州市桐廬縣	94.01	19	內江市資中縣	80.61
5	蘇州市昆山市	93.67	20	黔南州惠水縣	79.79
6	泉州市晉江市	92.81	21	長治市長治縣	78.88
7	濟南市章丘市	92.17	22	柳州市鹿寨縣	78.33
8	威海市乳山市	91.55	23	麗水市縉雲縣	77.58
9	信陽市商城縣	90.83	24	遂甯市射洪縣	76.76
10	南通市如皋市	89.90	25	九江市修水縣	76.46
11	金華東陽市	89.26	26	陽江市陽東縣	75.81
12	三明市將樂縣	88.97	27	宜賓市興文縣	75.03
13	徐州市邳州市	88.48	28	昆明市宜良縣	74.30
14	淄博市桓台縣	87.79	29	株洲市炎陵縣	73.79
15	煙臺市龍口市	86.65	30	臨滄市鳳慶縣	72.56

■ 即墨市

城市幸福感是指城市市民主體對所在城市的認同感、歸屬感、安定感、滿足感，以及外界人群的向往度、贊譽度。其特徵是：市民普遍感到城市宜居宜業，地域文化獨特、空間舒適美麗、生活質量良好，生態環境優化，社會文明安全，社會福利及保障水平較高。

《GN 中國幸福感城市評價指標體系》由包括滿足感指數，生活質量指數，生態環境指數，社會文明指數，經濟福利指數在內的 5 項一級指標、21 項二級指標、47 項三級指標組成。

2014 中國十大美麗鄉鎮排行榜

■ 魯朗鎮

美麗鄉鎮的主要特徵是規劃設計合理，歷史遺迹保存完善，特色建築個性鮮明，文化底蘊深厚，自然環境優美。

《GN 中國美麗鄉鎮評價指標體系》由包括規劃設計美、歷史遺風美、特色建築美、鄉村文明美、自然環境美和公衆口碑美在內的 6 項一級指標、17 項二級指標、62 項三級指標組成。

排名	鄉鎮	美態定位	總分
1	西藏林芝魯朗鎮	冰川綠洲美	97.84
2	內蒙古新安盟月亮小鎮	麗如新月美	96.71
3	雲南玉溪秀山鎮	杞麓煙雨美	96.16
4	江蘇蘇州周莊鎮	水鄉風情美	95.64
5	貴州貴陽青岩古鎮	鄉愁縈夢美	94.50
6	廣西崇左碩龍鎮	跨國群瀑美	93.66
7	安徽黃山宏村鎮	畫裡鄉村美	92.50
8	廣東東莞清溪鎮	客鄉風情美	91.33
9	山東威海龍鬚島鎮	膠東海角美	90.63
10	山西晉城北留鎮	皇城相府美	88.36

中國十佳投資環境城市——徐州

徐州城市建設，屢見成效。社會和諧穩定、群衆安居樂業、經濟快速發展已成爲徐州這座城市的主旋律。2012年，徐州的城市和農村和諧小區建設達標率分別達到67.8%和43.7%，全市共有律師事務所100家，專職律師1199人；社會矛盾糾紛調處成功率99.5%。

生態環境從「半城煤灰一城土」到「一城青山半城湖」。2002年徐州市空氣質量優良天數僅爲52天，城市發展的環境承載逼近極限。爲徹底轉變這一面貌，徐州推進產業轉型和生態轉型同步，大力實施藍天碧水工程，採取「關停並轉」策略，淘汰落後產能，發展綠色工業，推進節能減排和循環經濟，實現了從「環境換取增長」向「環保優化增長」的轉變。現在，徐州已經連續7年空氣質量達二級以上的天數均超過300天，成功獲得「國家環保模範城市」和「國家森林城市」稱號，生態文明建設指標基本達到現代化標準。全市森林覆蓋率31.8%，綠化覆蓋率42.7%，環境質量綜合指數88.4分；集中式飲用水源地水質達標率達到100%。

徐州始終堅持以誠招商、以信養商、以利興商，精心打造優越的服務環境。在輿論環境上，大力倡導「幹部會招商、群衆會創業」，形成了「親商、富商、安商」的良好氛圍。在政務環境上，積極推行「陽光服務」，全面推行「一個窗口對外、一條龍服務」，提高辦事效率，降低行政成本，努力使來徐投資的客商以最少的投資獲得最大的收益。在法制環境上，全面清理各類法規和規範性文件，努力做到依法辦事、依市場經濟規律辦事、按國際慣例辦事。在誠信環境上，着力打造「誠信徐州」、「安全徐州」，贏得了來徐客商的高度贊譽和青睞。

■ 徐州云龙湖

第一篇　2013 年度中國城市綜合競爭力排行榜[①]

1.1 綜合競爭力的四維度

現代城市的綜合競爭力是一個多維度、多層次、複雜的系統結構，它是該城市經濟實力的重要體現。根據《中國城市綜合競爭力比較評估指標體系》[②]，研究發現:現代城市的綜合實力指的是一個城市整合自身經濟資源、社會資源、環境資源與文化資源參與區域資源配置競爭及國際資源配置競爭的能力，是城市經濟、社會、環境等綜合發展能力的集中體現。城市綜合實力反應了城市在一定區域內與外界發生的物質、能量、信息交流與集聚的能力,同時體現了城市的生產能力、交流能力、科技創新能力及社會全面進步及其對外影響力等。由於資源的稀缺性，隨著全球化浪潮的進一步發展，資源的分配主要依賴於市場的驅動，在此背景下，資源的流動能實現向最有效率的地方積聚。因而對一個城市綜合競爭力分析可以從資源的主要積聚方向面來考察，通常為經濟系統、文化系統、環境區位系統、社會系統四個方面。經濟系統是指由相互聯繫和相互作用的若干經濟元素形成的，具有特定功能的有機整體。廣義經濟系統指的是物質生產系統和非物質生產系統中相互聯繫、相互作用的一些經濟元素組成的有機整體。一個城市的經濟系統可以反映該城市在創造財富、吸引和整合各種資源進行生產以滿足市民的物質需要的能力，它直接與城市居民的生活水平息息相關。一般而言，人們認為城市的競爭力就是指經濟系統的競爭力，一個城市經濟系統競爭力在整個城市綜合競爭力價值體系中佔有重要地位。

我會通過對城市綜合競爭力價值評價體系的研究得出,經濟系統在城市綜合競爭力中處於核心地位，它在整體評價體系的十大一級單項競爭力指標中，包涵了五大單項競爭力。即經濟競爭力、財政金融競爭力、產業競爭力、基礎設施競爭力與商業貿易競爭力。經濟競爭力是由城市多種生產要素有機結合而形成的整體實力和發展效益及發展水平,由此決定的對所在區域乃至國家的作用和影響力。它是一個城市的經濟“競爭”之力，注重品質和效率，其考察標的不僅包括各種發展要素總量或規模所形成的靜態經濟實力，還需考慮經濟發展水平、人均指標以及單位指標，如人均 GDP 等。經濟競爭力是一個相對概念，它是比較城市間競爭力的高低，並且放眼于過去與現實，強調的是城市經濟發展潛力與增長後勁。經濟競爭力從城市的綜合經濟表現來考察城市創造財富、集聚和整合各種資源進行生產的能力，同時其自身體現了城市居民參與財富分配的能力，它是城市綜合競爭力的顯示性體現。產業競爭力指某國或某一地區的某個特定產業相對於他國或地區同一產業在生產效率、滿足市場需求、持續獲利等方面所體現的競爭能力。它從城市的產業效率、產業結構、產業集聚能力等方面考察城市參與區域產業分工及國際產業分工方面的相對競爭優勢，產業競爭力在城市綜合競爭力中具有非常重要的作用，它是城市發展的基石；城市財政金融競爭力是城市財政競爭力和金融競爭力的統稱，該指標體現了城市公共財政及其金融體系在集聚資本方面的相對優勢，在當今的社會化大生產背景下，資本密集型及技術密集型生產都需要大量的資金，而資金又是相對稀缺的資源，有效的財政融資能力和發達的城市金融系統，能刺激城市消費，保證和促進城市經濟的有效運行。因此城市財政金融體系是一個城市持續發展的基本支撐條件；城市商業貿易競爭力則是城市在區域性及全球性商品貿易流通中的地位及輻射能力的體

---

① 中國城市競爭力比較評價指標體系的設置及其評價方法請參見附錄 1 及附錄 2。另外，某城市在一特定分項競爭力或整體競爭力上得分為負，只是說明其競爭力水準在整體平均水準之下，而不是其競爭力為負值。具體的說明請見附錄 1 及附錄 2。

② 具體的指標體系請參見附錄 1。

現，它衡量的是一個城市商貿往來的活躍程度及經濟發展的主要原動力。城市起源於商業貿易，商業貿易作為城市的重要功能，在一定程度反映了城市的流通能力和市場的活躍性。城市基礎設施競爭力是指城市在為經濟發展和居民生活提供基本的公共設施方面的能力，滿足經濟發展需求和居民生活需要的完善配套公共設施建設，是保證城市人才流、資訊流、物流、價值流發揮有效作用的基本物質條件。

作為城市社會系統中的唯一維度——城市社會體制競爭力，體現了城市在社會公平、社會保障、社會治安、醫療保健及社會管理方面的能力，它是城市綜合競爭力的軟環境體現。城市社會體制競爭力受城市綜合競爭力影響，是後者的體現與結果，同時城市社會體制競爭力也反作用於城市綜合競爭力。較強的城市社會體制競爭力說明一個城市社會風氣較好，社會安定及社會保障體系完善，人文環境和諧。這對於經濟發展和居民生活都是重要保障。城市環境、資源、區位競爭力是環境區位系統的唯一維度，它體現了城市在自然環境、自然資源與自然區位的相對優勢。一個城市的自然環境、自然資源與自然區位從某種程度上來說是先天形成的，它也是城市後天發展的產物。城市對自然環境的重視進而保護，使得先天的自然環境得以延續。這既是對自然的尊重，也是城市可持續發展的選擇。優良的自然環境、良好的自然區位將會促進城市的發展，優化居民的生活環境，提升城市綜合競爭力。

城市文化系統是城市綜合競爭力中的軟性系統之一，它是城市對科學技術資源、人力教育資源、人力資本和文化形象資源的整合能力並使其為城市持續發展服務的能力。它包括人力資本教育競爭力、科技競爭力與文化形象競爭力三項競爭力。城市人力資本教育競爭力是指城市在吸引人才、集聚人才、培育人才方面的能力，它是城市競爭力的制高點。一個城市對人才重視，且採取相應的政策留住人才，建立配套的人才引進機制，這都有利於城市的經濟建設。在當今社會，不論是國家競爭力還是城市競爭力，關鍵都是集中體現在人才的競爭力上。科技競爭力是城市在科研投入、科研實力與科研成果轉換方面的能力，“科學技術是第一生產力”，城市在科技方面的相對優勢會極大的促進城市經濟發展，使其生產效率遠遠高於同類城市，從而在資源配置上獲得有利地位。城市文化形象競爭力是城市在歷史文化、市民意識、城市景觀和城市氛圍上區別於其它城市的能力，這種相對區別能使城市在集聚各種資源上與其它城市相比，具有一定的優勢。有較強文化形象競爭力的城市會獲得良好的知名度和美譽度，這兩者在集聚資源和城市開放方面具有相當重要的作用，特別是對資本、人才的吸引。另外，城市知名度和美譽度本身也是城市文化形象競爭力構成的重要因素。

1.2 四維度的城市綜合競爭力排名

如上所述，《中國城市綜合競爭力比較評價指標體系》(以下如未作特殊說明，都簡稱《比較評價體系》) 涵蓋了經濟、社會、人文及文化、環境四大系統，體現了整個城市系統的經營管理能力、學習能力、創新能力、開放能力、聚集能力、可持續發展能力。它包括一級指標（單項競爭力）10 個，二級指標 50 個，三級指標 216 個。在 2013 年的中國城市競爭力比較評估工作中，根據《比較評價指標體系》對 298 個城市[①]包括香港、澳門以及臺灣省的新北、臺北、台中、台南、高雄、基隆、新竹和嘉義進行評估計算，計算發現在 298 個城市綜合競爭力排名中，有 84 個城市處於平均水平之上(即有 84 個城市的綜合競爭力得分為正數，以下同)，占 28. 19%。綜合競爭力原始得分的標準差為 24. 629[②], 與 2012 年相比有所增加，這表明城市之間的綜合競爭力差異較 2012 年擴大。在最具競爭力的 50 個城市中，沿海

---

① 因為資料的可得性，相比 2013 年，本年鑒新增了貴州省畢節市與銅仁市，總共對中國（包括港澳臺）298 個地級市進行了競爭力排名。

② 標準差說明城市在競爭力上的分散程度，標準差越大說明城市之間在某項競爭力（或指標）上的分散程度越大，也就是城市之間的差異越大。這裡使用原始得分來計算標準差，即未將所得分乘以 100 來計算方差（請讀者參見附錄 1）(以下同)。

城市（即屬於沿海省份的城市）有 37 個，占 74%，這說明目前不同地區城市競爭力之間的差別比較大，並且具有較強競爭力的城市都集中於東部沿海省份[①]，中西部省份的城市相對而言，其綜合競爭力水平較低。城市綜合競爭力所有排名請見表 1. 1。

表1. 1 2013年度中國城市綜合競爭力排行榜

系統	經濟					社會	環境	人文及文化				
城市	經濟競爭力	產業競爭力	財政金融競爭力	商業貿易競爭力	基礎設施競爭力	社會體制競爭力	環境資源區位競爭力	人力資本教育競爭力	科技競爭力	文化形象競爭力	綜合競爭力	排名
上海	0.559	1	0.835	0.71	0.966	0.794	0.911	0.876	0.893	0.854	16163.08	1
香港	1	0.449	1	1	0.595	1	0.85	0.885	0.86	0.771	16099.8	2
北京	0.502	0.632	0.961	0.848	1	0.731	0.847	1	1	1	15813.05	3
深圳	0.48	0.73	0.456	0.447	0.723	0.633	0.672	0.586	0.504	0.658	9115.16	4
廣州	0.447	0.661	0.407	0.501	0.721	0.592	0.714	0.655	0.507	0.681	9024.81	5
天津	0.413	0.712	0.358	0.429	0.633	0.523	0.618	0.611	0.5	0.366	7048.11	6
杭州	0.351	0.516	0.35	0.386	0.54	0.547	1	0.495	0.443	0.445	6747.29	7
蘇州	0.387	0.798	0.31	0.383	0.44	0.612	0.647	0.448	0.436	0.389	6426.11	8
臺北	0.505	0.329	0.314	0.388	0.394	0.64	0.522	0.671	0.505	0.382	5801.88	9
重慶	0.307	0.512	0.34	0.287	0.832	0.532	0.625	0.525	0.399	0.351	5724.68	10
南京	0.35	0.504	0.287	0.297	0.522	0.504	0.664	0.579	0.456	0.403	5420.56	11
澳門	0.869	0.326	0.45	0.362	0.262	0.533	0.396	0.541	0.302	0.33	5120	12
武漢	0.301	0.462	0.274	0.29	0.615	0.484	0.548	0.534	0.442	0.397	4845.27	13
成都	0.294	0.457	0.298	0.302	0.618	0.481	0.559	0.475	0.346	0.348	4404.86	14
瀋陽	0.312	0.448	0.263	0.298	0.491	0.499	0.62	0.464	0.397	0.366	4398.16	15
大連	0.321	0.464	0.283	0.298	0.447	0.515	0.578	0.441	0.385	0.33	4195.22	16
寧波	0.307	0.551	0.294	0.305	0.435	0.508	0.493	0.387	0.368	0.318	4013.7	17
青島	0.297	0.502	0.244	0.271	0.421	0.506	0.561	0.398	0.365	0.34	3805.14	18
無錫	0.335	0.529	0.25	0.293	0.374	0.467	0.502	0.39	0.323	0.337	3547.78	19
濟南	0.288	0.34	0.247	0.258	0.415	0.515	0.465	0.46	0.404	0.368	3422.46	20
西安	0.286	0.353	0.259	0.253	0.47	0.454	0.417	0.45	0.386	0.401	3307	21
東莞	0.362	0.506	0.192	0.284	0.389	0.537	0.408	0.347	0.323	0.313	3274.02	22
廈門	0.321	0.435	0.235	0.276	0.382	0.5	0.49	0.392	0.359	0.285	3215.29	23
長沙	0.29	0.423	0.254	0.249	0.426	0.448	0.386	0.425	0.361	0.318	2935.79	24
鄭州	0.259	0.411	0.24	0.266	0.426	0.449	0.44	0.451	0.332	0.286	2837.82	25
新北	0.409	0.241	0.306	0.365	0.367	0.48	0.363	0.398	0.298	0.29	2836.32	26
佛山	0.351	0.55	0.22	0.271	0.354	0.449	0.36	0.387	0.29	0.277	2804.79	27
昆明	0.237	0.325	0.236	0.235	0.425	0.515	0.531	0.352	0.318	0.305	2675.51	28
哈爾濱	0.235	0.308	0.219	0.232	0.385	0.448	0.46	0.404	0.366	0.359	2577.53	29
長春	0.243	0.442	0.219	0.219	0.34	0.452	0.493	0.397	0.332	0.295	2530.16	30
高雄	0.39	0.221	0.273	0.325	0.388	0.535	0.38	0.38	0.26	0.267	2485.25	31
台中	0.374	0.221	0.267	0.322	0.418	0.518	0.339	0.344	0.264	0.267	2366.88	32
合肥	0.223	0.38	0.221	0.211	0.424	0.436	0.424	0.39	0.367	0.284	2318.28	33
福州	0.235	0.388	0.22	0.244	0.375	0.436	0.464	0.348	0.317	0.304	2274.85	34
珠海	0.305	0.402	0.188	0.254	0.307	0.489	0.445	0.361	0.283	0.261	2232.56	35
煙臺	0.259	0.463	0.19	0.238	0.334	0.462	0.441	0.255	0.24	0.277	1904.98	36
常州	0.281	0.405	0.196	0.168	0.318	0.443	0.516	0.321	0.254	0.264	1817.99	37
中山	0.282	0.412	0.174	0.221	0.258	0.479	0.312	0.353	0.307	0.292	1756.45	38
台南	0.351	0.203	0.249	0.292	0.317	0.503	0.332	0.318	0.254	0.256	1709.23	39
南通	0.246	0.452	0.198	0.217	0.299	0.443	0.417	0.307	0.264	0.253	1702.02	40
南昌	0.22	0.326	0.206	0.2	0.331	0.439	0.421	0.355	0.294	0.298	1640.99	41
太原	0.243	0.313	0.224	0.193	0.341	0.43	0.39	0.378	0.298	0.265	1578.26	42
新竹	0.43	0.176	0.202	0.309	0.259	0.505	0.315	0.376	0.228	0.226	1561.14	43
石家莊	0.221	0.334	0.2	0.21	0.344	0.427	0.406	0.336	0.301	0.269	1531.47	44
嘉義	0.354	0.219	0.2	0.252	0.269	0.61	0.312	0.299	0.231	0.217	1497.85	45
紹興	0.211	0.335	0.21	0.209	0.359	0.468	0.403	0.236	0.247	0.308	1445.7	46
嘉興	0.244	0.396	0.2	0.232	0.259	0.464	0.354	0.265	0.236	0.303	1410.83	47

① 東部沿海省份（直轄市、特別行政區）是指北京、天津、河北、遼寧、上海、江蘇、浙江、福建、山東、廣東、廣西、海南、臺灣、香港、澳門及臺灣。

表1.1 2013年度中國城市綜合競爭力排行榜

系統	經濟					社會	環境	人文及文化				
城市	經濟競爭力	產業競爭力	財政金融競爭力	商業貿易競爭力	基礎設施競爭力	社會體制競爭力	環境資源區位競爭力	人力資本教育競爭力	科技競爭力	文化形象競爭力	綜合競爭力	排名
基隆	0.374	0.221	0.207	0.288	0.249	0.505	0.336	0.322	0.233	0.224	1407.75	48
泉州	0.23	0.517	0.181	0.219	0.301	0.396	0.368	0.248	0.209	0.297	1388.88	49
溫州	0.225	0.306	0.216	0.261	0.315	0.456	0.322	0.317	0.252	0.27	1330.27	50
淄博	0.27	0.434	0.169	0.201	0.326	0.43	0.427	0.243	0.224	0.231	1317.62	51
鄂爾多斯	0.297	0.434	0.217	0.219	0.372	0.386	0.289	0.302	0.201	0.211	1219.33	52
烏魯木齊	0.235	0.305	0.197	0.206	0.348	0.445	0.323	0.361	0.276	0.226	1203.75	53
貴陽	0.204	0.27	0.199	0.193	0.344	0.407	0.453	0.295	0.253	0.264	1055.92	54
唐山	0.231	0.425	0.187	0.207	0.323	0.429	0.374	0.261	0.215	0.194	1041.37	55
南寧	0.199	0.278	0.207	0.195	0.317	0.39	0.439	0.309	0.278	0.259	1028.66	56
東營	0.287	0.409	0.173	0.183	0.248	0.428	0.36	0.261	0.224	0.23	952.75	57
呼和浩特	0.27	0.332	0.207	0.203	0.27	0.404	0.354	0.275	0.24	0.254	948.18	58
徐州	0.222	0.378	0.169	0.188	0.293	0.403	0.396	0.282	0.231	0.25	921.54	59
威海	0.227	0.369	0.155	0.201	0.262	0.452	0.403	0.244	0.234	0.235	902.2	60
大慶	0.273	0.433	0.131	0.171	0.299	0.407	0.316	0.301	0.229	0.229	867.81	61
海口	0.218	0.243	0.194	0.188	0.283	0.441	0.414	0.249	0.233	0.296	819.45	62
舟山	0.259	0.28	0.194	0.195	0.245	0.462	0.36	0.279	0.213	0.253	798.02	63
蘭州	0.194	0.279	0.183	0.182	0.277	0.443	0.285	0.323	0.283	0.286	781.83	64
惠州	0.238	0.441	0.163	0.212	0.257	0.418	0.292	0.226	0.258	0.206	758.75	65
鎮江	0.249	0.375	0.175	0.187	0.248	0.408	0.328	0.253	0.226	0.255	698.5	66
台州	0.225	0.309	0.204	0.202	0.298	0.405	0.378	0.214	0.209	0.259	676.78	67
包頭	0.305	0.335	0.167	0.228	0.338	0.397	0.276	0.265	0.203	0.185	641.4	68
濰坊	0.219	0.367	0.171	0.2	0.294	0.415	0.335	0.242	0.225	0.218	634.14	69
湖州	0.23	0.306	0.181	0.191	0.256	0.446	0.338	0.237	0.188	0.235	460.78	70
揚州	0.249	0.399	0.167	0.189	0.242	0.406	0.316	0.227	0.21	0.201	444.01	71
金華	0.213	0.245	0.194	0.22	0.263	0.413	0.356	0.239	0.232	0.216	384.21	72
銀川	0.203	0.246	0.2	0.176	0.274	0.427	0.305	0.25	0.229	0.264	354.91	73
秦皇島	0.183	0.288	0.156	0.152	0.233	0.42	0.411	0.241	0.214	0.259	271.41	74
濟寧	0.2	0.303	0.163	0.205	0.246	0.39	0.367	0.206	0.209	0.238	215.43	75
江門	0.208	0.376	0.144	0.193	0.225	0.421	0.285	0.202	0.206	0.238	210.53	76
鞍山	0.219	0.334	0.154	0.186	0.288	0.397	0.321	0.198	0.206	0.205	165.3	77
鹽城	0.204	0.316	0.173	0.186	0.229	0.396	0.38	0.229	0.194	0.192	116.25	78
臨沂	0.216	0.34	0.162	0.187	0.273	0.392	0.319	0.191	0.203	0.196	94.65	79
泰州	0.209	0.355	0.167	0.184	0.219	0.406	0.291	0.218	0.196	0.21	62.87	80
連雲港	0.187	0.288	0.166	0.175	0.239	0.397	0.349	0.225	0.202	0.226	49.83	81
淮安	0.209	0.302	0.161	0.169	0.216	0.402	0.358	0.223	0.193	0.216	39.1	82
營口	0.205	0.305	0.172	0.175	0.24	0.408	0.317	0.18	0.205	0.206	5.43	83
聊城	0.187	0.358	0.153	0.175	0.192	0.402	0.335	0.149	0.204	0.241	4.25	84
泰安	0.204	0.307	0.141	0.194	0.221	0.418	0.306	0.192	0.211	0.199	-51.48	85
韶關	0.169	0.239	0.124	0.165	0.197	0.426	0.353	0.214	0.226	0.266	-59.91	86
蕪湖	0.171	0.316	0.17	0.174	0.261	0.389	0.271	0.234	0.23	0.183	-91.61	87
龍岩	0.167	0.308	0.173	0.18	0.202	0.412	0.332	0.201	0.181	0.224	-96.45	88
邯鄲	0.177	0.303	0.152	0.156	0.273	0.368	0.373	0.21	0.192	0.208	-109.3	89
撫順	0.21	0.284	0.138	0.155	0.24	0.416	0.322	0.215	0.205	0.197	-111.78	90
吉林	0.217	0.291	0.139	0.171	0.246	0.391	0.29	0.247	0.216	0.181	-115.46	91
本溪	0.217	0.322	0.16	0.167	0.25	0.409	0.308	0.226	0.207	0.197	-122.74	92
汕頭	0.192	0.289	0.123	0.202	0.215	0.385	0.332	0.172	0.21	0.21	-123.68	93
廊坊	0.195	0.291	0.158	0.165	0.226	0.408	0.264	0.228	0.208	0.198	-138.6	94
拉薩	0.113	0.184	0.17	0.2	0.213	0.396	0.295	0.409	0.234	0.273	-143.97	95
盤錦	0.254	0.262	0.155	0.184	0.247	0.422	0.322	0.149	0.2	0.192	-149.9	96
克拉瑪依	0.263	0.346	0.116	0.187	0.214	0.376	0.2	0.304	0.188	0.184	-165.36	97
嘉峪關	0.26	0.346	0.177	0.15	0.239	0.403	0.185	0.209	0.194	0.222	-167.27	98
三亞	0.225	0.226	0.135	0.163	0.188	0.39	0.384	0.222	0.209	0.201	-194.82	99
衢州	0.191	0.274	0.169	0.167	0.188	0.416	0.286	0.23	0.195	0.217	-206.33	100
洛陽	0.195	0.31	0.154	0.163	0.286	0.358	0.248	0.202	0.197	0.282	-219.65	101
漳州	0.16	0.323	0.157	0.17	0.199	0.378	0.342	0.207	0.192	0.206	-255.88	102
柳州	0.189	0.328	0.147	0.174	0.225	0.366	0.296	0.214	0.209	0.197	-259.75	103

表1.1 2013年度中國城市綜合競爭力排行榜

系統	經濟					社會	環境	人文及文化				
城市	經濟競爭力	產業競爭力	財政金融競爭力	商業貿易競爭力	基礎設施競爭力	社會體制競爭力	環境資源區位競爭力	人力資本教育競爭力	科技競爭力	文化形象競爭力	綜合競爭力	排名
莆田	0.203	0.329	0.155	0.163	0.18	0.386	0.313	0.205	0.18	0.21	-271.76	104
萊蕪	0.252	0.294	0.133	0.155	0.186	0.41	0.285	0.201	0.207	0.204	-271.79	105
桂林	0.166	0.249	0.139	0.16	0.217	0.368	0.362	0.22	0.209	0.244	-275.79	106
棗莊	0.212	0.295	0.148	0.163	0.209	0.4	0.311	0.174	0.202	0.206	-292.05	107
濱州	0.202	0.316	0.169	0.175	0.213	0.407	0.277	0.169	0.195	0.187	-292.86	108
西寧	0.18	0.237	0.185	0.156	0.254	0.44	0.236	0.201	0.22	0.229	-295.93	109
銅陵	0.223	0.345	0.17	0.164	0.22	0.403	0.295	0.192	0.186	0.192	-296.69	110
保定	0.153	0.295	0.147	0.168	0.271	0.366	0.298	0.216	0.211	0.207	-301.39	111
錦州	0.186	0.263	0.147	0.172	0.234	0.4	0.301	0.198	0.207	0.195	-305.09	112
株洲	0.208	0.289	0.142	0.191	0.241	0.368	0.31	0.236	0.239	0.186	-325.09	113
德州	0.178	0.313	0.143	0.177	0.217	0.388	0.32	0.153	0.203	0.192	-332.29	114
岳陽	0.19	0.263	0.117	0.187	0.233	0.377	0.264	0.199	0.188	0.203	-372.49	115
攀枝花	0.196	0.298	0.146	0.154	0.239	0.406	0.236	0.223	0.193	0.194	-393.25	116
宜昌	0.181	0.297	0.138	0.178	0.233	0.399	0.288	0.159	0.194	0.198	-400.11	117
榆林	0.215	0.371	0.165	0.157	0.182	0.384	0.242	0.249	0.181	0.21	-401.85	118
馬鞍山	0.202	0.297	0.158	0.162	0.227	0.381	0.242	0.22	0.21	0.185	-412.46	119
遼陽	0.194	0.299	0.147	0.145	0.225	0.385	0.338	0.173	0.196	0.193	-430.93	120
日照	0.214	0.318	0.153	0.174	0.201	0.381	0.266	0.181	0.199	0.181	-434.5	121
烏海	0.265	0.3	0.16	0.172	0.243	0.411	0.229	0.186	0.183	0.168	-446.53	122
商丘	0.144	0.226	0.128	0.106	0.196	0.431	0.227	0.143	0.183	0.233	-467.35	123
新餘	0.212	0.315	0.157	0.142	0.183	0.39	0.3	0.153	0.202	0.196	-467.76	124
三明	0.159	0.251	0.166	0.16	0.207	0.389	0.331	0.214	0.183	0.212	-475.92	125
滄州	0.161	0.261	0.142	0.165	0.246	0.371	0.287	0.197	0.198	0.188	-548.68	126
麗水	0.176	0.252	0.164	0.176	0.183	0.395	0.268	0.23	0.18	0.23	-587.17	127
晉中	0.175	0.23	0.141	0.148	0.187	0.391	0.258	0.209	0.193	0.184	-591.37	128
齊齊哈爾	0.15	0.246	0.142	0.152	0.199	0.374	0.304	0.183	0.193	0.189	-600.07	129
湛江	0.154	0.279	0.126	0.182	0.202	0.36	0.302	0.182	0.198	0.2	-602	130
襄陽	0.18	0.329	0.134	0.176	0.201	0.369	0.294	0.145	0.197	0.196	-610.75	131
曲靖	0.155	0.243	0.135	0.135	0.182	0.413	0.245	0.16	0.18	0.256	-611.3	132
菏澤	0.16	0.291	0.144	0.179	0.197	0.385	0.304	0.126	0.197	0.211	-620.92	133
十堰	0.14	0.322	0.131	0.161	0.193	0.369	0.291	0.172	0.216	0.207	-622.74	134
宿遷	0.16	0.277	0.153	0.155	0.169	0.395	0.316	0.179	0.19	0.204	-633.39	135
綿陽	0.159	0.268	0.133	0.17	0.202	0.382	0.25	0.222	0.216	0.197	-634.7	136
肇慶	0.159	0.289	0.135	0.174	0.164	0.366	0.289	0.188	0.206	0.199	-681.21	137
清遠	0.147	0.266	0.131	0.15	0.165	0.373	0.213	0.181	0.198	0.178	-683.8	138
九江	0.154	0.289	0.143	0.149	0.208	0.383	0.289	0.17	0.187	0.194	-684.62	139
咸陽	0.185	0.28	0.13	0.176	0.19	0.355	0.263	0.182	0.187	0.256	-701.8	140
南平	0.151	0.225	0.155	0.147	0.189	0.404	0.305	0.181	0.189	0.212	-721.86	141
湘潭	0.197	0.301	0.148	0.156	0.203	0.368	0.221	0.185	0.176	0.19	-724.07	142
遵義	0.152	0.291	0.13	0.142	0.201	0.351	0.274	0.156	0.177	0.192	-730.48	143
朔州	0.195	0.269	0.119	0.157	0.211	0.377	0.237	0.2	0.187	0.164	-730.89	144
寧德	0.14	0.238	0.167	0.15	0.176	0.392	0.289	0.197	0.177	0.213	-734.3	145
茂名	0.145	0.284	0.12	0.179	0.146	0.356	0.313	0.177	0.196	0.197	-761.45	146
丹東	0.158	0.265	0.144	0.171	0.224	0.382	0.276	0.171	0.203	0.209	-778.32	147
淮南	0.19	0.26	0.15	0.157	0.211	0.373	0.256	0.238	0.195	0.183	-787.07	148
玉溪	0.177	0.318	0.136	0.144	0.154	0.371	0.252	0.204	0.187	0.211	-799.87	149
阜新	0.16	0.226	0.149	0.155	0.184	0.39	0.319	0.198	0.189	0.2	-802.09	150
大同	0.194	0.273	0.128	0.147	0.24	0.371	0.271	0.229	0.194	0.186	-814.2	151
梅州	0.122	0.224	0.119	0.151	0.175	0.356	0.267	0.161	0.2	0.287	-820.51	152
邢臺	0.149	0.268	0.135	0.152	0.204	0.355	0.288	0.199	0.192	0.184	-820.69	153
荊門	0.145	0.26	0.12	0.167	0.172	0.386	0.262	0.136	0.183	0.203	-827.32	154
松原	0.19	0.238	0.123	0.161	0.173	0.375	0.263	0.176	0.174	0.176	-836.9	155
常德	0.18	0.323	0.128	0.196	0.178	0.374	0.262	0.168	0.176	0.183	-843.59	156
延安	0.189	0.325	0.139	0.143	0.171	0.38	0.226	0.205	0.175	0.218	-850.8	157
張家口	0.157	0.233	0.152	0.142	0.209	0.381	0.291	0.191	0.195	0.192	-854.75	158
黃石	0.164	0.288	0.141	0.169	0.198	0.355	0.276	0.148	0.195	0.188	-857.58	159

表1.1 2013年度中國城市綜合競爭力排行榜

系統	經濟					社會	環境	人文及文化				
城市	經濟競爭力	產業競爭力	財政金融競爭力	商業貿易競爭力	基礎設施競爭力	社會體制競爭力	環境資源區位競爭力	人力資本教育競爭力	科技競爭力	文化形象競爭力	綜合競爭力	排名
南陽	0.156	0.276	0.138	0.153	0.22	0.359	0.237	0.147	0.189	0.184	-860.6	160
臨汾	0.17	0.241	0.13	0.149	0.188	0.387	0.26	0.17	0.18	0.186	-860.74	161
黃山	0.177	0.268	0.145	0.154	0.182	0.389	0.295	0.181	0.183	0.186	-865.05	162
長治	0.167	0.267	0.141	0.166	0.192	0.358	0.252	0.216	0.199	0.188	-866.12	163
蚌埠	0.148	0.255	0.133	0.153	0.211	0.386	0.253	0.165	0.196	0.18	-876.59	164
鐵嶺	0.155	0.224	0.154	0.156	0.195	0.366	0.309	0.17	0.197	0.178	-881.52	165
新鄉	0.163	0.272	0.139	0.14	0.21	0.364	0.215	0.163	0.195	0.187	-882.93	166
鄂州	0.212	0.271	0.123	0.14	0.168	0.377	0.272	0.121	0.182	0.198	-888.43	167
平頂山	0.158	0.29	0.138	0.125	0.193	0.367	0.219	0.184	0.19	0.181	-906.32	168
贛州	0.135	0.273	0.147	0.153	0.186	0.377	0.282	0.158	0.191	0.195	-907.39	169
河源	0.123	0.284	0.13	0.141	0.155	0.357	0.251	0.17	0.195	0.186	-908.05	170
潮州	0.109	0.261	0.102	0.17	0.181	0.353	0.227	0.15	0.196	0.186	-917.04	171
承德	0.147	0.253	0.148	0.134	0.188	0.375	0.261	0.187	0.194	0.201	-919.84	172
安陽	0.166	0.264	0.13	0.128	0.227	0.392	0.227	0.165	0.186	0.184	-929.3	173
白山	0.191	0.211	0.141	0.144	0.182	0.433	0.226	0.192	0.192	0.186	-930.85	174
運城	0.154	0.202	0.125	0.148	0.166	0.398	0.237	0.133	0.185	0.173	-931.56	175
焦作	0.174	0.287	0.141	0.171	0.217	0.362	0.227	0.157	0.181	0.187	-935.76	176
呂梁	0.167	0.272	0.351	0.13	0.157	0.381	0.225	0.188	0.202	0.175	-945.92	177
宜春	0.138	0.258	0.131	0.151	0.153	0.376	0.273	0.131	0.182	0.193	-947.05	178
宜賓	0.153	0.286	0.131	0.164	0.18	0.356	0.222	0.156	0.174	0.164	-949.73	179
北海	0.166	0.28	0.127	0.151	0.174	0.349	0.311	0.16	0.183	0.186	-957.98	180
通化	0.168	0.267	0.135	0.145	0.185	0.388	0.269	0.163	0.181	0.177	-966.36	181
張家界	0.151	0.181	0.137	0.137	0.14	0.368	0.263	0.14	0.166	0.244	-970.91	182
葫蘆島	0.186	0.244	0.141	0.116	0.184	0.388	0.269	0.136	0.164	0.179	-983.49	183
萍鄉	0.178	0.259	0.135	0.146	0.165	0.375	0.251	0.16	0.196	0.197	-985.47	184
金昌	0.192	0.297	0.131	0.174	0.171	0.378	0.18	0.182	0.177	0.178	-991.8	185
許昌	0.158	0.315	0.135	0.147	0.193	0.341	0.225	0.13	0.182	0.176	-995.17	186
郴州	0.162	0.249	0.126	0.164	0.201	0.363	0.322	0.177	0.162	0.183	-997.08	187
景德鎮	0.167	0.256	0.137	0.148	0.182	0.37	0.256	0.176	0.192	0.198	-1003.35	188
揭陽	0.131	0.279	0.116	0.183	0.237	0.36	0.242	0.138	0.196	0.172	-1021.05	189
德陽	0.155	0.275	0.13	0.168	0.181	0.382	0.259	0.198	0.179	0.175	-1021.69	190
鷹潭	0.139	0.251	0.125	0.133	0.151	0.378	0.325	0.139	0.165	0.184	-1026.18	191
石嘴山	0.193	0.272	0.15	0.141	0.228	0.395	0.223	0.171	0.176	0.168	-1032.82	192
滁州	0.141	0.267	0.136	0.155	0.178	0.372	0.265	0.169	0.181	0.172	-1035.85	193
漯河	0.171	0.311	0.121	0.126	0.151	0.367	0.197	0.111	0.179	0.174	-1045.56	194
通遼	0.184	0.252	0.148	0.149	0.218	0.364	0.247	0.198	0.178	0.168	-1046.24	195
雞西	0.154	0.201	0.122	0.146	0.21	0.399	0.241	0.186	0.19	0.176	-1056.44	196
寶雞	0.196	0.285	0.121	0.171	0.195	0.357	0.224	0.2	0.202	0.185	-1088.71	197
陽泉	0.199	0.263	0.13	0.145	0.217	0.359	0.24	0.231	0.187	0.168	-1096.59	198
安慶	0.131	0.239	0.129	0.15	0.203	0.362	0.259	0.173	0.184	0.196	-1122.38	199
宣城	0.139	0.25	0.144	0.216	0.192	0.38	0.198	0.195	0.184	0.191	-1122.85	200
六安	0.132	0.231	0.134	0.198	0.196	0.361	0.246	0.149	0.182	0.177	-1123.16	201
銅川	0.21	0.264	0.115	0.153	0.156	0.403	0.229	0.188	0.173	0.203	-1124.61	202
孝感	0.139	0.219	0.13	0.172	0.204	0.357	0.246	0.139	0.202	0.186	-1130.44	203
雲浮	0.124	0.207	0.126	0.158	0.139	0.365	0.244	0.157	0.192	0.202	-1130.69	204
白城	0.168	0.18	0.126	0.143	0.154	0.378	0.305	0.157	0.178	0.187	-1141.06	205
信陽	0.127	0.214	0.123	0.131	0.19	0.366	0.225	0.153	0.184	0.186	-1142.5	206
朝陽	0.148	0.227	0.147	0.141	0.171	0.382	0.251	0.146	0.186	0.193	-1142.94	207
樂山	0.157	0.253	0.139	0.146	0.202	0.357	0.261	0.148	0.182	0.161	-1146.82	208
衡陽	0.158	0.266	0.133	0.175	0.241	0.34	0.262	0.195	0.178	0.198	-1152.15	209
上饒	0.137	0.237	0.137	0.14	0.186	0.378	0.25	0.15	0.181	0.207	-1160	210
淮北	0.172	0.279	0.132	0.143	0.172	0.376	0.243	0.216	0.19	0.181	-1171.02	211
鶴崗	0.165	0.176	0.135	0.149	0.17	0.405	0.237	0.182	0.183	0.194	-1175.65	212
晉城	0.171	0.27	0.134	0.172	0.187	0.35	0.254	0.216	0.181	0.167	-1175.93	213
呼倫貝爾	0.175	0.192	0.131	0.168	0.22	0.375	0.204	0.234	0.19	0.185	-1180.36	214
汕尾	0.124	0.225	0.106	0.156	0.12	0.36	0.243	0.134	0.195	0.182	-1192.63	215

表1.1 2013年度中國城市綜合競爭力排行榜

系統	經濟					社會	環境	人文及文化				
城市	經濟競爭力	產業競爭力	財政金融競爭力	商業貿易競爭力	基礎設施競爭力	社會體制競爭力	環境資源區位競爭力	人力資本教育競爭力	科技競爭力	文化形象競爭力	綜合競爭力	排名
牡丹江	0.152	0.202	0.127	0.168	0.201	0.384	0.2	0.171	0.187	0.172	-1211.36	216
遼源	0.188	0.242	0.123	0.151	0.172	0.387	0.21	0.172	0.177	0.161	-1220.78	217
三門峽	0.153	0.275	0.123	0.118	0.178	0.37	0.178	0.16	0.178	0.174	-1224.78	218
吉安	0.137	0.219	0.127	0.147	0.238	0.361	0.282	0.125	0.177	0.196	-1225.8	219
佳木斯	0.139	0.163	0.133	0.145	0.179	0.377	0.283	0.185	0.198	0.192	-1230.11	220
赤峰	0.176	0.249	0.127	0.16	0.2	0.37	0.223	0.212	0.185	0.166	-1235.19	221
欽州	0.165	0.226	0.108	0.153	0.155	0.41	0.233	0.128	0.179	0.192	-1238.52	222
玉林	0.154	0.253	0.123	0.157	0.177	0.34	0.279	0.128	0.176	0.188	-1243.58	223
陽江	0.151	0.227	0.124	0.159	0.16	0.346	0.242	0.121	0.195	0.178	-1262.5	224
池州	0.204	0.282	0.147	0.143	0.163	0.368	0.201	0.165	0.177	0.182	-1265.57	225
防城港	0.198	0.287	0.13	0.152	0.182	0.361	0.262	0.151	0.174	0.187	-1276.48	226
四平	0.166	0.214	0.128	0.137	0.166	0.371	0.258	0.175	0.18	0.175	-1294.16	227
阜陽	0.146	0.24	0.129	0.162	0.18	0.363	0.23	0.164	0.176	0.177	-1306.6	228
鶴壁	0.177	0.249	0.139	0.125	0.159	0.365	0.212	0.14	0.181	0.177	-1309.51	229
梧州	0.141	0.252	0.134	0.149	0.156	0.346	0.264	0.157	0.175	0.185	-1313.59	230
荊州	0.143	0.24	0.126	0.156	0.174	0.349	0.277	0.118	0.191	0.188	-1315.16	231
益陽	0.155	0.232	0.126	0.157	0.151	0.361	0.251	0.161	0.17	0.18	-1316.32	232
自貢	0.168	0.288	0.123	0.156	0.169	0.38	0.232	0.16	0.177	0.176	-1326.27	233
周口	0.124	0.23	0.13	0.117	0.169	0.347	0.215	0.137	0.178	0.187	-1330.44	234
忻州	0.156	0.2	0.126	0.136	0.179	0.391	0.214	0.202	0.19	0.182	-1338.52	235
瀘州	0.158	0.295	0.13	0.16	0.184	0.362	0.218	0.134	0.177	0.177	-1339.93	236
亳州	0.148	0.208	0.123	0.141	0.139	0.354	0.203	0.139	0.176	0.178	-1350.5	237
開封	0.138	0.228	0.122	0.145	0.172	0.362	0.235	0.146	0.182	0.187	-1358.81	238
伊春	0.15	0.17	0.101	0.145	0.218	0.409	0.236	0.119	0.176	0.177	-1368.59	239
七台河	0.181	0.247	0.113	0.131	0.156	0.373	0.21	0.147	0.165	0.175	-1386.12	240
雙鴨山	0.149	0.176	0.132	0.135	0.164	0.385	0.209	0.114	0.174	0.172	-1389.69	241
婁底	0.152	0.234	0.125	0.153	0.185	0.362	0.264	0.138	0.16	0.168	-1390.09	242
來賓	0.172	0.196	0.112	0.132	0.135	0.357	0.248	0.143	0.172	0.168	-1390.52	243
咸寧	0.134	0.205	0.126	0.168	0.163	0.367	0.273	0.118	0.191	0.197	-1413.49	244
貴港	0.149	0.248	0.11	0.151	0.136	0.343	0.292	0.117	0.172	0.177	-1414.02	245
渭南	0.16	0.217	0.127	0.135	0.184	0.349	0.265	0.162	0.17	0.198	-1422.62	246
永州	0.154	0.22	0.121	0.154	0.157	0.357	0.226	0.152	0.158	0.196	-1429.43	247
黃岡	0.128	0.205	0.123	0.16	0.176	0.342	0.253	0.105	0.19	0.19	-1432.11	248
漢中	0.146	0.209	0.119	0.144	0.151	0.358	0.227	0.173	0.182	0.184	-1447.01	249
酒泉	0.189	0.214	0.128	0.156	0.174	0.357	0.157	0.151	0.174	0.175	-1467.4	250
廣元	0.134	0.214	0.111	0.149	0.162	0.383	0.234	0.162	0.161	0.192	-1473.84	251
濮陽	0.144	0.251	0.109	0.113	0.159	0.34	0.203	0.148	0.177	0.173	-1484.86	252
撫州	0.138	0.194	0.128	0.141	0.145	0.368	0.237	0.136	0.182	0.199	-1495.79	253
資陽	0.148	0.276	0.116	0.161	0.146	0.35	0.213	0.12	0.171	0.159	-1513.63	254
內江	0.145	0.251	0.114	0.144	0.158	0.361	0.197	0.127	0.173	0.183	-1522.84	255
宿州	0.15	0.204	0.119	0.138	0.156	0.352	0.21	0.176	0.177	0.182	-1528.98	256
六盤水	0.143	0.252	0.138	0.135	0.171	0.356	0.254	0.154	0.169	0.16	-1544.01	257
隨州	0.138	0.206	0.109	0.145	0.146	0.362	0.278	0.109	0.176	0.181	-1551.17	258
南充	0.133	0.232	0.13	0.146	0.171	0.35	0.217	0.133	0.174	0.161	-1553.05	259
駐馬店	0.142	0.21	0.123	0.136	0.185	0.36	0.194	0.123	0.179	0.186	-1555.3	260
衡水	0.155	0.244	0.121	0.154	0.18	0.331	0.234	0.159	0.174	0.184	-1556.55	261
安順	0.135	0.227	0.127	0.131	0.129	0.355	0.272	0.149	0.171	0.153	-1560.77	262
崇左	0.138	0.239	0.119	0.143	0.131	0.36	0.213	0.15	0.179	0.165	-1571.24	263
巴彥淖爾	0.173	0.222	0.137	0.156	0.19	0.366	0.203	0.16	0.175	0.156	-1581.21	264
雅安	0.145	0.189	0.124	0.142	0.141	0.381	0.212	0.152	0.182	0.165	-1585.63	265
邵陽	0.124	0.197	0.12	0.145	0.175	0.362	0.24	0.133	0.168	0.179	-1593.39	266
綏化	0.1	0.143	0.112	0.13	0.144	0.369	0.206	0.129	0.173	0.172	-1596.35	267
懷化	0.13	0.186	0.128	0.141	0.168	0.381	0.213	0.145	0.161	0.178	-1604.46	268
遂寧	0.125	0.235	0.121	0.1	0.148	0.362	0.228	0.125	0.171	0.17	-1616.28	269
白銀	0.158	0.255	0.119	0.156	0.17	0.359	0.125	0.185	0.174	0.179	-1618.15	270
百色	0.137	0.171	0.132	0.136	0.168	0.344	0.238	0.196	0.171	0.157	-1626.25	271

表1.1 2013年度中國城市綜合競爭力排行榜

系統	經濟					社會	環境	人文及文化				
城市	經濟競爭力	產業競爭力	財政金融競爭力	商業貿易競爭力	基礎設施競爭力	社會體制競爭力	環境資源區位競爭力	人力資本教育競爭力	科技競爭力	文化形象競爭力	綜合競爭力	排名
眉山	0.15	0.25	0.119	0.152	0.157	0.349	0.195	0.112	0.172	0.16	-1630.23	272
安康	0.153	0.2	0.118	0.15	0.142	0.351	0.155	0.19	0.173	0.185	-1679.16	273
烏蘭察布	0.15	0.189	0.123	0.141	0.176	0.346	0.199	0.166	0.181	0.158	-1703.39	274
固原	0.14	0.161	0.124	0.139	0.14	0.373	0.143	0.24	0.169	0.17	-1715.6	275
賀州	0.161	0.217	0.112	0.136	0.131	0.346	0.206	0.13	0.171	0.168	-1715.79	276
廣安	0.143	0.222	0.114	0.148	0.131	0.341	0.231	0.123	0.168	0.16	-1725.55	277
保山	0.147	0.187	0.129	0.132	0.126	0.347	0.196	0.148	0.181	0.181	-1725.79	278
達州	0.116	0.182	0.121	0.158	0.181	0.354	0.216	0.125	0.168	0.159	-1746.99	279
吳忠	0.147	0.195	0.147	0.122	0.143	0.344	0.185	0.153	0.172	0.162	-1747.96	280
河池	0.117	0.166	0.109	0.128	0.161	0.359	0.194	0.154	0.175	0.168	-1798.65	281
張掖	0.145	0.175	0.122	0.14	0.158	0.359	0.158	0.14	0.176	0.186	-1802.89	282
慶陽	0.142	0.255	0.117	0.134	0.144	0.329	0.125	0.17	0.169	0.163	-1806.39	283
天水	0.146	0.205	0.115	0.139	0.127	0.36	0.127	0.15	0.178	0.183	-1859.8	284
中衛	0.156	0.205	0.14	0.147	0.13	0.343	0.158	0.143	0.165	0.152	-1929.04	285
平涼	0.134	0.187	0.135	0.122	0.123	0.339	0.133	0.179	0.172	0.175	-1937.86	286
麗江	0.139	0.18	0.141	0.125	0.146	0.329	0.155	0.158	0.174	0.156	-1971.75	287
黑河	0.103	0.1	0.106	0.12	0.145	0.401	0.227	0.105	0.172	0.174	-2020.47	288
武威	0.147	0.178	0.118	0.134	0.128	0.341	0.137	0.144	0.17	0.159	-2026.06	289
巴中	0.132	0.164	0.108	0.135	0.137	0.346	0.204	0.109	0.165	0.159	-2031.89	290
商洛	0.15	0.208	0.111	0.11	0.118	0.32	0.107	0.175	0.176	0.166	-2085.05	291
昭通	0.127	0.219	0.122	0.117	0.12	0.327	0.143	0.148	0.168	0.141	-2103.08	292
普洱	0.121	0.153	0.133	0.141	0.139	0.337	0.153	0.135	0.177	0.142	-2106.55	293
臨滄	0.108	0.155	0.132	0.128	0.118	0.346	0.142	0.152	0.179	0.143	-2174.41	294
定西	0.122	0.129	0.115	0.141	0.1	0.349	0.1	0.172	0.148	0.165	-2323.45	295
隴南	0.105	0.158	0.105	0.127	0.147	0.334	0.11	0.157	0.149	0.156	-2330.58	296
畢節	0.143	0.18	0.1	0.123	0.121	0.1	0.223	0.1	0.101	0.1	-3217.59	297
銅仁	0.139	0.132	0.104	0.115	0.122	0.122	0.204	0.106	0.1	0.116	-3276.93	298

第二篇 2013 年度中國城市成長競爭力排行榜

2.1 成長競爭力：動態發展比較

城市是動態發展的，城市成長競爭力也是動態發展的。為了衡量城市動態發展，我會提出了城市成長競爭力這一概念。城市成長競爭力指的是城市在動態發展過程中，充分發揮其潛能，不斷完善城市的社會組織體制，展示出創新活力並依據城市可持續發展的內在規律逐步提升自身綜合競爭力的能力。城市發展與增長是一個多維的動態系統，城市的成長競爭力是城市綜合實力、發展潛力、制度活力與實現能力“四位一體”的四維系統。在我會的理論框架下，《中國城市成長競爭力比較評估指標體系》包含一級指標 4 個，二級指標 29 個（具體請參見附錄 2）。城市成長競爭力排行依據“GN 中國城市成長競爭力評價指標體系”評估，包括實力指數、潛力指數、活力指數、能力指數四項一級指標。

2.2 成長競爭力四指數

實力指數是通過城市綜合競爭力指數化而得到。包括了城市綜合經濟、城市財政金融實力、城市人力教育實力、城市基礎設施實力、城市商業貿易實力、城市產業實力、城市社會體制實力、城市環境資源區位實力、城市科技實力、城市文化形象實力等十項指數。一個城市的成長與其綜合實力具有很強的相關性，城市的發展和成長不僅要依託資源，還要依賴自身在競爭中的相對優勢。從一定意義上說，城市發展所需要的資源是稀缺的，在資源配置的過程中難免不會遇到“贏家通吃”的局面，即在城市的局部區域性競爭或國際性競爭中，強者決定資源配置的規則，而弱者只能服從這個遊戲規則，得不到規則的制定權，所以很難保障和爭取自身利益。在這樣的情形下，擁有最強競爭力的城市會贏得更多的資源，而競爭力較弱的城市可能會被進一步弱化，從而形成強者愈強，弱者愈弱的結果，即通常所說的“馬太效應”。因而，城市之間的各種發展不平衡是自然的結果。城市的發展是有一定的邊界限制的，雖然到目前為止學術界並未很好的回答“城市的邊界到底是什麼”這個問題，但是城市規模的無限制擴大將會帶來許多城市病問題，如污染嚴重、交通堵塞等。這些問題已經伴隨著不斷的城市化過程在各個國家不同程度的出現了。由於各城市在資源配置過程中的不同地位，以及城市邊界問題的存在，現實中出現了各種規模不等、競爭力參差不齊的各類城市並存的局面，即城市發展的不平衡問題。縱觀世界城市發展史，我會發現，如今所形成的城市群、城市帶，都是由一個或幾個中心城市帶動周邊城市不斷發展，實現整體城市群或城市帶的實力增強。城市群或城市帶中的城市雖然存在資源配置上的競爭，但其關系更多的體現在資源配置的互補性上，如城市間勞動力、自然資源商品等資源的互通有無。此外城市與城市之間還出現了分工的細化，區域經濟中不同功能的城市也相伴而生，並且這些城市之間的功能具有非常強的互補性。例如勞動密集型的製造業和占用土地較多的製造業，會向勞動力和土地成本更加低廉的周邊城市轉移，這樣提高了資源的利用效率也節約了城市的發展成本。從表 2.1 中可以看出，國內一線城市如上海、香港、北京、深圳的實力指數都相對比較大。其中上海的實力指數最大為 1。

潛力指數是城市在發展過程中在人力資本、金融資本、市場潛力、區位、可持續發展等多方面的潛在能力。包括了居民消費潛力指數、人力資本潛力指數、金融資本潛力指數、市場潛力指數、自然資源指數、區位指數、可持續發展指數與環境品質指數 8 個二級指標。潛力指數主要反映了城市的內在增長力，從其包含的指標可以看出，該指數主要關注的是一個城市經濟發展所需的各種人力、資金、市場等驅動因素。較高的潛力指數反映了城市未來較好的經濟增長前景。從 2013 年度中國城市成長競爭力排行榜中可以看出，在潛力指數的排名中，深圳、廣州、上海位居前三名，而青島則跌出前三。

活力指數是指城市在軟環境方面的指標。具體地說，這種軟環境是城市在其發展與變遷過程中經過長時間積澱下來的，具有一定的繼承性和歷史性，它不僅僅體現在城市社會管理組織的行為與各種規章制度上，也體現在城市的氛圍和城市居民的精神風貌上。當然，城市的管理者和城市居民也可以通過學習、創新在短時期內改善這種軟環境。城市良好的軟環境不僅是城市發展的助推器，對於提高城市居民的生活水平和生活質量也有著非常重要的作用。活力指數包括文化力指數、法制力指數、應變力指數、學習力指數、創新力指數、開放力指數和行銷力指數 7 個二級指標。其中的學習力與創新力是城市保持活躍性的關鍵，也是城市軟實力的主要體現。在 2013 年度，城市活力指數排名中， 前三名也延續了 2011 年及 2012 年的情形，深圳、上海、蘇州依然位列三甲。

能力指數展現的是城市在促進經濟發展、提高社會保障水平和集聚各種資源方面的能力，它包括社會保障能力、經濟增長能力、城市吸引能力和城市流通能力 4 個二級指標。分別從城市的社會功能、經濟功能、集聚功能三個角度來分析城市在提升整體發展水平方面的能力。能力指數一定程度上展現了城市未來的發展潛力。在 2013 年度，由於 GDP 與財政收入增長水平城市之間排名的變動比較大，導致城市能力指數排名較 2012 年變化比較大，北海、烏魯木齊、瀘州、貴陽位列前四。

通過對 2013 年 298 個城市成長競爭力的計算，發現有 112 個城市處於平均水平之上，比 2012 年增加了 5 個，占 37.58%。成長競爭力得分的標準差為 4.307，持續了 2011 年以來的上升趨勢，這說明城市之間的成長競爭力的差異可能有逐步加大的趨勢。從下表中可得知，東部沿海城市在城市成長競爭力排名中較靠前。

城市成長競爭力及二級指標具體排名見表 2.1[①]。

表 2.1 2013 年度中國城市成長競爭力排行榜

城市	實力指數	排名	潛力指數	排名	活力指數	排名	能力指數	排名	成長競爭力得分	排名
天津	0.578	6	0.848	4	0.77	7	0.843	42	2219.01	1
重慶	0.517	10	0.72	10	0.613	11	0.924	9	2056.57	2
深圳	0.674	4	1	1	1	1	0.721	163	2000.7	3
上海	1	1	0.887	3	0.935	2	0.627	237	1931.7	4
北京	0.984	3	0.785	7	0.798	6	0.701	181	1655	5
蘇州	0.549	8	0.693	12	0.875	3	0.68	209	1548.87	6
廣州	0.67	5	0.891	2	0.825	5	0.619	242	1360.76	7
青島	0.428	18	0.777	8	0.608	12	0.696	187	1064.47	8
杭州	0.564	7	0.682	13	0.628	9	0.665	223	1059.13	9
大連	0.446	16	0.829	5	0.568	16	0.768	102	1046.46	10
香港	0.997	2	0.806	6	0.867	4	0.399	287	1000.06	11
濟南	0.41	20	0.664	16	0.539	22	0.761	110	979.94	12
南京	0.503	11	0.745	9	0.591	13	0.731	148	901.35	13
武漢	0.476	13	0.573	26	0.509	31	0.839	44	781.3	14
瀋陽	0.455	15	0.681	14	0.508	33	0.682	205	780.06	15
合肥	0.359	33	0.558	30	0.48	40	0.865	30	778.58	16
澳門	0.489	12	0.577	24	0.497	36	0.667	221	718.72	17
成都	0.456	14	0.664	16	0.513	28	0.908	13	695.94	18
寧波	0.438	17	0.477	54	0.623	10	0.557	264	683.99	19
昆明	0.376	28	0.67	15	0.501	34	0.761	110	673.75	20
無錫	0.416	19	0.557	31	0.582	15	0.676	215	669.4	21

① 該排名由於是對綜合實力指數化後的排名，我會只取三位小數，因此在綜合實力上得分非常相近的城市其指數化得分將相同，因而排名也相同，有可能與第一節所述的排名有比較小的差異，請讀者注意區分。

表 2.1 2013 年度中國城市成長競爭力排行榜

城市	實力指數	排名	潛力指數	排名	活力指數	排名	能力指數	排名	成長競爭力得分	排名
廈門	0.401	23	0.582	23	0.584	14	0.743	137	632.97	22
貴陽	0.301	54	0.569	27	0.422	62	0.951	3	610.55	23
長沙	0.388	24	0.472	60	0.484	38	0.828	47	586.27	24
煙臺	0.34	36	0.568	28	0.434	60	0.795	75	583.22	25
哈爾濱	0.371	29	0.708	11	0.437	56	0.694	191	581.91	26
鄭州	0.383	25	0.577	24	0.488	37	0.909	12	554.97	27
長春	0.369	30	0.645	18	0.475	43	0.772	100	505.98	28
西安	0.405	21	0.51	40	0.461	47	0.762	109	505.81	29
徐州	0.294	59	0.475	55	0.482	39	0.812	58	498.56	30
東莞	0.403	22	0.508	41	0.666	8	0.486	279	497.08	31
南通	0.331	39	0.515	38	0.543	21	0.744	135	472.09	32
中山	0.333	38	0.484	51	0.555	19	0.869	29	471.61	33
臺北	0.52	9	0.598	20	0.523	25	0.144	293	470.65	34
福州	0.357	34	0.49	47	0.51	30	0.754	125	452.86	35
南寧	0.299	56	0.596	21	0.406	69	0.861	33	426.72	36
石家莊	0.323	44	0.549	32	0.462	46	0.742	139	387.91	37
佛山	0.382	27	0.416	109	0.55	20	0.618	244	370.09	38
珠海	0.355	35	0.463	66	0.556	18	0.542	269	366.83	39
呼和浩特	0.296	57	0.549	32	0.406	69	0.766	104	347.37	40
鹽城	0.257	78	0.522	36	0.435	59	0.819	53	337.37	41
南昌	0.328	41	0.458	70	0.446	53	0.748	131	320.76	42
嘉興	0.317	47	0.393	133	0.529	24	0.721	163	314.96	43
威海	0.293	60	0.596	21	0.402	72	0.626	238	309.27	44
舟山	0.289	63	0.423	106	0.499	35	0.758	117	298.77	45
溫州	0.313	50	0.396	131	0.56	17	0.621	241	291.13	46
連雲港	0.254	81	0.469	62	0.474	44	0.79	80	285.69	47
韶關	0.249	85	0.506	42	0.509	31	0.615	245	281.39	48
惠州	0.287	65	0.359	175	0.522	26	0.768	102	251.85	49
紹興	0.319	46	0.38	147	0.537	23	0.619	242	248.77	50
鄂爾多斯	0.308	52	0.439	83	0.384	78	0.759	116	246.22	51
海口	0.29	62	0.504	43	0.415	64	0.608	251	198.34	52
淮安	0.254	81	0.421	107	0.451	51	0.78	91	194.52	53
泉州	0.316	49	0.338	207	0.465	45	0.755	122	192.81	54
宿遷	0.222	135	0.445	80	0.414	65	0.864	31	189.99	55
漳州	0.24	102	0.411	112	0.452	50	0.818	54	188.03	56
銀川	0.268	73	0.436	88	0.414	65	0.774	98	186.54	57
揚州	0.272	71	0.373	152	0.451	51	0.779	93	185.04	58
湖州	0.273	70	0.357	178	0.476	42	0.744	135	169.92	59
茂名	0.216	146	0.466	64	0.418	63	0.813	56	166.2	60
秦皇島	0.264	74	0.527	34	0.384	78	0.611	248	157.87	61
齊齊哈爾	0.224	128	0.621	19	0.33	115	0.657	228	150.44	62
常州	0.336	37	0.342	202	0.521	27	0.517	274	150.24	63
桂林	0.239	104	0.474	56	0.339	104	0.844	40	145.68	64
東營	0.296	57	0.43	94	0.355	93	0.748	131	136.5	65
淄博	0.313	50	0.392	135	0.359	90	0.775	97	133.85	66
泰州	0.255	80	0.372	153	0.437	56	0.787	82	130.45	67
鎮江	0.284	66	0.336	211	0.436	58	0.783	86	130.3	68
江門	0.261	76	0.375	150	0.512	29	0.594	254	128.64	69
松原	0.213	154	0.561	29	0.319	127	0.75	127	124.8	70
濟寧	0.262	75	0.485	49	0.341	102	0.711	171	124.21	71
臨沂	0.256	79	0.456	71	0.335	109	0.783	86	117.18	72
龍岩	0.247	87	0.434	91	0.377	81	0.763	107	111.82	73
蘭州	0.288	64	0.383	144	0.377	81	0.803	69	107.03	74
肇慶	0.22	137	0.441	81	0.439	55	0.677	214	102.03	75
營口	0.252	83	0.44	82	0.366	86	0.75	127	100.22	76
錦州	0.238	107	0.519	37	0.326	122	0.707	176	96.52	77
湛江	0.224	128	0.431	93	0.432	61	0.697	186	90.87	78

表 2. 1 2013 年度中國城市成長競爭力排行榜

城市	實力指數	排名	潛力指數	排名	活力指數	排名	能力指數	排名	成長競爭力得分	排名
蕪湖	0.247	87	0.361	170	0.346	99	0.942	5	89.15	79
聊城	0.252	83	0.462	67	0.39	76	0.65	232	88.72	80
德州	0.236	114	0.454	73	0.338	106	0.807	63	88.59	81
綿陽	0.222	135	0.395	132	0.399	74	0.809	61	87.65	82
曲靖	0.223	131	0.386	141	0.458	48	0.726	156	86.55	83
菏澤	0.223	131	0.488	48	0.324	123	0.778	94	86.52	84
株洲	0.237	113	0.436	88	0.335	109	0.799	72	78.56	85
唐山	0.3	55	0.39	137	0.365	89	0.702	179	77.97	86
泰安	0.249	85	0.425	101	0.369	85	0.736	142	77.35	87
汕頭	0.246	91	0.427	97	0.479	41	0.425	285	76.26	88
鐵嶺	0.211	164	0.491	46	0.341	102	0.749	129	75.53	89
大慶	0.292	61	0.481	52	0.335	109	0.589	257	74.59	90
三明	0.23	123	0.424	104	0.375	83	0.761	110	67.18	91
咸陽	0.219	140	0.411	112	0.314	131	0.898	15	65.37	92
烏魯木齊	0.307	53	0.466	64	0.37	84	0.987	2	64.33	93
莆田	0.239	104	0.347	197	0.393	75	0.827	49	64.25	94
雲浮	0.199	203	0.426	98	0.358	91	0.885	21	64.15	95
邯鄲	0.247	87	0.454	73	0.323	125	0.722	161	49.02	96
濰坊	0.281	68	0.397	130	0.366	86	0.654	230	48.86	97
金華	0.269	72	0.34	204	0.413	67	0.693	192	33.7	98
佳木斯	0.195	217	0.513	39	0.331	114	0.69	197	31.71	99
衢州	0.242	100	0.38	147	0.445	54	0.614	246	29.74	100
三亞	0.243	99	0.503	44	0.344	100	0.538	270	29.19	101
吉林	0.246	91	0.439	83	0.338	106	0.698	183	27.99	102
呼倫貝爾	0.197	211	0.461	68	0.299	146	0.805	68	25.41	103
台州	0.283	67	0.357	178	0.456	49	0.502	277	24.31	104
濱州	0.238	107	0.439	83	0.327	121	0.709	172	18.86	105
宜昌	0.233	117	0.409	119	0.328	117	0.546	268	18.66	106
麗水	0.225	127	0.353	186	0.402	72	0.736	142	9.76	107
朝陽	0.199	203	0.425	101	0.328	117	0.813	56	8.95	108
滄州	0.226	126	0.473	58	0.296	153	0.729	152	4.98	109
赤峰	0.195	217	0.474	56	0.292	157	0.773	99	3.88	110
四平	0.192	227	0.473	58	0.317	129	0.746	134	3.26	111
遼陽	0.232	120	0.429	96	0.299	146	0.739	140	0.7	112
十堰	0.223	131	0.432	92	0.322	126	0.698	183	-2.67	113
保定	0.238	107	0.437	87	0.301	143	0.698	183	-2.72	114
包頭	0.281	68	0.331	219	0.307	138	0.785	83	-4.16	115
棗莊	0.238	107	0.406	121	0.343	101	0.664	224	-4.37	116
白城	0.199	203	0.47	61	0.297	150	0.731	148	-6.23	117
七台河	0.188	239	0.296	249	0.319	127	0.417	286	-29.86	118
南平	0.218	141	0.405	123	0.35	96	0.695	190	-36.39	119
廊坊	0.245	94	0.401	127	0.333	113	0.683	203	-37.66	120
河源	0.21	168	0.372	153	0.355	93	0.792	79	-38.46	121
寧德	0.218	141	0.41	115	0.347	98	0.691	195	-41.09	122
襄陽	0.223	131	0.402	125	0.302	142	0.765	106	-43.33	123
柳州	0.24	102	0.385	142	0.328	117	0.716	169	-43.73	124
揭陽	0.204	189	0.357	178	0.386	77	0.728	153	-44.25	125
咸寧	0.186	244	0.46	69	0.278	184	0.776	96	-44.83	126
岳陽	0.234	115	0.402	125	0.312	134	0.743	137	-47	127
鶴崗	0.197	211	0.372	153	0.334	112	0.816	55	-48.27	128
孝感	0.199	203	0.372	153	0.29	162	0.899	14	-50.96	129
西寧	0.238	107	0.381	145	0.349	97	0.888	19	-51.02	130
梅州	0.214	151	0.426	98	0.357	92	0.625	239	-52.85	131
張家界	0.207	180	0.454	73	0.303	140	0.718	166	-52.93	132
雙鴨山	0.187	241	0.411	112	0.317	129	0.789	81	-53.63	133
防城港	0.193	224	0.326	223	0.328	117	0.756	121	-53.96	134
丹東	0.216	146	0.387	140	0.284	177	0.795	75	-55.5	135

表 2. 1 2013 年度中國城市成長競爭力排行榜

城市	實力指數	排名	潛力指數	排名	活力指數	排名	能力指數	排名	成長競爭力得分	排名
商丘	0.23	123	0.263	277	0.411	68	0.57	260	-58.02	136
宜賓	0.208	176	0.354	184	0.301	143	0.877	24	-67.37	137
遵義	0.218	141	0.455	72	0.264	214	0.927	8	-67.76	138
太原	0.325	42	0.292	254	0.338	106	0.68	209	-75.15	139
鞍山	0.259	77	0.341	203	0.329	116	0.286	289	-75.17	140
郴州	0.206	183	0.454	73	0.299	146	0.828	47	-75.56	141
荊門	0.213	154	0.41	115	0.309	136	0.718	166	-79.96	142
雞西	0.203	194	0.375	150	0.297	150	0.812	58	-91.84	143
北海	0.207	180	0.447	79	0.28	183	1	1	-93.36	144
日照	0.232	120	0.369	162	0.339	104	0.667	221	-95.55	145
阜新	0.215	148	0.524	35	0.29	162	0.886	20	-96.03	146
晉中	0.224	128	0.424	104	0.291	160	0.702	179	-96.56	147
瀘州	0.19	233	0.32	227	0.281	182	0.951	3	-98.47	148
陽江	0.193	224	0.372	153	0.351	95	0.728	153	-101.4	149
牡丹江	0.196	215	0.378	149	0.296	153	0.807	63	-103.1	150
湘潭	0.218	141	0.346	198	0.324	123	0.763	107	-103.26	151
朔州	0.218	141	0.406	121	0.267	205	0.761	110	-106.35	152
清遠	0.22	137	0.273	268	0.383	80	0.453	283	-108.93	153
玉溪	0.215	148	0.388	138	0.287	169	0.739	140	-110.66	154
盤錦	0.245	94	0.388	138	0.277	187	0.686	199	-112.25	155
潮州	0.209	171	0.312	235	0.403	71	0.679	212	-116.07	156
贛州	0.21	168	0.362	169	0.304	139	0.761	110	-117.02	157
白山	0.209	171	0.32	227	0.313	132	0.812	58	-117.6	158
漢中	0.185	248	0.353	186	0.285	172	0.875	25	-117.83	159
德陽	0.204	189	0.41	115	0.289	165	0.803	69	-118.2	160
黃石	0.212	157	0.361	170	0.292	157	0.778	94	-122.35	161
荊州	0.191	228	0.45	77	0.272	198	0.727	155	-124.76	162
張家口	0.212	157	0.439	83	0.288	168	0.657	228	-127.15	163
綏化	0.178	265	0.467	63	0.299	146	0.59	256	-127.89	164
銅陵	0.238	107	0.335	213	0.301	143	0.718	166	-128.32	165
梧州	0.191	228	0.357	178	0.283	178	0.836	46	-130.03	166
通遼	0.203	194	0.485	49	0.253	234	0.844	40	-130.56	167
鄂州	0.211	164	0.359	175	0.295	156	0.771	101	-132.14	168
汕尾	0.196	215	0.296	249	0.366	86	0.809	61	-134.62	169
邢臺	0.214	151	0.45	77	0.265	211	0.653	231	-134.7	170
滁州	0.204	189	0.37	161	0.266	208	0.84	43	-135.64	171
衡陽	0.198	209	0.401	127	0.267	205	0.719	165	-136.65	172
吉安	0.195	217	0.41	115	0.263	217	0.748	131	-136.76	173
景德鎮	0.205	188	0.355	183	0.292	157	0.761	110	-136.96	174
樂山	0.199	203	0.323	224	0.282	180	0.864	31	-137.09	175
通化	0.207	180	0.372	153	0.289	165	0.731	148	-143.9	176
馬鞍山	0.233	117	0.321	226	0.273	194	0.794	77	-144.72	177
九江	0.22	137	0.358	177	0.291	160	0.701	181	-146.22	178
黃岡	0.185	248	0.393	133	0.285	172	0.725	159	-149.06	179
巴彥淖爾	0.179	262	0.425	101	0.276	189	0.662	225	-151.85	180
黑河	0.158	288	0.337	208	0.308	137	0.523	273	-155.38	181
烏海	0.231	122	0.284	260	0.258	226	0.859	34	-162.8	182
榆林	0.233	117	0.307	240	0.277	187	0.734	146	-163.54	183
宜春	0.208	176	0.329	222	0.31	135	0.755	122	-163.7	184
黃山	0.212	157	0.416	109	0.263	217	0.796	74	-164.41	185
宿州	0.181	255	0.366	167	0.268	204	0.803	69	-164.78	186
貴港	0.186	244	0.385	142	0.289	165	0.708	175	-165.64	187
三門峽	0.195	217	0.196	293	0.286	171	0.475	282	-168.97	188
阜陽	0.191	228	0.364	168	0.285	172	0.736	142	-169.19	189
蚌埠	0.211	164	0.349	193	0.272	198	0.758	117	-170.52	190
新餘	0.23	123	0.278	263	0.313	132	0.693	192	-171.22	191
廣安	0.172	275	0.353	186	0.246	246	0.898	15	-174.14	192

表 2.1 2013 年度中國城市成長競爭力排行榜

城市	實力指數	排名	潛力指數	排名	活力指數	排名	能力指數	排名	成長競爭力得分	排名
承德	0.209	171	0.399	129	0.265	211	0.669	218	-175	193
資陽	0.182	253	0.322	225	0.261	219	0.883	22	-175.3	194
安慶	0.2	199	0.381	145	0.283	178	0.682	205	-176.01	195
六安	0.2	199	0.331	219	0.282	180	0.784	84	-178.98	196
伊春	0.188	239	0.43	94	0.257	230	0.766	104	-179.85	197
常德	0.213	154	0.417	108	0.252	238	0.755	122	-181.3	198
邵陽	0.178	265	0.426	98	0.267	205	0.722	161	-181.33	199
池州	0.193	224	0.28	262	0.285	172	0.735	145	-185.07	200
安陽	0.209	171	0.275	267	0.272	198	0.444	284	-196.4	201
平頂山	0.21	168	0.223	291	0.29	162	0.38	288	-196.83	202
萊蕪	0.239	104	0.276	265	0.303	140	0.6	253	-202.21	203
益陽	0.191	228	0.368	164	0.259	223	0.806	66	-204.87	204
遼源	0.195	217	0.306	242	0.297	150	0.685	200	-207.99	205
鷹潭	0.204	189	0.315	231	0.287	169	0.569	261	-211.93	206
拉薩	0.245	94	0.501	45	0.25	240	0.751	126	-214.33	207
淮北	0.197	211	0.349	193	0.258	226	0.825	50	-215.72	208
欽州	0.194	222	0.391	136	0.296	153	0.61	249	-219.48	209
玉林	0.194	222	0.415	111	0.257	230	0.649	233	-220.32	210
運城	0.209	171	0.403	124	0.285	172	0.614	246	-226.39	211
淮南	0.215	148	0.298	247	0.278	184	0.749	129	-226.93	212
寶雞	0.201	197	0.339	205	0.258	226	0.716	169	-232.15	213
衡水	0.18	257	0.481	52	0.234	266	0.692	194	-239.96	214
晉城	0.197	211	0.372	153	0.244	249	0.709	172	-242.23	215
安康	0.174	273	0.295	251	0.259	223	0.874	26	-247.25	216
開封	0.189	237	0.349	193	0.272	198	0.586	258	-249.03	217
永州	0.186	244	0.36	173	0.264	214	0.696	187	-249.62	218
南充	0.18	257	0.349	193	0.24	257	0.852	38	-253.68	219
攀枝花	0.234	115	0.27	273	0.24	257	0.806	66	-256.88	220
新鄉	0.211	164	0.221	292	0.275	192	0.538	270	-258.31	221
撫州	0.182	253	0.331	219	0.266	208	0.93	7	-259.39	222
雅安	0.178	265	0.345	200	0.236	263	0.784	84	-260.44	223
婁底	0.187	241	0.334	216	0.237	260	0.823	51	-261.4	224
眉山	0.176	271	0.334	216	0.249	242	0.782	89	-268.99	225
濮陽	0.183	251	0.193	294	0.229	269	0.571	259	-269.42	226
新北	0.383	25	0.35	192	0.276	189	0.21	290	-273.59	227
延安	0.212	157	0.352	190	0.275	192	0.483	280	-275.05	228
保山	0.172	275	0.368	164	0.248	244	0.878	23	-276.08	229
本溪	0.246	91	0.315	231	0.276	189	0.566	262	-278.36	230
銅川	0.2	199	0.294	252	0.253	234	0.858	35	-280.19	231
撫順	0.247	87	0.261	278	0.273	194	0.684	202	-280.4	232
呂梁	0.208	176	0.288	257	0.251	239	0.724	160	-282.1	233
崇左	0.179	262	0.372	153	0.236	263	0.681	207	-296.92	234
葫蘆島	0.206	183	0.268	274	0.273	194	0.482	281	-297.09	235
渭南	0.186	244	0.291	255	0.261	219	0.685	200	-297.14	236
亳州	0.189	237	0.312	235	0.269	203	0.733	147	-297.42	237
石嘴山	0.204	189	0.287	258	0.255	233	0.726	156	-300.3	238
內江	0.181	255	0.231	288	0.266	208	0.726	156	-301.25	239
昭通	0.154	292	0.312	235	0.205	287	0.911	10	-302.03	240
洛陽	0.242	100	0.225	290	0.253	234	0.501	278	-302.71	241
萍鄉	0.206	183	0.277	264	0.265	211	0.709	172	-304.59	242
南陽	0.212	157	0.298	247	0.242	251	0.565	263	-305.44	243
高雄	0.367	31	0.369	162	0.278	184	0.117	296	-305.55	244
長治	0.212	157	0.307	240	0.242	251	0.679	212	-310.99	245
臨汾	0.212	157	0.361	170	0.236	263	0.646	235	-315.71	246
百色	0.176	271	0.435	90	0.246	246	0.512	275	-317.04	247
許昌	0.206	183	0.244	283	0.256	232	0.68	209	-319.32	248
六盤水	0.18	257	0.337	208	0.233	267	0.911	10	-321.1	249

表 2. 1 2013 年度中國城市成長競爭力排行榜

城市	實力指數	排名	潛力指數	排名	活力指數	排名	能力指數	排名	成長競爭力得分	排名
巴中	0.158	288	0.352	190	0.224	272	0.87	28	-323.72	250
隨州	0.18	257	0.36	173	0.237	260	0.668	220	-325.3	251
忻州	0.19	233	0.353	186	0.245	248	0.696	187	-327.06	252
懷化	0.177	268	0.333	218	0.253	234	0.683	203	-327.41	253
達州	0.171	279	0.314	233	0.242	251	0.758	117	-327.48	254
嘉峪關	0.244	97	0.191	295	0.213	281	0.919	9	-327.85	255
自貢	0.19	233	0.272	271	0.264	214	0.669	218	-332.2	256
漯河	0.203	194	0.168	296	0.26	221	0.69	197	-332.68	257
金昌	0.206	183	0.249	281	0.216	278	0.85	39	-341.72	258
遂寧	0.177	268	0.156	297	0.258	226	0.646	235	-344.1	259
基隆	0.317	47	0.346	198	0.272	198	0.113	297	-352.31	260
廣元	0.183	251	0.335	213	0.242	251	0.676	215	-354.01	261
安順	0.179	262	0.408	120	0.224	272	0.872	27	-354.18	262
宣城	0.2	199	0.255	279	0.259	223	0.73	151	-354.19	263
台中	0.361	32	0.337	208	0.26	221	0.154	292	-354.93	264
慶陽	0.168	281	0.303	245	0.193	293	0.942	5	-355.48	265
來賓	0.187	241	0.354	184	0.238	259	0.607	252	-355.62	266
焦作	0.208	176	0.294	252	0.225	271	0.707	176	-360.47	267
周口	0.19	233	0.265	275	0.249	242	0.61	249	-369.45	268
固原	0.172	275	0.367	166	0.214	280	0.797	73	-371.52	269
酒泉	0.184	250	0.283	261	0.212	282	0.807	63	-373.49	270
白銀	0.177	268	0.308	239	0.222	275	0.781	90	-377.4	271
上饒	0.198	209	0.272	271	0.273	194	0.66	226	-377.67	272
陽泉	0.201	197	0.336	211	0.203	288	0.658	227	-388.5	273
張掖	0.168	281	0.343	201	0.186	296	0.793	78	-395.95	274
吳忠	0.171	279	0.306	242	0.218	277	0.78	91	-399.88	275
普洱	0.154	292	0.264	276	0.206	285	0.895	17	-407.14	276
武威	0.158	288	0.286	259	0.196	292	0.853	37	-411.55	277
烏蘭察布	0.173	274	0.335	213	0.216	278	0.671	217	-415.29	278
中衛	0.162	285	0.304	244	0.212	282	0.757	120	-421.68	279
麗江	0.16	287	0.246	282	0.206	285	0.892	18	-428.69	280
平涼	0.162	285	0.291	255	0.191	294	0.837	45	-433.1	281
定西	0.144	295	0.309	238	0.198	291	0.821	52	-442.22	282
克拉瑪依	0.244	97	0.276	265	0.243	250	0.552	266	-443.23	283
天水	0.166	284	0.273	268	0.21	284	0.783	86	-448.07	284
大同	0.214	151	0.243	285	0.241	255	0.648	234	-455.69	285
駐馬店	0.18	257	0.273	268	0.232	268	0.681	207	-462.69	286
台南	0.331	39	0.339	205	0.25	240	0.163	291	-466.93	287
臨滄	0.151	294	0.237	287	0.203	288	0.855	36	-476.15	288
信陽	0.199	203	0.253	280	0.229	269	0.592	255	-500.31	289
鶴壁	0.191	228	0.243	285	0.223	274	0.557	264	-518.43	290
新竹	0.324	43	0.356	182	0.241	255	0.127	294	-527.84	291
賀州	0.172	275	0.319	229	0.237	260	0.537	272	-529.21	292
嘉義	0.321	45	0.318	230	0.248	244	0.1	298	-529.62	293
隴南	0.144	295	0.23	289	0.2	290	0.704	178	-559.73	294
商洛	0.155	291	0.1	298	0.188	295	0.691	195	-672.85	295
河池	0.168	281	0.244	283	0.22	276	0.127	294	-792.21	296
畢節	0.103	297	0.303	245	0.1	297	0.55	267	-801.11	297
銅仁	0.1	298	0.314	233	0.1	297	0.509	276	-813.57	298

第三篇 2013 年度中國城市單項競爭力排行榜

3.1 城市經濟競爭力排名及二級指標分值

城市經濟競爭力，反應的是城市各種生產要素綜合而成的整體實力與發展效益與水平，以及由此決定的對所在區域乃至國家的作用和影響力。一個城市的經濟“競爭”力，注重經濟效率和品質，考察各種發展要素總量或規模所形成的靜態經濟實力，更要考慮經濟發展水平、人均指標以及單位指標，如人均 GDP 等。城市經濟競爭力是一個相對概念，不僅比較城市間競爭力的高低，而且還著眼於現在與過去，強調的是城市發展潛力與增長後勁。城市經濟競爭力的評價主要是看該城市的經濟整體實力是否雄厚，經濟運轉是否有效，經濟是否穩定、高速、健康地發展，經濟水平發展所處階段是否有利於人民生活的改善等。城市滿足以上要求才可能具有較強的經濟競爭力，反之則缺乏經濟競爭力。城市經濟競爭力在城市經濟系統中起著重要作用，它從城市的綜合經濟表現來考察城市創造財富、集聚和整合各種資源進行生產的能力，在某些程度上，城市經濟競爭力也反映了城市居民參與財富分配的能力，它是城市綜合競爭力的顯示性表現。在我會的理論框架下，城市經濟競爭力是直接體現城市規模、效率和居民生活水平相對優勢的競爭力指標。雖然城市規模是否存在一個合理的邊界，在學術界還沒有一個明確的結論。但是城市規模的擴大卻是規模經濟的結果，也是產業集聚和城市規模擴張互動機制的結果，因此都把城市規模指標看做體現城市經濟競爭力的一個重要指標。

2013 年，城市規模指標排名中，上海北京香港重慶等城市繼續排在前列。上海規模指數為 1，北京為 0.902，香港達到 0.766，重慶的規模指標為 0.751。從排名可以看出，一個城市的城市規模指標與其經濟競爭力是存在相關性的。城市效率指標體現了城市居民人均創造財富的能力、單位城市面積創造財富的規模和城市政府經營城市的能力。它是城市對各種資源利用程度的評價和政府管理能力、人均財富值多少的體現。在 2013 年度城市效率指數排名中，香港澳門仍然排在前列，而內陸城市大部分排名在十五名之後，僅有克拉瑪依、深圳、太原、上海、北京位於前十五名。這與其自身土地面積、財富總值及人口規模、政府治理水平有關。城市國際吸引指標體現了城市在吸收國外資本、參與世界市場競爭的能力，資本的本性在於其可獲利性，國外資本的流入也體現了城市在某些方面的相對優勢，如該城市的人才供給充足或廉價勞動力市場、廣闊的消費市場，以及一個城市為引進外資，採取的優惠鼓勵政策與完善的配套措施等因素。國際資本的流入一定程度上可以彌補城市資金短缺，加速城市產業的升級。在 2013 年國際吸引力指標排名中，香港、上海、北京、廣州、深圳等主要沿海城市指數較高。這些都是對外開放較早的城市，並且現有的經濟環境與政策上的便利也為這些城市吸引國際投資、參與世界競爭提供了機會和支持。城市居民在財富分配及消費分配方面的表現也是一個城市綜合經濟實力的體現。居民生活指標則反應了城市居民分享財富的能力，也體現了居民的消費結構與消費能力。城市發展的根本是為了提高城市居民的生活水平及生活品質，而城市居民財富的增長、消費結構的提升和消費能力的增強也會促進城市的發展，從而形成一個良性的發展態勢。在城市居民生活指數比較研究後發現，2013 年，前十名全是港澳臺地區的城市，其中香港該指數為 1，臺北為 0.795，排名第二，澳門、新竹隨後，而大陸排名前三的為東莞、深圳、杭州。由此可以看出，在城市效率指標尤其是城市居民生活指標方面，大陸城市還有進一步提升的空間。

在我會《比較評價指標體系》的框架下，城市經濟競爭力比較評價指標體系包括城市規模指數、城市效率指數、城市國際吸引指數和城市居民生活指數等 4 個二級指標，城市人口規模、城市 GDP、人均可支配收入等 16 個三級指標。它涵蓋了城市 GDP、城市財政、城市居民生活水平等多個方面，也是現代城市經濟生活中最重要的方面。在 2013 年 298 個城市經濟競爭力排名中，有 100 個城市處於平均水平之上，占 33. 56%。經濟競爭力得分的標準差為 4. 180。比 2012 年的 4.24 有所增加，這表明城市經濟競爭力的差異並未延續了之前的下降趨勢而有所上升。城市經濟競爭力的所有排名請見表 3.1。

表 3. 1 2013 年度城市經濟競爭力排名

城市	城市規模指數	排名	城市效率指數	排名	城市國際吸引指數	排名	城市居民生活指數	排名	經濟競爭力	排名
香港	0.766	3	0.481	2	1	1	1	1	3512.36	1
澳門	0.212	90	1	1	0.248	8	0.723	3	2937.3	2
上海	1	1	0.312	14	0.464	2	0.39	13	1575.12	3
臺北	0.218	85	0.364	3	0.11	86	0.795	2	1338.32	4
北京	0.902	2	0.305	18	0.339	3	0.39	13	1324.93	5
深圳	0.658	7	0.358	4	0.303	4	0.397	12	1229.75	6
廣州	0.698	5	0.302	20	0.293	5	0.379	17	1081.53	7
新竹	0.108	296	0.334	6	0.105	127	0.701	4	1009.28	8
天津	0.686	6	0.292	22	0.283	6	0.319	50	933.46	9
新北	0.281	41	0.325	8	0.112	74	0.573	5	914.98	10
高雄	0.224	78	0.315	12	0.11	86	0.565	7	830.61	11
蘇州	0.626	8	0.235	51	0.26	7	0.38	16	821.13	12
台中	0.219	83	0.317	11	0.11	86	0.525	8	762.11	13
基隆	0.105	297	0.323	9	0.105	127	0.572	6	761.32	14
東莞	0.334	26	0.288	24	0.185	12	0.428	11	710.26	15
嘉義	0.1	298	0.337	5	0.105	127	0.503	9	672.74	16
杭州	0.456	11	0.259	36	0.211	11	0.366	24	661.12	17
台南	0.18	153	0.307	17	0.108	102	0.498	10	659.31	18
佛山	0.398	18	0.312	14	0.154	22	0.358	27	659.28	19
南京	0.432	13	0.289	23	0.175	14	0.358	27	658.18	20
無錫	0.432	13	0.258	37	0.157	19	0.375	19	588.65	21
大連	0.415	15	0.261	35	0.236	9	0.286	91	530.93	22
廈門	0.238	59	0.304	19	0.17	16	0.354	31	527.49	23
瀋陽	0.404	16	0.269	33	0.171	15	0.304	61	489.25	24
重慶	0.751	4	0.208	75	0.23	10	0.176	285	469.59	25
寧波	0.395	19	0.222	60	0.155	20	0.373	21	465.59	26
珠海	0.164	198	0.312	14	0.17	16	0.335	38	459.69	27
包頭	0.268	47	0.287	25	0.112	74	0.366	24	459.09	28
武漢	0.473	10	0.253	41	0.155	20	0.278	101	439.27	29
鄂爾多斯	0.3	35	0.255	38	0.113	67	0.376	18	424.61	30
青島	0.439	12	0.215	65	0.17	16	0.327	43	421.36	31
成都	0.507	9	0.212	67	0.18	13	0.285	94	410.4	32
長沙	0.401	17	0.231	54	0.143	26	0.323	45	394.32	33
濟南	0.329	28	0.234	52	0.119	54	0.365	26	385.04	34
東營	0.239	57	0.274	29	0.104	143	0.357	29	378.29	35
西安	0.328	29	0.239	48	0.139	30	0.337	37	373.05	36
中山	0.219	83	0.299	21	0.122	47	0.304	61	357.42	37
常州	0.288	37	0.255	38	0.149	23	0.315	55	355.03	38
大慶	0.283	40	0.281	26	0.104	143	0.291	79	318.86	39
淄博	0.27	46	0.245	45	0.109	93	0.338	36	305.24	40
呼和浩特	0.225	76	0.237	50	0.112	74	0.367	22	304.42	41
烏海	0.139	274	0.315	12	0.101	239	0.289	82	281.77	42
克拉瑪依	0.133	285	0.329	7	0.1	270	0.267	115	272.98	43
嘉峪關	0.133	285	0.322	10	0.1	270	0.272	107	262.81	44
舟山	0.144	258	0.253	41	0.11	86	0.356	30	258.5	45
煙臺	0.352	23	0.191	92	0.131	34	0.332	40	256.73	46
鄭州	0.375	21	0.21	70	0.136	32	0.29	80	255.02	47

表 3.1 2013 年度城市經濟競爭力排名

城市	城市規模指數	排名	城市效率指數	排名	城市國際吸引指數	排名	城市居民生活指數	排名	經濟競爭力	排名
盤錦	0.161	208	0.24	47	0.126	38	0.339	34	233.62	48
萊蕪	0.14	271	0.271	31	0.102	198	0.319	50	225.68	49
揚州	0.248	53	0.219	62	0.145	24	0.304	61	212.59	50
鎮江	0.231	66	0.21	70	0.139	30	0.328	42	211.56	51
南通	0.327	30	0.181	108	0.14	29	0.319	50	201.04	52
嘉興	0.239	57	0.172	117	0.131	34	0.374	20	191.95	53
長春	0.331	27	0.212	67	0.113	67	0.284	96	186.65	54
太原	0.213	89	0.246	44	0.113	67	0.288	85	184.39	55
惠州	0.232	64	0.195	86	0.143	26	0.317	54	162.69	56
昆明	0.275	45	0.209	73	0.123	45	0.293	76	161.14	57
福州	0.316	34	0.183	106	0.145	24	0.288	85	152.06	58
烏魯木齊	0.225	76	0.281	26	0.108	102	0.218	219	151.8	59
哈爾濱	0.361	22	0.198	84	0.114	63	0.268	113	149.69	60
唐山	0.378	20	0.21	70	0.112	74	0.236	173	134.15	61
泉州	0.34	25	0.154	161	0.141	28	0.31	58	130.8	62
湖州	0.186	139	0.192	91	0.12	51	0.339	34	127.35	63
威海	0.21	93	0.186	100	0.117	58	0.331	41	114.18	64
溫州	0.292	36	0.153	162	0.108	102	0.345	33	109.29	65
三亞	0.12	294	0.274	29	0.128	36	0.236	173	108.41	66
台州	0.248	53	0.165	134	0.104	143	0.349	32	107.43	67
合肥	0.319	31	0.191	92	0.125	39	0.259	124	98.1	68
銅陵	0.141	268	0.271	31	0.103	167	0.242	160	97.93	69
徐州	0.319	31	0.183	106	0.124	42	0.268	113	92.08	70
石家莊	0.342	24	0.159	146	0.105	127	0.304	61	90.03	71
南昌	0.257	50	0.207	77	0.127	37	0.255	129	84.86	72
鞍山	0.2	110	0.208	75	0.12	51	0.285	94	82.43	73
濰坊	0.318	33	0.151	168	0.114	63	0.314	56	80.79	74
海口	0.147	250	0.265	34	0.106	119	0.234	180	77.87	75
吉林	0.237	62	0.195	86	0.109	93	0.287	89	72.84	76
本溪	0.15	241	0.238	49	0.125	39	0.254	131	70.67	77
臨沂	0.288	37	0.147	181	0.106	119	0.333	39	68.82	78
榆林	0.253	52	0.168	129	0.1	270	0.322	46	65.34	79
日照	0.179	155	0.204	78	0.109	93	0.294	73	57.56	80
金華	0.144	258	0.157	151	0.118	56	0.367	22	52.64	81
新餘	0.145	256	0.255	38	0.107	111	0.234	180	51.57	82
鄂州	0.138	276	0.275	28	0.102	198	0.212	234	50.62	83
棗莊	0.194	124	0.202	81	0.102	198	0.289	82	50.49	84
紹興	0.175	163	0.129	244	0.119	54	0.387	15	44.19	85
撫順	0.169	179	0.232	53	0.107	111	0.249	142	41.32	86
銅川	0.136	280	0.244	46	0.1	270	0.252	137	40.99	87
泰州	0.242	56	0.16	144	0.122	47	0.305	60	35.72	88
淮安	0.217	88	0.199	83	0.124	42	0.259	124	34.94	89
株洲	0.203	103	0.167	130	0.108	102	0.322	46	34.63	90
江門	0.202	106	0.179	112	0.132	33	0.288	85	33.64	91
營口	0.176	161	0.197	85	0.116	59	0.276	102	19.15	92
貴陽	0.212	90	0.213	66	0.105	127	0.243	159	16.95	93
池州	0.173	168	0.224	58	0.115	61	0.239	167	16.87	94
鹽城	0.278	43	0.151	168	0.125	39	0.287	89	15.44	95
泰安	0.238	59	0.161	141	0.108	102	0.302	65	12.68	96
莆田	0.175	163	0.225	56	0.11	86	0.238	168	12.1	97
銀川	0.169	179	0.218	63	0.102	198	0.254	131	9.54	98
馬鞍山	0.157	220	0.176	116	0.113	67	0.311	57	8.1	99
濱州	0.208	95	0.15	171	0.111	80	0.325	44	6.05	100
濟寧	0.279	42	0.139	207	0.113	67	0.302	65	-1.4	101
南寧	0.254	51	0.185	103	0.107	111	0.249	142	-6.38	102
陽泉	0.129	292	0.193	89	0.107	111	0.294	73	-8.09	103
防城港	0.134	283	0.218	63	0.102	198	0.257	126	-13.09	104

表 3.1 2013 年度城市經濟競爭力排名

城市	城市規模指數	排名	城市效率指數	排名	城市國際吸引指數	排名	城市居民生活指數	排名	經濟競爭力	排名
湘潭	0.177	160	0.179	112	0.107	111	0.286	91	-18.07	105
攀枝花	0.153	235	0.229	55	0.101	239	0.228	195	-20.84	106
寶雞	0.199	114	0.177	114	0.103	167	0.281	99	-21.33	107
朔州	0.143	261	0.181	108	0.102	198	0.301	68	-22.8	108
洛陽	0.262	49	0.158	148	0.122	47	0.264	121	-23.81	109
廊坊	0.2	110	0.146	185	0.107	111	0.319	50	-26.16	110
大同	0.158	218	0.19	94	0.104	143	0.275	103	-28.75	111
蘭州	0.198	116	0.22	61	0.1	270	0.216	227	-28.78	112
遼陽	0.158	218	0.193	89	0.105	127	0.27	110	-29.23	113
石嘴山	0.131	289	0.223	59	0.1	270	0.24	164	-34.27	114
汕頭	0.189	134	0.253	41	0.106	119	0.165	290	-35.69	115
金昌	0.136	280	0.212	67	0.1	270	0.252	137	-37.66	116
白山	0.148	245	0.188	96	0.102	198	0.275	103	-44.19	117
衢州	0.155	227	0.172	117	0.104	143	0.295	71	-44.34	118
岳陽	0.231	66	0.152	163	0.103	167	0.286	91	-46.07	119
淮南	0.16	211	0.225	56	0.102	198	0.216	227	-46.19	120
松原	0.196	121	0.162	139	0.102	198	0.289	82	-47.48	121
酒泉	0.231	66	0.177	114	0.104	143	0.248	146	-49.84	122
柳州	0.207	97	0.186	100	0.105	127	0.246	149	-51	123
延安	0.182	150	0.156	153	0.101	239	0.302	65	-52.02	124
遼源	0.142	265	0.187	98	0.103	167	0.272	107	-55.94	125
連雲港	0.2	110	0.15	171	0.113	67	0.288	85	-61.82	126
聊城	0.23	72	0.138	211	0.102	198	0.299	70	-61.88	127
錦州	0.174	165	0.169	126	0.111	80	0.273	106	-64.04	128
葫蘆島	0.151	238	0.164	135	0.107	111	0.292	78	-64.29	129
咸陽	0.209	94	0.142	197	0.101	239	0.3	69	-67.58	130
通遼	0.224	78	0.162	139	0.101	239	0.26	123	-74.33	131
秦皇島	0.166	191	0.17	122	0.111	80	0.267	115	-77.09	132
宜昌	0.238	59	0.185	103	0.104	143	0.211	238	-86.56	133
七台河	0.119	295	0.209	73	0.102	198	0.234	180	-86.83	134
襄陽	0.246	55	0.181	108	0.104	143	0.212	234	-89.33	135
西寧	0.164	198	0.204	78	0.101	239	0.218	219	-90.23	136
常德	0.228	73	0.155	158	0.104	143	0.256	127	-91.92	137
德州	0.231	66	0.133	234	0.103	167	0.284	96	-97.43	138
萍鄉	0.149	243	0.19	94	0.103	167	0.238	168	-100.9	139
邯鄲	0.278	43	0.134	229	0.108	102	0.255	129	-101.58	140
黃山	0.155	227	0.187	98	0.124	42	0.224	200	-102.06	141
玉溪	0.168	184	0.167	130	0.1	270	0.262	122	-105.53	142
鶴壁	0.137	278	0.171	120	0.104	143	0.267	115	-105.65	143
赤峰	0.236	63	0.157	151	0.101	239	0.244	158	-107.1	144
麗水	0.159	215	0.139	207	0.115	61	0.294	73	-107.76	145
呼倫貝爾	0.288	37	0.138	211	0.111	80	0.237	171	-111.61	146
晉中	0.138	276	0.13	240	0.103	167	0.322	46	-112.33	147
焦作	0.188	136	0.149	174	0.108	102	0.266	118	-115.69	148
巴彥淖爾	0.173	168	0.163	137	0.102	198	0.253	135	-123	149
淮北	0.162	205	0.204	78	0.103	167	0.197	264	-126.17	150
來賓	0.146	254	0.169	126	0.101	239	0.256	127	-127.04	151
蕪湖	0.16	211	0.166	133	0.113	67	0.245	153	-128.24	152
漯河	0.155	227	0.188	96	0.108	102	0.219	213	-128.91	153
晉城	0.131	289	0.127	253	0.103	167	0.32	49	-129.48	154
臨汾	0.147	250	0.129	244	0.102	198	0.308	59	-133.98	155
韶關	0.162	205	0.158	148	0.106	119	0.253	135	-137.86	156
自貢	0.165	194	0.185	103	0.1	270	0.215	230	-143.8	157
白城	0.156	223	0.142	197	0.101	239	0.28	100	-144.89	158
通化	0.163	203	0.146	185	0.103	167	0.269	111	-144.98	159
呂梁	0.14	271	0.138	211	0.102	198	0.29	80	-146.17	160
長治	0.141	268	0.134	229	0.103	167	0.295	71	-146.78	161

表 3.1 2013 年度城市經濟競爭力排名

城市	城市規模指數	排名	城市效率指數	排名	城市國際吸引指數	排名	城市居民生活指數	排名	經濟競爭力	排名
景德鎮	0.144	258	0.17	122	0.104	143	0.24	164	-148.39	162
龍岩	0.184	146	0.16	144	0.103	167	0.237	171	-149.4	163
四平	0.178	157	0.136	223	0.102	198	0.274	105	-150.91	164
安陽	0.19	133	0.137	217	0.102	198	0.266	118	-151.55	165
桂林	0.208	95	0.135	228	0.121	50	0.247	147	-152.21	166
北海	0.167	187	0.186	100	0.102	198	0.205	251	-154.24	167
欽州	0.157	220	0.167	130	0.102	198	0.235	175	-157.87	168
鶴崗	0.139	274	0.202	81	0.101	239	0.193	273	-158.56	169
黃石	0.165	194	0.17	122	0.104	143	0.224	200	-160.27	170
新鄉	0.205	100	0.136	223	0.106	119	0.251	140	-164.71	171
郴州	0.203	103	0.136	223	0.111	80	0.246	149	-168.23	172
滄州	0.198	116	0.114	283	0.103	167	0.282	98	-174.22	173
賀州	0.133	285	0.169	126	0.104	143	0.231	189	-175.77	174
渭南	0.191	130	0.123	266	0.109	93	0.265	120	-177.4	175
漳州	0.22	82	0.138	211	0.118	56	0.224	200	-177.93	176
宿遷	0.2	110	0.155	158	0.104	143	0.219	213	-178.46	177
阜新	0.151	238	0.172	117	0.102	198	0.217	224	-178.93	178
菏澤	0.232	64	0.124	265	0.101	239	0.249	142	-179.81	179
綿陽	0.199	114	0.15	171	0.103	167	0.225	198	-181.49	180
三明	0.185	142	0.144	189	0.103	167	0.24	164	-181.64	181
肇慶	0.191	130	0.141	201	0.123	45	0.225	198	-184.44	182
白銀	0.151	238	0.161	141	0.1	270	0.231	189	-185.37	183
瀘州	0.185	142	0.156	153	0.1	270	0.223	205	-185.66	184
衡陽	0.231	66	0.129	244	0.108	102	0.235	175	-186.17	185
丹東	0.169	179	0.164	135	0.12	51	0.203	254	-186.22	186
許昌	0.202	106	0.129	244	0.104	143	0.251	140	-186.41	187
平頂山	0.185	142	0.143	191	0.103	167	0.238	168	-187.68	188
樂山	0.179	155	0.163	137	0.102	198	0.211	238	-190.7	189
張家口	0.192	129	0.141	201	0.103	167	0.235	175	-193.68	190
忻州	0.14	271	0.131	237	0.102	198	0.271	109	-196.7	191
中衛	0.133	285	0.156	153	0.1	270	0.241	162	-196.86	192
南陽	0.263	48	0.126	257	0.104	143	0.22	211	-197.41	193
曲靖	0.211	92	0.126	257	0.1	270	0.245	153	-200.28	194
衡水	0.172	172	0.121	271	0.102	198	0.269	111	-200.47	195
德陽	0.183	148	0.142	197	0.102	198	0.233	185	-201.08	196
益陽	0.178	157	0.147	181	0.102	198	0.229	192	-201.33	197
鐵嶺	0.165	194	0.137	217	0.104	143	0.246	149	-202.12	198
永州	0.186	139	0.129	244	0.106	119	0.246	149	-204.43	199
運城	0.141	268	0.112	290	0.103	167	0.293	76	-204.65	200
雞西	0.156	223	0.17	122	0.102	198	0.203	254	-205.46	201
九江	0.198	116	0.141	201	0.114	63	0.217	224	-205.88	202
玉林	0.185	142	0.125	261	0.101	239	0.254	131	-206.24	203
湛江	0.223	80	0.148	179	0.102	198	0.202	257	-206.77	204
宜賓	0.193	127	0.147	181	0.101	239	0.219	213	-207.83	205
保定	0.226	75	0.115	282	0.106	119	0.245	153	-208.37	206
三門峽	0.169	179	0.14	205	0.107	111	0.235	175	-208.9	207
安康	0.162	205	0.145	188	0.1	270	0.234	180	-211.34	208
遵義	0.218	85	0.125	261	0.101	239	0.235	175	-214.11	209
婁底	0.172	172	0.127	253	0.102	198	0.252	137	-214.74	210
牡丹江	0.189	134	0.159	146	0.116	59	0.188	280	-215.25	211
南平	0.171	174	0.137	217	0.106	119	0.233	185	-216.54	212
陽江	0.163	203	0.152	163	0.105	127	0.218	219	-216.69	213
張家界	0.134	283	0.155	158	0.112	74	0.219	213	-220.18	214
眉山	0.165	194	0.143	191	0.102	198	0.229	192	-220.67	215
齊齊哈爾	0.193	127	0.147	181	0.101	239	0.209	243	-222.1	216
商洛	0.154	233	0.128	249	0.101	239	0.254	131	-222.29	217
烏蘭察布	0.17	177	0.128	249	0.102	198	0.247	147	-222.4	218

表 3.1 2013 年度城市經濟競爭力排名

城市	城市規模指數	排名	城市效率指數	排名	城市國際吸引指數	排名	城市居民生活指數	排名	經濟競爭力	排名
宿州	0.174	165	0.141	201	0.103	167	0.224	200	-224.52	219
伊春	0.142	265	0.194	88	0.101	239	0.165	290	-224.58	220
邢臺	0.207	97	0.117	277	0.101	239	0.245	153	-225.83	221
雙鴨山	0.156	223	0.13	240	0.102	198	0.249	142	-225.9	222
貴港	0.159	215	0.151	168	0.103	167	0.216	227	-226.2	223
亳州	0.156	223	0.134	229	0.103	167	0.241	162	-229.37	224
朝陽	0.171	174	0.134	229	0.102	198	0.232	187	-230.18	225
蚌埠	0.16	211	0.152	163	0.105	127	0.21	242	-230.53	226
資陽	0.176	161	0.139	207	0.101	239	0.223	205	-231.73	227
武威	0.155	227	0.18	111	0.1	270	0.174	287	-233.46	228
保山	0.154	233	0.149	174	0.102	198	0.217	224	-234.71	229
吳忠	0.142	265	0.144	189	0.1	270	0.231	189	-235.23	230
清遠	0.161	208	0.138	211	0.109	93	0.224	200	-235.72	231
承德	0.187	137	0.134	229	0.105	127	0.219	213	-237.63	232
天水	0.15	241	0.156	153	0.105	127	0.205	251	-238.14	233
漢中	0.178	157	0.122	269	0.101	239	0.242	160	-240.5	234
阜陽	0.227	74	0.137	217	0.101	239	0.197	264	-240.66	235
荊門	0.173	168	0.149	174	0.102	198	0.203	254	-242.31	236
內江	0.174	165	0.152	163	0.101	239	0.198	262	-243.49	237
茂名	0.218	85	0.143	191	0.102	198	0.191	276	-243.66	238
張掖	0.146	254	0.161	141	0.1	270	0.2	259	-243.76	239
雅安	0.143	261	0.138	211	0.1	270	0.234	180	-243.84	240
濮陽	0.169	179	0.136	223	0.102	198	0.22	211	-248.74	241
商丘	0.206	99	0.125	261	0.102	198	0.219	213	-249.3	242
六盤水	0.168	184	0.137	217	0.1	270	0.218	219	-252.89	243
廣安	0.164	198	0.14	205	0.1	270	0.215	230	-253.72	244
荊州	0.191	130	0.131	237	0.111	80	0.207	247	-253.85	245
畢節	0.203	103	0.121	271	0.101	239	0.223	205	-254.26	246
慶陽	0.164	198	0.131	237	0.1	270	0.226	197	-258.04	247
駐馬店	0.204	101	0.114	283	0.103	167	0.229	192	-259.46	248
滁州	0.187	137	0.13	240	0.105	127	0.211	238	-262.03	249
梧州	0.167	187	0.136	223	0.104	143	0.212	234	-264.05	250
寧德	0.173	168	0.132	236	0.102	198	0.215	230	-265.14	251
固原	0.128	293	0.142	197	0.1	270	0.221	210	-266.42	252
十堰	0.166	191	0.152	163	0.103	167	0.187	281	-268.1	253
銅仁	0.16	211	0.114	283	0.1	270	0.245	153	-268.64	254
佳木斯	0.167	187	0.158	148	0.104	143	0.177	284	-268.88	255
鷹潭	0.137	278	0.148	179	0.103	167	0.205	251	-270.78	256
孝感	0.183	148	0.126	257	0.103	167	0.215	230	-270.95	257
宣城	0.147	250	0.143	191	0.104	143	0.206	250	-271.47	258
麗江	0.143	261	0.127	253	0.114	63	0.223	205	-272.22	259
撫州	0.168	184	0.143	191	0.103	167	0.196	267	-273.1	260
開封	0.182	150	0.128	249	0.105	127	0.209	243	-273.22	261
宜春	0.195	122	0.125	261	0.105	127	0.207	247	-274.44	262
崇左	0.148	245	0.126	257	0.104	143	0.227	196	-274.79	263
隨州	0.148	245	0.149	174	0.101	239	0.196	267	-276.61	264
上饒	0.204	101	0.108	295	0.109	93	0.222	209	-278.24	265
百色	0.167	187	0.116	279	0.101	239	0.232	187	-280.09	266
吉安	0.184	146	0.116	279	0.109	93	0.218	219	-280.77	267
安順	0.148	245	0.146	185	0.102	198	0.194	272	-286.81	268
贛州	0.231	66	0.113	287	0.112	74	0.195	271	-287.71	269
廣元	0.153	235	0.149	174	0.1	270	0.185	282	-292.03	270
咸寧	0.157	220	0.137	217	0.102	198	0.198	262	-292.59	271
平涼	0.143	261	0.133	234	0.1	270	0.211	238	-293.59	272
南充	0.201	109	0.139	207	0.101	239	0.174	287	-297.57	273
六安	0.17	177	0.13	240	0.103	167	0.196	267	-301.76	274
巴中	0.153	235	0.143	191	0.102	198	0.185	282	-303.49	275

表 3. 1 2013 年度城市經濟競爭力排名

城市	城市規模指數	排名	城市效率指數	排名	城市國際吸引指數	排名	城市居民生活指數	排名	經濟競爭力	排名
安慶	0.182	150	0.122	269	0.105	127	0.2	259	-304.51	276
揭陽	0.197	119	0.12	274	0.103	167	0.196	267	-304.56	277
懷化	0.186	139	0.114	283	0.101	239	0.207	247	-311.83	278
黃岡	0.194	124	0.105	296	0.101	239	0.212	234	-320.57	279
昭通	0.18	153	0.12	274	0.1	270	0.197	264	-322.68	280
信陽	0.202	106	0.128	249	0.103	167	0.171	289	-325.42	281
遂寧	0.161	208	0.156	153	0.109	93	0.141	295	-331.72	282
汕尾	0.155	227	0.127	253	0.104	143	0.189	279	-334.67	283
周口	0.222	81	0.103	297	0.103	167	0.191	276	-336.57	284
邵陽	0.197	119	0.11	292	0.102	198	0.193	273	-336.91	285
雲浮	0.148	245	0.12	274	0.103	167	0.2	259	-338.73	286
河源	0.155	227	0.121	271	0.104	143	0.191	276	-342.26	287
梅州	0.164	198	0.111	291	0.105	127	0.201	258	-343.8	288
定西	0.145	256	0.113	287	0.1	270	0.209	243	-347.38	289
普洱	0.166	191	0.117	277	0.101	239	0.192	275	-348.39	290
河池	0.131	289	0.109	294	0.101	239	0.208	246	-366.9	291
達州	0.195	122	0.11	292	0.1	270	0.176	285	-370.91	292
拉薩	0.136	280	0.171	120	0.109	93	0.1	298	-386.84	293
潮州	0.149	243	0.123	266	0.11	86	0.152	293	-402.27	294
臨滄	0.159	215	0.113	287	0.101	239	0.165	290	-407.95	295
隴南	0.147	250	0.123	266	0.1	270	0.149	294	-420.63	296
黑河	0.171	174	0.116	279	0.104	143	0.141	295	-428.91	297
綏化	0.194	124	0.1	298	0.11	86	0.141	295	-442.09	298

3.2 城市產業競爭力排名及二級指標分值

產業是城市發展的基礎，而城市本身也是產業分工與發展的結果。城市產業的形成是一個歷史的發展過程，伴隨著社會生產力的發展和社會分工的不斷深化，城市產業也慢慢形成。產業演進與城市發展之間是存在相關性的。例如第二產業向第三產業轉變，從而城市功能從生產型功能向服務型功能轉變。產業內部結構轉變也會引起城市功能的細化與主要功能的變化。同樣，城市發展同時反作用於產業變化，城市功能的確定，從而影響產業的選擇，也會影響到產業結構的變遷。城市產業結構是城市社會再生產過程中形成的各產業之間及其內部各行業之間的比例關係和結合狀況。從世界城市化的進程的角度來看，以勞動密集型的生活消費品製造業為主的工業是促進城市發展的初始驅動力。發達國家進入後工業化階段後，城市發展的主要動力由製造業變成了第三產業。一般來說，不同城市在其產業結構變遷的過程中，往往會依據自身在區域競爭中的比較優勢，來選擇幾個能體現出自身優勢的產業作為支撐城市發展的主導產業群。城市主導產業是那些相對於其它產業而言能夠更多的採用先進的科學技術、保持較高的增長速度並且能夠帶動城市其它產業發展的產業部門。城市產業競爭力是城市在發展其產業佈局的過程中，能夠體現出來的相對於其它城市而言的產業優勢。產業競爭力又稱產業國際競爭力，它是一個國家或地區產業對於該國或該地區資源稟賦結構（比較優勢）和市場環境的反映和調整能力。它是一個比較的概念，產業競爭力的內涵涉及兩個基本方面的問題：一個是比較的內容，一個是比較的範圍。即產業競爭力比較的內容就是產業競爭優勢，而產業競爭優勢最終體現於產品、企業及產業的市場實現能力上。產業競爭力是一個區域的概念。因此，產業競爭力分析主要關注影響區域經濟發展的各種因素，如產業集聚、產業轉移、區位優勢等。

由於統計資料的不足，在城市產業競爭力比較評估指標體系中並沒有將主導產業的差異顯著地表現出來，只是在宏觀的層面上，對城市三次產業在創造財富上的不同能力以及在城市 GDP 所占比重兩方面來對城市的產業競爭力進行考察。並且在我會的評估體系中，把工業放在了一個比較重要的位置，原因之一在於中國目前正處於工業化發展的階段，其次我會認為提升製造能力也是中國作為一個勞動力資源相對豐富的國家的必然選擇。我會的城市產業競爭力比較評估體系包括產業規模指數、產業效率指數、產業貢獻指數、產業結構指數、產業國際化指數和產業集群指數 6 個二級指標，限額以上工業企業數、產品市場認同度等 29 個三級指標。產業規模是指一類產業的產出規模或經營規模，產業規模可用生產總值或產出量表示。產業規模指數是產業規模的指數化，它刻畫的是三次產業創造財富的規模。在 2013 年，城市產業規模指數排名中，上海、北京、蘇州、重慶、廣州與 2012 年一樣繼續排名前四。貢獻率是分析經濟效益的一個指標，它是指有效或有用成果數量與資源消耗及占用量之比，是產出量與投入量之比。第一、二、三產業增量與國內生產總值增量之比，即為各產業的貢獻率。顧名思義，產業貢獻指數是指數化了的產業貢獻。該指數體現了城市產業的市場影響力及其利稅貢獻能力。在表 3.2.1 中，可以看到，上海、蘇州、深圳、天津的市場影響力及其利稅貢獻能力較大，與同類城市比較，位居前四名。產業效率指數刻畫的是產業從業者生產效率與工業企業的經營狀況間的關系。產業結構是指國民經濟各產業部門之間以及各產業部門內部的構成。社會生產的產業結構或部門結構是在一般分工和特殊分工的基礎上產生和發展起來的。產業結構指數是工業化水準、服務化水準與產業製造能力的體現。合理的產業結構是經濟持續有效發展的保障。統計結果發現，在城市產業結構指數排名中，深圳、上海、蘇州、泉州等大部分東部沿海城市賦值較高，排名靠前。產業國際化指數反映了城市產業在吸收國際資本的能力及外資企業對該地區產業發展的貢獻度。從下表中可以看到，在該指標排名中，上海、蘇州、深圳、東莞的產業國際化程度一如既往的位於前四。產業集群指的是某個特定產業中相互關聯的、在地理位置上相對集中的很多企業和機構的集合。產業集群的崛起體現的是產業發展適應經濟全球化和競爭日益激烈的新趨勢，是為創造競爭優勢而形成的一種產業空間組織形式，它具有的群體競爭優勢和集聚發展的規模效益是其他形式無法比擬的。產業集群指數反映了一個城市產業的集聚水平。上海、深圳、北京、天津、蘇州、廣州的產業集群指數較高，這說明了這些城市的產業與產業之間無論在互補性還是規模上都彼此影響較大，產業之間聯繫緊密。

在 2013 年 298 個城市產業競爭力排名中，有 111 個城市處於平均水平之上，占 37.25%，比 2012 年減少了 2 個。產業競爭力得分的標準差為 8.129，延續了 2011 年以來的下降趨勢。城市產業競爭力所有二級指標排名及產業競爭力排名請見表 3.2.1、表 3.2.2。

表 3.2.1 2013 年度城市產業競爭力排名

城市	產業規模指數	排名	產業貢獻指數	排名	產業效率指數	排名	產業結構指數	排名
上海	1	1	1	1	0.416	116	1	1
蘇州	0.729	4	0.741	2	0.433	90	0.821	7
深圳	0.694	6	0.722	3	0.224	276	0.901	3
天津	0.708	5	0.668	4	0.468	65	0.863	4
廣州	0.67	7	0.536	5	0.458	75	0.836	6
北京	0.758	3	0.53	6	0.396	142	0.759	13
寧波	0.476	12	0.434	13	0.424	105	0.811	8
佛山	0.469	14	0.466	8	0.559	19	0.668	33
無錫	0.481	11	0.497	7	0.408	126	0.714	16
泉州	0.371	23	0.361	24	0.512	34	0.934	2
杭州	0.511	9	0.45	9	0.327	217	0.772	11
重慶	0.762	2	0.437	12	0.317	228	0.701	18
東莞	0.335	27	0.298	39	0.53	27	0.575	97
南京	0.425	18	0.431	14	0.491	47	0.694	19

表 3.2.1 2013 年度城市產業競爭力排名

城市	產業規模指數	排名	產業貢獻指數	排名	產業效率指數	排名	產業結構指數	排名
青島	0.467	15	0.443	11	0.495	46	0.735	15
大連	0.463	16	0.344	30	0.456	77	0.69	21
煙臺	0.386	21	0.411	17	0.504	41	0.705	17
武漢	0.47	13	0.355	27	0.429	97	0.684	22
成都	0.492	10	0.365	23	0.506	38	0.678	25
南通	0.365	24	0.388	21	0.569	15	0.627	46
香港	0.564	8	0.299	38	0.545	25	0.501	185
瀋陽	0.441	17	0.39	19	0.484	52	0.635	40
長春	0.319	34	0.34	32	0.533	26	0.613	57
惠州	0.235	66	0.29	42	0.423	110	0.774	10
廈門	0.24	62	0.235	68	0.319	226	0.796	9
淄博	0.292	39	0.426	15	0.55	21	0.673	29
鄂爾多斯	0.254	49	0.348	28	1	1	0.579	93
大慶	0.309	37	0.389	20	0.612	8	0.658	34
唐山	0.404	20	0.381	22	0.504	41	0.61	59
長沙	0.412	19	0.347	29	0.612	8	0.669	32
中山	0.241	60	0.284	47	0.404	131	0.639	39
鄭州	0.38	22	0.424	16	0.471	62	0.677	26
東營	0.25	54	0.446	10	0.549	22	0.652	35
常州	0.317	36	0.342	31	0.331	210	0.628	44
珠海	0.173	133	0.216	95	0.223	278	0.856	5
揚州	0.264	46	0.358	26	0.546	23	0.589	78
嘉興	0.276	42	0.286	44	0.432	94	0.74	14
福州	0.32	33	0.252	61	0.471	62	0.642	37
合肥	0.319	34	0.295	41	0.478	56	0.62	52
徐州	0.322	30	0.404	18	0.506	38	0.542	133
江門	0.224	72	0.265	54	0.427	101	0.635	40
鎮江	0.238	63	0.278	48	0.502	43	0.631	42
榆林	0.235	66	0.325	36	0.768	2	0.586	85
威海	0.225	71	0.253	59	0.516	32	0.684	22
濰坊	0.357	25	0.36	25	0.426	102	0.595	71
聊城	0.23	69	0.288	43	0.475	58	0.553	119
泰州	0.252	51	0.33	33	0.478	56	0.588	81
西安	0.302	38	0.204	121	0.352	191	0.652	35
嘉峪關	0.104	292	0.188	153	0.466	68	0.77	12
克拉瑪依	0.134	218	0.232	71	0.467	67	0.693	20
銅陵	0.13	229	0.181	173	0.56	18	0.671	30
臨沂	0.28	41	0.277	49	0.522	30	0.546	128
濟南	0.322	30	0.215	101	0.422	112	0.607	65
紹興	0.193	95	0.327	35	0.243	269	0.677	26
包頭	0.252	51	0.221	87	0.412	120	0.631	42
鞍山	0.213	77	0.217	92	0.565	16	0.624	48
石家莊	0.34	26	0.328	34	0.453	78	0.567	105
呼和浩特	0.195	93	0.298	39	0.608	10	0.521	161
襄陽	0.245	57	0.231	74	0.511	35	0.566	107
莆田	0.164	147	0.173	194	0.444	82	0.615	54
臺北	0.25	54	0.163	216	0.378	166	0.514	168
柳州	0.199	88	0.207	116	0.406	130	0.603	67
澳門	0.142	200	0.137	275	0.672	4	0.473	218
南昌	0.253	50	0.216	95	0.383	160	0.64	38
昆明	0.242	59	0.219	88	0.46	72	0.589	78
延安	0.162	156	0.233	70	0.571	14	0.575	97
漳州	0.228	70	0.227	81	0.513	33	0.526	152
常德	0.212	78	0.239	65	0.673	3	0.499	187
本溪	0.151	178	0.185	161	0.41	123	0.622	51
十堰	0.151	178	0.19	149	0.386	154	0.591	76
玉溪	0.148	186	0.212	104	0.618	6	0.567	105

表 3.2.1 2013 年度城市產業競爭力排名

城市	產業規模指數	排名	產業貢獻指數	排名	產業效率指數	排名	產業結構指數	排名
日照	0.165	146	0.189	150	0.511	35	0.557	115
濱州	0.2	86	0.269	53	0.489	49	0.612	58
蕪湖	0.147	190	0.255	58	0.39	149	0.615	54
鹽城	0.291	40	0.27	52	0.434	89	0.515	167
新餘	0.135	216	0.181	173	0.402	136	0.608	64
許昌	0.2	86	0.275	50	0.577	13	0.584	86
太原	0.188	104	0.198	141	0.351	194	0.624	48
德州	0.241	60	0.325	36	0.483	53	0.549	125
漯河	0.143	196	0.216	95	0.459	74	0.595	71
洛陽	0.263	47	0.253	59	0.401	137	0.601	68
台州	0.268	44	0.2	137	0.354	189	0.628	44
龍岩	0.18	118	0.2	137	0.546	23	0.553	119
哈爾濱	0.326	29	0.182	168	0.322	222	0.543	132
泰安	0.236	65	0.285	46	0.473	60	0.566	107
湖州	0.201	85	0.203	123	0.385	156	0.61	59
溫州	0.321	32	0.219	88	0.197	289	0.683	24
營口	0.181	116	0.228	79	0.352	191	0.584	86
烏魯木齊	0.182	112	0.206	118	0.366	177	0.571	103
邯鄲	0.266	45	0.275	50	0.354	189	0.523	159
濟寧	0.273	43	0.226	84	0.432	94	0.541	134
淮安	0.212	78	0.213	103	0.447	80	0.53	146
湘潭	0.167	142	0.201	131	0.436	87	0.579	93
烏海	0.12	255	0.169	202	0.403	133	0.627	46
遼陽	0.149	183	0.196	143	0.51	37	0.588	81
攀枝花	0.134	218	0.177	183	0.368	175	0.671	30
宜昌	0.243	58	0.232	71	0.254	264	0.624	48
馬鞍山	0.143	196	0.202	126	0.424	105	0.61	59
金昌	0.104	292	0.186	159	0.417	115	0.674	28
保定	0.183	111	0.239	65	0.435	88	0.553	119
瀘州	0.157	165	0.202	126	0.564	17	0.522	160
棗莊	0.197	89	0.252	61	0.389	151	0.558	114
萊蕪	0.125	246	0.121	289	0.433	90	0.609	62
廊坊	0.196	91	0.204	121	0.461	71	0.565	109
遵義	0.163	153	0.21	110	0.665	5	0.492	197
吉林	0.224	72	0.214	102	0.392	146	0.545	131
菏澤	0.215	75	0.286	44	0.488	50	0.51	171
平頂山	0.182	112	0.211	105	0.407	127	0.59	77
汕頭	0.175	126	0.17	199	0.267	257	0.561	112
株洲	0.202	84	0.207	116	0.384	157	0.6	69
肇慶	0.182	112	0.218	91	0.384	157	0.503	182
九江	0.177	121	0.202	126	0.497	45	0.569	104
黃石	0.153	177	0.167	205	0.357	185	0.609	62
連雲港	0.191	99	0.23	75	0.433	90	0.496	192
自貢	0.147	190	0.189	150	0.473	60	0.533	142
秦皇島	0.151	178	0.161	224	0.445	81	0.501	185
焦作	0.189	102	0.259	56	0.384	157	0.607	65
防城港	0.116	264	0.163	216	0.482	54	0.475	215
宜賓	0.172	134	0.232	71	0.425	104	0.557	115
寶雞	0.174	131	0.174	192	0.404	131	0.576	96
茂名	0.203	83	0.192	146	0.557	20	0.444	247
撫順	0.164	147	0.176	185	0.358	184	0.592	75
河源	0.129	235	0.184	165	0.428	99	0.548	127
池州	0.166	144	0.147	248	0.596	11	0.483	206
咸陽	0.193	95	0.205	119	0.482	54	0.507	175
舟山	0.135	216	0.143	261	0.413	119	0.527	149
北海	0.13	229	0.158	231	0.528	28	0.441	253
淮北	0.149	183	0.208	112	0.343	202	0.572	101

表 3. 2. 1 2013 年度城市產業競爭力排名

城市	產業規模指數	排名	產業貢獻指數	排名	產業效率指數	排名	產業結構指數	排名
湛江	0.207	81	0.18	178	0.378	166	0.444	247
蘭州	0.167	142	0.181	173	0.322	222	0.582	90
揭陽	0.19	100	0.211	105	0.423	110	0.536	141
南寧	0.237	64	0.188	153	0.367	176	0.499	187
宿遷	0.196	91	0.198	141	0.517	31	0.491	198
資陽	0.158	162	0.201	131	0.613	7	0.469	221
南陽	0.25	54	0.217	92	0.426	102	0.527	149
三門峽	0.158	162	0.229	76	0.432	94	0.583	88
德陽	0.176	123	0.211	105	0.414	117	0.54	135
衢州	0.15	181	0.176	185	0.448	79	0.564	110
贛州	0.19	100	0.208	112	0.443	83	0.495	194
大同	0.132	224	0.199	139	0.327	217	0.549	125
石嘴山	0.113	271	0.175	190	0.37	174	0.596	70
新鄉	0.194	94	0.219	88	0.366	177	0.561	112
呂梁	0.105	288	0.239	65	0.394	144	0.616	53
鄂州	0.126	242	0.163	216	0.281	249	0.593	73
晉城	0.106	285	0.217	92	0.381	162	0.583	88
貴陽	0.177	121	0.185	161	0.299	239	0.582	90
朔州	0.122	251	0.227	81	0.381	162	0.546	128
黃山	0.14	205	0.146	253	0.586	12	0.491	198
邢臺	0.189	102	0.201	131	0.412	120	0.51	171
綿陽	0.178	119	0.203	123	0.39	149	0.525	154
長治	0.115	266	0.227	81	0.356	186	0.614	56
滁州	0.175	126	0.211	105	0.506	38	0.46	229
通化	0.141	204	0.168	203	0.468	65	0.531	145
清遠	0.154	174	0.149	246	0.36	182	0.524	156
衡陽	0.219	74	0.235	68	0.376	168	0.51	171
丹東	0.155	172	0.156	234	0.485	51	0.525	154
銅川	0.106	285	0.14	266	0.329	214	0.562	111
安陽	0.188	104	0.242	63	0.355	187	0.556	118
岳陽	0.231	68	0.261	55	0.261	260	0.539	136
錦州	0.17	137	0.203	123	0.438	86	0.487	203
陽泉	0.111	274	0.18	178	0.326	220	0.588	81
盤錦	0.166	144	0.229	76	0.341	204	0.491	198
潮州	0.133	222	0.162	222	0.44	85	0.55	123
滄州	0.175	126	0.259	56	0.316	229	0.526	152
淮南	0.145	192	0.175	190	0.22	282	0.572	101
荊門	0.164	147	0.195	144	0.394	144	0.532	144
萍鄉	0.138	209	0.187	156	0.32	225	0.573	100
宜春	0.174	131	0.222	86	0.433	90	0.527	149
景德鎮	0.128	237	0.15	243	0.355	187	0.589	78
蚌埠	0.14	205	0.174	192	0.403	133	0.479	211
慶陽	0.12	255	0.201	131	0.49	48	0.524	156
白銀	0.115	266	0.159	229	0.342	203	0.538	137
承德	0.161	159	0.192	146	0.424	105	0.507	175
玉林	0.162	156	0.163	216	0.499	44	0.445	242
樂山	0.156	168	0.17	199	0.346	197	0.552	122
通遼	0.192	97	0.202	126	0.412	120	0.462	225
六盤水	0.131	226	0.183	167	0.371	173	0.577	95
麗水	0.144	194	0.172	196	0.464	70	0.529	147
梧州	0.142	200	0.166	208	0.403	133	0.533	142
內江	0.156	168	0.211	105	0.398	138	0.519	163
濮陽	0.157	165	0.208	112	0.346	197	0.537	140
鷹潭	0.118	257	0.216	95	0.424	105	0.538	137
三明	0.182	112	0.189	150	0.428	99	0.497	190
宣城	0.13	229	0.202	126	0.46	72	0.508	174
眉山	0.142	200	0.187	156	0.429	97	0.497	190

表 3.2.1 2013 年度城市產業競爭力排名

城市	產業規模指數	排名	產業貢獻指數	排名	產業效率指數	排名	產業結構指數	排名
郴州	0.185	108	0.224	85	0.328	216	0.538	137
赤峰	0.184	109	0.182	168	0.376	168	0.485	204
鶴壁	0.129	235	0.177	183	0.28	250	0.58	92
桂林	0.184	109	0.179	182	0.457	76	0.476	213
貴港	0.134	218	0.156	234	0.475	58	0.431	259
七台河	0.108	282	0.138	272	0.333	206	0.546	128
銀川	0.148	186	0.185	161	0.295	242	0.557	115
齊齊哈爾	0.164	147	0.149	246	0.422	112	0.409	275
金華	0.148	186	0.216	95	0.223	278	0.587	84
葫蘆島	0.133	222	0.15	243	0.407	127	0.52	162
衡水	0.163	153	0.164	212	0.441	84	0.489	201
海口	0.131	226	0.14	266	0.283	248	0.44	254
曲靖	0.181	116	0.18	178	0.387	153	0.493	196
遼源	0.126	242	0.153	238	0.338	205	0.524	156
臨汾	0.111	274	0.208	112	0.348	196	0.574	99
新北	0.327	28	0.228	79	0.169	291	0.516	166
阜陽	0.215	75	0.17	199	0.47	64	0.402	279
荊州	0.178	119	0.157	232	0.424	105	0.426	263
安慶	0.163	153	0.194	145	0.391	147	0.489	201
崇左	0.126	242	0.16	226	0.528	28	0.369	285
韶關	0.143	196	0.154	237	0.299	239	0.512	170
寧德	0.164	147	0.176	185	0.465	69	0.462	225
松原	0.186	107	0.209	111	0.344	200	0.45	236
上饒	0.176	123	0.182	168	0.418	114	0.475	215
西寧	0.132	224	0.133	283	0.229	274	0.593	73
遂寧	0.138	209	0.201	131	0.391	147	0.45	236
婁底	0.156	168	0.185	161	0.297	241	0.519	163
張家口	0.164	147	0.165	210	0.304	236	0.484	205
益陽	0.16	161	0.184	165	0.344	200	0.451	235
南充	0.172	134	0.182	168	0.36	182	0.446	239
六安	0.144	194	0.172	196	0.365	179	0.476	213
周口	0.21	80	0.216	95	0.397	141	0.421	266
晉中	0.11	279	0.186	159	0.323	221	0.55	123
開封	0.176	123	0.192	146	0.388	152	0.456	232
朝陽	0.154	174	0.164	212	0.41	123	0.47	220
安順	0.111	274	0.138	272	0.414	117	0.464	223
陽江	0.148	186	0.176	185	0.305	234	0.445	242
欽州	0.136	215	0.157	232	0.372	172	0.421	266
商丘	0.188	104	0.188	153	0.382	161	0.439	256
阜新	0.131	226	0.163	216	0.273	256	0.435	257
三亞	0.105	288	0.112	294	0.327	217	0.422	264
汕尾	0.128	237	0.138	272	0.238	271	0.475	215
南平	0.161	159	0.145	256	0.398	138	0.442	250
梅州	0.137	213	0.147	248	0.396	142	0.442	250
鐵嶺	0.169	139	0.229	76	0.318	227	0.452	234
巴彥淖爾	0.143	196	0.16	226	0.361	181	0.462	225
廣安	0.138	209	0.165	210	0.379	165	0.462	225
基隆	0.113	271	0.121	289	0.373	171	0.507	175
高雄	0.258	48	0.241	64	0.121	296	0.504	180
台中	0.251	53	0.205	119	0.157	293	0.506	178
永州	0.162	156	0.173	194	0.364	180	0.42	269
昭通	0.128	237	0.156	234	0.409	125	0.453	233
嘉義	0.106	285	0.119	291	0.375	170	0.503	182
吉安	0.158	162	0.199	139	0.31	230	0.463	224
孝感	0.175	126	0.18	178	0.276	253	0.518	165
渭南	0.154	174	0.167	205	0.308	232	0.504	180
賀州	0.115	266	0.143	261	0.349	195	0.43	260

表 3. 2. 1 2013 年度城市產業競爭力排名

城市	產業規模指數	排名	產業貢獻指數	排名	產業效率指數	排名	產業結構指數	排名
四平	0.168	140	0.161	224	0.331	210	0.422	264
信陽	0.192	97	0.164	212	0.345	199	0.419	272
廣元	0.123	249	0.15	243	0.305	234	0.442	250
酒泉	0.122	251	0.14	266	0.352	191	0.495	194
白山	0.128	237	0.164	212	0.234	273	0.528	148
駐馬店	0.197	89	0.182	168	0.301	238	0.421	266
漢中	0.14	205	0.146	253	0.407	127	0.445	242
亳州	0.124	247	0.16	226	0.398	138	0.406	277
商洛	0.117	260	0.145	256	0.38	164	0.446	239
雲浮	0.13	229	0.137	275	0.322	222	0.445	242
隨州	0.134	218	0.168	203	0.239	270	0.467	222
黃岡	0.175	126	0.145	256	0.386	154	0.41	274
中衛	0.104	292	0.141	264	0.332	209	0.435	257
天水	0.116	264	0.1	298	0.287	246	0.446	239
咸寧	0.142	200	0.167	205	0.249	266	0.483	206
宿州	0.149	183	0.166	208	0.33	213	0.4	280
台南	0.204	82	0.201	131	0.117	297	0.496	192
運城	0.107	283	0.181	173	0.266	258	0.503	182
牡丹江	0.155	172	0.153	238	0.293	243	0.42	269
雞西	0.13	229	0.143	261	0.333	206	0.351	292
安康	0.123	249	0.159	229	0.333	206	0.457	231
忻州	0.102	296	0.187	156	0.279	251	0.514	168
邵陽	0.168	140	0.181	173	0.29	244	0.409	275
來賓	0.126	242	0.147	248	0.245	267	0.419	272
吳忠	0.11	279	0.141	264	0.29	244	0.481	209
撫州	0.15	181	0.139	269	0.215	284	0.48	210
呼倫貝爾	0.171	136	0.176	185	0.304	236	0.377	282
雅安	0.118	257	0.163	216	0.222	280	0.498	189
烏蘭察布	0.139	208	0.147	248	0.259	262	0.482	208
保山	0.117	260	0.139	269	0.329	214	0.358	287
平涼	0.111	274	0.153	238	0.256	263	0.445	242
懷化	0.156	168	0.172	196	0.207	287	0.473	218
拉薩	0.105	288	0.122	288	0.224	276	0.44	254
達州	0.17	137	0.152	241	0.209	286	0.45	236
張家界	0.107	283	0.137	275	0.264	259	0.43	260
白城	0.13	229	0.136	280	0.221	281	0.427	262
畢節	0.145	192	0.128	286	0.274	254	0.459	230
麗江	0.102	296	0.144	259	0.251	265	0.444	247
武威	0.113	271	0.135	281	0.213	285	0.393	281
新竹	0.115	266	0.144	259	0.1	298	0.506	178
雙鴨山	0.127	241	0.162	222	0.185	290	0.375	283
鶴崗	0.118	257	0.139	269	0.22	282	0.336	294
張掖	0.11	279	0.124	287	0.284	247	0.371	284
百色	0.138	209	0.152	241	0.125	295	0.477	212
伊春	0.111	274	0.108	296	0.308	232	0.244	297
河池	0.124	247	0.129	285	0.207	287	0.42	269
巴中	0.117	260	0.137	275	0.244	268	0.404	278
佳木斯	0.137	213	0.135	281	0.277	252	0.264	296
固原	0.1	298	0.131	284	0.31	230	0.358	287
隴南	0.104	292	0.115	293	0.331	210	0.369	285
臨滄	0.115	266	0.147	248	0.274	254	0.349	293
普洱	0.117	260	0.137	275	0.225	275	0.358	287
綏化	0.157	165	0.146	253	0.237	272	0.3	295
銅仁	0.121	254	0.108	296	0.168	292	0.354	291
定西	0.105	288	0.112	294	0.147	294	0.358	287
黑河	0.122	251	0.117	292	0.26	261	0.1	298

表 3.2.2 2013 年度城市產業競爭力排名（續）

城市	產業國際化指數	排名	產業集群指數	排名	城市產業競爭力	排名
上海	1	1	1	1	5469.25	1
蘇州	0.995	2	0.661	5	3913.47	2
深圳	0.715	3	0.752	2	3390.72	3
天津	0.515	6	0.726	4	3254.44	4
廣州	0.618	5	0.57	6	2861.54	5
北京	0.4	13	0.73	3	2638.74	6
寧波	0.476	7	0.481	14	2017.12	7
佛山	0.402	12	0.563	7	2005.77	8
無錫	0.414	11	0.493	11	1844.9	9
泉州	0.459	8	0.258	122	1752.43	10
杭州	0.349	21	0.528	8	1751.23	11
重慶	0.246	39	0.517	9	1713.13	12
東莞	0.636	4	0.517	9	1672.37	13
南京	0.35	20	0.489	12	1653.25	14
青島	0.375	15	0.36	42	1640.5	15
大連	0.322	26	0.414	23	1345.51	16
煙臺	0.355	18	0.305	76	1337.23	17
武漢	0.256	35	0.487	13	1335.28	18
成都	0.24	41	0.389	30	1295.8	19
南通	0.369	17	0.307	73	1254.75	20
香港	0.298	29	0.465	15	1231.45	21
瀋陽	0.247	38	0.42	22	1223.75	22
長春	0.334	23	0.426	20	1178.22	23
惠州	0.421	10	0.361	41	1168.18	24
廈門	0.433	9	0.442	17	1125.2	25
淄博	0.171	88	0.4	28	1113.62	26
鄂爾多斯	0.14	130	0.232	150	1113.6	27
大慶	0.13	164	0.422	21	1108.3	28
唐山	0.197	62	0.406	25	1049.55	29
長沙	0.142	126	0.307	73	1029.59	30
中山	0.386	14	0.43	19	948.96	31
鄭州	0.19	67	0.271	105	939.5	32
東營	0.16	101	0.326	56	923.17	33
常州	0.305	27	0.443	16	895.94	34
珠海	0.373	16	0.432	18	873.66	35
揚州	0.248	37	0.338	53	844.96	36
嘉興	0.302	28	0.265	110	826.83	37
福州	0.344	22	0.258	122	760.53	38
合肥	0.208	53	0.335	54	702.72	39
徐州	0.173	86	0.316	63	690.13	40
江門	0.354	19	0.301	80	674.22	41
鎮江	0.278	31	0.281	97	661.55	42
榆林	0.113	245	0.193	206	634.27	43
威海	0.261	33	0.231	152	616.6	44
濰坊	0.2	59	0.261	119	601.08	45
聊城	0.325	24	0.265	110	533.94	46
泰州	0.234	44	0.239	141	509.19	47
西安	0.189	70	0.401	26	495.1	48
嘉峪關	0.1	285	0.385	31	441.85	49
克拉瑪依	0.104	278	0.401	26	441.53	50
銅陵	0.166	93	0.326	56	430.06	51
臨沂	0.17	89	0.266	109	392.94	52
濟南	0.151	113	0.334	55	391.91	53
紹興	0.26	34	0.277	99	357.9	54
包頭	0.133	154	0.36	42	356.57	55
鞍山	0.126	184	0.262	115	347.07	56
石家莊	0.144	123	0.203	194	344.74	57
呼和浩特	0.197	62	0.194	203	331.49	58

表 3. 2. 2 2013 年度城市產業競爭力排名（續）

城市	產業國際化指數	排名	產業集群指數	排名	城市產業競爭力	排名
襄陽	0.183	79	0.262	115	312.96	59
莆田	0.226	47	0.342	49	310.81	60
臺北	0.323	25	0.363	40	306.99	61
柳州	0.207	54	0.346	47	304.2	62
澳門	0.19	67	0.369	37	287.46	63
南昌	0.184	76	0.282	95	283.48	64
昆明	0.14	130	0.318	61	281	65
延安	0.107	272	0.311	70	278.38	66
漳州	0.296	30	0.181	227	267.37	67
常德	0.138	141	0.221	169	264.55	68
本溪	0.202	57	0.353	46	258.42	69
十堰	0.264	32	0.343	48	256.96	70
玉溪	0.115	238	0.269	106	228.76	71
日照	0.189	70	0.315	64	228.16	72
濱州	0.149	116	0.193	206	212.54	73
蕪湖	0.184	76	0.299	83	209.14	74
鹽城	0.213	51	0.219	173	208.79	75
新餘	0.219	49	0.342	49	204.98	76
許昌	0.123	196	0.161	262	204.46	77
太原	0.141	128	0.38	33	187.76	78
德州	0.134	150	0.183	222	182.96	79
漯河	0.189	70	0.273	102	171.75	80
洛陽	0.129	171	0.243	135	161.15	81
台州	0.179	83	0.253	126	159.73	82
龍岩	0.173	86	0.23	154	150.3	83
哈爾濱	0.169	91	0.356	45	150.17	84
泰安	0.126	184	0.194	203	138.37	85
湖州	0.217	50	0.239	141	135.11	86
溫州	0.158	104	0.276	100	130.39	87
營口	0.187	73	0.315	64	125.3	88
烏魯木齊	0.111	256	0.413	24	124.84	89
邯鄲	0.19	67	0.261	119	113.61	90
濟寧	0.159	102	0.242	137	113.54	91
淮安	0.177	85	0.278	98	105.69	92
湘潭	0.138	141	0.31	71	93.98	93
烏海	0.102	282	0.382	32	84.48	94
遼陽	0.142	126	0.235	145	77.53	95
攀枝花	0.116	233	0.322	59	70.76	96
宜昌	0.141	128	0.314	67	66.78	97
馬鞍山	0.139	135	0.282	95	65.04	98
金昌	0.1	285	0.301	80	64.21	99
保定	0.162	98	0.238	143	51.47	100
瀘州	0.108	269	0.265	110	49.57	101
棗莊	0.129	171	0.283	92	48.62	102
萊蕪	0.115	238	0.38	33	43.22	103
廊坊	0.182	81	0.185	220	19.91	104
遵義	0.108	269	0.174	243	16.75	105
吉林	0.128	180	0.292	88	16.43	106
菏澤	0.134	150	0.173	245	14.65	107
平頂山	0.139	135	0.245	130	8.14	108
汕頭	0.2	59	0.392	29	4.57	109
株洲	0.139	135	0.24	140	4.03	110
肇慶	0.25	36	0.244	133	0.53	111
九江	0.158	104	0.176	237	-0.11	112
黃石	0.194	64	0.273	102	-2.41	113
連雲港	0.201	58	0.234	147	-5.59	114
自貢	0.123	196	0.306	75	-7.19	115
秦皇島	0.232	45	0.283	92	-8.87	116

表 3.2.2 2013 年度城市產業競爭力排名（續）

城市	產業國際化指數	排名	產業集群指數	排名	城市產業競爭力	排名
焦作	0.138	141	0.183	222	-11.61	117
防城港	0.225	48	0.305	76	-16.75	118
宜賓	0.118	222	0.258	122	-18.35	119
寶雞	0.14	130	0.283	92	-26.81	120
茂名	0.126	184	0.265	110	-33.48	121
撫順	0.13	164	0.315	64	-38.62	122
河源	0.235	43	0.216	177	-39.43	123
池州	0.118	222	0.255	125	-51.74	124
咸陽	0.148	117	0.214	184	-63.94	125
舟山	0.194	64	0.313	68	-68.37	126
北海	0.184	76	0.305	76	-69.3	127
淮北	0.117	229	0.326	56	-71.24	128
湛江	0.245	40	0.292	88	-75.56	129
蘭州	0.119	217	0.34	52	-76.26	130
揭陽	0.185	74	0.185	220	-76.71	131
南寧	0.156	108	0.29	90	-86.25	132
宿遷	0.121	202	0.215	181	-91.65	133
資陽	0.107	272	0.189	213	-98.93	134
南陽	0.121	202	0.191	211	-99.92	135
三門峽	0.152	112	0.148	277	-102.42	136
德陽	0.14	130	0.23	154	-103.24	137
衢州	0.133	154	0.227	160	-111.72	138
贛州	0.206	55	0.171	248	-120.03	139
大同	0.132	157	0.341	51	-121.61	140
石嘴山	0.113	245	0.301	80	-127.14	141
新鄉	0.143	124	0.209	189	-127.39	142
呂梁	0.157	106	0.153	271	-128.73	143
鄂州	0.122	199	0.374	35	-135.12	144
晉城	0.166	93	0.207	191	-140.27	145
貴陽	0.129	171	0.295	85	-145.28	146
朔州	0.117	229	0.272	104	-148.77	147
黃山	0.111	256	0.215	181	-156.13	148
邢臺	0.185	74	0.182	225	-161.84	149
綿陽	0.129	171	0.248	129	-162.82	150
長治	0.128	180	0.2	195	-163.77	151
滁州	0.147	119	0.189	213	-164.83	152
通化	0.125	191	0.231	152	-168.95	153
清遠	0.229	46	0.241	139	-173.31	154
衡陽	0.131	160	0.205	193	-173.92	155
丹東	0.159	102	0.179	232	-185.41	156
銅川	0.131	160	0.36	42	-188.64	157
安陽	0.111	256	0.199	197	-189.72	158
岳陽	0.124	193	0.233	148	-198.71	159
錦州	0.151	113	0.208	190	-199.77	160
陽泉	0.116	233	0.296	84	-201.27	161
盤錦	0.12	211	0.295	85	-208.57	162
潮州	0.203	56	0.143	282	-210.33	163
滄州	0.161	99	0.197	199	-214.21	164
淮南	0.129	171	0.365	38	-222.8	165
荊門	0.132	157	0.213	186	-223.08	166
萍鄉	0.112	249	0.276	100	-232.18	167
宜春	0.147	119	0.124	293	-237.5	168
景德鎮	0.125	191	0.245	130	-249.91	169
蚌埠	0.163	97	0.252	127	-256.6	170
慶陽	0.105	277	0.165	260	-259.9	171
白銀	0.122	199	0.313	68	-262.16	172
承德	0.109	265	0.21	188	-272.58	173
玉林	0.182	81	0.168	254	-273.97	174

表 3.2.2 2013 年度城市產業競爭力排名（續）

城市	產業國際化指數	排名	產業集群指數	排名	城市產業競爭力	排名
樂山	0.116	233	0.245	130	-278.42	175
通遼	0.161	99	0.183	222	-278.72	176
六盤水	0.119	217	0.196	202	-280.44	177
麗水	0.117	229	0.167	258	-281.55	178
梧州	0.165	95	0.175	242	-285.09	179
內江	0.12	211	0.186	219	-286.3	180
濮陽	0.122	199	0.212	187	-289.21	181
鷹潭	0.112	249	0.171	248	-290.48	182
三明	0.134	150	0.168	254	-292.69	183
宣城	0.131	160	0.152	273	-297.64	184
眉山	0.129	171	0.199	197	-300.9	185
郴州	0.13	164	0.173	245	-301.65	186
赤峰	0.133	154	0.226	164	-306.45	187
鶴壁	0.116	233	0.269	106	-307.78	188
桂林	0.126	184	0.17	251	-308.83	189
貴港	0.155	109	0.237	144	-311.99	190
七台河	0.1	285	0.322	59	-320.14	191
銀川	0.129	171	0.235	145	-324.98	192
齊齊哈爾	0.153	111	0.287	91	-326.25	193
金華	0.157	106	0.2	195	-337.39	194
葫蘆島	0.112	249	0.227	160	-343.56	195
衡水	0.129	171	0.176	237	-344.01	196
海口	0.179	83	0.373	36	-350.84	197
曲靖	0.121	202	0.194	203	-353.09	198
遼源	0.121	202	0.267	108	-362.19	199
臨汾	0.118	222	0.156	268	-366.83	200
新北	0.1	285	0.219	173	-368.9	201
阜陽	0.118	222	0.193	206	-376.65	202
荊州	0.136	146	0.23	154	-377.41	203
安慶	0.121	202	0.176	237	-380.7	204
崇左	0.199	61	0.171	248	-382.71	205
韶關	0.165	95	0.243	135	-383.97	206
寧德	0.12	211	0.153	271	-387.82	207
松原	0.121	202	0.227	160	-388.62	208
上饒	0.17	89	0.112	296	-394.31	209
西寧	0.137	144	0.262	115	-399.42	210
遂寧	0.117	229	0.218	175	-410.75	211
婁底	0.121	202	0.217	176	-420.35	212
張家口	0.135	148	0.244	133	-431.65	213
益陽	0.128	180	0.232	150	-436.71	214
南充	0.118	222	0.226	164	-438.04	215
六安	0.137	144	0.193	206	-447.38	216
周口	0.127	183	0.14	285	-453.21	217
晉中	0.13	164	0.161	262	-453.58	218
開封	0.112	249	0.162	261	-469.85	219
朝陽	0.111	256	0.168	254	-474.85	220
安順	0.112	249	0.228	159	-475.55	221
陽江	0.212	52	0.182	225	-477.49	222
欽州	0.154	110	0.233	148	-479.32	223
商丘	0.108	269	0.18	230	-480.87	224
阜新	0.15	115	0.308	72	-483.37	225
三亞	0.13	164	0.364	39	-484.35	226
汕尾	0.236	42	0.23	154	-488.87	227
南平	0.143	124	0.181	227	-491.45	228
梅州	0.183	79	0.156	268	-496.93	229
鐵嶺	0.119	217	0.173	245	-499.86	230
巴彥淖爾	0.147	119	0.174	243	-510.98	231
廣安	0.114	244	0.189	213	-513.33	232

表 3.2.2 2013 年度城市產業競爭力排名（續）

城市	產業國際化指數	排名	產業集群指數	排名	城市產業競爭力	排名
基隆	0.1	285	0.216	177	-516.99	233
高雄	0.1	285	0.22	171	-517.51	234
台中	0.1	285	0.224	168	-522.38	235
永州	0.139	135	0.19	212	-528.69	236
昭通	0.109	265	0.178	233	-534.58	237
嘉義	0.1	285	0.216	177	-534.66	238
吉安	0.169	91	0.133	287	-535.43	239
孝感	0.139	135	0.132	288	-539.89	240
渭南	0.119	217	0.161	262	-549.87	241
賀州	0.139	135	0.242	137	-553.39	242
四平	0.13	164	0.206	192	-571.47	243
信陽	0.115	238	0.189	213	-573.79	244
廣元	0.119	217	0.262	115	-574.73	245
酒泉	0.109	265	0.176	237	-578.07	246
白山	0.126	184	0.189	213	-595.42	247
駐馬店	0.124	193	0.177	234	-603.22	248
漢中	0.109	265	0.137	286	-616.8	249
亳州	0.107	272	0.188	218	-621.48	250
商洛	0.118	222	0.169	253	-622.05	251
雲浮	0.193	66	0.142	284	-625.37	252
隨州	0.129	171	0.22	171	-632.37	253
黃岡	0.136	146	0.128	291	-643.91	254
中衛	0.112	249	0.229	158	-646.53	255
天水	0.107	272	0.295	85	-646.69	256
咸寧	0.13	164	0.177	234	-646.95	257
宿州	0.123	196	0.197	199	-652.42	258
台南	0.1	285	0.225	166	-659.18	259
運城	0.115	238	0.154	270	-665.26	260
牡丹江	0.132	157	0.197	199	-668.57	261
雞西	0.14	130	0.26	121	-670.98	262
安康	0.113	245	0.146	280	-681.97	263
忻州	0.1	285	0.131	289	-684.61	264
邵陽	0.115	238	0.17	251	-703.63	265
來賓	0.146	122	0.227	160	-712.86	266
吳忠	0.11	261	0.168	254	-716.84	267
撫州	0.131	160	0.18	230	-727.87	268
呼倫貝爾	0.126	184	0.158	266	-745.64	269
雅安	0.11	261	0.152	273	-764.79	270
烏蘭察布	0.115	238	0.125	292	-769.76	271
保山	0.124	193	0.216	177	-780.2	272
平涼	0.1	285	0.193	206	-785.98	273
懷化	0.12	211	0.131	289	-787.54	274
拉薩	0.126	184	0.225	166	-805.53	275
達州	0.11	261	0.151	275	-823.94	276
張家界	0.118	222	0.177	234	-828.7	277
白城	0.134	150	0.181	227	-837.7	278
畢節	0.104	278	0.12	295	-838.31	279
麗江	0.113	245	0.167	258	-838.56	280
武威	0.101	284	0.264	114	-854.53	281
新竹	0.1	285	0.221	169	-864.45	282
雙鴨山	0.116	233	0.252	127	-864.73	283
鶴崗	0.106	276	0.302	79	-866.42	284
張掖	0.11	261	0.214	184	-876.84	285
百色	0.121	202	0.161	262	-902.47	286
伊春	0.121	202	0.317	62	-915.9	287
河池	0.12	211	0.157	267	-946.16	288
巴中	0.103	281	0.146	280	-962.35	289
佳木斯	0.148	117	0.215	181	-968.07	290

表 3.2.2 2013 年度城市產業競爭力排名（續）

城市	產業國際化指數	排名	產業集群指數	排名	城市產業競爭力	排名
固原	0.1	285	0.148	277	-980.38	291
隴南	0.1	285	0.112	296	-1008.38	292
臨滄	0.112	249	0.121	294	-1029.62	293
普洱	0.12	211	0.148	277	-1041.41	294
綏化	0.135	148	0.1	298	-1118.73	295
銅仁	0.102	282	0.143	282	-1207.1	296
定西	0.104	278	0.151	275	-1225.98	297
黑河	0.111	256	0.176	237	-1451.11	298

3.3 城市財政金融競爭力排名及二級指標分值

城市財政是一個城市為社會提供各種公共品的重要經濟保障, 主要職能是為基礎設施建設、教育、公共安全等公共服務提供資金來源。在中國，財政的作用還在於政府利用財政支出來推動政府投資，進而促進地方經濟增長。城市財政支出為交通設施、教育設施、通訊設施、文化設施與衛生設施的建設，公共事業發展，社會福利、社會保障事業的實施，社會穩定和治安維持提供財力保證。合理的城市財政預算支出，不僅是城市經濟、公共事業發展的資金保證，而且是城市免於地方債務危機的前提。金融系統是有關資金的流動、集中和分配的一個體系。它是連接資金盈餘者和資金短缺者的一系列金融中介機構和金融市場共同構成的一個有機體。金融系統是公司、家庭和政府執行其金融決策，融通資金有無的體系，包括債券、股票和其他證券的市場，也涉及到銀行和保險等金融中介機構。資金通過金融系統從資金盈餘方流向資金短缺方。這些資金通過金融中介機構發生流動。城市金融是一個城市集聚資金進行社會化大生產的保障，也是城市資金流的樞紐。良好的城市金融系統可以解決區域性資金周轉需求，為區域性經濟發展提供推動力。完善的金融配套設施，也是城市增強其國際競爭力的主要措施。中國進入改革開放以來，很多城市面臨著資金短缺問題。如何增強城市公共財政實力，提高城市金融體系的融資能力，將對城市經濟的發展起著非常重要的作用。城市財政金融競爭力體現的是城市在公共財政和金融體系上的相對優勢，具有較強城市財政金融競爭力的城市，其發展必然要超出其它城市。

在我會《比較評價指標體系》的研究框架下，城市財政金融競爭力比較評價指標體系包括財政金融規模指數、金融資本品質指數、財政金融效率指數、金融資本可獲得指數與金融業人力資本指數 5 個二級指標，和財政預算內收入、資本使用率、年末儲蓄總金額等 18 個三級指標。財政金融規模指數是城市公共財政實力與金融機構現金流規模的反映。財政金融規模指數賦值越高，意味著該城市的公共財政實力與及金融系統的融資能力越強，出現政府違約、政府資金周轉緊張的概率越低。較高的財政金融規模指數在一定程度上既是良好財政預算政策的體現，也是城市金融系統發達程度的反映。在表 3.3 中，可以得到，2013 年城市財政金融規模指數排名較前的有上海、北京、重慶、香港、天津，總體而言，中國各城市的財政金融規模指數整體並不高，並且城市之間的差距巨大。財政金融效率指數則反映了城市公共財政與金融機構現金流規模的人均水平及增長水平。區別于財政金融規模指數對總量的刻畫，財政金融效率指數則反映的是人均財政金融資源的占有量，且它是一個動態指標。較高的財政金融效率指數的賦值，說明城市資金融通的能力較強，且能滿足未來對資金的需求。類似的，依下表資料分析，發現澳門的財政金融效率指數最高，賦值為 1，這可能既受澳門人口規模的影響，也取決於它本身豐富的金融現金流，此外香港為 0.815。從總樣本城市的指數值來看，被評價城市總體的城市財政金融效率指數水平除澳門、香港外都比較低。

這反映中國大多數城市有待於提高整體的公共財政能力和較強城市金融系統的建設，以此保證各城市自身未來經濟發展的融資需求。金融資本質量指數反映的是金融機構資本使用的質量。資本質量較高，則意味著資本壞賬損失率較低，金融機構的風險敞口相對較小，即金融機構融通資金的中介作用能有效發揮。縱觀2013年樣本城市的金融資本品質指數排名可知，北京、呂梁、香港排名在前，其賦值分別為 1、0.924, 0.672。金融資本可獲得指數是城市企業與居民獲取金融資本便利性的體現，同時也是城市金融業活力的體現。此外該指標也刻畫了一個城市金融系統的發達程度。在城市企業與居民面臨資金流問題時，能方便快捷的實現資本融通，則意味著該城市的金融資本可獲得指數較高，城市經濟發展居民消費來自資金方面的壓力較小。研究發現，香港的該指數排名第一，此外北京為 0.796，上海為 0.773。從整體情況來看，除國內一線城市外，其他城市的金融資本可獲得性指數並不高，這意味著中國企業與居民在資金融通方面還是存在瓶頸的，這有待於從制度安排上作進一步改革。金融業人力資本指數則反映了城市從事金融業人員的多少，它從一個側面顯示了城市金融業的發達程度及金融業在一個城市產業中的地位。一個城市金融業越發達，它對不同程度的金融人才的需求也越大。在研究的 298 個城市中，發現北京、上海、香港、深圳排名居前四位，其賦值依次為 1、0.853，0.735，0.463。顯然，該指數值的高低，一方面取決於該城市的經濟發達程度，另一方也受該城市自身產業結構和政策因素的影響。例如香港作為亞洲金融中心之一，其金融從業人員較多是自然而然的結果，此外，上海除受本身經濟發達程度影響外，也取決於政策上中國有意將它打造為另外的亞洲金融中心。政策上的支持也為上海吸引了更多金融從業人才。

通過對各城市 5 個二級指標和 18 個三級指標的賦值分析，總體而言，在 2013 年 298 個城市財政金融競爭力排名中，有 84 個城市處於平均水平之上，占 28.19%。其中香港、北京、上海、深圳財政金融競爭力依然如 2012 年，排名居前四位。財政金融競爭力得分的標準差為 7.821，比 2012 年的 6.229 有顯著增加，這說明城市之間的財政金融競爭力的差距又有增加趨勢。城市財政金融競爭力具體排名請見表 3.3。

表 3.3 2013 年度城市財政金融競爭力排名

城市	財政金融規模指數	排名	財政金融效率指數	排名	金融資本質量指數	排名	金融資本可獲得指數	排名	金融業人力資本指數	排名	財政金融競爭力	排名
香港	0.916	3	0.815	2	0.672	3	1	1	0.735	3	6849.41	1
北京	0.922	2	0.383	3	1	1	0.796	2	1	1	6525.47	2
上海	1	1	0.345	4	0.669	4	0.773	3	0.853	2	5493.7	3
深圳	0.468	6	0.329	7	0.374	6	0.422	5	0.463	4	2382.83	4
澳門	0.183	42	1	1	0.257	68	0.193	42	0.152	70	2335.07	5
廣州	0.397	7	0.267	23	0.413	5	0.429	4	0.357	5	1978.12	6
天津	0.484	5	0.265	24	0.311	12	0.319	8	0.31	8	1577.19	7
呂梁	0.162	62	0.236	37	0.924	2	0.131	272	0.128	147	1517.5	8
杭州	0.348	9	0.298	15	0.311	12	0.335	7	0.329	7	1507.85	9
重慶	0.546	4	0.219	56	0.314	10	0.287	12	0.274	12	1427.45	10
臺北	0.221	23	0.329	7	0.276	45	0.347	6	0.278	11	1217.78	11
蘇州	0.368	8	0.264	25	0.315	8	0.318	9	0.213	25	1182.38	12
新北	0.21	25	0.331	5	0.298	18	0.239	19	0.339	6	1150.03	13
成都	0.33	10	0.24	34	0.321	7	0.288	11	0.253	17	1086.03	14
寧波	0.3	11	0.271	21	0.296	22	0.26	13	0.274	12	1053.07	15
南京	0.298	12	0.27	22	0.308	15	0.29	10	0.204	29	990.63	16
大連	0.282	14	0.28	17	0.286	30	0.244	17	0.261	15	960.25	17
武漢	0.298	12	0.233	40	0.297	20	0.249	15	0.256	16	886.09	18
高雄	0.189	37	0.321	10	0.278	43	0.213	29	0.284	9	881.18	19
台中	0.173	53	0.321	10	0.276	45	0.21	32	0.279	10	830.4	20
瀋陽	0.27	15	0.249	29	0.284	35	0.24	18	0.235	21	794.18	21
西安	0.228	22	0.236	37	0.291	25	0.253	14	0.251	18	760.37	22

表 3.3 2013 年度城市財政金融競爭力排名

城市	財政金融規模指數	排名	財政金融效率指數	排名	金融資本質量指數	排名	金融資本可獲得指數	排名	金融業人力資本指數	排名	財政金融競爭力	排名
長沙	0.229	21	0.245	33	0.298	18	0.216	26	0.249	19	721.99	23
無錫	0.259	16	0.259	26	0.285	32	0.237	20	0.18	40	686.84	24
台南	0.158	68	0.33	6	0.263	59	0.19	43	0.241	20	682.18	25
濟南	0.21	25	0.23	43	0.285	32	0.216	26	0.271	14	665.89	26
青島	0.257	17	0.23	43	0.285	32	0.229	22	0.205	28	639.51	27
鄭州	0.25	18	0.222	49	0.279	40	0.224	23	0.218	24	611.07	28
昆明	0.238	19	0.247	31	0.293	24	0.203	36	0.184	34	574.36	29
廈門	0.236	20	0.278	18	0.279	40	0.213	29	0.147	81	568.15	30
太原	0.185	41	0.259	26	0.275	48	0.204	35	0.184	34	477.26	31
合肥	0.216	24	0.233	40	0.286	30	0.185	46	0.188	31	450.96	32
佛山	0.197	34	0.206	70	0.277	44	0.246	16	0.183	36	444.71	33
福州	0.206	28	0.22	53	0.283	37	0.214	28	0.182	39	442.42	34
哈爾濱	0.208	27	0.186	100	0.269	53	0.222	24	0.229	22	437.9	35
長春	0.204	30	0.208	68	0.287	28	0.201	37	0.204	29	433.7	36
鄂爾多斯	0.202	32	0.303	14	0.291	25	0.145	165	0.127	155	422.84	37
溫州	0.203	31	0.203	73	0.283	37	0.235	21	0.171	44	414.17	38
紹興	0.177	48	0.228	46	0.272	50	0.219	25	0.161	60	357.99	39
呼和浩特	0.159	66	0.249	29	0.297	20	0.168	56	0.164	56	340.34	40
基隆	0.123	195	0.323	9	0.237	95	0.16	78	0.169	48	337.96	41
南寧	0.182	43	0.203	73	0.3	17	0.179	50	0.188	31	333.34	42
南昌	0.172	54	0.234	39	0.269	53	0.201	37	0.165	54	329.88	43
台州	0.168	56	0.19	88	0.275	48	0.201	37	0.21	26	311.26	44
新竹	0.117	236	0.31	13	0.237	95	0.16	78	0.171	44	297.76	45
石家莊	0.178	47	0.18	125	0.25	74	0.206	33	0.225	23	283.62	46
嘉興	0.174	50	0.222	49	0.26	65	0.205	34	0.159	63	277.24	47
嘉義	0.117	236	0.312	12	0.235	101	0.157	85	0.164	56	277.16	48
銀川	0.153	82	0.23	43	0.312	11	0.151	112	0.165	54	276.29	49
貴陽	0.196	35	0.226	48	0.268	55	0.164	66	0.166	51	272.52	50
南通	0.206	28	0.202	76	0.244	84	0.188	44	0.183	36	260.1	51
烏魯木齊	0.188	38	0.238	36	0.236	100	0.166	59	0.18	40	254.73	52
常州	0.202	32	0.222	49	0.253	71	0.182	48	0.151	71	246.99	53
金華	0.168	56	0.211	62	0.263	59	0.187	45	0.169	48	231.28	54
海口	0.143	107	0.22	53	0.305	16	0.175	52	0.146	84	229.04	55
舟山	0.148	89	0.272	20	0.271	52	0.16	78	0.126	156	228.89	56
東莞	0.187	39	0.183	110	0.25	74	0.211	31	0.174	42	217.75	57
煙臺	0.181	44	0.191	86	0.246	78	0.165	62	0.209	27	196.1	58
珠海	0.164	59	0.274	19	0.213	142	0.154	95	0.156	66	184.98	59
唐山	0.174	50	0.193	81	0.245	81	0.18	49	0.185	33	169.46	60
西寧	0.129	171	0.233	40	0.294	23	0.147	139	0.144	90	153.41	61
蘭州	0.145	100	0.222	49	0.257	68	0.161	74	0.166	51	143.88	62
湖州	0.147	94	0.211	62	0.258	67	0.185	46	0.144	90	126.73	63
泉州	0.164	59	0.183	110	0.263	59	0.198	41	0.148	78	125.52	64
嘉峪關	0.101	296	0.252	28	0.309	14	0.131	272	0.11	257	87.28	65
鎮江	0.156	75	0.208	68	0.244	84	0.165	62	0.15	75	74.71	66
中山	0.158	68	0.212	61	0.208	156	0.2	40	0.141	100	64.1	67
東營	0.134	141	0.239	35	0.24	90	0.166	59	0.123	180	58.22	68
鹽城	0.186	40	0.182	118	0.231	107	0.161	74	0.168	50	56.97	69
龍岩	0.131	161	0.187	95	0.288	27	0.163	69	0.145	87	55.37	70
營口	0.163	61	0.202	76	0.272	50	0.149	123	0.129	144	52.6	71
濰坊	0.177	48	0.176	149	0.261	63	0.164	66	0.143	93	43.92	72
銅陵	0.125	187	0.227	47	0.284	35	0.138	238	0.116	224	35.33	73
拉薩	0.138	126	0.284	16	0.134	294	0.158	82	0.17	46	33.51	74
蕪湖	0.155	77	0.211	62	0.263	59	0.146	149	0.125	167	31.49	75
衢州	0.126	183	0.203	73	0.253	71	0.167	57	0.147	81	25.7	76
徐州	0.193	36	0.179	129	0.219	132	0.165	62	0.16	61	24.78	77
淄博	0.154	80	0.188	94	0.237	95	0.173	53	0.151	71	21.69	78
濱州	0.144	105	0.191	86	0.287	28	0.15	119	0.126	156	21.69	79

表 3.3 2013 年度城市財政金融競爭力排名

城市	財政金融規模指數	排名	財政金融效率指數	排名	金融資本質量指數	排名	金融資本可獲得指數	排名	金融業人力資本指數	排名	財政金融競爭力	排名
泰州	0.169	55	0.193	81	0.232	104	0.162	72	0.145	87	10.42	80
包頭	0.143	107	0.213	60	0.222	126	0.146	149	0.166	51	10.03	81
寧德	0.122	202	0.178	137	0.315	8	0.148	133	0.129	144	9.9	82
揚州	0.166	58	0.204	72	0.223	123	0.167	57	0.134	121	6.89	83
連雲港	0.18	45	0.182	118	0.239	92	0.158	82	0.142	97	2.19	84
三明	0.121	210	0.189	91	0.276	45	0.161	74	0.136	116	-2.63	85
榆林	0.161	63	0.22	53	0.221	129	0.164	66	0.116	224	-7.72	86
麗水	0.133	145	0.205	71	0.239	92	0.165	62	0.134	121	-19.06	87
惠州	0.154	80	0.187	95	0.208	156	0.176	51	0.16	61	-21.43	88
濟寧	0.161	63	0.167	202	0.222	126	0.156	88	0.183	36	-26.49	89
臨沂	0.145	100	0.167	202	0.241	89	0.156	88	0.173	43	-33.03	90
淮安	0.18	45	0.172	170	0.242	87	0.152	105	0.136	116	-41.55	91
本溪	0.146	97	0.211	62	0.217	135	0.151	112	0.138	109	-47.04	92
烏海	0.127	178	0.247	31	0.214	139	0.137	250	0.123	180	-48.13	93
馬鞍山	0.138	126	0.211	62	0.237	95	0.14	222	0.126	156	-65.44	94
廊坊	0.157	71	0.186	100	0.232	104	0.153	99	0.133	128	-68.46	95
新餘	0.135	139	0.215	59	0.246	78	0.139	229	0.109	262	-73.32	96
漳州	0.136	136	0.172	170	0.249	76	0.166	59	0.134	121	-76.91	97
秦皇島	0.142	114	0.179	129	0.216	137	0.169	55	0.15	75	-81.27	98
盤錦	0.148	89	0.219	56	0.195	183	0.147	139	0.134	121	-87.69	99
莆田	0.122	202	0.18	125	0.261	63	0.156	88	0.126	156	-90.19	100
威海	0.141	117	0.189	91	0.231	107	0.153	99	0.133	128	-91.77	101
南平	0.119	218	0.174	159	0.257	68	0.161	74	0.134	121	-93.43	102
鞍山	0.161	63	0.176	149	0.206	162	0.158	82	0.151	71	-98.64	103
鐵嶺	0.159	66	0.18	125	0.24	90	0.144	171	0.124	174	-100.4	104
洛陽	0.155	77	0.177	143	0.21	151	0.151	112	0.156	66	-100.71	105
聊城	0.128	174	0.161	246	0.246	78	0.148	133	0.162	58	-106.13	106
日照	0.124	194	0.179	129	0.265	58	0.143	178	0.126	156	-107.28	107
宿遷	0.152	83	0.183	110	0.242	87	0.149	123	0.115	230	-110.24	108
張家口	0.143	107	0.172	170	0.237	95	0.148	133	0.14	104	-116.36	109
邯鄲	0.152	83	0.172	170	0.221	129	0.157	85	0.139	106	-116.51	110
石嘴山	0.119	218	0.209	67	0.243	86	0.136	255	0.109	262	-130.12	111
淮南	0.143	107	0.177	143	0.238	94	0.141	207	0.13	140	-133.98	112
阜新	0.143	107	0.187	95	0.229	115	0.138	238	0.128	147	-136.17	113
承德	0.133	145	0.167	202	0.232	104	0.147	139	0.147	81	-145.45	114
湘潭	0.123	195	0.183	110	0.229	115	0.147	139	0.137	113	-145.99	115
通遼	0.125	187	0.165	220	0.281	39	0.133	266	0.117	219	-147.5	116
棗莊	0.132	155	0.165	220	0.259	66	0.153	99	0.113	242	-149.4	117
保定	0.148	89	0.157	261	0.192	201	0.163	69	0.17	46	-151.78	118
遼陽	0.152	83	0.201	78	0.207	159	0.141	207	0.115	230	-152.48	119
吳忠	0.125	187	0.183	110	0.266	56	0.13	274	0.108	270	-153.86	120
朝陽	0.152	83	0.186	100	0.203	169	0.143	178	0.137	113	-155	121
柳州	0.132	155	0.162	240	0.247	77	0.146	149	0.135	120	-155.1	122
池州	0.141	117	0.184	108	0.23	111	0.14	222	0.122	187	-155.21	123
贛州	0.156	75	0.176	149	0.204	168	0.143	178	0.143	93	-158.22	124
錦州	0.146	97	0.176	149	0.21	151	0.149	123	0.139	106	-158.35	125
攀枝花	0.127	178	0.201	78	0.219	132	0.138	238	0.12	202	-166.06	126
黃山	0.147	94	0.195	80	0.207	159	0.137	250	0.121	193	-175.12	127
江門	0.139	123	0.167	202	0.189	207	0.162	72	0.157	65	-176.41	128
丹東	0.157	71	0.19	88	0.193	191	0.147	139	0.122	187	-178.46	129
宣城	0.145	100	0.178	137	0.229	115	0.142	189	0.114	237	-182.24	130
菏澤	0.143	107	0.167	202	0.221	129	0.144	171	0.134	121	-184.38	131
德州	0.128	174	0.156	265	0.231	107	0.151	112	0.141	100	-188.76	132
九江	0.145	100	0.168	197	0.212	145	0.152	105	0.128	147	-192.31	133
株洲	0.138	126	0.189	91	0.185	223	0.155	93	0.132	133	-194.01	134
齊齊哈爾	0.136	136	0.158	256	0.216	137	0.153	99	0.144	90	-195.06	135
滄州	0.136	136	0.168	197	0.191	204	0.15	119	0.158	64	-198.22	136

表 3.3 2013 年度城市財政金融競爭力排名

城市	財政金融規模指數	排名	財政金融效率指數	排名	金融資本質量指數	排名	金融資本可獲得指數	排名	金融業人力資本指數	排名	財政金融競爭力	排名
黃石	0.121	210	0.184	108	0.217	135	0.152	105	0.117	219	-201.52	137
長治	0.145	100	0.178	137	0.18	230	0.146	149	0.148	78	-205.22	138
焦作	0.121	210	0.166	216	0.214	139	0.141	207	0.154	68	-206.21	139
晉中	0.141	117	0.182	118	0.17	252	0.141	207	0.162	58	-207.22	140
葫蘆島	0.149	88	0.175	156	0.205	165	0.142	189	0.126	156	-207.42	141
白山	0.122	202	0.193	81	0.208	156	0.144	171	0.119	209	-207.51	142
麗江	0.157	71	0.179	129	0.228	119	0.128	281	0.104	282	-208.41	143
泰安	0.139	123	0.157	261	0.224	121	0.147	139	0.131	136	-208.97	144
中衛	0.111	265	0.179	129	0.266	56	0.128	281	0.101	295	-210.35	145
吉林	0.131	161	0.176	149	0.2	176	0.149	123	0.132	133	-217.81	146
樂山	0.128	174	0.179	129	0.222	126	0.141	207	0.117	219	-218.91	147
桂林	0.135	139	0.161	246	0.206	162	0.156	88	0.134	121	-220.13	148
新鄉	0.133	145	0.176	149	0.207	159	0.146	149	0.124	174	-223.64	149
延安	0.158	68	0.183	110	0.179	231	0.146	149	0.123	180	-223.76	150
鶴壁	0.112	260	0.152	275	0.279	40	0.138	238	0.106	275	-224.19	151
六盤水	0.151	87	0.17	190	0.23	111	0.129	278	0.108	270	-227.2	152
南陽	0.132	155	0.163	234	0.201	174	0.145	165	0.148	78	-227.91	153
平頂山	0.133	145	0.153	273	0.218	134	0.142	189	0.145	87	-228.55	154
宜昌	0.137	133	0.147	283	0.23	111	0.155	93	0.123	180	-228.98	155
撫順	0.147	94	0.185	104	0.169	255	0.153	99	0.131	136	-230.36	156
上饒	0.148	89	0.167	202	0.205	165	0.141	207	0.125	167	-233.83	157
景德鎮	0.133	145	0.193	81	0.187	213	0.146	149	0.115	230	-237.68	158
巴彥淖爾	0.122	202	0.17	190	0.245	81	0.121	296	0.119	209	-238.4	159
張家界	0.113	258	0.181	123	0.234	103	0.133	266	0.109	262	-241.54	160
滁州	0.142	114	0.172	170	0.211	147	0.136	255	0.119	209	-242.88	161
玉溪	0.139	123	0.172	170	0.202	172	0.142	189	0.122	187	-245.97	162
通化	0.123	195	0.173	165	0.203	169	0.143	178	0.129	144	-251.76	163
曲靖	0.14	120	0.165	220	0.211	147	0.144	171	0.115	230	-254.16	164
肇慶	0.134	141	0.155	269	0.213	142	0.152	105	0.122	187	-254.94	165
許昌	0.12	214	0.168	197	0.231	107	0.139	229	0.111	252	-255.3	166
邢臺	0.129	171	0.158	256	0.195	183	0.152	105	0.142	97	-255.73	167
鶴崗	0.118	227	0.181	123	0.211	147	0.138	238	0.118	216	-255.77	168
平涼	0.138	126	0.174	159	0.227	120	0.124	292	0.108	270	-255.96	169
萍鄉	0.134	141	0.182	118	0.187	213	0.149	123	0.118	216	-256.72	170
三亞	0.174	50	0.185	104	0.165	265	0.149	123	0.102	290	-258.15	171
襄陽	0.13	168	0.172	170	0.196	182	0.15	119	0.121	193	-259.43	172
六安	0.134	141	0.177	143	0.194	187	0.14	222	0.125	167	-260.43	173
晉城	0.132	155	0.187	95	0.171	249	0.144	171	0.132	133	-262.58	174
梧州	0.12	214	0.165	220	0.224	121	0.146	149	0.111	252	-265.16	175
普洱	0.155	77	0.171	183	0.212	145	0.127	284	0.104	282	-270.28	176
蚌埠	0.133	145	0.173	165	0.197	181	0.137	250	0.124	174	-271.02	177
萊蕪	0.117	236	0.15	281	0.251	73	0.142	189	0.104	282	-271.33	178
綿陽	0.131	161	0.162	240	0.192	201	0.153	99	0.128	147	-271.69	179
佳木斯	0.116	243	0.165	220	0.21	151	0.152	105	0.12	202	-272.22	180
衡陽	0.138	126	0.165	220	0.166	262	0.146	149	0.153	69	-274.29	181
百色	0.123	195	0.152	275	0.245	81	0.138	238	0.105	279	-277.75	182
淮北	0.121	210	0.183	110	0.198	180	0.141	207	0.112	245	-279.04	183
雙鴨山	0.112	260	0.16	249	0.23	111	0.142	189	0.115	230	-279.38	184
臨滄	0.126	183	0.178	137	0.229	115	0.122	294	0.1	297	-281.37	185
宜春	0.146	97	0.175	156	0.178	234	0.139	229	0.124	174	-283.43	186
金昌	0.103	291	0.178	137	0.235	101	0.13	274	0.104	282	-284.18	187
清遠	0.14	120	0.152	275	0.193	191	0.152	105	0.128	147	-285.87	188
十堰	0.137	133	0.178	137	0.175	242	0.148	133	0.12	202	-286.84	189
呼倫貝爾	0.131	161	0.176	149	0.193	191	0.125	287	0.13	140	-286.88	190
大慶	0.125	187	0.18	125	0.145	291	0.163	69	0.142	97	-289.77	191
宜賓	0.129	171	0.177	143	0.17	252	0.146	149	0.133	128	-289.83	192
咸陽	0.12	214	0.174	159	0.165	265	0.157	85	0.137	113	-292.5	193

表 3.3 2013 年度城市財政金融競爭力排名

城市	財政金融規模指數	排名	財政金融效率指數	排名	金融資本質量指數	排名	金融資本可獲得指數	排名	金融業人力資本指數	排名	財政金融競爭力	排名
德陽	0.127	178	0.163	234	0.182	229	0.154	95	0.131	136	-293.39	194
安陽	0.125	187	0.158	256	0.194	187	0.142	189	0.138	109	-293.61	195
南充	0.122	202	0.174	159	0.16	275	0.147	139	0.151	71	-294.57	196
遵義	0.144	105	0.167	202	0.188	209	0.135	260	0.122	187	-295.66	197
瀘州	0.133	145	0.174	159	0.184	225	0.142	189	0.121	193	-295.88	198
孝感	0.122	202	0.172	170	0.178	234	0.154	95	0.126	156	-295.9	199
周口	0.119	218	0.163	234	0.187	213	0.135	260	0.15	75	-296.2	200
陽泉	0.131	161	0.186	100	0.168	256	0.138	238	0.126	156	-296.87	201
河源	0.115	248	0.157	261	0.223	123	0.147	139	0.109	262	-297.59	202
臨汾	0.14	120	0.159	251	0.176	241	0.141	207	0.141	100	-298.97	203
防城港	0.117	236	0.185	104	0.205	165	0.136	255	0.1	297	-299.14	204
安慶	0.132	155	0.169	193	0.184	225	0.142	189	0.126	156	-299.71	205
阜陽	0.133	145	0.172	170	0.168	256	0.138	238	0.141	100	-301.81	206
保山	0.131	161	0.167	202	0.211	147	0.134	263	0.106	275	-302.46	207
撫州	0.148	89	0.172	170	0.175	242	0.139	229	0.116	224	-307.92	208
酒泉	0.101	296	0.19	88	0.193	191	0.129	278	0.123	180	-308.97	209
懷化	0.123	195	0.167	202	0.185	223	0.148	133	0.122	187	-309.5	210
商丘	0.123	195	0.167	202	0.191	204	0.143	178	0.121	193	-309.78	211
大同	0.137	133	0.164	229	0.16	275	0.151	112	0.138	109	-310.12	212
常德	0.13	168	0.171	183	0.177	238	0.145	165	0.123	180	-311.26	213
四平	0.111	265	0.167	202	0.2	176	0.141	207	0.123	180	-315.65	214
吉安	0.143	107	0.175	156	0.166	262	0.142	189	0.12	202	-315.99	215
安順	0.132	155	0.169	193	0.206	162	0.122	294	0.112	245	-316.85	216
渭南	0.119	218	0.157	261	0.179	231	0.144	171	0.146	84	-317.61	217
赤峰	0.127	178	0.158	256	0.193	191	0.136	255	0.131	136	-318.43	218
牡丹江	0.127	178	0.172	170	0.159	278	0.14	222	0.143	93	-319.18	219
北海	0.123	195	0.171	183	0.186	218	0.141	207	0.118	216	-323.89	220
咸寧	0.116	243	0.182	118	0.179	231	0.145	165	0.111	252	-324.5	221
益陽	0.11	270	0.164	229	0.177	238	0.143	178	0.143	93	-324.57	222
雲浮	0.116	243	0.169	193	0.195	183	0.149	123	0.107	274	-326.99	223
白城	0.109	274	0.166	216	0.202	172	0.143	178	0.114	237	-327.21	224
郴州	0.138	126	0.174	159	0.163	269	0.149	123	0.116	224	-327.57	225
荊州	0.119	218	0.171	183	0.172	248	0.147	139	0.126	156	-328.25	226
忻州	0.142	114	0.177	143	0.152	286	0.143	178	0.124	174	-329.27	227
湛江	0.126	183	0.143	286	0.188	209	0.154	95	0.133	128	-331.03	228
婁底	0.114	253	0.164	229	0.2	176	0.138	238	0.116	224	-336.65	229
鷹潭	0.13	168	0.155	269	0.209	155	0.135	260	0.108	270	-337.17	230
運城	0.115	248	0.152	275	0.193	191	0.138	238	0.136	116	-339.38	231
韶關	0.125	187	0.152	275	0.164	268	0.17	54	0.125	167	-340.61	232
雅安	0.115	248	0.173	165	0.186	218	0.141	207	0.112	245	-340.83	233
固原	0.114	253	0.187	95	0.193	191	0.128	281	0.101	295	-342.35	234
陽江	0.109	274	0.162	240	0.192	201	0.148	133	0.115	230	-347.01	235
信陽	0.118	227	0.16	249	0.184	225	0.139	229	0.128	147	-349.31	236
黃岡	0.125	187	0.169	193	0.161	273	0.147	139	0.125	167	-349.67	237
遼源	0.102	294	0.153	273	0.214	139	0.142	189	0.114	237	-350.64	238
烏蘭察布	0.11	270	0.179	129	0.188	209	0.123	293	0.121	193	-351.15	239
汕頭	0.133	145	0.141	288	0.165	265	0.159	81	0.139	106	-351.75	240
三門峽	0.119	218	0.155	269	0.191	204	0.133	266	0.13	140	-352.56	241
駐馬店	0.118	227	0.166	216	0.175	242	0.141	207	0.126	156	-352.56	242
亳州	0.118	227	0.171	183	0.174	245	0.14	222	0.121	193	-354.16	243
玉林	0.118	227	0.159	251	0.186	218	0.143	178	0.12	202	-354.21	244
鄂州	0.109	274	0.172	170	0.194	187	0.139	229	0.106	275	-354.34	245
松原	0.106	283	0.163	234	0.188	209	0.146	149	0.12	202	-354.53	246
自貢	0.106	283	0.173	165	0.166	262	0.146	149	0.128	147	-356.27	247
張掖	0.102	294	0.183	110	0.178	234	0.132	270	0.119	209	-356.99	248
昭通	0.128	174	0.162	240	0.195	183	0.133	266	0.105	279	-361.8	249
雞西	0.122	202	0.171	183	0.159	278	0.142	189	0.125	167	-362.64	250

表 3.3 2013 年度城市財政金融競爭力排名

城市	財政金融規模指數	排名	財政金融效率指數	排名	金融資本質量指數	排名	金融資本可獲得指數	排名	金融業人力資本指數	排名	財政金融競爭力	排名
開封	0.116	243	0.159	251	0.194	187	0.138	238	0.113	242	-364.98	251
衡水	0.113	258	0.156	265	0.17	252	0.141	207	0.14	104	-367.76	252
漯河	0.109	274	0.156	265	0.21	151	0.132	270	0.11	257	-368.67	253
達州	0.117	236	0.171	183	0.16	275	0.143	178	0.125	167	-369.58	254
寶雞	0.118	227	0.162	240	0.168	256	0.15	119	0.121	193	-369.93	255
遂寧	0.107	281	0.168	197	0.184	225	0.145	165	0.11	257	-370.62	256
永州	0.119	218	0.159	251	0.174	245	0.138	238	0.128	147	-372.93	257
荊門	0.111	265	0.165	220	0.171	249	0.146	149	0.121	193	-374.92	258
邵陽	0.119	218	0.158	256	0.156	282	0.146	149	0.138	109	-375.43	259
茂名	0.116	243	0.163	234	0.156	282	0.156	88	0.124	174	-377.5	260
漢中	0.11	270	0.167	202	0.152	286	0.146	149	0.136	116	-381.83	261
眉山	0.115	248	0.177	143	0.168	256	0.144	171	0.102	290	-384.65	262
宿州	0.117	236	0.166	216	0.167	260	0.137	250	0.121	193	-385.84	263
梅州	0.126	183	0.15	281	0.161	273	0.149	123	0.13	140	-386.08	264
白銀	0.107	281	0.161	246	0.193	191	0.13	274	0.116	224	-387.13	265
朔州	0.133	145	0.193	81	0.119	296	0.141	207	0.119	209	-387.57	266
崇左	0.117	236	0.162	240	0.187	213	0.134	263	0.109	262	-388.51	267
安康	0.109	274	0.168	197	0.167	260	0.142	189	0.119	209	-391.92	268
武威	0.103	291	0.179	129	0.178	234	0.127	284	0.111	252	-394.16	269
慶陽	0.138	126	0.172	170	0.158	280	0.125	287	0.109	262	-403.23	270
岳陽	0.12	214	0.116	295	0.189	207	0.145	165	0.146	84	-404.45	271
克拉瑪依	0.118	227	0.217	58	0.1	298	0.14	222	0.112	245	-409.25	272
揭陽	0.111	265	0.154	272	0.171	249	0.151	112	0.114	237	-410.46	273
資陽	0.109	274	0.164	229	0.162	271	0.142	189	0.119	209	-410.97	274
銅川	0.122	202	0.185	104	0.127	295	0.139	229	0.12	202	-414.72	275
定西	0.112	260	0.165	220	0.187	213	0.126	286	0.102	290	-416.53	276
天水	0.114	253	0.163	234	0.177	238	0.134	263	0.105	279	-418.85	277
內江	0.104	288	0.167	202	0.163	269	0.142	189	0.112	245	-425.89	278
廣安	0.11	270	0.17	190	0.15	288	0.142	189	0.114	237	-430.4	279
七台河	0.115	248	0.133	291	0.2	176	0.137	250	0.111	252	-432.65	280
來賓	0.112	260	0.14	289	0.203	169	0.129	278	0.104	282	-440.13	281
綏化	0.119	218	0.117	294	0.186	218	0.142	189	0.133	128	-440.52	282
賀州	0.103	291	0.156	265	0.193	191	0.125	287	0.103	288	-446.29	283
廣元	0.118	227	0.151	280	0.15	288	0.149	123	0.117	219	-451.14	284
商洛	0.108	280	0.165	220	0.156	282	0.13	274	0.117	219	-451.75	285
貴港	0.104	288	0.132	292	0.193	191	0.14	222	0.109	262	-461.55	286
河池	0.112	260	0.131	293	0.201	174	0.125	287	0.109	262	-467.34	287
濮陽	0.111	265	0.159	251	0.15	288	0.139	229	0.113	242	-467.5	288
隨州	0.1	298	0.167	202	0.155	285	0.142	189	0.102	290	-468.56	289
欽州	0.106	283	0.1	298	0.223	123	0.146	149	0.104	282	-477.94	290
巴中	0.106	283	0.173	165	0.136	293	0.141	207	0.106	275	-478.49	291
汕尾	0.114	253	0.147	283	0.157	281	0.143	178	0.102	290	-492.41	292
黑河	0.114	253	0.138	290	0.162	271	0.136	255	0.115	230	-495.27	293
隴南	0.118	227	0.142	287	0.174	245	0.125	287	0.103	288	-497.58	294
銅仁	0.131	161	0.11	296	0.213	142	0.1	298	0.112	245	-510.67	295
潮州	0.105	287	0.144	285	0.137	292	0.151	112	0.11	257	-525.67	296
伊春	0.104	288	0.164	229	0.118	297	0.139	229	0.112	245	-537.38	297
畢節	0.157	71	0.104	297	0.186	218	0.102	297	0.11	257	-541.68	298

3.4 城市商業貿易競爭力排名及二級指標分值

商業貿易是指專門從事商品收購、調運、儲存和銷售等經濟活動的部門。在中國，一般對內稱商業，對外稱貿易。它是商品交換的表現形式，同時也將工業和農業、城市和鄉村、生產和消費聯繫起來。城市起源於商業貿易，它是商業集聚的結果。縱觀國內外城市發展歷史，就會發現，城市的出現或壯大，都離不開城市商業貿易往來。城市商業貿易的發展不僅能夠加強城市在人流、物流、信息流、資金流方面的紐帶作用，而且也有利於改善城市就業問題，並且能夠帶動第三產業的發展。在現代城市的發展曆程當中，城市尤其是中心城市，其功能開始逐漸向商貿中心、金融中心、信息中心、文化中心、技術中心轉變。因此，大力發展城市的商業貿易競爭力對於提升城市在區域經濟的核心作用顯得尤為重要。

在我會的比較評價體系中，城市商業貿易競爭力比較評估指標體系包括國內商貿規模指數、商貿人力資本指數、外貿指數、居民消費指數、商貿機構指數 5 個二級指標，批發零售貿易業商品銷售總額、外貿依存度等 18 個三級指標。國內商貿規模指數反映的是國內商業貿易規模和商貿水平，體現了一個城市的商業集聚能力。從 2013 年城市商貿規模指數排名中，發現北京、上海、廣州城市排名前三位，其賦值分別為 1、0. 981、0. 674。顯而易見，經濟越發達的城市，商業貿易活動越頻繁。經濟發達程度與商業貿易活動的活躍性彼此相互促進。但總體而言，除部分工業重鎮或部分東部沿海城市，中國城市的商貿規模指數數值並不高。這從另一個側面反映了中國城市的整體經濟發達程度和不平衡性。其次，外貿指數刻畫的是城市的外貿規模和外貿水平，顯然以對外出口產業為主的城市，往往具有較高的外貿規模。從外貿指數排名發現，2013 年外貿指數的前三位與去年一致，仍為香港、上海、深圳。觀察 298 個城市的排名發現，沿海城市的外貿指數排名都比較靠前，這主要是這些城市自身的地理位置及經濟結構使然。商貿機構指數是限額以上批發零售企業規模的指數化。從該指數的排名中發現，北京、上海、天津、重慶、廣州排在前 5 名，而深圳則位於第 10 位。雖然深圳的商業貿易競爭力水平排在第四，但其限額以上批發零售企業規模卻比不上天津、蘇州等城市，這從一個側面反映了深圳外貿企業的整體規模大小。商貿人力資本指數則是指城市從業商業貿易的人員規模。一個城市商業貿易越發達，其商業貿易競爭力越強，則從事商業貿易的人員也應該越多。在該指數排名中，北京、香港、上海排名前三，基本與其商業貿易競爭力排名一致。此外居民消費指數的評估包含在商業貿易競爭力指標體系中，從整體情況來看，大陸城市由於居民可支配收入水平較港澳臺地區城市的差距過大，因此都未出現在此項指數前十的排名當中。

在 2013 年 298 個城市商業貿易競爭力排名中，香港、北京、上海、廣州、深圳、天津等主要的貿易城市排在前列。並且有 82 個城市處於平均水平之上，比上一年度增加了 10 個，占 27. 52%。商業貿易競爭力得分的標準差為 6. 285。並未延續去年的上升趨勢，比 2012 年有所下降，這在一定程度上表明城市間的商業貿易競爭力的差距並未體現出特定的上升或下降趨勢。城市商業貿易競爭力具體排名請見表 3. 4。

表 3. 4 2013 年度城市商業貿易競爭力排名

城市	國內商貿規模指數	排名	外貿指數	排名	商貿機構指數	排名	商貿人力資本指數	排名	居民消費指數	排名	商業貿易競爭力	排名
香港	0.328	15	1	1	0.233	22	0.925	2	1	1	5734.62	1
北京	1	1	0.401	4	1	1	1	1	0.372	24	4665.7	2
上海	0.981	2	0.451	2	0.768	2	0.569	3	0.384	21	3697.41	3
廣州	0.674	3	0.225	11	0.504	5	0.41	4	0.458	11	2226.58	4
深圳	0.478	5	0.408	3	0.301	10	0.318	10	0.398	16	1849.83	5

表 3.4 2013 年度城市商業貿易競爭力排名

城市	國內商貿規模指數	排名	外貿指數	排名	商貿機構指數	排名	商貿人力資本指數	排名	居民消費指數	排名	商業貿易競爭力	排名
天津	0.538	4	0.286	6	0.547	3	0.27	14	0.346	45	1722.61	6
臺北	0.152	101	0.181	28	0.132	121	0.312	11	0.741	2	1432.87	7
杭州	0.455	6	0.21	16	0.452	6	0.334	6	0.353	39	1420.59	8
蘇州	0.413	7	0.369	5	0.438	7	0.137	53	0.351	41	1393.82	9
新北	0.163	84	0.195	19	0.149	69	0.398	5	0.583	6	1272.9	10
澳門	0.233	37	0.193	20	0.112	233	0.279	12	0.646	4	1247.77	11
高雄	0.153	98	0.182	27	0.134	115	0.324	7	0.551	7	988.29	12
台中	0.152	101	0.181	28	0.132	121	0.319	9	0.55	8	970.52	13
新竹	0.132	185	0.156	70	0.102	291	0.181	26	0.669	3	879.37	14
寧波	0.358	12	0.222	12	0.35	8	0.176	29	0.336	53	849.27	15
成都	0.344	14	0.226	10	0.301	10	0.191	24	0.345	47	826.43	16
大連	0.318	17	0.249	8	0.259	15	0.169	32	0.362	32	798.76	17
瀋陽	0.411	8	0.188	22	0.274	14	0.186	25	0.356	35	797.64	18
南京	0.404	10	0.202	18	0.278	13	0.212	19	0.322	77	795.62	19
無錫	0.345	13	0.206	17	0.305	9	0.147	47	0.371	26	763.86	20
台南	0.145	120	0.172	34	0.122	177	0.277	13	0.513	10	754.88	21
武漢	0.411	8	0.172	34	0.239	18	0.222	18	0.343	48	744.35	22
基隆	0.132	185	0.156	70	0.102	291	0.178	27	0.611	5	726.01	23
重慶	0.382	11	0.235	9	0.521	4	0.265	15	0.1	298	720.39	24
東莞	0.217	44	0.254	7	0.202	34	0.103	242	0.452	12	701.52	25
廈門	0.289	21	0.222	12	0.236	19	0.172	30	0.355	37	642.25	26
佛山	0.296	20	0.19	21	0.242	17	0.119	78	0.408	15	611.14	27
青島	0.325	16	0.212	15	0.253	16	0.152	41	0.338	52	610.52	28
鄭州	0.285	24	0.179	30	0.236	19	0.178	27	0.371	26	577.76	29
溫州	0.262	26	0.158	60	0.297	12	0.142	49	0.383	22	536.95	30
濟南	0.305	19	0.162	43	0.22	26	0.208	20	0.34	49	516.62	31
珠海	0.241	31	0.222	12	0.157	63	0.138	52	0.387	19	491.81	32
西安	0.286	23	0.159	56	0.171	51	0.202	22	0.371	26	484.7	33
嘉義	0.131	191	0.154	82	0.1	296	0.169	32	0.519	9	474.81	34
長沙	0.316	18	0.159	56	0.195	38	0.195	23	0.336	53	457.03	35
福州	0.287	22	0.184	25	0.216	28	0.164	34	0.323	74	420.32	36
煙臺	0.257	27	0.169	38	0.227	23	0.135	55	0.353	39	374.29	37
昆明	0.251	29	0.154	82	0.19	40	0.208	20	0.331	60	358.24	38
哈爾濱	0.265	25	0.147	144	0.194	39	0.171	31	0.346	45	333.89	39
嘉興	0.214	46	0.178	31	0.213	31	0.137	53	0.356	35	333.54	40
包頭	0.227	40	0.157	63	0.131	129	0.121	74	0.417	14	308.05	41
中山	0.21	51	0.173	32	0.184	43	0.108	164	0.369	29	255.53	42
金華	0.21	51	0.156	70	0.183	46	0.126	64	0.372	24	253.91	43
鄂爾多斯	0.188	61	0.155	80	0.118	206	0.102	260	0.435	13	243.43	44
長春	0.234	36	0.16	51	0.148	73	0.158	35	0.347	43	242.98	45
泉州	0.226	41	0.171	37	0.222	25	0.128	60	0.322	77	241.67	46
南通	0.238	33	0.172	34	0.215	29	0.114	109	0.324	71	228.73	47
宣城	0.128	206	0.151	101	0.122	177	0.324	7	0.298	135	225.61	48
惠州	0.171	75	0.187	23	0.137	105	0.119	78	0.369	29	197.23	49
合肥	0.23	38	0.157	63	0.197	37	0.148	45	0.31	108	186.25	50
石家莊	0.236	35	0.154	82	0.16	59	0.142	49	0.334	57	183.36	51
紹興	0.213	47	0.173	32	0.199	36	0.127	63	0.312	104	172.45	52
唐山	0.229	39	0.161	45	0.159	61	0.131	56	0.33	62	162.82	53
烏魯木齊	0.24	32	0.159	56	0.149	69	0.15	44	0.313	101	151.39	54
濟寧	0.204	54	0.15	109	0.227	23	0.12	77	0.319	86	143.7	55
呼和浩特	0.224	43	0.146	165	0.14	92	0.119	78	0.355	37	130.41	56
台州	0.212	50	0.156	70	0.184	43	0.125	67	0.319	86	124.02	57
汕頭	0.193	58	0.151	101	0.152	66	0.115	100	0.359	33	122.17	58
威海	0.213	47	0.16	51	0.14	92	0.129	59	0.333	58	117.34	59
淄博	0.237	34	0.154	82	0.175	48	0.126	64	0.31	108	116.6	60
南昌	0.202	55	0.165	40	0.156	64	0.152	41	0.306	119	111.33	61

表 3.4 2013 年度城市商業貿易競爭力排名

城市	國內商貿規模指數	排名	外貿指數	排名	商貿機構指數	排名	商貿人力資本指數	排名	居民消費指數	排名	商業貿易競爭力	排名
濰坊	0.226	41	0.152	96	0.213	31	0.121	74	0.299	133	110.42	62
拉薩	0.138	160	0.156	70	0.102	291	0.263	16	0.296	142	109.21	63
六安	0.127	212	0.147	144	0.131	129	0.251	17	0.298	135	93.15	64
常德	0.146	116	0.147	144	0.129	137	0.114	109	0.385	20	79.73	65
舟山	0.174	73	0.169	38	0.123	174	0.114	109	0.349	42	78.57	66
南寧	0.205	53	0.136	234	0.175	48	0.155	37	0.309	112	78.33	67
泰安	0.187	62	0.134	243	0.209	33	0.131	56	0.317	92	68.95	68
貴陽	0.168	81	0.154	82	0.143	82	0.158	35	0.319	86	62.7	69
江門	0.179	69	0.164	41	0.149	69	0.116	92	0.329	64	60.96	70
太原	0.253	28	0.142	201	0.158	62	0.154	39	0.279	204	58.3	71
湖州	0.19	59	0.156	70	0.14	92	0.112	120	0.336	53	50.58	72
株洲	0.155	94	0.144	190	0.134	115	0.116	92	0.367	31	46.45	73
揚州	0.189	60	0.161	45	0.144	79	0.111	130	0.324	71	34.48	74
海口	0.186	65	0.135	238	0.143	82	0.154	39	0.318	90	28.76	75
徐州	0.201	56	0.161	45	0.234	21	0.114	109	0.262	246	24.99	76
鎮江	0.187	62	0.16	51	0.143	82	0.113	117	0.319	86	21.13	77
臨沂	0.213	47	0.154	82	0.218	27	0.109	153	0.271	219	18.21	78
克拉瑪依	0.116	257	0.147	144	0.104	281	0.115	100	0.388	17	16.08	79
岳陽	0.153	98	0.126	267	0.136	107	0.112	120	0.376	23	15.76	80
鹽城	0.176	71	0.159	56	0.184	43	0.118	85	0.297	140	12.61	81
鞍山	0.182	68	0.148	131	0.168	52	0.118	85	0.313	101	10.84	82
泰州	0.171	75	0.161	45	0.15	67	0.117	89	0.31	108	-1.16	83
盤錦	0.152	101	0.161	45	0.117	212	0.128	60	0.331	60	-1.33	84
揭陽	0.157	89	0.141	206	0.202	34	0.105	208	0.318	90	-6.5	85
東營	0.183	67	0.15	109	0.138	102	0.123	69	0.315	98	-9.48	86
蘭州	0.199	57	0.149	118	0.137	105	0.123	69	0.306	119	-13.61	87
湛江	0.168	81	0.143	196	0.148	73	0.116	92	0.328	65	-14.97	88
龍岩	0.155	94	0.151	101	0.135	111	0.119	78	0.324	71	-32.96	89
茂名	0.178	70	0.133	248	0.162	56	0.112	120	0.321	80	-34.46	90
菏澤	0.166	83	0.15	109	0.215	29	0.111	130	0.28	198	-36.91	91
宜昌	0.169	78	0.144	190	0.16	59	0.155	37	0.28	198	-43.49	92
德州	0.174	73	0.149	118	0.182	47	0.112	120	0.289	171	-50.4	93
襄陽	0.162	85	0.149	118	0.161	57	0.114	109	0.303	125	-54.95	94
銀川	0.153	98	0.144	190	0.128	141	0.116	92	0.33	62	-55.02	95
咸陽	0.141	138	0.145	184	0.132	121	0.111	130	0.336	53	-55.49	96
麗水	0.151	109	0.15	109	0.131	129	0.111	130	0.325	69	-58.79	97
衡陽	0.144	124	0.151	101	0.145	77	0.114	109	0.317	92	-61.89	98
營口	0.141	138	0.161	45	0.127	147	0.108	164	0.321	80	-65.67	99
聊城	0.161	86	0.153	90	0.166	55	0.109	153	0.295	147	-66.74	100
連雲港	0.154	97	0.158	60	0.145	77	0.109	153	0.305	122	-68.58	101
濱州	0.157	89	0.157	63	0.149	69	0.108	164	0.303	125	-68.71	102
蕪湖	0.151	109	0.158	60	0.138	102	0.108	164	0.31	108	-69.47	103
肇慶	0.142	133	0.156	70	0.127	147	0.111	130	0.32	84	-71.54	104
柳州	0.169	78	0.146	165	0.144	79	0.13	58	0.293	157	-72.76	105
金昌	0.117	253	0.152	96	0.101	295	0.101	276	0.359	33	-73.26	106
日照	0.152	101	0.184	25	0.122	177	0.111	130	0.287	176	-74.58	107
孝感	0.141	138	0.147	144	0.131	129	0.151	43	0.294	153	-84.1	108
烏海	0.14	144	0.105	286	0.106	266	0.101	276	0.388	17	-85.05	109
晉城	0.135	170	0.15	109	0.12	199	0.112	120	0.328	65	-86.26	110
錦州	0.144	124	0.139	219	0.125	160	0.109	153	0.333	58	-89.06	111
吉林	0.187	62	0.148	131	0.139	98	0.108	164	0.292	160	-92.17	112
大慶	0.215	45	0.151	101	0.133	119	0.115	100	0.271	219	-93.91	113
寶雞	0.14	144	0.146	165	0.119	203	0.11	144	0.328	65	-94.98	114
焦作	0.14	144	0.153	90	0.129	137	0.11	144	0.314	100	-95.75	115
丹東	0.143	129	0.157	63	0.125	160	0.109	153	0.311	105	-96.84	116
漳州	0.155	94	0.16	51	0.143	82	0.111	130	0.29	166	-97.29	117

表 3. 4 2013 年度城市商業貿易競爭力排名

城市	國內商貿規模指數	排名	外貿指數	排名	商貿機構指數	排名	商貿人力資本指數	排名	居民消費指數	排名	商業貿易競爭力	排名
綿陽	0.15	112	0.137	231	0.128	141	0.108	164	0.328	65	-98.04	118
潮州	0.136	168	0.141	206	0.118	206	0.102	260	0.339	50	-102.13	119
黃石	0.148	113	0.153	90	0.124	167	0.109	153	0.311	105	-105.09	120
淮安	0.151	109	0.156	70	0.134	115	0.109	153	0.3	130	-105.61	121
保定	0.176	71	0.148	131	0.167	54	0.119	78	0.266	235	-111.69	122
常州	0.245	30	0.185	24	0.189	41	0.118	85	0.18	293	-112.37	123
牡丹江	0.142	133	0.156	70	0.127	147	0.105	208	0.308	115	-113.99	124
德陽	0.139	154	0.147	144	0.125	160	0.102	260	0.321	80	-115.26	125
呼倫貝爾	0.146	116	0.134	243	0.127	147	0.109	153	0.325	69	-116.56	126
咸寧	0.13	195	0.148	131	0.121	193	0.107	178	0.323	74	-117.25	127
荊門	0.135	170	0.148	131	0.124	167	0.128	60	0.302	127	-120.27	128
本溪	0.141	138	0.144	190	0.118	206	0.107	178	0.322	77	-120.55	129
衢州	0.156	92	0.152	96	0.127	147	0.107	178	0.3	130	-122.43	130
長治	0.152	101	0.149	118	0.143	82	0.115	100	0.29	166	-125.73	131
廊坊	0.148	113	0.14	212	0.129	137	0.111	130	0.307	117	-134.76	132
韶關	0.145	120	0.136	234	0.114	223	0.111	130	0.321	80	-136.45	133
滄州	0.157	89	0.143	196	0.15	67	0.111	130	0.287	176	-137.92	134
郴州	0.146	116	0.153	90	0.14	92	0.112	120	0.287	176	-140.35	135
銅陵	0.14	144	0.149	118	0.107	259	0.104	227	0.316	95	-143.39	136
宜賓	0.135	170	0.139	219	0.136	107	0.105	208	0.313	101	-144.32	137
三亞	0.13	195	0.102	290	0.103	286	0.148	45	0.339	50	-146.42	138
洛陽	0.186	65	0.157	63	0.172	50	0.125	67	0.231	276	-146.98	139
棗莊	0.152	101	0.135	238	0.141	89	0.108	164	0.301	129	-148.7	140
莆田	0.144	124	0.154	82	0.135	111	0.113	117	0.283	191	-152.02	141
阜陽	0.131	191	0.148	131	0.139	98	0.11	144	0.294	153	-159.25	142
馬鞍山	0.14	144	0.16	51	0.117	212	0.105	208	0.292	160	-159.59	143
松原	0.144	124	0.132	251	0.111	239	0.108	164	0.32	84	-160.69	144
十堰	0.141	138	0.127	263	0.128	141	0.143	48	0.291	165	-162.31	145
資陽	0.123	227	0.143	196	0.121	193	0.101	276	0.317	92	-166.97	146
瀘州	0.129	203	0.131	253	0.135	111	0.105	208	0.315	98	-168.62	147
三明	0.143	129	0.149	118	0.139	98	0.108	164	0.283	191	-171.51	148
赤峰	0.137	163	0.148	131	0.124	167	0.107	178	0.296	142	-172.41	149
黃岡	0.139	154	0.141	206	0.136	107	0.11	144	0.293	157	-172.94	150
桂林	0.142	133	0.13	255	0.127	147	0.123	69	0.298	135	-174.33	151
陽江	0.156	92	0.141	206	0.113	226	0.109	153	0.296	142	-176.91	152
達州	0.13	195	0.146	165	0.13	135	0.103	242	0.295	147	-187.48	153
雲浮	0.121	241	0.13	255	0.118	206	0.103	242	0.323	74	-187.53	154
榆林	0.148	113	0.138	224	0.139	98	0.105	208	0.287	176	-189.66	155
朔州	0.134	179	0.131	253	0.116	216	0.117	89	0.306	119	-190.7	156
益陽	0.127	212	0.142	201	0.124	167	0.113	117	0.296	142	-190.86	157
淮南	0.13	195	0.147	144	0.116	216	0.121	74	0.286	184	-193.02	158
玉林	0.13	195	0.147	144	0.131	129	0.108	164	0.287	176	-194.26	159
鐵嶺	0.13	195	0.127	263	0.122	177	0.103	242	0.316	95	-196.9	160
西寧	0.152	101	0.138	224	0.116	216	0.122	72	0.282	196	-197.02	161
荊州	0.146	116	0.14	212	0.128	141	0.106	194	0.287	176	-198.44	162
白銀	0.113	266	0.15	109	0.108	253	0.1	292	0.309	112	-199.25	163
湘潭	0.138	160	0.139	219	0.118	206	0.109	153	0.295	147	-199.74	164
自貢	0.133	182	0.142	201	0.119	203	0.102	260	0.299	133	-199.91	165
巴彥淖爾	0.123	227	0.149	118	0.106	266	0.102	260	0.304	124	-201.16	166
汕尾	0.14	144	0.146	165	0.111	239	0.103	242	0.295	147	-201.26	167
邯鄲	0.17	77	0.145	184	0.168	52	0.116	92	0.239	268	-201.54	168
酒泉	0.128	206	0.1	293	0.109	249	0.106	194	0.347	43	-202.14	169
阜新	0.128	206	0.146	165	0.112	233	0.104	227	0.298	135	-204.2	170
撫順	0.16	87	0.125	272	0.126	156	0.106	194	0.295	147	-204.69	171
宿遷	0.134	179	0.15	109	0.133	119	0.101	276	0.281	197	-205.66	172
滁州	0.124	221	0.141	206	0.132	121	0.103	242	0.295	147	-207.58	173

表 3.4 2013 年度城市商業貿易競爭力排名

城市	國內商貿規模指數	排名	外貿指數	排名	商貿機構指數	排名	商貿人力資本指數	排名	居民消費指數	排名	商業貿易競爭力	排名
萊蕪	0.145	120	0.153	90	0.113	226	0.105	208	0.28	198	-208.09	174
永州	0.123	227	0.149	118	0.127	147	0.106	194	0.285	185	-212.83	175
黃山	0.127	212	0.149	118	0.113	226	0.108	164	0.288	175	-215.25	176
衡水	0.135	170	0.153	90	0.124	167	0.107	178	0.275	211	-215.49	177
攀枝花	0.138	160	0.127	263	0.113	226	0.102	260	0.309	112	-216.21	178
欽州	0.121	241	0.157	63	0.115	220	0.104	227	0.285	185	-216.64	179
婁底	0.124	221	0.152	96	0.122	177	0.104	227	0.284	189	-216.92	180
銅川	0.111	272	0.146	165	0.105	271	0.102	260	0.308	115	-217.18	181
贛州	0.13	195	0.156	70	0.134	115	0.106	194	0.266	235	-220.65	182
蚌埠	0.135	170	0.151	101	0.127	147	0.104	227	0.275	211	-220.67	183
南陽	0.169	78	0.15	109	0.186	42	0.139	51	0.2	288	-223.15	184
秦皇島	0.158	88	0.149	118	0.126	156	0.108	164	0.26	248	-224.5	185
齊齊哈爾	0.135	170	0.136	234	0.123	174	0.107	178	0.289	171	-225.61	186
眉山	0.122	234	0.145	184	0.118	206	0.1	292	0.294	153	-227.05	187
防城港	0.114	264	0.163	42	0.105	271	0.103	242	0.283	191	-227.69	188
邢臺	0.143	129	0.14	212	0.142	87	0.108	164	0.268	231	-229.98	189
梅州	0.135	170	0.137	231	0.121	193	0.105	208	0.289	171	-230.8	190
貴港	0.12	245	0.148	131	0.116	216	0.101	276	0.29	166	-231.01	191
宜春	0.126	217	0.151	101	0.125	160	0.107	178	0.274	215	-232.74	192
遼源	0.123	227	0.147	144	0.108	253	0.1	292	0.293	157	-234.67	193
北海	0.119	247	0.144	190	0.104	281	0.106	194	0.296	142	-236.98	194
清遠	0.143	129	0.146	165	0.124	167	0.105	208	0.269	230	-239.83	195
安慶	0.133	182	0.141	206	0.138	102	0.106	194	0.271	219	-241.37	196
嘉峪關	0.137	163	0.143	196	0.1	296	0.102	260	0.29	166	-241.55	197
寧德	0.132	185	0.148	131	0.122	177	0.106	194	0.273	217	-241.75	198
安康	0.113	266	0.126	267	0.122	177	0.106	194	0.305	122	-243.3	199
臨汾	0.14	144	0.138	224	0.131	129	0.11	144	0.27	226	-245.88	200
梧州	0.123	227	0.14	212	0.113	226	0.103	242	0.29	166	-247.43	201
九江	0.128	206	0.157	63	0.122	177	0.112	120	0.259	251	-247.6	202
鶴崗	0.116	257	0.145	184	0.106	266	0.111	130	0.287	176	-247.64	203
通遼	0.136	168	0.1	293	0.129	137	0.104	227	0.316	95	-247.99	204
廣元	0.118	250	0.147	144	0.117	212	0.102	260	0.283	191	-250.59	205
運城	0.137	163	0.138	224	0.14	92	0.107	178	0.266	235	-252.06	206
晉中	0.144	124	0.125	272	0.126	156	0.11	144	0.28	198	-254.78	207
廣安	0.122	234	0.147	144	0.132	121	0.1	292	0.271	219	-257.32	208
景德鎮	0.125	219	0.151	101	0.107	259	0.112	120	0.271	219	-257.99	209
吉安	0.117	253	0.154	82	0.122	177	0.105	208	0.268	231	-259.25	210
南平	0.137	163	0.147	144	0.122	177	0.111	130	0.26	248	-260.6	211
中衛	0.107	286	0.147	144	0.104	281	0.101	276	0.292	160	-263.89	212
許昌	0.14	144	0.145	184	0.14	92	0.11	144	0.249	260	-264.21	213
大同	0.145	120	0.111	284	0.125	160	0.118	85	0.284	189	-265.73	214
雞西	0.119	247	0.144	190	0.11	245	0.107	178	0.279	204	-265.79	215
樂山	0.13	195	0.115	282	0.119	203	0.106	194	0.298	135	-269.62	216
南充	0.129	203	0.128	262	0.132	121	0.107	178	0.278	206	-270.2	217
萍鄉	0.125	219	0.149	118	0.108	253	0.101	276	0.274	215	-272.27	218
開封	0.139	154	0.14	212	0.141	89	0.126	64	0.239	268	-274.81	219
遼陽	0.139	154	0.105	286	0.112	233	0.104	227	0.307	117	-275.8	220
通化	0.14	144	0.148	131	0.12	199	0.104	227	0.257	253	-276.12	221
陽泉	0.152	101	0.133	248	0.11	245	0.111	130	0.265	240	-277.49	222
隨州	0.133	182	0.137	231	0.111	239	0.103	242	0.277	208	-277.5	223
邵陽	0.123	227	0.143	196	0.132	121	0.105	208	0.263	245	-278.27	224
佳木斯	0.128	206	0.146	165	0.109	249	0.112	120	0.264	243	-278.89	225
伊春	0.11	274	0.134	243	0.103	286	0.101	276	0.297	140	-279.7	226
漢中	0.117	253	0.125	272	0.122	177	0.11	144	0.285	185	-282.77	227
白山	0.129	203	0.135	238	0.103	286	0.104	227	0.283	191	-282.79	228
玉溪	0.124	221	0.147	144	0.117	212	0.115	100	0.257	253	-284.2	229

表 3.4 2013 年度城市商業貿易競爭力排名

城市	國內商貿規模指數	排名	外貿指數	排名	商貿機構指數	排名	商貿人力資本指數	排名	居民消費指數	排名	商業貿易競爭力	排名
內江	0.122	234	0.147	144	0.121	193	0.101	276	0.265	240	-286.75	230
崇左	0.106	292	0.162	43	0.108	253	0.104	227	0.262	246	-288.71	231
延安	0.116	257	0.146	165	0.111	239	0.106	194	0.27	226	-288.75	232
池州	0.117	253	0.138	224	0.112	233	0.103	242	0.28	198	-289.18	233
淮北	0.118	250	0.126	267	0.111	239	0.101	276	0.294	153	-289.31	234
白城	0.124	221	0.146	165	0.107	259	0.105	208	0.266	235	-293.68	235
雅安	0.115	262	0.146	165	0.104	281	0.102	260	0.275	211	-295.43	236
張家口	0.137	163	0.13	255	0.128	141	0.116	92	0.257	253	-296.16	237
遵義	0.131	191	0.104	288	0.13	135	0.108	164	0.292	160	-297.4	238
新餘	0.127	212	0.134	243	0.105	271	0.1	292	0.28	198	-300.55	239
朝陽	0.126	217	0.13	255	0.121	193	0.107	178	0.27	226	-303.54	240
撫州	0.124	221	0.149	118	0.122	177	0.105	208	0.251	259	-304.64	241
亳州	0.121	241	0.147	144	0.127	147	0.105	208	0.252	257	-305.06	242
定西	0.103	294	0.146	165	0.108	253	0.1	292	0.276	209	-305.58	243
懷化	0.122	234	0.133	248	0.122	177	0.107	178	0.267	234	-306.47	244
普洱	0.107	286	0.138	224	0.111	239	0.104	227	0.278	206	-306.53	245
河源	0.118	250	0.134	243	0.113	226	0.107	178	0.272	218	-307	246
烏蘭察布	0.123	227	0.14	212	0.109	249	0.104	227	0.268	231	-307.01	247
石嘴山	0.12	245	0.126	267	0.103	286	0.102	260	0.289	171	-307.53	248
新鄉	0.14	144	0.152	96	0.147	75	0.115	100	0.215	283	-313.83	249
鄂州	0.135	170	0.148	131	0.102	291	0.115	100	0.246	263	-313.9	250
上饒	0.128	206	0.155	80	0.132	121	0.107	178	0.232	275	-314.48	251
張掖	0.113	266	0.104	288	0.105	271	0.103	242	0.311	105	-314.77	252
固原	0.102	296	0.146	165	0.103	286	0.101	276	0.275	211	-316.47	253
天水	0.116	257	0.132	251	0.115	220	0.106	194	0.271	219	-318.15	254
宿州	0.115	262	0.148	131	0.128	141	0.103	242	0.248	261	-322.3	255
張家界	0.114	264	0.119	280	0.105	271	0.105	208	0.287	176	-329.89	256
四平	0.135	170	0.122	279	0.122	177	0.101	276	0.265	240	-330.73	257
百色	0.11	274	0.129	261	0.114	223	0.105	208	0.271	219	-338.15	258
賀州	0.109	279	0.147	144	0.107	259	0.102	260	0.258	252	-338.69	259
駐馬店	0.134	179	0.135	238	0.161	57	0.119	78	0.214	285	-341.95	260
忻州	0.122	234	0.147	144	0.12	199	0.114	109	0.234	273	-342.02	261
巴中	0.11	274	0.1	293	0.112	233	0.103	242	0.302	127	-343.33	262
渭南	0.103	294	0.125	272	0.136	107	0.11	144	0.26	248	-344.64	263
雙鴨山	0.11	274	0.145	184	0.105	271	0.103	242	0.256	256	-347.49	264
曲靖	0.124	221	0.112	283	0.135	111	0.107	178	0.264	243	-347.88	265
六盤水	0.119	247	0.148	131	0.113	226	0.103	242	0.243	267	-348.65	266
承德	0.132	185	0.101	291	0.125	160	0.107	178	0.276	209	-350.69	267
武威	0.11	274	0.146	165	0.105	271	0.103	242	0.252	257	-355.59	268
慶陽	0.111	272	0.1	293	0.106	266	0.101	276	0.3	130	-356.6	269
鷹潭	0.121	241	0.146	165	0.105	271	0.102	260	0.245	266	-360.5	270
來賓	0.108	283	0.111	284	0.106	266	0.102	260	0.285	185	-368.46	271
保山	0.109	279	0.123	276	0.11	245	0.105	208	0.266	235	-369.57	272
安順	0.107	286	0.1	293	0.107	259	0.105	208	0.292	160	-373.39	273
七台河	0.113	266	0.146	165	0.1	296	0.101	276	0.246	263	-374.79	274
信陽	0.142	133	0.149	118	0.142	87	0.122	72	0.189	291	-377.87	275
呂梁	0.131	191	0.142	201	0.123	174	0.116	92	0.215	283	-380.63	276
綏化	0.122	234	0.139	219	0.121	193	0.106	194	0.231	276	-381.69	277
河池	0.113	266	0.142	201	0.114	223	0.106	194	0.231	276	-395.96	278
安陽	0.139	154	0.138	224	0.144	79	0.115	100	0.198	290	-398.31	279
臨滄	0.107	286	0.147	144	0.109	249	0.102	260	0.234	273	-398.32	280
隴南	0.101	297	0.146	165	0.107	259	0.1	292	0.238	270	-403.2	281
漯河	0.132	185	0.135	238	0.122	177	0.109	153	0.217	282	-408.8	282
平頂山	0.142	133	0.126	267	0.147	75	0.117	89	0.199	289	-414.1	283
麗江	0.109	279	0.146	165	0.105	271	0.112	120	0.22	281	-418.49	284
鶴壁	0.116	257	0.13	255	0.112	233	0.104	227	0.235	272	-419.32	285

表 3.4 2013 年度城市商業貿易競爭力排名

城市	國內商貿規模指數	排名	外貿指數	排名	商貿機構指數	排名	商貿人力資本指數	排名	居民消費指數	排名	商業貿易競爭力	排名
畢節	0.108	283	0.123	276	0.122	177	0.105	208	0.236	271	-431.73	286
平涼	0.113	266	0.118	281	0.107	259	0.104	227	0.246	263	-437.73	287
吳忠	0.108	283	0.101	291	0.104	281	0.101	276	0.27	226	-437.78	288
黑河	0.109	279	0.15	109	0.105	271	0.114	109	0.203	286	-449.39	289
三門峽	0.132	185	0.14	212	0.124	167	0.115	100	0.182	292	-469.39	290
昭通	0.107	286	0.1	293	0.12	199	0.104	227	0.247	262	-469.82	291
周口	0.141	138	0.136	234	0.153	65	0.116	92	0.163	295	-471.2	292
葫蘆島	0.1	298	0.127	263	0.115	220	0.103	242	0.222	280	-478.92	293
銅仁	0.106	292	0.123	276	0.11	245	0.101	276	0.226	279	-484.28	294
濮陽	0.127	212	0.139	219	0.126	156	0.119	78	0.17	294	-499.18	295
商洛	0.107	286	0.13	255	0.108	253	0.103	242	0.201	287	-522.61	296
商丘	0.139	154	0.147	144	0.141	89	0.111	130	0.131	297	-551.02	297
遂寧	0.122	234	0.147	144	0.125	160	0.102	260	0.139	296	-592.67	298

3.5 城市基礎設施競爭力排名及二級指標分值

現代城市的基礎設施是城市生產、生活的物質基石，是為城市經濟發展和居民生活提供基本條件的公共設施，它包括了交通、能源、環保、郵政、資訊、水務等方面的設施，城市基礎設施是城市賴以形成和發展的基礎，同時也是城市在逐步形成與發展過程中的直接產物，它和一個城市的發展水平息息相關，並且直接影響一個城市的發展與成長。從某種程度上來說，基礎設施的狀況直接決定城市系統的發展。一個城市基礎設施發展水平的高低，會直接影響到該城市人才流、信息流、物流、價值流。因此，許多城市都把大力發展城市的基礎設施建設當作發展城市的前提。

城市基礎設施競爭力比較評價指標體系包括基礎設施投資指數、交通設施指數、基礎設施供應指數、對外交通設施指數、居民居住指數、信息化設施指數與基礎設施人力資本指數 7 個二級指標，固定資產投資水平、年供水量等 30 個三級指標。基礎設施投資指數體現了城市固定資產投資和房地產開發投資水平；基礎設施供應指數則體現了與居民生活息息相關的水、電、氣的供應水平和普及水平；居民居住指數是居民居住條件的反映；交通設施指數和對外交通設施指數則描述了城市對內對外交通設施的水平；信息化設施指數則反映了城市郵政、通信設施水平與電腦的普及率。基礎設施人力資本指數指的是城市從事基礎設施行業的人員規模，它也從一個側面反映了城市基礎設施的水平。一般而言，在某項指數排名靠前者，其在該指數的發展水平相對較高，從而未來的發展空間也會相對有限，而那些排名靠後的城市，雖然目前取得的成就較小，但其未來的發展空間相對來說也會比較廣闊。

在 2013 年 298 個城市基礎設施競爭力排名中，有 96 個城市處於平均水平之上，占 32.21%。基礎設施競爭力得分的標準差為 10.027，與 2012 年相比有所增加，這表明城市之間的基礎設施競爭力差距有所加大。城市基礎設施競爭力具體排名請見表 3.5.1、表 3.5.2。

表 3.5.1 2013 年度城市基礎設施競爭力排名

城市	基礎設施投資指數	排名	基礎設施供應指數	排名	城市居民居住指數	排名	交通設施指數	排名
北京	0.94	2	0.754	2	0.539	287	0.772	3
上海	0.781	4	1	1	0.665	244	0.699	4
重慶	1	1	0.422	9	0.892	7	0.813	2
深圳	0.351	31	0.754	2	0.154	297	1	1
廣州	0.541	10	0.489	6	0.593	279	0.695	5
天津	0.898	3	0.43	7	0.634	267	0.598	6
成都	0.711	5	0.367	13	0.756	153	0.566	7
武漢	0.616	8	0.423	8	0.707	205	0.515	9
香港	0.481	17	0.522	5	0.653	254	0.393	25
杭州	0.511	12	0.344	14	0.564	282	0.423	20
南京	0.53	11	0.415	11	0.707	205	0.565	8
瀋陽	0.687	6	0.314	22	0.833	37	0.464	14
西安	0.504	14	0.279	32	0.804	80	0.475	11
大連	0.63	7	0.276	33	0.632	269	0.426	19
蘇州	0.611	9	0.315	21	0.743	162	0.441	17
寧波	0.39	24	0.284	31	0.588	281	0.354	33
長沙	0.508	13	0.316	19	0.827	41	0.385	26
鄭州	0.465	19	0.295	27	0.734	172	0.356	32
昆明	0.367	28	0.263	41	0.778	119	0.354	33
合肥	0.495	16	0.247	53	0.672	236	0.427	18
青島	0.497	15	0.259	43	0.705	207	0.468	13
台中	0.176	126	0.314	22	0.792	100	0.446	15
濟南	0.326	34	0.255	49	0.725	185	0.414	22
臺北	0.175	129	0.422	9	0.703	210	0.343	38
東莞	0.231	59	0.599	4	0.952	3	0.297	56
高雄	0.181	112	0.328	16	0.781	114	0.473	12
哈爾濱	0.43	22	0.244	55	0.695	220	0.325	46
廈門	0.241	54	0.324	17	0.366	294	0.344	37
福州	0.441	21	0.256	48	0.478	291	0.29	62
無錫	0.476	18	0.295	27	0.722	190	0.37	31
鄂爾多斯	0.343	32	0.223	65	0.869	19	0.496	10
新北	0.216	71	0.324	17	0.701	214	0.395	24
紹興	0.266	45	0.175	118	0.692	222	0.225	119
佛山	0.332	33	0.376	12	0.721	192	0.329	42
烏魯木齊	0.152	181	0.312	24	0.562	283	0.375	29
石家莊	0.453	20	0.218	69	0.771	127	0.372	30
貴陽	0.288	42	0.289	30	0.66	248	0.287	66
太原	0.219	68	0.316	19	0.542	285	0.318	48
長春	0.379	26	0.239	56	0.635	266	0.418	21
包頭	0.318	37	0.293	29	0.872	17	0.378	28
煙臺	0.418	23	0.183	104	0.807	76	0.327	44
南昌	0.309	39	0.252	52	0.594	278	0.265	85
淄博	0.252	49	0.258	44	0.802	84	0.397	23
唐山	0.38	25	0.274	35	0.242	296	0.322	47
常州	0.356	29	0.257	45	0.751	157	0.286	68
南寧	0.315	38	0.245	54	0.665	244	0.306	52
台南	0.152	181	0.305	25	0.792	100	0.446	15
溫州	0.324	35	0.232	61	0.248	295	0.288	65
珠海	0.178	121	0.334	15	0.409	293	0.35	36
泉州	0.263	46	0.21	74	0.711	201	0.235	108
大慶	0.207	81	0.257	45	0.71	202	0.379	27
南通	0.352	30	0.192	86	0.763	144	0.28	72
台州	0.218	69	0.184	102	0.642	260	0.278	77
濰坊	0.376	27	0.173	121	0.864	20	0.313	49
徐州	0.323	36	0.191	89	0.697	216	0.284	71
鞍山	0.254	48	0.23	63	0.77	131	0.289	63

表 3.5.1 2013 年度城市基礎設施競爭力排名

城市	基礎設施投資指數	排名	基礎設施供應指數	排名	城市居民居住指數	排名	交通設施指數	排名
洛陽	0.29	41	0.22	66	0.764	141	0.257	89
海口	0.144	203	0.218	69	0.521	288	0.302	54
蘭州	0.197	89	0.264	40	0.619	273	0.286	68
銀川	0.181	112	0.233	60	0.727	180	0.34	39
臨沂	0.222	65	0.189	91	0.881	12	0.335	40
邯鄲	0.293	40	0.169	132	0.771	127	0.351	35
保定	0.273	43	0.163	141	0.818	58	0.276	78
呼和浩特	0.223	64	0.234	59	0.861	21	0.294	60
嘉義	0.101	297	0.253	51	0.815	63	0.33	41
金華	0.193	93	0.153	178	0.643	259	0.237	106
威海	0.239	57	0.163	141	0.896	6	0.263	88
澳門	0.105	293	0.305	25	0.424	292	0.216	128
蕪湖	0.25	52	0.199	82	0.638	263	0.329	42
嘉興	0.27	44	0.172	125	0.736	171	0.224	120
新竹	0.106	290	0.27	37	0.794	96	0.28	72
中山	0.195	91	0.238	57	0.752	155	0.254	90
惠州	0.226	63	0.237	58	0.759	145	0.239	104
湖州	0.186	103	0.183	104	0.723	188	0.246	99
西寧	0.154	173	0.232	61	0.667	243	0.296	57
本溪	0.155	168	0.22	66	0.724	186	0.285	70
基隆	0.105	293	0.255	49	0.703	210	0.295	59
鎮江	0.221	66	0.201	79	0.729	178	0.244	100
東營	0.228	61	0.188	96	0.843	29	0.287	66
盤錦	0.178	121	0.2	81	0.814	64	0.301	55
吉林	0.252	49	0.197	83	0.741	166	0.233	112
滄州	0.251	51	0.149	189	0.779	118	0.293	61
濟寧	0.241	54	0.158	159	0.807	76	0.296	57
舟山	0.149	193	0.187	98	0.482	290	0.235	108
烏海	0.124	261	0.274	35	0.741	166	0.25	93
揚州	0.25	52	0.173	121	0.709	203	0.208	143
株洲	0.19	97	0.218	69	0.825	48	0.273	82
衡陽	0.176	126	0.205	77	0.816	61	0.308	50
大同	0.168	142	0.179	111	0.748	158	0.28	72
撫順	0.178	121	0.219	68	0.661	247	0.264	87
營口	0.204	85	0.192	86	0.792	100	0.275	80
攀枝花	0.131	239	0.27	37	0.759	145	0.234	111
嘉峪關	0.1	298	0.263	41	0.824	49	0.28	72
連雲港	0.206	84	0.161	149	0.774	124	0.249	95
吉安	0.165	149	0.126	262	0.728	179	0.303	53
揭陽	0.142	211	0.148	193	0.82	56	0.147	255
錦州	0.166	146	0.178	114	0.806	79	0.265	85
岳陽	0.187	101	0.189	91	0.922	5	0.249	95
宜昌	0.214	75	0.172	125	0.688	225	0.221	123
秦皇島	0.165	149	0.193	85	0.645	258	0.273	82
鹽城	0.262	47	0.144	205	0.802	84	0.202	157
石嘴山	0.125	258	0.209	75	0.803	82	0.307	51
馬鞍山	0.195	91	0.214	73	0.836	33	0.247	98
安陽	0.191	96	0.188	96	0.794	96	0.209	142
廊坊	0.22	67	0.153	178	0.734	172	0.239	104
遼陽	0.151	184	0.192	86	0.757	149	0.279	76
柳州	0.229	60	0.257	45	0.739	169	0.208	143
江門	0.177	124	0.189	91	0.697	216	0.214	132
丹東	0.173	134	0.158	159	0.726	182	0.206	148
泰安	0.239	57	0.142	212	0.765	139	0.186	179
呼倫貝爾	0.179	120	0.129	252	0.768	135	0.21	140
銅陵	0.141	217	0.217	72	0.659	250	0.276	78
南陽	0.24	56	0.143	208	0.839	32	0.206	148

表 3. 5. 1 2013 年度城市基礎設施競爭力排名

城市	基礎設施投資指數	排名	基礎設施供應指數	排名	城市居民居住指數	排名	交通設施指數	排名
泰州	0.227	62	0.156	168	0.687	228	0.228	116
伊春	0.109	286	0.173	121	0.744	161	0.327	44
通遼	0.182	109	0.159	156	0.834	36	0.208	143
桂林	0.215	73	0.189	91	0.789	106	0.203	155
陽泉	0.128	249	0.206	76	0.811	69	0.216	128
焦作	0.188	100	0.181	107	0.813	67	0.218	126
德州	0.212	77	0.152	180	0.802	84	0.244	100
淮安	0.216	71	0.187	98	0.764	141	0.204	153
汕頭	0.141	217	0.276	33	0.6	277	0.165	221
克拉瑪依	0.114	282	0.204	78	0.826	44	0.289	63
拉薩	0.114	282	0.154	172	0.745	160	0.23	114
濱州	0.198	88	0.162	144	0.885	11	0.23	114
蚌埠	0.164	153	0.18	108	0.59	280	0.267	84
朔州	0.139	223	0.137	226	0.831	38	0.202	157
淮南	0.15	190	0.18	108	0.639	262	0.235	108
雞西	0.115	279	0.177	116	0.668	240	0.274	81
新鄉	0.214	75	0.162	144	0.809	72	0.191	174
張家口	0.204	85	0.163	141	0.77	131	0.237	106
棗莊	0.183	108	0.155	170	0.772	126	0.227	117
九江	0.193	93	0.16	151	0.688	225	0.226	118
三明	0.189	98	0.17	129	0.628	271	0.166	220
孝感	0.166	146	0.126	262	0.808	74	0.145	258
邢臺	0.193	93	0.158	159	0.81	71	0.254	90
安慶	0.18	116	0.158	159	0.752	155	0.222	122
湘潭	0.161	156	0.225	64	0.8	90	0.213	133
湛江	0.15	190	0.164	138	0.615	274	0.199	163
樂山	0.145	201	0.16	151	0.697	216	0.16	236
綿陽	0.174	130	0.174	119	0.739	169	0.195	165
龍岩	0.174	130	0.167	135	0.668	240	0.152	248
牡丹江	0.155	168	0.184	102	0.697	216	0.201	160
襄陽	0.21	78	0.166	136	0.726	182	0.194	167
郴州	0.196	90	0.156	168	0.824	49	0.22	124
日照	0.181	112	0.162	144	0.747	159	0.204	153
遵義	0.165	149	0.16	151	0.778	119	0.168	212
赤峰	0.209	80	0.151	185	0.742	165	0.194	167
齊齊哈爾	0.151	184	0.157	164	0.702	213	0.193	170
漳州	0.215	73	0.162	144	0.657	252	0.162	231
黃石	0.156	166	0.201	79	0.771	127	0.208	143
韶關	0.142	211	0.162	144	0.796	95	0.173	203
菏澤	0.159	159	0.128	256	0.803	82	0.241	103
商丘	0.18	116	0.142	212	0.797	92	0.213	133
六安	0.153	176	0.125	268	0.662	246	0.249	95
寶雞	0.186	103	0.154	172	0.823	53	0.205	150
鐵嶺	0.182	109	0.145	203	0.784	111	0.224	120
平頂山	0.176	126	0.164	138	0.786	109	0.212	136
許昌	0.186	103	0.155	170	0.797	92	0.218	126
十堰	0.143	208	0.19	90	0.671	237	0.19	175
宣城	0.21	78	0.126	262	0.679	231	0.184	181
長治	0.155	168	0.17	129	0.791	103	0.18	187
聊城	0.199	87	0.151	185	0.802	84	0.216	128
咸陽	0.218	69	0.159	156	0.819	57	0.193	170
巴彥淖爾	0.159	159	0.137	226	0.801	89	0.171	207
信陽	0.207	81	0.129	252	0.786	109	0.167	217
南平	0.162	154	0.147	195	0.605	275	0.119	283
衢州	0.147	198	0.148	193	0.605	275	0.181	186
三亞	0.144	203	0.196	84	0.1	298	0.22	124
承德	0.181	112	0.157	164	0.66	248	0.253	92

表 3.5.1 2013 年度城市基礎設施競爭力排名

城市	基礎設施投資指數	排名	基礎設施供應指數	排名	城市居民居住指數	排名	交通設施指數	排名
臨汾	0.153	176	0.141	217	0.802	84	0.168	212
晉中	0.15	190	0.133	238	0.829	39	0.174	198
晉城	0.143	208	0.146	199	0.733	175	0.201	160
贛州	0.182	109	0.149	189	0.625	272	0.195	165
上饒	0.18	116	0.131	243	0.724	186	0.213	133
萊蕪	0.128	249	0.174	119	0.876	13	0.216	128
駐馬店	0.177	124	0.123	275	0.829	39	0.212	136
通化	0.152	181	0.142	212	0.809	72	0.167	217
婁底	0.138	225	0.179	111	0.852	25	0.201	160
渭南	0.185	106	0.121	277	0.812	68	0.185	180
葫蘆島	0.142	211	0.145	203	0.787	107	0.188	177
阜新	0.134	231	0.169	132	0.718	195	0.192	172
瀘州	0.147	198	0.169	132	0.777	122	0.171	207
麗水	0.132	237	0.17	129	0.543	284	0.161	233
新餘	0.151	184	0.177	116	0.782	113	0.18	187
景德鎮	0.133	234	0.18	108	0.727	180	0.171	207
白山	0.133	234	0.147	195	0.808	74	0.176	194
榆林	0.207	81	0.129	252	0.688	225	0.158	239
曲靖	0.189	98	0.151	185	0.853	24	0.182	184
防城港	0.149	193	0.139	223	0.876	13	0.158	239
黃山	0.14	221	0.152	180	0.704	209	0.169	211
德陽	0.154	173	0.164	138	0.757	149	0.168	212
達州	0.162	154	0.154	172	0.723	188	0.164	225
潮州	0.114	282	0.266	39	0.681	229	0.15	250
衡水	0.158	162	0.138	224	0.814	64	0.176	194
莆田	0.173	134	0.154	172	0.638	263	0.135	273
阜陽	0.138	225	0.128	256	0.634	267	0.243	102
宜賓	0.158	162	0.143	208	0.77	131	0.156	243
忻州	0.142	211	0.125	268	0.827	41	0.139	267
佳木斯	0.127	254	0.161	149	0.717	196	0.172	205
三門峽	0.168	142	0.146	199	0.799	91	0.151	249
常德	0.168	142	0.141	217	0.848	27	0.178	192
滁州	0.174	130	0.131	243	0.673	235	0.25	93
玉林	0.173	134	0.143	208	1	1	0.164	225
黃岡	0.172	138	0.143	208	0.889	8	0.178	192
寧德	0.144	203	0.137	226	0.492	289	0.127	278
烏蘭察布	0.142	211	0.157	164	0.767	137	0.202	157
梅州	0.115	279	0.178	114	0.807	76	0.18	187
邵陽	0.151	184	0.142	212	0.769	134	0.196	164
北海	0.159	159	0.165	137	0.826	44	0.16	236
酒泉	0.148	195	0.147	195	0.771	127	0.174	198
荊州	0.171	139	0.15	188	0.764	141	0.19	175
松原	0.171	139	0.154	172	0.72	194	0.187	178
遼源	0.13	245	0.189	91	0.775	123	0.183	182
淮北	0.141	217	0.16	151	0.64	261	0.208	143
開封	0.156	166	0.154	172	0.722	190	0.212	136
荊門	0.151	184	0.157	164	0.778	119	0.176	194
朝陽	0.157	164	0.136	230	0.787	107	0.154	246
六盤水	0.129	246	0.152	180	0.781	114	0.21	140
金昌	0.106	290	0.136	230	0.872	17	0.203	155
南充	0.174	130	0.14	221	0.671	237	0.156	243
延安	0.17	141	0.138	224	0.721	192	0.148	254
鶴崗	0.107	288	0.16	151	0.636	265	0.205	150
白銀	0.115	279	0.185	100	0.703	210	0.205	150
自貢	0.131	239	0.171	128	0.726	182	0.164	225
宿遷	0.185	106	0.134	236	0.759	145	0.167	217
周口	0.187	101	0.117	284	0.797	92	0.183	182

表 3.5.1 2013 年度城市基礎設施競爭力排名

城市	基礎設施投資指數	排名	基礎設施供應指數	排名	城市居民居住指數	排名	交通設施指數	排名
鄂州	0.125	258	0.172	125	0.794	96	0.144	260
懷化	0.136	229	0.147	195	0.817	60	0.165	221
百色	0.161	156	0.158	159	0.816	61	0.168	212
運城	0.16	158	0.136	230	0.876	13	0.149	252
四平	0.142	211	0.144	205	0.836	33	0.179	191
清遠	0.155	168	0.173	121	0.652	255	0.161	233
萍鄉	0.148	195	0.152	180	0.784	111	0.163	229
雙鴨山	0.126	255	0.134	236	0.705	207	0.165	221
肇慶	0.173	134	0.179	111	0.658	251	0.175	197
池州	0.128	249	0.136	230	0.712	199	0.174	198
咸寧	0.151	184	0.127	258	0.851	26	0.138	268
廣元	0.143	208	0.136	230	0.63	270	0.143	262
河池	0.167	145	0.141	217	0.888	9	0.143	262
陽江	0.138	225	0.149	189	0.814	64	0.132	276
鶴壁	0.128	249	0.149	189	0.757	149	0.17	210
濮陽	0.155	168	0.144	205	0.757	149	0.16	236
張掖	0.108	287	0.132	241	0.712	199	0.163	229
內江	0.134	231	0.126	262	0.741	166	0.161	233
呂梁	0.141	217	0.124	272	0.824	49	0.144	260
眉山	0.14	221	0.13	247	0.767	137	0.143	262
永州	0.157	164	0.136	230	0.888	9	0.15	250
七台河	0.105	293	0.152	180	0.676	234	0.182	184
銅川	0.105	293	0.159	156	0.743	162	0.172	205
梧州	0.154	173	0.183	104	0.804	80	0.149	252
宿州	0.144	203	0.125	268	0.69	223	0.18	187
河源	0.121	267	0.185	100	0.681	229	0.147	255
欽州	0.153	176	0.121	277	0.844	28	0.174	198
玉溪	0.139	223	0.132	241	0.875	16	0.137	270
白城	0.126	255	0.126	262	0.827	41	0.165	221
宜春	0.166	146	0.127	258	0.731	177	0.158	239
鷹潭	0.121	267	0.14	221	0.709	203	0.158	239
益陽	0.146	200	0.13	247	0.841	31	0.162	231
漯河	0.138	225	0.142	212	0.835	35	0.155	245
漢中	0.131	239	0.131	243	0.759	145	0.136	272
遂寧	0.148	195	0.126	262	0.791	103	0.125	280
隴南	0.12	272	0.101	297	0.78	116	0.194	167
資陽	0.145	201	0.118	283	0.826	44	0.122	281
隨州	0.131	239	0.141	217	0.818	58	0.14	266
麗江	0.117	276	0.146	199	0.86	23	0.173	203
茂名	0.118	274	0.133	238	0.701	214	0.128	277
黑河	0.117	276	0.12	279	0.69	223	0.141	265
撫州	0.153	176	0.13	247	0.693	221	0.153	247
綏化	0.144	203	0.124	272	0.654	253	0.211	139
慶陽	0.153	176	0.117	284	0.678	232	0.164	225
吳忠	0.118	274	0.13	247	0.732	176	0.192	172
安康	0.123	264	0.12	279	0.753	154	0.135	273
雅安	0.124	261	0.137	226	0.67	239	0.117	286
固原	0.107	288	0.114	288	0.773	125	0.231	113
張家界	0.106	290	0.127	258	0.824	49	0.145	258
雲浮	0.129	246	0.146	199	0.668	240	0.108	290
普洱	0.126	255	0.13	247	0.79	105	0.119	283
亳州	0.132	237	0.116	286	0.765	139	0.168	212
巴中	0.125	258	0.112	289	0.743	162	0.103	295
貴港	0.134	231	0.124	272	0.823	53	0.137	270
來賓	0.131	239	0.131	243	0.928	4	0.12	282
賀州	0.133	234	0.127	258	0.992	2	0.107	293
崇左	0.131	239	0.12	279	0.843	29	0.108	290

表 3. 5. 1 2013 年度城市基礎設施競爭力排名

城市	基礎設施投資指數	排名	基礎設施供應指數	排名	城市居民居住指數	排名	交通設施指數	排名
廣安	0.136	229	0.112	289	0.811	69	0.107	293
中衛	0.112	285	0.123	275	0.78	116	0.174	198
安順	0.116	278	0.125	268	0.768	135	0.127	278
武威	0.121	267	0.12	279	0.649	256	0.146	257
天水	0.123	264	0.129	252	0.542	285	0.135	273
保山	0.12	272	0.112	289	0.861	21	0.109	289
平涼	0.124	261	0.112	289	0.649	256	0.138	268
銅仁	0.129	246	0.115	287	0.793	99	0.1	298
畢節	0.165	149	0.108	294	0.714	198	0.108	290
昭通	0.18	116	0.112	289	0.734	172	0.112	287
汕尾	0.123	264	0.133	238	0.677	233	0.119	283
商洛	0.121	267	0.108	294	0.823	53	0.102	296
臨滄	0.128	249	0.108	294	0.826	44	0.102	296
定西	0.121	267	0.1	298	0.717	196	0.11	288

表 3. 5. 2 2013 年度城市基礎設施競爭力排名(續)

城市	對外交通設施指數	排名	資訊化設施指數	排名	基礎設施行業人力資本指數	排名	基礎設施競爭力	排名
北京	0.9	3	0.855	5	1	1	6273.29	1
上海	1	1	0.779	14	0.759	2	5991.11	2
重慶	0.745	4	0.561	80	0.746	3	4894.42	3
深圳	0.645	5	1	1	0.38	14	4003.1	4
廣州	0.941	2	0.852	6	0.472	10	3986.21	5
天津	0.414	14	0.621	50	0.492	9	3263.71	6
成都	0.612	6	0.58	68	0.495	8	3138.76	7
武漢	0.566	9	0.69	30	0.541	6	3109.69	8
香港	0.575	8	0.811	9	0.528	7	2947.11	9
杭州	0.364	20	0.767	15	0.618	4	2494.12	10
南京	0.416	13	0.746	19	0.304	29	2348.13	11
瀋陽	0.291	29	0.689	31	0.336	19	2091.35	12
西安	0.409	15	0.684	32	0.328	21	1919.62	13
大連	0.33	23	0.757	17	0.25	41	1731.55	14
蘇州	0.29	31	0.803	10	0.183	83	1676.49	15
寧波	0.345	22	0.785	12	0.413	11	1632.7	16
長沙	0.291	29	0.711	28	0.271	32	1562.1	17
鄭州	0.325	24	0.631	43	0.366	16	1559.88	18
昆明	0.463	11	0.618	53	0.357	18	1555.17	19
合肥	0.28	32	0.74	20	0.324	22	1547.39	20
青島	0.346	21	0.626	45	0.257	36	1519.71	21
台中	0.591	7	0.605	58	0.257	36	1498.34	22
濟南	0.371	19	0.608	56	0.39	12	1470.49	23
臺北	0.392	16	0.762	16	0.252	39	1295.31	24
東莞	0.246	46	0.789	11	0.133	229	1258.66	25
高雄	0.388	17	0.597	62	0.261	35	1245.82	26
哈爾濱	0.265	35	0.597	62	0.371	15	1225.93	27
廈門	0.275	33	0.974	2	0.305	28	1200.86	28
福州	0.246	46	0.623	48	0.383	13	1144.4	29
無錫	0.218	60	0.713	26	0.197	67	1133.92	30
鄂爾多斯	0.432	12	0.534	91	0.132	231	1114.44	31
新北	0.266	34	0.636	42	0.314	25	1077.72	32
紹興	0.163	131	0.67	37	0.578	5	1008.6	33
佛山	0.232	51	0.726	25	0.171	110	971.79	34
烏魯木齊	0.208	66	0.813	8	0.308	27	921.07	35
石家莊	0.236	49	0.445	134	0.253	38	889.52	36

表 3. 5. 2 2013 年度城市基礎設施競爭力排名(續)

城市	對外交通設施指數	排名	資訊化設施指數	排名	基礎設施行業人力資本指數	排名	基礎設施競爭力	排名
貴陽	0.265	35	0.553	86	0.331	20	888.28	37
太原	0.255	40	0.752	18	0.267	33	861.67	38
長春	0.224	55	0.49	104	0.248	44	851.49	39
包頭	0.292	28	0.455	131	0.191	73	835.03	40
煙臺	0.259	39	0.552	87	0.24	47	808.07	41
南昌	0.179	101	0.622	49	0.363	17	778.17	42
淄博	0.253	42	0.467	117	0.246	46	737.88	43
唐山	0.261	38	0.509	99	0.262	34	717.28	44
常州	0.192	82	0.704	29	0.187	77	674.42	45
南寧	0.226	54	0.6	61	0.24	47	667.02	46
台南	0.162	132	0.578	70	0.227	53	663.41	47
溫州	0.217	61	0.625	47	0.321	23	650.77	48
珠海	0.166	119	0.887	4	0.16	144	584.26	49
泉州	0.195	78	0.61	54	0.316	24	534.51	50
大慶	0.139	183	0.577	71	0.25	41	522.35	51
南通	0.209	65	0.655	39	0.183	83	515.38	52
台州	0.224	55	0.621	50	0.31	26	511.07	53
濰坊	0.221	58	0.459	127	0.193	71	480.88	54
徐州	0.293	27	0.466	119	0.205	62	470.28	55
鞍山	0.192	82	0.579	69	0.214	57	426.47	56
洛陽	0.193	79	0.421	140	0.283	31	414.3	57
海口	0.295	26	0.732	22	0.177	95	384.09	58
蘭州	0.172	109	0.555	84	0.24	47	342.21	59
銀川	0.149	160	0.568	76	0.215	56	310.05	60
臨沂	0.248	45	0.339	201	0.22	54	308.22	61
邯鄲	0.249	43	0.26	246	0.22	54	304.14	62
保定	0.199	74	0.33	208	0.295	30	289.96	63
呼和浩特	0.144	167	0.573	74	0.184	80	278.14	64
嘉義	0.104	295	0.845	7	0.15	179	269.57	65
金華	0.207	67	0.712	27	0.231	51	227.25	66
威海	0.158	140	0.603	60	0.202	64	217.38	67
澳門	0.101	297	0.961	3	0.188	75	212.59	68
蕪湖	0.202	69	0.465	120	0.172	108	207.21	69
嘉興	0.191	86	0.653	40	0.172	108	190.54	70
新竹	0.11	275	0.783	13	0.158	153	189.95	71
中山	0.166	119	0.734	21	0.126	249	185.96	72
惠州	0.184	93	0.596	64	0.152	171	173.94	73
湖州	0.188	89	0.649	41	0.2	65	166.07	74
西寧	0.126	226	0.626	45	0.197	67	145.36	75
本溪	0.189	87	0.56	81	0.173	106	119.49	76
基隆	0.139	183	0.682	33	0.156	161	106.05	77
鎮江	0.166	119	0.63	44	0.155	163	103.97	78
東營	0.129	218	0.605	58	0.142	203	97.21	79
盤錦	0.132	208	0.62	52	0.152	171	92.9	80
吉林	0.181	98	0.482	108	0.182	87	84.32	81
滄州	0.193	79	0.367	180	0.208	58	81.97	82
濟寧	0.219	59	0.305	222	0.207	60	81.37	83
舟山	0.246	46	0.727	24	0.157	157	78.73	84
烏海	0.153	151	0.576	72	0.164	126	56.57	85
揚州	0.15	155	0.675	35	0.158	153	47.91	86
株洲	0.192	82	0.393	162	0.173	106	43.78	87
衡陽	0.216	62	0.26	246	0.203	63	42.08	88
大同	0.264	37	0.403	149	0.169	113	37.57	89
撫順	0.138	191	0.568	76	0.181	89	36.25	90
營口	0.174	105	0.476	111	0.164	126	34.92	91
攀枝花	0.17	114	0.554	85	0.157	157	30.42	92
嘉峪關	0.119	250	0.729	23	0.103	296	30.18	93

表 3.5.2 2013 年度城市基礎設施競爭力排名(續)

城市	對外交通設施指數	排名	資訊化設施指數	排名	基礎設施行業人力資本指數	排名	基礎設施競爭力	排名
連雲港	0.227	53	0.474	113	0.169	113	22.35	94
吉安	0.386	18	0.284	236	0.15	179	20.87	95
揭陽	0.505	10	0.317	216	0.147	187	6.27	96
錦州	0.166	119	0.511	98	0.176	99	-17.74	97
岳陽	0.249	43	0.282	238	0.175	102	-20.58	98
宜昌	0.173	107	0.384	171	0.248	44	-20.88	99
秦皇島	0.144	167	0.556	83	0.181	89	-24.19	100
鹽城	0.181	98	0.468	116	0.176	99	-57.23	101
石嘴山	0.128	220	0.56	81	0.132	231	-67.8	102
馬鞍山	0.162	132	0.464	122	0.133	229	-68.91	103
安陽	0.174	105	0.302	225	0.251	40	-74.4	104
廊坊	0.135	199	0.565	79	0.166	124	-78.53	105
遼陽	0.152	154	0.548	88	0.137	216	-86.74	106
柳州	0.15	155	0.381	173	0.152	171	-87.71	107
江門	0.155	148	0.529	95	0.185	79	-92.18	108
丹東	0.139	183	0.672	36	0.168	119	-96.23	109
泰安	0.134	203	0.422	139	0.24	47	-118.57	110
呼倫貝爾	0.224	55	0.479	110	0.177	95	-131.09	111
銅陵	0.139	183	0.532	92	0.137	216	-131.76	112
南陽	0.201	71	0.184	290	0.25	41	-132.62	113
泰州	0.172	109	0.5	101	0.145	195	-140.27	114
伊春	0.113	268	0.585	67	0.134	227	-144.89	115
通遼	0.255	40	0.387	169	0.145	195	-148.45	116
桂林	0.167	117	0.414	141	0.161	139	-150.3	117
陽泉	0.158	140	0.528	96	0.154	167	-153.71	118
焦作	0.171	113	0.411	144	0.168	119	-155.44	119
德州	0.166	119	0.412	142	0.159	149	-157.62	120
淮安	0.153	151	0.438	136	0.161	139	-161.85	121
汕頭	0.123	237	0.532	92	0.176	99	-173.23	122
克拉瑪依	0.107	285	0.539	90	0.127	244	-181.9	123
拉薩	0.105	289	0.595	65	0.208	58	-185.38	124
濱州	0.141	180	0.465	120	0.139	209	-189.2	125
蚌埠	0.198	75	0.391	164	0.151	175	-202.99	126
朔州	0.313	25	0.351	190	0.145	195	-203.64	127
淮南	0.193	79	0.375	176	0.187	77	-205.3	128
雞西	0.148	161	0.531	94	0.147	187	-211.96	129
新鄉	0.144	167	0.406	147	0.183	83	-214.57	130
張家口	0.164	128	0.327	211	0.174	105	-217.96	131
棗莊	0.175	104	0.388	168	0.169	113	-222.03	132
九江	0.168	116	0.34	199	0.195	70	-228.66	133
三明	0.136	196	0.594	66	0.164	126	-234.48	134
孝感	0.158	140	0.461	123	0.231	51	-261.6	135
邢臺	0.159	138	0.247	258	0.181	89	-264.86	136
安慶	0.18	100	0.346	192	0.168	119	-268.49	137
湘潭	0.135	199	0.294	227	0.177	95	-271.7	138
湛江	0.206	68	0.397	156	0.184	80	-273.85	139
樂山	0.156	145	0.49	104	0.207	60	-274.53	140
綿陽	0.139	183	0.456	129	0.163	130	-277.98	141
龍岩	0.134	203	0.545	89	0.183	83	-278.7	142
牡丹江	0.143	175	0.493	103	0.15	179	-284.52	143
襄陽	0.172	109	0.29	230	0.188	75	-285.26	144
郴州	0.183	95	0.283	237	0.162	132	-287.39	145
日照	0.214	63	0.373	177	0.132	231	-288.91	146
遵義	0.165	126	0.485	106	0.16	144	-289.29	147
赤峰	0.156	145	0.404	148	0.161	139	-291.15	148
齊齊哈爾	0.192	82	0.345	193	0.199	66	-298.42	149
漳州	0.125	230	0.473	114	0.178	94	-300.34	150

表 3.5.2 2013 年度城市基礎設施競爭力排名(續)

城市	對外交通設施指數	排名	資訊化設施指數	排名	基礎設施行業人力資本指數	排名	基礎設施競爭力	排名
黃石	0.13	216	0.399	153	0.154	167	-307.53	151
韶關	0.158	140	0.41	146	0.191	73	-317.95	152
菏澤	0.211	64	0.272	243	0.169	113	-319.51	153
商丘	0.196	76	0.303	223	0.161	139	-324.95	154
六安	0.231	52	0.276	240	0.171	110	-328.63	155
寶雞	0.131	211	0.385	170	0.158	153	-335.34	156
鐵嶺	0.16	137	0.34	199	0.155	163	-338.95	157
平頂山	0.183	95	0.259	248	0.164	126	-349.81	158
許昌	0.164	128	0.321	215	0.144	200	-353.98	159
十堰	0.124	233	0.403	149	0.184	80	-355.32	160
宣城	0.166	119	0.398	154	0.167	122	-355.39	161
長治	0.165	126	0.379	174	0.157	157	-359.71	162
聊城	0.15	155	0.288	232	0.16	144	-362.68	163
咸陽	0.131	211	0.291	229	0.163	130	-371.98	164
巴彥淖爾	0.108	284	0.572	75	0.145	195	-375.35	165
信陽	0.169	115	0.288	232	0.192	72	-378.55	166
南平	0.127	223	0.668	38	0.151	175	-385.55	167
衢州	0.144	167	0.576	72	0.135	223	-388.61	168
三亞	0.128	220	0.682	33	0.119	276	-391.39	169
承德	0.137	193	0.317	216	0.146	193	-391.95	170
臨汾	0.173	107	0.398	154	0.162	132	-393.03	171
晉中	0.177	103	0.396	159	0.158	153	-398.03	172
晉城	0.185	92	0.397	156	0.139	209	-400.25	173
贛州	0.201	71	0.279	239	0.165	125	-404.74	174
上饒	0.179	101	0.242	265	0.181	89	-409.08	175
萊蕪	0.118	255	0.423	138	0.124	260	-409.65	176
駐馬店	0.189	87	0.159	293	0.196	69	-416.58	177
通化	0.136	196	0.484	107	0.144	200	-417.27	178
婁底	0.196	76	0.237	268	0.141	207	-420.6	179
渭南	0.143	175	0.341	198	0.175	102	-421.12	180
葫蘆島	0.145	165	0.402	151	0.16	144	-421.83	181
阜新	0.127	223	0.461	123	0.142	203	-423.73	182
瀘州	0.14	182	0.334	204	0.182	87	-424.75	183
麗水	0.121	247	0.607	57	0.139	209	-429.68	184
新餘	0.139	183	0.44	135	0.117	282	-430.91	185
景德鎮	0.109	279	0.5	101	0.139	209	-437.51	186
白山	0.116	260	0.515	97	0.138	214	-439.13	187
榆林	0.131	211	0.46	126	0.146	193	-439.77	188
曲靖	0.172	109	0.218	274	0.161	139	-440.75	189
防城港	0.161	136	0.412	142	0.142	203	-444.62	190
黃山	0.123	237	0.567	78	0.123	265	-445.69	191
德陽	0.146	163	0.393	162	0.147	187	-445.75	192
達州	0.186	91	0.299	226	0.167	122	-447.2	193
潮州	0.11	275	0.397	156	0.137	216	-453.03	194
衡水	0.139	183	0.37	179	0.162	132	-453.98	195
莆田	0.126	226	0.508	100	0.152	171	-456.89	196
阜陽	0.234	50	0.21	280	0.154	167	-458.37	197
宜賓	0.155	148	0.344	195	0.177	95	-458.78	198
忻州	0.188	89	0.456	129	0.136	222	-462.4	199
佳木斯	0.124	233	0.467	117	0.15	179	-467.4	200
三門峽	0.135	199	0.389	165	0.157	157	-471.96	201
常德	0.156	145	0.258	249	0.17	112	-472.27	202
滁州	0.146	163	0.327	211	0.124	260	-475.64	203
玉林	0.15	155	0.228	271	0.16	144	-484.16	204
黃岡	0.145	165	0.23	270	0.169	113	-489.04	205
寧德	0.127	223	0.61	54	0.162	132	-489.61	206
烏蘭察布	0.123	237	0.355	187	0.145	195	-491.19	207

表 3.5.2 2013 年度城市基礎設施競爭力排名(續)

城市	對外交通設施指數	排名	資訊化設施指數	排名	基礎設施行業人力資本指數	排名	基礎設施競爭力	排名
梅州	0.125	230	0.349	191	0.154	167	-498.32	208
邵陽	0.167	117	0.214	275	0.175	102	-503.01	209
北海	0.123	237	0.401	152	0.124	260	-503.63	210
酒泉	0.111	273	0.48	109	0.123	265	-504.41	211
荊州	0.129	218	0.288	232	0.155	163	-508.56	212
松原	0.132	208	0.362	182	0.125	257	-517.17	213
遼源	0.106	287	0.411	144	0.116	288	-520.31	214
淮北	0.184	93	0.313	219	0.118	278	-521.13	215
開封	0.141	180	0.251	254	0.151	175	-525.03	216
荊門	0.143	175	0.276	240	0.159	149	-526.28	217
朝陽	0.126	226	0.373	177	0.159	149	-531.66	218
六盤水	0.2	73	0.222	273	0.127	244	-533.07	219
金昌	0.105	289	0.45	133	0.126	249	-533.41	220
南充	0.158	140	0.328	210	0.156	161	-533.62	221
延安	0.144	167	0.455	131	0.115	290	-535.43	222
鶴崗	0.119	250	0.459	127	0.126	249	-538.15	223
白銀	0.136	196	0.331	206	0.126	249	-538.45	224
自貢	0.128	220	0.382	172	0.139	209	-546.08	225
宿遷	0.134	203	0.359	183	0.127	244	-547.35	226
周口	0.182	97	0.151	294	0.169	113	-549.85	227
鄂州	0.11	275	0.389	165	0.15	179	-557	228
懷化	0.164	128	0.243	264	0.162	132	-558.46	229
百色	0.147	162	0.25	256	0.142	203	-559.76	230
運城	0.143	175	0.325	214	0.134	227	-570.7	231
四平	0.139	183	0.311	220	0.13	239	-576.83	232
清遠	0.144	167	0.303	223	0.137	216	-579.98	233
萍鄉	0.144	167	0.326	213	0.126	249	-584.52	234
雙鴨山	0.115	263	0.461	123	0.135	223	-585.46	235
肇慶	0.116	260	0.29	230	0.131	235	-587.21	236
池州	0.137	193	0.425	137	0.115	290	-599.29	237
咸寧	0.119	250	0.395	160	0.137	216	-599.33	238
廣元	0.138	191	0.473	114	0.122	270	-603.84	239
河池	0.137	193	0.255	251	0.141	207	-611.99	240
陽江	0.112	270	0.355	187	0.148	185	-625.91	241
鶴壁	0.126	226	0.339	201	0.13	239	-628.21	242
濮陽	0.121	247	0.253	253	0.162	132	-628.28	243
張掖	0.105	289	0.475	112	0.129	243	-634.99	244
內江	0.162	132	0.275	242	0.15	179	-636.02	245
呂梁	0.166	119	0.332	205	0.117	282	-643.74	246
眉山	0.135	199	0.365	181	0.131	235	-646.77	247
永州	0.154	150	0.16	292	0.155	163	-650.88	248
七台河	0.123	237	0.395	160	0.114	292	-653.34	249
銅川	0.105	289	0.389	165	0.121	272	-655.34	250
梧州	0.116	260	0.226	272	0.131	235	-656.33	251
宿州	0.162	132	0.249	257	0.138	214	-658.59	252
河源	0.109	279	0.329	209	0.137	216	-660.58	253
欽州	0.159	138	0.201	285	0.132	231	-667.11	254
玉溪	0.119	250	0.342	196	0.126	249	-671.94	255
白城	0.115	263	0.358	184	0.123	265	-673.24	256
宜春	0.153	151	0.198	286	0.148	185	-683.31	257
鷹潭	0.133	206	0.342	196	0.124	260	-692.5	258
益陽	0.142	179	0.212	276	0.135	223	-694.86	259
漯河	0.124	233	0.254	252	0.131	235	-697.34	260
漢中	0.13	216	0.357	185	0.126	249	-699.51	261
遂寧	0.124	233	0.251	254	0.159	149	-722.72	262
隴南	0.202	69	0.162	291	0.122	270	-726.74	263
資陽	0.125	230	0.331	206	0.125	257	-735.18	264

表 3.5.2 2013 年度城市基礎設施競爭力排名(續)

城市	對外交通設施指數	排名	資訊化設施指數	排名	基礎設施行業人力資本指數	排名	基礎設施競爭力	排名
隨州	0.114	266	0.315	218	0.117	282	-735.81	265
麗江	0.112	270	0.246	259	0.117	282	-739.36	266
茂名	0.132	208	0.238	267	0.179	93	-741.07	267
黑河	0.114	266	0.352	189	0.147	187	-746.26	268
撫州	0.133	206	0.196	287	0.151	175	-747.96	269
綏化	0.131	211	0.137	295	0.147	187	-750.64	270
慶陽	0.109	279	0.345	193	0.109	295	-755.5	271
吳忠	0.12	249	0.268	245	0.112	294	-761.75	272
安康	0.131	211	0.339	201	0.117	282	-770.36	273
雅安	0.11	275	0.378	175	0.127	244	-776.4	274
固原	0.109	279	0.245	260	0.1	298	-788.17	275
張家界	0.122	242	0.294	227	0.118	278	-789.62	276
雲浮	0.111	273	0.356	186	0.125	257	-790.84	277
普洱	0.109	279	0.307	221	0.13	239	-796.14	278
亳州	0.15	155	0.206	281	0.113	293	-798.57	279
巴中	0.117	258	0.287	235	0.162	132	-812.66	280
貴港	0.144	167	0.186	289	0.121	272	-820.83	281
來賓	0.118	255	0.205	282	0.124	260	-824.25	282
賀州	0.105	289	0.204	284	0.119	276	-858.03	283
崇左	0.115	263	0.244	262	0.126	249	-859.87	284
廣安	0.117	258	0.27	244	0.123	265	-860.32	285
中衛	0.106	287	0.239	266	0.101	297	-867.26	286
安順	0.122	242	0.244	262	0.118	278	-876.03	287
武威	0.119	250	0.258	249	0.116	288	-885.82	288
天水	0.118	255	0.245	260	0.135	223	-897.04	289
保山	0.105	289	0.205	282	0.143	202	-899.06	290
平涼	0.122	242	0.211	277	0.127	244	-925.42	291
銅仁	0.122	242	0.211	277	0.121	272	-933.19	292
畢節	0.122	242	0.112	296	0.147	187	-940.67	293
昭通	0.112	270	0.108	297	0.13	239	-948.05	294
汕尾	0.113	268	0.192	288	0.121	272	-951.77	295
商洛	0.102	296	0.237	268	0.118	278	-963.56	296
臨滄	0.1	298	0.211	277	0.123	265	-966.03	297
定西	0.107	285	0.1	298	0.117	282	-1114.71	298

3.6 城市社會體制競爭力排名及二級指標分值

城市是體制與制度安排的載體，其本身就是一個體制演進與變遷的過程。城市社會體制是城市在社會治安、社會保障、社會公平、醫療保障及城市社會管理活動的一切活動與體制的總和，而城市社會體制競爭力則是城市在社會保障、社會治安、社會公平、醫療保障和城市社會管理活動所體現出來的相對優勢。管理是人類社會所賴以生存的一種職能，城市管理是城市政府行為、城市政策（包括財稅政策、土地政策、產業政策、金融政策、城市發展戰略等）及社會組織行為的總稱。社會體制的完善和發展將有利於城市經濟的發展，有利於城市居民生活水平和質量的提高，有利於城市社會穩定。

城市社會體制競爭力比較評價指標體系包括了社會治安指數、社會公平保障指數、醫療保健指數與社會管理指數 4 個二級指標，失業率、刑事案件發生率、平均預期壽命等 20 個三級指標。社會公平保障指數從失業率、基尼指數、社會保障覆蓋率等方面來考察城市社會公平保障體制的完善程度，社會治安指數從刑事案件發生率、刑事案件偵破率和社會安全民眾滿意度來考察城市的社會治安水平，醫療保健指數則反映了城市的醫療設施和居民的醫療保健水平，城市社會管理指數體現了城市政府的管理能力。

在 298 個城市社會體制競爭力排名中，有 101 個城市處於平均水平之上，占 33.89%。社會體制競爭力得分的標準差為 5.337，較 2012 年的 3.544 有大幅增加，並中斷了自 2010 年以來的下降趨勢，這說明城市之間的社會體制競爭力差距有開始顯現擴大跡象。城市社會體制競爭力所有排名如表 3.6。

表 3.6 2013 年度城市社會體制競爭力排名

城市	社會公平保障指數	排名	社會治安指數	排名	醫療保健指數	排名	社會管理指數	排名	社會體制競爭力	排名
香港	1	1	1	1	0.958	2	1	1	4307.94	1
上海	0.772	3	0.927	2	0.744	4	0.718	3	2834.31	2
北京	0.822	2	0.761	3	0.693	10	0.623	5	2381.65	3
臺北	0.529	5	0.496	54	0.895	3	0.419	19	1723.76	4
深圳	0.528	6	0.698	5	0.59	28	0.727	2	1677.45	5
蘇州	0.399	16	0.74	4	0.619	16	0.667	4	1522.38	6
嘉義	0.33	42	0.438	114	1	1	0.369	31	1513.93	7
廣州	0.483	9	0.628	9	0.657	11	0.528	7	1381.43	8
杭州	0.446	13	0.642	7	0.603	21	0.432	16	1057.22	9
東莞	0.518	8	0.55	21	0.539	78	0.522	8	991.09	10
高雄	0.406	15	0.441	105	0.744	4	0.377	27	970.59	11
澳門	0.524	7	0.459	86	0.547	64	0.58	6	961.61	12
重慶	0.567	4	0.547	22	0.557	51	0.411	21	950.49	13
天津	0.465	10	0.577	16	0.584	31	0.4	22	889.78	14
台中	0.344	32	0.441	105	0.743	6	0.369	31	854.96	15
濟南	0.341	34	0.608	11	0.571	35	0.49	9	833.49	16
昆明	0.341	34	0.563	19	0.605	20	0.476	10	830.28	17
大連	0.455	11	0.509	45	0.631	13	0.36	41	829.99	18
寧波	0.372	22	0.605	12	0.554	55	0.453	11	778.38	19
青島	0.31	52	0.647	6	0.57	36	0.441	14	768.3	20
基隆	0.366	23	0.439	110	0.694	9	0.372	29	760.01	21
新竹	0.347	30	0.438	114	0.709	7	0.366	37	759.67	22
南京	0.356	25	0.64	8	0.541	71	0.438	15	750.53	23
台南	0.348	29	0.44	107	0.701	8	0.367	36	744.77	24
廈門	0.392	18	0.604	13	0.543	67	0.412	20	721.79	25
瀋陽	0.449	12	0.504	52	0.602	23	0.346	46	715.82	26
珠海	0.389	19	0.514	42	0.55	59	0.446	12	641.63	27
武漢	0.411	14	0.481	62	0.586	29	0.369	31	606.77	28
成都	0.352	28	0.517	38	0.597	25	0.364	38	588.93	29
新北	0.377	21	0.448	97	0.615	19	0.368	34	576.05	30
中山	0.386	20	0.545	23	0.538	79	0.389	24	569.87	31
紹興	0.275	82	0.591	14	0.52	128	0.443	13	492.52	32
無錫	0.331	40	0.564	18	0.532	97	0.382	26	484.62	33
嘉興	0.28	75	0.586	15	0.518	138	0.428	17	463.83	34
煙臺	0.316	48	0.519	36	0.568	37	0.362	39	452.62	35
舟山	0.277	78	0.554	20	0.549	61	0.4	22	452.58	36
溫州	0.274	84	0.574	17	0.511	161	0.424	18	410.27	37
西安	0.335	37	0.473	68	0.572	34	0.34	49	390.92	38
威海	0.326	44	0.475	67	0.576	33	0.333	52	381.33	39
長春	0.335	37	0.545	23	0.56	42	0.276	82	378.58	40
佛山	0.354	26	0.495	55	0.52	128	0.368	34	359.67	41
鄭州	0.327	43	0.479	64	0.585	30	0.297	68	359.33	42
長沙	0.331	40	0.415	143	0.603	21	0.324	55	351.91	43
哈爾濱	0.345	31	0.52	35	0.531	100	0.322	57	346.78	44
湖州	0.262	106	0.61	10	0.51	167	0.348	44	335.82	45
烏魯木齊	0.309	54	0.416	141	0.616	18	0.31	63	331.2	46
蘭州	0.276	80	0.458	88	0.599	24	0.322	57	316.38	47

表 3.6 2013 年度城市社會體制競爭力排名

城市	社會公平保障指數	排名	社會治安指數	排名	醫療保健指數	排名	社會管理指數	排名	社會體制競爭力	排名
南通	0.265	99	0.545	23	0.543	67	0.339	50	312.42	48
常州	0.316	48	0.538	28	0.513	152	0.345	47	311.28	49
海口	0.303	56	0.444	102	0.564	39	0.359	42	297.22	50
西寧	0.243	173	0.419	135	0.649	12	0.291	71	289.17	51
南昌	0.271	89	0.524	31	0.54	74	0.343	48	286.9	52
福州	0.299	59	0.507	48	0.517	140	0.355	43	261.8	53
合肥	0.284	69	0.521	32	0.535	89	0.324	55	261.06	54
白山	0.393	17	0.408	157	0.56	42	0.266	96	241.06	55
商丘	0.228	225	0.542	26	0.525	117	0.361	40	229.74	56
太原	0.31	52	0.399	172	0.619	16	0.246	157	221.65	57
淄博	0.291	63	0.477	66	0.548	63	0.313	62	221.65	58
唐山	0.272	88	0.521	32	0.559	48	0.264	101	215.99	59
東營	0.259	115	0.482	61	0.558	50	0.318	59	209.83	60
銀川	0.275	82	0.471	69	0.544	65	0.33	54	200.78	61
石家莊	0.237	194	0.53	30	0.522	121	0.347	45	197.4	62
韶關	0.193	289	0.519	36	0.531	100	0.386	25	188.98	63
盤錦	0.333	39	0.417	138	0.559	48	0.273	86	165.58	64
江門	0.302	58	0.489	57	0.499	217	0.336	51	159.61	65
秦皇島	0.247	153	0.542	26	0.522	121	0.293	69	152.9	66
惠州	0.289	65	0.46	82	0.516	144	0.332	53	133.46	67
泰安	0.243	173	0.487	59	0.536	86	0.316	61	131.8	68
撫順	0.342	33	0.414	145	0.54	74	0.27	91	120.74	69
衢州	0.243	173	0.51	44	0.53	105	0.293	69	118.12	70
濰坊	0.265	99	0.468	73	0.542	69	0.29	72	113.82	71
金華	0.267	96	0.521	32	0.511	161	0.277	81	101.05	72
曲靖	0.2	284	0.515	41	0.502	206	0.372	29	99.05	73
龍岩	0.255	127	0.488	58	0.532	97	0.282	77	92.43	74
烏海	0.32	47	0.39	183	0.562	41	0.255	130	84.85	75
欽州	0.211	265	0.426	125	0.626	14	0.216	245	77.19	76
萊蕪	0.242	179	0.469	72	0.56	42	0.255	130	77.11	77
本溪	0.361	24	0.388	188	0.551	57	0.222	225	71.91	78
伊春	0.277	78	0.444	102	0.557	51	0.244	165	69.64	79
營口	0.322	45	0.413	146	0.541	71	0.252	140	64.48	80
鎮江	0.268	94	0.503	53	0.509	170	0.272	89	60.94	81
廊坊	0.244	168	0.505	51	0.531	100	0.256	128	60.29	82
濱州	0.257	120	0.463	79	0.544	65	0.261	111	58.09	83
大慶	0.278	77	0.425	127	0.567	38	0.234	196	54.77	84
貴陽	0.252	134	0.423	132	0.56	42	0.278	80	53.79	85
揚州	0.248	147	0.516	40	0.504	198	0.28	78	48.76	86
攀枝花	0.276	80	0.348	259	0.591	26	0.272	89	48.58	87
泰州	0.261	111	0.517	38	0.507	180	0.259	116	47.24	88
台州	0.263	103	0.507	48	0.505	191	0.268	94	43.2	89
鶴崗	0.238	191	0.439	110	0.56	42	0.266	96	38.9	90
呼和浩特	0.294	62	0.421	134	0.526	114	0.284	74	38.11	91
南平	0.242	179	0.486	60	0.53	105	0.266	96	37.62	92
徐州	0.281	72	0.46	82	0.509	170	0.284	74	30.18	93
銅川	0.285	67	0.353	248	0.56	42	0.3	67	29.04	94
銅陵	0.252	134	0.447	100	0.549	61	0.254	134	28.12	95
嘉峪關	0.262	106	0.361	234	0.591	26	0.259	116	26.13	96
聊城	0.214	257	0.492	56	0.509	170	0.318	59	22.33	97
淮安	0.255	127	0.509	45	0.491	249	0.286	73	21.21	98
黑河	0.257	120	0.435	119	0.551	57	0.25	147	15.41	99
棗莊	0.237	194	0.467	74	0.508	177	0.309	64	6.13	100
錦州	0.312	50	0.409	154	0.533	94	0.24	178	3.97	101
宜昌	0.284	69	0.412	149	0.537	83	0.259	116	-0.95	102
雞西	0.26	112	0.425	127	0.555	53	0.238	183	-2.57	103
運城	0.231	211	0.418	136	0.577	32	0.23	205	-11.31	104

表 3.6 2013 年度城市社會體制競爭力排名

城市	社會公平保障指數	排名	社會治安指數	排名	醫療保健指數	排名	社會管理指數	排名	社會體制競爭力	排名
鞍山	0.336	36	0.383	198	0.538	79	0.222	225	-12.33	105
包頭	0.303	56	0.39	183	0.555	53	0.221	232	-13.27	106
連雲港	0.236	198	0.507	48	0.501	211	0.265	100	-17.36	107
鹽城	0.26	112	0.508	47	0.493	239	0.249	151	-19.28	108
泉州	0.245	162	0.532	29	0.499	217	0.229	208	-19.7	109
拉薩	0.28	75	0.326	286	0.518	138	0.377	27	-20.91	110
麗水	0.248	147	0.443	104	0.529	109	0.262	108	-28.03	111
石嘴山	0.283	71	0.354	245	0.563	40	0.254	134	-31.45	112
宿遷	0.231	211	0.511	43	0.497	227	0.263	106	-32.73	113
安陽	0.223	244	0.351	253	0.62	15	0.21	264	-47.92	114
臨沂	0.262	106	0.466	76	0.502	206	0.255	130	-51.8	115
寧德	0.231	211	0.479	64	0.505	191	0.269	93	-52	116
吉林	0.297	60	0.403	163	0.531	100	0.228	209	-55.43	117
晉中	0.269	92	0.426	125	0.53	105	0.235	192	-55.65	118
忻州	0.265	99	0.429	122	0.519	134	0.258	122	-56.34	119
新餘	0.229	217	0.462	81	0.52	128	0.255	130	-63.21	120
南寧	0.29	64	0.373	216	0.53	105	0.264	101	-64.11	121
三亞	0.249	145	0.397	176	0.537	83	0.27	91	-65.23	122
濟寧	0.226	231	0.467	74	0.507	180	0.274	84	-65.31	123
阜新	0.311	51	0.397	176	0.516	144	0.235	192	-69.22	124
黃山	0.257	120	0.407	159	0.519	134	0.28	78	-70.3	125
蕪湖	0.248	147	0.464	77	0.502	206	0.259	116	-70.76	126
三明	0.247	153	0.449	96	0.516	144	0.251	145	-71.12	127
葫蘆島	0.259	115	0.437	116	0.509	170	0.258	122	-77.94	128
通化	0.297	60	0.389	187	0.538	79	0.215	248	-78.29	129
德州	0.238	191	0.464	77	0.497	227	0.273	86	-78.88	130
遼源	0.267	96	0.39	183	0.55	59	0.219	235	-87.46	131
臨汾	0.252	134	0.401	167	0.534	91	0.253	137	-88.58	132
鄂爾多斯	0.354	26	0.348	259	0.521	126	0.215	248	-94.61	133
蚌埠	0.204	278	0.448	97	0.534	91	0.25	147	-95.14	134
荊門	0.252	134	0.412	149	0.52	128	0.26	113	-95.46	135
莆田	0.226	231	0.471	69	0.515	149	0.236	188	-95.64	136
汕頭	0.247	153	0.452	93	0.474	285	0.306	65	-98.93	137
菏澤	0.242	179	0.459	86	0.503	202	0.248	153	-101.02	138
雙鴨山	0.236	198	0.425	127	0.531	100	0.24	178	-103.86	139
遼陽	0.305	55	0.376	211	0.536	86	0.205	273	-104.36	140
牡丹江	0.281	72	0.411	152	0.522	121	0.219	235	-106.73	141
榆林	0.257	120	0.353	248	0.54	74	0.275	83	-107.77	142
廣元	0.258	118	0.355	244	0.535	89	0.274	84	-117.97	143
九江	0.254	131	0.445	101	0.507	180	0.231	203	-118.6	144
朝陽	0.264	102	0.409	154	0.504	198	0.262	108	-121.86	145
丹東	0.281	72	0.384	194	0.536	86	0.211	260	-123.62	146
綿陽	0.229	217	0.371	221	0.542	69	0.273	86	-124.14	147
德陽	0.239	187	0.369	225	0.54	74	0.264	101	-126.31	148
懷化	0.242	179	0.386	191	0.537	83	0.246	157	-128.46	149
雅安	0.252	134	0.351	253	0.553	56	0.245	163	-129	150
馬鞍山	0.232	209	0.452	93	0.511	161	0.234	196	-129.29	151
張家口	0.244	168	0.46	82	0.495	236	0.238	183	-130.67	152
日照	0.226	231	0.47	71	0.497	227	0.245	163	-131.83	153
呂梁	0.225	235	0.409	154	0.526	114	0.257	126	-133.1	154
自貢	0.252	134	0.382	200	0.524	119	0.258	122	-136.8	155
宣城	0.224	241	0.448	97	0.506	186	0.249	151	-137.94	156
延安	0.266	98	0.339	275	0.514	150	0.304	66	-140.82	157
漳州	0.234	205	0.481	62	0.485	264	0.232	200	-149.31	158
鷹潭	0.213	260	0.457	90	0.506	186	0.242	170	-153.51	159
金昌	0.243	173	0.364	231	0.532	97	0.26	113	-154.11	160
上饒	0.251	141	0.458	88	0.492	241	0.224	219	-154.91	161

表 3.6 2013 年度城市社會體制競爭力排名

城市	社會公平保障指數	排名	社會治安指數	排名	醫療保健指數	排名	社會管理指數	排名	社會體制競爭力	排名
白城	0.271	89	0.411	152	0.501	211	0.235	192	-155.18	162
鄂州	0.214	257	0.4	169	0.541	71	0.236	188	-156.27	163
岳陽	0.271	89	0.373	216	0.505	191	0.267	95	-157.2	164
朔州	0.236	198	0.429	122	0.505	191	0.246	157	-157.28	165
佳木斯	0.231	211	0.416	141	0.52	128	0.234	196	-160.22	166
贛州	0.254	131	0.46	82	0.471	293	0.252	140	-161.02	167
宜春	0.222	245	0.463	79	0.496	232	0.235	192	-164.68	168
淮北	0.207	275	0.428	124	0.525	117	0.236	188	-167.07	169
克拉瑪依	0.285	67	0.358	237	0.511	161	0.248	153	-169.74	170
承德	0.226	231	0.437	116	0.517	140	0.217	240	-170.11	171
萍鄉	0.258	118	0.418	136	0.492	241	0.247	155	-172.05	172
松原	0.241	185	0.455	91	0.488	260	0.23	205	-173.92	173
呼倫貝爾	0.322	45	0.338	277	0.533	94	0.186	291	-175.18	174
齊齊哈爾	0.248	147	0.439	110	0.499	217	0.217	240	-180.25	175
常德	0.247	153	0.387	190	0.514	150	0.246	157	-181.66	176
固原	0.289	65	0.341	271	0.516	144	0.243	167	-184.41	177
淮南	0.229	217	0.403	163	0.517	140	0.241	175	-186.22	178
清遠	0.262	106	0.391	180	0.49	252	0.264	101	-186.39	179
七台河	0.239	187	0.413	146	0.511	161	0.228	209	-188.65	180
滁州	0.245	162	0.413	146	0.488	260	0.257	126	-194.2	181
四平	0.246	160	0.431	121	0.499	217	0.214	252	-199.05	182
大同	0.208	270	0.4	169	0.519	134	0.254	134	-199.37	183
玉溪	0.26	112	0.345	265	0.527	113	0.242	170	-199.92	184
滄州	0.23	215	0.437	116	0.509	170	0.206	270	-201.88	185
三門峽	0.243	173	0.403	163	0.509	170	0.225	216	-208.37	186
赤峰	0.245	162	0.399	172	0.513	152	0.219	235	-208.45	187
景德鎮	0.263	103	0.425	127	0.473	287	0.241	175	-210.08	188
襄陽	0.269	92	0.363	232	0.505	191	0.242	170	-213	189
十堰	0.257	120	0.346	264	0.533	94	0.223	221	-213.91	190
綏化	0.235	203	0.44	107	0.481	274	0.24	178	-214.33	191
撫州	0.209	269	0.453	92	0.472	289	0.266	96	-220.48	192
株洲	0.268	94	0.324	287	0.523	120	0.247	155	-220.88	193
張家界	0.227	228	0.399	172	0.504	198	0.246	157	-221.02	194
湘潭	0.247	153	0.342	269	0.521	126	0.252	140	-224.44	195
邯鄲	0.224	241	0.417	138	0.506	186	0.225	216	-225.03	196
池州	0.215	254	0.423	132	0.51	167	0.22	233	-225.61	197
桂林	0.239	187	0.384	194	0.512	156	0.231	203	-226.85	198
漯河	0.238	191	0.406	161	0.506	186	0.22	233	-227.13	199
咸寧	0.236	198	0.394	179	0.492	241	0.259	116	-227.82	200
平頂山	0.237	194	0.371	221	0.517	140	0.234	196	-230.29	201
柳州	0.257	120	0.361	234	0.513	152	0.227	212	-234.48	202
信陽	0.255	127	0.408	157	0.489	257	0.222	225	-236.01	203
肇慶	0.247	153	0.412	149	0.472	289	0.258	122	-236.39	204
巴彥淖爾	0.273	87	0.354	245	0.528	110	0.189	290	-238.2	205
保定	0.239	187	0.439	110	0.484	270	0.214	252	-238.82	206
鐵嶺	0.232	209	0.404	162	0.492	241	0.243	167	-240.68	207
雲浮	0.229	217	0.372	219	0.5	215	0.264	101	-244.74	208
鶴壁	0.225	235	0.39	183	0.522	121	0.207	268	-247.08	209
新鄉	0.227	228	0.381	201	0.511	161	0.23	205	-253.55	210
通遼	0.251	141	0.396	178	0.496	232	0.214	252	-255.14	211
郴州	0.246	160	0.343	268	0.512	156	0.243	167	-261.68	212
阜陽	0.242	179	0.425	127	0.483	271	0.212	257	-262.36	213
邵陽	0.248	147	0.35	256	0.501	211	0.253	137	-264.35	214
安慶	0.207	275	0.417	138	0.492	241	0.239	181	-266.84	215
婁底	0.203	279	0.415	143	0.494	237	0.241	175	-268.4	216
焦作	0.255	127	0.348	259	0.513	152	0.222	225	-268.42	217
隨州	0.247	153	0.399	172	0.491	249	0.215	248	-268.59	218

表 3.6 2013 年度城市社會體制競爭力排名

城市	社會公平保障指數	排名	社會治安指數	排名	醫療保健指數	排名	社會管理指數	排名	社會體制競爭力	排名
遂寧	0.211	265	0.384	194	0.51	167	0.237	185	-269.36	219
瀘州	0.233	207	0.357	239	0.505	191	0.25	147	-269.7	220
開封	0.222	245	0.38	203	0.508	177	0.232	200	-270.11	221
六安	0.244	168	0.402	166	0.49	252	0.217	240	-270.26	222
吉安	0.198	287	0.451	95	0.492	241	0.211	260	-270.32	223
防城港	0.274	84	0.362	233	0.485	264	0.232	200	-275.1	224
益陽	0.235	203	0.353	248	0.503	202	0.252	140	-276.3	225
內江	0.228	225	0.371	221	0.512	156	0.223	221	-277.15	226
湛江	0.229	217	0.391	180	0.492	241	0.237	185	-277.69	227
天水	0.24	186	0.386	191	0.494	237	0.225	216	-279.33	228
揭陽	0.245	162	0.375	213	0.478	280	0.26	113	-279.62	229
駐馬店	0.253	133	0.357	239	0.501	211	0.227	212	-279.65	230
汕尾	0.2	284	0.381	201	0.503	202	0.256	128	-281.89	231
崇左	0.245	162	0.374	215	0.502	206	0.214	252	-283.78	232
南陽	0.248	147	0.369	225	0.507	180	0.206	270	-286.5	233
陽泉	0.252	134	0.329	285	0.538	79	0.186	291	-287.32	234
河池	0.229	217	0.376	211	0.507	180	0.219	235	-287.61	235
張掖	0.274	84	0.313	292	0.528	110	0.197	284	-288.21	236
白銀	0.234	205	0.358	237	0.491	249	0.259	116	-290.47	237
漢中	0.233	207	0.318	290	0.528	110	0.236	188	-291.85	238
洛陽	0.244	168	0.367	229	0.508	177	0.208	265	-292.01	239
長治	0.249	145	0.34	273	0.516	144	0.212	257	-296	240
永州	0.228	225	0.378	208	0.489	257	0.242	170	-299.08	241
樂山	0.227	228	0.334	281	0.526	114	0.223	221	-300.63	242
來賓	0.225	235	0.378	208	0.504	198	0.217	240	-301.37	243
孝感	0.242	179	0.357	239	0.49	252	0.246	157	-301.99	244
寶雞	0.259	115	0.334	281	0.505	191	0.224	219	-302.17	245
酒泉	0.25	144	0.314	291	0.534	91	0.201	279	-303.09	246
河源	0.229	217	0.379	205	0.475	284	0.263	106	-303.21	247
梅州	0.177	294	0.388	188	0.5	215	0.261	111	-308.59	248
茂名	0.201	282	0.401	167	0.483	271	0.252	140	-310	249
宜賓	0.225	235	0.341	271	0.519	134	0.222	225	-310.95	250
六盤水	0.199	286	0.38	203	0.496	232	0.251	145	-312.55	251
咸陽	0.23	215	0.332	283	0.499	217	0.262	108	-313.99	252
安順	0.22	251	0.368	227	0.493	239	0.242	170	-316.77	253
邢臺	0.213	260	0.391	180	0.506	186	0.2	282	-318.5	254
黃石	0.243	173	0.352	251	0.498	225	0.222	225	-319.77	255
亳州	0.221	249	0.432	120	0.473	287	0.205	273	-320.91	256
達州	0.257	120	0.36	236	0.485	264	0.217	240	-326.79	257
潮州	0.214	257	0.379	205	0.479	278	0.253	137	-333.88	258
宿州	0.19	290	0.44	107	0.481	274	0.207	268	-337.18	259
安康	0.208	270	0.347	263	0.498	225	0.25	147	-344.31	260
遵義	0.203	279	0.34	273	0.512	156	0.237	185	-345.67	261
資陽	0.215	254	0.336	279	0.522	121	0.205	273	-352.72	262
南充	0.222	245	0.332	283	0.507	180	0.228	209	-354.2	263
晉城	0.251	141	0.344	266	0.497	227	0.201	279	-355.39	264
北海	0.211	265	0.356	242	0.503	202	0.218	239	-356.87	265
荊州	0.201	282	0.373	216	0.497	227	0.222	225	-359.11	266
渭南	0.229	217	0.348	259	0.485	264	0.239	181	-360.84	267
眉山	0.212	264	0.352	251	0.499	217	0.227	212	-363.05	268
定西	0.236	198	0.356	242	0.49	252	0.211	260	-363.07	269
保山	0.216	253	0.379	205	0.477	281	0.227	212	-370.85	270
周口	0.225	235	0.386	191	0.479	278	0.204	276	-372.99	271
巴中	0.244	168	0.354	245	0.48	277	0.212	257	-378.68	272
梧州	0.208	270	0.384	194	0.487	263	0.206	270	-379.77	273
陽江	0.1	298	0.407	159	0.496	232	0.284	74	-380.45	274
烏蘭察布	0.213	260	0.349	257	0.502	206	0.208	265	-383.39	275

表 3.6 2013 年度城市社會體制競爭力排名

城市	社會公平保障指數	排名	社會治安指數	排名	醫療保健指數	排名	社會管理指數	排名	社會體制競爭力	排名
臨滄	0.21	268	0.4	169	0.481	274	0.194	288	-384.55	276
賀州	0.207	275	0.371	221	0.489	257	0.214	252	-384.83	277
吳忠	0.195	288	0.349	257	0.49	252	0.244	165	-393.31	278
百色	0.225	235	0.375	213	0.467	296	0.223	221	-393.61	279
中衛	0.262	106	0.335	280	0.469	295	0.216	245	-401.77	280
貴港	0.19	290	0.383	198	0.492	241	0.203	278	-403.95	281
黃岡	0.221	249	0.378	208	0.472	289	0.204	276	-411.44	282
武威	0.245	162	0.307	295	0.52	128	0.165	296	-413.98	283
廣安	0.19	290	0.351	253	0.499	217	0.216	245	-414.37	284
許昌	0.158	295	0.372	219	0.509	170	0.211	260	-414.94	285
濮陽	0.213	260	0.337	278	0.499	217	0.201	279	-421.74	286
衡陽	0.263	103	0.312	293	0.485	264	0.197	284	-423.16	287
玉林	0.208	270	0.367	229	0.488	260	0.194	288	-424.14	288
平涼	0.224	241	0.32	289	0.512	156	0.175	295	-433.98	289
普洱	0.237	194	0.339	275	0.476	282	0.197	284	-447.45	290
隴南	0.222	245	0.344	266	0.47	294	0.208	265	-464.58	291
衡水	0.189	293	0.368	227	0.472	289	0.196	287	-491.04	292
慶陽	0.203	279	0.311	294	0.483	271	0.215	248	-500.98	293
麗江	0.22	251	0.323	288	0.474	285	0.198	283	-503.4	294
昭通	0.208	270	0.342	269	0.476	282	0.176	294	-518.51	295
商洛	0.215	254	0.287	296	0.485	264	0.178	293	-568.28	296
銅仁	0.156	296	0.1	297	0.131	297	0.125	297	-1984.03	297
畢節	0.131	297	0.1	297	0.1	298	0.1	298	-2145.09	298

3.7 城市環境資源區位競爭力排名及二級指標分值

城市環境水平、自然資源水平和區位水平具有先天性，按照聯合國環境規劃署給自然資源的定義：自然資源是指一定條件下，能夠產生經濟價值，提高人類當前和未來福利的自然環境因素的總和。從這個意義上說，城市的環境水平、自然資源水平與區位水平都能歸入自然資源的範疇，一般意義上的自然資源，如土地資源、水力資源、礦產資源、生物資源、海洋資源都具有一定程度的不可再生性，它是經濟發展的先天性基石，也是社會財富的來源。環境是人類賴以生存的自然基礎，良好的自然環境能提高人類的生活質量，同時自然環境也對經濟的發展起到非常重要的影響，目前環保產業也成了國民經濟中的重要組成部分。區位水平除了先天性的因素，如良好的地理位置外，在很大程度上也是後天歷史發展的結果，例如經濟區位、交通區位、政治區位和文化區位是在一定歷史條件下所形成的，雖然它在一定程度上也受自然地理位置的影響，但是其在經濟的發展過程中，也有可能發生較大的改變。城市環境資源區位競爭力是體現的是城市在自然環境、自然資源和區位水平上的相對優勢。良好的城市環境資源區位競爭力有利於國民經濟的發展，而國民經濟的發展也會提升城市環境資源區位競爭力。

城市環境資源區位競爭力比較評價指標體系包括自然資源指數、區位指數、環境資源指數、環境質量指數與環境改善投入指數 5 個二級指標，自然區位優勢度、土地資源絕對豐富度等 27 個三級指標。區位指數考察了自然環境優勢、經濟區位優勢、交通便利程度、政治區位優勢及文化區位優勢。自然資源指數考察了土地資源、農產品資源、礦產能源三個方面的絕對量與人均擁有量。環境資源指數則考察了城市在城市綠化、自然災害、山水環境等方面的表現。環境質量指數則度量了城市在生活污水及垃圾處理、空氣質量以及工業廢水、工業二氧化硫、工業煙塵、工業固體廢物的處理方面的成就。環境改善投入指數則體現了城市在環境保護方面的投入力度。

在 298 個城市環境資源競爭力排名中，有 109 個城市處於平均水平之上，占 36.58%。環境資源競爭力得分的標準差為 4.037。與 2010 年至 2012 年相比有所下降，這表明隨著國家對環境問題的不斷重視，各城市對環保投入的不斷增加，城市之間的環境資源競爭力將可能出現縮小趨勢。城市環境資源區位競爭力所有排名見表 3.7。

表 3.7 2013 年度城市環境資源區位競爭力排名

城市	區位指數	排名	自然資源指數	排名	環境資源指數	排名	環境品質指數	排名	環境改善投入指數	排名	環境資源區位競爭力	排名
杭州	0.649	9	0.217	271	0.642	12	0.708	73	1	1	2291.15	1
上海	1	1	0.193	280	0.907	4	0.562	228	0.52	4	2000.21	2
香港	0.978	3	0.1	298	0.594	14	0.675	112	0.586	3	1800.63	3
北京	1	1	0.232	267	0.493	42	0.495	262	0.642	2	1791.11	4
廣州	0.737	5	0.178	282	1	1	0.536	243	0.297	15	1354.54	5
深圳	0.715	7	0.125	292	0.942	2	0.843	3	0.218	38	1217.62	6
南京	0.649	9	0.233	266	0.913	3	0.636	155	0.288	17	1192.61	7
蘇州	0.583	13	0.21	274	0.702	7	0.746	34	0.394	6	1134.84	8
重慶	0.561	16	0.668	27	0.556	24	0.716	66	0.404	5	1063.86	9
瀋陽	0.671	8	0.487	100	0.516	35	0.737	41	0.367	7	1049.03	10
天津	0.737	5	0.301	239	0.473	48	0.728	54	0.367	7	1040.95	11
大連	0.605	12	0.387	190	0.775	5	0.685	104	0.215	41	910.24	12
青島	0.583	13	0.422	154	0.666	9	0.781	14	0.235	27	854.19	13
成都	0.561	16	0.359	208	0.647	11	0.73	50	0.273	20	849.14	14
武漢	0.627	11	0.257	259	0.463	51	0.708	73	0.328	10	812.37	15
昆明	0.561	16	0.372	199	0.669	8	0.619	172	0.232	28	757.51	16
臺北	0.89	4	0.121	295	0.406	105	0.675	112	0.175	95	727.68	17
常州	0.407	40	0.195	278	0.611	13	0.764	18	0.324	11	708.78	18
無錫	0.451	31	0.191	281	0.718	6	0.76	20	0.217	40	663.01	19
長春	0.495	25	0.704	22	0.377	136	0.706	75	0.312	13	632.8	20
寧波	0.495	25	0.217	271	0.533	31	0.731	49	0.276	18	631.6	21
廈門	0.561	16	0.142	289	0.657	10	0.785	10	0.162	135	622.61	22
濟南	0.561	16	0.477	110	0.489	43	0.477	268	0.23	30	539.16	23
福州	0.539	21	0.277	254	0.502	38	0.784	11	0.2	55	537.36	24
哈爾濱	0.517	22	0.726	16	0.387	124	0.281	295	0.314	12	525.21	25
貴陽	0.451	31	0.341	224	0.579	18	0.729	53	0.196	66	500.98	26
珠海	0.407	40	0.221	270	0.565	20	0.807	5	0.215	41	474.68	27
煙臺	0.363	49	0.609	41	0.569	19	0.783	12	0.195	68	463.12	28
鄭州	0.583	13	0.322	233	0.343	172	0.644	146	0.239	26	458.66	29
南寧	0.429	35	0.45	131	0.543	26	0.534	245	0.231	29	456.57	30
淄博	0.232	109	0.353	211	0.541	27	0.745	36	0.301	14	414.78	31
合肥	0.473	27	0.426	151	0.473	48	0.666	128	0.193	70	407.82	32
南昌	0.473	27	0.374	197	0.444	65	0.732	48	0.197	62	398.05	33
西安	0.517	22	0.296	243	0.378	133	0.499	259	0.252	22	385.14	34
南通	0.385	45	0.435	146	0.541	27	0.772	16	0.177	92	384.11	35
海口	0.517	22	0.201	277	0.506	37	0.616	175	0.166	117	374.68	36
秦皇島	0.407	40	0.445	135	0.584	17	0.624	167	0.156	156	362.38	37
東莞	0.451	31	0.177	283	0.536	30	1	1	0.11	290	355.51	38
石家莊	0.451	31	0.54	66	0.378	133	0.605	191	0.225	31	347.16	39
紹興	0.32	62	0.232	267	0.562	22	0.682	105	0.22	36	336.72	40
威海	0.363	49	0.671	25	0.588	15	0.648	142	0.137	219	336.4	41
徐州	0.385	45	0.485	101	0.416	94	0.739	39	0.209	46	315.66	42
澳門	0.429	35	0.12	297	0.559	23	0.675	112	0.157	153	315.45	43
太原	0.407	40	0.288	249	0.31	202	0.686	100	0.274	19	295.27	44
長沙	0.429	35	0.328	230	0.334	178	0.755	24	0.224	32	283.62	45
三亞	0.341	57	0.281	252	0.553	25	0.503	256	0.208	49	276.17	46
鹽城	0.254	91	0.719	18	0.434	77	0.6	200	0.252	22	262.4	47

表 3.7 2013 年度城市環境資源區位競爭力排名

城市	區位指數	排名	自然資源指數	排名	環境資源指數	排名	環境品質指數	排名	環境改善投入指數	排名	環境資源區位競爭力	排名
高雄	0.473	27	0.145	288	0.415	95	0.675	112	0.177	92	261.92	48
台州	0.298	65	0.285	250	0.507	36	0.765	17	0.2	55	257.43	49
唐山	0.232	109	0.614	38	0.304	208	0.589	209	0.34	9	244.19	50
邯鄲	0.232	109	0.641	32	0.373	145	0.597	204	0.296	16	239.16	51
泉州	0.385	45	0.305	237	0.531	32	0.734	44	0.119	271	221.85	52
濟寧	0.232	109	0.708	21	0.459	56	0.695	87	0.213	44	218.83	53
新北	0.407	40	0.132	291	0.404	108	0.675	112	0.197	62	208.45	54
桂林	0.232	109	0.591	51	0.481	45	0.737	41	0.197	62	202.92	55
佛山	0.363	49	0.239	264	0.443	67	0.783	12	0.165	122	198.58	56
舟山	0.429	35	0.313	235	0.401	112	0.696	86	0.156	156	197.25	57
東營	0.21	124	0.504	86	0.523	34	0.81	4	0.18	88	196.26	58
淮安	0.298	65	0.399	178	0.441	68	0.629	161	0.214	43	190.37	59
金華	0.254	91	0.177	283	0.441	68	0.724	58	0.244	25	184.75	60
呼和浩特	0.341	57	0.632	35	0.26	239	0.66	133	0.246	24	177.16	61
嘉興	0.298	65	0.3	240	0.434	77	0.715	67	0.205	51	176.59	62
韶關	0.276	74	0.453	127	0.485	44	0.734	44	0.17	107	175.45	63
連雲港	0.298	65	0.39	186	0.538	29	0.564	226	0.159	143	161.48	64
漳州	0.32	62	0.495	95	0.435	76	0.801	6	0.133	232	137.92	65
台中	0.363	49	0.138	290	0.414	98	0.675	112	0.175	95	127.88	66
湖州	0.32	62	0.195	278	0.444	65	0.715	67	0.171	103	126.3	67
遼陽	0.254	91	0.472	113	0.426	83	0.728	54	0.187	78	124.23	68
基隆	0.429	35	0.124	293	0.405	107	0.675	112	0.136	227	118.37	69
聊城	0.21	124	0.709	20	0.454	60	0.599	202	0.193	70	114.86	70
濰坊	0.21	124	0.565	60	0.451	63	0.754	25	0.18	88	113.69	71
台南	0.363	49	0.162	287	0.414	98	0.675	112	0.162	135	106.96	72
汕頭	0.298	65	0.163	286	0.497	40	0.752	26	0.142	195	106.78	73
龍岩	0.21	124	0.504	86	0.452	62	0.75	30	0.182	86	105.77	74
三明	0.276	74	0.436	144	0.464	50	0.609	185	0.169	110	102.64	75
鎮江	0.276	74	0.242	263	0.417	92	0.735	43	0.186	79	92.12	76
鷹潭	0.232	109	0.405	170	0.375	138	0.848	2	0.191	73	81.48	77
烏魯木齊	0.341	57	0.284	251	0.455	59	0.519	252	0.152	168	74.51	78
溫州	0.341	57	0.202	276	0.439	70	0.687	99	0.138	210	74.08	79
盤錦	0.21	124	0.605	44	0.374	143	0.605	191	0.224	32	73.35	80
撫順	0.276	74	0.273	256	0.407	104	0.572	222	0.209	46	73.12	81
郴州	0.188	158	0.552	63	0.423	86	0.697	85	0.199	60	72.91	82
鞍山	0.254	91	0.506	83	0.393	118	0.47	271	0.221	35	69.88	83
德州	0.188	158	0.591	51	0.457	58	0.734	44	0.166	117	65.97	84
臨沂	0.188	158	0.589	53	0.477	46	0.748	32	0.15	176	61.99	85
阜新	0.276	74	0.671	25	0.399	116	0.641	151	0.15	176	61.33	86
營口	0.276	74	0.426	151	0.436	73	0.57	223	0.168	111	56.01	87
宿遷	0.254	91	0.497	94	0.454	60	0.63	159	0.151	172	54.53	88
揚州	0.276	74	0.343	221	0.404	108	0.756	23	0.158	148	53.57	89
大慶	0.188	158	0.855	6	0.422	88	0.704	77	0.154	162	52.05	90
新竹	0.363	49	0.121	295	0.411	101	0.675	112	0.137	219	48.6	91
莆田	0.298	65	0.29	247	0.46	55	0.781	14	0.11	290	44.55	92
茂名	0.276	74	0.485	101	0.348	168	0.72	62	0.173	99	42.38	93
中山	0.276	74	0.169	285	0.564	21	0.597	204	0.114	285	41.36	94
嘉義	0.363	49	0.122	294	0.408	103	0.675	112	0.135	228	40.57	95
棗莊	0.21	124	0.454	125	0.449	64	0.676	110	0.168	111	37.29	96
北海	0.298	65	0.402	175	0.436	73	0.607	187	0.139	208	36.62	97
株洲	0.276	74	0.469	116	0.383	128	0.647	144	0.165	122	34.37	98
鐵嶺	0.254	91	0.866	5	0.299	212	0.686	100	0.171	103	30.58	99
本溪	0.254	91	0.389	189	0.423	86	0.492	263	0.191	73	26.83	100
泰安	0.21	124	0.506	83	0.42	89	0.665	129	0.171	103	20.96	101
銀川	0.363	49	0.49	97	0.192	279	0.751	27	0.184	81	16.12	102
白城	0.166	185	0.81	10	0.275	227	0.525	250	0.267	21	15.88	103
南平	0.276	74	0.459	122	0.415	95	0.583	212	0.151	172	15.55	104

表 3.7 2013 年度城市環境資源區位競爭力排名

城市	區位指數	排名	自然資源指數	排名	環境資源指數	排名	環境品質指數	排名	環境改善投入指數	排名	環境資源區位競爭力	排名
菏澤	0.144	214	0.746	15	0.436	73	0.701	81	0.166	117	14.98	105
齊齊哈爾	0.254	91	1	1	0.273	231	0.526	249	0.191	73	12.77	106
湛江	0.298	65	0.397	180	0.326	189	0.723	61	0.161	139	5.86	107
錦州	0.276	74	0.699	23	0.337	177	0.648	142	0.148	184	3.07	108
新餘	0.21	124	0.252	260	0.426	83	0.761	19	0.167	115	0.4	109
保定	0.276	74	0.53	70	0.352	165	0.604	194	0.163	129	-4.65	110
柳州	0.276	74	0.326	231	0.388	122	0.297	293	0.219	37	-13.41	111
黃山	0.188	158	0.349	215	0.529	33	0.625	166	0.132	237	-14.54	112
銅陵	0.21	124	0.32	234	0.391	120	0.79	7	0.165	122	-14.95	113
拉薩	0.473	27	0.331	228	0.328	185	0.338	292	0.121	266	-17.1	114
襄陽	0.144	214	0.504	86	0.409	102	0.663	132	0.196	66	-20.36	115
貴港	0.21	124	0.403	173	0.381	130	0.644	146	0.183	84	-25.82	116
惠州	0.298	65	0.296	243	0.317	196	0.739	39	0.157	153	-26.95	117
十堰	0.166	185	0.455	123	0.5	39	0.689	98	0.13	242	-28.3	118
泰州	0.276	74	0.378	195	0.379	132	0.57	223	0.159	143	-28.32	119
張家口	0.254	91	0.565	60	0.331	181	0.591	208	0.173	99	-30.26	120
吉林	0.276	74	0.609	41	0.27	233	0.615	176	0.182	86	-31.54	121
九江	0.254	91	0.444	137	0.384	127	0.664	131	0.142	195	-33.73	122
寧德	0.232	109	0.453	127	0.417	92	0.724	58	0.125	252	-34.21	123
鄂爾多斯	0.21	124	0.489	99	0.23	261	0.787	9	0.223	34	-35.81	124
肇慶	0.254	91	0.432	149	0.4	113	0.643	148	0.137	219	-36.09	125
宜昌	0.144	214	0.605	44	0.437	71	0.64	152	0.164	126	-39.2	126
邢臺	0.232	109	0.618	37	0.329	184	0.682	105	0.159	143	-39.84	127
滄州	0.232	109	0.643	31	0.341	174	0.61	181	0.163	129	-40.98	128
衢州	0.254	91	0.396	182	0.462	53	0.537	242	0.124	256	-44.34	129
萊蕪	0.188	158	0.247	261	0.475	47	0.751	27	0.131	241	-47.5	130
蘭州	0.341	57	0.384	192	0.222	267	0.545	236	0.197	62	-48.54	131
江門	0.276	74	0.274	255	0.392	119	0.617	174	0.144	191	-49.25	132
佳木斯	0.188	158	0.951	3	0.239	253	0.598	203	0.205	51	-56	133
贛州	0.232	109	0.463	120	0.373	145	0.576	219	0.163	129	-57.87	134
吉安	0.21	124	0.529	72	0.378	133	0.725	57	0.138	210	-59.07	135
玉林	0.232	109	0.454	125	0.397	117	0.593	206	0.142	195	-69.48	136
隨州	0.1	281	0.294	245	0.588	15	0.554	232	0.142	195	-72.64	137
荊州	0.144	214	0.603	46	0.42	89	0.615	176	0.159	143	-75.41	138
濱州	0.166	185	0.649	29	0.458	57	0.589	209	0.125	252	-75.92	139
黃石	0.144	214	0.361	207	0.419	91	0.719	63	0.166	117	-76.95	140
丹東	0.254	91	0.418	157	0.323	191	0.428	281	0.2	55	-77.71	141
包頭	0.166	185	0.482	105	0.33	182	0.692	94	0.192	72	-77.78	142
遵義	0.122	251	0.536	68	0.462	53	0.608	186	0.154	162	-84.85	143
宜春	0.21	124	0.392	184	0.358	161	0.726	56	0.149	183	-86.73	144
咸寧	0.1	281	0.595	50	0.432	80	0.693	91	0.16	140	-86.99	145
安順	0.144	214	0.418	157	0.437	71	0.719	63	0.143	194	-90.69	146
鄂州	0.122	251	0.527	74	0.415	95	0.748	32	0.15	176	-92.41	147
大同	0.254	91	0.443	138	0.254	244	0.65	139	0.184	81	-93.14	148
蕪湖	0.21	124	0.403	173	0.327	187	0.717	65	0.162	135	-94.17	149
通化	0.166	185	0.575	56	0.28	225	0.624	167	0.209	46	-101.39	150
葫蘆島	0.188	158	0.416	161	0.413	100	0.589	209	0.148	184	-101.48	151
麗水	0.21	124	0.348	216	0.406	105	0.603	196	0.142	195	-104.33	152
梅州	0.254	91	0.518	77	0.309	203	0.578	217	0.152	168	-107.32	153
日照	0.166	185	0.408	169	0.463	51	0.445	276	0.158	148	-110.7	154
渭南	0.144	214	0.428	150	0.306	205	0.669	125	0.211	45	-112.42	155
滁州	0.21	124	0.455	123	0.317	196	0.678	109	0.158	148	-114.85	156
廊坊	0.21	124	0.61	39	0.357	162	0.538	241	0.146	187	-116.06	157
梧州	0.21	124	0.324	232	0.402	111	0.667	127	0.128	248	-116.44	158
婁底	0.122	251	0.381	193	0.363	154	0.64	152	0.201	53	-117.34	159
岳陽	0.188	158	0.501	89	0.293	217	0.73	50	0.168	111	-118.33	160
張家界	0.1	281	0.443	138	0.496	41	0.559	230	0.15	176	-119.85	161

表 3.7 2013 年度城市環境資源區位競爭力排名

城市	區位指數	排名	自然資源指數	排名	環境資源指數	排名	環境品質指數	排名	環境改善投入指數	排名	環境資源區位競爭力	排名
松原	0.188	158	0.937	4	0.297	213	0.65	139	0.132	237	-119.92	162
咸陽	0.122	251	0.626	36	0.292	218	0.652	136	0.208	49	-121.9	163
防城港	0.21	124	0.278	253	0.373	145	0.695	87	0.14	203	-122.25	164
常德	0.144	214	0.476	111	0.367	151	0.703	80	0.16	140	-124.32	165
荊門	0.144	214	0.516	79	0.4	113	0.479	267	0.18	88	-125.02	166
衡陽	0.188	158	0.434	148	0.362	156	0.552	234	0.168	111	-125.06	167
承德	0.21	124	0.5	90	0.339	175	0.541	238	0.162	135	-125.41	168
樂山	0.144	214	0.362	205	0.361	158	0.619	172	0.19	77	-126.63	169
臨汾	0.188	158	0.481	106	0.288	221	0.695	87	0.174	98	-130.38	170
安慶	0.21	124	0.549	65	0.306	205	0.704	77	0.14	203	-131.93	171
德陽	0.144	214	0.47	115	0.362	156	0.734	44	0.153	165	-132.74	172
四平	0.232	109	0.764	12	0.234	257	0.471	269	0.184	81	-137.23	173
晉中	0.21	124	0.641	32	0.294	216	0.606	189	0.152	168	-137.82	174
景德鎮	0.188	158	0.397	180	0.434	77	0.561	229	0.123	259	-141.96	175
淮南	0.188	158	0.291	246	0.316	199	0.69	96	0.173	99	-144.14	176
六盤水	0.166	185	0.39	186	0.425	85	0.63	159	0.126	251	-148.39	177
晉城	0.21	124	0.45	131	0.287	222	0.712	69	0.151	172	-148.57	178
蚌埠	0.188	158	0.465	117	0.287	222	0.757	21	0.153	165	-151.47	179
黃岡	0.122	251	0.445	135	0.404	108	0.623	169	0.156	156	-153.68	180
玉溪	0.21	124	0.533	69	0.323	191	0.68	107	0.125	252	-154.69	181
長治	0.21	124	0.344	220	0.259	241	0.699	83	0.176	94	-156.58	182
朝陽	0.21	124	0.568	59	0.359	159	0.465	273	0.141	201	-158.4	183
河源	0.232	109	0.409	167	0.328	185	0.709	70	0.115	282	-159.82	184
萍鄉	0.188	158	0.29	247	0.38	131	0.652	136	0.137	219	-160.41	185
益陽	0.122	251	0.435	146	0.368	149	0.704	77	0.158	148	-161.15	186
上饒	0.21	124	0.3	240	0.375	138	0.605	191	0.133	232	-161.74	187
綿陽	0.144	214	0.371	200	0.346	170	0.742	37	0.154	162	-164.32	188
洛陽	0.21	124	0.364	203	0.218	268	0.643	148	0.2	55	-168.43	189
來賓	0.144	214	0.393	183	0.388	122	0.698	84	0.135	228	-168.93	190
通遼	0.166	185	0.849	7	0.232	259	0.61	181	0.17	107	-172.54	191
六安	0.166	185	0.41	164	0.275	227	0.607	187	0.195	68	-174.58	192
孝感	0.122	251	0.441	141	0.4	113	0.655	134	0.141	201	-176.7	193
曲靖	0.166	185	0.606	43	0.261	238	0.647	144	0.171	103	-179.66	194
雲浮	0.21	124	0.451	130	0.353	164	0.604	194	0.118	274	-183.41	195
汕尾	0.254	91	0.237	265	0.321	194	0.686	100	0.115	282	-185.21	196
淮北	0.21	124	0.337	225	0.359	159	0.692	94	0.109	293	-186.67	197
陽江	0.254	91	0.362	205	0.308	204	0.54	239	0.134	231	-187.85	198
馬鞍山	0.21	124	0.404	172	0.296	215	0.674	122	0.138	210	-187.89	199
揭陽	0.188	158	0.351	213	0.343	172	0.709	70	0.125	252	-188.49	200
榆林	0.122	251	0.447	134	0.254	244	0.622	171	0.218	38	-189.26	201
雞西	0.188	158	0.518	77	0.273	231	0.542	237	0.175	95	-191.13	202
陽泉	0.21	124	0.368	201	0.302	209	0.629	161	0.142	195	-196.3	203
邵陽	0.166	185	0.527	74	0.35	166	0.61	181	0.129	244	-196.76	204
百色	0.144	214	0.634	34	0.391	120	0.448	275	0.137	219	-201.91	205
運城	0.188	158	0.597	47	0.248	251	0.629	161	0.156	156	-204.24	206
鶴崗	0.166	185	0.512	80	0.251	250	0.519	252	0.198	61	-204.27	207
朔州	0.232	109	0.53	70	0.269	235	0.654	135	0.12	269	-205.13	208
撫州	0.21	124	0.353	211	0.365	152	0.503	256	0.129	244	-206.39	209
南陽	0.122	251	0.69	24	0.225	265	0.606	189	0.201	53	-207	210
西寧	0.385	45	0.333	227	0.253	246	0.1	298	0.16	140	-208.06	211
伊春	0.188	158	0.597	47	0.327	187	0.52	251	0.132	237	-208.08	212
攀枝花	0.166	185	0.409	167	0.374	143	0.442	277	0.155	161	-208.49	213
開封	0.166	185	0.644	30	0.226	264	0.669	125	0.164	126	-211.92	214
廣元	0.122	251	0.329	229	0.375	138	0.636	155	0.15	176	-214.49	215
衡水	0.188	158	0.752	13	0.3	211	0.554	232	0.119	271	-215.07	216
欽州	0.21	124	0.387	190	0.387	124	0.433	278	0.12	269	-218.34	217
自貢	0.166	185	0.302	238	0.347	169	0.75	30	0.116	279	-222.83	218

表 3.7 2013 年度城市環境資源區位競爭力排名

城市	區位指數	排名	自然資源指數	排名	環境資源指數	排名	環境品質指數	排名	環境改善投入指數	排名	環境資源區位競爭力	排名
廣安	0.122	251	0.405	170	0.365	152	0.79	7	0.113	286	-224.63	219
阜陽	0.188	158	0.492	96	0.245	252	0.724	58	0.138	210	-228.69	220
銅川	0.166	185	0.373	198	0.314	200	0.592	207	0.151	172	-231.06	221
烏海	0.166	185	0.23	269	0.334	178	0.362	289	0.2	55	-231.19	222
遂寧	0.144	214	0.217	271	0.385	126	0.693	91	0.122	261	-235.38	223
安陽	0.144	214	0.61	39	0.202	275	0.686	100	0.178	91	-237.06	224
漢中	0.122	251	0.443	138	0.305	207	0.676	110	0.156	156	-237.21	225
黑河	0.166	185	0.747	14	0.154	286	0.601	198	0.191	73	-237.93	226
潮州	0.232	109	0.207	275	0.33	182	0.58	214	0.119	271	-238.11	227
焦作	0.166	185	0.417	159	0.228	262	0.612	179	0.185	80	-238.87	228
商丘	0.122	251	0.665	28	0.225	265	0.73	50	0.163	129	-238.88	229
白山	0.166	185	0.425	153	0.253	246	0.61	181	0.17	107	-240.04	230
永州	0.122	251	0.39	186	0.363	154	0.611	180	0.14	203	-242.6	231
延安	0.144	214	0.55	64	0.278	226	0.6	200	0.157	153	-242.66	232
信陽	0.122	251	0.49	97	0.257	243	0.706	75	0.167	115	-245.16	233
呂梁	0.188	158	0.48	108	0.274	229	0.627	164	0.133	232	-245.61	234
許昌	0.144	214	0.417	159	0.26	239	0.757	21	0.15	176	-245.68	235
寶雞	0.144	214	0.5	90	0.274	229	0.693	91	0.145	190	-246.8	236
赤峰	0.166	185	0.816	9	0.227	263	0.563	227	0.144	191	-251.25	237
石嘴山	0.1	281	0.364	203	0.344	171	0.55	235	0.173	99	-252.22	238
畢節	0.122	251	0.461	121	0.432	80	0.466	272	0.117	276	-252.53	239
宜賓	0.122	251	0.48	108	0.334	178	0.665	129	0.13	242	-253.68	240
湘潭	0.166	185	0.365	202	0.375	138	0.48	266	0.127	250	-256.84	241
平頂山	0.144	214	0.499	92	0.217	269	0.7	82	0.165	122	-265.35	242
瀘州	0.144	214	0.312	236	0.357	162	0.631	158	0.121	266	-268.16	243
南充	0.144	214	0.402	175	0.368	149	0.461	274	0.137	219	-269.46	244
達州	0.122	251	0.347	218	0.323	191	0.627	164	0.147	186	-273.84	245
周口	0.144	214	0.596	49	0.266	236	0.603	196	0.14	203	-275.87	246
新鄉	0.144	214	0.437	143	0.238	255	0.74	38	0.146	187	-278.52	247
忻州	0.188	158	0.574	57	0.264	237	0.489	264	0.137	219	-279.55	248
資陽	0.122	251	0.359	208	0.349	167	0.642	150	0.123	259	-283.55	249
崇左	0.144	214	0.416	161	0.383	128	0.387	288	0.133	232	-283.71	250
懷化	0.122	251	0.42	156	0.311	201	0.532	246	0.158	148	-285.04	251
清遠	0.254	91	0.481	106	0.289	220	0.291	294	0.128	248	-285.23	252
雅安	0.144	214	0.436	144	0.373	145	0.483	265	0.116	279	-288.55	253
鶴壁	0.144	214	0.422	154	0.253	246	0.709	70	0.14	203	-288.62	254
七台河	0.166	185	0.498	93	0.232	259	0.652	136	0.138	210	-292.57	255
宿州	0.188	158	0.508	81	0.259	241	0.582	213	0.122	261	-294.02	256
遼源	0.166	185	0.343	221	0.297	213	0.634	157	0.122	261	-294.5	257
雙鴨山	0.188	158	0.723	17	0.216	270	0.409	285	0.152	168	-297.45	258
賀州	0.144	214	0.336	226	0.375	138	0.502	258	0.113	286	-305.51	259
綏化	0.144	214	0.955	2	0.211	272	0.361	291	0.159	143	-308.3	260
呼倫貝爾	0.188	158	0.842	8	0.114	295	0.601	198	0.15	176	-311.85	261
銅仁	0.122	251	0.448	133	0.427	82	0.4	286	0.101	297	-314.2	262
巴中	0.144	214	0.375	196	0.339	175	0.54	239	0.117	276	-314.67	263
巴彥淖爾	0.166	185	0.796	11	0.12	293	0.497	260	0.183	84	-315.94	264
濮陽	0.144	214	0.471	114	0.239	253	0.671	124	0.135	228	-315.94	265
亳州	0.166	185	0.416	161	0.287	222	0.578	217	0.118	274	-317.36	266
池州	0.144	214	0.348	216	0.253	246	0.746	34	0.122	261	-324.21	267
牡丹江	0.166	185	0.58	54	0.199	276	0.614	178	0.137	219	-325.27	268
克拉瑪依	0.1	281	0.41	164	0.318	195	0.694	90	0.116	279	-325.59	269
烏蘭察布	0.166	185	0.719	18	0.103	297	0.65	139	0.164	126	-330.44	270
宣城	0.166	185	0.243	262	0.29	219	0.69	96	0.106	295	-333.95	271
內江	0.122	251	0.26	258	0.325	190	0.672	123	0.115	282	-334.62	272
漯河	0.122	251	0.401	177	0.215	271	0.751	27	0.144	191	-334.65	273
保山	0.144	214	0.484	103	0.27	233	0.515	254	0.133	232	-339.97	274
眉山	0.144	214	0.41	164	0.317	196	0.427	282	0.132	237	-341.39	275

表 3.7 2013 年度城市環境資源區位競爭力排名

城市	區位指數	排名	自然資源指數	排名	環境資源指數	排名	環境品質指數	排名	環境改善投入指數	排名	環境資源區位競爭力	排名
河池	0.144	214	0.345	219	0.376	137	0.252	297	0.138	210	-346.5	276
駐馬店	0.144	214	0.573	58	0.178	281	0.68	107	0.138	210	-347.46	277
吳忠	0.122	251	0.537	67	0.183	280	0.64	152	0.146	187	-375.35	278
嘉峪關	0.122	251	0.269	257	0.302	209	0.362	289	0.163	129	-376.74	279
金昌	0.122	251	0.453	127	0.169	282	0.579	216	0.166	117	-390.74	280
三門峽	0.144	214	0.508	81	0.204	274	0.576	219	0.124	256	-397.59	281
張掖	0.1	281	0.562	62	0.153	287	0.497	260	0.153	165	-463.57	282
中衛	0.1	281	0.476	111	0.169	282	0.575	221	0.139	208	-464.84	283
酒泉	0.1	281	0.398	179	0.155	285	0.527	248	0.163	129	-466.14	284
麗江	0.1	281	0.351	213	0.236	256	0.432	279	0.138	210	-475.03	285
安康	0.122	251	0.356	210	0.233	258	0.567	225	0.1	298	-475.23	286
普洱	0.1	281	0.342	223	0.196	277	0.58	214	0.129	244	-481.22	287
昭通	0.122	251	0.465	117	0.195	278	0.422	283	0.117	276	-511.84	288
固原	0.1	281	0.578	55	0.165	284	0.532	246	0.112	289	-514.24	289
臨滄	0.1	281	0.379	194	0.206	273	0.556	231	0.107	294	-514.86	290
武威	0.122	251	0.505	85	0.138	289	0.39	287	0.138	210	-534.03	291
平涼	0.1	281	0.483	104	0.145	288	0.471	269	0.129	244	-545.01	292
天水	0.1	281	0.44	142	0.11	296	0.623	169	0.113	286	-565.88	293
白銀	0.1	281	0.525	76	0.138	289	0.416	284	0.124	256	-570.6	294
慶陽	0.1	281	0.528	73	0.129	292	0.511	255	0.11	290	-573.39	295
隴南	0.1	281	0.391	185	0.116	294	0.535	244	0.102	296	-620.87	296
商洛	0.122	251	0.3	240	0.1	298	0.429	280	0.122	261	-630.56	297
定西	0.1	281	0.464	119	0.13	291	0.261	296	0.121	266	-653.64	298

3.8 城市人力資本教育競爭力排名及二級指標分值

二十一世紀的競爭是人才資源的競爭，而人才的競爭力和一個國家或地區教育水準的高低密切相關。一個國家或地區的教育水準和人才素質的高低直接影響其競爭力。在當今全球化進程逐步加快的進程中，人才的流動不僅僅是一國範圍內的流動，還是全球範圍內的人才合作與交流。世界各國對人才資源開發和利用的競爭日趨激烈。對城市而言，人才資源已成為最為稀缺的資源之一，如何開發和利用人才資源已成為每個城市在激烈的區域性和國際性競爭中能否居於優勢地位的重要因素。城市要想提高自身競爭力，就必須加強人才資源的開發和利用，也就是要營造吸引人才的環境和提升培養人才的教育水平。

城市人力資本教育競爭力比較評價指標體系包括人力資本規模指數、人力資本素質指數、人力資本投入指數、人力資本吸引指數和人力資本設施指數 5 個二級指標，人力資本規模、人力資本基本投入等 22 個三級指標。人力資本規模指數反映了城市在勞動力規模、勞動力儲備及教育支出上的相對數量，體現了人力的集聚能力，人力資本投入指數體現了城市在勞動力工資和教育上的投入水平，這是吸引人力資本的關鍵因素之一，人力資本素質指數則描述了城市居民的整體素質，它直接與城市的發展水平密切相關，具有高素質人力資本的城市，其發展也就具備了智力上的保障，人力資本吸引指數則刻畫了城市對外來人才的吸引程度，經濟越發達、社會體制越完善的城市其對人才的吸引力越高。人力資本教育設施指數體現了城市在基礎教育和高等教育的基本狀況，也在一定程度上體現了城市對人力資本再生產的重視程度。

在 2013 年 298 個城市人力資本競爭力排名中，有 90 個城市處於平均水平之上，占 30. 20%。人力資本競爭力得分的標準差為 6. 310，比 2012 年有所下降，中斷了自 2010 年以來的上升勢頭，這說明城市之間人力資本上的競爭雖然愈發激烈，一線城市、中心城市對人才的聚集能力依然較強，但是隨著一線城市、中心城市高房價、高擁堵等大都市病的不斷顯現，城市之間的人才流動可能出現由一線城市、中心城市向二、三線乃至四線城市反向流動的趨勢。城市人力資本教育競爭力具體排名請見表 3.8。

表 3.8 2013 年度城市人力資本教育競爭力排名

城市	人力資本規模指數	排名	人力資本投入指數	排名	人力資本素質指數	排名	人力資本吸引指數	排名	人力資本教育設施指數	排名	人力資本教育競爭力	排名
北京	1	1	0.611	7	1	1	0.891	3	1	1	3955.98	1
香港	0.775	4	1	1	0.722	4	0.862	6	0.489	23	3368.16	2
上海	0.931	2	0.615	6	0.817	2	0.895	2	0.759	4	3324.64	3
臺北	0.396	22	0.958	2	0.391	24	0.862	6	0.457	26	2277.77	4
廣州	0.725	5	0.435	17	0.434	14	0.891	3	0.815	3	2197.05	5
天津	0.627	6	0.44	16	0.549	7	0.716	12	0.686	9	1971.62	6
深圳	0.519	12	0.428	18	0.733	3	1	1	0.224	208	1844.4	7
南京	0.59	8	0.408	20	0.508	8	0.712	13	0.698	8	1812.03	8
澳門	0.236	150	0.855	3	0.277	161	0.678	18	0.514	20	1614.8	9
武漢	0.626	7	0.327	45	0.345	49	0.627	23	0.882	2	1578.6	10
重慶	0.782	3	0.288	77	0.403	19	0.652	21	0.643	11	1536.47	11
杭州	0.541	10	0.413	19	0.405	18	0.711	14	0.505	22	1382.9	12
成都	0.58	9	0.3	69	0.392	23	0.669	20	0.609	12	1279.4	13
瀋陽	0.419	19	0.339	43	0.494	9	0.616	27	0.565	14	1224.5	14
濟南	0.491	13	0.316	55	0.339	56	0.623	25	0.718	7	1201.08	15
鄭州	0.522	11	0.252	126	0.361	37	0.605	28	0.737	5	1158.02	16
西安	0.475	14	0.296	72	0.391	24	0.54	31	0.72	6	1153.28	17
蘇州	0.443	15	0.389	24	0.464	12	0.69	17	0.366	39	1140.03	18
大連	0.396	22	0.379	25	0.406	17	0.718	11	0.461	25	1103.82	19
長沙	0.43	16	0.322	50	0.389	27	0.6	29	0.565	14	1025.92	20
拉薩	0.356	32	0.521	12	0.47	11	0.331	77	0.344	46	943.74	21
哈爾濱	0.43	16	0.252	126	0.345	49	0.578	30	0.667	10	919.63	22
青島	0.412	20	0.317	52	0.359	39	0.706	15	0.429	28	887.21	23
新北	0.378	28	0.606	8	0.286	131	0.452	48	0.29	89	884.65	24
長春	0.377	30	0.296	72	0.429	15	0.492	37	0.568	13	883.87	25
廈門	0.333	38	0.351	38	0.458	13	0.704	16	0.291	87	857.65	26
無錫	0.35	35	0.392	23	0.427	16	0.635	22	0.295	79	846.74	27
合肥	0.411	21	0.327	45	0.353	44	0.538	33	0.518	18	844.72	28
佛山	0.296	50	0.294	74	0.601	6	0.747	9	0.166	285	832.3	29
寧波	0.386	25	0.376	27	0.393	22	0.675	19	0.283	101	829.56	30
高雄	0.33	39	0.624	5	0.265	197	0.452	48	0.261	135	794.01	31
太原	0.356	32	0.326	49	0.362	36	0.534	35	0.513	21	783.82	32
新竹	0.179	283	0.77	4	0.223	291	0.452	48	0.222	211	774.74	33
珠海	0.278	64	0.317	52	0.479	10	0.725	10	0.217	222	697.62	34
烏魯木齊	0.273	72	0.348	41	0.604	5	0.367	68	0.276	111	696.14	35
南昌	0.396	22	0.284	81	0.322	67	0.492	37	0.525	17	666.67	36
中山	0.285	59	0.368	29	0.397	21	0.755	8	0.184	267	658.57	37
昆明	0.421	18	0.299	70	0.32	69	0.492	37	0.465	24	653.71	38
福州	0.383	26	0.303	66	0.328	62	0.54	31	0.429	28	630.84	39
東莞	0.291	51	0.365	32	0.323	66	0.874	5	0.164	287	628.68	40
台中	0.312	44	0.536	11	0.262	211	0.452	48	0.265	132	609.43	41
石家莊	0.38	27	0.242	151	0.282	142	0.536	34	0.548	16	572.99	42
蘭州	0.341	36	0.275	97	0.374	31	0.419	58	0.44	27	506.43	43
基隆	0.176	285	0.604	9	0.236	283	0.452	48	0.234	189	498.92	44
常州	0.308	46	0.368	29	0.384	29	0.489	42	0.244	168	496.22	45
台南	0.259	92	0.517	13	0.26	221	0.452	48	0.239	179	480.16	46
溫州	0.374	31	0.305	64	0.314	75	0.624	24	0.25	157	473.16	47
南寧	0.378	28	0.281	86	0.284	135	0.491	41	0.399	32	435.43	48
南通	0.29	53	0.327	45	0.389	27	0.492	37	0.253	151	421.71	49
克拉瑪依	0.214	216	0.468	15	0.363	35	0.273	113	0.299	76	405.26	50

表 3.8 2013 年度城市人力資本教育競爭力排名

城市	人力資本規模指數	排名	人力資本投入指數	排名	人力資本素質指數	排名	人力資本吸引指數	排名	人力資本教育設施指數	排名	人力資本教育競爭力	排名
鄂爾多斯	0.212	224	0.474	14	0.391	24	0.221	174	0.282	102	395.18	51
大慶	0.223	186	0.361	35	0.354	43	0.454	47	0.319	57	390.06	52
嘉義	0.168	291	0.558	10	0.247	260	0.452	48	0.199	247	382.25	53
貴陽	0.327	40	0.277	94	0.333	61	0.461	46	0.348	43	361.05	54
徐州	0.325	41	0.282	85	0.336	57	0.449	56	0.286	94	293.34	55
舟山	0.207	236	0.399	21	0.334	60	0.341	73	0.292	86	278.13	56
呼和浩特	0.277	66	0.31	58	0.277	161	0.465	45	0.33	49	257.67	57
包頭	0.247	118	0.35	40	0.358	40	0.339	75	0.239	179	211.12	58
嘉興	0.27	79	0.314	56	0.325	63	0.471	43	0.212	227	206.41	59
唐山	0.276	68	0.302	67	0.303	84	0.372	65	0.32	56	190.06	60
東營	0.258	95	0.351	38	0.369	32	0.254	120	0.257	143	187.45	61
煙臺	0.311	45	0.27	102	0.32	69	0.292	94	0.349	42	160.18	62
鎮江	0.264	83	0.308	62	0.349	46	0.298	91	0.279	105	148.27	63
銀川	0.22	196	0.363	33	0.316	72	0.351	71	0.226	204	130.38	64
海口	0.273	72	0.266	109	0.309	78	0.467	44	0.241	175	125.28	65
榆林	0.249	115	0.353	37	0.345	49	0.162	244	0.315	61	125.15	66
泉州	0.336	37	0.249	139	0.274	172	0.382	62	0.316	60	122.29	67
吉林	0.25	110	0.244	146	0.345	49	0.37	67	0.321	55	118.78	68
威海	0.258	95	0.257	123	0.36	38	0.294	92	0.317	59	102.47	69
淄博	0.275	69	0.277	94	0.356	41	0.294	92	0.267	129	97.75	70
濰坊	0.356	32	0.259	120	0.288	125	0.251	121	0.333	48	89.14	71
秦皇島	0.219	199	0.259	120	0.308	80	0.372	65	0.351	41	86.31	72
固原	0.314	43	0.31	58	0.287	126	0.124	294	0.389	35	80.27	73
金華	0.297	48	0.311	57	0.301	88	0.34	74	0.21	230	75.58	74
淮南	0.214	216	0.377	26	0.301	88	0.246	142	0.258	142	69.34	75
湖州	0.242	132	0.297	71	0.309	78	0.418	59	0.208	236	64.3	76
株洲	0.251	108	0.266	109	0.355	42	0.29	97	0.284	98	62.01	77
紹興	0.287	57	0.287	78	0.306	82	0.379	63	0.209	234	59.63	78
呼倫貝爾	0.21	229	0.27	102	0.353	44	0.187	192	0.397	33	51.07	79
蕪湖	0.263	84	0.301	68	0.31	76	0.287	102	0.269	124	50.83	80
陽泉	0.208	234	0.347	42	0.292	114	0.269	119	0.277	109	34.48	81
衢州	0.224	184	0.373	28	0.301	88	0.283	110	0.192	256	31.24	82
麗水	0.233	158	0.366	31	0.28	151	0.281	111	0.222	211	28.67	83
大同	0.204	243	0.317	52	0.303	84	0.288	100	0.295	79	27.47	84
鹽城	0.297	48	0.251	134	0.325	63	0.285	107	0.274	114	24.12	85
廊坊	0.277	66	0.285	80	0.276	166	0.25	123	0.329	50	17.89	86
揚州	0.263	84	0.289	76	0.319	71	0.289	98	0.244	168	15.68	87
惠州	0.289	55	0.252	126	0.269	185	0.512	36	0.166	285	12.13	88
本溪	0.172	287	0.252	126	0.336	57	0.271	114	0.385	37	8.35	89
連雲港	0.249	115	0.275	97	0.301	88	0.366	69	0.235	186	3.96	90
攀枝花	0.219	199	0.307	63	0.402	20	0.213	175	0.187	263	-3.26	91
淮安	0.275	69	0.263	115	0.306	82	0.325	87	0.245	163	-5.56	92
綿陽	0.228	173	0.264	114	0.291	118	0.405	61	0.247	160	-9.91	93
三亞	0.215	209	0.27	102	0.365	33	0.301	90	0.226	204	-12.6	94
馬鞍山	0.213	221	0.335	44	0.315	73	0.246	142	0.23	197	-19.71	95
桂林	0.272	77	0.234	164	0.286	131	0.329	79	0.308	67	-20.85	96
泰州	0.254	103	0.27	102	0.303	84	0.286	105	0.268	125	-30.7	97
長治	0.237	147	0.279	91	0.28	151	0.249	125	0.326	52	-38.95	98
淮北	0.199	255	0.362	34	0.293	110	0.246	142	0.212	227	-40.83	99
晉城	0.221	194	0.356	36	0.25	255	0.249	125	0.255	146	-42.48	100
保定	0.3	47	0.213	195	0.273	176	0.329	79	0.31	65	-43.2	101
撫順	0.189	272	0.257	123	0.324	65	0.251	121	0.344	46	-45.67	102
三明	0.229	169	0.269	107	0.292	114	0.329	79	0.261	135	-49.71	103
韶關	0.172	287	0.248	142	0.321	68	0.45	55	0.218	218	-50.73	104
台州	0.281	62	0.304	65	0.287	126	0.292	94	0.184	267	-51.23	105
柳州	0.244	128	0.269	107	0.279	156	0.333	76	0.257	143	-53.6	106
赤峰	0.231	163	0.28	88	0.335	59	0.183	198	0.285	96	-62.58	107

表 3.8 2013 年度城市人力資本教育競爭力排名

城市	人力資本規模指數	排名	人力資本投入指數	排名	人力資本素質指數	排名	人力資本吸引指數	排名	人力資本教育設施指數	排名	人力資本教育競爭力	排名
邯鄲	0.263	84	0.248	142	0.295	105	0.328	84	0.234	189	-73.75	108
嘉峪關	0.166	293	0.393	22	0.345	49	0.176	201	0.146	294	-75.11	109
晉中	0.256	99	0.266	109	0.265	197	0.249	125	0.314	62	-77.47	110
漳州	0.245	125	0.237	158	0.261	216	0.373	64	0.272	119	-87.55	111
濟寧	0.274	71	0.277	94	0.263	205	0.247	137	0.267	129	-92.24	112
莆田	0.238	143	0.239	155	0.289	121	0.325	87	0.268	125	-94.83	113
延安	0.245	125	0.327	45	0.295	105	0.164	230	0.236	184	-94.9	114
玉溪	0.227	174	0.27	102	0.276	166	0.331	77	0.234	189	-103.95	115
忻州	0.253	105	0.21	203	0.252	250	0.249	125	0.396	34	-113.11	116
洛陽	0.272	77	0.232	168	0.315	73	0.247	137	0.253	151	-113.67	117
江門	0.261	90	0.215	193	0.289	121	0.422	57	0.19	260	-114.78	118
龍岩	0.222	190	0.252	126	0.296	101	0.242	154	0.299	76	-116.66	119
西寧	0.201	250	0.278	93	0.235	284	0.351	71	0.279	105	-117.49	120
萊蕪	0.204	243	0.271	100	0.307	81	0.25	123	0.266	131	-117.64	121
朔州	0.214	216	0.279	91	0.31	76	0.249	125	0.234	189	-123	122
寶雞	0.241	135	0.252	126	0.349	46	0.165	224	0.261	135	-124.08	123
岳陽	0.238	143	0.203	226	0.377	30	0.247	137	0.239	179	-125.39	124
邢臺	0.254	103	0.237	158	0.282	142	0.329	79	0.231	196	-128.73	125
德陽	0.198	257	0.291	75	0.27	183	0.327	86	0.219	216	-130.94	126
阜新	0.205	241	0.225	180	0.263	205	0.229	167	0.406	30	-131.1	127
通遼	0.209	231	0.244	146	0.275	168	0.185	197	0.388	36	-132.63	128
錦州	0.24	139	0.227	176	0.297	97	0.271	114	0.282	102	-133.92	129
鞍山	0.222	190	0.233	167	0.3	93	0.271	114	0.285	96	-134.86	130
寧德	0.222	190	0.271	100	0.271	179	0.24	161	0.288	92	-136.97	131
滄州	0.247	118	0.249	139	0.263	205	0.248	133	0.302	73	-137.86	132
百色	0.321	42	0.222	184	0.13	296	0.162	244	0.517	19	-144.58	133
宣城	0.241	135	0.283	83	0.267	189	0.162	244	0.304	71	-149.04	134
衡陽	0.27	79	0.201	231	0.296	101	0.244	150	0.304	71	-149.52	135
泰安	0.258	95	0.243	149	0.271	179	0.248	133	0.268	125	-161.02	136
銅陵	0.167	292	0.31	58	0.266	193	0.248	133	0.26	141	-161.87	137
白山	0.199	255	0.208	212	0.283	136	0.209	176	0.401	31	-162.02	138
張家口	0.229	169	0.231	171	0.287	126	0.307	89	0.245	163	-166.21	139
臨沂	0.282	61	0.258	122	0.26	221	0.245	147	0.229	200	-166.75	140
安康	0.252	107	0.272	99	0.28	151	0.16	257	0.275	113	-171.43	141
肇慶	0.242	132	0.235	162	0.282	142	0.329	79	0.2	245	-181.61	142
呂梁	0.244	128	0.28	88	0.243	270	0.187	192	0.289	91	-184.37	143
銅川	0.239	140	0.249	139	0.286	131	0.166	220	0.301	74	-184.78	144
承德	0.22	196	0.24	154	0.299	96	0.245	147	0.251	154	-188.78	145
烏海	0.17	290	0.321	51	0.301	88	0.187	192	0.21	230	-192.48	146
雞西	0.184	277	0.208	212	0.347	48	0.208	184	0.3	75	-192.99	147
湘潭	0.231	163	0.225	180	0.278	158	0.246	142	0.286	94	-196.68	148
白銀	0.212	224	0.283	83	0.25	255	0.164	230	0.313	63	-197.44	149
佳木斯	0.227	174	0.206	217	0.345	49	0.187	192	0.273	116	-197.72	150
平頂山	0.236	150	0.252	126	0.28	151	0.203	187	0.261	135	-204.08	151
齊齊哈爾	0.231	163	0.204	223	0.254	241	0.328	84	0.276	111	-211.9	152
鶴崗	0.188	274	0.263	115	0.261	216	0.227	172	0.293	82	-212.43	153
金昌	0.182	279	0.309	61	0.291	118	0.167	206	0.228	201	-213.34	154
咸陽	0.263	84	0.226	178	0.265	197	0.163	237	0.319	57	-214.72	155
湛江	0.246	120	0.194	246	0.262	211	0.409	60	0.197	250	-215.97	156
南平	0.209	231	0.23	172	0.264	201	0.241	158	0.305	69	-218.52	157
清遠	0.239	140	0.266	109	0.27	183	0.243	152	0.203	241	-219.77	158
日照	0.215	209	0.26	118	0.266	193	0.247	137	0.24	178	-219.81	159
黃山	0.202	247	0.247	144	0.257	230	0.244	150	0.29	89	-221.05	160
營口	0.239	140	0.222	184	0.293	110	0.271	114	0.218	218	-223.19	161
宿遷	0.259	92	0.221	187	0.296	101	0.284	109	0.177	275	-230.78	162
平涼	0.226	177	0.26	118	0.254	241	0.161	251	0.305	69	-231.04	163
郴州	0.223	186	0.241	152	0.259	223	0.286	105	0.224	208	-239.1	164

表 3.8 2013 年度城市人力資本教育競爭力排名

城市	人力資本規模指數	排名	人力資本投入指數	排名	人力資本素質指數	排名	人力資本吸引指數	排名	人力資本教育設施指數	排名	人力資本教育競爭力	排名
茂名	0.213	221	0.204	223	0.282	142	0.361	70	0.204	240	-239.47	165
宿州	0.246	120	0.234	164	0.275	168	0.24	161	0.223	210	-243.2	166
景德鎮	0.219	199	0.195	243	0.297	97	0.249	125	0.277	109	-244.33	167
松原	0.201	250	0.227	176	0.259	223	0.229	167	0.311	64	-245.99	168
四平	0.198	257	0.182	260	0.267	189	0.288	100	0.327	51	-249.14	169
商洛	0.251	108	0.212	197	0.291	118	0.164	230	0.287	93	-249.57	170
棗莊	0.225	179	0.243	149	0.253	249	0.246	142	0.245	163	-256.05	171
安慶	0.237	147	0.228	175	0.255	236	0.241	158	0.255	146	-258.63	172
漢中	0.241	135	0.244	146	0.278	158	0.161	251	0.254	149	-260.98	173
遼陽	0.206	240	0.252	126	0.275	168	0.229	167	0.228	201	-261.62	174
汕頭	0.214	216	0.221	187	0.135	295	0.62	26	0.155	292	-265.39	175
遼源	0.183	278	0.185	257	0.282	142	0.229	167	0.348	43	-266.43	176
十堰	0.231	163	0.186	253	0.278	158	0.289	98	0.255	146	-266.5	177
定西	0.29	53	0.223	183	0.244	267	0.161	251	0.279	105	-267.65	178
牡丹江	0.225	179	0.206	217	0.296	101	0.169	204	0.293	82	-270.71	179
丹東	0.195	259	0.179	264	0.281	149	0.271	114	0.309	66	-271.38	180
石嘴山	0.166	293	0.281	86	0.3	93	0.124	294	0.261	135	-272.02	181
慶陽	0.193	262	0.245	145	0.257	230	0.159	264	0.323	54	-273.4	182
鐵嶺	0.205	241	0.222	184	0.282	142	0.209	176	0.272	119	-275.15	183
臨汾	0.238	143	0.189	248	0.237	280	0.249	125	0.324	53	-275.73	184
九江	0.273	72	0.197	240	0.272	178	0.209	176	0.254	149	-277.29	185
河源	0.232	160	0.211	201	0.267	189	0.239	165	0.257	143	-277.85	186
濱州	0.246	120	0.238	156	0.266	193	0.186	196	0.239	179	-279.71	187
滁州	0.256	99	0.238	156	0.247	260	0.242	154	0.207	237	-283.31	188
常德	0.204	243	0.202	229	0.293	110	0.224	173	0.268	125	-287.16	189
烏蘭察布	0.149	297	0.251	134	0.283	136	0.173	202	0.293	82	-295.7	190
蚌埠	0.212	224	0.224	182	0.277	161	0.242	154	0.22	214	-299.41	191
安陽	0.25	110	0.196	241	0.297	97	0.182	199	0.244	168	-300.87	192
池州	0.207	236	0.265	113	0.262	211	0.16	257	0.241	175	-302.92	193
阜陽	0.278	64	0.216	190	0.24	276	0.236	166	0.213	226	-308.49	194
通化	0.209	231	0.188	250	0.277	161	0.229	167	0.284	98	-309.43	195
新鄉	0.266	82	0.163	286	0.293	110	0.164	230	0.291	87	-312.43	196
廣元	0.229	169	0.25	136	0.274	172	0.157	277	0.216	224	-318.09	197
渭南	0.248	117	0.234	164	0.228	288	0.164	230	0.28	104	-318.83	198
益陽	0.217	208	0.195	243	0.283	136	0.162	244	0.299	76	-320.43	199
梅州	0.175	286	0.212	197	0.269	185	0.28	112	0.241	175	-323.17	200
三門峽	0.215	209	0.236	160	0.282	142	0.166	220	0.227	203	-324.38	201
曲靖	0.241	135	0.25	136	0.249	258	0.209	176	0.189	261	-324.93	202
巴彥淖爾	0.178	284	0.25	136	0.279	156	0.181	200	0.236	184	-325.04	203
自貢	0.21	229	0.23	172	0.294	107	0.24	161	0.168	283	-325.23	204
萍鄉	0.215	209	0.21	203	0.294	107	0.209	176	0.217	222	-328.91	205
北海	0.201	250	0.211	201	0.273	176	0.287	102	0.197	250	-328.96	206
宜昌	0.26	91	0.168	282	0.292	114	0.168	205	0.274	114	-330.2	207
衡水	0.215	209	0.189	248	0.263	205	0.248	133	0.261	135	-330.79	208
贛州	0.287	57	0.181	261	0.289	121	0.167	206	0.222	211	-336.44	209
麗江	0.229	169	0.215	193	0.255	236	0.167	206	0.273	116	-338.71	210
白城	0.202	247	0.156	291	0.246	265	0.209	176	0.376	38	-340.9	211
雲浮	0.232	160	0.199	237	0.268	187	0.24	161	0.218	218	-340.98	212
隴南	0.259	92	0.194	246	0.237	280	0.1	298	0.352	40	-341.14	213
梧州	0.207	236	0.204	223	0.285	134	0.285	107	0.175	279	-342.94	214
焦作	0.255	101	0.201	231	0.277	161	0.165	224	0.235	186	-344.08	215
宜賓	0.238	143	0.235	162	0.264	201	0.158	272	0.219	216	-345.88	216
遵義	0.237	147	0.287	78	0.181	293	0.156	283	0.251	154	-347.72	217
六盤水	0.219	199	0.284	81	0.251	254	0.161	251	0.163	288	-358.32	218
河池	0.244	128	0.201	231	0.252	250	0.159	264	0.271	121	-359.3	219
新餘	0.187	275	0.181	261	0.365	33	0.167	206	0.2	245	-360.54	220
德州	0.226	177	0.186	253	0.254	241	0.247	137	0.243	174	-360.97	221

表 3.8 2013 年度城市人力資本教育競爭力排名

城市	人力資本規模指數	排名	人力資本投入指數	排名	人力資本素質指數	排名	人力資本吸引指數	排名	人力資本教育設施指數	排名	人力資本教育競爭力	排名
信陽	0.291	51	0.178	267	0.265	197	0.152	292	0.246	161	-362.07	222
吳忠	0.189	272	0.28	88	0.275	168	0.124	294	0.191	258	-363.64	223
永州	0.219	199	0.216	190	0.297	97	0.159	264	0.205	238	-365.38	224
臨滄	0.25	110	0.205	220	0.25	255	0.167	206	0.251	154	-365.95	225
雅安	0.212	224	0.203	226	0.294	107	0.165	224	0.23	197	-367.51	226
酒泉	0.182	279	0.261	117	0.247	260	0.171	203	0.225	206	-372.95	227
防城港	0.193	262	0.232	168	0.262	211	0.165	224	0.244	168	-373.99	228
天水	0.253	105	0.186	253	0.252	250	0.161	251	0.271	121	-376.55	229
潮州	0.2	254	0.2	236	0.255	236	0.292	94	0.195	254	-377.62	230
上饒	0.288	56	0.179	264	0.274	172	0.167	206	0.209	234	-379.01	231
崇左	0.227	174	0.185	257	0.256	232	0.157	277	0.293	82	-379.75	232
聊城	0.214	216	0.196	241	0.267	189	0.205	186	0.235	186	-381.53	233
安順	0.235	153	0.241	152	0.237	280	0.157	277	0.22	214	-381.83	234
六安	0.285	59	0.18	263	0.233	286	0.198	191	0.238	183	-383.2	235
盤錦	0.195	259	0.212	197	0.261	216	0.209	176	0.233	193	-383.84	236
濮陽	0.218	207	0.22	189	0.287	126	0.163	237	0.192	256	-386.38	237
樂山	0.19	268	0.21	203	0.283	136	0.162	244	0.244	168	-386.48	238
黃石	0.192	264	0.173	275	0.3	93	0.287	102	0.178	273	-387.45	239
保山	0.235	153	0.174	274	0.263	205	0.167	206	0.279	105	-388	240
昭通	0.273	72	0.232	168	0.239	278	0.167	206	0.178	273	-388.78	241
七台河	0.192	264	0.23	172	0.289	121	0.166	220	0.195	254	-390.58	242
南陽	0.279	63	0.168	282	0.271	179	0.16	257	0.23	197	-395.49	243
朝陽	0.202	247	0.209	210	0.239	278	0.209	176	0.248	159	-398.85	244
開封	0.23	168	0.175	271	0.254	241	0.245	147	0.225	206	-399.13	245
懷化	0.222	190	0.212	197	0.241	274	0.163	237	0.252	153	-401.02	246
襄陽	0.244	128	0.164	285	0.283	136	0.163	237	0.245	163	-405.09	247
武威	0.236	150	0.179	264	0.242	271	0.164	230	0.284	98	-408.47	248
中衛	0.219	199	0.257	123	0.264	201	0.105	297	0.186	264	-412.62	249
來賓	0.232	160	0.213	195	0.261	216	0.157	277	0.205	238	-413.9	250
商丘	0.263	84	0.17	277	0.268	187	0.158	272	0.232	195	-414.61	251
鶴壁	0.207	236	0.205	220	0.287	126	0.166	220	0.189	261	-427.68	252
張家界	0.191	266	0.205	220	0.261	216	0.203	187	0.215	225	-428.07	253
張掖	0.215	209	0.175	271	0.242	271	0.163	237	0.294	81	-429	254
亳州	0.25	110	0.21	203	0.244	267	0.157	277	0.201	244	-432.18	255
孝感	0.246	120	0.159	290	0.34	55	0.162	244	0.148	293	-432.89	256
鷹潭	0.182	279	0.208	212	0.292	114	0.167	206	0.198	248	-435.74	257
揭陽	0.258	95	0.17	277	0.254	241	0.243	152	0.168	283	-440.61	258
婁底	0.191	266	0.203	226	0.242	271	0.16	257	0.265	132	-441.33	259
周口	0.27	79	0.175	271	0.254	241	0.156	283	0.21	230	-445.4	260
葫蘆島	0.19	268	0.208	212	0.24	276	0.167	206	0.249	158	-449.59	261
撫州	0.235	153	0.17	277	0.271	179	0.167	206	0.218	218	-451.22	262
荊門	0.211	228	0.163	286	0.266	193	0.164	230	0.263	134	-451.53	263
普洱	0.242	132	0.169	280	0.245	266	0.167	206	0.245	163	-455.32	264
汕尾	0.208	234	0.199	237	0.254	241	0.241	158	0.157	291	-457.83	265
瀘州	0.234	156	0.206	217	0.264	201	0.201	190	0.135	295	-461.47	266
南充	0.245	125	0.208	212	0.244	267	0.158	272	0.179	271	-464.77	267
運城	0.225	179	0.202	229	0.148	294	0.249	125	0.273	116	-464.79	268
邵陽	0.246	120	0.188	250	0.241	274	0.203	187	0.177	275	-466.24	269
宜春	0.223	186	0.178	267	0.281	149	0.167	206	0.185	266	-473.68	270
許昌	0.163	296	0.199	237	0.259	223	0.161	251	0.244	168	-479.38	271
賀州	0.213	221	0.195	243	0.256	232	0.159	264	0.203	241	-480.55	272
綏化	0.224	184	0.138	295	0.234	285	0.163	237	0.308	67	-485.44	273
玉林	0.225	179	0.201	231	0.255	236	0.157	277	0.174	280	-489.39	274
欽州	0.219	199	0.201	231	0.252	250	0.156	283	0.184	267	-490.93	275
內江	0.201	250	0.21	203	0.249	258	0.16	257	0.186	264	-493.66	276
菏澤	0.25	110	0.172	276	0.247	260	0.16	257	0.198	248	-497.73	277
遂寧	0.194	261	0.209	210	0.247	260	0.159	264	0.191	258	-502.91	278

表 3.8 2013 年度城市人力資本教育競爭力排名

城市	人力資本規模指數	排名	人力資本投入指數	排名	人力資本素質指數	排名	人力資本吸引指數	排名	人力資本教育設施指數	排名	人力資本教育競爭力	排名
吉安	0.219	199	0.177	269	0.256	232	0.167	206	0.197	250	-505.41	279
達州	0.234	156	0.21	203	0.259	223	0.156	283	0.129	296	-506.46	280
廣安	0.19	268	0.236	160	0.263	205	0.151	293	0.125	297	-514.09	281
駐馬店	0.263	84	0.156	291	0.259	223	0.156	283	0.179	271	-517.4	282
鄂州	0.172	287	0.167	284	0.283	136	0.165	224	0.212	227	-523.11	283
陽江	0.1	298	0.186	253	0.28	151	0.242	154	0.196	253	-525.31	284
資陽	0.182	279	0.21	203	0.262	211	0.153	290	0.161	290	-532.49	285
伊春	0.165	295	0.106	297	0.256	232	0.162	244	0.346	45	-536.31	286
荊州	0.223	186	0.153	293	0.259	223	0.16	257	0.203	241	-539.54	287
咸寧	0.204	243	0.146	294	0.303	84	0.158	272	0.173	281	-540.87	288
貴港	0.221	194	0.183	259	0.254	241	0.156	283	0.162	289	-544	289
雙鴨山	0.19	268	0.1	298	0.274	172	0.207	185	0.246	161	-562.48	290
眉山	0.185	276	0.176	270	0.255	236	0.159	264	0.184	267	-569.62	291
漯河	0.215	209	0.16	289	0.226	289	0.163	237	0.21	230	-577.46	292
巴中	0.233	158	0.187	252	0.258	229	0.159	264	0.1	298	-584.89	293
隨州	0.225	179	0.169	280	0.233	286	0.159	264	0.169	282	-586.72	294
銅仁	0.255	101	0.216	190	0.107	297	0.153	290	0.233	193	-599.56	295
黑河	0.231	163	0.113	296	0.205	292	0.165	224	0.271	121	-608.11	296
黃岡	0.22	196	0.163	286	0.226	289	0.158	272	0.176	277	-609.36	297
畢節	0.273	72	0.226	178	0.1	298	0.155	289	0.176	277	-632.59	298

3.9 城市科技競爭力排名及二級指標分值

城市是人類社會文明最為集中的區域，它既是城市所處每個時代最先進最高端的科學技術的產物，也是該時代先進科學技術的產生地。在當今“知識經濟”時代，哪個國家最先掌握了高科技，它便在國家競爭上占領了制高點並引領世界發展。同樣，具有“科技”優勢的城市也會在區域性競爭和國際性競爭上占領制高點。城市科技競爭力是城市在科研投入、科學研發、科研成果轉換方面的相對優勢。城市的科技水準和經濟發展是互動的、相互促進的，從總體上來看，中國由於整體科技水準相對比較低，科研投入不夠，因此，許多城市的發展並不是依靠自身的科技優勢來取得競爭主動權，而是通過模仿吸收他人的科學技術並依靠中國廉價的勞動力來發展自身的產業，依靠這樣的方式所獲取的競爭力優勢是難以持續的，一旦失去廉價勞動力來源，將嚴重制約這些城市和地區的發展。近年來中國沿海許多城市和地區所出現的“民工荒”而導致這些城市和地區的工業生產嚴重受損便充分地說明瞭“科學技術是第一生產力”的事實。由於科技水準在促進經濟發展，提升一個國家、地區乃至城市競爭力上的重要作用，中國許多城市和地區也開始加大投入，提升自身科技競爭力。

城市科技競爭力比較評估指標體系包括科技投入指數、科研人力資本指數、科研機構指數、科技創新指數和科研成果轉化指數 5 個二級指標，科技經費絕對投入量、科技成果轉換率等 18 個三級指標。科技投入指數度量了城市在科研投入上的力度，其通常是與一個城市科研能力成正比。科研機構指數則描述了一個城市在吸引科研機構上的能力。科技創新指數則展示了城市的科技創新水準，它是一個城市是否能夠占領產業至高點的基石。科研成果轉化指數則體現了城市在科研成果與產業化之間如何建立通暢轉化機制的能力。北京一直以來居於科技競爭力榜首，這主要源於其擁有大批國內一流大學，比如北京大學、清華大學等國內頂尖高校，在這些高校內部也矗立著種類繁多的科研院所及各類國家級重點實驗室，這也就使得北京擁有大量的科研機構及科研人才，這些科研機構及科研人才也多數位於高校，他們通常也是學校的學術骨幹。如此多的科研機構及優秀的科研工作人員也理所當然的產生了大量優秀的科研成果，而在政府的大力宣導下，企業和研究機構之間有一種非常順暢的連接機制，在良好機制的運轉下這些科研成果也能夠較為容易的轉化成企業的現實生產力。

在 2013 年 298 個城市科技競爭力排名中，有 69 個城市處於平均水平之上，占 23.15%。科技競爭力得分的標準差為 7.991。進一步延續了 2010 年以來的緩慢上升趨勢，這表明城市之間的科技競爭力差距可能會進一步加大。城市科技競爭力具體排名見表 3.9。

表 3.9　2013 年度城市科技競爭力排名

城市	科技投入指數	排名	科技人力資本指數	排名	科研機構指數	排名	科研創新指數	排名	科研成果轉化指數	排名	科技競爭力	排名
北京	0.864	2	1	1	1	1	0.79	2	0.775	3	6465.92	1
上海	1	1	0.522	3	0.815	5	0.75	3	0.855	2	5575.62	2
香港	0.619	3	0.527	2	0.517	24	1	1	1	1	5306.68	3
廣州	0.198	22	0.346	9	0.913	2	0.326	8	0.6	5	2382.46	4
臺北	0.216	17	0.43	5	0.518	23	0.562	4	0.526	10	2361.76	5
深圳	0.419	4	0.521	4	0.368	34	0.35	6	0.549	6	2349.78	6
天津	0.363	5	0.33	12	0.677	7	0.449	5	0.484	19	2318.79	7
南京	0.216	17	0.418	6	0.635	12	0.334	7	0.495	13	1959.59	8
杭州	0.265	9	0.373	8	0.589	16	0.27	12	0.532	8	1851.3	9
武漢	0.171	29	0.288	20	0.913	2	0.319	9	0.447	24	1840.52	10
蘇州	0.343	6	0.297	19	0.434	28	0.251	13	0.617	4	1787.37	11
濟南	0.138	54	0.241	32	0.856	4	0.212	24	0.505	12	1523.33	12
重慶	0.203	19	0.252	27	0.674	8	0.272	11	0.478	20	1479.62	13
瀋陽	0.2	20	0.323	13	0.605	15	0.285	10	0.443	26	1469.72	14
西安	0.126	79	0.396	7	0.755	6	0.199	27	0.384	73	1379.34	15
大連	0.27	8	0.286	21	0.531	22	0.248	14	0.451	22	1368.28	16
寧波	0.237	12	0.301	18	0.382	32	0.244	15	0.492	14	1223.84	17
合肥	0.196	23	0.252	27	0.647	11	0.236	17	0.421	35	1221.49	18
哈爾濱	0.154	45	0.285	22	0.663	10	0.227	19	0.42	36	1212.56	19
青島	0.176	26	0.255	26	0.453	26	0.24	16	0.535	7	1198.52	20
長沙	0.176	26	0.317	16	0.674	8	0.21	25	0.362	113	1169.69	21
廈門	0.175	28	0.333	11	0.413	30	0.219	21	0.488	17	1155.77	22
成都	0.165	34	0.303	17	0.63	13	0.228	18	0.34	174	1043.76	23
鄭州	0.149	48	0.236	34	0.622	14	0.196	29	0.398	52	931.45	24
長春	0.122	90	0.319	15	0.556	19	0.197	28	0.381	77	928.31	25
無錫	0.221	14	0.244	31	0.285	39	0.175	43	0.514	11	853.79	26
東莞	0.188	24	0.245	30	0.3	37	0.177	41	0.529	9	850.91	27
昆明	0.143	52	0.213	36	0.532	21	0.191	34	0.43	31	814.81	28
福州	0.125	81	0.251	29	0.493	25	0.193	33	0.427	33	804.3	29
中山	0.155	43	0.283	23	0.28	40	0.162	47	0.489	16	717.31	30
澳門	0.169	31	0.21	37	0.296	38	0.194	31	0.491	15	683	31
石家莊	0.13	71	0.172	52	0.558	18	0.218	23	0.376	87	669.83	32
新北	0.248	10	0.19	43	0.321	35	0.221	20	0.392	62	649.55	33
太原	0.147	49	0.216	35	0.549	20	0.164	46	0.365	108	646.37	34
南昌	0.121	96	0.199	39	0.56	17	0.177	41	0.368	102	610.03	35
佛山	0.163	37	0.323	13	0.194	66	0.161	48	0.438	27	581.87	36
珠海	0.167	32	0.258	25	0.275	42	0.159	50	0.423	34	522.95	37
蘭州	0.115	122	0.266	24	0.423	29	0.18	38	0.352	131	521.92	38
南寧	0.12	100	0.192	42	0.445	27	0.174	44	0.389	65	481.58	39
烏魯木齊	0.119	104	0.34	10	0.312	36	0.138	119	0.36	115	467.54	40
台中	0.217	16	0.165	59	0.268	44	0.184	37	0.379	81	362.53	41
南通	0.166	33	0.209	38	0.228	51	0.153	56	0.432	29	360.44	42
高雄	0.222	13	0.166	58	0.267	45	0.195	30	0.353	129	332.72	43
惠州	0.131	67	0.194	41	0.191	70	0.14	103	0.488	17	317.41	44
台南	0.199	21	0.163	63	0.229	50	0.191	34	0.378	84	285.24	45
常州	0.17	30	0.177	48	0.202	60	0.161	48	0.431	30	284.58	46
貴陽	0.131	67	0.186	46	0.386	31	0.18	38	0.326	244	273.49	47

表 3.9　2013 年度城市科技競爭力排名

城市	科技投入指數	排名	科技人力資本指數	排名	科研機構指數	排名	科研創新指數	排名	科研成果轉化指數	排名	科技競爭力	排名
溫州	0.136	59	0.171	53	0.206	59	0.179	40	0.438	27	264.08	48
紹興	0.182	25	0.133	107	0.184	76	0.151	59	0.454	21	221.07	49
煙臺	0.164	35	0.119	167	0.197	63	0.174	44	0.43	31	169.16	50
呼和浩特	0.115	122	0.162	64	0.373	33	0.153	56	0.346	145	167.78	51
株洲	0.299	7	0.174	51	0.195	65	0.135	178	0.303	279	160.41	52
嘉興	0.155	43	0.153	73	0.188	72	0.154	53	0.413	37	128.68	53
拉薩	0.16	41	0.19	43	0.236	49	0.131	239	0.36	115	114.44	54
威海	0.138	54	0.133	107	0.18	81	0.148	69	0.448	23	113.72	55
基隆	0.164	35	0.16	67	0.157	103	0.194	31	0.373	93	108.16	56
海口	0.112	153	0.18	47	0.275	42	0.155	52	0.36	115	104.64	57
金華	0.244	11	0.134	103	0.192	67	0.133	207	0.362	113	102.87	58
徐州	0.151	47	0.159	68	0.209	58	0.158	51	0.38	80	93.38	59
嘉義	0.161	40	0.158	70	0.169	94	0.186	36	0.369	100	88.02	60
蕪湖	0.218	15	0.145	80	0.214	57	0.14	103	0.346	145	82.99	61
銀川	0.119	104	0.164	61	0.278	41	0.146	71	0.363	111	74.59	62
大慶	0.109	185	0.237	33	0.221	54	0.144	78	0.339	177	70.69	63
新竹	0.162	38	0.157	71	0.154	111	0.204	26	0.354	128	68.07	64
鎮江	0.145	50	0.159	68	0.19	71	0.145	75	0.389	65	51.76	65
韶關	0.116	115	0.153	73	0.164	98	0.13	248	0.446	25	48.89	66
濰坊	0.145	50	0.122	148	0.22	55	0.149	63	0.396	55	37.75	67
淄博	0.136	59	0.142	83	0.192	67	0.146	71	0.402	44	34.95	68
東營	0.116	115	0.176	49	0.164	98	0.141	94	0.406	39	30.17	69
西寧	0.103	290	0.196	40	0.259	47	0.136	157	0.334	209	-0.21	70
十堰	0.115	122	0.152	75	0.228	51	0.135	178	0.37	97	-30.74	71
吉林	0.115	122	0.136	95	0.184	76	0.138	119	0.407	38	-32.87	72
綿陽	0.117	110	0.171	53	0.244	48	0.138	119	0.339	177	-32.99	73
唐山	0.13	71	0.13	116	0.188	72	0.153	56	0.381	77	-38.85	74
秦皇島	0.108	199	0.126	128	0.179	84	0.15	61	0.405	40	-53.98	75
舟山	0.132	63	0.146	78	0.16	101	0.137	146	0.386	71	-60.89	76
保定	0.109	185	0.132	110	0.226	53	0.143	83	0.369	100	-71.8	77
泰安	0.115	122	0.121	155	0.182	79	0.135	178	0.405	40	-76.55	78
揚州	0.156	42	0.139	91	0.157	103	0.149	63	0.356	123	-82.08	79
汕頭	0.115	122	0.136	95	0.145	143	0.143	83	0.404	42	-82.39	80
馬鞍山	0.13	71	0.129	119	0.174	87	0.143	83	0.379	81	-86.87	81
濟寧	0.129	75	0.117	180	0.171	90	0.136	157	0.398	52	-89.35	82
柳州	0.114	137	0.143	82	0.176	85	0.131	239	0.387	69	-91.63	83
三亞	0.138	54	0.142	83	0.18	81	0.134	191	0.363	111	-92.18	84
桂林	0.116	115	0.125	134	0.192	67	0.138	119	0.386	71	-92.36	85
台州	0.13	71	0.139	91	0.157	103	0.138	119	0.382	76	-92.98	86
泉州	0.133	62	0.13	116	0.264	46	0.146	71	0.318	271	-93.79	87
廊坊	0.117	110	0.126	128	0.219	56	0.135	178	0.367	104	-100.78	88
萊蕪	0.131	67	0.134	103	0.136	171	0.138	119	0.39	64	-109.12	89
本溪	0.12	100	0.135	100	0.146	138	0.149	63	0.383	75	-109.92	90
錦州	0.11	170	0.127	124	0.197	63	0.141	94	0.375	89	-111.75	91
肇慶	0.12	100	0.123	145	0.148	124	0.137	146	0.401	47	-115.2	92
江門	0.123	86	0.124	138	0.149	122	0.133	207	0.401	47	-115.22	93
鞍山	0.113	145	0.142	83	0.14	154	0.149	63	0.384	73	-116.63	94
撫順	0.113	145	0.134	103	0.173	89	0.144	78	0.373	93	-121.08	95
營口	0.123	86	0.123	145	0.132	180	0.154	53	0.389	65	-124.57	96
聊城	0.112	153	0.124	138	0.138	162	0.151	59	0.393	59	-133.52	97
包頭	0.125	81	0.164	61	0.151	117	0.141	94	0.346	145	-138.34	98
丹東	0.11	170	0.138	93	0.142	150	0.14	103	0.387	69	-138.54	99
臨沂	0.115	122	0.125	134	0.137	168	0.135	178	0.401	47	-142.09	100
德州	0.115	122	0.117	180	0.147	131	0.133	207	0.402	44	-145.16	101
呂梁	0.132	63	0.105	268	0.12	247	0.219	21	0.338	182	-150.31	102
孝感	0.109	185	0.167	57	0.13	191	0.13	248	0.372	96	-150.68	103
棗莊	0.111	163	0.114	204	0.14	154	0.139	113	0.404	42	-150.88	104

表 3.9　2013 年度城市科技競爭力排名

城市	科技投入指數	排名	科技人力資本指數	排名	科研機構指數	排名	科研創新指數	排名	科研成果轉化指數	排名	科技競爭力	排名
寶雞	0.109	185	0.161	66	0.13	191	0.13	248	0.378	84	-152.14	105
連雲港	0.137	57	0.132	110	0.139	158	0.15	61	0.357	122	-152.84	106
新餘	0.115	122	0.165	59	0.175	86	0.129	259	0.341	165	-153.78	107
鄂爾多斯	0.154	45	0.109	232	0.123	220	0.142	88	0.378	84	-157.94	108
盤錦	0.114	137	0.141	87	0.126	211	0.144	78	0.376	87	-162.54	109
梅州	0.11	170	0.129	119	0.131	187	0.134	191	0.393	59	-169.66	110
日照	0.109	185	0.119	167	0.131	187	0.136	157	0.399	51	-174.82	111
長治	0.124	83	0.122	148	0.168	95	0.13	248	0.366	106	-175.94	112
滄州	0.107	218	0.117	180	0.171	90	0.138	119	0.373	93	-183.19	113
佳木斯	0.105	259	0.156	72	0.171	90	0.142	88	0.336	197	-184.36	114
清遠	0.112	153	0.114	204	0.121	238	0.137	146	0.401	47	-185.16	115
湛江	0.105	259	0.124	138	0.148	124	0.129	259	0.389	65	-185.85	116
洛陽	0.132	63	0.15	77	0.138	162	0.138	119	0.341	165	-188.11	117
菏澤	0.113	145	0.103	283	0.127	207	0.14	103	0.402	44	-190.51	118
襄陽	0.116	115	0.137	94	0.156	108	0.139	113	0.352	131	-194.2	119
鐵嶺	0.124	83	0.11	224	0.14	154	0.138	119	0.379	81	-194.51	120
蚌埠	0.136	59	0.128	122	0.15	120	0.138	119	0.347	140	-197.18	121
泰州	0.131	67	0.127	124	0.139	158	0.141	94	0.355	125	-197.72	122
遼陽	0.117	110	0.116	190	0.145	143	0.14	103	0.374	91	-198.27	123
萍鄉	0.111	163	0.124	138	0.123	220	0.131	239	0.392	62	-198.93	124
揭陽	0.106	240	0.113	208	0.129	198	0.139	113	0.395	57	-199.59	125
茂名	0.107	218	0.125	134	0.139	158	0.141	94	0.375	89	-200.18	126
潮州	0.106	240	0.119	167	0.122	223	0.138	119	0.393	59	-201.75	127
黃石	0.112	153	0.126	128	0.142	150	0.138	119	0.37	97	-204.08	128
濱州	0.118	108	0.106	255	0.129	198	0.132	224	0.394	58	-205.84	129
衢州	0.128	77	0.127	124	0.143	147	0.136	157	0.356	123	-206.83	130
張家口	0.107	218	0.122	148	0.157	103	0.138	119	0.367	104	-208.07	131
陽江	0.109	185	0.117	180	0.142	150	0.142	88	0.374	91	-209.07	132
河源	0.11	170	0.115	198	0.122	223	0.132	224	0.396	55	-210.02	133
新鄉	0.115	122	0.112	215	0.188	72	0.136	157	0.351	134	-210.17	134
汕尾	0.106	240	0.113	208	0.122	223	0.134	191	0.398	52	-210.24	135
淮南	0.117	110	0.135	100	0.163	100	0.136	157	0.345	151	-210.86	136
承德	0.11	170	0.119	167	0.158	102	0.134	191	0.368	102	-212.43	137
嘉峪關	0.105	259	0.168	56	0.134	176	0.138	119	0.337	188	-213.58	138
宜昌	0.122	90	0.135	100	0.157	103	0.14	103	0.336	197	-217.95	139
大同	0.108	199	0.133	107	0.121	238	0.154	53	0.358	121	-218	140
鹽城	0.162	38	0.132	110	0.154	111	0.139	113	0.309	278	-219.26	141
攀枝花	0.112	153	0.175	50	0.127	207	0.138	119	0.326	244	-222.33	142
晉中	0.116	115	0.122	148	0.187	75	0.138	119	0.335	206	-222.99	143
齊齊哈爾	0.114	137	0.117	180	0.156	108	0.146	71	0.351	134	-224.57	144
淮安	0.137	57	0.12	161	0.165	97	0.145	75	0.325	254	-227.11	145
邢臺	0.106	240	0.116	190	0.146	138	0.145	75	0.364	110	-228.95	146
漳州	0.115	122	0.128	122	0.184	76	0.138	119	0.329	231	-230.75	147
邯鄲	0.113	145	0.121	155	0.153	114	0.133	207	0.359	118	-231.38	148
景德鎮	0.108	199	0.141	87	0.156	108	0.136	157	0.341	165	-232	149
雲浮	0.113	145	0.114	204	0.122	223	0.135	178	0.381	77	-232.08	150
白山	0.106	240	0.162	64	0.124	217	0.134	191	0.342	163	-236.64	151
荊州	0.111	163	0.118	176	0.181	80	0.141	94	0.337	188	-236.95	152
贛州	0.107	218	0.132	110	0.17	93	0.136	157	0.336	197	-241.59	153
鹹寧	0.111	163	0.146	78	0.122	223	0.133	207	0.35	137	-245.13	154
呼倫貝爾	0.115	122	0.151	76	0.122	223	0.132	224	0.344	156	-245.82	155
忻州	0.124	83	0.12	161	0.15	120	0.141	94	0.339	177	-246.83	156
黃岡	0.118	108	0.115	198	0.146	138	0.131	239	0.359	118	-247.97	157
平頂山	0.114	137	0.126	128	0.147	131	0.128	270	0.355	125	-248.21	158
宿遷	0.129	75	0.115	198	0.13	191	0.149	63	0.343	158	-251.45	159
雞西	0.104	278	0.169	55	0.113	264	0.142	88	0.33	228	-252	160
淮北	0.11	170	0.121	155	0.133	177	0.143	83	0.355	125	-252.97	161

表 3.9　2013 年度城市科技競爭力排名

城市	科技投入指數	排名	科技人力資本指數	排名	科研機構指數	排名	科研創新指數	排名	科研成果轉化指數	排名	科技競爭力	排名
南陽	0.122	90	0.118	176	0.143	147	0.132	224	0.351	134	-254.61	162
阜新	0.109	185	0.117	180	0.123	220	0.14	103	0.365	108	-259.39	163
南平	0.11	170	0.124	138	0.151	117	0.134	191	0.347	140	-259.66	164
克拉瑪依	0.119	104	0.119	167	0.128	203	0.137	146	0.353	129	-262.1	165
湖州	0.132	63	0.136	95	0.151	117	0.136	157	0.315	275	-262.62	166
嶽陽	0.114	137	0.187	45	0.147	131	0.13	248	0.288	283	-268.86	167
牡丹江	0.122	90	0.126	128	0.131	187	0.134	191	0.342	163	-272.37	168
朔州	0.11	170	0.141	87	0.112	270	0.136	157	0.346	145	-273.87	169
鹹陽	0.106	240	0.111	219	0.199	61	0.129	259	0.332	216	-275.29	170
玉溪	0.11	170	0.129	119	0.132	180	0.135	178	0.345	151	-276.41	171
陽泉	0.109	185	0.141	87	0.136	171	0.138	119	0.33	228	-276.74	172
九江	0.107	218	0.121	155	0.174	87	0.125	288	0.339	177	-276.83	173
銅陵	0.127	78	0.11	224	0.148	124	0.14	103	0.333	212	-280.88	174
朝陽	0.113	145	0.107	241	0.111	283	0.138	119	0.37	97	-281.6	175
安陽	0.12	100	0.114	204	0.146	138	0.126	282	0.348	138	-282.82	176
赤峰	0.105	259	0.136	95	0.129	198	0.136	157	0.338	182	-290.29	177
運城	0.117	110	0.116	190	0.147	131	0.134	191	0.337	188	-291.85	178
宣城	0.142	53	0.111	219	0.112	270	0.139	113	0.336	197	-295.15	179
信陽	0.108	199	0.111	219	0.145	143	0.142	88	0.341	165	-296.35	180
安慶	0.123	86	0.107	241	0.146	138	0.137	146	0.334	209	-302.45	181
北海	0.104	278	0.11	224	0.147	131	0.14	103	0.343	158	-303.46	182
烏海	0.121	96	0.118	176	0.12	247	0.137	146	0.338	182	-306.36	183
黃山	0.122	90	0.116	190	0.126	211	0.138	119	0.335	206	-307.81	184
荊門	0.107	218	0.126	128	0.122	223	0.132	224	0.345	151	-309.25	185
三明	0.112	153	0.123	145	0.142	150	0.133	207	0.331	222	-309.38	186
鶴崗	0.107	218	0.107	241	0.167	96	0.149	63	0.32	269	-309.48	187
商丘	0.109	185	0.104	276	0.153	114	0.133	207	0.343	158	-311.47	188
許昌	0.11	170	0.108	238	0.138	162	0.133	207	0.347	140	-311.91	189
撫州	0.108	199	0.116	190	0.148	124	0.138	119	0.331	222	-313.31	190
開封	0.11	170	0.117	180	0.139	158	0.132	224	0.339	177	-313.44	191
鄂州	0.108	199	0.124	138	0.125	214	0.136	157	0.338	182	-313.52	192
雅安	0.115	122	0.132	110	0.125	214	0.132	224	0.329	231	-314.27	193
樂山	0.109	185	0.113	208	0.13	191	0.136	157	0.344	156	-314.35	194
六安	0.11	170	0.108	238	0.145	143	0.142	88	0.333	212	-314.79	195
漢中	0.106	240	0.12	161	0.111	283	0.125	288	0.359	118	-319.26	196
宜春	0.109	185	0.121	155	0.13	191	0.135	178	0.336	197	-319.68	197
鶴壁	0.107	218	0.107	241	0.124	217	0.136	157	0.352	131	-319.9	198
晉城	0.121	96	0.12	161	0.132	180	0.129	259	0.33	228	-320.85	199
滁州	0.112	153	0.109	232	0.138	162	0.133	207	0.341	165	-321.23	200
焦作	0.122	90	0.112	215	0.148	124	0.132	224	0.325	254	-321.67	201
龍岩	0.114	137	0.127	124	0.132	180	0.137	146	0.322	267	-322.13	202
烏蘭察布	0.107	218	0.116	190	0.133	177	0.134	191	0.34	174	-322.43	203
榆林	0.123	86	0.119	167	0.121	238	0.138	119	0.328	236	-325.01	204
通化	0.121	96	0.124	138	0.122	223	0.132	224	0.328	236	-325.67	205
上饒	0.108	199	0.119	167	0.138	162	0.135	178	0.331	222	-326.28	206
保山	0.107	218	0.117	180	0.132	180	0.133	207	0.338	182	-328.13	207
曲靖	0.109	185	0.103	283	0.128	203	0.137	146	0.348	138	-329.64	208
臨汾	0.113	145	0.107	241	0.138	162	0.139	113	0.333	212	-329.65	209
四平	0.104	278	0.119	167	0.149	122	0.129	259	0.331	222	-331.27	210
莆田	0.111	163	0.122	148	0.132	180	0.134	191	0.327	241	-332.67	211
麗水	0.126	79	0.122	148	0.143	147	0.125	288	0.315	275	-335.37	212
臨滄	0.105	259	0.101	296	0.112	270	0.127	276	0.366	106	-337.62	213
德陽	0.111	163	0.115	198	0.148	124	0.13	248	0.325	254	-339.78	214
漯河	0.105	259	0.11	224	0.132	180	0.131	239	0.343	158	-340.45	215
駐馬店	0.112	153	0.106	255	0.119	253	0.132	224	0.346	145	-341.7	216
崇左	0.108	199	0.107	241	0.154	111	0.123	293	0.336	197	-342.3	217
欽州	0.102	296	0.104	276	0.121	238	0.141	94	0.347	140	-342.99	218

表 3.9　2013 年度城市科技競爭力排名

城市	科技投入指數	排名	科技人力資本指數	排名	科研機構指數	排名	科研創新指數	排名	科研成果轉化指數	排名	科技競爭力	排名
通遼	0.112	153	0.107	241	0.13	191	0.128	270	0.341	165	-345.71	219
三門峽	0.116	115	0.106	255	0.112	270	0.131	239	0.346	145	-347.24	220
衡陽	0.107	218	0.144	81	0.18	81	0.128	270	0.282	286	-348.13	221
天水	0.108	199	0.113	208	0.14	154	0.134	191	0.326	244	-348.71	222
白城	0.105	259	0.111	219	0.133	177	0.136	157	0.333	212	-349.8	223
周口	0.108	199	0.103	283	0.127	207	0.132	224	0.343	158	-350.39	224
金昌	0.104	278	0.131	115	0.122	223	0.129	259	0.326	244	-353.14	225
宿州	0.107	218	0.105	268	0.128	203	0.136	157	0.337	188	-354.45	226
寧德	0.105	259	0.116	190	0.131	187	0.136	157	0.327	241	-354.54	227
池州	0.11	170	0.109	232	0.137	168	0.123	293	0.338	182	-354.9	228
瀘州	0.105	259	0.107	241	0.147	131	0.135	178	0.326	244	-355.22	229
遵義	0.115	122	0.107	241	0.153	114	0.131	239	0.318	271	-355.42	230
濮陽	0.11	170	0.106	255	0.111	283	0.133	207	0.345	151	-355.69	231
遼源	0.105	259	0.122	148	0.124	217	0.138	119	0.322	267	-358.14	232
自貢	0.107	218	0.13	116	0.112	270	0.129	259	0.328	236	-359.84	233
普洱	0.112	153	0.107	241	0.122	223	0.126	282	0.341	165	-359.84	234
吉安	0.107	218	0.115	198	0.121	238	0.129	259	0.337	188	-360.84	235
石嘴山	0.103	290	0.12	161	0.117	256	0.127	276	0.337	188	-363.23	236
隨州	0.108	199	0.103	283	0.112	270	0.132	224	0.347	140	-363.45	237
商洛	0.105	259	0.12	161	0.122	223	0.135	178	0.325	254	-363.61	238
玉林	0.107	218	0.109	232	0.111	283	0.131	239	0.345	151	-363.67	239
常德	0.108	199	0.142	83	0.147	131	0.13	248	0.293	282	-363.77	240
張掖	0.107	218	0.117	180	0.127	207	0.126	282	0.332	216	-363.93	241
阜陽	0.107	218	0.103	283	0.136	171	0.136	157	0.331	222	-364.32	242
湘潭	0.116	115	0.117	180	0.199	61	0.148	69	0.261	293	-364.95	243
亳州	0.108	199	0.104	276	0.12	247	0.137	146	0.337	188	-366.26	244
伊春	0.114	137	0.112	215	0.115	259	0.137	146	0.326	244	-366.67	245
梧州	0.107	218	0.11	224	0.112	270	0.135	178	0.337	188	-370.39	246
延安	0.115	122	0.11	224	0.122	223	0.132	224	0.326	244	-370.98	247
巴彥淖爾	0.106	240	0.109	232	0.113	264	0.13	248	0.341	165	-372.05	248
河池	0.108	199	0.108	238	0.121	238	0.126	282	0.337	188	-377.27	249
麗江	0.111	163	0.113	208	0.126	211	0.12	296	0.332	216	-378.98	250
雙鴨山	0.106	240	0.113	208	0.114	261	0.143	83	0.323	263	-379.83	251
衡水	0.105	259	0.106	255	0.12	247	0.138	119	0.331	222	-379.93	252
松原	0.101	297	0.118	176	0.122	223	0.133	207	0.325	254	-380.37	253
白銀	0.106	240	0.111	219	0.113	264	0.13	248	0.336	197	-380.55	254
酒泉	0.107	218	0.112	215	0.115	259	0.13	248	0.332	216	-381.98	255
南充	0.106	240	0.104	276	0.136	171	0.133	207	0.324	260	-383.5	256
防城港	0.104	278	0.106	255	0.102	294	0.136	157	0.341	165	-384.53	257
宜賓	0.113	145	0.105	268	0.12	247	0.136	157	0.324	260	-384.97	258
綏化	0.106	240	0.105	268	0.111	283	0.141	94	0.329	231	-388.75	259
銅川	0.105	259	0.113	208	0.116	257	0.133	207	0.326	244	-388.94	260
內江	0.103	290	0.104	276	0.12	247	0.138	119	0.329	231	-389.47	261
安康	0.105	259	0.106	255	0.122	223	0.134	191	0.328	236	-389.84	262
黑河	0.106	240	0.105	268	0.113	264	0.136	157	0.329	231	-394.76	263
眉山	0.104	278	0.106	255	0.121	238	0.135	178	0.326	244	-396.47	264
平涼	0.105	259	0.105	268	0.112	270	0.124	291	0.34	174	-396.59	265
吳忠	0.108	199	0.105	268	0.114	261	0.13	248	0.332	216	-396.75	266
貴港	0.103	290	0.103	283	0.111	283	0.134	191	0.335	206	-398.39	267
來賓	0.106	240	0.107	241	0.112	270	0.128	270	0.332	216	-401.79	268
百色	0.109	185	0.107	241	0.102	294	0.127	276	0.336	197	-404.69	269
安順	0.108	199	0.105	268	0.122	223	0.138	119	0.316	273	-404.96	270
遂寧	0.104	278	0.102	291	0.111	283	0.144	78	0.323	263	-406.06	271
資陽	0.109	185	0.106	255	0.102	294	0.127	276	0.336	197	-406.71	272
賀州	0.105	259	0.103	283	0.113	264	0.127	276	0.334	209	-407.27	273
武威	0.104	278	0.106	255	0.113	264	0.132	224	0.327	241	-411.08	274
益陽	0.107	218	0.134	103	0.148	124	0.14	103	0.27	291	-417.17	275

表 3.9　2013 年度城市科技競爭力排名

城市	科技投入指數	排名	科技人力資本指數	排名	科研機構指數	排名	科研創新指數	排名	科研成果轉化指數	排名	科技競爭力	排名
渭南	0.105	259	0.109	232	0.111	283	0.128	270	0.325	254	-418.19	276
固原	0.108	199	0.103	283	0.114	261	0.127	276	0.326	244	-419.9	277
六盤水	0.106	240	0.104	276	0.121	238	0.134	191	0.315	275	-421.2	278
慶陽	0.108	199	0.106	255	0.112	270	0.129	259	0.32	269	-425.87	279
昭通	0.108	199	0.102	291	0.111	283	0.123	293	0.328	236	-428.65	280
達州	0.106	240	0.106	255	0.119	253	0.129	259	0.316	273	-430.74	281
邵陽	0.104	278	0.115	198	0.137	168	0.132	224	0.295	280	-432.03	282
廣安	0.1	298	0.102	291	0.111	283	0.134	191	0.323	263	-434.48	283
張家界	0.104	278	0.125	134	0.136	171	0.134	191	0.278	288	-447.06	284
七台河	0.103	290	0.119	167	0.116	257	0.133	207	0.294	281	-455.03	285
鷹潭	0.105	259	0.121	155	0.125	214	0.144	78	0.276	290	-455.13	286
中衛	0.106	240	0.102	291	0.1	298	0.124	291	0.324	260	-457.04	287
巴中	0.104	278	0.101	296	0.102	294	0.126	282	0.323	263	-457.57	288
葫蘆島	0.114	137	0.11	224	0.112	270	0.138	119	0.287	284	-468.27	289
郴州	0.119	104	0.116	190	0.13	191	0.133	207	0.264	292	-484.1	290
廣元	0.107	218	0.11	224	0.112	270	0.133	207	0.286	285	-488.76	291
懷化	0.105	259	0.107	241	0.129	198	0.137	146	0.277	289	-491.87	292
婁底	0.106	240	0.106	255	0.129	198	0.131	239	0.279	287	-496.26	293
永州	0.107	218	0.136	95	0.128	203	0.129	259	0.247	296	-513.06	294
隴南	0.103	290	0.1	298	0.11	293	0.128	270	0.261	293	-590.33	295
定西	0.11	170	0.102	291	0.112	270	0.126	282	0.251	295	-597.05	296
畢節	0.106	240	0.107	241	0.119	253	0.1	297	0.1	297	-986.75	297
銅仁	0.104	278	0.104	276	0.121	238	0.1	297	0.1	297	-995.52	298

3.10 城市文化形象競爭力排名及二級指標分值

城市是人類社會文明進步的產物，它是一個包含著經濟、政治、文化、環境等諸多因素的複雜而有序的動態系統。城市建設和發展水平，體現著城市的經濟、社會和文化狀況，因為城市不僅僅是文明和進步的產物，而且是人類一切文明文化成果最為集中的載體。城市文化形象不僅僅是城市在各種感觀上給人的印象和感受，而且是城市內部諸要素，包括歷史文化、市民意識、城市景觀及城市氛圍給人形成的一種潛在的和直觀的反映和評價，它代表著城市的特質和個性，是人們區別不同城市最重要的整體感觀評價，是城市本身從整體上所體現的自身特質。城市文化形象是一種外部性很強的公共產品，良好的城市文化形象不僅使城市居民具有自豪感，而且能提升該城市的企業競爭力並且促進該城市開放，提高城市綜合競爭力，城市文化形象競爭力是城市在歷史文化、市民意識、城市景觀和城市氛圍上所體現出來的區別於其它城市的整體感觀印象。雖然各個城市都有自身的特色，但是不同城市在人們心目中的文化形象也體現出不同的層次。而這種不同的層次形象也會對城市的發展起著難以估量的作用。良好的城市文化形象將有利於促進城市的經濟社會全面發展，有利於城市形成良好的凝聚力，有利於改善城市的投資環境，有利於促進旅遊業的發展，有利於促進城市的改革開放，有利於城市的可持續發展。

城市文化競爭力比較評價指標體系包括文化設施指數、文化意識指數、文化資源指數、城市行銷能力指數 4 個二級指標，每百萬人影劇院數、誠信意識指數等 16 個三級指標。文化設施指數是城市居民公共文化設施水平的體現，文化意識指數則刻畫了城市居民的精神風貌、市場意識，它不僅僅有著歷史的繼承性，也是城市居民在市場經濟條件下所形成的市場意識，它體現了城市的精神氛圍和整體氣質。文化資源指數則概括了城市人文文化資源的豐富度，人文精神是一種區別於科學精神的軟文化，它雖然沒有科學文化那樣對經濟發展和社會進步有著顯著的推動作用，但是它對於提高城市居民的生活質量有著非常重要的意義，並會間接地影響經濟發展和社會進步，而且這種作用將會越來越明顯。

文化是民族的血脈，是人民的精神家園。要實現國富民強的目標，需要推動文化大發展大繁榮，興起文化建設新高潮，提高國家文化軟實力，發揮文化引領風尚、教育人民、服務社會、推動發展的作用。建設文化強國，必須走中國特色社會主義文化發展道路，堅持為人民服務的方向，堅持百花齊放、百家爭鳴的方針，堅持貼近實際、貼近生活、貼近群眾的原則，推動精神文明和物質文明全面發展，建設面向現代化、面向世界、面向未來的，民族的科學的大眾的文化。建設文化強國，關鍵是增強全民族文化創造活力。要深化文化體制改革，解放和發展文化生產力，發揚學術民主、藝術民主，為人民提供廣闊文化舞臺，讓一切文化創造源泉充分湧流，開創全民族文化創造活力能夠持續迸發、社會文化生活更加豐富多彩、人民基本文化權益得到更好保障、人民思想道德素質和科學文化素質全面提升、文化國際影響力不斷增強的新局面。

在 298 個城市文化競爭力排名中，有 83 個城市處於平均水平之上，占 27.85%。文化競爭力得分的標準差為 5.882，比 2012 年的 5.466 有所上升，表明城市間的文化發展水準差距有所增加。城市文化競爭力具體排名請見表 3.10。

表 3.10　2013 年度城市文化形象競爭力排名

城市	文化設施指數	排名	文化意識指數	排名	文化資源指數	排名	城市行銷能力指數	排名	城市文化形象競爭力	排名
北京	1	1	1	1	1	1	1	1	4901.88	1
上海	0.941	2	1	1	0.527	8	1	1	3983.85	2
香港	0.429	5	1	1	0.807	2	1	1	3463.78	3
廣州	0.358	9	1	1	0.552	5	1	1	2893.81	4
深圳	0.592	3	1	1	0.201	189	1	1	2752.83	5
杭州	0.364	8	0.408	7	0.582	4	0.455	8	1408.26	6
南京	0.352	10	0.367	9	0.531	6	0.384	19	1145.14	7
西安	0.219	35	0.318	34	0.687	3	0.419	12	1133.12	8
武漢	0.37	7	0.342	17	0.494	12	0.404	16	1110.93	9
蘇州	0.258	23	0.539	6	0.317	51	0.55	6	1060.69	10
臺北	0.281	17	0.328	28	0.514	9	0.448	10	1012.05	11
濟南	0.255	24	0.347	13	0.51	10	0.408	15	926.39	12
天津	0.303	13	0.342	17	0.41	27	0.46	7	912.86	13
瀋陽	0.335	12	0.311	38	0.467	14	0.372	24	912.31	14
哈爾濱	0.345	11	0.325	29	0.439	16	0.348	34	869.21	15
重慶	0.273	20	0.36	10	0.421	24	0.401	17	818.62	16
成都	0.283	16	0.338	20	0.437	17	0.376	21	800.69	17
青島	0.245	28	0.34	19	0.418	25	0.413	13	746.41	18
無錫	0.281	17	0.389	8	0.372	34	0.357	28	730.47	19
大連	0.248	27	0.322	31	0.379	32	0.428	11	685.29	20
澳門	0.207	45	0.347	13	0.389	30	0.449	9	683.83	21
寧波	0.273	20	0.338	20	0.339	44	0.371	25	609.13	22
長沙	0.231	32	0.296	48	0.435	18	0.354	32	608.69	23
東莞	0.451	4	0.344	16	0.1	298	0.386	18	577.13	24
紹興	0.216	37	0.36	10	0.346	40	0.376	21	546.29	25
昆明	0.147	127	0.331	25	0.41	27	0.413	13	532.35	26
福州	0.187	59	0.317	35	0.432	22	0.336	39	523.33	27
嘉興	0.296	15	0.331	25	0.293	58	0.333	43	515.13	28
南昌	0.177	68	0.305	44	0.433	21	0.334	41	487.26	29
泉州	0.299	14	0.309	40	0.319	50	0.29	61	477.29	30
海口	0.144	135	0.308	42	0.428	23	0.375	23	472.94	31
長春	0.249	26	0.315	37	0.34	43	0.325	45	469.12	32
中山	0.188	57	0.336	22	0.344	42	0.368	26	445.8	33

表 3.10　2013 年度城市文化形象競爭力排名

城市	文化設施指數	排名	文化意識指數	排名	文化資源指數	排名	城市行銷能力指數	排名	城市文化形象競爭力	排名
新北	0.21	43	0.236	123	0.498	11	0.238	168	436.35	34
梅州	0.41	6	0.265	85	0.224	132	0.251	114	417.44	35
鄭州	0.195	52	0.287	55	0.377	33	0.342	37	412.27	36
蘭州	0.201	50	0.279	62	0.402	29	0.306	54	407.16	37
廈門	0.217	36	0.317	35	0.31	55	0.356	29	402.15	38
合肥	0.206	47	0.299	47	0.358	37	0.33	44	399.86	39
洛陽	0.188	57	0.231	149	0.492	13	0.245	131	386.05	40
煙臺	0.222	34	0.307	43	0.284	61	0.356	29	353.83	41
佛山	0.239	29	0.331	25	0.261	76	0.335	40	351.32	42
拉薩	0.1	297	0.223	211	0.531	6	0.29	61	331.01	43
溫州	0.215	38	0.349	12	0.247	91	0.339	38	309.57	44
石家莊	0.213	39	0.277	68	0.295	57	0.35	33	305.53	45
高雄	0.192	55	0.234	134	0.435	18	0.236	174	288.38	46
台中	0.19	56	0.234	134	0.435	18	0.239	161	287.7	47
韶關	0.158	92	0.333	24	0.275	66	0.382	20	284.74	48
太原	0.213	39	0.221	225	0.385	31	0.275	71	279.23	49
銀川	0.203	49	0.271	76	0.325	48	0.308	53	271.82	50
貴陽	0.145	133	0.289	52	0.356	38	0.334	41	271.49	51
常州	0.253	25	0.295	50	0.255	81	0.3	56	269.76	52
珠海	0.158	92	0.324	30	0.277	65	0.366	27	254.08	53
台州	0.229	33	0.336	22	0.245	93	0.282	66	239.32	54
秦皇島	0.16	82	0.302	45	0.345	41	0.29	61	239.06	55
南寧	0.187	59	0.273	73	0.327	47	0.301	55	237.78	56
台南	0.18	65	0.233	139	0.414	26	0.232	192	221.78	57
咸陽	0.139	158	0.232	141	0.457	15	0.235	177	219.06	58
曲靖	0.138	165	0.322	31	0.289	59	0.356	29	218.77	59
鎮江	0.276	19	0.284	58	0.243	96	0.25	116	212.21	60
呼和浩特	0.197	51	0.235	127	0.352	39	0.272	73	208.71	61
南通	0.158	92	0.347	13	0.264	73	0.321	47	202	62
舟山	0.166	72	0.283	59	0.313	53	0.31	52	199.16	63
徐州	0.146	130	0.293	51	0.329	45	0.298	57	183.85	64
桂林	0.204	48	0.209	260	0.321	49	0.282	66	147.12	65
張家界	0.13	203	0.232	141	0.359	36	0.314	50	144.11	66
聊城	0.195	52	0.288	53	0.221	136	0.324	46	125.47	67
濟寧	0.237	30	0.276	70	0.22	139	0.264	82	107.2	68
江門	0.149	117	0.321	33	0.217	145	0.347	35	105.7	69
湖州	0.16	82	0.309	40	0.231	115	0.315	49	90.71	70
威海	0.134	187	0.3	46	0.239	98	0.347	35	86.15	71
商丘	0.125	232	0.311	38	0.26	77	0.314	50	73.62	72
淄博	0.156	99	0.287	55	0.289	59	0.252	112	65	73
東營	0.185	62	0.279	62	0.247	91	0.268	78	59.93	74
麗水	0.176	69	0.258	92	0.268	70	0.274	72	57.09	75
大慶	0.209	44	0.228	168	0.259	78	0.264	82	53.11	76
西寧	0.152	107	0.244	106	0.312	54	0.263	87	51.28	77
新竹	0.159	89	0.228	168	0.329	45	0.232	192	32.19	78
烏魯木齊	0.16	82	0.248	98	0.281	62	0.27	76	29.89	79
連雲港	0.144	135	0.285	57	0.278	64	0.26	93	29.87	80
基隆	0.162	79	0.232	141	0.314	52	0.233	186	18.32	81
龍岩	0.143	144	0.275	71	0.28	63	0.259	95	16.79	82
嘉峪關	0.269	22	0.221	225	0.211	164	0.212	271	7.92	83
濰坊	0.213	39	0.28	61	0.186	223	0.247	127	-14.98	84
延安	0.119	260	0.216	249	0.364	35	0.221	249	-19.21	85
嘉義	0.158	92	0.227	179	0.3	56	0.231	201	-21.98	86
衢州	0.156	99	0.273	73	0.239	98	0.262	90	-24.99	87
金華	0.182	63	0.269	79	0.211	164	0.262	90	-28.15	88
淮安	0.139	158	0.274	72	0.272	68	0.242	141	-29.3	89
寧德	0.129	208	0.263	89	0.272	68	0.253	107	-47.73	90

表 3.10　2013 年度城市文化形象競爭力排名

城市	文化設施指數	排名	文化意識指數	排名	文化資源指數	排名	城市行銷能力指數	排名	城市文化形象競爭力	排名
南平	0.152	107	0.261	90	0.249	90	0.242	141	-58.35	91
三明	0.162	79	0.255	95	0.24	97	0.245	131	-58.44	92
菏澤	0.195	52	0.24	112	0.202	185	0.258	99	-61.44	93
鄂爾多斯	0.136	178	0.279	62	0.209	170	0.294	59	-63.17	94
玉溪	0.207	45	0.22	229	0.203	182	0.259	95	-63.56	95
汕頭	0.146	130	0.271	76	0.181	237	0.321	47	-65.46	96
莆田	0.117	269	0.27	78	0.266	72	0.258	99	-65.9	97
泰州	0.161	81	0.277	68	0.208	172	0.259	95	-67.65	98
榆林	0.152	107	0.238	116	0.274	67	0.227	226	-70.13	99
丹東	0.156	99	0.241	109	0.244	95	0.253	107	-74.26	100
邯鄲	0.159	89	0.226	186	0.262	74	0.235	177	-82.47	101
十堰	0.128	222	0.223	211	0.262	74	0.277	69	-87.68	102
上饒	0.15	114	0.245	104	0.251	85	0.237	170	-88.65	103
保定	0.179	66	0.238	116	0.219	140	0.241	148	-89.51	104
棗莊	0.133	188	0.278	67	0.234	109	0.248	121	-91.01	105
惠州	0.136	178	0.296	48	0.185	225	0.285	64	-93.1	106
營口	0.129	208	0.227	179	0.258	80	0.272	73	-94.64	107
漳州	0.139	158	0.265	85	0.231	115	0.253	107	-94.7	108
鞍山	0.164	76	0.239	113	0.229	123	0.245	131	-97.97	109
萊蕪	0.154	104	0.252	97	0.225	129	0.245	131	-105.53	110
宿遷	0.165	75	0.279	62	0.202	185	0.23	208	-105.94	111
銅川	0.168	71	0.225	194	0.255	81	0.209	278	-112.55	112
岳陽	0.15	114	0.226	186	0.235	106	0.258	99	-113.55	113
荊門	0.129	208	0.246	100	0.25	89	0.249	118	-114.19	114
雲浮	0.187	59	0.265	85	0.175	249	0.24	155	-116.01	115
承德	0.164	76	0.236	123	0.23	121	0.225	230	-125.49	116
揚州	0.144	135	0.264	88	0.225	129	0.231	201	-125.56	117
三亞	0.127	224	0.268	80	0.188	213	0.298	57	-127.79	118
湛江	0.123	243	0.282	60	0.189	209	0.285	64	-130.43	119
阜新	0.119	260	0.23	154	0.252	84	0.264	82	-131.05	120
肇慶	0.142	145	0.279	62	0.189	209	0.257	102	-136.9	121
泰安	0.125	232	0.272	75	0.192	204	0.282	66	-139.52	122
撫州	0.166	72	0.229	162	0.221	136	0.231	201	-139.89	123
鄂州	0.122	251	0.228	168	0.268	70	0.234	182	-140.78	124
宜昌	0.182	63	0.22	229	0.205	178	0.236	174	-140.88	125
衡陽	0.13	203	0.237	120	0.251	85	0.234	182	-142.77	126
景德鎮	0.132	193	0.23	154	0.237	103	0.255	103	-144.46	127
廊坊	0.16	82	0.235	127	0.222	135	0.228	219	-146.17	128
渭南	0.147	127	0.227	179	0.251	85	0.218	263	-146.25	129
撫順	0.137	170	0.225	194	0.229	123	0.259	95	-148.86	130
茂名	0.119	260	0.267	82	0.2	192	0.277	69	-150.44	131
綿陽	0.16	82	0.232	141	0.17	259	0.291	60	-150.79	132
萍鄉	0.144	135	0.229	162	0.212	162	0.263	87	-151.77	133
咸寧	0.118	265	0.244	106	0.253	83	0.235	177	-152.34	134
柳州	0.131	198	0.215	252	0.235	106	0.268	78	-152.38	135
本溪	0.144	135	0.222	218	0.239	98	0.237	170	-152.61	136
臨沂	0.144	135	0.268	80	0.19	208	0.249	118	-154.67	137
吉安	0.158	92	0.223	211	0.231	115	0.224	237	-154.85	138
永州	0.138	165	0.225	194	0.245	93	0.232	192	-156.92	139
襄陽	0.139	158	0.238	116	0.237	103	0.226	229	-157.13	140
安慶	0.151	112	0.228	168	0.221	136	0.239	161	-158.91	141
新餘	0.127	224	0.23	154	0.238	101	0.25	116	-158.99	142
贛州	0.132	193	0.227	179	0.251	85	0.228	219	-159.78	143
錦州	0.141	150	0.233	139	0.218	143	0.248	121	-165.27	144
唐山	0.139	158	0.234	134	0.214	156	0.253	107	-166.43	145
攀枝花	0.129	208	0.237	120	0.232	112	0.242	141	-166.56	146
鶴崗	0.125	232	0.246	100	0.234	109	0.232	192	-170.86	147

表 3.10　2013 年度城市文化形象競爭力排名

城市	文化設施指數	排名	文化意識指數	排名	文化資源指數	排名	城市行銷能力指數	排名	城市文化形象競爭力	排名
九江	0.14	153	0.216	249	0.235	106	0.239	161	-171.98	148
宜春	0.159	89	0.215	252	0.212	162	0.241	148	-173.5	149
朝陽	0.125	232	0.226	186	0.224	132	0.262	90	-175.9	150
遼陽	0.129	208	0.243	108	0.219	140	0.245	131	-177.53	151
遵義	0.152	107	0.214	255	0.21	166	0.251	114	-179.69	152
廣元	0.149	117	0.231	149	0.21	166	0.236	174	-179.82	153
銅陵	0.142	145	0.225	194	0.216	149	0.245	131	-180.38	154
德州	0.149	117	0.246	100	0.188	213	0.248	121	-180.76	155
鹽城	0.148	121	0.266	83	0.196	195	0.22	255	-181.36	156
張家口	0.137	170	0.225	194	0.238	101	0.224	237	-181.49	157
佳木斯	0.16	82	0.229	162	0.204	180	0.229	212	-181.64	158
盤錦	0.127	224	0.222	218	0.231	115	0.248	121	-183.79	159
欽州	0.116	274	0.235	127	0.214	156	0.272	73	-184.27	160
宣城	0.121	253	0.241	109	0.228	125	0.239	161	-185.34	161
黃岡	0.15	114	0.226	186	0.209	170	0.232	192	-191.38	162
湘潭	0.148	121	0.226	186	0.186	223	0.264	82	-193.15	163
齊齊哈爾	0.153	106	0.236	123	0.175	249	0.253	107	-201.12	164
長治	0.166	72	0.198	267	0.216	149	0.22	255	-204.22	165
黃石	0.135	183	0.236	123	0.183	230	0.267	80	-204.26	166
滄州	0.133	188	0.228	168	0.213	160	0.24	155	-205.42	167
玉林	0.142	145	0.225	194	0.205	178	0.239	161	-206.55	168
荊州	0.12	257	0.226	186	0.227	126	0.24	155	-209.4	169
焦作	0.142	145	0.222	218	0.218	143	0.225	230	-210.4	170
開封	0.131	198	0.239	113	0.202	185	0.242	141	-211.24	171
周口	0.129	208	0.232	141	0.225	129	0.222	246	-212.1	172
新鄉	0.14	153	0.234	134	0.21	166	0.222	246	-212.94	173
白城	0.126	229	0.222	218	0.23	121	0.229	212	-213.55	174
防城港	0.13	203	0.212	257	0.233	111	0.228	219	-215.08	175
濱州	0.141	150	0.237	120	0.187	218	0.245	131	-215.61	176
駐馬店	0.137	170	0.229	162	0.216	149	0.221	249	-216.54	177
信陽	0.131	198	0.228	168	0.231	115	0.212	271	-216.99	178
白山	0.124	238	0.222	218	0.226	128	0.233	186	-217.87	179
株洲	0.129	208	0.241	109	0.187	218	0.255	103	-218.23	180
孝感	0.123	243	0.219	237	0.232	112	0.229	212	-218.84	181
大同	0.142	145	0.194	270	0.232	112	0.228	219	-218.85	182
潮州	0.117	269	0.288	53	0.15	276	0.27	76	-219.61	183
河源	0.108	292	0.257	93	0.191	206	0.263	87	-219.81	184
張掖	0.144	135	0.185	280	0.259	78	0.199	284	-220.06	185
黃山	0.118	265	0.23	154	0.224	132	0.234	182	-220.35	186
北海	0.119	260	0.22	229	0.216	149	0.252	112	-221.46	187
臨汾	0.176	69	0.19	273	0.199	194	0.221	249	-222.28	188
安康	0.127	224	0.218	241	0.231	115	0.224	237	-222.79	189
呼倫貝爾	0.157	97	0.179	290	0.237	103	0.212	271	-223.09	190
梧州	0.133	188	0.216	249	0.21	166	0.242	141	-224.11	191
包頭	0.212	42	0.195	269	0.161	268	0.212	271	-224.31	192
寶雞	0.16	82	0.215	252	0.194	199	0.224	237	-224.77	193
馬鞍山	0.138	165	0.223	211	0.204	180	0.235	177	-225.18	194
安陽	0.156	99	0.223	211	0.189	209	0.225	230	-228.81	195
邢臺	0.178	67	0.224	206	0.157	272	0.232	192	-230.69	196
漢中	0.124	238	0.228	168	0.215	153	0.231	201	-231.22	197
鷹潭	0.136	178	0.219	237	0.203	182	0.239	161	-231.49	198
晉中	0.152	107	0.192	272	0.217	145	0.225	230	-231.7	199
克拉瑪依	0.232	31	0.223	211	0.111	294	0.21	275	-233.4	200
衡水	0.133	188	0.23	154	0.214	156	0.216	268	-234.54	201
南陽	0.144	135	0.22	229	0.202	185	0.224	237	-234.8	202
天水	0.129	208	0.218	241	0.215	153	0.23	208	-237.29	203
常德	0.138	165	0.213	256	0.178	241	0.267	80	-238.8	204

表 3.10　2013 年度城市文化形象競爭力排名

城市	文化設施指數	排名	文化意識指數	排名	文化資源指數	排名	城市行銷能力指數	排名	城市文化形象競爭力	排名
郴州	0.129	208	0.227	179	0.179	239	0.264	82	-239.13	205
淮南	0.109	288	0.228	168	0.219	140	0.241	148	-239.27	206
內江	0.132	193	0.232	141	0.193	202	0.237	170	-239.86	207
蕪湖	0.14	153	0.222	218	0.188	213	0.242	141	-240.4	208
汕尾	0.103	295	0.259	91	0.2	192	0.241	148	-242.66	209
宿州	0.123	243	0.221	225	0.214	156	0.232	192	-244.57	210
忻州	0.156	99	0.184	281	0.207	175	0.229	212	-244.85	211
池州	0.108	292	0.234	134	0.213	160	0.24	155	-246.77	212
隨州	0.164	76	0.223	211	0.162	267	0.232	192	-249.39	213
吉林	0.14	153	0.235	127	0.158	271	0.26	93	-250.12	214
平頂山	0.131	198	0.246	100	0.189	209	0.221	249	-250.95	215
日照	0.113	281	0.256	94	0.176	245	0.254	106	-251.78	216
淮北	0.121	253	0.219	237	0.206	176	0.24	155	-252.98	217
保山	0.123	243	0.212	257	0.217	145	0.23	208	-253.64	218
蚌埠	0.121	253	0.229	162	0.184	229	0.255	103	-256.62	219
益陽	0.129	208	0.225	194	0.201	189	0.225	230	-258.08	220
白銀	0.123	243	0.22	229	0.217	145	0.217	266	-260.4	221
葫蘆島	0.123	243	0.224	206	0.185	225	0.249	118	-264.53	222
邵陽	0.137	170	0.225	194	0.174	251	0.242	141	-266.32	223
陽江	0.117	269	0.255	95	0.174	251	0.239	161	-267.05	224
鐵嶺	0.129	208	0.226	186	0.177	243	0.247	127	-267.15	225
懷化	0.149	117	0.22	229	0.167	264	0.237	170	-267.59	226
金昌	0.151	112	0.229	162	0.169	261	0.222	246	-268.37	227
亳州	0.12	257	0.235	127	0.188	213	0.238	168	-268.52	228
清遠	0.137	170	0.247	99	0.161	268	0.234	182	-269.34	229
鶴壁	0.129	208	0.235	127	0.18	238	0.229	212	-275.07	230
通化	0.118	265	0.224	206	0.192	204	0.24	155	-275.21	231
貴港	0.135	183	0.217	246	0.187	218	0.23	208	-275.79	232
阜陽	0.117	269	0.217	246	0.193	202	0.248	121	-275.83	233
瀘州	0.126	229	0.22	229	0.183	230	0.243	138	-276.38	234
六安	0.108	292	0.225	194	0.208	172	0.232	192	-277.05	235
伊春	0.157	97	0.238	116	0.133	288	0.243	138	-278.61	236
自貢	0.114	278	0.231	149	0.188	213	0.241	148	-279.42	237
許昌	0.129	208	0.227	179	0.187	218	0.221	249	-282.62	238
雞西	0.109	288	0.224	206	0.206	176	0.229	212	-284.27	239
松原	0.113	281	0.225	194	0.185	225	0.248	121	-284.8	240
酒泉	0.148	121	0.183	283	0.215	153	0.201	282	-286.66	241
四平	0.116	274	0.228	168	0.179	239	0.246	130	-286.76	242
德陽	0.137	170	0.225	194	0.157	272	0.247	127	-287.24	243
呂梁	0.136	178	0.19	273	0.208	172	0.22	255	-288.15	244
平涼	0.135	183	0.182	286	0.227	126	0.205	279	-288.63	245
七台河	0.123	243	0.235	127	0.169	261	0.241	148	-288.69	246
黑河	0.125	232	0.231	149	0.178	241	0.227	226	-294	247
三門峽	0.147	127	0.205	264	0.185	225	0.21	275	-295.99	248
漯河	0.11	287	0.232	141	0.195	196	0.225	230	-297.54	249
運城	0.148	121	0.187	277	0.191	206	0.219	261	-298.69	250
濮陽	0.124	238	0.226	186	0.182	235	0.224	237	-300.52	251
綏化	0.148	121	0.23	154	0.146	280	0.227	226	-304.38	252
雙鴨山	0.109	288	0.239	113	0.173	253	0.241	148	-304.75	253
牡丹江	0.124	238	0.23	154	0.176	245	0.224	237	-305.23	254
揭陽	0.116	274	0.266	83	0.151	275	0.229	212	-307.84	255
滁州	0.119	260	0.224	206	0.176	245	0.233	186	-309.59	256
固原	0.154	104	0.208	263	0.171	258	0.198	286	-318.23	257
遂寧	0.117	269	0.23	154	0.168	263	0.231	201	-322.23	258
賀州	0.145	133	0.204	265	0.163	266	0.219	261	-329.72	259
烏海	0.139	158	0.188	275	0.183	230	0.216	268	-330.52	260
河池	0.125	232	0.209	260	0.183	230	0.216	268	-332.23	261

表 3. 10　2013 年度城市文化形象競爭力排名

城市	文化設施指數	排名	文化意識指數	排名	文化資源指數	排名	城市行銷能力指數	排名	城市文化形象競爭力	排名
陽泉	0.13	203	0.188	275	0.183	230	0.228	219	-333.1	262
婁底	0.137	170	0.218	241	0.148	279	0.233	186	-333.77	263
通遼	0.132	193	0.193	271	0.195	196	0.205	279	-334.8	264
石嘴山	0.144	135	0.217	246	0.165	265	0.2	283	-334.94	265
來賓	0.127	224	0.211	259	0.173	253	0.22	255	-335.1	266
晉城	0.141	150	0.179	290	0.182	235	0.22	255	-336.73	267
赤峰	0.116	274	0.187	277	0.201	189	0.217	266	-344.93	268
商洛	0.135	183	0.187	277	0.194	199	0.199	284	-345.58	269
定西	0.132	193	0.178	292	0.203	182	0.198	286	-348.4	270
崇左	0.128	222	0.198	267	0.176	245	0.218	263	-348.44	271
雅安	0.129	208	0.222	218	0.152	274	0.22	255	-352.5	272
宜賓	0.13	203	0.228	168	0.138	285	0.225	230	-358.05	273
朔州	0.136	178	0.183	283	0.173	253	0.218	263	-358.24	274
慶陽	0.146	130	0.175	294	0.194	199	0.183	296	-361.84	275
吳忠	0.14	153	0.22	229	0.136	286	0.21	275	-372.77	276
南充	0.12	257	0.225	194	0.136	286	0.233	186	-374.21	277
樂山	0.111	285	0.221	225	0.15	276	0.233	186	-375.41	278
遼源	0.113	281	0.227	179	0.142	281	0.231	201	-378.66	279
六盤水	0.118	265	0.218	241	0.132	290	0.243	138	-381.66	280
眉山	0.121	253	0.228	168	0.126	291	0.235	177	-382.39	281
廣安	0.133	188	0.218	241	0.125	292	0.228	219	-385.1	282
武威	0.111	285	0.184	281	0.195	196	0.204	281	-387.85	283
巴中	0.138	165	0.232	141	0.105	297	0.228	219	-389.83	284
資陽	0.122	251	0.245	104	0.11	295	0.231	201	-390.17	285
達州	0.139	158	0.231	149	0.107	296	0.224	237	-390.98	286
烏蘭察布	0.148	121	0.177	293	0.16	270	0.196	289	-394.58	287
百色	0.1	297	0.201	266	0.17	259	0.224	237	-400.74	288
隴南	0.137	170	0.175	294	0.177	243	0.184	295	-405.83	289
麗江	0.123	243	0.18	289	0.187	218	0.188	294	-406.67	290
巴彥淖爾	0.131	198	0.174	296	0.172	256	0.198	286	-408.82	291
安順	0.109	288	0.219	237	0.133	288	0.221	249	-425.7	292
中衛	0.126	229	0.209	260	0.141	282	0.194	290	-430.91	293
臨滄	0.114	278	0.182	286	0.141	282	0.193	291	-491.39	294
普洱	0.114	278	0.182	286	0.141	282	0.189	292	-495.11	295
昭通	0.102	296	0.183	283	0.15	276	0.189	292	-502.69	296
銅仁	0.124	238	0.1	297	0.172	256	0.1	297	-657.08	297
畢節	0.113	281	0.1	297	0.124	293	0.1	297	-760.41	298

第四篇　中國城市綜合競爭力三級指標分值

4.1 城市經濟競爭力三級指標分值

表 4.1.1 2013 年度城市經濟爭力三級指標分值

城市	城市人口規模	城區面積	GDP 規模	GDP 增長率	人均 GDP	地均 GDP	城市經營率	城市化率
北京	0.72	0.158	0.9	0.438	0.265	0.111	0.249	0.948
天津	0.514	0.142	0.675	0.683	0.277	0.111	0.199	0.829
石家莊	0.412	0.156	0.298	0.554	0.182	0.103	0.141	0.288
唐山	0.33	0.148	0.36	0.546	0.243	0.104	0.136	0.449
秦皇島	0.186	0.128	0.147	0.494	0.171	0.101	0.166	0.339
邯鄲	0.38	0.143	0.232	0.55	0.161	0.102	0.144	0.198
邢臺	0.315	0.144	0.165	0.51	0.14	0.101	0.139	0.146
保定	0.443	0.179	0.151	0.55	0.12	0.101	0.191	0.142
張家口	0.229	0.231	0.151	0.53	0.153	0.1	0.158	0.236
承德	0.201	0.24	0.149	0.55	0.163	0.1	0.151	0.202
滄州	0.316	0.15	0.149	0.554	0.131	0.101	0.186	0.124
廊坊	0.23	0.123	0.177	0.518	0.176	0.103	0.168	0.235
衡水	0.228	0.131	0.141	0.546	0.143	0.101	0.13	0.161
太原	0.224	0.125	0.191	0.55	0.193	0.103	0.172	0.789
大同	0.197	0.15	0.13	0.534	0.142	0.101	0.175	0.519
陽泉	0.135	0.116	0.114	0.53	0.154	0.101	0.203	0.556
長治	0.197	0.149	0.11	0.514	0.118	0.1	0.39	0.261
晉城	0.164	0.133	0.105	0.554	0.117	0.1	0.399	0.208
朔州	0.146	0.138	0.122	0.574	0.162	0.101	0.208	0.445
晉中	0.194	0.158	0.105	0.538	0.111	0.1	0.452	0.229
運城	0.253	0.15	0.103	0.442	0.106	0.1	0.324	0.179
忻州	0.189	0.189	0.101	0.59	0.106	0.1	0.561	0.217
臨汾	0.228	0.172	0.107	0.534	0.111	0.1	0.422	0.235
呂梁	0.209	0.175	0.1	0.562	0.104	0.1	1	0.123
呼和浩特	0.183	0.162	0.207	0.57	0.258	0.101	0.152	0.553
包頭	0.176	0.199	0.249	0.634	0.336	0.101	0.14	0.668
烏海	0.11	0.106	0.121	0.691	0.294	0.103	0.162	1
赤峰	0.227	0.42	0.167	0.675	0.168	0.1	0.133	0.306
通遼	0.19	0.311	0.172	0.731	0.2	0.1	0.136	0.283
鄂爾多斯	0.155	0.408	0.26	0.65	0.441	0.1	0.183	0.211
呼倫貝爾	0.177	1	0.156	0.671	0.192	0.1	0.141	0.15
巴彥淖爾	0.144	0.329	0.133	0.542	0.191	0.1	0.144	0.34
烏蘭察布	0.159	0.293	0.131	0.542	0.168	0.1	0.124	0.153
瀋陽	0.317	0.146	0.393	0.546	0.27	0.105	0.182	0.734
大連	0.276	0.145	0.411	0.618	0.322	0.105	0.181	0.532
鞍山	0.202	0.133	0.205	0.18	0.229	0.103	0.174	0.463
撫順	0.161	0.14	0.152	0.526	0.205	0.101	0.175	0.676
本溪	0.141	0.13	0.146	0.373	0.234	0.101	0.18	0.636
丹東	0.168	0.154	0.142	0.63	0.178	0.101	0.189	0.363
錦州	0.189	0.135	0.152	0.534	0.175	0.101	0.172	0.342
營口	0.166	0.119	0.158	0.582	0.209	0.103	0.189	0.42
阜新	0.152	0.137	0.121	0.699	0.154	0.101	0.178	0.439
遼陽	0.149	0.117	0.141	0.578	0.202	0.102	0.187	0.443
盤錦	0.134	0.114	0.152	0.53	0.277	0.103	0.178	0.524
鐵嶺	0.188	0.146	0.14	0.546	0.16	0.101	0.194	0.193
朝陽	0.199	0.17	0.137	0.598	0.15	0.1	0.182	0.223

表 4.1.1 2013 年度城市經濟爭力三級指標分值

城市	城市人口規模	城區面積	GDP 規模	GDP 增長率	人均 GDP	地均 GDP	城市經營率	城市化率
葫蘆島	0.18	0.137	0.128	0.514	0.148	0.101	0.185	0.387
長春	0.33	0.173	0.296	0.61	0.209	0.102	0.156	0.507
吉林	0.227	0.196	0.205	0.59	0.204	0.101	0.135	0.454
四平	0.199	0.15	0.146	0.622	0.161	0.101	0.128	0.222
遼源	0.131	0.118	0.123	0.614	0.192	0.101	0.125	0.419
通化	0.163	0.155	0.136	0.614	0.173	0.101	0.146	0.241
白山	0.133	0.162	0.123	0.626	0.187	0.1	0.15	0.491
松原	0.184	0.175	0.168	0.614	0.202	0.101	0.121	0.248
白城	0.156	0.191	0.124	0.618	0.157	0.1	0.133	0.292
哈爾濱	0.424	0.288	0.301	0.53	0.18	0.101	0.157	0.503
齊齊哈爾	0.26	0.251	0.148	0.47	0.14	0.1	0.152	0.289
雞西	0.151	0.18	0.122	0.675	0.158	0.1	0.152	0.491
鶴崗	0.126	0.152	0.112	0.671	0.163	0.1	0.153	0.639
雙鴨山	0.138	0.182	0.119	0.763	0.1	0.1	0.153	0.344
大慶	0.183	0.175	0.276	0.53	0.356	0.102	0.1	0.507
伊春	0.128	0.216	0.108	0.638	0.142	0.1	0.132	0.656
佳木斯	0.172	0.216	0.126	0.683	0.148	0.1	0.14	0.362
七台河	0.121	0.122	0.109	0.454	0.16	0.1	0.159	0.637
牡丹江	0.18	0.245	0.145	0.695	0.173	0.1	0.147	0.368
黑河	0.145	0.392	0.112	0.654	0.141	0.1	0.142	0.157
綏化	0.261	0.224	0.137	0.683	0.1	0.1	0.142	0.199
上海	0.822	0.122	1	0.429	0.259	0.131	0.251	0.954
南京	0.345	0.123	0.42	0.598	0.265	0.111	0.177	0.874
無錫	0.293	0.116	0.436	0.534	0.319	0.116	0.17	0.538
徐州	0.359	0.14	0.277	0.658	0.187	0.103	0.169	0.36
常州	0.237	0.115	0.274	0.59	0.259	0.109	0.177	0.651
蘇州	0.42	0.13	0.636	0.534	0.313	0.114	0.18	0.415
南通	0.319	0.128	0.301	0.602	0.216	0.106	0.171	0.316
連雲港	0.229	0.127	0.168	0.638	0.168	0.102	0.198	0.233
淮安	0.242	0.136	0.182	0.654	0.174	0.102	0.193	0.544
鹽城	0.318	0.16	0.236	0.638	0.18	0.102	0.175	0.244
揚州	0.231	0.123	0.228	0.598	0.222	0.104	0.164	0.527
鎮江	0.19	0.114	0.214	0.642	0.256	0.107	0.159	0.415
泰州	0.237	0.12	0.217	0.63	0.209	0.105	0.17	0.209
宿遷	0.241	0.13	0.164	0.65	0.159	0.102	0.169	0.331
杭州	0.364	0.159	0.447	0.49	0.266	0.105	0.188	0.653
寧波	0.33	0.135	0.389	0.442	0.259	0.106	0.188	0.423
溫州	0.377	0.142	0.26	0.397	0.174	0.103	0.164	0.229
嘉興	0.234	0.114	0.226	0.478	0.219	0.107	0.168	0.287
湖州	0.183	0.121	0.171	0.518	0.207	0.103	0.163	0.45
紹興	0.246	0.129	0.141	0.538	0.138	0.101	0.312	0.195
金華	0.26	0.139	0.101	0.53	0.104	0.1	1	0.243
衢州	0.159	0.131	0.14	0.478	0.186	0.101	0.15	0.366
舟山	0.128	0.105	0.134	0.538	0.24	0.106	0.178	0.737
台州	0.279	0.133	0.228	0.429	0.191	0.103	0.159	0.306
麗水	0.159	0.161	0.136	0.55	0.178	0.1	0.156	0.163
合肥	0.327	0.141	0.283	0.675	0.203	0.104	0.17	0.347
蕪湖	0.204	0.121	0.124	0.683	0.132	0.101	0.301	0.359
蚌埠	0.191	0.121	0.128	0.65	0.142	0.101	0.174	0.294
淮南	0.165	0.109	0.137	0.638	0.173	0.103	0.167	0.755
馬鞍山	0.161	0.114	0.136	0.61	0.176	0.102	0.19	0.319
淮北	0.158	0.11	0.139	0.658	0.185	0.103	0.133	0.526
銅陵	0.115	0.104	0.131	0.57	0.299	0.107	0.149	0.625
安慶	0.258	0.154	0.14	0.59	0.134	0.101	0.164	0.167
黃山	0.135	0.135	0.137	0.594	0.227	0.101	0.142	0.335
滁州	0.215	0.148	0.151	0.654	0.158	0.101	0.151	0.167
阜陽	0.33	0.135	0.18	0.598	0.146	0.102	0.124	0.248
宿州	0.26	0.135	0.13	0.63	0.126	0.101	0.143	0.328

表 4.1.1 2013 年度城市經濟爭力三級指標分值

城市	城市人口規模	城區面積	GDP 規模	GDP 增長率	人均 GDP	地均 GDP	城市經營率	城市化率
六安	0.268	0.164	0.124	0.57	0.121	0.1	0.18	0.304
亳州	0.244	0.13	0.115	0.606	0.116	0.1	0.171	0.311
池州	0.137	0.129	0.157	0.622	0.279	0.102	0.124	0.446
宣城	0.172	0.144	0.115	0.634	0.131	0.1	0.242	0.347
福州	0.317	0.146	0.285	0.614	0.209	0.103	0.166	0.331
廈門	0.205	0.105	0.223	0.614	0.245	0.117	0.219	1
莆田	0.179	0.115	0.15	0.642	0.18	0.103	0.145	0.684
三明	0.171	0.182	0.156	0.618	0.199	0.101	0.141	0.152
泉州	0.348	0.139	0.307	0.622	0.207	0.104	0.144	0.196
漳州	0.243	0.146	0.186	0.634	0.177	0.102	0.147	0.165
南平	0.175	0.193	0.141	0.57	0.17	0.1	0.141	0.204
龍岩	0.172	0.168	0.157	0.61	0.199	0.101	0.153	0.21
寧德	0.181	0.147	0.144	0.634	0.171	0.101	0.143	0.18
南昌	0.251	0.126	0.231	0.63	0.21	0.104	0.153	0.468
景德鎮	0.142	0.119	0.124	0.594	0.173	0.101	0.17	0.32
萍鄉	0.151	0.113	0.129	0.602	0.173	0.102	0.169	0.483
九江	0.241	0.167	0.16	0.61	0.156	0.101	0.161	0.175
新餘	0.128	0.111	0.133	0.542	0.235	0.103	0.173	0.738
鷹潭	0.128	0.113	0.118	0.626	0.179	0.101	0.17	0.232
贛州	0.355	0.24	0.164	0.606	0.133	0.1	0.163	0.121
吉安	0.243	0.19	0.141	0.582	0.139	0.1	0.166	0.158
宜春	0.262	0.166	0.152	0.594	0.143	0.101	0.164	0.234
撫州	0.215	0.167	0.133	0.562	0.139	0.1	0.18	0.322
上饒	0.299	0.181	0.153	0.59	0.136	0.101	0.165	0.105
濟南	0.307	0.129	0.312	0.51	0.23	0.106	0.158	0.599
青島	0.366	0.139	0.424	0.554	0.255	0.106	0.167	0.396
淄博	0.234	0.121	0.256	0.55	0.245	0.106	0.149	0.681
棗莊	0.209	0.116	0.173	0.558	0.185	0.104	0.15	0.595
東營	0.157	0.128	0.231	0.614	0.372	0.104	0.138	0.48
煙臺	0.31	0.149	0.333	0.542	0.241	0.104	0.149	0.315
濰坊	0.377	0.157	0.276	0.554	0.182	0.102	0.154	0.251
濟寧	0.345	0.14	0.239	0.57	0.173	0.103	0.156	0.181
泰安	0.264	0.127	0.211	0.558	0.186	0.103	0.146	0.323
威海	0.18	0.12	0.201	0.506	0.255	0.104	0.15	0.297
日照	0.18	0.119	0.157	0.602	0.189	0.102	0.143	0.46
萊蕪	0.133	0.108	0.124	0.574	0.19	0.103	0.153	1
臨沂	0.406	0.161	0.231	0.602	0.156	0.102	0.139	0.27
德州	0.267	0.137	0.196	0.614	0.174	0.102	0.136	0.154
聊城	0.274	0.131	0.193	0.638	0.168	0.102	0.138	0.238
濱州	0.21	0.134	0.185	0.562	0.198	0.102	0.156	0.214
菏澤	0.351	0.143	0.176	0.65	0.14	0.101	0.153	0.204
鄭州	0.368	0.126	0.346	0.618	0.217	0.107	0.179	0.55
開封	0.238	0.123	0.15	0.574	0.148	0.102	0.134	0.205
洛陽	0.297	0.154	0.23	0.53	0.185	0.102	0.151	0.278
平頂山	0.246	0.128	0.163	0.401	0.157	0.102	0.155	0.235
安陽	0.253	0.126	0.166	0.425	0.157	0.102	0.142	0.232
鶴壁	0.142	0.108	0.12	0.566	0.164	0.102	0.143	0.416
新鄉	0.269	0.129	0.169	0.586	0.153	0.102	0.148	0.213
焦作	0.202	0.114	0.166	0.578	0.182	0.104	0.14	0.271
濮陽	0.203	0.115	0.14	0.614	0.152	0.102	0.133	0.211
許昌	0.226	0.118	0.173	0.618	0.174	0.103	0.136	0.134
漯河	0.172	0.109	0.132	0.614	0.158	0.103	0.135	0.536
三門峽	0.162	0.137	0.147	0.61	0.194	0.101	0.143	0.179
南陽	0.408	0.194	0.201	0.534	0.143	0.101	0.131	0.205
商丘	0.322	0.138	0.159	0.562	0.135	0.101	0.133	0.237
信陽	0.283	0.167	0.159	0.55	0.143	0.101	0.126	0.215
周口	0.371	0.142	0.167	0.554	0.133	0.101	0.125	0.101
駐馬店	0.313	0.153	0.158	0.546	0.136	0.101	0.128	0.152

表 4. 1. 1 2013 年度城市經濟爭力三級指標分值

城市	城市人口規模	城區面積	GDP 規模	GDP 增長率	人均 GDP	地均 GDP	城市經營率	城市化率
武漢	0.404	0.13	0.456	0.586	0.249	0.109	0.173	0.643
黃石	0.168	0.116	0.143	0.61	0.18	0.102	0.144	0.314
十堰	0.197	0.184	0.139	0.458	0.153	0.1	0.16	0.2
宜昌	0.219	0.175	0.209	0.634	0.215	0.101	0.138	0.35
襄陽	0.265	0.17	0.208	0.63	0.184	0.101	0.132	0.413
鄂州	0.125	0.106	0.121	0.614	0.199	0.103	0.139	1
荊門	0.182	0.144	0.145	0.618	0.17	0.101	0.13	0.264
孝感	0.243	0.132	0.146	0.618	0.143	0.101	0.139	0.225
荊州	0.27	0.15	0.15	0.574	0.139	0.101	0.13	0.215
黃岡	0.286	0.162	0.15	0.554	0.136	0.101	0.136	0.1
咸寧	0.169	0.135	0.13	0.618	0.157	0.101	0.139	0.249
隨州	0.16	0.134	0.123	0.61	0.151	0.101	0.123	0.296
長沙	0.313	0.142	0.384	0.65	0.268	0.105	0.157	0.482
株洲	0.213	0.14	0.175	0.602	0.184	0.102	0.153	0.279
湘潭	0.179	0.118	0.154	0.622	0.186	0.102	0.143	0.342
衡陽	0.315	0.154	0.184	0.602	0.151	0.101	0.145	0.172
邵陽	0.314	0.174	0.142	0.598	0.127	0.1	0.133	0.137
岳陽	0.263	0.153	0.195	0.618	0.175	0.101	0.127	0.242
常德	0.271	0.167	0.188	0.614	0.166	0.101	0.139	0.27
張家界	0.139	0.134	0.111	0.594	0.142	0.1	0.146	0.345
益陽	0.227	0.144	0.142	0.606	0.144	0.101	0.127	0.319
郴州	0.236	0.17	0.164	0.626	0.161	0.101	0.154	0.19
永州	0.255	0.18	0.144	0.57	0.138	0.1	0.136	0.229
懷化	0.24	0.198	0.141	0.61	0.139	0.1	0.14	0.121
婁底	0.211	0.129	0.141	0.606	0.149	0.101	0.133	0.156
廣州	0.489	0.126	0.705	0.55	0.298	0.118	0.162	0.834
韶關	0.181	0.165	0.136	0.522	0.158	0.1	0.152	0.322
深圳	0.418	0.107	0.678	0.53	0.33	0.163	0.19	1
珠海	0.141	0.106	0.164	0.409	0.279	0.108	0.183	1
汕頭	0.261	0.107	0.16	0.51	0.149	0.107	0.152	0.987
佛山	0.318	0.113	0.398	0.458	0.273	0.117	0.143	1
江門	0.232	0.134	0.182	0.454	0.18	0.102	0.153	0.388
湛江	0.312	0.147	0.181	0.53	0.15	0.101	0.135	0.241
茂名	0.276	0.141	0.184	0.554	0.162	0.102	0.128	0.223
肇慶	0.216	0.155	0.161	0.57	0.169	0.101	0.154	0.175
惠州	0.237	0.14	0.202	0.634	0.195	0.102	0.159	0.433
梅州	0.225	0.156	0.129	0.534	0.132	0.1	0.154	0.113
汕尾	0.185	0.119	0.123	0.671	0.138	0.101	0.145	0.199
河源	0.185	0.155	0.124	0.594	0.138	0.1	0.143	0.134
陽江	0.169	0.128	0.136	0.65	0.168	0.101	0.133	0.283
清遠	0.209	0.168	0.142	0.333	0.151	0.101	0.171	0.205
東莞	0.349	0.109	0.321	0.373	0.213	0.12	0.153	1
中山	0.19	0.106	0.206	0.574	0.245	0.113	0.165	1
潮州	0.176	0.111	0.128	0.554	0.149	0.102	0.132	0.181
揭陽	0.277	0.119	0.159	0.582	0.144	0.103	0.127	0.154
雲浮	0.167	0.128	0.12	0.642	0.142	0.101	0.148	0.155
南寧	0.308	0.178	0.209	0.622	0.167	0.101	0.164	0.417
柳州	0.211	0.166	0.178	0.59	0.189	0.101	0.141	0.342
桂林	0.242	0.199	0.163	0.654	0.158	0.101	0.146	0.192
梧州	0.183	0.145	0.133	0.675	0.153	0.101	0.146	0.203
北海	0.141	0.112	0.124	1	0.176	0.102	0.15	0.407
防城港	0.12	0.122	0.116	0.618	0.194	0.101	0.155	0.615
欽州	0.189	0.138	0.127	0.602	0.141	0.101	0.13	0.398
貴港	0.222	0.138	0.126	0.538	0.13	0.101	0.126	0.397
玉林	0.265	0.146	0.146	0.566	0.137	0.101	0.137	0.197
百色	0.201	0.229	0.13	0.498	0.14	0.1	0.144	0.133
賀州	0.154	0.143	0.114	0.49	0.137	0.1	0.129	0.481
河池	0.198	0.217	0.118	0.1	0.127	0.1	0.14	0.13

表 4.1.1 2013 年度城市經濟爭力三級指標分值

城市	城市人口規模	城區面積	GDP 規模	GDP 增長率	人均 GDP	地均 GDP	城市經營率	城市化率
來賓	0.159	0.148	0.119	0.598	0.145	0.1	0.141	0.448
崇左	0.155	0.162	0.12	0.602	0.149	0.1	0.148	0.195
海口	0.158	0.108	0.133	0.506	0.173	0.103	0.164	1
三亞	0.115	0.107	0.111	0.502	0.187	0.102	0.234	1
重慶	1	0.394	0.611	0.675	0.173	0.101	0.214	0.557
成都	0.53	0.143	0.462	0.654	0.208	0.106	0.173	0.497
自貢	0.176	0.115	0.136	0.687	0.161	0.102	0.127	0.487
攀枝花	0.131	0.126	0.129	0.695	0.213	0.101	0.157	0.639
瀘州	0.224	0.143	0.142	0.723	0.145	0.101	0.154	0.331
德陽	0.204	0.121	0.154	0.65	0.166	0.102	0.144	0.218
綿陽	0.236	0.172	0.157	0.663	0.154	0.101	0.141	0.268
廣元	0.17	0.158	0.117	0.683	0.135	0.1	0.141	0.336
遂寧	0.194	0.119	0.127	0.687	0.139	0.101	0.129	0.429
內江	0.208	0.119	0.14	0.675	0.149	0.102	0.12	0.369
樂山	0.194	0.145	0.143	0.707	0.16	0.101	0.149	0.362
南充	0.288	0.144	0.149	0.699	0.135	0.101	0.13	0.297
眉山	0.185	0.125	0.131	0.711	0.149	0.101	0.137	0.287
宜賓	0.231	0.147	0.152	0.695	0.152	0.101	0.146	0.271
廣安	0.193	0.122	0.13	0.691	0.144	0.101	0.13	0.308
達州	0.263	0.159	0.147	0.675	0.139	0.101	0.13	0.113
雅安	0.14	0.153	0.114	0.663	0.149	0.1	0.146	0.265
巴中	0.195	0.144	0.114	0.687	0.122	0.1	0.126	0.39
資陽	0.206	0.128	0.14	0.703	0.151	0.101	0.127	0.26
貴陽	0.229	0.128	0.173	0.767	0.173	0.102	0.196	0.617
六盤水	0.181	0.135	0.13	0.771	0.15	0.101	0.181	0.2
遵義	0.282	0.209	0.156	0.767	0.141	0.1	0.154	0.161
安順	0.164	0.133	0.112	0.747	0.129	0.1	0.165	0.347
畢節	0.295	0.195	0.136	0.803	0.125	0.1	0.179	0.222
銅仁	0.188	0.164	0.117	0.751	0.128	0.1	0.153	0.155
昆明	0.294	0.175	0.231	0.695	0.186	0.101	0.192	0.53
曲靖	0.276	0.203	0.159	0.65	0.144	0.1	0.154	0.16
玉溪	0.165	0.154	0.141	0.618	0.18	0.101	0.167	0.257
保山	0.171	0.17	0.113	0.735	0.129	0.1	0.162	0.391
昭通	0.256	0.18	0.121	0.775	0.12	0.1	0.15	0.192
麗江	0.132	0.175	0.105	0.763	0.132	0.1	0.209	0.174
普洱	0.172	0.261	0.112	0.755	0.127	0.1	0.194	0.166
臨滄	0.169	0.187	0.112	0.803	0.127	0.1	0.152	0.181
拉薩	0.11	0.205	0.108	0.618	0.186	0.1	0.178	0.452
西安	0.357	0.136	0.292	0.602	0.196	0.104	0.163	0.734
銅川	0.119	0.114	0.109	0.763	0.163	0.101	0.157	0.895
寶雞	0.209	0.164	0.159	0.735	0.17	0.101	0.13	0.408
咸陽	0.245	0.136	0.169	0.711	0.161	0.102	0.13	0.217
渭南	0.258	0.147	0.142	0.731	0.136	0.101	0.136	0.219
延安	0.161	0.231	0.153	0.55	0.208	0.1	0.183	0.242
漢中	0.199	0.197	0.131	0.739	0.142	0.1	0.125	0.192
榆林	0.197	0.255	0.22	0.61	0.254	0.101	0.156	0.19
安康	0.175	0.184	0.119	0.739	0.136	0.1	0.128	0.368
商洛	0.165	0.168	0.116	0.723	0.135	0.1	0.131	0.266
蘭州	0.205	0.146	0.166	0.667	0.18	0.101	0.147	0.666
嘉峪關	0.1	0.11	0.108	0.787	0.315	0.101	0.134	1
金昌	0.107	0.132	0.107	0.791	0.197	0.1	0.139	0.521
白銀	0.146	0.175	0.115	0.719	0.147	0.1	0.133	0.319
天水	0.195	0.151	0.115	0.61	0.124	0.1	0.138	0.389
武威	0.149	0.218	0.111	0.739	0.135	0.1	0.124	0.561
張掖	0.13	0.249	0.109	0.618	0.145	0.1	0.129	0.428
平涼	0.157	0.14	0.111	0.695	0.129	0.1	0.176	0.272
酒泉	0.127	0.789	0.122	0.775	0.197	0.1	0.123	0.442
慶陽	0.162	0.196	0.12	0.775	0.145	0.1	0.173	0.186

表 4.1.1 2013 年度城市經濟爭力三級指標分值

城市	城市人口規模	城區面積	GDP 規模	GDP 增長率	人均 GDP	地均 GDP	城市經營率	城市化率
定西	0.177	0.172	0.106	0.654	0.115	0.1	0.137	0.201
隴南	0.172	0.199	0.106	0.654	0.116	0.1	0.149	0.249
西寧	0.154	0.127	0.134	0.731	0.18	0.101	0.145	0.569
銀川	0.156	0.132	0.147	0.63	0.205	0.101	0.173	0.621
石嘴山	0.116	0.116	0.114	0.614	0.204	0.101	0.155	0.63
吳忠	0.133	0.173	0.11	0.679	0.145	0.1	0.16	0.314
固原	0.132	0.146	0.103	0.614	0.124	0.1	0.142	0.334
中衛	0.127	0.162	0.107	0.614	0.143	0.1	0.142	0.369
烏魯木齊	0.196	0.149	0.189	0.823	0.216	0.101	0.187	0.978
克拉瑪依	0.113	0.127	0.132	0.369	0.33	0.101	0.154	1
香港	0.315	0.104	0.842	0.345	0.532	0.245	0.267	1
澳門	0.111	0.1	0.22	0.526	1	1	0.307	1
新北	0.215	0.107	0.298	0.236	0.312	0.121	0.16	0.95
臺北	0.176	0.101	0.233	0.236	0.312	0.208	0.204	0.95
台中	0.176	0.108	0.233	0.236	0.312	0.113	0.156	0.95
台南	0.151	0.108	0.192	0.236	0.312	0.109	0.164	0.95
高雄	0.179	0.11	0.238	0.236	0.312	0.11	0.168	0.95
基隆	0.104	0.1	0.115	0.236	0.312	0.131	0.176	0.95
新竹	0.106	0.1	0.118	0.236	0.312	0.145	0.161	0.95
嘉義	0.101	0.1	0.11	0.236	0.312	0.15	0.171	0.95

表 4.1.2 2013 年度城市經濟競爭力三級指標分值（續）

城市	城市化帶動率	實際利用外資總額	簽訂外資合同數	國際旅遊收入	人均國際旅遊收入	人均可支配收入	人均消費支出	恩格爾係數(逆)
北京	0.986	0.217	0.44	0.459	0.2	0.318	0.287	0.864
天津	0.929	0.316	0.232	0.216	0.148	0.26	0.248	0.754
石家莊	0.375	0.106	0.104	0.103	0.102	0.204	0.218	0.86
唐山	0.517	0.118	0.105	0.102	0.102	0.1	0.204	0.803
秦皇島	0.561	0.11	0.102	0.109	0.117	0.195	0.176	0.804
邯鄲	0.256	0.111	0.11	0.101	0.1	0.193	0.16	0.785
邢臺	0.209	0.1	0.103	0.1	0.1	0.167	0.17	0.776
保定	0.296	0.107	0.102	0.103	0.101	0.171	0.166	0.777
張家口	0.369	0.103	0.102	0.101	0.101	0.169	0.164	0.742
承德	0.244	0.101	0.101	0.107	0.112	0.152	0.165	0.704
滄州	0.227	0.105	0.103	0.1	0.1	0.186	0.182	0.873
廊坊	0.259	0.11	0.104	0.102	0.103	0.227	0.209	0.895
衡水	0.242	0.102	0.103	0.1	0.1	0.166	0.168	0.886
太原	0.908	0.111	0.104	0.113	0.117	0.201	0.188	0.856
大同	0.809	0.102	0.102	0.106	0.11	0.192	0.183	0.829
陽泉	0.67	0.103	0.142	0.101	0.102	0.193	0.174	0.927
長治	0.25	0.103	0.101	0.102	0.103	0.2	0.189	0.886
晉城	0.22	0.104	0.101	0.102	0.104	0.2	0.213	0.946
朔州	0.581	0.102	0.1	0.101	0.104	0.207	0.201	0.873
晉中	0.217	0.101	0.102	0.105	0.108	0.203	0.189	1
運城	0.157	0.103	0.101	0.102	0.102	0.176	0.167	0.97
忻州	0.19	0.1	0.101	0.104	0.107	0.174	0.159	0.896
臨汾	0.22	0.101	0.101	0.102	0.102	0.191	0.174	0.993
呂梁	0.1	0.103	0.101	0.101	0.101	0.179	0.143	1
呼和浩特	0.713	0.115	0.106	0.106	0.111	0.286	0.258	0.886
包頭	0.826	0.121	0.102	0.101	0.101	0.293	0.307	0.771
烏海	1	0.101	0.1	0.1	0.1	0.186	0.257	0.753
赤峰	0.441	0.101	0.101	0.101	0.1	0.168	0.18	0.75
通遼	0.324	0.101	0.101	0.101	0.1	0.169	0.192	0.796
鄂爾多斯	0.254	0.121	0.102	0.101	0.103	0.29	0.321	0.794
呼倫貝爾	0.192	0.102	0.1	0.117	0.136	0.174	0.2	0.666
巴彥淖爾	0.302	0.101	0.1	0.102	0.106	0.166	0.182	0.789

表 4. 1. 2 2013 年度城市經濟競爭力三級指標分值（續）

城市	城市化帶動率	實際利用外資總額	簽訂外資合同數	國際旅遊收入	人均國際旅遊收入	人均可支配收入	人均消費支出	恩格爾係數(逆)
烏蘭察布	0.205	0.102	0.101	0.1	0.1	0.167	0.171	0.783
瀋陽	0.805	0.191	0.146	0.133	0.126	0.233	0.248	0.742
大連	0.653	0.282	0.176	0.153	0.151	0.242	0.252	0.638
鞍山	0.541	0.118	0.115	0.114	0.123	0.214	0.212	0.77
撫順	0.786	0.103	0.105	0.107	0.118	0.183	0.186	0.728
本溪	0.723	0.106	0.105	0.129	0.204	0.2	0.209	0.672
丹東	0.324	0.117	0.118	0.114	0.133	0.176	0.193	0.532
錦州	0.49	0.109	0.107	0.11	0.118	0.204	0.218	0.727
營口	0.578	0.118	0.123	0.104	0.11	0.212	0.213	0.735
阜新	0.533	0.102	0.103	0.101	0.102	0.154	0.177	0.668
遼陽	0.515	0.106	0.103	0.101	0.104	0.198	0.199	0.763
盤錦	0.653	0.133	0.113	0.107	0.132	0.242	0.229	0.912
鐵嶺	0.29	0.105	0.103	0.102	0.104	0.167	0.192	0.738
朝陽	0.273	0.102	0.104	0.101	0.101	0.154	0.163	0.762
葫蘆島	0.526	0.107	0.111	0.103	0.106	0.204	0.178	0.89
長春	0.712	0.113	0.109	0.111	0.108	0.204	0.226	0.758
吉林	0.578	0.11	0.122	0.102	0.102	0.196	0.197	0.846
四平	0.266	0.103	0.101	0.1	0.1	0.19	0.176	0.841
遼源	0.602	0.103	0.111	0.1	0.1	0.189	0.189	0.808
通化	0.305	0.104	0.102	0.101	0.103	0.192	0.173	0.823
白山	0.497	0.103	0.1	0.101	0.104	0.19	0.182	0.836
松原	0.382	0.103	0.101	0.101	0.101	0.193	0.205	0.843
白城	0.268	0.101	0.1	0.1	0.1	0.18	0.173	0.896
哈爾濱	0.701	0.113	0.116	0.111	0.106	0.2	0.224	0.702
齊齊哈爾	0.498	0.101	0.101	0.101	0.101	0.155	0.17	0.646
雞西	0.385	0.101	0.101	0.101	0.103	0.153	0.171	0.622
鶴崗	0.647	0.101	0.101	0.101	0.103	0.142	0.166	0.613
雙鴨山	0.38	0.101	0.1	0.102	0.108	0.146	0.157	0.858
大慶	0.904	0.107	0.103	0.1	0.1	0.2	0.188	0.872
伊春	0.652	0.101	0.101	0.1	0.1	0.123	0.16	0.539
佳木斯	0.501	0.102	0.105	0.103	0.106	0.142	0.164	0.544
七台河	0.798	0.1	0.1	0.102	0.111	0.16	0.156	0.77
牡丹江	0.301	0.105	0.102	0.123	0.146	0.151	0.181	0.54
黑河	0.173	0.101	0.13	0.1	0.1	0.118	0.156	0.457
綏化	0.113	0.102	0.177	0.1	0.1	0.118	0.156	0.457
上海	0.988	0.309	1	0.487	0.193	0.349	0.309	0.759
南京	0.904	0.159	0.17	0.18	0.155	0.317	0.248	0.807
無錫	0.529	0.158	0.153	0.14	0.135	0.311	0.277	0.833
徐州	0.605	0.124	0.145	0.112	0.108	0.193	0.173	0.817
常州	0.764	0.151	0.164	0.128	0.134	0.294	0.169	0.826
蘇州	0.393	0.249	0.415	0.198	0.152	0.327	0.27	0.835
南通	0.405	0.136	0.171	0.126	0.12	0.249	0.226	0.819
連雲港	0.374	0.11	0.127	0.109	0.111	0.215	0.204	0.794
淮安	0.629	0.127	0.166	0.102	0.102	0.204	0.197	0.71
鹽城	0.297	0.128	0.167	0.104	0.103	0.228	0.203	0.768
揚州	0.671	0.135	0.173	0.135	0.144	0.246	0.225	0.762
鎮江	0.455	0.13	0.126	0.135	0.162	0.264	0.227	0.827
泰州	0.289	0.123	0.148	0.106	0.108	0.234	0.213	0.814
宿遷	0.37	0.103	0.111	0.102	0.102	0.153	0.167	0.697
杭州	0.801	0.178	0.204	0.232	0.185	0.327	0.275	0.767
寧波	0.607	0.147	0.185	0.143	0.132	0.33	0.264	0.813
溫州	0.411	0.102	0.104	0.117	0.11	0.304	0.287	0.698
嘉興	0.267	0.128	0.154	0.117	0.121	0.311	0.264	0.856
湖州	0.466	0.116	0.151	0.11	0.119	0.289	0.247	0.784
紹興	0.183	0.113	0.141	0.115	0.117	0.355	0.251	0.852
金華	0.208	0.104	0.123	0.128	0.129	0.283	0.269	0.873
衢州	0.43	0.101	0.105	0.104	0.111	0.231	0.214	0.774
舟山	0.734	0.102	0.102	0.109	0.146	0.299	0.257	0.816

表 4.1.2 2013 年度城市經濟競爭力三級指標分值（續）

城市	城市化帶動率	實際利用外資總額	簽訂外資合同數	國際旅遊收入	人均國際旅遊收入	人均可支配收入	人均消費支出	恩格爾係數(逆)
台州	0.371	0.102	0.104	0.104	0.104	0.297	0.246	0.815
麗水	0.278	0.101	0.102	0.122	0.159	0.232	0.227	0.745
合肥	0.662	0.13	0.114	0.114	0.111	0.199	0.205	0.7
蕪湖	0.61	0.117	0.105	0.105	0.108	0.187	0.198	0.678
蚌埠	0.53	0.108	0.103	0.101	0.101	0.163	0.174	0.625
淮南	0.73	0.103	0.102	0.101	0.101	0.164	0.176	0.644
馬鞍山	0.641	0.116	0.104	0.105	0.114	0.241	0.206	0.84
淮北	0.743	0.105	0.101	0.1	0.101	0.161	0.177	0.566
銅陵	0.843	0.104	0.102	0.1	0.103	0.194	0.204	0.642
安慶	0.295	0.105	0.103	0.104	0.104	0.162	0.172	0.589
黃山	0.474	0.103	0.102	0.126	0.209	0.167	0.18	0.664
滁州	0.267	0.106	0.104	0.102	0.103	0.161	0.182	0.615
阜陽	0.358	0.101	0.103	0.1	0.1	0.151	0.177	0.588
宿州	0.423	0.105	0.104	0.1	0.1	0.158	0.156	0.73
六安	0.276	0.104	0.102	0.101	0.101	0.156	0.179	0.571
亳州	0.366	0.104	0.101	0.1	0.1	0.163	0.162	0.781
池州	0.536	0.103	0.101	0.116	0.165	0.171	0.177	0.728
宣城	0.28	0.105	0.103	0.101	0.102	0.162	0.184	0.591
福州	0.506	0.121	0.135	0.168	0.153	0.23	0.226	0.723
廈門	1	0.129	0.177	0.186	0.234	0.293	0.27	0.79
莆田	0.84	0.104	0.112	0.11	0.121	0.194	0.191	0.649
三明	0.244	0.102	0.107	0.102	0.105	0.185	0.187	0.686
泉州	0.251	0.127	0.135	0.153	0.136	0.252	0.232	0.76
漳州	0.261	0.115	0.131	0.112	0.114	0.188	0.192	0.601
南平	0.253	0.101	0.11	0.107	0.115	0.176	0.174	0.699
龍岩	0.424	0.103	0.106	0.101	0.103	0.188	0.211	0.615
寧德	0.186	0.102	0.104	0.1	0.101	0.173	0.176	0.622
南昌	0.682	0.138	0.138	0.103	0.103	0.185	0.201	0.724
景德鎮	0.583	0.101	0.102	0.105	0.117	0.17	0.175	0.737
萍鄉	0.626	0.103	0.107	0.101	0.104	0.167	0.178	0.729
九江	0.463	0.113	0.129	0.106	0.107	0.161	0.167	0.673
新餘	0.837	0.11	0.108	0.1	0.101	0.176	0.185	0.682
鷹潭	0.288	0.102	0.106	0.101	0.104	0.158	0.16	0.64
贛州	0.22	0.115	0.124	0.102	0.102	0.145	0.165	0.613
吉安	0.169	0.108	0.121	0.103	0.104	0.159	0.164	0.686
宜春	0.149	0.107	0.106	0.101	0.101	0.148	0.166	0.656
撫州	0.325	0.103	0.11	0.101	0.102	0.15	0.151	0.636
上饒	0.141	0.11	0.118	0.103	0.103	0.159	0.155	0.724
濟南	0.758	0.123	0.118	0.109	0.108	0.285	0.248	0.899
青島	0.576	0.16	0.247	0.146	0.129	0.281	0.251	0.736
淄博	0.673	0.107	0.107	0.108	0.109	0.248	0.217	0.921
棗莊	0.544	0.102	0.105	0.101	0.101	0.204	0.197	0.839
東營	0.648	0.102	0.105	0.103	0.107	0.271	0.228	0.932
煙臺	0.448	0.122	0.143	0.131	0.125	0.264	0.251	0.796
濰坊	0.296	0.112	0.114	0.114	0.108	0.228	0.209	0.875
濟寧	0.271	0.112	0.11	0.112	0.108	0.225	0.216	0.814
泰安	0.303	0.102	0.105	0.114	0.115	0.227	0.215	0.81
威海	0.271	0.112	0.121	0.115	0.129	0.252	0.233	0.849
日照	0.825	0.106	0.105	0.108	0.115	0.203	0.193	0.868
萊蕪	1	0.102	0.104	0.1	0.101	0.234	0.205	0.889
臨沂	0.412	0.104	0.107	0.106	0.103	0.243	0.194	0.954
德州	0.226	0.103	0.106	0.101	0.101	0.199	0.19	0.84
聊城	0.199	0.102	0.103	0.101	0.101	0.21	0.202	0.858
濱州	0.217	0.117	0.104	0.101	0.101	0.228	0.208	0.924
菏澤	0.218	0.101	0.104	0.1	0.1	0.171	0.173	0.779
鄭州	0.473	0.151	0.121	0.11	0.106	0.192	0.239	0.78
開封	0.248	0.104	0.105	0.104	0.105	0.141	0.155	0.702
洛陽	0.347	0.129	0.109	0.11	0.109	0.18	0.164	0.843

表 4.1.2 2013 年度城市經濟競爭力三級指標分值（續）

城市	城市化帶動率	實際利用外資總額	簽訂外資合同數	國際旅遊收入	人均國際旅遊收入	人均可支配收入	人均消費支出	恩格爾係數(逆)
平頂山	0.371	0.105	0.102	0.1	0.1	0.165	0.147	0.797
安陽	0.284	0.103	0.102	0.101	0.102	0.168	0.145	0.914
鶴壁	0.496	0.106	0.102	0.1	0.1	0.155	0.153	0.928
新鄉	0.313	0.109	0.105	0.101	0.101	0.162	0.151	0.849
焦作	0.216	0.108	0.102	0.106	0.11	0.162	0.189	0.841
濮陽	0.355	0.103	0.101	0.1	0.101	0.155	0.13	0.771
許昌	0.177	0.106	0.102	0.1	0.1	0.158	0.161	0.836
漯河	0.616	0.107	0.136	0.1	0.1	0.153	0.15	0.73
三門峽	0.146	0.11	0.103	0.101	0.101	0.154	0.138	0.824
南陽	0.25	0.106	0.105	0.1	0.1	0.156	0.144	0.743
商丘	0.224	0.103	0.103	0.1	0.1	0.146	0.11	0.825
信陽	0.277	0.105	0.104	0.1	0.1	0.139	0.132	0.593
周口	0.118	0.105	0.101	0.1	0.1	0.133	0.123	0.704
駐馬店	0.192	0.104	0.103	0.101	0.1	0.143	0.144	0.807
武漢	0.822	0.162	0.13	0.14	0.123	0.238	0.236	0.642
黃石	0.555	0.105	0.104	0.1	0.101	0.174	0.192	0.629
十堰	0.655	0.102	0.102	0.103	0.105	0.145	0.167	0.575
宜昌	0.506	0.103	0.104	0.104	0.106	0.168	0.18	0.607
襄陽	0.55	0.105	0.106	0.102	0.102	0.158	0.181	0.63
鄂州	1	0.102	0.103	0.1	0.101	0.173	0.164	0.635
荊門	0.361	0.103	0.102	0.1	0.101	0.159	0.18	0.591
孝感	0.199	0.103	0.105	0.101	0.101	0.163	0.178	0.641
荊州	0.367	0.101	0.191	0.101	0.101	0.164	0.176	0.607
黃岡	0.127	0.1	0.102	0.1	0.1	0.151	0.173	0.659
咸寧	0.261	0.103	0.102	0.1	0.101	0.153	0.189	0.566
隨州	0.457	0.101	0.101	0.1	0.101	0.163	0.177	0.558
長沙	0.638	0.143	0.138	0.133	0.127	0.266	0.242	0.772
株洲	0.523	0.108	0.119	0.102	0.103	0.229	0.248	0.829
湘潭	0.62	0.108	0.113	0.102	0.104	0.209	0.197	0.815
衡陽	0.295	0.108	0.123	0.102	0.101	0.181	0.199	0.645
邵陽	0.22	0.102	0.105	0.1	0.1	0.14	0.152	0.643
岳陽	0.429	0.103	0.103	0.103	0.103	0.197	0.245	0.742
常德	0.48	0.105	0.105	0.102	0.102	0.181	0.255	0.626
張家界	0.518	0.101	0.102	0.114	0.154	0.142	0.165	0.725
益陽	0.413	0.102	0.102	0.101	0.102	0.175	0.186	0.659
郴州	0.302	0.111	0.118	0.105	0.106	0.179	0.18	0.737
永州	0.305	0.108	0.109	0.101	0.101	0.176	0.178	0.746
懷化	0.229	0.101	0.101	0.1	0.1	0.142	0.157	0.689
婁底	0.315	0.103	0.102	0.101	0.102	0.172	0.175	0.783
廣州	0.928	0.171	0.336	0.422	0.242	0.331	0.351	0.663
韶關	0.496	0.104	0.113	0.104	0.108	0.206	0.211	0.653
深圳	1	0.176	0.622	0.348	0.233	0.354	0.314	0.77
珠海	1	0.122	0.139	0.171	0.353	0.288	0.288	0.687
汕頭	0.991	0.106	0.11	0.103	0.103	0.179	0.228	0.294
佛山	1	0.136	0.149	0.165	0.15	0.302	0.308	0.715
江門	0.561	0.113	0.143	0.14	0.15	0.238	0.232	0.694
湛江	0.545	0.101	0.105	0.102	0.102	0.181	0.204	0.496
茂名	0.383	0.101	0.11	0.101	0.101	0.162	0.191	0.511
肇慶	0.37	0.117	0.124	0.122	0.131	0.194	0.205	0.567
惠州	0.658	0.126	0.188	0.138	0.146	0.263	0.27	0.696
梅州	0.216	0.102	0.124	0.102	0.103	0.168	0.18	0.566
汕尾	0.3	0.105	0.104	0.101	0.101	0.165	0.186	0.503
河源	0.335	0.103	0.12	0.101	0.101	0.149	0.161	0.599
陽江	0.385	0.104	0.114	0.101	0.103	0.171	0.182	0.626
清遠	0.386	0.106	0.111	0.108	0.112	0.175	0.173	0.663
東莞	1	0.151	0.375	0.16	0.141	0.373	0.359	0.774
中山	1	0.112	0.155	0.116	0.129	0.273	0.27	0.62
潮州	0.192	0.102	0.107	0.113	0.127	0.159	0.204	0.326

表 4.1.2 2013 年度城市經濟競爭力三級指標分值（續）

城市	城市化帶動率	實際利用外資總額	簽訂外資合同數	國際旅遊收入	人均國際旅遊收入	人均可支配收入	人均消費支出	恩格爾係數(逆)
揭陽	0.235	0.103	0.106	0.102	0.102	0.169	0.194	0.515
雲浮	0.236	0.102	0.106	0.102	0.104	0.165	0.192	0.541
南寧	0.721	0.106	0.112	0.105	0.104	0.2	0.201	0.664
柳州	0.727	0.106	0.102	0.102	0.104	0.197	0.19	0.68
桂林	0.321	0.101	0.103	0.142	0.149	0.198	0.193	0.676
梧州	0.346	0.103	0.103	0.102	0.105	0.183	0.185	0.571
北海	0.704	0.101	0.102	0.102	0.106	0.189	0.191	0.517
防城港	0.747	0.1	0.101	0.102	0.111	0.197	0.184	0.739
欽州	0.653	0.103	0.105	0.101	0.101	0.192	0.18	0.663
貴港	0.46	0.103	0.102	0.101	0.102	0.173	0.18	0.618
玉林	0.297	0.101	0.102	0.101	0.101	0.197	0.186	0.721
百色	0.232	0.1	0.1	0.101	0.102	0.175	0.172	0.701
賀州	0.57	0.101	0.101	0.104	0.112	0.177	0.166	0.704
河池	0.213	0.1	0.1	0.101	0.102	0.161	0.166	0.637
來賓	0.565	0.101	0.101	0.1	0.101	0.191	0.186	0.742
崇左	0.223	0.1	0.1	0.105	0.115	0.173	0.164	0.698
海口	1	0.107	0.108	0.103	0.107	0.198	0.206	0.597
三亞	1	0.104	0.102	0.121	0.265	0.207	0.218	0.562
重慶	0.779	0.274	0.168	0.164	0.112	0.204	0.1	0.547
成都	0.705	0.209	0.149	0.132	0.113	0.234	0.236	0.68
自貢	0.661	0.1	0.1	0.1	0.1	0.174	0.185	0.601
攀枝花	0.753	0.103	0.1	0.1	0.1	0.202	0.201	0.572
瀘州	0.525	0.101	0.101	0.1	0.1	0.185	0.199	0.588
德陽	0.322	0.103	0.102	0.1	0.1	0.199	0.208	0.584
綿陽	0.487	0.105	0.102	0.1	0.1	0.185	0.205	0.583
廣元	0.492	0.1	0.101	0.1	0.1	0.153	0.168	0.548
遂寧	0.413	0.101	0.176	0.1	0.1	0.168	0.119	0.429
內江	0.381	0.102	0.102	0.1	0.1	0.171	0.173	0.561
樂山	0.497	0.102	0.101	0.102	0.103	0.182	0.188	0.563
南充	0.377	0.101	0.1	0.1	0.1	0.155	0.167	0.501
眉山	0.356	0.103	0.101	0.1	0.1	0.177	0.183	0.664
宜賓	0.427	0.101	0.101	0.1	0.1	0.183	0.197	0.58
廣安	0.308	0.101	0.101	0.1	0.1	0.178	0.17	0.625
達州	0.166	0.101	0.1	0.1	0.1	0.153	0.174	0.499
雅安	0.303	0.101	0.101	0.1	0.1	0.179	0.177	0.689
巴中	0.384	0.1	0.121	0.1	0.1	0.153	0.178	0.532
資陽	0.339	0.101	0.101	0.1	0.101	0.185	0.201	0.583
貴陽	0.776	0.105	0.106	0.102	0.103	0.194	0.205	0.645
六盤水	0.37	0.1	0.101	0.1	0.1	0.168	0.151	0.695
遵義	0.314	0.101	0.102	0.1	0.1	0.177	0.181	0.692
安順	0.427	0.101	0.1	0.102	0.105	0.167	0.177	0.542
畢節	0.225	0.101	0.103	0.1	0.1	0.144	0.161	0.746
銅仁	0.24	0.1	0.101	0.101	0.101	0.174	0.168	0.765
昆明	0.758	0.121	0.116	0.12	0.117	0.223	0.218	0.774
曲靖	0.322	0.1	0.1	0.1	0.1	0.192	0.175	0.714
玉溪	0.593	0.101	0.1	0.1	0.1	0.19	0.171	0.8
保山	0.412	0.101	0.101	0.102	0.104	0.169	0.165	0.659
昭通	0.334	0.1	0.1	0.1	0.1	0.148	0.148	0.649
麗江	0.349	0.1	0.101	0.117	0.175	0.167	0.145	0.731
普洱	0.232	0.1	0.101	0.101	0.102	0.156	0.165	0.579
臨滄	0.176	0.1	0.101	0.102	0.104	0.148	0.148	0.512
拉薩	0.222	0.1	0.1	0.106	0.162	0.175	0.188	0.1
西安	0.856	0.133	0.121	0.143	0.128	0.263	0.262	0.798
銅川	0.927	0.1	0.1	0.1	0.101	0.195	0.203	0.683
寶雞	0.591	0.101	0.101	0.104	0.106	0.228	0.223	0.704
咸陽	0.387	0.101	0.102	0.1	0.101	0.227	0.229	0.774
渭南	0.225	0.101	0.163	0.102	0.102	0.168	0.172	0.857
延安	0.174	0.1	0.101	0.101	0.102	0.219	0.183	0.893

表 4. 1. 2 2013 年度城市經濟競爭力三級指標分值（續）

城市	城市化帶動率	實際利用外資總額	簽訂外資合同數	國際旅遊收入	人均國際旅遊收入	人均可支配收入	人均消費支出	恩格爾係數(逆)
漢中	0.227	0.1	0.101	0.101	0.101	0.177	0.179	0.726
榆林	0.161	0.1	0.1	0.1	0.1	0.214	0.194	0.967
安康	0.351	0.1	0.1	0.1	0.101	0.181	0.192	0.656
商洛	0.246	0.102	0.101	0.1	0.1	0.179	0.157	0.818
蘭州	0.806	0.1	0.101	0.1	0.1	0.166	0.19	0.613
嘉峪關	1	0.1	0.1	0.1	0.102	0.196	0.196	0.781
金昌	0.814	0.1	0.1	0.1	0.1	0.207	0.235	0.596
白銀	0.661	0.101	0.1	0.1	0.1	0.166	0.188	0.683
天水	0.614	0.1	0.14	0.1	0.1	0.138	0.154	0.693
武威	0.654	0.1	0.1	0.1	0.1	0.138	0.15	0.566
張掖	0.462	0.1	0.1	0.1	0.1	0.131	0.174	0.646
平涼	0.327	0.1	0.1	0.1	0.1	0.141	0.143	0.738
酒泉	0.332	0.1	0.134	0.101	0.103	0.179	0.214	0.674
慶陽	0.334	0.1	0.1	0.1	0.1	0.15	0.175	0.719
定西	0.228	0.1	0.1	0.1	0.1	0.13	0.153	0.727
隴南	0.319	0.1	0.1	0.1	0.1	0.129	0.139	0.504
西寧	0.698	0.101	0.102	0.101	0.103	0.159	0.17	0.678
銀川	0.624	0.103	0.102	0.1	0.101	0.195	0.212	0.675
石嘴山	0.733	0.1	0.1	0.1	0.1	0.181	0.187	0.693
吳忠	0.34	0.1	0.1	0.1	0.1	0.16	0.167	0.735
固原	0.456	0.1	0.1	0.1	0.1	0.152	0.164	0.716
中衛	0.483	0.1	0.1	0.1	0.1	0.161	0.176	0.76
烏魯木齊	0.992	0.103	0.108	0.11	0.117	0.165	0.186	0.63
克拉瑪依	1	0.1	0.1	0.1	0.1	0.204	0.251	0.636
香港	1	1	0.1	1	0.811	1	1	0.701
澳門	1	0.127	0.1	0.189	1	0.713	0.624	0.835
新北	0.986	0.1	0.1	0.125	0.135	0.523	0.534	0.747
臺北	0.998	0.1	0.1	0.117	0.135	0.765	0.72	0.848
台中	0.901	0.1	0.1	0.117	0.135	0.464	0.492	0.745
台南	0.74	0.1	0.1	0.112	0.135	0.45	0.458	0.724
高雄	0.879	0.1	0.1	0.117	0.135	0.536	0.508	0.742
基隆	0.854	0.1	0.1	0.102	0.135	0.523	0.558	0.697
新竹	0.968	0.1	0.1	0.103	0.135	0.64	0.633	0.864
嘉義	0.974	0.1	0.1	0.102	0.135	0.48	0.47	0.661

4.2 城市產業競爭力三級指標分值

表 4. 2. 1 2013 年度城市產業競爭力三級指標分值

城市	限額以上工業企業數	就業總人數	農業財富創造能力	工業財富創造能力	服務業財富創造能力	產品的市場認同度	企業市場認同感遞增程度	企業利稅貢獻度	企業增值稅貢獻度	企業利稅增值稅占GDP 比重
北京	0.437	1	0.24	0.545	0.856	0.513	0.611	0.522	0.56	0.368
天津	0.552	0.582	0.269	0.832	0.43	0.654	0.79	0.39	0.918	0.463
石家莊	0.314	0.217	0.525	0.339	0.199	0.288	0.879	0.283	0.29	0.599
唐山	0.215	0.214	0.588	0.479	0.2	0.351	0.77	0.309	0.392	0.552
秦皇島	0.132	0.136	0.239	0.144	0.129	0.137	0.802	0.122	0.134	0.321
邯鄲	0.177	0.213	0.454	0.276	0.154	0.252	0.94	0.193	0.233	0.488
邢臺	0.177	0.163	0.318	0.188	0.124	0.16	0.878	0.151	0.169	0.515
保定	0.233	0.205	0.261	0.169	0.12	0.192	0.797	0.206	0.216	0.585
張家口	0.136	0.161	0.285	0.155	0.126	0.127	0.814	0.135	0.138	0.435
承德	0.136	0.131	0.265	0.166	0.119	0.141	0.832	0.148	0.167	0.617

表 4. 2. 1 2013 年度城市產業競爭力三級指標分值

城市	限額以上工業企業數	就業總人數	農業財富創造能力	工業財富創造能力	服務業財富創造能力	產品的市場認同度	企業市場認同感遞增程度	企業利稅貢獻度	企業增值稅貢獻度	企業利稅增值稅占GDP比重
滄州	0.244	0.175	0.226	0.163	0.123	0.199	0.938	0.231	0.212	0.653
廊坊	0.187	0.165	0.281	0.202	0.134	0.172	0.878	0.155	0.158	0.469
衡水	0.176	0.154	0.277	0.153	0.115	0.131	0.876	0.126	0.125	0.387
太原	0.138	0.218	0.132	0.2	0.161	0.167	0.824	0.144	0.194	0.359
大同	0.111	0.165	0.139	0.137	0.117	0.14	1	0.131	0.176	0.615
陽泉	0.11	0.124	0.106	0.121	0.107	0.118	0.765	0.126	0.159	0.789
長治	0.129	0.149	0.112	0.119	0.104	0.148	0.929	0.174	0.204	0.849
晉城	0.118	0.129	0.108	0.11	0.102	0.132	0.822	0.169	0.189	1
朔州	0.119	0.126	0.129	0.132	0.111	0.129	0.979	0.17	0.204	1
晉中	0.141	0.143	0.115	0.107	0.103	0.131	0.712	0.139	0.18	0.691
運城	0.137	0.126	0.124	0.104	0.102	0.142	0.914	0.134	0.141	0.47
忻州	0.126	0.124	0.11	0.101	0.101	0.115	1	0.129	0.146	0.757
臨汾	0.133	0.14	0.115	0.112	0.103	0.149	0.925	0.145	0.194	0.634
呂梁	0.151	0.133	0.104	0.103	0.1	0.148	0.839	0.183	0.233	1
呼和浩特	0.122	0.182	0.216	0.193	0.18	0.134	0.705	0.6	0.161	1
包頭	0.155	0.218	0.185	0.301	0.179	0.177	0.736	0.19	0.233	0.444
烏海	0.112	0.117	0.105	0.14	0.107	0.117	0.804	0.122	0.134	0.673
赤峰	0.146	0.144	0.328	0.187	0.126	0.14	0.834	0.152	0.141	0.499
通遼	0.152	0.132	0.327	0.208	0.122	0.163	0.925	0.153	0.157	0.503
鄂爾多斯	0.133	0.126	0.188	0.335	0.175	0.202	1	0.383	0.368	1
呼倫貝爾	0.133	0.151	0.333	0.16	0.126	0.126	0.995	0.136	0.141	0.44
巴彥淖爾	0.123	0.126	0.246	0.146	0.109	0.122	0.854	0.126	0.118	0.461
烏蘭察布	0.132	0.126	0.218	0.141	0.112	0.119	0.684	0.121	0.121	0.421
瀋陽	0.475	0.331	0.39	0.463	0.261	0.384	0.715	0.349	0.326	0.554
大連	0.366	0.377	0.519	0.493	0.261	0.326	0.719	0.307	0.319	0.463
鞍山	0.197	0.16	0.204	0.237	0.156	0.183	0.733	0.183	0.2	0.485
撫順	0.182	0.152	0.173	0.177	0.122	0.153	0.818	0.129	0.137	0.382
本溪	0.138	0.137	0.153	0.172	0.119	0.155	0.921	0.129	0.143	0.414
丹東	0.177	0.137	0.227	0.152	0.119	0.127	0.722	0.124	0.132	0.402
錦州	0.166	0.158	0.279	0.162	0.123	0.154	0.857	0.158	0.151	0.669
營口	0.225	0.195	0.195	0.178	0.128	0.164	0.631	0.183	0.209	0.932
阜新	0.141	0.132	0.219	0.122	0.109	0.115	1	0.116	0.119	0.467
遼陽	0.157	0.133	0.159	0.164	0.116	0.151	0.795	0.155	0.128	0.74
盤錦	0.144	0.151	0.198	0.188	0.115	0.156	0.918	0.174	0.186	0.88
鐵嶺	0.252	0.139	0.279	0.151	0.114	0.174	0.787	0.158	0.179	0.922
朝陽	0.157	0.135	0.28	0.147	0.113	0.129	0.76	0.128	0.132	0.484
葫蘆島	0.129	0.13	0.187	0.133	0.115	0.124	0.777	0.113	0.126	0.343
長春	0.192	0.256	0.401	0.349	0.199	0.286	0.836	0.316	0.304	0.703
吉林	0.198	0.166	0.326	0.229	0.152	0.172	0.9	0.166	0.198	0.444
四平	0.144	0.141	0.373	0.151	0.117	0.133	0.984	0.118	0.118	0.27
遼源	0.127	0.118	0.155	0.134	0.11	0.121	1	0.109	0.112	0.28
通化	0.143	0.132	0.183	0.146	0.117	0.129	1	0.12	0.126	0.383
白山	0.135	0.131	0.151	0.134	0.109	0.124	1	0.113	0.122	0.393
松原	0.149	0.144	0.353	0.181	0.129	0.143	0.953	0.172	0.166	0.688
白城	0.123	0.124	0.204	0.128	0.11	0.109	1	0.104	0.103	0.138
哈爾濱	0.18	0.34	0.546	0.288	0.227	0.159	0.657	0.164	0.194	0.245
齊齊哈爾	0.123	0.16	0.339	0.148	0.122	0.123	0.665	0.124	0.137	0.351
雞西	0.112	0.13	0.243	0.122	0.109	0.108	0.829	0.11	0.122	0.344
鶴崗	0.111	0.128	0.194	0.114	0.104	0.106	0.751	0.108	0.116	0.408
雙鴨山	0.114	0.117	0.249	0.121	0.105	0.113	1	0.114	0.125	0.449
大慶	0.136	0.185	0.234	0.453	0.131	0.21	0.706	0.563	0.434	1
伊春	0.108	0.121	0.177	0.106	0.103	0.104	0.456	0.103	0.102	0.209
佳木斯	0.125	0.141	0.286	0.114	0.115	0.11	0.835	0.109	0.109	0.225
七台河	0.109	0.113	0.124	0.116	0.104	0.109	0.419	0.112	0.126	0.629
牡丹江	0.136	0.154	0.265	0.144	0.125	0.116	0.996	0.115	0.125	0.267
黑河	0.108	0.132	0.266	0.102	0.106	0.102	0.72	0.102	0.102	0.145

表 4.2.1 2013 年度城市產業競爭力三級指標分值

城市	限額以上工業企業數	就業總人數	農業財富創造能力	工業財富創造能力	服務業財富創造能力	產品的市場認同度	企業市場認同感遞增程度	企業利稅貢獻度	企業增值稅貢獻度	企業利稅增值稅占GDP比重
綏化	0.116	0.139	0.433	0.121	0.117	0.11	0.958	0.116	0.114	0.257
上海	1	0.932	0.222	1	0.749	1	0.617	1	1	0.622
南京	0.325	0.387	0.279	0.448	0.309	0.374	0.785	0.381	0.471	0.641
無錫	0.573	0.347	0.226	0.542	0.284	0.482	0.689	0.459	0.449	0.684
徐州	0.351	0.238	0.452	0.314	0.19	0.282	0.954	0.365	0.459	1
常州	0.428	0.279	0.215	0.331	0.193	0.315	0.687	0.268	0.333	0.663
蘇州	0.995	0.464	0.286	0.823	0.385	0.832	0.694	0.578	0.614	0.601
南通	0.543	0.223	0.399	0.366	0.197	0.321	0.725	0.34	0.415	0.811
連雲港	0.213	0.163	0.316	0.176	0.134	0.168	0.96	0.171	0.195	0.703
淮安	0.234	0.197	0.336	0.194	0.141	0.176	0.781	0.171	0.177	0.57
鹽城	0.333	0.227	0.537	0.256	0.165	0.214	0.675	0.22	0.305	0.647
揚州	0.332	0.211	0.292	0.269	0.162	0.272	0.727	0.299	0.395	1
鎮江	0.295	0.195	0.207	0.253	0.158	0.232	0.835	0.21	0.26	0.681
泰州	0.324	0.198	0.282	0.254	0.157	0.248	0.764	0.268	0.348	0.974
宿遷	0.261	0.169	0.324	0.172	0.131	0.139	0.922	0.162	0.159	0.619
杭州	0.629	0.505	0.345	0.498	0.313	0.415	0.663	0.413	0.465	0.611
寧波	0.697	0.382	0.356	0.488	0.246	0.409	0.694	0.381	0.421	0.631
溫州	0.475	0.401	0.207	0.3	0.191	0.206	0.452	0.188	0.239	0.395
嘉興	0.459	0.21	0.243	0.276	0.159	0.247	0.675	0.221	0.295	0.662
湖州	0.307	0.176	0.218	0.193	0.135	0.175	0.634	0.161	0.178	0.564
紹興	0.408	0.269	0.148	0.156	0.121	0.304	0.725	0.262	0.289	0.663
金華	0.367	0.259	0.106	0.102	0.102	0.188	0.559	0.187	0.215	0.505
衢州	0.176	0.137	0.176	0.155	0.119	0.134	0.738	0.14	0.143	0.595
舟山	0.131	0.118	0.178	0.137	0.12	0.126	0.717	0.114	0.117	0.277
台州	0.373	0.233	0.287	0.256	0.168	0.186	0.478	0.169	0.21	0.387
麗水	0.181	0.127	0.175	0.144	0.119	0.133	0.69	0.138	0.135	0.621
合肥	0.284	0.284	0.322	0.345	0.19	0.24	1	0.241	0.281	0.546
蕪湖	0.249	0.165	0.137	0.14	0.108	0.191	1	0.182	0.231	0.724
蚌埠	0.151	0.135	0.223	0.134	0.112	0.132	1	0.125	0.127	0.444
淮南	0.13	0.143	0.167	0.16	0.113	0.124	0.724	0.128	0.165	0.656
馬鞍山	0.156	0.123	0.148	0.161	0.112	0.153	0.988	0.141	0.167	0.54
淮北	0.146	0.132	0.176	0.165	0.112	0.135	1	0.133	0.159	0.885
銅陵	0.114	0.111	0.114	0.159	0.109	0.144	0.951	0.12	0.127	0.507
安慶	0.22	0.152	0.234	0.154	0.115	0.145	0.919	0.153	0.146	0.572
黃山	0.135	0.113	0.202	0.141	0.12	0.11	0.937	0.108	0.109	0.325
滁州	0.175	0.147	0.334	0.165	0.118	0.138	1	0.156	0.152	0.844
阜陽	0.155	0.152	0.575	0.177	0.133	0.123	0.85	0.133	0.137	0.536
宿州	0.177	0.132	0.291	0.129	0.113	0.129	1	0.119	0.124	0.356
六安	0.167	0.185	0.228	0.126	0.11	0.127	0.9	0.132	0.129	0.518
亳州	0.139	0.139	0.202	0.113	0.107	0.112	1	0.119	0.118	0.423
池州	0.13	0.116	0.291	0.169	0.126	0.109	0.84	0.112	0.111	0.438
宣城	0.169	0.171	0.16	0.119	0.107	0.134	0.925	0.145	0.146	0.87
福州	0.284	0.285	0.441	0.305	0.206	0.229	0.74	0.216	0.226	0.432
廈門	0.234	0.31	0.125	0.252	0.174	0.214	0.752	0.201	0.174	0.513
莆田	0.176	0.148	0.205	0.172	0.12	0.138	0.752	0.14	0.137	0.505
三明	0.236	0.139	0.3	0.169	0.124	0.15	1	0.129	0.158	0.396
泉州	0.461	0.323	0.255	0.415	0.188	0.298	0.838	0.358	0.315	0.768
漳州	0.312	0.158	0.411	0.199	0.139	0.161	0.831	0.181	0.229	0.67
南平	0.173	0.138	0.321	0.141	0.118	0.122	0.755	0.118	0.119	0.298
龍岩	0.225	0.145	0.256	0.179	0.122	0.139	0.928	0.166	0.151	0.673
寧德	0.202	0.133	0.281	0.15	0.12	0.134	1	0.126	0.138	0.418
南昌	0.186	0.246	0.24	0.287	0.159	0.187	0.771	0.178	0.198	0.419
景德鎮	0.127	0.129	0.146	0.138	0.109	0.122	0.82	0.112	0.12	0.349
萍鄉	0.151	0.144	0.151	0.148	0.11	0.131	0.693	0.142	0.146	0.853
九江	0.167	0.184	0.213	0.186	0.125	0.157	1	0.147	0.151	0.518
新餘	0.123	0.115	0.144	0.156	0.112	0.141	0.867	0.131	0.137	0.55

表 4.2.1 2013 年度城市產業競爭力三級指標分值

城市	限額以上工業企業數	就業總人數	農業財富創造能力	工業財富創造能力	服務業財富創造能力	產品的市場認同度	企業市場認同感遞增程度	企業利稅貢獻度	企業增值稅貢獻度	企業利稅增值稅占GDP 比重
鷹潭	0.114	0.115	0.14	0.129	0.106	0.152	0.955	0.134	0.135	1
贛州	0.175	0.188	0.345	0.173	0.129	0.147	1	0.156	0.177	0.593
吉安	0.156	0.135	0.274	0.153	0.115	0.14	0.981	0.14	0.158	0.655
宜春	0.166	0.145	0.299	0.176	0.115	0.144	0.992	0.173	0.167	0.866
撫州	0.153	0.161	0.242	0.143	0.112	0.121	0.657	0.114	0.121	0.299
上饒	0.146	0.204	0.287	0.17	0.12	0.138	0.828	0.139	0.158	0.518
濟南	0.226	0.329	0.341	0.313	0.241	0.206	0.445	0.207	0.214	0.346
青島	0.526	0.333	0.415	0.474	0.293	0.417	0.709	0.376	0.456	0.585
淄博	0.382	0.193	0.218	0.329	0.171	0.341	0.759	0.38	0.449	1
棗莊	0.246	0.162	0.228	0.205	0.13	0.188	0.789	0.191	0.242	0.836
東營	0.172	0.162	0.204	0.329	0.14	0.315	0.991	0.492	0.438	1
煙臺	0.357	0.258	0.462	0.427	0.202	0.392	0.669	0.377	0.346	0.726
濰坊	0.472	0.321	0.479	0.337	0.176	0.339	0.789	0.284	0.309	0.701
濟寧	0.212	0.196	0.46	0.28	0.161	0.201	0.524	0.199	0.229	0.49
泰安	0.244	0.181	0.321	0.24	0.153	0.217	0.823	0.235	0.276	0.807
威海	0.246	0.172	0.276	0.233	0.148	0.221	0.632	0.198	0.237	0.66
日照	0.151	0.134	0.216	0.176	0.126	0.156	0.677	0.144	0.171	0.545
萊蕪	0.121	0.119	0.14	0.137	0.11	0.126	0.17	0.116	0.122	0.386
臨沂	0.405	0.198	0.382	0.259	0.166	0.247	0.784	0.226	0.231	0.61
德州	0.383	0.148	0.344	0.227	0.141	0.236	0.909	0.26	0.319	1
聊城	0.293	0.149	0.353	0.228	0.136	0.237	0.875	0.22	0.236	0.833
濱州	0.178	0.151	0.281	0.211	0.14	0.23	0.903	0.193	0.218	0.705
菏澤	0.298	0.157	0.344	0.202	0.13	0.191	0.987	0.249	0.245	1
鄭州	0.326	0.334	0.236	0.444	0.221	0.313	0.966	0.419	0.454	0.85
開封	0.196	0.15	0.349	0.153	0.122	0.136	0.972	0.15	0.142	0.601
洛陽	0.246	0.2	0.309	0.294	0.151	0.227	0.818	0.2	0.213	0.51
平頂山	0.171	0.158	0.227	0.202	0.12	0.163	0.767	0.165	0.195	0.63
安陽	0.173	0.173	0.272	0.196	0.125	0.182	0.875	0.186	0.202	0.786
鶴壁	0.143	0.124	0.157	0.137	0.104	0.13	0.865	0.123	0.128	0.642
新鄉	0.201	0.159	0.29	0.2	0.124	0.177	0.953	0.164	0.163	0.574
焦作	0.194	0.165	0.214	0.212	0.119	0.187	0.857	0.199	0.225	0.932
濮陽	0.158	0.137	0.232	0.165	0.11	0.149	0.795	0.162	0.151	0.868
許昌	0.212	0.139	0.273	0.222	0.119	0.184	0.98	0.229	0.23	1
漯河	0.147	0.122	0.194	0.155	0.107	0.152	0.807	0.168	0.137	1
三門峽	0.153	0.129	0.183	0.18	0.114	0.172	0.896	0.174	0.15	0.881
南陽	0.213	0.222	0.511	0.23	0.136	0.169	0.903	0.176	0.194	0.49
商丘	0.168	0.154	0.415	0.168	0.121	0.149	0.929	0.142	0.146	0.45
信陽	0.187	0.168	0.441	0.159	0.124	0.133	0.878	0.127	0.135	0.321
周口	0.19	0.188	0.506	0.175	0.122	0.15	1	0.184	0.145	0.722
駐馬店	0.224	0.17	0.449	0.159	0.122	0.138	1	0.141	0.133	0.436
武漢	0.266	0.476	0.319	0.515	0.317	0.328	0.698	0.327	0.351	0.465
黃石	0.141	0.158	0.172	0.166	0.116	0.143	0.81	0.125	0.128	0.389
十堰	0.144	0.171	0.201	0.151	0.118	0.132	0.646	0.159	0.146	0.873
宜昌	0.181	0.219	0.363	0.261	0.138	0.178	1	0.185	0.197	0.548
襄陽	0.203	0.195	0.419	0.251	0.14	0.178	1	0.192	0.178	0.561
鄂州	0.136	0.121	0.165	0.131	0.108	0.122	0.939	0.113	0.127	0.436
荊門	0.162	0.157	0.278	0.157	0.117	0.145	1	0.144	0.133	0.599
孝感	0.182	0.211	0.309	0.152	0.119	0.136	1	0.131	0.132	0.451
荊州	0.163	0.175	0.383	0.151	0.12	0.128	0.88	0.121	0.125	0.305
黃岡	0.174	0.138	0.408	0.146	0.121	0.123	0.748	0.12	0.122	0.28
咸寧	0.154	0.138	0.229	0.135	0.113	0.122	1	0.122	0.117	0.453
隨州	0.139	0.153	0.21	0.126	0.11	0.117	0.966	0.121	0.123	0.551
長沙	0.299	0.28	0.358	0.487	0.24	0.24	0.879	0.389	0.375	0.672
株洲	0.212	0.201	0.239	0.211	0.129	0.153	0.803	0.159	0.21	0.585
湘潭	0.17	0.144	0.209	0.178	0.121	0.156	1	0.137	0.163	0.505
衡陽	0.205	0.212	0.405	0.199	0.137	0.172	1	0.178	0.211	0.644

表 4. 2. 1 2013 年度城市產業競爭力三級指標分值

城市	限額以上工業企業數	就業總人數	農業財富創造能力	工業財富創造能力	服務業財富創造能力	產品的市場認同度	企業市場認同感遞增程度	企業利稅貢獻度	企業增值稅貢獻度	企業利稅增值稅占GDP比重
邵陽	0.166	0.188	0.34	0.139	0.12	0.126	1	0.133	0.144	0.523
岳陽	0.222	0.196	0.369	0.231	0.136	0.198	0.968	0.183	0.262	0.676
常德	0.17	0.158	0.409	0.204	0.138	0.143	0.982	0.221	0.208	0.852
張家界	0.111	0.107	0.141	0.105	0.11	0.104	1	0.103	0.105	0.194
益陽	0.169	0.134	0.308	0.143	0.119	0.129	1	0.131	0.151	0.533
郴州	0.195	0.156	0.258	0.191	0.125	0.158	1	0.166	0.19	0.694
永州	0.158	0.139	0.338	0.14	0.121	0.122	1	0.131	0.136	0.466
懷化	0.152	0.178	0.242	0.144	0.121	0.125	1	0.125	0.133	0.433
婁底	0.154	0.146	0.245	0.155	0.115	0.135	0.808	0.135	0.161	0.626
廣州	0.5	0.655	0.308	0.639	0.563	0.5	0.677	0.509	0.59	0.464
韶關	0.135	0.149	0.215	0.136	0.12	0.123	0.717	0.123	0.133	0.42
深圳	0.613	0.728	0.107	0.751	0.485	0.639	0.645	0.63	0.949	0.673
珠海	0.179	0.192	0.136	0.184	0.135	0.19	0.691	0.16	0.178	0.599
汕頭	0.268	0.123	0.176	0.174	0.133	0.147	0.547	0.146	0.148	0.493
佛山	0.67	0.255	0.212	0.56	0.228	0.466	0.556	0.421	0.424	0.647
江門	0.348	0.229	0.234	0.209	0.139	0.216	0.792	0.207	0.225	0.791
湛江	0.157	0.166	0.458	0.182	0.139	0.143	0.826	0.155	0.143	0.429
茂名	0.155	0.15	0.432	0.18	0.144	0.144	0.831	0.158	0.179	0.483
肇慶	0.194	0.146	0.331	0.166	0.13	0.162	1	0.16	0.177	0.631
惠州	0.227	0.282	0.223	0.246	0.146	0.223	0.78	0.216	0.308	0.825
梅州	0.129	0.131	0.241	0.128	0.115	0.113	0.721	0.121	0.125	0.43
汕尾	0.12	0.128	0.193	0.127	0.111	0.114	0.93	0.106	0.107	0.175
河源	0.131	0.133	0.172	0.131	0.111	0.125	0.875	0.136	0.127	0.774
陽江	0.143	0.127	0.273	0.138	0.116	0.124	1	0.13	0.129	0.528
清遠	0.156	0.159	0.232	0.145	0.123	0.145	0.1	0.145	0.142	0.596
東莞	0.482	0.189	0.118	0.368	0.237	0.321	0.65	0.213	0.254	0.357
中山	0.385	0.217	0.16	0.244	0.155	0.241	0.702	0.219	0.27	0.767
潮州	0.164	0.124	0.147	0.137	0.114	0.121	0.728	0.126	0.132	0.565
揭陽	0.235	0.204	0.236	0.187	0.122	0.16	0.867	0.161	0.169	0.676
雲浮	0.134	0.136	0.223	0.12	0.109	0.112	0.665	0.112	0.116	0.371
南寧	0.181	0.276	0.422	0.198	0.167	0.142	0.909	0.161	0.168	0.39
柳州	0.168	0.178	0.246	0.221	0.127	0.174	0.738	0.16	0.18	0.541
桂林	0.154	0.164	0.353	0.171	0.128	0.13	0.939	0.145	0.146	0.461
梧州	0.135	0.122	0.202	0.152	0.11	0.125	0.993	0.12	0.126	0.398
北海	0.113	0.118	0.236	0.124	0.111	0.112	1	0.118	0.107	0.448
防城港	0.112	0.109	0.158	0.121	0.107	0.115	0.964	0.119	0.108	0.546
欽州	0.119	0.124	0.255	0.129	0.111	0.124	1	0.114	0.11	0.309
貴港	0.129	0.12	0.239	0.126	0.113	0.114	0.77	0.128	0.113	0.546
玉林	0.153	0.135	0.315	0.149	0.12	0.123	0.91	0.128	0.128	0.387
百色	0.115	0.124	0.234	0.14	0.11	0.116	0.812	0.116	0.129	0.393
賀州	0.112	0.108	0.181	0.115	0.106	0.106	1	0.106	0.107	0.273
河池	0.118	0.131	0.207	0.118	0.109	0.109	0.615	0.109	0.117	0.307
來賓	0.114	0.125	0.218	0.122	0.107	0.112	0.969	0.108	0.115	0.286
崇左	0.109	0.115	0.246	0.119	0.108	0.109	0.881	0.121	0.121	0.57
海口	0.111	0.18	0.151	0.118	0.13	0.112	0.736	0.117	0.117	0.335
三亞	0.1	0.107	0.139	0.103	0.111	0.101	0.68	0.101	0.101	0.1
重慶	0.531	0.791	1	0.787	0.33	0.398	0.837	0.374	0.494	0.407
成都	0.382	0.433	0.462	0.502	0.323	0.289	0.864	0.336	0.435	0.5
自貢	0.142	0.147	0.204	0.152	0.113	0.133	0.754	0.145	0.151	0.772
攀枝花	0.129	0.127	0.126	0.156	0.107	0.132	0.72	0.13	0.146	0.676
瀘州	0.152	0.141	0.239	0.162	0.114	0.134	0.861	0.156	0.162	0.827
德陽	0.191	0.129	0.286	0.179	0.116	0.151	0.912	0.163	0.161	0.728
綿陽	0.168	0.158	0.31	0.171	0.122	0.144	0.926	0.152	0.178	0.629
廣元	0.126	0.129	0.191	0.118	0.108	0.112	1	0.109	0.109	0.329
遂寧	0.137	0.122	0.248	0.133	0.109	0.127	1	0.137	0.148	0.855
內江	0.146	0.134	0.249	0.162	0.11	0.142	0.853	0.148	0.187	0.838

表 4.2.1 2013 年度城市產業競爭力三級指標分值

城市	限額以上工業企業數	就業總人數	農業財富創造能力	工業財富創造能力	服務業財富創造能力	產品的市場認同度	企業市場認同感遞增程度	企業利稅貢獻度	企業增值稅貢獻度	企業利稅增值稅占GDP比重
樂山	0.154	0.134	0.221	0.165	0.114	0.135	0.729	0.131	0.148	0.498
南充	0.142	0.155	0.356	0.161	0.116	0.134	0.743	0.143	0.163	0.601
眉山	0.147	0.119	0.23	0.143	0.11	0.126	0.972	0.132	0.143	0.672
宜賓	0.144	0.164	0.273	0.179	0.115	0.146	1	0.177	0.186	0.933
廣安	0.132	0.118	0.233	0.137	0.111	0.123	1	0.118	0.125	0.398
達州	0.139	0.16	0.343	0.16	0.114	0.127	0.774	0.122	0.123	0.318
雅安	0.128	0.115	0.16	0.12	0.105	0.109	0.908	0.114	0.123	0.601
巴中	0.109	0.125	0.191	0.113	0.106	0.107	1	0.103	0.103	0.171
資陽	0.151	0.119	0.303	0.154	0.111	0.141	0.938	0.144	0.156	0.73
貴陽	0.162	0.205	0.172	0.174	0.149	0.148	0.813	0.149	0.151	0.486
六盤水	0.117	0.124	0.137	0.147	0.112	0.118	0.872	0.134	0.144	0.763
遵義	0.141	0.131	0.269	0.16	0.131	0.124	1	0.176	0.161	0.855
安順	0.113	0.113	0.151	0.11	0.108	0.106	0.852	0.106	0.109	0.329
畢節	0.122	0.14	0.25	0.14	0.116	0.109	0.538	0.115	0.123	0.32
銅仁	0.116	0.119	0.223	0.109	0.11	0.104	0.538	0.102	0.106	0.128
昆明	0.17	0.268	0.249	0.247	0.18	0.17	0.717	0.201	0.212	0.551
曲靖	0.138	0.162	0.343	0.177	0.121	0.13	0.731	0.152	0.162	0.594
玉溪	0.122	0.136	0.187	0.164	0.114	0.127	0.746	0.19	0.175	1
保山	0.107	0.117	0.213	0.109	0.107	0.103	0.932	0.106	0.108	0.296
昭通	0.116	0.137	0.202	0.124	0.109	0.106	0.887	0.118	0.121	0.534
麗江	0.104	0.105	0.134	0.105	0.104	0.102	0.996	0.104	0.105	0.354
普洱	0.107	0.126	0.201	0.11	0.106	0.103	0.89	0.106	0.108	0.309
臨滄	0.105	0.113	0.206	0.11	0.105	0.103	0.976	0.108	0.108	0.402
拉薩	0.102	0.14	0.111	0.105	0.108	0.101	0.739	0.103	0.103	0.211
西安	0.176	0.352	0.282	0.304	0.224	0.186	0.706	0.178	0.188	0.299
銅川	0.109	0.105	0.12	0.115	0.103	0.109	1	0.1	0.114	0.184
寶雞	0.134	0.15	0.243	0.193	0.119	0.14	0.855	0.134	0.142	0.415
咸陽	0.148	0.15	0.379	0.191	0.123	0.144	0.807	0.175	0.171	0.723
渭南	0.136	0.141	0.249	0.155	0.117	0.136	0.892	0.122	0.138	0.343
延安	0.107	0.133	0.192	0.197	0.112	0.138	0.764	0.209	0.225	1
漢中	0.122	0.137	0.258	0.13	0.115	0.113	0.909	0.113	0.115	0.296
榆林	0.15	0.136	0.226	0.31	0.136	0.166	0.968	0.369	0.371	1
安康	0.126	0.118	0.184	0.12	0.11	0.107	1	0.114	0.118	0.493
商洛	0.109	0.113	0.18	0.117	0.108	0.105	1	0.107	0.108	0.309
蘭州	0.13	0.196	0.143	0.178	0.141	0.151	0.691	0.146	0.157	0.48
嘉峪關	0.101	0.1	0.103	0.119	0.101	0.123	1	0.113	0.123	0.853
金昌	0.102	0.105	0.112	0.116	0.101	0.137	0.924	0.114	0.114	0.783
白銀	0.111	0.113	0.145	0.122	0.106	0.114	0.931	0.112	0.121	0.493
天水	0.109	0.123	0.172	0.113	0.108	0.103	0.417	0.102	0.103	0.113
武威	0.109	0.115	0.178	0.111	0.105	0.104	1	0.103	0.103	0.175
張掖	0.109	0.11	0.176	0.107	0.105	0.103	0.706	0.104	0.105	0.252
平涼	0.105	0.116	0.162	0.112	0.105	0.104	0.939	0.109	0.115	0.494
酒泉	0.114	0.108	0.166	0.128	0.11	0.111	0.746	0.112	0.113	0.365
慶陽	0.103	0.109	0.163	0.132	0.106	0.113	1	0.156	0.126	1
定西	0.103	0.115	0.159	0.102	0.104	0.101	0.686	0.101	0.1	0.102
隴南	0.104	0.108	0.154	0.103	0.104	0.101	0.551	0.103	0.103	0.264
西寧	0.115	0.137	0.128	0.145	0.119	0.125	0.53	0.114	0.118	0.281
銀川	0.123	0.15	0.151	0.161	0.126	0.131	1	0.139	0.142	0.536
石嘴山	0.119	0.105	0.122	0.124	0.106	0.116	1	0.117	0.126	0.662
吳忠	0.114	0.107	0.146	0.113	0.104	0.11	0.798	0.107	0.109	0.384
固原	0.1	0.107	0.137	0.1	0.103	0.1	1	0.101	0.1	0.158
中衛	0.105	0.1	0.141	0.107	0.104	0.106	1	0.104	0.104	0.253
烏魯木齊	0.141	0.193	0.125	0.196	0.161	0.153	0.785	0.183	0.171	0.634
克拉瑪依	0.107	0.113	0.104	0.174	0.103	0.145	0.789	0.209	0.196	1
香港	0.3	0.445	0.248	0.213	1	0.171	0.538	0.351	0.546	0.274
澳門	0.134	0.123	0.1	0.111	0.198	0.112	0.538	0.13	0.152	0.274

表 4.2.1 2013 年度城市產業競爭力三級指標分值

城市	限額以上工業企業數	就業總人數	農業財富創造能力	工業財富創造能力	服務業財富創造能力	產品的市場認同度	企業市場認同感遞增程度	企業利稅貢獻度	企業增值稅貢獻度	企業利稅增值稅占GDP比重
新北	0.369	0.374	0.178	0.275	0.297	0.203	0.538	0.198	0.273	0.316
臺北	0.28	0.281	0.153	0.217	0.233	0.117	0.538	0.166	0.216	0.316
台中	0.282	0.283	0.153	0.217	0.234	0.196	0.538	0.167	0.217	0.316
台南	0.229	0.228	0.137	0.181	0.194	0.209	0.538	0.147	0.183	0.316
高雄	0.292	0.293	0.155	0.222	0.239	0.259	0.538	0.17	0.223	0.316
基隆	0.125	0.12	0.108	0.113	0.118	0.102	0.538	0.11	0.116	0.316
新竹	0.127	0.122	0.108	0.115	0.12	0.144	0.538	0.11	0.117	0.316
嘉義	0.117	0.112	0.105	0.108	0.113	0.101	0.538	0.107	0.111	0.316

表 4.2.2 2013 年度城市產業競爭力三級指標分值（續 1）

城市	從業者生產效率	企業銷售毛利率	資產/固定資產比率	銷售額/總資產比率	工業化發展水準	第二產業就業水準	第三產業發展水準	第三產業就業水準	產業製造能力	製造業人力資本指數
北京	0.266	0.355	0.79	0.286	0.275	0.322	0.817	0.781	0.619	0.268
天津	0.322	0.231	0.995	0.308	0.596	0.712	0.492	0.389	0.643	0.362
石家莊	0.403	0.342	0.621	0.362	0.567	0.455	0.425	0.646	0.207	0.168
唐山	0.506	0.308	0.708	0.258	0.68	0.638	0.327	0.43	0.225	0.207
秦皇島	0.319	0.243	0.968	0.262	0.451	0.473	0.509	0.628	0.141	0.189
邯鄲	0.31	0.253	0.67	0.296	0.622	0.478	0.345	0.586	0.144	0.131
邢臺	0.281	0.311	0.841	0.296	0.63	0.447	0.307	0.654	0.127	0.124
保定	0.192	0.387	0.994	0.316	0.62	0.594	0.331	0.509	0.196	0.155
張家口	0.25	0.423	0.596	0.173	0.506	0.458	0.421	0.634	0.133	0.149
承德	0.352	0.391	0.722	0.228	0.622	0.397	0.318	0.691	0.121	0.139
滄州	0.22	0.43	0.571	0.285	0.597	0.466	0.381	0.624	0.137	0.133
廊坊	0.306	0.289	0.898	0.357	0.617	0.582	0.369	0.519	0.168	0.2
衡水	0.236	0.308	0.937	0.38	0.597	0.457	0.301	0.642	0.128	0.141
太原	0.242	0.264	0.873	0.21	0.522	0.616	0.563	0.484	0.21	0.27
大同	0.187	0.291	0.878	0.217	0.577	0.636	0.466	0.462	0.123	0.144
陽泉	0.202	0.442	0.76	0.149	0.673	0.797	0.413	0.305	0.111	0.155
長治	0.147	0.484	0.865	0.202	0.765	0.625	0.295	0.471	0.139	0.176
晉城	0.146	0.635	0.808	0.185	0.739	0.72	0.318	0.379	0.11	0.13
朔州	0.242	0.7	0.559	0.178	0.661	0.533	0.385	0.52	0.106	0.124
晉中	0.133	0.41	0.859	0.213	0.622	0.593	0.391	0.506	0.128	0.156
運城	0.14	0.301	0.76	0.235	0.554	0.443	0.373	0.653	0.146	0.158
忻州	0.127	0.56	0.644	0.156	0.587	0.394	0.409	0.697	0.108	0.117
臨汾	0.143	0.33	0.928	0.278	0.712	0.432	0.32	0.661	0.126	0.139
呂梁	0.118	0.524	0.981	0.216	0.829	0.508	0.229	0.593	0.127	0.147
呼和浩特	0.331	1	0.716	0.215	0.419	0.374	0.628	0.719	0.129	0.165
包頭	0.328	0.39	0.735	0.231	0.629	0.69	0.446	0.405	0.176	0.285
烏海	0.289	0.41	0.791	0.205	0.819	0.774	0.275	0.325	0.106	0.175
赤峰	0.354	0.415	0.539	0.244	0.609	0.42	0.324	0.613	0.119	0.128
通遼	0.459	0.309	0.448	0.337	0.692	0.333	0.255	0.511	0.111	0.122
鄂爾多斯	1	0.79	0.763	0.207	0.68	0.548	0.396	0.531	0.114	0.146
呼倫貝爾	0.291	0.437	0.49	0.181	0.51	0.314	0.389	0.445	0.109	0.121
巴彥淖爾	0.301	0.379	0.658	0.22	0.653	0.421	0.241	0.559	0.109	0.135
烏蘭察布	0.293	0.365	0.428	0.179	0.611	0.285	0.316	0.789	0.105	0.114
瀋陽	0.333	0.319	0.876	0.365	0.582	0.461	0.469	0.636	0.253	0.238
大連	0.307	0.329	0.883	0.315	0.592	0.628	0.441	0.467	0.329	0.355
鞍山	0.401	0.348	0.987	0.329	0.607	0.699	0.446	0.388	0.199	0.284
撫順	0.272	0.235	0.739	0.334	0.684	0.697	0.35	0.386	0.141	0.222
本溪	0.306	0.228	0.858	0.306	0.711	0.685	0.338	0.41	0.143	0.284
丹東	0.291	0.319	0.822	0.505	0.586	0.547	0.371	0.545	0.133	0.191
錦州	0.258	0.365	0.763	0.445	0.565	0.467	0.369	0.574	0.126	0.156
營口	0.213	0.423	0.682	0.302	0.624	0.622	0.398	0.478	0.15	0.238

表 4.2.2 2013 年度城市產業競爭力三級指標分值（續 1）

城市	從業者生產效率	企業銷售毛利率	資產/固定資產比率	銷售額/總資產比率	工業化發展水準	第二產業就業水準	第三產業發展水準	第三產業就業水準	產業製造能力	製造業人力資本指數
阜新	0.217	0.352	0.62	0.192	0.509	0.613	0.345	0.472	0.111	0.137
遼陽	0.306	0.367	0.97	0.354	0.713	0.637	0.321	0.442	0.129	0.205
盤錦	0.279	0.425	0.588	0.228	0.767	0.477	0.245	0.204	0.118	0.192
鐵嶺	0.276	0.297	0.59	0.294	0.599	0.525	0.29	0.489	0.11	0.121
朝陽	0.281	0.341	0.764	0.338	0.583	0.511	0.292	0.576	0.123	0.144
葫蘆島	0.26	0.234	0.977	0.263	0.548	0.591	0.414	0.499	0.138	0.189
長春	0.328	0.389	0.948	0.376	0.594	0.5	0.43	0.591	0.24	0.22
吉林	0.376	0.327	0.612	0.26	0.576	0.589	0.419	0.466	0.161	0.192
四平	0.292	0.234	0.621	0.33	0.516	0.431	0.302	0.616	0.126	0.15
遼源	0.297	0.201	0.673	0.323	0.66	0.53	0.337	0.532	0.103	0.119
通化	0.286	0.27	0.989	0.346	0.595	0.518	0.399	0.553	0.125	0.173
白山	0.23	0.237	0.456	0.329	0.676	0.421	0.329	0.556	0.114	0.173
松原	0.358	0.515	0.391	0.186	0.561	0.455	0.357	0.54	0.107	0.116
白城	0.259	0.215	0.501	0.209	0.556	0.237	0.349	0.665	0.11	0.133
哈爾濱	0.255	0.371	0.613	0.251	0.447	0.436	0.54	0.608	0.239	0.185
齊齊哈爾	0.243	0.352	0.972	0.233	0.48	0.403	0.38	0.497	0.145	0.155
雞西	0.227	0.411	0.731	0.179	0.481	0.512	0.333	0.324	0.108	0.13
鶴崗	0.183	0.373	0.512	0.189	0.545	0.496	0.252	0.231	0.107	0.146
雙鴨山	0.1	0.375	0.525	0.235	0.529	0.578	0.227	0.458	0.103	0.112
大慶	0.462	1	0.483	0.197	0.92	0.652	0.146	0.446	0.142	0.195
伊春	0.175	0.275	0.882	0.196	0.436	0.298	0.321	0.182	0.112	0.172
佳木斯	0.213	0.319	0.653	0.212	0.313	0.227	0.459	0.489	0.109	0.122
七台河	0.217	0.408	0.724	0.211	0.715	0.836	0.295	0.228	0.104	0.133
牡丹江	0.248	0.335	0.58	0.245	0.472	0.376	0.454	0.5	0.121	0.149
黑河	0.177	0.379	0.66	0.168	0.209	0.175	0.363	0.335	0.106	0.124
綏化	0.1	0.465	0.6	0.225	0.301	0.379	0.374	0.676	0.12	0.124
上海	0.302	0.35	0.711	0.357	0.474	0.57	0.621	0.532	1	0.351
南京	0.306	0.356	0.91	0.368	0.514	0.607	0.56	0.494	0.358	0.308
無錫	0.351	0.335	0.587	0.376	0.615	0.76	0.468	0.341	0.328	0.332
徐州	0.332	0.464	0.798	0.365	0.57	0.5	0.431	0.579	0.163	0.147
常州	0.279	0.295	0.486	0.432	0.619	0.701	0.451	0.401	0.199	0.24
蘇州	0.372	0.264	0.689	0.376	0.631	0.853	0.455	0.249	0.533	0.369
南通	0.394	0.371	0.909	0.411	0.618	0.702	0.409	0.382	0.251	0.236
連雲港	0.289	0.359	0.811	0.325	0.53	0.504	0.415	0.545	0.144	0.165
淮安	0.253	0.331	0.836	0.441	0.537	0.602	0.422	0.472	0.172	0.197
鹽城	0.294	0.363	0.775	0.351	0.538	0.576	0.401	0.478	0.181	0.173
揚州	0.308	0.389	0.957	0.45	0.616	0.694	0.411	0.408	0.174	0.209
鎮江	0.315	0.309	1	0.338	0.625	0.694	0.431	0.406	0.192	0.291
泰州	0.314	0.382	0.743	0.454	0.613	0.605	0.411	0.493	0.176	0.208
宿遷	0.267	0.493	0.963	0.335	0.531	0.528	0.399	0.572	0.133	0.144
杭州	0.259	0.349	0.516	0.376	0.54	0.667	0.525	0.437	0.481	0.385
寧波	0.29	0.327	0.809	0.33	0.627	0.825	0.43	0.278	0.502	0.445
溫州	0.2	0.308	0.3	0.363	0.586	0.781	0.483	0.322	0.324	0.26
嘉興	0.305	0.305	0.9	0.255	0.651	0.816	0.395	0.286	0.345	0.454
湖州	0.266	0.301	0.715	0.383	0.611	0.805	0.409	0.298	0.186	0.294
紹興	0.148	0.299	0.534	0.378	0.625	0.966	0.422	0.136	0.278	0.336
金華	0.106	0.345	0.557	0.333	0.577	0.64	0.47	0.462	0.176	0.192
衢州	0.283	0.396	0.88	0.278	0.63	0.56	0.383	0.543	0.131	0.196
舟山	0.369	0.23	0.793	0.251	0.517	0.506	0.479	0.596	0.119	0.209
台州	0.275	0.3	0.667	0.322	0.575	0.809	0.453	0.288	0.252	0.265
麗水	0.311	0.381	0.806	0.357	0.573	0.404	0.431	0.687	0.118	0.157
合肥	0.283	0.351	0.95	0.34	0.625	0.632	0.416	0.471	0.222	0.206
蕪湖	0.172	0.325	0.941	0.337	0.743	0.659	0.29	0.444	0.159	0.209
蚌埠	0.238	0.293	0.847	0.367	0.562	0.521	0.339	0.573	0.122	0.145
淮南	0.25	0.394	0.412	0.132	0.734	0.76	0.284	0.335	0.118	0.151
馬鞍山	0.344	0.292	0.796	0.271	0.767	0.679	0.273	0.421	0.134	0.203
淮北	0.3	0.333	0.648	0.225	0.748	0.851	0.264	0.253	0.115	0.146

表 4.2.2 2013 年度城市產業競爭力三級指標分值（續 1）

城市	從業者生產效率	企業銷售毛利率	資產/固定資產比率	銷售額/總資產比率	工業化發展水準	第二產業就業水準	第三產業發展水準	第三產業就業水準	產業製造能力	製造業人力資本指數
銅陵	0.44	0.214	0.995	0.362	0.84	0.768	0.244	0.304	0.127	0.348
安慶	0.237	0.39	0.72	0.363	0.628	0.373	0.314	0.659	0.116	0.119
黃山	0.469	0.293	0.81	0.487	0.527	0.362	0.446	0.733	0.105	0.125
滁州	0.29	0.457	0.873	0.383	0.588	0.376	0.293	0.681	0.116	0.127
阜陽	0.361	0.458	0.699	0.304	0.461	0.405	0.345	0.69	0.117	0.114
宿州	0.258	0.264	0.597	0.39	0.467	0.495	0.341	0.586	0.114	0.116
六安	0.156	0.395	0.831	0.332	0.518	0.352	0.343	0.728	0.169	0.179
亳州	0.175	0.475	0.832	0.315	0.456	0.365	0.361	0.739	0.111	0.114
池州	0.581	0.426	0.71	0.261	0.564	0.399	0.374	0.69	0.105	0.124
宣城	0.145	0.42	0.986	0.457	0.593	0.283	0.345	0.762	0.135	0.191
福州	0.284	0.324	0.962	0.332	0.524	0.748	0.484	0.35	0.313	0.293
廈門	0.209	0.322	0.614	0.382	0.581	0.855	0.511	0.246	0.378	0.606
莆田	0.279	0.357	0.83	0.362	0.661	0.799	0.34	0.303	0.186	0.303
三明	0.337	0.245	0.765	0.375	0.574	0.533	0.354	0.545	0.126	0.168
泉州	0.271	0.426	0.973	0.366	0.705	1	0.361	0.1	0.67	0.555
漳州	0.356	0.43	0.795	0.376	0.54	0.706	0.382	0.341	0.196	0.229
南平	0.282	0.299	0.824	0.283	0.483	0.533	0.36	0.521	0.137	0.191
龍岩	0.317	0.516	0.95	0.309	0.641	0.66	0.328	0.427	0.145	0.216
寧德	0.32	0.29	0.888	0.35	0.535	0.383	0.37	0.704	0.11	0.123
南昌	0.264	0.326	0.766	0.305	0.665	0.679	0.384	0.41	0.221	0.256
景德鎮	0.243	0.24	0.847	0.268	0.712	0.669	0.306	0.395	0.135	0.245
萍鄉	0.218	0.438	0.477	0.388	0.743	0.577	0.28	0.525	0.112	0.142
九江	0.229	0.307	0.499	1	0.663	0.614	0.347	0.464	0.153	0.172
新餘	0.407	0.285	0.633	0.249	0.755	0.706	0.287	0.389	0.123	0.231
鷹潭	0.273	0.263	0.793	0.443	0.729	0.536	0.278	0.414	0.114	0.184
贛州	0.233	0.39	0.737	0.51	0.539	0.499	0.374	0.586	0.16	0.146
吉安	0.298	0.346	0.42	0.345	0.602	0.326	0.298	0.716	0.11	0.113
宜春	0.296	0.507	0.628	0.345	0.67	0.605	0.247	0.481	0.152	0.162
撫州	0.201	0.265	0.469	0.29	0.605	0.499	0.297	0.566	0.121	0.134
上饒	0.195	0.353	0.849	0.435	0.612	0.345	0.318	0.658	0.118	0.118
濟南	0.271	0.351	0.837	0.31	0.477	0.567	0.567	0.537	0.249	0.241
青島	0.355	0.318	0.758	0.473	0.544	0.735	0.509	0.366	0.433	0.348
淄博	0.398	0.39	0.82	0.416	0.681	0.788	0.384	0.313	0.241	0.302
棗莊	0.305	0.358	0.627	0.349	0.667	0.716	0.348	0.376	0.128	0.148
東營	0.461	0.557	0.644	0.295	0.805	0.766	0.259	0.321	0.154	0.273
煙臺	0.368	0.337	0.822	0.389	0.654	0.768	0.37	0.333	0.35	0.334
濰坊	0.247	0.292	0.892	0.373	0.628	0.615	0.365	0.483	0.226	0.189
濟寧	0.358	0.345	0.77	0.238	0.603	0.657	0.369	0.445	0.161	0.149
泰安	0.342	0.388	0.774	0.349	0.594	0.768	0.408	0.331	0.173	0.186
威海	0.346	0.302	0.954	0.372	0.613	0.864	0.402	0.236	0.26	0.476
日照	0.373	0.296	0.974	0.29	0.618	0.559	0.385	0.539	0.139	0.19
萊蕪	0.297	0.246	0.92	0.312	0.685	0.82	0.346	0.284	0.138	0.291
臨沂	0.338	0.314	0.911	0.436	0.568	0.609	0.425	0.485	0.172	0.146
德州	0.433	0.393	0.621	0.343	0.617	0.553	0.358	0.538	0.161	0.171
聊城	0.414	0.317	0.707	0.345	0.642	0.525	0.323	0.578	0.162	0.169
濱州	0.382	0.277	0.856	0.344	0.608	0.802	0.389	0.299	0.215	0.299
菏澤	0.331	0.508	0.666	0.401	0.619	0.375	0.325	0.718	0.13	0.123
鄭州	0.294	0.473	0.798	0.328	0.654	0.648	0.421	0.455	0.285	0.236
開封	0.274	0.444	0.655	0.291	0.502	0.428	0.359	0.656	0.141	0.157
洛陽	0.332	0.295	0.723	0.296	0.693	0.577	0.329	0.524	0.181	0.181
平頂山	0.29	0.357	0.8	0.261	0.74	0.686	0.265	0.416	0.154	0.172
安陽	0.262	0.363	0.617	0.339	0.665	0.729	0.31	0.371	0.151	0.164
鶴壁	0.241	0.288	0.576	0.274	0.796	0.79	0.186	0.306	0.121	0.187
新鄉	0.304	0.307	0.673	0.287	0.669	0.58	0.297	0.511	0.167	0.177
焦作	0.28	0.382	0.634	0.352	0.776	0.669	0.242	0.418	0.153	0.198
濮陽	0.283	0.411	0.541	0.297	0.734	0.677	0.215	0.425	0.118	0.133
許昌	0.405	0.483	0.832	0.377	0.765	0.605	0.221	0.496	0.148	0.172

表 4.2.2 2013 年度城市產業競爭力三級指標分值（續 1）

城市	從業者生產效率	企業銷售毛利率	資產/固定資產比率	銷售額/總資產比率	工業化發展水準	第二產業就業水準	第三產業發展水準	第三產業就業水準	產業製造能力	製造業人力資本指數
漯河	0.324	0.425	0.686	0.392	0.779	0.672	0.188	0.43	0.152	0.234
三門峽	0.357	0.356	0.675	0.325	0.775	0.675	0.243	0.424	0.118	0.153
南陽	0.252	0.375	0.827	0.348	0.602	0.599	0.296	0.49	0.203	0.166
商丘	0.29	0.315	0.686	0.341	0.543	0.417	0.296	0.682	0.118	0.116
信陽	0.254	0.298	0.643	0.363	0.478	0.408	0.339	0.675	0.131	0.132
周口	0.237	0.514	0.673	0.305	0.531	0.36	0.271	0.717	0.131	0.122
駐馬店	0.248	0.364	0.556	0.266	0.488	0.45	0.317	0.643	0.137	0.133
武漢	0.276	0.349	0.894	0.269	0.549	0.637	0.522	0.465	0.345	0.26
黃石	0.232	0.246	0.846	0.291	0.705	0.784	0.318	0.304	0.159	0.259
十堰	0.201	0.555	0.825	0.152	0.603	0.647	0.376	0.449	0.196	0.287
宜昌	0.266	0.371	0.474	0.164	0.684	0.703	0.297	0.395	0.22	0.294
襄陽	0.304	0.391	0.91	0.396	0.647	0.636	0.308	0.455	0.188	0.203
鄂州	0.263	0.243	0.56	0.292	0.668	0.815	0.3	0.287	0.141	0.358
荊門	0.241	0.345	0.719	0.411	0.596	0.647	0.315	0.428	0.167	0.252
孝感	0.178	0.312	0.631	0.308	0.54	0.685	0.341	0.39	0.202	0.239
荊州	0.221	0.285	0.965	0.357	0.493	0.493	0.333	0.559	0.139	0.144
黃岡	0.315	0.312	0.679	0.31	0.448	0.512	0.352	0.579	0.135	0.136
咸寧	0.239	0.343	0.484	0.219	0.541	0.516	0.363	0.578	0.126	0.169
隨州	0.181	0.397	0.502	0.236	0.537	0.579	0.347	0.521	0.118	0.154
長沙	0.387	0.613	0.879	0.338	0.636	0.591	0.42	0.512	0.279	0.265
株洲	0.236	0.38	0.784	0.293	0.684	0.713	0.327	0.389	0.173	0.223
湘潭	0.305	0.266	0.874	0.332	0.673	0.715	0.331	0.389	0.145	0.207
衡陽	0.238	0.372	0.597	0.458	0.554	0.609	0.366	0.495	0.164	0.158
邵陽	0.19	0.418	0.462	0.388	0.448	0.455	0.381	0.633	0.117	0.115
岳陽	0.279	0.312	0.39	0.303	0.644	0.574	0.317	0.454	0.169	0.182
常德	0.358	0.788	0.94	0.342	0.56	0.554	0.366	0.549	0.138	0.143
張家界	0.285	0.286	0.525	0.19	0.303	0.314	0.657	0.784	0.102	0.111
益陽	0.305	0.365	0.517	0.318	0.496	0.47	0.368	0.631	0.129	0.144
郴州	0.3	0.385	0.487	0.29	0.654	0.517	0.329	0.584	0.126	0.136
永州	0.29	0.452	0.529	0.308	0.441	0.441	0.399	0.653	0.123	0.129
懷化	0.198	0.343	0.405	0.259	0.508	0.346	0.428	0.746	0.115	0.12
婁底	0.256	0.348	0.565	0.243	0.625	0.624	0.309	0.477	0.135	0.16
廣州	0.303	0.356	0.808	0.378	0.425	0.567	0.659	0.537	0.66	0.388
韶關	0.231	0.345	0.656	0.212	0.488	0.638	0.464	0.451	0.149	0.213
深圳	0.272	0.346	0.1	0.461	0.531	0.645	0.571	0.458	0.689	0.469
珠海	0.227	0.265	0.33	0.401	0.618	0.848	0.457	0.243	0.315	1
汕頭	0.1	0.341	0.759	0.28	0.58	0.577	0.46	0.527	0.144	0.152
佛山	0.447	0.319	0.816	0.418	0.719	0.646	0.366	0.458	0.231	0.218
江門	0.217	0.331	0.898	0.393	0.619	0.79	0.403	0.313	0.234	0.297
湛江	0.316	0.416	0.621	0.241	0.48	0.451	0.403	0.593	0.138	0.134
茂名	0.383	0.426	0.717	0.535	0.459	0.467	0.444	0.604	0.119	0.121
肇慶	0.328	0.341	0.63	0.302	0.508	0.578	0.409	0.523	0.157	0.195
惠州	0.205	0.334	0.964	0.337	0.662	0.888	0.381	0.214	0.388	0.508
梅州	0.258	0.502	0.717	0.227	0.459	0.371	0.421	0.728	0.119	0.128
汕尾	0.244	0.194	0.558	0.255	0.536	0.513	0.389	0.527	0.125	0.156
河源	0.226	0.447	0.796	0.363	0.601	0.643	0.366	0.457	0.151	0.212
陽江	0.312	0.406	0.458	0.204	0.506	0.479	0.369	0.594	0.115	0.141
清遠	0.229	0.35	0.738	0.311	0.512	0.632	0.44	0.466	0.162	0.208
東莞	0.537	0.228	0.693	0.368	0.569	0.422	0.53	0.679	0.135	0.127
中山	0.265	0.311	0.631	0.515	0.633	0.745	0.442	0.359	0.188	0.284
潮州	0.286	0.398	0.797	0.328	0.619	0.532	0.407	0.571	0.119	0.145
揭陽	0.205	0.355	0.82	0.46	0.678	0.429	0.311	0.647	0.121	0.123
雲浮	0.202	0.33	0.766	0.244	0.487	0.607	0.345	0.494	0.132	0.188
南寧	0.215	0.458	0.716	0.274	0.433	0.439	0.519	0.643	0.174	0.169
柳州	0.279	0.301	0.738	0.396	0.718	0.534	0.293	0.551	0.171	0.222
桂林	0.273	0.469	0.814	0.316	0.533	0.402	0.37	0.683	0.133	0.145
梧州	0.33	0.298	0.668	0.357	0.708	0.408	0.253	0.681	0.115	0.134

表 4.2.2 2013 年度城市產業競爭力三級指標分值（續 1）

城市	從業者生產效率	企業銷售毛利率	資產/固定資產比率	銷售額/總資產比率	工業化發展水準	第二產業就業水準	第三產業發展水準	第三產業就業水準	產業製造能力	製造業人力資本指數
北海	0.303	0.469	0.965	0.315	0.479	0.543	0.37	0.522	0.122	0.194
防城港	0.315	0.402	0.851	0.338	0.598	0.393	0.353	0.578	0.106	0.148
欽州	0.279	0.249	0.775	0.311	0.514	0.402	0.326	0.664	0.109	0.118
貴港	0.301	0.591	0.746	0.257	0.481	0.314	0.382	0.779	0.112	0.118
玉林	0.315	0.399	0.851	0.389	0.514	0.447	0.36	0.616	0.123	0.127
百色	0.1	0.336	0.466	0.155	0.619	0.37	0.277	0.708	0.114	0.125
賀州	0.31	0.351	0.605	0.248	0.529	0.3	0.333	0.758	0.105	0.116
河池	0.205	0.353	0.506	0.134	0.475	0.388	0.373	0.689	0.111	0.122
來賓	0.23	0.265	0.592	0.199	0.544	0.415	0.29	0.603	0.111	0.136
崇左	0.294	0.649	0.869	0.25	0.462	0.402	0.32	0.568	0.114	0.147
海口	0.178	0.431	0.488	0.353	0.295	0.289	0.733	0.622	0.122	0.17
三亞	0.284	0.333	0.675	0.184	0.265	0.178	0.7	0.918	0.101	0.11
重慶	0.238	0.33	0.692	0.231	0.628	0.625	0.383	0.474	0.445	0.177
成都	0.301	0.412	0.976	0.3	0.524	0.671	0.526	0.433	0.379	0.229
自貢	0.234	0.431	0.904	0.388	0.665	0.564	0.3	0.536	0.119	0.147
攀枝花	0.277	0.333	0.774	0.217	0.849	0.835	0.215	0.262	0.142	0.329
瀘州	0.278	0.507	0.96	0.44	0.676	0.62	0.27	0.475	0.121	0.132
德陽	0.389	0.406	0.517	0.317	0.679	0.678	0.255	0.423	0.144	0.179
綿陽	0.272	0.389	0.679	0.333	0.59	0.596	0.331	0.504	0.164	0.19
廣元	0.206	0.288	0.687	0.305	0.511	0.338	0.366	0.761	0.105	0.114
遂寧	0.288	0.442	0.559	0.373	0.583	0.607	0.265	0.498	0.11	0.12
內江	0.295	0.378	0.595	0.405	0.706	0.606	0.22	0.493	0.118	0.131
樂山	0.306	0.314	0.669	0.219	0.699	0.653	0.269	0.436	0.136	0.173
南充	0.257	0.406	0.652	0.284	0.579	0.347	0.27	0.747	0.111	0.111
眉山	0.337	0.4	0.664	0.323	0.639	0.519	0.268	0.581	0.117	0.137
宜賓	0.246	0.509	0.627	0.421	0.7	0.702	0.241	0.4	0.16	0.187
廣安	0.342	0.289	0.56	0.379	0.585	0.325	0.312	0.77	0.1	0.101
達州	0.241	0.299	0.41	0.216	0.598	0.453	0.255	0.628	0.112	0.114
雅安	0.244	0.451	0.384	0.122	0.649	0.401	0.278	0.691	0.106	0.126
巴中	0.198	0.214	0.461	0.438	0.465	0.567	0.364	0.513	0.105	0.11
資陽	0.402	0.369	0.881	0.555	0.624	0.502	0.238	0.581	0.119	0.134
貴陽	0.1	0.355	0.853	0.267	0.487	0.641	0.567	0.461	0.187	0.23
六盤水	0.296	0.544	0.59	0.163	0.708	0.711	0.339	0.387	0.117	0.139
遵義	0.389	0.889	0.884	0.213	0.503	0.396	0.452	0.706	0.129	0.131
安順	0.243	0.336	0.997	0.2	0.454	0.432	0.479	0.657	0.115	0.143
畢節	0.254	0.478	0.466	0.148	0.53	0.297	0.375	0.808	0.106	0.106
銅仁	0.241	0.19	0.455	0.16	0.328	0.168	0.459	0.925	0.102	0.105
昆明	0.244	0.462	0.944	0.259	0.529	0.546	0.516	0.552	0.204	0.205
曲靖	0.268	0.524	0.686	0.19	0.608	0.62	0.293	0.467	0.136	0.14
玉溪	0.292	0.913	0.891	0.236	0.711	0.535	0.291	0.552	0.127	0.176
保山	0.231	0.527	0.622	0.151	0.374	0.556	0.391	0.511	0.111	0.129
昭通	0.203	0.784	0.667	0.147	0.547	0.419	0.342	0.667	0.108	0.109
麗江	0.234	0.528	0.421	0.115	0.478	0.395	0.438	0.663	0.104	0.12
普洱	0.192	0.587	0.381	0.105	0.418	0.435	0.361	0.547	0.114	0.135
臨滄	0.238	0.709	0.304	0.113	0.44	0.386	0.311	0.618	0.108	0.12
拉薩	0.146	0.611	0.45	0.1	0.392	0.165	0.661	0.653	0.104	0.155
西安	0.242	0.326	0.748	0.274	0.503	0.517	0.551	0.586	0.314	0.264
銅川	0.276	0.1	0.846	0.265	0.719	0.566	0.304	0.532	0.105	0.137
寶雞	0.303	0.308	0.834	0.242	0.72	0.575	0.265	0.511	0.153	0.192
咸陽	0.334	0.526	0.745	0.282	0.618	0.53	0.284	0.567	0.145	0.16
渭南	0.275	0.251	0.701	0.2	0.602	0.493	0.331	0.583	0.135	0.143
延安	0.358	0.812	0.766	0.191	0.824	0.471	0.196	0.613	0.104	0.113
漢中	0.243	0.331	0.946	0.236	0.475	0.443	0.389	0.645	0.129	0.155
榆林	0.623	1	0.656	0.168	0.8	0.374	0.251	0.707	0.108	0.115
安康	0.264	0.558	0.468	0.224	0.515	0.258	0.396	0.839	0.105	0.111
商洛	0.272	0.437	0.741	0.194	0.514	0.347	0.377	0.738	0.105	0.114
蘭州	0.226	0.323	0.713	0.255	0.551	0.582	0.52	0.52	0.153	0.196

表 4.2.2 2013 年度城市產業競爭力三級指標分值（續 1）

城市	從業者生產效率	企業銷售毛利率	資產/固定資產比率	銷售額/總資產比率	工業化發展水準	第二產業就業水準	第三產業發展水準	第三產業就業水準	產業製造能力	製造業人力資本指數
嘉峪關	0.374	0.246	0.922	0.253	0.919	0.905	0.172	0.198	0.12	0.673
金昌	0.255	0.193	0.998	0.323	0.88	0.835	0.169	0.222	0.122	0.417
白銀	0.276	0.311	0.747	0.192	0.651	0.586	0.331	0.505	0.117	0.165
天水	0.213	0.213	0.814	0.185	0.457	0.414	0.441	0.662	0.118	0.136
武威	0.221	0.259	0.461	0.257	0.486	0.3	0.35	0.685	0.106	0.121
張掖	0.237	0.406	0.602	0.151	0.431	0.362	0.368	0.635	0.107	0.137
平涼	0.214	0.555	0.436	0.129	0.551	0.467	0.327	0.612	0.102	0.108
酒泉	0.396	0.366	0.536	0.138	0.595	0.414	0.375	0.634	0.104	0.127
慶陽	0.357	1	0.362	0.168	0.716	0.1	0.248	1	0.1	0.1
定西	0.181	0.249	0.487	0.125	0.326	0.241	0.468	0.853	0.104	0.109
隴南	0.214	0.587	0.619	0.136	0.358	0.265	0.466	0.791	0.102	0.105
西寧	0.257	0.234	0.541	0.176	0.606	0.546	0.458	0.554	0.139	0.23
銀川	0.266	0.404	0.572	0.156	0.605	0.56	0.446	0.502	0.122	0.173
石嘴山	0.351	0.359	0.653	0.173	0.727	0.63	0.315	0.443	0.116	0.243
吳忠	0.269	0.274	0.666	0.172	0.606	0.381	0.324	0.648	0.108	0.143
固原	0.186	0.704	0.491	0.142	0.318	0.157	0.509	0.889	0.1	0.102
中衛	0.35	0.241	0.671	0.163	0.502	0.259	0.41	0.746	0.103	0.121
烏魯木齊	0.272	0.488	0.648	0.194	0.514	0.482	0.575	0.603	0.144	0.187
克拉瑪依	0.425	0.702	0.438	0.184	1	0.873	0.1	0.23	0.115	0.25
香港	0.496	0.975	0.227	0.213	0.1	0.189	1	0.981	0.16	0.155
澳門	0.832	0.681	0.227	0.213	0.103	0.273	0.997	0.834	0.108	0.198
新北	0.234	0.379	0.227	0.213	0.363	0.467	0.72	0.633	0.122	0.136
臺北	0.235	1	0.227	0.213	0.363	0.267	0.72	0.838	0.114	0.136
台中	0.234	0.343	0.227	0.213	0.363	0.501	0.72	0.57	0.115	0.136
台南	0.232	0.229	0.227	0.213	0.363	0.516	0.72	0.519	0.11	0.136
高雄	0.232	0.242	0.227	0.213	0.363	0.444	0.72	0.618	0.115	0.136
基隆	0.228	1	0.227	0.213	0.363	0.371	0.72	0.731	0.102	0.136
新竹	0.236	0.171	0.227	0.213	0.363	0.504	0.72	0.594	0.102	0.136
嘉義	0.231	1	0.227	0.213	0.363	0.347	0.72	0.737	0.101	0.136

表 4.2.3 2013 年度城市產業競爭力三級指標分值（續 2）

城市	外資企業數	外資企業產出規模	外資企業貢獻度	外資企業平均產出能力	外資企業相對量	工業集中度	企業固定資產集中度	市區工業企業相對量	企業總資產規模
北京	0.285	0.36	0.456	0.286	0.437	0.982	0.986	0.959	0.625
天津	0.418	0.49	0.471	0.262	0.533	0.918	0.944	0.849	0.65
石家莊	0.122	0.122	0.161	0.234	0.164	0.195	0.332	0.166	0.207
唐山	0.122	0.163	0.231	0.477	0.218	0.6	0.652	0.469	0.344
秦皇島	0.117	0.126	0.461	0.303	0.403	0.637	0.628	0.62	0.148
邯鄲	0.109	0.137	0.244	0.639	0.171	0.355	0.56	0.264	0.218
邢臺	0.109	0.123	0.305	0.426	0.174	0.299	0.38	0.165	0.156
保定	0.125	0.123	0.225	0.221	0.214	0.396	0.566	0.194	0.189
張家口	0.106	0.104	0.18	0.199	0.198	0.651	0.495	0.383	0.144
承德	0.102	0.101	0.11	0.161	0.128	0.396	0.518	0.254	0.149
滄州	0.121	0.123	0.224	0.248	0.188	0.336	0.365	0.17	0.172
廊坊	0.135	0.124	0.269	0.191	0.339	0.25	0.374	0.256	0.155
衡水	0.11	0.104	0.167	0.156	0.18	0.391	0.398	0.231	0.122
太原	0.105	0.109	0.172	0.35	0.172	0.859	0.879	0.707	0.203
大同	0.102	0.103	0.156	0.309	0.181	0.885	0.928	0.563	0.159
陽泉	0.101	0.101	0.125	0.184	0.172	0.696	0.861	0.459	0.148
長治	0.102	0.103	0.133	0.377	0.131	0.305	0.291	0.268	0.178
晉城	0.103	0.108	0.241	0.508	0.179	0.367	0.468	0.238	0.158
朔州	0.101	0.101	0.12	0.262	0.128	0.656	0.765	0.39	0.143
晉中	0.105	0.104	0.166	0.197	0.179	0.211	0.188	0.297	0.147
運城	0.103	0.102	0.124	0.18	0.152	0.153	0.254	0.207	0.149

表 4.2.3 2013 年度城市產業競爭力三級指標分值（續 2）

城市	外資企業數	外資企業產出規模	外資企業貢獻度	外資企業平均產出能力	外資企業相對量	工業集中度	企業固定資產集中度	市區工業企業相對量	企業總資產規模
忻州	0.1	0.1	0.1	0.1	0.1	0.188	0.145	0.171	0.132
臨汾	0.103	0.102	0.126	0.226	0.145	0.179	0.234	0.19	0.153
呂梁	0.103	0.109	0.197	0.571	0.13	0.125	0.134	0.115	0.181
呼和浩特	0.107	0.117	0.345	0.441	0.268	0.26	0.428	0.35	0.145
包頭	0.107	0.108	0.156	0.26	0.176	0.81	0.793	0.734	0.191
烏海	0.101	0.1	0.101	0.107	0.126	1	1	1	0.127
赤峰	0.102	0.104	0.155	0.371	0.128	0.52	0.536	0.359	0.136
通遼	0.104	0.113	0.205	0.554	0.142	0.428	0.306	0.284	0.132
鄂爾多斯	0.103	0.109	0.147	0.437	0.162	0.185	0.251	0.263	0.246
呼倫貝爾	0.105	0.103	0.155	0.179	0.186	0.275	0.269	0.211	0.135
巴彥淖爾	0.102	0.105	0.199	0.39	0.158	0.315	0.313	0.342	0.127
烏蘭察布	0.102	0.101	0.129	0.188	0.132	0.178	0.15	0.178	0.124
瀋陽	0.188	0.209	0.3	0.264	0.245	0.755	0.727	0.66	0.304
大連	0.263	0.233	0.418	0.208	0.476	0.664	0.697	0.478	0.338
鞍山	0.113	0.106	0.144	0.159	0.184	0.503	0.668	0.306	0.177
撫順	0.112	0.106	0.16	0.17	0.188	0.752	0.928	0.59	0.138
本溪	0.107	0.124	0.343	0.528	0.215	0.894	0.913	0.752	0.149
丹東	0.124	0.108	0.245	0.142	0.288	0.364	0.364	0.36	0.117
錦州	0.113	0.112	0.215	0.229	0.214	0.49	0.492	0.313	0.128
營口	0.137	0.125	0.301	0.189	0.278	0.661	0.874	0.653	0.149
阜新	0.105	0.105	0.247	0.221	0.173	0.796	0.799	0.719	0.122
遼陽	0.106	0.109	0.191	0.284	0.167	0.505	0.647	0.305	0.141
盤錦	0.106	0.103	0.132	0.176	0.18	0.678	0.865	0.393	0.158
鐵嶺	0.111	0.105	0.132	0.154	0.144	0.233	0.265	0.271	0.153
朝陽	0.103	0.101	0.119	0.143	0.137	0.293	0.414	0.235	0.121
葫蘆島	0.103	0.101	0.119	0.139	0.162	0.706	0.283	0.471	0.13
長春	0.13	0.253	0.53	0.785	0.295	0.933	0.904	0.747	0.249
吉林	0.107	0.107	0.152	0.243	0.141	0.681	0.69	0.502	0.163
四平	0.103	0.104	0.157	0.297	0.136	0.432	0.415	0.468	0.121
遼源	0.102	0.102	0.139	0.246	0.134	0.631	0.788	0.539	0.115
通化	0.103	0.103	0.153	0.223	0.148	0.576	0.678	0.283	0.125
白山	0.103	0.103	0.16	0.21	0.158	0.327	0.585	0.298	0.113
松原	0.102	0.103	0.131	0.273	0.124	0.395	0.624	0.322	0.147
白城	0.103	0.102	0.201	0.188	0.166	0.335	0.459	0.358	0.11
哈爾濱	0.12	0.12	0.256	0.236	0.248	0.814	0.777	0.634	0.201
齊齊哈爾	0.105	0.106	0.23	0.278	0.22	0.677	0.777	0.564	0.134
雞西	0.101	0.102	0.201	0.309	0.15	0.631	0.808	0.456	0.114
鶴崗	0.101	0.1	0.109	0.14	0.127	0.793	0.884	0.673	0.109
雙鴨山	0.1	0.101	0.12	0.273	0.116	0.54	0.776	0.514	0.112
大慶	0.104	0.107	0.134	0.322	0.17	0.932	0.952	0.823	0.225
伊春	0.102	0.1	0.149	0.13	0.226	0.836	0.932	0.738	0.108
佳木斯	0.103	0.103	0.247	0.225	0.172	0.539	0.546	0.379	0.113
七台河	0.1	0.1	0.1	0.1	0.1	0.867	0.899	0.749	0.113
牡丹江	0.106	0.103	0.186	0.161	0.193	0.373	0.57	0.328	0.115
黑河	0.101	0.1	0.126	0.124	0.148	0.37	0.484	0.29	0.104
綏化	0.102	0.102	0.191	0.237	0.165	0.1	0.1	0.145	0.112
上海	0.977	1	0.651	0.236	0.701	0.987	0.979	0.986	1
南京	0.227	0.29	0.464	0.298	0.445	0.911	0.931	0.78	0.332
無錫	0.365	0.346	0.436	0.223	0.445	0.456	0.52	0.595	0.487
徐州	0.135	0.141	0.217	0.257	0.185	0.589	0.743	0.363	0.222
常州	0.242	0.229	0.409	0.22	0.366	0.793	0.808	0.828	0.294
蘇州	1	0.944	0.703	0.224	0.721	0.335	0.357	0.353	0.797
南通	0.355	0.254	0.452	0.18	0.455	0.404	0.53	0.388	0.263
連雲港	0.137	0.132	0.338	0.214	0.298	0.436	0.654	0.272	0.154
淮安	0.127	0.126	0.274	0.226	0.224	0.645	0.726	0.507	0.142
鹽城	0.156	0.151	0.332	0.221	0.247	0.402	0.354	0.286	0.179
揚州	0.179	0.186	0.353	0.245	0.308	0.686	0.754	0.605	0.202

表 4.2.3 2013 年度城市產業競爭力三級指標分值（續 2）

城市	外資企業數	外資企業產出規模	外資企業貢獻度	外資企業平均產出能力	外資企業相對量	工業集中度	企業固定資產集中度	市區工業企業相對量	企業總資產規模
鎮江	0.212	0.183	0.416	0.198	0.453	0.451	0.565	0.38	0.215
泰州	0.166	0.172	0.347	0.245	0.282	0.352	0.413	0.261	0.209
宿遷	0.114	0.103	0.142	0.132	0.151	0.444	0.583	0.289	0.134
杭州	0.342	0.269	0.372	0.193	0.381	0.805	0.811	0.687	0.432
寧波	0.521	0.333	0.485	0.173	0.535	0.691	0.691	0.531	0.422
溫州	0.159	0.119	0.186	0.143	0.197	0.413	0.415	0.412	0.231
嘉興	0.295	0.187	0.399	0.159	0.434	0.285	0.268	0.27	0.274
湖州	0.197	0.131	0.311	0.142	0.387	0.472	0.413	0.421	0.169
紹興	0.245	0.183	0.308	0.176	0.39	0.195	0.268	0.217	0.311
金華	0.149	0.117	0.196	0.146	0.214	0.211	0.223	0.226	0.206
衢州	0.11	0.105	0.178	0.167	0.18	0.507	0.568	0.347	0.135
舟山	0.106	0.114	0.358	0.418	0.214	0.759	0.642	0.831	0.14
台州	0.159	0.126	0.249	0.158	0.232	0.409	0.417	0.39	0.202
麗水	0.106	0.102	0.134	0.147	0.148	0.303	0.28	0.282	0.131
合肥	0.135	0.158	0.307	0.323	0.216	0.695	0.741	0.476	0.217
蕪湖	0.128	0.134	0.282	0.263	0.213	0.635	0.725	0.431	0.184
蚌埠	0.107	0.111	0.268	0.297	0.186	0.602	0.726	0.436	0.122
淮南	0.103	0.103	0.167	0.228	0.161	0.939	0.991	0.726	0.153
馬鞍山	0.109	0.108	0.187	0.22	0.193	0.692	0.788	0.356	0.153
淮北	0.104	0.102	0.134	0.165	0.155	0.77	0.889	0.703	0.14
銅陵	0.104	0.11	0.233	0.434	0.259	0.887	0.797	0.71	0.135
安慶	0.111	0.104	0.141	0.147	0.154	0.36	0.411	0.204	0.129
黃山	0.103	0.101	0.124	0.122	0.152	0.527	0.51	0.467	0.107
滁州	0.112	0.109	0.217	0.199	0.198	0.366	0.407	0.347	0.126
阜陽	0.104	0.102	0.141	0.16	0.146	0.405	0.413	0.4	0.118
宿州	0.105	0.103	0.154	0.185	0.139	0.297	0.668	0.309	0.115
六安	0.104	0.105	0.192	0.253	0.14	0.364	0.413	0.412	0.121
亳州	0.101	0.1	0.112	0.154	0.112	0.459	0.378	0.382	0.111
池州	0.103	0.101	0.146	0.134	0.164	0.598	0.766	0.517	0.109
宣城	0.11	0.105	0.168	0.163	0.19	0.208	0.355	0.225	0.121
福州	0.241	0.22	0.547	0.212	0.571	0.386	0.36	0.44	0.213
廈門	0.253	0.252	0.787	0.232	0.794	1	1	1	0.212
莆田	0.141	0.125	0.426	0.182	0.422	0.872	0.941	0.797	0.127
三明	0.119	0.107	0.169	0.146	0.187	0.296	0.353	0.221	0.131
泉州	0.428	0.296	0.589	0.179	0.66	0.307	0.369	0.226	0.253
漳州	0.233	0.153	0.52	0.153	0.486	0.29	0.263	0.284	0.154
南平	0.113	0.105	0.212	0.154	0.207	0.364	0.468	0.237	0.122
龍岩	0.136	0.114	0.271	0.151	0.277	0.516	0.501	0.423	0.137
寧德	0.108	0.103	0.141	0.145	0.151	0.203	0.411	0.15	0.126
南昌	0.128	0.129	0.275	0.241	0.295	0.596	0.52	0.598	0.171
景德鎮	0.106	0.102	0.151	0.149	0.224	0.57	0.654	0.466	0.123
萍鄉	0.103	0.101	0.122	0.166	0.129	0.693	0.78	0.581	0.114
九江	0.118	0.114	0.227	0.199	0.264	0.373	0.397	0.262	0.12
新餘	0.104	0.12	0.363	0.797	0.195	0.848	0.911	0.763	0.139
鷹潭	0.102	0.101	0.111	0.153	0.183	0.254	0.155	0.446	0.138
贛州	0.144	0.122	0.334	0.166	0.46	0.32	0.321	0.268	0.131
吉安	0.116	0.114	0.273	0.213	0.27	0.195	0.248	0.175	0.119
宜春	0.111	0.11	0.212	0.213	0.202	0.144	0.137	0.194	0.127
撫州	0.11	0.103	0.175	0.141	0.211	0.367	0.433	0.318	0.113
上饒	0.108	0.113	0.281	0.32	0.203	0.104	0.131	0.155	0.122
濟南	0.133	0.116	0.181	0.167	0.257	0.671	0.732	0.495	0.218
青島	0.412	0.26	0.361	0.168	0.551	0.538	0.609	0.294	0.319
淄博	0.137	0.145	0.197	0.263	0.18	0.792	0.769	0.826	0.24
棗莊	0.114	0.109	0.152	0.182	0.158	0.58	0.62	0.649	0.152
東營	0.108	0.127	0.164	0.546	0.166	0.468	0.629	0.41	0.263
煙臺	0.254	0.292	0.442	0.265	0.469	0.424	0.393	0.33	0.285
濰坊	0.173	0.162	0.235	0.213	0.221	0.256	0.342	0.221	0.269

表 4. 2. 3 2013 年度城市產業競爭力三級指標分值（續 2）

城市	外資企業數	外資企業產出規模	外資企業貢獻度	外資企業平均產出能力	外資企業相對量	工業集中度	企業固定資產集中度	市區工業企業相對量	企業總資產規模
濟寧	0.115	0.122	0.215	0.291	0.184	0.375	0.322	0.303	0.217
泰安	0.113	0.109	0.139	0.193	0.154	0.228	0.266	0.284	0.181
威海	0.196	0.168	0.387	0.194	0.501	0.301	0.506	0.269	0.191
日照	0.117	0.123	0.312	0.277	0.305	0.732	0.792	0.593	0.159
萊蕪	0.103	0.101	0.119	0.15	0.193	1	1	1	0.124
臨沂	0.137	0.135	0.225	0.225	0.175	0.505	0.542	0.395	0.188
德州	0.119	0.114	0.153	0.199	0.141	0.223	0.256	0.178	0.183
聊城	0.107	0.107	1	0.228	0.121	1	0.185	0.224	0.191
濱州	0.111	0.119	0.178	0.315	0.188	0.206	0.215	0.227	0.199
菏澤	0.113	0.111	0.165	0.212	0.141	0.259	0.319	0.228	0.148
鄭州	0.122	0.154	0.245	0.427	0.16	0.323	0.356	0.283	0.264
開封	0.105	0.102	0.123	0.139	0.133	0.268	0.352	0.218	0.128
洛陽	0.107	0.11	0.14	0.28	0.131	0.422	0.401	0.272	0.204
平頂山	0.104	0.108	0.164	0.398	0.131	0.498	0.505	0.381	0.166
安陽	0.104	0.102	0.112	0.16	0.134	0.312	0.514	0.223	0.15
鶴壁	0.103	0.102	0.13	0.176	0.143	0.509	0.8	0.611	0.124
新鄉	0.108	0.112	0.185	0.294	0.151	0.32	0.459	0.279	0.162
焦作	0.107	0.111	0.166	0.322	0.142	0.233	0.474	0.173	0.152
濮陽	0.104	0.104	0.136	0.233	0.138	0.344	0.679	0.265	0.133
許昌	0.106	0.106	0.138	0.227	0.134	0.214	0.245	0.18	0.156
漯河	0.104	0.116	0.283	0.687	0.146	0.591	0.644	0.687	0.129
三門峽	0.103	0.111	0.177	0.552	0.135	0.206	0.171	0.171	0.15
南陽	0.108	0.105	0.136	0.186	0.143	0.286	0.447	0.234	0.151
商丘	0.103	0.101	0.11	0.138	0.127	0.283	0.299	0.398	0.132
信陽	0.103	0.102	0.128	0.182	0.122	0.393	0.492	0.281	0.119
周口	0.104	0.105	0.154	0.257	0.129	0.168	0.238	0.145	0.138
駐馬店	0.106	0.104	0.156	0.194	0.129	0.311	0.467	0.188	0.131
武漢	0.155	0.21	0.349	0.366	0.302	0.884	0.921	0.679	0.349
黃石	0.105	0.118	0.318	0.604	0.166	0.64	0.78	0.422	0.141
十堰	0.104	0.128	0.501	1	0.155	0.778	0.904	0.534	0.185
宜昌	0.112	0.112	0.177	0.232	0.193	0.509	0.842	0.336	0.22
襄陽	0.108	0.128	0.268	0.532	0.15	0.578	0.673	0.394	0.152
鄂州	0.103	0.102	0.148	0.188	0.154	1	1	1	0.116
荊門	0.106	0.106	0.169	0.234	0.158	0.453	0.561	0.35	0.124
孝感	0.111	0.107	0.196	0.182	0.183	0.176	0.189	0.197	0.126
荊州	0.108	0.105	0.19	0.187	0.178	0.496	0.588	0.46	0.123
黃岡	0.108	0.105	0.196	0.173	0.169	0.187	0.2	0.2	0.117
咸寧	0.104	0.104	0.174	0.227	0.14	0.327	0.39	0.313	0.122
隨州	0.105	0.103	0.175	0.164	0.183	0.477	0.636	0.378	0.115
長沙	0.124	0.119	0.162	0.202	0.175	0.523	0.633	0.361	0.235
株洲	0.112	0.11	0.186	0.203	0.167	0.619	0.569	0.29	0.147
湘潭	0.106	0.108	0.178	0.289	0.15	0.713	0.913	0.543	0.145
衡陽	0.11	0.108	0.159	0.209	0.159	0.352	0.535	0.359	0.13
邵陽	0.105	0.102	0.131	0.144	0.144	0.304	0.446	0.284	0.111
岳陽	0.11	0.107	0.138	0.195	0.151	0.457	0.59	0.317	0.152
常德	0.108	0.108	0.188	0.234	0.165	0.518	0.479	0.365	0.136
張家界	0.101	0.1	0.148	0.139	0.164	0.406	0.34	0.398	0.105
益陽	0.108	0.104	0.169	0.167	0.167	0.549	0.561	0.489	0.117
郴州	0.11	0.107	0.163	0.192	0.164	0.289	0.338	0.248	0.138
永州	0.112	0.104	0.197	0.145	0.227	0.41	0.465	0.335	0.114
懷化	0.103	0.102	0.141	0.213	0.129	0.173	0.259	0.179	0.117
婁底	0.102	0.103	0.138	0.252	0.125	0.474	0.596	0.28	0.132
廣州	0.443	0.567	0.69	0.281	0.628	0.9	0.941	0.74	0.451
韶關	0.114	0.107	0.265	0.169	0.339	0.614	0.64	0.377	0.129
深圳	0.63	0.653	0.638	0.238	0.736	1	1	1	0.646
珠海	0.207	0.198	0.677	0.222	0.917	1	1	1	0.198
汕頭	0.162	0.121	0.324	0.145	0.326	0.998	0.988	0.997	0.143

表 4.2.3 2013 年度城市產業競爭力三級指標分值（續 2）

城市	外資企業數	外資企業產出規模	外資企業貢獻度	外資企業平均產出能力	外資企業相對量	工業集中度	企業固定資產集中度	市區工業企業相對量	企業總資產規模
佛山	0.392	0.322	0.406	0.201	0.415	1	1	1	0.382
江門	0.304	0.202	0.535	0.166	0.604	0.673	0.573	0.608	0.177
湛江	0.117	0.136	0.507	0.374	0.282	0.723	0.882	0.406	0.143
茂名	0.115	0.103	0.134	0.125	0.268	0.802	0.798	0.323	0.117
肇慶	0.157	0.144	0.452	0.202	0.468	0.45	0.712	0.361	0.145
惠州	0.273	0.243	0.696	0.21	0.926	0.819	0.813	0.62	0.205
梅州	0.116	0.106	0.324	0.151	0.422	0.322	0.332	0.214	0.116
汕尾	0.113	0.112	0.519	0.229	0.453	0.525	0.825	0.267	0.112
河源	0.126	0.118	0.452	0.193	0.597	0.436	0.582	0.425	0.117
陽江	0.118	0.116	0.432	0.221	0.34	0.372	0.313	0.37	0.126
清遠	0.137	0.128	0.417	0.2	0.499	0.61	0.546	0.406	0.135
東莞	0.659	0.379	0.755	0.166	1	1	1	1	0.316
中山	0.308	0.243	0.593	0.191	0.549	1	1	1	0.195
潮州	0.137	0.111	0.366	0.14	0.449	0.225	0.285	0.222	0.117
揭陽	0.146	0.121	0.286	0.161	0.309	0.279	0.476	0.294	0.131
雲浮	0.118	0.107	0.367	0.152	0.412	0.194	0.445	0.1	0.114
南寧	0.116	0.112	0.236	0.198	0.22	0.707	0.716	0.603	0.138
柳州	0.106	0.13	0.308	0.765	0.153	0.882	0.796	0.709	0.164
桂林	0.106	0.104	0.158	0.183	0.164	0.324	0.339	0.28	0.125
梧州	0.112	0.109	0.271	0.197	0.299	0.396	0.299	0.365	0.115
北海	0.106	0.106	0.341	0.24	0.355	0.855	0.815	0.684	0.111
防城港	0.104	0.112	0.459	0.516	0.268	0.834	0.809	0.692	0.115
欽州	0.105	0.106	0.232	0.265	0.248	0.892	0.133	0.571	0.12
貴港	0.107	0.105	0.261	0.186	0.239	0.489	0.714	0.46	0.115
玉林	0.115	0.111	0.339	0.2	0.266	0.312	0.417	0.226	0.119
百色	0.102	0.101	0.141	0.211	0.164	0.296	0.249	0.279	0.129
賀州	0.104	0.101	0.204	0.147	0.267	0.705	0.53	0.541	0.106
河池	0.102	0.101	0.15	0.175	0.153	0.373	0.231	0.221	0.122
來賓	0.102	0.103	0.222	0.277	0.19	0.611	0.65	0.302	0.116
崇左	0.103	0.106	0.401	0.332	0.291	0.323	0.416	0.304	0.111
海口	0.109	0.105	0.293	0.171	0.513	1	1	1	0.115
三亞	0.101	0.1	0.167	0.127	0.311	1	1	1	0.102
重慶	0.155	0.222	0.305	0.394	0.179	0.861	0.582	0.728	0.435
成都	0.157	0.192	0.342	0.316	0.224	0.663	0.683	0.53	0.298
自貢	0.103	0.103	0.145	0.239	0.141	0.77	0.795	0.694	0.127
攀枝花	0.101	0.101	0.122	0.252	0.124	0.84	0.669	0.795	0.143
瀘州	0.102	0.101	0.113	0.148	0.126	0.631	0.701	0.562	0.121
德陽	0.11	0.109	0.189	0.229	0.164	0.368	0.485	0.375	0.168
綿陽	0.107	0.105	0.162	0.205	0.16	0.632	0.458	0.437	0.15
廣元	0.102	0.101	0.147	0.169	0.147	0.646	0.755	0.548	0.109
遂寧	0.102	0.102	0.131	0.21	0.131	0.503	0.485	0.499	0.114
內江	0.102	0.102	0.13	0.271	0.125	0.368	0.379	0.38	0.12
樂山	0.103	0.102	0.127	0.191	0.134	0.527	0.599	0.427	0.143
南充	0.102	0.102	0.13	0.24	0.127	0.525	0.474	0.465	0.128
眉山	0.104	0.104	0.17	0.211	0.156	0.422	0.446	0.398	0.118
宜賓	0.101	0.102	0.118	0.313	0.113	0.488	0.938	0.268	0.14
廣安	0.102	0.101	0.126	0.182	0.136	0.345	0.573	0.298	0.112
達州	0.101	0.101	0.112	0.204	0.112	0.303	0.265	0.185	0.125
雅安	0.101	0.1	0.122	0.147	0.128	0.281	0.228	0.242	0.126
巴中	0.1	0.1	0.103	0.128	0.111	0.302	0.172	0.383	0.103
資陽	0.102	0.101	0.108	0.143	0.123	0.433	0.44	0.297	0.118
貴陽	0.109	0.105	0.162	0.168	0.186	0.712	0.516	0.752	0.151
六盤水	0.101	0.101	0.124	0.29	0.126	0.4	0.4	0.333	0.134
遵義	0.102	0.101	0.111	0.145	0.125	0.326	0.304	0.261	0.137
安順	0.1	0.1	0.122	0.199	0.116	0.563	0.59	0.447	0.111
畢節	0.101	0.1	0.106	0.128	0.115	0.168	0.181	0.148	0.118
銅仁	0.1	0.1	0.102	0.114	0.107	0.383	0.124	0.295	0.107

表 4. 2. 3 2013 年度城市產業競爭力三級指標分值（續 2）

城市	外資企業數	外資企業產出規模	外資企業貢獻度	外資企業平均產出能力	外資企業相對量	工業集中度	企業固定資產集中度	市區工業企業相對量	企業總資產規模
昆明	0.118	0.109	0.169	0.167	0.255	0.701	0.597	0.625	0.192
曲靖	0.102	0.102	0.136	0.249	0.13	0.429	0.324	0.273	0.146
玉溪	0.102	0.101	0.124	0.178	0.161	0.705	0.75	0.374	0.136
保山	0.101	0.1	0.165	0.165	0.17	0.435	0.651	0.424	0.108
昭通	0.101	0.1	0.12	0.146	0.127	0.386	0.475	0.225	0.115
麗江	0.1	0.1	0.128	0.192	0.12	0.258	0.52	0.249	0.108
普洱	0.101	0.1	0.155	0.179	0.14	0.287	0.247	0.276	0.113
臨滄	0.101	0.1	0.126	0.127	0.17	0.152	0.162	0.253	0.109
拉薩	0.1	0.1	0.175	0.169	0.169	0.452	0.774	0.372	0.107
西安	0.122	0.134	0.289	0.306	0.273	0.832	0.864	0.839	0.22
銅川	0.101	0.101	0.165	0.333	0.133	0.964	0.982	0.962	0.11
寶雞	0.103	0.107	0.176	0.349	0.161	0.675	0.709	0.493	0.149
咸陽	0.107	0.11	0.207	0.285	0.188	0.515	0.359	0.395	0.14
渭南	0.103	0.102	0.136	0.206	0.147	0.205	0.166	0.299	0.151
延安	0.1	0.1	0.103	0.175	0.127	0.881	0.901	0.28	0.162
漢中	0.101	0.1	0.117	0.151	0.13	0.216	0.175	0.263	0.119
榆林	0.101	0.101	0.109	0.264	0.111	0.17	0.147	0.168	0.222
安康	0.101	0.1	0.128	0.191	0.113	0.267	0.286	0.281	0.107
商洛	0.1	0.1	0.124	0.294	0.111	0.353	0.499	0.188	0.109
蘭州	0.103	0.103	0.128	0.216	0.16	0.858	0.82	0.743	0.151
嘉峪關	0.1	0.1	0.1	0.1	0.1	1	1	1	0.132
金昌	0.1	0.1	0.1	0.1	0.1	0.898	0.882	0.38	0.134
白銀	0.101	0.101	0.14	0.254	0.145	0.877	0.827	0.652	0.122
天水	0.101	0.1	0.114	0.132	0.134	0.847	0.72	0.728	0.106
武威	0.1	0.1	0.1	0.103	0.111	0.725	0.725	0.533	0.108
張掖	0.101	0.1	0.122	0.134	0.143	0.476	0.569	0.451	0.107
平涼	0.1	0.1	0.1	0.1	0.1	0.344	0.505	0.405	0.112
酒泉	0.102	0.1	0.111	0.119	0.181	0.458	0.162	0.367	0.127
慶陽	0.1	0.1	0.102	0.153	0.124	0.393	0.232	0.315	0.118
定西	0.1	0.1	0.106	0.113	0.126	0.313	0.286	0.302	0.104
隴南	0.1	0.1	0.1	0.1	0.1	0.15	0.157	0.204	0.105
西寧	0.103	0.104	0.179	0.252	0.221	0.571	0.541	0.638	0.138
銀川	0.104	0.104	0.157	0.21	0.204	0.506	0.383	0.435	0.16
石嘴山	0.102	0.101	0.122	0.144	0.164	0.744	0.873	0.586	0.127
吳忠	0.1	0.1	0.114	0.196	0.116	0.289	0.245	0.433	0.118
固原	0.1	0.1	0.1	0.1	0.1	0.247	0.243	0.403	0.101
中衛	0.101	0.1	0.121	0.163	0.154	0.457	0.575	0.572	0.112
烏魯木齊	0.104	0.101	0.114	0.143	0.161	0.998	0.983	0.986	0.175
克拉瑪依	0.1	0.1	0.101	0.133	0.127	1	1	1	0.154
香港	0.274	0.159	0.46	0.145	0.5	1	1	1	0.244
澳門	0.106	0.103	0.37	0.168	0.43	1	1	1	0.11
新北	0.1	0.1	0.1	0.1	0.1	0.528	0.583	0.451	0.104
臺北	0.264	0.177	0.532	0.162	0.531	1	1	1	0.1
台中	0.1	0.1	0.1	0.1	0.1	0.528	0.583	0.451	0.111
台南	0.1	0.1	0.1	0.1	0.1	0.528	0.583	0.451	0.113
高雄	0.1	0.1	0.1	0.1	0.1	0.528	0.583	0.451	0.107
基隆	0.1	0.1	0.1	0.1	0.1	0.528	0.583	0.451	0.1
新竹	0.1	0.1	0.1	0.1	0.1	0.528	0.583	0.451	0.107
嘉義	0.1	0.1	0.1	0.1	0.1	0.528	0.583	0.451	0.1

4.3 城市財政金融競爭力三級指標分值

表 4. 3. 1 2013 年度城市財政金融競爭力三級指標分值

城市	財政預算內收入	財政預算內支出	年末儲蓄總餘額	年末貸款總餘額	財政收入占 GDP 比重	人均財政預算內收入	人均財政預算內支出	人均年末儲蓄額	人均年末貸款額	人均財政收入增長率
北京	0.889	0.845	1	0.779	0.936	0.219	0.249	0.448	0.336	1
天津	0.481	0.511	0.316	0.417	0.682	0.185	0.219	0.219	0.262	1
石家莊	0.156	0.189	0.184	0.176	0.345	0.115	0.119	0.158	0.148	1
唐山	0.165	0.198	0.159	0.164	0.312	0.124	0.139	0.155	0.155	1
秦皇島	0.121	0.135	0.119	0.12	0.466	0.121	0.137	0.147	0.146	0.915
邯鄲	0.14	0.172	0.13	0.131	0.358	0.111	0.116	0.118	0.118	1
邢臺	0.116	0.146	0.121	0.118	0.323	0.105	0.11	0.116	0.113	0.975
保定	0.132	0.173	0.14	0.127	0.337	0.106	0.109	0.12	0.111	1
張家口	0.12	0.15	0.116	0.121	0.435	0.113	0.134	0.125	0.13	1
承德	0.117	0.141	0.113	0.116	0.391	0.114	0.136	0.125	0.13	1
滄州	0.129	0.157	0.127	0.121	0.304	0.11	0.117	0.123	0.116	1
廊坊	0.135	0.149	0.127	0.131	0.493	0.123	0.133	0.143	0.147	1
衡水	0.108	0.128	0.115	0.11	0.281	0.104	0.111	0.122	0.113	1
太原	0.144	0.151	0.196	0.219	0.48	0.131	0.138	0.275	0.299	1
大同	0.115	0.135	0.122	0.112	0.446	0.113	0.132	0.148	0.123	0.859
陽泉	0.11	0.113	0.11	0.107	0.499	0.125	0.133	0.163	0.141	0.977
長治	0.125	0.137	0.118	0.114	0.487	0.123	0.134	0.139	0.126	1
晉城	0.116	0.122	0.117	0.112	0.443	0.121	0.13	0.158	0.135	0.953
朔州	0.117	0.123	0.109	0.103	0.475	0.131	0.149	0.145	0.112	1
晉中	0.118	0.131	0.116	0.111	0.496	0.117	0.127	0.136	0.122	0.919
運城	0.109	0.134	0.112	0.111	0.281	0.103	0.112	0.112	0.111	0.817
忻州	0.112	0.131	0.112	0.107	0.537	0.111	0.13	0.128	0.113	1
臨汾	0.121	0.139	0.116	0.112	0.454	0.114	0.124	0.125	0.116	0.876
呂梁	0.124	0.14	0.115	0.21	0.502	0.119	0.132	0.128	0.307	1
呼和浩特	0.138	0.155	0.139	0.167	0.415	0.14	0.171	0.203	0.262	0.9
包頭	0.14	0.154	0.123	0.125	0.344	0.146	0.177	0.167	0.166	0.843
烏海	0.109	0.113	0.104	0.105	0.479	0.158	0.218	0.185	0.185	0.916
赤峰	0.114	0.159	0.111	0.11	0.307	0.109	0.145	0.115	0.113	0.724
通遼	0.117	0.145	0.105	0.109	0.329	0.116	0.15	0.109	0.119	0.784
鄂爾多斯	0.189	0.199	0.124	0.14	0.586	0.239	0.315	0.194	0.244	1
呼倫貝爾	0.115	0.155	0.109	0.108	0.356	0.117	0.178	0.124	0.12	0.837
巴彥淖爾	0.109	0.132	0.104	0.107	0.369	0.118	0.177	0.122	0.131	0.759
烏蘭察布	0.104	0.139	0.104	0.104	0.254	0.106	0.171	0.114	0.113	1
瀋陽	0.261	0.244	0.213	0.246	0.574	0.167	0.172	0.217	0.24	1
大連	0.269	0.266	0.215	0.252	0.579	0.188	0.211	0.25	0.28	1
鞍山	0.152	0.15	0.124	0.123	0.49	0.145	0.148	0.15	0.143	0.82
撫順	0.126	0.134	0.111	0.108	0.533	0.137	0.158	0.138	0.125	1
本溪	0.125	0.128	0.109	0.11	0.543	0.151	0.174	0.147	0.148	1
丹東	0.125	0.132	0.111	0.11	0.628	0.132	0.147	0.136	0.13	1
錦州	0.125	0.132	0.112	0.113	0.519	0.125	0.132	0.128	0.127	1
營口	0.135	0.138	0.112	0.119	0.618	0.146	0.16	0.138	0.156	1
阜新	0.111	0.126	0.105	0.107	0.572	0.118	0.149	0.123	0.128	1
遼陽	0.124	0.125	0.11	0.111	0.609	0.142	0.15	0.145	0.143	1
盤錦	0.127	0.129	0.11	0.109	0.553	0.167	0.195	0.164	0.154	1
鐵嶺	0.126	0.135	0.107	0.11	0.643	0.125	0.136	0.115	0.121	1
朝陽	0.121	0.136	0.109	0.109	0.583	0.118	0.132	0.117	0.116	1
葫蘆島	0.116	0.13	0.11	0.11	0.589	0.117	0.133	0.125	0.124	1
長春	0.174	0.216	0.17	0.209	0.426	0.128	0.15	0.166	0.197	1
吉林	0.125	0.154	0.117	0.116	0.309	0.116	0.139	0.126	0.122	1
四平	0.108	0.128	0.106	0.106	0.279	0.106	0.121	0.109	0.11	1

表 4.3.1 2013 年度城市財政金融競爭力三級指標分值

城市	財政預算內收入	財政預算內支出	年末儲蓄總餘額	年末貸款總餘額	財政收入占GDP 比重	人均財政預算內收入	人均財政預算內支出	人均年末儲蓄額	人均年末貸款額	人均財政收入增長率
遼源	0.103	0.112	0.101	0.102	0.27	0.11	0.137	0.115	0.118	0.74
通化	0.111	0.129	0.106	0.106	0.379	0.114	0.144	0.119	0.119	1
白山	0.107	0.126	0.103	0.104	0.402	0.12	0.183	0.125	0.126	1
松原	0.109	0.124	0.105	0.105	0.242	0.109	0.122	0.11	0.109	1
白城	0.104	0.123	0.102	0.103	0.3	0.107	0.138	0.108	0.109	1
哈爾濱	0.177	0.225	0.182	0.202	0.42	0.12	0.133	0.154	0.163	1
齊齊哈爾	0.116	0.152	0.11	0.112	0.397	0.108	0.125	0.109	0.111	1
雞西	0.107	0.12	0.106	0.104	0.414	0.112	0.138	0.125	0.115	1
鶴崗	0.104	0.11	0.103	0.103	0.42	0.114	0.14	0.128	0.129	1
雙鴨山	0.105	0.115	0.104	0.105	0.341	0.112	0.137	0.124	0.129	0.759
大慶	0.133	0.146	0.12	0.109	0.26	0.134	0.157	0.151	0.119	1
伊春	0.101	0.114	0.103	0.1	0.298	0.104	0.151	0.125	0.106	0.92
佳木斯	0.106	0.129	0.107	0.108	0.327	0.107	0.137	0.119	0.12	1
七台河	0.103	0.109	0.101	0.102	0.399	0.115	0.14	0.123	0.123	0.323
牡丹江	0.114	0.134	0.11	0.106	0.392	0.115	0.14	0.125	0.114	1
黑河	0.103	0.118	0.103	0.102	0.364	0.106	0.138	0.118	0.111	0.448
綏化	0.109	0.142	0.106	0.105	0.308	0.103	0.117	0.102	0.103	0.306
上海	1	1	0.849	0.895	0.907	0.217	0.255	0.347	0.337	0.898
南京	0.265	0.25	0.278	0.337	0.567	0.161	0.165	0.268	0.304	0.953
無錫	0.26	0.233	0.219	0.246	0.504	0.175	0.176	0.241	0.258	0.913
徐州	0.182	0.201	0.136	0.135	0.505	0.127	0.134	0.126	0.124	1
常州	0.19	0.18	0.161	0.171	0.543	0.159	0.16	0.199	0.206	0.957
蘇州	0.387	0.328	0.294	0.352	0.564	0.183	0.179	0.239	0.267	0.95
南通	0.196	0.193	0.169	0.168	0.514	0.139	0.139	0.168	0.162	1
連雲港	0.145	0.16	0.115	0.12	0.677	0.131	0.144	0.122	0.128	1
淮安	0.152	0.165	0.115	0.119	0.647	0.132	0.143	0.118	0.125	1
鹽城	0.169	0.19	0.128	0.131	0.539	0.127	0.138	0.123	0.126	1
揚州	0.155	0.157	0.134	0.135	0.475	0.137	0.141	0.155	0.152	1
鎮江	0.146	0.143	0.129	0.136	0.456	0.145	0.147	0.17	0.181	1
泰州	0.155	0.157	0.131	0.135	0.507	0.136	0.138	0.148	0.15	1
宿遷	0.13	0.147	0.111	0.114	0.514	0.118	0.127	0.112	0.117	1
杭州	0.304	0.269	0.333	0.45	0.606	0.171	0.169	0.306	0.382	0.855
寧波	0.271	0.269	0.235	0.327	0.59	0.168	0.182	0.235	0.309	0.979
溫州	0.169	0.182	0.195	0.235	0.458	0.121	0.121	0.175	0.201	0.884
嘉興	0.157	0.152	0.151	0.167	0.482	0.138	0.134	0.185	0.202	1
湖州	0.13	0.131	0.125	0.135	0.463	0.132	0.133	0.165	0.184	1
紹興	0.161	0.155	0.169	0.194	0.425	0.137	0.132	0.206	0.232	0.983
金華	0.147	0.15	0.159	0.177	0.442	0.125	0.124	0.181	0.198	0.895
衢州	0.113	0.125	0.113	0.118	0.383	0.119	0.141	0.147	0.161	0.956
舟山	0.118	0.13	0.115	0.123	0.548	0.152	0.216	0.21	0.25	1
台州	0.151	0.157	0.149	0.172	0.429	0.124	0.125	0.159	0.182	0.935
麗水	0.113	0.132	0.114	0.119	0.425	0.119	0.155	0.153	0.163	1
合肥	0.187	0.206	0.172	0.211	0.521	0.134	0.145	0.169	0.2	1
蕪湖	0.135	0.151	0.119	0.128	0.482	0.129	0.149	0.138	0.153	1
蚌埠	0.114	0.129	0.108	0.108	0.455	0.113	0.125	0.117	0.116	1
淮南	0.117	0.121	0.11	0.113	0.555	0.122	0.128	0.133	0.14	1
馬鞍山	0.122	0.128	0.112	0.115	0.461	0.131	0.145	0.142	0.15	1
淮北	0.108	0.116	0.107	0.107	0.41	0.112	0.122	0.124	0.122	1
銅陵	0.11	0.112	0.104	0.108	0.454	0.148	0.181	0.158	0.189	1
安慶	0.117	0.146	0.116	0.113	0.369	0.108	0.121	0.117	0.113	1
黃山	0.11	0.118	0.105	0.106	0.643	0.125	0.154	0.133	0.133	1
滁州	0.117	0.138	0.109	0.11	0.492	0.112	0.127	0.114	0.115	1
阜陽	0.113	0.146	0.114	0.109	0.395	0.103	0.108	0.107	0.104	1
宿州	0.108	0.132	0.109	0.106	0.32	0.103	0.109	0.107	0.104	1
六安	0.113	0.145	0.111	0.11	0.412	0.105	0.117	0.109	0.109	1
亳州	0.107	0.128	0.106	0.105	0.345	0.103	0.108	0.104	0.103	1

表 4.3.1 2013 年度城市財政金融競爭力三級指標分值

城市	財政預算內收入	財政預算內支出	年末儲蓄總餘額	年末貸款總餘額	財政收入占GDP比重	人均財政預算內收入	人均財政預算內支出	人均年末儲蓄額	人均年末貸款額	人均財政收入增長率
池州	0.109	0.116	0.103	0.105	0.597	0.121	0.144	0.122	0.127	1
宣城	0.116	0.129	0.106	0.108	0.56	0.119	0.137	0.118	0.122	1
福州	0.182	0.18	0.185	0.224	0.487	0.133	0.131	0.187	0.219	1
廈門	0.198	0.188	0.162	0.191	0.777	0.184	0.195	0.232	0.278	1
莆田	0.115	0.118	0.109	0.114	0.375	0.116	0.114	0.122	0.133	1
三明	0.115	0.124	0.109	0.116	0.341	0.118	0.129	0.128	0.144	1
泉州	0.162	0.165	0.146	0.163	0.356	0.121	0.116	0.138	0.149	1
漳州	0.127	0.138	0.114	0.12	0.387	0.116	0.118	0.117	0.125	1
南平	0.111	0.123	0.109	0.114	0.346	0.112	0.124	0.124	0.135	1
龍岩	0.12	0.128	0.109	0.117	0.406	0.124	0.135	0.127	0.145	1
寧德	0.112	0.122	0.108	0.116	0.364	0.113	0.121	0.119	0.139	1
南昌	0.147	0.165	0.163	0.185	0.415	0.127	0.14	0.193	0.216	1
景德鎮	0.111	0.119	0.104	0.104	0.509	0.123	0.143	0.122	0.119	1
萍鄉	0.113	0.121	0.104	0.103	0.502	0.123	0.14	0.116	0.114	1
九江	0.124	0.148	0.114	0.115	0.463	0.114	0.128	0.117	0.118	1
新餘	0.116	0.12	0.104	0.107	0.503	0.147	0.173	0.137	0.148	1
鷹潭	0.108	0.112	0.102	0.103	0.51	0.125	0.142	0.123	0.124	1
贛州	0.127	0.168	0.122	0.12	0.472	0.108	0.117	0.113	0.112	1
吉安	0.118	0.142	0.111	0.108	0.495	0.11	0.121	0.112	0.107	1
宜春	0.122	0.146	0.113	0.11	0.487	0.111	0.12	0.113	0.109	1
撫州	0.118	0.137	0.108	0.106	0.562	0.113	0.126	0.111	0.108	1
上饒	0.123	0.152	0.113	0.113	0.489	0.109	0.116	0.108	0.109	1
濟南	0.183	0.188	0.205	0.246	0.433	0.136	0.139	0.214	0.247	0.948
青島	0.247	0.248	0.209	0.247	0.487	0.15	0.157	0.192	0.215	1
淄博	0.151	0.155	0.133	0.138	0.381	0.134	0.137	0.152	0.156	1
棗莊	0.124	0.133	0.11	0.115	0.39	0.119	0.123	0.117	0.126	1
東營	0.133	0.138	0.122	0.128	0.328	0.151	0.171	0.186	0.197	1
煙臺	0.178	0.19	0.154	0.162	0.379	0.133	0.14	0.155	0.158	1
濰坊	0.165	0.179	0.146	0.161	0.424	0.12	0.119	0.132	0.142	1
濟寧	0.152	0.165	0.131	0.133	0.423	0.118	0.117	0.123	0.123	0.952
泰安	0.134	0.144	0.118	0.12	0.371	0.118	0.118	0.119	0.122	0.876
威海	0.134	0.142	0.121	0.124	0.392	0.137	0.154	0.156	0.16	0.826
日照	0.116	0.125	0.112	0.119	0.355	0.117	0.125	0.132	0.147	0.967
萊蕪	0.108	0.11	0.105	0.109	0.39	0.122	0.126	0.138	0.151	0.749
臨沂	0.135	0.162	0.13	0.137	0.331	0.108	0.108	0.116	0.12	0.952
德州	0.123	0.14	0.116	0.119	0.32	0.111	0.114	0.116	0.12	1
聊城	0.123	0.136	0.115	0.12	0.327	0.111	0.109	0.114	0.12	1
濱州	0.132	0.143	0.115	0.125	0.425	0.125	0.134	0.126	0.144	1
菏澤	0.127	0.15	0.115	0.117	0.424	0.108	0.107	0.107	0.109	1
鄭州	0.23	0.227	0.213	0.229	0.556	0.144	0.146	0.195	0.199	1
開封	0.111	0.13	0.108	0.108	0.307	0.106	0.111	0.108	0.107	1
洛陽	0.145	0.165	0.129	0.127	0.398	0.119	0.126	0.128	0.125	1
平頂山	0.123	0.137	0.113	0.115	0.39	0.113	0.116	0.116	0.118	0.879
安陽	0.118	0.136	0.113	0.112	0.335	0.109	0.114	0.113	0.112	0.891
鶴壁	0.105	0.113	0.102	0.104	0.353	0.112	0.128	0.11	0.12	1
新鄉	0.122	0.143	0.115	0.115	0.375	0.11	0.116	0.115	0.115	1
焦作	0.117	0.13	0.109	0.11	0.333	0.114	0.121	0.116	0.118	0.868
濮陽	0.108	0.123	0.106	0.104	0.297	0.106	0.113	0.11	0.104	1
許昌	0.117	0.131	0.11	0.113	0.311	0.111	0.115	0.113	0.118	1
漯河	0.107	0.116	0.104	0.105	0.303	0.108	0.114	0.109	0.111	1
三門峽	0.113	0.124	0.107	0.106	0.353	0.118	0.134	0.122	0.119	0.835
南陽	0.121	0.168	0.121	0.119	0.279	0.104	0.11	0.108	0.108	1
商丘	0.113	0.149	0.112	0.111	0.295	0.103	0.111	0.106	0.105	1
信陽	0.11	0.148	0.114	0.112	0.259	0.103	0.117	0.112	0.109	1
周口	0.111	0.153	0.112	0.11	0.256	0.101	0.107	0.103	0.103	1
駐馬店	0.11	0.145	0.113	0.11	0.271	0.102	0.11	0.107	0.104	1

表 4. 3. 1 2013 年度城市財政金融競爭力三級指標分值

城市	財政預算內收入	財政預算內支出	年末儲蓄總餘額	年末貸款總餘額	財政收入占 GDP 比重	人均財政預算內收入	人均財政預算內支出	人均年末儲蓄額	人均年末貸款額	人均財政收入增長率
武漢	0.275	0.273	0.246	0.316	0.55	0.152	0.159	0.209	0.249	1
黃石	0.112	0.126	0.108	0.11	0.363	0.115	0.134	0.126	0.128	1
十堰	0.115	0.139	0.111	0.108	0.454	0.113	0.137	0.122	0.115	1
宜昌	0.128	0.152	0.12	0.124	0.34	0.12	0.141	0.134	0.138	1
襄陽	0.124	0.153	0.117	0.116	0.307	0.111	0.125	0.119	0.116	1
鄂州	0.105	0.109	0.101	0.102	0.342	0.118	0.135	0.119	0.118	1
荊門	0.108	0.125	0.108	0.106	0.289	0.108	0.124	0.118	0.112	1
孝感	0.111	0.136	0.11	0.108	0.343	0.106	0.116	0.111	0.108	1
荊州	0.11	0.142	0.113	0.11	0.292	0.103	0.114	0.112	0.107	1
黃岡	0.111	0.148	0.113	0.108	0.323	0.104	0.116	0.11	0.104	1
咸寧	0.107	0.125	0.105	0.104	0.346	0.109	0.132	0.113	0.11	1
隨州	0.102	0.113	0.104	0.103	0.249	0.103	0.113	0.115	0.108	1
長沙	0.21	0.216	0.193	0.258	0.443	0.146	0.156	0.198	0.255	1
株洲	0.127	0.14	0.115	0.112	0.416	0.12	0.13	0.126	0.119	1
湘潭	0.115	0.127	0.11	0.112	0.36	0.116	0.129	0.125	0.129	1
衡陽	0.125	0.156	0.117	0.111	0.371	0.109	0.116	0.112	0.106	1
邵陽	0.109	0.141	0.112	0.107	0.304	0.102	0.107	0.106	0.102	1
岳陽	0.117	0.144	0.11	0.109	0.275	0.108	0.118	0.108	0.107	0.1
常德	0.123	0.148	0.113	0.11	0.334	0.11	0.119	0.111	0.107	1
張家界	0.103	0.112	0.101	0.103	0.378	0.107	0.127	0.11	0.115	1
益陽	0.107	0.129	0.107	0.106	0.274	0.103	0.113	0.108	0.106	1
郴州	0.123	0.147	0.112	0.108	0.419	0.114	0.129	0.115	0.108	1
永州	0.11	0.138	0.109	0.107	0.318	0.104	0.115	0.107	0.105	1
懷化	0.11	0.138	0.108	0.107	0.354	0.105	0.118	0.108	0.107	1
婁底	0.108	0.126	0.108	0.108	0.311	0.106	0.115	0.111	0.111	1
廣州	0.356	0.369	0.431	0.448	0.457	0.16	0.176	0.299	0.29	0.77
韶關	0.112	0.126	0.111	0.107	0.398	0.112	0.126	0.127	0.116	0.78
深圳	0.45	0.463	0.392	0.435	0.626	0.202	0.239	0.315	0.324	0.929
珠海	0.136	0.14	0.136	0.133	0.562	0.172	0.207	0.287	0.254	0.823
汕頭	0.12	0.131	0.123	0.114	0.403	0.11	0.107	0.128	0.113	0.871
佛山	0.188	0.186	0.215	0.218	0.335	0.136	0.135	0.221	0.212	0.76
江門	0.129	0.134	0.13	0.122	0.394	0.119	0.117	0.148	0.132	0.807
湛江	0.119	0.139	0.12	0.116	0.313	0.106	0.106	0.115	0.111	0.925
茂名	0.115	0.133	0.113	0.108	0.271	0.106	0.107	0.111	0.104	1
肇慶	0.122	0.132	0.113	0.114	0.415	0.116	0.12	0.121	0.122	0.911
惠州	0.141	0.149	0.128	0.126	0.452	0.126	0.13	0.142	0.136	0.983
梅州	0.11	0.13	0.11	0.106	0.4	0.106	0.115	0.113	0.107	0.917
汕尾	0.107	0.113	0.102	0.101	0.369	0.106	0.104	0.103	0.101	0.995
河源	0.106	0.122	0.105	0.106	0.345	0.106	0.117	0.11	0.113	1
陽江	0.107	0.115	0.106	0.106	0.306	0.109	0.113	0.117	0.115	1
清遠	0.12	0.133	0.112	0.111	0.48	0.115	0.123	0.121	0.118	0.835
東莞	0.18	0.177	0.183	0.178	0.399	0.128	0.123	0.173	0.162	0.778
中山	0.146	0.141	0.135	0.131	0.477	0.145	0.143	0.186	0.168	1
潮州	0.105	0.111	0.107	0.103	0.29	0.105	0.103	0.118	0.106	0.861
揭陽	0.11	0.125	0.112	0.109	0.271	0.103	0.1	0.11	0.106	0.909
雲浮	0.106	0.114	0.105	0.105	0.38	0.107	0.112	0.115	0.114	1
南寧	0.147	0.166	0.159	0.202	0.481	0.119	0.124	0.161	0.201	0.898
柳州	0.121	0.139	0.118	0.124	0.356	0.116	0.129	0.134	0.143	0.907
桂林	0.119	0.15	0.118	0.118	0.373	0.111	0.129	0.124	0.122	0.917
梧州	0.11	0.124	0.105	0.106	0.376	0.11	0.121	0.11	0.114	1
北海	0.108	0.116	0.104	0.104	0.437	0.117	0.136	0.124	0.12	1
防城港	0.105	0.11	0.102	0.103	0.409	0.123	0.151	0.132	0.132	0.995
欽州	0.105	0.118	0.105	0.106	0.279	0.104	0.111	0.108	0.111	0.1
貴港	0.104	0.121	0.105	0.105	0.255	0.101	0.105	0.105	0.105	0.571
玉林	0.111	0.133	0.109	0.108	0.317	0.104	0.108	0.107	0.106	1
百色	0.108	0.134	0.105	0.108	0.373	0.106	0.127	0.107	0.113	0.86

表 4.3.1 2013 年度城市財政金融競爭力三級指標分值

城市	財政預算內收入	財政預算內支出	年末儲蓄總餘額	年末貸款總餘額	財政收入占GDP比重	人均財政預算內收入	人均財政預算內支出	人均年末儲蓄額	人均年末貸款額	人均財政收入增長率
賀州	0.102	0.114	0.102	0.102	0.278	0.103	0.12	0.106	0.106	0.831
河池	0.104	0.129	0.105	0.105	0.306	0.103	0.122	0.106	0.107	0.582
來賓	0.105	0.119	0.102	0.103	0.333	0.107	0.128	0.107	0.109	0.562
崇左	0.106	0.12	0.102	0.102	0.378	0.109	0.132	0.109	0.108	0.83
海口	0.114	0.119	0.128	0.151	0.486	0.121	0.128	0.206	0.274	0.927
三亞	0.111	0.113	0.105	0.104	0.9	0.155	0.186	0.177	0.151	0.891
重慶	0.489	0.69	0.302	0.377	0.772	0.139	0.171	0.146	0.161	1
成都	0.277	0.294	0.318	0.393	0.549	0.137	0.143	0.216	0.244	1
自貢	0.106	0.121	0.106	0.105	0.269	0.106	0.12	0.116	0.11	1
攀枝花	0.111	0.117	0.106	0.108	0.446	0.13	0.158	0.146	0.149	1
瀘州	0.115	0.136	0.111	0.109	0.428	0.11	0.121	0.115	0.111	1
德陽	0.116	0.132	0.117	0.113	0.367	0.112	0.123	0.134	0.124	1
綿陽	0.115	0.145	0.123	0.119	0.35	0.109	0.127	0.133	0.125	1
廣元	0.104	0.128	0.107	0.104	0.355	0.104	0.136	0.121	0.11	1
遂寧	0.104	0.122	0.106	0.105	0.28	0.103	0.114	0.11	0.108	1
內江	0.105	0.124	0.107	0.105	0.234	0.103	0.113	0.11	0.106	0.985
樂山	0.114	0.129	0.111	0.113	0.397	0.112	0.125	0.123	0.126	1
南充	0.109	0.15	0.115	0.109	0.29	0.103	0.117	0.113	0.105	1
眉山	0.107	0.124	0.107	0.105	0.329	0.106	0.12	0.117	0.111	1
宜賓	0.116	0.138	0.113	0.109	0.378	0.109	0.121	0.118	0.111	0.925
廣安	0.105	0.125	0.108	0.104	0.29	0.104	0.119	0.115	0.106	1
達州	0.109	0.142	0.112	0.107	0.284	0.103	0.117	0.111	0.105	1
雅安	0.104	0.115	0.104	0.104	0.379	0.109	0.135	0.125	0.121	1
巴中	0.101	0.128	0.104	0.101	0.268	0.1	0.122	0.105	0.1	1
資陽	0.106	0.126	0.108	0.105	0.275	0.104	0.116	0.113	0.107	1
貴陽	0.147	0.16	0.144	0.163	0.712	0.132	0.145	0.175	0.199	1
六盤水	0.116	0.13	0.105	0.107	0.618	0.117	0.132	0.111	0.115	1
遵義	0.12	0.155	0.116	0.113	0.441	0.108	0.122	0.114	0.111	1
安順	0.105	0.119	0.103	0.104	0.519	0.107	0.125	0.11	0.111	1
畢節	0.119	0.154	0.106	0.106	0.595	0.107	0.118	0.1	0.101	0.55
銅仁	0.105	0.134	0.103	0.104	0.459	0.105	0.134	0.105	0.108	0.55
昆明	0.181	0.198	0.195	0.254	0.672	0.137	0.15	0.211	0.266	1
曲靖	0.121	0.147	0.113	0.114	0.43	0.109	0.118	0.111	0.112	0.945
玉溪	0.118	0.128	0.109	0.11	0.498	0.124	0.142	0.131	0.129	0.898
保山	0.105	0.121	0.103	0.104	0.499	0.106	0.123	0.107	0.109	1
昭通	0.106	0.137	0.106	0.106	0.417	0.102	0.114	0.102	0.103	1
麗江	0.105	0.115	0.102	0.103	0.765	0.114	0.147	0.119	0.123	1
普洱	0.108	0.13	0.103	0.104	0.689	0.11	0.138	0.107	0.109	1
臨滄	0.104	0.126	0.102	0.103	0.455	0.104	0.134	0.103	0.106	1
拉薩	0.104	0.114	0.112	0.105	0.576	0.131	0.221	0.294	0.179	1
西安	0.182	0.21	0.232	0.26	0.472	0.128	0.14	0.217	0.23	1
銅川	0.103	0.111	0.101	0.1	0.464	0.115	0.159	0.127	0.109	1
寶雞	0.111	0.134	0.113	0.109	0.298	0.108	0.124	0.124	0.114	1
咸陽	0.113	0.14	0.115	0.11	0.294	0.107	0.119	0.118	0.11	1
渭南	0.11	0.142	0.112	0.11	0.295	0.104	0.117	0.112	0.109	1
延安	0.13	0.148	0.108	0.107	0.59	0.142	0.186	0.129	0.122	0.816
漢中	0.104	0.133	0.11	0.106	0.265	0.103	0.127	0.118	0.108	1
榆林	0.145	0.169	0.121	0.123	0.455	0.141	0.178	0.147	0.147	1
安康	0.102	0.125	0.105	0.104	0.293	0.102	0.129	0.112	0.108	1
商洛	0.102	0.121	0.103	0.102	0.305	0.103	0.126	0.11	0.105	1
蘭州	0.121	0.137	0.147	0.161	0.387	0.117	0.129	0.2	0.217	0.89
嘉峪關	0.101	0.1	0.1	0.103	0.311	0.136	0.154	0.187	0.244	1
金昌	0.101	0.103	0.1	0.101	0.321	0.117	0.143	0.135	0.143	0.754
白銀	0.102	0.116	0.103	0.103	0.306	0.105	0.13	0.114	0.113	1
天水	0.103	0.127	0.105	0.104	0.336	0.102	0.121	0.107	0.105	1
武威	0.101	0.119	0.103	0.102	0.269	0.102	0.135	0.113	0.11	1

表 4. 3. 1 2013 年度城市財政金融競爭力三級指標分值

城市	財政預算內收入	財政預算內支出	年末儲蓄總餘額	年末貸款總餘額	財政收入占GDP比重	人均財政預算內收入	人均財政預算內支出	人均年末儲蓄額	人均年末貸款額	人均財政收入增長率
張掖	0.101	0.113	0.102	0.102	0.281	0.104	0.144	0.118	0.114	1
平涼	0.105	0.12	0.103	0.104	0.568	0.108	0.13	0.11	0.114	1
酒泉	0.102	0.114	0.105	0.105	0.255	0.109	0.151	0.143	0.137	1
慶陽	0.11	0.127	0.103	0.102	0.541	0.113	0.143	0.109	0.105	1
定西	0.101	0.123	0.102	0.102	0.342	0.1	0.124	0.102	0.103	1
隴南	0.101	0.122	0.103	0.102	0.399	0.101	0.123	0.107	0.105	1
西寧	0.11	0.131	0.122	0.138	0.365	0.116	0.159	0.188	0.237	1
銀川	0.123	0.13	0.121	0.14	0.543	0.136	0.155	0.183	0.241	1
石嘴山	0.105	0.111	0.103	0.105	0.424	0.126	0.172	0.148	0.16	0.944
吳忠	0.104	0.118	0.102	0.104	0.464	0.111	0.157	0.116	0.126	1
固原	0.1	0.121	0.1	0.1	0.37	0.102	0.17	0.105	0.106	1
中衛	0.101	0.114	0.101	0.102	0.354	0.106	0.153	0.112	0.122	1
烏魯木齊	0.152	0.151	0.15	0.153	0.651	0.148	0.154	0.218	0.212	1
克拉瑪依	0.111	0.111	0.109	0.101	0.387	0.161	0.18	0.226	0.124	0.912
香港	0.918	0.709	0.91	1	1	0.455	0.473	1	1	0.774
澳門	0.266	0.213	0.14	0.153	0.1	1	1	0.674	0.77	0.985
新北	0.181	0.17	0.248	0.282	0.372	0.163	0.165	0.397	0.429	1
臺北	0.193	0.184	0.2	0.223	0.562	0.208	0.23	0.396	0.428	0.484
台中	0.151	0.145	0.2	0.223	0.355	0.158	0.162	0.396	0.428	0.876
台南	0.139	0.136	0.17	0.186	0.385	0.166	0.174	0.398	0.43	0.926
高雄	0.163	0.161	0.204	0.228	0.403	0.17	0.185	0.398	0.43	0.716
基隆	0.108	0.105	0.112	0.116	0.433	0.178	0.187	0.401	0.433	0.673
新竹	0.107	0.104	0.114	0.118	0.378	0.164	0.163	0.395	0.427	0.683
嘉義	0.105	0.102	0.108	0.111	0.416	0.174	0.175	0.399	0.431	0.571

表 4. 3. 2 2013 年度城市財政金融競爭力三級指標分值（續）

城市	人均年末存款增長率	資本使用率	資本充裕指數	獲得銀行貸款便利度	獲得證券市場資本便利度	獲得民間及風險資本便利度	金融業從業人數	金融從業人員每萬人擁有量
北京	0.667	0.173	1	0.74	0.551	1	1	0.584
天津	0.477	0.278	0.226	0.337	0.308	0.296	0.309	0.252
石家莊	0.597	0.195	0.248	0.221	0.169	0.237	0.223	0.214
唐山	0.677	0.221	0.218	0.193	0.166	0.198	0.182	0.201
秦皇島	0.619	0.215	0.196	0.198	0.146	0.178	0.141	0.241
邯鄲	0.827	0.213	0.203	0.172	0.142	0.178	0.142	0.129
邢臺	0.703	0.189	0.202	0.174	0.135	0.168	0.143	0.147
保定	0.648	0.164	0.223	0.183	0.142	0.183	0.172	0.15
張家口	0.655	0.24	0.191	0.164	0.135	0.168	0.138	0.18
承德	0.553	0.237	0.19	0.167	0.132	0.164	0.141	0.217
滄州	0.729	0.178	0.209	0.165	0.136	0.173	0.158	0.17
廊坊	0.685	0.228	0.198	0.166	0.143	0.173	0.132	0.165
衡水	0.614	0.168	0.199	0.16	0.128	0.159	0.138	0.18
太原	0.55	0.245	0.224	0.217	0.183	0.222	0.173	0.278
大同	0.594	0.148	0.209	0.164	0.138	0.173	0.134	0.199
陽泉	0.611	0.17	0.194	0.151	0.131	0.159	0.116	0.235
長治	0.66	0.176	0.201	0.154	0.132	0.178	0.141	0.224
晉城	0.736	0.166	0.201	0.151	0.134	0.173	0.125	0.214
朔州	0.821	0.119	0.198	0.155	0.126	0.168	0.115	0.191
晉中	0.885	0.165	0.201	0.161	0.132	0.154	0.151	0.263
運城	0.794	0.195	0.194	0.149	0.135	0.159	0.136	0.159
忻州	0.818	0.151	0.198	0.154	0.131	0.168	0.122	0.168
臨汾	0.654	0.173	0.2	0.158	0.132	0.159	0.138	0.182
呂梁	0.959	1	0.1	0.154	0.165	0.1	0.126	0.163
呼和浩特	0.813	0.308	0.182	0.176	0.162	0.188	0.151	0.286

表 4. 3. 2 2013 年度城市財政金融競爭力三級指標分值（續）

城市	人均年末存款增長率	資本使用率	資本充裕指數	獲得銀行貸款便利度	獲得證券市場資本便利度	獲得民間及風險資本便利度	金融業從業人數	金融從業人員每萬人擁有量
包頭	0.79	0.219	0.198	0.16	0.134	0.168	0.151	0.302
烏海	0.881	0.223	0.186	0.152	0.126	0.159	0.107	0.293
赤峰	0.806	0.195	0.193	0.145	0.131	0.159	0.13	0.162
通遼	0.797	0.291	0.184	0.145	0.128	0.154	0.117	0.146
鄂爾多斯	0.643	0.3	0.184	0.161	0.15	0.149	0.121	0.21
呼倫貝爾	0.734	0.198	0.191	0.132	0.125	0.149	0.126	0.195
巴彥淖爾	0.682	0.254	0.185	0.126	0.122	0.149	0.114	0.19
烏蘭察布	0.773	0.196	0.188	0.126	0.122	0.154	0.117	0.183
瀋陽	0.589	0.251	0.226	0.247	0.218	0.261	0.227	0.279
大連	0.512	0.255	0.224	0.257	0.225	0.252	0.245	0.36
鞍山	0.511	0.2	0.202	0.172	0.14	0.183	0.144	0.226
撫順	0.608	0.17	0.195	0.162	0.142	0.178	0.124	0.214
本溪	0.761	0.223	0.189	0.159	0.142	0.178	0.124	0.276
丹東	0.74	0.195	0.193	0.167	0.138	0.159	0.119	0.177
錦州	0.664	0.213	0.192	0.168	0.138	0.164	0.133	0.208
營口	0.705	0.28	0.185	0.165	0.142	0.164	0.123	0.201
阜新	0.838	0.237	0.186	0.145	0.135	0.164	0.121	0.217
遼陽	0.772	0.211	0.191	0.152	0.129	0.168	0.112	0.171
盤錦	0.618	0.199	0.192	0.171	0.127	0.164	0.12	0.276
鐵嶺	0.801	0.248	0.187	0.161	0.132	0.164	0.122	0.169
朝陽	0.958	0.208	0.19	0.158	0.132	0.164	0.133	0.194
葫蘆島	0.707	0.21	0.191	0.158	0.129	0.164	0.123	0.18
長春	0.631	0.289	0.192	0.217	0.186	0.213	0.2	0.228
吉林	0.715	0.199	0.197	0.159	0.139	0.173	0.131	0.163
四平	0.811	0.207	0.188	0.154	0.125	0.168	0.122	0.157
遼源	0.706	0.225	0.185	0.154	0.126	0.173	0.109	0.188
通化	0.699	0.211	0.188	0.148	0.132	0.178	0.123	0.206
白山	0.787	0.217	0.186	0.158	0.132	0.168	0.112	0.21
松原	0.737	0.196	0.188	0.161	0.126	0.173	0.119	0.159
白城	0.742	0.212	0.186	0.151	0.126	0.178	0.112	0.16
哈爾濱	0.572	0.244	0.219	0.228	0.212	0.237	0.228	0.214
齊齊哈爾	0.636	0.221	0.19	0.153	0.145	0.188	0.143	0.171
雞西	0.689	0.165	0.191	0.151	0.134	0.168	0.119	0.208
鶴崗	0.759	0.221	0.186	0.142	0.134	0.168	0.11	0.215
雙鴨山	0.7	0.239	0.186	0.151	0.128	0.173	0.111	0.182
大慶	0.501	0.133	0.209	0.167	0.153	0.193	0.135	0.222
伊春	0.674	0.127	0.189	0.148	0.128	0.168	0.108	0.182
佳木斯	0.632	0.217	0.188	0.161	0.141	0.178	0.118	0.168
七台河	0.69	0.21	0.185	0.148	0.116	0.173	0.106	0.189
牡丹江	0.694	0.162	0.195	0.148	0.122	0.178	0.135	0.23
黑河	0.783	0.17	0.188	0.141	0.116	0.178	0.112	0.176
綏化	0.787	0.193	0.189	0.154	0.116	0.183	0.133	0.15
上海	0.646	0.218	0.633	0.752	0.688	0.775	0.86	0.444
南京	0.521	0.257	0.243	0.314	0.259	0.286	0.201	0.22
無錫	0.601	0.242	0.236	0.245	0.219	0.252	0.176	0.214
徐州	0.72	0.204	0.209	0.173	0.155	0.188	0.161	0.159
常州	0.501	0.232	0.215	0.213	0.156	0.188	0.147	0.197
蘇州	0.552	0.253	0.254	0.338	0.303	0.296	0.212	0.199
南通	0.656	0.208	0.23	0.213	0.17	0.193	0.18	0.203
連雲港	0.702	0.243	0.19	0.166	0.143	0.188	0.14	0.185
淮安	0.572	0.247	0.19	0.165	0.145	0.168	0.135	0.164
鹽城	0.757	0.226	0.199	0.168	0.151	0.188	0.167	0.184
揚州	0.795	0.211	0.206	0.172	0.149	0.203	0.133	0.165
鎮江	0.609	0.242	0.197	0.179	0.153	0.183	0.142	0.237
泰州	0.668	0.225	0.201	0.172	0.152	0.183	0.142	0.185
宿遷	0.951	0.248	0.188	0.164	0.138	0.168	0.117	0.123
杭州	0.521	0.282	0.222	0.347	0.336	0.305	0.317	0.361

表 4. 3. 2 2013 年度城市財政金融競爭力三級指標分值（續）

城市	人均年末存款增長率	資本使用率	資本充裕指數	獲得銀行貸款便利度	獲得證券市場資本便利度	獲得民間及風險資本便利度	金融業從業人數	金融從業人員每萬人擁有量
寧波	0.561	0.307	0.182	0.284	0.251	0.242	0.264	0.323
溫州	0.759	0.269	0.207	0.272	0.182	0.247	0.172	0.167
嘉興	0.751	0.251	0.203	0.228	0.191	0.203	0.154	0.217
湖州	0.778	0.261	0.191	0.226	0.159	0.178	0.137	0.23
紹興	0.66	0.26	0.205	0.251	0.189	0.217	0.157	0.212
金華	0.829	0.252	0.206	0.21	0.17	0.193	0.164	0.216
衢州	0.914	0.26	0.188	0.19	0.139	0.188	0.134	0.274
舟山	0.852	0.278	0.186	0.18	0.135	0.183	0.115	0.252
台州	0.623	0.274	0.194	0.211	0.153	0.252	0.201	0.272
麗水	0.8	0.243	0.19	0.192	0.129	0.188	0.126	0.229
合肥	1	0.285	0.193	0.2	0.178	0.193	0.185	0.207
蕪湖	1	0.268	0.188	0.156	0.139	0.168	0.124	0.161
蚌埠	0.804	0.203	0.19	0.155	0.126	0.154	0.123	0.166
淮南	0.637	0.245	0.188	0.149	0.135	0.168	0.124	0.205
馬鞍山	1	0.242	0.189	0.153	0.13	0.164	0.121	0.198
淮北	0.926	0.205	0.189	0.154	0.125	0.168	0.111	0.15
銅陵	0.796	0.294	0.183	0.152	0.13	0.159	0.107	0.228
安慶	0.785	0.182	0.198	0.157	0.129	0.164	0.127	0.139
黃山	0.838	0.215	0.187	0.148	0.126	0.164	0.113	0.215
滁州	0.79	0.216	0.19	0.148	0.128	0.159	0.12	0.14
阜陽	1	0.167	0.198	0.148	0.131	0.164	0.142	0.141
宿州	0.909	0.171	0.193	0.157	0.125	0.154	0.123	0.13
六安	1	0.196	0.193	0.154	0.131	0.159	0.127	0.134
亳州	0.999	0.18	0.19	0.148	0.131	0.168	0.122	0.133
池州	0.803	0.239	0.185	0.154	0.128	0.164	0.114	0.215
宣城	0.773	0.236	0.187	0.157	0.125	0.168	0.113	0.147
福州	0.671	0.275	0.202	0.221	0.202	0.232	0.179	0.203
廈門	0.666	0.276	0.196	0.227	0.193	0.227	0.141	0.214
莆田	0.847	0.27	0.186	0.175	0.139	0.173	0.123	0.181
三明	0.865	0.285	0.184	0.174	0.138	0.193	0.129	0.219
泉州	0.717	0.258	0.199	0.209	0.176	0.222	0.15	0.147
漳州	0.76	0.255	0.189	0.175	0.146	0.198	0.134	0.16
南平	0.716	0.265	0.186	0.168	0.147	0.193	0.128	0.207
龍岩	0.769	0.297	0.183	0.178	0.139	0.193	0.135	0.246
寧德	0.796	0.326	0.181	0.158	0.132	0.178	0.125	0.188
南昌	0.893	0.258	0.205	0.21	0.189	0.217	0.16	0.214
景德鎮	0.973	0.195	0.188	0.154	0.138	0.173	0.111	0.177
萍鄉	0.861	0.195	0.187	0.158	0.135	0.178	0.114	0.181
九江	0.689	0.215	0.193	0.164	0.138	0.178	0.128	0.148
新餘	0.904	0.256	0.185	0.149	0.132	0.164	0.106	0.169
鷹潭	0.315	0.219	0.186	0.145	0.126	0.164	0.105	0.162
贛州	0.95	0.199	0.2	0.161	0.135	0.159	0.145	0.139
吉安	0.917	0.167	0.196	0.151	0.128	0.173	0.122	0.132
宜春	0.919	0.177	0.196	0.151	0.132	0.159	0.126	0.134
撫州	0.844	0.18	0.191	0.157	0.125	0.159	0.118	0.134
上饒	0.836	0.207	0.193	0.151	0.131	0.168	0.127	0.126
濟南	0.603	0.266	0.212	0.226	0.21	0.222	0.258	0.341
青島	0.653	0.259	0.219	0.256	0.226	0.208	0.203	0.211
淄博	0.568	0.23	0.201	0.186	0.154	0.198	0.147	0.2
棗莊	0.607	0.267	0.186	0.171	0.136	0.173	0.115	0.129
東營	0.838	0.241	0.194	0.187	0.151	0.178	0.118	0.194
煙臺	0.58	0.228	0.213	0.181	0.154	0.178	0.203	0.247
濰坊	0.657	0.256	0.199	0.179	0.165	0.168	0.146	0.134
濟寧	0.691	0.213	0.204	0.169	0.149	0.173	0.181	0.192
泰安	0.64	0.225	0.194	0.163	0.143	0.159	0.132	0.146
威海	0.625	0.231	0.195	0.172	0.149	0.159	0.128	0.2
日照	0.723	0.272	0.186	0.152	0.145	0.159	0.123	0.179

表 4.3.2 2013 年度城市財政金融競爭力三級指標分值（續）

城市	人均年末存款增長率	資本使用率	資本充裕指數	獲得銀行貸款便利度	獲得證券市場資本便利度	獲得民間及風險資本便利度	金融業從業人數	金融從業人員每萬人擁有量
萊蕪	0.392	0.26	0.185	0.156	0.136	0.159	0.104	0.14
臨沂	0.836	0.238	0.198	0.163	0.155	0.173	0.174	0.161
德州	0.573	0.234	0.192	0.172	0.139	0.164	0.14	0.162
聊城	0.68	0.251	0.189	0.157	0.146	0.168	0.159	0.195
濱州	0.839	0.297	0.184	0.165	0.145	0.164	0.125	0.159
菏澤	0.88	0.224	0.192	0.155	0.138	0.164	0.137	0.128
鄭州	0.65	0.229	0.244	0.239	0.213	0.227	0.215	0.226
開封	0.752	0.2	0.19	0.148	0.125	0.168	0.115	0.119
洛陽	0.747	0.2	0.206	0.165	0.139	0.173	0.155	0.174
平頂山	0.634	0.221	0.192	0.149	0.135	0.168	0.143	0.18
安陽	0.763	0.196	0.194	0.152	0.132	0.168	0.138	0.164
鶴壁	0.468	0.289	0.183	0.148	0.128	0.164	0.106	0.139
新鄉	0.914	0.209	0.194	0.158	0.135	0.168	0.126	0.132
焦作	0.829	0.219	0.19	0.158	0.135	0.154	0.146	0.233
濮陽	0.74	0.155	0.192	0.154	0.131	0.159	0.114	0.13
許昌	0.786	0.238	0.189	0.148	0.132	0.164	0.113	0.118
漯河	0.657	0.219	0.186	0.142	0.129	0.154	0.111	0.136
三門峽	0.571	0.198	0.189	0.148	0.129	0.149	0.124	0.212
南陽	0.819	0.196	0.2	0.155	0.132	0.173	0.151	0.134
商丘	0.92	0.193	0.194	0.159	0.133	0.164	0.125	0.117
信陽	0.733	0.184	0.196	0.148	0.131	0.164	0.129	0.134
周口	0.894	0.188	0.194	0.148	0.125	0.159	0.152	0.144
駐馬店	0.892	0.175	0.196	0.154	0.131	0.164	0.129	0.125
武漢	0.452	0.278	0.212	0.259	0.248	0.242	0.252	0.25
黃石	0.843	0.224	0.189	0.161	0.141	0.178	0.116	0.162
十堰	0.816	0.176	0.194	0.158	0.138	0.173	0.119	0.15
宜昌	0.1	0.231	0.194	0.162	0.145	0.183	0.123	0.146
襄陽	0.789	0.194	0.198	0.149	0.141	0.188	0.123	0.128
鄂州	0.706	0.204	0.185	0.146	0.135	0.164	0.104	0.157
荊門	0.702	0.176	0.192	0.152	0.135	0.178	0.12	0.164
孝感	0.918	0.181	0.193	0.161	0.138	0.188	0.127	0.144
荊州	0.926	0.171	0.197	0.151	0.14	0.178	0.127	0.135
黃岡	0.906	0.16	0.198	0.157	0.137	0.173	0.127	0.129
咸寧	0.992	0.187	0.188	0.154	0.134	0.173	0.111	0.139
隨州	0.845	0.163	0.189	0.148	0.128	0.178	0.105	0.116
長沙	0.731	0.311	0.18	0.266	0.2	0.178	0.239	0.302
株洲	0.941	0.184	0.197	0.177	0.138	0.168	0.13	0.172
湘潭	0.838	0.235	0.189	0.167	0.132	0.164	0.131	0.213
衡陽	0.795	0.16	0.202	0.157	0.131	0.173	0.153	0.163
邵陽	0.797	0.155	0.198	0.166	0.131	0.164	0.14	0.142
岳陽	0.901	0.193	0.192	0.162	0.13	0.168	0.144	0.172
常德	0.87	0.178	0.196	0.158	0.129	0.173	0.125	0.13
張家界	1	0.245	0.184	0.145	0.123	0.159	0.107	0.155
益陽	0.846	0.183	0.191	0.16	0.125	0.168	0.14	0.187
郴州	0.834	0.163	0.197	0.17	0.134	0.164	0.118	0.126
永州	0.75	0.178	0.192	0.148	0.134	0.159	0.129	0.144
懷化	0.856	0.19	0.191	0.166	0.131	0.168	0.124	0.138
婁底	0.783	0.206	0.19	0.151	0.131	0.159	0.117	0.134
廣州	0.525	0.217	0.386	0.441	0.388	0.418	0.353	0.302
韶關	0.64	0.166	0.195	0.197	0.134	0.193	0.122	0.175
深圳	0.7	0.231	0.334	0.404	0.406	0.428	0.448	0.456
珠海	0.604	0.197	0.212	0.168	0.142	0.173	0.135	0.353
汕頭	0.45	0.152	0.21	0.166	0.145	0.188	0.138	0.161
佛山	0.52	0.213	0.258	0.265	0.221	0.252	0.18	0.205
江門	0.681	0.174	0.212	0.176	0.137	0.193	0.152	0.214
湛江	0.523	0.183	0.201	0.165	0.138	0.183	0.135	0.134
茂名	0.824	0.154	0.199	0.167	0.132	0.193	0.126	0.13

表 4.3.2 2013 年度城市財政金融競爭力三級指標分值（續）

城市	人均年末存款增長率	資本使用率	資本充裕指數	獲得銀行貸款便利度	獲得證券市場資本便利度	獲得民間及風險資本便利度	金融業從業人數	金融從業人員每萬人擁有量
肇慶	0.562	0.216	0.192	0.164	0.135	0.178	0.123	0.148
惠州	0.765	0.198	0.205	0.173	0.155	0.222	0.155	0.216
梅州	0.651	0.163	0.195	0.158	0.135	0.178	0.129	0.16
汕尾	0.638	0.166	0.187	0.154	0.131	0.168	0.106	0.108
河源	0.656	0.232	0.186	0.158	0.141	0.168	0.111	0.128
陽江	0.703	0.199	0.189	0.157	0.137	0.173	0.114	0.155
清遠	0.6	0.196	0.193	0.167	0.132	0.178	0.126	0.164
東莞	0.649	0.2	0.245	0.214	0.205	0.227	0.174	0.179
中山	0.653	0.191	0.212	0.24	0.176	0.188	0.135	0.212
潮州	0.629	0.141	0.193	0.161	0.138	0.178	0.111	0.134
揭陽	0.805	0.171	0.196	0.157	0.138	0.183	0.117	0.112
雲浮	0.83	0.202	0.188	0.154	0.135	0.183	0.109	0.13
南寧	0.816	0.313	0.18	0.195	0.18	0.178	0.184	0.217
柳州	0.493	0.25	0.191	0.156	0.139	0.168	0.132	0.18
桂林	0.623	0.205	0.197	0.165	0.139	0.188	0.133	0.16
梧州	0.743	0.233	0.186	0.157	0.128	0.178	0.112	0.132
北海	0.663	0.194	0.188	0.148	0.123	0.178	0.113	0.19
防城港	0.713	0.215	0.186	0.145	0.128	0.164	0.101	0.13
欽州	0.679	0.232	0.186	0.154	0.128	0.183	0.107	0.11
貴港	0.809	0.201	0.188	0.151	0.122	0.173	0.112	0.115
玉林	0.776	0.19	0.192	0.148	0.131	0.178	0.122	0.126
百色	0.68	0.254	0.185	0.141	0.125	0.178	0.109	0.112
賀州	0.853	0.203	0.185	0.132	0.131	0.144	0.105	0.121
河池	0.682	0.209	0.187	0.135	0.116	0.154	0.111	0.122
來賓	0.8	0.213	0.186	0.136	0.122	0.159	0.106	0.123
崇左	0.847	0.196	0.186	0.142	0.125	0.164	0.109	0.143
海口	0.513	0.318	0.18	0.181	0.175	0.188	0.134	0.273
三亞	0.209	0.172	0.19	0.159	0.145	0.168	0.101	0.149
重慶	0.913	0.263	0.243	0.296	0.28	0.281	0.283	0.146
成都	0.702	0.259	0.254	0.291	0.258	0.31	0.254	0.201
自貢	0.888	0.172	0.191	0.157	0.128	0.178	0.124	0.19
攀枝花	0.757	0.227	0.187	0.146	0.127	0.168	0.112	0.22
瀘州	0.879	0.186	0.193	0.151	0.128	0.173	0.121	0.14
德陽	0.536	0.178	0.2	0.164	0.128	0.193	0.128	0.174
綿陽	0.523	0.185	0.203	0.161	0.135	0.188	0.128	0.151
廣元	0.436	0.154	0.193	0.163	0.128	0.178	0.115	0.159
遂寧	0.874	0.191	0.189	0.16	0.131	0.168	0.112	0.125
內江	0.897	0.168	0.192	0.145	0.128	0.183	0.114	0.126
樂山	0.831	0.227	0.19	0.151	0.129	0.168	0.117	0.145
南充	0.969	0.156	0.201	0.151	0.134	0.183	0.15	0.169
眉山	0.943	0.173	0.192	0.154	0.131	0.173	0.106	0.108
宜賓	1	0.169	0.197	0.151	0.132	0.183	0.132	0.162
廣安	0.872	0.153	0.193	0.145	0.128	0.183	0.115	0.138
達州	0.921	0.16	0.197	0.151	0.131	0.173	0.127	0.136
雅安	0.725	0.195	0.188	0.151	0.125	0.173	0.109	0.168
巴中	1	0.144	0.189	0.148	0.125	0.178	0.109	0.116
資陽	0.798	0.166	0.192	0.148	0.128	0.178	0.12	0.145
貴陽	0.868	0.267	0.195	0.164	0.159	0.193	0.159	0.235
六盤水	0.74	0.239	0.186	0.132	0.131	0.154	0.11	0.125
遵義	0.781	0.186	0.198	0.139	0.132	0.164	0.125	0.126
安順	0.834	0.216	0.186	0.135	0.122	0.139	0.112	0.149
畢節	0.324	0.2	0.183	0.1	0.1	0.144	0.114	0.104
銅仁	0.324	0.226	0.183	0.1	0.1	0.139	0.113	0.133
昆明	0.715	0.298	0.188	0.21	0.206	0.208	0.18	0.22
曲靖	0.816	0.214	0.192	0.158	0.135	0.164	0.119	0.116
玉溪	0.646	0.207	0.191	0.155	0.132	0.164	0.119	0.181
保山	0.833	0.221	0.186	0.151	0.119	0.159	0.108	0.124

表 4.3.2 2013 年度城市財政金融競爭力三級指標分值（續）

城市	人均年末存款增長率	資本使用率	資本充裕指數	獲得銀行貸款便利度	獲得證券市場資本便利度	獲得民間及風險資本便利度	金融業從業人數	金融從業人員每萬人擁有量
昭通	0.842	0.202	0.188	0.132	0.131	0.168	0.109	0.1
麗江	0.764	0.238	0.185	0.129	0.128	0.159	0.104	0.141
普洱	0.802	0.221	0.186	0.126	0.125	0.164	0.106	0.116
臨滄	1	0.239	0.185	0.126	0.128	0.144	0.104	0.105
拉薩	1	0.132	0.2	0.181	0.139	0.173	0.123	0.596
西安	0.753	0.239	0.244	0.264	0.229	0.266	0.244	0.271
銅川	0.826	0.138	0.187	0.148	0.128	0.168	0.109	0.241
寶雞	0.621	0.166	0.198	0.154	0.134	0.188	0.121	0.148
咸陽	0.901	0.161	0.2	0.167	0.135	0.193	0.136	0.164
渭南	0.68	0.18	0.195	0.154	0.125	0.178	0.144	0.175
延安	0.682	0.184	0.192	0.158	0.126	0.178	0.119	0.187
漢中	0.773	0.153	0.195	0.151	0.131	0.183	0.132	0.191
榆林	0.945	0.219	0.197	0.177	0.138	0.198	0.116	0.14
安康	0.816	0.174	0.189	0.148	0.128	0.178	0.117	0.161
商洛	0.798	0.165	0.188	0.132	0.125	0.164	0.115	0.164
蘭州	0.859	0.248	0.202	0.173	0.158	0.173	0.156	0.26
嘉峪關	1	0.319	0.183	0.146	0.124	0.149	0.1	0.235
金昌	0.836	0.246	0.184	0.142	0.123	0.154	0.101	0.167
白銀	0.659	0.202	0.186	0.148	0.116	0.154	0.112	0.177
天水	0.805	0.184	0.189	0.154	0.119	0.154	0.108	0.113
武威	0.961	0.188	0.187	0.135	0.128	0.149	0.11	0.156
張掖	0.944	0.189	0.186	0.138	0.125	0.164	0.112	0.214
平涼	0.868	0.237	0.185	0.138	0.119	0.144	0.108	0.137
酒泉	0.777	0.201	0.188	0.138	0.125	0.154	0.113	0.238
慶陽	0.798	0.167	0.188	0.135	0.122	0.149	0.11	0.14
定西	0.865	0.197	0.186	0.135	0.125	0.149	0.105	0.11
隴南	0.464	0.183	0.187	0.135	0.125	0.144	0.106	0.114
西寧	0.786	0.304	0.183	0.152	0.148	0.168	0.131	0.273
銀川	0.679	0.325	0.18	0.163	0.149	0.164	0.145	0.345
石嘴山	0.87	0.252	0.185	0.151	0.126	0.159	0.104	0.188
吳忠	0.821	0.276	0.184	0.145	0.125	0.149	0.106	0.158
固原	1	0.204	0.184	0.138	0.125	0.149	0.102	0.126
中衛	0.815	0.276	0.183	0.141	0.122	0.149	0.102	0.131
烏魯木齊	0.685	0.215	0.216	0.176	0.156	0.188	0.165	0.309
克拉瑪依	0.566	0.1	0.198	0.156	0.124	0.164	0.105	0.212
香港	0.464	0.226	0.629	1	1	0.839	0.674	1
澳門	1	0.253	0.198	0.18	0.201	0.222	0.117	0.484
新北	0.324	0.242	0.249	0.254	0.249	0.217	0.295	0.651
臺北	0.324	0.242	0.228	0.33	0.313	0.389	0.231	0.651
台中	0.324	0.242	0.228	0.223	0.213	0.203	0.232	0.651
台南	0.324	0.242	0.215	0.206	0.194	0.183	0.192	0.651
高雄	0.324	0.242	0.23	0.227	0.22	0.203	0.237	0.651
基隆	0.324	0.242	0.189	0.174	0.157	0.168	0.116	0.651
新竹	0.324	0.242	0.19	0.174	0.157	0.168	0.118	0.651
嘉義	0.324	0.242	0.187	0.171	0.154	0.168	0.11	0.651

4.4 城市商業貿易競爭力三級指標分值

表 4. 4. 1 2013 年度城市商業貿易競爭力三級指標分值

城市	商品銷售總額	社會消費品零售額	人均商品銷售額	人均社會消費品零售額	外貿依存度	進出口總額	進出口總額增長率	實際利用外資金額	批發零售企業數
北京	0.983	1	1	0.746	0.461	0.485	0.878	0.217	1
天津	0.464	0.541	0.652	0.571	0.237	0.202	0.835	0.316	0.537
石家莊	0.131	0.314	0.16	0.4	0.152	0.114	0.877	0.106	0.132
唐山	0.14	0.271	0.207	0.426	0.13	0.111	1	0.118	0.14
秦皇島	0.115	0.148	0.2	0.342	0.161	0.104	0.819	0.11	0.12
邯鄲	0.118	0.207	0.14	0.266	0.121	0.104	0.83	0.111	0.144
邢臺	0.106	0.167	0.116	0.235	0.123	0.102	0.774	0.106	0.123
保定	0.115	0.23	0.126	0.263	0.145	0.107	0.836	0.107	0.135
張家口	0.105	0.146	0.124	0.258	0.104	0.1	0.659	0.102	0.117
承德	0.104	0.136	0.125	0.257	0.103	0.1	0.1	0.101	0.117
滄州	0.11	0.186	0.126	0.272	0.112	0.102	0.865	0.105	0.132
廊坊	0.106	0.161	0.127	0.305	0.149	0.105	0.666	0.11	0.119
衡水	0.104	0.146	0.118	0.255	0.147	0.103	1	0.102	0.113
太原	0.165	0.224	0.415	0.531	0.162	0.108	0.638	0.111	0.15
大同	0.11	0.143	0.163	0.295	0.108	0.1	0.28	0.102	0.118
陽泉	0.11	0.121	0.258	0.353	0.109	0.1	0.712	0.103	0.109
長治	0.12	0.138	0.223	0.274	0.11	0.101	1	0.103	0.138
晉城	0.107	0.126	0.162	0.278	0.119	0.101	1	0.104	0.117
朔州	0.107	0.118	0.187	0.273	0.102	0.1	0.68	0.102	0.114
晉中	0.112	0.139	0.175	0.281	0.104	0.1	0.565	0.101	0.12
運城	0.105	0.151	0.118	0.245	0.119	0.101	0.776	0.103	0.128
忻州	0.106	0.121	0.136	0.205	0.105	0.1	1	0.1	0.114
臨汾	0.111	0.144	0.151	0.249	0.111	0.101	0.801	0.101	0.121
呂梁	0.11	0.131	0.152	0.224	0.112	0.101	0.871	0.103	0.114
呼和浩特	0.118	0.213	0.228	0.676	0.114	0.102	0.937	0.101	0.135
包頭	0.119	0.209	0.241	0.701	0.114	0.103	1	0.121	0.126
烏海	0.102	0.108	0.185	0.395	0.1	0.1	0.193	0.101	0.107
赤峰	0.103	0.149	0.115	0.268	0.114	0.101	1	0.101	0.113
通遼	0.107	0.134	0.145	0.268	0.101	0.1	0.1	0.101	0.123
鄂爾多斯	0.118	0.154	0.283	0.512	0.103	0.101	1	0.121	0.115
呼倫貝爾	0.106	0.142	0.147	0.338	0.134	0.103	0.666	0.102	0.122
巴彥淖爾	0.102	0.116	0.122	0.265	0.12	0.101	1	0.101	0.103
烏蘭察布	0.101	0.121	0.109	0.258	0.102	0.1	0.857	0.102	0.105
瀋陽	0.265	0.414	0.568	0.734	0.127	0.11	0.946	0.191	0.265
大連	0.17	0.348	0.343	0.717	0.248	0.16	0.735	0.282	0.254
鞍山	0.121	0.176	0.22	0.42	0.13	0.105	0.791	0.118	0.163
撫順	0.107	0.148	0.161	0.432	0.113	0.101	0.519	0.103	0.123
本溪	0.103	0.126	0.14	0.371	0.159	0.104	0.76	0.106	0.117
丹東	0.104	0.139	0.131	0.349	0.166	0.104	0.915	0.117	0.121
錦州	0.105	0.145	0.135	0.323	0.135	0.103	0.692	0.109	0.119
營口	0.104	0.135	0.139	0.33	0.153	0.104	1	0.118	0.123
阜新	0.104	0.119	0.147	0.265	0.106	0.1	0.971	0.102	0.109
遼陽	0.103	0.129	0.133	0.348	0.113	0.101	0.116	0.106	0.109
盤錦	0.106	0.125	0.199	0.409	0.111	0.101	1	0.133	0.116
鐵嶺	0.104	0.131	0.126	0.258	0.109	0.101	0.561	0.105	0.115
朝陽	0.103	0.13	0.118	0.233	0.11	0.101	0.645	0.102	0.114
葫蘆島	0.102	0.1	0.117	0.109	0.13	0.101	0.501	0.107	0.11
長春	0.125	0.295	0.167	0.472	0.165	0.117	0.901	0.113	0.128
吉林	0.113	0.202	0.163	0.446	0.109	0.101	1	0.103	0.13
四平	0.103	0.141	0.118	0.28	0.104	0.1	0.515	0.101	0.115
遼源	0.101	0.113	0.113	0.289	0.103	0.1	1	0.102	0.107
通化	0.103	0.135	0.13	0.337	0.114	0.101	1	0.101	0.116

表 4.4.1 2013 年度城市商業貿易競爭力三級指標分值

城市	商品銷售總額	社會消費品零售額	人均商品銷售額	人均社會消費品零售額	外貿依存度	進出口總額	進出口總額增長率	實際利用外資金額	批發零售企業數
白山	0.101	0.118	0.11	0.334	0.108	0.1	0.754	0.101	0.102
松原	0.102	0.147	0.115	0.345	0.101	0.1	0.715	0.101	0.105
白城	0.101	0.121	0.11	0.27	0.103	0.1	1	0.101	0.103
哈爾濱	0.132	0.368	0.161	0.463	0.117	0.105	0.732	0.126	0.167
齊齊哈爾	0.104	0.151	0.114	0.239	0.115	0.101	0.722	0.105	0.109
雞西	0.102	0.115	0.118	0.234	0.127	0.101	0.895	0.101	0.107
鶴崗	0.101	0.107	0.116	0.242	0.105	0.1	0.961	0.101	0.105
雙鴨山	0.101	0.106	0.109	0.19	0.139	0.101	0.899	0.101	0.104
大慶	0.131	0.187	0.32	0.548	0.109	0.102	1	0.107	0.128
伊春	0.101	0.105	0.111	0.201	0.123	0.1	0.72	0.101	0.102
佳木斯	0.102	0.129	0.112	0.275	0.188	0.104	0.771	0.102	0.104
七台河	0.101	0.105	0.113	0.223	0.104	0.1	1	0.1	0.1
牡丹江	0.107	0.137	0.153	0.305	0.267	0.11	0.727	0.105	0.122
黑河	0.101	0.107	0.112	0.179	0.256	0.103	0.719	0.102	0.102
綏化	0.102	0.135	0.107	0.194	0.102	0.1	0.852	0.102	0.106
上海	1	0.989	0.889	0.647	0.443	0.532	0.757	0.309	0.74
南京	0.242	0.45	0.461	0.728	0.24	0.157	0.84	0.159	0.266
無錫	0.191	0.377	0.39	0.729	0.259	0.172	0.757	0.158	0.3
徐州	0.127	0.246	0.164	0.346	0.127	0.106	1	0.124	0.217
常州	0.135	0.258	0.252	0.6	0.22	0.128	0.871	0.151	0.182
蘇州	0.279	0.467	0.45	0.606	0.523	0.397	0.661	0.249	0.429
南通	0.13	0.292	0.184	0.483	0.195	0.125	0.801	0.136	0.201
連雲港	0.111	0.162	0.151	0.309	0.174	0.107	0.955	0.11	0.135
淮安	0.106	0.168	0.124	0.309	0.125	0.103	0.904	0.127	0.123
鹽城	0.113	0.214	0.136	0.327	0.128	0.105	0.924	0.128	0.168
揚州	0.111	0.208	0.151	0.457	0.158	0.11	0.809	0.135	0.135
鎮江	0.113	0.183	0.187	0.496	0.166	0.11	0.815	0.13	0.138
泰州	0.116	0.182	0.169	0.36	0.169	0.111	0.878	0.123	0.141
宿遷	0.109	0.14	0.139	0.225	0.124	0.102	1	0.103	0.122
杭州	0.347	0.43	0.682	0.649	0.237	0.163	0.8	0.178	0.451
寧波	0.245	0.361	0.49	0.598	0.344	0.197	0.757	0.147	0.346
溫州	0.151	0.328	0.213	0.461	0.195	0.121	0.845	0.102	0.283
嘉興	0.13	0.221	0.237	0.492	0.26	0.128	0.829	0.128	0.208
湖州	0.118	0.176	0.226	0.494	0.186	0.109	0.832	0.116	0.135
紹興	0.128	0.228	0.216	0.481	0.251	0.133	0.82	0.113	0.192
金華	0.121	0.239	0.178	0.478	0.201	0.116	0.826	0.104	0.173
衢州	0.108	0.142	0.174	0.402	0.144	0.103	1	0.101	0.124
舟山	0.11	0.129	0.278	0.515	0.358	0.113	0.815	0.102	0.123
台州	0.125	0.245	0.184	0.452	0.212	0.12	0.782	0.102	0.173
麗水	0.107	0.138	0.172	0.376	0.14	0.102	0.985	0.101	0.128
合肥	0.166	0.242	0.278	0.373	0.151	0.112	0.815	0.124	0.181
蕪湖	0.111	0.152	0.16	0.317	0.136	0.104	1	0.117	0.131
蚌埠	0.104	0.138	0.123	0.283	0.115	0.101	1	0.108	0.121
淮南	0.104	0.126	0.131	0.273	0.105	0.1	1	0.102	0.112
馬鞍山	0.11	0.126	0.189	0.288	0.155	0.104	1	0.116	0.113
淮北	0.102	0.116	0.117	0.225	0.105	0.1	0.558	0.105	0.107
銅陵	0.102	0.112	0.164	0.399	0.207	0.104	0.787	0.104	0.108
安慶	0.104	0.148	0.114	0.234	0.111	0.101	0.843	0.104	0.125
黃山	0.101	0.116	0.122	0.301	0.118	0.1	1	0.103	0.112
滁州	0.104	0.13	0.119	0.214	0.12	0.101	0.819	0.105	0.123
阜陽	0.11	0.147	0.125	0.187	0.111	0.101	1	0.101	0.119
宿州	0.1	0.126	0.1	0.172	0.104	0.1	1	0.104	0.115
六安	0.104	0.14	0.115	0.203	0.111	0.101	0.977	0.103	0.117
亳州	0.103	0.131	0.111	0.193	0.108	0.1	0.968	0.104	0.115
池州	0.101	0.11	0.118	0.235	0.11	0.1	0.797	0.103	0.11
宣城	0.103	0.126	0.126	0.263	0.122	0.101	1	0.105	0.117
福州	0.146	0.351	0.23	0.609	0.24	0.134	1	0.121	0.202

表 4.4.1 2013 年度城市商業貿易競爭力三級指標分值

城市	商品銷售總額	社會消費品零售額	人均商品銷售額	人均社會消費品零售額	外貿依存度	進出口總額	進出口總額增長率	實際利用外資金額	批發零售企業數
廈門	0.206	0.201	0.706	0.515	0.516	0.169	0.809	0.129	0.236
莆田	0.106	0.141	0.147	0.322	0.167	0.105	0.953	0.104	0.131
三明	0.108	0.135	0.163	0.313	0.122	0.102	0.985	0.102	0.136
泉州	0.126	0.288	0.163	0.432	0.16	0.117	1	0.127	0.205
漳州	0.109	0.17	0.137	0.313	0.183	0.11	0.902	0.115	0.133
南平	0.104	0.135	0.128	0.305	0.125	0.101	0.955	0.101	0.117
龍岩	0.109	0.145	0.173	0.371	0.129	0.102	1	0.103	0.132
寧德	0.103	0.132	0.121	0.277	0.127	0.102	0.955	0.102	0.116
南昌	0.125	0.218	0.201	0.44	0.144	0.108	1	0.128	0.145
景德鎮	0.101	0.118	0.113	0.288	0.134	0.101	1	0.102	0.104
萍鄉	0.101	0.12	0.11	0.278	0.117	0.101	1	0.103	0.104
九江	0.103	0.14	0.11	0.223	0.145	0.104	1	0.113	0.11
新餘	0.101	0.114	0.123	0.314	0.168	0.103	0.522	0.11	0.104
鷹潭	0.102	0.11	0.13	0.265	0.252	0.104	0.647	0.102	0.104
贛州	0.104	0.154	0.108	0.189	0.133	0.103	1	0.115	0.111
吉安	0.102	0.126	0.107	0.181	0.139	0.102	1	0.108	0.109
宜春	0.105	0.137	0.116	0.199	0.116	0.101	1	0.107	0.111
撫州	0.102	0.131	0.109	0.22	0.119	0.101	1	0.103	0.113
上饒	0.103	0.146	0.108	0.201	0.136	0.103	1	0.11	0.114
濟南	0.148	0.373	0.243	0.679	0.135	0.11	0.999	0.118	0.208
青島	0.181	0.398	0.289	0.592	0.265	0.171	0.851	0.16	0.237
淄博	0.13	0.252	0.233	0.59	0.141	0.109	0.942	0.107	0.168
棗莊	0.105	0.161	0.129	0.344	0.11	0.101	0.744	0.102	0.133
東營	0.114	0.156	0.239	0.516	0.157	0.11	0.862	0.102	0.136
煙臺	0.135	0.313	0.202	0.546	0.239	0.145	0.59	0.122	0.215
濰坊	0.137	0.283	0.181	0.389	0.16	0.114	0.774	0.112	0.192
濟寧	0.125	0.251	0.163	0.368	0.13	0.106	0.874	0.112	0.211
泰安	0.125	0.202	0.19	0.371	0.112	0.102	0.714	0.102	0.201
威海	0.113	0.205	0.192	0.66	0.221	0.117	0.794	0.112	0.136
日照	0.111	0.144	0.176	0.339	0.358	0.121	1	0.106	0.117
萊蕪	0.105	0.122	0.177	0.381	0.188	0.104	0.912	0.102	0.112
臨沂	0.129	0.275	0.158	0.35	0.137	0.107	1	0.104	0.195
德州	0.115	0.196	0.152	0.349	0.121	0.103	0.972	0.103	0.172
聊城	0.115	0.179	0.15	0.297	0.144	0.106	1	0.101	0.153
濱州	0.109	0.163	0.149	0.347	0.155	0.107	0.904	0.117	0.143
菏澤	0.115	0.199	0.137	0.271	0.126	0.103	1	0.101	0.197
鄭州	0.157	0.357	0.232	0.52	0.148	0.116	1	0.151	0.219
開封	0.104	0.153	0.116	0.269	0.104	0.1	0.835	0.104	0.131
洛陽	0.114	0.223	0.144	0.372	0.112	0.102	0.942	0.129	0.157
平頂山	0.111	0.15	0.143	0.25	0.104	0.1	0.56	0.105	0.137
安陽	0.109	0.15	0.135	0.242	0.119	0.102	0.754	0.104	0.132
鶴壁	0.101	0.111	0.117	0.224	0.105	0.1	0.641	0.106	0.111
新鄉	0.107	0.157	0.123	0.247	0.117	0.102	1	0.109	0.134
焦作	0.104	0.146	0.123	0.296	0.127	0.103	1	0.108	0.122
濮陽	0.103	0.132	0.119	0.238	0.11	0.101	0.817	0.103	0.118
許昌	0.105	0.151	0.121	0.275	0.116	0.102	0.899	0.106	0.131
漯河	0.103	0.13	0.127	0.281	0.109	0.1	0.707	0.107	0.117
三門峽	0.103	0.128	0.129	0.295	0.103	0.1	0.788	0.11	0.121
南陽	0.11	0.218	0.118	0.266	0.11	0.101	1	0.106	0.16
商丘	0.11	0.158	0.126	0.213	0.102	0.1	1	0.103	0.122
信陽	0.104	0.163	0.113	0.251	0.108	0.101	1	0.105	0.126
周口	0.105	0.171	0.111	0.213	0.105	0.1	0.762	0.105	0.129
駐馬店	0.104	0.155	0.112	0.21	0.103	0.1	0.755	0.104	0.144
武漢	0.245	0.493	0.397	0.67	0.151	0.123	0.845	0.145	0.218
黃石	0.105	0.143	0.138	0.368	0.136	0.102	1	0.105	0.12
十堰	0.105	0.145	0.131	0.3	0.105	0.1	0.596	0.102	0.122
宜昌	0.11	0.18	0.149	0.39	0.116	0.102	0.881	0.103	0.153

表 4.4.1 2013 年度城市商業貿易競爭力三級指標分值

城市	商品銷售總額	社會消費品零售額	人均商品銷售額	人均社會消費品零售額	外貿依存度	進出口總額	進出口總額增長率	實際利用外資金額	批發零售企業數
襄陽	0.108	0.186	0.129	0.328	0.107	0.101	1	0.105	0.15
鄂州	0.101	0.117	0.127	0.371	0.11	0.1	1	0.102	0.102
荊門	0.104	0.135	0.127	0.289	0.109	0.101	1	0.103	0.119
孝感	0.104	0.156	0.116	0.272	0.108	0.101	0.972	0.103	0.12
荊州	0.103	0.169	0.11	0.277	0.114	0.101	0.849	0.101	0.113
黃岡	0.105	0.159	0.116	0.237	0.105	0.1	0.888	0.1	0.12
咸寧	0.103	0.128	0.125	0.279	0.107	0.1	1	0.103	0.117
隨州	0.103	0.127	0.13	0.298	0.128	0.101	0.765	0.101	0.107
長沙	0.155	0.385	0.259	0.686	0.12	0.107	0.809	0.143	0.181
株洲	0.108	0.162	0.141	0.338	0.118	0.102	0.845	0.108	0.125
湘潭	0.105	0.136	0.134	0.3	0.133	0.102	0.716	0.108	0.112
衡陽	0.106	0.169	0.115	0.239	0.111	0.101	1	0.108	0.126
邵陽	0.103	0.139	0.107	0.179	0.107	0.1	0.915	0.102	0.112
岳陽	0.106	0.175	0.12	0.299	0.103	0.1	0.567	0.103	0.123
常德	0.104	0.169	0.111	0.275	0.103	0.1	0.983	0.105	0.114
張家界	0.101	0.109	0.112	0.216	0.101	0.1	0.471	0.101	0.103
益陽	0.103	0.137	0.111	0.227	0.108	0.1	0.885	0.102	0.114
郴州	0.106	0.16	0.127	0.291	0.117	0.102	1	0.11	0.129
永州	0.104	0.134	0.113	0.195	0.103	0.1	1	0.108	0.114
懷化	0.102	0.132	0.109	0.201	0.101	0.1	0.729	0.101	0.11
婁底	0.103	0.13	0.115	0.221	0.14	0.102	1	0.103	0.114
廣州	0.462	0.783	0.684	0.879	0.241	0.215	0.68	0.171	0.493
韶關	0.103	0.147	0.122	0.349	0.133	0.102	0.696	0.104	0.108
深圳	0.301	0.557	0.494	0.735	0.642	0.509	0.767	0.176	0.282
珠海	0.124	0.171	0.422	0.785	0.653	0.151	0.761	0.122	0.159
汕頭	0.112	0.224	0.146	0.434	0.204	0.109	0.767	0.106	0.14
佛山	0.161	0.349	0.274	0.602	0.248	0.16	0.751	0.136	0.23
江門	0.111	0.196	0.148	0.416	0.245	0.117	0.813	0.113	0.14
湛江	0.111	0.202	0.131	0.309	0.139	0.104	0.824	0.101	0.13
茂名	0.112	0.207	0.142	0.365	0.108	0.101	0.721	0.101	0.149
肇慶	0.107	0.147	0.138	0.279	0.165	0.106	0.889	0.117	0.118
惠州	0.112	0.186	0.153	0.374	0.379	0.138	0.7	0.126	0.127
梅州	0.104	0.145	0.116	0.258	0.129	0.101	0.736	0.102	0.11
汕尾	0.101	0.145	0.109	0.33	0.168	0.102	0.799	0.105	0.105
河源	0.101	0.121	0.109	0.211	0.173	0.103	0.582	0.103	0.106
陽江	0.102	0.154	0.113	0.435	0.142	0.102	0.767	0.104	0.109
清遠	0.103	0.153	0.115	0.313	0.168	0.104	0.781	0.106	0.115
東莞	0.135	0.262	0.187	0.384	0.529	0.233	0.67	0.151	0.184
中山	0.124	0.195	0.258	0.552	0.335	0.134	0.661	0.112	0.182
潮州	0.105	0.134	0.134	0.296	0.197	0.104	0.655	0.102	0.113
揭陽	0.117	0.172	0.157	0.276	0.152	0.104	0.735	0.103	0.192
雲浮	0.103	0.118	0.127	0.225	0.143	0.101	0.585	0.102	0.113
南寧	0.13	0.237	0.189	0.388	0.117	0.102	0.701	0.106	0.16
柳州	0.114	0.171	0.176	0.378	0.102	0.1	0.948	0.106	0.137
桂林	0.105	0.157	0.118	0.275	0.111	0.101	0.617	0.106	0.115
梧州	0.102	0.126	0.112	0.238	0.116	0.101	0.818	0.103	0.107
北海	0.101	0.113	0.114	0.247	0.152	0.102	0.831	0.102	0.102
防城港	0.101	0.104	0.124	0.224	0.249	0.104	1	0.101	0.105
欽州	0.102	0.123	0.115	0.216	0.169	0.103	1	0.107	0.108
貴港	0.101	0.129	0.105	0.204	0.106	0.1	1	0.103	0.105
玉林	0.104	0.144	0.113	0.216	0.109	0.101	1	0.101	0.117
百色	0.102	0.114	0.108	0.164	0.11	0.1	0.647	0.1	0.105
賀州	0.101	0.109	0.108	0.18	0.107	0.1	1	0.101	0.103
河池	0.102	0.117	0.109	0.178	0.123	0.101	0.873	0.1	0.106
來賓	0.1	0.109	0.102	0.176	0.104	0.1	0.302	0.101	0.102
崇左	0.101	0.106	0.108	0.159	0.255	0.105	0.954	0.1	0.104
海口	0.124	0.147	0.332	0.444	0.181	0.104	0.547	0.107	0.142

表 4. 4. 1 2013 年度城市商業貿易競爭力三級指標分值

城市	商品銷售總額	社會消費品零售額	人均商品銷售額	人均社會消費品零售額	外貿依存度	進出口總額	進出口總額增長率	實際利用外資金額	批發零售企業數
三亞	0.102	0.108	0.159	0.324	0.104	0.1	0.1	0.104	0.104
重慶	0.251	0.553	0.205	0.319	0.144	0.129	1	0.274	0.455
成都	0.194	0.471	0.237	0.48	0.182	0.137	1	0.233	0.27
自貢	0.102	0.134	0.115	0.296	0.114	0.101	0.894	0.1	0.114
攀枝花	0.103	0.119	0.153	0.362	0.106	0.1	0.603	0.103	0.112
瀘州	0.104	0.137	0.118	0.23	0.103	0.1	0.708	0.101	0.126
德陽	0.107	0.142	0.138	0.278	0.138	0.103	0.891	0.103	0.118
綿陽	0.108	0.162	0.135	0.299	0.123	0.102	0.729	0.103	0.117
廣元	0.102	0.118	0.112	0.219	0.111	0.1	1	0.1	0.112
遂寧	0.102	0.127	0.11	0.226	0.11	0.1	1	0.101	0.119
內江	0.102	0.128	0.111	0.213	0.104	0.1	1	0.102	0.112
樂山	0.103	0.135	0.115	0.264	0.113	0.101	0.345	0.102	0.112
南充	0.103	0.148	0.107	0.21	0.105	0.1	0.62	0.101	0.115
眉山	0.102	0.124	0.114	0.228	0.103	0.1	0.955	0.103	0.111
宜賓	0.104	0.145	0.119	0.251	0.111	0.101	0.825	0.101	0.126
廣安	0.103	0.125	0.116	0.221	0.11	0.1	1	0.101	0.126
達州	0.103	0.145	0.111	0.219	0.102	0.1	1	0.101	0.116
雅安	0.1	0.111	0.103	0.234	0.101	0.1	1	0.101	0.102
巴中	0.101	0.114	0.106	0.169	0.101	0.1	0.1	0.1	0.104
資陽	0.102	0.129	0.108	0.223	0.104	0.1	0.939	0.101	0.113
貴陽	0.117	0.173	0.18	0.345	0.141	0.104	1	0.106	0.134
六盤水	0.105	0.117	0.136	0.196	0.12	0.101	1	0.1	0.106
遵義	0.109	0.142	0.128	0.2	0.102	0.1	0.163	0.101	0.114
安順	0.101	0.107	0.11	0.161	0.101	0.1	0.1	0.101	0.102
畢節	0.102	0.116	0.104	0.134	0.1	0.1	0.55	0.101	0.104
銅仁	0.101	0.108	0.106	0.146	0.1	0.1	0.55	0.1	0.102
昆明	0.165	0.263	0.305	0.466	0.172	0.112	0.763	0.118	0.177
曲靖	0.107	0.133	0.123	0.181	0.102	0.1	0.327	0.1	0.12
玉溪	0.105	0.118	0.146	0.229	0.107	0.1	1	0.101	0.113
保山	0.102	0.11	0.112	0.167	0.109	0.1	0.527	0.101	0.105
昭通	0.102	0.113	0.108	0.136	0.1	0.1	0.1	0.1	0.106
麗江	0.102	0.104	0.126	0.175	0.105	0.1	1	0.1	0.104
普洱	0.102	0.108	0.114	0.155	0.11	0.1	0.811	0.101	0.106
臨滄	0.101	0.108	0.109	0.158	0.109	0.1	1	0.1	0.104
拉薩	0.101	0.11	0.124	0.44	0.189	0.101	1	0.101	0.103
西安	0.159	0.354	0.241	0.533	0.149	0.112	0.788	0.133	0.149
銅川	0.1	0.103	0.112	0.212	0.101	0.1	1	0.1	0.106
寶雞	0.108	0.143	0.143	0.273	0.111	0.101	0.969	0.101	0.11
咸陽	0.117	0.142	0.168	0.225	0.105	0.1	0.966	0.101	0.12
渭南	0.109	0.1	0.133	0.1	0.103	0.1	0.581	0.101	0.124
延安	0.102	0.113	0.12	0.204	0.1	0.1	1	0.1	0.107
漢中	0.103	0.121	0.115	0.194	0.101	0.1	0.594	0.1	0.115
榆林	0.126	0.127	0.262	0.223	0.101	0.1	0.837	0.1	0.133
安康	0.102	0.113	0.112	0.184	0.101	0.1	0.61	0.1	0.118
商洛	0.101	0.109	0.105	0.166	0.114	0.1	0.657	0.101	0.103
蘭州	0.135	0.18	0.3	0.429	0.121	0.102	1	0.1	0.13
嘉峪關	0.102	0.1	0.248	0.337	0.16	0.101	0.814	0.1	0.102
金昌	0.1	0.102	0.124	0.268	0.383	0.104	0.509	0.1	0.102
白銀	0.101	0.11	0.112	0.204	0.138	0.101	1	0.1	0.105
天水	0.105	0.116	0.13	0.178	0.111	0.1	0.706	0.1	0.108
武威	0.101	0.108	0.107	0.186	0.103	0.1	1	0.1	0.102
張掖	0.101	0.107	0.116	0.218	0.101	0.1	0.181	0.1	0.104
平涼	0.102	0.11	0.123	0.185	0.101	0.1	0.454	0.1	0.103
酒泉	0.104	0.11	0.177	0.273	0.1	0.1	0.1	0.101	0.109
慶陽	0.101	0.111	0.108	0.187	0.1	0.1	0.1	0.1	0.102
定西	0.101	0.105	0.106	0.135	0.102	0.1	1	0.1	0.102
隴南	0.101	0.103	0.105	0.127	0.105	0.1	1	0.1	0.101

表 4. 4. 1 2013 年度城市商業貿易競爭力三級指標分值

城市	商品銷售總額	社會消費品零售額	人均商品銷售額	人均社會消費品零售額	外貿依存度	進出口總額	進出口總額增長率	實際利用外資金額	批發零售企業數
西寧	0.111	0.132	0.21	0.354	0.116	0.101	0.801	0.1	0.113
銀川	0.111	0.132	0.216	0.35	0.121	0.101	0.882	0.103	0.125
石嘴山	0.101	0.105	0.137	0.266	0.125	0.101	0.556	0.1	0.103
吳忠	0.101	0.104	0.112	0.179	0.107	0.1	0.1	0.1	0.103
固原	0.1	0.101	0.101	0.148	0.1	0.1	1	0.1	0.102
中衛	0.101	0.101	0.129	0.158	0.112	0.1	1	0.1	0.104
烏魯木齊	0.162	0.187	0.485	0.493	0.18	0.109	1	0.102	0.144
克拉瑪依	0.102	0.102	0.16	0.218	0.109	0.1	1	0.1	0.105
香港	0.147	0.413	0.235	0.743	1	1	0.669	1	0.246
澳門	0.107	0.131	0.361	1	0.483	0.144	0.55	0.127	0.116
新北	0.118	0.162	0.193	0.334	0.379	0.188	0.55	0.108	0.155
臺北	0.112	0.14	0.193	0.334	0.379	0.16	0.55	0.105	0.137
台中	0.112	0.141	0.193	0.334	0.379	0.16	0.55	0.105	0.137
台南	0.108	0.128	0.193	0.334	0.379	0.142	0.55	0.104	0.126
高雄	0.113	0.143	0.193	0.334	0.379	0.162	0.55	0.106	0.139
基隆	0.102	0.103	0.193	0.334	0.379	0.109	0.55	0.101	0.105
新竹	0.102	0.103	0.193	0.334	0.379	0.109	0.55	0.101	0.105
嘉義	0.101	0.101	0.193	0.334	0.379	0.106	0.55	0.101	0.103

表 4. 4. 2 2013 年度城市商業貿易競爭力三級指標分值（續）

城市	批發零售企業每萬人擁有量	批發零售貿易業從業人數	住宿餐飲業從業人數	租賃和商業服務業從業人數	商貿從業者萬人擁有量	人均消費支出	人均消費支出增長率	居民消費傾向	社會消費品零售額增長率
北京	0.722	0.758	1	1	0.44	0.287	0.921	0.728	0.744
天津	0.517	0.252	0.307	0.198	0.19	0.248	0.926	0.752	0.855
石家莊	0.417	0.159	0.139	0.114	0.131	0.218	1	0.839	0.873
唐山	0.335	0.15	0.119	0.112	0.133	0.204	0.827	1	0.868
秦皇島	0.192	0.106	0.11	0.106	0.116	0.176	0.812	0.614	0.87
邯鄲	0.385	0.123	0.113	0.107	0.112	0.16	0.868	0.516	0.871
邢臺	0.32	0.112	0.109	0.103	0.107	0.17	0.839	0.713	0.868
保定	0.447	0.128	0.118	0.109	0.112	0.166	0.951	0.669	0.871
張家口	0.235	0.118	0.114	0.108	0.125	0.164	0.846	0.658	0.87
承德	0.207	0.107	0.104	0.107	0.114	0.165	0.951	0.771	0.87
滄州	0.322	0.114	0.114	0.103	0.109	0.182	1	0.704	0.87
廊坊	0.235	0.11	0.113	0.107	0.115	0.209	1	0.676	0.868
衡水	0.234	0.111	0.106	0.102	0.111	0.168	1	0.707	0.871
太原	0.23	0.139	0.168	0.125	0.178	0.188	0.827	0.67	0.871
大同	0.203	0.121	0.109	0.112	0.139	0.183	1	0.675	0.868
陽泉	0.142	0.11	0.103	0.106	0.145	0.174	0.945	0.608	0.863
長治	0.203	0.116	0.107	0.111	0.131	0.189	1	0.677	0.87
晉城	0.17	0.116	0.106	0.104	0.137	0.213	1	0.83	0.864
朔州	0.153	0.113	0.11	0.109	0.156	0.201	1	0.723	0.866
晉中	0.2	0.112	0.109	0.105	0.121	0.189	0.86	0.663	0.86
運城	0.259	0.111	0.106	0.102	0.108	0.167	1	0.642	0.87
忻州	0.195	0.116	0.114	0.104	0.13	0.159	0.782	0.596	0.716
臨汾	0.234	0.115	0.107	0.105	0.117	0.174	1	0.618	0.868
呂梁	0.215	0.113	0.107	0.119	0.129	0.143	0.833	0.46	0.862
呼和浩特	0.189	0.111	0.122	0.113	0.138	0.258	1	0.71	0.867
包頭	0.183	0.118	0.125	0.104	0.145	0.307	0.979	0.895	0.862
烏海	0.116	0.101	0.101	0.101	0.114	0.257	1	1	0.912
赤峰	0.233	0.108	0.106	0.106	0.111	0.18	1	0.791	0.888
通遼	0.196	0.106	0.104	0.102	0.109	0.192	1	0.874	0.901
鄂爾多斯	0.161	0.102	0.101	0.102	0.106	0.321	0.943	0.971	0.834
呼倫貝爾	0.183	0.108	0.106	0.108	0.122	0.2	1	0.897	0.882
巴彥淖爾	0.151	0.103	0.102	0.101	0.109	0.182	1	0.821	0.946

表 4. 4. 2 2013 年度城市商業貿易競爭力三級指標分值（續）

城市	批發零售企業每萬人擁有量	批發零售貿易業從業人數	住宿餐飲業從業人數	租賃和商業服務業從業人數	商貿從業者萬人擁有量	人均消費支出	人均消費支出增長率	居民消費傾向	社會消費品零售額增長率
烏蘭察布	0.165	0.105	0.103	0.102	0.112	0.171	0.78	0.728	0.885
瀋陽	0.323	0.163	0.174	0.184	0.184	0.248	0.873	0.867	0.865
大連	0.281	0.166	0.181	0.127	0.18	0.252	0.967	0.845	0.863
鞍山	0.208	0.117	0.113	0.113	0.135	0.212	0.902	0.754	0.869
撫順	0.167	0.107	0.103	0.104	0.119	0.186	1	0.744	0.867
本溪	0.147	0.108	0.104	0.102	0.129	0.209	1	0.808	0.867
丹東	0.174	0.108	0.11	0.104	0.123	0.193	1	0.841	0.858
錦州	0.195	0.112	0.104	0.106	0.12	0.218	1	0.84	0.869
營口	0.172	0.105	0.111	0.105	0.119	0.213	1	0.766	0.87
阜新	0.159	0.105	0.102	0.104	0.115	0.177	1	0.854	0.866
遼陽	0.156	0.103	0.104	0.104	0.114	0.199	1	0.755	0.865
盤錦	0.14	0.112	0.107	0.127	0.208	0.229	1	0.728	0.869
鐵嶺	0.194	0.103	0.101	0.105	0.106	0.192	1	0.892	0.865
朝陽	0.205	0.11	0.103	0.104	0.115	0.163	0.947	0.736	0.867
葫蘆島	0.186	0.103	0.104	0.104	0.107	0.178	0.882	0.596	0.1
長春	0.335	0.146	0.161	0.143	0.152	0.226	0.983	0.897	0.87
吉林	0.233	0.11	0.107	0.104	0.112	0.197	0.772	0.748	0.865
四平	0.205	0.104	0.101	0.101	0.103	0.176	0.863	0.636	0.862
遼源	0.137	0.101	0.1	0.101	0.105	0.189	0.933	0.733	0.873
通化	0.169	0.105	0.103	0.102	0.112	0.173	0.8	0.61	0.868
白山	0.139	0.103	0.1	0.104	0.117	0.182	0.99	0.682	0.861
松原	0.19	0.107	0.107	0.106	0.116	0.205	1	0.818	0.871
白城	0.162	0.107	0.103	0.102	0.117	0.173	0.872	0.665	0.86
哈爾濱	0.428	0.181	0.174	0.135	0.15	0.224	1	0.904	0.855
齊齊哈爾	0.265	0.111	0.104	0.104	0.108	0.17	0.926	0.796	1
雞西	0.157	0.109	0.106	0.101	0.124	0.171	0.837	0.811	0.87
鶴崗	0.132	0.108	0.111	0.1	0.147	0.166	0.987	0.848	0.865
雙鴨山	0.145	0.104	0.101	0.101	0.114	0.157	0.765	0.746	0.863
大慶	0.189	0.121	0.112	0.101	0.136	0.188	0.681	0.675	0.87
伊春	0.135	0.102	0.102	0.101	0.108	0.16	1	0.973	0.859
佳木斯	0.178	0.114	0.112	0.102	0.131	0.164	0.706	0.832	0.788
七台河	0.128	0.101	0.1	0.102	0.11	0.156	0.814	0.648	0.857
牡丹江	0.186	0.105	0.104	0.104	0.111	0.181	0.983	0.918	0.865
黑河	0.151	0.11	0.115	0.104	0.144	0.143	0.55	0.648	0.55
綏化	0.267	0.112	0.103	0.103	0.108	0.156	0.55	0.648	0.856
上海	0.824	0.592	0.614	0.383	0.257	0.309	0.787	0.72	0.771
南京	0.35	0.204	0.229	0.156	0.197	0.248	0.828	0.577	0.871
無錫	0.298	0.138	0.174	0.109	0.144	0.277	1	0.708	0.862
徐州	0.364	0.126	0.108	0.105	0.112	0.173	0.873	0.606	0.898
常州	0.243	0.117	0.119	0.11	0.125	0.169	0.1	0.299	0.86
蘇州	0.424	0.133	0.153	0.115	0.121	0.27	0.884	0.637	0.87
南通	0.324	0.117	0.11	0.111	0.113	0.226	1	0.688	0.855
連雲港	0.235	0.114	0.107	0.104	0.115	0.204	1	0.703	0.841
淮安	0.248	0.112	0.106	0.106	0.113	0.197	1	0.71	0.852
鹽城	0.323	0.118	0.114	0.117	0.117	0.203	1	0.639	0.852
揚州	0.237	0.11	0.113	0.107	0.115	0.225	1	0.692	0.866
鎮江	0.196	0.114	0.112	0.106	0.128	0.227	1	0.638	0.867
泰州	0.242	0.119	0.111	0.113	0.127	0.213	1	0.673	0.861
宿遷	0.247	0.104	0.101	0.1	0.101	0.167	1	0.784	0.842
杭州	0.369	0.273	0.409	0.23	0.281	0.275	0.78	0.655	0.887
寧波	0.335	0.16	0.161	0.173	0.172	0.264	0.761	0.604	0.882
溫州	0.382	0.126	0.148	0.139	0.129	0.287	0.926	0.77	0.874
嘉興	0.239	0.128	0.127	0.136	0.156	0.264	1	0.656	0.886
湖州	0.189	0.114	0.109	0.105	0.128	0.247	0.96	0.648	0.877
紹興	0.252	0.123	0.127	0.118	0.135	0.251	0.756	0.499	0.875
金華	0.266	0.119	0.127	0.122	0.131	0.269	1	0.769	0.889
衢州	0.165	0.106	0.107	0.104	0.119	0.214	0.754	0.688	0.881

表 4.4.2 2013 年度城市商業貿易競爭力三級指標分值（續）

城市	批發零售企業每萬人擁有量	批發零售貿易業從業人數	住宿餐飲業從業人數	租賃和商業服務業從業人數	商貿從業者萬人擁有量	人均消費支出	人均消費支出增長率	居民消費傾向	社會消費品零售額增長率
舟山	0.135	0.106	0.11	0.108	0.156	0.257	1	0.661	0.882
台州	0.285	0.124	0.122	0.118	0.129	0.246	0.738	0.619	0.872
麗水	0.165	0.108	0.108	0.108	0.131	0.227	0.844	0.757	0.887
合肥	0.332	0.157	0.149	0.118	0.147	0.205	0.766	0.785	1
蕪湖	0.21	0.108	0.111	0.102	0.113	0.198	0.831	0.807	1
蚌埠	0.198	0.106	0.103	0.102	0.109	0.174	0.762	0.776	0.88
淮南	0.171	0.11	0.108	0.125	0.154	0.176	0.903	0.788	0.884
馬鞍山	0.167	0.105	0.101	0.106	0.116	0.206	0.757	0.613	1
淮北	0.165	0.101	0.102	0.101	0.102	0.177	1	0.809	0.876
銅陵	0.122	0.103	0.102	0.101	0.124	0.204	0.935	0.809	0.888
安慶	0.263	0.109	0.106	0.103	0.107	0.172	0.761	0.764	0.863
黃山	0.141	0.102	0.115	0.101	0.123	0.18	0.887	0.792	0.87
滁州	0.221	0.105	0.102	0.101	0.104	0.182	0.839	0.85	0.882
阜陽	0.335	0.116	0.105	0.109	0.109	0.177	0.825	0.889	0.873
宿州	0.265	0.108	0.102	0.101	0.104	0.156	0.813	0.655	0.877
六安	0.273	0.244	0.303	0.128	0.277	0.179	0.933	0.861	0.88
亳州	0.25	0.111	0.102	0.101	0.107	0.162	0.739	0.682	0.872
池州	0.143	0.102	0.105	0.101	0.11	0.177	0.892	0.744	0.864
宣城	0.178	0.265	0.411	0.108	0.574	0.184	0.867	0.86	0.866
福州	0.322	0.165	0.171	0.127	0.162	0.226	0.786	0.765	0.909
廈門	0.211	0.149	0.199	0.121	0.215	0.27	0.762	0.736	0.853
莆田	0.186	0.113	0.113	0.104	0.129	0.191	0.787	0.72	0.845
三明	0.177	0.107	0.106	0.106	0.121	0.187	0.778	0.737	0.887
泉州	0.353	0.127	0.139	0.108	0.121	0.232	0.827	0.703	0.882
漳州	0.249	0.115	0.112	0.103	0.116	0.192	0.784	0.754	0.896
南平	0.181	0.108	0.113	0.105	0.123	0.174	0.747	0.693	0.79
龍岩	0.179	0.111	0.107	0.124	0.148	0.211	0.78	0.893	0.908
寧德	0.187	0.107	0.106	0.103	0.113	0.176	0.816	0.728	0.862
南昌	0.257	0.149	0.151	0.127	0.17	0.201	0.723	0.835	0.934
景德鎮	0.149	0.112	0.109	0.102	0.143	0.175	0.739	0.742	0.87
萍鄉	0.157	0.103	0.102	0.101	0.106	0.178	0.727	0.777	0.835
九江	0.246	0.11	0.11	0.11	0.116	0.167	0.715	0.729	0.839
新餘	0.135	0.101	0.101	0.1	0.103	0.185	0.678	0.772	0.889
鷹潭	0.135	0.102	0.102	0.101	0.11	0.16	0.584	0.695	0.896
贛州	0.36	0.108	0.107	0.104	0.103	0.165	0.71	0.819	0.84
吉安	0.249	0.108	0.104	0.103	0.106	0.164	1	0.72	0.778
宜春	0.268	0.112	0.105	0.102	0.109	0.166	0.847	0.809	0.842
撫州	0.221	0.11	0.103	0.1	0.109	0.151	1	0.659	0.827
上饒	0.304	0.114	0.104	0.103	0.108	0.155	0.632	0.639	0.826
濟南	0.312	0.209	0.216	0.148	0.212	0.248	1	0.665	0.861
青島	0.371	0.15	0.17	0.118	0.139	0.251	0.844	0.693	0.863
淄博	0.24	0.131	0.124	0.108	0.14	0.217	0.969	0.644	0.874
棗莊	0.215	0.11	0.104	0.105	0.115	0.197	1	0.715	0.861
東營	0.163	0.115	0.129	0.105	0.158	0.228	0.948	0.617	0.863
煙臺	0.315	0.138	0.136	0.116	0.135	0.251	1	0.752	0.861
濰坊	0.382	0.138	0.118	0.102	0.118	0.209	0.847	0.677	0.863
濟寧	0.35	0.133	0.114	0.107	0.119	0.216	1	0.73	0.861
泰安	0.27	0.139	0.123	0.114	0.142	0.215	0.994	0.718	0.862
威海	0.186	0.127	0.133	0.104	0.161	0.233	0.927	0.712	0.941
日照	0.187	0.111	0.107	0.107	0.125	0.193	0.868	0.692	0.861
萊蕪	0.14	0.105	0.105	0.1	0.122	0.205	0.816	0.628	0.711
臨沂	0.411	0.116	0.109	0.103	0.105	0.194	0.871	0.538	0.872
德州	0.272	0.122	0.109	0.102	0.117	0.19	0.945	0.689	0.862
聊城	0.28	0.113	0.107	0.106	0.111	0.202	0.914	0.712	0.78
濱州	0.216	0.112	0.105	0.105	0.116	0.208	0.942	0.673	0.861
菏澤	0.356	0.119	0.107	0.105	0.109	0.173	1	0.716	0.876
鄭州	0.373	0.169	0.205	0.134	0.159	0.239	1	1	0.882

表 4.4.2 2013 年度城市商業貿易競爭力三級指標分值（續）

城市	批發零售企業每萬人擁有量	批發零售貿易業從業人數	住宿餐飲業從業人數	租賃和商業服務業從業人數	商貿從業者萬人擁有量	人均消費支出	人均消費支出增長率	居民消費傾向	社會消費品零售額增長率
開封	0.243	0.131	0.123	0.109	0.139	0.155	0.432	0.763	0.896
洛陽	0.302	0.129	0.123	0.113	0.127	0.164	0.464	0.601	0.894
平頂山	0.251	0.121	0.114	0.109	0.125	0.147	0.289	0.553	0.862
安陽	0.258	0.118	0.113	0.108	0.12	0.145	0.377	0.517	0.87
鶴壁	0.148	0.105	0.104	0.101	0.117	0.153	0.637	0.648	0.87
新鄉	0.274	0.121	0.112	0.106	0.119	0.151	0.386	0.599	0.891
焦作	0.208	0.111	0.112	0.104	0.119	0.189	0.999	0.899	0.87
濮陽	0.209	0.107	0.109	0.129	0.134	0.13	0.192	0.458	0.893
許昌	0.232	0.112	0.112	0.102	0.115	0.161	0.636	0.705	0.888
漯河	0.178	0.109	0.105	0.108	0.124	0.15	0.41	0.633	0.865
三門峽	0.169	0.118	0.108	0.105	0.143	0.138	0.172	0.527	0.876
南陽	0.412	0.158	0.123	0.122	0.131	0.144	0.295	0.573	0.871
商丘	0.327	0.121	0.108	0.101	0.111	0.11	0.1	0.325	0.871
信陽	0.288	0.132	0.117	0.108	0.127	0.132	0.341	0.556	0.878
周口	0.376	0.134	0.107	0.102	0.115	0.123	0.1	0.51	0.879
駐馬店	0.318	0.131	0.113	0.106	0.12	0.144	0.425	0.643	0.871
武漢	0.409	0.236	0.25	0.135	0.189	0.236	1	0.779	0.873
黃石	0.175	0.11	0.109	0.102	0.123	0.192	1	0.841	0.869
十堰	0.203	0.163	0.126	0.106	0.196	0.167	1	0.843	0.907
宜昌	0.225	0.156	0.152	0.121	0.191	0.18	0.785	0.787	0.829
襄陽	0.27	0.117	0.117	0.102	0.116	0.181	0.94	0.866	0.914
鄂州	0.132	0.11	0.112	0.103	0.165	0.164	0.754	0.639	0.799
荊門	0.188	0.133	0.114	0.112	0.167	0.18	1	0.852	0.872
孝感	0.248	0.142	0.174	0.111	0.164	0.178	0.967	0.808	0.886
荊州	0.276	0.109	0.105	0.104	0.106	0.176	0.922	0.788	0.878
黃岡	0.291	0.114	0.112	0.102	0.11	0.173	1	0.845	0.852
咸寧	0.176	0.107	0.109	0.102	0.118	0.189	1	0.97	0.88
隨州	0.167	0.104	0.104	0.1	0.108	0.177	0.707	0.795	0.888
長沙	0.318	0.177	0.234	0.135	0.187	0.242	0.926	0.704	0.875
株洲	0.219	0.109	0.116	0.116	0.125	0.248	1	0.893	0.87
湘潭	0.185	0.109	0.11	0.103	0.121	0.197	0.944	0.689	0.869
衡陽	0.321	0.11	0.122	0.107	0.11	0.199	1	0.845	0.872
邵陽	0.319	0.106	0.104	0.106	0.103	0.152	1	0.736	0.871
岳陽	0.269	0.113	0.114	0.106	0.114	0.245	1	1	0.872
常德	0.276	0.11	0.109	0.118	0.116	0.255	1	1	0.872
張家界	0.146	0.101	0.111	0.101	0.114	0.165	1	0.845	0.872
益陽	0.233	0.106	0.109	0.118	0.118	0.186	0.942	0.788	0.869
郴州	0.242	0.112	0.112	0.107	0.116	0.18	1	0.722	0.874
永州	0.26	0.107	0.108	0.103	0.106	0.178	1	0.723	0.867
懷化	0.246	0.105	0.11	0.107	0.108	0.157	0.911	0.773	0.865
婁底	0.217	0.104	0.105	0.103	0.106	0.175	1	0.728	0.871
廣州	0.493	0.329	0.515	0.288	0.268	0.351	0.944	0.93	0.858
韶關	0.187	0.106	0.11	0.111	0.122	0.211	1	0.79	0.846
深圳	0.422	0.261	0.334	0.28	0.249	0.314	0.859	0.724	0.862
珠海	0.148	0.121	0.135	0.116	0.219	0.288	0.878	0.829	0.853
汕頭	0.267	0.119	0.116	0.105	0.119	0.228	1	1	0.857
佛山	0.323	0.114	0.129	0.109	0.114	0.308	0.891	0.867	0.811
江門	0.237	0.11	0.128	0.105	0.119	0.232	0.884	0.762	0.833
湛江	0.318	0.116	0.115	0.112	0.114	0.204	1	0.889	0.883
茂名	0.281	0.115	0.11	0.108	0.114	0.191	1	0.919	0.902
肇慶	0.221	0.109	0.116	0.105	0.116	0.205	1	0.819	0.864
惠州	0.243	0.114	0.123	0.111	0.124	0.27	0.781	0.848	0.866
梅州	0.231	0.108	0.103	0.104	0.108	0.18	0.895	0.789	0.88
汕尾	0.191	0.104	0.103	0.103	0.106	0.186	1	0.856	0.637
河源	0.192	0.105	0.109	0.105	0.114	0.161	1	0.755	0.845
陽江	0.175	0.108	0.109	0.104	0.122	0.182	1	0.782	0.88
清遠	0.215	0.103	0.111	0.102	0.106	0.173	0.856	0.694	0.857

表 4.4.2 2013 年度城市商業貿易競爭力三級指標分值（續）

城市	批發零售企業每萬人擁有量	批發零售貿易業從業人數	住宿餐飲業從業人數	租賃和商業服務業從業人數	商貿從業者萬人擁有量	人均消費支出	人均消費支出增長率	居民消費傾向	社會消費品零售額增長率
東莞	0.354	0.106	0.102	0.104	0.101	0.359	0.944	0.83	0.807
中山	0.196	0.104	0.11	0.108	0.115	0.27	0.88	0.809	0.85
潮州	0.182	0.102	0.103	0.102	0.104	0.204	1	1	0.868
揭陽	0.282	0.108	0.103	0.104	0.105	0.194	0.898	0.883	1
雲浮	0.173	0.104	0.104	0.102	0.108	0.192	1	0.909	0.952
南寧	0.313	0.147	0.142	0.153	0.158	0.201	0.981	0.755	0.882
柳州	0.217	0.118	0.116	0.137	0.153	0.19	0.995	0.696	0.883
桂林	0.247	0.112	0.13	0.117	0.127	0.193	1	0.713	0.876
梧州	0.189	0.103	0.103	0.102	0.106	0.185	0.981	0.733	0.853
北海	0.148	0.103	0.107	0.103	0.118	0.191	0.939	0.745	0.871
防城港	0.127	0.101	0.103	0.102	0.116	0.184	1	0.658	0.874
欽州	0.196	0.104	0.104	0.104	0.108	0.18	0.975	0.653	1
貴港	0.228	0.104	0.1	0.101	0.102	0.18	1	0.757	0.863
玉林	0.27	0.11	0.106	0.106	0.109	0.186	1	0.673	0.876
百色	0.207	0.106	0.104	0.103	0.109	0.172	0.905	0.687	0.874
賀州	0.16	0.101	0.102	0.102	0.105	0.166	0.902	0.629	0.863
河池	0.204	0.107	0.105	0.104	0.112	0.166	0.904	0.716	0.205
來賓	0.165	0.102	0.101	0.104	0.107	0.186	0.903	0.697	0.889
崇左	0.162	0.103	0.102	0.104	0.112	0.164	0.956	0.64	0.883
海口	0.164	0.131	0.156	0.124	0.237	0.206	1	0.793	0.882
三亞	0.121	0.103	0.175	0.102	0.283	0.218	1	0.827	1
重慶	1	0.262	0.312	0.186	0.14	0.1	0.1	0.1	0.931
成都	0.534	0.196	0.203	0.148	0.147	0.236	1	0.797	0.88
自貢	0.182	0.103	0.104	0.101	0.105	0.185	1	0.789	0.874
攀枝花	0.137	0.101	0.102	0.101	0.109	0.201	0.917	0.744	0.969
瀘州	0.23	0.109	0.103	0.102	0.108	0.199	1	0.821	0.88
德陽	0.21	0.104	0.103	0.102	0.104	0.208	1	0.81	0.862
綿陽	0.242	0.109	0.111	0.102	0.11	0.205	1	0.868	0.904
廣元	0.176	0.104	0.102	0.102	0.107	0.168	1	0.786	0.861
遂寧	0.2	0.103	0.102	0.102	0.104	0.119	0.1	0.321	0.871
內江	0.214	0.103	0.103	0.1	0.102	0.173	0.735	0.711	0.875
樂山	0.2	0.105	0.106	0.106	0.112	0.188	1	0.761	0.872
南充	0.293	0.109	0.105	0.106	0.107	0.167	0.956	0.765	0.877
眉山	0.191	0.102	0.101	0.1	0.1	0.183	1	0.757	0.877
宜賓	0.237	0.105	0.107	0.102	0.105	0.197	1	0.82	0.881
廣安	0.199	0.102	0.1	0.101	0.1	0.17	1	0.655	0.879
達州	0.269	0.105	0.101	0.104	0.102	0.174	1	0.841	0.879
雅安	0.146	0.102	0.103	0.101	0.107	0.177	0.871	0.702	0.863
巴中	0.201	0.104	0.103	0.102	0.105	0.178	1	0.87	0.882
資陽	0.212	0.102	0.103	0.1	0.1	0.201	0.946	0.841	0.88
貴陽	0.235	0.15	0.162	0.127	0.186	0.205	0.936	0.816	0.92
六盤水	0.187	0.105	0.102	0.102	0.108	0.151	0.95	0.565	0.91
遵義	0.288	0.113	0.105	0.105	0.109	0.181	0.958	0.748	0.924
安順	0.17	0.108	0.103	0.102	0.116	0.177	0.998	0.772	0.906
畢節	0.301	0.11	0.102	0.104	0.105	0.161	0.55	0.796	0.55
銅仁	0.195	0.104	0.101	0.101	0.103	0.168	0.55	0.659	0.55
昆明	0.3	0.19	0.216	0.167	0.215	0.218	1	0.748	1
曲靖	0.282	0.112	0.106	0.102	0.108	0.175	0.829	0.62	0.921
玉溪	0.171	0.119	0.109	0.103	0.142	0.171	0.821	0.603	0.891
保山	0.177	0.106	0.105	0.102	0.114	0.165	0.95	0.662	0.915
昭通	0.262	0.107	0.107	0.1	0.104	0.148	0.887	0.652	0.911
麗江	0.138	0.103	0.119	0.103	0.139	0.145	0.66	0.525	0.952
普洱	0.179	0.105	0.104	0.102	0.11	0.165	1	0.751	0.886
臨滄	0.175	0.105	0.102	0.1	0.107	0.148	0.669	0.649	0.91
拉薩	0.117	0.179	0.172	0.117	1	0.188	0.899	0.806	0.838
西安	0.362	0.18	0.254	0.135	0.177	0.262	1	0.807	0.912
銅川	0.125	0.101	0.102	0.102	0.114	0.203	0.858	0.798	0.857

表 4.4.2 2013 年度城市商業貿易競爭力三級指標分值（續）

城市	批發零售企業每萬人擁有量	批發零售貿易業從業人數	住宿餐飲業從業人數	租賃和商業服務業從業人數	商貿從業者萬人擁有量	人均消費支出	人均消費支出增長率	居民消費傾向	社會消費品零售額增長率
寶雞	0.215	0.115	0.11	0.102	0.119	0.223	1	0.756	0.847
咸陽	0.251	0.113	0.11	0.107	0.114	0.229	1	0.79	0.846
渭南	0.263	0.113	0.11	0.104	0.112	0.172	0.655	0.723	0.859
延安	0.167	0.104	0.11	0.102	0.114	0.183	1	0.564	0.839
漢中	0.205	0.108	0.113	0.104	0.116	0.179	1	0.723	0.859
榆林	0.203	0.107	0.102	0.105	0.111	0.194	1	0.646	0.804
安康	0.181	0.106	0.109	0.101	0.113	0.192	1	0.797	0.856
商洛	0.172	0.104	0.105	0.101	0.108	0.157	0.171	0.56	0.845
蘭州	0.211	0.119	0.118	0.118	0.143	0.19	0.862	0.883	0.862
嘉峪關	0.107	0.1	0.101	0.101	0.121	0.196	0.623	0.745	1
金昌	0.114	0.101	0.101	0.1	0.112	0.235	1	0.936	0.857
白銀	0.152	0.102	0.1	0.101	0.104	0.188	1	0.858	0.884
天水	0.201	0.107	0.107	0.102	0.111	0.154	1	0.772	0.902
武威	0.156	0.102	0.101	0.104	0.11	0.15	0.783	0.736	0.915
張掖	0.137	0.103	0.102	0.101	0.114	0.174	0.967	1	0.885
平涼	0.164	0.106	0.103	0.1	0.113	0.143	1	0.651	0.86
酒泉	0.134	0.103	0.107	0.103	0.127	0.214	1	0.97	0.913
慶陽	0.168	0.101	0.103	0.1	0.102	0.175	1	0.866	0.909
定西	0.183	0.102	0.101	0.1	0.1	0.153	1	0.829	0.891
隴南	0.179	0.102	0.101	0.1	0.102	0.139	0.834	0.693	0.885
西寧	0.16	0.119	0.117	0.108	0.164	0.17	1	0.768	0.857
銀川	0.162	0.108	0.108	0.117	0.147	0.212	0.922	0.856	0.944
石嘴山	0.122	0.102	0.1	0.101	0.116	0.187	1	0.76	0.72
吳忠	0.14	0.101	0.101	0.102	0.107	0.167	0.93	0.732	0.819
固原	0.138	0.102	0.1	0.101	0.106	0.164	1	0.759	0.844
中衛	0.133	0.101	0.101	0.101	0.106	0.176	1	0.803	0.861
烏魯木齊	0.202	0.139	0.15	0.125	0.195	0.186	1	0.857	0.969
克拉瑪依	0.12	0.102	0.102	0.113	0.182	0.251	1	1	1
香港	0.1	1	0.909	0.458	0.975	1	0.55	0.962	0.55
澳門	0.1	0.142	0.232	0.139	0.998	0.624	0.55	0.786	0.55
新北	0.1	0.409	0.481	0.1	0.59	0.534	0.55	0.941	0.55
臺北	0.1	0.301	0.349	0.1	0.573	0.72	0.55	0.874	0.55
台中	0.1	0.308	0.357	0.1	0.586	0.492	0.55	0.979	0.55
台南	0.1	0.252	0.288	0.1	0.603	0.458	0.55	0.921	0.55
高雄	0.1	0.315	0.366	0.1	0.582	0.508	0.55	0.854	0.55
基隆	0.1	0.129	0.136	0.1	0.58	0.558	0.55	0.998	0.55
新竹	0.1	0.132	0.14	0.1	0.583	0.633	0.55	0.92	0.55
嘉義	0.1	0.12	0.125	0.1	0.564	0.47	0.55	0.879	0.55

4.5 城市基礎設施競爭力三級指標分值

表 4.5.1 2013 年度城市基礎設施競爭力三級指標分值

城市	固定資產投資水平	房地產開發水平	年供水總量	人均生活用水量	年用電總量	人均生活用電量	煤氣液化氣供應水平	家庭用煤氣液化氣普及率	市民居住條件	住宅投資總額
北京	0.793	1	0.558	0.307	0.639	0.396	1	0.876	0.353	1
天津	0.989	0.42	0.315	0.209	0.567	0.306	0.306	0.509	0.414	0.449
石家莊	0.455	0.333	0.199	0.206	0.196	0.286	0.132	0.318	0.353	0.377
唐山	0.397	0.249	0.171	0.179	0.419	0.169	0.188	0.332	0.282	0.288
秦皇島	0.164	0.148	0.134	0.27	0.13	0.279	0.128	0.383	0.353	0.16
邯鄲	0.319	0.171	0.147	0.24	0.143	0.222	0.101	0.258	0.345	0.18

表 4.5.1 2013 年度城市基礎設施競爭力三級指標分值

城市	固定資產投資水平	房地產開發水平	年供水總量	人均生活用水量	年用電總量	人均生活用電量	煤氣液化氣供應水平	家庭用煤氣液化氣普及率	市民居住條件	住宅投資總額
邢臺	0.21	0.125	0.125	0.184	0.136	0.25	0.132	0.201	0.439	0.136
保定	0.279	0.204	0.124	0.218	0.151	0.276	0.111	0.191	0.438	0.256
張家口	0.208	0.161	0.123	0.196	0.149	0.225	0.107	0.277	0.324	0.18
承德	0.188	0.142	0.117	0.251	0.132	0.221	0.104	0.237	0.281	0.152
滄州	0.276	0.145	0.11	0.182	0.139	0.281	0.107	0.177	0.405	0.161
廊坊	0.219	0.187	0.113	0.184	0.135	0.272	0.111	0.206	0.442	0.214
衡水	0.16	0.135	0.11	0.179	0.118	0.246	0.103	0.178	0.362	0.152
太原	0.215	0.192	0.192	0.276	0.252	0.291	0.215	0.771	0.339	0.224
大同	0.172	0.139	0.123	0.19	0.144	0.217	0.113	0.428	0.264	0.152
陽泉	0.13	0.117	0.122	0.225	0.152	0.189	0.185	0.486	0.294	0.123
長治	0.165	0.115	0.124	0.299	0.129	0.223	0.118	0.262	0.308	0.121
晉城	0.153	0.11	0.105	0.206	0.112	0.201	0.12	0.257	0.265	0.115
朔州	0.149	0.106	0.107	0.164	0.128	0.13	0.105	0.286	0.208	0.107
晉中	0.162	0.109	0.107	0.159	0.114	0.193	0.106	0.222	0.444	0.113
運城	0.172	0.115	0.105	0.147	0.125	0.268	0.101	0.174	0.446	0.119
忻州	0.153	0.106	0.105	0.169	0.106	0.17	0.109	0.181	0.367	0.11
臨汾	0.165	0.11	0.106	0.157	0.119	0.232	0.128	0.197	0.35	0.115
呂梁	0.152	0.106	0.102	0.151	0.105	0.227	0.103	0.158	0.323	0.108
呼和浩特	0.216	0.201	0.136	0.176	0.18	0.368	0.147	0.563	0.378	0.241
包頭	0.351	0.169	0.177	0.189	0.255	0.374	0.194	0.655	0.468	0.185
烏海	0.127	0.114	0.166	0.364	0.197	0.208	0.103	0.841	0.39	0.121
赤峰	0.226	0.137	0.131	0.167	0.131	0.194	0.101	0.269	0.344	0.15
通遼	0.195	0.129	0.151	0.144	0.146	0.24	0.101	0.228	0.317	0.14
鄂爾多斯	0.36	0.226	0.106	0.302	0.152	0.58	0.107	0.357	0.493	0.214
呼倫貝爾	0.189	0.132	0.102	0.18	0.106	0.24	0.1	0.167	0.324	0.135
巴彥淖爾	0.168	0.12	0.105	0.184	0.108	0.191	0.104	0.262	0.358	0.126
烏蘭察布	0.148	0.117	0.108	0.177	0.108	0.352	0.107	0.261	0.213	0.123
瀋陽	0.641	0.599	0.255	0.245	0.246	0.283	0.158	0.769	0.33	0.738
大連	0.641	0.428	0.232	0.232	0.239	0.309	0.138	0.55	0.312	0.54
鞍山	0.258	0.198	0.188	0.186	0.208	0.229	0.118	0.517	0.28	0.218
撫順	0.188	0.133	0.156	0.174	0.173	0.207	0.111	0.639	0.255	0.144
本溪	0.162	0.124	0.157	0.162	0.185	0.223	0.106	0.619	0.236	0.125
丹東	0.175	0.146	0.112	0.19	0.119	0.237	0.106	0.334	0.278	0.163
錦州	0.173	0.133	0.14	0.224	0.133	0.218	0.111	0.373	0.379	0.145
營口	0.202	0.178	0.118	0.18	0.163	0.296	0.103	0.455	0.361	0.203
阜新	0.139	0.113	0.122	0.235	0.124	0.216	0.104	0.367	0.275	0.119
遼陽	0.153	0.132	0.139	0.185	0.164	0.218	0.102	0.467	0.321	0.142
盤錦	0.188	0.132	0.121	0.238	0.139	0.231	0.103	0.576	0.374	0.14
鐵嶺	0.182	0.157	0.11	0.208	0.107	0.249	0.105	0.23	0.35	0.176
朝陽	0.164	0.126	0.108	0.171	0.117	0.206	0.103	0.222	0.316	0.136
葫蘆島	0.146	0.123	0.113	0.171	0.141	0.177	0.106	0.241	0.338	0.132
長春	0.375	0.297	0.196	0.187	0.19	0.28	0.152	0.501	0.344	0.354
吉林	0.271	0.16	0.166	0.198	0.178	0.234	0.116	0.356	0.37	0.183
四平	0.147	0.118	0.11	0.154	0.129	0.222	0.104	0.248	0.332	0.124
遼源	0.137	0.107	0.109	0.168	0.113	0.25	0.101	0.636	0.261	0.112
通化	0.158	0.124	0.108	0.156	0.115	0.244	0.103	0.249	0.292	0.134
白山	0.142	0.105	0.107	0.146	0.115	0.245	0.101	0.311	0.314	0.107
松原	0.184	0.121	0.114	0.291	0.114	0.204	0.109	0.236	0.364	0.128
白城	0.134	0.102	0.109	0.165	0.104	0.173	0.102	0.204	0.356	0.103
哈爾濱	0.453	0.266	0.216	0.225	0.204	0.253	0.144	0.455	0.45	0.313
齊齊哈爾	0.157	0.125	0.123	0.185	0.13	0.193	0.128	0.275	0.265	0.124
雞西	0.117	0.109	0.122	0.308	0.121	0.192	0.102	0.397	0.263	0.114
鶴崗	0.109	0.103	0.114	0.156	0.117	0.293	0.102	0.336	0.238	0.105
雙鴨山	0.131	0.108	0.107	0.194	0.114	0.149	0.101	0.254	0.273	0.111
大慶	0.218	0.148	0.185	0.381	0.218	0.221	0.131	0.508	0.335	0.168
伊春	0.112	0.105	0.113	0.193	0.113	0.233	0.101	0.481	0.258	0.108
佳木斯	0.128	0.12	0.122	0.275	0.11	0.249	0.104	0.268	0.316	0.127

表 4.5.1 2013 年度城市基礎設施競爭力三級指標分值

城市	固定資產投資水平	房地產開發水平	年供水總量	人均生活用水量	年用電總量	人均生活用電量	煤氣液化氣供應水平	家庭用煤氣液化氣普及率	市民居住條件	住宅投資總額
七台河	0.107	0.104	0.11	0.147	0.11	0.238	0.105	0.355	0.305	0.106
牡丹江	0.162	0.123	0.165	0.184	0.117	0.241	0.104	0.428	0.309	0.135
黑河	0.118	0.114	0.101	0.148	0.104	0.213	0.1	0.152	0.299	0.122
綏化	0.143	0.135	0.106	0.144	0.104	0.225	0.102	0.16	0.157	0.146
上海	0.699	0.743	1	0.385	1	0.428	0.916	0.999	0.425	0.81
南京	0.542	0.358	0.443	0.326	0.355	0.327	0.19	0.689	0.349	0.422
無錫	0.472	0.36	0.224	0.323	0.274	0.37	0.166	0.435	0.404	0.396
徐州	0.356	0.175	0.162	0.167	0.216	0.221	0.124	0.248	0.323	0.211
常州	0.359	0.268	0.184	0.247	0.262	0.335	0.163	0.363	0.449	0.304
蘇州	0.605	0.455	0.26	0.376	0.295	0.434	0.191	0.292	0.395	0.546
南通	0.377	0.212	0.159	0.263	0.179	0.261	0.112	0.246	0.453	0.244
連雲港	0.217	0.148	0.129	0.194	0.127	0.267	0.11	0.252	0.409	0.158
淮安	0.215	0.184	0.157	0.252	0.153	0.195	0.117	0.341	0.449	0.212
鹽城	0.283	0.163	0.12	0.187	0.127	0.214	0.11	0.194	0.469	0.184
揚州	0.269	0.158	0.145	0.203	0.146	0.201	0.116	0.311	0.501	0.181
鎮江	0.239	0.141	0.145	0.246	0.165	0.281	0.131	0.352	0.459	0.151
泰州	0.236	0.167	0.118	0.215	0.127	0.248	0.113	0.229	0.401	0.188
宿遷	0.187	0.156	0.115	0.143	0.131	0.174	0.108	0.197	0.54	0.173
杭州	0.464	0.486	0.252	0.302	0.391	0.419	0.168	0.451	0.426	0.508
寧波	0.378	0.323	0.229	0.335	0.286	0.394	0.147	0.301	0.458	0.311
溫州	0.302	0.301	0.172	0.377	0.183	0.492	0.109	0.203	0.406	0.339
嘉興	0.271	0.213	0.126	0.197	0.157	0.296	0.116	0.236	0.391	0.231
湖州	0.189	0.154	0.125	0.227	0.144	0.277	0.112	0.363	0.45	0.166
紹興	0.263	0.219	0.132	0.246	0.136	0.317	0.114	0.231	0.356	0.246
金華	0.196	0.16	0.117	0.206	0.127	0.286	0.103	0.198	0.481	0.175
衢州	0.153	0.12	0.119	0.17	0.139	0.217	0.104	0.231	0.549	0.128
舟山	0.15	0.134	0.112	0.199	0.122	0.284	0.104	0.52	0.378	0.14
台州	0.213	0.194	0.139	0.257	0.155	0.316	0.105	0.252	0.552	0.222
麗水	0.135	0.115	0.112	0.327	0.111	0.329	0.101	0.239	0.401	0.121
合肥	0.497	0.36	0.193	0.378	0.167	0.363	0.135	0.391	0.338	0.422
蕪湖	0.255	0.19	0.149	0.272	0.143	0.239	0.129	0.399	0.353	0.228
蚌埠	0.17	0.13	0.143	0.253	0.121	0.233	0.119	0.349	0.306	0.14
淮南	0.153	0.131	0.131	0.182	0.132	0.194	0.112	0.48	0.292	0.139
馬鞍山	0.206	0.139	0.156	0.318	0.167	0.302	0.117	0.358	0.464	0.158
淮北	0.146	0.118	0.116	0.145	0.121	0.177	0.106	0.441	0.29	0.125
銅陵	0.142	0.129	0.12	0.349	0.133	0.232	0.113	0.608	0.336	0.129
安慶	0.192	0.129	0.124	0.24	0.126	0.23	0.128	0.199	0.478	0.135
黃山	0.137	0.137	0.109	0.209	0.107	0.237	0.101	0.308	0.471	0.14
滁州	0.175	0.148	0.11	0.199	0.109	0.166	0.113	0.181	0.38	0.159
阜陽	0.141	0.123	0.117	0.148	0.12	0.168	0.109	0.171	0.451	0.129
宿州	0.15	0.12	0.118	0.142	0.115	0.164	0.103	0.174	0.372	0.126
六安	0.159	0.125	0.115	0.139	0.114	0.176	0.104	0.179	0.509	0.133
亳州	0.132	0.123	0.108	0.13	0.107	0.17	0.104	0.15	0.66	0.122
池州	0.128	0.122	0.106	0.163	0.114	0.184	0.102	0.263	0.503	0.123
宣城	0.169	0.273	0.106	0.147	0.109	0.186	0.102	0.203	0.376	0.159
福州	0.418	0.383	0.177	0.352	0.171	0.543	0.117	0.373	0.363	0.448
廈門	0.228	0.229	0.197	0.354	0.217	0.565	0.118	0.756	0.409	0.231
莆田	0.176	0.145	0.123	0.143	0.133	0.253	0.107	0.267	0.54	0.147
三明	0.203	0.131	0.119	0.323	0.125	0.33	0.104	0.182	0.367	0.135
泉州	0.276	0.181	0.14	0.336	0.151	0.454	0.111	0.249	0.59	0.182
漳州	0.221	0.166	0.111	0.269	0.122	0.405	0.103	0.121	0.434	0.178
南平	0.173	0.12	0.107	0.2	0.132	0.286	0.102	0.168	0.309	0.126
龍岩	0.186	0.125	0.115	0.198	0.126	0.42	0.101	0.205	0.437	0.124
寧德	0.146	0.129	0.104	0.204	0.107	0.269	0.101	0.175	0.397	0.133
南昌	0.335	0.182	0.21	0.302	0.177	0.281	0.121	0.546	0.342	0.204
景德鎮	0.14	0.11	0.113	0.314	0.11	0.238	0.134	0.358	0.367	0.114
萍鄉	0.162	0.104	0.113	0.164	0.13	0.208	0.122	0.275	0.496	0.106

表 4.5.1 2013 年度城市基礎設施競爭力三級指標分值

城市	固定資產投資水平	房地產開發水平	年供水總量	人均生活用水量	年用電總量	人均生活用電量	煤氣液化氣供應水平	家庭用煤氣液化氣普及率	市民居住條件	住宅投資總額
九江	0.213	0.117	0.121	0.275	0.117	0.271	0.103	0.217	0.386	0.123
新餘	0.164	0.107	0.116	0.198	0.158	0.183	0.111	0.427	0.468	0.11
鷹潭	0.126	0.106	0.105	0.223	0.104	0.222	0.101	0.226	0.437	0.108
贛州	0.191	0.138	0.115	0.264	0.112	0.262	0.103	0.176	0.472	0.146
吉安	0.181	0.109	0.108	0.191	0.109	0.181	0.101	0.158	0.495	0.112
宜春	0.177	0.12	0.11	0.185	0.109	0.168	0.103	0.179	0.505	0.13
撫州	0.159	0.124	0.112	0.178	0.109	0.163	0.101	0.216	0.46	0.137
上饒	0.192	0.129	0.109	0.211	0.105	0.23	0.102	0.148	0.389	0.139
濟南	0.324	0.256	0.193	0.236	0.233	0.317	0.14	0.469	0.37	0.303
青島	0.512	0.331	0.198	0.244	0.232	0.352	0.171	0.384	0.324	0.389
淄博	0.272	0.158	0.178	0.172	0.28	0.237	0.218	0.399	0.442	0.179
棗莊	0.191	0.14	0.124	0.148	0.144	0.175	0.109	0.317	0.376	0.157
東營	0.251	0.136	0.127	0.194	0.179	0.205	0.131	0.379	0.483	0.15
煙臺	0.438	0.268	0.143	0.185	0.173	0.252	0.122	0.285	0.363	0.322
濰坊	0.404	0.22	0.143	0.184	0.177	0.227	0.122	0.224	0.451	0.259
濟寧	0.259	0.153	0.135	0.181	0.145	0.227	0.115	0.209	0.398	0.17
泰安	0.269	0.125	0.119	0.148	0.128	0.197	0.125	0.2	0.401	0.136
威海	0.235	0.204	0.117	0.189	0.132	0.275	0.107	0.29	0.591	0.256
日照	0.198	0.117	0.117	0.142	0.171	0.215	0.104	0.301	0.482	0.126
萊蕪	0.134	0.108	0.111	0.152	0.175	0.178	0.106	0.432	0.506	0.109
臨沂	0.235	0.156	0.145	0.197	0.194	0.23	0.132	0.269	0.48	0.171
德州	0.231	0.134	0.117	0.216	0.131	0.248	0.111	0.196	0.41	0.148
聊城	0.217	0.126	0.115	0.174	0.161	0.194	0.117	0.196	0.446	0.135
濱州	0.214	0.131	0.12	0.231	0.135	0.221	0.113	0.269	0.485	0.14
菏澤	0.159	0.143	0.112	0.15	0.126	0.185	0.117	0.13	0.465	0.166
鄭州	0.452	0.373	0.203	0.2	0.317	0.268	0.182	0.572	0.356	0.417
開封	0.163	0.125	0.123	0.172	0.129	0.254	0.11	0.241	0.457	0.132
洛陽	0.315	0.17	0.145	0.24	0.26	0.286	0.148	0.236	0.405	0.191
平頂山	0.19	0.122	0.129	0.219	0.151	0.229	0.118	0.216	0.431	0.13
安陽	0.203	0.135	0.115	0.176	0.201	0.262	0.177	0.221	0.381	0.152
鶴壁	0.133	0.11	0.114	0.198	0.119	0.182	0.103	0.301	0.38	0.114
新鄉	0.228	0.145	0.12	0.206	0.147	0.267	0.112	0.217	0.42	0.161
焦作	0.206	0.121	0.123	0.195	0.202	0.218	0.12	0.277	0.53	0.132
濮陽	0.166	0.114	0.114	0.179	0.125	0.231	0.107	0.208	0.367	0.122
許昌	0.2	0.127	0.112	0.249	0.116	0.307	0.104	0.194	0.51	0.14
漯河	0.146	0.109	0.128	0.146	0.118	0.182	0.103	0.269	0.487	0.116
三門峽	0.182	0.115	0.105	0.223	0.12	0.252	0.105	0.201	0.435	0.119
南陽	0.269	0.127	0.119	0.143	0.147	0.208	0.112	0.179	0.577	0.142
商丘	0.192	0.13	0.115	0.142	0.166	0.189	0.102	0.179	0.554	0.143
信陽	0.219	0.148	0.11	0.149	0.124	0.198	0.105	0.164	0.491	0.168
周口	0.195	0.143	0.106	0.156	0.107	0.185	0.106	0.123	0.469	0.167
駐馬店	0.182	0.142	0.113	0.153	0.12	0.183	0.103	0.132	0.443	0.164
武漢	0.602	0.477	0.447	0.443	0.32	0.38	0.249	0.544	0.404	0.473
黃石	0.164	0.121	0.14	0.347	0.145	0.251	0.12	0.364	0.393	0.118
十堰	0.151	0.115	0.128	0.39	0.125	0.277	0.104	0.315	0.341	0.118
宜昌	0.231	0.14	0.13	0.219	0.155	0.241	0.117	0.26	0.376	0.164
襄陽	0.224	0.142	0.15	0.206	0.13	0.189	0.117	0.291	0.38	0.155
鄂州	0.132	0.105	0.11	0.224	0.14	0.191	0.104	0.424	0.482	0.108
荊門	0.16	0.116	0.122	0.252	0.123	0.211	0.11	0.247	0.452	0.12
孝感	0.18	0.116	0.109	0.17	0.108	0.206	0.102	0.161	0.506	0.123
荊州	0.185	0.117	0.123	0.221	0.12	0.23	0.11	0.205	0.467	0.124
黃岡	0.187	0.118	0.111	0.3	0.105	0.237	0.102	0.14	0.687	0.123
咸寧	0.158	0.119	0.107	0.185	0.106	0.149	0.102	0.222	0.576	0.127
隨州	0.139	0.107	0.11	0.214	0.108	0.219	0.102	0.224	0.54	0.109
長沙	0.513	0.362	0.248	0.491	0.178	0.456	0.166	0.541	0.419	0.446
株洲	0.194	0.154	0.149	0.382	0.144	0.302	0.127	0.379	0.403	0.168
湘潭	0.17	0.121	0.13	0.251	0.155	0.279	0.233	0.403	0.392	0.129

表 4.5.1 2013 年度城市基礎設施競爭力三級指標分值

城市	固定資產投資水平	房地產開發水平	年供水總量	人均生活用水量	年用電總量	人均生活用電量	煤氣液化氣供應水平	家庭用煤氣液化氣普及率	市民居住條件	住宅投資總額
衡陽	0.189	0.123	0.172	0.412	0.142	0.274	0.124	0.231	0.409	0.134
邵陽	0.16	0.117	0.121	0.276	0.108	0.208	0.101	0.153	0.36	0.125
岳陽	0.201	0.129	0.159	0.341	0.14	0.245	0.11	0.258	0.664	0.142
常德	0.178	0.125	0.119	0.187	0.114	0.199	0.114	0.207	0.536	0.133
張家界	0.11	0.1	0.108	0.173	0.105	0.18	0.101	0.203	0.681	0.1
益陽	0.15	0.123	0.111	0.16	0.113	0.171	0.104	0.211	0.452	0.132
郴州	0.214	0.127	0.119	0.231	0.124	0.299	0.101	0.191	0.427	0.139
永州	0.164	0.125	0.129	0.166	0.117	0.208	0.103	0.174	0.433	0.141
懷化	0.141	0.116	0.114	0.34	0.118	0.157	0.101	0.179	0.392	0.125
婁底	0.143	0.115	0.114	0.426	0.123	0.316	0.103	0.189	0.38	0.117
廣州	0.501	0.487	0.652	0.618	0.5	0.54	0.1	0.1	0.222	0.499
韶關	0.146	0.123	0.121	0.245	0.135	0.27	0.105	0.224	0.45	0.131
深圳	0.348	0.274	0.567	0.872	0.568	0.944	0.462	1	0.328	0.299
珠海	0.169	0.175	0.195	0.46	0.176	0.455	0.12	0.951	0.367	0.184
汕頭	0.145	0.121	0.179	0.196	0.2	0.255	0.123	0.903	0.335	0.128
佛山	0.324	0.276	0.238	0.306	0.426	0.458	0.231	0.502	0.517	0.331
江門	0.181	0.143	0.152	0.265	0.163	0.224	0.108	0.321	0.372	0.163
湛江	0.152	0.131	0.126	0.235	0.138	0.275	0.11	0.204	0.354	0.137
茂名	0.119	0.115	0.113	0.183	0.128	0.177	0.103	0.174	0.414	0.122
肇慶	0.178	0.142	0.133	0.346	0.125	0.302	0.109	0.213	0.326	0.153
惠州	0.215	0.211	0.169	0.346	0.187	0.393	0.106	0.379	0.412	0.247
梅州	0.116	0.112	0.115	0.351	0.109	0.426	0.102	0.181	0.579	0.119
汕尾	0.127	0.109	0.109	0.196	0.107	0.23	0.102	0.173	0.42	0.115
河源	0.121	0.117	0.115	0.412	0.115	0.401	0.102	0.182	0.417	0.123
陽江	0.141	0.122	0.114	0.239	0.113	0.218	0.112	0.231	0.693	0.133
清遠	0.151	0.149	0.129	0.298	0.135	0.281	0.102	0.237	0.366	0.166
東莞	0.222	0.21	0.601	0.95	0.494	1	0.166	0.248	0.996	0.263
中山	0.184	0.191	0.122	0.264	0.233	0.6	0.11	0.25	0.441	0.216
潮州	0.116	0.106	0.116	0.493	0.11	0.777	0.111	0.405	0.389	0.11
揭陽	0.15	0.112	0.114	0.271	0.123	0.19	0.102	0.208	0.479	0.119
雲浮	0.135	0.108	0.106	0.245	0.108	0.281	0.1	0.184	0.387	0.113
南寧	0.328	0.216	0.216	0.399	0.161	0.31	0.113	0.403	0.337	0.236
柳州	0.242	0.158	0.233	0.42	0.15	0.337	0.111	0.442	0.402	0.154
桂林	0.229	0.146	0.133	0.375	0.116	0.371	0.104	0.239	0.507	0.159
梧州	0.162	0.121	0.112	0.246	0.128	0.488	0.101	0.223	0.37	0.128
北海	0.16	0.139	0.114	0.247	0.112	0.282	0.103	0.31	0.887	0.148
防城港	0.148	0.139	0.108	0.175	0.114	0.205	0.101	0.25	0.549	0.155
欽州	0.159	0.124	0.114	0.167	0.121	0.169	0.101	0.113	0.609	0.127
貴港	0.139	0.115	0.111	0.134	0.124	0.167	0.101	0.175	0.636	0.121
玉林	0.183	0.127	0.115	0.217	0.117	0.226	0.103	0.198	1	0.14
百色	0.171	0.12	0.112	0.345	0.129	0.298	0.1	0.1	0.293	0.129
賀州	0.143	0.103	0.105	0.145	0.127	0.18	0.1	0.18	0.753	0.106
河池	0.145	0.199	0.105	0.293	0.111	0.225	0.101	0.148	0.666	0.112
來賓	0.135	0.114	0.106	0.174	0.139	0.171	0.101	0.163	0.614	0.11
崇左	0.137	0.111	0.103	0.181	0.105	0.181	0.1	0.147	0.461	0.113
海口	0.14	0.142	0.156	0.314	0.131	0.208	0.117	0.587	0.393	0.159
三亞	0.135	0.152	0.124	0.302	0.113	0.313	0.105	0.457	0.443	0.181
重慶	1	0.697	0.359	0.195	0.482	0.225	0.427	0.399	0.336	0.828
成都	0.684	0.57	0.304	0.437	0.266	0.316	0.38	0.374	0.338	0.624
自貢	0.132	0.122	0.117	0.164	0.121	0.191	0.17	0.365	0.365	0.13
攀枝花	0.137	0.11	0.135	0.281	0.172	0.229	0.298	0.622	0.318	0.114
瀘州	0.154	0.119	0.128	0.183	0.121	0.194	0.189	0.263	0.363	0.128
德陽	0.162	0.121	0.116	0.252	0.119	0.247	0.158	0.197	0.44	0.128
綿陽	0.18	0.139	0.124	0.268	0.121	0.245	0.146	0.27	0.447	0.154
廣元	0.152	0.11	0.108	0.167	0.122	0.201	0.109	0.199	0.405	0.113
遂寧	0.154	0.121	0.108	0.138	0.109	0.159	0.111	0.219	0.468	0.125
內江	0.138	0.115	0.111	0.142	0.11	0.181	0.106	0.196	0.458	0.121

表 4.5.1 2013 年度城市基礎設施競爭力三級指標分值

城市	固定資產投資水平	房地產開發水平	年供水總量	人均生活用水量	年用電總量	人均生活用電量	煤氣液化氣供應水平	家庭用煤氣液化氣普及率	市民居住條件	住宅投資總額
樂山	0.152	0.119	0.111	0.178	0.156	0.243	0.119	0.237	0.426	0.126
南充	0.178	0.143	0.12	0.172	0.116	0.18	0.113	0.226	0.43	0.162
眉山	0.145	0.118	0.109	0.186	0.13	0.199	0.11	0.114	0.51	0.125
宜賓	0.163	0.131	0.112	0.174	0.131	0.223	0.112	0.198	0.421	0.136
廣安	0.143	0.111	0.104	0.126	0.108	0.116	0.105	0.183	0.53	0.114
達州	0.171	0.124	0.111	0.279	0.117	0.305	0.108	0.145	0.453	0.129
雅安	0.129	0.108	0.105	0.212	0.103	0.239	0.104	0.197	0.35	0.112
巴中	0.129	0.111	0.104	0.127	0.103	0.138	0.104	0.176	0.417	0.115
資陽	0.147	0.127	0.106	0.139	0.107	0.163	0.108	0.163	0.485	0.138
貴陽	0.284	0.238	0.165	0.334	0.215	0.5	0.133	0.606	0.228	0.255
六盤水	0.134	0.11	0.109	0.204	0.12	0.286	0.106	0.229	0.337	0.111
遵義	0.175	0.123	0.113	0.251	0.131	0.329	0.102	0.174	0.4	0.123
安順	0.118	0.111	0.105	0.149	0.12	0.198	0.1	0.158	0.324	0.112
畢節	0.175	0.123	0.102	0.117	0.11	0.176	0.1	0.102	0.325	0.118
銅仁	0.132	0.117	0.103	0.1	0.117	0.236	0.1	0.1	0.328	0.121
昆明	0.365	0.285	0.202	0.284	0.162	0.409	0.141	0.555	0.39	0.312
曲靖	0.198	0.143	0.111	0.196	0.175	0.2	0.101	0.179	0.432	0.158
玉溪	0.143	0.119	0.107	0.204	0.121	0.197	0.101	0.159	0.693	0.13
保山	0.124	0.108	0.106	0.128	0.105	0.156	0.101	0.151	0.755	0.112
昭通	0.151	0.225	0.104	0.149	0.109	0.165	0.1	0.114	0.324	0.112
麗江	0.119	0.111	0.103	0.279	0.103	0.245	0.105	0.2	0.623	0.114
普洱	0.129	0.113	0.103	0.182	0.103	0.213	0.102	0.202	0.387	0.118
臨滄	0.134	0.107	0.102	0.165	0.102	0.155	0.1	0.1	0.502	0.11
拉薩	0.119	0.101	0.13	0.542	0.1	0.1	0.1	0.1	0.481	0.101
西安	0.494	0.395	0.212	0.239	0.219	0.308	0.239	0.463	0.345	0.522
銅川	0.106	0.105	0.104	0.145	0.14	0.172	0.107	0.416	0.178	0.109
寶雞	0.202	0.121	0.119	0.179	0.126	0.193	0.119	0.297	0.382	0.129
咸陽	0.238	0.134	0.136	0.24	0.108	0.211	0.122	0.248	0.479	0.157
渭南	0.202	0.12	0.119	0.132	0.105	0.177	0.107	0.156	0.412	0.12
延安	0.19	0.102	0.104	0.157	0.108	0.232	0.109	0.242	0.239	0.102
漢中	0.134	0.116	0.106	0.177	0.107	0.232	0.1	0.184	0.3	0.123
榆林	0.235	0.108	0.105	0.156	0.113	0.197	0.111	0.189	0.318	0.109
安康	0.129	0.106	0.103	0.128	0.108	0.178	0.1	0.195	0.372	0.11
商洛	0.128	0.103	0.102	0.13	0.102	0.157	0.101	0.131	0.459	0.104
蘭州	0.206	0.147	0.184	0.292	0.201	0.245	0.203	0.537	0.268	0.145
嘉峪關	0.1	0.103	0.121	0.191	0.15	0.373	0.111	0.971	0.382	0.105
金昌	0.108	0.101	0.127	0.227	0.1	0.1	0.1	0.274	0.39	0.103
白銀	0.119	0.104	0.129	0.394	0.157	0.223	0.103	0.242	0.3	0.106
天水	0.128	0.108	0.11	0.154	0.115	0.197	0.101	0.187	0.294	0.113
武威	0.127	0.104	0.104	0.13	0.106	0.134	0.1	0.241	0.385	0.105
張掖	0.11	0.104	0.104	0.163	0.116	0.174	0.1	0.244	0.454	0.107
平涼	0.13	0.104	0.102	0.133	0.108	0.141	0.1	0.16	0.382	0.107
酒泉	0.16	0.107	0.106	0.175	0.106	0.194	0.101	0.355	0.402	0.11
慶陽	0.168	0.104	0.101	0.147	0.102	0.176	0.101	0.17	0.419	0.107
定西	0.126	0.107	0.101	0.118	0.101	0.112	0.1	0.127	0.367	0.105
隴南	0.127	0.101	0.1	0.106	0.101	0.151	0.1	0.114	0.413	0.101
西寧	0.156	0.134	0.14	0.292	0.145	0.275	0.171	0.548	0.29	0.134
銀川	0.179	0.161	0.13	0.308	0.134	0.23	0.204	0.572	0.372	0.172
石嘴山	0.128	0.113	0.112	0.183	0.186	0.183	0.113	0.64	0.38	0.117
吳忠	0.121	0.11	0.106	0.17	0.115	0.16	0.106	0.216	0.351	0.114
固原	0.109	0.104	0.101	0.123	0.102	0.145	0.1	0.202	0.443	0.106
中衛	0.115	0.105	0.101	0.122	0.137	0.147	0.103	0.187	0.348	0.107
烏魯木齊	0.144	0.157	0.189	0.311	0.207	0.244	0.207	0.887	0.317	0.18
克拉瑪依	0.118	0.103	0.135	0.243	0.128	0.235	0.11	0.578	0.368	0.105
香港	0.434	0.464	0.375	0.639	0.379	0.491	0.3	1	0.118	0.511
澳門	0.103	0.111	0.116	0.53	0.124	0.379	0.138	1	0.1	0.112
新北	0.198	0.222	0.197	0.444	0.228	0.478	0.138	0.686	0.385	0.142

表 4.5.1 2013 年度城市基礎設施競爭力三級指標分值

城市	固定資產投資水平	房地產開發水平	年供水總量	人均生活用水量	年用電總量	人均生活用電量	煤氣液化氣供應水平	家庭用煤氣液化氣普及率	市民居住條件	住宅投資總額
臺北	0.163	0.182	0.271	1	0.209	0.637	0.125	0.686	0.406	0.128
台中	0.164	0.183	0.166	0.444	0.235	0.478	0.126	0.686	0.695	0.128
台南	0.143	0.159	0.147	0.444	0.232	0.478	0.118	0.686	0.704	0.12
高雄	0.168	0.187	0.169	0.444	0.28	0.478	0.127	0.686	0.659	0.13
基隆	0.103	0.112	0.109	0.444	0.11	0.478	0.104	0.686	0.429	0.104
新竹	0.104	0.112	0.11	0.444	0.161	0.478	0.104	0.686	0.728	0.104
嘉義	0.1	0.108	0.106	0.444	0.108	0.478	0.103	0.686	0.797	0.103

表 4.5.2 2013 年度城市基礎設施競爭力三級指標分值（續 1）

城市	房價收入比（逆）	地區客運總量	地區貨運總量	人均鋪路面積	每萬人擁有公共汽電車數	每萬人擁有計程車數	年末實有鋪裝道路面積	路網設施指數	港口設施指數	航空設施指數
北京	0.335	0.879	0.33	0.2	0.243	0.839	0.859	0.942	0.1	0.802
天津	0.603	0.235	0.504	0.27	0.173	0.624	0.969	0.51	0.228	0.146
石家莊	0.796	0.174	0.325	0.325	0.253	0.308	0.449	0.311	0.1	0.137
唐山	0.273	0.172	0.445	0.229	0.147	0.235	0.349	0.37	0.114	0.101
秦皇島	0.731	0.115	0.163	0.379	0.183	0.415	0.252	0.174	0.11	0.101
邯鄲	0.864	0.188	0.372	0.382	0.194	0.26	0.364	0.361	0.1	0.101
邢臺	0.89	0.144	0.218	0.364	0.215	0.22	0.219	0.209	0.1	0.1
保定	0.86	0.183	0.276	0.336	0.175	0.218	0.26	0.276	0.1	0.1
張家口	0.871	0.122	0.182	0.29	0.152	0.365	0.207	0.217	0.1	0.1
承德	0.774	0.127	0.166	0.257	0.192	0.471	0.158	0.17	0.1	0.1
滄州	0.86	0.153	0.341	0.329	0.191	0.315	0.178	0.258	0.112	0.1
廊坊	0.781	0.124	0.187	0.242	0.148	0.437	0.172	0.167	0.1	0.1
衡水	0.915	0.118	0.149	0.28	0.145	0.208	0.156	0.175	0.1	0.1
太原	0.602	0.127	0.225	0.228	0.173	0.556	0.328	0.332	0.1	0.152
大同	0.876	0.117	0.279	0.26	0.138	0.425	0.257	0.384	0.1	0.103
陽泉	0.944	0.114	0.172	0.212	0.186	0.363	0.149	0.207	0.1	0.1
長治	0.918	0.119	0.19	0.193	0.172	0.21	0.142	0.215	0.101	0.104
晉城	0.871	0.114	0.196	0.286	0.176	0.233	0.141	0.253	0.1	0.1
朔州	1	0.118	0.29	0.215	0.118	0.221	0.152	0.47	0.1	0.1
晉中	0.917	0.12	0.205	0.236	0.15	0.151	0.151	0.24	0.1	0.1
運城	0.966	0.129	0.165	0.168	0.137	0.167	0.129	0.177	0.1	0.106
忻州	0.941	0.11	0.205	0.16	0.113	0.141	0.12	0.258	0.1	0.1
臨汾	0.919	0.126	0.221	0.179	0.118	0.185	0.142	0.232	0.1	0.1
呂梁	0.954	0.11	0.193	0.232	0.121	0.115	0.123	0.221	0.1	0.1
呼和浩特	0.931	0.112	0.193	0.278	0.208	0.523	0.237	0.182	0.1	0.1
包頭	0.932	0.11	0.401	0.314	0.175	0.585	0.293	0.43	0.1	0.105
烏海	0.836	0.102	0.19	0.281	0.155	0.489	0.162	0.197	0.1	0.102
赤峰	0.843	0.128	0.197	0.19	0.126	0.287	0.169	0.201	0.1	0.103
通遼	0.956	0.132	0.201	0.255	0.124	0.295	0.175	0.37	0.1	0.101
鄂爾多斯	0.911	0.112	0.59	1	0.233	0.368	0.249	0.663	0.1	0.112
呼倫貝爾	0.883	0.118	0.227	0.245	0.178	0.267	0.125	0.312	0.1	0.109
巴彥淖爾	0.911	0.111	0.131	0.282	0.112	0.257	0.165	0.121	0.1	0.1
烏蘭察布	0.923	0.109	0.153	0.273	0.127	0.386	0.133	0.147	0.1	0.1
瀋陽	0.751	0.268	0.28	0.258	0.177	0.634	0.615	0.407	0.1	0.134
大連	0.603	0.172	0.425	0.281	0.236	0.484	0.437	0.372	0.23	0.14
鞍山	0.873	0.135	0.295	0.216	0.184	0.436	0.211	0.265	0.1	0.1
撫順	0.786	0.117	0.187	0.22	0.166	0.514	0.209	0.173	0.1	0.1
本溪	0.868	0.123	0.191	0.21	0.155	0.66	0.165	0.259	0.1	0.1
丹東	0.843	0.129	0.169	0.271	0.153	0.27	0.185	0.168	0.107	0.101
錦州	0.903	0.126	0.229	0.238	0.176	0.454	0.181	0.218	0.102	0.101
營口	0.874	0.125	0.238	0.204	0.159	0.555	0.159	0.229	0.107	0.1
阜新	0.851	0.106	0.148	0.184	0.135	0.391	0.141	0.154	0.1	0.1
遼陽	0.871	0.125	0.201	0.292	0.157	0.534	0.19	0.195	0.1	0.1

表 4.5.2 2013 年度城市基礎設施競爭力三級指標分值（續 1）

城市	房價收入比（逆）	地區客運總量	地區貨運總量	人均鋪路面積	每萬人擁有公共汽電車數	每萬人擁有計程車數	年末實有鋪裝道路面積	路網設施指數	港口設施指數	航空設施指數
盤錦	0.915	0.12	0.184	0.317	0.154	0.649	0.189	0.162	0.1	0.1
鐵嶺	0.879	0.133	0.209	0.346	0.16	0.251	0.169	0.21	0.1	0.1
朝陽	0.906	0.121	0.142	0.196	0.126	0.219	0.137	0.151	0.1	0.1
葫蘆島	0.9	0.119	0.188	0.167	0.13	0.321	0.142	0.182	0.104	0.1
長春	0.658	0.172	0.223	0.314	0.196	0.595	0.59	0.3	0.103	0.123
吉林	0.823	0.162	0.185	0.194	0.15	0.359	0.208	0.242	0.105	0.1
四平	0.958	0.128	0.155	0.213	0.127	0.282	0.143	0.172	0.102	0.1
遼源	0.92	0.108	0.115	0.281	0.155	0.287	0.154	0.118	0.1	0.1
通化	0.939	0.143	0.132	0.188	0.164	0.228	0.125	0.168	0.102	0.1
白山	0.94	0.126	0.12	0.18	0.14	0.336	0.13	0.134	0.1	0.101
松原	0.82	0.145	0.146	0.214	0.166	0.258	0.143	0.16	0.102	0.1
白城	0.947	0.112	0.117	0.168	0.168	0.292	0.122	0.134	0.1	0.1
哈爾濱	0.702	0.178	0.206	0.215	0.189	0.418	0.441	0.359	0.105	0.134
齊齊哈爾	0.835	0.139	0.201	0.182	0.156	0.222	0.173	0.263	0.1	0.101
雞西	0.802	0.124	0.154	0.184	0.183	0.657	0.146	0.189	0.1	0.101
鶴崗	0.778	0.102	0.131	0.175	0.154	0.469	0.131	0.14	0.1	0.1
雙鴨山	0.84	0.103	0.135	0.198	0.164	0.259	0.128	0.133	0.1	0.1
大慶	0.805	0.113	0.146	0.411	0.241	0.707	0.364	0.169	0.102	0.104
伊春	0.888	0.106	0.115	0.228	0.125	1	0.164	0.13	0.1	0.101
佳木斯	0.833	0.118	0.13	0.183	0.129	0.316	0.142	0.146	0.102	0.102
七台河	0.799	0.106	0.131	0.206	0.153	0.335	0.138	0.148	0.1	0.1
牡丹江	0.811	0.123	0.142	0.243	0.163	0.301	0.18	0.179	0.1	0.103
黑河	0.811	0.107	0.114	0.208	0.137	0.218	0.113	0.13	0.101	0.101
綏化	0.811	0.12	0.13	0.439	0.117	0.186	0.29	0.16	0.1	0.1
上海	0.512	0.194	0.966	0.197	0.196	0.577	0.923	0.573	0.618	1
南京	0.713	0.329	0.432	0.35	0.189	0.374	0.966	0.429	0.242	0.244
無錫	0.72	0.222	0.231	0.421	0.201	0.231	0.583	0.268	0.137	0.117
徐州	0.78	0.223	0.335	0.209	0.151	0.186	0.316	0.41	0.129	0.107
常州	0.767	0.184	0.245	0.286	0.189	0.212	0.367	0.245	0.121	0.105
蘇州	0.696	0.454	0.245	0.428	0.218	0.175	0.604	0.421	0.114	0.1
南通	0.799	0.205	0.325	0.288	0.14	0.134	0.349	0.247	0.159	0.103
連雲港	0.854	0.178	0.274	0.331	0.147	0.172	0.239	0.307	0.118	0.105
淮安	0.811	0.16	0.204	0.212	0.122	0.141	0.298	0.166	0.142	0.102
鹽城	0.856	0.171	0.249	0.228	0.116	0.12	0.232	0.177	0.187	0.103
揚州	0.744	0.144	0.203	0.22	0.138	0.182	0.272	0.159	0.145	0.1
鎮江	0.79	0.16	0.214	0.343	0.182	0.179	0.258	0.213	0.108	0.1
泰州	0.751	0.148	0.236	0.364	0.162	0.124	0.238	0.15	0.206	0.1
宿遷	0.789	0.153	0.166	0.206	0.125	0.125	0.209	0.15	0.12	0.1
杭州	0.502	0.285	0.368	0.247	0.236	0.35	0.506	0.402	0.203	0.204
寧波	0.584	0.253	0.397	0.268	0.233	0.203	0.337	0.376	0.244	0.153
溫州	0.221	0.285	0.214	0.303	0.2	0.181	0.288	0.257	0.141	0.125
嘉興	0.795	0.164	0.256	0.265	0.195	0.134	0.187	0.195	0.19	0.1
湖州	0.782	0.153	0.287	0.335	0.146	0.152	0.261	0.159	0.232	0.1
紹興	0.753	0.195	0.183	0.359	0.182	0.13	0.206	0.201	0.118	0.1
金華	0.681	0.263	0.217	0.3	0.148	0.122	0.217	0.284	0.101	0.108
衢州	0.633	0.161	0.179	0.227	0.16	0.141	0.166	0.183	0.1	0.101
舟山	0.551	0.182	0.266	0.22	0.17	0.243	0.153	0.153	0.368	0.103
台州	0.641	0.263	0.283	0.317	0.122	0.144	0.312	0.243	0.199	0.103
麗水	0.618	0.131	0.143	0.29	0.157	0.132	0.135	0.141	0.105	0.1
合肥	0.678	0.255	0.372	0.382	0.228	0.342	0.486	0.377	0.127	0.122
蕪湖	0.701	0.164	0.302	0.411	0.175	0.313	0.342	0.204	0.204	0.1
蚌埠	0.694	0.176	0.277	0.284	0.18	0.266	0.207	0.238	0.15	0.1
淮南	0.753	0.134	0.22	0.178	0.133	0.411	0.189	0.256	0.113	0.1
馬鞍山	0.903	0.115	0.237	0.317	0.168	0.327	0.187	0.202	0.115	0.1
淮北	0.758	0.139	0.197	0.217	0.156	0.263	0.181	0.25	0.1	0.1
銅陵	0.762	0.148	0.188	0.24	0.165	0.581	0.139	0.169	0.105	0.1
安慶	0.815	0.139	0.31	0.275	0.135	0.164	0.181	0.232	0.114	0.101

表 4.5.2 2013 年度城市基礎設施競爭力三級指標分值（續 1）

城市	房價收入比（逆）	地區客運總量	地區貨運總量	人均鋪路面積	每萬人擁有公共汽電車數	每萬人擁有計程車數	年末實有鋪裝道路面積	路網設施指數	港口設施指數	航空設施指數
黃山	0.763	0.113	0.154	0.29	0.145	0.177	0.152	0.139	0.106	0.104
滁州	0.753	0.154	0.212	0.358	0.205	0.244	0.187	0.181	0.107	0.1
阜陽	0.697	0.223	0.358	0.181	0.12	0.141	0.207	0.311	0.132	0.101
宿州	0.785	0.135	0.266	0.172	0.108	0.146	0.185	0.213	0.101	0.1
六安	0.707	0.237	0.376	0.173	0.111	0.163	0.186	0.294	0.15	0.1
亳州	0.773	0.136	0.227	0.186	0.101	0.135	0.189	0.186	0.108	0.1
池州	0.766	0.13	0.191	0.239	0.123	0.184	0.158	0.148	0.132	0.1
宣城	0.761	0.157	0.243	0.211	0.112	0.153	0.16	0.198	0.129	0.1
福州	0.45	0.205	0.249	0.251	0.23	0.254	0.28	0.255	0.166	0.17
廈門	0.385	0.173	0.21	0.337	0.262	0.392	0.376	0.213	0.189	0.267
莆田	0.666	0.152	0.127	0.148	0.106	0.143	0.165	0.141	0.114	0.1
三明	0.716	0.12	0.18	0.255	0.181	0.119	0.127	0.168	0.102	0.1
泉州	0.717	0.176	0.231	0.317	0.179	0.134	0.24	0.208	0.159	0.123
漳州	0.711	0.128	0.15	0.287	0.133	0.136	0.166	0.136	0.119	0.1
南平	0.713	0.118	0.133	0.163	0.13	0.112	0.12	0.144	0.111	0.103
龍岩	0.74	0.118	0.185	0.211	0.148	0.122	0.134	0.162	0.103	0.101
寧德	0.558	0.138	0.122	0.185	0.123	0.125	0.124	0.138	0.122	0.1
南昌	0.664	0.155	0.182	0.256	0.212	0.282	0.315	0.222	0.107	0.119
景德鎮	0.831	0.109	0.118	0.317	0.174	0.173	0.163	0.122	0.1	0.103
萍鄉	0.853	0.132	0.185	0.198	0.131	0.161	0.153	0.182	0.1	0.1
九江	0.78	0.16	0.199	0.379	0.164	0.164	0.213	0.213	0.114	0.101
新餘	0.859	0.11	0.195	0.246	0.132	0.193	0.179	0.171	0.104	0.1
鷹潭	0.79	0.127	0.15	0.273	0.153	0.142	0.125	0.159	0.106	0.1
贛州	0.675	0.15	0.266	0.236	0.16	0.107	0.155	0.261	0.12	0.105
吉安	0.79	0.121	0.688	0.249	0.127	0.106	0.151	0.172	0.661	0.103
宜春	0.784	0.14	0.223	0.181	0.118	0.105	0.155	0.179	0.124	0.1
撫州	0.756	0.123	0.192	0.209	0.114	0.107	0.18	0.163	0.101	0.1
上饒	0.813	0.183	0.245	0.348	0.148	0.106	0.163	0.234	0.11	0.1
濟南	0.765	0.181	0.338	0.34	0.194	0.364	0.627	0.537	0.104	0.14
青島	0.73	0.231	0.371	0.415	0.256	0.338	0.647	0.416	0.19	0.158
淄博	0.867	0.318	0.347	0.259	0.178	0.412	0.38	0.368	0.1	0.1
棗莊	0.863	0.14	0.318	0.212	0.135	0.138	0.259	0.228	0.111	0.1
東營	0.907	0.122	0.168	0.4	0.177	0.449	0.258	0.154	0.103	0.101
煙臺	0.851	0.28	0.294	0.345	0.186	0.159	0.376	0.311	0.175	0.114
濰坊	0.904	0.222	0.32	0.334	0.148	0.202	0.369	0.302	0.112	0.105
濟寧	0.889	0.152	0.341	0.421	0.178	0.132	0.329	0.284	0.134	0.101
泰安	0.855	0.128	0.199	0.228	0.144	0.141	0.228	0.164	0.103	0.1
威海	0.894	0.186	0.15	0.467	0.201	0.212	0.25	0.169	0.142	0.108
日照	0.811	0.123	0.272	0.237	0.13	0.166	0.206	0.293	0.112	0.1
萊蕪	0.949	0.118	0.157	0.242	0.128	0.367	0.213	0.138	0.1	0.1
臨沂	0.942	0.221	0.406	0.308	0.147	0.15	0.422	0.35	0.106	0.106
德州	0.887	0.159	0.248	0.342	0.195	0.186	0.192	0.22	0.1	0.1
聊城	0.88	0.146	0.237	0.303	0.131	0.143	0.249	0.193	0.1	0.1
濱州	0.956	0.133	0.219	0.364	0.221	0.131	0.207	0.177	0.101	0.1
菏澤	0.864	0.186	0.362	0.234	0.116	0.124	0.229	0.295	0.102	0.1
鄭州	0.742	0.28	0.326	0.184	0.177	0.36	0.378	0.46	0.1	0.141
開封	0.791	0.142	0.171	0.283	0.164	0.238	0.199	0.177	0.1	0.1
洛陽	0.833	0.189	0.259	0.24	0.167	0.236	0.248	0.263	0.102	0.103
平頂山	0.869	0.151	0.261	0.225	0.146	0.184	0.182	0.249	0.1	0.1
安陽	0.887	0.146	0.288	0.213	0.15	0.148	0.179	0.233	0.1	0.1
鶴壁	0.859	0.136	0.158	0.24	0.139	0.184	0.155	0.151	0.1	0.1
新鄉	0.887	0.135	0.19	0.233	0.191	0.143	0.186	0.182	0.1	0.1
焦作	0.864	0.123	0.268	0.281	0.155	0.178	0.196	0.228	0.1	0.1
濮陽	0.861	0.126	0.143	0.208	0.139	0.2	0.147	0.144	0.1	0.1
許昌	0.852	0.134	0.275	0.275	0.189	0.162	0.146	0.216	0.1	0.1
漯河	0.908	0.123	0.144	0.171	0.142	0.186	0.163	0.147	0.103	0.1
三門峽	0.886	0.125	0.149	0.228	0.162	0.134	0.124	0.168	0.1	0.1

表 4. 5. 2 2013 年度城市基礎設施競爭力三級指標分值（續 1）

城市	房價收入比（逆）	地區客運總量	地區貨運總量	人均鋪路面積	每萬人擁有公共汽電車數	每萬人擁有計程車數	年末實有鋪裝道路面積	路網設施指數	港口設施指數	航空設施指數
南陽	0.874	0.21	0.276	0.179	0.116	0.122	0.194	0.272	0.11	0.101
商丘	0.835	0.177	0.297	0.153	0.147	0.176	0.16	0.271	0.101	0.1
信陽	0.837	0.166	0.191	0.172	0.11	0.159	0.168	0.208	0.123	0.1
周口	0.856	0.158	0.243	0.241	0.129	0.112	0.154	0.227	0.126	0.1
駐馬店	0.901	0.186	0.284	0.237	0.122	0.138	0.179	0.249	0.114	0.1
武漢	0.677	0.237	0.488	0.298	0.214	0.423	0.74	0.763	0.194	0.188
黃石	0.869	0.122	0.164	0.331	0.197	0.175	0.204	0.151	0.109	0.1
十堰	0.778	0.131	0.142	0.29	0.227	0.142	0.164	0.146	0.104	0.1
宜昌	0.768	0.162	0.215	0.255	0.163	0.193	0.222	0.203	0.132	0.108
襄陽	0.812	0.166	0.214	0.188	0.126	0.158	0.224	0.222	0.108	0.103
鄂州	0.868	0.11	0.12	0.21	0.122	0.175	0.176	0.122	0.105	0.1
荊門	0.857	0.136	0.186	0.234	0.156	0.151	0.156	0.179	0.102	0.1
孝感	0.87	0.143	0.146	0.182	0.137	0.125	0.149	0.204	0.102	0.1
荊州	0.835	0.145	0.156	0.208	0.182	0.205	0.177	0.143	0.119	0.1
黃岡	0.899	0.159	0.144	0.383	0.132	0.11	0.164	0.171	0.117	0.1
咸寧	0.893	0.13	0.125	0.205	0.127	0.148	0.14	0.135	0.106	0.1
隨州	0.874	0.126	0.122	0.169	0.151	0.168	0.128	0.13	0.102	0.1
長沙	0.812	0.289	0.337	0.289	0.197	0.294	0.453	0.362	0.137	0.157
株洲	0.908	0.178	0.252	0.343	0.219	0.203	0.242	0.259	0.106	0.1
湘潭	0.897	0.126	0.176	0.278	0.191	0.23	0.199	0.156	0.114	0.1
衡陽	0.908	0.21	0.277	0.501	0.171	0.132	0.35	0.299	0.108	0.1
邵陽	0.875	0.167	0.248	0.262	0.135	0.113	0.171	0.216	0.108	0.1
岳陽	0.936	0.16	0.367	0.225	0.167	0.161	0.189	0.295	0.188	0.1
常德	0.901	0.171	0.197	0.196	0.129	0.133	0.186	0.183	0.125	0.103
張家界	0.837	0.136	0.116	0.195	0.127	0.199	0.131	0.13	0.112	0.11
益陽	0.922	0.154	0.184	0.179	0.128	0.133	0.167	0.165	0.119	0.1
郴州	0.909	0.141	0.285	0.238	0.164	0.189	0.163	0.238	0.115	0.1
永州	0.975	0.146	0.177	0.17	0.135	0.112	0.151	0.186	0.118	0.1
懷化	0.918	0.155	0.144	0.234	0.181	0.126	0.131	0.194	0.13	0.101
婁底	0.962	0.155	0.234	0.268	0.15	0.168	0.15	0.267	0.105	0.1
廣州	0.605	0.461	0.696	0.298	0.239	0.427	0.932	0.975	0.24	0.711
韶關	0.873	0.166	0.172	0.187	0.141	0.173	0.151	0.193	0.118	0.1
深圳	0.158	1	0.368	0.547	1	0.408	0.852	0.718	0.186	0.436
珠海	0.461	0.22	0.164	0.522	0.213	0.357	0.381	0.182	0.141	0.111
汕頭	0.698	0.117	0.133	0.163	0.115	0.153	0.306	0.125	0.108	0.122
佛山	0.702	0.287	0.322	0.212	0.205	0.194	0.364	0.298	0.144	0.102
江門	0.781	0.201	0.176	0.286	0.151	0.117	0.262	0.171	0.141	0.1
湛江	0.705	0.175	0.207	0.236	0.132	0.128	0.233	0.216	0.191	0.105
茂名	0.784	0.14	0.154	0.149	0.115	0.1	0.142	0.158	0.105	0.1
肇慶	0.756	0.138	0.131	0.346	0.144	0.132	0.184	0.129	0.108	0.1
惠州	0.806	0.172	0.234	0.27	0.185	0.169	0.247	0.188	0.184	0.1
梅州	0.847	0.127	0.148	0.409	0.152	0.117	0.162	0.148	0.102	0.103
汕尾	0.759	0.15	0.114	0.162	0.113	0.116	0.121	0.13	0.1	0.1
河源	0.761	0.12	0.125	0.267	0.158	0.126	0.132	0.122	0.102	0.1
陽江	0.811	0.122	0.129	0.204	0.113	0.139	0.145	0.126	0.103	0.1
清遠	0.732	0.159	0.175	0.215	0.142	0.111	0.148	0.167	0.123	0.1
東莞	0.818	0.529	0.194	0.1	0.159	0.299	0.1	0.339	0.122	0.1
中山	0.8	0.212	0.206	0.257	0.212	0.188	0.249	0.196	0.131	0.1
潮州	0.775	0.114	0.127	0.254	0.148	0.162	0.134	0.118	0.108	0.1
揭陽	0.894	0.21	0.121	0.178	0.121	0.115	0.135	0.123	0.999	0.1
雲浮	0.761	0.128	0.125	0.139	0.123	0.1	0.107	0.122	0.107	0.1
南寧	0.733	0.159	0.326	0.259	0.176	0.255	0.373	0.281	0.123	0.132
柳州	0.819	0.117	0.187	0.283	0.17	0.193	0.231	0.186	0.107	0.103
桂林	0.837	0.195	0.16	0.231	0.191	0.18	0.162	0.192	0.114	0.126
梧州	0.91	0.118	0.137	0.255	0.144	0.127	0.15	0.123	0.115	0.1
北海	0.754	0.119	0.146	0.263	0.129	0.169	0.164	0.131	0.115	0.106
防城港	0.92	0.112	0.212	0.238	0.121	0.124	0.147	0.203	0.113	0.1

表 4. 5. 2 2013 年度城市基礎設施競爭力三級指標分值（續 1）

城市	房價收入比（逆）	地區客運總量	地區貨運總量	人均鋪路面積	每萬人擁有公共汽電車數	每萬人擁有計程車數	年末實有鋪裝道路面積	路網設施指數	港口設施指數	航空設施指數
欽州	0.873	0.121	0.279	0.177	0.119	0.114	0.169	0.198	0.114	0.1
貴港	0.843	0.134	0.181	0.151	0.105	0.108	0.161	0.132	0.168	0.1
玉林	0.909	0.136	0.222	0.209	0.113	0.113	0.17	0.192	0.102	0.1
百色	0.948	0.136	0.229	0.251	0.12	0.123	0.131	0.186	0.103	0.1
賀州	0.995	0.119	0.111	0.135	0.105	0.134	0.123	0.116	0.1	0.1
河池	0.908	0.14	0.188	0.171	0.136	0.108	0.115	0.17	0.102	0.1
來賓	0.97	0.12	0.142	0.13	0.125	0.128	0.121	0.134	0.106	0.1
崇左	0.927	0.114	0.135	0.167	0.102	0.105	0.115	0.132	0.103	0.1
海口	0.583	0.286	0.186	0.28	0.167	0.343	0.283	0.247	0.203	0.254
三亞	0.1	0.122	0.118	0.188	0.176	0.485	0.132	0.129	0.116	0.12
重慶	0.783	0.854	1	0.181	0.132	0.177	1	1	0.296	0.176
成都	0.702	0.629	0.419	0.263	0.204	0.345	0.656	0.86	0.103	0.255
自貢	0.825	0.148	0.144	0.18	0.138	0.181	0.175	0.149	0.108	0.1
攀枝花	0.883	0.131	0.225	0.217	0.173	0.363	0.151	0.225	0.102	0.1
瀘州	0.882	0.156	0.159	0.183	0.143	0.169	0.177	0.154	0.126	0.103
德陽	0.835	0.156	0.182	0.218	0.135	0.142	0.15	0.186	0.1	0.1
綿陽	0.804	0.15	0.154	0.259	0.17	0.161	0.223	0.168	0.102	0.106
廣元	0.713	0.153	0.159	0.156	0.12	0.143	0.133	0.16	0.114	0.101
遂寧	0.864	0.129	0.132	0.159	0.108	0.12	0.157	0.136	0.117	0.1
內江	0.814	0.195	0.19	0.129	0.135	0.131	0.126	0.199	0.119	0.1
樂山	0.775	0.144	0.192	0.184	0.116	0.145	0.161	0.189	0.119	0.1
南充	0.733	0.162	0.154	0.175	0.121	0.123	0.191	0.172	0.144	0.101
眉山	0.823	0.135	0.147	0.179	0.121	0.155	0.143	0.15	0.123	0.1
宜賓	0.853	0.184	0.16	0.145	0.137	0.139	0.135	0.189	0.114	0.103
廣安	0.868	0.127	0.125	0.132	0.101	0.113	0.125	0.127	0.113	0.1
達州	0.794	0.156	0.229	0.157	0.138	0.132	0.115	0.228	0.133	0.103
雅安	0.775	0.112	0.137	0.184	0.11	0.121	0.118	0.124	0.1	0.1
巴中	0.832	0.13	0.126	0.11	0.105	0.11	0.109	0.126	0.114	0.1
資陽	0.892	0.134	0.149	0.149	0.11	0.103	0.134	0.142	0.111	0.1
貴陽	0.758	0.304	0.229	0.179	0.18	0.316	0.212	0.33	0.11	0.169
六盤水	0.901	0.25	0.206	0.185	0.159	0.186	0.126	0.277	0.1	0.1
遵義	0.873	0.212	0.17	0.158	0.144	0.13	0.132	0.203	0.121	0.1
安順	0.891	0.145	0.121	0.144	0.122	0.147	0.124	0.141	0.107	0.1
畢節	0.83	0.139	0.132	0.119	0.102	0.104	0.118	0.139	0.109	0.1
銅仁	0.914	0.133	0.113	0.1	0.112	0.12	0.1	0.119	0.134	0.101
昆明	0.813	0.179	0.335	0.257	0.235	0.359	0.37	0.556	0.106	0.319
曲靖	0.932	0.128	0.202	0.243	0.16	0.149	0.163	0.23	0.1	0.1
玉溪	0.878	0.117	0.153	0.231	0.117	0.119	0.141	0.14	0.1	0.1
保山	0.849	0.109	0.116	0.144	0.115	0.129	0.125	0.112	0.1	0.105
昭通	0.853	0.112	0.129	0.156	0.112	0.113	0.129	0.126	0.103	0.101
麗江	0.891	0.111	0.108	0.271	0.203	0.229	0.116	0.113	0.1	0.12
普洱	0.892	0.115	0.126	0.186	0.131	0.11	0.116	0.119	0.105	0.102
臨滄	0.895	0.103	0.112	0.164	0.11	0.116	0.113	0.107	0.1	0.101
拉薩	0.817	0.103	0.104	0.278	0.146	0.557	0.13	0.106	0.1	0.114
西安	0.787	0.283	0.465	0.228	0.206	0.458	0.556	0.487	0.1	0.294
銅川	0.914	0.108	0.127	0.18	0.121	0.35	0.138	0.117	0.1	0.1
寶雞	0.925	0.15	0.171	0.218	0.134	0.276	0.206	0.16	0.1	0.1
咸陽	0.88	0.167	0.157	0.231	0.153	0.214	0.174	0.16	0.1	0.1
渭南	0.906	0.165	0.198	0.255	0.127	0.122	0.196	0.181	0.1	0.1
延安	0.871	0.141	0.163	0.154	0.146	0.161	0.116	0.182	0.1	0.101
漢中	0.885	0.148	0.148	0.161	0.124	0.134	0.121	0.159	0.1	0.1
榆林	0.807	0.138	0.173	0.214	0.128	0.156	0.138	0.156	0.1	0.107
安康	0.86	0.141	0.158	0.161	0.104	0.134	0.139	0.148	0.118	0.1
商洛	0.908	0.119	0.105	0.144	0.107	0.119	0.115	0.111	0.1	0.1
蘭州	0.737	0.123	0.182	0.237	0.18	0.511	0.28	0.205	0.1	0.134
嘉峪關	0.935	0.116	0.132	0.335	0.133	0.71	0.129	0.14	0.1	0.102
金昌	0.985	0.104	0.119	0.348	0.167	0.337	0.136	0.116	0.1	0.1

表 4.5.2 2013 年度城市基礎設施競爭力三級指標分值（續 1）

城市	房價收入比（逆）	地區客運總量	地區貨運總量	人均鋪路面積	每萬人擁有公共汽電車數	每萬人擁有計程車數	年末實有鋪裝道路面積	路網設施指數	港口設施指數	航空設施指數
白銀	0.83	0.125	0.17	0.253	0.139	0.338	0.148	0.169	0.1	0.1
天水	0.654	0.138	0.123	0.16	0.116	0.161	0.149	0.139	0.1	0.1
武威	0.743	0.12	0.15	0.141	0.119	0.229	0.127	0.14	0.1	0.1
張掖	0.788	0.114	0.112	0.185	0.125	0.327	0.128	0.116	0.1	0.1
平涼	0.744	0.117	0.133	0.198	0.128	0.161	0.133	0.145	0.1	0.1
酒泉	0.869	0.134	0.119	0.24	0.152	0.256	0.136	0.125	0.1	0.102
慶陽	0.763	0.117	0.13	0.21	0.174	0.222	0.125	0.123	0.1	0.1
定西	0.823	0.113	0.124	0.153	0.108	0.132	0.115	0.12	0.1	0.1
隴南	0.878	0.261	0.303	0.117	0.1	0.115	0.106	0.282	0.1	0.1
西寧	0.785	0.126	0.128	0.188	0.213	0.723	0.167	0.147	0.1	0.108
銀川	0.811	0.117	0.209	0.324	0.223	0.65	0.237	0.181	0.1	0.114
石嘴山	0.909	0.112	0.165	0.294	0.131	0.791	0.156	0.156	0.1	0.1
吳忠	0.842	0.12	0.159	0.246	0.173	0.272	0.135	0.141	0.1	0.1
固原	0.858	0.113	0.13	0.215	0.121	0.59	0.133	0.123	0.1	0.1
中衛	0.897	0.114	0.118	0.222	0.14	0.323	0.13	0.114	0.104	0.101
烏魯木齊	0.645	0.123	0.253	0.217	0.221	0.773	0.279	0.251	0.1	0.153
克拉瑪依	0.942	0.1	0.123	0.396	0.192	0.618	0.17	0.112	0.1	0.11
香港	0.702	0.12	0.22	0.176	0.296	0.677	0.429	0.213	0.393	0.743
澳門	0.59	0.104	0.1	0.176	0.186	0.498	0.148	0.1	0.101	0.111
新北	0.788	0.257	0.195	0.213	0.212	0.677	0.375	0.338	0.1	0.17
臺北	0.788	0.205	0.164	0.201	0.212	0.677	0.265	0.26	0.125	0.533
台中	0.788	0.206	0.164	0.396	0.212	0.677	0.59	0.261	1	0.108
台南	0.788	0.175	0.146	0.509	0.212	0.677	0.581	0.213	0.1	0.102
高雄	0.788	0.212	0.168	0.43	0.212	0.677	0.675	0.267	0.501	0.138
基隆	0.788	0.115	0.109	0.328	0.212	0.677	0.155	0.122	0.171	0.1
新竹	0.788	0.116	0.11	0.252	0.212	0.677	0.139	0.124	0.1	0.1
嘉義	0.788	0.11	0.106	0.547	0.212	0.677	0.177	0.114	0.1	0.1

表 4.5.3 2013 年度城市基礎設施競爭力三級指標分值（續 2）

城市	郵政網點設施指數	市民郵政消費	市民通信消費	固定電話使用者普及率	行動電話普及率	互聯網用戶普及率	電氣水生產供應從業人數	建築業從業人數	交通倉儲郵電通信業從業人數	基礎設施從業者每萬人擁有量
北京	0.253	0.435	0.462	1	1	0.8	1	0.703	1	0.452
天津	0.37	0.302	0.296	0.73	0.906	0.479	0.52	0.533	0.279	0.316
石家莊	0.182	0.176	0.216	0.542	0.772	0.538	0.35	0.171	0.192	0.172
唐山	0.179	0.14	0.219	0.67	1	0.491	0.387	0.182	0.16	0.196
秦皇島	0.213	0.143	0.231	0.734	1	0.571	0.224	0.118	0.154	0.221
邯鄲	0.19	0.147	0.164	0.309	0.555	0.325	0.329	0.163	0.136	0.15
邢臺	0.17	0.112	0.164	0.376	0.495	0.331	0.288	0.125	0.114	0.127
保定	0.174	0.138	0.186	0.447	0.635	0.394	0.351	0.336	0.13	0.211
張家口	0.242	0.14	0.199	0.44	0.582	0.354	0.25	0.13	0.118	0.158
承德	0.271	0.147	0.191	0.37	0.572	0.363	0.193	0.114	0.116	0.143
滄州	0.238	0.152	0.184	0.508	0.706	0.336	0.281	0.182	0.125	0.171
廊坊	0.238	0.174	0.24	0.739	1	0.525	0.209	0.15	0.113	0.168
衡水	0.223	0.125	0.166	0.571	0.669	0.396	0.206	0.141	0.117	0.162
太原	0.266	0.244	0.317	1	1	0.81	0.27	0.23	0.19	0.352
大同	0.271	0.173	0.2	0.379	0.884	0.351	0.24	0.122	0.117	0.167
陽泉	0.312	0.2	0.221	0.641	0.836	0.546	0.181	0.12	0.113	0.237
長治	0.218	0.144	0.198	0.547	0.664	0.399	0.215	0.119	0.117	0.157
晉城	0.264	0.15	0.21	0.549	0.669	0.397	0.17	0.118	0.11	0.162
朔州	0.226	0.165	0.19	0.41	0.749	0.31	0.181	0.121	0.105	0.188
晉中	0.259	0.169	0.205	0.532	0.624	0.442	0.209	0.125	0.116	0.165
運城	0.253	0.136	0.183	0.422	0.61	0.348	0.171	0.114	0.113	0.117
忻州	0.338	0.167	0.185	0.669	0.702	0.422	0.161	0.121	0.111	0.148

表 4.5.3 2013 年度城市基礎設施競爭力三級指標分值（續 2）

城市	郵政網點設施指數	市民郵政消費	市民通信消費	固定電話使用者普及率	行動電話普及率	互聯網用戶普及率	電氣水生產供應從業人數	建築業從業人數	交通倉儲郵電通信業從業人數	基礎設施從業者每萬人擁有量
臨汾	0.228	0.148	0.214	0.441	0.765	0.447	0.189	0.124	0.147	0.172
呂梁	0.188	0.149	0.206	0.418	0.673	0.335	0.134	0.11	0.109	0.113
呼和浩特	0.26	0.182	0.315	0.727	1	0.435	0.266	0.122	0.124	0.196
包頭	0.26	0.14	0.297	0.427	1	0.33	0.242	0.152	0.121	0.249
烏海	0.391	0.186	0.282	0.631	1	0.449	0.155	0.125	0.103	0.414
赤峰	0.379	0.12	0.183	0.359	1	0.244	0.23	0.123	0.113	0.143
通遼	0.253	0.103	0.384	0.242	0.918	0.252	0.189	0.12	0.11	0.149
鄂爾多斯	0.452	0.145	0.282	0.644	1	0.257	0.185	0.101	0.104	0.126
呼倫貝爾	0.381	0.151	0.199	0.483	1	0.367	0.24	0.118	0.132	0.205
巴彥淖爾	0.47	0.492	0.493	0.399	0.595	0.302	0.175	0.124	0.104	0.199
烏蘭察布	0.446	0.139	0.204	0.495	0.556	0.23	0.195	0.111	0.109	0.159
瀋陽	0.213	0.169	0.349	1	1	0.662	0.439	0.197	0.271	0.283
大連	0.259	0.298	0.358	1	1	0.711	0.286	0.194	0.196	0.253
鞍山	0.211	0.18	0.238	0.919	0.898	0.525	0.242	0.207	0.119	0.282
撫順	0.248	0.158	0.215	0.975	0.831	0.512	0.24	0.139	0.112	0.237
本溪	0.31	0.181	0.223	0.822	0.81	0.55	0.189	0.142	0.115	0.301
丹東	0.26	0.184	0.214	1	0.712	0.992	0.189	0.146	0.119	0.237
錦州	0.227	0.149	0.2	0.877	0.755	0.506	0.237	0.133	0.12	0.195
營口	0.218	0.151	0.235	0.767	0.689	0.498	0.189	0.127	0.131	0.223
阜新	0.235	0.128	0.189	0.772	0.724	0.468	0.178	0.12	0.105	0.174
遼陽	0.325	0.208	0.218	0.837	0.777	0.474	0.14	0.133	0.105	0.201
盤錦	0.351	0.252	0.248	0.799	1	0.464	0.149	0.139	0.107	0.281
鐵嶺	0.257	0.15	0.179	0.557	0.527	0.345	0.201	0.129	0.11	0.168
朝陽	0.297	0.154	0.172	0.639	0.557	0.333	0.183	0.152	0.109	0.186
葫蘆島	0.255	0.163	0.188	0.634	0.657	0.365	0.234	0.109	0.115	0.157
長春	0.205	0.164	0.237	0.687	0.87	0.443	0.371	0.17	0.153	0.183
吉林	0.226	0.156	0.196	0.626	0.955	0.434	0.261	0.14	0.115	0.169
四平	0.218	0.145	0.168	0.424	0.624	0.317	0.174	0.106	0.108	0.117
遼源	0.259	0.161	0.183	0.579	0.684	0.434	0.142	0.101	0.103	0.127
通化	0.3	0.176	0.185	0.635	0.911	0.39	0.189	0.113	0.11	0.159
白山	0.293	0.216	0.189	0.925	0.671	0.419	0.171	0.112	0.105	0.186
松原	0.226	0.137	0.168	0.308	1	0.272	0.15	0.114	0.106	0.128
白城	0.283	0.144	0.169	0.531	0.627	0.34	0.147	0.108	0.107	0.134
哈爾濱	0.231	0.174	0.249	0.604	0.786	1	0.469	0.266	0.28	0.256
齊齊哈爾	0.281	0.152	0.187	0.472	0.626	0.314	0.252	0.135	0.169	0.191
雞西	0.499	0.254	0.202	0.62	0.844	0.339	0.182	0.115	0.113	0.187
鶴崗	0.355	0.195	0.259	0.388	0.902	0.365	0.138	0.107	0.11	0.185
雙鴨山	0.412	0.189	0.184	0.466	0.876	0.37	0.172	0.104	0.11	0.165
大慶	0.332	0.235	0.273	0.624	1	0.468	0.341	0.189	0.124	0.326
伊春	0.412	0.184	0.191	0.65	0.651	0.922	0.163	0.109	0.104	0.18
佳木斯	0.445	0.178	0.196	0.475	0.852	0.375	0.18	0.123	0.119	0.181
七台河	0.283	0.163	0.2	0.467	0.742	0.375	0.113	0.111	0.103	0.167
牡丹江	0.329	0.268	0.213	0.685	0.663	0.435	0.212	0.11	0.112	0.148
黑河	0.406	0.175	0.224	0.324	0.592	0.318	0.18	0.111	0.118	0.195
綏化	0.272	0.138	0.1	0.323	0.153	0.216	0.176	0.138	0.115	0.139
上海	0.191	0.382	0.396	1	1	0.71	0.709	0.621	0.743	0.327
南京	0.187	0.217	0.3	1	1	0.924	0.294	0.285	0.239	0.284
無錫	0.202	0.222	0.329	0.989	1	0.739	0.228	0.186	0.137	0.187
徐州	0.209	0.181	0.194	0.807	0.782	0.342	0.285	0.127	0.174	0.151
常州	0.234	0.259	0.293	1	1	0.658	0.171	0.207	0.13	0.234
蘇州	0.192	0.536	0.369	0.97	1	0.666	0.241	0.151	0.139	0.132
南通	0.278	0.235	0.23	1	1	0.526	0.203	0.18	0.134	0.167
連雲港	0.222	0.171	0.201	0.702	0.827	0.428	0.193	0.148	0.133	0.184
淮安	0.25	0.165	0.177	1	0.501	0.321	0.188	0.153	0.116	0.164
鹽城	0.233	0.165	0.183	0.762	0.766	0.426	0.192	0.189	0.12	0.164
揚州	0.281	0.222	0.24	0.976	1	0.632	0.14	0.185	0.115	0.197

表 4.5.3 2013 年度城市基礎設施競爭力三級指標分值（續 2）

城市	郵政網點設施指數	市民郵政消費	市民通信消費	固定電話使用者普及率	行動電話普及率	互聯網用戶普及率	電氣水生產供應從業人數	建築業從業人數	交通倉儲郵電通信業從業人數	基礎設施從業者每萬人擁有量
鎮江	0.255	0.204	0.227	1	1	0.491	0.176	0.134	0.124	0.186
泰州	0.258	0.202	0.217	0.81	0.784	0.374	0.161	0.141	0.117	0.151
宿遷	0.226	0.161	0.166	0.524	0.711	0.305	0.137	0.133	0.106	0.128
杭州	0.219	0.237	0.382	1	1	0.845	0.322	0.999	0.245	0.669
寧波	0.247	0.241	0.336	1	1	0.942	0.313	0.564	0.191	0.448
溫州	0.157	0.169	0.303	0.887	1	0.628	0.277	0.437	0.147	0.297
嘉興	0.229	0.185	0.374	0.795	1	0.648	0.258	0.118	0.119	0.146
湖州	0.204	0.188	0.262	1	1	0.597	0.179	0.221	0.113	0.324
紹興	0.19	0.187	0.268	1	1	0.689	0.221	1	0.122	1
金華	0.272	0.245	0.302	0.992	1	0.668	0.195	0.289	0.128	0.288
衢州	0.219	0.148	0.382	0.776	0.936	0.458	0.151	0.124	0.108	0.173
舟山	0.293	0.216	0.31	1	1	0.728	0.15	0.127	0.12	0.311
台州	0.184	0.205	0.277	0.85	1	0.607	0.211	0.462	0.122	0.403
麗水	0.487	0.174	0.25	0.687	1	0.484	0.18	0.114	0.107	0.157
合肥	0.188	1	0.238	0.806	0.751	0.379	0.235	0.434	0.18	0.356
蕪湖	0.382	0.189	0.199	0.729	0.634	0.377	0.164	0.168	0.136	0.232
蚌埠	0.2	0.143	0.154	0.411	0.541	0.783	0.156	0.147	0.119	0.194
淮南	0.229	0.153	0.188	0.62	0.593	0.371	0.213	0.162	0.118	0.28
馬鞍山	0.229	0.134	0.19	0.887	0.68	0.407	0.146	0.127	0.106	0.17
淮北	0.18	0.108	0.17	0.567	0.563	0.33	0.145	0.102	0.106	0.117
銅陵	0.267	0.2	0.215	0.864	0.789	0.444	0.127	0.122	0.103	0.279
安慶	0.235	0.165	0.163	0.617	0.559	0.297	0.234	0.139	0.111	0.146
黃山	0.353	0.158	0.343	0.896	0.698	0.447	0.12	0.119	0.106	0.185
滁州	0.256	0.124	0.173	0.581	0.555	0.28	0.135	0.118	0.115	0.129
阜陽	0.181	0.139	0.159	0.382	0.409	0.215	0.183	0.144	0.122	0.131
宿州	0.196	0.136	0.165	0.46	0.459	0.229	0.153	0.142	0.109	0.135
六安	0.222	0.123	0.169	0.528	0.504	0.217	0.189	0.158	0.137	0.173
亳州	0.158	0.135	0.152	0.419	0.379	0.23	0.124	0.116	0.104	0.107
池州	0.306	0.167	0.178	0.744	0.625	0.34	0.118	0.116	0.101	0.153
宣城	0.281	0.135	0.183	0.736	0.583	0.338	0.229	0.122	0.115	0.188
福州	0.225	0.19	0.311	0.8	1	0.6	0.265	0.558	0.163	0.444
廈門	0.192	0.881	0.392	1	1	0.853	0.163	0.391	0.171	0.571
莆田	0.178	0.178	0.224	0.72	0.873	0.511	0.159	0.155	0.106	0.204
三明	0.39	0.212	0.221	0.78	0.983	0.443	0.206	0.136	0.112	0.204
泉州	0.195	0.17	0.289	0.839	1	0.591	0.251	0.458	0.129	0.322
漳州	0.211	0.167	0.227	0.637	0.878	0.42	0.209	0.178	0.111	0.187
南平	0.404	0.223	0.213	1	0.998	0.497	0.19	0.128	0.11	0.175
龍岩	0.324	0.189	0.232	0.638	0.984	0.461	0.18	0.187	0.112	0.29
寧德	0.283	0.182	0.232	0.618	0.905	0.881	0.22	0.126	0.111	0.174
南昌	0.22	0.294	0.249	0.857	1	0.488	0.264	0.443	0.199	0.515
景德鎮	0.506	0.574	0.221	0.683	0.196	0.338	0.153	0.125	0.106	0.202
萍鄉	0.23	0.145	0.177	0.384	0.71	0.313	0.137	0.119	0.105	0.161
九江	0.265	0.134	0.175	0.507	0.623	0.314	0.222	0.201	0.113	0.216
新餘	0.322	0.17	0.171	0.528	0.802	0.426	0.134	0.107	0.102	0.144
鷹潭	0.289	0.167	0.174	0.432	0.588	0.367	0.137	0.113	0.102	0.174
贛州	0.272	0.137	0.165	0.377	0.559	0.26	0.231	0.14	0.114	0.124
吉安	0.295	0.167	0.156	0.378	0.516	0.273	0.2	0.124	0.114	0.135
宜春	0.235	0.15	0.145	0.309	0.38	0.218	0.183	0.134	0.115	0.136
撫州	0.291	0.139	0.153	0.214	0.393	0.238	0.159	0.162	0.106	0.177
上饒	0.228	0.163	0.16	0.302	0.533	0.222	0.29	0.128	0.109	0.129
濟南	0.221	0.187	0.248	0.808	1	0.62	0.275	0.488	0.237	0.459
青島	0.193	0.175	0.267	0.852	1	0.67	0.32	0.193	0.201	0.202
淄博	0.218	0.169	0.214	0.589	0.855	0.474	0.277	0.26	0.114	0.294
棗莊	0.201	0.137	0.331	0.39	0.738	0.368	0.17	0.184	0.109	0.216
東營	0.264	0.182	0.26	0.737	1	0.628	0.133	0.135	0.12	0.22
煙臺	0.257	0.177	0.225	0.732	1	0.471	0.308	0.204	0.151	0.208

表 4.5.3 2013 年度城市基礎設施競爭力三級指標分值（續 2）

城市	郵政網點設施指數	市民郵政消費	市民通信消費	固定電話使用者普及率	行動電話普及率	互聯網用戶普及率	電氣水生產供應從業人數	建築業從業人數	交通倉儲郵電通信業從業人數	基礎設施從業者每萬人擁有量
濰坊	0.213	0.142	0.237	0.616	0.886	0.395	0.251	0.181	0.122	0.148
濟寧	0.206	0.137	0.162	0.322	0.769	0.281	0.3	0.164	0.126	0.152
泰安	0.195	0.136	0.191	0.532	0.931	0.37	0.195	0.323	0.114	0.302
威海	0.25	0.217	0.216	0.811	0.95	0.622	0.235	0.185	0.114	0.285
日照	0.204	0.136	0.214	0.357	0.831	0.399	0.145	0.114	0.122	0.154
萊蕪	0.234	0.165	0.182	0.465	0.879	0.426	0.133	0.114	0.106	0.175
臨沂	0.195	0.129	0.189	0.323	0.862	0.312	0.228	0.274	0.115	0.181
德州	0.27	0.161	0.177	0.664	0.729	0.305	0.21	0.144	0.108	0.141
聊城	0.214	0.147	0.162	0.325	0.637	0.319	0.214	0.129	0.122	0.137
濱州	0.233	0.161	0.167	0.636	0.94	0.394	0.157	0.142	0.104	0.152
菏澤	0.178	0.134	0.168	0.246	0.717	0.298	0.228	0.147	0.117	0.13
鄭州	0.218	0.205	0.274	0.843	1	0.625	0.402	0.42	0.161	0.311
開封	0.191	0.175	0.156	0.347	0.458	0.317	0.158	0.156	0.116	0.165
洛陽	0.209	0.165	0.187	0.571	0.776	0.432	0.479	0.179	0.129	0.2
平頂山	0.196	0.177	0.169	0.296	0.509	0.324	0.205	0.144	0.119	0.158
安陽	0.185	0.193	0.173	0.156	0.787	0.351	0.186	0.351	0.114	0.342
鶴壁	0.151	0.147	0.166	0.537	0.582	0.43	0.133	0.128	0.103	0.193
新鄉	0.202	0.187	0.175	0.541	0.793	0.375	0.206	0.192	0.115	0.186
焦作	0.228	0.196	0.176	0.458	0.845	0.39	0.229	0.138	0.109	0.173
濮陽	0.205	0.175	0.167	0.264	0.547	0.289	0.164	0.175	0.108	0.209
許昌	0.202	0.179	0.169	0.493	0.539	0.345	0.164	0.144	0.108	0.152
漯河	0.187	0.163	0.177	0.247	0.53	0.348	0.134	0.133	0.107	0.169
三門峽	0.241	0.183	0.183	0.414	0.8	0.382	0.179	0.141	0.11	0.217
南陽	0.203	0.168	0.153	0.222	0.387	0.236	0.262	0.299	0.133	0.203
商丘	0.206	0.196	0.153	0.41	0.647	0.239	0.18	0.169	0.115	0.145
信陽	0.248	0.172	0.162	0.354	0.575	0.285	0.236	0.179	0.124	0.179
周口	0.175	0.166	0.146	0.184	0.348	0.217	0.204	0.174	0.113	0.137
駐馬店	0.204	0.191	0.15	0.14	0.372	0.205	0.243	0.193	0.118	0.171
武漢	0.201	0.183	0.306	0.944	1	0.771	0.311	0.751	0.34	0.516
黃石	0.195	0.185	0.2	0.546	0.731	0.383	0.136	0.167	0.11	0.245
十堰	0.271	0.163	0.161	0.585	0.724	0.369	0.247	0.148	0.115	0.203
宜昌	0.237	0.145	0.193	0.467	0.751	0.396	0.284	0.221	0.149	0.311
襄陽	0.218	0.145	0.162	0.391	0.576	0.318	0.18	0.213	0.124	0.211
鄂州	0.241	0.16	0.185	0.468	0.739	0.415	0.126	0.144	0.105	0.326
荊門	0.211	0.155	0.17	0.361	0.532	0.322	0.169	0.149	0.119	0.212
孝感	0.208	0.839	0.151	0.356	0.465	0.271	0.181	0.302	0.121	0.316
荊州	0.214	0.16	0.172	0.351	0.592	0.307	0.162	0.167	0.115	0.159
黃岡	0.185	0.129	0.139	0.443	0.438	0.248	0.182	0.19	0.108	0.169
咸寧	0.239	0.143	0.172	0.539	0.704	0.447	0.143	0.137	0.107	0.181
隨州	0.19	0.172	0.166	0.442	0.63	0.307	0.114	0.124	0.103	0.149
長沙	0.538	0.201	0.303	0.904	1	0.54	0.165	0.378	0.17	0.322
株洲	0.21	0.149	0.218	0.66	0.632	0.348	0.156	0.201	0.111	0.232
湘潭	0.12	0.105	0.405	0.245	0.59	0.297	0.143	0.204	0.112	0.296
衡陽	0.197	0.136	0.289	0.349	0.449	0.23	0.185	0.256	0.119	0.208
邵陽	0.22	0.167	0.16	0.324	0.427	0.194	0.169	0.202	0.124	0.174
岳陽	0.191	0.147	0.176	0.417	0.539	0.304	0.158	0.205	0.122	0.201
常德	0.228	0.14	0.177	0.349	0.506	0.277	0.158	0.205	0.112	0.188
張家界	0.27	0.142	0.2	0.319	0.482	0.404	0.115	0.117	0.106	0.168
益陽	0.203	0.14	0.167	0.301	0.435	0.246	0.126	0.155	0.107	0.156
郴州	0.213	0.15	0.184	0.374	0.594	0.261	0.215	0.14	0.11	0.152
永州	0.235	0.134	0.13	0.218	0.352	0.22	0.171	0.164	0.11	0.16
懷化	0.274	0.137	0.112	0.391	0.468	0.257	0.212	0.134	0.119	0.152
婁底	0.179	0.124	0.17	0.451	0.436	0.24	0.135	0.155	0.111	0.172
廣州	0.151	0.335	0.48	1	1	1	0.356	0.435	0.474	0.352
韶關	0.304	0.176	0.218	0.622	0.566	0.393	0.231	0.162	0.12	0.252
深圳	0.431	0.586	0.611	1	1	0.824	0.296	0.314	0.408	0.323

表 4.5.3 2013 年度城市基礎設施競爭力三級指標分值（續 2）

城市	郵政網點設施指數	市民郵政消費	市民通信消費	固定電話使用者普及率	行動電話普及率	互聯網用戶普及率	電氣水生產供應從業人數	建築業從業人數	交通倉儲郵電通信業從業人數	基礎設施從業者每萬人擁有量
珠海	0.281	0.351	0.489	1	1	0.98	0.156	0.132	0.127	0.284
汕頭	0.141	0.137	0.249	0.769	1	0.493	0.183	0.194	0.114	0.189
佛山	0.202	0.209	0.383	1	1	0.727	0.211	0.154	0.127	0.146
江門	0.202	0.161	0.274	0.744	0.865	0.509	0.19	0.201	0.116	0.222
湛江	0.17	0.19	0.404	0.333	0.805	0.259	0.208	0.177	0.137	0.169
茂名	0.177	0.135	0.209	0.438	0.38	0.247	0.169	0.215	0.113	0.196
肇慶	0.233	0.127	0.23	0.551	0.554	0.1	0.157	0.118	0.112	0.13
惠州	0.244	0.143	0.297	0.871	0.9	0.577	0.188	0.132	0.119	0.148
梅州	0.254	0.199	0.161	0.475	0.665	0.287	0.214	0.125	0.108	0.138
汕尾	0.157	0.108	0.195	0.448	0.402	0.1	0.148	0.11	0.104	0.118
河源	0.25	0.129	0.201	0.493	0.611	0.28	0.174	0.118	0.108	0.142
陽江	0.186	0.171	0.2	0.585	0.559	0.358	0.148	0.149	0.11	0.213
清遠	0.296	0.177	0.198	0.442	0.534	0.2	0.191	0.106	0.109	0.12
東莞	0.425	0.204	0.42	1	1	0.724	0.176	0.102	0.124	0.103
中山	0.24	0.183	0.384	0.972	1	0.783	0.148	0.106	0.119	0.13
潮州	0.171	0.129	0.228	0.685	0.628	0.4	0.182	0.114	0.105	0.139
揭陽	0.146	0.11	0.196	0.47	0.716	0.285	0.19	0.134	0.107	0.127
雲浮	0.245	0.151	0.209	0.533	0.391	0.539	0.151	0.114	0.103	0.134
南寧	0.205	0.187	0.229	0.449	0.988	1	0.201	0.247	0.2	0.259
柳州	0.227	0.136	0.202	0.484	0.63	0.502	0.165	0.14	0.125	0.176
桂林	0.263	0.152	0.214	0.464	0.776	0.436	0.217	0.131	0.117	0.147
梧州	0.194	0.141	0.159	0.342	0.405	0.308	0.165	0.113	0.108	0.133
北海	0.178	0.14	0.219	0.53	0.697	0.492	0.134	0.114	0.107	0.166
防城港	0.267	0.149	0.229	0.458	0.759	0.433	0.13	0.116	0.117	0.287
欽州	0.184	0.131	0.158	0.334	0.367	0.276	0.137	0.133	0.109	0.156
貴港	0.164	0.141	0.147	0.353	0.344	0.242	0.141	0.11	0.112	0.115
玉林	0.169	0.133	0.158	0.415	0.397	0.292	0.173	0.167	0.115	0.163
百色	0.295	0.121	0.168	0.346	0.421	0.304	0.196	0.11	0.111	0.13
賀州	0.24	0.119	0.154	0.249	0.41	0.297	0.146	0.105	0.104	0.123
河池	0.315	0.133	0.161	0.311	0.451	0.3	0.183	0.118	0.11	0.14
來賓	0.246	0.124	0.163	0.223	0.451	0.26	0.161	0.105	0.103	0.122
崇左	0.268	0.147	0.173	0.258	0.507	0.266	0.159	0.106	0.107	0.134
海口	0.222	0.172	0.432	1	1	0.715	0.143	0.159	0.146	0.33
三亞	0.293	0.192	0.379	1	1	0.482	0.119	0.105	0.108	0.189
重慶	0.342	0.197	0.2	0.573	0.591	1	0.764	0.963	0.327	0.275
成都	0.219	0.172	0.288	0.822	1	0.462	0.336	0.8	0.189	0.362
自貢	0.368	0.167	0.119	0.551	0.635	0.36	0.138	0.139	0.112	0.185
攀枝花	0.256	0.158	0.227	0.753	1	0.481	0.18	0.128	0.105	0.263
瀘州	0.33	0.163	0.169	0.382	0.676	0.266	0.16	0.217	0.113	0.242
德陽	0.288	0.158	0.185	0.409	0.809	0.377	0.131	0.171	0.108	0.195
綿陽	0.49	0.16	0.195	0.461	0.817	0.361	0.207	0.145	0.115	0.16
廣元	0.533	0.163	0.195	0.528	0.819	0.315	0.135	0.117	0.106	0.138
遂寧	0.259	0.144	0.145	0.32	0.519	0.27	0.156	0.179	0.102	0.215
內江	0.345	0.133	0.15	0.374	0.516	0.24	0.141	0.171	0.107	0.193
樂山	0.362	0.144	0.186	0.658	0.928	0.354	0.314	0.145	0.112	0.213
南充	0.43	0.154	0.158	0.434	0.517	0.274	0.185	0.153	0.113	0.143
眉山	0.454	0.144	0.164	0.415	0.671	0.273	0.145	0.128	0.106	0.15
宜賓	0.349	0.138	0.17	0.404	0.683	0.292	0.208	0.17	0.116	0.192
廣安	0.269	0.164	0.154	0.331	0.567	0.243	0.147	0.116	0.104	0.124
達州	0.425	0.138	0.157	0.376	0.514	0.246	0.221	0.147	0.112	0.149
雅安	0.302	0.125	0.192	0.449	0.777	0.332	0.151	0.111	0.103	0.155
巴中	0.493	0.14	0.147	0.302	0.52	0.206	0.16	0.178	0.105	0.219
資陽	0.531	0.178	0.149	0.33	0.559	0.229	0.13	0.133	0.105	0.139
貴陽	0.262	0.16	0.259	0.668	1	0.514	0.337	0.363	0.137	0.447
六盤水	0.158	0.121	0.172	0.296	0.569	0.221	0.16	0.113	0.102	0.125
遵義	0.291	0.708	0.179	0.357	0.631	0.263	0.207	0.138	0.119	0.139

表 4.5.3 2013 年度城市基礎設施競爭力三級指標分值（續 2）

城市	郵政網點設施指數	市民郵政消費	市民通信消費	固定電話使用者普及率	行動電話普及率	互聯網用戶普及率	電氣水生產供應從業人數	建築業從業人數	交通倉儲郵電通信業從業人數	基礎設施從業者每萬人擁有量
安順	0.239	0.119	0.166	0.309	0.55	0.247	0.139	0.108	0.105	0.123
畢節	0.167	0.104	0.147	0.159	0.341	0.176	0.219	0.108	0.11	0.109
銅仁	0.28	0.134	0.166	0.239	0.468	0.203	0.157	0.105	0.104	0.11
昆明	0.292	0.154	0.312	0.788	1	0.57	0.264	0.424	0.229	0.429
曲靖	0.195	0.104	0.145	0.149	0.72	0.222	0.219	0.141	0.107	0.136
玉溪	0.228	0.116	0.253	0.288	0.764	0.359	0.153	0.114	0.104	0.137
保山	0.241	0.103	0.13	0.191	0.601	0.223	0.134	0.156	0.104	0.208
昭通	0.202	0.1	0.105	0.1	0.419	0.172	0.163	0.12	0.106	0.115
麗江	0.295	0.123	0.117	0.344	0.524	0.249	0.125	0.111	0.103	0.154
普洱	0.304	0.106	0.167	0.365	0.697	0.257	0.148	0.124	0.105	0.152
臨滄	0.27	0.108	0.155	0.21	0.556	0.201	0.134	0.12	0.104	0.142
拉薩	0.435	0.169	0.312	1	1	0.1	0.184	0.126	0.127	0.625
西安	0.229	0.213	0.297	0.951	1	0.684	0.249	0.352	0.27	0.325
銅川	0.292	0.177	0.122	0.435	0.854	0.346	0.118	0.115	0.102	0.199
寶雞	0.261	0.165	0.176	0.521	0.758	0.314	0.189	0.13	0.128	0.172
咸陽	0.235	0.147	0.171	0.333	0.623	0.303	0.185	0.165	0.112	0.171
渭南	0.282	0.14	0.172	0.453	0.675	0.299	0.27	0.126	0.112	0.139
延安	0.36	0.162	0.122	0.509	1	0.352	0.126	0.11	0.106	0.128
漢中	0.283	0.184	0.173	0.455	0.687	0.292	0.128	0.127	0.113	0.145
榆林	0.322	0.153	0.225	0.475	1	0.319	0.19	0.11	0.122	0.145
安康	0.274	0.165	0.168	0.418	0.681	0.298	0.132	0.113	0.105	0.125
商洛	0.248	0.139	0.157	0.424	0.405	0.222	0.112	0.12	0.11	0.149
蘭州	0.263	0.162	0.261	0.768	1	0.413	0.238	0.253	0.127	0.347
嘉峪關	0.392	0.194	0.262	1	1	0.73	0.108	0.1	0.1	0.13
金昌	0.247	0.141	0.204	0.482	1	0.386	0.132	0.107	0.101	0.224
白銀	0.288	0.115	0.169	0.491	0.681	0.247	0.158	0.108	0.103	0.14
天水	0.27	0.126	0.152	0.336	0.563	0.188	0.16	0.126	0.108	0.145
武威	0.31	0.117	0.149	0.324	0.63	0.163	0.135	0.105	0.106	0.127
張掖	0.412	0.133	0.168	0.645	0.925	0.296	0.158	0.108	0.104	0.165
平涼	0.332	0.105	0.148	0.253	0.473	0.193	0.141	0.121	0.103	0.156
酒泉	0.398	0.141	0.218	0.558	0.931	0.335	0.141	0.108	0.104	0.164
慶陽	0.335	0.121	0.182	0.335	0.853	0.216	0.132	0.1	0.102	0.1
定西	0.259	0.111	0.135	0.297	0.1	0.147	0.138	0.108	0.105	0.117
隴南	0.301	0.114	0.139	0.312	0.287	0.149	0.155	0.105	0.106	0.119
西寧	0.503	0.154	0.267	0.772	1	0.47	0.168	0.178	0.139	0.387
銀川	0.341	0.129	0.238	0.725	1	0.509	0.339	0.124	0.115	0.257
石嘴山	0.359	0.155	0.229	0.725	1	0.437	0.16	0.105	0.103	0.194
吳忠	0.222	0.114	0.197	0.241	0.724	0.223	0.128	0.104	0.102	0.124
固原	0.404	0.12	0.112	0.241	0.596	0.18	0.103	0.101	0.103	0.106
中衛	0.252	0.112	0.166	0.299	0.542	0.242	0.106	0.101	0.103	0.107
烏魯木齊	0.328	0.218	0.343	1	1	1	0.318	0.241	0.207	0.475
克拉瑪依	0.33	0.197	0.227	0.708	0.839	0.501	0.1	0.122	0.103	0.276
香港	0.107	0.171	0.773	1	1	0.704	0.239	0.477	0.599	0.66
澳門	1	0.171	0.604	1	1	0.654	0.108	0.138	0.128	0.646
新北	0.108	0.171	1	0.584	0.71	0.383	0.278	0.293	0.209	0.475
臺北	0.275	0.171	1	0.824	0.761	0.444	0.216	0.226	0.171	0.462
台中	0.106	0.171	1	0.55	0.658	0.345	0.22	0.23	0.174	0.472
台南	0.106	0.171	1	0.498	0.604	0.335	0.187	0.195	0.154	0.486
高雄	0.1	0.171	1	0.511	0.669	0.345	0.224	0.235	0.176	0.469
基隆	0.476	0.171	1	0.496	0.664	0.337	0.116	0.118	0.11	0.468
新竹	0.585	0.171	1	0.622	0.724	0.462	0.118	0.12	0.111	0.47
嘉義	0.954	0.171	1	0.733	0.64	0.319	0.111	0.112	0.107	0.455

4.6 城市社會體制競爭力三級指標分值

表 4.6.1 2013 年度城市社會體制競爭力三級指標分值

城市	失業率(逆)	基尼指數(逆)	社會保障補助支出	社會保障覆蓋率	社會服務業人力資本規模	人均社會保障補助支出	社會服務業從業者每萬人擁有量
北京	0.965	0.722	0.864	0.398	1	0.445	0.473
天津	0.734	0.623	0.46	0.244	0.453	0.33	0.285
石家莊	0.739	0.564	0.159	0.16	0.266	0.118	0.184
唐山	0.688	0.56	0.204	0.176	0.242	0.2	0.21
秦皇島	0.7	0.566	0.132	0.176	0.173	0.179	0.28
邯鄲	0.716	0.549	0.166	0.142	0.229	0.133	0.162
邢臺	0.818	0.551	0.134	0.139	0.188	0.109	0.147
保定	0.761	0.544	0.185	0.136	0.26	0.136	0.163
張家口	0.672	0.548	0.162	0.158	0.181	0.21	0.216
承德	0.695	0.544	0.135	0.151	0.171	0.17	0.235
滄州	0.829	0.545	0.141	0.134	0.222	0.119	0.195
廊坊	0.912	0.543	0.139	0.148	0.164	0.156	0.173
衡水	0.737	0.488	0.123	0.133	0.161	0.12	0.169
太原	0.778	0.566	0.165	0.235	0.217	0.223	0.309
大同	0.513	0.535	0.142	0.18	0.154	0.196	0.196
陽泉	0.828	0.567	0.113	0.194	0.124	0.185	0.227
長治	0.877	0.535	0.136	0.139	0.165	0.177	0.226
晉城	0.911	0.528	0.125	0.158	0.138	0.186	0.205
朔州	0.907	0.567	0.117	0.144	0.117	0.18	0.145
晉中	0.907	0.557	0.143	0.154	0.161	0.202	0.221
運城	0.792	0.573	0.147	0.135	0.177	0.155	0.175
忻州	0.845	0.572	0.147	0.144	0.154	0.226	0.211
臨汾	0.821	0.565	0.158	0.131	0.169	0.202	0.188
呂梁	0.889	0.559	0.132	0.118	0.145	0.153	0.149
呼和浩特	0.76	0.562	0.158	0.198	0.166	0.274	0.263
包頭	0.8	0.557	0.169	0.195	0.139	0.332	0.181
烏海	0.701	0.556	0.114	0.257	0.109	0.402	0.273
赤峰	0.667	0.553	0.169	0.141	0.176	0.229	0.206
通遼	0.726	0.554	0.156	0.148	0.148	0.251	0.186
鄂爾多斯	0.832	0.573	0.181	0.17	0.131	0.489	0.198
呼倫貝爾	0.678	0.552	0.179	0.194	0.173	0.371	0.307
巴彥淖爾	0.636	0.549	0.146	0.164	0.128	0.362	0.215
烏蘭察布	0.341	0.53	0.159	0.126	0.13	0.358	0.182
瀋陽	0.8	0.569	0.333	0.229	0.376	0.391	0.411
大連	0.827	0.585	0.332	0.251	0.269	0.466	0.316
鞍山	0.817	0.531	0.192	0.191	0.197	0.335	0.311
撫順	0.593	0.542	0.187	0.234	0.148	0.478	0.258
本溪	0.599	0.525	0.151	0.27	0.166	0.422	0.485
丹東	0.668	0.438	0.158	0.2	0.163	0.319	0.3
錦州	0.891	0.516	0.169	0.186	0.168	0.298	0.255
營口	0.912	0.538	0.163	0.177	0.146	0.346	0.233
阜新	0.709	0.532	0.159	0.195	0.14	0.394	0.252
遼陽	0.856	0.533	0.144	0.203	0.132	0.325	0.22
盤錦	0.804	0.56	0.136	0.264	0.124	0.373	0.237
鐵嶺	0.745	0.536	0.136	0.173	0.144	0.19	0.176
朝陽	0.734	0.536	0.171	0.14	0.156	0.281	0.198
葫蘆島	0.707	0.559	0.156	0.168	0.139	0.274	0.172
長春	0.723	0.573	0.245	0.203	0.3	0.256	0.289
吉林	0.807	0.531	0.19	0.165	0.19	0.278	0.238
四平	0.666	0.541	0.155	0.146	0.171	0.234	0.243
遼源	0.741	0.514	0.127	0.156	0.123	0.318	0.25
通化	0.832	0.536	0.146	0.194	0.15	0.284	0.264

表 4. 6. 1 2013 年度城市社會體制競爭力三級指標分值

城市	失業率(逆)	基尼指數(逆)	社會保障補助支出	社會保障覆蓋率	社會服務業人力資本規模	人均社會保障補助支出	社會服務業從業者每萬人擁有量
白山	0.789	0.544	0.144	0.185	0.173	0.439	0.634
松原	0.837	0.556	0.132	0.134	0.152	0.182	0.215
白城	0.752	0.559	0.139	0.141	0.15	0.274	0.289
哈爾濱	0.798	0.582	0.279	0.156	0.369	0.231	0.277
齊齊哈爾	0.675	0.551	0.184	0.14	0.19	0.224	0.194
雞西	0.674	0.559	0.139	0.181	0.128	0.295	0.193
鶴崗	0.707	0.556	0.111	0.182	0.122	0.198	0.271
雙鴨山	0.756	0.564	0.123	0.138	0.119	0.243	0.178
大慶	0.788	0.555	0.144	0.182	0.173	0.225	0.288
伊春	0.526	0.533	0.14	0.188	0.113	0.448	0.172
佳木斯	0.796	0.362	0.142	0.139	0.15	0.242	0.235
七台河	0.808	0.55	0.113	0.161	0.107	0.243	0.144
牡丹江	0.828	0.546	0.149	0.173	0.159	0.25	0.247
黑河	0.895	0.566	0.119	0.131	0.137	0.2	0.268
綏化	0.821	0.563	0.157	0.131	0.167	0.17	0.149
上海	0.795	0.787	1	0.309	0.808	0.449	0.325
南京	0.87	0.598	0.218	0.245	0.319	0.209	0.296
無錫	0.893	0.576	0.19	0.265	0.237	0.204	0.239
徐州	0.843	0.557	0.196	0.138	0.275	0.175	0.229
常州	0.904	0.564	0.175	0.217	0.202	0.228	0.25
蘇州	0.943	0.622	0.279	0.307	0.3	0.233	0.213
南通	0.814	0.566	0.173	0.155	0.239	0.163	0.216
連雲港	0.877	0.55	0.133	0.132	0.175	0.143	0.201
淮安	0.865	0.545	0.157	0.139	0.18	0.185	0.195
鹽城	0.901	0.556	0.168	0.139	0.216	0.157	0.184
揚州	0.835	0.555	0.139	0.163	0.184	0.154	0.217
鎮江	0.907	0.562	0.124	0.188	0.175	0.147	0.276
泰州	0.892	0.561	0.144	0.153	0.193	0.16	0.231
宿遷	0.906	0.555	0.148	0.122	0.141	0.167	0.112
杭州	0.953	0.615	0.264	0.289	0.441	0.252	0.419
寧波	0.869	0.582	0.223	0.296	0.303	0.225	0.293
溫州	0.968	0.573	0.148	0.167	0.271	0.113	0.21
嘉興	0.847	0.566	0.137	0.24	0.202	0.148	0.254
湖州	0.921	0.566	0.118	0.19	0.164	0.134	0.257
紹興	0.89	0.565	0.136	0.206	0.213	0.138	0.257
金華	0.917	0.556	0.137	0.172	0.22	0.133	0.251
衢州	0.844	0.56	0.118	0.154	0.144	0.161	0.252
舟山	0.867	0.562	0.109	0.204	0.133	0.176	0.359
台州	0.89	0.572	0.143	0.162	0.226	0.135	0.237
麗水	0.838	0.536	0.12	0.142	0.155	0.172	0.305
合肥	0.879	0.556	0.179	0.154	0.263	0.168	0.242
蕪湖	0.831	0.543	0.143	0.142	0.163	0.192	0.208
蚌埠	0.668	0.537	0.131	0.136	0.147	0.169	0.182
淮南	0.7	0.549	0.125	0.153	0.15	0.181	0.255
馬鞍山	0.805	0.552	0.123	0.152	0.132	0.184	0.187
淮北	0.707	0.547	0.118	0.154	0.128	0.162	0.174
銅陵	0.658	0.55	0.112	0.191	0.111	0.283	0.234
安慶	0.692	0.548	0.148	0.122	0.172	0.155	0.162
黃山	0.82	0.554	0.122	0.135	0.125	0.253	0.24
滁州	0.967	0.548	0.138	0.126	0.151	0.166	0.16
阜陽	0.929	0.565	0.166	0.111	0.185	0.149	0.134
宿州	0.791	0.559	0.123	0.113	0.153	0.107	0.125
六安	0.898	0.56	0.138	0.114	0.216	0.131	0.234
亳州	0.91	0.565	0.138	0.11	0.146	0.143	0.12
池州	0.757	0.557	0.115	0.124	0.119	0.191	0.189
宣城	0.841	0.548	0.123	0.135	0.135	0.164	0.176
福州	0.909	0.576	0.174	0.164	0.277	0.166	0.272

表 4.6.1 2013 年度城市社會體制競爭力三級指標分值

城市	失業率(逆)	基尼指數(逆)	社會保障補助支出	社會保障覆蓋率	社會服務業人力資本規模	人均社會保障補助支出	社會服務業從業者每萬人擁有量
廈門	0.941	0.583	0.155	0.491	0.174	0.223	0.237
莆田	0.936	0.566	0.114	0.134	0.139	0.121	0.174
三明	0.895	0.548	0.118	0.168	0.15	0.146	0.236
泉州	0.978	0.575	0.144	0.153	0.18	0.116	0.119
漳州	0.922	0.559	0.137	0.131	0.159	0.142	0.149
南平	0.802	0.549	0.124	0.162	0.158	0.162	0.257
龍岩	0.874	0.557	0.128	0.138	0.158	0.182	0.267
寧德	0.869	0.531	0.122	0.137	0.153	0.148	0.222
南昌	0.774	0.562	0.169	0.16	0.212	0.203	0.248
景德鎮	0.895	0.536	0.126	0.154	0.123	0.25	0.189
萍鄉	0.853	0.527	0.126	0.184	0.129	0.219	0.2
九江	0.869	0.526	0.158	0.139	0.18	0.188	0.197
新餘	0.665	0.562	0.114	0.191	0.114	0.221	0.179
鷹潭	0.734	0.546	0.112	0.153	0.109	0.203	0.138
贛州	0.78	0.573	0.201	0.121	0.217	0.183	0.161
吉安	0.669	0.531	0.143	0.126	0.161	0.155	0.154
宜春	0.659	0.557	0.166	0.132	0.176	0.186	0.166
撫州	0.722	0.561	0.139	0.13	0.145	0.166	0.143
上饒	0.944	0.535	0.163	0.139	0.179	0.159	0.143
濟南	0.858	0.578	0.203	0.208	0.31	0.214	0.333
青島	0.837	0.6	0.199	0.212	0.281	0.175	0.23
淄博	0.85	0.558	0.155	0.203	0.211	0.189	0.275
棗莊	0.83	0.559	0.13	0.163	0.161	0.149	0.193
東營	0.927	0.578	0.118	0.159	0.142	0.165	0.245
煙臺	0.817	0.567	0.219	0.188	0.249	0.236	0.239
濰坊	0.906	0.561	0.152	0.149	0.286	0.117	0.228
濟寧	0.757	0.563	0.147	0.153	0.223	0.119	0.174
泰安	0.828	0.542	0.149	0.171	0.179	0.154	0.169
威海	0.958	0.569	0.157	0.201	0.165	0.277	0.267
日照	0.821	0.55	0.124	0.15	0.141	0.158	0.179
萊蕪	0.853	0.565	0.11	0.184	0.12	0.165	0.207
臨沂	0.908	0.563	0.171	0.14	0.258	0.132	0.179
德州	0.88	0.563	0.142	0.145	0.175	0.14	0.16
聊城	0.692	0.566	0.135	0.146	0.202	0.124	0.202
濱州	0.863	0.554	0.154	0.138	0.155	0.214	0.177
菏澤	0.816	0.558	0.162	0.139	0.232	0.137	0.183
鄭州	0.963	0.577	0.202	0.146	0.344	0.178	0.302
開封	0.723	0.529	0.142	0.125	0.196	0.156	0.234
洛陽	0.786	0.533	0.154	0.154	0.227	0.146	0.219
平頂山	0.813	0.564	0.145	0.137	0.181	0.157	0.193
安陽	0.829	0.528	0.13	0.148	0.184	0.123	0.189
鶴壁	0.835	0.535	0.114	0.152	0.121	0.173	0.178
新鄉	0.757	0.565	0.136	0.136	0.213	0.128	0.226
焦作	0.96	0.533	0.127	0.159	0.168	0.147	0.225
濮陽	0.81	0.524	0.136	0.131	0.133	0.171	0.123
許昌	0.401	0.551	0.128	0.126	0.173	0.131	0.199
漯河	0.903	0.565	0.12	0.131	0.146	0.15	0.216
三門峽	0.866	0.554	0.12	0.161	0.139	0.166	0.213
南陽	0.807	0.559	0.178	0.13	0.261	0.138	0.181
商丘	0.722	0.566	0.163	0.114	0.227	0.149	0.197
信陽	0.942	0.557	0.154	0.131	0.196	0.152	0.183
周口	0.805	0.555	0.164	0.112	0.216	0.133	0.152
駐馬店	0.885	0.567	0.161	0.125	0.221	0.149	0.196
武漢	0.834	0.596	0.331	0.225	0.371	0.295	0.296
黃石	0.668	0.529	0.14	0.188	0.137	0.242	0.19
十堰	0.764	0.531	0.155	0.133	0.171	0.236	0.247
宜昌	0.9	0.552	0.156	0.181	0.18	0.206	0.228

表 4. 6. 1 2013 年度城市社會體制競爭力三級指標分值

城市	失業率(逆)	基尼指數(逆)	社會保障補助支出	社會保障覆蓋率	社會服務業人力資本規模	人均社會保障補助支出	社會服務業從業者每萬人擁有量
襄陽	0.778	0.551	0.176	0.142	0.221	0.204	0.248
鄂州	0.701	0.516	0.11	0.149	0.118	0.192	0.238
荊門	0.835	0.55	0.135	0.158	0.152	0.194	0.216
孝感	0.838	0.56	0.134	0.144	0.198	0.137	0.233
荊州	0.547	0.53	0.153	0.131	0.208	0.157	0.216
黃岡	0.594	0.535	0.169	0.139	0.215	0.175	0.211
咸寧	0.748	0.507	0.128	0.145	0.159	0.19	0.28
隨州	0.972	0.559	0.121	0.122	0.135	0.173	0.2
長沙	0.82	0.569	0.208	0.169	0.331	0.217	0.354
株洲	0.893	0.535	0.155	0.141	0.173	0.21	0.22
湘潭	0.754	0.547	0.142	0.148	0.15	0.225	0.217
衡陽	0.781	0.53	0.194	0.142	0.228	0.195	0.203
邵陽	0.819	0.563	0.175	0.127	0.206	0.169	0.173
岳陽	0.841	0.536	0.175	0.166	0.193	0.204	0.196
常德	0.643	0.555	0.194	0.131	0.194	0.23	0.19
張家界	0.736	0.559	0.119	0.123	0.126	0.214	0.227
益陽	0.722	0.543	0.157	0.122	0.178	0.201	0.211
郴州	0.724	0.556	0.164	0.128	0.188	0.207	0.219
永州	0.655	0.567	0.166	0.122	0.186	0.194	0.192
懷化	0.691	0.533	0.164	0.138	0.196	0.202	0.23
婁底	0.637	0.539	0.139	0.125	0.159	0.172	0.187
廣州	0.626	0.657	0.383	0.34	0.581	0.285	0.404
韶關	0.433	0.57	0.129	0.156	0.16	0.175	0.246
深圳	0.992	0.685	0.208	0.799	0.327	0.165	0.241
珠海	0.949	0.58	0.132	0.416	0.14	0.289	0.309
汕頭	0.949	0.566	0.131	0.164	0.178	0.121	0.171
佛山	0.931	0.585	0.156	0.393	0.267	0.14	0.257
江門	0.913	0.539	0.144	0.274	0.198	0.164	0.25
湛江	0.791	0.565	0.152	0.128	0.208	0.136	0.177
茂名	0.668	0.549	0.142	0.124	0.189	0.135	0.177
肇慶	0.859	0.561	0.132	0.154	0.177	0.149	0.226
惠州	0.971	0.573	0.137	0.246	0.179	0.145	0.198
梅州	0.302	0.561	0.145	0.14	0.194	0.173	0.251
汕尾	0.79	0.545	0.118	0.144	0.128	0.133	0.127
河源	0.838	0.551	0.129	0.13	0.144	0.169	0.181
陽江	0.1	0.459	0.117	0.132	0.144	0.142	0.22
清遠	0.871	0.563	0.128	0.24	0.156	0.144	0.181
東莞	0.984	0.592	0.149	1	0.23	0.12	0.181
中山	0.976	0.586	0.128	0.55	0.161	0.161	0.229
潮州	0.837	0.557	0.116	0.149	0.131	0.132	0.151
揭陽	0.963	0.559	0.126	0.216	0.152	0.107	0.112
雲浮	0.934	0.546	0.116	0.134	0.133	0.142	0.179
南寧	0.895	0.566	0.165	0.15	0.286	0.157	0.295
柳州	0.802	0.554	0.135	0.149	0.206	0.16	0.313
桂林	0.795	0.557	0.136	0.142	0.205	0.141	0.248
梧州	0.718	0.553	0.118	0.138	0.156	0.134	0.227
北海	0.776	0.567	0.104	0.148	0.132	0.108	0.258
防城港	0.871	0.556	0.115	0.133	0.117	0.283	0.272
欽州	0.826	0.541	0.119	0.111	0.155	0.131	0.212
貴港	0.78	0.559	0.114	0.117	0.153	0.1	0.157
玉林	0.739	0.559	0.133	0.121	0.189	0.123	0.188
百色	0.739	0.555	0.139	0.121	0.163	0.181	0.212
賀州	0.796	0.561	0.11	0.126	0.132	0.129	0.205
河池	0.818	0.557	0.129	0.125	0.163	0.155	0.217
來賓	0.901	0.56	0.111	0.125	0.137	0.131	0.215
崇左	0.873	0.555	0.124	0.131	0.135	0.197	0.217
海口	0.979	0.57	0.121	0.183	0.171	0.179	0.386

表 4.6.1 2013 年度城市社會體制競爭力三級指標分值

城市	失業率(逆)	基尼指數(逆)	社會保障補助支出	社會保障覆蓋率	社會服務業人力資本規模	人均社會保障補助支出	社會服務業從業者每萬人擁有量
三亞	0.85	0.568	0.105	0.204	0.106	0.194	0.178
重慶	0.896	0.602	0.829	0.149	0.587	0.312	0.186
成都	0.889	0.585	0.204	0.221	0.502	0.133	0.31
自貢	0.82	0.541	0.138	0.144	0.151	0.214	0.226
攀枝花	0.863	0.554	0.113	0.241	0.123	0.2	0.244
瀘州	0.789	0.546	0.15	0.136	0.157	0.186	0.163
德陽	0.734	0.556	0.142	0.167	0.162	0.186	0.204
綿陽	0.688	0.537	0.154	0.148	0.177	0.185	0.194
廣元	0.797	0.554	0.142	0.146	0.143	0.244	0.211
遂寧	0.698	0.54	0.137	0.137	0.139	0.185	0.152
內江	0.778	0.542	0.141	0.143	0.152	0.179	0.172
樂山	0.652	0.559	0.148	0.14	0.148	0.22	0.182
南充	0.685	0.549	0.175	0.138	0.168	0.183	0.132
眉山	0.701	0.547	0.133	0.138	0.139	0.183	0.165
宜賓	0.836	0.544	0.134	0.139	0.164	0.143	0.171
廣安	0.641	0.496	0.135	0.132	0.137	0.179	0.146
達州	0.811	0.571	0.176	0.132	0.181	0.205	0.173
雅安	0.85	0.565	0.121	0.146	0.124	0.224	0.207
巴中	0.786	0.561	0.156	0.126	0.138	0.24	0.147
資陽	0.657	0.555	0.144	0.133	0.154	0.19	0.181
貴陽	0.745	0.565	0.139	0.182	0.202	0.156	0.263
六盤水	0.745	0.56	0.125	0.13	0.125	0.158	0.12
遵義	0.643	0.555	0.146	0.127	0.195	0.139	0.181
安順	0.791	0.556	0.122	0.125	0.134	0.173	0.19
畢節	0.794	0.1	0.147	0.1	0.15	0.136	0.1
銅仁	0.756	0.1	0.136	0.1	0.158	0.188	0.223
昆明	0.897	0.58	0.206	0.212	0.269	0.229	0.289
曲靖	0.694	0.565	0.155	0.125	0.145	0.157	0.101
玉溪	0.926	0.548	0.132	0.131	0.14	0.215	0.212
保山	0.8	0.535	0.128	0.123	0.129	0.186	0.151
昭通	0.796	0.538	0.15	0.113	0.143	0.161	0.107
麗江	0.782	0.565	0.116	0.119	0.112	0.219	0.149
普洱	0.799	0.552	0.14	0.119	0.133	0.231	0.165
臨滄	0.767	0.54	0.13	0.119	0.122	0.197	0.125
拉薩	1	0.546	0.104	0.115	0.117	0.208	0.402
西安	0.742	0.569	0.229	0.218	0.343	0.215	0.312
銅川	0.94	0.53	0.112	0.192	0.115	0.255	0.25
寶雞	0.869	0.527	0.145	0.141	0.18	0.19	0.246
咸陽	0.807	0.57	0.135	0.134	0.187	0.137	0.205
渭南	0.819	0.544	0.146	0.127	0.182	0.152	0.181
延安	0.864	0.566	0.125	0.158	0.155	0.191	0.292
漢中	0.809	0.547	0.129	0.129	0.172	0.155	0.245
榆林	0.842	0.575	0.144	0.132	0.164	0.203	0.224
安康	0.77	0.556	0.118	0.116	0.146	0.14	0.213
商洛	0.828	0.567	0.114	0.132	0.135	0.133	0.189
蘭州	0.881	0.574	0.144	0.163	0.182	0.191	0.26
嘉峪關	0.791	0.552	0.1	0.222	0.1	0.241	0.226
金昌	0.823	0.545	0.104	0.161	0.103	0.24	0.191
白銀	0.792	0.558	0.126	0.128	0.119	0.237	0.156
天水	0.783	0.516	0.156	0.128	0.14	0.242	0.155
武威	0.799	0.563	0.131	0.118	0.127	0.252	0.193
張掖	0.838	0.558	0.126	0.127	0.121	0.308	0.237
平涼	0.669	0.537	0.134	0.128	0.131	0.243	0.189
酒泉	0.758	0.537	0.118	0.159	0.118	0.261	0.228
慶陽	0.542	0.54	0.141	0.113	0.126	0.265	0.156
定西	0.819	0.555	0.139	0.119	0.133	0.219	0.157
隴南	0.765	0.542	0.137	0.115	0.128	0.221	0.146

表 4.6.1 2013 年度城市社會體制競爭力三級指標分值

城市	失業率(逆)	基尼指數(逆)	社會保障補助支出	社會保障覆蓋率	社會服務業人力資本規模	人均社會保障補助支出	社會服務業從業者每萬人擁有量
西寧	0.615	0.557	0.124	0.137	0.17	0.201	0.403
銀川	0.753	0.566	0.126	0.203	0.158	0.21	0.332
石嘴山	0.614	0.549	0.112	0.271	0.119	0.275	0.34
吳忠	0.583	0.559	0.116	0.13	0.114	0.216	0.164
固原	0.848	0.551	0.121	0.254	0.115	0.266	0.179
中衛	0.855	0.566	0.112	0.22	0.114	0.203	0.191
烏魯木齊	0.79	0.569	0.143	0.217	0.222	0.202	0.406
克拉瑪依	0.989	0.568	0.103	0.281	0.106	0.166	0.19
香港	0.694	1	0.756	0.392	0.78	1	1
澳門	0.816	0.586	0.133	0.389	0.125	0.717	0.555
新北	0.633	0.561	0.166	0.389	0.285	0.237	0.509
臺北	0.633	0.606	0.256	0.389	0.223	0.669	0.509
台中	0.633	0.561	0.132	0.389	0.224	0.191	0.509
台南	0.64	0.562	0.127	0.389	0.186	0.225	0.509
高雄	0.633	0.575	0.175	0.389	0.229	0.346	0.509
基隆	0.633	0.547	0.107	0.389	0.114	0.351	0.509
新竹	0.633	0.575	0.105	0.389	0.115	0.276	0.509
嘉義	0.64	0.547	0.101	0.389	0.108	0.236	0.509

表 4.6.2 2013 年度城市社會體制競爭力三級指標分值（續 1）

城市	刑事案件發生率(逆)	刑事案件偵破率	社會安全民眾滿意度	平均預期壽命	嬰兒死亡率(逆)	每十萬人擁有醫生數	每十萬人擁有醫院病床數
北京	0.743	0.839	0.716	0.712	0.664	0.229	0.292
天津	0.626	0.614	0.512	0.624	0.593	0.17	0.221
石家莊	0.585	0.534	0.486	0.536	0.523	0.167	0.246
唐山	0.569	0.506	0.496	0.574	0.545	0.166	0.283
秦皇島	0.546	0.625	0.476	0.533	0.515	0.169	0.261
邯鄲	0.527	0.368	0.372	0.528	0.531	0.133	0.226
邢臺	0.524	0.348	0.323	0.524	0.544	0.136	0.212
保定	0.516	0.401	0.411	0.529	0.504	0.135	0.187
張家口	0.502	0.439	0.445	0.532	0.501	0.134	0.229
承德	0.507	0.397	0.414	0.522	0.523	0.16	0.259
滄州	0.505	0.397	0.417	0.534	0.527	0.147	0.22
廊坊	0.534	0.533	0.462	0.559	0.544	0.151	0.228
衡水	0.53	0.326	0.278	0.497	0.504	0.142	0.188
太原	0.535	0.345	0.337	0.543	0.552	0.253	0.439
大同	0.537	0.34	0.343	0.527	0.486	0.184	0.288
陽泉	0.541	0.255	0.226	0.522	0.508	0.196	0.318
長治	0.545	0.252	0.253	0.524	0.505	0.175	0.264
晉城	0.55	0.25	0.26	0.503	0.503	0.177	0.231
朔州	0.563	0.349	0.388	0.523	0.519	0.16	0.221
晉中	0.553	0.343	0.393	0.535	0.548	0.164	0.241
運城	0.581	0.361	0.339	0.526	0.541	0.254	0.336
忻州	0.592	0.352	0.363	0.53	0.525	0.161	0.248
臨汾	0.595	0.301	0.33	0.532	0.548	0.167	0.255
呂梁	0.56	0.324	0.359	0.52	0.556	0.209	0.195
呼和浩特	0.583	0.405	0.312	0.532	0.518	0.174	0.268
包頭	0.586	0.3	0.312	0.535	0.539	0.193	0.309
烏海	0.567	0.315	0.314	0.533	0.507	0.193	0.386
赤峰	0.56	0.334	0.328	0.526	0.515	0.161	0.25
通遼	0.565	0.302	0.34	0.53	0.512	0.158	0.193
鄂爾多斯	0.574	0.271	0.237	0.526	0.508	0.208	0.241
呼倫貝爾	0.548	0.272	0.229	0.527	0.512	0.194	0.285
巴彥淖爾	0.565	0.296	0.239	0.524	0.532	0.181	0.257

表 4.6.2 2013 年度城市社會體制競爭力三級指標分值（續 1）

城市	刑事案件發生率(逆)	刑事案件偵破率	社會安全民眾滿意度	平均預期壽命	嬰兒死亡率(逆)	每十萬人擁有醫生數	每十萬人擁有醫院病床數
烏蘭察布	0.548	0.28	0.253	0.521	0.507	0.238	0.154
瀋陽	0.557	0.538	0.438	0.552	0.557	0.21	0.401
大連	0.56	0.516	0.465	0.586	0.615	0.194	0.377
鞍山	0.538	0.322	0.313	0.54	0.524	0.14	0.324
撫順	0.559	0.3	0.39	0.531	0.546	0.172	0.277
本溪	0.539	0.311	0.334	0.519	0.516	0.156	0.394
丹東	0.534	0.317	0.322	0.519	0.521	0.133	0.355
錦州	0.534	0.384	0.335	0.512	0.521	0.209	0.284
營口	0.514	0.375	0.367	0.561	0.518	0.157	0.291
阜新	0.511	0.381	0.325	0.513	0.535	0.159	0.252
遼陽	0.48	0.339	0.327	0.514	0.518	0.17	0.333
盤錦	0.548	0.378	0.349	0.524	0.523	0.194	0.362
鐵嶺	0.546	0.386	0.312	0.536	0.491	0.175	0.185
朝陽	0.533	0.353	0.357	0.528	0.539	0.122	0.22
葫蘆島	0.537	0.409	0.383	0.521	0.533	0.148	0.229
長春	0.565	0.625	0.47	0.534	0.546	0.177	0.336
吉林	0.553	0.354	0.328	0.525	0.513	0.177	0.298
四平	0.551	0.381	0.378	0.53	0.496	0.154	0.232
遼源	0.566	0.316	0.314	0.546	0.544	0.164	0.299
通化	0.556	0.315	0.319	0.526	0.536	0.176	0.288
白山	0.592	0.359	0.306	0.562	0.509	0.188	0.338
松原	0.611	0.398	0.381	0.532	0.542	0.133	0.144
白城	0.623	0.351	0.298	0.523	0.519	0.164	0.203
哈爾濱	0.629	0.509	0.447	0.537	0.506	0.158	0.31
齊齊哈爾	0.609	0.423	0.323	0.53	0.535	0.137	0.189
雞西	0.591	0.404	0.316	0.533	0.536	0.172	0.338
鶴崗	0.593	0.361	0.381	0.531	0.496	0.191	0.399
雙鴨山	0.587	0.354	0.357	0.533	0.508	0.164	0.305
大慶	0.6	0.306	0.383	0.572	0.537	0.207	0.286
伊春	0.593	0.389	0.373	0.528	0.549	0.172	0.336
佳木斯	0.607	0.388	0.296	0.529	0.494	0.169	0.294
七台河	0.618	0.367	0.295	0.537	0.53	0.125	0.238
牡丹江	0.604	0.317	0.337	0.53	0.505	0.166	0.281
黑河	0.603	0.378	0.351	0.531	0.514	0.286	0.248
綏化	0.606	0.396	0.348	0.533	0.534	0.137	0.125
上海	0.867	0.975	0.935	0.765	0.77	0.153	0.302
南京	0.632	0.748	0.565	0.57	0.533	0.167	0.247
無錫	0.618	0.554	0.531	0.552	0.529	0.156	0.26
徐州	0.602	0.388	0.407	0.533	0.524	0.136	0.237
常州	0.607	0.542	0.484	0.54	0.53	0.151	0.216
蘇州	0.686	0.74	0.781	0.609	0.671	0.154	0.26
南通	0.593	0.546	0.507	0.556	0.551	0.154	0.26
連雲港	0.615	0.493	0.436	0.53	0.549	0.135	0.177
淮安	0.617	0.536	0.407	0.53	0.505	0.13	0.215
鹽城	0.634	0.496	0.423	0.53	0.52	0.131	0.198
揚州	0.607	0.531	0.437	0.538	0.503	0.151	0.229
鎮江	0.608	0.492	0.433	0.546	0.513	0.152	0.217
泰州	0.639	0.489	0.446	0.538	0.518	0.154	0.213
宿遷	0.632	0.504	0.427	0.535	0.518	0.124	0.213
杭州	0.677	0.668	0.597	0.587	0.587	0.205	0.311
寧波	0.652	0.62	0.559	0.554	0.592	0.18	0.215
溫州	0.61	0.622	0.51	0.541	0.551	0.166	0.162
嘉興	0.618	0.633	0.526	0.562	0.511	0.15	0.228
湖州	0.632	0.676	0.545	0.531	0.509	0.163	0.239
紹興	0.645	0.608	0.537	0.557	0.516	0.163	0.225
金華	0.661	0.491	0.438	0.535	0.529	0.164	0.207
衢州	0.642	0.491	0.426	0.525	0.538	0.204	0.23

表 4.6.2 2013 年度城市社會體制競爭力三級指標分值（續 1）

城市	刑事案件發生率(逆)	刑事案件偵破率	社會安全民眾滿意度	平均預期壽命	嬰兒死亡率(逆)	每十萬人擁有醫生數	每十萬人擁有醫院病床數
舟山	0.67	0.526	0.489	0.559	0.562	0.177	0.238
台州	0.66	0.486	0.409	0.535	0.532	0.165	0.178
麗水	0.557	0.39	0.397	0.526	0.52	0.19	0.267
合肥	0.658	0.506	0.431	0.562	0.503	0.154	0.294
蕪湖	0.647	0.387	0.385	0.529	0.496	0.15	0.246
蚌埠	0.626	0.374	0.371	0.532	0.554	0.138	0.277
淮南	0.629	0.325	0.292	0.529	0.502	0.156	0.282
馬鞍山	0.619	0.39	0.372	0.551	0.502	0.202	0.182
淮北	0.553	0.389	0.363	0.527	0.499	0.16	0.315
銅陵	0.593	0.402	0.372	0.531	0.517	0.188	0.336
安慶	0.588	0.406	0.298	0.561	0.5	0.125	0.186
黃山	0.58	0.346	0.323	0.53	0.52	0.156	0.262
滁州	0.597	0.332	0.337	0.522	0.535	0.113	0.189
阜陽	0.599	0.361	0.341	0.532	0.523	0.113	0.176
宿州	0.589	0.406	0.353	0.525	0.545	0.108	0.149
六安	0.584	0.314	0.331	0.53	0.543	0.12	0.165
亳州	0.562	0.374	0.378	0.538	0.527	0.101	0.138
池州	0.577	0.377	0.341	0.532	0.547	0.138	0.205
宣城	0.574	0.4	0.389	0.529	0.541	0.137	0.208
福州	0.575	0.501	0.461	0.543	0.514	0.167	0.232
廈門	0.618	0.645	0.564	0.575	0.56	0.178	0.196
莆田	0.558	0.441	0.429	0.543	0.55	0.131	0.207
三明	0.56	0.404	0.4	0.524	0.517	0.145	0.275
泉州	0.616	0.575	0.437	0.545	0.541	0.125	0.171
漳州	0.615	0.42	0.427	0.53	0.542	0.118	0.153
南平	0.593	0.425	0.45	0.54	0.537	0.145	0.268
龍岩	0.62	0.458	0.412	0.529	0.526	0.149	0.305
寧德	0.6	0.467	0.398	0.534	0.531	0.137	0.212
南昌	0.598	0.57	0.433	0.548	0.537	0.161	0.275
景德鎮	0.514	0.381	0.392	0.49	0.5	0.139	0.213
萍鄉	0.498	0.372	0.392	0.493	0.532	0.134	0.23
九江	0.547	0.391	0.409	0.534	0.553	0.14	0.182
新餘	0.546	0.428	0.424	0.54	0.545	0.149	0.219
鷹潭	0.512	0.438	0.43	0.533	0.541	0.156	0.181
贛州	0.516	0.431	0.439	0.522	0.499	0.116	0.181
吉安	0.523	0.413	0.427	0.521	0.55	0.127	0.167
宜春	0.512	0.469	0.423	0.528	0.533	0.125	0.199
撫州	0.517	0.449	0.408	0.527	0.53	0.116	0.131
上饒	0.491	0.47	0.423	0.524	0.542	0.128	0.173
濟南	0.531	0.689	0.606	0.56	0.554	0.192	0.308
青島	0.554	0.748	0.641	0.56	0.593	0.164	0.272
淄博	0.517	0.528	0.408	0.538	0.545	0.147	0.321
棗莊	0.514	0.475	0.426	0.521	0.547	0.128	0.225
東營	0.499	0.516	0.444	0.535	0.553	0.167	0.325
煙臺	0.501	0.549	0.509	0.575	0.533	0.174	0.323
濰坊	0.48	0.488	0.445	0.551	0.523	0.182	0.277
濟寧	0.471	0.533	0.414	0.535	0.502	0.147	0.249
泰安	0.493	0.528	0.452	0.561	0.536	0.15	0.256
威海	0.475	0.519	0.443	0.562	0.507	0.166	0.417
日照	0.473	0.515	0.433	0.528	0.507	0.147	0.217
萊蕪	0.466	0.526	0.429	0.557	0.523	0.254	0.257
臨沂	0.49	0.471	0.445	0.537	0.507	0.127	0.241
德州	0.489	0.497	0.421	0.526	0.536	0.137	0.19
聊城	0.515	0.514	0.459	0.535	0.54	0.129	0.217
濱州	0.515	0.487	0.407	0.534	0.541	0.153	0.311
菏澤	0.494	0.49	0.41	0.528	0.532	0.139	0.207
鄭州	0.505	0.483	0.456	0.557	0.57	0.151	0.375

表 4.6.2 2013 年度城市社會體制競爭力三級指標分值（續 1）

城市	刑事案件發生率(逆)	刑事案件偵破率	社會安全民眾滿意度	平均預期壽命	嬰兒死亡率(逆)	每十萬人擁有醫生數	每十萬人擁有醫院病床數
開封	0.494	0.322	0.337	0.535	0.525	0.139	0.227
洛陽	0.442	0.344	0.327	0.513	0.502	0.161	0.27
平頂山	0.447	0.376	0.311	0.528	0.496	0.157	0.293
安陽	0.444	0.34	0.291	0.535	0.518	0.191	0.565
鶴壁	0.438	0.354	0.381	0.55	0.523	0.152	0.241
新鄉	0.478	0.31	0.362	0.523	0.518	0.13	0.276
焦作	0.465	0.305	0.291	0.485	0.549	0.169	0.252
濮陽	0.471	0.288	0.274	0.488	0.543	0.143	0.235
許昌	0.484	0.37	0.289	0.526	0.528	0.159	0.219
漯河	0.485	0.384	0.364	0.552	0.526	0.123	0.207
三門峽	0.483	0.38	0.359	0.528	0.509	0.134	0.268
南陽	0.48	0.344	0.305	0.531	0.534	0.166	0.186
商丘	0.603	0.515	0.515	0.558	0.564	0.126	0.204
信陽	0.476	0.407	0.357	0.527	0.545	0.119	0.163
周口	0.452	0.364	0.354	0.527	0.52	0.11	0.176
駐馬店	0.443	0.378	0.276	0.525	0.537	0.138	0.201
武漢	0.488	0.495	0.465	0.59	0.544	0.186	0.333
黃石	0.439	0.348	0.29	0.509	0.5	0.148	0.261
十堰	0.445	0.322	0.291	0.526	0.502	0.167	0.33
宜昌	0.47	0.394	0.382	0.554	0.525	0.163	0.273
襄陽	0.45	0.295	0.35	0.536	0.511	0.149	0.225
鄂州	0.476	0.37	0.366	0.535	0.532	0.224	0.242
荊門	0.469	0.385	0.39	0.529	0.553	0.142	0.232
孝感	0.473	0.306	0.307	0.527	0.54	0.131	0.161
荊州	0.472	0.371	0.301	0.532	0.516	0.138	0.206
黃岡	0.471	0.383	0.304	0.521	0.494	0.133	0.179
咸寧	0.474	0.419	0.315	0.527	0.497	0.156	0.209
隨州	0.457	0.361	0.384	0.533	0.523	0.13	0.184
長沙	0.465	0.404	0.386	0.55	0.566	0.193	0.409
株洲	0.337	0.329	0.311	0.535	0.503	0.159	0.291
湘潭	0.355	0.352	0.326	0.533	0.515	0.165	0.262
衡陽	0.333	0.314	0.294	0.51	0.503	0.152	0.204
邵陽	0.363	0.349	0.341	0.53	0.518	0.172	0.186
岳陽	0.437	0.314	0.37	0.559	0.521	0.137	0.189
常德	0.437	0.39	0.347	0.529	0.512	0.199	0.216
張家界	0.434	0.391	0.377	0.501	0.528	0.145	0.253
益陽	0.414	0.37	0.294	0.526	0.55	0.137	0.186
郴州	0.423	0.329	0.294	0.524	0.513	0.147	0.267
永州	0.436	0.355	0.352	0.53	0.511	0.115	0.215
懷化	0.451	0.374	0.348	0.519	0.53	0.184	0.297
婁底	0.469	0.406	0.383	0.532	0.498	0.172	0.192
廣州	0.574	0.695	0.619	0.619	0.681	0.198	0.316
韶關	0.473	0.517	0.554	0.532	0.527	0.166	0.279
深圳	0.595	0.703	0.77	0.665	0.619	0.168	0.141
珠海	0.475	0.576	0.498	0.543	0.539	0.206	0.268
汕頭	0.456	0.47	0.435	0.531	0.517	0.12	0.146
佛山	0.465	0.547	0.478	0.548	0.535	0.148	0.224
江門	0.472	0.463	0.52	0.533	0.516	0.142	0.208
湛江	0.434	0.37	0.373	0.532	0.523	0.129	0.189
茂名	0.423	0.427	0.363	0.533	0.502	0.14	0.176
肇慶	0.44	0.417	0.387	0.529	0.504	0.114	0.17
惠州	0.414	0.479	0.481	0.559	0.557	0.141	0.167
梅州	0.402	0.398	0.371	0.529	0.531	0.157	0.182
汕尾	0.408	0.415	0.336	0.561	0.559	0.125	0.132
河源	0.43	0.371	0.347	0.525	0.51	0.131	0.159
陽江	0.423	0.41	0.393	0.539	0.533	0.13	0.177
清遠	0.427	0.386	0.369	0.531	0.53	0.12	0.183

表 4.6.2 2013 年度城市社會體制競爭力三級指標分值（續 1）

城市	刑事案件發生率(逆)	刑事案件偵破率	社會安全民眾滿意度	平均預期壽命	嬰兒死亡率(逆)	每十萬人擁有醫生數	每十萬人擁有醫院病床數
東莞	0.437	0.602	0.597	0.581	0.573	0.144	0.184
中山	0.431	0.636	0.563	0.566	0.555	0.148	0.228
潮州	0.41	0.38	0.354	0.531	0.528	0.136	0.132
揭陽	0.399	0.384	0.349	0.532	0.55	0.13	0.1
雲浮	0.383	0.403	0.34	0.526	0.551	0.141	0.172
南寧	0.367	0.387	0.366	0.533	0.533	0.17	0.261
柳州	0.365	0.365	0.356	0.527	0.5	0.162	0.27
桂林	0.374	0.414	0.369	0.565	0.513	0.155	0.196
梧州	0.357	0.407	0.387	0.529	0.5	0.136	0.203
北海	0.351	0.353	0.363	0.525	0.509	0.159	0.228
防城港	0.339	0.41	0.343	0.515	0.526	0.12	0.196
欽州	0.386	0.439	0.447	0.524	0.525	0.58	0.201
貴港	0.376	0.398	0.377	0.534	0.557	0.12	0.142
玉林	0.395	0.354	0.355	0.529	0.525	0.126	0.179
百色	0.402	0.352	0.372	0.516	0.492	0.126	0.179
賀州	0.41	0.333	0.369	0.535	0.519	0.127	0.183
河池	0.402	0.346	0.379	0.545	0.535	0.131	0.2
來賓	0.402	0.351	0.379	0.559	0.531	0.119	0.187
崇左	0.401	0.35	0.372	0.569	0.523	0.131	0.166
海口	0.392	0.507	0.435	0.566	0.537	0.195	0.294
三亞	0.405	0.407	0.384	0.558	0.537	0.172	0.239
重慶	0.43	0.676	0.538	0.575	0.577	0.146	0.246
成都	0.388	0.612	0.542	0.576	0.561	0.2	0.351
自貢	0.36	0.418	0.37	0.533	0.501	0.164	0.294
攀枝花	0.374	0.384	0.301	0.531	0.553	0.211	0.401
瀘州	0.383	0.374	0.326	0.523	0.533	0.143	0.218
德陽	0.373	0.412	0.334	0.534	0.546	0.163	0.282
綿陽	0.395	0.385	0.342	0.526	0.538	0.163	0.311
廣元	0.391	0.405	0.291	0.533	0.517	0.159	0.312
遂寧	0.39	0.4	0.367	0.535	0.525	0.146	0.227
內江	0.409	0.41	0.313	0.533	0.522	0.146	0.239
樂山	0.376	0.328	0.306	0.535	0.51	0.164	0.285
南充	0.38	0.324	0.303	0.527	0.536	0.139	0.219
眉山	0.389	0.359	0.318	0.524	0.535	0.118	0.217
宜賓	0.409	0.325	0.302	0.53	0.546	0.118	0.259
廣安	0.417	0.332	0.315	0.53	0.539	0.128	0.194
達州	0.424	0.345	0.324	0.528	0.505	0.13	0.197
雅安	0.423	0.3	0.335	0.522	0.543	0.165	0.344
巴中	0.418	0.34	0.317	0.525	0.485	0.145	0.2
資陽	0.412	0.31	0.299	0.526	0.537	0.147	0.262
貴陽	0.429	0.46	0.392	0.538	0.547	0.188	0.314
六盤水	0.407	0.388	0.354	0.52	0.527	0.113	0.229
遵義	0.418	0.315	0.301	0.531	0.555	0.127	0.214
安順	0.419	0.399	0.307	0.523	0.554	0.119	0.17
畢節	0.1	0.1	0.1	0.1	0.1	0.102	0.164
銅仁	0.1	0.1	0.1	0.1	0.1	0.186	0.185
昆明	0.45	0.594	0.624	0.561	0.573	0.203	0.382
曲靖	0.421	0.542	0.565	0.545	0.529	0.113	0.213
玉溪	0.401	0.321	0.32	0.528	0.513	0.152	0.304
保山	0.385	0.39	0.365	0.528	0.49	0.116	0.207
昭通	0.39	0.319	0.323	0.526	0.544	0.1	0.142
麗江	0.387	0.317	0.278	0.527	0.498	0.108	0.194
普洱	0.372	0.322	0.327	0.522	0.523	0.105	0.173
臨滄	0.342	0.341	0.488	0.524	0.54	0.109	0.159
拉薩	0.344	0.305	0.327	0.5	0.489	0.246	0.262
西安	0.395	0.55	0.473	0.539	0.569	0.186	0.324
銅川	0.394	0.352	0.322	0.528	0.535	0.188	0.351

表 4.6.2 2013 年度城市社會體制競爭力三級指標分值（續 1）

城市	刑事案件發生率(逆)	刑事案件偵破率	社會安全民眾滿意度	平均預期壽命	嬰兒死亡率(逆)	每十萬人擁有醫生數	每十萬人擁有醫院病床數
寶雞	0.394	0.289	0.323	0.525	0.493	0.15	0.269
咸陽	0.396	0.313	0.299	0.526	0.5	0.127	0.258
渭南	0.369	0.348	0.331	0.53	0.511	0.136	0.179
延安	0.379	0.36	0.293	0.531	0.519	0.145	0.257
漢中	0.384	0.307	0.278	0.538	0.524	0.142	0.287
榆林	0.393	0.331	0.341	0.534	0.536	0.201	0.255
安康	0.4	0.345	0.308	0.531	0.52	0.136	0.21
商洛	0.399	0.249	0.233	0.507	0.522	0.131	0.204
蘭州	0.417	0.548	0.421	0.541	0.514	0.206	0.474
嘉峪關	0.415	0.329	0.343	0.536	0.547	0.223	0.391
金昌	0.417	0.336	0.345	0.522	0.53	0.186	0.275
白銀	0.431	0.337	0.32	0.529	0.5	0.13	0.224
天水	0.415	0.413	0.344	0.515	0.549	0.12	0.191
武威	0.425	0.232	0.274	0.531	0.504	0.205	0.24
張掖	0.417	0.263	0.272	0.536	0.515	0.153	0.295
平涼	0.423	0.259	0.289	0.533	0.52	0.135	0.254
酒泉	0.432	0.251	0.273	0.526	0.528	0.161	0.301
慶陽	0.44	0.252	0.257	0.541	0.498	0.126	0.187
定西	0.442	0.276	0.352	0.541	0.49	0.136	0.213
隴南	0.423	0.26	0.348	0.528	0.511	0.112	0.155
西寧	0.456	0.453	0.367	0.522	0.508	0.442	0.447
銀川	0.501	0.448	0.466	0.531	0.512	0.193	0.32
石嘴山	0.453	0.305	0.316	0.525	0.558	0.175	0.344
吳忠	0.447	0.332	0.288	0.523	0.507	0.131	0.218
固原	0.426	0.321	0.294	0.523	0.548	0.14	0.234
中衛	0.427	0.311	0.284	0.503	0.5	0.124	0.194
烏魯木齊	0.453	0.439	0.37	0.535	0.508	0.238	0.521
克拉瑪依	0.456	0.306	0.323	0.551	0.541	0.142	0.184
香港	1	1	1	1	1	0.15	0.336
澳門	0.488	0.433	0.456	0.569	0.574	0.227	0.146
新北	0.454	0.456	0.437	0.553	0.55	0.39	0.275
臺北	0.499	0.507	0.486	0.586	0.596	0.874	0.626
台中	0.447	0.443	0.436	0.545	0.551	0.614	0.499
台南	0.442	0.453	0.429	0.543	0.543	0.546	0.436
高雄	0.443	0.452	0.432	0.547	0.545	0.612	0.51
基隆	0.445	0.442	0.431	0.546	0.545	0.492	0.461
新竹	0.44	0.446	0.429	0.543	0.547	0.595	0.41
嘉義	0.446	0.445	0.428	0.544	0.543	1	1

表 4.6.3 2013 年度城市社會體制競爭力三級指標分值（續 2）

城市	政府機構規模指數	地方法規條例健全程度	政策法規透明度	政府執法能力	政府辦事效率	民眾對政府的滿意度
北京	0.442	0.779	0.604	0.612	0.452	0.619
天津	0.221	0.576	0.331	0.448	0.353	0.441
石家莊	0.231	0.499	0.356	0.375	0.285	0.372
唐山	0.246	0.345	0.271	0.319	0.209	0.315
秦皇島	0.292	0.422	0.262	0.327	0.228	0.325
邯鄲	0.187	0.219	0.267	0.292	0.245	0.28
邢臺	0.212	0.233	0.248	0.239	0.197	0.248
保定	0.202	0.241	0.261	0.248	0.219	0.27
張家口	0.322	0.223	0.304	0.282	0.189	0.267
承德	0.289	0.214	0.246	0.26	0.21	0.248
滄州	0.231	0.216	0.253	0.263	0.197	0.251
廊坊	0.286	0.234	0.304	0.264	0.213	0.348
衡水	0.218	0.208	0.243	0.252	0.212	0.223

表 4.6.3 2013 年度城市社會體制競爭力三級指標分值（續 2）

城市	政府機構規模指數	地方法規條例健全程度	政策法規透明度	政府執法能力	政府辦事效率	民眾對政府的滿意度
太原	0.291	0.236	0.318	0.284	0.235	0.255
大同	0.349	0.283	0.3	0.269	0.208	0.26
陽泉	0.344	0.154	0.237	0.23	0.183	0.178
長治	0.318	0.21	0.236	0.226	0.222	0.232
晉城	0.275	0.222	0.237	0.237	0.198	0.221
朔州	0.447	0.191	0.261	0.25	0.202	0.272
晉中	0.307	0.262	0.261	0.246	0.208	0.276
運城	0.292	0.253	0.291	0.238	0.193	0.271
忻州	0.365	0.272	0.302	0.261	0.205	0.28
臨汾	0.363	0.28	0.286	0.272	0.204	0.262
呂梁	0.435	0.269	0.259	0.26	0.209	0.255
呼和浩特	0.333	0.391	0.299	0.294	0.232	0.275
包頭	0.219	0.254	0.24	0.272	0.216	0.276
烏海	0.35	0.367	0.241	0.25	0.204	0.264
赤峰	0.236	0.231	0.255	0.238	0.206	0.296
通遼	0.209	0.264	0.232	0.266	0.215	0.261
鄂爾多斯	0.395	0.232	0.221	0.222	0.192	0.214
呼倫貝爾	0.297	0.174	0.228	0.221	0.175	0.223
巴彥淖爾	0.35	0.153	0.22	0.212	0.197	0.199
烏蘭察布	0.396	0.166	0.244	0.21	0.197	0.22
瀋陽	0.266	0.534	0.332	0.331	0.27	0.382
大連	0.223	0.602	0.328	0.394	0.288	0.36
鞍山	0.235	0.233	0.247	0.285	0.199	0.288
撫順	0.251	0.414	0.28	0.296	0.212	0.291
本溪	0.287	0.238	0.248	0.24	0.219	0.26
丹東	0.243	0.232	0.239	0.238	0.213	0.266
錦州	0.22	0.371	0.229	0.253	0.219	0.289
營口	0.259	0.299	0.269	0.292	0.218	0.304
阜新	0.248	0.306	0.273	0.259	0.216	0.261
遼陽	0.258	0.215	0.248	0.238	0.203	0.246
盤錦	0.4	0.303	0.272	0.299	0.209	0.281
鐵嶺	0.226	0.314	0.253	0.298	0.215	0.291
朝陽	0.253	0.378	0.281	0.294	0.22	0.276
葫蘆島	0.238	0.382	0.266	0.295	0.211	0.288
長春	0.211	0.368	0.289	0.39	0.193	0.321
吉林	0.214	0.307	0.275	0.286	0.183	0.266
四平	0.175	0.258	0.278	0.273	0.182	0.285
遼源	0.21	0.279	0.266	0.289	0.183	0.258
通化	0.286	0.26	0.239	0.25	0.178	0.253
白山	0.471	0.299	0.247	0.28	0.187	0.258
松原	0.218	0.257	0.284	0.286	0.187	0.301
白城	0.352	0.257	0.259	0.249	0.172	0.281
哈爾濱	0.22	0.411	0.379	0.353	0.237	0.394
齊齊哈爾	0.156	0.305	0.251	0.284	0.218	0.252
雞西	0.275	0.24	0.266	0.291	0.187	0.31
鶴崗	0.293	0.319	0.322	0.305	0.197	0.294
雙鴨山	0.316	0.231	0.267	0.288	0.219	0.265
大慶	0.268	0.229	0.28	0.282	0.212	0.279
伊春	0.253	0.242	0.273	0.297	0.195	0.331
佳木斯	0.256	0.251	0.298	0.263	0.208	0.28
七台河	0.267	0.29	0.27	0.234	0.209	0.256
牡丹江	0.224	0.23	0.255	0.288	0.194	0.283
黑河	0.345	0.245	0.242	0.291	0.218	0.291
綏化	0.183	0.317	0.284	0.261	0.203	0.322
上海	0.178	0.894	0.738	0.735	0.587	0.796
南京	0.217	0.409	0.556	0.478	0.32	0.567
無錫	0.177	0.524	0.372	0.484	0.304	0.428
徐州	0.173	0.353	0.312	0.359	0.227	0.367

表 4.6.3 2013 年度城市社會體制競爭力三級指標分值（續 2）

城市	政府機構規模指數	地方法規條例健全程度	政策法規透明度	政府執法能力	政府辦事效率	民眾對政府的滿意度
常州	0.173	0.566	0.319	0.436	0.237	0.387
蘇州	0.152	0.989	0.631	0.644	0.595	0.673
南通	0.149	0.483	0.318	0.381	0.291	0.434
連雲港	0.195	0.33	0.275	0.337	0.221	0.341
淮安	0.213	0.407	0.298	0.326	0.238	0.331
鹽城	0.163	0.329	0.251	0.35	0.23	0.3
揚州	0.189	0.385	0.291	0.32	0.252	0.337
鎮江	0.216	0.346	0.274	0.338	0.231	0.331
泰州	0.185	0.345	0.296	0.308	0.224	0.316
宿遷	0.146	0.428	0.254	0.305	0.25	0.306
杭州	0.291	0.557	0.478	0.429	0.358	0.434
寧波	0.222	0.595	0.469	0.504	0.306	0.544
溫州	0.189	0.467	0.428	0.475	0.376	0.528
嘉興	0.196	0.677	0.405	0.505	0.315	0.437
湖州	0.207	0.535	0.435	0.335	0.238	0.389
紹興	0.175	0.628	0.466	0.451	0.346	0.517
金華	0.259	0.415	0.24	0.305	0.229	0.322
衢州	0.294	0.415	0.3	0.317	0.239	0.296
舟山	0.426	0.624	0.358	0.392	0.284	0.34
台州	0.194	0.414	0.224	0.369	0.238	0.288
麗水	0.337	0.371	0.236	0.292	0.232	0.243
合肥	0.212	0.441	0.312	0.372	0.273	0.382
蕪湖	0.175	0.382	0.3	0.285	0.233	0.302
蚌埠	0.156	0.325	0.299	0.28	0.237	0.321
淮南	0.169	0.376	0.277	0.286	0.22	0.263
馬鞍山	0.208	0.243	0.272	0.292	0.241	0.287
淮北	0.149	0.354	0.248	0.293	0.213	0.297
銅陵	0.345	0.31	0.266	0.263	0.221	0.261
安慶	0.174	0.336	0.285	0.257	0.232	0.287
黃山	0.325	0.396	0.247	0.307	0.244	0.275
滁州	0.176	0.368	0.247	0.294	0.237	0.33
阜陽	0.134	0.299	0.259	0.277	0.199	0.268
宿州	0.13	0.244	0.278	0.27	0.217	0.265
六安	0.194	0.307	0.265	0.249	0.202	0.253
亳州	0.114	0.259	0.251	0.268	0.206	0.293
池州	0.225	0.27	0.253	0.268	0.186	0.281
宣城	0.217	0.369	0.268	0.268	0.224	0.282
福州	0.161	0.639	0.355	0.383	0.265	0.371
廈門	0.175	0.641	0.4	0.4	0.303	0.508
莆田	0.141	0.255	0.288	0.251	0.261	0.332
三明	0.288	0.261	0.275	0.244	0.257	0.299
泉州	0.128	0.242	0.306	0.264	0.273	0.288
漳州	0.155	0.233	0.301	0.259	0.263	0.303
南平	0.221	0.318	0.262	0.298	0.266	0.327
龍岩	0.267	0.324	0.297	0.26	0.278	0.347
寧德	0.219	0.328	0.292	0.309	0.251	0.32
南昌	0.268	0.345	0.369	0.344	0.329	0.416
景德鎮	0.255	0.308	0.27	0.262	0.22	0.276
萍鄉	0.268	0.339	0.255	0.265	0.217	0.276
九江	0.226	0.224	0.276	0.292	0.23	0.282
新餘	0.226	0.281	0.28	0.309	0.238	0.316
鷹潭	0.237	0.254	0.274	0.313	0.21	0.301
贛州	0.188	0.346	0.303	0.247	0.235	0.313
吉安	0.208	0.253	0.242	0.268	0.203	0.259
宜春	0.19	0.296	0.302	0.315	0.206	0.259
撫州	0.231	0.41	0.286	0.292	0.224	0.283
上饒	0.201	0.284	0.275	0.292	0.194	0.261
濟南	0.369	0.675	0.402	0.508	0.328	0.555

表 4.6.3 2013 年度城市社會體制競爭力三級指標分值（續 2）

城市	政府機構規模指數	地方法規條例健全程度	政策法規透明度	政府執法能力	政府辦事效率	民眾對政府的滿意度
青島	0.194	0.575	0.391	0.453	0.334	0.602
淄博	0.233	0.487	0.312	0.296	0.235	0.385
棗莊	0.257	0.459	0.315	0.284	0.24	0.37
東營	0.326	0.449	0.306	0.286	0.217	0.391
煙臺	0.211	0.487	0.355	0.415	0.3	0.415
濰坊	0.199	0.44	0.321	0.296	0.246	0.328
濟寧	0.248	0.458	0.287	0.271	0.201	0.305
泰安	0.237	0.457	0.301	0.328	0.251	0.382
威海	0.214	0.404	0.365	0.401	0.274	0.384
日照	0.186	0.308	0.284	0.296	0.217	0.309
萊蕪	0.207	0.336	0.3	0.311	0.239	0.27
臨沂	0.185	0.356	0.32	0.286	0.224	0.29
德州	0.252	0.374	0.317	0.289	0.204	0.321
聊城	0.235	0.369	0.32	0.352	0.302	0.375
濱州	0.264	0.344	0.305	0.283	0.22	0.283
菏澤	0.228	0.362	0.3	0.284	0.195	0.271
鄭州	0.281	0.369	0.365	0.389	0.207	0.288
開封	0.287	0.267	0.289	0.232	0.199	0.273
洛陽	0.236	0.238	0.243	0.241	0.194	0.264
平頂山	0.256	0.271	0.281	0.257	0.214	0.275
安陽	0.198	0.233	0.256	0.278	0.211	0.25
鶴壁	0.242	0.232	0.242	0.261	0.195	0.248
新鄉	0.257	0.236	0.281	0.266	0.205	0.285
焦作	0.281	0.225	0.242	0.269	0.201	0.272
濮陽	0.233	0.25	0.235	0.231	0.198	0.241
許昌	0.242	0.277	0.232	0.257	0.172	0.262
漯河	0.24	0.244	0.273	0.269	0.174	0.284
三門峽	0.282	0.269	0.273	0.267	0.179	0.252
南陽	0.182	0.232	0.265	0.243	0.183	0.296
商丘	0.255	0.501	0.389	0.356	0.269	0.42
信陽	0.235	0.284	0.243	0.245	0.196	0.286
周口	0.226	0.257	0.239	0.248	0.187	0.25
駐馬店	0.203	0.283	0.28	0.273	0.193	0.287
武漢	0.205	0.568	0.36	0.409	0.307	0.383
黃石	0.216	0.223	0.308	0.265	0.216	0.263
十堰	0.229	0.214	0.303	0.259	0.228	0.258
宜昌	0.171	0.386	0.307	0.266	0.243	0.299
襄陽	0.224	0.36	0.248	0.251	0.215	0.294
鄂州	0.194	0.33	0.272	0.27	0.229	0.264
荊門	0.186	0.411	0.308	0.252	0.225	0.303
孝感	0.199	0.305	0.299	0.234	0.241	0.319
荊州	0.221	0.268	0.263	0.265	0.214	0.262
黃岡	0.175	0.24	0.246	0.282	0.203	0.251
咸寧	0.273	0.319	0.265	0.289	0.207	0.325
隨州	0.148	0.27	0.313	0.274	0.194	0.258
長沙	0.221	0.568	0.319	0.404	0.231	0.296
株洲	0.221	0.36	0.291	0.292	0.206	0.26
湘潭	0.233	0.346	0.286	0.293	0.205	0.289
衡陽	0.244	0.231	0.234	0.233	0.201	0.227
邵陽	0.2	0.369	0.295	0.302	0.215	0.273
岳陽	0.272	0.367	0.312	0.257	0.215	0.3
常德	0.213	0.375	0.295	0.255	0.2	0.285
張家界	0.272	0.272	0.32	0.269	0.214	0.273
益陽	0.248	0.338	0.282	0.29	0.211	0.28
郴州	0.274	0.287	0.302	0.301	0.193	0.258
永州	0.255	0.36	0.26	0.272	0.202	0.256
懷化	0.285	0.257	0.273	0.312	0.211	0.28
婁底	0.266	0.292	0.316	0.264	0.206	0.256

表 4.6.3 2013 年度城市社會體制競爭力三級指標分值（續 2）

城市	政府機構規模指數	地方法規條例健全程度	政策法規透明度	政府執法能力	政府辦事效率	民眾對政府的滿意度
廣州	0.288	0.769	0.495	0.555	0.376	0.551
韶關	0.279	0.544	0.399	0.39	0.29	0.418
深圳	0.257	1	0.68	0.655	0.662	0.724
珠海	0.427	0.679	0.393	0.429	0.296	0.425
汕頭	0.149	0.415	0.34	0.332	0.272	0.385
佛山	0.15	0.49	0.39	0.442	0.289	0.448
江門	0.202	0.494	0.367	0.355	0.276	0.368
湛江	0.139	0.335	0.268	0.28	0.221	0.311
茂名	0.152	0.328	0.294	0.287	0.232	0.333
肇慶	0.204	0.309	0.298	0.298	0.24	0.314
惠州	0.255	0.468	0.351	0.333	0.304	0.331
梅州	0.205	0.381	0.272	0.304	0.216	0.31
汕尾	0.173	0.352	0.295	0.287	0.228	0.32
河源	0.226	0.307	0.31	0.299	0.221	0.33
陽江	0.255	0.399	0.286	0.308	0.228	0.332
清遠	0.215	0.326	0.316	0.313	0.225	0.309
東莞	0.12	0.887	0.546	0.516	0.468	0.462
中山	0.163	0.627	0.391	0.414	0.338	0.394
潮州	0.127	0.33	0.314	0.296	0.241	0.322
揭陽	0.122	0.359	0.298	0.306	0.252	0.33
雲浮	0.242	0.337	0.304	0.314	0.22	0.293
南寧	0.213	0.344	0.3	0.313	0.239	0.293
柳州	0.202	0.309	0.247	0.273	0.207	0.278
桂林	0.208	0.255	0.276	0.263	0.217	0.307
梧州	0.173	0.251	0.237	0.251	0.2	0.287
北海	0.194	0.264	0.261	0.274	0.218	0.258
防城港	0.331	0.221	0.262	0.236	0.215	0.276
欽州	0.135	0.261	0.273	0.276	0.21	0.294
貴港	0.129	0.246	0.258	0.273	0.201	0.275
玉林	0.115	0.219	0.267	0.264	0.206	0.266
百色	0.223	0.241	0.253	0.278	0.21	0.286
賀州	0.204	0.2	0.246	0.287	0.209	0.294
河池	0.202	0.196	0.254	0.272	0.22	0.312
來賓	0.175	0.197	0.251	0.275	0.226	0.314
崇左	0.23	0.179	0.216	0.281	0.231	0.294
海口	0.405	0.521	0.343	0.358	0.243	0.339
三亞	0.243	0.349	0.295	0.28	0.239	0.321
重慶	0.179	0.634	0.424	0.428	0.314	0.457
成都	0.241	0.554	0.351	0.396	0.296	0.373
自貢	0.166	0.384	0.288	0.31	0.229	0.295
攀枝花	0.302	0.319	0.297	0.289	0.226	0.312
瀘州	0.151	0.354	0.305	0.291	0.229	0.297
德陽	0.187	0.348	0.297	0.303	0.227	0.333
綿陽	0.196	0.386	0.313	0.295	0.227	0.328
廣元	0.28	0.354	0.298	0.292	0.229	0.304
遂寧	0.146	0.367	0.237	0.302	0.216	0.291
內江	0.181	0.296	0.279	0.265	0.185	0.289
樂山	0.233	0.241	0.28	0.247	0.212	0.28
南充	0.17	0.306	0.279	0.271	0.198	0.295
眉山	0.243	0.26	0.277	0.272	0.211	0.254
宜賓	0.196	0.301	0.261	0.272	0.205	0.261
廣安	0.17	0.27	0.241	0.264	0.208	0.297
達州	0.163	0.303	0.24	0.255	0.2	0.296
雅安	0.334	0.303	0.264	0.257	0.19	0.272
巴中	0.156	0.269	0.261	0.251	0.21	0.282
資陽	0.137	0.234	0.263	0.256	0.21	0.287
貴陽	0.293	0.426	0.254	0.32	0.216	0.284
六盤水	0.233	0.396	0.258	0.309	0.207	0.252

表 4.6.3 2013 年度城市社會體制競爭力三級指標分值（續 2）

城市	政府機構規模指數	地方法規條例健全程度	政策法規透明度	政府執法能力	政府辦事效率	民眾對政府的滿意度
遵義	0.229	0.302	0.242	0.296	0.225	0.271
安順	0.235	0.335	0.265	0.3	0.201	0.268
畢節	0.175	0.333	0.1	0.1	0.1	0.1
銅仁	0.319	0.328	0.1	0.1	0.1	0.1
昆明	0.276	0.699	0.448	0.473	0.424	0.444
曲靖	0.14	0.684	0.404	0.378	0.312	0.344
玉溪	0.241	0.38	0.24	0.235	0.209	0.289
保山	0.173	0.357	0.253	0.283	0.197	0.263
昭通	0.179	0.191	0.234	0.215	0.202	0.231
麗江	0.289	0.215	0.226	0.208	0.192	0.24
普洱	0.219	0.23	0.237	0.212	0.205	0.254
臨滄	0.213	0.223	0.241	0.215	0.201	0.248
拉薩	1	0.253	0.257	0.256	0.262	0.292
西安	0.238	0.383	0.363	0.439	0.295	0.365
銅川	0.469	0.354	0.297	0.294	0.216	0.285
寶雞	0.204	0.295	0.231	0.269	0.223	0.272
咸陽	0.246	0.375	0.279	0.264	0.233	0.293
渭南	0.244	0.302	0.253	0.275	0.208	0.293
延安	0.555	0.259	0.305	0.296	0.234	0.281
漢中	0.278	0.238	0.248	0.305	0.223	0.269
榆林	0.407	0.307	0.26	0.31	0.22	0.272
安康	0.293	0.311	0.31	0.289	0.201	0.25
商洛	0.238	0.14	0.25	0.204	0.201	0.228
蘭州	0.344	0.333	0.302	0.356	0.259	0.39
嘉峪關	0.427	0.21	0.243	0.28	0.208	0.312
金昌	0.349	0.278	0.255	0.276	0.227	0.299
白銀	0.349	0.224	0.262	0.291	0.233	0.313
天水	0.257	0.232	0.271	0.28	0.201	0.268
武威	0.183	0.1	0.233	0.229	0.195	0.246
張掖	0.326	0.145	0.239	0.226	0.202	0.228
平涼	0.241	0.163	0.23	0.216	0.196	0.21
酒泉	0.313	0.192	0.246	0.221	0.198	0.224
慶陽	0.337	0.251	0.225	0.23	0.216	0.21
定西	0.218	0.248	0.213	0.264	0.209	0.273
隴南	0.279	0.264	0.216	0.233	0.223	0.21
西寧	0.305	0.416	0.287	0.303	0.235	0.303
銀川	0.356	0.511	0.285	0.295	0.241	0.356
石嘴山	0.322	0.358	0.273	0.238	0.215	0.262
吳忠	0.27	0.364	0.265	0.247	0.218	0.249
固原	0.242	0.395	0.28	0.255	0.205	0.241
中衛	0.177	0.339	0.269	0.245	0.213	0.227
烏魯木齊	0.391	0.4	0.287	0.285	0.247	0.332
克拉瑪依	0.303	0.255	0.297	0.306	0.204	0.27
香港	0.329	0.952	1	1	1	1
澳門	0.786	0.743	0.518	0.458	0.364	0.478
新北	0.1	0.632	0.427	0.357	0.302	0.402
臺北	0.194	0.64	0.463	0.397	0.339	0.443
台中	0.109	0.639	0.426	0.351	0.301	0.4
台南	0.121	0.629	0.425	0.353	0.297	0.396
高雄	0.139	0.648	0.421	0.355	0.305	0.401
基隆	0.148	0.64	0.422	0.353	0.296	0.389
新竹	0.115	0.637	0.42	0.348	0.298	0.395
嘉義	0.145	0.631	0.418	0.352	0.297	0.39

4.7 城市環境、資源、區位競爭力三級指標分值

表 4.7.1 2013 年度城市環境、資源、區位競爭力三級指標分值

城市	自然區位優勢度	交通區位優勢度	經濟區位優勢度	政治區位優勢度	文化區位優勢度	土地資源絕對豐富度	土地資源相對豐富度	農產品絕對自給度	農產品相對自給度	礦產能源絕對豐富度
北京	0.8	1	0.8	1	1	0.193	0.12	0.333	0.178	0.199
天津	0.9	0.8	0.3	0.8	0.6	0.26	0.152	0.456	0.241	0.194
石家莊	0.4	0.6	0.2	0.6	0.3	0.323	0.196	0.921	0.66	0.197
唐山	0.3	0.3	0.2	0.2	0.1	0.32	0.227	0.861	0.738	0.375
秦皇島	0.8	0.6	0.2	0.2	0.1	0.167	0.198	0.296	0.538	0.465
邯鄲	0.3	0.3	0.2	0.2	0.1	0.362	0.225	0.814	0.569	0.56
邢臺	0.3	0.3	0.2	0.2	0.1	0.36	0.26	0.636	0.438	0.462
保定	0.3	0.5	0.2	0.2	0.1	0.407	0.22	0.726	0.485	0.288
張家口	0.3	0.4	0.2	0.2	0.1	0.374	0.376	0.419	0.596	0.374
承德	0.3	0.3	0.1	0.2	0.1	0.206	0.234	0.286	0.508	0.461
滄州	0.3	0.4	0.1	0.2	0.1	0.384	0.274	0.621	0.506	0.47
廊坊	0.3	0.3	0.1	0.2	0.1	0.247	0.247	0.43	0.595	0.642
衡水	0.3	0.2	0.1	0.2	0.1	0.324	0.326	0.584	0.665	0.563
太原	0.4	0.4	0.3	0.5	0.3	0.151	0.153	0.146	0.184	0.555
大同	0.3	0.4	0.2	0.2	0.1	0.25	0.297	0.162	0.235	0.647
陽泉	0.3	0.2	0.2	0.2	0.1	0.127	0.188	0.114	0.179	0.565
長治	0.3	0.2	0.2	0.2	0.1	0.239	0.283	0.176	0.285	0.293
晉城	0.3	0.2	0.2	0.2	0.1	0.177	0.249	0.148	0.269	0.384
朔州	0.3	0.3	0.2	0.2	0.1	0.247	0.476	0.173	0.374	0.466
晉中	0.3	0.3	0.1	0.2	0.1	0.246	0.297	0.231	0.413	0.738
運城	0.3	0.2	0.1	0.2	0.1	0.321	0.288	0.436	0.473	0.555
忻州	0.3	0.2	0.1	0.2	0.1	0.361	0.473	0.161	0.252	0.552
臨汾	0.3	0.2	0.1	0.2	0.1	0.299	0.302	0.205	0.285	0.563
呂梁	0.3	0.2	0.1	0.2	0.1	0.312	0.348	0.173	0.239	0.56
呼和浩特	0.3	0.4	0.3	0.4	0.2	0.327	0.444	0.381	0.535	0.652
包頭	0.2	0.2	0.1	0.2	0.1	0.27	0.378	0.273	0.433	0.468
烏海	0.2	0.2	0.1	0.2	0.1	0.103	0.128	0.104	0.162	0.284
赤峰	0.2	0.2	0.1	0.2	0.1	0.666	0.677	0.399	0.635	0.562
通遼	0.2	0.2	0.1	0.2	0.1	0.642	0.861	0.345	0.721	0.467
鄂爾多斯	0.2	0.2	0.3	0.2	0.1	0.264	0.462	0.18	0.367	0.29
呼倫貝爾	0.2	0.3	0.1	0.2	0.1	0.582	0.885	0.367	0.711	0.292
巴彥淖爾	0.2	0.2	0.1	0.2	0.1	0.382	0.847	0.316	0.879	0.288
烏蘭察布	0.2	0.2	0.1	0.2	0.1	0.468	0.858	0.239	0.502	0.287
瀋陽	0.6	0.8	0.5	0.6	0.6	0.375	0.267	0.548	0.542	0.286
大連	0.9	0.8	0.5	0.4	0.2	0.245	0.209	0.581	0.515	0.115
鞍山	0.3	0.4	0.2	0.2	0.1	0.196	0.221	0.311	0.541	0.652
撫順	0.3	0.5	0.2	0.2	0.1	0.151	0.201	0.164	0.309	0.283
本溪	0.3	0.4	0.2	0.2	0.1	0.127	0.178	0.136	0.266	0.66
丹東	0.3	0.4	0.2	0.2	0.1	0.183	0.252	0.252	0.461	0.374
錦州	0.3	0.5	0.2	0.2	0.1	0.257	0.325	0.494	0.971	0.559
營口	0.4	0.4	0.2	0.2	0.1	0.146	0.185	0.25	0.466	0.469
阜新	0.3	0.5	0.2	0.2	0.1	0.248	0.439	0.379	1	0.477
遼陽	0.3	0.4	0.2	0.2	0.1	0.171	0.271	0.191	0.465	0.563
盤錦	0.3	0.3	0.1	0.2	0.1	0.152	0.274	0.202	0.614	0.658
鐵嶺	0.3	0.5	0.1	0.2	0.1	0.318	0.415	0.44	0.933	0.645
朝陽	0.3	0.3	0.1	0.2	0.1	0.283	0.337	0.415	0.799	0.291
葫蘆島	0.3	0.2	0.1	0.2	0.1	0.191	0.242	0.341	0.64	0.284
長春	0.4	0.7	0.3	0.6	0.3	0.621	0.401	0.476	0.515	0.738
吉林	0.3	0.4	0.2	0.3	0.1	0.337	0.341	0.296	0.472	0.835
四平	0.2	0.4	0.2	0.2	0.1	0.44	0.539	0.403	0.822	0.46
遼源	0.2	0.2	0.1	0.2	0.1	0.189	0.421	0.141	0.39	0.182
通化	0.2	0.2	0.1	0.2	0.1	0.224	0.341	0.164	0.342	0.65
白山	0.2	0.2	0.1	0.2	0.1	0.119	0.165	0.117	0.202	0.554
松原	0.2	0.3	0.1	0.2	0.1	0.578	0.82	0.377	0.841	0.563

表 4. 7. 1 2013 年度城市環境、資源、區位競爭力三級指標分值

城市	自然區位優勢度	交通區位優勢度	經濟區位優勢度	政治區位優勢度	文化區位優勢度	土地資源絕對豐富度	土地資源相對豐富度	農產品絕對自給度	農產品相對自給度	礦產能源絕對豐富度
白城	0.2	0.2	0.1	0.2	0.1	0.439	0.836	0.249	0.602	0.558
哈爾濱	0.5	0.7	0.3	0.6	0.3	0.835	0.404	0.639	0.503	0.384
齊齊哈爾	0.2	0.5	0.2	0.2	0.1	1	0.838	0.465	0.621	0.649
雞西	0.2	0.2	0.2	0.2	0.1	0.267	0.494	0.177	0.448	0.467
鶴崗	0.2	0.2	0.1	0.2	0.1	0.164	0.368	0.129	0.329	0.646
雙鴨山	0.2	0.2	0.2	0.2	0.1	0.263	0.59	0.181	0.579	0.653
大慶	0.2	0.2	0.2	0.2	0.1	0.352	0.483	0.397	0.781	1
伊春	0.2	0.3	0.1	0.2	0.1	0.182	0.416	0.144	0.406	0.832
佳木斯	0.2	0.3	0.1	0.2	0.1	0.562	0.897	0.282	0.743	0.74
七台河	0.2	0.2	0.1	0.2	0.1	0.161	0.393	0.124	0.331	0.555
牡丹江	0.2	0.2	0.1	0.2	0.1	0.296	0.409	0.203	0.406	0.647
黑河	0.2	0.2	0.1	0.2	0.1	0.442	1	0.181	0.524	0.288
綏化	0.2	0.1	0.1	0.2	0.1	0.767	0.642	0.621	0.85	0.555
上海	1	1	1	0.8	0.8	0.18	0.115	0.317	0.162	0.104
南京	0.7	0.8	0.4	0.6	0.5	0.197	0.153	0.257	0.229	0.189
無錫	0.7	0.8	0.3	0.1	0.2	0.156	0.138	0.179	0.189	0.202
徐州	0.6	0.8	0.2	0.1	0.1	0.338	0.222	0.701	0.602	0.191
常州	0.8	0.6	0.3	0.1	0.1	0.171	0.168	0.184	0.222	0.111
蘇州	0.8	0.8	0.3	0.4	0.4	0.193	0.139	0.225	0.177	0.195
南通	0.8	0.6	0.2	0.1	0.1	0.288	0.214	0.583	0.463	0.198
連雲港	0.5	0.5	0.2	0.1	0.1	0.248	0.249	0.374	0.503	0.194
淮安	0.5	0.5	0.2	0.1	0.1	0.296	0.28	0.332	0.474	0.281
鹽城	0.5	0.3	0.2	0.1	0.1	0.414	0.291	1	0.839	0.284
揚州	0.5	0.4	0.2	0.1	0.1	0.222	0.221	0.277	0.369	0.286
鎮江	0.5	0.4	0.2	0.1	0.1	0.169	0.197	0.168	0.255	0.193
泰州	0.5	0.4	0.2	0.1	0.1	0.227	0.221	0.309	0.403	0.286
宿遷	0.5	0.3	0.2	0.1	0.1	0.276	0.263	0.342	0.492	0.284
杭州	0.8	0.7	0.4	0.6	0.5	0.1	0.127	0.307	0.262	0.196
寧波	0.8	0.7	0.2	0.4	0.2	0.1	0.142	0.366	0.282	0.104
溫州	0.7	0.5	0.2	0.1	0.1	0.1	0.135	0.237	0.183	0.185
嘉興	0.6	0.4	0.2	0.1	0.1	0.1	0.129	0.279	0.379	0.294
湖州	0.6	0.5	0.2	0.1	0.1	0.1	0.137	0.209	0.332	0.116
紹興	0.7	0.4	0.2	0.1	0.1	0.1	0.149	0.232	0.294	0.196
金華	0.4	0.4	0.2	0.1	0.1	0.1	0.155	0.22	0.238	0.1
衢州	0.4	0.4	0.2	0.1	0.1	0.1	0.151	0.216	0.471	0.378
舟山	0.9	0.7	0.2	0.1	0.1	0.1	0.137	0.253	0.438	0.294
台州	0.7	0.3	0.2	0.1	0.1	0.1	0.149	0.362	0.295	0.285
麗水	0.4	0.2	0.2	0.1	0.1	0.1	0.15	0.159	0.312	0.384
合肥	0.5	0.5	0.3	0.6	0.3	0.236	0.18	0.37	0.318	0.552
蕪湖	0.2	0.4	0.1	0.2	0.1	0.171	0.187	0.267	0.316	0.467
蚌埠	0.2	0.3	0.1	0.2	0.1	0.219	0.265	0.326	0.542	0.372
淮南	0.2	0.3	0.1	0.2	0.1	0.146	0.186	0.167	0.319	0.375
馬鞍山	0.2	0.4	0.1	0.2	0.1	0.15	0.201	0.186	0.312	0.468
淮北	0.2	0.4	0.1	0.2	0.1	0.155	0.214	0.151	0.294	0.384
銅陵	0.2	0.4	0.1	0.2	0.1	0.109	0.157	0.118	0.215	0.382
安慶	0.2	0.4	0.1	0.2	0.1	0.22	0.199	0.411	0.361	0.637
黃山	0.2	0.3	0.1	0.2	0.1	0.119	0.162	0.137	0.294	0.391
滁州	0.2	0.4	0.1	0.2	0.1	0.264	0.283	0.322	0.49	0.288
阜陽	0.2	0.3	0.1	0.2	0.1	0.332	0.234	0.378	0.395	0.564
宿州	0.2	0.3	0.1	0.2	0.1	0.293	0.259	0.439	0.516	0.463
六安	0.2	0.3	0.1	0.1	0.1	0.275	0.236	0.343	0.402	0.381
亳州	0.2	0.3	0.1	0.1	0.1	0.301	0.281	0.28	0.397	0.383
池州	0.2	0.2	0.1	0.1	0.1	0.133	0.204	0.189	0.356	0.376
宣城	0.2	0.3	0.1	0.1	0.1	0.162	0.206	0.209	0.362	0.112
福州	0.8	0.5	0.3	0.6	0.3	0.165	0.14	0.427	0.307	0.195
廈門	0.9	0.8	0.3	0.4	0.2	0.108	0.11	0.123	0.146	0.199
莆田	0.6	0.4	0.2	0.1	0.1	0.13	0.147	0.234	0.318	0.375

表 4.7.1 2013 年度城市環境、資源、區位競爭力三級指標分值

城市	自然區位優勢度	交通區位優勢度	經濟區位優勢度	政治區位優勢度	文化區位優勢度	土地資源絕對豐富度	土地資源相對豐富度	農產品絕對自給度	農產品相對自給度	礦產能源絕對豐富度
三明	0.6	0.3	0.2	0.1	0.1	0.177	0.236	0.236	0.497	0.293
泉州	0.8	0.6	0.2	0.1	0.1	0.159	0.132	0.295	0.212	0.382
漳州	0.8	0.4	0.1	0.1	0.1	0.172	0.166	0.452	0.454	0.474
南平	0.5	0.4	0.2	0.1	0.1	0.195	0.257	0.256	0.524	0.375
龍岩	0.5	0.2	0.1	0.1	0.1	0.166	0.214	0.225	0.482	0.562
寧德	0.5	0.3	0.1	0.1	0.1	0.155	0.186	0.225	0.313	0.472
南昌	0.5	0.6	0.2	0.6	0.3	0.1	0.123	0.288	0.337	0.654
景德鎮	0.2	0.3	0.1	0.2	0.1	0.1	0.13	0.143	0.302	0.483
萍鄉	0.2	0.3	0.1	0.2	0.1	0.1	0.132	0.146	0.286	0.384
九江	0.3	0.5	0.1	0.2	0.1	0.1	0.133	0.355	0.291	0.566
新餘	0.2	0.4	0.1	0.2	0.1	0.1	0.133	0.139	0.316	0.283
鷹潭	0.2	0.5	0.1	0.2	0.1	0.1	0.132	0.143	0.374	0.279
贛州	0.2	0.5	0.1	0.2	0.1	0.1	0.136	0.387	0.336	0.556
吉安	0.2	0.4	0.1	0.2	0.1	0.1	0.135	0.32	0.425	0.645
宜春	0.2	0.4	0.1	0.2	0.1	0.1	0.134	0.366	0.415	0.462
撫州	0.2	0.4	0.1	0.2	0.1	0.1	0.134	0.32	0.477	0.378
上饒	0.2	0.4	0.1	0.2	0.1	0.1	0.139	0.272	0.284	0.289
濟南	0.5	0.8	0.4	0.6	0.3	0.245	0.193	0.475	0.479	0.56
青島	0.9	0.8	0.4	0.4	0.2	0.306	0.203	0.626	0.458	0.198
淄博	0.5	0.3	0.1	0.1	0.1	0.183	0.181	0.268	0.356	0.464
棗莊	0.4	0.3	0.1	0.1	0.1	0.197	0.214	0.3	0.502	0.56
東營	0.4	0.3	0.1	0.1	0.1	0.188	0.29	0.399	0.549	0.468
煙臺	0.8	0.5	0.2	0.1	0.1	0.279	0.213	0.776	0.592	0.558
濰坊	0.4	0.3	0.1	0.1	0.1	0.415	0.252	0.836	0.65	0.193
濟寧	0.4	0.4	0.1	0.1	0.1	0.342	0.231	0.76	0.582	0.738
泰安	0.4	0.3	0.1	0.1	0.1	0.238	0.21	0.471	0.59	0.471
威海	0.8	0.5	0.2	0.1	0.1	0.177	0.221	0.493	0.647	0.649
日照	0.3	0.2	0.1	0.1	0.1	0.192	0.244	0.294	0.466	0.384
萊蕪	0.3	0.3	0.1	0.1	0.1	0.128	0.193	0.142	0.347	0.193
臨沂	0.3	0.3	0.1	0.1	0.1	0.439	0.248	0.707	0.494	0.467
德州	0.3	0.3	0.1	0.1	0.1	0.349	0.296	0.616	0.652	0.289
聊城	0.3	0.4	0.1	0.1	0.1	0.328	0.271	0.61	0.698	0.738
濱州	0.3	0.2	0.1	0.1	0.1	0.28	0.31	0.534	0.61	0.56
菏澤	0.2	0.2	0.1	0.1	0.1	0.434	0.277	0.843	0.564	0.73
鄭州	0.6	0.9	0.3	0.6	0.3	0.219	0.159	0.359	0.286	0.287
開封	0.2	0.3	0.1	0.1	0.1	0.258	0.25	0.586	0.741	0.551
洛陽	0.2	0.5	0.1	0.1	0.1	0.243	0.196	0.324	0.331	0.379
平頂山	0.2	0.2	0.1	0.1	0.1	0.226	0.213	0.3	0.388	0.653
安陽	0.2	0.2	0.1	0.1	0.1	0.259	0.236	0.439	0.568	0.652
鶴壁	0.2	0.2	0.1	0.1	0.1	0.139	0.208	0.201	0.559	0.384
新鄉	0.2	0.2	0.1	0.1	0.1	0.262	0.226	0.429	0.488	0.281
焦作	0.2	0.3	0.1	0.1	0.1	0.173	0.191	0.302	0.502	0.378
濮陽	0.2	0.2	0.1	0.1	0.1	0.2	0.224	0.322	0.543	0.379
許昌	0.2	0.2	0.1	0.1	0.1	0.231	0.234	0.304	0.454	0.291
漯河	0.1	0.2	0.1	0.1	0.1	0.167	0.215	0.265	0.551	0.285
三門峽	0.1	0.3	0.1	0.1	0.1	0.166	0.229	0.236	0.486	0.374
南陽	0.1	0.2	0.1	0.1	0.1	0.479	0.265	0.893	0.584	0.465
商丘	0.1	0.2	0.1	0.1	0.1	0.368	0.26	0.806	0.713	0.468
信陽	0.1	0.2	0.1	0.1	0.1	0.329	0.265	0.515	0.568	0.281
周口	0.1	0.3	0.1	0.1	0.1	0.432	0.263	0.812	0.606	0.188
駐馬店	0.1	0.3	0.1	0.1	0.1	0.433	0.307	0.685	0.646	0.201
武漢	0.5	0.8	0.4	0.6	0.6	0.182	0.136	0.417	0.303	0.101
黃石	0.1	0.2	0.2	0.1	0.1	0.136	0.165	0.182	0.287	0.461
十堰	0.1	0.3	0.2	0.1	0.1	0.17	0.192	0.206	0.326	0.557
宜昌	0.1	0.3	0.1	0.1	0.1	0.195	0.202	0.436	0.602	0.827
襄陽	0.1	0.3	0.1	0.1	0.1	0.28	0.243	0.497	0.554	0.471
鄂州	0.1	0.2	0.1	0.1	0.1	0.116	0.168	0.2	0.567	0.826

表 4.7.1 2013 年度城市環境、資源、區位競爭力三級指標分值

城市	自然區位優勢度	交通區位優勢度	經濟區位優勢度	政治區位優勢度	文化區位優勢度	土地資源絕對豐富度	土地資源相對豐富度	農產品絕對自給度	農產品相對自給度	礦產能源絕對豐富度
荊門	0.1	0.3	0.1	0.1	0.1	0.205	0.261	0.372	0.644	0.461
孝感	0.1	0.2	0.1	0.1	0.1	0.206	0.196	0.436	0.51	0.384
荊州	0.1	0.3	0.1	0.1	0.1	0.288	0.245	0.618	0.504	0.644
黃岡	0.1	0.2	0.1	0.1	0.1	0.238	0.198	0.587	0.514	0.195
咸寧	0.1	0.1	0.1	0.1	0.1	0.163	0.212	0.228	0.447	0.732
隨州	0.1	0.1	0.1	0.1	0.1	0.159	0.22	0.224	0.481	0.193
長沙	0.4	0.3	0.3	0.6	0.4	0.2	0.162	0.333	0.365	0.289
株洲	0.4	0.5	0.2	0.1	0.1	0.172	0.182	0.231	0.368	0.649
湘潭	0.2	0.2	0.2	0.1	0.1	0.149	0.179	0.209	0.421	0.388
衡陽	0.2	0.3	0.2	0.1	0.1	0.232	0.181	0.463	0.439	0.384
邵陽	0.2	0.2	0.2	0.1	0.1	0.24	0.187	0.318	0.335	0.651
岳陽	0.2	0.3	0.2	0.1	0.1	0.214	0.192	0.415	0.431	0.554
常德	0.2	0.1	0.2	0.1	0.1	0.264	0.226	0.632	0.541	0.279
張家界	0.1	0.1	0.1	0.1	0.1	0.137	0.209	0.154	0.348	0.551
益陽	0.1	0.2	0.1	0.1	0.1	0.197	0.199	0.382	0.45	0.472
郴州	0.2	0.3	0.2	0.1	0.1	0.194	0.19	0.271	0.38	0.739
永州	0.1	0.2	0.1	0.1	0.1	0.216	0.198	0.38	0.513	0.283
懷化	0.1	0.2	0.1	0.1	0.1	0.207	0.199	0.261	0.334	0.376
婁底	0.1	0.2	0.1	0.1	0.1	0.16	0.17	0.203	0.311	0.382
廣州	0.8	0.8	0.6	0.6	0.6	0.141	0.114	0.266	0.185	0.112
韶關	0.6	0.3	0.2	0.1	0.1	0.153	0.182	0.202	0.352	0.562
深圳	0.9	0.8	0.8	0.6	0.2	0.1	0.1	0.107	0.104	0.197
珠海	0.8	0.6	0.2	0.1	0.2	0.106	0.117	0.134	0.193	0.282
汕頭	0.7	0.3	0.2	0.1	0.1	0.13	0.124	0.194	0.201	0.11
佛山	0.7	0.5	0.3	0.1	0.1	0.115	0.109	0.218	0.188	0.374
江門	0.5	0.3	0.3	0.1	0.1	0.153	0.153	0.253	0.285	0.288
湛江	0.7	0.3	0.2	0.1	0.1	0.283	0.214	0.445	0.366	0.286
茂名	0.5	0.4	0.2	0.1	0.1	0.205	0.178	0.444	0.444	0.557
肇慶	0.5	0.3	0.2	0.1	0.1	0.144	0.149	0.295	0.421	0.46
惠州	0.5	0.5	0.2	0.1	0.1	0.146	0.144	0.215	0.273	0.283
梅州	0.4	0.4	0.2	0.1	0.1	0.166	0.168	0.242	0.34	0.471
汕尾	0.4	0.4	0.2	0.1	0.1	0.138	0.157	0.207	0.273	0.2
河源	0.4	0.3	0.2	0.1	0.1	0.144	0.166	0.163	0.25	0.375
陽江	0.4	0.4	0.2	0.1	0.1	0.142	0.175	0.283	0.427	0.291
清遠	0.4	0.4	0.2	0.1	0.1	0.197	0.215	0.224	0.335	0.571
東莞	0.8	0.8	0.3	0.1	0.1	0.105	0.103	0.12	0.114	0.291
中山	0.7	0.2	0.2	0.1	0.1	0.12	0.129	0.158	0.181	0.193
潮州	0.7	0.1	0.1	0.1	0.1	0.1	0.137	0.145	0.193	0.198
揭陽	0.4	0.1	0.2	0.1	0.1	0.15	0.137	0.207	0.229	0.472
雲浮	0.4	0.2	0.2	0.1	0.1	0.14	0.174	0.198	0.375	0.378
南寧	0.5	0.5	0.2	0.6	0.2	0.376	0.276	0.364	0.375	0.377
柳州	0.4	0.4	0.3	0.1	0.1	0.243	0.265	0.197	0.292	0.285
桂林	0.3	0.4	0.2	0.1	0.1	0.233	0.222	0.382	0.518	0.65
梧州	0.2	0.5	0.1	0.1	0.1	0.156	0.185	0.193	0.341	0.281
北海	0.6	0.4	0.2	0.1	0.1	0.1	0.244	0.239	0.448	0.376
防城港	0.4	0.3	0.1	0.1	0.1	0.137	0.285	0.155	0.331	0.201
欽州	0.3	0.4	0.1	0.1	0.1	0.185	0.221	0.273	0.427	0.379
貴港	0.3	0.4	0.1	0.1	0.1	0.23	0.238	0.221	0.308	0.548
玉林	0.3	0.5	0.1	0.1	0.1	0.197	0.177	0.302	0.381	0.567
百色	0.2	0.2	0.1	0.1	0.1	0.281	0.328	0.407	0.566	0.473
賀州	0.2	0.2	0.1	0.1	0.1	0.146	0.203	0.178	0.394	0.371
河池	0.2	0.2	0.1	0.1	0.1	0.251	0.295	0.173	0.269	0.194
來賓	0.2	0.2	0.1	0.1	0.1	0.264	0.442	0.169	0.339	0.288
崇左	0.2	0.2	0.1	0.1	0.1	0.241	0.408	0.174	0.35	0.28
海口	0.8	0.5	0.3	0.6	0.2	0.12	0.143	0.14	0.232	0.195
三亞	0.7	0.5	0.2	0.1	0.1	0.106	0.135	0.131	0.359	0.279
重慶	0.3	0.8	0.4	0.8	0.3	0.654	0.184	0.998	0.34	0.564

表 4.7.1 2013 年度城市環境、資源、區位競爭力三級指標分值

城市	自然區位優勢度	交通區位優勢度	經濟區位優勢度	政治區位優勢度	文化區位優勢度	土地資源絕對豐富度	土地資源相對豐富度	農產品絕對自給度	農產品相對自給度	礦產能源絕對豐富度
成都	0.4	0.7	0.3	0.6	0.6	0.231	0.141	0.343	0.213	0.55
自貢	0.1	0.3	0.2	0.1	0.1	0.155	0.19	0.163	0.259	0.373
攀枝花	0.1	0.3	0.2	0.1	0.1	0.116	0.159	0.121	0.224	0.648
瀘州	0.1	0.3	0.1	0.1	0.1	0.184	0.188	0.155	0.191	0.461
德陽	0.1	0.2	0.2	0.1	0.1	0.174	0.191	0.207	0.285	0.649
綿陽	0.1	0.2	0.2	0.1	0.1	0.213	0.208	0.251	0.285	0.466
廣元	0.1	0.2	0.1	0.1	0.1	0.167	0.219	0.186	0.305	0.376
遂寧	0.1	0.3	0.1	0.1	0.1	0.162	0.184	0.182	0.231	0.204
內江	0.1	0.2	0.1	0.1	0.1	0.166	0.179	0.18	0.239	0.292
樂山	0.1	0.3	0.1	0.1	0.1	0.16	0.182	0.173	0.24	0.568
南充	0.1	0.3	0.1	0.1	0.1	0.221	0.185	0.299	0.289	0.56
眉山	0.1	0.3	0.1	0.1	0.1	0.169	0.202	0.203	0.292	0.553
宜賓	0.1	0.2	0.1	0.1	0.1	0.198	0.197	0.184	0.224	0.747
廣安	0.1	0.2	0.1	0.1	0.1	0.17	0.196	0.193	0.291	0.648
達州	0.1	0.2	0.1	0.1	0.1	0.222	0.198	0.249	0.265	0.289
雅安	0.1	0.3	0.1	0.1	0.1	0.122	0.165	0.134	0.242	0.558
巴中	0.1	0.3	0.1	0.1	0.1	0.161	0.182	0.163	0.214	0.645
資陽	0.1	0.2	0.1	0.1	0.1	0.208	0.231	0.23	0.308	0.383
貴陽	0.2	0.6	0.4	0.6	0.3	0.139	0.139	0.173	0.228	0.654
六盤水	0.1	0.3	0.2	0.1	0.1	0.143	0.167	0.131	0.194	0.457
遵義	0.1	0.2	0.1	0.1	0.1	0.257	0.213	0.295	0.344	0.645
安順	0.1	0.3	0.1	0.1	0.1	0.143	0.183	0.152	0.272	0.643
畢節	0.1	0.2	0.1	0.1	0.1	0.247	0.199	0.216	0.242	0.635
銅仁	0.1	0.2	0.1	0.1	0.1	0.171	0.201	0.188	0.312	0.636
昆明	0.6	0.6	0.5	0.6	0.3	0.166	0.145	0.237	0.268	0.648
曲靖	0.1	0.4	0.1	0.1	0.1	0.209	0.182	0.391	0.487	0.739
玉溪	0.1	0.5	0.2	0.1	0.1	0.165	0.223	0.205	0.44	0.562
保山	0.1	0.3	0.1	0.1	0.1	0.162	0.209	0.187	0.364	0.736
昭通	0.1	0.2	0.1	0.1	0.1	0.232	0.21	0.29	0.347	0.561
麗江	0.1	0.1	0.1	0.1	0.1	0.138	0.235	0.157	0.368	0.192
普洱	0.1	0.1	0.1	0.1	0.1	0.183	0.243	0.152	0.252	0.2
臨滄	0.1	0.1	0.1	0.1	0.1	0.209	0.296	0.165	0.299	0.197
拉薩	0.2	0.4	0.4	0.6	0.6	0.114	0.21	0.114	0.281	0.372
西安	0.2	0.5	0.5	0.6	0.6	0.201	0.152	0.3	0.256	0.38
銅川	0.1	0.3	0.2	0.1	0.1	0.125	0.234	0.14	0.391	0.47
寶雞	0.1	0.2	0.2	0.1	0.1	0.223	0.245	0.268	0.386	0.56
咸陽	0.1	0.2	0.1	0.1	0.1	0.245	0.23	0.507	0.619	0.643
渭南	0.1	0.3	0.1	0.1	0.1	0.31	0.274	0.412	0.417	0.285
延安	0.1	0.3	0.1	0.1	0.1	0.195	0.29	0.248	0.528	0.463
漢中	0.1	0.2	0.1	0.1	0.1	0.182	0.206	0.241	0.391	0.464
榆林	0.1	0.2	0.1	0.1	0.1	0.331	0.404	0.206	0.321	0.287
安康	0.1	0.2	0.1	0.1	0.1	0.179	0.233	0.198	0.366	0.379
商洛	0.1	0.2	0.1	0.1	0.1	0.154	0.201	0.15	0.263	0.281
蘭州	0.2	0.4	0.2	0.6	0.2	0.208	0.231	0.16	0.236	0.641
嘉峪關	0.1	0.2	0.1	0.1	0.1	0.102	0.132	0.104	0.239	0.202
金昌	0.1	0.2	0.1	0.1	0.1	0.136	0.439	0.121	0.465	0.292
白銀	0.1	0.1	0.1	0.1	0.1	0.253	0.492	0.151	0.347	0.471
天水	0.1	0.1	0.1	0.1	0.1	0.312	0.385	0.204	0.336	0.378
武威	0.1	0.2	0.1	0.1	0.1	0.245	0.45	0.201	0.462	0.465
張掖	0.1	0.1	0.1	0.1	0.1	0.202	0.473	0.179	0.579	0.466
平涼	0.1	0.1	0.1	0.1	0.1	0.253	0.424	0.19	0.406	0.372
酒泉	0.1	0.1	0.1	0.1	0.1	0.162	0.347	0.191	0.418	0.292
慶陽	0.1	0.1	0.1	0.1	0.1	0.367	0.63	0.18	0.355	0.281
定西	0.1	0.1	0.1	0.1	0.1	0.369	0.539	0.143	0.239	0.287
隴南	0.1	0.1	0.1	0.1	0.1	0.321	0.48	0.144	0.24	0.198
西寧	0.2	0.5	0.3	0.6	0.2	0.159	0.231	0.152	0.265	0.466
銀川	0.2	0.4	0.3	0.6	0.2	0.152	0.213	0.195	0.403	0.638

表 4.7.1 2013 年度城市環境、資源、區位競爭力三級指標分值

城市	自然區位優勢度	交通區位優勢度	經濟區位優勢度	政治區位優勢度	文化區位優勢度	土地資源絕對豐富度	土地資源相對豐富度	農產品絕對自給度	農產品相對自給度	礦產能源絕對豐富度
石嘴山	0.1	0.1	0.1	0.1	0.1	0.131	0.288	0.135	0.457	0.283
吳忠	0.1	0.2	0.1	0.1	0.1	0.225	0.525	0.195	0.533	0.281
固原	0.1	0.1	0.1	0.1	0.1	0.243	0.606	0.152	0.433	0.463
中衛	0.1	0.1	0.1	0.1	0.1	0.193	0.473	0.194	0.652	0.283
烏魯木齊	0.2	0.4	0.3	0.5	0.2	0.122	0.13	0.129	0.162	0.56
克拉瑪依	0.1	0.1	0.1	0.1	0.1	0.109	0.159	0.1	0.1	0.457
香港	1	0.8	1	0.7	1	0.1	0.1	0.1	0.1	0.102
澳門	0.8	0.3	0.4	0.3	0.2	0.1	0.1	0.1	0.1	0.184
新北	0.6	0.5	0.4	0.2	0.2	0.113	0.114	0.134	0.165	0.105
臺北	0.8	1	0.6	0.7	1	0.101	0.102	0.122	0.164	0.106
台中	0.4	0.5	0.4	0.2	0.2	0.121	0.134	0.122	0.165	0.108
台南	0.4	0.5	0.4	0.2	0.2	0.138	0.189	0.122	0.172	0.107
高雄	0.7	0.7	0.4	0.2	0.2	0.119	0.131	0.146	0.183	0.105
基隆	0.6	0.6	0.4	0.2	0.2	0.1	0.103	0.107	0.189	0.108
新竹	0.4	0.5	0.4	0.2	0.2	0.101	0.11	0.104	0.167	0.105
嘉義	0.4	0.5	0.4	0.2	0.2	0.101	0.113	0.102	0.164	0.109

表 4.7.2 2013 年度城市環境、資源、區位競爭力三級指標分值（續 1）

城市	礦產能源相對豐富度	城市綠化絕對量	城市綠化相對量	氣候環境舒適度	自然災害少發率	山水環境優美度	建成區綠化覆蓋率	生活汙水處理率	生活垃圾處理率	空氣品質指數
北京	0.119	0.523	0.366	0.433	0.542	0.393	0.223	0.835	0.344	0.851
天津	0.107	0.251	0.241	0.61	0.681	0.395	0.182	0.881	0.349	0.851
石家莊	0.109	0.164	0.179	0.566	0.73	0.161	0.212	0.959	0.349	0.887
唐山	0.193	0.16	0.201	0.515	0.433	0.198	0.195	0.951	0.327	0.964
秦皇島	0.38	0.134	0.245	0.841	0.66	0.737	0.217	0.933	0.349	0.874
邯鄲	0.287	0.155	0.176	0.566	0.531	0.354	0.217	0.977	0.349	0.917
邢臺	0.549	0.126	0.146	0.517	0.527	0.292	0.193	0.855	0.349	0.887
保定	0.2	0.136	0.14	0.556	0.512	0.355	0.207	0.928	0.349	0.917
張家口	0.295	0.12	0.157	0.522	0.515	0.3	0.197	0.898	0.304	0.947
承德	0.559	0.126	0.195	0.563	0.464	0.3	0.193	0.812	0.349	0.934
滄州	0.545	0.113	0.122	0.505	0.572	0.341	0.186	1	0.324	0.937
廊坊	0.553	0.13	0.185	0.554	0.559	0.289	0.21	0.884	0.341	0.921
衡水	0.815	0.111	0.133	0.484	0.476	0.288	0.197	0.888	0.145	0.917
太原	0.199	0.169	0.307	0.427	0.339	0.289	0.19	0.856	0.334	0.94
大同	0.384	0.129	0.209	0.309	0.326	0.334	0.191	0.843	0.212	0.904
陽泉	0.554	0.113	0.225	0.392	0.355	0.416	0.196	0.85	0.349	0.974
長治	0.279	0.116	0.162	0.352	0.379	0.32	0.207	0.906	0.251	0.964
晉城	0.819	0.11	0.157	0.484	0.404	0.285	0.192	0.955	0.326	0.947
朔州	0.559	0.112	0.187	0.325	0.44	0.305	0.21	0.978	0.349	0.983
晉中	0.904	0.111	0.141	0.365	0.441	0.411	0.208	0.93	0.181	0.97
運城	0.545	0.108	0.12	0.412	0.312	0.334	0.16	0.935	0.338	0.98
忻州	0.644	0.103	0.114	0.389	0.359	0.382	0.146	0.413	0.195	0.914
臨汾	0.468	0.11	0.128	0.456	0.371	0.378	0.195	0.826	0.177	0.977
呂梁	0.464	0.104	0.114	0.416	0.355	0.4	0.192	0.703	0.199	0.917
呼和浩特	0.379	0.119	0.181	0.346	0.365	0.321	0.185	0.959	0.344	0.854
包頭	0.288	0.154	0.358	0.335	0.47	0.293	0.196	0.84	0.321	0.768
烏海	0.378	0.114	0.445	0.361	0.382	0.322	0.184	0.872	0.313	0.841
赤峰	0.38	0.119	0.155	0.307	0.296	0.326	0.184	0.974	0.325	0.897
通遼	0.376	0.116	0.163	0.324	0.246	0.372	0.174	0.967	0.182	0.931
鄂爾多斯	0.554	0.154	0.443	0.202	0.193	0.224	0.271	0.932	0.333	0.964
呼倫貝爾	0.553	0.106	0.128	0.153	0.1	0.267	0.177	0.797	0.224	0.927
巴彥淖爾	0.562	0.108	0.161	0.165	0.12	0.222	0.205	0.886	0.34	0.947
烏蘭察布	0.554	0.107	0.14	0.15	0.103	0.211	0.162	0.552	0.335	0.947
瀋陽	0.114	0.285	0.426	0.545	0.729	0.363	0.2	0.867	0.349	0.964

表 4. 7. 2 2013 年度城市環境、資源、區位競爭力三級指標分值（續 1）

城市	礦產能源相對豐富度	城市綠化絕對量	城市綠化相對量	氣候環境舒適度	自然災害少發率	山水環境優美度	建成區綠化覆蓋率	生活汙水處理率	生活垃圾處理率	空氣品質指數
大連	0.1	0.226	0.373	1	1	0.773	0.207	0.943	0.313	0.864
鞍山	0.369	0.142	0.253	0.476	0.654	0.334	0.19	0.741	0.349	0.887
撫順	0.197	0.133	0.292	0.456	0.6	0.432	0.193	0.71	0.1	0.947
本溪	0.455	0.134	0.382	0.393	0.592	0.477	0.213	0.894	0.311	0.957
丹東	0.38	0.114	0.176	0.372	0.614	0.304	0.19	0.867	0.1	0.944
錦州	0.464	0.118	0.175	0.292	0.583	0.47	0.193	0.699	0.317	0.977
營口	0.457	0.127	0.248	0.71	0.605	0.339	0.198	0.676	0.1	0.917
阜新	0.371	0.121	0.241	0.478	0.588	0.456	0.195	0.829	0.326	0.94
遼陽	0.473	0.126	0.285	0.432	0.674	0.472	0.193	0.851	0.349	0.96
盤錦	0.815	0.115	0.245	0.402	0.571	0.45	0.196	1	0.294	0.97
鐵嶺	0.989	0.111	0.144	0.294	0.6	0.34	0.193	0.909	0.312	0.947
朝陽	0.366	0.107	0.124	0.475	0.647	0.371	0.153	0.801	0.343	0.967
葫蘆島	0.201	0.12	0.191	0.589	0.639	0.402	0.194	0.483	0.1	0.974
長春	0.193	0.193	0.255	0.441	0.723	0.183	0.186	0.885	0.311	0.934
吉林	0.369	0.145	0.232	0.326	0.487	0.183	0.209	0.945	0.333	0.94
四平	0.554	0.111	0.142	0.32	0.482	0.173	0.18	0.733	0.275	0.97
遼源	0.198	0.112	0.225	0.398	0.48	0.265	0.191	0.925	0.328	0.917
通化	0.82	0.11	0.157	0.407	0.52	0.218	0.185	0.892	0.319	0.937
白山	0.829	0.107	0.168	0.276	0.528	0.227	0.177	0.869	0.312	0.964
松原	0.643	0.111	0.149	0.466	0.537	0.218	0.196	0.925	0.328	0.983
白城	0.635	0.108	0.148	0.401	0.503	0.231	0.177	0.454	0.198	0.967
哈爾濱	0.202	0.19	0.207	0.474	0.607	0.361	0.19	0.765	0.298	0.841
齊齊哈爾	0.376	0.142	0.2	0.326	0.39	0.328	0.19	0.707	0.252	0.937
雞西	0.379	0.122	0.249	0.244	0.45	0.318	0.204	0.55	0.311	0.878
鶴崗	0.644	0.117	0.308	0.214	0.296	0.362	0.203	0.495	0.1	0.878
雙鴨山	0.815	0.119	0.265	0.184	0.258	0.332	0.203	0.1	0.1	0.884
大慶	0.644	0.246	0.74	0.21	0.419	0.361	0.206	0.93	0.316	0.987
伊春	0.643	0.135	0.493	0.254	0.453	0.261	0.16	0.865	0.301	0.987
佳木斯	0.64	0.126	0.229	0.256	0.441	0.198	0.195	0.631	0.349	0.934
七台河	0.646	0.116	0.324	0.241	0.309	0.234	0.202	0.867	0.349	0.818
牡丹江	0.553	0.135	0.259	0.2	0.306	0.19	0.187	0.708	0.349	0.927
黑河	0.554	0.103	0.122	0.197	0.259	0.23	0.177	0.675	0.254	0.987
綏化	0.464	0.105	0.112	0.253	0.414	0.254	0.194	0.1	0.1	0.864
上海	0.1	0.948	0.56	0.851	0.86	0.678	0.202	0.857	0.318	0.907
南京	0.11	0.66	0.981	0.703	0.946	0.631	0.206	0.635	0.317	0.841
無錫	0.109	0.222	0.341	0.653	0.934	1	0.201	0.863	0.349	0.927
徐州	0.1	0.193	0.237	0.521	0.465	0.534	0.199	0.822	0.315	0.884
常州	0.119	0.152	0.243	0.848	0.796	0.686	0.2	0.823	0.349	0.931
蘇州	0.115	0.198	0.218	0.88	0.93	0.858	0.2	0.74	0.349	0.96
南通	0.208	0.138	0.165	0.844	0.72	0.58	0.197	0.869	0.349	0.914
連雲港	0.196	0.23	0.477	0.613	0.547	0.57	0.194	0.698	0.202	0.894
淮安	0.114	0.138	0.2	0.631	0.554	0.528	0.194	0.512	0.262	0.947
鹽城	0.284	0.127	0.147	0.679	0.574	0.496	0.194	0.634	0.221	0.831
揚州	0.203	0.144	0.225	0.525	0.516	0.491	0.202	0.807	0.349	0.907
鎮江	0.186	0.147	0.29	0.475	0.527	0.517	0.2	0.712	0.349	0.914
泰州	0.279	0.117	0.146	0.509	0.5	0.534	0.197	0.585	0.32	0.891
宿遷	0.554	0.154	0.243	0.55	0.574	0.582	0.197	0.752	0.231	0.891
杭州	0.116	0.21	0.26	0.848	0.591	0.937	0.195	0.942	0.349	0.894
寧波	0.107	0.172	0.22	0.867	0.457	0.698	0.19	0.756	0.349	0.861
溫州	0.2	0.127	0.137	0.762	0.448	0.567	0.152	0.742	0.262	0.904
嘉興	0.283	0.13	0.183	0.711	0.536	0.464	0.204	0.868	0.349	0.887
湖州	0.115	0.127	0.219	0.694	0.517	0.505	0.214	0.882	0.349	0.838
紹興	0.196	0.127	0.17	0.783	0.599	0.85	0.198	0.837	0.349	0.861
金華	0.113	0.119	0.143	0.704	0.508	0.576	0.192	0.824	0.348	0.891
衢州	0.554	0.115	0.192	0.756	0.54	0.53	0.2	0.788	0.349	0.967
舟山	0.293	0.113	0.246	0.605	0.349	0.576	0.195	0.668	0.349	0.98
台州	0.203	0.137	0.178	0.72	0.598	0.681	0.201	0.835	0.342	0.967

表 4.7.2 2013 年度城市環境、資源、區位競爭力三級指標分值（續 1）

城市	礦產能源相對豐富度	城市綠化絕對量	城市綠化相對量	氣候環境舒適度	自然災害少發率	山水環境優美度	建成區綠化覆蓋率	生活汙水處理率	生活垃圾處理率	空氣品質指數
麗水	0.562	0.108	0.15	0.748	0.41	0.495	0.198	0.744	0.347	0.917
合肥	0.29	0.186	0.245	0.679	0.67	0.399	0.197	0.943	0.292	0.795
蕪湖	0.459	0.138	0.236	0.486	0.372	0.368	0.192	0.861	0.333	0.974
蚌埠	0.37	0.124	0.197	0.459	0.343	0.319	0.187	0.895	0.284	0.957
淮南	0.197	0.127	0.249	0.439	0.301	0.438	0.196	0.629	0.307	0.894
馬鞍山	0.557	0.136	0.309	0.44	0.255	0.336	0.202	0.895	0.335	0.904
淮北	0.379	0.128	0.267	0.44	0.465	0.424	0.202	0.886	0.349	0.947
銅陵	0.556	0.133	0.671	0.35	0.334	0.363	0.211	0.767	0.349	0.993
安慶	0.647	0.119	0.146	0.405	0.418	0.428	0.191	0.876	0.169	0.944
黃山	0.555	0.187	0.92	0.455	0.402	0.436	0.214	0.932	0.273	1
滁州	0.379	0.123	0.173	0.423	0.426	0.415	0.186	0.903	0.332	0.983
阜陽	0.281	0.123	0.138	0.3	0.266	0.446	0.178	0.807	0.2	0.954
宿州	0.286	0.114	0.133	0.417	0.27	0.393	0.193	0.689	0.204	0.967
六安	0.208	0.119	0.142	0.39	0.317	0.424	0.197	0.823	0.334	0.993
亳州	0.203	0.108	0.12	0.375	0.369	0.468	0.163	0.866	0.289	0.974
池州	0.377	0.109	0.182	0.399	0.292	0.324	0.193	0.886	0.265	1
宣城	0.12	0.121	0.204	0.378	0.455	0.296	0.185	0.86	0.349	0.987
福州	0.105	0.16	0.205	0.8	0.461	0.668	0.196	0.96	0.348	0.983
廈門	0.1	0.218	0.519	0.922	0.471	0.777	0.196	0.914	0.344	0.993
莆田	0.2	0.115	0.168	0.767	0.38	0.695	0.208	0.843	0.345	0.993
三明	0.55	0.107	0.138	0.735	0.456	0.704	0.198	0.823	0.341	0.897
泉州	0.283	0.146	0.171	0.747	0.453	0.888	0.17	0.844	0.344	0.983
漳州	0.555	0.114	0.138	0.784	0.315	0.676	0.199	0.895	0.348	0.99
南平	0.467	0.107	0.132	0.72	0.301	0.688	0.197	0.775	0.208	0.993
龍岩	0.647	0.111	0.154	0.702	0.42	0.709	0.2	0.84	0.344	0.98
寧德	0.738	0.105	0.123	0.706	0.332	0.689	0.195	0.822	0.304	0.967
南昌	0.283	0.158	0.246	0.596	0.614	0.449	0.202	0.937	0.349	0.937
景德鎮	0.724	0.129	0.329	0.568	0.581	0.414	0.232	0.789	0.348	1
萍鄉	0.375	0.113	0.191	0.524	0.575	0.404	0.215	0.796	0.349	0.983
九江	0.641	0.134	0.19	0.532	0.659	0.311	0.236	0.841	0.349	0.993
新餘	0.282	0.123	0.362	0.59	0.632	0.282	0.225	0.98	0.349	0.99
鷹潭	0.89	0.107	0.18	0.497	0.669	0.336	0.191	0.875	0.349	1
贛州	0.65	0.123	0.134	0.589	0.643	0.29	0.199	0.451	0.195	1
吉安	0.823	0.113	0.135	0.542	0.63	0.38	0.207	0.698	0.263	0.99
宜春	0.382	0.115	0.135	0.499	0.629	0.345	0.201	0.986	0.349	1
撫州	0.281	0.116	0.153	0.48	0.587	0.413	0.234	0.757	0.224	0.997
上饒	0.38	0.113	0.125	0.55	0.591	0.411	0.217	0.913	0.349	1
濟南	0.207	0.183	0.253	0.562	0.744	0.5	0.188	0.879	0.346	0.851
青島	0.106	0.225	0.28	0.917	0.866	0.654	0.206	0.97	0.349	0.897
淄博	0.197	0.208	0.401	0.675	0.635	0.528	0.201	0.938	0.349	0.858
棗莊	0.296	0.13	0.203	0.615	0.631	0.503	0.193	0.934	0.205	0.825
東營	0.369	0.14	0.349	0.669	0.653	0.563	0.194	0.929	0.349	0.96
煙臺	0.291	0.175	0.237	0.84	0.726	0.582	0.203	0.933	0.338	0.954
濰坊	0.116	0.159	0.181	0.618	0.575	0.558	0.196	0.775	0.314	0.947
濟寧	0.46	0.134	0.153	0.667	0.624	0.545	0.189	0.909	0.243	0.878
泰安	0.299	0.131	0.171	0.59	0.593	0.483	0.204	0.917	0.336	0.629
威海	0.82	0.141	0.287	0.886	0.666	0.653	0.205	0.945	0.349	0.944
日照	0.282	0.125	0.213	0.612	0.658	0.53	0.2	0.911	0.349	0.1
萊蕪	0.201	0.12	0.3	0.621	0.595	0.548	0.2	0.922	0.349	0.907
臨沂	0.206	0.165	0.182	0.645	0.644	0.557	0.209	0.948	0.349	0.904
德州	0.379	0.118	0.14	0.638	0.65	0.568	0.177	0.876	0.345	0.887
聊城	0.46	0.116	0.135	0.688	0.625	0.535	0.196	0.913	0.295	0.917
濱州	0.558	0.122	0.173	0.604	0.672	0.546	0.199	0.931	0.335	0.633
菏澤	0.379	0.121	0.132	0.636	0.605	0.537	0.199	0.825	0.339	0.818
鄭州	0.2	0.181	0.216	0.392	0.535	0.337	0.183	0.975	0.316	0.844
開封	0.47	0.12	0.155	0.407	0.337	0.179	0.181	0.876	0.1	0.861
洛陽	0.198	0.136	0.17	0.334	0.283	0.244	0.177	0.949	0.267	0.838

表 4.7.2 2013 年度城市環境、資源、區位競爭力三級指標分值（續 1）

城市	礦產能源相對豐富度	城市綠化絕對量	城市綠化相對量	氣候環境舒適度	自然災害少發率	山水環境優美度	建成區綠化覆蓋率	生活汙水處理率	生活垃圾處理率	空氣品質指數
平頂山	0.473	0.117	0.144	0.409	0.266	0.227	0.191	0.937	0.326	0.861
安陽	0.561	0.118	0.143	0.315	0.271	0.256	0.192	0.862	0.335	0.841
鶴壁	0.462	0.114	0.217	0.454	0.284	0.235	0.196	0.845	0.316	0.881
新鄉	0.281	0.128	0.163	0.448	0.27	0.235	0.198	0.901	0.336	0.861
焦作	0.377	0.123	0.182	0.329	0.363	0.208	0.194	0.87	0.313	0.831
濮陽	0.472	0.111	0.138	0.432	0.3	0.268	0.15	0.874	0.344	0.851
許昌	0.377	0.12	0.159	0.459	0.366	0.228	0.194	0.973	0.339	0.848
漯河	0.368	0.114	0.169	0.345	0.296	0.229	0.192	0.938	0.324	0.887
三門峽	0.817	0.108	0.146	0.312	0.351	0.194	0.203	0.772	0.335	0.861
南陽	0.293	0.117	0.12	0.335	0.38	0.241	0.166	0.686	0.275	0.841
商丘	0.292	0.114	0.123	0.31	0.358	0.29	0.19	0.922	0.298	0.884
信陽	0.205	0.127	0.155	0.402	0.426	0.21	0.194	0.774	0.219	0.931
周口	0.287	0.114	0.12	0.481	0.455	0.186	0.19	0.865	0.299	0.874
駐馬店	0.202	0.113	0.123	0.311	0.283	0.177	0.196	0.824	0.325	0.894
武漢	0.111	0.213	0.244	0.675	0.525	0.483	0.189	0.93	0.324	0.805
黃石	0.472	0.117	0.191	0.638	0.46	0.556	0.191	0.77	0.26	0.844
十堰	0.639	0.187	0.43	0.624	0.479	0.564	0.204	0.821	0.348	0.937
宜昌	0.462	0.125	0.177	0.67	0.494	0.569	0.195	0.911	0.322	0.944
襄陽	0.203	0.126	0.16	0.605	0.491	0.543	0.2	0.883	0.317	0.821
鄂州	0.549	0.111	0.236	0.623	0.46	0.516	0.183	0.888	0.349	0.931
荊門	0.373	0.112	0.153	0.594	0.534	0.494	0.194	0.69	0.266	0.848
孝感	0.282	0.109	0.125	0.612	0.545	0.497	0.2	0.61	0.127	0.977
荊州	0.372	0.116	0.135	0.689	0.513	0.513	0.192	0.821	0.1	0.911
黃岡	0.288	0.109	0.118	0.661	0.497	0.517	0.124	0.791	0.239	0.921
咸寧	0.907	0.124	0.225	0.636	0.526	0.503	0.19	0.838	0.205	1
隨州	0.112	0.2	0.687	0.647	0.55	0.549	0.184	0.883	0.326	0.95
長沙	0.194	0.164	0.214	0.446	0.459	0.342	0.179	0.949	0.349	0.921
株洲	0.551	0.134	0.211	0.499	0.531	0.447	0.214	0.885	0.349	0.911
湘潭	0.365	0.125	0.217	0.517	0.557	0.371	0.196	0.64	0.349	0.454
衡陽	0.282	0.129	0.151	0.588	0.489	0.381	0.159	0.695	0.349	0.967
邵陽	0.644	0.111	0.119	0.537	0.546	0.377	0.18	0.67	0.349	0.868
岳陽	0.467	0.13	0.169	0.547	0.33	0.288	0.203	0.875	0.349	0.864
常德	0.194	0.121	0.147	0.574	0.528	0.386	0.203	0.702	0.349	0.864
張家界	0.643	0.107	0.159	0.521	0.496	0.984	0.178	0.64	0.1	0.937
益陽	0.29	0.116	0.147	0.563	0.574	0.36	0.195	0.82	0.349	0.983
郴州	0.728	0.117	0.146	0.559	0.482	0.674	0.19	0.739	0.232	1
永州	0.201	0.112	0.128	0.576	0.502	0.423	0.175	0.741	0.189	0.957
懷化	0.546	0.112	0.133	0.482	0.524	0.283	0.174	0.76	0.174	0.987
婁底	0.554	0.117	0.156	0.531	0.536	0.402	0.207	0.55	0.349	1
廣州	0.11	1	1	0.734	0.664	0.868	0.184	0.815	0.1	0.917
韶關	0.637	0.124	0.209	0.607	0.661	0.626	0.207	0.888	0.349	0.987
深圳	0.112	0.768	0.914	0.762	0.73	0.86	0.207	0.946	0.336	0.99
珠海	0.291	0.142	0.445	0.815	0.334	0.807	0.221	0.882	0.349	1
汕頭	0.106	0.151	0.221	0.77	0.365	0.766	0.198	0.715	0.349	1
佛山	0.2	0.158	0.201	0.754	0.666	0.279	0.239	0.979	0.338	0.974
江門	0.194	0.166	0.289	0.613	0.416	0.37	0.197	0.1	0.349	0.993
湛江	0.2	0.127	0.147	0.602	0.444	0.276	0.196	0.684	0.342	1
茂名	0.384	0.121	0.145	0.597	0.329	0.49	0.169	0.921	0.349	1
肇慶	0.545	0.155	0.278	0.68	0.329	0.447	0.183	0.791	0.344	1
惠州	0.367	0.146	0.226	0.57	0.338	0.28	0.178	0.924	0.217	0.97
梅州	0.985	0.112	0.135	0.53	0.332	0.419	0.201	0.739	0.349	1
汕尾	0.196	0.104	0.118	0.525	0.405	0.422	0.203	0.722	0.279	1
河源	0.808	0.108	0.134	0.544	0.405	0.413	0.205	0.904	0.348	1
陽江	0.386	0.113	0.167	0.573	0.38	0.292	0.179	0.645	0.349	0.752
清遠	0.643	0.114	0.147	0.512	0.337	0.337	0.178	0.695	0.225	0.123
東莞	0.208	0.35	0.486	0.712	0.595	0.283	1	0.812	0.202	0.977
中山	0.112	0.11	0.141	0.918	0.664	0.704	0.192	0.911	0.349	1

表 4.7.2 2013 年度城市環境、資源、區位競爭力三級指標分值（續 1）

城市	礦產能源相對豐富度	城市綠化絕對量	城市綠化相對量	氣候環境舒適度	自然災害少發率	山水環境優美度	建成區綠化覆蓋率	生活汙水處理率	生活垃圾處理率	空氣品質指數
潮州	0.286	0.111	0.154	0.572	0.459	0.313	0.204	0.874	0.35	1
揭陽	0.469	0.119	0.141	0.489	0.536	0.374	0.184	0.734	0.136	1
雲浮	0.822	0.104	0.123	0.524	0.472	0.476	0.196	0.668	0.221	0.997
南寧	0.202	0.357	0.574	0.497	0.495	0.53	0.175	0.936	0.294	0.954
柳州	0.201	0.145	0.249	0.49	0.489	0.469	0.197	0.449	0.318	0.917
桂林	0.641	0.117	0.145	0.574	0.485	0.886	0.202	0.856	0.27	0.96
梧州	0.374	0.114	0.159	0.576	0.462	0.585	0.174	1	0.346	1
北海	0.46	0.115	0.22	0.581	0.549	0.566	0.19	0.1	1	0.993
防城港	0.197	0.106	0.194	0.499	0.481	0.503	0.179	0.445	0.244	1
欽州	0.296	0.111	0.145	0.53	0.494	0.555	0.186	0.611	0.345	0.997
貴港	0.287	0.109	0.128	0.52	0.521	0.535	0.159	0.324	0.312	0.974
玉林	0.455	0.117	0.139	0.546	0.53	0.544	0.19	0.992	0.349	0.993
百色	0.727	0.108	0.128	0.555	0.51	0.552	0.1	0.598	0.349	0.917
賀州	0.29	0.109	0.157	0.507	0.487	0.529	0.191	0.82	0.349	0.917
河池	0.369	0.103	0.113	0.545	0.468	0.563	0.166	0.511	0.349	0.123
來賓	0.204	0.106	0.138	0.518	0.508	0.569	0.181	0.74	0.349	0.983
崇左	0.375	0.104	0.128	0.542	0.537	0.51	0.177	0.1	0.1	0.993
海口	0.196	0.125	0.254	0.763	0.606	0.559	0.199	0.965	0.339	1
三亞	0.369	0.109	0.274	0.804	0.602	0.707	0.205	0.835	0.349	1
重慶	0.112	0.404	0.232	0.608	0.73	0.532	0.195	0.883	0.341	0.917
成都	0.193	0.219	0.207	0.841	0.924	0.675	0.193	0.971	0.349	0.858
自貢	0.295	0.121	0.2	0.484	0.471	0.4	0.191	0.874	0.323	0.944
攀枝花	0.649	0.114	0.252	0.58	0.534	0.304	0.19	0.326	0.335	0.894
瀘州	0.287	0.127	0.181	0.596	0.501	0.313	0.195	0.345	0.244	0.924
德陽	0.645	0.114	0.15	0.519	0.515	0.438	0.195	0.721	0.347	0.97
綿陽	0.286	0.125	0.17	0.491	0.489	0.396	0.191	0.902	0.285	1
廣元	0.281	0.111	0.155	0.519	0.56	0.444	0.193	0.881	0.349	1
遂寧	0.103	0.139	0.251	0.579	0.475	0.384	0.199	0.848	0.321	0.983
內江	0.198	0.113	0.145	0.512	0.518	0.303	0.209	0.702	0.241	1
樂山	0.372	0.114	0.155	0.515	0.548	0.403	0.187	0.705	0.248	0.983
南充	0.289	0.121	0.142	0.53	0.537	0.429	0.191	0.618	0.288	0.997
眉山	0.472	0.108	0.136	0.499	0.49	0.325	0.1	0.795	0.329	0.911
宜賓	0.639	0.117	0.149	0.517	0.512	0.33	0.196	0.761	0.349	0.987
廣安	0.374	0.108	0.132	0.567	0.493	0.449	0.205	0.959	0.349	0.99
達州	0.38	0.108	0.118	0.493	0.551	0.312	0.212	0.312	0.159	0.99
雅安	0.811	0.105	0.143	0.536	0.532	0.462	0.197	0.333	0.263	1
巴中	0.383	0.103	0.113	0.543	0.5	0.387	0.161	0.869	0.346	0.997
資陽	0.291	0.109	0.132	0.519	0.549	0.377	0.191	0.767	0.261	0.987
貴陽	0.291	0.147	0.237	0.867	0.744	0.603	0.203	0.958	0.335	0.947
六盤水	0.731	0.101	0.106	0.59	0.638	0.552	0.158	0.717	0.347	1
遵義	0.647	0.115	0.13	0.679	0.629	0.583	0.188	0.7	0.349	0.947
安順	0.55	0.104	0.123	0.66	0.593	0.553	0.14	0.928	0.256	0.993
畢節	0.546	0.108	0.115	0.657	0.585	0.55	0.154	0.858	0.199	0.914
銅仁	0.547	0.1	0.1	0.653	0.587	0.556	0.1	0.512	0.1	0.937
昆明	0.282	0.183	0.262	0.883	0.94	0.689	0.203	0.996	0.311	1
曲靖	0.724	0.115	0.132	0.407	0.265	0.42	0.194	0.847	0.349	0.954
玉溪	0.822	0.107	0.141	0.454	0.462	0.419	0.182	0.739	0.202	0.983
保山	0.553	0.101	0.105	0.305	0.416	0.445	0.189	0.386	0.344	0.993
昭通	0.466	0.103	0.108	0.271	0.306	0.287	0.171	0.508	0.1	0.897
麗江	0.549	0.105	0.152	0.346	0.356	0.278	0.175	0.865	0.311	0.934
普洱	0.55	0.107	0.135	0.293	0.258	0.287	0.194	0.556	0.304	0.993
臨滄	0.545	0.104	0.123	0.317	0.275	0.299	0.185	0.762	0.1	1
拉薩	0.476	0.114	0.412	0.332	0.408	0.337	0.196	0.1	0.343	1
西安	0.117	0.189	0.233	0.428	0.722	0.227	0.197	0.751	0.342	0.798
銅川	0.374	0.11	0.258	0.317	0.471	0.391	0.201	0.82	0.317	0.878
寶雞	0.564	0.123	0.179	0.398	0.339	0.347	0.217	0.889	0.333	0.841
咸陽	0.545	0.119	0.149	0.401	0.326	0.465	0.17	0.735	0.233	0.844

表 4.7.2 2013 年度城市環境、資源、區位競爭力三級指標分值（續 1）

城市	礦產能源相對豐富度	城市綠化絕對量	城市綠化相對量	氣候環境舒適度	自然災害少發率	山水環境優美度	建成區綠化覆蓋率	生活汙水處理率	生活垃圾處理率	空氣品質指數
渭南	0.203	0.111	0.126	0.455	0.391	0.431	0.166	0.759	0.312	0.831
延安	0.734	0.108	0.149	0.442	0.357	0.347	0.162	0.883	0.304	0.838
漢中	0.545	0.107	0.126	0.365	0.468	0.446	0.189	0.977	0.237	0.931
榆林	0.38	0.111	0.142	0.352	0.391	0.312	0.165	0.879	0.321	0.897
安康	0.289	0.109	0.142	0.294	0.311	0.37	0.177	0.562	0.1	0.99
商洛	0.375	0.103	0.117	0.151	0.159	0.168	0.197	0.847	0.331	0.954
蘭州	0.281	0.131	0.208	0.198	0.407	0.239	0.159	0.737	0.349	0.593
嘉峪關	0.551	0.113	0.839	0.107	0.275	0.167	0.187	0.1	0.349	0.792
金昌	0.556	0.108	0.311	0.149	0.303	0.1	0.173	0.638	0.349	0.931
白銀	0.55	0.109	0.168	0.106	0.347	0.119	0.162	0.582	0.266	0.527
天水	0.297	0.109	0.135	0.1	0.264	0.129	0.186	0.673	0.1	0.957
武威	0.37	0.106	0.141	0.311	0.155	0.135	0.168	0.685	0.294	0.954
張掖	0.548	0.106	0.169	0.319	0.15	0.164	0.172	0.598	0.285	0.927
平涼	0.461	0.108	0.147	0.321	0.17	0.129	0.101	0.265	0.349	0.96
酒泉	0.384	0.109	0.204	0.302	0.177	0.124	0.185	0.639	0.336	0.904
慶陽	0.381	0.104	0.122	0.305	0.131	0.153	0.164	0.471	0.231	0.957
定西	0.367	0.104	0.121	0.303	0.165	0.126	0.162	0.358	0.171	1
隴南	0.283	0.1	0.1	0.281	0.165	0.117	0.104	0.1	0.1	0.881
西寧	0.282	0.119	0.221	0.309	0.338	0.318	0.188	0.1	0.1	0.825
銀川	0.64	0.137	0.335	0.196	0.204	0.188	0.198	0.928	0.349	0.894
石嘴山	0.383	0.151	0.985	0.136	0.161	0.234	0.191	0.801	0.344	0.858
吳忠	0.552	0.114	0.24	0.152	0.235	0.286	0.212	0.529	0.345	0.868
固原	0.558	0.107	0.173	0.146	0.233	0.296	0.167	0.72	0.331	0.904
中衛	0.284	0.106	0.177	0.152	0.246	0.288	0.157	0.963	0.271	0.838
烏魯木齊	0.287	0.238	0.632	0.49	0.322	0.425	0.239	0.8	0.304	0.706
克拉瑪依	1	0.12	0.499	0.306	0.269	0.368	0.202	0.929	0.341	0.99
香港	0.109	0.148	0.186	0.892	0.647	0.784	0.147	1	0.349	0.917
澳門	0.113	0.108	0.288	0.891	0.561	0.671	0.147	1	0.349	0.917
新北	0.107	0.103	0.11	0.881	0.138	0.673	0.147	1	0.349	0.917
臺北	0.106	0.105	0.122	0.87	0.141	0.674	0.147	1	0.349	0.917
台中	0.109	0.107	0.132	0.883	0.141	0.68	0.147	1	0.349	0.917
台南	0.11	0.105	0.136	0.882	0.137	0.68	0.147	1	0.349	0.917
高雄	0.105	0.109	0.141	0.879	0.141	0.679	0.147	1	0.349	0.917
基隆	0.106	0.101	0.131	0.866	0.136	0.674	0.147	1	0.349	0.917
新竹	0.111	0.101	0.129	0.883	0.14	0.679	0.147	1	0.349	0.917
嘉義	0.112	0.1	0.127	0.877	0.136	0.678	0.147	1	0.349	0.917

表 4.7.3 2013 年度城市環境、資源、區位競爭力三級指標分值（續 2）

城市	工業廢水排放達成率	工業固體廢物綜合利用率	工業二氧化硫去除率	工業煙塵去除率	三廢綜合利用產品產值	環保從業人數	環保從業者每萬人擁有量
北京	0.989	0.696	0.643	0.1	0.117	1	0.506
天津	1	0.998	0.64	1	0.196	0.434	0.323
石家莊	0.993	0.1	0.72	0.992	0.13	0.269	0.249
唐山	0.984	0.1	0.574	0.977	0.318	0.244	0.273
秦皇島	1	0.1	0.876	0.968	0.117	0.151	0.266
邯鄲	0.974	0.1	0.616	0.984	0.251	0.25	0.247
邢臺	0.973	0.93	0.466	0.968	0.143	0.151	0.165
保定	0.984	0.1	0.71	0.985	0.122	0.184	0.166
張家口	0.982	0.1	0.677	0.991	0.112	0.185	0.284
承德	0.992	0.1	0.507	0.977	0.11	0.167	0.284
滄州	0.984	0.1	0.71	0.97	0.119	0.179	0.201
廊坊	0.998	0.1	0.412	0.977	0.11	0.154	0.217
衡水	1	0.1	0.707	0.981	0.104	0.125	0.158
太原	0.976	0.577	0.722	0.995	0.167	0.262	0.457

表 4.7.3 2013 年度城市環境、資源、區位競爭力三級指標分值（續 2）

城市	工業廢水排放達成率	工業固體廢物綜合利用率	工業二氧化硫去除率	工業煙塵去除率	三廢綜合利用產品產值	環保從業人數	環保從業者每萬人擁有量
大同	0.934	0.66	0.705	0.993	0.14	0.168	0.296
陽泉	1	0.314	0.592	0.99	0.108	0.126	0.309
長治	1	0.712	0.605	0.971	0.122	0.173	0.309
晉城	1	0.793	0.519	0.981	0.122	0.136	0.263
朔州	0.997	0.563	0.289	0.996	0.102	0.116	0.211
晉中	0.916	0.948	0.216	0.769	0.109	0.155	0.263
運城	0.952	0.665	0.275	0.984	0.131	0.152	0.195
忻州	0.561	0.869	0.602	0.962	0.104	0.14	0.231
臨汾	0.968	0.786	0.685	0.978	0.119	0.18	0.274
呂梁	0.917	0.775	0.641	0.966	0.116	0.131	0.184
呼和浩特	1	0.462	0.749	0.995	0.1	0.257	0.607
包頭	0.984	0.89	0.795	0.988	0.118	0.184	0.4
烏海	0.995	0.644	0.113	0.1	0.123	0.127	0.661
赤峰	0.978	0.255	0.829	0.575	0.112	0.15	0.211
通遼	0.923	0.845	0.217	0.993	0.116	0.169	0.312
鄂爾多斯	0.958	0.872	0.666	0.997	0.116	0.199	0.577
呼倫貝爾	0.855	0.976	0.235	0.995	0.105	0.151	0.285
巴彥淖爾	0.935	0.254	0.11	0.935	0.113	0.16	0.456
烏蘭察布	0.98	0.606	0.91	0.935	0.107	0.156	0.358
瀋陽	0.967	0.962	0.527	0.981	0.108	0.478	0.582
大連	0.957	0.945	0.42	0.991	0.12	0.244	0.327
鞍山	0.963	0.321	0.123	0.978	0.103	0.24	0.474
撫順	0.971	0.466	0.631	0.988	0.143	0.176	0.435
本溪	0.85	0.24	0.113	0.991	0.104	0.168	0.533
丹東	0.773	0.347	0.1	0.96	0.102	0.197	0.486
錦州	0.951	0.694	0.553	0.973	0.107	0.151	0.261
營口	1	0.896	0.251	0.98	0.113	0.159	0.345
阜新	0.692	0.965	0.416	0.992	0.108	0.139	0.31
遼陽	0.998	0.937	0.502	0.988	0.109	0.169	0.47
盤錦	0.947	0.1	0.668	0.968	0.101	0.184	0.724
鐵嶺	0.919	0.633	0.668	0.995	0.138	0.153	0.269
朝陽	0.676	0.234	0.368	0.943	0.103	0.148	0.237
葫蘆島	0.802	0.624	0.89	0.993	0.105	0.15	0.274
長春	0.966	0.994	0.447	0.977	0.144	0.37	0.426
吉林	0.972	0.451	0.382	0.978	0.115	0.194	0.305
四平	0.847	0.1	0.383	0.992	0.129	0.176	0.313
遼源	0.63	0.73	0.63	0.995	0.101	0.114	0.244
通化	0.83	0.82	0.316	0.985	0.183	0.153	0.331
白山	0.953	0.4	0.528	0.992	0.113	0.141	0.433
松原	0.889	0.967	0.115	0.957	0.101	0.136	0.226
白城	0.62	0.825	0.533	0.989	0.101	0.248	0.792
哈爾濱	0.982	0.1	0.37	0.1	0.134	0.403	0.36
齊齊哈爾	0.908	0.704	0.199	0.89	0.108	0.218	0.306
雞西	0.914	0.912	0.164	0.976	0.103	0.163	0.432
鶴崗	0.951	0.771	0.416	0.98	0.104	0.156	0.629
雙鴨山	0.827	0.856	0.282	0.983	0.102	0.137	0.366
大慶	1	0.963	0.225	0.988	0.138	0.133	0.217
伊春	0.988	0.784	0.1	0.55	0.113	0.114	0.254
佳木斯	0.945	0.82	0.297	0.976	0.103	0.205	0.494
七台河	0.935	0.869	0.495	0.992	0.117	0.113	0.284
牡丹江	0.99	0.968	0.126	0.987	0.103	0.139	0.242
黑河	0.939	0.964	0.143	0.986	0.101	0.173	0.526
綏化	0.942	1	0.265	0.554	0.114	0.172	0.225
上海	0.982	0.969	0.646	0.1	0.185	0.728	0.341
南京	0.957	0.914	0.555	0.994	0.205	0.279	0.302
無錫	0.993	0.921	0.719	0.989	0.181	0.193	0.234
徐州	0.991	1	0.698	0.996	0.135	0.234	0.243

表 4.7.3 2013 年度城市環境、資源、區位競爭力三級指標分值（續 2）

城市	工業廢水排放達成率	工業固體廢物綜合利用率	工業二氧化硫去除率	工業煙塵去除率	三廢綜合利用產品產值	環保從業人數	環保從業者每萬人擁有量
常州	1	0.942	0.759	0.982	0.332	0.192	0.287
蘇州	0.996	0.924	0.699	0.993	0.42	0.231	0.213
南通	0.994	0.977	0.76	0.984	0.144	0.175	0.194
連雲港	0.983	0.924	0.133	0.987	0.105	0.174	0.26
淮安	1	0.992	0.388	0.993	0.131	0.223	0.341
鹽城	0.934	0.976	0.489	0.981	0.247	0.184	0.207
揚州	0.985	0.986	0.734	0.993	0.113	0.166	0.24
鎮江	0.987	0.983	0.719	0.987	0.133	0.173	0.324
泰州	0.976	0.959	0.136	0.98	0.127	0.157	0.217
宿遷	0.952	0.983	0.386	0.955	0.119	0.155	0.209
杭州	0.972	0.934	0.46	0.993	1	0.55	0.573
寧波	0.959	0.908	0.877	0.996	0.215	0.25	0.28
溫州	0.963	0.942	0.725	0.976	0.12	0.144	0.143
嘉興	0.987	0.92	0.564	0.994	0.179	0.17	0.246
湖州	0.965	0.967	0.604	0.994	0.144	0.148	0.263
紹興	0.986	0.92	0.502	0.984	0.197	0.177	0.247
金華	0.96	0.972	0.648	0.99	0.163	0.24	0.341
衢州	0.931	0.96	0.504	0.1	0.121	0.111	0.167
舟山	0.97	0.941	0.518	0.976	0.107	0.131	0.395
台州	0.912	0.908	0.809	0.976	0.173	0.176	0.218
麗水	0.966	0.933	0.134	0.946	0.113	0.132	0.26
合肥	0.966	0.945	0.497	0.992	0.119	0.223	0.251
蕪湖	0.994	0.754	0.613	0.991	0.139	0.146	0.225
蚌埠	0.998	0.992	0.675	0.946	0.117	0.149	0.251
淮南	0.984	0.925	0.715	0.999	0.122	0.158	0.344
馬鞍山	0.985	0.716	0.529	0.987	0.124	0.122	0.211
淮北	0.983	0.893	0.358	0.982	0.107	0.106	0.145
銅陵	0.996	0.751	0.974	0.998	0.141	0.115	0.36
安慶	0.982	0.974	0.545	0.995	0.123	0.138	0.169
黃山	1	0.767	0.1	0.91	0.1	0.122	0.286
滁州	0.995	0.829	0.301	0.978	0.116	0.162	0.251
阜陽	0.992	0.988	0.669	0.992	0.124	0.139	0.147
宿州	0.988	0.519	0.503	0.974	0.102	0.132	0.158
六安	0.917	0.802	0.139	0.923	0.108	0.225	0.307
亳州	0.998	0.998	0.166	0.585	0.105	0.125	0.151
池州	0.958	0.769	0.774	0.983	0.105	0.114	0.224
宣城	0.976	0.979	0.254	0.98	0.107	0.104	0.129
福州	0.957	0.91	0.694	0.987	0.115	0.234	0.272
廈門	1	0.924	0.665	0.995	0.102	0.174	0.296
莆田	0.976	0.995	0.67	0.968	0.101	0.113	0.156
三明	0.981	0.635	0.368	0.992	0.155	0.134	0.241
泉州	0.999	0.946	0.557	0.963	0.114	0.121	0.123
漳州	0.992	0.966	0.726	0.994	0.103	0.144	0.188
南平	0.924	0.822	0.11	0.98	0.103	0.153	0.296
龍岩	0.986	0.999	0.52	0.995	0.197	0.12	0.187
寧德	0.929	0.854	0.798	0.881	0.1	0.129	0.207
南昌	0.948	0.985	0.468	0.988	0.114	0.219	0.319
景德鎮	0.96	0.954	0.148	0.425	0.121	0.108	0.174
萍鄉	0.94	0.926	0.164	0.975	0.108	0.128	0.262
九江	0.928	0.583	0.459	0.988	0.12	0.141	0.184
新餘	0.921	0.919	0.513	0.985	0.163	0.115	0.263
鷹潭	0.991	0.956	0.985	0.997	0.183	0.121	0.314
贛州	0.967	0.797	0.398	0.958	0.125	0.177	0.183
吉安	0.933	0.967	0.67	0.99	0.105	0.15	0.198
宜春	0.995	1	0.197	0.991	0.137	0.138	0.167
撫州	0.981	0.899	0.198	0.275	0.103	0.136	0.192
上饒	0.852	0.195	0.571	0.994	0.117	0.137	0.153

表 4.7.3 2013 年度城市環境、資源、區位競爭力三級指標分值（續 2）

城市	工業廢水排放達成率	工業固體廢物綜合利用率	工業二氧化硫去除率	工業煙塵去除率	三廢綜合利用產品產值	環保從業人數	環保從業者每萬人擁有量
濟南	0.997	0.992	0.27	0.1	0.173	0.221	0.263
青島	0.983	0.974	0.726	0.992	0.172	0.238	0.243
淄博	1	0.972	0.648	0.992	0.296	0.193	0.293
棗莊	0.993	0.998	0.504	0.997	0.13	0.16	0.254
東營	1	0.937	0.824	0.996	0.168	0.133	0.269
煙臺	1	0.843	0.791	0.994	0.131	0.212	0.248
濰坊	0.988	0.924	0.78	0.993	0.146	0.181	0.18
濟寧	0.989	0.912	0.583	0.996	0.163	0.21	0.224
泰安	0.983	0.983	0.73	0.995	0.162	0.146	0.178
威海	1	0.82	0.134	0.98	0.104	0.139	0.242
日照	1	0.995	0.657	0.991	0.176	0.111	0.148
萊蕪	0.996	0.944	0.642	0.982	0.147	0.1	0.135
臨沂	0.985	0.934	0.602	0.989	0.114	0.171	0.162
德州	0.939	0.973	0.708	0.995	0.146	0.153	0.189
聊城	0.99	0.1	0.755	0.998	0.188	0.152	0.183
濱州	0.967	0.999	0.343	0.991	0.119	0.119	0.154
菏澤	0.997	1	0.614	0.987	0.115	0.19	0.199
鄭州	0.983	0.789	0.399	0.992	0.132	0.283	0.289
開封	0.957	1	0.625	0.992	0.102	0.185	0.272
洛陽	0.991	0.531	0.74	0.993	0.143	0.206	0.25
平頂山	0.973	0.832	0.628	0.993	0.122	0.17	0.234
安陽	0.984	0.961	0.537	0.976	0.157	0.158	0.206
鶴壁	0.969	0.925	0.629	0.996	0.102	0.13	0.304
新鄉	0.983	0.999	0.656	0.997	0.12	0.15	0.183
焦作	0.983	0.655	0.483	0.992	0.147	0.165	0.277
濮陽	0.956	0.936	0.542	0.99	0.109	0.137	0.205
許昌	0.995	0.98	0.715	0.994	0.118	0.152	0.216
漯河	1	0.994	0.64	0.995	0.103	0.144	0.275
三門峽	0.835	0.559	0.544	0.991	0.111	0.118	0.192
南陽	0.985	0.785	0.576	0.994	0.127	0.234	0.22
商丘	1	0.997	0.589	0.985	0.124	0.175	0.193
信陽	0.959	0.994	0.635	0.989	0.113	0.186	0.231
周口	0.95	0.965	0.13	0.959	0.118	0.151	0.15
駐馬店	0.928	0.928	0.513	0.99	0.103	0.159	0.176
武漢	0.993	0.964	0.636	0.995	0.226	0.328	0.307
黃石	0.989	0.937	0.865	0.991	0.164	0.125	0.211
十堰	0.989	0.967	0.338	0.988	0.119	0.123	0.173
宜昌	0.998	0.495	0.49	0.995	0.132	0.157	0.234
襄陽	0.963	0.975	0.455	0.969	0.127	0.209	0.284
鄂州	0.993	0.91	0.67	0.993	0.117	0.122	0.34
荊門	0.953	0.899	0.683	0.1	0.159	0.146	0.257
孝感	0.962	0.993	0.55	0.969	0.11	0.149	0.196
荊州	0.957	1	0.29	0.989	0.131	0.158	0.195
黃岡	0.933	0.955	0.447	0.945	0.116	0.169	0.203
咸寧	0.922	0.921	0.494	0.991	0.102	0.16	0.338
隨州	0.914	0.976	0.155	0.527	0.103	0.139	0.285
長沙	0.921	0.986	0.667	0.995	0.134	0.251	0.296
株洲	0.966	0.843	0.235	0.995	0.14	0.151	0.227
湘潭	0.973	0.957	0.482	0.976	0.125	0.114	0.16
衡陽	0.963	0.947	0.247	0.59	0.13	0.176	0.197
邵陽	0.947	0.955	0.343	0.977	0.106	0.143	0.156
岳陽	0.972	0.965	0.678	0.969	0.13	0.17	0.22
常德	0.995	0.948	0.682	0.993	0.113	0.175	0.222
張家界	0.962	0.91	0.251	0.985	0.103	0.136	0.355
益陽	0.945	0.838	0.515	0.985	0.129	0.153	0.217
郴州	0.891	0.739	0.804	0.988	0.196	0.15	0.203
永州	0.905	0.863	0.383	0.995	0.104	0.155	0.199

表 4.7.3 2013 年度城市環境、資源、區位競爭力三級指標分值（續 2）

城市	工業廢水排放達成率	工業固體廢物綜合利用率	工業二氧化硫去除率	工業煙塵去除率	三廢綜合利用產品產值	環保從業人數	環保從業者每萬人擁有量
懷化	0.888	0.307	0.52	0.971	0.119	0.163	0.226
婁底	0.98	0.642	0.594	0.957	0.19	0.153	0.235
廣州	0.969	0.954	0.822	0.1	0.1	0.422	0.329
韶關	0.969	0.956	0.418	0.994	0.119	0.163	0.315
深圳	0.968	0.998	0.874	0.999	0.115	0.274	0.251
珠海	0.982	0.964	0.72	0.991	0.106	0.185	0.627
汕頭	0.864	0.923	0.81	0.996	0.103	0.16	0.204
佛山	0.959	0.975	0.552	0.98	0.13	0.172	0.191
江門	0.952	0.911	0.683	0.994	0.109	0.153	0.213
湛江	0.866	0.931	0.697	0.992	0.119	0.176	0.199
茂名	0.872	0.796	0.657	0.959	0.15	0.16	0.195
肇慶	0.982	0.93	0.218	0.869	0.102	0.148	0.217
惠州	0.991	0.893	0.673	0.992	0.11	0.169	0.241
梅州	0.974	0.89	0.718	0.1	0.107	0.163	0.241
汕尾	0.539	0.993	0.787	0.996	0.106	0.115	0.158
河源	0.988	0.52	0.675	0.99	0.1	0.119	0.17
陽江	0.766	0.994	0.478	0.891	0.104	0.133	0.241
清遠	0.895	0.881	0.435	0.99	0.105	0.133	0.189
東莞	0.967	0.812	0.566	0.992	0.121	0.101	0.1
中山	0.973	0.979	0.1	0.574	0.115	0.108	0.134
潮州	0.9	0.998	0.105	0.55	0.104	0.12	0.182
揭陽	0.924	1	0.682	0.99	0.101	0.139	0.163
雲浮	0.972	0.844	0.226	0.988	0.107	0.115	0.174
南寧	0.959	0.942	0.462	0.1	0.139	0.254	0.305
柳州	0.1	0.942	0.618	0.1	0.1	0.244	0.456
桂林	0.963	0.94	0.643	0.983	0.115	0.216	0.328
梧州	0.978	0.778	0.181	0.992	0.103	0.131	0.211
北海	0.96	0.499	0.401	0.992	0.105	0.128	0.296
防城港	0.962	1	0.766	0.989	0.104	0.118	0.347
欽州	0.98	0.941	0.1	0.1	0.107	0.12	0.17
貴港	0.946	0.865	0.798	0.995	0.188	0.134	0.182
玉林	0.974	0.388	0.21	0.972	0.104	0.159	0.2
百色	0.951	0.1	0.528	0.957	0.111	0.137	0.207
賀州	0.963	0.732	0.169	0.541	0.102	0.112	0.177
河池	0.999	0.209	0.899	0.982	0.122	0.13	0.191
來賓	0.966	0.968	0.451	0.975	0.113	0.126	0.233
崇左	0.965	0.59	0.192	0.922	0.114	0.123	0.227
海口	1	0.912	0.1	0.653	0.1	0.161	0.385
三亞	1	1	0.1	0.1	0.1	0.146	0.766
重慶	0.953	0.792	0.687	0.992	0.246	0.468	0.21
成都	0.977	0.989	0.565	0.991	0.132	0.354	0.262
自貢	0.812	0.932	0.888	0.944	0.102	0.118	0.175
攀枝花	0.975	0.367	0.327	0.986	0.119	0.127	0.344
瀘州	0.956	0.98	0.679	0.999	0.103	0.128	0.167
德陽	0.978	0.826	0.77	0.99	0.123	0.148	0.23
綿陽	0.995	0.962	0.659	0.818	0.112	0.164	0.231
廣元	0.969	0.953	0.11	0.821	0.102	0.151	0.302
遂寧	1	1	0.299	0.922	0.115	0.117	0.158
內江	0.992	0.953	0.425	0.919	0.111	0.113	0.14
樂山	0.989	0.835	0.272	0.992	0.168	0.153	0.259
南充	0.913	0.983	0.1	0.304	0.102	0.156	0.183
眉山	0.993	1	0.174	0.1	0.102	0.136	0.224
宜賓	0.926	0.857	0.363	0.993	0.119	0.126	0.159
廣安	0.971	0.994	0.586	0.995	0.1	0.118	0.162
達州	0.962	0.996	0.594	0.996	0.116	0.154	0.192
雅安	0.969	0.764	0.861	0.107	0.102	0.112	0.203
巴中	0.989	0.972	0.349	0.14	0.101	0.122	0.171

表 4.7.3 2013 年度城市環境、資源、區位競爭力三級指標分值（續 2）

城市	工業廢水排放達成率	工業固體廢物綜合利用率	工業二氧化硫去除率	工業煙塵去除率	三廢綜合利用產品產值	環保從業人數	環保從業者每萬人擁有量
資陽	0.991	0.996	0.142	0.985	0.102	0.13	0.185
貴陽	0.962	0.606	0.786	0.987	0.122	0.205	0.326
六盤水	0.924	0.509	0.628	0.997	0.124	0.113	0.154
遵義	0.941	0.968	0.1	0.997	0.118	0.164	0.198
安順	0.926	0.994	0.61	0.908	0.105	0.139	0.276
畢節	0.1	0.559	0.759	0.998	0.1	0.13	0.144
銅仁	0.1	0.811	0.693	0.984	0.1	0.105	0.125
昆明	0.996	0.497	0.191	0.983	0.206	0.192	0.232
曲靖	0.994	0.643	0.506	0.887	0.166	0.142	0.168
玉溪	0.995	0.604	0.866	0.95	0.117	0.116	0.181
保山	0.956	0.713	0.11	0.983	0.11	0.129	0.221
昭通	0.936	0.532	0.18	0.995	0.102	0.126	0.149
麗江	0.98	0.82	0.142	0.1	0.1	0.125	0.323
普洱	0.931	0.838	0.197	0.982	0.109	0.126	0.209
臨滄	0.972	0.784	0.1	0.977	0.105	0.106	0.138
拉薩	0.1	0.929	1	0.1	0.1	0.105	0.274
西安	0.963	0.982	0.251	0.495	0.106	0.327	0.344
銅川	0.995	0.911	0.154	0.89	0.106	0.122	0.404
寶雞	0.997	0.574	0.852	0.994	0.112	0.148	0.225
咸陽	1	1	0.564	0.988	0.131	0.217	0.324
渭南	0.945	0.988	0.641	0.995	0.145	0.211	0.296
延安	0.978	0.899	0.29	0.933	0.11	0.149	0.322
漢中	0.976	0.529	0.727	0.985	0.114	0.157	0.261
榆林	0.991	0.819	0.283	0.979	0.115	0.224	0.451
安康	0.988	0.947	0.199	0.988	0.102	0.102	0.12
商洛	0.982	0.163	0.113	0.687	0.104	0.121	0.2
蘭州	0.956	0.924	0.537	0.997	0.139	0.186	0.326
嘉峪關	0.996	0.163	0.532	0.986	0.102	0.106	0.572
金昌	0.832	0.243	0.925	0.986	0.136	0.11	0.412
白銀	0.871	0.448	0.818	0.994	0.105	0.118	0.223
天水	0.873	0.802	0.674	0.994	0.101	0.117	0.158
武威	0.994	0.751	0.157	0.1	0.101	0.132	0.287
張掖	0.681	0.718	0.306	0.979	0.114	0.128	0.355
平涼	0.757	0.523	0.619	0.997	0.111	0.121	0.213
酒泉	0.934	0.91	0.12	0.798	0.101	0.137	0.456
慶陽	0.945	0.961	0.257	0.73	0.1	0.111	0.164
定西	0.697	0.751	0.171	0.1	0.101	0.124	0.195
隴南	0.897	0.908	1	0.983	0.1	0.105	0.132
西寧	0.901	0.1	0.434	0.1	0.116	0.144	0.328
銀川	0.995	0.854	0.742	0.995	0.115	0.167	0.423
石嘴山	0.553	0.573	0.674	0.993	0.122	0.124	0.473
吳忠	0.863	0.901	0.693	0.997	0.109	0.127	0.33
固原	0.727	0.761	0.267	0.992	0.1	0.108	0.197
中衛	0.883	0.723	0.358	0.97	0.105	0.121	0.322
烏魯木齊	0.928	0.828	0.139	0.987	0.113	0.152	0.253
克拉瑪依	1	0.986	0.124	0.994	0.102	0.104	0.234
香港	0.93	0.83	0.491	0.935	0.1	0.794	1
澳門	0.93	0.83	0.491	0.935	0.1	0.118	0.493
新北	0.93	0.83	0.491	0.935	0.1	0.219	0.386
臺北	0.93	0.83	0.491	0.935	0.1	0.179	0.386
台中	0.93	0.83	0.491	0.935	0.1	0.179	0.386
台南	0.93	0.83	0.491	0.935	0.1	0.154	0.386
高雄	0.93	0.83	0.491	0.935	0.1	0.183	0.386
基隆	0.93	0.83	0.491	0.935	0.1	0.106	0.386
新竹	0.93	0.83	0.491	0.935	0.1	0.107	0.386
嘉義	0.93	0.83	0.491	0.935	0.1	0.103	0.386

4.8 城市人力教育競爭力三級指標分值

表 4.8.1 2013 年度城市人力教育競爭力三級指標分值

城市	人力資本規模	高素質人力資本儲備量	其它人力資本儲備量	教育支出絕對規模	教育支出相對規模	城市就業率	人力資本基本成本
北京	1	0.749	0.1	0.952	0.257	0.965	0.653
天津	0.582	0.498	0.1	0.594	0.223	0.734	0.462
石家莊	0.217	0.461	0.1	0.241	0.189	0.739	0.269
唐山	0.214	0.224	0.1	0.225	0.144	0.688	0.334
秦皇島	0.136	0.184	0.1	0.139	0.205	0.7	0.288
邯鄲	0.213	0.162	0.1	0.212	0.213	0.716	0.278
邢臺	0.163	0.143	0.1	0.179	0.278	0.818	0.266
保定	0.205	0.256	0.1	0.205	0.224	0.761	0.242
張家口	0.161	0.144	0.1	0.163	0.285	0.672	0.253
承德	0.131	0.14	0.1	0.161	0.277	0.695	0.26
滄州	0.175	0.139	0.1	0.186	0.187	0.829	0.279
廊坊	0.165	0.199	0.1	0.168	0.225	0.912	0.315
衡水	0.154	0.114	0.1	0.146	0.258	0.737	0.211
太原	0.218	0.446	0.1	0.17	0.19	0.778	0.361
大同	0.165	0.136	0.1	0.153	0.311	0.513	0.351
陽泉	0.124	0.112	0.1	0.122	0.24	0.828	0.384
長治	0.149	0.133	0.1	0.151	0.225	0.877	0.308
晉城	0.129	0.107	0.1	0.136	0.223	0.911	0.397
朔州	0.126	0.104	0.1	0.13	0.204	0.907	0.303
晉中	0.143	0.156	0.1	0.15	0.283	0.907	0.293
運城	0.126	0.115	0.1	0.159	0.291	0.792	0.225
忻州	0.124	0.126	0.1	0.151	0.432	0.845	0.226
臨汾	0.14	0.145	0.1	0.156	0.256	0.821	0.207
呂梁	0.133	0.115	0.1	0.167	0.295	0.889	0.305
呼和浩特	0.182	0.298	0.1	0.149	0.145	0.76	0.341
包頭	0.218	0.167	0.1	0.157	0.13	0.8	0.381
烏海	0.117	0.106	0.1	0.11	0.161	0.701	0.343
赤峰	0.144	0.12	0.1	0.193	0.33	0.667	0.299
通遼	0.132	0.133	0.1	0.153	0.204	0.726	0.264
鄂爾多斯	0.126	0.103	0.1	0.177	0.149	0.832	0.497
呼倫貝爾	0.151	0.116	0.1	0.157	0.257	0.678	0.287
巴彥淖爾	0.126	0.106	0.1	0.128	0.223	0.636	0.27
烏蘭察布	0.126	0.115	0.1	0.135	0.27	0.341	0.272
瀋陽	0.331	0.452	0.1	0.254	0.156	0.8	0.369
大連	0.377	0.34	0.1	0.256	0.153	0.827	0.407
鞍山	0.16	0.138	0.1	0.152	0.141	0.817	0.256
撫順	0.152	0.136	0.1	0.136	0.191	0.593	0.279
本溪	0.137	0.118	0.1	0.126	0.162	0.599	0.272
丹東	0.137	0.127	0.1	0.134	0.216	0.668	0.193
錦州	0.158	0.162	0.1	0.134	0.182	0.891	0.254
營口	0.195	0.116	0.1	0.138	0.185	0.912	0.239
阜新	0.132	0.141	0.1	0.122	0.256	0.709	0.25
遼陽	0.133	0.115	0.1	0.124	0.171	0.856	0.279
盤錦	0.151	0.105	0.1	0.122	0.139	0.804	0.224
鐵嶺	0.139	0.113	0.1	0.138	0.234	0.745	0.246
朝陽	0.135	0.106	0.1	0.137	0.246	0.734	0.234
葫蘆島	0.13	0.108	0.1	0.126	0.225	0.707	0.235
長春	0.256	0.459	0.1	0.215	0.167	0.723	0.329
吉林	0.166	0.194	0.1	0.163	0.17	0.807	0.269
四平	0.141	0.135	0.1	0.136	0.209	0.666	0.202

表 4.8.1 2013 年度城市人力教育競爭力三級指標分值

城市	人力資本規模	高素質人力資本儲備量	其它人力資本儲備量	教育支出絕對規模	教育支出相對規模	城市就業率	人力資本基本成本
遼源	0.118	0.104	0.1	0.116	0.198	0.741	0.2
通化	0.132	0.111	0.1	0.129	0.212	0.832	0.206
白山	0.131	0.101	0.1	0.121	0.231	0.789	0.221
松原	0.144	0.103	0.1	0.129	0.145	0.837	0.256
白城	0.124	0.115	0.1	0.126	0.259	0.752	0.167
哈爾濱	0.34	0.485	0.1	0.236	0.18	0.798	0.281
齊齊哈爾	0.16	0.152	0.1	0.161	0.287	0.675	0.227
雞西	0.13	0.109	0.1	0.12	0.228	0.674	0.231
鶴崗	0.128	0.107	0.1	0.113	0.253	0.707	0.292
雙鴨山	0.117	0.104	0.1	0.119	0.228	0.756	0.1
大慶	0.185	0.158	0.1	0.143	0.1	0.788	0.405
伊春	0.121	0.103	0.1	0.111	0.297	0.526	0.112
佳木斯	0.141	0.136	0.1	0.134	0.284	0.796	0.225
七台河	0.113	0.102	0.1	0.11	0.224	0.808	0.253
牡丹江	0.154	0.148	0.1	0.13	0.191	0.828	0.23
黑河	0.132	0.113	0.1	0.119	0.327	0.895	0.119
綏化	0.139	0.115	0.1	0.146	0.264	0.821	0.155
上海	0.932	0.639	0.1	1	0.235	0.795	0.664
南京	0.387	0.866	0.1	0.253	0.151	0.87	0.454
無錫	0.347	0.2	0.1	0.266	0.148	0.893	0.424
徐州	0.238	0.233	0.1	0.245	0.215	0.843	0.31
常州	0.279	0.21	0.1	0.187	0.15	0.904	0.407
蘇州	0.464	0.271	0.1	0.345	0.142	0.943	0.425
南通	0.223	0.168	0.1	0.243	0.192	0.814	0.358
連雲港	0.163	0.131	0.1	0.167	0.246	0.877	0.304
淮安	0.197	0.16	0.1	0.184	0.254	0.865	0.287
鹽城	0.227	0.152	0.1	0.225	0.233	0.901	0.272
揚州	0.211	0.174	0.1	0.174	0.166	0.835	0.318
鎮江	0.195	0.191	0.1	0.151	0.144	0.907	0.34
泰州	0.198	0.142	0.1	0.167	0.166	0.892	0.299
宿遷	0.169	0.116	0.1	0.177	0.29	0.906	0.239
杭州	0.505	0.531	0.1	0.314	0.173	0.953	0.451
寧波	0.382	0.249	0.1	0.29	0.176	0.869	0.407
溫州	0.401	0.178	0.1	0.251	0.228	0.968	0.337
嘉興	0.21	0.166	0.1	0.188	0.185	0.847	0.343
湖州	0.176	0.123	0.1	0.15	0.187	0.921	0.325
紹興	0.269	0.159	0.1	0.189	0.16	0.89	0.313
金華	0.259	0.161	0.1	0.194	0.206	0.917	0.342
衢州	0.137	0.12	0.1	0.141	0.241	0.844	0.41
舟山	0.118	0.12	0.1	0.123	0.187	0.867	0.437
台州	0.233	0.147	0.1	0.199	0.197	0.89	0.336
麗水	0.127	0.139	0.1	0.143	0.279	0.838	0.4
合肥	0.284	0.478	0.1	0.207	0.17	0.879	0.366
蕪湖	0.165	0.221	0.1	0.155	0.19	0.831	0.333
蚌埠	0.135	0.156	0.1	0.138	0.257	0.668	0.249
淮南	0.143	0.162	0.1	0.129	0.229	0.7	0.427
馬鞍山	0.123	0.139	0.1	0.138	0.192	0.805	0.369
淮北	0.132	0.125	0.1	0.124	0.246	0.707	0.41
銅陵	0.111	0.127	0.1	0.11	0.141	0.658	0.341
安慶	0.152	0.142	0.1	0.178	0.314	0.692	0.25
黃山	0.113	0.118	0.1	0.114	0.232	0.82	0.277
滁州	0.147	0.137	0.1	0.146	0.276	0.967	0.267
阜陽	0.152	0.127	0.1	0.175	0.408	0.929	0.244
宿州	0.132	0.133	0.1	0.163	0.373	0.791	0.262
六安	0.185	0.134	0.1	0.172	0.411	0.898	0.197
亳州	0.139	0.117	0.1	0.145	0.355	0.91	0.237
池州	0.116	0.123	0.1	0.12	0.299	0.757	0.291

表 4.8.1 2013 年度城市人力教育競爭力三級指標分值

城市	人力資本規模	高素質人力資本儲備量	其它人力資本儲備量	教育支出絕對規模	教育支出相對規模	城市就業率	人力資本基本成本
宣城	0.171	0.108	0.1	0.144	0.325	0.841	0.309
福州	0.285	0.377	0.1	0.214	0.174	0.909	0.336
廈門	0.31	0.217	0.1	0.193	0.199	0.941	0.375
莆田	0.148	0.116	0.1	0.145	0.231	0.936	0.259
三明	0.139	0.125	0.1	0.144	0.203	0.895	0.292
泉州	0.323	0.198	0.1	0.212	0.157	0.978	0.276
漳州	0.158	0.148	0.1	0.152	0.173	0.922	0.267
南平	0.138	0.121	0.1	0.131	0.202	0.802	0.256
龍岩	0.145	0.113	0.1	0.144	0.199	0.874	0.273
寧德	0.133	0.108	0.1	0.142	0.242	0.869	0.299
南昌	0.246	0.533	0.1	0.181	0.174	0.774	0.313
景德鎮	0.129	0.121	0.1	0.121	0.22	0.895	0.212
萍鄉	0.144	0.116	0.1	0.123	0.21	0.853	0.23
九江	0.184	0.178	0.1	0.165	0.263	0.869	0.216
新餘	0.115	0.156	0.1	0.12	0.171	0.665	0.186
鷹潭	0.115	0.106	0.1	0.113	0.204	0.734	0.227
贛州	0.188	0.184	0.1	0.198	0.348	0.78	0.2
吉安	0.135	0.126	0.1	0.159	0.33	0.669	0.195
宜春	0.145	0.134	0.1	0.167	0.306	0.659	0.195
撫州	0.161	0.142	0.1	0.149	0.324	0.722	0.186
上饒	0.204	0.123	0.1	0.182	0.353	0.944	0.196
濟南	0.329	0.688	0.1	0.204	0.147	0.858	0.353
青島	0.333	0.387	0.1	0.282	0.161	0.837	0.345
淄博	0.193	0.189	0.1	0.198	0.172	0.85	0.296
棗莊	0.162	0.117	0.1	0.153	0.192	0.83	0.268
東營	0.162	0.185	0.1	0.16	0.144	0.927	0.368
煙臺	0.258	0.235	0.1	0.223	0.152	0.817	0.294
濰坊	0.321	0.214	0.1	0.255	0.226	0.906	0.283
濟寧	0.196	0.18	0.1	0.221	0.219	0.757	0.308
泰安	0.181	0.197	0.1	0.164	0.165	0.828	0.273
威海	0.172	0.15	0.1	0.161	0.171	0.958	0.271
日照	0.134	0.123	0.1	0.142	0.198	0.821	0.286
萊蕪	0.119	0.106	0.1	0.122	0.211	0.853	0.294
臨沂	0.198	0.146	0.1	0.216	0.219	0.908	0.291
德州	0.148	0.1	0.1	0.165	0.189	0.88	0.206
聊城	0.149	0.14	0.1	0.165	0.191	0.692	0.218
濱州	0.151	0.149	0.1	0.169	0.207	0.863	0.256
菏澤	0.157	0.128	0.1	0.187	0.279	0.816	0.192
鄭州	0.334	0.677	0.1	0.248	0.17	0.963	0.275
開封	0.15	0.182	0.1	0.143	0.22	0.723	0.197
洛陽	0.2	0.186	0.1	0.201	0.202	0.786	0.253
平頂山	0.158	0.157	0.1	0.153	0.199	0.813	0.284
安陽	0.173	0.151	0.1	0.166	0.234	0.829	0.216
鶴壁	0.124	0.108	0.1	0.121	0.238	0.835	0.223
新鄉	0.159	0.223	0.1	0.172	0.249	0.757	0.178
焦作	0.165	0.175	0.1	0.138	0.163	0.96	0.224
濮陽	0.137	0.109	0.1	0.144	0.256	0.81	0.245
許昌	0.139	0.133	0.1	0.153	0.191	0.401	0.219
漯河	0.122	0.124	0.1	0.123	0.19	0.903	0.179
三門峽	0.129	0.112	0.1	0.138	0.207	0.866	0.255
南陽	0.222	0.159	0.1	0.205	0.244	0.807	0.188
商丘	0.154	0.165	0.1	0.198	0.354	0.722	0.185
信陽	0.168	0.151	0.1	0.193	0.35	0.942	0.191
周口	0.188	0.135	0.1	0.197	0.331	0.805	0.194
駐馬店	0.17	0.126	0.1	0.177	0.304	0.885	0.172
武漢	0.476	0.932	0.1	0.237	0.133	0.834	0.368
黃石	0.158	0.13	0.1	0.125	0.17	0.668	0.192

表 4. 8. 1 2013 年度城市人力教育競爭力三級指標分值

城市	人力資本規模	高素質人力資本儲備量	其它人力資本儲備量	教育支出絕對規模	教育支出相對規模	城市就業率	人力資本基本成本
十堰	0.171	0.157	0.1	0.135	0.228	0.764	0.207
宜昌	0.219	0.162	0.1	0.151	0.15	0.9	0.183
襄陽	0.195	0.163	0.1	0.163	0.174	0.778	0.181
鄂州	0.121	0.109	0.1	0.11	0.156	0.701	0.183
荊門	0.157	0.117	0.1	0.126	0.171	0.835	0.183
孝感	0.211	0.123	0.1	0.143	0.242	0.838	0.178
荊州	0.175	0.213	0.1	0.143	0.225	0.547	0.174
黃岡	0.138	0.148	0.1	0.169	0.323	0.594	0.18
咸寧	0.138	0.135	0.1	0.122	0.206	0.748	0.163
隨州	0.153	0.107	0.1	0.115	0.191	0.972	0.192
長沙	0.28	0.564	0.1	0.216	0.134	0.82	0.357
株洲	0.201	0.16	0.1	0.14	0.16	0.893	0.301
湘潭	0.144	0.216	0.1	0.129	0.162	0.754	0.252
衡陽	0.212	0.221	0.1	0.157	0.187	0.781	0.23
邵陽	0.188	0.126	0.1	0.151	0.287	0.819	0.216
岳陽	0.196	0.136	0.1	0.151	0.163	0.841	0.229
常德	0.158	0.141	0.1	0.154	0.176	0.643	0.228
張家界	0.107	0.118	0.1	0.112	0.256	0.736	0.231
益陽	0.134	0.163	0.1	0.137	0.229	0.722	0.221
郴州	0.156	0.121	0.1	0.166	0.252	0.724	0.266
永州	0.139	0.127	0.1	0.163	0.324	0.655	0.24
懷化	0.178	0.129	0.1	0.144	0.272	0.691	0.24
婁底	0.146	0.126	0.1	0.132	0.212	0.637	0.231
廣州	0.655	1	0.1	0.385	0.142	0.626	0.48
韶關	0.149	0.136	0.1	0.136	0.241	0.433	0.276
深圳	0.728	0.172	0.1	0.42	0.161	0.992	0.458
珠海	0.192	0.197	0.1	0.149	0.196	0.949	0.325
汕頭	0.123	0.125	0.1	0.162	0.252	0.731	0.247
佛山	0.255	0.145	0.1	0.234	0.133	0.931	0.321
江門	0.229	0.135	0.1	0.155	0.176	0.913	0.239
湛江	0.166	0.163	0.1	0.168	0.217	0.791	0.219
茂名	0.15	0.129	0.1	0.172	0.221	0.668	0.226
肇慶	0.146	0.154	0.1	0.154	0.222	0.859	0.259
惠州	0.282	0.13	0.1	0.171	0.19	0.971	0.277
梅州	0.131	0.146	0.1	0.152	0.359	0.302	0.234
汕尾	0.128	0.106	0.1	0.128	0.273	0.79	0.224
河源	0.133	0.117	0.1	0.138	0.33	0.838	0.232
陽江	0.127	0.118	0.1	0.123	0.186	0.1	0.209
清遠	0.159	0.109	0.1	0.154	0.274	0.871	0.295
東莞	0.189	0.151	0.1	0.234	0.165	0.984	0.408
中山	0.217	0.151	0.1	0.181	0.202	0.976	0.394
潮州	0.124	0.115	0.1	0.118	0.182	0.837	0.23
揭陽	0.204	0.112	0.1	0.151	0.225	0.963	0.192
雲浮	0.136	0.11	0.1	0.125	0.282	0.934	0.222
南寧	0.276	0.393	0.1	0.185	0.207	0.895	0.316
柳州	0.178	0.169	0.1	0.153	0.192	0.802	0.298
桂林	0.164	0.233	0.1	0.162	0.243	0.795	0.259
梧州	0.122	0.114	0.1	0.142	0.29	0.718	0.222
北海	0.118	0.122	0.1	0.12	0.237	0.776	0.23
防城港	0.109	0.102	0.1	0.11	0.178	0.871	0.255
欽州	0.124	0.113	0.1	0.136	0.287	0.826	0.223
貴港	0.12	0.106	0.1	0.145	0.348	0.78	0.204
玉林	0.135	0.122	0.1	0.163	0.304	0.739	0.224
百色	0.124	0.1	0.711	0.151	0.372	0.841	0.242
賀州	0.108	0.109	0.1	0.123	0.345	0.796	0.214
河池	0.131	0.109	0.1	0.147	0.437	0.818	0.22
來賓	0.125	0.104	0.1	0.132	0.332	0.901	0.231

表 4.8.1 2013 年度城市人力教育競爭力三級指標分值

城市	人力資本規模	高素質人力資本儲備量	其它人力資本儲備量	教育支出絕對規模	教育支出相對規模	城市就業率	人力資本基本成本
崇左	0.115	0.118	0.1	0.13	0.317	0.873	0.198
海口	0.18	0.199	0.1	0.126	0.212	0.979	0.297
三亞	0.107	0.132	0.1	0.113	0.276	0.85	0.287
重慶	0.791	0.66	0.1	0.621	0.256	0.896	0.315
成都	0.433	0.749	0.1	0.291	0.162	0.889	0.337
自貢	0.147	0.135	0.1	0.12	0.167	0.82	0.263
攀枝花	0.127	0.125	0.1	0.126	0.232	0.863	0.328
瀘州	0.141	0.138	0.1	0.152	0.29	0.789	0.228
德陽	0.129	0.137	0.1	0.131	0.17	0.734	0.333
綿陽	0.158	0.18	0.1	0.148	0.22	0.688	0.298
廣元	0.129	0.107	0.1	0.132	0.397	0.797	0.277
遂寧	0.122	0.114	0.1	0.128	0.255	0.698	0.237
內江	0.134	0.123	0.1	0.126	0.185	0.778	0.241
樂山	0.134	0.137	0.1	0.13	0.192	0.652	0.238
南充	0.155	0.159	0.1	0.172	0.339	0.685	0.232
眉山	0.119	0.114	0.1	0.124	0.209	0.701	0.2
宜賓	0.164	0.127	0.1	0.153	0.253	0.836	0.262
廣安	0.118	0.105	0.1	0.137	0.293	0.641	0.264
達州	0.16	0.118	0.1	0.154	0.274	0.811	0.237
雅安	0.115	0.143	0.1	0.112	0.219	0.85	0.23
巴中	0.125	0.102	0.1	0.132	0.455	0.786	0.209
資陽	0.119	0.104	0.1	0.134	0.227	0.657	0.237
貴陽	0.205	0.305	0.1	0.176	0.276	0.849	0.302
六盤水	0.124	0.109	0.1	0.144	0.352	0.745	0.314
遵義	0.131	0.149	0.1	0.187	0.365	0.643	0.32
安順	0.113	0.112	0.1	0.128	0.474	0.791	0.268
畢節	0.14	0.117	0.1	0.187	0.528	0.794	0.25
銅仁	0.119	0.111	0.1	0.146	0.595	0.756	0.234
昆明	0.268	0.491	0.1	0.206	0.222	0.897	0.33
曲靖	0.162	0.123	0.1	0.187	0.344	0.694	0.276
玉溪	0.136	0.117	0.1	0.133	0.215	0.926	0.298
保山	0.117	0.117	0.1	0.129	0.443	0.8	0.191
昭通	0.137	0.106	0.1	0.164	0.615	0.796	0.258
麗江	0.105	0.115	0.1	0.116	0.482	0.782	0.234
普洱	0.126	0.107	0.1	0.131	0.5	0.799	0.184
臨滄	0.113	0.105	0.1	0.135	0.603	0.767	0.222
拉薩	0.14	0.125	0.1	0.149	0.977	1	0.463
西安	0.352	0.644	0.1	0.219	0.176	0.742	0.331
銅川	0.105	0.106	0.1	0.118	0.409	0.94	0.258
寶雞	0.15	0.124	0.1	0.158	0.257	0.869	0.276
咸陽	0.15	0.192	0.1	0.173	0.271	0.807	0.247
渭南	0.141	0.114	0.1	0.176	0.354	0.819	0.258
延安	0.133	0.133	0.1	0.164	0.288	0.864	0.34
漢中	0.137	0.127	0.1	0.148	0.362	0.809	0.269
榆林	0.136	0.11	0.1	0.217	0.256	0.842	0.362
安康	0.118	0.117	0.1	0.148	0.544	0.77	0.294
商洛	0.113	0.113	0.1	0.14	0.521	0.828	0.225
蘭州	0.196	0.388	0.1	0.153	0.212	0.881	0.305
嘉峪關	0.1	0.104	0.1	0.1	0.106	0.791	0.445
金昌	0.105	0.103	0.1	0.104	0.171	0.823	0.345
白銀	0.113	0.105	0.1	0.125	0.341	0.792	0.313
天水	0.123	0.129	0.1	0.139	0.517	0.783	0.205
武威	0.115	0.121	0.1	0.125	0.453	0.799	0.193
張掖	0.11	0.116	0.1	0.114	0.322	0.838	0.189
平涼	0.116	0.108	0.1	0.131	0.533	0.669	0.285
酒泉	0.108	0.105	0.1	0.114	0.194	0.758	0.288
慶陽	0.109	0.111	0.1	0.139	0.413	0.542	0.264

表 4.8.1 2013 年度城市人力教育競爭力三級指標分值

城市	人力資本規模	高素質人力資本儲備量	其它人力資本儲備量	教育支出絕對規模	教育支出相對規模	城市就業率	人力資本基本成本
定西	0.115	0.109	0.1	0.134	0.827	0.819	0.246
隴南	0.108	0.106	0.1	0.129	0.69	0.765	0.215
西寧	0.137	0.146	0.1	0.137	0.256	0.615	0.3
銀川	0.15	0.179	0.1	0.126	0.169	0.753	0.409
石嘴山	0.105	0.109	0.1	0.113	0.224	0.614	0.301
吳忠	0.107	0.103	0.1	0.122	0.411	0.583	0.304
固原	0.107	0.105	0.1	0.129	1	0.848	0.328
中衛	0.1	0.1	0.1	0.116	0.386	0.855	0.28
烏魯木齊	0.193	0.228	0.1	0.164	0.207	0.79	0.383
克拉瑪依	0.113	0.103	0.1	0.121	0.168	0.989	0.496
香港	0.436	0.334	1	0.931	0.266	0.694	0.985
澳門	0.122	0.117	0.177	0.177	0.224	0.816	0.771
新北	0.27	0.239	0.622	0.253	0.173	0.633	0.652
臺北	0.208	0.3	0.468	0.305	0.292	0.633	1
台中	0.212	0.195	0.519	0.201	0.171	0.633	0.57
台南	0.18	0.167	0.365	0.166	0.162	0.64	0.553
高雄	0.216	0.199	0.476	0.243	0.211	0.633	0.651
基隆	0.109	0.114	0.156	0.115	0.197	0.633	0.635
新竹	0.111	0.115	0.175	0.116	0.193	0.633	0.834
嘉義	0.104	0.11	0.151	0.108	0.18	0.64	0.59

表 4.8.2 2013 年度城市人力教育競爭力三級指標分值（續 1）

城市	人力資本教育成本	高素質人力資本相對儲備量	成人識字率	大專以上人口比重	創業人員指數	各類專業技術人員數	專業技術人員比重
北京	0.329	0.506	0.678	0.776	0.94	1	0.998
天津	0.291	0.451	0.585	0.364	1	0.359	0.485
石家莊	0.142	0.231	0.519	0.222	1	0.117	0.134
唐山	0.161	0.259	0.546	0.221	0.943	0.132	0.183
秦皇島	0.141	0.231	0.538	0.29	1	0.107	0.147
邯鄲	0.132	0.216	0.522	0.295	1	0.106	0.114
邢臺	0.125	0.207	0.539	0.249	1	0.104	0.112
保定	0.113	0.189	0.51	0.255	0.968	0.121	0.138
張家口	0.15	0.243	0.509	0.256	1	0.104	0.119
承德	0.17	0.273	0.514	0.264	1	0.102	0.113
滄州	0.131	0.216	0.506	0.218	1	0.102	0.106
廊坊	0.156	0.253	0.507	0.221	1	0.102	0.109
衡水	0.123	0.204	0.521	0.218	1	0.101	0.105
太原	0.164	0.264	0.525	0.32	1	0.144	0.311
大同	0.16	0.258	0.526	0.227	1	0.115	0.19
陽泉	0.171	0.275	0.528	0.23	0.768	0.115	0.314
長治	0.156	0.252	0.506	0.216	1	0.106	0.139
晉城	0.162	0.261	0.502	0.191	0.842	0.105	0.143
朔州	0.177	0.283	0.501	0.183	1	0.118	0.316
晉中	0.156	0.252	0.506	0.186	1	0.102	0.109
運城	0.129	0.212	0.502	0.206	0.302	0.103	0.112
忻州	0.165	0.265	0.501	0.187	0.878	0.104	0.127
臨汾	0.139	0.228	0.495	0.188	0.9	0.101	0.103
呂梁	0.173	0.277	0.52	0.206	0.751	0.101	0.105
呼和浩特	0.167	0.269	0.511	0.211	1	0.1	0.1
包頭	0.196	0.311	0.505	0.212	1	0.146	0.444
烏海	0.215	0.339	0.495	0.211	1	0.101	0.143
赤峰	0.196	0.311	0.499	0.216	1	0.144	0.305
通遼	0.168	0.27	0.502	0.209	1	0.1	0.101
鄂爾多斯	0.315	0.485	0.522	0.34	1	0.101	0.107

表 4. 8. 2 2013 年度城市人力教育競爭力三級指標分值（續 1）

城市	人力資本教育成本	高素質人力資本相對儲備量	成人識字率	大專以上人口比重	創業人員指數	各類專業技術人員數	專業技術人員比重
呼倫貝爾	0.196	0.311	0.498	0.219	1	0.143	0.418
巴彥淖爾	0.174	0.279	0.498	0.216	1	0.1	0.104
烏蘭察布	0.168	0.27	0.494	0.211	1	0.106	0.157
瀋陽	0.193	0.307	0.548	0.492	1	0.238	0.485
大連	0.228	0.358	0.567	0.472	1	0.1	0.1
鞍山	0.153	0.247	0.534	0.289	0.861	0.116	0.194
撫順	0.168	0.27	0.525	0.284	1	0.111	0.198
本溪	0.175	0.281	0.528	0.291	1	0.11	0.232
丹東	0.152	0.246	0.529	0.2	1	0.105	0.144
錦州	0.129	0.213	0.533	0.295	1	0.103	0.121
營口	0.166	0.267	0.532	0.215	1	0.105	0.144
阜新	0.135	0.222	0.527	0.164	1	0.105	0.156
遼陽	0.148	0.24	0.527	0.173	1	0.107	0.173
盤錦	0.176	0.281	0.52	0.169	0.733	0.112	0.284
鐵嶺	0.138	0.225	0.51	0.267	1	0.101	0.107
朝陽	0.128	0.211	0.519	0.138	1	0.1	0.102
葫蘆島	0.117	0.195	0.518	0.149	1	0.103	0.119
長春	0.152	0.246	0.542	0.331	1	0.251	0.5
吉林	0.151	0.245	0.54	0.327	1	0.128	0.232
四平	0.126	0.208	0.527	0.217	1	0.101	0.107
遼源	0.15	0.244	0.514	0.223	1	0.103	0.145
通化	0.143	0.233	0.519	0.218	1	0.104	0.134
白山	0.174	0.279	0.514	0.21	1	0.101	0.112
松原	0.123	0.204	0.509	0.209	1	0.103	0.12
白城	0.145	0.236	0.506	0.138	1	0.102	0.12
哈爾濱	0.136	0.223	0.537	0.333	1	0.157	0.208
齊齊哈爾	0.128	0.211	0.43	0.276	1	0.1	0.1
雞西	0.13	0.215	0.53	0.187	0.945	0.148	0.617
鶴崗	0.15	0.243	0.527	0.191	0.944	0.101	0.11
雙鴨山	0.151	0.245	0.522	0.184	1	0.104	0.153
大慶	0.154	0.25	0.529	0.32	1	0.13	0.31
伊春	0.132	0.217	0.515	0.188	1	0.1	0.106
佳木斯	0.145	0.236	0.521	0.211	1	0.148	0.477
七台河	0.147	0.239	0.549	0.192	1	0.104	0.187
牡丹江	0.128	0.212	0.536	0.216	1	0.119	0.233
黑河	0.137	0.224	0.387	0.185	0.931	0.1	0.1
綏化	0.11	0.184	0.481	0.188	1	0.1	0.1
上海	0.303	0.468	0.748	0.685	1	0.659	0.579
南京	0.177	0.283	0.547	0.373	1	0.331	0.673
無錫	0.223	0.35	0.539	0.358	1	0.185	0.366
徐州	0.163	0.263	0.525	0.278	1	0.15	0.217
常州	0.177	0.284	0.522	0.288	1	0.174	0.421
蘇州	0.205	0.324	0.584	0.451	1	0.213	0.316
南通	0.182	0.29	0.536	0.341	1	0.175	0.306
連雲港	0.155	0.25	0.52	0.229	1	0.12	0.191
淮安	0.169	0.272	0.513	0.266	1	0.109	0.139
鹽城	0.166	0.267	0.548	0.239	1	0.136	0.199
揚州	0.163	0.263	0.521	0.242	1	0.13	0.234
鎮江	0.164	0.265	0.551	0.267	1	0.132	0.308
泰州	0.15	0.243	0.522	0.261	1	0.115	0.164
宿遷	0.161	0.259	0.516	0.255	1	0.106	0.125
杭州	0.213	0.336	0.569	0.489	1	0.1	0.1
寧波	0.217	0.341	0.542	0.267	1	0.189	0.336
溫州	0.16	0.259	0.526	0.249	1	0.134	0.175
嘉興	0.182	0.291	0.529	0.259	1	0.119	0.185
湖州	0.169	0.272	0.521	0.253	1	0.11	0.171
紹興	0.173	0.277	0.523	0.253	1	0.109	0.136

表 4.8.2 2013 年度城市人力教育競爭力三級指標分值（續 1）

城市	人力資本教育成本	高素質人力資本相對儲備量	成人識字率	大專以上人口比重	創業人員指數	各類專業技術人員數	專業技術人員比重
金華	0.168	0.27	0.522	0.246	1	0.11	0.136
衢州	0.188	0.299	0.52	0.246	1	0.1	0.1
舟山	0.204	0.323	0.517	0.262	1	0.107	0.222
台州	0.162	0.261	0.525	0.186	1	0.118	0.161
麗水	0.194	0.308	0.508	0.167	1	0.102	0.123
合肥	0.146	0.238	0.534	0.458	1	0.1	0.1
蕪湖	0.158	0.255	0.496	0.211	1	0.135	0.297
蚌埠	0.135	0.221	0.501	0.225	1	0.111	0.167
淮南	0.14	0.229	0.536	0.246	0.922	0.117	0.249
馬鞍山	0.173	0.278	0.503	0.262	1	0.112	0.207
淮北	0.135	0.222	0.512	0.234	1	0.113	0.22
銅陵	0.169	0.272	0.5	0.183	1	0.1	0.1
安慶	0.151	0.245	0.493	0.179	1	0.101	0.105
黃山	0.135	0.221	0.487	0.179	1	0.104	0.167
滁州	0.131	0.216	0.484	0.177	1	0.105	0.127
阜陽	0.117	0.195	0.496	0.18	1	0.101	0.104
宿州	0.13	0.215	0.495	0.267	1	0.103	0.11
六安	0.138	0.225	0.496	0.183	0.869	0.104	0.116
亳州	0.115	0.192	0.495	0.189	1	0.103	0.111
池州	0.159	0.257	0.493	0.179	1	0.102	0.123
宣城	0.171	0.274	0.501	0.179	1	0.101	0.105
福州	0.157	0.253	0.517	0.317	1	0.127	0.175
廈門	0.225	0.353	0.547	0.3	1	0.196	0.634
莆田	0.163	0.263	0.504	0.218	1	0.109	0.166
三明	0.173	0.277	0.512	0.223	1	0.105	0.141
泉州	0.142	0.231	0.527	0.228	0.957	0.107	0.117
漳州	0.124	0.206	0.504	0.212	1	0.106	0.125
南平	0.135	0.222	0.488	0.222	1	0.104	0.129
龍岩	0.17	0.273	0.508	0.228	1	0.108	0.165
寧德	0.155	0.25	0.503	0.215	1	0.1	0.102
南昌	0.158	0.256	0.53	0.269	1	0.126	0.202
景德鎮	0.15	0.243	0.52	0.231	1	0.108	0.201
萍鄉	0.144	0.234	0.537	0.237	1	0.106	0.161
九江	0.143	0.233	0.517	0.208	1	0.105	0.123
新餘	0.186	0.296	0.516	0.209	1	0.125	0.542
鷹潭	0.146	0.238	0.535	0.256	1	0.101	0.114
贛州	0.129	0.212	0.523	0.209	1	0.138	0.19
吉安	0.134	0.221	0.493	0.208	1	0.1	0.101
宜春	0.134	0.22	0.527	0.211	1	0.116	0.158
撫州	0.136	0.223	0.529	0.209	1	0.103	0.114
上饒	0.134	0.221	0.519	0.212	1	0.111	0.134
濟南	0.152	0.247	0.544	0.396	1	0.1	0.1
青島	0.188	0.299	0.552	0.396	1	0.1	0.1
淄博	0.195	0.31	0.508	0.288	1	0.142	0.286
棗莊	0.148	0.241	0.496	0.178	1	0.1	0.1
東營	0.252	0.394	0.542	0.192	1	0.126	0.357
煙臺	0.169	0.271	0.546	0.308	1	0.1	0.1
濰坊	0.163	0.262	0.504	0.219	1	0.118	0.141
濟寧	0.15	0.243	0.501	0.179	1	0.11	0.126
泰安	0.129	0.213	0.541	0.224	0.932	0.109	0.133
威海	0.201	0.319	0.541	0.299	1	0.121	0.248
日照	0.156	0.252	0.507	0.17	1	0.106	0.142
萊蕪	0.175	0.28	0.511	0.173	1	0.114	0.311
臨沂	0.127	0.21	0.509	0.179	1	0.12	0.139
德州	0.13	0.214	0.511	0.176	1	0.106	0.12
聊城	0.127	0.209	0.507	0.18	1	0.123	0.179
濱州	0.175	0.281	0.501	0.173	1	0.1	0.102

表 4.8.2 2013 年度城市人力教育競爭力三級指標分值（續 1）

城市	人力資本教育成本	高素質人力資本相對儲備量	成人識字率	大專以上人口比重	創業人員指數	各類專業技術人員數	專業技術人員比重
菏澤	0.121	0.201	0.508	0.175	1	0.105	0.112
鄭州	0.162	0.261	0.558	0.312	1	0.159	0.233
開封	0.115	0.192	0.516	0.2	1	0.103	0.112
洛陽	0.154	0.249	0.516	0.242	1	0.14	0.223
平頂山	0.124	0.206	0.546	0.243	0.892	0.119	0.179
安陽	0.138	0.226	0.536	0.248	1	0.115	0.157
鶴壁	0.149	0.242	0.533	0.227	1	0.103	0.137
新鄉	0.137	0.224	0.542	0.244	1	0.11	0.137
焦作	0.126	0.208	0.54	0.207	1	0.109	0.153
濮陽	0.136	0.223	0.513	0.256	1	0.107	0.141
許昌	0.136	0.223	0.51	0.222	0.905	0.108	0.137
漯河	0.118	0.197	0.506	0.217	0.732	0.108	0.167
三門峽	0.17	0.272	0.509	0.222	0.989	0.102	0.117
南陽	0.12	0.199	0.528	0.203	1	0.12	0.14
商丘	0.14	0.229	0.52	0.21	1	0.102	0.105
信陽	0.153	0.248	0.5	0.193	1	0.104	0.112
周口	0.123	0.204	0.508	0.206	1	0.1	0.1
駐馬店	0.124	0.206	0.517	0.202	1	0.103	0.109
武漢	0.142	0.231	0.54	0.432	1	0.1	0.1
黃石	0.125	0.207	0.513	0.306	1	0.107	0.16
十堰	0.125	0.207	0.505	0.247	1	0.108	0.15
宜昌	0.137	0.224	0.529	0.244	1	0.111	0.155
襄陽	0.129	0.212	0.498	0.226	1	0.126	0.196
鄂州	0.132	0.217	0.515	0.237	1	0.104	0.17
荊門	0.115	0.193	0.518	0.222	1	0.105	0.135
孝感	0.113	0.189	0.546	0.213	1	0.178	0.427
荊州	0.103	0.174	0.528	0.213	1	0.106	0.121
黃岡	0.126	0.209	0.539	0.22	0.716	0.101	0.103
咸寧	0.118	0.196	0.508	0.171	1	0.138	0.414
隨州	0.105	0.178	0.498	0.169	1	0.101	0.112
長沙	0.16	0.258	0.555	0.278	1	0.206	0.4
株洲	0.123	0.203	0.525	0.27	1	0.167	0.445
湘潭	0.125	0.207	0.524	0.252	1	0.102	0.117
衡陽	0.105	0.177	0.508	0.224	1	0.158	0.263
邵陽	0.1	0.17	0.529	0.175	1	0.101	0.102
岳陽	0.115	0.191	0.533	0.227	1	0.225	0.558
常德	0.115	0.193	0.522	0.192	1	0.148	0.269
張家界	0.118	0.197	0.502	0.151	1	0.111	0.252
益陽	0.11	0.185	0.542	0.188	1	0.129	0.233
郴州	0.148	0.241	0.529	0.156	1	0.103	0.112
永州	0.133	0.218	0.524	0.162	1	0.151	0.297
懷化	0.116	0.193	0.521	0.162	1	0.1	0.102
婁底	0.11	0.185	0.518	0.167	1	0.103	0.114
廣州	0.198	0.314	0.614	0.512	1	0.126	0.141
韶關	0.141	0.23	0.543	0.275	1	0.118	0.226
深圳	0.253	0.395	0.666	0.493	1	0.547	0.96
珠海	0.267	0.416	0.547	0.28	1	0.152	0.771
汕頭	0.129	0.213	0.531	0.243	0.1	0.101	0.104
佛山	0.174	0.279	0.554	0.361	1	0.47	1
江門	0.135	0.222	0.535	0.27	1	0.1	0.1
湛江	0.116	0.194	0.536	0.212	1	0.1	0.1
茂名	0.134	0.22	0.532	0.24	1	0.105	0.117
肇慶	0.145	0.237	0.527	0.202	1	0.111	0.158
惠州	0.155	0.25	0.544	0.172	1	0.1	0.1
梅州	0.135	0.222	0.529	0.196	1	0.106	0.128
汕尾	0.119	0.198	0.518	0.203	1	0.1	0.1
河源	0.141	0.23	0.526	0.202	1	0.1	0.1

表 4. 8. 2 2013 年度城市人力教育競爭力三級指標分值（續 1）

城市	人力資本教育成本	高素質人力資本相對儲備量	成人識字率	大專以上人口比重	創業人員指數	各類專業技術人員數	專業技術人員比重
陽江	0.121	0.2	0.531	0.267	1	0.101	0.104
清遠	0.15	0.243	0.527	0.197	1	0.1	0.1
東莞	0.159	0.256	0.556	0.226	1	0.144	0.208
中山	0.227	0.356	0.553	0.202	1	0.161	0.491
潮州	0.102	0.173	0.533	0.199	1	0.103	0.122
揭陽	0.11	0.185	0.53	0.202	1	0.1	0.1
雲浮	0.128	0.211	0.539	0.202	1	0.102	0.113
南寧	0.133	0.219	0.531	0.261	1	0.1	0.1
柳州	0.148	0.24	0.515	0.169	1	0.12	0.206
桂林	0.14	0.228	0.54	0.227	1	0.108	0.133
梧州	0.151	0.245	0.531	0.214	1	0.105	0.137
北海	0.149	0.242	0.525	0.211	1	0.1	0.1
防城港	0.15	0.243	0.527	0.172	1	0.1	0.1
欽州	0.132	0.217	0.526	0.166	1	0.1	0.103
貴港	0.125	0.207	0.535	0.168	1	0.101	0.107
玉林	0.128	0.211	0.529	0.169	1	0.104	0.116
百色	0.151	0.245	0.5	0.165	0.23	0.1	0.1
賀州	0.139	0.227	0.527	0.17	1	0.1	0.1
河池	0.147	0.239	0.503	0.165	1	0.101	0.105
來賓	0.158	0.255	0.513	0.166	1	0.101	0.107
崇左	0.159	0.257	0.502	0.165	1	0.1	0.1
海口	0.142	0.231	0.55	0.309	1	0.1	0.1
三亞	0.201	0.318	0.522	0.249	1	0.112	0.432
重慶	0.168	0.269	0.563	0.348	1	0.254	0.206
成都	0.14	0.229	0.555	0.286	1	0.266	0.337
自貢	0.106	0.179	0.523	0.219	1	0.126	0.294
攀枝花	0.21	0.332	0.506	0.204	1	0.137	0.712
瀘州	0.135	0.222	0.512	0.202	1	0.104	0.119
德陽	0.112	0.188	0.524	0.224	0.962	0.113	0.173
綿陽	0.123	0.203	0.551	0.28	1	0.1	0.1
廣元	0.144	0.234	0.523	0.212	1	0.102	0.117
遂寧	0.113	0.189	0.512	0.195	1	0.1	0.1
內江	0.101	0.172	0.499	0.224	1	0.102	0.112
樂山	0.117	0.194	0.524	0.283	1	0.102	0.111
南充	0.129	0.212	0.508	0.164	1	0.101	0.102
眉山	0.11	0.185	0.508	0.217	1	0.102	0.115
宜賓	0.133	0.218	0.514	0.218	1	0.1	0.1
廣安	0.133	0.218	0.502	0.225	1	0.1	0.1
達州	0.119	0.197	0.505	0.23	1	0.1	0.101
雅安	0.114	0.191	0.505	0.221	1	0.117	0.322
巴中	0.12	0.2	0.504	0.224	1	0.1	0.1
資陽	0.117	0.196	0.505	0.221	1	0.106	0.131
貴陽	0.169	0.271	0.521	0.373	1	0.1	0.1
六盤水	0.159	0.256	0.468	0.181	1	0.101	0.104
遵義	0.147	0.238	0.469	0.182	0.579	0.102	0.108
安順	0.139	0.227	0.459	0.175	1	0.1	0.103
畢節	0.14	0.229	0.1	0.1	1	0.1	0.101
銅仁	0.156	0.252	0.1	0.1	1	0.1	0.1
昆明	0.161	0.259	0.555	0.268	1	0.117	0.152
曲靖	0.151	0.244	0.483	0.174	1	0.1	0.1
玉溪	0.154	0.249	0.488	0.17	1	0.115	0.231
保山	0.133	0.218	0.492	0.164	1	0.114	0.216
昭通	0.133	0.219	0.479	0.171	1	0.1	0.1
麗江	0.153	0.247	0.473	0.163	1	0.104	0.167
普洱	0.138	0.226	0.473	0.186	1	0.101	0.105
臨滄	0.153	0.248	0.47	0.186	1	0.1	0.1
拉薩	0.666	1	0.468	0.197	0.869	0.1	0.1

表 4.8.2 2013 年度城市人力教育競爭力三級指標分值（續 1）

城市	人力資本教育成本	高素質人力資本相對儲備量	成人識字率	大專以上人口比重	創業人員指數	各類專業技術人員數	專業技術人員比重
西安	0.144	0.235	0.536	0.223	1	0.263	0.485
銅川	0.218	0.343	0.497	0.198	0.944	0.101	0.113
寶雞	0.158	0.256	0.506	0.191	1	0.171	0.485
咸陽	0.152	0.246	0.506	0.193	1	0.102	0.107
渭南	0.148	0.241	0.513	0.19	0.774	0.102	0.107
延安	0.252	0.392	0.465	0.187	1	0.1	0.102
漢中	0.149	0.241	0.503	0.195	1	0.114	0.18
榆林	0.285	0.442	0.509	0.194	1	0.115	0.189
安康	0.178	0.284	0.504	0.207	1	0.1	0.103
商洛	0.172	0.276	0.494	0.194	1	0.113	0.211
蘭州	0.151	0.245	0.518	0.308	1	0.16	0.433
嘉峪關	0.143	0.233	0.465	0.205	1	0.107	0.691
金昌	0.15	0.244	0.463	0.191	1	0.106	0.362
白銀	0.157	0.253	0.468	0.195	0.911	0.105	0.159
天水	0.135	0.222	0.465	0.203	1	0.105	0.133
武威	0.151	0.244	0.463	0.164	1	0.101	0.112
張掖	0.147	0.238	0.456	0.166	1	0.102	0.133
平涼	0.157	0.254	0.475	0.179	1	0.102	0.115
酒泉	0.155	0.25	0.466	0.169	1	0.101	0.117
慶陽	0.174	0.279	0.468	0.168	1	0.102	0.119
定西	0.14	0.228	0.469	0.185	1	0.101	0.104
隴南	0.132	0.218	0.467	0.178	1	0.1	0.1
西寧	0.184	0.293	0.445	0.18	0.858	0.102	0.117
銀川	0.146	0.237	0.519	0.357	1	0.1	0.1
石嘴山	0.195	0.309	0.482	0.22	1	0.103	0.195
吳忠	0.176	0.282	0.483	0.211	1	0.101	0.115
固原	0.221	0.347	0.472	0.198	1	0.1	0.105
中衛	0.163	0.263	0.463	0.213	1	0.101	0.116
烏魯木齊	0.183	0.292	0.528	0.422	1	0.434	1
克拉瑪依	0.29	0.449	0.532	0.353	0.855	0.1	0.1
香港	0.823	0.209	1	1	0.199	0.345	0.79
澳門	1	0.105	0.575	0.501	0.182	0.112	0.513
新北	0.312	0.158	0.527	0.368	0.516	0.158	0.395
臺北	0.567	0.138	0.583	0.44	0.536	0.188	0.766
台中	0.307	0.138	0.527	0.352	0.664	0.12	0.247
台南	0.291	0.126	0.509	0.381	0.664	0.114	0.25
高雄	0.398	0.14	0.503	0.396	0.635	0.121	0.25
基隆	0.373	0.102	0.542	0.384	0.507	0.103	0.254
新竹	0.351	0.102	0.526	0.359	0.513	0.103	0.245
嘉義	0.333	0.1	0.528	0.383	0.613	0.102	0.251

表 4.8.3 2013 年度城市人力教育競爭力三級指標分值（續 2）

城市	移民化程度指數	吸引人才指數	高校畢業生求職選擇	高校數	高校老師數	每萬人中小學校數	中小學老師學生比	中小學校密度
北京	0.313	1	1	1	1	0.139	0.644	0.123
天津	0.26	0.8	0.811	0.656	0.543	0.16	0.641	0.126
石家莊	0.182	0.6	0.621	0.575	0.44	0.286	0.376	0.129
唐山	0.183	0.4	0.432	0.191	0.188	0.279	0.516	0.125
秦皇島	0.184	0.4	0.432	0.171	0.179	0.285	0.655	0.117
邯鄲	0.161	0.4	0.337	0.151	0.151	0.35	0.296	0.143
邢臺	0.168	0.4	0.337	0.14	0.136	0.321	0.346	0.13
保定	0.168	0.4	0.337	0.242	0.24	0.305	0.344	0.125
張家口	0.16	0.4	0.289	0.151	0.14	0.236	0.435	0.104
承德	0.159	0.3	0.242	0.151	0.135	0.301	0.426	0.104

表 4.8.3 2013 年度城市人力教育競爭力三級指標分值（續 2）

城市	移民化程度指數	吸引人才指數	高校畢業生求職選擇	高校數	高校老師數	每萬人中小學校數	中小學老師學生比	中小學校密度
滄州	0.17	0.3	0.242	0.171	0.138	0.309	0.526	0.125
廊坊	0.183	0.3	0.242	0.221	0.195	0.298	0.474	0.132
衡水	0.172	0.3	0.242	0.12	0.115	0.335	0.485	0.126
太原	0.175	0.6	0.621	0.535	0.426	0.283	0.348	0.127
大同	0.175	0.3	0.337	0.11	0.134	0.43	0.546	0.117
陽泉	0.175	0.3	0.289	0.12	0.115	0.395	0.51	0.119
長治	0.175	0.3	0.242	0.161	0.134	0.58	0.482	0.123
晉城	0.175	0.3	0.242	0.12	0.107	0.492	0.402	0.12
朔州	0.175	0.3	0.242	0.1	0.1	0.344	0.461	0.109
晉中	0.175	0.3	0.242	0.181	0.156	0.406	0.494	0.113
運城	0.175	0.3	0.242	0.14	0.116	0.381	0.472	0.122
忻州	0.175	0.3	0.242	0.14	0.127	0.837	0.613	0.117
臨汾	0.175	0.3	0.242	0.14	0.144	0.486	0.551	0.117
呂梁	0.175	0.2	0.195	0.12	0.112	0.644	0.426	0.119
呼和浩特	0.235	0.5	0.526	0.333	0.288	0.24	0.271	0.106
包頭	0.226	0.3	0.432	0.151	0.169	0.162	0.428	0.102
烏海	0.175	0.2	0.195	0.11	0.111	0.133	0.47	0.105
赤峰	0.16	0.2	0.195	0.13	0.126	0.261	0.592	0.102
通遼	0.17	0.2	0.195	0.13	0.126	0.296	0.89	0.102
鄂爾多斯	0.245	0.2	0.242	0.12	0.104	0.139	0.684	0.1
呼倫貝爾	0.175	0.2	0.195	0.12	0.112	0.194	1	0.1
巴彥淖爾	0.149	0.2	0.195	0.11	0.107	0.159	0.546	0.1
烏蘭察布	0.113	0.2	0.195	0.13	0.117	0.205	0.654	0.101
瀋陽	0.175	0.7	0.716	0.545	0.475	0.16	0.519	0.112
大連	0.175	0.8	0.858	0.413	0.365	0.233	0.467	0.116
鞍山	0.175	0.4	0.195	0.13	0.133	0.295	0.555	0.118
撫順	0.175	0.4	0.147	0.161	0.132	0.202	0.748	0.106
本溪	0.175	0.4	0.195	0.13	0.123	0.144	0.96	0.103
丹東	0.175	0.4	0.195	0.13	0.139	0.323	0.618	0.108
錦州	0.175	0.4	0.195	0.191	0.17	0.252	0.445	0.112
營口	0.175	0.4	0.195	0.12	0.114	0.195	0.438	0.113
阜新	0.175	0.3	0.195	0.12	0.146	0.205	0.983	0.105
遼陽	0.175	0.3	0.195	0.14	0.124	0.244	0.403	0.114
盤錦	0.175	0.3	0.147	0.12	0.109	0.147	0.518	0.106
鐵嶺	0.175	0.3	0.147	0.14	0.125	0.242	0.544	0.108
朝陽	0.175	0.3	0.147	0.11	0.107	0.33	0.487	0.109
葫蘆島	0.175	0.2	0.147	0.11	0.106	0.341	0.479	0.115
長春	0.175	0.5	0.621	0.464	0.464	0.319	0.576	0.119
吉林	0.175	0.4	0.432	0.181	0.177	0.285	0.56	0.107
四平	0.175	0.3	0.337	0.14	0.132	0.423	0.607	0.117
遼源	0.175	0.3	0.195	0.11	0.105	0.448	0.73	0.118
通化	0.175	0.3	0.195	0.11	0.111	0.312	0.605	0.107
白山	0.175	0.3	0.147	0.11	0.104	0.357	0.951	0.104
松原	0.175	0.3	0.195	0.11	0.106	0.381	0.657	0.108
白城	0.175	0.3	0.147	0.13	0.115	0.436	0.792	0.105
哈爾濱	0.192	0.6	0.716	0.606	0.58	0.249	0.597	0.107
齊齊哈爾	0.162	0.4	0.337	0.151	0.147	0.32	0.481	0.106
雞西	0.172	0.3	0.147	0.11	0.106	0.176	0.733	0.102
鶴崗	0.169	0.3	0.195	0.151	0.108	0.223	0.625	0.102
雙鴨山	0.167	0.3	0.147	0.11	0.103	0.255	0.53	0.102
大慶	0.183	0.5	0.526	0.151	0.15	0.294	0.623	0.106
伊春	0.153	0.2	0.147	0.11	0.103	0.217	0.857	0.101
佳木斯	0.179	0.2	0.195	0.171	0.131	0.243	0.499	0.103
七台河	0.173	0.2	0.147	0.11	0.102	0.195	0.404	0.104
牡丹江	0.186	0.2	0.147	0.13	0.141	0.248	0.608	0.102
黑河	0.167	0.2	0.147	0.11	0.107	0.295	0.585	0.101
綏化	0.159	0.2	0.147	0.11	0.107	0.426	0.621	0.111

表 4.8.3 2013 年度城市人力教育競爭力三級指標分值（續 2）

城市	移民化程度指數	吸引人才指數	高校畢業生求職選擇	高校數	高校老師數	每萬人中小學校數	中小學老師學生比	中小學校密度
上海	0.331	1	1	0.767	0.707	0.113	0.532	0.152
南京	0.24	0.8	0.811	0.525	0.884	0.122	0.559	0.119
無錫	0.264	0.7	0.716	0.221	0.188	0.109	0.483	0.118
徐州	0.146	0.6	0.432	0.181	0.207	0.196	0.452	0.122
常州	0.242	0.6	0.479	0.191	0.175	0.125	0.38	0.117
蘇州	0.327	0.8	0.716	0.302	0.251	0.1	0.527	0.114
南通	0.164	0.6	0.526	0.161	0.16	0.13	0.469	0.115
連雲港	0.144	0.5	0.337	0.13	0.127	0.199	0.456	0.117
淮安	0.147	0.4	0.337	0.161	0.152	0.17	0.435	0.111
鹽城	0.147	0.4	0.242	0.151	0.144	0.154	0.557	0.109
揚州	0.168	0.4	0.242	0.151	0.17	0.141	0.441	0.113
鎮江	0.211	0.4	0.242	0.151	0.181	0.128	0.545	0.114
泰州	0.154	0.4	0.242	0.13	0.139	0.12	0.587	0.112
宿遷	0.141	0.4	0.242	0.12	0.114	0.171	0.324	0.113
杭州	0.236	0.8	0.811	0.484	0.494	0.136	0.423	0.109
寧波	0.252	0.8	0.716	0.242	0.239	0.16	0.342	0.117
溫州	0.209	0.7	0.716	0.161	0.17	0.18	0.419	0.12
嘉興	0.251	0.6	0.432	0.161	0.143	0.131	0.354	0.12
湖州	0.201	0.5	0.432	0.13	0.125	0.142	0.41	0.109
紹興	0.204	0.5	0.337	0.171	0.142	0.179	0.31	0.115
金華	0.21	0.5	0.242	0.181	0.156	0.19	0.282	0.114
衢州	0.137	0.4	0.242	0.12	0.108	0.212	0.362	0.107
舟山	0.216	0.5	0.242	0.13	0.116	0.153	0.664	0.117
台州	0.18	0.4	0.242	0.14	0.124	0.202	0.282	0.119
麗水	0.13	0.4	0.242	0.13	0.118	0.232	0.422	0.104
合肥	0.19	0.6	0.621	0.585	0.435	0.262	0.289	0.127
蕪湖	0.157	0.4	0.242	0.211	0.194	0.279	0.321	0.126
蚌埠	0.144	0.3	0.242	0.14	0.139	0.405	0.261	0.135
淮南	0.163	0.3	0.242	0.151	0.144	0.326	0.384	0.147
馬鞍山	0.165	0.3	0.242	0.161	0.14	0.275	0.338	0.123
淮北	0.164	0.3	0.242	0.13	0.126	0.324	0.3	0.14
銅陵	0.171	0.3	0.242	0.13	0.118	0.271	0.494	0.128
安慶	0.141	0.3	0.242	0.151	0.129	0.471	0.339	0.127
黃山	0.154	0.3	0.242	0.12	0.111	0.441	0.542	0.11
滁州	0.144	0.3	0.242	0.14	0.131	0.298	0.303	0.114
阜陽	0.114	0.3	0.242	0.14	0.128	0.448	0.207	0.158
宿州	0.134	0.3	0.242	0.13	0.118	0.332	0.348	0.129
六安	0.126	0.3	0.147	0.151	0.128	0.483	0.282	0.125
亳州	0.129	0.2	0.147	0.12	0.11	0.428	0.245	0.141
池州	0.145	0.2	0.147	0.13	0.117	0.447	0.365	0.112
宣城	0.154	0.2	0.147	0.11	0.105	0.24	0.708	0.107
福州	0.201	0.6	0.621	0.413	0.374	0.254	0.345	0.122
廈門	0.401	0.7	0.811	0.272	0.235	0.162	0.288	0.153
莆田	0.14	0.5	0.242	0.12	0.113	0.341	0.495	0.137
三明	0.156	0.5	0.242	0.13	0.115	0.234	0.543	0.104
泉州	0.22	0.5	0.337	0.272	0.197	0.283	0.364	0.133
漳州	0.177	0.5	0.337	0.171	0.147	0.348	0.409	0.121
南平	0.138	0.3	0.242	0.14	0.116	0.286	0.633	0.104
龍岩	0.143	0.3	0.242	0.12	0.115	0.296	0.641	0.106
寧德	0.135	0.3	0.242	0.12	0.108	0.3	0.609	0.11
南昌	0.175	0.5	0.621	0.535	0.545	0.344	0.226	0.138
景德鎮	0.175	0.3	0.242	0.13	0.124	0.47	0.446	0.124
萍鄉	0.175	0.3	0.147	0.11	0.109	0.376	0.347	0.13
九江	0.175	0.3	0.147	0.171	0.193	0.412	0.281	0.117
新餘	0.175	0.2	0.147	0.151	0.134	0.253	0.287	0.114
鷹潭	0.175	0.2	0.147	0.11	0.104	0.467	0.254	0.124
贛州	0.175	0.2	0.147	0.171	0.175	0.42	0.201	0.115

表 4. 8. 3 2013 年度城市人力教育競爭力三級指標分值（續 2）

城市	移民化程度指數	吸引人才指數	高校畢業生求職選擇	高校數	高校老師數	每萬人中小學校數	中小學老師學生比	中小學校密度
吉安	0.175	0.2	0.147	0.11	0.115	0.382	0.293	0.112
宜春	0.175	0.2	0.147	0.12	0.126	0.337	0.25	0.116
撫州	0.175	0.2	0.147	0.14	0.129	0.46	0.257	0.116
上饒	0.175	0.2	0.147	0.13	0.117	0.482	0.237	0.123
濟南	0.207	0.7	0.716	0.828	0.565	0.187	0.451	0.123
青島	0.21	0.8	0.811	0.322	0.362	0.199	0.519	0.123
淄博	0.193	0.4	0.242	0.191	0.181	0.176	0.418	0.119
棗莊	0.164	0.3	0.242	0.13	0.122	0.258	0.447	0.133
東營	0.2	0.3	0.242	0.151	0.145	0.181	0.493	0.107
煙臺	0.192	0.3	0.337	0.201	0.215	0.162	0.635	0.111
濰坊	0.185	0.3	0.242	0.231	0.209	0.211	0.517	0.118
濟寧	0.165	0.3	0.242	0.171	0.171	0.25	0.413	0.127
泰安	0.171	0.3	0.242	0.181	0.196	0.21	0.401	0.122
威海	0.2	0.3	0.337	0.171	0.148	0.144	0.659	0.109
日照	0.169	0.3	0.242	0.12	0.117	0.253	0.466	0.121
萊蕪	0.182	0.3	0.242	0.12	0.11	0.237	0.561	0.121
臨沂	0.159	0.3	0.242	0.13	0.147	0.264	0.378	0.124
德州	0.168	0.3	0.242	0.14	0.1	0.281	0.443	0.124
聊城	0.167	0.2	0.242	0.13	0.133	0.235	0.426	0.124
濱州	0.173	0.2	0.195	0.13	0.143	0.211	0.45	0.112
菏澤	0.142	0.2	0.147	0.13	0.135	0.314	0.26	0.134
鄭州	0.224	0.6	0.763	0.616	0.922	0.228	0.429	0.141
開封	0.156	0.3	0.242	0.13	0.165	0.467	0.214	0.156
洛陽	0.165	0.3	0.242	0.13	0.178	0.511	0.284	0.137
平頂山	0.157	0.2	0.242	0.14	0.146	0.445	0.35	0.146
安陽	0.151	0.2	0.195	0.151	0.146	0.421	0.292	0.148
鶴壁	0.173	0.2	0.147	0.12	0.109	0.437	0.194	0.152
新鄉	0.164	0.2	0.147	0.201	0.21	0.446	0.282	0.151
焦作	0.168	0.2	0.147	0.151	0.165	0.32	0.297	0.144
濮陽	0.158	0.2	0.147	0.11	0.11	0.498	0.169	0.17
許昌	0.15	0.2	0.147	0.14	0.13	0.386	0.333	0.154
漯河	0.159	0.2	0.147	0.13	0.127	0.33	0.279	0.152
三門峽	0.173	0.2	0.147	0.11	0.113	0.35	0.405	0.112
南陽	0.144	0.2	0.147	0.151	0.158	0.518	0.202	0.133
商丘	0.134	0.2	0.147	0.161	0.166	0.498	0.172	0.157
信陽	0.108	0.2	0.147	0.151	0.148	0.551	0.248	0.13
周口	0.127	0.2	0.147	0.13	0.132	0.622	0.1	0.179
駐馬店	0.127	0.2	0.147	0.12	0.126	0.369	0.203	0.128
武漢	0.225	0.7	0.716	0.899	0.927	0.166	0.49	0.128
黃石	0.16	0.4	0.242	0.13	0.131	0.345	0.191	0.13
十堰	0.166	0.4	0.242	0.171	0.139	0.344	0.38	0.108
宜昌	0.18	0.2	0.147	0.151	0.153	0.178	0.541	0.105
襄陽	0.159	0.2	0.147	0.151	0.139	0.244	0.426	0.11
鄂州	0.166	0.2	0.147	0.11	0.109	0.378	0.319	0.141
荊門	0.164	0.2	0.147	0.11	0.116	0.202	0.592	0.107
孝感	0.154	0.2	0.147	0.12	0.124	0.245	0.181	0.12
荊州	0.142	0.2	0.147	0.181	0.17	0.188	0.251	0.111
黃岡	0.135	0.2	0.147	0.14	0.136	0.313	0.193	0.118
咸寧	0.136	0.2	0.147	0.12	0.133	0.334	0.211	0.113
隨州	0.138	0.2	0.147	0.11	0.107	0.196	0.317	0.106
長沙	0.194	0.7	0.668	0.606	0.572	0.251	0.277	0.123
株洲	0.172	0.4	0.242	0.181	0.158	0.232	0.487	0.112
湘潭	0.163	0.3	0.242	0.191	0.199	0.312	0.38	0.127
衡陽	0.151	0.3	0.242	0.181	0.21	0.401	0.392	0.131
邵陽	0.149	0.3	0.147	0.13	0.122	0.331	0.214	0.118
岳陽	0.166	0.3	0.242	0.14	0.131	0.299	0.397	0.117
常德	0.155	0.3	0.195	0.14	0.129	0.244	0.523	0.111

表 4.8.3 2013 年度城市人力教育競爭力三級指標分值（續 2）

城市	移民化程度指數	吸引人才指數	高校畢業生求職選擇	高校數	高校老師數	每萬人中小學校數	中小學老師學生比	中小學校密度
張家界	0.148	0.3	0.147	0.13	0.115	0.243	0.394	0.106
益陽	0.151	0.2	0.147	0.14	0.126	0.25	0.613	0.113
郴州	0.153	0.4	0.242	0.12	0.124	0.344	0.373	0.113
永州	0.139	0.2	0.147	0.13	0.125	0.214	0.369	0.107
懷化	0.157	0.2	0.147	0.13	0.12	0.472	0.38	0.113
婁底	0.144	0.2	0.147	0.13	0.124	0.409	0.431	0.131
廣州	0.309	1	1	0.899	0.893	0.17	0.302	0.142
韶關	0.143	0.7	0.337	0.12	0.128	0.205	0.426	0.104
深圳	0.828	1	1	0.191	0.154	0.104	0.301	0.166
珠海	0.289	0.9	0.716	0.201	0.182	0.168	0.25	0.122
汕頭	0.18	0.8	0.621	0.11	0.111	0.26	0.137	0.207
佛山	0.396	0.9	0.716	0.13	0.125	0.137	0.26	0.135
江門	0.207	0.6	0.337	0.13	0.119	0.168	0.346	0.111
湛江	0.149	0.6	0.337	0.13	0.143	0.433	0.185	0.138
茂名	0.121	0.5	0.337	0.12	0.118	0.438	0.246	0.137
肇慶	0.157	0.5	0.242	0.14	0.131	0.254	0.307	0.11
惠州	0.258	0.6	0.526	0.12	0.12	0.223	0.258	0.114
梅州	0.133	0.3	0.337	0.11	0.114	0.383	0.424	0.117
汕尾	0.139	0.3	0.242	0.11	0.104	0.4	0.151	0.137
河源	0.13	0.3	0.242	0.11	0.106	0.567	0.389	0.118
陽江	0.141	0.3	0.242	0.13	0.106	0.194	0.368	0.109
清遠	0.151	0.3	0.242	0.11	0.107	0.271	0.38	0.108
東莞	1	0.9	0.716	0.161	0.137	0.11	0.199	0.145
中山	0.433	0.9	0.716	0.14	0.136	0.15	0.28	0.136
潮州	0.18	0.4	0.242	0.11	0.113	0.372	0.255	0.152
揭陽	0.147	0.3	0.242	0.12	0.107	0.349	0.163	0.164
雲浮	0.135	0.3	0.242	0.11	0.106	0.439	0.328	0.122
南寧	0.168	0.5	0.621	0.413	0.345	0.349	0.237	0.117
柳州	0.178	0.5	0.242	0.171	0.152	0.382	0.348	0.113
桂林	0.155	0.5	0.242	0.191	0.195	0.38	0.434	0.11
梧州	0.148	0.4	0.242	0.11	0.111	0.448	0.194	0.117
北海	0.157	0.4	0.242	0.14	0.117	0.39	0.226	0.13
防城港	0.166	0.2	0.147	0.1	0.1	0.826	0.238	0.12
欽州	0.126	0.2	0.147	0.12	0.113	0.478	0.183	0.123
貴港	0.124	0.2	0.147	0.11	0.103	0.416	0.168	0.127
玉林	0.129	0.2	0.147	0.11	0.112	0.402	0.201	0.128
百色	0.153	0.2	0.147	0.1	0.1	0.552	0.333	1
賀州	0.138	0.2	0.147	0.11	0.108	0.445	0.288	0.112
河池	0.138	0.2	0.147	0.12	0.109	0.589	0.411	0.11
來賓	0.13	0.2	0.147	0.11	0.105	0.454	0.294	0.112
崇左	0.131	0.2	0.147	0.151	0.117	0.521	0.459	0.11
海口	0.244	0.5	0.526	0.211	0.185	0.273	0.236	0.139
三亞	0.226	0.4	0.242	0.151	0.147	0.329	0.309	0.119
重慶	0.146	0.8	0.716	0.697	0.607	0.297	0.327	0.116
成都	0.225	0.8	0.716	0.606	0.707	0.122	0.345	0.118
自貢	0.132	0.3	0.242	0.11	0.122	0.279	0.235	0.127
攀枝花	0.197	0.3	0.147	0.12	0.117	0.155	0.368	0.103
瀘州	0.137	0.3	0.147	0.151	0.132	0.175	0.133	0.109
德陽	0.156	0.4	0.337	0.151	0.142	0.164	0.383	0.114
綿陽	0.139	0.5	0.432	0.181	0.186	0.211	0.361	0.107
廣元	0.127	0.2	0.147	0.11	0.104	0.242	0.44	0.105
遂寧	0.14	0.2	0.147	0.11	0.108	0.174	0.385	0.115
內江	0.144	0.2	0.147	0.12	0.12	0.197	0.327	0.12
樂山	0.155	0.2	0.147	0.13	0.133	0.292	0.435	0.111
南充	0.135	0.2	0.147	0.14	0.149	0.183	0.257	0.113
眉山	0.138	0.2	0.147	0.12	0.116	0.208	0.326	0.113
宜賓	0.132	0.2	0.147	0.12	0.12	0.463	0.286	0.126

表 4.8.3 2013 年度城市人力教育競爭力三級指標分值（續 2）

城市	移民化程度指數	吸引人才指數	高校畢業生求職選擇	高校數	高校老師數	每萬人中小學校數	中小學老師學生比	中小學校密度
廣安	0.1	0.2	0.147	0.11	0.104	0.231	0.155	0.118
達州	0.126	0.2	0.147	0.12	0.116	0.189	0.17	0.109
雅安	0.169	0.2	0.147	0.12	0.134	0.301	0.409	0.105
巴中	0.138	0.2	0.147	0.1	0.1	0.202	0.122	0.108
資陽	0.108	0.2	0.147	0.1	0.1	0.225	0.289	0.115
貴陽	0.215	0.5	0.526	0.353	0.296	0.326	0.224	0.128
六盤水	0.148	0.2	0.147	0.12	0.11	0.442	0.141	0.121
遵義	0.125	0.2	0.147	0.161	0.136	0.5	0.3	0.116
安順	0.129	0.2	0.147	0.12	0.111	0.575	0.244	0.124
畢節	0.119	0.2	0.147	0.12	0.109	0.558	0.122	0.123
銅仁	0.109	0.2	0.147	0.12	0.114	0.673	0.237	0.119
昆明	0.175	0.5	0.621	0.504	0.432	0.27	0.263	0.113
曲靖	0.175	0.3	0.147	0.13	0.118	0.404	0.226	0.113
玉溪	0.175	0.4	0.337	0.12	0.11	0.376	0.404	0.109
保山	0.175	0.2	0.147	0.13	0.111	0.548	0.438	0.112
昭通	0.175	0.2	0.147	0.11	0.106	0.509	0.175	0.12
麗江	0.175	0.2	0.147	0.12	0.112	0.574	0.425	0.105
普洱	0.175	0.2	0.147	0.12	0.107	0.419	0.424	0.104
臨滄	0.175	0.2	0.147	0.11	0.105	0.635	0.345	0.111
拉薩	0.175	0.4	0.337	0.171	0.121	0.258	0.642	0.181
西安	0.193	0.7	0.526	0.717	0.755	0.311	0.35	0.142
銅川	0.17	0.2	0.147	0.11	0.105	0.383	0.622	0.113
寶雞	0.168	0.2	0.147	0.13	0.129	0.355	0.459	0.112
咸陽	0.159	0.2	0.147	0.211	0.187	0.432	0.398	0.134
渭南	0.161	0.2	0.147	0.11	0.121	0.411	0.512	0.127
延安	0.161	0.2	0.147	0.12	0.12	0.289	0.45	0.102
漢中	0.15	0.2	0.147	0.11	0.124	0.404	0.453	0.108
榆林	0.152	0.2	0.147	0.12	0.117	0.324	0.675	0.104
安康	0.142	0.2	0.147	0.12	0.117	0.492	0.465	0.109
商洛	0.161	0.2	0.147	0.12	0.109	0.677	0.411	0.114
蘭州	0.203	0.5	0.432	0.353	0.351	0.335	0.459	0.115
嘉峪關	0.221	0.2	0.147	0.11	0.103	0.19	0.258	0.102
金昌	0.178	0.2	0.147	0.11	0.101	0.359	0.423	0.103
白銀	0.162	0.2	0.147	0.11	0.103	0.668	0.522	0.109
天水	0.148	0.2	0.147	0.14	0.134	0.731	0.265	0.128
武威	0.162	0.2	0.147	0.11	0.105	0.626	0.457	0.106
張掖	0.156	0.2	0.147	0.12	0.111	0.617	0.473	0.103
平涼	0.15	0.2	0.147	0.11	0.105	0.808	0.408	0.126
酒泉	0.195	0.2	0.147	0.11	0.105	0.365	0.412	0.1
慶陽	0.138	0.2	0.147	0.11	0.109	0.823	0.467	0.111
定西	0.15	0.2	0.147	0.11	0.103	0.713	0.388	0.116
隴南	0.153	0.1	0.1	0.11	0.106	1	0.467	0.116
西寧	0.175	0.4	0.384	0.191	0.202	0.277	0.389	0.111
銀川	0.175	0.4	0.384	0.231	0.181	0.212	0.225	0.107
石嘴山	0.175	0.1	0.147	0.11	0.105	0.243	0.575	0.106
吳忠	0.175	0.1	0.147	0.11	0.102	0.406	0.285	0.104
固原	0.175	0.1	0.147	0.11	0.105	0.941	0.609	0.115
中衛	0.175	0.1	0.1	0.1	0.1	0.507	0.236	0.105
烏魯木齊	0.253	0.4	0.384	0.272	0.243	0.15	0.288	0.105
克拉瑪依	0.491	0.2	0.242	0.11	0.104	0.117	0.761	0.101
香港	0.175	1	1	0.403	0.325	0.229	0.4	0.327
澳門	0.175	0.8	0.763	0.201	0.13	0.257	0.395	0.892
新北	0.175	0.5	0.526	0.332	0.115	0.125	0.356	0.131
臺北	0.175	1	1	0.373	0.266	0.148	0.474	0.301
台中	0.175	0.5	0.526	0.258	0.11	0.181	0.366	0.132
台南	0.175	0.5	0.526	0.212	0.107	0.219	0.343	0.128
高雄	0.175	0.5	0.526	0.266	0.11	0.179	0.35	0.124

表 4.8.3 2013 年度城市人力教育競爭力三級指標分值（續 2）

城市	移民化程度指數	吸引人才指數	高校畢業生求職選擇	高校數	高校老師數	每萬人中小學校數	中小學老師學生比	中小學校密度
基降	0.175	0.5	0.526	0.123	0.101	0.223	0.396	0.196
新竹	0.175	0.5	0.526	0.125	0.102	0.183	0.364	0.209
嘉義	0.175	0.5	0.526	0.116	0.101	0.185	0.294	0.223

4.9 城市科技競爭力三級指標分值

表 4.9.1 2013 年度城市科技競爭力三級指標分值

城市	科技經費絕對投入量	人均科技經費擁有量	科技經費相對投入量	專業技術人員擁有量	科技服務人員擁有量	專業技術人員相對擁有量	科技服務人員相對擁有量	電腦人才擁有量	電腦人才相對擁有量
北京	0.854	0.639	0.236	1	1	0.998	1	1	1
天津	0.348	0.364	0.162	0.359	0.195	0.485	0.236	0.138	0.154
石家莊	0.126	0.137	0.119	0.117	0.143	0.134	0.18	0.117	0.131
唐山	0.126	0.148	0.114	0.132	0.109	0.183	0.118	0.11	0.125
秦皇島	0.104	0.121	0.113	0.107	0.107	0.147	0.146	0.107	0.145
邯鄲	0.111	0.117	0.112	0.106	0.118	0.114	0.133	0.111	0.122
邢臺	0.104	0.109	0.109	0.104	0.108	0.112	0.116	0.107	0.117
保定	0.106	0.108	0.117	0.121	0.141	0.138	0.169	0.113	0.121
張家口	0.104	0.114	0.111	0.104	0.108	0.119	0.133	0.11	0.144
承德	0.106	0.123	0.115	0.102	0.106	0.113	0.129	0.107	0.139
滄州	0.105	0.109	0.113	0.102	0.11	0.106	0.122	0.108	0.122
廊坊	0.111	0.138	0.121	0.102	0.121	0.109	0.19	0.107	0.133
衡水	0.103	0.109	0.109	0.101	0.104	0.105	0.112	0.106	0.129
太原	0.132	0.209	0.149	0.144	0.155	0.311	0.361	0.126	0.224
大同	0.104	0.119	0.119	0.115	0.11	0.19	0.156	0.107	0.143
陽泉	0.103	0.133	0.125	0.115	0.103	0.314	0.138	0.102	0.135
長治	0.109	0.141	0.195	0.106	0.105	0.139	0.126	0.107	0.139
晉城	0.106	0.139	0.199	0.105	0.102	0.143	0.119	0.104	0.136
朔州	0.104	0.134	0.123	0.118	0.101	0.316	0.114	0.104	0.147
晉中	0.105	0.122	0.18	0.102	0.11	0.109	0.155	0.107	0.14
運城	0.105	0.114	0.198	0.103	0.105	0.112	0.114	0.106	0.121
忻州	0.105	0.122	0.247	0.104	0.104	0.127	0.119	0.107	0.145
臨汾	0.105	0.116	0.162	0.101	0.106	0.103	0.122	0.107	0.133
呂梁	0.106	0.122	0.309	0.101	0.104	0.105	0.116	0.104	0.122
呼和浩特	0.109	0.145	0.112	0.1	0.125	0.1	0.27	0.117	0.214
包頭	0.115	0.181	0.114	0.146	0.112	0.444	0.187	0.112	0.187
烏海	0.105	0.222	0.126	0.101	0.101	0.143	0.147	0.102	0.193
赤峰	0.103	0.111	0.107	0.144	0.108	0.305	0.131	0.106	0.128
通遼	0.107	0.133	0.114	0.1	0.105	0.101	0.128	0.106	0.137
鄂爾多斯	0.129	0.311	0.126	0.101	0.103	0.107	0.13	0.105	0.151
呼倫貝爾	0.108	0.145	0.12	0.143	0.106	0.418	0.142	0.107	0.155
巴彥淖爾	0.103	0.123	0.111	0.1	0.104	0.104	0.141	0.103	0.142
烏蘭察布	0.103	0.121	0.113	0.106	0.105	0.157	0.141	0.105	0.148
瀋陽	0.184	0.267	0.141	0.238	0.195	0.485	0.363	0.136	0.199
大連	0.237	0.435	0.163	0.1	0.135	0.1	0.217	0.154	0.285
鞍山	0.108	0.134	0.111	0.116	0.124	0.194	0.233	0.107	0.139
撫順	0.107	0.143	0.117	0.111	0.109	0.198	0.181	0.104	0.136
本溪	0.109	0.183	0.126	0.11	0.104	0.232	0.147	0.104	0.155
丹東	0.105	0.13	0.116	0.105	0.116	0.144	0.23	0.109	0.179
錦州	0.105	0.126	0.114	0.103	0.114	0.121	0.191	0.106	0.138

表 4.9.1 2013 年度城市科技競爭力三級指標分值

城市	科技經費絕對投入量	人均科技經費擁有量	科技經費相對投入量	專業技術人員擁有量	科技服務人員擁有量	專業技術人員相對擁有量	科技服務人員相對擁有量	電腦人才擁有量	電腦人才相對擁有量
營口	0.112	0.176	0.129	0.105	0.105	0.144	0.143	0.104	0.133
阜新	0.104	0.127	0.121	0.105	0.105	0.156	0.146	0.105	0.155
遼陽	0.108	0.16	0.125	0.107	0.104	0.173	0.143	0.103	0.132
盤錦	0.106	0.164	0.115	0.112	0.108	0.284	0.229	0.104	0.162
鐵嶺	0.113	0.161	0.143	0.101	0.109	0.107	0.153	0.105	0.131
朝陽	0.107	0.131	0.126	0.1	0.106	0.102	0.134	0.105	0.13
葫蘆島	0.107	0.136	0.131	0.103	0.106	0.119	0.14	0.104	0.127
長春	0.118	0.134	0.113	0.251	0.175	0.5	0.295	0.14	0.205
吉林	0.11	0.134	0.114	0.128	0.108	0.232	0.133	0.107	0.131
四平	0.102	0.109	0.106	0.101	0.108	0.107	0.141	0.106	0.133
遼源	0.102	0.12	0.109	0.103	0.102	0.145	0.135	0.102	0.14
通化	0.11	0.164	0.137	0.104	0.106	0.134	0.146	0.106	0.153
白山	0.102	0.123	0.111	0.101	0.103	0.112	0.147	0.126	0.513
松原	0.101	0.104	0.102	0.103	0.105	0.12	0.129	0.104	0.129
白城	0.102	0.116	0.112	0.102	0.104	0.12	0.14	0.104	0.139
哈爾濱	0.147	0.164	0.134	0.157	0.18	0.208	0.247	0.144	0.182
齊齊哈爾	0.109	0.124	0.125	0.1	0.11	0.1	0.132	0.108	0.13
雞西	0.102	0.114	0.11	0.148	0.102	0.617	0.119	0.105	0.153
鶴崗	0.102	0.127	0.118	0.101	0.101	0.11	0.117	0.102	0.146
雙鴨山	0.102	0.122	0.111	0.104	0.102	0.153	0.123	0.103	0.145
大慶	0.106	0.128	0.1	0.13	0.189	0.31	0.721	0.113	0.188
伊春	0.104	0.147	0.147	0.1	0.102	0.106	0.144	0.104	0.168
佳木斯	0.103	0.114	0.112	0.148	0.105	0.477	0.136	0.105	0.141
七台河	0.101	0.112	0.108	0.104	0.102	0.187	0.144	0.102	0.158
牡丹江	0.112	0.161	0.135	0.119	0.105	0.233	0.133	0.106	0.144
黑河	0.102	0.118	0.118	0.1	0.103	0.1	0.137	0.101	0.119
綏化	0.104	0.11	0.112	0.1	0.105	0.1	0.113	0.107	0.126
上海	1	0.653	0.245	0.659	0.32	0.579	0.284	0.25	0.227
南京	0.199	0.276	0.144	0.331	0.183	0.673	0.302	0.157	0.24
無錫	0.2	0.324	0.143	0.185	0.121	0.366	0.161	0.116	0.148
徐州	0.143	0.172	0.134	0.15	0.117	0.217	0.133	0.111	0.124
常州	0.152	0.26	0.142	0.174	0.115	0.421	0.161	0.108	0.131
蘇州	0.321	0.403	0.159	0.213	0.114	0.316	0.121	0.122	0.14
南通	0.154	0.207	0.138	0.175	0.107	0.306	0.115	0.111	0.13
連雲港	0.124	0.18	0.149	0.12	0.11	0.191	0.142	0.107	0.133
淮安	0.126	0.177	0.143	0.109	0.103	0.139	0.108	0.107	0.129
鹽城	0.149	0.198	0.151	0.136	0.107	0.199	0.114	0.11	0.125
揚州	0.14	0.229	0.144	0.13	0.109	0.234	0.136	0.11	0.144
鎮江	0.129	0.233	0.135	0.132	0.113	0.308	0.18	0.105	0.13
泰州	0.122	0.168	0.126	0.115	0.107	0.164	0.127	0.109	0.139
宿遷	0.119	0.158	0.14	0.106	0.101	0.125	0.1	0.105	0.119
杭州	0.244	0.337	0.16	0.1	0.265	0.1	0.477	0.235	0.412
寧波	0.216	0.319	0.157	0.189	0.13	0.336	0.175	0.117	0.144
溫州	0.13	0.148	0.127	0.134	0.114	0.175	0.125	0.114	0.13
嘉興	0.139	0.224	0.144	0.119	0.115	0.185	0.161	0.108	0.136
湖州	0.119	0.194	0.137	0.11	0.105	0.171	0.133	0.105	0.134
紹興	0.151	0.248	0.263	0.109	0.11	0.136	0.136	0.108	0.132
金華	0.134	0.192	1	0.11	0.109	0.136	0.128	0.112	0.143
衢州	0.113	0.191	0.144	0.1	0.104	0.1	0.133	0.104	0.143
舟山	0.111	0.244	0.143	0.107	0.103	0.222	0.16	0.104	0.175
台州	0.123	0.156	0.126	0.118	0.112	0.161	0.135	0.112	0.137
麗水	0.112	0.184	0.145	0.102	0.104	0.123	0.14	0.106	0.155
合肥	0.178	0.25	0.161	0.1	0.154	0.1	0.241	0.122	0.157
蕪湖	0.16	0.343	0.413	0.135	0.112	0.297	0.161	0.104	0.12
蚌埠	0.119	0.184	0.184	0.111	0.111	0.167	0.169	0.103	0.116
淮南	0.108	0.151	0.129	0.117	0.106	0.249	0.148	0.102	0.118

表 4. 9. 1 2013 年度城市科技競爭力三級指標分值

城市	科技經費絕對投入量	人均科技經費擁有量	科技經費相對投入量	專業技術人員擁有量	科技服務人員擁有量	專業技術人員相對擁有量	科技服務人員相對擁有量	電腦人才擁有量	電腦人才相對擁有量
馬鞍山	0.114	0.195	0.152	0.112	0.105	0.207	0.141	0.102	0.123
淮北	0.105	0.133	0.116	0.113	0.105	0.22	0.143	0.102	0.122
銅陵	0.107	0.246	0.131	0.1	0.102	0.1	0.163	0.101	0.143
安慶	0.114	0.139	0.148	0.101	0.107	0.105	0.123	0.107	0.124
黃山	0.109	0.193	0.131	0.104	0.102	0.167	0.136	0.103	0.147
滁州	0.107	0.126	0.119	0.105	0.105	0.127	0.12	0.106	0.127
阜陽	0.105	0.11	0.109	0.101	0.103	0.104	0.103	0.105	0.111
宿州	0.104	0.111	0.118	0.103	0.106	0.11	0.116	0.104	0.115
六安	0.106	0.115	0.13	0.104	0.112	0.116	0.138	0.103	0.11
亳州	0.104	0.111	0.128	0.103	0.102	0.111	0.105	0.104	0.115
池州	0.104	0.143	0.11	0.102	0.102	0.123	0.129	0.102	0.134
宣城	0.118	0.199	0.233	0.101	0.101	0.105	0.108	0.111	0.185
福州	0.12	0.141	0.116	0.127	0.155	0.175	0.25	0.13	0.182
廈門	0.15	0.301	0.158	0.196	0.113	0.634	0.167	0.115	0.183
莆田	0.106	0.131	0.116	0.109	0.102	0.166	0.114	0.104	0.128
三明	0.107	0.138	0.116	0.105	0.104	0.141	0.127	0.106	0.146
泉州	0.128	0.149	0.119	0.107	0.105	0.117	0.106	0.117	0.14
漳州	0.111	0.132	0.117	0.106	0.105	0.125	0.114	0.107	0.127
南平	0.105	0.129	0.117	0.104	0.106	0.129	0.141	0.107	0.152
龍岩	0.108	0.143	0.118	0.108	0.106	0.165	0.141	0.106	0.145
寧德	0.103	0.115	0.109	0.1	0.104	0.102	0.122	0.105	0.138
南昌	0.115	0.143	0.116	0.126	0.13	0.202	0.216	0.106	0.123
景德鎮	0.103	0.129	0.116	0.108	0.106	0.201	0.17	0.102	0.13
萍鄉	0.105	0.139	0.122	0.106	0.103	0.161	0.13	0.103	0.137
九江	0.105	0.115	0.111	0.105	0.11	0.123	0.137	0.107	0.127
新餘	0.105	0.169	0.121	0.125	0.102	0.542	0.131	0.102	0.136
鷹潭	0.102	0.122	0.112	0.101	0.105	0.114	0.192	0.1	0.11
贛州	0.105	0.109	0.111	0.138	0.11	0.19	0.119	0.11	0.121
吉安	0.104	0.112	0.113	0.1	0.106	0.101	0.118	0.106	0.123
宜春	0.106	0.116	0.116	0.116	0.103	0.158	0.107	0.104	0.113
撫州	0.104	0.116	0.118	0.103	0.104	0.114	0.116	0.105	0.125
上饒	0.106	0.113	0.115	0.111	0.103	0.134	0.105	0.108	0.121
濟南	0.131	0.165	0.121	0.1	0.147	0.1	0.233	0.141	0.218
青島	0.166	0.209	0.129	0.1	0.131	0.1	0.166	0.108	0.117
淄博	0.127	0.184	0.124	0.142	0.105	0.286	0.119	0.106	0.126
棗莊	0.107	0.127	0.114	0.1	0.104	0.1	0.119	0.104	0.122
東營	0.109	0.163	0.11	0.126	0.122	0.357	0.319	0.11	0.198
煙臺	0.152	0.208	0.132	0.1	0.118	0.1	0.146	0.109	0.125
濰坊	0.138	0.159	0.13	0.118	0.112	0.141	0.12	0.106	0.112
濟寧	0.124	0.142	0.124	0.11	0.105	0.126	0.108	0.105	0.111
泰安	0.111	0.13	0.114	0.109	0.109	0.133	0.127	0.106	0.12
威海	0.123	0.219	0.132	0.121	0.103	0.248	0.119	0.103	0.122
日照	0.105	0.126	0.112	0.106	0.102	0.142	0.11	0.105	0.133
萊蕪	0.111	0.226	0.158	0.114	0.1	0.311	0.102	0.101	0.114
臨沂	0.113	0.118	0.113	0.12	0.106	0.139	0.105	0.119	0.136
德州	0.111	0.128	0.116	0.106	0.102	0.12	0.104	0.108	0.127
聊城	0.109	0.122	0.113	0.123	0.102	0.179	0.101	0.104	0.114
濱州	0.112	0.145	0.119	0.1	0.107	0.102	0.132	0.103	0.117
菏澤	0.11	0.117	0.118	0.105	0.104	0.112	0.103	0.103	0.106
鄭州	0.142	0.168	0.124	0.159	0.158	0.233	0.226	0.12	0.144
開封	0.106	0.119	0.117	0.103	0.106	0.112	0.123	0.106	0.126
洛陽	0.125	0.154	0.127	0.14	0.145	0.223	0.234	0.107	0.12
平頂山	0.109	0.127	0.12	0.119	0.107	0.179	0.123	0.104	0.115
安陽	0.114	0.138	0.128	0.115	0.105	0.157	0.115	0.108	0.128
鶴壁	0.103	0.124	0.116	0.103	0.101	0.137	0.114	0.101	0.116
新鄉	0.11	0.127	0.121	0.11	0.112	0.137	0.139	0.104	0.114

表 4. 9. 1 2013 年度城市科技競爭力三級指標分值

城市	科技經費絕對投入量	人均科技經費擁有量	科技經費相對投入量	專業技術人員擁有量	科技服務人員擁有量	專業技術人員相對擁有量	科技服務人員相對擁有量	電腦人才擁有量	電腦人才相對擁有量
焦作	0.113	0.155	0.128	0.109	0.105	0.153	0.125	0.104	0.121
濮陽	0.106	0.124	0.119	0.107	0.101	0.141	0.104	0.101	0.108
許昌	0.107	0.123	0.113	0.108	0.105	0.137	0.12	0.102	0.107
漯河	0.102	0.113	0.11	0.108	0.101	0.167	0.108	0.101	0.112
三門峽	0.108	0.151	0.123	0.102	0.103	0.117	0.124	0.102	0.119
南陽	0.118	0.125	0.125	0.12	0.124	0.14	0.141	0.112	0.121
商丘	0.107	0.113	0.115	0.102	0.104	0.105	0.107	0.106	0.116
信陽	0.106	0.114	0.113	0.104	0.116	0.112	0.148	0.107	0.12
周口	0.106	0.11	0.113	0.1	0.103	0.1	0.101	0.109	0.118
駐馬店	0.109	0.118	0.121	0.103	0.11	0.109	0.124	0.106	0.114
武漢	0.163	0.191	0.125	0.1	0.204	0.1	0.304	0.141	0.18
黃石	0.106	0.136	0.119	0.107	0.106	0.16	0.144	0.104	0.137
十堰	0.108	0.136	0.129	0.108	0.106	0.15	0.132	0.118	0.207
宜昌	0.115	0.154	0.119	0.111	0.122	0.155	0.204	0.109	0.145
襄陽	0.111	0.13	0.115	0.126	0.121	0.196	0.172	0.108	0.129
鄂州	0.103	0.136	0.115	0.104	0.102	0.17	0.138	0.102	0.136
荊門	0.104	0.12	0.112	0.105	0.106	0.135	0.137	0.109	0.164
孝感	0.106	0.117	0.117	0.178	0.11	0.427	0.135	0.109	0.135
荊州	0.107	0.118	0.12	0.106	0.107	0.121	0.119	0.107	0.124
黃岡	0.112	0.128	0.133	0.101	0.108	0.103	0.12	0.106	0.117
咸寧	0.106	0.132	0.124	0.138	0.107	0.414	0.156	0.102	0.115
隨州	0.103	0.123	0.119	0.101	0.101	0.112	0.11	0.101	0.107
長沙	0.164	0.229	0.132	0.206	0.172	0.4	0.301	0.134	0.196
株洲	0.229	0.578	0.336	0.167	0.106	0.445	0.124	0.107	0.135
湘潭	0.109	0.148	0.123	0.102	0.104	0.117	0.129	0.103	0.124
衡陽	0.105	0.11	0.108	0.158	0.112	0.263	0.128	0.107	0.118
邵陽	0.103	0.105	0.108	0.101	0.106	0.102	0.111	0.109	0.124
岳陽	0.11	0.127	0.115	0.225	0.106	0.558	0.118	0.11	0.135
常德	0.106	0.114	0.109	0.148	0.105	0.269	0.112	0.11	0.133
張家界	0.101	0.112	0.112	0.111	0.102	0.252	0.12	0.104	0.157
益陽	0.104	0.113	0.113	0.129	0.104	0.233	0.116	0.106	0.128
郴州	0.112	0.138	0.126	0.103	0.104	0.112	0.115	0.106	0.123
永州	0.104	0.112	0.113	0.151	0.106	0.297	0.116	0.108	0.131
懷化	0.103	0.109	0.109	0.1	0.107	0.102	0.124	0.108	0.133
婁底	0.104	0.114	0.111	0.103	0.104	0.114	0.114	0.104	0.122
廣州	0.192	0.204	0.122	0.126	0.24	0.141	0.317	0.213	0.277
韶關	0.108	0.142	0.13	0.118	0.106	0.226	0.137	0.105	0.137
深圳	0.39	0.5	0.172	0.547	0.198	0.96	0.284	0.196	0.283
珠海	0.13	0.378	0.165	0.152	0.109	0.771	0.209	0.121	0.369
汕頭	0.11	0.127	0.123	0.101	0.106	0.104	0.118	0.11	0.135
佛山	0.153	0.206	0.126	0.47	0.111	1	0.125	0.118	0.149
江門	0.116	0.151	0.127	0.1	0.104	0.1	0.114	0.106	0.125
湛江	0.104	0.108	0.107	0.1	0.107	0.1	0.113	0.108	0.122
茂名	0.105	0.112	0.108	0.105	0.103	0.117	0.104	0.107	0.122
肇慶	0.113	0.147	0.128	0.111	0.104	0.158	0.118	0.106	0.13
惠州	0.122	0.168	0.13	0.1	0.109	0.1	0.132	0.108	0.134
梅州	0.105	0.118	0.123	0.106	0.106	0.128	0.122	0.107	0.13
汕尾	0.103	0.115	0.117	0.1	0.101	0.1	0.101	0.105	0.132
河源	0.105	0.123	0.125	0.1	0.103	0.1	0.115	0.105	0.133
陽江	0.104	0.126	0.116	0.101	0.102	0.104	0.116	0.106	0.15
清遠	0.107	0.128	0.123	0.1	0.103	0.1	0.112	0.106	0.131
東莞	0.175	0.231	0.148	0.144	0.104	0.208	0.103	0.104	0.108
中山	0.135	0.259	0.146	0.161	0.104	0.491	0.119	0.108	0.154
潮州	0.103	0.116	0.114	0.103	0.102	0.122	0.115	0.106	0.146
揭陽	0.104	0.11	0.109	0.1	0.102	0.1	0.103	0.107	0.121
雲浮	0.106	0.134	0.134	0.102	0.101	0.113	0.107	0.103	0.127

表 4.9.1 2013 年度城市科技競爭力三級指標分值

城市	科技經費絕對投入量	人均科技經費擁有量	科技經費相對投入量	專業技術人員擁有量	科技服務人員擁有量	專業技術人員相對擁有量	科技服務人員相對擁有量	電腦人才擁有量	電腦人才相對擁有量
南寧	0.116	0.133	0.12	0.1	0.148	0.1	0.235	0.117	0.148
柳州	0.109	0.134	0.116	0.12	0.116	0.206	0.179	0.114	0.172
桂林	0.111	0.133	0.124	0.108	0.115	0.133	0.158	0.107	0.127
梧州	0.104	0.118	0.114	0.105	0.104	0.137	0.124	0.103	0.121
北海	0.102	0.116	0.109	0.1	0.104	0.1	0.156	0.103	0.138
防城港	0.101	0.116	0.107	0.1	0.102	0.1	0.139	0.101	0.131
欽州	0.101	0.105	0.105	0.1	0.104	0.103	0.124	0.103	0.116
貴港	0.101	0.105	0.107	0.101	0.104	0.107	0.114	0.101	0.106
玉林	0.104	0.111	0.112	0.104	0.107	0.116	0.12	0.108	0.129
百色	0.105	0.119	0.12	0.1	0.106	0.1	0.129	0.106	0.133
賀州	0.102	0.113	0.114	0.1	0.102	0.1	0.117	0.102	0.12
河池	0.104	0.116	0.125	0.101	0.108	0.105	0.142	0.104	0.121
來賓	0.102	0.116	0.115	0.101	0.105	0.107	0.145	0.102	0.118
崇左	0.103	0.123	0.119	0.1	0.106	0.1	0.153	0.102	0.119
海口	0.106	0.138	0.122	0.1	0.117	0.1	0.261	0.114	0.233
三亞	0.109	0.279	0.186	0.112	0.101	0.432	0.129	0.101	0.139
重慶	0.203	0.151	0.129	0.254	0.182	0.206	0.151	0.15	0.132
成都	0.161	0.162	0.124	0.266	0.234	0.337	0.287	0.131	0.142
自貢	0.103	0.118	0.112	0.126	0.104	0.294	0.126	0.104	0.128
攀枝花	0.104	0.153	0.12	0.137	0.103	0.712	0.144	0.101	0.128
瀘州	0.103	0.11	0.109	0.104	0.105	0.119	0.119	0.104	0.12
德陽	0.107	0.126	0.117	0.113	0.105	0.173	0.122	0.104	0.122
綿陽	0.111	0.135	0.127	0.1	0.137	0.1	0.257	0.107	0.131
廣元	0.103	0.117	0.121	0.102	0.102	0.117	0.112	0.108	0.163
遂寧	0.102	0.109	0.11	0.1	0.102	0.1	0.108	0.102	0.113
內江	0.102	0.107	0.106	0.102	0.102	0.112	0.109	0.103	0.114
樂山	0.105	0.122	0.116	0.102	0.112	0.111	0.17	0.106	0.135
南充	0.104	0.11	0.112	0.101	0.106	0.102	0.113	0.105	0.115
眉山	0.102	0.11	0.108	0.102	0.102	0.115	0.108	0.104	0.13
宜賓	0.108	0.127	0.122	0.1	0.105	0.1	0.117	0.106	0.124
廣安	0.1	0.1	0.1	0.1	0.101	0.1	0.104	0.103	0.121
達州	0.104	0.11	0.111	0.1	0.105	0.101	0.114	0.108	0.129
雅安	0.105	0.148	0.141	0.117	0.102	0.322	0.12	0.103	0.148
巴中	0.102	0.107	0.114	0.1	0.101	0.1	0.104	0.102	0.111
資陽	0.105	0.12	0.116	0.106	0.102	0.131	0.105	0.103	0.114
貴陽	0.121	0.168	0.139	0.1	0.13	0.1	0.234	0.12	0.191
六盤水	0.103	0.116	0.114	0.101	0.103	0.104	0.119	0.103	0.121
遵義	0.11	0.124	0.124	0.102	0.112	0.108	0.135	0.105	0.115
安順	0.103	0.119	0.127	0.1	0.104	0.103	0.13	0.102	0.117
畢節	0.104	0.109	0.115	0.1	0.115	0.101	0.142	0.104	0.11
銅仁	0.102	0.107	0.111	0.1	0.103	0.1	0.117	0.103	0.12
昆明	0.133	0.174	0.135	0.117	0.16	0.152	0.281	0.129	0.19
曲靖	0.106	0.115	0.114	0.1	0.105	0.1	0.112	0.105	0.114
玉溪	0.105	0.133	0.117	0.115	0.103	0.231	0.12	0.102	0.116
保山	0.103	0.117	0.124	0.114	0.102	0.216	0.112	0.102	0.116
昭通	0.104	0.112	0.126	0.1	0.104	0.1	0.109	0.103	0.111
麗江	0.103	0.132	0.143	0.104	0.102	0.167	0.125	0.102	0.13
普洱	0.105	0.127	0.142	0.101	0.106	0.105	0.14	0.103	0.123
臨滄	0.102	0.112	0.119	0.1	0.101	0.1	0.105	0.101	0.111
拉薩	0.111	0.393	0.242	0.1	0.111	0.1	0.505	0.11	0.48
西安	0.121	0.136	0.116	0.263	0.285	0.485	0.535	0.194	0.32
銅川	0.101	0.12	0.113	0.101	0.102	0.113	0.15	0.103	0.172
寶雞	0.105	0.12	0.112	0.171	0.108	0.485	0.139	0.106	0.129
咸陽	0.104	0.112	0.108	0.102	0.114	0.107	0.152	0.107	0.128
渭南	0.103	0.109	0.11	0.102	0.113	0.107	0.145	0.105	0.118
延安	0.108	0.15	0.119	0.1	0.104	0.102	0.138	0.106	0.151

表 4. 9. 1 2013 年度城市科技競爭力三級指標分值

城市	科技經費絕對投入量	人均科技經費擁有量	科技經費相對投入量	專業技術人員擁有量	科技服務人員擁有量	專業技術人員相對擁有量	科技服務人員相對擁有量	電腦人才擁有量	電腦人才相對擁有量
漢中	0.103	0.114	0.114	0.114	0.108	0.18	0.143	0.106	0.137
榆林	0.115	0.163	0.117	0.115	0.107	0.189	0.138	0.104	0.124
安康	0.102	0.113	0.115	0.1	0.104	0.103	0.129	0.103	0.125
商洛	0.102	0.113	0.116	0.113	0.104	0.211	0.131	0.103	0.127
蘭州	0.109	0.138	0.119	0.16	0.146	0.433	0.351	0.108	0.146
嘉峪關	0.1	0.13	0.106	0.107	0.1	0.691	0.124	0.1	0.161
金昌	0.101	0.119	0.108	0.106	0.1	0.362	0.109	0.101	0.137
白銀	0.102	0.118	0.116	0.105	0.102	0.159	0.125	0.101	0.119
天水	0.104	0.116	0.129	0.105	0.108	0.133	0.146	0.105	0.128
武威	0.101	0.11	0.112	0.101	0.104	0.112	0.139	0.101	0.109
張掖	0.102	0.123	0.121	0.102	0.107	0.133	0.211	0.101	0.125
平涼	0.102	0.113	0.119	0.102	0.103	0.115	0.125	0.101	0.113
酒泉	0.102	0.13	0.113	0.101	0.104	0.117	0.176	0.101	0.127
慶陽	0.104	0.123	0.122	0.102	0.102	0.119	0.118	0.102	0.122
定西	0.103	0.116	0.145	0.101	0.102	0.104	0.108	0.102	0.114
隴南	0.101	0.105	0.112	0.1	0.101	0.1	0.108	0.1	0.1
西寧	0.101	0.11	0.105	0.102	0.129	0.117	0.4	0.112	0.221
銀川	0.109	0.166	0.126	0.1	0.118	0.1	0.276	0.106	0.159
石嘴山	0.101	0.115	0.106	0.103	0.101	0.195	0.118	0.103	0.183
吳忠	0.102	0.125	0.123	0.101	0.101	0.115	0.119	0.101	0.12
固原	0.102	0.119	0.134	0.1	0.101	0.105	0.117	0.101	0.118
中衛	0.101	0.119	0.119	0.101	0.1	0.116	0.1	0.1	0.107
烏魯木齊	0.112	0.153	0.119	0.434	0.134	1	0.307	0.115	0.191
克拉瑪依	0.105	0.209	0.12	0.1	0.101	0.1	0.126	0.102	0.176
香港	0.546	1	0.187	0.345	0.393	0.79	0.926	0.136	0.201
澳門	0.118	0.539	0.121	0.112	0.11	0.513	0.448	0.101	0.129
新北	0.205	0.484	0.176	0.158	0.158	0.395	0.394	0.107	0.134
臺北	0.171	0.481	0.175	0.188	0.139	0.766	0.391	0.175	0.666
台中	0.171	0.484	0.176	0.12	0.139	0.247	0.393	0.104	0.134
台南	0.151	0.49	0.177	0.114	0.128	0.25	0.398	0.103	0.134
高雄	0.175	0.49	0.177	0.121	0.141	0.25	0.398	0.105	0.134
基隆	0.111	0.502	0.179	0.103	0.105	0.254	0.408	0.1	0.135
新竹	0.111	0.478	0.174	0.103	0.106	0.245	0.389	0.1	0.133
嘉義	0.107	0.495	0.178	0.102	0.104	0.251	0.402	0.1	0.135

表 4. 9. 2 2013 年度城市科技競爭力三級指標分值(續)

城市	科研人員吸引指數	大學科研院所指數	大學科研院所相對擁有量	科研環境指數	專利總數	論文發表數	科技成果數	科技成果轉換率	科技進步對 GDP 貢獻率
北京	1	1	0.331	1	0.892	0.713	0.726	0.792	0.75
天津	0.621	0.656	0.313	0.719	0.419	0.31	0.548	0.409	0.598
石家莊	0.337	0.575	0.339	0.438	0.242	0.162	0.222	0.289	0.506
唐山	0.147	0.191	0.162	0.156	0.151	0.129	0.168	0.292	0.516
秦皇島	0.147	0.171	0.222	0.156	0.146	0.143	0.157	0.325	0.526
邯鄲	0.147	0.151	0.128	0.156	0.133	0.128	0.134	0.284	0.471
邢臺	0.147	0.14	0.129	0.156	0.144	0.133	0.151	0.281	0.488
保定	0.147	0.242	0.165	0.156	0.146	0.127	0.15	0.286	0.494
張家口	0.147	0.151	0.16	0.156	0.127	0.121	0.158	0.278	0.5
承德	0.147	0.151	0.175	0.156	0.141	0.132	0.128	0.281	0.498
滄州	0.147	0.171	0.151	0.156	0.138	0.123	0.147	0.293	0.494
廊坊	0.147	0.221	0.243	0.156	0.13	0.128	0.145	0.278	0.499
衡水	0.1	0.12	0.124	0.109	0.151	0.132	0.129	0.285	0.399
太原	0.289	0.535	0.632	0.391	0.196	0.138	0.144	0.281	0.49
大同	0.147	0.11	0.116	0.156	0.162	0.142	0.153	0.279	0.476

表 4.9.2 2013 年度城市科技競爭力三級指標分值(續)

城市	科研人員吸引指數	大學科研院所指數	大學科研院所相對擁有量	科研環境指數	專利總數	論文發表數	科技成果數	科技成果轉換率	科技進步對 GDP 貢獻率
陽泉	0.147	0.12	0.176	0.156	0.14	0.122	0.145	0.29	0.391
長治	0.147	0.161	0.194	0.156	0.13	0.126	0.133	0.291	0.479
晉城	0.147	0.12	0.146	0.156	0.134	0.124	0.127	0.288	0.393
朔州	0.147	0.1	0.1	0.156	0.14	0.127	0.138	0.273	0.456
晉中	0.147	0.181	0.228	0.156	0.139	0.128	0.144	0.27	0.432
運城	0.147	0.14	0.141	0.156	0.14	0.122	0.134	0.287	0.413
忻州	0.147	0.14	0.168	0.156	0.143	0.131	0.144	0.28	0.427
臨汾	0.1	0.14	0.148	0.109	0.144	0.126	0.141	0.275	0.42
呂梁	0.1	0.12	0.128	0.109	0.137	0.128	0.345	0.275	0.431
呼和浩特	0.242	0.333	0.514	0.344	0.156	0.142	0.155	0.283	0.441
包頭	0.1	0.151	0.197	0.109	0.144	0.137	0.14	0.292	0.426
烏海	0.1	0.11	0.197	0.109	0.137	0.125	0.143	0.281	0.424
赤峰	0.1	0.13	0.136	0.109	0.136	0.115	0.146	0.285	0.417
通遼	0.1	0.13	0.15	0.109	0.121	0.12	0.139	0.285	0.424
鄂爾多斯	0.1	0.12	0.152	0.109	0.151	0.129	0.139	0.279	0.528
呼倫貝爾	0.1	0.12	0.139	0.109	0.132	0.137	0.129	0.29	0.425
巴彥淖爾	0.1	0.11	0.131	0.109	0.132	0.122	0.13	0.281	0.432
烏蘭察布	0.1	0.13	0.174	0.109	0.141	0.128	0.129	0.28	0.43
瀋陽	0.621	0.545	0.419	0.719	0.348	0.224	0.252	0.384	0.532
大連	0.811	0.413	0.376	0.859	0.231	0.201	0.288	0.393	0.538
鞍山	0.147	0.13	0.145	0.156	0.155	0.139	0.147	0.321	0.478
撫順	0.147	0.161	0.243	0.156	0.149	0.133	0.145	0.305	0.476
本溪	0.147	0.13	0.202	0.156	0.135	0.141	0.166	0.328	0.466
丹東	0.147	0.13	0.165	0.156	0.139	0.133	0.144	0.327	0.476
錦州	0.147	0.191	0.253	0.156	0.131	0.136	0.154	0.317	0.462
營口	0.147	0.12	0.144	0.156	0.159	0.135	0.159	0.333	0.473
阜新	0.1	0.12	0.155	0.109	0.137	0.124	0.15	0.308	0.451
遼陽	0.1	0.14	0.215	0.109	0.138	0.137	0.143	0.316	0.46
盤錦	0.1	0.12	0.18	0.109	0.147	0.14	0.144	0.326	0.452
鐵嶺	0.1	0.14	0.169	0.109	0.127	0.135	0.149	0.301	0.497
朝陽	0.1	0.11	0.115	0.109	0.132	0.136	0.144	0.312	0.456
葫蘆島	0.1	0.11	0.119	0.109	0.138	0.138	0.137	0.304	0.261
長春	0.621	0.464	0.348	0.813	0.223	0.192	0.173	0.29	0.518
吉林	0.147	0.181	0.197	0.156	0.147	0.136	0.129	0.285	0.591
四平	0.147	0.14	0.161	0.156	0.115	0.136	0.139	0.275	0.416
遼源	0.147	0.11	0.143	0.156	0.139	0.13	0.142	0.27	0.401
通化	0.147	0.11	0.123	0.156	0.137	0.126	0.131	0.263	0.425
白山	0.147	0.11	0.141	0.156	0.131	0.13	0.139	0.278	0.438
松原	0.147	0.11	0.118	0.156	0.126	0.139	0.138	0.264	0.416
白城	0.1	0.13	0.178	0.109	0.14	0.136	0.133	0.272	0.424
哈爾濱	0.716	0.606	0.346	0.813	0.23	0.23	0.222	0.351	0.523
齊齊哈爾	0.147	0.151	0.149	0.156	0.15	0.13	0.152	0.293	0.439
雞西	0.1	0.11	0.128	0.109	0.153	0.126	0.139	0.291	0.388
鶴崗	0.1	0.151	0.347	0.109	0.156	0.139	0.147	0.274	0.39
雙鴨山	0.1	0.11	0.136	0.109	0.142	0.133	0.147	0.282	0.385
大慶	0.242	0.151	0.19	0.438	0.136	0.145	0.152	0.298	0.399
伊春	0.1	0.11	0.146	0.109	0.15	0.133	0.127	0.288	0.384
佳木斯	0.1	0.171	0.244	0.109	0.142	0.132	0.147	0.298	0.393
七台河	0.1	0.11	0.157	0.109	0.131	0.13	0.136	0.276	0.321
牡丹江	0.1	0.13	0.156	0.109	0.124	0.126	0.147	0.277	0.44
黑河	0.1	0.11	0.131	0.109	0.132	0.135	0.142	0.271	0.416
綏化	0.1	0.11	0.11	0.109	0.146	0.128	0.141	0.294	0.382
上海	1	0.767	0.247	1	0.773	0.61	0.796	0.872	0.829
南京	0.905	0.525	0.371	0.953	0.338	0.324	0.336	0.459	0.548
無錫	0.526	0.221	0.198	0.484	0.181	0.16	0.175	0.509	0.523
徐州	0.242	0.181	0.149	0.297	0.157	0.152	0.162	0.294	0.508
常州	0.195	0.191	0.201	0.203	0.159	0.141	0.173	0.37	0.524

表 4.9.2 2013 年度城市科技競爭力三級指標分值(續)

城市	科研人員吸引指數	大學科研院所指數	大學科研院所相對擁有量	科研環境指數	專利總數	論文發表數	科技成果數	科技成果轉換率	科技進步對 GDP 貢獻率
蘇州	0.811	0.302	0.2	0.887	0.247	0.231	0.264	0.637	0.587
南通	0.432	0.161	0.143	0.456	0.148	0.146	0.16	0.372	0.522
連雲港	0.147	0.13	0.136	0.156	0.155	0.133	0.154	0.304	0.437
淮安	0.147	0.161	0.165	0.156	0.14	0.131	0.156	0.301	0.36
鹽城	0.147	0.151	0.136	0.156	0.135	0.134	0.145	0.285	0.345
揚州	0.147	0.151	0.159	0.156	0.156	0.14	0.148	0.304	0.434
鎮江	0.195	0.151	0.184	0.297	0.144	0.142	0.146	0.297	0.528
泰州	0.147	0.13	0.134	0.156	0.141	0.143	0.14	0.303	0.433
宿遷	0.147	0.12	0.122	0.156	0.149	0.14	0.153	0.283	0.433
杭州	0.905	0.484	0.328	0.906	0.297	0.225	0.264	0.518	0.553
寧波	0.811	0.242	0.196	0.859	0.211	0.172	0.313	0.463	0.536
溫州	0.337	0.161	0.134	0.362	0.173	0.146	0.201	0.417	0.471
嘉興	0.242	0.161	0.169	0.259	0.155	0.146	0.157	0.424	0.397
湖州	0.195	0.13	0.154	0.203	0.142	0.125	0.136	0.218	0.461
紹興	0.195	0.171	0.174	0.203	0.156	0.144	0.149	0.452	0.458
金華	0.195	0.181	0.178	0.203	0.136	0.131	0.132	0.297	0.46
衢州	0.195	0.12	0.149	0.203	0.137	0.131	0.137	0.283	0.465
舟山	0.195	0.13	0.238	0.203	0.14	0.136	0.136	0.33	0.472
台州	0.195	0.14	0.135	0.203	0.136	0.122	0.149	0.335	0.452
麗水	0.147	0.13	0.174	0.156	0.124	0.127	0.125	0.238	0.431
合肥	0.716	0.585	0.434	0.766	0.23	0.188	0.267	0.354	0.521
蕪湖	0.147	0.211	0.262	0.156	0.138	0.127	0.148	0.278	0.447
蚌埠	0.147	0.14	0.166	0.156	0.134	0.132	0.145	0.287	0.436
淮南	0.147	0.151	0.212	0.156	0.134	0.14	0.135	0.284	0.436
馬鞍山	0.147	0.161	0.244	0.156	0.148	0.133	0.143	0.293	0.509
淮北	0.1	0.13	0.174	0.109	0.152	0.136	0.137	0.302	0.435
銅陵	0.1	0.13	0.315	0.109	0.146	0.139	0.135	0.272	0.424
安慶	0.1	0.151	0.149	0.109	0.133	0.125	0.148	0.285	0.407
黃山	0.1	0.12	0.178	0.109	0.141	0.139	0.134	0.28	0.417
滁州	0.1	0.14	0.153	0.109	0.132	0.125	0.137	0.292	0.415
阜陽	0.1	0.14	0.127	0.109	0.135	0.126	0.142	0.276	0.412
宿州	0.1	0.13	0.129	0.109	0.135	0.135	0.138	0.281	0.42
六安	0.1	0.151	0.146	0.109	0.128	0.143	0.156	0.275	0.419
亳州	0.1	0.12	0.121	0.109	0.139	0.123	0.143	0.282	0.418
池州	0.1	0.13	0.211	0.109	0.121	0.129	0.122	0.284	0.418
宣城	0.1	0.11	0.121	0.109	0.146	0.126	0.137	0.28	0.419
福州	0.621	0.413	0.326	0.709	0.199	0.166	0.199	0.381	0.497
廈門	0.811	0.272	0.347	0.822	0.236	0.179	0.222	0.47	0.515
莆田	0.147	0.12	0.138	0.156	0.141	0.129	0.131	0.295	0.376
三明	0.147	0.13	0.163	0.156	0.138	0.125	0.132	0.298	0.381
泉州	0.195	0.272	0.208	0.203	0.144	0.137	0.151	0.376	0.231
漳州	0.195	0.171	0.176	0.203	0.141	0.14	0.134	0.29	0.387
南平	0.147	0.14	0.179	0.156	0.14	0.119	0.135	0.302	0.415
龍岩	0.147	0.12	0.141	0.156	0.146	0.136	0.129	0.283	0.382
寧德	0.147	0.12	0.137	0.156	0.14	0.123	0.137	0.291	0.381
南昌	0.432	0.535	0.543	0.484	0.187	0.166	0.173	0.326	0.432
景德鎮	0.195	0.13	0.198	0.203	0.146	0.13	0.129	0.292	0.413
萍鄉	0.147	0.11	0.128	0.156	0.137	0.123	0.128	0.29	0.544
九江	0.147	0.171	0.177	0.156	0.127	0.131	0.121	0.289	0.412
新餘	0.147	0.151	0.328	0.156	0.135	0.126	0.125	0.292	0.415
鷹潭	0.147	0.11	0.146	0.156	0.149	0.134	0.142	0.281	0.268
贛州	0.147	0.171	0.144	0.156	0.135	0.129	0.141	0.291	0.405
吉安	0.147	0.11	0.111	0.156	0.134	0.122	0.127	0.285	0.413
宜春	0.147	0.12	0.119	0.156	0.146	0.125	0.129	0.286	0.413
撫州	0.147	0.14	0.153	0.156	0.142	0.13	0.138	0.278	0.409
上饒	0.147	0.13	0.124	0.156	0.139	0.124	0.136	0.279	0.409
濟南	0.621	0.828	0.648	0.775	0.229	0.19	0.206	0.492	0.525

表 4.9.2 2013 年度城市科技競爭力三級指標分值(續)

城市	科研人員吸引指數	大學科研院所指數	大學科研院所相對擁有量	科研環境指數	專利總數	論文發表數	科技成果數	科技成果轉換率	科技進步對 GDP 貢獻率
青島	0.811	0.322	0.231	0.887	0.235	0.203	0.264	0.52	0.556
淄博	0.147	0.191	0.203	0.156	0.151	0.144	0.142	0.334	0.504
棗莊	0.147	0.13	0.142	0.156	0.148	0.132	0.134	0.342	0.497
東營	0.147	0.151	0.227	0.156	0.153	0.132	0.134	0.353	0.486
煙臺	0.147	0.201	0.175	0.156	0.169	0.154	0.19	0.36	0.536
濰坊	0.147	0.231	0.174	0.156	0.154	0.141	0.148	0.328	0.497
濟寧	0.147	0.171	0.145	0.156	0.139	0.143	0.13	0.322	0.512
泰安	0.147	0.181	0.176	0.156	0.141	0.135	0.13	0.321	0.532
威海	0.147	0.171	0.231	0.156	0.137	0.132	0.168	0.377	0.554
日照	0.147	0.12	0.137	0.156	0.147	0.138	0.123	0.325	0.51
萊蕪	0.147	0.12	0.18	0.156	0.136	0.136	0.141	0.327	0.486
臨沂	0.147	0.13	0.116	0.156	0.131	0.136	0.138	0.329	0.509
德州	0.147	0.14	0.137	0.156	0.142	0.119	0.132	0.33	0.51
聊城	0.147	0.13	0.127	0.156	0.157	0.132	0.154	0.321	0.5
濱州	0.1	0.13	0.142	0.109	0.148	0.126	0.12	0.325	0.499
菏澤	0.1	0.13	0.119	0.109	0.141	0.133	0.143	0.333	0.505
鄭州	0.526	0.616	0.402	0.559	0.202	0.175	0.199	0.362	0.451
開封	0.147	0.13	0.134	0.156	0.131	0.123	0.137	0.284	0.422
洛陽	0.147	0.13	0.124	0.156	0.146	0.131	0.133	0.279	0.434
平頂山	0.147	0.14	0.143	0.156	0.135	0.122	0.123	0.299	0.439
安陽	0.1	0.151	0.151	0.109	0.124	0.129	0.126	0.292	0.432
鶴壁	0.1	0.12	0.166	0.109	0.151	0.128	0.126	0.293	0.441
新鄉	0.1	0.201	0.193	0.109	0.136	0.127	0.14	0.292	0.439
焦作	0.1	0.151	0.174	0.109	0.139	0.126	0.128	0.29	0.377
濮陽	0.1	0.11	0.115	0.109	0.145	0.131	0.122	0.295	0.421
許昌	0.1	0.14	0.149	0.109	0.127	0.129	0.141	0.29	0.432
漯河	0.1	0.13	0.162	0.109	0.141	0.126	0.125	0.294	0.415
三門峽	0.1	0.11	0.123	0.109	0.139	0.132	0.123	0.293	0.424
南陽	0.1	0.151	0.126	0.109	0.143	0.126	0.124	0.294	0.438
商丘	0.1	0.161	0.143	0.109	0.137	0.126	0.133	0.29	0.423
信陽	0.1	0.151	0.143	0.109	0.154	0.125	0.139	0.285	0.425
周口	0.1	0.13	0.118	0.109	0.136	0.127	0.132	0.286	0.429
駐馬店	0.1	0.12	0.115	0.109	0.144	0.129	0.122	0.297	0.419
武漢	0.811	0.899	0.513	0.859	0.318	0.278	0.341	0.378	0.55
黃石	0.147	0.13	0.165	0.156	0.145	0.128	0.135	0.281	0.504
十堰	0.242	0.171	0.21	0.391	0.131	0.126	0.142	0.295	0.482
宜昌	0.147	0.151	0.164	0.156	0.143	0.139	0.136	0.28	0.421
襄陽	0.147	0.151	0.147	0.156	0.143	0.124	0.142	0.282	0.456
鄂州	0.147	0.11	0.15	0.156	0.148	0.132	0.128	0.28	0.424
荊門	0.147	0.11	0.118	0.156	0.143	0.132	0.121	0.273	0.453
孝感	0.147	0.12	0.122	0.156	0.129	0.121	0.134	0.283	0.506
荊州	0.147	0.181	0.173	0.156	0.148	0.137	0.135	0.283	0.419
黃岡	0.147	0.14	0.134	0.156	0.132	0.124	0.134	0.282	0.475
咸寧	0.1	0.12	0.142	0.109	0.13	0.126	0.139	0.279	0.456
隨州	0.1	0.11	0.124	0.109	0.142	0.133	0.122	0.275	0.456
長沙	0.716	0.606	0.469	0.803	0.227	0.193	0.202	0.252	0.527
株洲	0.195	0.181	0.208	0.203	0.131	0.141	0.136	0.212	0.439
湘潭	0.147	0.191	0.27	0.156	0.163	0.144	0.135	0.146	0.435
衡陽	0.147	0.181	0.158	0.156	0.128	0.122	0.132	0.169	0.451
邵陽	0.147	0.13	0.122	0.156	0.131	0.126	0.137	0.203	0.433
岳陽	0.147	0.14	0.138	0.156	0.139	0.138	0.118	0.208	0.408
常德	0.147	0.14	0.137	0.156	0.138	0.128	0.123	0.202	0.431
張家界	0.1	0.13	0.205	0.109	0.143	0.13	0.128	0.213	0.376
益陽	0.147	0.14	0.149	0.156	0.146	0.125	0.141	0.175	0.412
郴州	0.147	0.12	0.123	0.156	0.132	0.124	0.137	0.154	0.43
永州	0.1	0.13	0.13	0.109	0.133	0.132	0.122	0.126	0.429
懷化	0.1	0.13	0.133	0.109	0.143	0.141	0.129	0.175	0.429

表 4.9.2 2013 年度城市科技競爭力三級指標分值(續)

城市	科研人員吸引指數	大學科研院所指數	大學科研院所相對擁有量	科研環境指數	專利總數	論文發表數	科技成果數	科技成果轉換率	科技進步對 GDP 貢獻率
婁底	0.1	0.13	0.141	0.109	0.131	0.131	0.132	0.178	0.431
廣州	0.905	0.899	0.425	0.906	0.376	0.328	0.277	0.588	0.619
韶關	0.242	0.12	0.137	0.306	0.137	0.131	0.121	0.396	0.52
深圳	1	0.191	0.145	1	0.402	0.309	0.318	0.486	0.642
珠海	0.289	0.201	0.434	0.391	0.171	0.134	0.16	0.378	0.491
汕頭	0.242	0.11	0.11	0.269	0.143	0.121	0.154	0.352	0.482
佛山	0.337	0.13	0.122	0.419	0.169	0.144	0.162	0.396	0.502
江門	0.195	0.13	0.135	0.203	0.137	0.134	0.128	0.345	0.484
湛江	0.195	0.13	0.122	0.203	0.135	0.128	0.123	0.332	0.476
茂名	0.195	0.12	0.118	0.203	0.137	0.137	0.146	0.338	0.432
肇慶	0.147	0.14	0.153	0.156	0.15	0.134	0.125	0.348	0.481
惠州	0.526	0.12	0.123	0.438	0.141	0.129	0.145	0.48	0.498
梅州	0.195	0.11	0.112	0.203	0.132	0.125	0.141	0.331	0.485
汕尾	0.147	0.11	0.118	0.156	0.145	0.132	0.125	0.341	0.483
河源	0.147	0.11	0.118	0.156	0.135	0.132	0.128	0.341	0.479
陽江	0.147	0.13	0.164	0.156	0.153	0.128	0.137	0.34	0.426
清遠	0.147	0.11	0.114	0.156	0.142	0.126	0.137	0.346	0.483
東莞	0.716	0.161	0.138	0.794	0.185	0.15	0.181	0.544	0.506
中山	0.716	0.14	0.167	0.756	0.171	0.145	0.161	0.485	0.495
潮州	0.147	0.11	0.12	0.156	0.147	0.133	0.132	0.337	0.478
揭陽	0.147	0.12	0.118	0.156	0.143	0.122	0.144	0.339	0.48
雲浮	0.147	0.11	0.122	0.156	0.151	0.129	0.122	0.317	0.477
南寧	0.432	0.413	0.335	0.484	0.184	0.177	0.164	0.288	0.539
柳州	0.147	0.171	0.197	0.156	0.14	0.129	0.123	0.29	0.533
桂林	0.147	0.191	0.198	0.156	0.141	0.134	0.136	0.283	0.541
梧州	0.1	0.11	0.118	0.109	0.136	0.127	0.138	0.263	0.447
北海	0.1	0.14	0.235	0.109	0.145	0.138	0.136	0.274	0.445
防城港	0.1	0.1	0.1	0.109	0.137	0.139	0.133	0.284	0.427
欽州	0.1	0.12	0.134	0.109	0.144	0.135	0.141	0.291	0.43
貴港	0.1	0.11	0.113	0.109	0.132	0.135	0.137	0.28	0.419
玉林	0.1	0.11	0.109	0.109	0.134	0.13	0.128	0.294	0.421
百色	0.1	0.1	0.1	0.109	0.134	0.123	0.121	0.28	0.418
賀州	0.1	0.11	0.127	0.109	0.135	0.12	0.124	0.279	0.418
河池	0.1	0.12	0.131	0.109	0.13	0.125	0.123	0.28	0.423
來賓	0.1	0.11	0.125	0.109	0.128	0.12	0.131	0.275	0.418
崇左	0.1	0.151	0.23	0.109	0.121	0.125	0.125	0.28	0.419
海口	0.337	0.211	0.375	0.381	0.165	0.136	0.155	0.315	0.428
三亞	0.1	0.151	0.471	0.109	0.134	0.134	0.135	0.325	0.419
重慶	0.526	0.697	0.206	0.616	0.306	0.218	0.265	0.425	0.558
成都	0.621	0.606	0.286	0.691	0.266	0.188	0.21	0.207	0.539
自貢	0.1	0.11	0.12	0.109	0.131	0.129	0.128	0.245	0.452
攀枝花	0.1	0.12	0.186	0.109	0.14	0.136	0.137	0.252	0.436
瀘州	0.1	0.151	0.162	0.109	0.132	0.134	0.139	0.256	0.431
德陽	0.1	0.151	0.173	0.109	0.135	0.136	0.122	0.249	0.438
綿陽	0.337	0.181	0.191	0.438	0.142	0.126	0.14	0.251	0.471
廣元	0.1	0.11	0.121	0.109	0.143	0.133	0.123	0.261	0.324
遂寧	0.1	0.11	0.116	0.109	0.155	0.128	0.139	0.247	0.438
內江	0.1	0.12	0.128	0.109	0.134	0.132	0.145	0.26	0.433
樂山	0.1	0.13	0.148	0.109	0.136	0.127	0.142	0.247	0.489
南充	0.1	0.14	0.133	0.109	0.127	0.127	0.142	0.249	0.437
眉山	0.1	0.12	0.135	0.109	0.138	0.13	0.135	0.251	0.438
宜賓	0.1	0.12	0.123	0.109	0.134	0.133	0.139	0.249	0.437
廣安	0.1	0.11	0.116	0.109	0.147	0.129	0.122	0.25	0.431
達州	0.1	0.12	0.119	0.109	0.137	0.123	0.123	0.243	0.426
雅安	0.1	0.12	0.169	0.109	0.13	0.128	0.136	0.257	0.437
巴中	0.1	0.1	0.1	0.109	0.129	0.125	0.123	0.252	0.429
資陽	0.1	0.1	0.1	0.109	0.136	0.114	0.124	0.271	0.432

表 4. 9. 2 2013 年度城市科技競爭力三級指標分值(續)

城市	科研人員吸引指數	大學科研院所指數	大學科研院所相對擁有量	科研環境指數	專利總數	論文發表數	科技成果數	科技成果轉換率	科技進步對 GDP 貢獻率
貴陽	0.384	0.353	0.398	0.391	0.195	0.167	0.172	0.24	0.454
六盤水	0.1	0.12	0.137	0.109	0.146	0.13	0.124	0.227	0.448
遵義	0.1	0.161	0.152	0.109	0.136	0.128	0.128	0.228	0.453
安順	0.1	0.12	0.146	0.109	0.153	0.125	0.131	0.225	0.453
畢節	0.1	0.12	0.116	0.109	0.1	0.1	0.1	0.1	0.1
銅仁	0.1	0.12	0.134	0.109	0.1	0.1	0.1	0.1	0.1
昆明	0.432	0.504	0.423	0.522	0.211	0.175	0.181	0.388	0.493
曲靖	0.1	0.13	0.127	0.109	0.142	0.133	0.133	0.286	0.44
玉溪	0.147	0.12	0.145	0.156	0.14	0.124	0.136	0.285	0.434
保山	0.1	0.13	0.162	0.109	0.147	0.127	0.123	0.272	0.436
昭通	0.1	0.11	0.11	0.109	0.124	0.121	0.123	0.254	0.44
麗江	0.1	0.12	0.184	0.109	0.125	0.122	0.113	0.262	0.436
普洱	0.1	0.12	0.141	0.109	0.131	0.116	0.126	0.274	0.442
臨滄	0.1	0.11	0.121	0.109	0.132	0.121	0.126	0.283	0.491
拉薩	0.147	0.171	0.751	0.156	0.132	0.131	0.131	0.275	0.489
西安	0.716	0.717	0.475	0.784	0.215	0.186	0.19	0.286	0.531
銅川	0.1	0.11	0.163	0.109	0.143	0.122	0.128	0.287	0.386
寶雞	0.1	0.13	0.142	0.109	0.131	0.136	0.126	0.291	0.508
咸陽	0.1	0.211	0.217	0.109	0.138	0.12	0.124	0.295	0.387
渭南	0.1	0.11	0.11	0.109	0.132	0.111	0.132	0.279	0.393
延安	0.1	0.12	0.148	0.109	0.13	0.135	0.132	0.285	0.388
漢中	0.1	0.11	0.115	0.109	0.12	0.135	0.126	0.293	0.457
榆林	0.1	0.12	0.131	0.109	0.144	0.127	0.137	0.286	0.389
安康	0.1	0.12	0.14	0.109	0.134	0.12	0.14	0.291	0.384
商洛	0.1	0.12	0.145	0.109	0.138	0.12	0.14	0.284	0.387
蘭州	0.526	0.353	0.462	0.531	0.199	0.175	0.163	0.26	0.49
嘉峪關	0.1	0.11	0.325	0.109	0.141	0.128	0.141	0.257	0.458
金昌	0.1	0.11	0.212	0.109	0.133	0.124	0.129	0.242	0.452
白銀	0.1	0.11	0.131	0.109	0.141	0.127	0.12	0.254	0.459
天水	0.1	0.14	0.164	0.109	0.147	0.136	0.121	0.244	0.45
武威	0.1	0.11	0.129	0.109	0.125	0.134	0.137	0.242	0.455
張掖	0.1	0.12	0.187	0.109	0.121	0.122	0.134	0.249	0.455
平涼	0.1	0.11	0.125	0.109	0.12	0.112	0.134	0.256	0.465
酒泉	0.1	0.11	0.148	0.109	0.132	0.119	0.134	0.245	0.462
慶陽	0.1	0.11	0.124	0.109	0.132	0.116	0.132	0.232	0.451
定西	0.1	0.11	0.119	0.109	0.126	0.116	0.13	0.13	0.433
隴南	0.1	0.11	0.12	0.1	0.128	0.131	0.126	0.139	0.445
西寧	0.337	0.191	0.339	0.4	0.142	0.137	0.129	0.254	0.454
銀川	0.289	0.231	0.436	0.297	0.156	0.138	0.14	0.284	0.481
石嘴山	0.1	0.11	0.171	0.109	0.127	0.121	0.13	0.253	0.463
吳忠	0.1	0.11	0.14	0.109	0.131	0.127	0.129	0.253	0.452
固原	0.1	0.11	0.142	0.109	0.136	0.12	0.12	0.241	0.454
中衛	0.1	0.1	0.1	0.1	0.13	0.121	0.12	0.239	0.451
烏魯木齊	0.337	0.272	0.369	0.344	0.139	0.127	0.143	0.26	0.511
克拉瑪依	0.147	0.11	0.18	0.156	0.147	0.136	0.129	0.257	0.496
香港	1	0.403	0.32	0.859	1	1	1	1	1
澳門	0.242	0.201	1	0.203	0.218	0.179	0.177	0.502	0.474
新北	0.147	0.333	0.406	0.156	0.203	0.176	0.263	0.331	0.482
臺北	0.811	0.373	0.629	0.813	0.579	0.563	0.543	0.503	0.562
台中	0.147	0.262	0.412	0.156	0.164	0.144	0.223	0.326	0.459
台南	0.147	0.211	0.406	0.156	0.184	0.168	0.21	0.308	0.484
高雄	0.147	0.262	0.402	0.156	0.171	0.159	0.237	0.281	0.46
基隆	0.147	0.12	0.378	0.156	0.162	0.164	0.24	0.296	0.489
新竹	0.147	0.12	0.346	0.156	0.178	0.179	0.241	0.283	0.46
嘉義	0.147	0.12	0.486	0.156	0.155	0.171	0.224	0.29	0.487

4.10 城市文化形象競爭力三級指標分值

表 4. 10. 1 2013 年度城市文化形象競爭力三級指標分值

城市	劇院數	公共藏書總量	每百萬人影劇院數	每百人公共圖書數	誠信意識指數	競爭意識指數	重商意識指數	創新意識指數	寬容意識指數
北京	1	0.759	0.282	0.482	1	1	1	1	1
天津	0.235	0.277	0.141	0.231	0.415	0.309	0.377	0.299	0.309
石家莊	0.226	0.165	0.15	0.148	0.287	0.292	0.285	0.258	0.264
唐山	0.133	0.126	0.117	0.126	0.268	0.199	0.239	0.2	0.265
秦皇島	0.17	0.112	0.195	0.132	0.351	0.251	0.348	0.276	0.285
邯鄲	0.189	0.119	0.139	0.114	0.258	0.204	0.211	0.202	0.257
邢臺	0.231	0.112	0.175	0.113	0.222	0.223	0.223	0.236	0.215
保定	0.226	0.125	0.146	0.116	0.24	0.233	0.259	0.208	0.25
張家口	0.137	0.116	0.135	0.125	0.21	0.204	0.241	0.21	0.26
承德	0.189	0.11	0.204	0.119	0.235	0.234	0.243	0.226	0.241
滄州	0.147	0.111	0.126	0.111	0.246	0.204	0.223	0.214	0.255
廊坊	0.161	0.124	0.156	0.142	0.236	0.242	0.266	0.211	0.219
衡水	0.147	0.107	0.144	0.111	0.228	0.237	0.255	0.201	0.227
太原	0.17	0.163	0.168	0.229	0.224	0.207	0.208	0.226	0.237
大同	0.151	0.109	0.163	0.12	0.204	0.189	0.212	0.185	0.182
陽泉	0.114	0.108	0.142	0.147	0.194	0.182	0.195	0.181	0.187
長治	0.175	0.117	0.191	0.138	0.215	0.194	0.196	0.183	0.203
晉城	0.151	0.104	0.192	0.112	0.186	0.179	0.177	0.17	0.184
朔州	0.137	0.104	0.188	0.118	0.18	0.184	0.182	0.187	0.18
晉中	0.156	0.114	0.17	0.133	0.201	0.188	0.188	0.186	0.195
運城	0.161	0.115	0.148	0.122	0.197	0.176	0.185	0.171	0.204
忻州	0.17	0.11	0.193	0.125	0.204	0.169	0.176	0.174	0.198
臨汾	0.203	0.118	0.197	0.13	0.199	0.187	0.205	0.182	0.176
呂梁	0.142	0.11	0.146	0.119	0.2	0.185	0.205	0.176	0.184
呼和浩特	0.165	0.138	0.192	0.22	0.242	0.228	0.246	0.215	0.244
包頭	0.179	0.14	0.22	0.232	0.198	0.186	0.183	0.176	0.233
烏海	0.109	0.106	0.17	0.177	0.193	0.168	0.195	0.173	0.213
赤峰	0.109	0.11	0.109	0.117	0.181	0.165	0.179	0.182	0.229
通遼	0.128	0.112	0.136	0.127	0.185	0.174	0.198	0.199	0.208
鄂爾多斯	0.123	0.11	0.148	0.146	0.291	0.267	0.3	0.284	0.254
呼倫貝爾	0.165	0.111	0.199	0.13	0.189	0.179	0.164	0.165	0.196
巴彥淖爾	0.128	0.105	0.169	0.121	0.185	0.181	0.156	0.159	0.192
烏蘭察布	0.156	0.107	0.207	0.117	0.194	0.179	0.155	0.168	0.191
瀋陽	0.31	0.248	0.219	0.252	0.319	0.279	0.352	0.305	0.3
大連	0.123	0.246	0.116	0.283	0.316	0.275	0.367	0.317	0.337
鞍山	0.151	0.128	0.16	0.159	0.267	0.218	0.245	0.218	0.245
撫順	0.123	0.114	0.143	0.146	0.267	0.209	0.221	0.224	0.207
本溪	0.123	0.113	0.162	0.161	0.235	0.219	0.223	0.206	0.228
丹東	0.142	0.119	0.171	0.158	0.259	0.229	0.263	0.241	0.211
錦州	0.133	0.117	0.143	0.14	0.232	0.23	0.256	0.233	0.211
營口	0.114	0.113	0.124	0.142	0.217	0.211	0.256	0.229	0.221
阜新	0.114	0.105	0.13	0.121	0.242	0.198	0.269	0.225	0.216
遼陽	0.109	0.113	0.121	0.151	0.268	0.221	0.254	0.227	0.243
盤錦	0.114	0.107	0.144	0.137	0.249	0.194	0.229	0.225	0.213
鐵嶺	0.128	0.109	0.138	0.123	0.214	0.216	0.225	0.218	0.258
朝陽	0.123	0.109	0.128	0.119	0.229	0.203	0.238	0.229	0.231
葫蘆島	0.114	0.111	0.12	0.129	0.23	0.2	0.245	0.222	0.225
長春	0.207	0.211	0.158	0.208	0.362	0.274	0.336	0.263	0.34
吉林	0.119	0.128	0.118	0.147	0.241	0.223	0.235	0.205	0.269
四平	0.109	0.109	0.111	0.12	0.256	0.233	0.217	0.223	0.211
遼源	0.105	0.104	0.116	0.124	0.242	0.226	0.232	0.225	0.21
通化	0.105	0.11	0.108	0.133	0.248	0.197	0.245	0.207	0.222
白山	0.109	0.107	0.13	0.14	0.251	0.208	0.237	0.213	0.203

表 4. 10. 1 2013 年度城市文化形象競爭力三級指標分值

城市	劇院數	公共藏書總量	每百萬人影劇院數	每百人公共圖書數	誠信意識指數	競爭意識指數	重商意識指數	創新意識指數	寬容意識指數
松原	0.105	0.108	0.107	0.12	0.24	0.204	0.222	0.241	0.218
白城	0.123	0.106	0.147	0.122	0.25	0.195	0.209	0.237	0.22
哈爾濱	0.436	0.204	0.229	0.178	0.349	0.319	0.322	0.307	0.331
齊齊哈爾	0.161	0.122	0.146	0.129	0.279	0.222	0.236	0.228	0.217
雞西	0.109	0.104	0.12	0.1	0.262	0.213	0.224	0.197	0.225
鶴崗	0.114	0.105	0.154	0.132	0.275	0.225	0.243	0.22	0.266
雙鴨山	0.1	0.104	0.1	0.121	0.275	0.231	0.221	0.212	0.255
大慶	0.189	0.14	0.225	0.205	0.271	0.215	0.233	0.194	0.226
伊春	0.137	0.11	0.233	0.157	0.269	0.229	0.236	0.234	0.221
佳木斯	0.17	0.11	0.212	0.128	0.288	0.198	0.238	0.211	0.211
七台河	0.114	0.103	0.162	0.123	0.272	0.238	0.238	0.21	0.214
牡丹江	0.114	0.111	0.12	0.13	0.262	0.221	0.212	0.229	0.226
黑河	0.123	0.104	0.157	0.117	0.282	0.212	0.215	0.2	0.246
綏化	0.161	0.117	0.146	0.121	0.284	0.194	0.239	0.197	0.234
上海	0.52	1	0.173	0.57	1	1	1	1	1
南京	0.277	0.28	0.189	0.309	0.342	0.383	0.383	0.329	0.397
無錫	0.328	0.16	0.245	0.196	0.393	0.359	0.427	0.344	0.42
徐州	0.142	0.132	0.12	0.124	0.311	0.303	0.319	0.266	0.264
常州	0.31	0.131	0.284	0.164	0.319	0.306	0.311	0.271	0.265
蘇州	0.24	0.2	0.154	0.215	0.573	0.561	0.493	0.538	0.527
南通	0.142	0.143	0.124	0.142	0.381	0.325	0.364	0.282	0.381
連雲港	0.133	0.126	0.13	0.138	0.296	0.292	0.314	0.274	0.248
淮安	0.137	0.119	0.132	0.126	0.311	0.279	0.296	0.251	0.233
鹽城	0.151	0.126	0.129	0.124	0.289	0.257	0.283	0.251	0.249
揚州	0.128	0.128	0.126	0.145	0.28	0.263	0.296	0.242	0.238
鎮江	0.324	0.128	0.392	0.177	0.32	0.275	0.308	0.263	0.252
泰州	0.17	0.122	0.162	0.132	0.314	0.269	0.3	0.25	0.254
宿遷	0.203	0.109	0.188	0.111	0.324	0.258	0.292	0.258	0.263
杭州	0.301	0.288	0.194	0.3	0.434	0.393	0.434	0.361	0.418
寧波	0.263	0.196	0.187	0.223	0.341	0.321	0.38	0.327	0.323
溫州	0.226	0.163	0.156	0.158	0.365	0.317	0.416	0.324	0.321
嘉興	0.31	0.166	0.289	0.243	0.344	0.29	0.37	0.332	0.319
湖州	0.123	0.133	0.133	0.193	0.287	0.276	0.378	0.303	0.299
紹興	0.245	0.135	0.22	0.159	0.377	0.344	0.405	0.335	0.338
金華	0.203	0.127	0.178	0.142	0.287	0.25	0.286	0.25	0.273
衢州	0.147	0.116	0.19	0.148	0.283	0.259	0.287	0.254	0.281
舟山	0.133	0.113	0.217	0.197	0.281	0.294	0.333	0.258	0.251
台州	0.287	0.133	0.227	0.142	0.298	0.296	0.398	0.322	0.367
麗水	0.165	0.121	0.226	0.162	0.27	0.22	0.275	0.248	0.275
合肥	0.198	0.164	0.153	0.167	0.313	0.306	0.341	0.275	0.258
蕪湖	0.142	0.113	0.148	0.125	0.229	0.208	0.239	0.19	0.245
蚌埠	0.123	0.106	0.13	0.112	0.259	0.198	0.243	0.217	0.226
淮南	0.105	0.104	0.108	0.113	0.221	0.208	0.254	0.237	0.218
馬鞍山	0.123	0.115	0.144	0.147	0.219	0.194	0.246	0.227	0.227
淮北	0.114	0.107	0.127	0.124	0.198	0.205	0.256	0.233	0.205
銅陵	0.114	0.107	0.178	0.173	0.207	0.221	0.225	0.225	0.245
安慶	0.17	0.114	0.154	0.117	0.231	0.218	0.222	0.24	0.229
黃山	0.105	0.107	0.114	0.136	0.214	0.228	0.226	0.224	0.26
滁州	0.119	0.108	0.119	0.113	0.221	0.22	0.255	0.215	0.211
阜陽	0.123	0.106	0.113	0.105	0.209	0.209	0.226	0.196	0.244
宿州	0.137	0.103	0.128	0.103	0.245	0.192	0.256	0.203	0.208
六安	0.105	0.107	0.103	0.107	0.237	0.202	0.243	0.223	0.218
亳州	0.128	0.105	0.123	0.106	0.265	0.22	0.252	0.202	0.234
池州	0.1	0.104	0.1	0.12	0.251	0.237	0.257	0.191	0.233
宣城	0.114	0.109	0.122	0.124	0.269	0.238	0.236	0.221	0.244
福州	0.198	0.141	0.156	0.147	0.341	0.316	0.337	0.295	0.297
廈門	0.123	0.16	0.126	0.341	0.377	0.266	0.328	0.303	0.31
莆田	0.114	0.106	0.12	0.115	0.27	0.239	0.302	0.248	0.29

表 4. 10. 1 2013 年度城市文化形象競爭力三級指標分值

城市	劇院數	公共藏書總量	每百萬人影劇院數	每百人公共圖書數	誠信意識指數	競爭意識指數	重商意識指數	創新意識指數	寬容意識指數
三明	0.156	0.119	0.191	0.151	0.249	0.248	0.289	0.236	0.254
泉州	0.394	0.159	0.246	0.163	0.273	0.348	0.344	0.277	0.306
漳州	0.147	0.114	0.139	0.121	0.263	0.253	0.299	0.25	0.263
南平	0.142	0.12	0.165	0.147	0.238	0.264	0.289	0.245	0.27
龍岩	0.133	0.117	0.152	0.142	0.253	0.254	0.323	0.256	0.289
寧德	0.128	0.109	0.14	0.121	0.229	0.256	0.314	0.242	0.272
南昌	0.142	0.154	0.134	0.18	0.3	0.272	0.337	0.294	0.323
景德鎮	0.123	0.107	0.16	0.133	0.243	0.215	0.258	0.211	0.222
萍鄉	0.137	0.11	0.182	0.138	0.255	0.222	0.212	0.211	0.246
九江	0.128	0.125	0.124	0.137	0.216	0.214	0.239	0.202	0.212
新餘	0.109	0.108	0.133	0.148	0.257	0.218	0.225	0.214	0.236
鷹潭	0.128	0.104	0.201	0.124	0.208	0.239	0.218	0.203	0.226
贛州	0.123	0.126	0.111	0.121	0.257	0.203	0.244	0.205	0.225
吉安	0.156	0.127	0.147	0.14	0.223	0.211	0.222	0.201	0.259
宜春	0.184	0.115	0.163	0.12	0.225	0.219	0.206	0.194	0.229
撫州	0.184	0.116	0.187	0.128	0.22	0.205	0.255	0.214	0.25
上饒	0.17	0.116	0.143	0.116	0.253	0.228	0.262	0.227	0.255
濟南	0.17	0.229	0.142	0.258	0.39	0.315	0.346	0.343	0.341
青島	0.287	0.161	0.187	0.159	0.363	0.3	0.351	0.358	0.325
淄博	0.137	0.133	0.133	0.157	0.328	0.237	0.309	0.278	0.283
棗莊	0.128	0.115	0.13	0.128	0.313	0.221	0.308	0.277	0.269
東營	0.193	0.11	0.286	0.142	0.293	0.246	0.294	0.29	0.272
煙臺	0.212	0.172	0.166	0.182	0.34	0.238	0.321	0.325	0.309
濰坊	0.263	0.139	0.173	0.133	0.308	0.224	0.3	0.281	0.289
濟寧	0.333	0.124	0.217	0.121	0.304	0.211	0.318	0.264	0.284
泰安	0.119	0.116	0.114	0.121	0.291	0.212	0.295	0.273	0.29
威海	0.109	0.12	0.114	0.159	0.325	0.248	0.37	0.274	0.285
日照	0.109	0.105	0.114	0.114	0.323	0.23	0.217	0.231	0.277
萊蕪	0.147	0.106	0.246	0.134	0.325	0.212	0.212	0.218	0.292
臨沂	0.128	0.14	0.111	0.127	0.319	0.24	0.252	0.235	0.293
德州	0.165	0.115	0.148	0.119	0.294	0.227	0.232	0.2	0.279
聊城	0.156	0.171	0.139	0.187	0.33	0.252	0.303	0.264	0.293
濱州	0.137	0.117	0.14	0.133	0.306	0.214	0.239	0.216	0.211
菏澤	0.235	0.135	0.166	0.127	0.316	0.233	0.226	0.195	0.229
鄭州	0.165	0.179	0.13	0.158	0.286	0.301	0.316	0.255	0.28
開封	0.137	0.11	0.133	0.114	0.256	0.236	0.232	0.206	0.265
洛陽	0.235	0.12	0.184	0.121	0.23	0.239	0.227	0.228	0.233
平頂山	0.137	0.111	0.131	0.115	0.263	0.225	0.256	0.234	0.254
安陽	0.179	0.114	0.163	0.117	0.258	0.212	0.209	0.218	0.218
鶴壁	0.123	0.106	0.16	0.125	0.236	0.234	0.212	0.244	0.249
新鄉	0.151	0.114	0.137	0.117	0.233	0.243	0.251	0.213	0.231
焦作	0.147	0.112	0.154	0.124	0.224	0.224	0.229	0.192	0.238
濮陽	0.128	0.107	0.132	0.113	0.242	0.23	0.247	0.192	0.219
許昌	0.128	0.113	0.127	0.12	0.248	0.209	0.207	0.212	0.26
漯河	0.105	0.105	0.107	0.113	0.212	0.232	0.25	0.197	0.268
三門峽	0.128	0.119	0.151	0.161	0.202	0.203	0.208	0.199	0.215
南陽	0.161	0.119	0.124	0.112	0.215	0.198	0.238	0.235	0.214
商丘	0.137	0.108	0.121	0.106	0.304	0.292	0.332	0.325	0.301
信陽	0.142	0.111	0.128	0.109	0.256	0.218	0.208	0.216	0.243
周口	0.147	0.108	0.121	0.105	0.224	0.237	0.239	0.233	0.228
駐馬店	0.161	0.108	0.135	0.107	0.25	0.229	0.22	0.234	0.214
武漢	0.398	0.25	0.222	0.234	0.325	0.37	0.36	0.329	0.328
黃石	0.123	0.114	0.139	0.14	0.253	0.222	0.245	0.237	0.223
十堰	0.119	0.114	0.123	0.13	0.248	0.206	0.216	0.223	0.224
宜昌	0.198	0.123	0.198	0.143	0.222	0.237	0.213	0.202	0.227
襄陽	0.142	0.118	0.131	0.123	0.243	0.231	0.233	0.247	0.235
鄂州	0.109	0.105	0.136	0.136	0.246	0.223	0.23	0.197	0.244
荊門	0.133	0.106	0.146	0.116	0.253	0.226	0.256	0.23	0.262

表 4.10.1 2013 年度城市文化形象競爭力三級指標分值

城市	劇院數	公共藏書總量	每百萬人影劇院數	每百人公共圖書數	誠信意識指數	競爭意識指數	重商意識指數	創新意識指數	寬容意識指數
孝感	0.123	0.111	0.12	0.115	0.233	0.223	0.211	0.2	0.229
荊州	0.114	0.115	0.11	0.116	0.249	0.209	0.222	0.226	0.224
黃岡	0.161	0.122	0.14	0.122	0.23	0.237	0.224	0.21	0.23
咸寧	0.109	0.109	0.115	0.122	0.254	0.237	0.235	0.235	0.258
隨州	0.133	0.129	0.161	0.184	0.222	0.193	0.228	0.227	0.244
長沙	0.137	0.224	0.122	0.24	0.246	0.297	0.285	0.294	0.357
株洲	0.119	0.116	0.12	0.13	0.257	0.226	0.249	0.235	0.238
湘潭	0.147	0.114	0.169	0.135	0.249	0.218	0.261	0.19	0.21
衡陽	0.123	0.122	0.113	0.12	0.246	0.228	0.257	0.202	0.255
邵陽	0.142	0.119	0.124	0.117	0.239	0.202	0.242	0.228	0.212
岳陽	0.147	0.126	0.135	0.134	0.235	0.199	0.224	0.231	0.238
常德	0.142	0.118	0.13	0.121	0.222	0.203	0.198	0.206	0.238
張家界	0.133	0.102	0.19	0.109	0.247	0.187	0.259	0.226	0.243
益陽	0.128	0.113	0.127	0.119	0.231	0.215	0.233	0.22	0.227
郴州	0.133	0.111	0.129	0.116	0.255	0.207	0.214	0.215	0.244
永州	0.151	0.112	0.14	0.114	0.247	0.215	0.225	0.206	0.23
懷化	0.161	0.116	0.152	0.123	0.222	0.228	0.213	0.19	0.247
婁底	0.142	0.111	0.145	0.119	0.215	0.212	0.221	0.205	0.235
廣州	0.282	0.306	0.158	0.287	1	1	1	1	1
韶關	0.175	0.108	0.207	0.119	0.352	0.327	0.353	0.311	0.322
深圳	0.198	0.425	0.138	1	1	1	1	1	1
珠海	0.105	0.121	0.112	0.246	0.344	0.291	0.367	0.281	0.337
汕頭	0.123	0.135	0.118	0.148	0.253	0.27	0.32	0.268	0.244
佛山	0.268	0.147	0.195	0.192	0.337	0.301	0.344	0.327	0.344
江門	0.137	0.126	0.134	0.148	0.323	0.326	0.328	0.306	0.322
湛江	0.119	0.116	0.111	0.115	0.323	0.268	0.309	0.257	0.253
茂名	0.123	0.108	0.116	0.108	0.262	0.283	0.319	0.239	0.232
肇慶	0.137	0.119	0.139	0.133	0.308	0.266	0.314	0.253	0.255
惠州	0.133	0.115	0.129	0.132	0.241	0.295	0.385	0.294	0.265
梅州	0.622	0.114	0.6	0.12	0.25	0.276	0.304	0.247	0.248
汕尾	0.1	0.102	0.1	0.105	0.219	0.284	0.293	0.259	0.242
河源	0.1	0.107	0.1	0.115	0.219	0.259	0.307	0.254	0.245
陽江	0.109	0.108	0.116	0.122	0.208	0.273	0.304	0.249	0.24
清遠	0.142	0.111	0.146	0.12	0.216	0.268	0.28	0.245	0.225
東莞	0.342	0.233	0.22	0.635	0.346	0.381	0.356	0.317	0.317
中山	0.189	0.117	0.215	0.183	0.331	0.313	0.41	0.32	0.308
潮州	0.114	0.106	0.121	0.116	0.304	0.278	0.314	0.256	0.289
揭陽	0.114	0.109	0.11	0.11	0.251	0.264	0.303	0.259	0.251
雲浮	0.212	0.108	0.292	0.122	0.249	0.281	0.307	0.249	0.236
南寧	0.151	0.17	0.13	0.172	0.284	0.237	0.297	0.249	0.299
柳州	0.114	0.12	0.115	0.14	0.213	0.195	0.206	0.205	0.253
桂林	0.198	0.151	0.184	0.172	0.214	0.193	0.211	0.198	0.23
梧州	0.128	0.112	0.139	0.128	0.214	0.208	0.233	0.206	0.217
北海	0.109	0.107	0.125	0.129	0.241	0.193	0.234	0.213	0.218
防城港	0.119	0.103	0.187	0.128	0.23	0.206	0.204	0.186	0.234
欽州	0.114	0.107	0.118	0.112	0.255	0.228	0.228	0.211	0.25
貴港	0.147	0.108	0.146	0.112	0.208	0.202	0.23	0.187	0.256
玉林	0.142	0.122	0.131	0.123	0.241	0.215	0.22	0.197	0.254
百色	0.1	0.1	0.1	0.1	0.196	0.197	0.212	0.18	0.219
賀州	0.147	0.107	0.197	0.123	0.2	0.193	0.211	0.187	0.226
河池	0.119	0.112	0.122	0.122	0.205	0.21	0.213	0.186	0.23
來賓	0.128	0.105	0.154	0.115	0.226	0.211	0.198	0.186	0.234
崇左	0.137	0.101	0.176	0.103	0.186	0.205	0.192	0.18	0.228
海口	0.147	0.106	0.191	0.127	0.312	0.245	0.336	0.314	0.33
三亞	0.109	0.104	0.154	0.145	0.283	0.222	0.305	0.246	0.282
重慶	0.273	0.25	0.124	0.133	0.357	0.357	0.366	0.349	0.369
成都	0.165	0.301	0.119	0.228	0.291	0.327	0.354	0.348	0.369
自貢	0.114	0.104	0.121	0.11	0.217	0.244	0.249	0.228	0.216

表 4.10.1 2013 年度城市文化形象競爭力三級指標分值

城市	劇院數	公共藏書總量	每百萬人影劇院數	每百人公共圖書數	誠信意識指數	競爭意識指數	重商意識指數	創新意識指數	寬容意識指數
攀枝花	0.109	0.108	0.131	0.154	0.228	0.239	0.22	0.234	0.264
瀘州	0.119	0.116	0.118	0.123	0.245	0.23	0.206	0.217	0.202
德陽	0.142	0.111	0.148	0.12	0.21	0.228	0.223	0.236	0.226
綿陽	0.17	0.122	0.162	0.13	0.241	0.22	0.242	0.236	0.222
廣元	0.151	0.112	0.184	0.129	0.242	0.233	0.225	0.234	0.222
遂寧	0.119	0.105	0.123	0.11	0.223	0.204	0.248	0.225	0.25
內江	0.142	0.107	0.146	0.112	0.265	0.214	0.242	0.204	0.236
樂山	0.105	0.107	0.106	0.114	0.222	0.197	0.268	0.202	0.216
南充	0.119	0.113	0.112	0.112	0.258	0.199	0.226	0.23	0.212
眉山	0.128	0.103	0.139	0.106	0.233	0.198	0.256	0.207	0.249
宜賓	0.128	0.115	0.126	0.12	0.223	0.216	0.248	0.216	0.24
廣安	0.119	0.121	0.124	0.133	0.215	0.191	0.202	0.237	0.247
達州	0.151	0.113	0.138	0.114	0.223	0.227	0.239	0.236	0.228
雅安	0.114	0.109	0.138	0.143	0.207	0.218	0.212	0.215	0.258
巴中	0.151	0.106	0.164	0.112	0.236	0.237	0.252	0.219	0.217
資陽	0.123	0.108	0.126	0.112	0.261	0.215	0.26	0.231	0.257
貴陽	0.123	0.128	0.122	0.155	0.326	0.23	0.302	0.295	0.294
六盤水	0.119	0.105	0.127	0.111	0.219	0.209	0.227	0.223	0.211
遵義	0.17	0.117	0.147	0.117	0.214	0.199	0.223	0.207	0.225
安順	0.105	0.104	0.108	0.112	0.251	0.203	0.219	0.199	0.223
畢節	0.109	0.11	0.106	0.108	0.1	0.1	0.1	0.1	0.1
銅仁	0.128	0.106	0.137	0.111	0.1	0.1	0.1	0.1	0.1
昆明	0.133	0.131	0.121	0.142	0.352	0.307	0.354	0.322	0.322
曲靖	0.147	0.115	0.132	0.117	0.339	0.31	0.338	0.297	0.325
玉溪	0.203	0.125	0.281	0.18	0.232	0.203	0.217	0.232	0.217
保山	0.119	0.107	0.13	0.121	0.212	0.191	0.22	0.187	0.249
昭通	0.1	0.102	0.1	0.103	0.174	0.168	0.207	0.183	0.182
麗江	0.114	0.104	0.146	0.127	0.177	0.163	0.205	0.177	0.179
普洱	0.1	0.11	0.1	0.129	0.177	0.165	0.202	0.175	0.192
臨滄	0.105	0.107	0.108	0.122	0.181	0.161	0.203	0.175	0.191
拉薩	0.1	0.1	0.1	0.1	0.279	0.213	0.206	0.201	0.215
西安	0.231	0.164	0.163	0.16	0.304	0.316	0.332	0.316	0.321
銅川	0.137	0.108	0.282	0.174	0.257	0.208	0.22	0.203	0.234
寶雞	0.17	0.117	0.177	0.133	0.207	0.22	0.216	0.204	0.226
咸陽	0.147	0.114	0.139	0.119	0.265	0.2	0.221	0.221	0.252
渭南	0.165	0.113	0.15	0.116	0.205	0.219	0.22	0.242	0.248
延安	0.109	0.108	0.117	0.127	0.236	0.219	0.205	0.197	0.225
漢中	0.123	0.109	0.128	0.118	0.236	0.192	0.245	0.232	0.235
榆林	0.161	0.113	0.174	0.127	0.257	0.232	0.239	0.22	0.24
安康	0.128	0.107	0.143	0.116	0.203	0.194	0.238	0.201	0.255
商洛	0.137	0.107	0.165	0.12	0.187	0.187	0.177	0.167	0.215
蘭州	0.147	0.16	0.153	0.237	0.325	0.266	0.266	0.244	0.293
嘉峪關	0.151	0.102	1	0.16	0.215	0.229	0.197	0.201	0.26
金昌	0.119	0.104	0.264	0.159	0.21	0.223	0.243	0.225	0.245
白銀	0.114	0.107	0.133	0.128	0.256	0.218	0.212	0.204	0.212
天水	0.128	0.111	0.135	0.121	0.204	0.186	0.251	0.224	0.226
武威	0.105	0.104	0.11	0.116	0.209	0.177	0.183	0.171	0.178
張掖	0.128	0.108	0.195	0.148	0.21	0.19	0.186	0.163	0.176
平涼	0.137	0.106	0.173	0.118	0.216	0.184	0.17	0.158	0.181
酒泉	0.133	0.106	0.221	0.147	0.197	0.186	0.181	0.167	0.183
慶陽	0.151	0.108	0.195	0.121	0.196	0.183	0.173	0.16	0.162
定西	0.133	0.109	0.149	0.121	0.199	0.18	0.172	0.163	0.179
隴南	0.137	0.11	0.16	0.125	0.197	0.177	0.177	0.159	0.166
西寧	0.109	0.129	0.119	0.198	0.292	0.219	0.239	0.224	0.247
銀川	0.147	0.137	0.194	0.268	0.298	0.271	0.27	0.268	0.249
石嘴山	0.119	0.106	0.204	0.162	0.249	0.185	0.215	0.212	0.223
吳忠	0.123	0.109	0.174	0.15	0.248	0.193	0.22	0.206	0.233
固原	0.147	0.106	0.253	0.131	0.224	0.188	0.197	0.194	0.238

表 4. 10. 1 2013 年度城市文化形象競爭力三級指標分值

城市	劇院數	公共藏書總量	每百萬人影劇院數	每百人公共圖書數	誠信意識指數	競爭意識指數	重商意識指數	創新意識指數	寬容意識指數
中衛	0.114	0.105	0.152	0.132	0.24	0.185	0.194	0.192	0.235
烏魯木齊	0.114	0.136	0.117	0.207	0.265	0.242	0.238	0.237	0.256
克拉瑪依	0.114	0.118	0.187	0.461	0.222	0.219	0.224	0.219	0.232
香港	0.622	0.117	0.398	0.28	1	1	1	1	1
澳門	0.133	0.102	0.329	0.306	0.338	0.358	0.359	0.337	0.343
新北	0.226	0.106	0.231	0.217	0.263	0.22	0.252	0.216	0.229
臺北	0.277	0.108	0.371	0.315	0.337	0.3	0.362	0.328	0.316
台中	0.184	0.104	0.228	0.217	0.266	0.219	0.245	0.21	0.228
台南	0.161	0.103	0.232	0.217	0.259	0.217	0.248	0.212	0.229
高雄	0.189	0.102	0.23	0.217	0.26	0.219	0.246	0.216	0.229
基隆	0.114	0.101	0.252	0.217	0.26	0.214	0.247	0.214	0.224
新竹	0.114	0.101	0.235	0.217	0.253	0.211	0.244	0.207	0.226
嘉義	0.109	0.1	0.241	0.217	0.258	0.213	0.236	0.207	0.221

表 4. 10. 2 2013 年度城市文化形象競爭力三級指標分值

城市	城市歷史文化指數	藝術家和文化組織指數	名勝古跡指數	教育文化人力資本指數	城市文化影響指數	城市功能定位指數	城市建築景觀和諧程度	城市知名度	城市推廣度
北京	1	0.904	1	1	1	1	1	1	1
天津	0.82	0.177	0.539	0.445	0.536	0.382	0.347	0.519	0.514
石家莊	0.605	0.162	0.253	0.461	0.41	0.346	0.252	0.386	0.357
唐山	0.439	0.124	0.188	0.42	0.277	0.216	0.214	0.285	0.271
秦皇島	0.484	0.123	0.618	0.483	0.342	0.21	0.299	0.303	0.293
邯鄲	0.546	0.127	0.269	0.43	0.262	0.214	0.213	0.242	0.242
邢臺	0.304	0.112	0.196	0.351	0.313	0.205	0.185	0.227	0.232
保定	0.424	0.12	0.248	0.409	0.33	0.195	0.214	0.237	0.23
張家口	0.444	0.116	0.212	0.478	0.278	0.176	0.196	0.244	0.225
承德	0.47	0.117	0.17	0.466	0.309	0.199	0.181	0.228	0.207
滄州	0.384	0.118	0.225	0.434	0.319	0.211	0.188	0.237	0.244
廊坊	0.438	0.108	0.188	0.459	0.252	0.213	0.208	0.224	0.242
衡水	0.439	0.11	0.179	0.439	0.243	0.209	0.197	0.21	0.22
太原	0.431	0.169	0.411	0.726	0.289	0.254	0.28	0.26	0.293
大同	0.342	0.122	0.232	0.508	0.239	0.195	0.216	0.243	0.248
陽泉	0.278	0.106	0.178	0.462	0.227	0.199	0.229	0.251	0.235
長治	0.305	0.119	0.182	0.525	0.232	0.207	0.241	0.215	0.206
晉城	0.305	0.108	0.209	0.418	0.208	0.196	0.216	0.23	0.251
朔州	0.367	0.104	0.156	0.392	0.227	0.2	0.226	0.229	0.206
晉中	0.332	0.115	0.198	0.502	0.22	0.209	0.223	0.238	0.237
運城	0.303	0.13	0.19	0.437	0.22	0.202	0.219	0.242	0.211
忻州	0.327	0.109	0.181	0.495	0.236	0.209	0.242	0.223	0.236
臨汾	0.275	0.118	0.235	0.461	0.221	0.182	0.229	0.236	0.238
呂梁	0.273	0.115	0.248	0.482	0.215	0.18	0.238	0.236	0.23
呼和浩特	0.398	0.142	0.45	0.655	0.272	0.252	0.26	0.291	0.284
包頭	0.24	0.112	0.18	0.415	0.226	0.186	0.206	0.203	0.236
烏海	0.242	0.103	0.179	0.489	0.238	0.19	0.199	0.24	0.213
赤峰	0.195	0.113	0.233	0.526	0.227	0.204	0.202	0.219	0.234
通遼	0.237	0.111	0.248	0.474	0.207	0.188	0.182	0.236	0.21
鄂爾多斯	0.311	0.111	0.228	0.477	0.257	0.268	0.246	0.331	0.37
呼倫貝爾	0.211	0.12	0.374	0.52	0.239	0.192	0.17	0.248	0.212
巴彥淖爾	0.226	0.105	0.238	0.427	0.189	0.192	0.175	0.231	0.203
烏蘭察布	0.203	0.11	0.258	0.388	0.204	0.182	0.166	0.232	0.198
瀋陽	0.607	0.183	0.665	0.664	0.331	0.345	0.288	0.477	0.419
大連	0.575	0.146	0.577	0.525	0.335	0.31	0.432	0.486	0.578
鞍山	0.423	0.115	0.267	0.43	0.224	0.222	0.219	0.287	0.273
撫順	0.474	0.109	0.272	0.398	0.23	0.22	0.264	0.32	0.259
本溪	0.26	0.108	0.344	0.524	0.224	0.224	0.211	0.268	0.258

表 4. 10. 2 2013 年度城市文化形象競爭力三級指標分值

城市	城市歷史文化指數	藝術家和文化組織指數	名勝古跡指數	教育文化人力資本指數	城市文化影響指數	城市功能定位指數	城市建築景觀和諧程度	城市知名度	城市推廣度
丹東	0.451	0.112	0.246	0.472	0.234	0.216	0.272	0.289	0.255
錦州	0.412	0.112	0.256	0.415	0.218	0.231	0.256	0.264	0.269
營口	0.459	0.113	0.337	0.445	0.222	0.241	0.266	0.339	0.293
阜新	0.452	0.108	0.284	0.474	0.241	0.215	0.281	0.293	0.288
遼陽	0.457	0.107	0.33	0.345	0.22	0.231	0.271	0.251	0.25
盤錦	0.379	0.108	0.285	0.461	0.233	0.209	0.234	0.304	0.261
鐵嶺	0.362	0.108	0.255	0.335	0.227	0.231	0.276	0.256	0.247
朝陽	0.391	0.107	0.286	0.433	0.22	0.218	0.263	0.324	0.285
葫蘆島	0.306	0.106	0.324	0.352	0.235	0.243	0.243	0.262	0.262
長春	0.605	0.181	0.159	0.637	0.316	0.292	0.27	0.392	0.352
吉林	0.301	0.116	0.103	0.414	0.239	0.227	0.229	0.31	0.292
四平	0.408	0.114	0.101	0.408	0.248	0.24	0.24	0.27	0.233
遼源	0.282	0.105	0.1	0.393	0.229	0.222	0.216	0.251	0.236
通化	0.452	0.111	0.115	0.409	0.22	0.211	0.268	0.27	0.231
白山	0.392	0.11	0.16	0.52	0.248	0.242	0.21	0.26	0.208
松原	0.432	0.106	0.14	0.389	0.219	0.262	0.264	0.272	0.225
白城	0.345	0.111	0.131	0.579	0.207	0.252	0.214	0.254	0.217
哈爾濱	0.699	0.187	0.569	0.58	0.324	0.334	0.291	0.423	0.368
齊齊哈爾	0.314	0.117	0.318	0.312	0.226	0.272	0.25	0.292	0.223
雞西	0.352	0.107	0.333	0.375	0.22	0.224	0.241	0.243	0.215
鶴崗	0.417	0.105	0.293	0.441	0.25	0.267	0.227	0.213	0.205
雙鴨山	0.317	0.106	0.273	0.345	0.24	0.261	0.266	0.226	0.209
大慶	0.367	0.123	0.305	0.522	0.244	0.255	0.256	0.344	0.223
伊春	0.291	0.104	0.322	0.214	0.212	0.265	0.271	0.222	0.243
佳木斯	0.319	0.108	0.325	0.397	0.242	0.22	0.241	0.205	0.238
七台河	0.349	0.103	0.281	0.309	0.244	0.258	0.259	0.237	0.206
牡丹江	0.356	0.107	0.231	0.354	0.244	0.229	0.233	0.207	0.206
黑河	0.342	0.106	0.187	0.398	0.231	0.228	0.221	0.225	0.231
綏化	0.296	0.11	0.172	0.344	0.211	0.211	0.259	0.246	0.211
上海	0.95	0.351	0.622	0.468	1	1	1	1	1
南京	0.76	0.163	0.987	0.552	0.437	0.288	0.369	0.441	0.385
無錫	0.593	0.128	0.799	0.364	0.325	0.353	0.387	0.363	0.357
徐州	0.599	0.121	0.526	0.425	0.308	0.213	0.292	0.343	0.334
常州	0.41	0.116	0.495	0.36	0.284	0.261	0.286	0.328	0.338
蘇州	0.528	0.135	0.763	0.266	0.588	0.553	0.506	0.526	0.578
南通	0.476	0.119	0.483	0.348	0.316	0.365	0.266	0.322	0.336
連雲港	0.467	0.109	0.481	0.406	0.266	0.251	0.226	0.269	0.286
淮安	0.407	0.112	0.467	0.434	0.285	0.235	0.236	0.242	0.213
鹽城	0.302	0.116	0.357	0.354	0.255	0.233	0.207	0.2	0.207
揚州	0.323	0.109	0.404	0.401	0.269	0.229	0.217	0.199	0.241
鎮江	0.409	0.111	0.391	0.401	0.266	0.257	0.248	0.233	0.245
泰州	0.436	0.109	0.253	0.376	0.278	0.263	0.278	0.23	0.245
宿遷	0.278	0.105	0.331	0.418	0.257	0.226	0.23	0.22	0.217
杭州	0.82	0.201	0.912	0.672	0.498	0.436	0.437	0.458	0.445
寧波	0.512	0.149	0.674	0.385	0.33	0.407	0.403	0.363	0.355
溫州	0.388	0.146	0.43	0.366	0.334	0.343	0.306	0.353	0.356
嘉興	0.444	0.12	0.568	0.397	0.349	0.342	0.292	0.341	0.34
湖州	0.344	0.11	0.479	0.354	0.323	0.326	0.271	0.337	0.319
紹興	0.598	0.118	0.662	0.386	0.365	0.404	0.342	0.391	0.379
金華	0.392	0.121	0.307	0.366	0.31	0.256	0.239	0.256	0.247
衢州	0.496	0.109	0.296	0.398	0.313	0.223	0.255	0.276	0.244
舟山	0.462	0.109	0.562	0.458	0.292	0.345	0.294	0.303	0.314
台州	0.446	0.119	0.432	0.347	0.308	0.33	0.227	0.25	0.294
麗水	0.448	0.111	0.316	0.497	0.309	0.226	0.284	0.286	0.263
合肥	0.68	0.151	0.45	0.473	0.375	0.263	0.285	0.383	0.345
蕪湖	0.346	0.105	0.263	0.375	0.267	0.222	0.231	0.279	0.212
蚌埠	0.29	0.106	0.336	0.351	0.291	0.215	0.261	0.302	0.206

表 4.10.2 2013 年度城市文化形象競爭力三級指標分值

城市	城市歷史文化指數	藝術家和文化組織指數	名勝古跡指數	教育文化人力資本指數	城市文化影響指數	城市功能定位指數	城市建築景觀和諧程度	城市知名度	城市推廣度
淮南	0.404	0.106	0.277	0.418	0.284	0.224	0.222	0.237	0.241
馬鞍山	0.393	0.104	0.334	0.343	0.29	0.227	0.216	0.207	0.235
淮北	0.463	0.101	0.291	0.335	0.293	0.214	0.278	0.209	0.206
銅陵	0.357	0.103	0.318	0.414	0.297	0.213	0.262	0.225	0.228
安慶	0.403	0.115	0.318	0.387	0.274	0.242	0.24	0.218	0.219
黃山	0.444	0.105	0.323	0.375	0.286	0.226	0.236	0.204	0.218
滁州	0.356	0.102	0.281	0.326	0.279	0.223	0.253	0.205	0.206
阜陽	0.448	0.107	0.285	0.305	0.29	0.247	0.255	0.226	0.22
宿州	0.439	0.107	0.317	0.35	0.258	0.197	0.246	0.227	0.232
六安	0.33	0.148	0.338	0.351	0.259	0.209	0.247	0.226	0.22
亳州	0.38	0.107	0.314	0.316	0.26	0.196	0.269	0.229	0.235
池州	0.448	0.112	0.278	0.362	0.27	0.186	0.269	0.227	0.247
宣城	0.425	0.143	0.257	0.404	0.263	0.183	0.26	0.237	0.253
福州	0.704	0.175	0.614	0.54	0.382	0.307	0.281	0.366	0.345
廈門	0.568	0.127	0.484	0.412	0.367	0.359	0.355	0.348	0.352
莆田	0.394	0.109	0.366	0.496	0.283	0.224	0.271	0.255	0.258
三明	0.328	0.108	0.333	0.488	0.268	0.207	0.246	0.252	0.254
泉州	0.563	0.115	0.624	0.361	0.352	0.223	0.264	0.314	0.298
漳州	0.421	0.115	0.36	0.375	0.285	0.196	0.276	0.253	0.255
南平	0.323	0.113	0.402	0.468	0.256	0.21	0.22	0.253	0.271
龍岩	0.347	0.109	0.436	0.52	0.281	0.186	0.264	0.287	0.277
寧德	0.344	0.106	0.506	0.458	0.269	0.191	0.25	0.288	0.265
南昌	0.721	0.135	0.67	0.534	0.36	0.332	0.279	0.362	0.34
景德鎮	0.36	0.108	0.427	0.394	0.243	0.218	0.235	0.29	0.289
萍鄉	0.365	0.104	0.381	0.355	0.261	0.269	0.262	0.283	0.241
九江	0.397	0.117	0.411	0.366	0.205	0.213	0.237	0.307	0.233
新餘	0.414	0.101	0.424	0.372	0.247	0.263	0.249	0.249	0.24
鷹潭	0.304	0.107	0.379	0.367	0.224	0.246	0.229	0.244	0.251
贛州	0.47	0.115	0.403	0.373	0.25	0.215	0.236	0.241	0.199
吉安	0.461	0.114	0.426	0.305	0.251	0.239	0.214	0.207	0.21
宜春	0.433	0.11	0.373	0.308	0.253	0.271	0.261	0.212	0.207
撫州	0.353	0.107	0.388	0.382	0.228	0.245	0.249	0.215	0.217
上饒	0.481	0.11	0.437	0.349	0.236	0.25	0.248	0.209	0.242
濟南	0.79	0.18	0.775	0.596	0.411	0.308	0.373	0.482	0.464
青島	0.656	0.145	0.764	0.46	0.401	0.293	0.399	0.474	0.497
淄博	0.408	0.126	0.404	0.512	0.279	0.216	0.222	0.268	0.277
棗莊	0.322	0.108	0.466	0.388	0.267	0.198	0.242	0.278	0.256
東營	0.374	0.104	0.379	0.45	0.3	0.208	0.262	0.298	0.274
煙臺	0.579	0.132	0.31	0.44	0.357	0.301	0.312	0.392	0.419
濰坊	0.328	0.111	0.269	0.374	0.258	0.21	0.221	0.285	0.262
濟寧	0.487	0.122	0.256	0.363	0.296	0.203	0.247	0.288	0.286
泰安	0.327	0.113	0.347	0.337	0.28	0.294	0.249	0.289	0.296
威海	0.458	0.11	0.356	0.382	0.349	0.3	0.347	0.359	0.381
日照	0.339	0.106	0.246	0.355	0.278	0.217	0.231	0.273	0.269
萊蕪	0.467	0.1	0.314	0.372	0.278	0.207	0.223	0.259	0.259
臨沂	0.403	0.112	0.277	0.329	0.28	0.192	0.244	0.258	0.274
德州	0.36	0.107	0.29	0.348	0.277	0.197	0.214	0.284	0.269
聊城	0.444	0.11	0.353	0.34	0.299	0.33	0.28	0.338	0.375
濱州	0.38	0.105	0.338	0.299	0.292	0.201	0.228	0.26	0.245
菏澤	0.404	0.115	0.285	0.353	0.276	0.189	0.24	0.316	0.271
鄭州	0.686	0.207	0.249	0.603	0.359	0.333	0.217	0.44	0.362
開封	0.284	0.12	0.222	0.471	0.245	0.184	0.23	0.328	0.22
洛陽	0.892	0.123	0.983	0.393	0.263	0.194	0.236	0.309	0.224
平頂山	0.359	0.116	0.218	0.389	0.212	0.19	0.243	0.243	0.216
安陽	0.421	0.113	0.208	0.359	0.228	0.206	0.235	0.241	0.215
鶴壁	0.347	0.102	0.231	0.375	0.24	0.209	0.212	0.242	0.241
新鄉	0.373	0.115	0.226	0.435	0.255	0.18	0.23	0.225	0.219

表 4. 10. 2 2013 年度城市文化形象競爭力三級指標分值

城市	城市歷史文化指數	藝術家和文化組織指數	名勝古跡指數	教育文化人力資本指數	城市文化影響指數	城市功能定位指數	城市建築景觀和諧程度	城市知名度	城市推廣度
焦作	0.436	0.11	0.248	0.407	0.234	0.213	0.241	0.206	0.229
濮陽	0.33	0.107	0.194	0.412	0.228	0.195	0.238	0.225	0.233
許昌	0.365	0.111	0.21	0.391	0.23	0.196	0.23	0.223	0.227
漯河	0.323	0.109	0.244	0.42	0.244	0.195	0.237	0.219	0.227
三門峽	0.259	0.107	0.218	0.453	0.222	0.192	0.212	0.213	0.213
南陽	0.357	0.127	0.205	0.427	0.251	0.197	0.224	0.223	0.224
商丘	0.652	0.108	0.175	0.437	0.339	0.29	0.329	0.307	0.307
信陽	0.316	0.119	0.208	0.543	0.229	0.19	0.223	0.203	0.215
周口	0.461	0.113	0.237	0.415	0.229	0.197	0.215	0.242	0.227
駐馬店	0.408	0.119	0.223	0.428	0.24	0.191	0.235	0.222	0.217
武漢	0.794	0.2	0.628	0.626	0.414	0.398	0.341	0.455	0.409
黃石	0.266	0.108	0.269	0.407	0.286	0.261	0.245	0.279	0.266
十堰	0.451	0.132	0.336	0.444	0.282	0.253	0.23	0.291	0.33
宜昌	0.34	0.136	0.303	0.372	0.261	0.202	0.261	0.216	0.24
襄陽	0.445	0.118	0.3	0.415	0.256	0.192	0.266	0.198	0.22
鄂州	0.335	0.103	0.513	0.451	0.259	0.193	0.265	0.232	0.218
荊門	0.373	0.114	0.453	0.402	0.284	0.204	0.274	0.229	0.252
孝感	0.43	0.12	0.296	0.409	0.296	0.204	0.224	0.207	0.215
荊州	0.452	0.115	0.423	0.3	0.277	0.195	0.261	0.233	0.234
黃岡	0.396	0.113	0.252	0.404	0.266	0.219	0.227	0.211	0.237
咸寧	0.489	0.104	0.264	0.47	0.28	0.185	0.242	0.218	0.248
隨州	0.303	0.103	0.288	0.316	0.298	0.202	0.226	0.208	0.226
長沙	0.699	0.216	0.393	0.657	0.373	0.366	0.26	0.391	0.382
株洲	0.461	0.108	0.224	0.321	0.267	0.222	0.226	0.292	0.271
湘潭	0.29	0.107	0.268	0.401	0.337	0.227	0.227	0.277	0.253
衡陽	0.464	0.121	0.401	0.371	0.285	0.217	0.216	0.206	0.243
邵陽	0.269	0.107	0.405	0.289	0.286	0.212	0.221	0.24	0.251
岳陽	0.451	0.108	0.419	0.335	0.273	0.186	0.241	0.287	0.302
常德	0.361	0.114	0.269	0.323	0.341	0.214	0.239	0.276	0.263
張家界	0.476	0.106	0.803	0.422	0.275	0.215	0.226	0.43	0.426
益陽	0.475	0.107	0.238	0.343	0.266	0.19	0.205	0.237	0.226
郴州	0.34	0.111	0.268	0.345	0.294	0.205	0.234	0.3	0.287
永州	0.477	0.11	0.359	0.384	0.259	0.179	0.24	0.236	0.244
懷化	0.3	0.112	0.198	0.382	0.316	0.182	0.228	0.217	0.243
婁底	0.276	0.106	0.191	0.352	0.311	0.191	0.212	0.219	0.229
廣州	0.876	0.272	0.707	0.613	1	1	1	1	1
韶關	0.403	0.108	0.465	0.453	0.416	0.369	0.35	0.382	0.394
深圳	0.373	0.179	0.248	0.332	1	1	1	1	1
珠海	0.453	0.12	0.213	0.58	0.404	0.327	0.362	0.385	0.353
汕頭	0.39	0.11	0.203	0.362	0.303	0.246	0.272	0.45	0.331
佛山	0.442	0.111	0.481	0.373	0.387	0.301	0.285	0.377	0.325
江門	0.416	0.109	0.335	0.363	0.41	0.31	0.326	0.337	0.35
湛江	0.283	0.118	0.226	0.432	0.333	0.202	0.259	0.335	0.293
茂名	0.304	0.109	0.18	0.488	0.323	0.186	0.235	0.317	0.326
肇慶	0.319	0.111	0.219	0.42	0.252	0.194	0.237	0.305	0.296
惠州	0.384	0.118	0.238	0.346	0.31	0.269	0.232	0.326	0.291
梅州	0.361	0.109	0.233	0.486	0.286	0.202	0.231	0.263	0.275
汕尾	0.39	0.104	0.302	0.356	0.281	0.196	0.218	0.244	0.265
河源	0.3	0.106	0.238	0.432	0.329	0.199	0.244	0.272	0.27
陽江	0.277	0.104	0.21	0.418	0.288	0.189	0.219	0.256	0.244
清遠	0.271	0.105	0.212	0.38	0.267	0.19	0.221	0.247	0.245
東莞	0.382	0.109	0.253	0.1	0.379	0.443	0.338	0.441	0.329
中山	0.692	0.111	0.722	0.284	0.363	0.356	0.391	0.386	0.344
潮州	0.281	0.103	0.208	0.349	0.307	0.196	0.228	0.308	0.312
揭陽	0.29	0.109	0.187	0.353	0.261	0.2	0.231	0.236	0.218
雲浮	0.296	0.104	0.182	0.425	0.312	0.197	0.231	0.221	0.237
南寧	0.503	0.157	0.348	0.565	0.332	0.266	0.263	0.358	0.286

表 4. 10. 2 2013 年度城市文化形象競爭力三級指標分值

城市	城市歷史文化指數	藝術家和文化組織指數	名勝古跡指數	教育文化人力資本指數	城市文化影響指數	城市功能定位指數	城市建築景觀和諧程度	城市知名度	城市推廣度
柳州	0.356	0.116	0.277	0.484	0.285	0.226	0.216	0.309	0.302
桂林	0.282	0.126	0.738	0.466	0.239	0.222	0.215	0.404	0.331
梧州	0.28	0.106	0.331	0.438	0.249	0.255	0.241	0.243	0.224
北海	0.306	0.105	0.274	0.476	0.22	0.213	0.229	0.336	0.262
防城港	0.323	0.101	0.311	0.492	0.211	0.223	0.251	0.234	0.223
欽州	0.365	0.103	0.305	0.414	0.281	0.305	0.245	0.238	0.289
貴港	0.324	0.101	0.23	0.412	0.224	0.226	0.231	0.236	0.233
玉林	0.359	0.108	0.222	0.442	0.233	0.237	0.271	0.221	0.233
百色	0.283	0.105	0.219	0.396	0.225	0.205	0.255	0.218	0.217
賀州	0.25	0.104	0.223	0.396	0.232	0.209	0.254	0.179	0.22
河池	0.291	0.109	0.215	0.426	0.22	0.21	0.253	0.179	0.217
來賓	0.287	0.103	0.2	0.416	0.231	0.215	0.255	0.181	0.219
崇左	0.273	0.103	0.221	0.419	0.226	0.217	0.246	0.185	0.218
海口	0.496	0.139	0.387	0.854	0.346	0.34	0.315	0.484	0.39
三亞	0.279	0.107	0.254	0.424	0.236	0.251	0.325	0.383	0.295
重慶	0.693	0.222	0.681	0.423	0.401	0.379	0.367	0.477	0.381
成都	0.686	0.189	0.716	0.485	0.385	0.349	0.344	0.437	0.365
自貢	0.334	0.104	0.381	0.306	0.26	0.232	0.233	0.252	0.225
攀枝花	0.362	0.105	0.408	0.394	0.274	0.221	0.206	0.278	0.232
瀘州	0.37	0.104	0.294	0.325	0.266	0.244	0.225	0.26	0.22
德陽	0.279	0.104	0.285	0.318	0.26	0.22	0.258	0.28	0.218
綿陽	0.269	0.107	0.298	0.35	0.301	0.263	0.292	0.31	0.288
廣元	0.314	0.102	0.332	0.418	0.268	0.198	0.26	0.23	0.224
遂寧	0.291	0.103	0.332	0.311	0.269	0.209	0.239	0.212	0.224
內江	0.354	0.107	0.321	0.343	0.29	0.207	0.241	0.231	0.218
樂山	0.344	0.108	0.163	0.332	0.265	0.197	0.243	0.228	0.229
南充	0.249	0.113	0.205	0.321	0.268	0.196	0.246	0.23	0.224
眉山	0.264	0.104	0.18	0.307	0.27	0.199	0.266	0.233	0.209
宜賓	0.194	0.108	0.207	0.367	0.235	0.209	0.254	0.227	0.203
廣安	0.198	0.103	0.21	0.329	0.213	0.206	0.247	0.241	0.232
達州	0.149	0.108	0.18	0.326	0.22	0.206	0.239	0.217	0.238
雅安	0.243	0.101	0.216	0.375	0.232	0.194	0.227	0.214	0.234
巴中	0.183	0.103	0.18	0.3	0.245	0.2	0.247	0.209	0.24
資陽	0.179	0.107	0.184	0.312	0.234	0.192	0.269	0.235	0.226
貴陽	0.583	0.137	0.5	0.514	0.347	0.263	0.352	0.382	0.326
六盤水	0.213	0.104	0.188	0.353	0.223	0.212	0.269	0.286	0.227
遵義	0.444	0.109	0.203	0.41	0.251	0.21	0.249	0.325	0.217
安順	0.15	0.102	0.17	0.413	0.232	0.177	0.235	0.242	0.218
畢節	0.148	0.106	0.169	0.385	0.1	0.1	0.1	0.1	0.1
銅仁	0.15	0.104	0.169	0.524	0.1	0.1	0.1	0.1	0.1
昆明	0.599	0.174	0.575	0.572	0.369	0.317	0.374	0.512	0.495
曲靖	0.499	0.107	0.522	0.392	0.334	0.313	0.335	0.396	0.401
玉溪	0.202	0.106	0.404	0.419	0.259	0.196	0.262	0.272	0.306
保山	0.245	0.102	0.521	0.358	0.234	0.186	0.266	0.243	0.222
昭通	0.243	0.104	0.224	0.363	0.199	0.181	0.173	0.189	0.203
麗江	0.262	0.106	0.212	0.461	0.203	0.178	0.17	0.183	0.203
普洱	0.241	0.105	0.218	0.341	0.204	0.18	0.177	0.179	0.206
臨滄	0.251	0.103	0.203	0.345	0.221	0.181	0.173	0.187	0.205
拉薩	0.912	0.131	0.547	0.776	0.381	0.202	0.248	0.376	0.241
西安	0.997	0.226	0.998	0.776	0.509	0.311	0.312	0.516	0.45
銅川	0.267	0.102	0.353	0.566	0.219	0.196	0.213	0.205	0.212
寶雞	0.206	0.112	0.381	0.401	0.237	0.205	0.231	0.218	0.228
咸陽	0.726	0.117	0.819	0.519	0.236	0.202	0.245	0.243	0.25
渭南	0.231	0.121	0.488	0.468	0.224	0.19	0.224	0.234	0.217
延安	0.251	0.113	0.792	0.587	0.229	0.183	0.24	0.218	0.234
漢中	0.18	0.109	0.459	0.429	0.244	0.198	0.228	0.241	0.245
榆林	0.275	0.115	0.514	0.495	0.235	0.21	0.219	0.222	0.247

表 4. 10. 2 2013 年度城市文化形象競爭力三級指標分值

城市	城市歷史文化指數	藝術家和文化組織指數	名勝古跡指數	教育文化人力資本指數	城市文化影響指數	城市功能定位指數	城市建築景觀和諧程度	城市知名度	城市推廣度
安康	0.232	0.105	0.474	0.436	0.229	0.217	0.232	0.237	0.204
商洛	0.245	0.109	0.216	0.487	0.218	0.182	0.21	0.189	0.198
蘭州	0.559	0.148	0.488	0.66	0.346	0.255	0.293	0.326	0.309
嘉峪關	0.335	0.102	0.323	0.414	0.223	0.197	0.206	0.236	0.199
金昌	0.384	0.101	0.216	0.332	0.225	0.192	0.226	0.23	0.239
白銀	0.295	0.101	0.195	0.544	0.214	0.203	0.224	0.237	0.206
天水	0.354	0.112	0.258	0.444	0.244	0.214	0.216	0.235	0.239
武威	0.229	0.113	0.35	0.409	0.223	0.222	0.169	0.223	0.184
張掖	0.205	0.105	0.333	0.628	0.212	0.225	0.158	0.22	0.181
平涼	0.213	0.105	0.348	0.52	0.222	0.226	0.164	0.229	0.184
酒泉	0.204	0.109	0.346	0.49	0.217	0.227	0.163	0.213	0.185
慶陽	0.17	0.104	0.271	0.506	0.2	0.21	0.159	0.178	0.17
定西	0.193	0.104	0.355	0.462	0.208	0.217	0.163	0.216	0.185
隴南	0.19	0.104	0.327	0.407	0.21	0.215	0.16	0.171	0.163
西寧	0.435	0.119	0.379	0.584	0.305	0.213	0.27	0.286	0.239
銀川	0.597	0.123	0.363	0.52	0.354	0.311	0.276	0.31	0.291
石嘴山	0.236	0.101	0.217	0.417	0.248	0.185	0.219	0.179	0.169
吳忠	0.173	0.101	0.185	0.397	0.244	0.207	0.213	0.197	0.191
固原	0.16	0.103	0.185	0.505	0.227	0.2	0.213	0.18	0.17
中衛	0.174	0.101	0.193	0.404	0.22	0.197	0.204	0.18	0.17
烏魯木齊	0.298	0.156	0.285	0.611	0.296	0.224	0.267	0.312	0.254
克拉瑪依	0.1	0.1	0.177	0.379	0.22	0.21	0.234	0.187	0.199
香港	0.871	1	0.318	0.886	1	1	1	1	1
澳門	0.461	0.16	0.35	0.767	0.514	0.393	0.381	0.469	0.49
新北	0.124	0.622	0.219	0.934	0.278	0.237	0.238	0.222	0.215
臺北	0.382	0.447	0.317	0.917	0.485	0.453	0.372	0.422	0.506
台中	0.137	0.448	0.216	0.917	0.276	0.241	0.237	0.222	0.217
台南	0.138	0.353	0.22	0.948	0.267	0.233	0.232	0.217	0.208
高雄	0.13	0.459	0.224	0.907	0.272	0.239	0.232	0.226	0.213
基隆	0.126	0.147	0.215	0.879	0.272	0.234	0.234	0.215	0.213
新竹	0.124	0.154	0.217	0.914	0.272	0.231	0.226	0.222	0.211
嘉義	0.129	0.132	0.213	0.851	0.27	0.227	0.227	0.222	0.211

第五篇 2013 年度中國城市成長競爭力二級指標及排名

5.1 城市潛力指數二級指標分值及排名[①]

城市潛力指數包括居民消費潛力指數、金融資本潛力指數、人力資本潛力指數、市場潛力指數、區位指數、自然資源指數、環境品質指數與可持續發展指數 7 個二級指標，它反映了成長競爭力方面城市在未來以及潛在競爭中可持續發展的能力。

居民消費潛力指數。居民消費潛力從城市居民的收入水平、收入增長水平以及居民消費水平、消費增長水平來衡量一個城市居民的消費潛力。城市是創造財富、分配財富、消費財富的集中地，而居民消費是城市生態鏈條中最重要的環節。因為實物只有經過消費領域才能成為真正意義上的財富，繼而開啟下一個創造、分配、消費財富的過程。一個城市居民的消費水準越高意味著進入下一個財富創造過程的資源越多，這個城市就具有越強的財富創造能力。因此居民的消費潛力指數是衡量城市未來發展潛力的有效衡量指標。城市居民消費水準的高低不僅體現了城市在創造財富方面的能力，而且具備較高居民消費水準的城市也為自身的產業創造了一個更具潛力的大市場，因此適當提高居民的消費能力和消費水準可以使城市的發展處於一個良性的迴圈當中。

金融資本潛力指數。金融資本潛力指數從支援城市發展的資金鏈的可獲得性來考察城市的發展潛力。資本作為社會化大生產的直接參與要素，在價值的創造過程中發揮著重要作用。資本獲得便利性極大地決定著城市產業規模擴張的程度。而資本是非常稀缺的和零散的，所以金融業發達的城市能夠靈活高效的完成資金的供給，使其產品成本低廉，市場佔有率擴大，有利於該城市價值體系的擴大。城市經濟得以健康發展，順利運行。許多城市和地區發展緩慢在很大程度上是由於遇到了“資本”瓶頸，金融業不發達，企業融資困難，融資成本高，因此城市金融資本潛力將會對城市未來的發展起著決定性的作用。

人力資本潛力指數。人力資本潛力指數從勞動力與人才未來的可獲得性來考察城市的發展潛力。在當今“知識經濟”時代，科學文化技術是經濟發展和社會進步的核心推動力，而科學文化技術的承載體、創造主體和應用主體就是人才，因此城市在人才上的吸引潛力將會對城市未來的發展起著舉足輕重的作用。高質量的人力資源可以加快城市產業技術發明和技術創新的步伐，使城市的產業獲得資源和產品的競爭優勢，擁有更高的市場佔有率。所以在其他條件充分的的情況下，一個城市的人力資本投入越多，城市產業規模就越大。而城市人力資本潛力決定於教育，所以城市的教育規模、質量、教育體系的健全性可以有效地反映城市的人力資本潛力。

市場潛力指數。市場潛力指數反映了城市產業在占領市場方面的潛力和經濟輻射潛力。現今中國已經由賣方市場步入買方市場，市場競爭日益激烈，因此對市場的控制能力與潛力將會對城市產業的發展起著非常重要的作用，如果說“中國製造”能夠體現出中國“世界工廠”的地位，那麼，城市產業對市場的佔有率將會體現城市產業在競爭中的相對優勢，經濟輻射力更是城市競爭力的體現。

區位指數、自然資源指數與環境質量指數。區位指數、自然資源指數和環境質量指數這三項指數是城市在區位水平、自然資源豐富度和環境資源豐富度的刻畫，人類的經濟活動都是在一定的自然條件下進行的，良好的自然條件，如優良的區位水平、豐富的自然資源和良

---

① 實力指數(即綜合實力競爭力)在前面的章節中已有詳述，在此略去。讀者可以參閱第 1 篇。

好的環境質量將會大大地促進城市經濟發展和社會進步。而城市經濟的發展和社會進步也會改善區位水準和環境質量。需要注意的是，區位水平中的自然區位便利度是城市競爭力重要的影響力，但經濟區位、行政區位等也發揮著愈發重要的作用。城市處於較大的市場規模之內將有利於該城市企業擴大生產規模；高行政級別的城市擁有著更強的資源配置能力。

可持續發展指數。城市的可持續發展是城市在整合各種資源，如人力資源、資本資源、資訊資源、技術資源、自然資源、環境資源使城市生態系統、經濟系統、社會系統處於良性循環發展的系統工程。資源具有稀缺的天然特性，並且許多自然資源和環境資源具有不可再生性，因此城市在發展的過程當中，應當制定自身可持續發展的戰略，轉化生產方式，由原來的"粗放型"生產方式轉變為"集約型"生產方式。從而保持自身在市場競爭中的長遠發展態勢。如果城市經濟的增長是以犧牲更多的環境為代價，城市的收益將會打折扣。所以可持續發展能力是表現城市競爭力的重要方面。

在 298 個城市潛力指數排名中，有 124 個城市處於平均水平之上，占 41.61%。其中東部地區 74 個，中部地區 38 個，西部地區 12 個。另外潛力指數得分的標準差為 0.128，比 2013 年的 0.147 有所下降，說明城市之間的潛力差異有所下降。

潛力指數二級指標的分值與排名見表 5.1.1、表 5.1.2。

表 5.1.1 2013 年度城市潛力指數二級指標分值及排名

城市	居民消費潛力指數	排名	金融資本潛力指數	排名	人力資本潛力指數	排名	市場潛力指數	排名
北京	0.773	169	1	1	0.924	4	0.685	3
天津	0.822	124	0.634	6	0.721	10	0.498	7
石家莊	0.871	40	0.385	28	0.517	36	0.298	43
唐山	0.738	196	0.328	50	0.368	67	0.313	36
秦皇島	0.679	236	0.316	59	0.36	70	0.226	113
邯鄲	0.691	230	0.312	73	0.346	76	0.289	49
邢臺	0.704	223	0.309	90	0.324	82	0.243	82
保定	0.772	170	0.316	59	0.3	94	0.248	75
張家口	0.697	224	0.306	117	0.294	96	0.222	118
承德	0.786	159	0.304	143	0.241	146	0.177	234
滄州	0.823	123	0.308	99	0.249	133	0.213	135
廊坊	0.84	86	0.31	83	0.258	123	0.195	166
衡水	0.813	136	0.302	185	0.23	166	0.177	234
太原	0.708	219	0.388	26	0.531	34	0.294	47
大同	0.818	132	0.308	99	0.301	92	0.248	75
陽泉	0.761	177	0.301	206	0.286	100	0.213	135
長治	0.825	115	0.304	143	0.26	122	0.243	82
晉城	0.86	51	0.304	143	0.27	116	0.225	115
朔州	0.838	90	0.302	185	0.267	119	0.24	92
晉中	0.722	211	0.302	185	0.256	125	0.16	276
運城	0.801	148	0.301	206	0.231	164	0.186	198
忻州	0.538	273	0.303	157	0.245	139	0.184	206
臨汾	0.803	147	0.303	157	0.24	148	0.19	181
呂梁	0.638	251	0.353	40	0.199	184	0.181	214
呼和浩特	0.884	27	0.362	35	0.467	50	0.267	61
包頭	0.923	7	0.304	143	0.357	72	0.182	212
烏海	0.934	4	0.298	246	0.208	178	0.164	267
赤峰	0.845	77	0.299	238	0.197	186	0.177	234
通遼	0.877	34	0.296	256	0.188	195	0.196	163
鄂爾多斯	0.897	17	0.305	130	0.284	103	0.327	33
呼倫貝爾	0.873	37	0.293	278	0.186	200	0.188	187
巴彥淖爾	0.891	21	0.291	286	0.179	209	0.171	255
烏蘭察布	0.68	235	0.292	283	0.183	202	0.151	286
瀋陽	0.807	141	0.491	16	0.593	26	0.482	8
大連	0.869	41	0.501	13	0.702	15	0.457	9
鞍山	0.787	158	0.312	73	0.254	128	0.238	97

表 5. 1. 1 2013 年度城市潛力指數二級指標分值及排名

城市	居民消費潛力指數	排名	金融資本潛力指數	排名	人力資本潛力指數	排名	市場潛力指數	排名
撫順	0.829	106	0.308	99	0.236	159	0.234	103
本溪	0.856	59	0.307	107	0.256	125	0.246	78
丹東	0.843	79	0.305	130	0.238	155	0.213	135
錦州	0.869	41	0.306	117	0.252	131	0.239	94
營口	0.856	59	0.306	117	0.246	137	0.219	124
阜新	0.838	90	0.301	206	0.207	179	0.237	98
遼陽	0.84	86	0.302	185	0.213	174	0.231	106
盤錦	0.863	49	0.303	157	0.188	195	0.193	171
鐵嶺	0.855	61	0.303	157	0.195	187	0.186	198
朝陽	0.774	168	0.303	157	0.193	190	0.164	267
葫蘆島	0.209	291	0.302	185	0.152	268	0.164	267
長春	0.873	37	0.467	22	0.48	48	0.346	23
吉林	0.684	233	0.307	107	0.35	74	0.25	74
四平	0.711	217	0.301	206	0.263	120	0.243	82
遼源	0.789	157	0.301	206	0.201	183	0.186	198
通化	0.667	241	0.303	157	0.206	180	0.19	181
白山	0.807	141	0.303	157	0.194	188	0.187	191
松原	0.858	54	0.302	185	0.223	169	0.191	177
白城	0.717	215	0.301	206	0.183	202	0.181	214
哈爾濱	0.873	37	0.48	18	0.544	31	0.272	56
齊齊哈爾	0.864	47	0.309	90	0.306	89	0.205	149
雞西	0.72	213	0.302	185	0.188	195	0.215	130
鶴崗	0.82	129	0.3	226	0.218	171	0.153	285
雙鴨山	0.646	249	0.302	185	0.164	236	0.236	100
大慶	0.61	256	0.315	62	0.461	52	0.246	78
伊春	0.842	81	0.3	226	0.116	297	0.121	295
佳木斯	0.575	266	0.308	99	0.169	225	0.164	267
七台河	0.659	243	0.296	256	0.162	241	0.119	296
牡丹江	0.84	86	0.301	206	0.15	271	0.184	206
黑河	0.253	289	0.298	246	0.131	294	0.149	288
綏化	0.462	276	0.301	206	0.138	291	0.177	234
上海	0.718	214	0.98	2	0.915	5	1	1
南京	0.753	186	0.523	11	0.707	14	0.431	13
無錫	0.896	19	0.365	34	0.626	22	0.413	14
徐州	0.735	198	0.317	57	0.431	56	0.303	42
常州	0.166	294	0.327	51	0.489	43	0.342	25
蘇州	0.813	136	0.404	23	0.68	17	0.564	6
南通	0.847	75	0.333	47	0.475	49	0.295	46
連雲港	0.821	125	0.311	82	0.373	66	0.255	69
淮安	0.824	119	0.308	99	0.331	78	0.24	92
鹽城	0.82	129	0.315	62	0.282	107	0.244	81
揚州	0.854	63	0.318	56	0.283	105	0.275	55
鎮江	0.851	68	0.317	57	0.298	95	0.269	57
泰州	0.838	90	0.315	62	0.282	107	0.269	57
宿遷	0.804	145	0.306	117	0.285	102	0.239	94
杭州	0.76	179	0.646	5	0.709	12	0.436	12
寧波	0.731	204	0.507	12	0.662	19	0.33	30
溫州	0.867	45	0.359	37	0.617	23	0.217	126
嘉興	0.897	17	0.34	44	0.456	53	0.258	65
湖州	0.849	72	0.324	52	0.404	59	0.224	117
紹興	0.707	221	0.348	42	0.365	68	0.288	50
金華	0.914	11	0.332	49	0.341	77	0.222	118
衢州	0.69	231	0.315	62	0.304	91	0.217	126
舟山	0.888	22	0.31	83	0.355	73	0.212	138
台州	0.693	226	0.336	45	0.301	92	0.212	138
麗水	0.772	170	0.313	70	0.306	89	0.212	138
合肥	0.782	163	0.374	30	0.53	35	0.344	24
蕪湖	0.825	115	0.305	130	0.292	98	0.216	129

表 5. 1. 1 2013 年度城市潛力指數二級指標分值及排名

城市	居民消費潛力指數	排名	金融資本潛力指數	排名	人力資本潛力指數	排名	市場潛力指數	排名
蚌埠	0.673	237	0.297	253	0.249	133	0.191	177
淮南	0.775	167	0.303	157	0.286	100	0.158	280
馬鞍山	0.757	183	0.301	206	0.262	121	0.199	155
淮北	0.838	90	0.301	206	0.284	103	0.193	171
銅陵	0.824	119	0.299	238	0.254	128	0.191	177
安慶	0.657	246	0.303	157	0.237	157	0.188	187
黃山	0.758	181	0.298	246	0.236	159	0.175	248
滁州	0.744	195	0.299	238	0.237	157	0.194	169
阜陽	0.732	203	0.301	206	0.241	146	0.171	255
宿州	0.672	239	0.299	238	0.244	142	0.19	181
六安	0.806	143	0.301	206	0.189	193	0.178	232
亳州	0.629	253	0.302	185	0.154	263	0.183	210
池州	0.747	194	0.3	226	0.168	228	0.164	267
宣城	0.755	184	0.302	185	0.17	222	0.184	206
福州	0.748	192	0.395	24	0.532	33	0.312	37
廈門	0.726	208	0.478	19	0.694	16	0.306	41
莆田	0.672	239	0.309	90	0.322	84	0.221	122
三明	0.693	226	0.312	73	0.321	85	0.252	73
泉州	0.755	184	0.336	45	0.374	65	0.298	43
漳州	0.71	218	0.315	62	0.359	71	0.186	198
南平	0.591	261	0.313	70	0.23	166	0.214	132
龍岩	0.751	188	0.313	70	0.231	164	0.186	198
寧德	0.692	228	0.304	143	0.239	150	0.192	176
南昌	0.713	216	0.383	29	0.489	43	0.243	82
景德鎮	0.648	247	0.304	143	0.25	132	0.168	259
萍鄉	0.623	254	0.305	130	0.206	180	0.158	280
九江	0.602	259	0.309	90	0.215	173	0.202	153
新餘	0.63	252	0.3	226	0.17	222	0.181	214
鷹潭	0.541	271	0.298	246	0.194	188	0.195	166
贛州	0.611	255	0.305	130	0.17	222	0.198	159
吉安	0.748	192	0.303	157	0.171	218	0.193	171
宜春	0.705	222	0.301	206	0.173	214	0.195	166
撫州	0.761	177	0.3	226	0.165	234	0.15	287
上饒	0.513	275	0.303	157	0.178	210	0.175	248
濟南	0.868	43	0.478	19	0.604	25	0.323	34
青島	0.769	175	0.485	17	0.673	18	0.441	11
淄博	0.827	107	0.321	54	0.29	99	0.255	69
棗莊	0.831	105	0.307	107	0.239	150	0.193	171
東營	0.812	138	0.315	62	0.275	113	0.268	60
煙臺	0.878	31	0.316	59	0.279	111	0.32	35
濰坊	0.734	199	0.319	55	0.247	136	0.257	67
濟寧	0.848	73	0.312	73	0.258	123	0.169	258
泰安	0.842	81	0.306	117	0.245	139	0.208	146
威海	0.864	47	0.307	107	0.276	112	0.243	82
日照	0.734	199	0.303	157	0.244	142	0.167	263
萊蕪	0.603	258	0.301	206	0.245	139	0.1	298
臨沂	0.729	205	0.312	73	0.249	133	0.217	126
德州	0.785	160	0.307	107	0.239	150	0.226	113
聊城	0.722	211	0.307	107	0.204	182	0.222	118
濱州	0.796	153	0.306	117	0.188	195	0.222	118
菏澤	0.821	125	0.304	143	0.147	279	0.214	132
鄭州	0.913	12	0.579	9	0.578	29	0.371	20
開封	0.446	278	0.299	238	0.242	145	0.19	181
洛陽	0.449	277	0.309	90	0.243	144	0.212	138
平頂山	0.289	287	0.303	157	0.222	170	0.179	224
安陽	0.346	282	0.302	185	0.187	199	0.199	155
鶴壁	0.546	270	0.298	246	0.171	218	0.176	244
新鄉	0.383	281	0.304	143	0.152	268	0.205	149

表 5.1.1 2013 年度城市潛力指數二級指標分值及排名

城市	居民消費潛力指數	排名	金融資本潛力指數	排名	人力資本潛力指數	排名	市場潛力指數	排名
焦作	0.857	56	0.302	185	0.159	249	0.199	155
濮陽	0.214	290	0.301	206	0.169	225	0.177	234
許昌	0.573	267	0.301	206	0.158	253	0.211	142
漯河	0.385	280	0.296	256	0.123	296	0.179	224
三門峽	0.206	293	0.297	253	0.166	231	0.197	160
南陽	0.299	286	0.305	130	0.168	228	0.196	163
商丘	0.1	298	0.303	157	0.143	285	0.191	177
信陽	0.321	283	0.301	206	0.141	287	0.178	232
周口	0.143	295	0.298	246	0.149	275	0.199	155
駐馬店	0.395	279	0.302	185	0.14	289	0.194	169
武漢	0.878	31	0.501	13	0.606	24	0.402	15
黃石	0.85	71	0.308	99	0.269	117	0.229	111
十堰	0.857	56	0.306	117	0.271	115	0.207	147
宜昌	0.662	242	0.312	73	0.144	283	0.211	142
襄陽	0.835	97	0.308	99	0.154	263	0.211	142
鄂州	0.585	264	0.3	226	0.157	256	0.18	219
荊門	0.845	77	0.304	143	0.147	279	0.196	163
孝感	0.824	119	0.309	90	0.137	292	0.193	171
荊州	0.783	162	0.307	107	0.139	290	0.177	234
黃岡	0.825	115	0.306	117	0.15	271	0.16	276
鹹寧	0.876	35	0.303	157	0.15	271	0.187	191
隨州	0.647	248	0.302	185	0.148	277	0.181	214
長沙	0.826	110	0.391	25	0.591	27	0.33	30
株洲	0.899	16	0.309	90	0.294	96	0.231	106
湘潭	0.796	153	0.304	143	0.233	162	0.255	69
衡陽	0.857	56	0.305	130	0.233	162	0.261	62
邵陽	0.804	145	0.305	130	0.192	191	0.241	88
嶽陽	0.91	14	0.303	157	0.236	159	0.269	57
常德	0.905	15	0.303	157	0.212	176	0.247	77
張家界	0.832	103	0.295	264	0.189	193	0.179	224
益陽	0.798	150	0.302	185	0.154	263	0.19	181
郴州	0.826	110	0.306	117	0.282	107	0.255	69
永州	0.82	129	0.3	226	0.158	253	0.186	198
懷化	0.75	190	0.304	143	0.162	241	0.188	187
婁底	0.821	125	0.301	206	0.164	236	0.172	253
廣州	0.932	5	0.633	7	0.881	6	0.581	5
韶關	0.842	81	0.314	68	0.435	55	0.21	145
深圳	0.833	100	0.729	3	1	1	0.743	2
珠海	0.827	107	0.312	73	0.708	13	0.236	100
汕頭	0.887	23	0.312	73	0.579	28	0.203	151
佛山	0.826	110	0.369	32	0.717	11	0.393	18
江門	0.768	176	0.312	73	0.393	60	0.312	37
湛江	0.876	35	0.31	83	0.41	58	0.231	106
茂名	0.884	27	0.31	83	0.365	68	0.231	106
肇慶	0.853	65	0.307	107	0.327	81	0.257	67
惠州	0.76	179	0.323	53	0.493	42	0.259	64
梅州	0.77	174	0.305	130	0.268	118	0.206	148
汕尾	0.692	228	0.302	185	0.246	137	0.23	110
河源	0.797	152	0.304	143	0.256	125	0.228	112
陽江	0.841	84	0.305	130	0.24	148	0.241	88
清遠	0.708	219	0.307	107	0.254	128	0.154	284
東莞	0.895	20	0.346	43	0.85	7	0.341	26
中山	0.811	140	0.333	47	0.741	9	0.258	65
潮州	0.88	30	0.306	117	0.281	110	0.158	280
揭陽	0.878	31	0.308	99	0.239	150	0.241	88
雲浮	0.916	8	0.306	117	0.238	155	0.2	154
南寧	0.841	84	0.37	31	0.483	46	0.239	94
柳州	0.833	100	0.305	130	0.33	79	0.287	53

表 5. 1. 1 2013 年度城市潛力指數二級指標分值及排名

城市	居民消費潛力指數	排名	金融資本潛力指數	排名	人力資本潛力指數	排名	市場潛力指數	排名
桂林	0.837	94	0.31	83	0.315	87	0.237	98
梧州	0.805	144	0.303	157	0.274	114	0.187	191
北海	0.796	153	0.3	226	0.283	105	0.236	100
防城港	0.821	125	0.299	238	0.172	217	0.18	219
欽州	0.884	27	0.303	157	0.156	259	0.187	191
貴港	0.824	119	0.3	226	0.159	249	0.159	279
玉林	0.825	115	0.303	157	0.177	211	0.177	234
百色	0.751	188	0.3	226	0.16	245	0.164	267
賀州	0.728	206	0.294	268	0.146	282	0.179	224
河池	0.3	285	0.292	283	0.158	253	0.141	291
來賓	0.772	170	0.294	268	0.154	263	0.179	224
崇左	0.778	165	0.296	256	0.164	236	0.168	259
海口	0.861	50	0.366	33	0.464	51	0.26	63
三亞	0.955	2	0.306	117	0.311	88	0.197	160
重慶	0.114	296	0.609	8	0.628	21	0.447	10
成都	0.885	26	0.534	10	0.643	20	0.35	22
自貢	0.84	86	0.304	143	0.239	150	0.219	124
攀枝花	0.854	63	0.299	238	0.227	168	0.214	132
瀘州	0.86	51	0.303	157	0.19	192	0.177	234
德陽	0.852	66	0.309	90	0.324	82	0.243	82
綿陽	0.887	23	0.31	83	0.391	61	0.241	88
廣元	0.817	133	0.304	143	0.159	249	0.182	212
遂寧	0.111	297	0.303	157	0.155	262	0.189	186
內江	0.641	250	0.302	185	0.157	256	0.18	219
樂山	0.836	95	0.302	185	0.152	268	0.163	274
南充	0.794	156	0.306	117	0.15	271	0.165	265
眉山	0.835	97	0.303	157	0.149	275	0.186	198
宜賓	0.858	54	0.305	130	0.159	249	0.197	160
廣安	0.812	138	0.302	185	0.161	244	0.187	191
達州	0.843	79	0.303	157	0.157	256	0.165	265
雅安	0.727	207	0.301	206	0.16	245	0.172	253
巴中	0.852	66	0.301	206	0.144	283	0.18	219
資陽	0.827	107	0.302	185	0.147	279	0.188	187
貴陽	0.848	73	0.359	37	0.452	54	0.338	27
六盤水	0.771	173	0.296	256	0.18	207	0.225	115
遵義	0.836	95	0.3	226	0.182	204	0.187	191
安順	0.851	68	0.291	286	0.171	218	0.164	267
畢節	0.303	284	0.293	278	0.171	218	0.132	292
銅仁	0.286	288	0.291	286	0.16	245	0.13	293
昆明	0.945	3	0.387	27	0.483	46	0.39	19
曲靖	0.725	209	0.303	157	0.216	172	0.161	275
玉溪	0.694	225	0.303	157	0.329	80	0.215	130
保山	0.799	149	0.296	256	0.154	263	0.171	255
昭通	0.738	196	0.297	253	0.173	214	0.168	259
麗江	0.592	260	0.295	264	0.164	236	0.177	234
普洱	0.826	110	0.294	268	0.156	259	0.167	263
臨滄	0.591	261	0.291	286	0.165	234	0.176	244
拉薩	0.752	187	0.477	21	0.385	62	0.31	39
西安	0.926	6	0.501	13	0.533	32	0.396	17
銅川	0.749	191	0.3	226	0.166	231	0.234	103
寶雞	0.847	75	0.307	107	0.173	214	0.232	105
鹹陽	0.855	61	0.31	83	0.169	225	0.176	244
渭南	0.578	265	0.303	157	0.16	245	0.181	214
延安	0.785	160	0.303	157	0.198	185	0.168	259
漢中	0.816	134	0.305	130	0.156	259	0.174	250
榆林	0.78	164	0.314	68	0.211	177	0.203	151
安康	0.834	99	0.302	185	0.167	230	0.18	219
商洛	0.208	292	0.294	268	0.162	241	0.179	224

表 5. 1. 1 2013 年度城市潛力指數二級指標分值及排名

城市	居民消費潛力指數	排名	金融資本潛力指數	排名	人力資本潛力指數	排名	市場潛力指數	排名
蘭州	0.758	181	0.359	37	0.411	57	0.22	123
嘉峪關	0.673	237	0.294	268	0.213	174	0.187	191
金昌	0.887	23	0.294	268	0.186	200	0.185	205
白銀	0.86	51	0.294	268	0.181	205	0.176	244
天水	0.832	103	0.296	256	0.166	231	0.116	297
武威	0.686	232	0.295	264	0.148	277	0.179	224
張掖	0.851	68	0.296	256	0.143	285	0.147	289
平涼	0.776	166	0.292	283	0.177	211	0.173	252
酒泉	0.915	9	0.294	268	0.18	207	0.155	283
慶陽	0.868	43	0.293	278	0.181	205	0.183	210
定西	0.833	100	0.293	278	0.164	236	0.144	290
隴南	0.684	233	0.293	278	0.1	298	0.13	293
西寧	0.814	135	0.349	41	0.349	75	0.245	80
銀川	0.865	46	0.309	90	0.377	64	0.297	45
石嘴山	0.734	199	0.298	246	0.141	287	0.184	206
吳忠	0.733	202	0.295	264	0.135	293	0.16	276
固原	0.798	150	0.294	268	0.176	213	0.177	234
中衛	0.826	110	0.294	268	0.125	295	0.179	224
烏魯木齊	0.915	9	0.362	35	0.382	63	0.284	54
克拉瑪依	1	1	0.299	238	0.32	86	0.174	250
香港	0.911	13	0.661	4	0.989	2	0.638	4
澳門	0.659	243	0.133	294	0.789	8	0.294	47
新北	0.589	263	0.163	291	0.517	36	0.332	29
臺北	0.724	210	0.278	290	0.973	3	0.402	15
台中	0.561	269	0.141	293	0.499	41	0.329	32
台南	0.534	274	0.126	295	0.488	45	0.334	28
高雄	0.569	268	0.143	292	0.515	38	0.356	21
基隆	0.607	257	0.101	297	0.508	39	0.288	50
新竹	0.658	245	0.102	296	0.566	30	0.307	40
嘉義	0.541	271	0.1	298	0.5	40	0.288	50

表 5. 1. 2 2013 年度城市潛力指數二級指標分值及排名（續）

城市	區位指數	排名	自然資源指數	排名	環境質量指數	排名	可持續發展指數	排名
北京	1	1	0.232	267	0.493	42	0.537	23
天津	0.737	5	0.301	239	0.473	48	1	1
石家莊	0.451	31	0.54	66	0.378	133	0.41	206
唐山	0.232	109	0.614	38	0.304	208	0.257	286
秦皇島	0.407	40	0.445	135	0.584	17	0.474	104
邯鄲	0.232	109	0.641	32	0.373	145	0.374	250
邢臺	0.232	109	0.618	37	0.329	184	0.447	157
保定	0.276	74	0.53	70	0.352	165	0.43	180
張家口	0.254	91	0.565	60	0.331	181	0.482	88
承德	0.21	124	0.5	90	0.339	175	0.451	152
滄州	0.232	109	0.643	31	0.341	174	0.455	139
廊坊	0.21	124	0.61	39	0.357	162	0.286	283
衡水	0.188	158	0.752	13	0.3	211	0.455	139
太原	0.407	40	0.288	249	0.31	202	0.159	294
大同	0.254	91	0.443	138	0.254	244	0.1	298
陽泉	0.21	124	0.368	201	0.302	209	0.438	170
長治	0.21	124	0.344	220	0.259	241	0.402	216
晉城	0.21	124	0.45	131	0.287	222	0.418	198
朔州	0.232	109	0.53	70	0.269	235	0.444	167
晉中	0.21	124	0.641	32	0.294	216	0.449	155
運城	0.188	158	0.597	47	0.248	251	0.464	121
忻州	0.188	158	0.574	57	0.264	237	0.464	121

表 5. 1. 2 2013 年度城市潛力指數二級指標分值及排名（續）

城市	區位指數	排名	自然資源指數	排名	環境質量指數	排名	可持續發展指數	排名
臨汾	0.188	158	0.481	106	0.288	221	0.421	194
呂梁	0.188	158	0.48	108	0.274	229	0.339	265
呼和浩特	0.341	57	0.632	35	0.26	239	0.523	28
包頭	0.166	185	0.482	105	0.33	182	0.195	289
烏海	0.166	185	0.23	269	0.334	178	0.395	223
赤峰	0.166	185	0.816	9	0.227	263	0.456	138
通遼	0.166	185	0.849	7	0.232	259	0.432	176
鄂爾多斯	0.21	124	0.489	99	0.23	261	0.561	13
呼倫貝爾	0.188	158	0.842	8	0.114	295	0.491	57
巴彥淖爾	0.166	185	0.796	11	0.12	293	0.447	157
烏蘭察布	0.166	185	0.719	18	0.103	297	0.416	201
瀋陽	0.671	8	0.487	100	0.516	35	0.48	95
大連	0.605	12	0.387	190	0.775	5	0.659	6
鞍山	0.254	91	0.506	83	0.393	118	0.194	291
撫順	0.276	74	0.273	256	0.407	104	0.184	292
本溪	0.254	91	0.389	189	0.423	86	0.176	293
丹東	0.254	91	0.418	157	0.323	191	0.458	135
錦州	0.276	74	0.699	23	0.337	177	0.471	109
營口	0.276	74	0.426	151	0.436	73	0.452	146
阜新	0.276	74	0.671	25	0.399	116	0.488	65
遼陽	0.254	91	0.472	113	0.426	83	0.422	193
盤錦	0.21	124	0.605	44	0.374	143	0.267	284
鐵嶺	0.254	91	0.866	5	0.299	212	0.329	269
朝陽	0.21	124	0.568	59	0.359	159	0.465	118
葫蘆島	0.188	158	0.416	161	0.413	100	0.467	114
長春	0.495	25	0.704	22	0.377	136	0.459	130
吉林	0.276	74	0.609	41	0.27	233	0.459	130
四平	0.232	109	0.764	12	0.234	257	0.483	82
遼源	0.166	185	0.343	221	0.297	213	0.446	162
通化	0.166	185	0.575	56	0.28	225	0.459	130
白山	0.166	185	0.425	153	0.253	246	0.438	170
松原	0.188	158	0.937	4	0.297	213	0.459	130
白城	0.166	185	0.81	10	0.275	227	0.475	101
哈爾濱	0.517	22	0.726	16	0.387	124	0.564	12
齊齊哈爾	0.254	91	1	1	0.273	231	0.492	56
雞西	0.188	158	0.518	77	0.273	231	0.498	48
鶴崗	0.166	185	0.512	80	0.251	250	0.481	92
雙鴨山	0.188	158	0.723	17	0.216	270	0.487	69
大慶	0.188	158	0.855	6	0.422	88	0.195	289
伊春	0.188	158	0.597	47	0.327	187	0.508	33
佳木斯	0.188	158	0.951	3	0.239	253	0.551	17
七台河	0.166	185	0.498	93	0.232	259	0.433	174
牡丹江	0.166	185	0.58	54	0.199	276	0.497	50
黑河	0.166	185	0.747	14	0.154	286	0.581	10
綏化	0.144	214	0.955	2	0.211	272	0.549	19
上海	1	1	0.193	280	0.907	4	0.386	236
南京	0.649	9	0.233	266	0.913	3	0.491	57
無錫	0.451	31	0.191	281	0.718	6	0.348	261
徐州	0.385	45	0.485	101	0.416	94	0.394	227
常州	0.407	40	0.195	278	0.611	13	0.375	249
蘇州	0.583	13	0.21	274	0.702	7	0.602	9
南通	0.385	45	0.435	146	0.541	27	0.344	264
連雲港	0.298	65	0.39	186	0.538	29	0.394	227
淮安	0.298	65	0.399	178	0.441	68	0.382	243
鹽城	0.254	91	0.719	18	0.434	77	0.378	247
揚州	0.276	74	0.343	221	0.404	108	0.357	258
鎮江	0.276	74	0.242	263	0.417	92	0.347	262
泰州	0.276	74	0.378	195	0.379	132	0.356	259

表 5.1.2 2013 年度城市潛力指數二級指標分值及排名（續）

城市	區位指數	排名	自然資源指數	排名	環境質量指數	排名	可持續發展指數	排名
宿遷	0.254	91	0.497	94	0.454	60	0.391	233
杭州	0.649	9	0.217	271	0.642	12	0.577	11
寧波	0.495	25	0.217	271	0.533	31	0.328	270
溫州	0.341	57	0.202	276	0.439	70	0.322	272
嘉興	0.298	65	0.3	240	0.434	77	0.303	275
湖州	0.32	62	0.195	278	0.444	65	0.356	259
紹興	0.32	62	0.232	267	0.562	22	0.331	266
金華	0.254	91	0.177	283	0.441	68	0.363	257
衢州	0.254	91	0.396	182	0.462	53	0.364	255
舟山	0.429	35	0.313	235	0.401	112	0.41	206
台州	0.298	65	0.285	250	0.507	36	0.345	263
麗水	0.21	124	0.348	216	0.406	105	0.38	245
合肥	0.473	27	0.426	151	0.473	48	0.471	109
蕪湖	0.21	124	0.403	173	0.327	187	0.406	214
蚌埠	0.188	158	0.465	117	0.287	222	0.468	112
淮南	0.188	158	0.291	246	0.316	199	0.418	198
馬鞍山	0.21	124	0.404	172	0.296	215	0.386	236
淮北	0.21	124	0.337	225	0.359	159	0.414	202
銅陵	0.21	124	0.32	234	0.391	120	0.385	238
安慶	0.21	124	0.549	65	0.306	205	0.451	152
黃山	0.188	158	0.349	215	0.529	33	0.483	82
滁州	0.21	124	0.455	123	0.317	196	0.462	125
阜陽	0.188	158	0.492	96	0.245	252	0.501	40
宿州	0.188	158	0.508	81	0.259	241	0.5	43
六安	0.166	185	0.41	164	0.275	227	0.467	114
亳州	0.166	185	0.416	161	0.287	222	0.503	35
池州	0.144	214	0.348	216	0.253	246	0.473	108
宣城	0.166	185	0.243	262	0.29	219	0.455	139
福州	0.539	21	0.277	254	0.502	38	0.398	220
廈門	0.561	16	0.142	289	0.657	10	0.518	31
莆田	0.298	65	0.29	247	0.46	55	0.364	255
三明	0.276	74	0.436	144	0.464	50	0.407	209
泉州	0.385	45	0.305	237	0.531	32	0.118	297
漳州	0.32	62	0.495	95	0.435	76	0.309	274
南平	0.276	74	0.459	122	0.415	95	0.489	64
龍岩	0.21	124	0.504	86	0.452	62	0.443	168
寧德	0.232	109	0.453	127	0.417	92	0.481	92
南昌	0.473	27	0.374	197	0.444	65	0.372	251
景德鎮	0.188	158	0.397	180	0.434	77	0.42	196
萍鄉	0.188	158	0.29	247	0.38	131	0.417	200
九江	0.254	91	0.444	137	0.384	127	0.429	181
新餘	0.21	124	0.252	260	0.426	83	0.411	204
鷹潭	0.232	109	0.405	170	0.375	138	0.421	194
贛州	0.232	109	0.463	120	0.373	145	0.465	118
吉安	0.21	124	0.529	72	0.378	133	0.46	128
宜春	0.21	124	0.392	184	0.358	161	0.429	181
撫州	0.21	124	0.353	211	0.365	152	0.455	139
上饒	0.21	124	0.3	240	0.375	138	0.454	144
濟南	0.561	16	0.477	110	0.489	43	0.535	25
青島	0.583	13	0.422	154	0.666	9	0.68	5
淄博	0.232	109	0.353	211	0.541	27	0.297	278
棗莊	0.21	124	0.454	125	0.449	64	0.379	246
東營	0.21	124	0.504	86	0.523	34	0.288	282
煙臺	0.363	49	0.609	41	0.569	19	0.371	252
濰坊	0.21	124	0.565	60	0.451	63	0.267	284
濟寧	0.232	109	0.708	21	0.459	56	0.294	280
泰安	0.21	124	0.506	83	0.42	89	0.392	231
威海	0.363	49	0.671	25	0.588	15	0.393	230

表 5. 1. 2 2013 年度城市潛力指數二級指標分值及排名（續）

城市	區位指數	排名	自然資源指數	排名	環境質量指數	排名	可持續發展指數	排名
日照	0.166	185	0.408	169	0.463	51	0.389	235
萊蕪	0.188	158	0.247	261	0.475	47	0.367	253
臨沂	0.188	158	0.589	53	0.477	46	0.395	223
德州	0.188	158	0.591	51	0.457	58	0.383	241
聊城	0.21	124	0.709	20	0.454	60	0.33	267
濱州	0.166	185	0.649	29	0.458	57	0.319	273
菏澤	0.144	214	0.746	15	0.436	73	0.392	231
鄭州	0.583	13	0.322	233	0.343	172	0.553	15
開封	0.166	185	0.644	30	0.226	264	0.481	92
洛陽	0.21	124	0.364	203	0.218	268	0.411	204
平頂山	0.144	214	0.499	92	0.217	269	0.407	209
安陽	0.144	214	0.61	39	0.202	275	0.429	181
鶴壁	0.144	214	0.422	154	0.253	246	0.398	220
新鄉	0.144	214	0.437	143	0.238	255	0.423	192
焦作	0.166	185	0.417	159	0.228	262	0.394	227
濮陽	0.144	214	0.471	114	0.239	253	0.401	219
許昌	0.144	214	0.417	159	0.26	239	0.383	241
漯河	0.122	251	0.401	177	0.215	271	0.377	248
三門峽	0.144	214	0.508	81	0.204	274	0.407	209
南陽	0.122	251	0.69	24	0.225	265	0.431	177
商丘	0.122	251	0.665	28	0.225	265	0.478	97
信陽	0.122	251	0.49	97	0.257	243	0.49	62
周口	0.144	214	0.596	49	0.266	236	0.475	101
駐馬店	0.144	214	0.573	58	0.178	281	0.484	79
武漢	0.627	11	0.257	259	0.463	51	0.482	88
黃石	0.144	214	0.361	207	0.419	91	0.384	240
十堰	0.166	185	0.455	123	0.5	39	0.385	238
宜昌	0.144	214	0.605	44	0.437	71	0.407	209
襄陽	0.144	214	0.504	86	0.409	102	0.426	189
鄂州	0.122	251	0.527	74	0.415	95	0.431	177
荊門	0.144	214	0.516	79	0.4	113	0.447	157
孝感	0.122	251	0.441	141	0.4	113	0.452	146
荊州	0.144	214	0.603	46	0.42	89	0.483	82
黃岡	0.122	251	0.445	135	0.404	108	0.499	46
鹹寧	0.1	281	0.595	50	0.432	80	0.474	104
隨州	0.1	281	0.294	245	0.588	15	0.475	101
長沙	0.429	35	0.328	230	0.334	178	0.452	146
株洲	0.276	74	0.469	116	0.383	128	0.403	215
湘潭	0.166	185	0.365	202	0.375	138	0.413	203
衡陽	0.188	158	0.434	148	0.362	156	0.458	135
邵陽	0.166	185	0.527	74	0.35	166	0.503	35
嶽陽	0.188	158	0.501	89	0.293	217	0.433	174
常德	0.144	214	0.476	111	0.367	151	0.463	123
張家界	0.1	281	0.443	138	0.496	41	0.553	15
益陽	0.122	251	0.435	146	0.368	149	0.485	77
郴州	0.188	158	0.552	63	0.423	86	0.407	209
永州	0.122	251	0.39	186	0.363	154	0.503	35
懷化	0.122	251	0.42	156	0.311	201	0.486	74
婁底	0.122	251	0.381	193	0.363	154	0.445	166
廣州	0.737	5	0.178	282	1	1	0.551	17
韶關	0.276	74	0.453	127	0.485	44	0.461	126
深圳	0.715	7	0.125	292	0.942	2	0.883	2
珠海	0.407	40	0.221	270	0.565	20	0.301	276
汕頭	0.298	65	0.163	286	0.497	40	0.431	177
佛山	0.363	49	0.239	264	0.443	67	0.248	287
江門	0.276	74	0.274	255	0.392	119	0.427	186
湛江	0.298	65	0.397	180	0.326	189	0.461	126
茂名	0.276	74	0.485	101	0.348	168	0.471	109

表 5.1.2 2013 年度城市潛力指數二級指標分值及排名（續）

城市	區位指數	排名	自然資源指數	排名	環境質量指數	排名	可持續發展指數	排名
肇慶	0.254	91	0.432	149	0.4	113	0.448	156
惠州	0.298	65	0.296	243	0.317	196	0.391	233
梅州	0.254	91	0.518	77	0.309	203	0.499	46
汕尾	0.254	91	0.237	265	0.321	194	0.474	104
河源	0.232	109	0.409	167	0.328	185	0.446	162
陽江	0.254	91	0.362	205	0.308	204	0.485	77
清遠	0.254	91	0.481	106	0.289	220	0.206	288
東莞	0.451	31	0.177	283	0.536	30	0.33	267
中山	0.276	74	0.169	285	0.564	21	0.455	139
潮州	0.232	109	0.207	275	0.33	182	0.452	146
揭陽	0.188	158	0.351	213	0.343	172	0.435	172
雲浮	0.21	124	0.451	130	0.353	164	0.487	69
南寧	0.429	35	0.45	131	0.543	26	0.52	29
柳州	0.276	74	0.326	231	0.388	122	0.41	206
桂林	0.232	109	0.591	51	0.481	45	0.323	271
梧州	0.21	124	0.324	232	0.402	111	0.427	186
北海	0.298	65	0.402	175	0.436	73	0.493	54
防城港	0.21	124	0.278	253	0.373	145	0.466	116
欽州	0.21	124	0.387	190	0.387	124	0.487	69
貴港	0.21	124	0.403	173	0.381	130	0.496	51
玉林	0.232	109	0.454	125	0.397	117	0.482	88
百色	0.144	214	0.634	34	0.391	120	0.454	144
賀州	0.144	214	0.336	226	0.375	138	0.483	82
河池	0.144	214	0.345	219	0.376	137	0.496	51
來賓	0.144	214	0.393	183	0.388	122	0.476	99
崇左	0.144	214	0.416	161	0.383	128	0.5	43
海口	0.517	22	0.201	277	0.506	37	0.519	30
三亞	0.341	57	0.281	252	0.553	25	0.537	23
重慶	0.561	16	0.668	27	0.556	24	0.725	4
成都	0.561	16	0.359	208	0.647	11	0.447	157
自貢	0.166	185	0.302	238	0.347	169	0.297	278
攀枝花	0.166	185	0.409	167	0.374	143	0.159	294
瀘州	0.144	214	0.312	236	0.357	162	0.435	172
德陽	0.144	214	0.47	115	0.362	156	0.427	186
綿陽	0.144	214	0.371	200	0.346	170	0.452	146
廣元	0.122	251	0.329	229	0.375	138	0.487	69
遂寧	0.144	214	0.217	271	0.385	126	0.465	118
內江	0.122	251	0.26	258	0.325	190	0.426	189
樂山	0.144	214	0.362	205	0.361	158	0.424	191
南充	0.144	214	0.402	175	0.368	149	0.466	116
眉山	0.144	214	0.41	164	0.317	196	0.446	162
宜賓	0.122	251	0.48	108	0.334	178	0.402	216
廣安	0.122	251	0.405	170	0.365	152	0.468	112
達州	0.122	251	0.347	218	0.323	191	0.46	128
雅安	0.144	214	0.436	144	0.373	145	0.446	162
巴中	0.144	214	0.375	196	0.339	175	0.501	40
資陽	0.122	251	0.359	208	0.349	167	0.45	154
貴陽	0.451	31	0.341	224	0.579	18	0.502	39
六盤水	0.166	185	0.39	186	0.425	85	0.365	254
遵義	0.122	251	0.536	68	0.462	53	0.484	79
安順	0.144	214	0.418	157	0.437	71	0.501	40
畢節	0.122	251	0.461	121	0.432	80	0.482	88
銅仁	0.122	251	0.448	133	0.427	82	0.543	21
昆明	0.561	16	0.372	199	0.669	8	0.503	35
曲靖	0.166	185	0.606	43	0.261	238	0.459	130
玉溪	0.21	124	0.533	69	0.323	191	0.398	220
保山	0.144	214	0.484	103	0.27	233	0.527	27
昭通	0.122	251	0.465	117	0.195	278	0.508	33

表 5.1.2 2013 年度城市潛力指數二級指標分值及排名（續）

城市	區位指數	排名	自然資源指數	排名	環境質量指數	排名	可持續發展指數	排名
麗江	0.1	281	0.351	213	0.236	256	0.498	48
普洱	0.1	281	0.342	223	0.196	277	0.483	82
臨滄	0.1	281	0.379	194	0.206	273	0.478	97
拉薩	0.473	27	0.331	228	0.328	185	0.634	7
西安	0.517	22	0.296	243	0.378	133	0.429	181
銅川	0.166	185	0.373	198	0.314	200	0.395	223
寶雞	0.144	214	0.5	90	0.274	229	0.382	243
鹹陽	0.122	251	0.626	36	0.292	218	0.447	157
渭南	0.144	214	0.428	150	0.306	205	0.452	146
延安	0.144	214	0.55	64	0.278	226	0.395	223
漢中	0.122	251	0.443	138	0.305	207	0.493	54
榆林	0.122	251	0.447	134	0.254	244	0.402	216
安康	0.122	251	0.356	210	0.233	258	0.488	65
商洛	0.122	251	0.3	240	0.1	298	0.486	74
蘭州	0.341	57	0.384	192	0.222	267	0.48	95
嘉峪關	0.122	251	0.269	257	0.302	209	0.294	280
金昌	0.122	251	0.453	127	0.169	282	0.299	277
白銀	0.1	281	0.525	76	0.138	289	0.442	169
天水	0.1	281	0.44	142	0.11	296	0.5	43
武威	0.122	251	0.505	85	0.138	289	0.495	53
張掖	0.1	281	0.562	62	0.153	287	0.511	32
平涼	0.1	281	0.483	104	0.145	288	0.476	99
酒泉	0.1	281	0.398	179	0.155	285	0.463	123
慶陽	0.1	281	0.528	73	0.129	292	0.428	185
定西	0.1	281	0.464	119	0.13	291	0.543	21
隴南	0.1	281	0.391	185	0.116	294	0.535	25
西寧	0.385	45	0.333	227	0.253	246	0.474	104
銀川	0.363	49	0.49	97	0.192	279	0.488	65
石嘴山	0.1	281	0.364	203	0.344	171	0.42	196
吳忠	0.122	251	0.537	67	0.183	280	0.458	135
固原	0.1	281	0.578	55	0.165	284	0.547	20
中衛	0.1	281	0.476	111	0.169	282	0.491	57
烏魯木齊	0.341	57	0.284	251	0.455	59	0.483	82
克拉瑪依	0.1	281	0.41	164	0.318	195	0.152	296
香港	0.978	3	0.1	298	0.594	14	0.629	8
澳門	0.429	35	0.12	297	0.559	23	0.767	3
新北	0.407	40	0.132	291	0.404	108	0.484	79
臺北	0.89	4	0.121	295	0.406	105	0.556	14
台中	0.363	49	0.138	290	0.414	98	0.486	74
台南	0.363	49	0.162	287	0.414	98	0.488	65
高雄	0.473	27	0.145	288	0.415	95	0.487	69
基隆	0.429	35	0.124	293	0.405	107	0.491	57
新竹	0.363	49	0.121	295	0.411	101	0.49	62
嘉義	0.363	49	0.122	294	0.408	103	0.491	57

5.2 城市活力指數二級指標分值及排名

城市活力指數包括文化力指數、學習力指數、創新力指數、法制力指數、應變力指數、開放力指數與行銷力指數 7 個二級指數。它反映了城市在文化、學習、創新、法制等方面軟環境的活力。一個充滿活力、富有創造力的城市軟環境將會大大提升城市的綜合競爭力。

文化力指數。文化力指數反映了城市居民的精神風貌，在我會的框架下，它主要是反映了城市居民的市場經濟意識，如居民的誠信意識、參與競爭意識、經商意識、創新意識等等。城市的商業氣氛濃郁，商人在商業上取得成功被社會認可，將會使人們更傾向于從商發展實業。同時城市市場經濟意識的增強能對居民形成強烈的創業激勵，從而極大地提高勞動者積極性。資源向實際產業的流入，將會擴大城市的產業規模，促進城市經濟發展。文化力作為一種軟環境活力的體現，它在提升城市形象、進行招商引資、提高城市居民的自豪感乃至提升城市綜合競爭力方面起著重要作用。

學習力指數。學習力指數體現了城市居民的學習意識、學習能力及整個城市的學習氛圍，二十一世紀是“知識經濟”的時代，而“知識經濟”的特點就是資訊的爆炸性、幾何級數的增長，科學文化技術知識以前所未有的速度更新。因此，城市要保持不被在知識競爭中淘汰，就要形成學習的緊迫感和危機感，城市良好的學習氛圍、城市居民良好的學習意識與學習能力將大大促進城市經濟發展和社會進步。

創新力指數。創新力指數包括兩個方面，一是制度的創新，二是科學技術文化知識的創新，二者都舉足輕重、缺一不可。科技創新可以提高企業的生產技術、工藝水平，從而提高勞動生產率。不僅如此，科技的創新還可以通過產品質量的改善來擴大市場占有率。制度創新也是生產力，中國的改革開放過程也就是一個制度創新的過程，中國改革開放的“視窗”城市——深圳就是制度創新的產物，改革開放以前，它只是一個邊陲小漁村，而如今卻成了中國重要的制度創新和科技創新的現代化大都市。

法制力指數。法制力指數反映了城市在市場經濟條件下法制的健全程度和政府的執行力。市場經濟從某種意義上來說就是“法制經濟”，它是在一系列健全的法律和規章制度下，各經濟主體公平競爭的經濟。城市法規條例健全和連續，是經濟健康平穩運行的前提，也是城市吸引外資的重要因素。城市法制越健全，政府在法律與規章制度下的執行力越強、越透明，城市的經濟就會越有活力。

應變力指數。應變力指數是城市作為一個整體應對其所處環境的突發性變化的能力。未來世界具有很強的不確定性，時時刻刻都可能出現一些影響經濟發展和社會進步的突發性事件，如 2003 年爆發的“SARS”、2005 年全球爆發的“禽流感”以及 2007 年至 2008 年全球爆發的“甲型 H1N1 流感”，都對中國經濟發展造成巨大影響，提升對突發事件的應變力已經成為許多城市政府亟待解決的課題。

開放力指數。開放力指數反映了城市對內對外的開放度。城市的開放程度高，生產要素的流動性高，城市企業能根據利潤最大化原則迅速合理地配置生產要素，有效地降低生產成本和交易成本，提高產品競爭力。隨著全球化進程的加快，人們愈發意識到參與區域性、全球性資源配置和競爭的必要性與緊迫性，人為的封閉政策只會使自己走入死胡同。就中國的國情而言，由於歷史原因，許多城市還停留在“條條框框”的經濟思維中，由此形成了所謂的“諸侯經濟”與“大而全”經濟，這不利於城市功能的分工，更談不上共同發展。在目前的發展條件下，應該打破所謂的“條條框框”，加強區域經濟的合作，從而達到“雙贏”乃至“多贏”的局面。

行銷力指數。行銷力指數反映了城市在經營城市、提高城市形象方面的意識與能力。城市的行銷力直接影響其城市對跨國、跨區域資源的吸引，繼而影響城市產業的聚集，最終影響城市創造價值的能力。在市場經濟的環境中，城市與城市之間的競爭日益加劇，城市之間的資源配置已由原來的行政計劃分配轉為由市場配置。為了在日趨激烈的競爭中贏得相對有利的地位，許多城市加大了對自身形象的行銷力度，其中北京、廣州、上海、香港、深圳、等城市便是這方面的先行者，並且取得令人矚目的成就。

在 298 個城市能力指數排名中，有 174 個城市處於平均水平之上，占 58.39%。其中東部地區 57 個，中部地區 64 個，西部地區 53 個。另外能力指數得分的標準差為 0.151，高於 2013 年的 0.125，這說明城市間的能力指數之間的差異有所擴大。

活力指數的二級指標分值與排名見表 5.2.1、表 5.2.2。

表 5.2.1 2013 年度城市活力指數二級指標分值及排名

城市	文化力指數	排名	學習力指數	排名	創新力指數	排名	法制力指數	排名
北京	1	1	0.583	6	0.876	5	0.737	6
天津	0.342	17	1	1	1	1	0.447	49
石家莊	0.277	68	0.332	36	0.352	69	0.472	45
唐山	0.234	134	0.289	55	0.164	165	0.297	113
秦皇島	0.302	45	0.303	51	0.164	165	0.328	76
邯鄲	0.226	186	0.212	121	0.19	109	0.234	204
邢臺	0.224	206	0.213	116	0.119	281	0.173	274
保定	0.238	116	0.21	126	0.141	228	0.194	259
張家口	0.225	194	0.205	134	0.193	105	0.259	163
承德	0.236	123	0.213	116	0.148	215	0.187	264
滄州	0.228	168	0.214	113	0.117	282	0.195	258
廊坊	0.235	127	0.227	96	0.183	125	0.24	189
衡水	0.23	154	0.213	116	0.131	248	0.177	272
太原	0.221	225	0.259	66	0.294	90	0.267	151
大同	0.194	270	0.225	99	0.169	150	0.262	158
陽泉	0.188	275	0.195	150	0.114	287	0.132	288
長治	0.198	267	0.207	133	0.174	143	0.143	284
晉城	0.179	290	0.212	121	0.15	206	0.16	280
朔州	0.183	283	0.209	130	0.156	189	0.182	268
晉中	0.192	272	0.188	160	0.186	119	0.199	255
運城	0.187	277	0.222	103	0.19	109	0.213	234
忻州	0.184	281	0.231	89	0.182	128	0.253	172
臨汾	0.19	273	0.195	150	0.142	226	0.253	172
呂梁	0.19	273	0.155	254	0.228	96	0.216	231
呼和浩特	0.235	127	0.214	113	0.321	79	0.312	94
包頭	0.195	269	0.172	202	0.145	220	0.202	250
烏海	0.188	275	0.213	116	0.176	138	0.22	229
赤峰	0.187	277	0.18	178	0.177	136	0.178	271
通遼	0.193	271	0.198	146	0.174	143	0.199	255
鄂爾多斯	0.279	62	0.24	82	0.162	175	0.124	291
呼倫貝爾	0.179	290	0.208	131	0.189	112	0.122	292
巴彥淖爾	0.174	296	0.103	297	0.166	162	0.1	298
烏蘭察布	0.177	293	0.129	278	0.143	225	0.121	293
瀋陽	0.311	38	0.351	31	0.413	44	0.391	57
大連	0.322	31	0.409	22	0.449	29	0.462	47
鞍山	0.239	113	0.247	76	0.169	150	0.216	231
撫順	0.225	194	0.253	71	0.123	274	0.312	94
本溪	0.222	218	0.197	149	0.132	245	0.173	274
丹東	0.241	109	0.189	158	0.126	271	0.165	277
錦州	0.233	139	0.188	160	0.151	202	0.213	234
營口	0.227	179	0.204	138	0.191	107	0.262	158
阜新	0.23	154	0.186	163	0.192	106	0.237	197
遼陽	0.243	108	0.189	158	0.155	191	0.165	277
盤錦	0.222	218	0.177	186	0.15	206	0.274	144
鐵嶺	0.226	186	0.191	156	0.197	99	0.264	154
朝陽	0.226	186	0.205	134	0.197	99	0.303	106
葫蘆島	0.224	206	0.204	138	0.124	273	0.293	120
長春	0.315	37	0.269	60	0.372	59	0.388	58
吉林	0.235	127	0.179	179	0.168	155	0.263	157
四平	0.228	168	0.219	106	0.168	155	0.241	187
遼源	0.227	179	0.176	191	0.146	219	0.255	169
通化	0.224	206	0.192	154	0.13	250	0.186	265
白山	0.222	218	0.174	197	0.187	116	0.236	198
松原	0.225	194	0.208	131	0.168	155	0.258	164

表 5.2.1 2013 年度城市活力指數二級指標分值及排名

城市	文化力指數	排名	學習力指數	排名	創新力指數	排名	法制力指數	排名
白城	0.222	218	0.179	179	0.159	179	0.201	253
哈爾濱	0.325	29	0.222	103	0.351	71	0.429	52
齊齊哈爾	0.236	123	0.21	126	0.129	257	0.241	187
雞西	0.224	206	0.201	145	0.156	189	0.245	181
鶴崗	0.246	100	0.195	150	0.195	101	0.329	74
雙鴨山	0.239	113	0.198	146	0.153	198	0.24	189
大慶	0.228	168	0.204	138	0.164	165	0.234	204
伊春	0.238	116	0.177	186	0.13	250	0.258	164
佳木斯	0.229	162	0.205	134	0.168	155	0.245	181
七台河	0.235	127	0.186	163	0.127	266	0.205	247
牡丹江	0.23	154	0.202	143	0.183	125	0.23	212
黑河	0.231	149	0.192	154	0.182	128	0.229	215
綏化	0.23	154	0.186	163	0.13	250	0.253	172
上海	1	1	0.644	4	0.914	2	0.865	4
南京	0.367	9	0.51	10	0.605	11	0.65	14
無錫	0.389	8	0.43	17	0.527	17	0.582	17
徐州	0.293	51	0.403	23	0.488	21	0.38	60
常州	0.295	50	0.427	20	0.425	40	0.522	35
蘇州	0.539	6	0.659	3	0.79	6	1	1
南通	0.347	13	0.411	21	0.526	18	0.439	50
連雲港	0.285	57	0.429	19	0.453	28	0.321	82
淮安	0.274	72	0.298	54	0.438	34	0.356	63
鹽城	0.266	83	0.248	75	0.388	54	0.318	85
揚州	0.264	88	0.265	62	0.444	30	0.333	70
鎮江	0.284	58	0.24	82	0.41	49	0.324	80
泰州	0.277	68	0.255	69	0.411	48	0.313	92
宿遷	0.279	62	0.264	63	0.433	36	0.307	102
杭州	0.408	7	0.526	9	0.582	15	0.555	21
寧波	0.338	20	0.484	12	0.596	12	0.691	10
溫州	0.349	12	0.434	16	0.639	10	0.62	15
嘉興	0.331	25	0.372	29	0.396	53	0.699	9
湖州	0.309	40	0.318	42	0.377	58	0.51	37
紹興	0.36	10	0.33	37	0.455	26	0.673	13
金華	0.269	79	0.323	40	0.381	56	0.285	129
衢州	0.273	73	0.312	47	0.427	37	0.349	65
舟山	0.283	59	0.328	39	0.443	31	0.533	34
台州	0.336	22	0.315	44	0.424	41	0.336	69
麗水	0.258	92	0.305	49	0.42	42	0.261	162
合肥	0.299	47	0.346	33	0.399	52	0.407	54
蕪湖	0.222	218	0.219	106	0.195	101	0.306	104
蚌埠	0.229	162	0.165	224	0.138	231	0.285	129
淮南	0.228	168	0.169	212	0.15	206	0.29	122
馬鞍山	0.223	211	0.165	224	0.175	142	0.249	176
淮北	0.219	237	0.17	206	0.169	150	0.268	149
銅陵	0.225	194	0.182	174	0.13	250	0.235	200
安慶	0.228	168	0.16	240	0.13	250	0.255	169
黃山	0.23	154	0.178	183	0.153	198	0.295	117
滁州	0.224	206	0.152	259	0.14	230	0.273	145
阜陽	0.217	246	0.15	263	0.171	148	0.244	184
宿州	0.221	225	0.159	245	0.128	261	0.235	200
六安	0.225	194	0.176	191	0.195	101	0.222	223
亳州	0.235	127	0.16	240	0.149	213	0.215	233
池州	0.234	134	0.165	224	0.148	215	0.221	227
宣城	0.241	109	0.184	170	0.15	206	0.264	154
福州	0.317	35	0.314	45	0.443	31	0.516	36
廈門	0.317	35	0.447	14	0.594	13	0.554	23
莆田	0.27	78	0.232	88	0.404	51	0.222	223

表 5.2.1 2013 年度城市活力指數二級指標分值及排名

城市	文化力指數	排名	學習力指數	排名	創新力指數	排名	法制力指數	排名
三明	0.255	95	0.228	94	0.384	55	0.208	242
泉州	0.309	40	0.256	67	0.413	44	0.235	200
漳州	0.265	85	0.284	56	0.454	27	0.231	210
南平	0.261	90	0.168	214	0.339	73	0.271	147
龍岩	0.275	71	0.163	231	0.325	78	0.258	164
寧德	0.263	89	0.164	227	0.352	69	0.311	98
南昌	0.305	44	0.254	70	0.36	64	0.399	55
景德鎮	0.23	154	0.157	250	0.127	266	0.239	193
萍鄉	0.229	162	0.178	183	0.128	261	0.24	189
九江	0.216	249	0.186	163	0.137	235	0.247	178
新餘	0.23	154	0.179	179	0.168	155	0.284	131
鷹潭	0.219	237	0.163	231	0.189	112	0.278	137
贛州	0.227	179	0.159	245	0.195	101	0.262	158
吉安	0.223	211	0.159	245	0.123	274	0.206	246
宜春	0.215	252	0.16	240	0.159	179	0.315	90
撫州	0.229	162	0.17	206	0.188	114	0.316	88
上饒	0.245	104	0.17	206	0.176	138	0.267	151
濟南	0.347	13	0.384	26	0.434	35	0.681	12
青島	0.34	19	0.505	11	0.591	14	0.561	20
淄博	0.287	55	0.256	67	0.12	279	0.353	64
棗莊	0.278	67	0.219	106	0.159	179	0.34	68
東營	0.279	62	0.198	146	0.198	97	0.325	79
煙臺	0.307	43	0.23	92	0.168	155	0.492	38
濰坊	0.28	61	0.204	138	0.182	128	0.348	66
濟寧	0.276	70	0.202	143	0.138	231	0.303	106
泰安	0.272	75	0.216	109	0.182	128	0.372	61
威海	0.3	46	0.214	113	0.141	228	0.474	44
日照	0.256	94	0.211	124	0.18	132	0.283	135
萊蕪	0.252	97	0.215	111	0.13	250	0.318	85
臨沂	0.268	80	0.215	111	0.142	226	0.313	92
德州	0.246	100	0.228	94	0.198	97	0.321	82
聊城	0.288	53	0.21	126	0.136	236	0.385	59
濱州	0.237	120	0.195	150	0.174	143	0.296	115
菏澤	0.24	112	0.211	124	0.145	220	0.301	110
鄭州	0.287	55	0.323	40	0.371	60	0.438	51
開封	0.239	113	0.164	227	0.128	261	0.212	237
洛陽	0.231	149	0.153	255	0.123	274	0.171	276
平頂山	0.246	100	0.156	251	0.144	222	0.23	212
安陽	0.223	211	0.153	255	0.157	185	0.221	227
鶴壁	0.235	127	0.177	186	0.129	257	0.192	262
新鄉	0.234	134	0.176	191	0.186	119	0.228	218
焦作	0.222	218	0.168	214	0.134	242	0.198	257
濮陽	0.226	186	0.176	191	0.116	284	0.161	279
許昌	0.227	179	0.168	214	0.184	124	0.193	260
漯河	0.232	141	0.178	183	0.153	198	0.228	218
三門峽	0.205	264	0.174	197	0.18	132	0.235	200
南陽	0.22	229	0.174	197	0.133	243	0.191	263
商丘	0.311	38	0.17	206	0.355	66	0.49	40
信陽	0.228	168	0.173	201	0.127	266	0.193	260
周口	0.232	141	0.186	163	0.15	206	0.184	267
駐馬店	0.229	162	0.164	227	0.128	261	0.251	175
武漢	0.342	17	0.348	32	0.427	37	0.479	42
黃石	0.236	123	0.231	89	0.157	185	0.246	179
十堰	0.223	211	0.223	101	0.13	250	0.231	210
宜昌	0.22	229	0.151	261	0.155	191	0.294	118
襄陽	0.238	116	0.184	170	0.116	284	0.224	221
鄂州	0.228	168	0.168	214	0.136	236	0.255	169

表 5.2.1 2013 年度城市活力指數二級指標分值及排名

城市	文化力指數	排名	學習力指數	排名	創新力指數	排名	法制力指數	排名
荊門	0.246	100	0.171	203	0.12	279	0.291	121
孝感	0.219	237	0.147	269	0.15	206	0.233	206
荊州	0.226	186	0.177	186	0.151	202	0.225	220
黃岡	0.226	186	0.177	186	0.129	257	0.22	229
咸寧	0.244	106	0.153	255	0.135	241	0.267	151
隨州	0.223	211	0.161	238	0.148	215	0.276	140
長沙	0.296	48	0.301	53	0.412	46	0.483	41
株洲	0.241	109	0.252	72	0.136	236	0.302	108
湘潭	0.226	186	0.231	89	0.162	175	0.294	118
衡陽	0.237	120	0.168	214	0.151	202	0.156	281
邵陽	0.225	194	0.174	197	0.164	165	0.321	82
岳陽	0.226	186	0.182	174	0.127	266	0.283	135
常德	0.213	256	0.184	170	0.1	297	0.273	145
張家界	0.232	141	0.188	160	0.133	243	0.275	141
益陽	0.225	194	0.162	233	0.178	135	0.287	125
郴州	0.227	179	0.205	134	0.177	136	0.298	112
永州	0.225	194	0.176	191	0.186	119	0.258	164
懷化	0.22	229	0.167	221	0.19	109	0.278	137
婁底	0.218	241	0.171	203	0.107	293	0.275	141
廣州	1	1	0.536	8	0.744	7	0.701	8
韶關	0.333	24	0.333	35	0.493	19	0.543	28
深圳	1	1	0.702	2	0.883	3	0.983	2
珠海	0.324	30	0.393	24	0.478	23	0.606	16
汕頭	0.271	76	0.38	28	0.463	24	0.396	56
佛山	0.331	25	0.393	24	0.482	22	0.548	24
江門	0.321	33	0.33	37	0.439	33	0.465	46
湛江	0.282	60	0.312	47	0.366	63	0.262	158
茂名	0.267	82	0.305	49	0.412	46	0.289	123
肇慶	0.279	62	0.334	34	0.38	57	0.297	113
惠州	0.296	48	0.368	30	0.456	25	0.421	53
梅州	0.265	85	0.247	76	0.294	90	0.306	104
汕尾	0.259	91	0.261	65	0.309	84	0.3	111
河源	0.257	93	0.266	61	0.289	94	0.308	100
陽江	0.255	95	0.276	57	0.309	84	0.328	76
清遠	0.247	99	0.252	72	0.32	80	0.333	70
東莞	0.344	16	0.43	17	0.645	9	0.86	5
中山	0.336	22	0.436	15	0.493	19	0.571	19
潮州	0.288	53	0.246	78	0.41	49	0.315	90
揭陽	0.266	83	0.234	87	0.353	68	0.323	81
雲浮	0.265	85	0.24	82	0.289	94	0.33	72
南寧	0.273	73	0.262	64	0.312	82	0.318	85
柳州	0.215	252	0.252	72	0.136	236	0.229	215
桂林	0.209	260	0.276	57	0.183	125	0.224	221
梧州	0.216	249	0.184	170	0.144	222	0.185	266
北海	0.22	229	0.168	214	0.15	206	0.23	212
防城港	0.212	257	0.182	174	0.159	179	0.179	269
欽州	0.235	127	0.179	179	0.185	123	0.242	185
貴港	0.217	246	0.17	206	0.17	149	0.222	223
玉林	0.225	194	0.168	214	0.163	169	0.212	237
百色	0.201	266	0.156	251	0.154	195	0.222	223
賀州	0.204	265	0.164	227	0.163	169	0.213	234
河池	0.209	260	0.169	212	0.149	213	0.202	250
來賓	0.211	259	0.153	255	0.127	266	0.204	249
崇左	0.198	267	0.148	268	0.166	162	0.176	273
海口	0.308	42	0.223	101	0.344	72	0.45	48
三亞	0.268	80	0.204	138	0.161	178	0.286	128
重慶	0.36	10	0.608	5	0.658	8	0.555	21

表 5.2.1 2013 年度城市活力指數二級指標分值及排名

城市	文化力指數	排名	學習力指數	排名	創新力指數	排名	法制力指數	排名
成都	0.338	20	0.317	43	0.427	37	0.476	43
自貢	0.231	149	0.185	168	0.115	286	0.329	74
攀枝花	0.237	120	0.156	251	0.132	245	0.289	123
瀘州	0.22	229	0.176	191	0.157	185	0.312	94
德陽	0.225	194	0.238	86	0.112	290	0.316	88
綿陽	0.232	141	0.276	57	0.331	76	0.33	72
廣元	0.231	149	0.159	245	0.151	202	0.308	100
遂寧	0.23	154	0.162	233	0.169	150	0.275	141
內江	0.232	141	0.162	233	0.191	107	0.246	179
樂山	0.221	225	0.171	203	0.169	150	0.211	240
南充	0.225	194	0.147	269	0.174	143	0.256	168
眉山	0.228	168	0.159	245	0.176	138	0.242	185
宜賓	0.228	168	0.17	206	0.162	175	0.24	189
廣安	0.218	241	0.149	266	0.154	195	0.207	245
達州	0.231	149	0.166	223	0.154	195	0.208	242
雅安	0.222	218	0.16	240	0.163	169	0.229	215
巴中	0.232	141	0.167	221	0.159	179	0.21	241
資陽	0.245	104	0.162	233	0.186	119	0.205	247
貴陽	0.289	52	0.242	81	0.333	75	0.312	94
六盤水	0.218	241	0.15	263	0.122	277	0.307	102
遵義	0.214	255	0.149	266	0.126	271	0.249	176
安順	0.219	237	0.13	277	0.109	292	0.284	131
畢節	0.1	297	0.128	279	0.103	296	0.287	125
銅仁	0.1	297	0.131	276	0.1	297	0.284	131
昆明	0.331	25	0.302	52	0.367	62	0.69	11
曲靖	0.322	31	0.181	177	0.369	61	0.582	17
玉溪	0.22	229	0.216	109	0.128	261	0.208	242
保山	0.212	257	0.123	283	0.187	116	0.264	154
昭通	0.183	283	0.151	261	0.102	295	0.126	290
麗江	0.18	289	0.146	271	0.155	191	0.121	293
普洱	0.182	286	0.106	295	0.155	191	0.138	287
臨滄	0.182	286	0.123	283	0.157	185	0.143	284
拉薩	0.223	211	0.15	263	0.188	114	0.201	253
西安	0.318	34	0.313	46	0.358	65	0.492	38
銅川	0.225	194	0.161	238	0.163	169	0.309	99
寶雞	0.215	252	0.162	233	0.131	248	0.212	237
咸陽	0.232	141	0.185	168	0.117	282	0.269	148
渭南	0.227	179	0.16	240	0.138	231	0.239	193
延安	0.216	249	0.132	275	0.148	215	0.287	125
漢中	0.228	168	0.116	288	0.158	184	0.245	181
榆林	0.238	116	0.104	296	0.114	287	0.278	137
安康	0.218	241	0.125	282	0.163	169	0.302	108
商洛	0.187	277	0.114	292	0.129	257	0.112	296
蘭州	0.279	62	0.245	80	0.314	81	0.362	62
嘉峪關	0.221	225	0.152	259	0.114	287	0.202	250
金昌	0.229	162	0.141	272	0.107	293	0.232	207
白銀	0.22	229	0.135	274	0.122	277	0.238	196
天水	0.218	241	0.115	290	0.136	236	0.236	198
武威	0.184	281	0.138	273	0.165	164	0.112	296
張掖	0.185	280	0.115	290	0.111	291	0.127	289
平涼	0.182	286	0.122	285	0.132	245	0.115	295
酒泉	0.183	283	0.127	281	0.168	155	0.141	286
慶陽	0.175	294	0.118	287	0.152	201	0.154	282
定西	0.178	292	0.116	288	0.144	222	0.179	269
隴南	0.175	294	0.113	293	0.179	134	0.154	282
西寧	0.244	106	0.227	96	0.337	74	0.327	78
銀川	0.271	76	0.212	121	0.355	66	0.342	67

表 5.2.1 2013 年度城市活力指數二級指標分值及排名

城市	文化力指數	排名	學習力指數	排名	創新力指數	排名	法制力指數	排名
石嘴山	0.217	246	0.128	279	0.176	138	0.232	207
吳忠	0.22	229	0.121	286	0.187	116	0.239	193
固原	0.208	263	0.109	294	0.163	169	0.268	149
中衛	0.209	260	0.1	298	0.174	143	0.232	207
烏魯木齊	0.248	98	0.246	78	0.33	77	0.296	115
克拉瑪依	0.223	211	0.19	157	0.138	231	0.284	131
香港	1	1	0.541	7	0.878	4	0.94	3
澳門	0.347	13	0.382	27	0.419	43	0.717	7
新北	0.236	123	0.224	100	0.312	82	0.539	32
臺北	0.328	28	0.456	13	0.562	16	0.547	25
台中	0.234	134	0.213	116	0.293	92	0.542	29
台南	0.233	139	0.229	93	0.295	89	0.545	27
高雄	0.234	134	0.21	126	0.299	87	0.542	29
基隆	0.232	141	0.24	82	0.297	88	0.547	25
新竹	0.228	168	0.226	98	0.301	86	0.539	32
嘉義	0.227	179	0.22	105	0.292	93	0.541	31

表 5.2.2 2013 年度活力指數二級指標分值及排名（續）

城市	應變力指數	排名	開放力指數	排名	行銷力指數	排名
北京	0.847	7	0.369	199	1	1
天津	0.867	5	0.635	6	0.46	7
石家莊	0.731	39	0.387	112	0.35	33
唐山	0.619	74	0.417	57	0.253	107
秦皇島	0.623	73	0.428	45	0.29	61
邯鄲	0.49	127	0.405	72	0.235	177
邢臺	0.328	203	0.401	79	0.232	192
保定	0.462	142	0.393	100	0.241	148
張家口	0.355	188	0.371	192	0.224	237
承德	0.347	194	0.344	285	0.225	230
滄州	0.47	139	0.39	106	0.24	155
廊坊	0.541	104	0.399	88	0.228	219
衡水	0.195	259	0.379	147	0.216	268
太原	0.425	160	0.38	138	0.275	71
大同	0.174	269	0.36	263	0.228	219
陽泉	0.132	286	0.363	248	0.228	219
長治	0.228	242	0.377	157	0.22	255
晉城	0.239	240	0.396	90	0.22	255
朔州	0.362	185	0.363	248	0.218	263
晉中	0.436	153	0.366	223	0.225	230
運城	0.385	175	0.366	223	0.219	261
忻州	0.182	266	0.362	252	0.229	212
臨汾	0.198	255	0.366	223	0.221	249
呂梁	0.196	258	0.388	110	0.22	255
呼和浩特	0.68	58	0.41	68	0.272	73
包頭	0.546	102	0.384	119	0.212	271
烏海	0.301	211	0.342	287	0.216	268
赤峰	0.458	143	0.379	147	0.217	266
通遼	0.271	222	0.369	199	0.205	279
鄂爾多斯	0.717	46	0.474	29	0.294	59
呼倫貝爾	0.511	118	0.368	210	0.212	271
巴彥淖爾	0.483	130	0.386	114	0.198	286
烏蘭察布	0.219	248	0.366	223	0.196	289
瀋陽	0.82	10	0.455	33	0.372	24
大連	0.901	4	0.521	17	0.428	11

表 5.2.2 2013 年度活力指數二級指標分值及排名（續）

城市	應變力指數	排名	開放力指數	排名	行銷力指數	排名
鞍山	0.551	98	0.375	167	0.245	131
撫順	0.294	214	0.366	223	0.259	95
本溪	0.365	184	0.41	68	0.237	170
丹東	0.412	166	0.396	90	0.253	107
錦州	0.58	87	0.384	119	0.248	121
營口	0.654	64	0.411	65	0.272	73
阜新	0.348	193	0.386	114	0.264	82
遼陽	0.49	127	0.362	252	0.245	131
盤錦	0.333	200	0.379	147	0.248	121
鐵嶺	0.602	79	0.362	252	0.247	127
朝陽	0.507	121	0.359	267	0.262	90
葫蘆島	0.34	197	0.358	268	0.249	118
長春	0.743	35	0.483	24	0.325	45
吉林	0.594	82	0.376	162	0.26	93
四平	0.515	115	0.365	238	0.246	130
遼源	0.457	144	0.373	180	0.231	201
通化	0.455	146	0.375	167	0.24	155
白山	0.505	122	0.369	199	0.233	186
松原	0.517	114	0.366	223	0.248	121
白城	0.465	141	0.378	154	0.229	212
哈爾濱	0.663	63	0.396	90	0.348	34
齊齊哈爾	0.591	83	0.383	126	0.253	107
雞西	0.435	154	0.38	138	0.229	212
鶴崗	0.529	110	0.364	241	0.232	192
雙鴨山	0.53	108	0.369	199	0.241	148
大慶	0.589	84	0.379	147	0.264	82
伊春	0.278	217	0.366	223	0.243	138
佳木斯	0.57	91	0.385	116	0.229	212
七台河	0.6	80	0.362	252	0.241	148
牡丹江	0.406	167	0.383	126	0.224	237
黑河	0.482	131	0.369	199	0.227	226
綏化	0.475	133	0.375	167	0.227	226
上海	0.947	3	0.777	3	1	1
南京	0.804	15	0.424	48	0.384	19
無錫	0.798	17	0.546	12	0.357	28
徐州	0.702	52	0.405	72	0.298	57
常州	0.783	20	0.482	25	0.3	56
蘇州	0.948	2	1	1	0.55	6
南通	0.775	24	0.507	20	0.321	47
連雲港	0.725	44	0.417	57	0.26	93
淮安	0.708	47	0.404	75	0.242	141
鹽城	0.726	42	0.424	48	0.22	255
揚州	0.705	48	0.442	37	0.231	201
鎮江	0.649	67	0.456	32	0.25	116
泰州	0.673	61	0.435	39	0.259	95
宿遷	0.619	74	0.374	174	0.23	208
杭州	0.806	14	0.604	8	0.455	8
寧波	0.818	12	0.584	9	0.371	25
溫州	0.739	37	0.396	90	0.339	38
嘉興	0.76	30	0.477	26	0.333	43
湖州	0.726	42	0.424	48	0.315	49
紹興	0.76	30	0.454	34	0.376	21
金華	0.616	76	0.394	98	0.262	90
衢州	0.704	50	0.381	135	0.262	90
舟山	0.773	25	0.42	53	0.31	52
台州	0.694	56	0.405	72	0.282	66
麗水	0.565	93	0.372	185	0.274	72
合肥	0.761	29	0.42	53	0.33	44

表 5.2.2 2013 年度活力指數二級指標分值及排名（續）

城市	應變力指數	排名	開放力指數	排名	行銷力指數	排名
蕪湖	0.548	101	0.409	71	0.242	141
蚌埠	0.301	211	0.395	94	0.255	103
淮南	0.337	199	0.376	162	0.241	148
馬鞍山	0.308	208	0.388	110	0.235	177
淮北	0.259	229	0.36	263	0.24	155
銅陵	0.471	136	0.395	94	0.245	131
安慶	0.416	164	0.369	199	0.239	161
黃山	0.271	222	0.368	210	0.234	182
滁州	0.312	207	0.383	126	0.233	186
阜陽	0.391	173	0.372	185	0.248	121
宿州	0.36	187	0.374	174	0.232	192
六安	0.344	195	0.38	138	0.232	192
亳州	0.351	191	0.366	223	0.238	168
池州	0.417	162	0.366	223	0.24	155
宣城	0.249	235	0.379	147	0.239	161
福州	0.727	41	0.501	21	0.336	39
廈門	0.764	28	0.563	10	0.356	29
莆田	0.544	103	0.428	45	0.258	99
三明	0.55	99	0.38	138	0.245	131
泉州	0.695	55	0.551	11	0.29	61
漳州	0.704	50	0.465	31	0.253	107
南平	0.471	136	0.384	119	0.242	141
龍岩	0.587	85	0.4	83	0.259	95
寧德	0.431	156	0.373	180	0.253	107
南昌	0.693	57	0.412	64	0.334	41
景德鎮	0.45	147	0.376	162	0.255	103
萍鄉	0.319	205	0.369	199	0.263	87
九江	0.414	165	0.395	94	0.239	161
新餘	0.44	150	0.414	59	0.25	116
鷹潭	0.366	183	0.367	218	0.239	161
贛州	0.402	171	0.419	55	0.228	219
吉安	0.331	201	0.4	83	0.224	237
宜春	0.466	140	0.387	112	0.241	148
撫州	0.234	241	0.378	154	0.231	201
上饒	0.272	221	0.401	79	0.237	170
濟南	0.807	13	0.394	98	0.408	15
青島	0.838	9	0.529	16	0.413	13
淄博	0.612	77	0.401	79	0.252	112
棗莊	0.56	95	0.371	192	0.248	121
東營	0.562	94	0.393	100	0.268	78
煙臺	0.698	54	0.499	22	0.356	29
濰坊	0.604	78	0.414	59	0.247	127
濟寧	0.572	90	0.393	100	0.264	82
泰安	0.635	70	0.368	210	0.282	66
威海	0.65	66	0.447	36	0.347	35
日照	0.51	119	0.424	48	0.254	106
萊蕪	0.43	157	0.373	180	0.245	131
臨沂	0.53	108	0.4	83	0.249	118
德州	0.512	116	0.38	138	0.248	121
聊城	0.639	69	0.475	28	0.324	46
濱州	0.505	122	0.391	104	0.245	131
菏澤	0.512	116	0.38	138	0.258	99
鄭州	0.733	38	0.51	19	0.342	37
開封	0.379	176	0.365	238	0.242	141
洛陽	0.307	209	0.382	130	0.245	131
平頂山	0.445	149	0.371	192	0.221	249
安陽	0.374	178	0.363	248	0.225	230
鶴壁	0.167	274	0.362	252	0.229	212

表 5.2.2 2013 年度活力指數二級指標分值及排名（續）

城市	應變力指數	排名	開放力指數	排名	行銷力指數	排名
新鄉	0.313	206	0.385	116	0.222	246
焦作	0.157	281	0.384	119	0.225	230
濮陽	0.224	246	0.369	199	0.224	237
許昌	0.267	225	0.373	180	0.221	249
漯河	0.259	229	0.4	83	0.225	230
三門峽	0.389	174	0.384	119	0.21	275
南陽	0.249	235	0.374	174	0.224	237
商丘	0.585	86	0.366	223	0.314	50
信陽	0.199	254	0.371	192	0.212	271
周口	0.262	227	0.37	198	0.222	246
駐馬店	0.186	264	0.368	210	0.221	249
武漢	0.743	35	0.451	35	0.404	16
黃石	0.339	198	0.411	65	0.267	80
十堰	0.495	126	0.433	40	0.277	69
宜昌	0.578	88	0.381	135	0.236	174
襄陽	0.487	129	0.404	75	0.226	229
鄂州	0.456	145	0.374	174	0.234	182
荊門	0.497	124	0.378	154	0.249	118
孝感	0.438	152	0.382	130	0.229	212
荊州	0.342	196	0.376	162	0.24	155
黃岡	0.429	158	0.377	157	0.232	192
咸寧	0.368	182	0.377	157	0.235	177
隨州	0.172	270	0.372	185	0.232	192
長沙	0.772	26	0.389	108	0.354	32
株洲	0.554	96	0.38	138	0.255	103
湘潭	0.496	125	0.377	157	0.264	82
衡陽	0.353	189	0.379	147	0.234	182
邵陽	0.267	225	0.367	218	0.242	141
岳陽	0.523	113	0.364	241	0.258	99
常德	0.258	231	0.381	135	0.267	80
張家界	0.449	148	0.357	273	0.314	50
益陽	0.24	239	0.374	174	0.225	230
郴州	0.374	178	0.38	138	0.264	82
永州	0.251	234	0.383	126	0.232	192
懷化	0.208	252	0.366	223	0.237	170
婁底	0.211	250	0.375	167	0.233	186
廣州	0.86	6	0.655	5	1	1
韶關	0.728	40	0.389	108	0.382	20
深圳	1	1	0.97	2	1	1
珠海	0.769	27	0.533	14	0.366	27
汕頭	0.705	48	0.413	63	0.321	47
佛山	0.78	22	0.532	15	0.335	40
江門	0.755	33	0.495	23	0.347	35
湛江	0.68	58	0.431	42	0.285	64
茂名	0.632	71	0.368	210	0.277	69
肇慶	0.678	60	0.44	38	0.257	102
惠州	0.783	20	0.54	13	0.285	64
梅州	0.472	135	0.398	89	0.251	114
汕尾	0.471	136	0.429	44	0.241	148
河源	0.432	155	0.422	52	0.263	87
陽江	0.398	172	0.414	59	0.239	161
清遠	0.541	104	0.425	47	0.234	182
東莞	0.803	16	0.679	4	0.386	18
中山	0.756	32	0.516	18	0.368	26
潮州	0.532	107	0.41	68	0.27	76
揭陽	0.553	97	0.401	79	0.229	212
雲浮	0.475	133	0.4	83	0.24	155
南寧	0.654	64	0.384	119	0.301	55

表 5.2.2 2013 年度活力指數二級指標分值及排名（續）

城市	應變力指數	排名	開放力指數	排名	行銷力指數	排名
柳州	0.529	110	0.414	59	0.268	78
桂林	0.569	92	0.366	223	0.282	66
梧州	0.403	169	0.391	104	0.242	141
北海	0.352	190	0.402	77	0.252	112
防城港	0.573	89	0.431	42	0.228	219
欽州	0.372	181	0.393	100	0.272	73
貴港	0.403	169	0.39	106	0.23	208
玉林	0.243	238	0.402	77	0.239	161
百色	0.262	227	0.364	241	0.224	237
賀州	0.192	260	0.382	130	0.219	261
河池	0.143	284	0.369	199	0.216	268
來賓	0.258	231	0.367	218	0.22	255
崇左	0.181	267	0.419	55	0.218	263
海口	0.549	100	0.395	94	0.375	23
三亞	0.595	81	0.355	276	0.298	57
重慶	0.796	19	0.477	26	0.401	17
成都	0.776	23	0.47	30	0.376	21
自貢	0.287	215	0.371	192	0.241	148
攀枝花	0.197	256	0.36	263	0.242	141
瀘州	0.351	191	0.358	268	0.243	138
德陽	0.375	177	0.382	130	0.247	127
綿陽	0.628	72	0.372	185	0.291	60
廣元	0.172	270	0.372	185	0.236	174
遂寧	0.249	235	0.371	192	0.231	201
內江	0.275	220	0.372	185	0.237	170
樂山	0.406	167	0.355	276	0.233	186
南充	0.188	263	0.362	252	0.233	186
眉山	0.211	250	0.375	167	0.235	177
宜賓	0.478	132	0.367	218	0.225	230
廣安	0.257	233	0.369	199	0.228	219
達州	0.226	243	0.366	223	0.224	237
雅安	0.189	262	0.366	223	0.22	255
巴中	0.162	278	0.34	289	0.228	219
資陽	0.278	217	0.364	241	0.231	201
貴陽	0.7	53	0.38	138	0.334	41
六盤水	0.167	274	0.372	185	0.243	138
遵義	0.362	185	0.345	282	0.251	114
安順	0.197	256	0.345	282	0.221	249
畢節	0.17	273	0.352	278	0.1	297
銅仁	0.172	270	0.351	279	0.1	297
昆明	0.749	34	0.385	116	0.413	13
曲靖	0.723	45	0.356	274	0.356	29
玉溪	0.421	161	0.369	199	0.259	95
保山	0.225	244	0.362	252	0.23	208
昭通	0.129	289	0.432	41	0.189	292
麗江	0.155	282	0.368	210	0.188	294
普洱	0.167	274	0.367	218	0.189	292
臨滄	0.133	285	0.368	210	0.193	291
拉薩	0.202	253	0.379	147	0.29	61
西安	0.641	68	0.411	65	0.419	12
銅川	0.22	247	0.377	157	0.209	278
寶雞	0.32	204	0.382	130	0.224	237
咸陽	0.534	106	0.384	119	0.235	177
渭南	0.33	202	0.361	262	0.218	263
延安	0.374	178	0.366	223	0.221	249
漢中	0.44	150	0.356	274	0.231	201
榆林	0.426	159	0.364	241	0.227	226
安康	0.287	215	0.358	268	0.224	237

表 5.2.2 2013 年度活力指數二級指標分值及排名（續）

城市	應變力指數	排名	開放力指數	排名	行銷力指數	排名
商洛	0.114	293	0.363	248	0.199	284
蘭州	0.508	120	0.373	180	0.306	54
嘉峪關	0.161	279	0.36	263	0.212	271
金昌	0.158	280	0.365	238	0.222	246
白銀	0.166	277	0.375	167	0.217	266
天水	0.117	292	0.358	268	0.23	208
武威	0.1	298	0.362	252	0.204	281
張掖	0.132	286	0.346	281	0.199	284
平涼	0.131	288	0.348	280	0.205	279
酒泉	0.184	265	0.343	286	0.201	282
慶陽	0.124	290	0.341	288	0.183	296
定西	0.114	293	0.364	241	0.198	286
隴南	0.113	297	0.362	252	0.184	295
西寧	0.417	162	0.376	162	0.263	87
銀川	0.67	62	0.375	167	0.308	53
石嘴山	0.298	213	0.358	268	0.2	283
吳忠	0.124	290	0.345	282	0.21	275
固原	0.114	293	0.362	252	0.198	286
中衛	0.114	293	0.368	210	0.194	290
烏魯木齊	0.526	112	0.374	174	0.27	76
克拉瑪依	0.213	249	0.364	241	0.21	275
香港	0.843	8	0.613	7	1	1
澳門	0.82	10	0.163	291	0.449	9
新北	0.268	224	0.12	292	0.238	168
臺北	0.798	17	0.223	290	0.448	10
台中	0.225	244	0.114	293	0.239	161
台南	0.177	268	0.109	295	0.232	192
高雄	0.305	210	0.114	293	0.236	174
基隆	0.276	219	0.101	296	0.233	186
新竹	0.144	283	0.101	296	0.232	192
嘉義	0.191	261	0.1	298	0.231	201

5.3 城市能力指數二級指標分值及排名

能力指數包括經濟增長能力、社會保障能力、城市吸引能力、城市流通能力 4 個二級指標，它反映了城市通過整合各種資源實現經濟發展和社會進步方面的能力。經濟增長能力是城市在提升自身競爭力方面最重要的能力之一，是一個城市可持續競爭力的重要表現。沒有經濟增長就不可能有社會進步，城市經濟增長能力是城市發展的物質保證，也是城市綜合競爭力提升的引擎。沒有經濟增長，城市的充分就業、教育、醫療、娛樂甚至城市形象都得不到相應的改善。當然在關注經濟增長時還必須考慮成本的投入。當經濟增長帶來更多的擁擠、污染、存貨增加時，反而會阻礙社會的進步，因此要追求可持續的經濟增長。

經濟增長能力體現了城市效率，而城市社會保障能力則體現了城市公平，社會的發展不僅僅是追求高效率的發展，並且要兼顧社會公平的實現。現代社會，公平的概念在人們的意識中變得愈加清晰和重要，任何不公平的現象都會遭到鄙視和譴責，甚至引起一定程度的社會矛盾，不利於社會和諧發展。所以社會公平的實現是社會進步的重要標誌。社會公平的含義之一是機會平等，也就是城市居民應在教育、就業等方面具有相同的機會，這可以通過適齡兒童入學率和就業率來體現，另外就是結果均等，也就是說社會中的貧富差距不應過大，社會保障覆蓋率及醫療保障覆蓋率要高。但是，社會公平並不是不允許任何差距的存在，它承認個人的天賦能力的差別、承認後天努力的差別等一切合理合法的差別。

城市吸引能力體現了城市集聚各種資源的能力，這些資源不僅包括國內資源，同時包括國外的資源。現代城市之間的競爭是人才的競爭、資本的競爭、市場的競爭，誰能在競爭中獲取更多的資源，誰就能在競爭中脫穎而出。而城市只有在其充滿各種創業的機會、富有競爭力的時候才會集聚各種資源。所以城市起初都是充分利用本區域的優勢資源發展優勢產業，繼而再通過集聚域外資源發展壯大，並且這種集聚能力又會提升它的競爭力，這是一個良性循環的過程。

城市流通能力是城市在人流、物流、資金流與信息流樞紐作用的實現能力，具有區域經濟中心或國際經濟中心的城市就是人流、物流、資金流與信息流的區域中心或國際中心，它其實也是資源集聚的體現。這樣城市的企業可以降低交易、生產要素運輸、產品運輸、信息的獲得等費用，有利於城市產業規模的擴大。

在 298 個城市能力指數排名中，有 174 個城市處於平均水平之上，占 58.39%。其中東部地區 57 個，中部地區 64 個，西部地區 53 個。另外能力指數得分的標準差為 0.151，高於 2013 年的 0.125，這說明城市間的能力指數差異有所擴大。

能力指數的二級指標分值與排名見表 5.3.1。

表 5.3.1 城市 2013 年度能力指數二級指標分值及排名

城市	經濟增長能力	排名	社會保障能力	排名	城市吸引能力	排名	城市流通能力	排名
北京	0.567	262	0.822	2	0.705	6	1	1
天津	0.76	115	0.465	10	0.564	13	0.748	4
石家莊	0.695	194	0.237	194	0.366	40	0.849	2
唐山	0.667	220	0.272	88	0.269	81	0.825	3
秦皇島	0.59	254	0.247	153	0.267	82	0.686	5
邯鄲	0.714	173	0.224	241	0.261	90	0.464	18
邢臺	0.642	230	0.213	260	0.259	93	0.554	7
保定	0.688	200	0.239	187	0.26	91	0.485	13
張家口	0.655	224	0.244	168	0.249	108	0.386	38
承德	0.669	219	0.226	231	0.201	169	0.479	16
滄州	0.723	166	0.23	215	0.212	136	0.513	9
廊坊	0.682	205	0.244	168	0.222	118	0.42	25
衡水	0.691	197	0.189	293	0.212	136	0.482	14
太原	0.653	226	0.31	52	0.363	43	0.49	11
大同	0.646	228	0.208	270	0.21	142	0.509	10
陽泉	0.654	225	0.252	134	0.213	128	0.482	14
長治	0.678	209	0.249	145	0.21	142	0.45	21
晉城	0.708	176	0.251	141	0.21	142	0.415	26
朔州	0.762	113	0.236	198	0.208	154	0.375	47
晉中	0.698	191	0.269	92	0.209	149	0.46	19
運城	0.618	239	0.231	211	0.212	136	0.41	28
忻州	0.701	185	0.265	99	0.208	154	0.322	69
臨汾	0.65	227	0.252	134	0.209	149	0.376	44
呂梁	0.733	154	0.225	235	0.16	215	0.392	37
呼和浩特	0.738	146	0.294	62	0.337	49	0.523	8
包頭	0.781	94	0.303	56	0.235	114	0.328	68
烏海	0.861	36	0.32	47	0.162	209	0.322	69
赤峰	0.776	99	0.245	162	0.151	244	0.456	20
通遼	0.85	39	0.251	141	0.156	229	0.357	56
鄂爾多斯	0.753	122	0.354	26	0.196	175	0.396	34
呼倫貝爾	0.803	69	0.322	45	0.161	213	0.412	27
巴彥淖爾	0.673	215	0.273	87	0.146	263	0.359	55
烏蘭察布	0.689	199	0.213	260	0.129	291	0.346	61
瀋陽	0.638	232	0.449	12	0.429	28	0.49	11
大連	0.716	170	0.455	11	0.497	20	0.441	22

表 5.3.1 城市 2013 年度能力指數二級指標分值及排名

城市	經濟增長能力	排名	社會保障能力	排名	城市吸引能力	排名	城市流通能力	排名
鞍山	0.294	288	0.336	36	0.266	84	0.317	74
撫順	0.676	211	0.342	33	0.259	93	0.361	53
本溪	0.56	266	0.361	24	0.265	86	0.366	50
丹東	0.791	86	0.281	72	0.262	87	0.292	96
錦州	0.702	183	0.312	50	0.262	87	0.321	71
營口	0.739	143	0.322	45	0.266	84	0.376	44
阜新	0.882	26	0.311	51	0.209	149	0.315	75
遼陽	0.736	148	0.305	55	0.213	128	0.377	43
盤錦	0.682	205	0.333	39	0.219	120	0.375	47
鐵嶺	0.751	128	0.232	209	0.21	142	0.376	44
朝陽	0.812	60	0.264	102	0.208	154	0.36	54
葫蘆島	0.501	278	0.259	115	0.164	198	0.296	91
長春	0.752	124	0.335	37	0.312	63	0.402	31
吉林	0.688	200	0.297	60	0.259	93	0.428	24
四平	0.75	129	0.246	160	0.21	142	0.336	66
遼源	0.693	196	0.267	96	0.21	142	0.271	123
通化	0.728	161	0.297	60	0.208	154	0.394	36
白山	0.801	73	0.393	17	0.207	161	0.386	38
松原	0.754	121	0.241	185	0.208	154	0.329	67
白城	0.734	151	0.271	89	0.207	161	0.337	65
哈爾濱	0.672	216	0.345	31	0.366	40	0.364	51
齊齊哈爾	0.662	223	0.248	147	0.249	108	0.286	106
雞西	0.809	65	0.26	112	0.206	163	0.4	33
鶴崗	0.822	51	0.238	191	0.204	165	0.28	115
雙鴨山	0.796	81	0.236	198	0.204	165	0.292	96
大慶	0.584	258	0.278	77	0.309	65	0.321	71
伊春	0.78	95	0.277	78	0.148	257	0.266	132
佳木斯	0.708	176	0.231	211	0.162	209	0.257	146
七台河	0.441	284	0.239	187	0.159	217	0.286	106
牡丹江	0.81	62	0.281	72	0.169	191	0.352	58
黑河	0.537	272	0.257	120	0.156	229	0.395	35
綏化	0.608	245	0.235	203	0.155	235	0.308	79
上海	0.509	276	0.772	3	0.789	4	0.669	6
南京	0.687	202	0.356	25	0.52	15	0.378	42
無錫	0.639	231	0.331	40	0.48	22	0.401	32
徐州	0.792	84	0.281	72	0.356	44	0.344	63
常州	0.494	281	0.316	48	0.414	30	0.404	30
蘇州	0.624	237	0.399	16	0.59	11	0.408	29
南通	0.724	165	0.265	99	0.371	38	0.384	40
連雲港	0.784	89	0.236	198	0.299	70	0.292	96
淮安	0.779	97	0.255	127	0.256	100	0.29	101
鹽城	0.816	54	0.26	112	0.255	103	0.305	81
揚州	0.773	105	0.248	147	0.275	79	0.342	64
鎮江	0.775	100	0.268	94	0.295	73	0.303	84
泰州	0.783	93	0.261	111	0.262	87	0.313	76
宿遷	0.864	34	0.231	211	0.247	110	0.272	122
杭州	0.617	240	0.446	13	0.519	16	0.382	41
寧波	0.522	273	0.372	22	0.513	18	0.321	71
溫州	0.594	250	0.274	84	0.429	28	0.429	23
嘉興	0.699	189	0.28	75	0.414	30	0.303	84
湖州	0.731	157	0.262	106	0.329	55	0.346	61
紹興	0.612	243	0.275	82	0.33	53	0.294	92
金華	0.686	204	0.267	96	0.331	52	0.264	134
衢州	0.623	238	0.243	173	0.24	112	0.263	138
舟山	0.746	136	0.277	78	0.337	49	0.29	101
台州	0.509	276	0.263	103	0.267	82	0.293	93
麗水	0.738	146	0.248	147	0.239	113	0.302	87

表 5. 3. 1 城市 2013 年度能力指數二級指標分值及排名

城市	經濟增長能力	排名	社會保障能力	排名	城市吸引能力	排名	城市流通能力	排名
合肥	0.841	42	0.284	69	0.375	37	0.351	59
蕪湖	0.934	8	0.248	147	0.258	96	0.31	78
蚌埠	0.763	112	0.204	278	0.2	170	0.363	52
淮南	0.761	114	0.229	217	0.213	128	0.209	215
馬鞍山	0.799	79	0.232	209	0.213	128	0.285	109
淮北	0.833	46	0.207	275	0.213	128	0.264	134
銅陵	0.727	162	0.252	134	0.214	125	0.246	158
安慶	0.696	193	0.207	275	0.196	175	0.275	120
黃山	0.8	76	0.257	120	0.205	164	0.291	99
滁州	0.846	40	0.245	162	0.196	175	0.274	121
阜陽	0.747	133	0.242	179	0.187	188	0.267	127
宿州	0.816	54	0.19	290	0.195	178	0.239	172
六安	0.792	84	0.244	168	0.187	188	0.289	105
亳州	0.75	129	0.221	249	0.144	268	0.285	109
池州	0.755	119	0.215	254	0.15	249	0.219	201
宣城	0.745	137	0.224	241	0.151	244	0.297	90
福州	0.731	157	0.299	59	0.385	35	0.354	57
廈門	0.698	191	0.392	18	0.564	13	0.267	127
莆田	0.823	49	0.226	231	0.298	71	0.27	124
三明	0.756	117	0.247	153	0.295	73	0.286	106
泉州	0.748	132	0.245	162	0.348	46	0.232	180
漳州	0.81	62	0.234	205	0.314	61	0.293	93
南平	0.708	176	0.242	179	0.191	184	0.264	134
龍岩	0.774	102	0.255	127	0.194	181	0.234	177
寧德	0.705	180	0.231	211	0.19	186	0.251	153
南昌	0.739	143	0.271	89	0.321	57	0.29	101
景德鎮	0.768	109	0.263	103	0.211	140	0.26	142
萍鄉	0.717	168	0.258	118	0.213	128	0.266	132
九江	0.709	175	0.254	131	0.214	125	0.264	134
新餘	0.71	174	0.229	217	0.165	197	0.253	151
鷹潭	0.592	253	0.213	260	0.163	205	0.246	158
贛州	0.773	105	0.254	131	0.164	198	0.267	127
吉安	0.764	111	0.198	287	0.163	205	0.267	127
宜春	0.769	108	0.222	245	0.164	198	0.277	118
撫州	0.942	6	0.209	269	0.161	213	0.246	158
上饒	0.678	209	0.251	141	0.164	198	0.238	173
濟南	0.732	155	0.341	34	0.432	25	0.305	81
青島	0.665	221	0.31	52	0.498	19	0.28	115
淄博	0.774	102	0.291	63	0.276	78	0.212	209
棗莊	0.674	214	0.237	194	0.213	128	0.278	117
東營	0.756	117	0.259	115	0.222	118	0.231	181
煙臺	0.791	86	0.316	48	0.231	115	0.312	77
濰坊	0.663	222	0.265	99	0.223	117	0.259	143
濟寧	0.725	163	0.226	231	0.215	124	0.204	224
泰安	0.743	141	0.243	173	0.217	123	0.263	138
威海	0.635	234	0.326	44	0.231	115	0.195	246
日照	0.679	208	0.226	231	0.213	128	0.256	148
萊蕪	0.612	243	0.242	179	0.218	122	0.269	125
臨沂	0.789	88	0.262	106	0.209	149	0.256	148
德州	0.812	60	0.238	191	0.212	136	0.281	114
聊城	0.67	218	0.214	257	0.164	198	0.249	155
濱州	0.725	163	0.257	120	0.166	196	0.22	199
菏澤	0.795	82	0.242	179	0.151	244	0.231	181
鄭州	0.881	27	0.327	43	0.402	33	0.291	99
開封	0.6	248	0.222	245	0.209	149	0.284	111
洛陽	0.519	274	0.244	168	0.214	125	0.243	164
平頂山	0.41	285	0.237	194	0.159	217	0.223	194

表 5.3.1 城市 2013 年度能力指數二級指標分值及排名

城市	經濟增長能力	排名	社會保障能力	排名	城市吸引能力	排名	城市流通能力	排名
安陽	0.472	283	0.223	244	0.157	228	0.246	158
鶴壁	0.581	259	0.225	235	0.168	193	0.219	201
新鄉	0.561	265	0.227	228	0.164	198	0.245	162
焦作	0.721	167	0.255	127	0.169	191	0.268	126
濮陽	0.594	250	0.213	260	0.162	209	0.252	152
許昌	0.7	188	0.158	295	0.159	217	0.293	93
漯河	0.708	176	0.238	191	0.167	195	0.227	189
三門峽	0.501	278	0.243	173	0.162	209	0.219	201
南陽	0.59	254	0.248	147	0.15	249	0.221	198
商丘	0.594	250	0.228	225	0.148	257	0.238	173
信陽	0.617	240	0.255	127	0.131	290	0.22	199
周口	0.632	236	0.225	235	0.146	263	0.262	140
駐馬店	0.702	183	0.253	133	0.142	275	0.223	194
武漢	0.802	70	0.411	14	0.458	24	0.276	119
黃石	0.784	89	0.243	173	0.256	100	0.196	244
十堰	0.701	185	0.257	120	0.252	106	0.267	127
宜昌	0.567	262	0.284	69	0.164	198	0.212	209
襄陽	0.775	100	0.269	92	0.155	235	0.305	81
鄂州	0.784	89	0.214	257	0.163	205	0.299	88
荊門	0.731	157	0.252	134	0.156	229	0.303	84
孝感	0.914	14	0.242	179	0.156	229	0.195	246
荊州	0.747	133	0.201	282	0.15	249	0.243	164
黃岡	0.745	137	0.221	249	0.144	268	0.234	177
咸寧	0.795	82	0.236	198	0.143	271	0.227	189
隨州	0.69	198	0.247	153	0.143	271	0.222	197
長沙	0.801	73	0.331	40	0.43	27	0.257	146
株洲	0.8	76	0.268	94	0.26	91	0.228	187
湘潭	0.774	102	0.247	153	0.211	140	0.203	228
衡陽	0.729	160	0.263	103	0.204	165	0.249	155
邵陽	0.736	148	0.248	147	0.198	173	0.201	231
岳陽	0.752	124	0.271	89	0.208	154	0.228	187
常德	0.766	110	0.247	153	0.202	168	0.231	181
張家界	0.732	155	0.227	228	0.199	172	0.229	185
益陽	0.824	48	0.235	203	0.151	244	0.208	217
郴州	0.826	47	0.246	160	0.25	107	0.29	101
永州	0.717	168	0.228	225	0.145	267	0.241	167
懷化	0.703	182	0.242	179	0.151	244	0.235	176
婁底	0.84	44	0.203	279	0.15	249	0.247	157
廣州	0.549	268	0.483	9	0.695	7	0.373	49
韶關	0.614	242	0.193	289	0.387	34	0.174	270
深圳	0.608	245	0.528	6	1	1	0.349	60
珠海	0.5	280	0.389	19	0.586	12	0.283	113
汕頭	0.41	285	0.247	153	0.49	21	0.241	167
佛山	0.569	261	0.354	26	0.646	10	0.261	141
江門	0.585	257	0.302	58	0.384	36	0.212	209
湛江	0.694	195	0.229	217	0.347	47	0.208	217
茂名	0.813	57	0.201	282	0.284	77	0.258	145
肇慶	0.676	211	0.247	153	0.305	68	0.259	143
惠州	0.75	129	0.289	65	0.41	32	0.229	185
梅州	0.645	229	0.177	294	0.191	184	0.251	153
汕尾	0.822	51	0.2	284	0.198	173	0.23	184
河源	0.806	68	0.229	217	0.188	187	0.213	207
陽江	0.752	124	0.1	298	0.195	178	0.2	235
清遠	0.474	282	0.262	106	0.2	170	0.225	193
東莞	0.394	287	0.518	8	0.968	2	0.213	207
中山	0.815	56	0.386	20	0.652	9	0.177	265
潮州	0.682	205	0.214	257	0.272	80	0.284	111

表 5. 3. 1 城市 2013 年度能力指數二級指標分值及排名

城市	經濟增長能力	排名	社會保障能力	排名	城市吸引能力	排名	城市流通能力	排名
揭陽	0.741	142	0.245	162	0.21	142	0.198	239
雲浮	0.896	18	0.229	217	0.192	182	0.198	239
南寧	0.852	38	0.29	64	0.306	67	0.226	192
柳州	0.715	172	0.257	120	0.308	66	0.219	201
桂林	0.839	45	0.239	187	0.302	69	0.241	167
梧州	0.843	41	0.208	270	0.246	111	0.186	254
北海	1	1	0.211	265	0.253	105	0.208	217
防城港	0.773	105	0.274	84	0.156	229	0.201	231
欽州	0.637	233	0.211	265	0.139	282	0.207	220
貴港	0.735	150	0.19	290	0.14	280	0.177	265
玉林	0.676	211	0.208	270	0.142	275	0.191	251
百色	0.541	271	0.225	235	0.149	254	0.203	228
賀州	0.566	264	0.207	275	0.143	271	0.216	205
河池	0.168	292	0.229	217	0.141	278	0.215	206
來賓	0.634	235	0.225	235	0.139	282	0.204	224
崇左	0.701	185	0.245	162	0.139	282	0.244	163
海口	0.601	247	0.303	56	0.35	45	0.233	179
三亞	0.546	269	0.249	145	0.293	75	0.199	238
重慶	0.58	260	0.567	4	0.48	22	0.299	88
成都	0.863	35	0.352	28	0.514	17	0.307	80
自貢	0.687	202	0.252	134	0.195	178	0.174	270
攀枝花	0.813	57	0.276	80	0.219	120	0.197	243
瀘州	0.961	3	0.233	207	0.192	182	0.172	272
德陽	0.808	67	0.239	187	0.254	104	0.2	235
綿陽	0.81	62	0.229	217	0.289	76	0.203	228
廣元	0.699	189	0.258	118	0.136	287	0.188	253
遂寧	0.671	217	0.211	265	0.152	239	0.204	224
內江	0.747	133	0.228	225	0.153	237	0.205	222
樂山	0.878	28	0.227	228	0.152	239	0.227	189
南充	0.871	31	0.222	245	0.146	263	0.179	261
眉山	0.8	76	0.212	264	0.146	263	0.241	167
宜賓	0.894	21	0.225	235	0.142	275	0.21	214
廣安	0.915	12	0.19	290	0.129	291	0.254	150
達州	0.779	97	0.257	120	0.139	282	0.186	254
雅安	0.802	70	0.252	134	0.156	229	0.192	250
巴中	0.887	25	0.244	168	0.144	268	0.201	231
資陽	0.905	17	0.215	254	0.132	289	0.164	280
貴陽	0.938	7	0.252	134	0.33	53	0.242	166
六盤水	0.928	10	0.199	286	0.149	254	0.211	212
遵義	0.944	5	0.203	279	0.137	286	0.206	221
安順	0.89	24	0.22	251	0.14	280	0.205	222
畢節	0.589	256	0.131	297	0.134	288	0.15	288
銅仁	0.545	270	0.156	296	0.128	293	0.201	231
昆明	0.752	124	0.341	34	0.313	62	0.24	171
曲靖	0.745	137	0.2	284	0.208	154	0.152	285
玉溪	0.744	140	0.26	112	0.256	100	0.209	215
保山	0.895	19	0.216	253	0.159	217	0.18	258
昭通	0.927	11	0.208	270	0.16	215	0.191	251
麗江	0.907	16	0.22	251	0.163	205	0.194	248
普洱	0.91	15	0.237	194	0.159	217	0.186	254
臨滄	0.874	29	0.21	268	0.159	217	0.176	269
拉薩	0.755	119	0.28	75	0.257	99	0.198	239
西安	0.739	143	0.335	37	0.432	25	0.223	194
銅川	0.873	30	0.285	67	0.159	217	0.161	282
寶雞	0.734	151	0.259	115	0.159	217	0.211	212
咸陽	0.915	12	0.23	215	0.158	227	0.163	281
渭南	0.704	181	0.229	217	0.159	217	0.237	175

表 5. 3. 1 城市 2013 年度能力指數二級指標分值及排名

城市	經濟增長能力	排名	社會保障能力	排名	城市吸引能力	排名	城市流通能力	排名
延安	0.51	275	0.266	98	0.152	239	0.196	244
漢中	0.893	22	0.233	207	0.148	257	0.178	262
榆林	0.757	116	0.257	120	0.148	257	0.15	288
安康	0.895	19	0.208	270	0.143	271	0.166	277
商洛	0.716	170	0.215	254	0.153	237	0.18	258
蘭州	0.799	79	0.276	80	0.32	58	0.177	265
嘉峪關	0.933	9	0.262	106	0.181	190	0.114	297
金昌	0.866	33	0.243	173	0.159	217	0.186	254
白銀	0.802	70	0.234	205	0.152	239	0.171	273
天水	0.801	73	0.24	186	0.15	249	0.204	224
武威	0.869	32	0.245	162	0.152	239	0.198	239
張掖	0.813	57	0.274	84	0.149	254	0.15	288
平涼	0.857	37	0.224	241	0.148	257	0.171	273
酒泉	0.823	49	0.25	144	0.168	193	0.193	249
慶陽	0.96	4	0.203	279	0.141	278	0.171	273
定西	0.841	42	0.236	198	0.147	262	0.178	262
隴南	0.734	151	0.222	245	0.1	298	0.17	276
西寧	0.892	23	0.243	173	0.258	96	0.165	279
銀川	0.78	95	0.275	82	0.258	96	0.152	285
石嘴山	0.753	122	0.283	71	0.112	294	0.132	295
吳忠	0.809	65	0.195	288	0.11	296	0.152	285
固原	0.819	53	0.289	65	0.111	295	0.161	282
中衛	0.784	89	0.262	106	0.11	296	0.143	293
烏魯木齊	0.977	2	0.309	54	0.297	72	0.177	265
克拉瑪依	0.557	267	0.285	67	0.311	64	0.166	277
香港	0.269	289	1	1	0.927	3	0.468	17
澳門	0.596	249	0.524	7	0.783	5	0.146	291
新北	0.216	290	0.377	21	0.334	51	0.2	235
臺北	0.1	298	0.529	5	0.69	8	0.178	262
台中	0.168	292	0.344	32	0.322	56	0.153	284
台南	0.179	291	0.348	29	0.317	60	0.13	296
高雄	0.128	295	0.406	15	0.319	59	0.18	258
基隆	0.125	296	0.366	23	0.345	48	0.145	292
新竹	0.138	294	0.347	30	0.364	42	0.133	294
嘉義	0.114	297	0.33	42	0.37	39	0.1	298

第六篇 2013 年度中國城市分項競爭力特徵分析

6.1 中國城市綜合競爭力及分項競爭力特徵分析

城市作為人口集聚和政治、經濟、文化中心，歷來都在區域和國家發展中發揮著重要作用。中國作為一個發展中國家，城市在區域和國家發展中的中心地位和引擎作用更加突出。城市綜合競爭力指一個城市在一定區域範圍內集散資源、提供產品和服務的能力，是城市經濟、社會、科技、環境等綜合發展能力的集中體現。城市綜合競爭力，既針對它所包含的各種發展要素所綜合形成的整體實力，發展效率以及未來的發展趨勢，同時也包括城市在整個社會中的作用和影響力。

一般地說，城市綜合競爭力主要包括城市的經濟發展競爭力、社會發展競爭力、環境發展競爭力和文化發展競爭力，此為城市發展的四維競爭力。目前階段，經濟發展競爭力仍然是城市綜合競爭力的最主要方面。如在新世紀加入 WTO 以及迎接經濟市場化、全球化發展挑戰等方面，城市綜合競爭力仍然將主要表現為城市經濟發展的競爭力。但城市的經濟發展競爭力必須以社會發展競爭力為前提，因為社會發展競爭力可以為城市維持及增強經濟發展競爭力提供良好的社會環境和原動力，如教育發展、科技進步形成的社會發展競爭力，可以進一步增強城市經濟發展的競爭力。穩定的社會環境、良好的生活質量和社會保障水平，也是維持城市經濟發展競爭力的重要條件。環境發展競爭力則不僅是形成和維持城市經濟發展競爭力及社會發展競爭力的重要條件，而且自然優美、舒適宜人的城市環境，是現代城市發展所追求的更高層次的目標。未來城市發展的競爭將主要表現為城市環境建設與發展的競爭，所以未來城市的綜合競爭力將更加依賴於城市環境發展競爭力。廣義地理解，城市的環境建設與發展，也包括城市的城區規模及設施建設等，而這些方面又構成城市發展以及維持和增強城市經濟、社會發展競爭力的物質基礎。可以說，沒有足夠的城區規模、先進的設施水平、優美的自然環境，就難以形成和維持更強的經濟發展競爭力及社會發展競爭力。文化作為城市軟實力主要來源，對城市的綜合競爭力有著意義非凡的影響。它不僅可以為城市綜合力的發展提供強大精神動力，也為其提供智力支援。同時，文化創造經濟價值也塑造城市形象，它逐漸成為城市綜合競爭力的重要組成部分和標誌。一個城市只有將經濟、社會、環境這三方面的硬實力和文化軟實力四維有機結合，才能形成和增強城市發展的綜合競爭力。

綜上所述，《中國城市綜合競爭力比較評價體系》（以下如未作特殊說明，都簡稱《比較評價體系》）包含經濟、社會、環境和文化四大體系，體現整個城市系統發展的規模、效率和增長，反應城市在經營管理、創新、學習、合理資源配置以創造經濟價值和文化價值的能力。《比較評價體系》包含一級指標 10 個，二級指標 50 個，三級指標 216 個。

按照 298 個城市的統計資料及調查資料，並根據中國城市競爭力研究會所構建的《中國城市競爭力比較評價指標體系》[①]計算分析，得出中國城市綜合競爭力及十大分項競爭力排名[②]。在對中國城市綜合競爭力進行統計分析發現，中國 298 個城市的綜合競爭力得分是否服從正態性分佈的 JB 檢驗統計量為 4543.98，在 1%的統計性顯著水平下拒絕原假設，即說明中國城市綜合競爭力得分不服從正態分佈。另外，綜合競爭力得分的方差為 24.63，並且

[①]《中國城市競爭力比較評價指標體系》的詳細情況請參見附錄 1。中國城市競爭力研究會 2002 年對 265 個城市，2003 年對 269 個城市，2004 年對 281 個城市，2005 年對 287 個城市，2006 年至 2008 年分別對 289 個城市，2009 年與 2010 年對 290 個城市、2011 年對 297 個城市、2012 年對 296 個城市、2013 年對 298 個城市進行城市競爭力的排行研究。

[②]具體請參見本年鑒第一篇、第二篇。

偏度為 3.59，峰度為 20.73，說明中國城市綜合競爭力得分呈尖峰厚尾分佈，並且具有右偏性質（圖 6.1.1）。進一步分析發現，綜合競爭力的地區性不平衡現象依然存在，呈東強西弱格局，在 84 個綜合競爭力水平在平均水平之上的城市中，東部地區城市有 64 個，占 76.19%，而中部地區有 12 個，占 14.29%，西部地區僅有 8 個，僅占 9.52%。同時，東部、中部、西部地區城市綜合競爭力的均值比較表明，東部地區的城市綜合競爭力的均值(11)明顯要高於中部(-6.96)、西部地區(-9.64)城市綜合競爭力均值，但是中部地區城市綜合競爭力均值與西部地區城市綜合競爭力均值無統計上的顯著差異，說明從城市綜合競爭力的平均水平來看，中國城市綜合競爭力呈現出東部地區要高於中部地區與西部地區，而中部地區與西部地區卻無差異，說明中國城市綜合競爭力從平均水平來——與 2012 年一致，同樣呈二級格局。進一步地分析，由不同地區城市綜合競爭力方差比較分析可以得出，東部地區最高，為 31.73，其次為西部地區，為 15.79，中部地區最低，為 11.08,並且它們之間存在統計上的顯著差異。由此可見，中國中部地區的城市綜合競爭力離散程度及差異程度要低一些。而西部地區綜合競爭力的差異性要高於中部地區，東部地區雖然整體看來綜合競爭力較高，但是其內部的不平衡性最大（表 6.1.1）。另外，上述三個地區的離散程度較 2012 年都有所增加，說明不同區域城市之間綜合競爭力的分化也在加大。

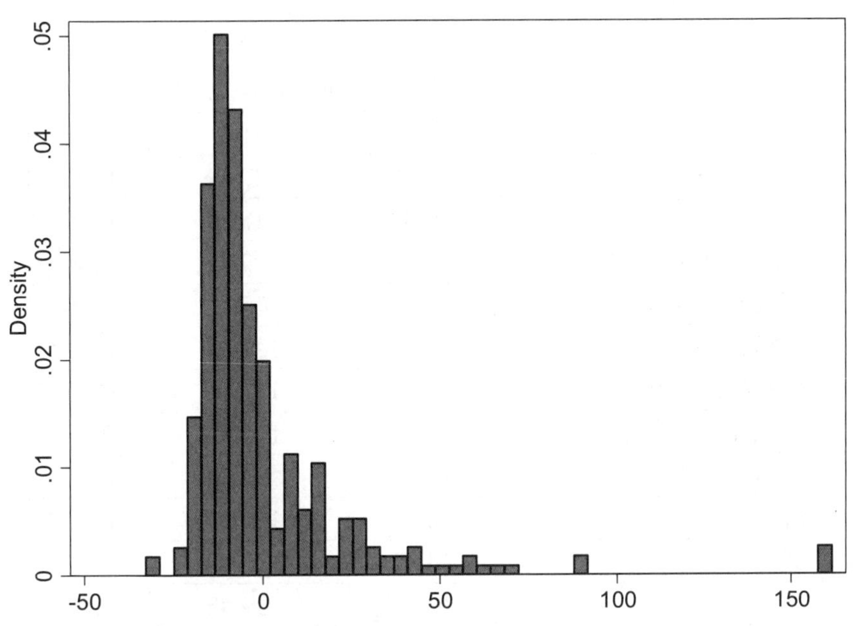

圖 6. 1. 1 城市綜合競爭力得分長條圖

表 6. 1. 1 城市綜合競爭力東、中、西部地區比較

A			
	東部	中部	西部
均值	11.00	-6.96	-9.64
方差	31.73	11.08	15.79
B			
	東中	東西	中西
均值比較檢驗	0.00	0.00	0.19
方差比較檢驗	0.00	0.00	0.00
樣本數	125	109	64

注：A 部分為實際值，B 部分為相應檢驗的 P 值

進一步分析上述 10 項指標對綜合競爭力的相對重要性，即由綜合競爭力原始得分[①]關於上述 10 項分項競爭力指數做 OLS 回歸，看哪個指標的系數最大。結果表明（表 6.1.2），所有變量的系數都在 1%的顯著性水平下統計顯著。同時，當經濟競爭力得分每增加 0.01，綜合競爭力得分增加 0.30；當產業競爭力得分每增加 0.01，綜合競爭力得分增加 0.26；當財政金融競爭力得分每增加 0.01，綜合競爭力得分增加 0.19；當商業貿易競爭力得分每增加 0.01，綜合競爭力得分增加 0.24；當基礎設施競爭力得分每增加 0.01，綜合競爭力得分增加 0.23；當社會體制競爭力得分每增加 0.01，綜合競爭力得分增加 0.37；當環境資源區位競爭力得分每增加 0.01，綜合競爭力得分增加 0.24；當人力資本教育競爭力得分每增加 0.01，綜合競爭力得分增加 0.12；當科技競爭力得分每增加 0.01，綜合競爭力得分增加 0.41；當文化形象競爭力得分每增加 0.01，綜合競爭力得分增加 0.34。據此判斷，對綜合競爭力而言，所有二級競爭力指標的重要性依次為科技競爭力、社會體制競爭力、文化形象競爭力、經濟競爭力、產業競爭力、商業貿易競爭力、環境資源區位競爭力、基礎設施競爭力、財政金融競爭力、人力資本教育競爭力（圖 6.1.2），而不是 2012 年的經濟競爭力、科技競爭力、商業貿易競爭力、文化競爭力、產業競爭力、基礎設施競爭力、環境資源區位競爭力、社會體制競爭力、人力資本競爭力、財政金融競爭力。這說明隨著中國增長方式的進一步轉變，科技、社會體制、文化等軟實力愈發重要。

表 6.1.2 城市綜合競爭力 OLS 回歸方程

變量	系數	t 值	P 值
經濟競爭力	30.10	14.17	0.00
產業競爭力	26.45	21.39	0.00
財政金融競爭力	19.47	6.77	0.00
商業貿易競爭力	24.25	7.54	0.00
基礎設施競爭力	22.58	12.63	0.00
社會體制競爭力	37.19	15.60	0.00
環境資源區位競爭力	24.15	17.76	0.00
人力資本教育競爭力	11.74	5.15	0.00
科技競爭力	40.93	10.77	0.00
文化形象競爭力	34.41	12.70	0.00
常數	-68.02	-109.43	0.00
F 統計量	12089.00	F 統計量 P 值	0.00
R 方	1.00	VIF	9.20

注：VIF 為膨脹因數，當其大於 10 時，表明自變量存在嚴重多重共線性

[①] 本篇中所有分析均由原始得分計算而得。

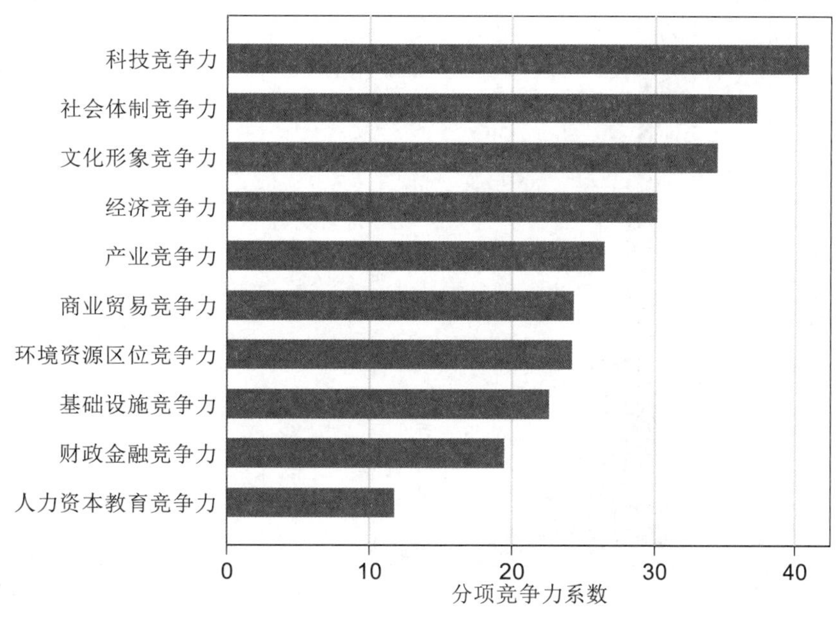

圖 6. 1. 2 各分項競爭力對綜合競爭力的影響大小

下文進一步分析各分項競爭力及其二項指標的特徵[①]：

6. 1. 1 經濟實力競爭力特徵分析

城市是一個經濟實體，是現代生產力的載體，是人類經濟活動在空間上的投影。城市經濟發展是城市居民生活水平提高的物質基礎，也是城市物質文明建設和發展的保證。城市經濟競爭力反映城市工業化程度，是城市綜合競爭力的基礎，表明一個城市的總體經濟發展水平和經濟發展階段。城市經濟競爭力強，意味著該城市的經濟整體實力雄厚，經濟運轉有效，經濟穩定、健康、高速、有序的發展，經濟發展階段有利於改善人民生活。

在對中國城市經濟競爭力進行統計分析發現，城市經濟競爭力的分佈特徵與綜合競爭力分佈特徵類似。具體地說，中國 298 個城市的經濟競爭力得分是否服從正態性分佈的 JB 檢驗統計量為 8319.1，在 1%的統計性顯著水平下拒絕原假設，即說明中國城市經濟競爭力不服從正態分佈。並且偏度為 3.98，峰度為 27.63，說明中國城市經濟競爭力呈尖峰厚尾分佈，並且具有右偏性質（圖 6.1.3）。進一步分析發現，經濟競爭力的地區性不平衡現象如綜合競爭力一樣呈東強西弱格局，在 100 個經濟競爭力水平處於平均水平之上的城市中，東部地區城市有 69 個，占 69%，而中部地區有 20 個，占 20%，西部地區僅有 11 個，僅占 11%。同時，東部、中部、西部地區城市經濟競爭力的均值比較表明，東部地區的城市經濟競爭力均值(1.79)明顯要高於中部(-1.19)、西部地區(-1.47)城市經濟競爭力的均值。進一步講，由不同地區城市經濟競爭力方差的比較分析可以得出，東部地區最高，為 5.62，其次為西部地區，為 2.1，中部地區最低，為 1.5。不過上述均值比較檢驗與方差比較檢驗均顯示中西部無顯著差異，但是東部與中西部存在顯著差異，因此，從該分析來看，中國城市經濟競爭力存在兩極分化格局，東部平均水平高，但是差異較大，中西部平均水平低，但是差異小（表 6.1.3）。

[①]此處只是列出排名前後 30 名的城市，同時對某項指數排名並列的城市並未加以特別地注明，詳細資料及排名見第 1 篇及本節後的有關內容。

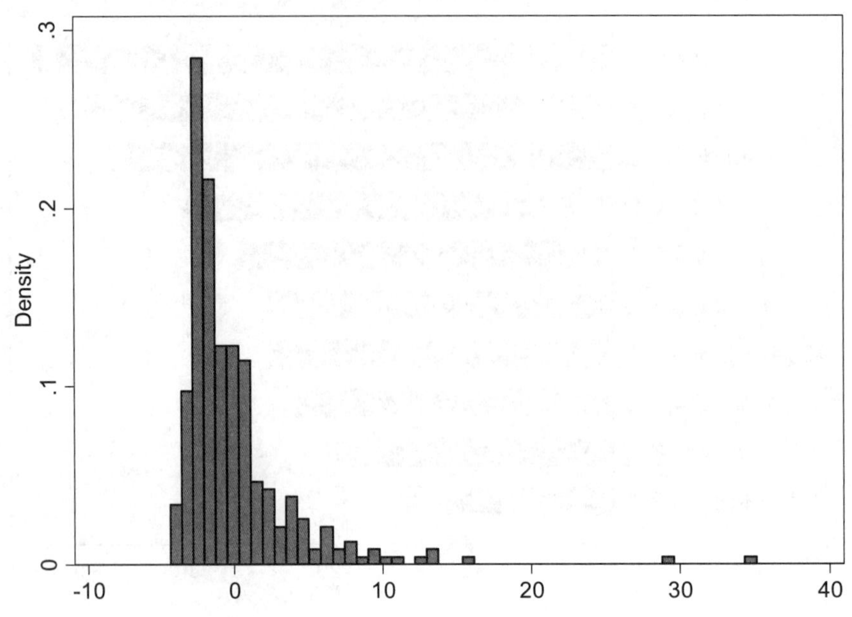

圖 6. 1. 3 城市經濟競爭力得分長條圖

表 6. 1. 3 城市經濟競爭力東、中、西部地區比較

A			
	東部	中部	西部
均值	1.79	-1.19	-1.47
方差	5.62	1.50	2.10
B			
	東中	東西	中西
均值比較檢驗	0.00	0.00	0.34
方差比較檢驗	0.00	0.00	0.52
樣本數	125	109	64

注：A 部分為實際值，B 部分為相應檢驗的 P 值

經濟競爭力包含城市規模指數、城市效率指數、城市國際吸引指數、城市居民生活指數四個維度。其中，城市規模是指每個城市的人口數量、用地面積和社會經濟實力。其中又以城市的人口規模作為城市規模的主要衡量標平，它體現城市對人流、物流的集聚能力。城市規模的擴大能在一定程度上由於集聚效應而極大促進城市在各方面的發展，但是到一定規模之後又不可避免的帶來城市病等負面效應。城市效率是指城市在單位時間內的人力、物力和財力投入創造或增殖的物質產品或精神產品的價值量。在中國當前的城市化水平下，城市的效率已經影響到城市生產力的發展水平，對城市的經濟發展起著至關重要的作用。它直接體現城市的發展是否處於一個積極的趨勢當中，關係著城市未來經濟的走向。城市國際吸引指數度量的是城市獲得國外資源的能力，如今的城市發展不僅僅要依靠城市本身，在經濟全球化的環境下，與國際合作，引進外資也成為增強城市經濟競爭力的主流手段。城市通過引進外資彌補資金短缺，通過吸引國際旅遊發展旅遊業宣揚城市文化，提高城市的綜合競爭力。城市的發展最主要的目的在於提高居民的生活水平和生活質量，提升居民的財富分享能力，優化居民的消費結構及提升居民的消費水平。城市居民生活的提高與城市經濟的發展相互聯繫相互促進。

通過上述四項指標對經濟競爭力的相對重要性的分析發現(即由經濟競爭力得分關於上述 4 項指數做 OLS 回歸)，所有變量的係數都在 1%的顯著性水平下統計顯著，並且由 VIF 可以看出，自變量不存在嚴重多重共線性(表 6.1.4)。同時，當城市規模指數得分每增加 0.01，經濟競爭力得分增加 0.08；當城市效率指數得分每增加 0.01，經濟競爭力得分增加 0.24；當城市國際吸引指數得分每增加 0.01，經濟競爭力得分增加 0.12；當城市居民生活水平指數得分每增加 0.01，經濟競爭力得分增加 0.17。因此，對經濟競爭力而言，其二級指標的重要性依次為城市效率指數、城市居民生活水平指數、城市國際吸引指數、城市規模指數（圖 6.1.4)，與 2012 年的城市國際吸引指數、城市規模指數、城市效率指數和城市居民生活水平指數存在較大差異。並說明城市效率與居民生活水平處於愈發重要的位置，因此一個城市想要發展，應該注重經濟效率與民生。

表 6.1.4 城市經濟競爭力 OLS 回歸方程

變量	系數	t 值	P 值
城市規模指數	7.86	1116.17	0.00
城市效率指數	24.45	2395.43	0.00
城市國際吸引指數	12.46	871.93	0.00
城市居民生活水平指數	17.05	1904.07	0.00
常數	-12.17	-6684.50	0.00
F 統計量	13639439	F 統計量 P 值	0.00
調整 R 方	1.00	VIF	2.18

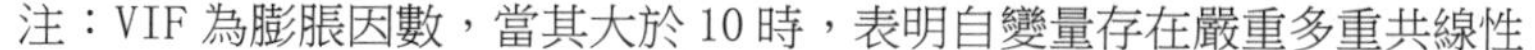
注：VIF 為膨脹因數，當其大於 10 時，表明自變量存在嚴重多重共線性

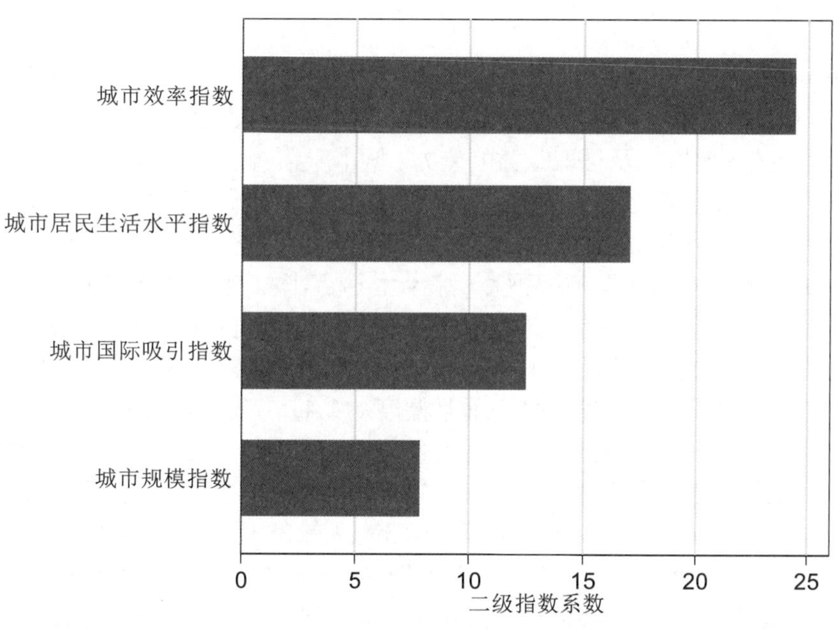

圖 6.1.4 各二級指數對經濟競爭力的影響大小

同時還進一步的分析城市經濟競爭力四項二級指標的分佈特徵，結果顯示，所有二級指標都不服從正態分佈，並呈尖峰厚尾分佈，且具有右偏性質[①]。另外，上述二級指標的東、

① 由於篇幅所限，此處或下文中並未給出一些檢驗相應檢驗結果。如讀者有興趣，可向編者索取。

中、西部地區均值比較與方差比較表明（表 6.1.5），中國城市居民生活水平的平均水平存在明顯的區域性差異，並呈東部地區、中部地區、西部地區由高及低依次排列的三級階梯狀特徵。但是城市規模、城市效率、城市國際吸引的平均水平雖然也存在區域性差異，但是僅僅是呈東部地區明顯高於中西部地區的二級階梯狀特徵，而中部地區和西部地區在上述指標上並不存在統計顯著的差異。另外，從區域內部的差異性來看，東部地區雖然從整體來看各項指數的水平比較高，但是其內部的離散程度比較大。

表 6.1.5 城市經濟競爭力二級指標東、中、西部地區比較

	城市規模指數			城市效率指數			城市國際吸引指數			城市居民生活水平指數		
A	東部	中部	西部	東部	中部	西部	東部	中部	西部	東部	中部	西部
均值	0.25	0.19	0.19	0.20	0.16	0.17	0.14	0.11	0.11	0.31	0.24	0.23
方差	0.15	0.06	0.09	0.10	0.04	0.05	0.09	0.01	0.02	0.12	0.04	0.04
B	東中	東西	中西	東中	東西	中西	東中	東西	中西	東中	東西	中西
均值比較檢驗	0.00	0.00	0.66	0.00	0.00	0.77	0.00	0.01	0.63	0.00	0.00	0.02
方差比較檢驗	0.00	0.00	0.00	0.00	0.00	0.59	0.00	0.00	0.00	0.00	0.00	0.49
樣本數	125	109	64	125	109	64	125	109	64	125	109	64

注：A 部分為實際值，B 部分為相應檢驗的 P 值

6.1.2 產業競爭力特徵分析

城市競爭力的競爭主體表現為城市地方政府之間的競爭，根本在於城市產業發展能力的競爭。城市產業競爭力是指某個城市特定產業在國內外市場競爭中優於其他城市或地區同一產業所具有的生存、發展以及獲取收益的能力。城市產業競爭力是指城市整體產業通過對生產要素和資源的高效配置及轉換，穩定持續地生產出比競爭對手更多財富的能力。也就是在地域空間分異規律作用下，城市產業所具有的綜合運用當地生產要素和區位優勢獲得最大效益的能力。城市產業競爭力具有中觀性、綜合性、相對穩定性及動態性的特點。

在對中國城市產業競爭力進行統計分析發現，中國 298 個城市的產業競爭力得分是否服從正態性分佈的 JB 檢驗統計量為 1488.2，在 1%的統計性顯著水平下拒絕原假設，即說明中國城市產業競爭力不服從正態分佈。並且偏度為 2.43，峰度為 12.81，說明中國城市產業競爭力呈尖峰厚尾分佈，並且具有右偏性質（圖 6.1.5）。進一步分析發現，產業競爭力的地區性不平衡現象依然表現為東強西弱，在 111 個產業競爭力水平處於平均水平之上的城市中，東部地區城市有 69 個，占 62.16%，而中部地區有 28 個，占 25.23%，西部地區僅有 14 個，僅占 12.61%。同時，東部、中部、西部地區城市產業競爭力的均值比較表明，東部地區的城市產業競爭力的均值(3.5)明顯要高於中部(-2.14)與西部地區(-3.2)城市產業競爭力的均值，並存在統計上的顯著差異，但是中西部並不存在顯著差異。說明從城市競爭力的平均水平來看，中國城市競爭力呈現出東部地區、中西部地區兩級分化格局。進一步地，由不同地區城市產業競爭力方差的比較分析可以得出，東部地區最高，為 10.04，其次為西部地區，為 5.5，中部地區最低，為 4.84，不過中西部地區不存在顯著差異。由此可見，中國中西部地區的城市產業競爭力離散程度及差異程度要低一些，而東部地區的城市產業競爭力離散程度及差異程度則非常高（表 6.1.6）。

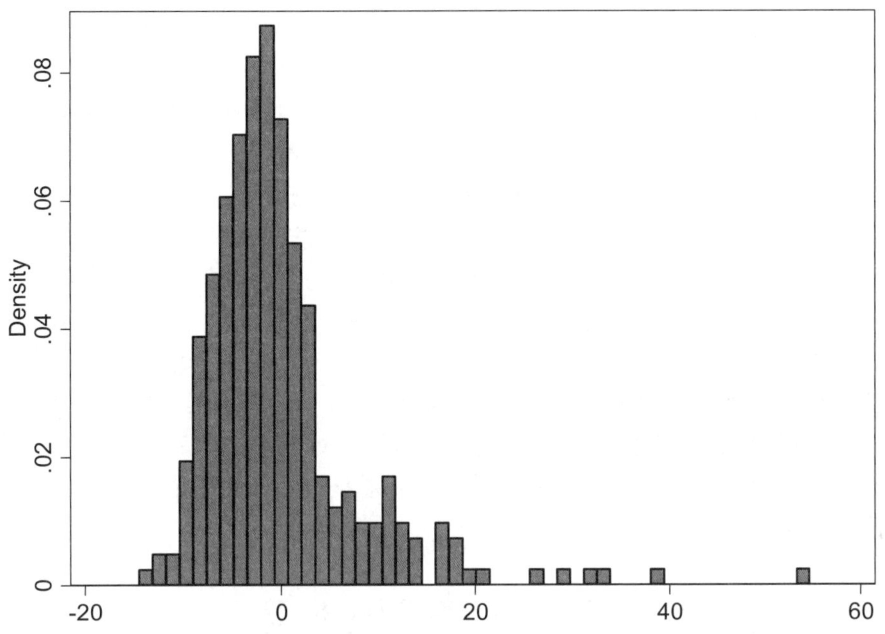

圖 6. 1. 5 城市產業競爭力得分長條圖

表 6. 1. 6 城市產業競爭力東、中、西部地區比較

A			
	東部	中部	西部
均值	3.50	-2.14	-3.20
方差	10.04	4.84	5.50
B			
	東中	東西	中西
均值比較檢驗	0.00	0.00	0.19
方差比較檢驗	0.00	0.00	0.24
樣本數	125	109	64

注：A 部分為實際值，B 部分為相應檢驗的 P 值

產業競爭力是由產業規模指數、產業貢獻指數、產業效率指數、產業結構指數、產業國際化指數、產業集群水平指數分別體現。產業規模指數體現產業創造財富的規模，隨著規模的擴大，產業創造的價值在一定程度上有所增長，然而過大的規模也會導致規模不經濟，因此，評價產業的規模成為評價產業競爭力的一項重要指標。產業貢獻指數是對城市產業的市場影響力和其利稅的貢獻能力的綜合反映。市場影響力提升產業創造價值的能力，成為產業軟實力的重要組成部分，對提高企業的利稅貢獻能力有輔助作用。產業效率反映城市產業的生產經營狀況以及價值的創造積累效率，效率創造價值，產業的效率對產業的規模和貢獻有直接影響。產業結構是指各產業的構成及各產業之間的聯繫和比例關係。在經濟發展過程中，由於分工越來越細，因而產生越來越多的生產部門。不同的生產部門，受到不同因素的影響和制約，會在增長速度、就業人數、在經濟總量中的比重、對經濟增長的推動作用等方面表現出很大的差異。城市產業國際化指數顯示城市吸收國際資本能力及外資企業對城市的貢獻度。產業集群是指在一個特定區域的一個特別領域，一組相互關聯的公司、供應商、關聯產業和專門化的制度和協會集聚起來，通過這種區域集聚形成有效的市場競爭，構建出專

業化生產要素集聚窪地，使企業共用區域公共設施、市場環境和外部經濟，降低資訊交流和物流成本，形成區域集聚效應、規模效應、外部效應和區域競爭力。產業集群指數則反映城市產業的集聚水平。

進一步分析上述 6 項指標對產業競爭力的相對重要性，即由產業競爭力得分關於上述 6 項指數做 OLS 回歸。結果表明（表 6.1.7），所有變量的係數都在 1%的顯著性水平下統計顯著，並且由 VIF 可以看出，自變量也不存在嚴重多重共線性。同時，當產業規模指數得分每增加 0.01，產業競爭力得分增加 0.12；當產業貢獻指數得分每增加 0.01，產業競爭力得分增加 0.15；當產業效率指數得分每增加 0.01，產業競爭力得分增加 0.14；當產業結構指數得分每增加 0.01，產業競爭力得分增加 0.18；當產業國際化指數得分每增加 0.01，產業競爭力得分增加 0.16；當企業集群指數得分每增加 0.01，產業競爭力得分增加 0.16。所以，對產業競爭力而言，其二級指標的重要性依次為產業結構指數、產業國際化指數、企業集群指數、產業貢獻指數、產業效率指數、產業規模指數（圖 6.1.6），與 2012 年的產業結構指數、企業集群指數、產業貢獻指數、產業效率指數、產業國際化指數、產業規模指數變化不大，不過產業國際化指數的重要性有所提升。

表 6.1.7 城市產業競爭力 OLS 回歸方程

變量	系數	t 值	P 值
產業規模指數	12.03	910.02	0.00
產業貢獻指數	15.35	903.39	0.00
產業效率指數	14.31	2340.66	0.00
產業結構指數	17.98	1978.70	0.00
產業國際化指數	15.62	1551.85	0.00
企業集群指數	15.53	1582.72	0.00
常數	-27.76	-7284.12	0.00
F 統計量	26808857	F 統計量 P 值	0.00
R 方	1.00	VIF	3.93

注：VIF 為膨脹因數，當其大於 10 時，表明自變量存在嚴重多重共線性

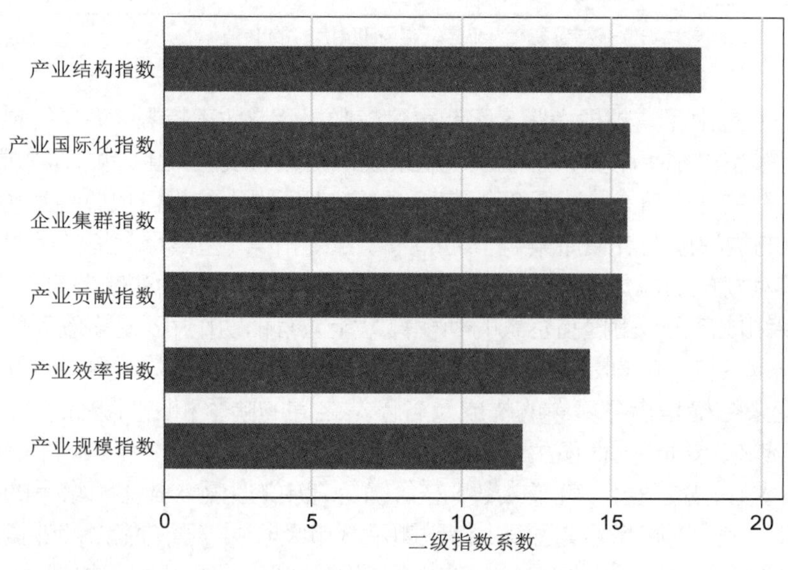

圖 6.1.6 各二級指數對產業競爭力的影響大小

進一步的分析城市產業競爭力六項二級指標的分佈特徵，結果顯示，所有二級指標也都不服從正態分佈，並同樣呈尖峰厚尾分佈，且具有右偏性質[①]。另外，上述二級指標的東、中、西部地區均值比較與方差比較表明（表 6.1.8），從平均水平來看，中國產業規模指數、產業結構指數、產業效率指數與城市國際吸引指數也存在區域性差異，並呈東部地區比中西部地區高的二級階梯狀特徵。而產業貢獻指數、產業國際化指數卻呈現東部地區、中部地區、西部地區從高及低的三級階梯狀特徵。另外，從區域內部的差異性來看，東部地區雖然從整體來看各項指數的水平比較高，但是除產業效率指數之外都比其它二級指數內部的離散程度比較大。

表 6.1.8 城市產業競爭力二級指標東、中、西部地區比較

	產業規模指數			產業貢獻指數			產業效率指數		
A	東部	中部	西部	東部	中部	西部	東部	中部	西部
均值	0.25	0.17	0.16	0.26	0.20	0.18	0.41	0.38	0.37
方差	0.15	0.06	0.10	0.14	0.05	0.06	0.11	0.11	0.12
B	東中	東西	中西	東中	東西	中西	東中	東西	中西
均值比較檢驗	0.00	0.00	0.15	0.00	0.00	0.01	0.05	0.02	0.56
方差比較檢驗	0.00	0.00	0.00	0.00	0.00	0.77	0.52	0.36	0.72
樣本數	125	109	64	125	109	64	125	109	64
	產業結構指數			產業國際化指數			產業集群指數		
A	東部	中部	西部	東部	中部	西部	東部	中部	西部
均值	0.57	0.51	0.51	0.23	0.14	0.12	0.30	0.23	0.24
方差	0.12	0.10	0.10	0.15	0.03	0.03	0.14	0.08	0.09
B	東中	東西	中西	東中	東西	中西	東中	東西	中西
均值比較檢驗	0.00	0.00	0.67	0.00	0.00	0.00	0.00	0.00	0.72
方差比較檢驗	0.04	0.06	0.89	0.00	0.00	0.02	0.00	0.00	0.33
樣本數	125	109	62	125	109	64	125	109	64

注：A 部分為實際值，B 部分為相應檢驗的 P 值

6.1.3 財政金融競爭力特徵分析

城市財政，是在城市範圍內利用價值形式對社會產品和國民收入進行分配與再分配的工具。城市財政促進城市建設及各項社會事業的發展，為城市人民的生活提供保障。城市金融競爭力表現為城市所擁有、控制或可利用的金融資源的數量，獲得的便利性、成本以及城市金融產業的發展狀況，金融基礎設施的建設現狀，金融人才的競爭力，以及其制度環境因素和開放程度等。城市金融競爭力評價以能夠全面、客觀地反映城市金融產業現狀和城市金融業發展潛力為目標，可以深入客觀地分析一個城市金融業發展的優勢及不足之處，對一個城市更好地發展金融業有著重要的意義。

在對中國城市財政金融競爭力進行統計分析發現，中國 298 個城市的財政金融競爭力得分是否服從正態性分佈的 JB 檢驗統計量為 24113.7，在 1%的統計性顯著水平下拒絕原假設，即說明中國城市財政金融競爭力不服從正態分佈。並且偏度為 5.79，峰度為 45.52，說明中國城市財政金融競爭力呈尖峰厚尾分佈，並且具有右偏性質（圖 6.1.7）。進一步分析發現，財政金融競爭力的地區性不平衡現象依然存在，呈東強西弱格局，在 84 個財政金融競爭力水平處於平均水平之上的城市中，東部地區城市有 59 個，占 70.24%，而中部地區有

[①] 由於篇幅所限，此處或下文中並未給出全部檢驗相應檢驗結果。如讀者有興趣，可向編者索取。

14 個，占 16.67%，西部地區僅有 11 個，僅占 13.1%。同時，東部、中部、西部地區城市財政金融競爭力的均值比較表明，東部地區的城市財政金融競爭力的均值(2.63)統計上顯著高於中部(-1.88)和西部地區(-1.94)城市財政金融競爭力的均值，但是中西部並不存在顯著差異，說明從城市財政金融競爭力的平均水平來看，中國城市財政金融競爭力呈現出東部地區、中西部地區兩級分化格局。進一步地，由不同地區城市財政金融競爭力方差的比較分析可以得出，東部地區最高，為 10.95，其次為西部地區，為 3.63，中部地區最低，為 3.03，並且東部與中西部存在顯著差異，但是中西部並不存在顯著差異。由此可見，東部地區的城市財政金融競爭力雖然平均水平比較高，但是離散程度及差異程度非常高。

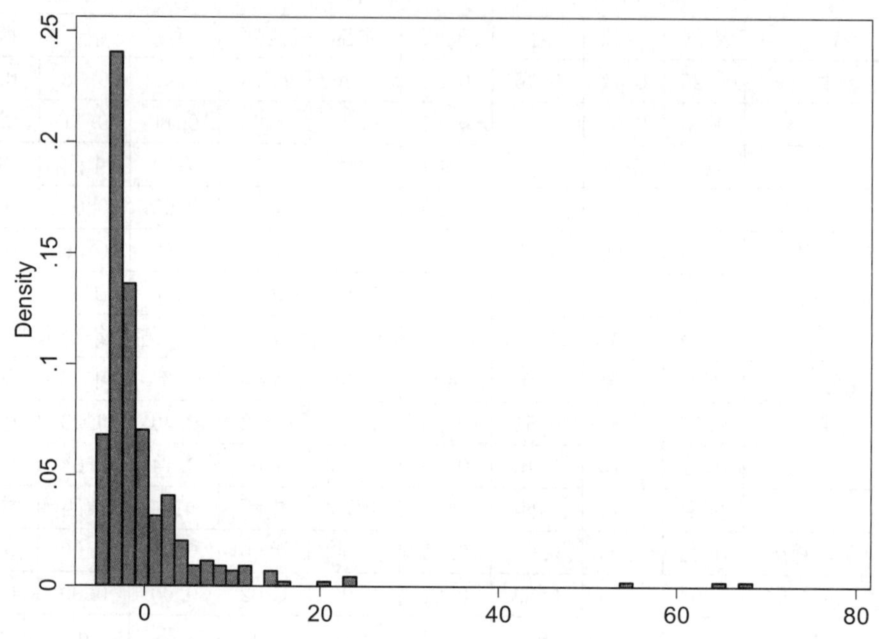

圖 6. 1. 7 城市財政金融競爭力得分長條圖

表 6. 1. 9 城市財政金融競爭力東、中、西部地區比較

A			
	東部	中部	西部
均值	2.63	-1.88	-1.94
方差	10.95	3.03	3.63
B			
	東中	東西	中西
均值比較檢驗	0.00	0.00	0.90
方差比較檢驗	0.00	0.00	0.10
樣本數	125	109	64

注：A 部分為實際值，B 部分為相應檢驗的 P 值

財政金融競爭力由財政金融規模指數、財政金融效率指數、金融資本質量指數、金融資本可獲得指數、金融業人力資本指數綜合而成。財政金融規模指數，反映城市的財政實力和財政收入、支出能力，體現城市財政資金供應總量和資本使用規模。同時，它也反映城市金融業的發展規模，主要為金融機構的交易量。相對于財政金融規模指數，財政金融效率指數

更關注財政實力和金融現金流量的人均水平和人均增長率。因此，通過對財政金融效率的分析，更能體現城市在財政金融方面真實的情況和發展趨勢。金融資本質量指數，意在分析城市資本使用率和資本充裕指數，反應城市資本使用的質量。資本使用率的提高有利於提高財政金融規模，為金融機構獲取更多的經濟利益。而資本充裕指數則反應金融機構佔有的資本規模，同時也是金融機構可持續發展的保障。金融資本可獲得指數反應城市企業和居民獲得資本的難易程度，資本包含銀行資本，證券市場資本和民間及風險資本。高的金融資本可獲得指數促進企業的發展，提高人民的生活和消費水平，是城市金融業活力的體現。同時，過高的資本可獲得指數又提高金融機構風險。金融業人力資本指數反應金融業的從業人數以及其占城市總人口的比重，反應城市金融業的活力和發達程度以及其對金融產業的重視程度。

表 6. 1. 10 城市財政金融競爭力 OLS 回歸方程

變量	系數	t 值	P 值
財政金融規模指數	17.07	573.16	0.00
財政金融效率指數	26.82	1816.85	0.00
金融資本質量指數	21.66	1415.54	0.00
金融資本可獲得指數	20.77	534.27	0.00
金融業人力資本指數	20.32	638.40	0.00
常數	-19.26	-6434.57	0.00
F 統計量	17244927	F 統計量 P 值	0.00
R 方	1.00	VIF	8.17

注：VIF 為膨脹因數，當其大於 10 時，表明自變量存在嚴重多重共線性

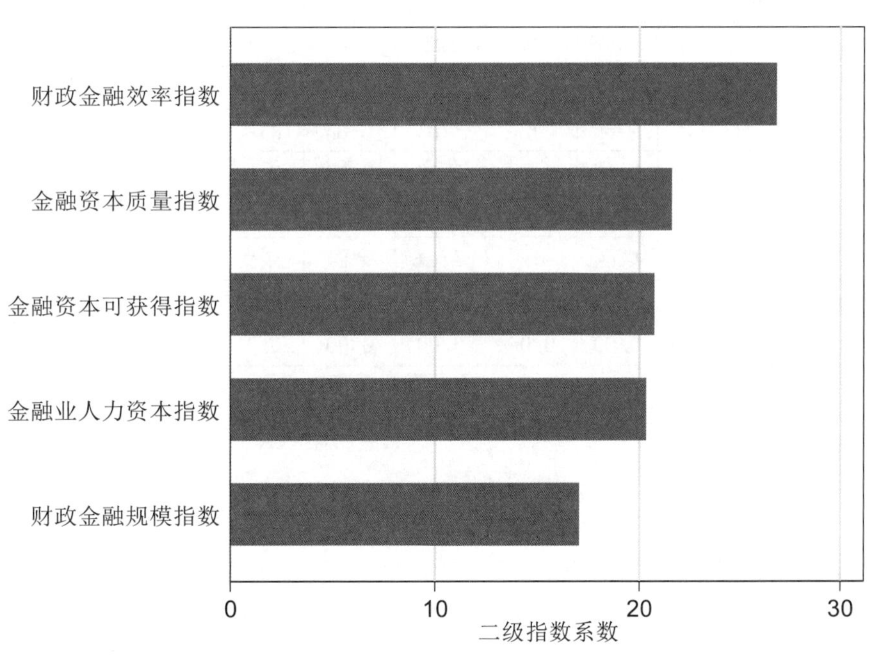

圖 6. 1. 8 各二級指數對財政金融競爭力的影響大小

分析上述 5 項指標對財政金融競爭力相對重要性時發現（表 6.1.10），所有變量的系數都在 1%的顯著性水平下統計顯著，並且由 VIF 可以看出，自變量不存在嚴重多重共線性。同時，當財政金融規模指數得分每增加 0.01，財政金融競爭力得分增加 0.17；當財政金融效

率指數得分每增加 0.01，財政金融競爭力得分增加 0.27；當金融資本質量指數得分每增加 0.01，財政金融競爭力得分增加 0.22；當金融資本可獲得指數得分每增加 0.01，財政金融競爭力得分增加 0.21；當金融業人力資本指數得分每增加 0.01，財政金融競爭力得分增加 0.20。所以，對財政金融競爭力而言，其二級指標的重要性依次為財政金融效率指數、金融資本質量指數、金融資本可獲得指數、金融業人力資本指數、財政金融規模指數（圖 6.1.8），與 2012 年的金融資本可獲得指數、財政金融效率指數、金融業人力資本指數、財政金融規模指數、金融資本質量指數有較大變化，並體現當今金融體系效率與質量的重要性。

進一步的分析城市財政金融競爭力 5 項二級指標的分佈特徵，結果顯示，所有二級指標也都不服從正態分佈，並同樣呈尖峰厚尾分佈，且具有右偏性質。另外，上述二級指標的東、中、西部地區均值比較與方差比較表明（表 6.1.11），從平均水平來看，中國財政金融規模指數、財政金融效率指數、金融資本質量指數、金融資本可獲得指數、金融業人力資本指數都存在區域性差異，並呈東部地區比中西部地區高的二級階梯狀特徵。另外，從區域內部的差異性來看，東部地區雖然從整體來看各項指數的水平比較高，但是所有指數的內部離散程度比較大。

表 6.1.11 城市財政金融競爭力二級指標東、中、西部地區比較

	財政金融規模指數			財政金融效率指數			金融資本質量指數		
A	東部	中部	東部	東部	中部	西部	東部	中部	西部
均值	0.18	0.14	0.14	0.21	0.18	0.18	0.25	0.21	0.20
方差	0.14	0.03	0.06	0.10	0.03	0.03	0.10	0.08	0.05
B	東中	東西	中西	東中	東西	中西	東中	東西	中西
均值比較檢驗	0.00	0.01	0.52	0.00	0.03	0.30	0.00	0.00	0.53
方差比較檢驗	0.00	0.00	0.00	0.00	0.00	0.26	0.03	0.00	0.00
樣本數	125	109	64	125	109	64	125	109	64
	金融資本可獲得指數			金融業人力資本指數					
A	東部	中部	西部	東部	中部	西部			
均值	0.19	0.15	0.15	0.18	0.13	0.13			
方差	0.12	0.02	0.03	0.12	0.03	0.04			
B	東中	東西	中西	東中	東西	中西			
均值比較檢驗	0.00	0.00	0.74	0.00	0.00	0.34			
方差比較檢驗	0.00	0.00	0.00	0.00	0.00	0.01			
樣本數	125	109	64	125	109	64			

注：A 部分為實際值，B 部分為相應檢驗的 P 值

6.1.4 商業貿易競爭力特徵分析

城市起源於商業貿易，如今已逐步成為商業貿易的主要載體。城市是商業貿易中心，一個城市的商業貿易發展程度與城市的經濟和綜合競爭力息息相關。商業貿易不僅為城市帶來經濟利益，也可提高城市居民的消費水平和幸福指數，帶動其他產業發展的同時增加城市的就業人數。因此，提高城市的商業貿易競爭力對提高城市的競爭力有著至關重要的作用。

在對中國城市商業貿易競爭力進行統計分析後發現，中國 298 個城市的商業競爭力得分是否服從正態性分佈的 JB 檢驗統計量為 17661.8，在 1%的統計性顯著水平下拒絕原假設，

即說明中國城市商業競爭力不服從正態分佈。並且偏度為 5.17，峰度為 39.27，說明中國城市商業競爭力呈尖峰厚尾分佈，並且具有右偏性質（圖 6.1.9）。進一步分析發現，商業貿易競爭力的地區性不平衡現象依然存在，也呈東強西弱格局，在 82 個商業競爭力水平處於平均水平之上的城市中，東部地區城市有 58 個，占 70.73%，而中部地區有 16 個，占 19.51%，西部地區僅有 8 個，僅占 9.76%。同時，東部、中部、西部地區城市商業競爭力的均值比較表明，東部地區的城市商業競爭力的均值(2.58)顯著高於中部(-1.77)與西部地區(-2.02)城市商業競爭力的均值，但是中西部並不存在顯著差異，說明從城市商業競爭力的平均水平來看，中國城市商業競爭力呈現出東部地區與中西部地區兩級分化格局。進一步地，由不同地區城市商業競爭力方差的比較分析可以得出，東部地區最高，為 8.70，其次為西部地區，為 2.58，中部地區最低，為 2.15，但是東部與中西部存在顯著差異，而中西部並不存在顯著差異。由此可見，中國東部地區的城市商業競爭力的平均水平與離散程度及差異程度都比中西部地區高（表 6.1.12）。

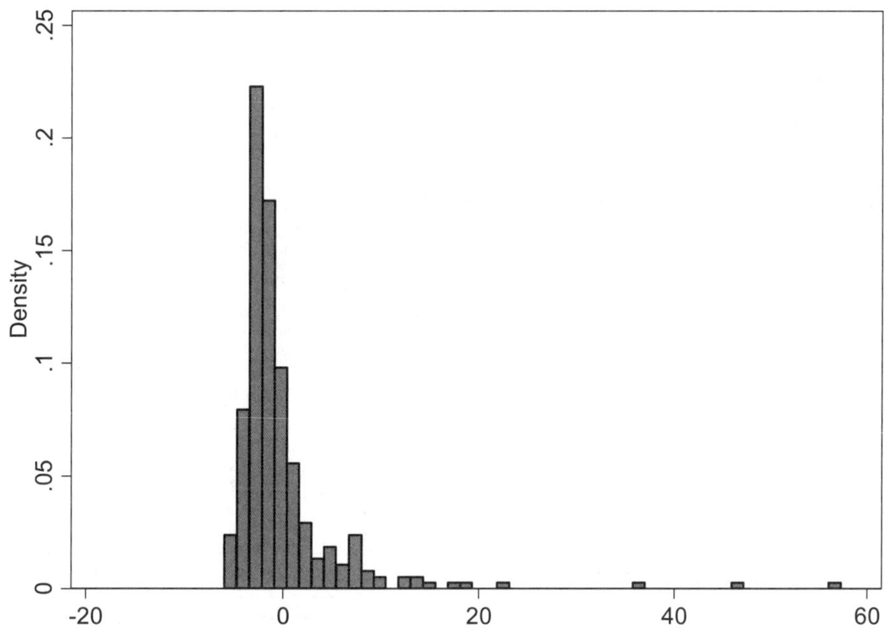

圖 6. 1. 9 城市商業貿易競爭力得分長條圖

表 6. 1. 12 城市商業貿易競爭力東、中、西部地區比較

A			
	東部	中部	西部
均值	2.58	-1.77	-2.02
方差	8.70	2.15	2.58
B			
	東中	東西	中西
均值比較檢驗	0.00	0.00	0.49
方差比較檢驗	0.00	0.00	0.09
樣本數	125	109	64

注：A 部分為實際值，B 部分為相應檢驗的 P 值

商業貿易競爭力是由國內商貿規模指數、外貿指數、商貿機構指數、商貿人力資本指數、

居民消費指數 5 項二級指標綜合而成。貿易規模是評價城市商業貿易的首要因素，國內商貿規模指數體現城市的批發零售貿易業商品和社會消費品的消費總額及人均水平。批發零售業是社會化大生產過程中的重要環節，是決定經濟運行速度、質量和效益的引導性力量，是中國市場化程度最高、競爭最為激烈的行業之一。目前，從宏觀經濟走勢來看，居民收入水平整體上處於較快上升階段，從長遠來看，中國居民消費無論是從總量上，還是從結構上都有相當大的發展空間，這為批發零售行業的發展提供良好的中長期宏觀環境。對外貿易是城市商業貿易的重要組成部分，是城市與國際連接的手段和紐帶，並有利於對資源進行優化配置，節約社會勞動力，有利於吸收和引進先進的科學技術成果，提高勞動生產率和國際化水平。對外貿易指數反映城市對外貿的依存程度和外貿規模及水平。商貿機構指數意在分析城市中企業的總數量及平均水平，體現限額以上批發零售業的規模。貿易機構的增長在一定程度上反映城市商業貿易水平的提升及創業者數目的增多。商貿人力資本指數體現城市批發零售貿易業及住宿餐飲業的從業人員數量，指數的高低反映著城市商業貿易的規模和商業機構的數量，是城市商業貿易競爭力的有力說明。居民消費指數，反映居民可支配的收入水平，從而反映居民購買消費品的能力。該指數從側面說明城市商業貿易的發展程度。

分析上述 5 項指標對商業貿易競爭力的相對重要性時發現（表 6.1.13），所有變量的系數都在 1%的顯著性水平下統計顯著，並且由 VIF 可以看出，自變量不存在嚴重多重共線性。同時，當國內商業貿易規模指數得分每增加 0.01，商業競爭力得分增加 0.13；當外貿指數得分每增加 0.01，商業競爭力得分增加 0.26；當商貿機構指數得分每增加 0.01，商業競爭力得分增加 0.13；當商貿人力資本指數得分每增加 0.01，商業競爭力得分增加 0.18；當居民消費指數得分每增加 0.01，商業競爭力得分增加 0.25。所以，對商業貿易競爭力而言，對其影響最大的二級指標依次為外貿指數、居民消費指數、商貿人力資本指數、國內商業貿易規模指數、商貿機構指數（圖 6.1.10），幾乎與 2012 年的外貿指數、居民消費指數、商貿人力資本指數、商貿機構指數、國內商業貿易規模指數一致，僅僅是國內商業貿易規模指數、商貿機構指數互換位置。

表 6. 1. 13 城市商業貿易競爭力 OLS 回歸方程

變量	系數	t 值	P 值
國內商業貿易規模指數	13.46	575.08	0.00
外貿指數	26.28	1395.22	0.00
商貿機構指數	13.40	486.35	0.00
商貿人力資本指數	18.47	1099.67	0.00
居民消費指數	24.91	2023.81	0.00
常數	-18.46	-5200.56	0.00
F 統計量	15203150	F 統計量 P 值	0.00
R 方	1.00	VIF	6.03

注：VIF 為膨脹因數，當其大於 10 時，表明自變量存在嚴重多重共線性

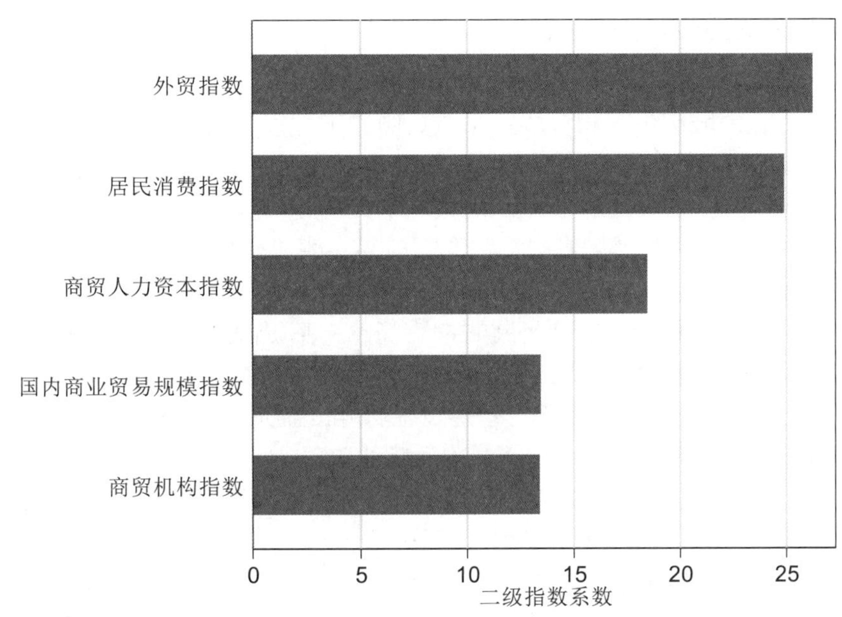

圖 6.1.10 各二級指數對商業貿易競爭力的影響大小

進一步的分析城市商業貿易競爭力 5 項二級指標的分佈特徵，結果顯示，所有二級指標也都不服從正態分佈，並同樣呈尖峰厚尾分佈，且具有右偏性質。另外，上述二級指標的東、中、西部地區均值比較與方差比較表明（表 6.1.14），從平均水平來看，中國國內商業貿易規模指數、外貿指數、商貿機構指數、商貿人力資本指數、居民消費指數也存在區域性差異，並呈東部地區比中西部地區高的二級階梯狀特徵。另外，從區域內部的差異性來看，東部地區雖然從整體來看各項指數的水平比較高，但是各個二級指標的離散程度比較大。

表 6.1.14 城市商業貿易競爭力二級指標東、中、西部地區比較

	國內商業貿易規模指數			外貿指數			商貿機構指數		
A	東部	中部	西部	東部	中部	西部	東部	中部	西部
均值	0.21	0.15	0.14	0.17	0.14	0.14	0.18	0.13	0.13
方差	0.14	0.04	0.05	0.09	0.01	0.02	0.12	0.02	0.06
B	東中	東西	中西	東中	東西	中西	東中	東西	中西
均值比較檢驗	0.00	0.00	0.16	0.00	0.00	0.03	0.00	0.00	0.76
方差比較檢驗	0.00	0.00	0.10	0.00	0.00	0.00	0.00	0.00	0.00
樣本數	125	109	64	125	109	64	125	109	64
	商貿人力資本指數			居民消費指數					
A	東部	中部	西部	東部	中部	西部			
均值	0.15	0.12	0.12	0.34	0.28	0.29			
方差	0.13	0.03	0.03	0.10	0.05	0.05			
B	東中	東西	中西	東中	東西	中西			
均值比較檢驗	0.00	0.02	0.62	0.00	0.00	0.55			
方差比較檢驗	0.00	0.00	0.26	0.00	0.00	0.62			
樣本數	125	109	64	125	109	64			

注：A 部分為實際值，B 部分為相應檢驗的 P 值

6. 1. 5 基礎設施競爭力特徵分析

城市基礎設施是城市生存和發展所必須具備的工程性基礎設施和社會性基礎設施的總稱，也是城市為順利進行各種經濟活動和其他社會活動而建設的各類設施的總稱。它是一切企業、單位和居民生產經營、工作和生活的共同物質基礎，是城市主體設施正常運行的保證，既是物質生產的重要條件也是勞動力再生產的重要條件。基礎設施作為經濟社會發展的基礎和必備條件，為發展積蓄能量、增添後勁。城市基礎設施狀況是城市發展水平和文明程度的重要支撐，是城市經濟和社會協調發展的物質條件。基礎設施的增長不僅是城市容量的基礎，更是城市生活質量提高和城市文明的保證。近年來中國城市基礎設施的現代化程度顯著提高，新技術、新手段得到大量應用，基礎設施功能日益完善，承載能力、系統性和效率都有顯著的進步，推動城市經濟發展和居民生活條件改善。

在對中國城市基礎設施競爭力進行統計分析發現，中國 298 個城市的基礎設施競爭力得分是否服從正態性分佈的 JB 檢驗統計量為 2267.9，在 1%的統計性顯著水平下拒絕原假設，即說明中國城市基礎設施競爭力不服從正態分佈。並且偏度為 3.01，峰度為 15.1，說明中國城市基礎設施競爭力呈尖峰厚尾分佈，並且具有右偏性質（圖 6.1.11）。進一步分析發現，基礎設施競爭力的地區性不平衡現象依然存在，呈東強西弱格局，在 96 個基礎設施競爭力水平處於平均水平之上的城市中，東部地區城市有 65 個，占 67.71%，而中部地區有 20 個，占 20.83%，西部地區僅有 11 個，僅占 11.46%。同時，東部、中部、西部地區城市基礎設施競爭力的均值比較表明，東部地區的城市基礎設施競爭力的均值(3.41)要顯著高於中部(-2.11)與西部地區(-3.07)城市基礎設施競爭力的均值，但是中西部並不存在顯著差異，說明從城市基礎設施競爭力的平均水平來看，中國城市基礎設施競爭力呈現出東部地區、中西部地區兩級分化格局。進一步地，由不同地區城市基礎設施競爭力方差的比較分析可以得出，東部地區最高，為 11.88，其次為西部地區，為 9.78，中部地區最低，為 5.92，並且都存在顯著差異。由此可見，中國中部地區的城市基礎設施競爭力離散程度及差異程度要低一些，而東部地區的城市基礎設施競爭力離散程度及差異程度則非常高（表 6.1.15）。

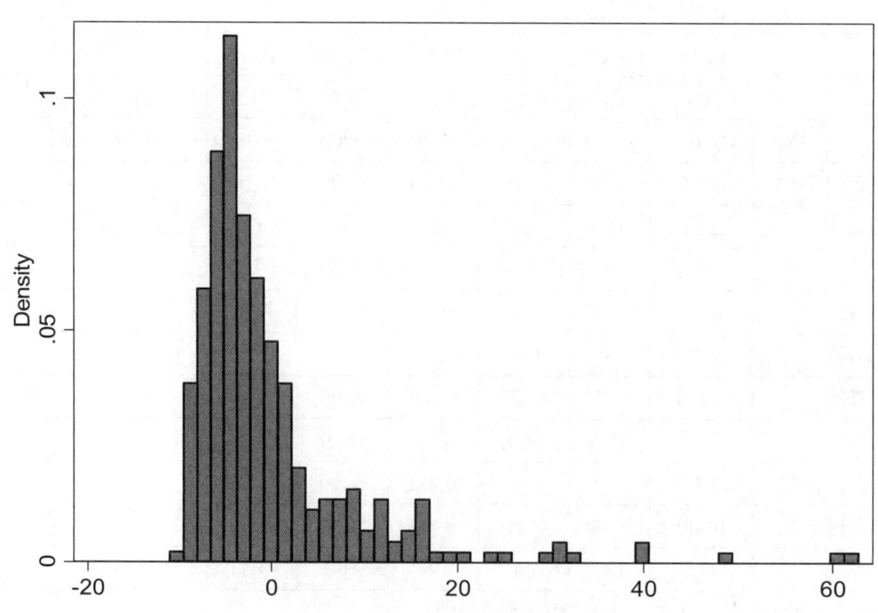

圖 6. 1. 11 城市基礎設施競爭力得分長條圖

表 6. 1. 15 城市基礎設施競爭力東、中、西部地區比較

A			
	東部	中部	西部
均值	3.41	-2.11	-3.07
方差	11.88	5.92	9.78
B			
	東中	東西	中西
均值比較檢驗	0.00	0.00	0.43
方差比較檢驗	0.00	0.09	0.00
樣本數	125	109	64

注：A 部分為實際值，B 部分為相應檢驗的 P 值

基礎設施競爭力是由基礎設施投資指數、基礎設施供應指數、居民居住指數、交通設施指數、對外交通設施指數、資訊化設施指數、基礎設施行業人力資本指數 7 項二級指標綜合而成。基礎設施投資指數反映城市固定資產投資水平和房地產開發水平。指數的高低說明城市基礎設施建設的發展程度和發展規模。基礎設施的增長不僅是城市容量的基礎，更是城市生活質量提高和城市文明的保障。基礎設施的建設在一定程度上反映當地的經濟發展水平和對人民生活水平的重視程度。基礎設施供應指數體現與居民生活息息相關的水、電、氣的供應水平和普及水平，反映社會的居民生活保障程度，是居民生活福利的一部分。高的基礎設施供應指數，從一方面體現社會的發展和進步程度。居民居住指數著重反映居民的住房問題，體現居民的居住條件，包括居民的人均住房使用面積、居住投資量和購房的難易程度。居民居住指數的高低影響居民的社會保障、社會福利，同時也對社會的穩定性和城市的競爭力有著深遠的影響。居民居住指數從側面反映城市房價的高低。交通設施指數反映城市的交通設施水平。隨著人口的增長和城市人口流動性的增加，好的交通設施為方便市民工作、購物、娛樂、交流提供條件，為城市社會的和諧、高效和穩定提供保障。對外交通設施是指連接城市與城市之間的路、海、空交通。對外交通作為城市基礎設施的重要組成部分，影響居民出行，是居民生活和工作的重要保障。對外交通設施指數反映城市對外交通設施水平。提高對外交通設施指數有利於提高居民的生活福利，也有利於城市的發展。城市進入資訊化時代，資訊交流成為人與人交流的主要方式之一，資訊化設施也隨之成為社會基礎設施建設的重要方面。資訊化設施指數反映城市郵政、通信設施水平以及電腦和網路的使用普及率。資訊化設施指數的高低反映城市資訊化程度的優劣。較高的資訊化設施指數有利於提升城市的居民生活水平和綜合競爭力。基礎設施行業人力資本指數是城市從事基礎設施行業的人員規模，它從側面反映城市基礎設施的建設規模和水平。城市基礎設施規模的擴大和投入的增多勢必引起更多的人力資本需求，提升人才的質量和數量，對提升城市的基礎設施競爭力起著重要作用。

關於上述 7 項指標對基礎設施競爭力的相對重要性的分析結果表明（表 6.1.16），所有變量的系數都在 1%的顯著性水平下統計顯著，並且由 VIF 可以看出，自變量不存在嚴重多重共線性。同時，當基礎設施投資指數得分每增加 0.01，基礎設施競爭力得分增加 0.16；當基礎設施供應水平指數得分每增加 0.01，基礎設施競爭力得分增加 0.19；當城市居民居住指數得分每增加 0.01，基礎設施競爭力得分增加 0.04。當交通設施水平指數得分每增加 0.01，基礎設施競爭力得分增加 0.17；當對外交通設施水平指數得分每增加 0.01，基礎設施競爭力得分增加 0.16；當資訊化設施水平指數得分每增加 0.01，基礎設施競爭力得分增加 0.09；當基礎設施行業人力資本指數得分每增加 0.01，基礎設施競爭力得分增加 0.21。從而可以看出，對基礎設施競爭力影響從大到小的二級指標依次為基礎設施行業人力資本指數、基礎設

施供應水平指數、交通設施水平指數、對外交通設施水平指數、基礎設施投資指數、資訊化設施水平指數、城市居民居住指數（圖 6.1.12），與 2012 年的基礎設施行業人力資本指數、交通設施水平指數、對外交通設施水平指數、基礎設施投資指數、基礎設施供應水平指數、資訊化設施水平指數、城市居民居住指數有一定變化。

表 6. 1. 16 城市基礎設施競爭力 OLS 回歸方程

變量	系數	t 值	P 值
基礎設施投資指數	15.50	1503.56	0.00
基礎設施供應水平指數	18.70	1273.20	0.00
城市居民居住指數	3.68	535.32	0.00
交通設施水平指數	17.10	1265.38	0.00
對外交通設施水平指數	16.22	1327.67	0.00
資訊化設施水平指數	8.78	1507.18	0.00
基礎設施行業人力資本指數	21.29	1560.01	0.00
常數	-24.53	-3925.89	0.00
F 統計量	31147478	F 統計量 P 值	0.00
R 方	1.00	VIF	3.83

注：VIF 為膨脹因數，當其大於 10 時，表明自變量存在嚴重多重共線性

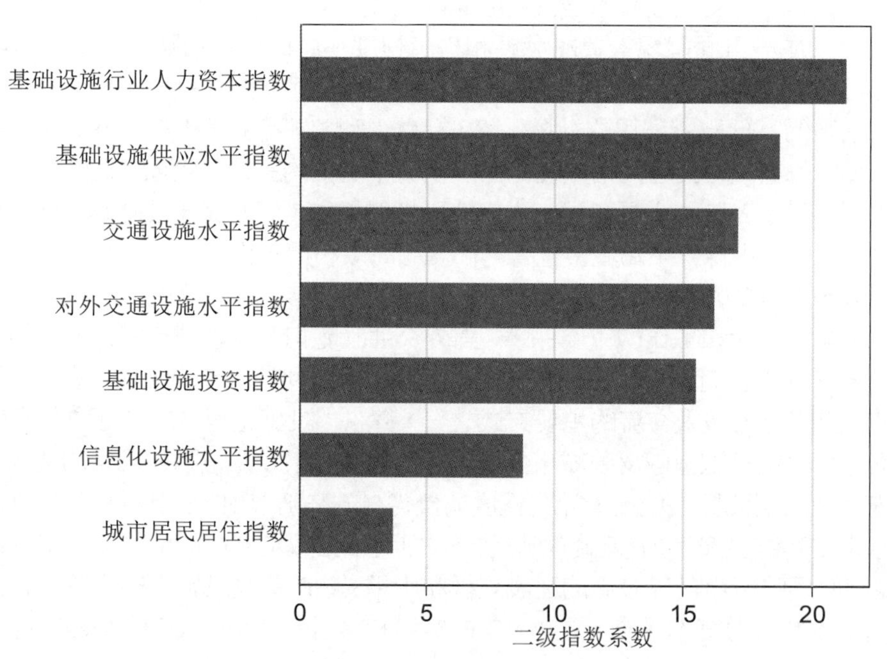

圖 6. 1. 12 各二級指數對基礎設施競爭力的影響大小

城市基礎設施競爭力 7 項二級指標分佈特徵的分析表明，所有二級指標也都不服從正態分佈，並同樣呈尖峰厚尾分佈，且具有右偏性質。另外，上述二級指標的東、中、西部地區均值比較與方差比較表明（表 6.1.17），從平均水平來看，中國城市基礎設施投資指數、基礎設施供應水平指數、交通設施水平指數、對外交通設施水平指數、資訊化設施水平指數、基礎設施行業人力資本指數也存在區域性差異，並也呈東部地區比中西部地區高的二級階梯狀特徵，不過由於東部地區由於高房價問題，城市居民居住指數卻是中西部地區要高於東部地區，這也是中西部地區要高於東部地區為數不多的指標之一。另外，從區域內部的差異性

來看，東部地區雖然從整體來看各項指數的水平比較高，但是各個二級指標的離散程度比較大，而中部地區各個二級指標的離散程度基本上卻比較小。並且，雖然東部地區城市居民居住指數要低於中西部地區，但是其內部分化程度要高於中西部地區。

表 6.1.17 城市基礎設施競爭力二級指標東、中、西部地區比較

	基礎設施投資指數			基礎設施供應水平指數			城市居民居住指數			交通設施水平指數		
A	東部	中部	西部	東部	中部	西部	東部	中部	西部	東部	中部	西部
均值	0.24	0.18	0.18	0.23	0.17	0.16	0.71	0.76	0.75	0.27	0.22	0.20
方差	0.15	0.09	0.14	0.13	0.05	0.07	0.15	0.08	0.07	0.14	0.07	0.12
B	東中	東西	中西	東中	東西	中西	東中	東西	中西	東中	東西	中西
均值比較檢驗	0.00	0.00	0.60	0.00	0.00	0.47	0.00	0.04	0.70	0.00	0.00	0.20
方差比較檢驗	0.00	0.42	0.00	0.00	0.00	0.01	0.00	0.00	0.75	0.00	0.17	0.00
樣本數	125	109	64	125	109	64	125	109	64	125	109	64
	對外交通設施水平指數			資訊化設施水平指數			基礎設施行業人力資本指數					
A	東部	中部	西部	東部	中部	西部	東部	中部	西部			
均值	0.22	0.18	0.16	0.53	0.38	0.38	0.21	0.17	0.17			
方差	0.15	0.07	0.11	0.19	0.13	0.16	0.13	0.06	0.10			
B	東中	東西	中西	東中	東西	中西	東中	東西	中西			
均值比較檢驗	0.01	0.01	0.28	0.00	0.00	0.86	0.00	0.02	0.78			
方差比較檢驗	0.00	0.01	0.00	0.00	0.09	0.11	0.00	0.04	0.00			
樣本數	125	109	64	125	109	64	125	109	64			

注：A 部分為實際值，B 部分為相應檢驗的 P 值

6. 1. 6 社會體制競爭力特徵分析

社會體制即社會管理體制，在特定的國家或地區內以明確的政府、市場與社會組織職能，清晰的中央、地方各級政府之間事權、財權責任進行社會管理、公共服務、解決社會糾紛的一組機制與制度。而城市社會體制競爭力則是城市在社會公平、社會治安、醫療保健、社會管理方面與其他城市相比所具有的優勢。好的城市社會體制需要好的政府管理，包括政府實施的行為和制定的政策。社會體制的完善和發展將有利於城市經濟的發展，有利於城市居民生活水平和質量的提高，有利於城市社會穩定。

在對中國城市社會體制競爭力進行統計分析發現，中國 298 個城市的社會體制競爭力得分是否服從正態性分佈的 JB 檢驗統計量為 4741.6，在 1%的統計性顯著水平下拒絕原假設，即說明中國城市社會體制競爭力不服從正態分佈。並且偏度為 2.82，峰度為 21.71，說明中國城市社會體制競爭力呈尖峰厚尾分佈，並且具有右偏性質（圖 6.1.13）。進一步分析發現，社會體制競爭力的地區性不平衡現象依然存在，同樣呈東強西弱格局，在 101 個社會體制競爭力水平處於平均水平之上的城市中，東部地區城市有 71 個，占 70.3%，而中部地區有 17

個，占 16.83%，西部地區僅有 13 個，僅占 12.87%。同時，東部、中部、西部地區城市社會體制競爭力的均值比較表明，東部地區的城市社會體制競爭力的均值(2.39)明顯要高於中部(-1.38)、西部地區(-2.3)城市社會體制競爭力的均值，中部地區城市社會體制競爭力均值要高於西部地區城市社會體制競爭力均值，說明從城市社會體制競爭力的平均水平來看，中國城市社會體制競爭力呈現出東部地區、中部地區、西部地區由高到低的階梯狀格局。進一步地，由不同地區城市社會體制競爭力方差的比較分析可以得出，東部地區最高，為 6.68，其次為西部地區，為 4.51，中部地區最低，為 1.88。由此可見，中國中部地區的城市社會體制競爭力離散程度及差異程度要低一些，而東部地區的城市社會體制競爭力離散程度及差異程度則非常高（表 6.1.18）。

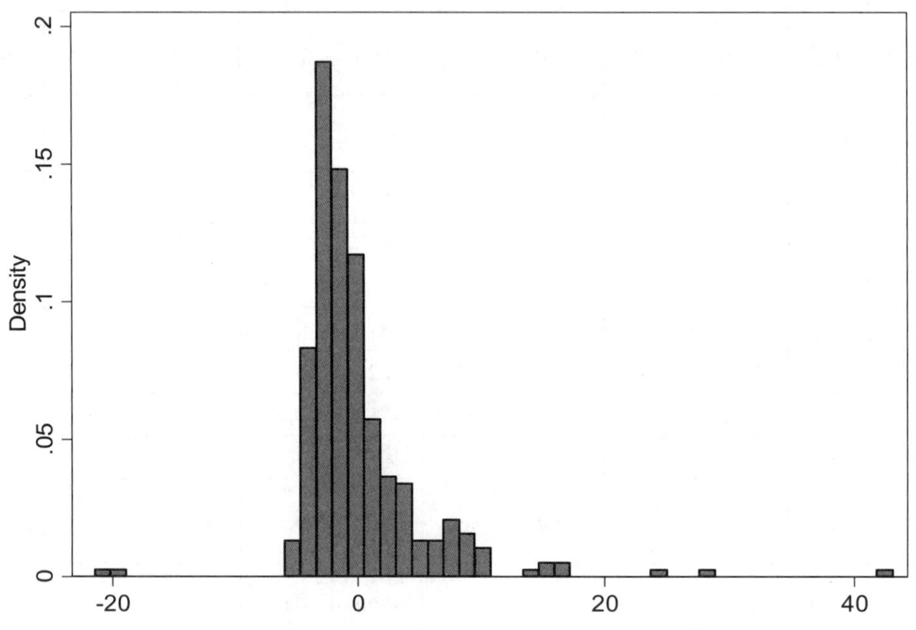

圖 6. 1. 13 城市社會體制競爭力得分長條圖

表 6. 1. 18 城市社會體制競爭力東、中、西部地區比較

A			
	東部	中部	西部
均值	2.39	-1.38	-2.30
方差	6.68	1.88	4.51
B			
	東中	東西	中西
均值比較檢驗	0.00	0.00	0.06
方差比較檢驗	0.00	0.00	0.00
樣本數	125	109	64

注：A 部分為實際值，B 部分為相應檢驗的 P 值

社會體制競爭力由社會公平保障指數、社會治安指數、醫療保健指數、社會管理指數 4 項二級指標綜合而成。社會公平是社會主義市場經濟體制得以確立和正常運行的基本原則之一。社會保障作為實現社會公平的重要手段，它確保機會公平、保證起點公平、維護過程公平、縮小結果的不公平。社會公平保障要保證社會成員所獲得的機會平等，在獲取權益的過

程中的平等以及最終獲得的收入和回報平等。是否建立完善的社會保障體系，是好的市場經濟與壞的市場經濟的分水嶺；是否促進實現社會公平，是強的社會保障制度與弱的社會保障制度的分水嶺。社會公平保障指數從失業率、基尼指數、社會保障覆蓋率等方面來考察城市社會公平保障機制的完善程度。社會治安狀況，是當前社會治安現狀，它是一種客觀的治安現象，同時也是一種複雜的社會現象。社會治安目的在於維護城市的穩定，保障居民的安全。社會治安作為社會制度的重要組成部分，是城市發展的基本環節和重中之重。沒有安全的社會環境，就沒有穩定的城市發展。社會治安指數從刑事案件發生率、刑事案件偵破率和社會安全民眾滿意度來考察城市的社會治安水平。醫療保健已成為社會的關注話題，是社會保障的重要內容，是社會制度的重要組成部分。在當前醫療改革的形勢下，為不斷提高人民健康生活水平，發展醫療保健有益於提高人們的身體健康和心理健康，有益於提高城市居民的社會福利和生活保障，有益於城市的發展與社會的穩定，對提高城市的競爭力起促進作用。醫療保健指數反映城市居民的基本健康狀況以及城市醫療建設的規模和發展狀況。社會管理主要是政府和社會組織為促進社會系統協調運轉，對社會系統的組成部分、社會生活的不同領域以及社會發展的各個環節進行組織、協調、監督和控制的過程。社會管理在廣義上，是由社會成員組成專門機構對社會的經濟、政治和文化事務進行的統籌管理；在狹義上僅指在特定條件下，由權力部門授權對不能劃歸已有經濟、政治和文化部門管理的公共事務進行的專門管理。社會管理的基本任務包括協調社會關係、規範社會行為、解決社會問題、化解社會矛盾、促進社會公正、應對社會風險、保持社會穩定等方面。社會管理是人類社會必不可少的一項管理活動。社會管理維護社會秩序、促進社會和諧、為人民安居樂業提供保障，是城市發展的基本條件。社會管理指數反映城市政府的管理能力以及居民對政府的滿意程度。

進一步分析上述 4 項指標對社會體制競爭力的相對重要性（即由社會體制競爭力得分關於上述 4 項指數做 OLS 回歸），結果表明（表 6.1.19），所有變量的系數都在 1%的顯著性水平下統計顯著，並且由 VIF 可以看出，自變量不存在嚴重多重共線性。同時，當社會公平保障水平指數得分每增加 0.01，社會體制競爭力得分增加 0.16；當社會治安水平指數得分每增加 0.01，社會體制競爭力得分增加 0.16；當醫療保健水平指數得分每增加 0.01，社會體制競爭力得分增加 0.27；當政府社會管理水平指數得分每增加 0.01，社會體制競爭力得分增加 0.15。這樣，對社會體制競爭力來說，其二級指標的重要性依次為醫療保健水平指數、社會公平保障水平指數、社會治安水平指數、政府社會管理水平指數（圖 6.1.14），與 2012 年的社會公平保障水平指數、醫療保健水平指數、政府社會管理水平指數、社會治安水平指數有較大變化，醫療保健水平指數上升第 1 位，表明中國當前醫療問題仍是一個非常重要的民生領域。

表 6.1.19 城市社會體制競爭力 OLS 回歸方程

變量	係數	t 值	P 值
社會公平保障水平指數	16.33	1230.58	0.00
社會治安水平指數	15.83	1278.05	0.00
醫療保健水平指數	26.71	2231.73	0.00
政府社會管理水平指數	14.64	928.67	0.00
常數	-29.30	-5316.94	0.00
F 統計量	17460441	F 統計量 P 值	0.00
R 方	1.00	VIF	3.41

注：VIF 為膨脹因數，當其大於 10 時，表明自變量存在嚴重多重共線性

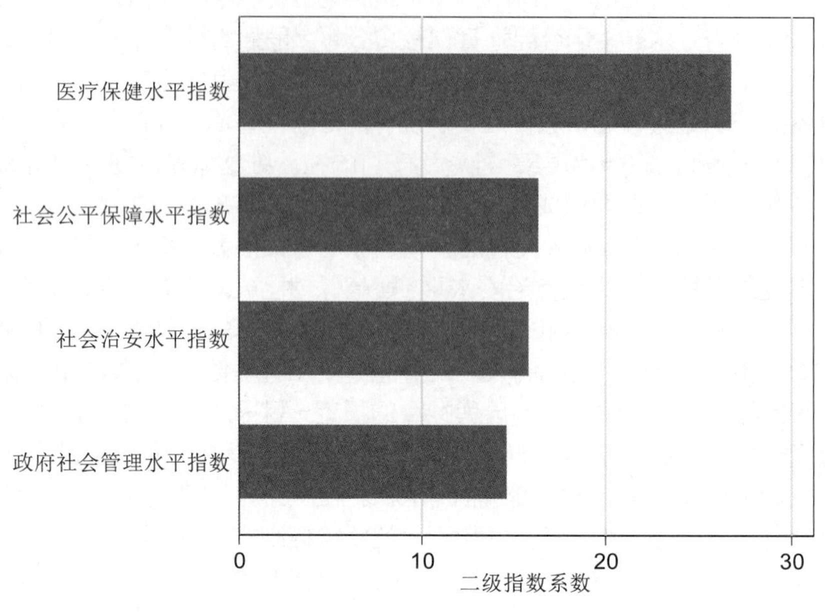

圖 6. 1. 14 各二級指數對社會體制競爭力的影響大小

對城市社會體制競爭力 7 項二級指標的分佈特徵分析時發現，所有二級指標也都不服從正態分佈，並同樣呈尖峰厚尾分佈，且具有右偏性質。另外，上述二級指標的東、中、西部地區均值比較與方差比較表明（表 6.1.20），從平均水平來看，中國社會公平保障水平指數、社會治安水平指數、城市醫療保健水平指數、政府社會管理水平指數也存在區域性差異，並也呈東部地區比中西部地區高的二級階梯狀特徵。另外，從區域內部的差異性來看，東部地區雖然從整體來看各項指數的水平比較高，但是各個二級指標的離散程度也同樣比較大，而中西部地區各個二級指標的平均水平雖然無顯著差異，但是西部的離散程度要更大一些。

表 6.1.20 城市社會體制競爭力二級指標東、中、西部地區比較

	社會公平保障水平指數			社會治安水平指數			醫療保健水平指數			政府社會管理水平指數		
A	東部	中部	西部	東部	中部	西部	東部	中部	西部	東部	中部	西部
均值	0.30	0.25	0.25	0.48	0.41	0.36	0.55	0.52	0.51	0.32	0.24	0.25
方差	0.12	0.04	0.06	0.10	0.05	0.07	0.09	0.03	0.08	0.12	0.03	0.06
B	東中	東西	中西	東中	東西	中西	東中	東西	中西	東中	東西	中西
均值比較檢驗	0.00	0.00	0.46	0.00	0.00	0.00	0.00	0.01	0.33	0.00	0.00	0.20
方差比較檢驗	0.00	0.00	0.00	0.00	0.00	0.00	0.00	0.65	0.00	0.00	0.00	0.00
樣本數	125	109	64	125	109	64	125	109	64	125	109	64

注：A 部分為實際值，B 部分為相應檢驗的 P 值

6. 1. 7 環境、資源、區位競爭力特徵分析

環境是一項比較優勢，它作為發展經濟的重要支撐，一個城市的環境也反映城市核心競

爭力的一部分。高水平的環境質量是城市一筆不可多得的財富。優美的自然環境不僅能提升城市的功能，而且會拉動經濟增長。保護和改善城市環境的投資，其實質是為城市"增值"的戰略性投資，是一種高增值的投資。規模的發展要靠發達的產業，而產業的發展則要靠增強環境的吸引力，城市的競爭力還包括科技、人才、教育、文化等方面，但所有這些都要建立在產業、環境和規模的基礎上。規模的發展要靠發達的產業，而產業的發展則要靠增強環境的吸引力，打造突出的環境優勢，是提高城市競爭力的重要手段。

在對中國城市環境資源區位競爭力進行統計分析發現，中國 298 個城市的環境資源區位競爭力得分是否服從正態性分佈的 JB 檢驗統計量為 989，在 1%的統計性顯著水平下拒絕原假設，即說明中國城市環境資源區位競爭力不服從正態分佈。並且偏度為 2.29，峰度為 10.66，說明中國城市環境資源區位競爭力呈尖峰厚尾分佈，並且具有右偏性質（圖 6.1.15）。進一步分析發現，環境資源區位競爭力的地區性不平衡現象依然存在，呈東強西弱格局，在 109 個環境資源區位競爭力水平處於平均水平之上的城市中，東部地區城市有 86 個，占 78.90%，而中部地區有 16 個，占 14.68%，西部地區僅有 7 個，僅占 6.42%。同時，東部、中部、西部地區城市環境資源區位競爭力的均值比較表明，東部地區的城市環境資源區位競爭力的均值(2.19)明顯要高於中部(-1.19)、西部地區(-2.27)城市環境資源區位競爭力的均值，中部地區城市環境資源區位競爭力均值要高於西部地區城市環境資源區位競爭力均值，說明從城市環境資源區位競爭力的平均水平來看，中國城市環境資源區位競爭力呈現出東部地區、中部地區、西部地區由高到低的階梯狀格局。進一步地，由不同地區城市環境資源區位競爭力方差的比較分析可以得出，東部地區最高，為 4.60，其次為西部地區，為 3.29，中部地區最低，為 2.05。由此可見，中國中部地區的城市環境資源區位競爭力離散程度及差異程度要低一些，而東部地區的城市環境資源區位競爭力離散程度及差異程度則非常高（表 6.1.21）。

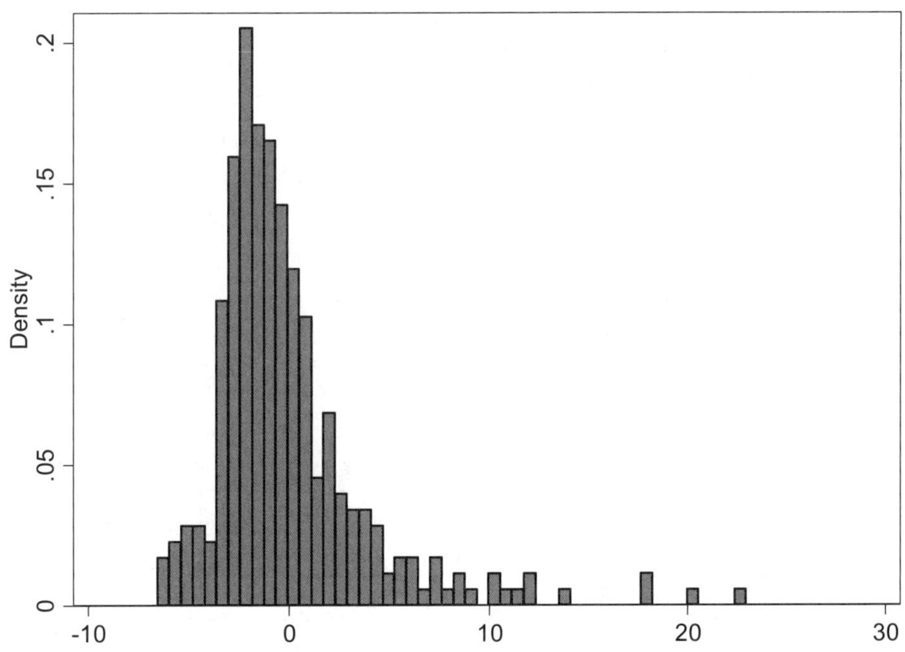

圖 6. 1. 15 城市環境資源區位競爭力得分長條圖

表 6. 1. 21 城市環境資源區位競爭力施競爭力東、中、西部地區比較

A			
	東部	中部	西部
均值	2.19	-1.19	-2.27
方差	4.60	2.05	3.29
B			
	東中	東西	中西
均值比較檢驗	0.00	0.00	0.01
方差比較檢驗	0.00	0.00	0.00
樣本數	125	109	64

注：A 部分為實際值，B 部分為相應檢驗的 P 值

環境、資源、區位競爭力由區位指數、自然資源指數、環境資源指數、環境質量指數、環境改善投入指數五項二級指標綜合而成。區位競爭力是一個區域通過競爭獲取優勢，合理的配置資源，使經濟得到發展。區位競爭力的本質是資源優化配置能力。因此區位競爭力要體現在資源優化配置上，包括戰略資源有效安排，外部稀缺資源的有效吸納，內外資源的有效協調配合。區位競爭力分析的戰略目標是如何通過對區域內外資源的優化配置，確保區域經濟運行和發展，以保證區域經濟發展目標的達成。根據聯合國環境規劃署對自然資源的定義，自然資源是指在一定條件下，能夠產生經濟價值，以提高人類當前和未來福利的自然環境因素的綜合。自然環境是經濟發展的先天性基礎，也是社會財富的來源。良好的城市環境區位競爭力是城市在自然環境，自然資源和區位水平上的相對優勢。進一步分析上述 5 項指標對環境資源區位競爭力的相對重要性(即由環境資源區位競爭力得分關於上述 5 項指數做 OLS 回歸)。結果表明（表 6.1.22），所有變量的系數都在 1%的顯著性水平下統計顯著，並且由 VIF 可以看出，自變量不存在嚴重多重共線性。同時，當區位水平指數得分每增加 0.01，環境資源區位競爭力得分增加 0.12；當自然資源水平指數得分每增加 0.01，環境資源區位競爭力得分增加 0.02；當環境資源水平指數得分每增加 0.01，環境資源區位競爭力得分增加 0.10；當環境質量水平指數得分每增加 0.01，環境資源區位競爭力得分增加 0.04；當環境改善投入指數得分每增加 0.01，環境資源區位競爭力得分增加 0.19。因此，對環境資源區位競爭力而言，其二級指標的重要性依次為環境改善投入指數、區位水平指數、環境資源水平指數、環境質量水平指數、自然資源水平指數（圖 6.1.16），與 2012 年的環境改善投入指數、環境資源水平指數、區位水平指數、環境質量水平指數、自然資源水平指數變化不大。

表 6. 1. 22 城市社會環境資源區位競爭力 OLS 回歸方程

變量	系數	t 值	P 值
區位水平指數	11.63	2926.01	0.00
自然資源水平指數	2.10	797.44	0.00
環境資源水平指數	10.28	2639.27	0.00
環境質量水平指數	3.60	1030.66	0.00
環境改善投入指數	19.02	2997.90	0.00
常數	-13.25	-4746.58	0.00
F 統計量	22100077	F 統計量 P 值	0.00
R 方	1.00	VIF	1.75

注：VIF 為膨脹因數，當其大於 10 時，表明自變量存在嚴重多重共線性

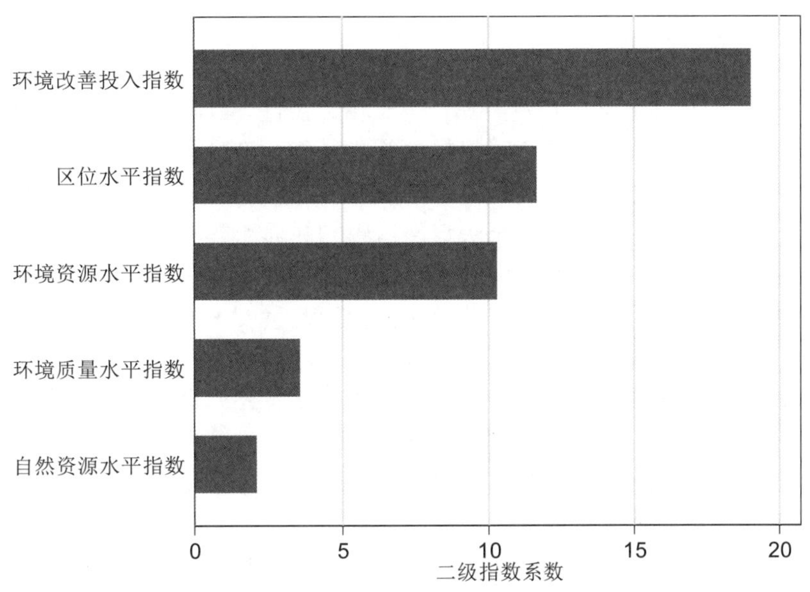

圖 6. 1. 16 各二級指數對環境資源區位競爭力的影響大小

對城市環境資源區位競爭力 5 項二級指標的分佈特徵進行分析時發現，所有二級指標也都不服從正態分佈，並同樣呈尖峰厚尾分佈，且具有右偏性質。另外，上述二級指標的東、中、西部地區均值比較與方差比較表明（表 6.1.23），從平均水平來看，中國城市區位水平指數、環境資源水平指數也存在區域性差異，並也呈東部地區比中西部地區高的二級階梯狀特徵。但是中國城市環境改善投入指數呈現東部地區、中部地區、西部地區由高到低的三級階梯狀差異。而自然資源水平指數表現出中部高於東西部，環境質量水平指數呈現出東中部高於西部的兩極分化格局。

表 6. 1. 23 城市環境資源區位競爭力二級指標東、中、西部地區比較

	區位水平指數			自然資源水平指數			環境資源水平指數		
A	東部	中部	西部	東部	中部	西部	東部	中部	西部
均值	0.33	0.20	0.18	0.39	0.51	0.42	0.46	0.31	0.30
方差	0.18	0.10	0.13	0.17	0.17	0.09	0.13	0.09	0.13
B	東中	東西	中西	東中	東西	中西	東中	東西	中西
均值比較檢驗	0.00	0.00	0.20	0.00	0.18	0.00	0.00	0.00	0.56
方差比較檢驗	0.00	0.00	0.01	0.70	0.00	0.00	0.00	0.91	0.00
樣本數	125	109	64	125	109	64	125	109	64
	環境質量水平指數			環境改善投入指數					
A	東部	中部	西部	東部	中部	西部			
均值	0.65	0.64	0.57	0.19	0.17	0.15			
方差	0.12	0.09	0.13	0.11	0.04	0.05			
B	東中	東西	中西	東中	東西	中西			
均值比較檢驗	0.49	0.00	0.00	0.01	0.00	0.02			
方差比較檢驗	0.03	0.24	0.00	0.00	0.00	0.09			
樣本數	125	109	64	125	109	64			

注：A 部分為實際值，B 部分為相應檢驗的 P 值

6.1.8 人力資本競爭力特徵分析

城市人力資本對城市競爭力提升作用顯著，對實施人才強市戰略意義重大。人力資本理論強調人力資源的資本性，認為人力資源有投資和收益性，具有再生和創造價值的能力。衡量一個城市人力資本競爭力，人才數量是規模經濟基礎，質量是效率競爭力保障，資源配置反映資源的利用效率、管理水平和所處發展階段，人力資本教育則展現可持續性和再生創造性。研究發現，對城市競爭力的提升起決定性作用的並非產業集群，而是人才因素。人才的聚集存在“乘數效應”和“規模效應”，城市將會因為擁有豐富的人才而獲得人力資源的規模效益，最終實現城市競爭力的提升。城市文化教育的發展、人素質的提高，對經濟發展具有重要促進作用。現代社會的一切競爭最終取決於人才的數量和質量競爭。很多國家城市飛速發展的成功經驗表明，重視教育、發展科技，注重開發人力資源、提高人口素質，走科教興國、科教興市之路是一條有效的途徑。二十一世紀的競爭是人才的競爭，而人才的競爭力和一個國家或地區教育水平的高低密切相關。一個國家和地區人才素質和教育水平的高低直接影響它的競爭力。當今全球化進程逐步加快的過程中，人才的流動不僅僅是國內範圍的流動，全球範圍內的人才流動也在逐漸加快。世界各國對人才資源的開發和利用的競爭也日趨激烈。對於城市而言，人才資源已經成為最為稀缺的資源之一，開發和利用人才資源已成為每個城市在激烈的區域性和國際性競爭中能否居於優勢地位的關鍵因素。城市要想提升自身的競爭力，就必須加強人才資源的開發和利用，也就是要營造吸引人才的環境和提升培養人才的教育水平。

在對中國城市人力資本競爭力進行統計分析發現，中國 298 個城市的人力資本競爭力得分是否服從正態性分佈的 JB 檢驗統計量為 1760.9，在 1%的統計性顯著水平下拒絕原假設，即說明中國城市人力資本競爭力不服從正態分佈。並且偏度為 2.8，峰度為 13.51，說明中國城市人力資本競爭力呈尖峰厚尾分佈，並且具有右偏性質（圖 6.1.17）。進一步分析發現，人力資本競爭力的地區性不平衡現象依然存在，呈東強西弱格局，在 90 個人力資本競爭力水平處於平均水平之上的城市中，東部地區城市有 59 個，占 65.56%，而中部地區有 19 個，占 21.11%，西部地區僅有 12 個，僅占 13.33%。同時，東部、中部、西部地區城市人力資本競爭力的均值比較表明，東部地區的城市人力資本競爭力的均值(2.3)明顯要高於中部(-1.78)與西部地區(-1.45)城市人力資本競爭力的均值，而中西部地區城市人力資本競爭力均值並不存在顯著差異，另外由不同地區城市人力資本競爭力方差的比較分析可以得出，東部地區最高，為 7.89，其次為西部地區，為 4.58，中部地區最低，為 3.9。說明從城市人力資本競爭力的平均水平及離散程度來看，東部地區都要高於中部地區、西部地區。而中西部地區卻無明顯差異，這也在一定程度上進一步表明中國人才資本過於集中於一線城市和東部沿海城市的事實。

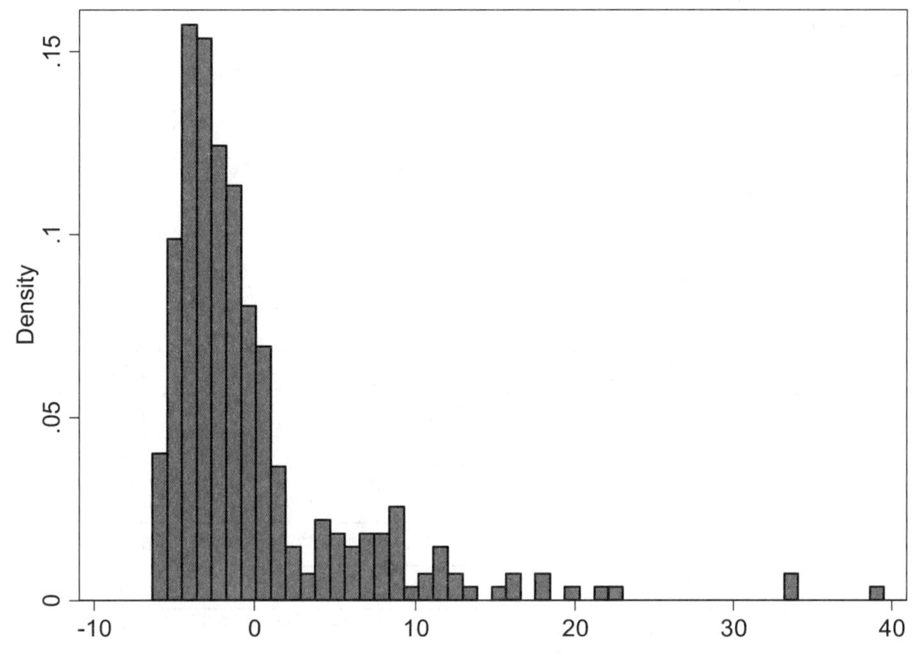

圖 6. 1. 17 城市人力資本競爭力得分長條圖

表 6. 1. 24 城市人力資本競爭力東、中、西部地區比較

A			
	東部	中部	西部
均值	2.30	-1.78	-1.45
方差	7.89	3.90	4.58
B			
	東中	東西	中西
均值比較檢驗	0.00	0.00	0.62
方差比較檢驗	0.00	0.00	0.14
樣本數	125	109	64

注：A 部分為實際值，B 部分為相應檢驗的 P 值

城市人力資本教育競爭力比較評價指標體系包括人力資本規模指數、人力資本投入指數、人力資本素質指數、人力資本吸引指數和人力資本設施指數 5 個二級指標。人力資本規模指數是指人力資本在一定區域內活動的人及其技能的統稱；人力資本投入指數是指通過增加人的資源而影響未來貨幣和物質收入的各種活動，表現為人力資本構成中的普通教育程度，以及為獲得發展從事某種職業所需的知識、技能與技巧所發生的投入；人力資本吸引指數是指為滿足對人力資本的要求，推動城市的不斷發展，為來到城市發展的人員提供和創造各種發展機會，出臺優厚的人才政策，吸引人才加盟；人力資本素質指數是指該區域內的人所擁有的體力、健康、資歷、經驗、知識等素質要素的總存量。

進一步分析上述 5 項指標對人力資本競爭力的相對重要性，即由人力資本競爭力得分關於上述 5 項指數做 OLS 回歸。結果表明（表 6.1.25），所有變量的系數都在 1%的顯著性水平下統計顯著，並且由 VIF 可以看出，自變量不存在嚴重多重共線性。同時，當人力資本規模指數得分每增加 0.01，人力資本競爭力得分增加 0.12；當人力資本投入指數得分每增加 0.01，人力資本競爭力得分增加 0.19；當人力資源素質指數得分每增加 0.01，人力資本競爭力得分增加 0.16；當人力資本吸引水平指數得分每增加 0.01，人力資本競爭力得分增加 0.09；當人力資本教育設施指數得分每增加 0.01，人力資本競爭力得分增加 0.11。由此可以看出，對城市人力資本競爭力而言，其重要性排序依次為人力資本投入指數、人力資源素質指數、人力資本規模指數、人力資本教育設施指數、人力資本吸引水平指數（圖 6.1.18），與 2012 年的人力資本投入指數、人力資源素質指數、人力資本教育設施指數、人力資本規模指數、人力資本吸引水平指數變化不大。

表 6.1.25 城市人力資本競爭力 OLS 回歸方程

變量	係數	t 值	P 值
人力資本規模指數	11.89	1151.69	0.00
人力資本投入指數	18.51	3009.31	0.00
人力資源素質指數	15.86	1708.52	0.00
人力資本吸引水平指數	8.91	1704.98	0.00
人力資本教育設施指數	11.25	1635.52	0.00
常數	-18.70	-8771.23	0.00
F 統計量	27852801	F 統計量 P 值	0.00
R 方	1.00	VIF	2.78

注：VIF 為膨脹因數，當其大於 10 時，表明自變量存在嚴重多重共線性

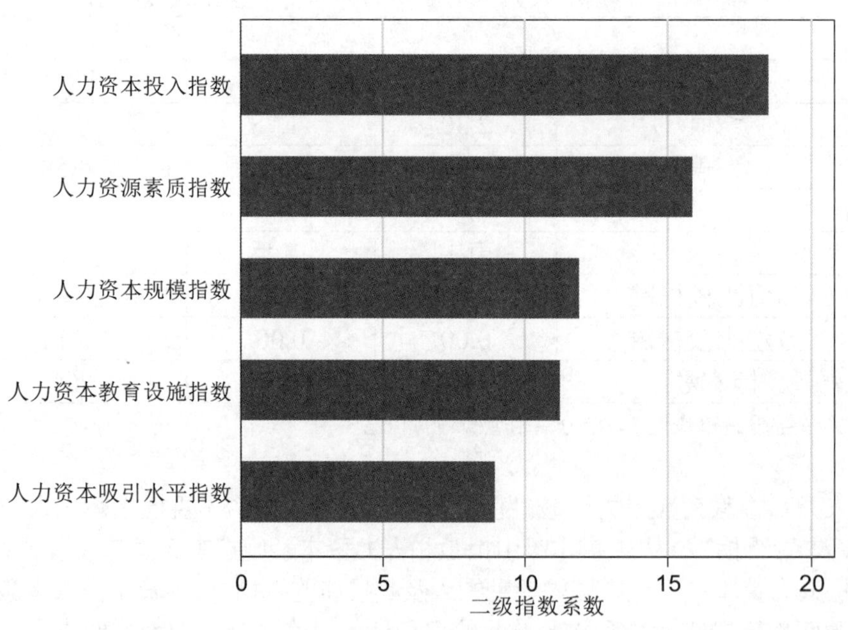

圖 6.1.18 各二級指數對人力資本競爭力的影響大小

對城市人力資本競爭力 5 項二級指標的分佈特徵進行分析時發現，所有二級指標也都不服從正態分佈，並同樣呈尖峰厚尾分佈，且具有右偏性質。另外，上述二級指標的東、中、西部地區均值比較與方差比較表明（表 6.1.26），從平均水平來看，中國城市人力資本吸引水平指數、人力資本教育設施指數、人力資源素質指數存在區域性差異，並也呈東部地區比中西部地區高的二級階梯狀特徵，而人力資本投入指數卻呈現出東部地區、中部地區、西部地區由高到低的三級階梯狀差異。但是人力資本規模指數、人力資本教育設施指數平均水平來看三個地區卻無明顯差異。

表 6. 1. 26 城市人力資本競爭力二級指標東、中、西部地區比較

	人力資本規模指數			人力資本投入指數			人力資源素質指數		
A	東部	中部	西部	東部	中部	西部	東部	中部	西部
均值	0.29	0.24	0.25	0.31	0.23	0.26	0.32	0.29	0.28
方差	0.13	0.07	0.10	0.15	0.06	0.07	0.12	0.04	0.07
B	東中	東西	中西	東中	東西	中西	東中	東西	中西
均值比較檢驗	0.00	0.06	0.30	0.00	0.01	0.00	0.00	0.02	0.73
方差比較檢驗	0.00	0.00	0.00	0.00	0.00	0.94	0.00	0.00	0.00
樣本數	125	109	64	125	109	64	125	109	64
	人力資本吸引水平指數			人力資本教育設施指數					
A	東部	中部	西部	東部	中部	西部			
均值	0.39	0.24	0.22	0.29	0.28	0.27			
方差	0.20	0.11	0.13	0.14	0.11	0.11			
B	東中	東西	中西	東中	東西	中西			
均值比較檢驗	0.00	0.00	0.31	0.53	0.17	0.34			
方差比較檢驗	0.00	0.00	0.18	0.03	0.06	0.96			
樣本數	125	109	64	125	109	64			

注：A 部分為實際值，B 部分為相應檢驗的 P 值

6. 1. 9 科技競爭力特徵分析

科學技術是推動現代生產力發展中的重要因素和重要力量，是現代生產力發展和經濟增長的第一要素。現代化科學技術的超前性對生產力發展具有先導作用。隨著知識經濟的到來，經濟社會發展將日益取決於科技進步和創新。面對經濟全球化進程的日益加快、經濟與科技融合程度的不斷加深，體現在經濟、政治、科技、軍事等全方位的國際競爭日益激烈。世界主要國家比以往任何時候都更加深刻地認識到科技對促進經濟增長的重要性，認識到科技競爭是國際競爭的核心要素之一，從而紛紛調整其科技創新發展戰略，制定科技創新促進發展的政策，力爭在 21 世紀擁有科技、產業和經濟的國際競爭優勢並佔據關鍵科技領域的制高點。

在對中國城市科技競爭力進行統計分析發現，中國 298 個城市的科技競爭力得分是否服從正態性分佈的 JB 檢驗統計量為 10683.9，在 1%的統計性顯著水平下拒絕原假設，即說明中國城市科技競爭力不服從正態分佈。並且偏度為 4.59，峰度為 30.86，說明中國城市科技競爭力呈尖峰厚尾分佈，並且具有右偏性質（圖 6.1.19）。進一步分析發現，科技競爭力的地區性不平衡現象依然存在，也呈東強西弱格局，在 69 個科技競爭力水平處於平均水平之上的城市中，東部地區城市有 48 個，占 69.57%，而中部地區有 12 個，占 17.39%，西部地區僅有 9 個，僅占 13.04%。同時，東部、中部、西部地區城市科技競爭力的均值比較表明，東部地區的城市科技競爭力的均值(2.77)明顯要高於中部(-1.81)、西部地區(-2.33)城市科技競爭力的均值，中部地區城市科技競爭力均值要高於西部地區城市科技競爭力均值，說明從城市科技競爭力的平均水平來看，中國城市科技競爭力呈現出東部地區、中西部地區兩極分化格局。進一步地，由不同地區城市科技競爭力方差的比較分析可以得出，東部地區最高，為 10.8，其次為西部地區，為 4.43，中部地區最低，為 3.86。另外，無論是均值還是方差，中

西部地區並不存在統計學意義上的差異。由此可見，中國中西部地區的城市科技競爭力的平均水平與離散程度具有一定的相似性（表 6.1.27）。

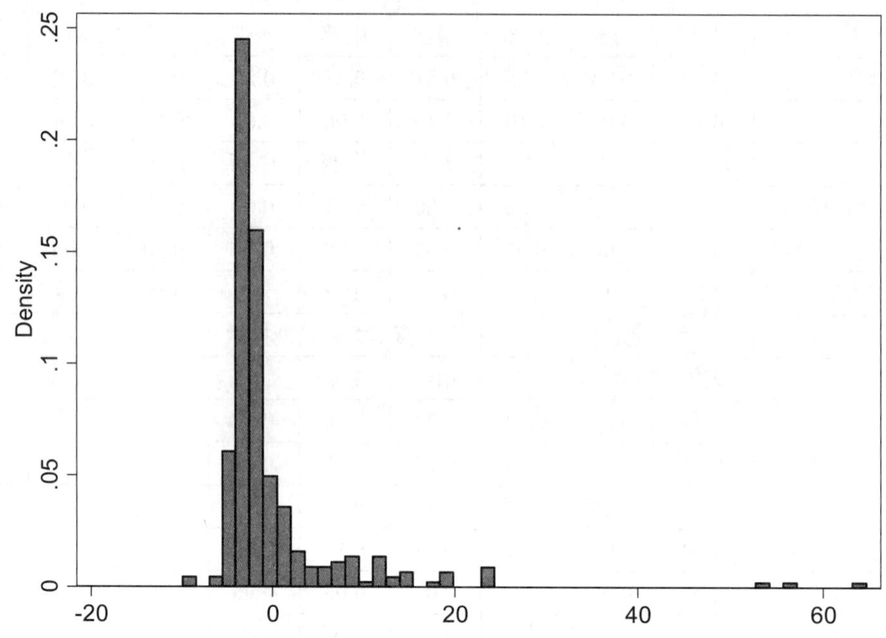

圖 6. 1. 19 城市科技競爭力得分長條圖

表 6. 1. 27 城市科技競爭力東、中、西部地區比較

A			
	東部	中部	西部
均值	2.77	-1.81	-2.33
方差	10.80	3.86	4.43
B			
	東中	東西	中西
均值比較檢驗	0.00	0.00	0.42
方差比較檢驗	0.00	0.00	0.21
樣本數	125	109	64

注：A 部分為實際值，B 部分為相應檢驗的 P 值

科技競爭力由科技投入指數、科技人力資本指數、科研機構指數、科技創新指數、科技轉化指數五項二級指標綜合而成。科技投入指數是指支持開展科技活動的投入，它包括：研究與發展活動、科技成果的轉化和應用活動、科技服務活動三大部分；科技人力資本指數是指一定區域內的科技人員及其自身所具備的資歷、經驗、知識等要素的總存量；科研機構指數是指一定區域內的研發機構及其擁有的品牌、專利等要素的總存量；科技創新指數是指創造和應用新知識和新技術，採用新的生產方式和經營管理模式，開發新產品，提高產品質量，提供新服務的過程。科技轉化指數是指為提高生產力水平而對科學研究與技術開發所產生的具有使用價值的科技成果所進行的後續試驗、開發、應用，直至形成新產品，發展新產業的能力。

進一步分析上述 5 項指標對科技競爭力的相對重要性，即由科技競爭力得分關於上述 5 項指數做 OLS 回歸。結果表明（表 6.1.28），所有變量的系數都在 1%的顯著性水平下統計顯著，並且由 VIF 可以看出，自變量不存在嚴重多重共線性。同時，當科技投入水平指數得分每增加 0.01，科技競爭力得分增加 0.19；當科技人力資本指數得分每增加 0.01，科技競爭力得分增加 0.21；當科研機構指數得分每增加 0.01，科技競爭力得分增加 0.14；當科研創新指數得分每增加 0.01，科技競爭力得分增加 0.20；當科研成果轉化指數得分每增加 0.01，科技競爭力得分增加 0.23。由此可以認為，對科技競爭力而言，其二級指標對其的重要性依次為科研成果轉化指數、科技人力資本指數、科研創新指數、科技投入水平指數、科研機構指數（圖 6.1.20），與 2012 年的科技投入水平指數、科研創新指數、科技人力資本指數、科研成果轉化指數、科研機構指數相比有較大變化，科研成果轉化與科技人力資本作用日趨明顯。

表 6.1.28 城市科技競爭力 OLS 回歸方程

變量	系數	t 值	P 值
科技投入水平指數	18.81	956.87	0.00
科技人力資本指數	20.88	1034.25	0.00
科研機構指數	13.61	1658.78	0.00
科研創新指數	20.29	924.48	0.00
科研成果轉化指數	23.16	1359.52	0.00
常數	-20.06	-4496.46	0.00
F 統計量	23163692	F 統計量 P 值	0.00
R 方	1.00	VIF	4.51

注：VIF 為膨脹因數，當其大於 10 時，表明自變量存在嚴重多重共線性

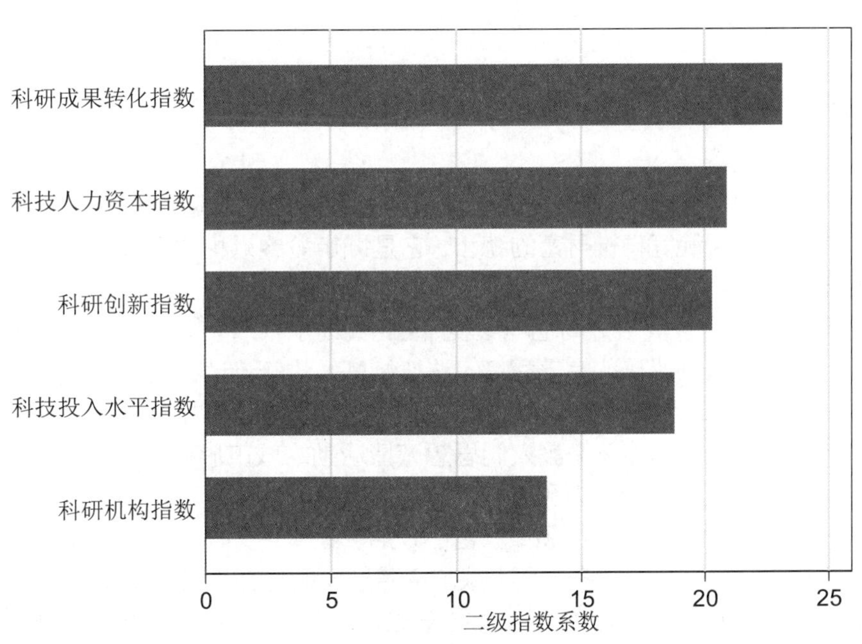

圖 6.1.20 各二級指數對科技競爭力的影響大小

對城市科技競爭力 5 項二級指標的分佈特徵進行分析時發現，所有二級指標也都不服從正態分佈，並同樣呈尖峰厚尾分佈，且具有右偏性質。另外，上述二級指標的東、中、西部地區均值比較與方差比較表明（表 6.1.29），從平均水平來看，中國城市科技投入水平指數、

科技人力資本指數、科研機構指數、科研創新指數、科研成果轉化指數都存在區域性差異，並也呈東部地區比中西部地區高的二級階梯狀特徵，同時東部地區雖然各項二級指數的平均水平比較高，但是離散程度也比其它地區高。

表 6. 1. 29 城市科技競爭力二級指標東、中、西部地區比較

	科技投入水平指數			科技人力資本指數			科研機構指數		
A	東部	中部	西部	東部	中部	西部	東部	中部	西部
均值	0.16	0.12	0.11	0.17	0.14	0.14	0.23	0.18	0.18
方差	0.12	0.03	0.02	0.12	0.04	0.06	0.17	0.14	0.14
B	東中	東西	中西	東中	東西	中西	東中	東西	中西
均值比較檢驗	0.00	0.00	0.08	0.00	0.01	0.96	0.02	0.03	0.79
方差比較檢驗	0.00	0.00	0.00	0.00	0.00	0.00	0.02	0.05	0.96
樣本數	125	109	64	125	109	64	125	109	64
	科研創新指數			科研成果轉化指數					
A	東部	中部	西部	東部	中部	西部			
均值	0.18	0.14	0.14	0.41	0.34	0.33			
方差	0.12	0.03	0.03	0.10	0.03	0.05			
B	東中	東西	中西	東中	東西	中西			
均值比較檢驗	0.00	0.01	0.28	0.00	0.00	0.09			
方差比較檢驗	0.00	0.00	0.96	0.00	0.00	0.00			
樣本數	125	109	64	125	109	64			

注：A 部分為實際值，B 部分為相應檢驗的 P 值

6. 1. 10 文化形象競爭力特徵分析

文化是社會文明的精華，城市文化是城市在發展過程中創造和形成的獨具特色的價值觀、城市精神、行為規範等精神財富的總和。它是城市發展過程中形成的，植根于全體市民中的價值觀念。

城市形象是指城市以其自然的地理環境、經濟貿易水平、社會安全狀況、建築物的景觀、商業、交通、教育等公共設施的完善程度、法律制度、政府治理模式、歷史文化傳統以及市民的價值觀念、生活質量和行為方式等要素作用與社會公眾並使社會公眾形成對某城市認知的印象總和。城市形象是指能夠激發人們思想感情活動的城市形態和特徵，是城市內部與外部公眾對城市內在實力、外顯活力和發展前景的具體感知、總體看法和綜合評價。它涵蓋物質文明、精神文明、政治文明三個領域，包括政治、經濟、文化、生態以及市容市貌、市民素質、社會秩序、歷史文化等諸多方面。城市實體形象的外在直觀性決定城市形象具有很好的對外傳播作用。對實體形象加以選擇地烘托渲染之後，其傳播功能更加強化。通過傳播，可以產生兩個層面的效應:一是促進開放，加深合作與交流;二是提高城市在市場經濟中的競爭能力。城市通過自我形象魅力的展示，使外部公眾對其產生良好的心理感受。具有這種心理感受的外部公眾，在進行與該城市有關的活動時，會做出有利於該城市的行為選擇，無形之中提高城市的競爭能力。

在對中國城市文化競爭力進行統計分析發現，中國 298 個城市的文化競爭力得分是否服從正態性分佈的 JB 檢驗統計量為 11230.3，在 1%的統計性顯著水平下拒絕原假設，即說明

中國城市文化競爭力不服從正態分佈。並且偏度為 4.65，峰度為 31.6，說明中國城市文化競爭力呈尖峰厚尾分佈，並且具有右偏性質（圖 6.1.21）。進一步分析發現，文化競爭力的地區性不平衡現象依然存在，呈東強西弱格局，在 83 個文化競爭力水平處於平均水平之上的城市中，東部地區城市有 57 個，占 68.67%，而中部地區有 13 個，占 15.66%，西部地區僅有 13 個，僅占 15.66%。同時，東部、中部、西部地區城市文化競爭力的均值比較表明，東部地區的城市文化競爭力的均值(2.23)要顯著高於中部(-1.56)與西部地區(-1.71)城市文化競爭力的均值，但是中西部地區並不存在顯著差異，說明從城市文化競爭力的平均水平來看，中國城市文化競爭力呈現出東部地區與中西部地區兩級分化格局。進一步地，由不同地區城市文化競爭力方差的比較分析可以得出，東部地區最高，為 7.93，其次為西部地區，為 3.45，中部地區最低，為 2.46。由此可見，中國中部地區的城市文化競爭力離散程度及差異程度要低一些，而東部地區的城市文化競爭力的差異程度要相對大一些（表 6.1.30）。

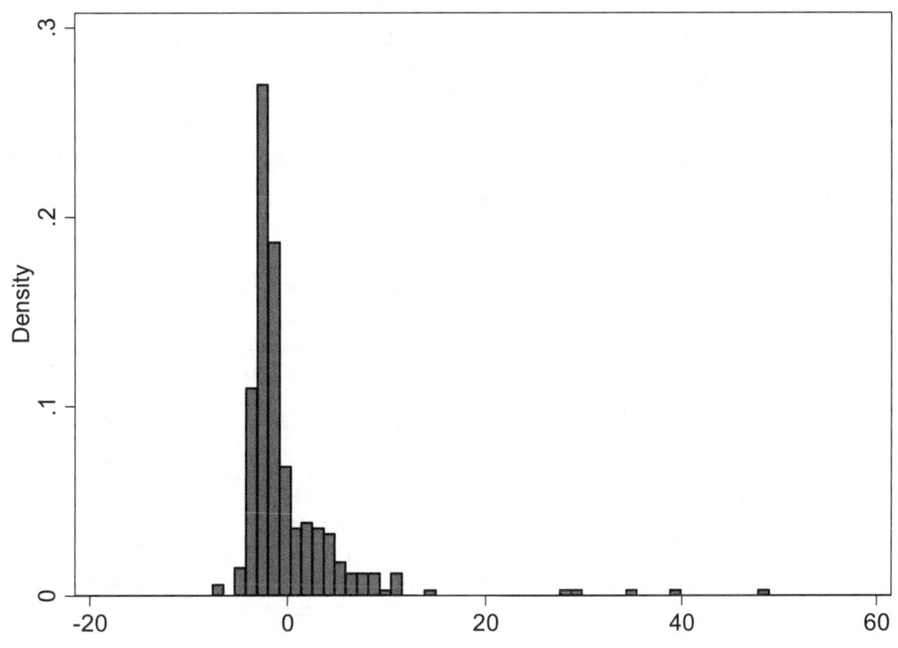

圖 6. 1. 21 城市文化競爭力得分長條圖

表 6. 1. 30 城市文化競爭力東、中、西部地區比較

A			
	東部	中部	西部
均值	2.23	-1.56	-1.71
方差	7.93	2.46	3.45
B			
	東中	東西	中西
均值比較檢驗	0.00	0.00	0.73
方差比較檢驗	0.00	0.00	0.00
樣本數	125	109	64

注：A 部分為實際值，B 部分為相應檢驗的 P 值

文化形象競爭力由文化設施指數、文化意識指數、文化資源指數、城市行銷能力指數四項二級指標綜合而成。文化設施指數是為不斷滿足廣大人民日益增長的精神文化生活需求，

各地各級政府對公共文化設施的建設力度，為開展群眾性文體娛樂活動提供良好的條件，以及豐富活躍群眾文化生活的精神文明建設；文化意識指數則刻畫城市居民的精神風貌、市場意識，既有歷史的繼承性，也有城市居民在市場經濟條件下所形成的市場意識，它體現城市的精神氛圍和整體氣質；文化資源指數是指人們從事一切與文化活動有關的生產和生活內容，主要以精神狀態的形式存在；城市行銷能力指數是指綜合考慮城市的社會經濟、歷史文化、自然環境等諸多因素，從市場經濟的觀點出發，研究城市在總體環境中的位置、作用，以及競爭、目標受眾等方面的情況，對眾多要素進行整合，通過傳遞和溝通，創造價值。

進一步分析上述 4 項指標對文化競爭力的相對重要性，即由文化競爭力得分關於上述 4 項指數做 OLS 回歸。結果表明（表 6.1.31），所有變量的系數都在 1%的顯著性水平下統計顯著，並且由 VIF 可以看出，自變量不存在嚴重多重共線性。同時，當文化設施指數得分每增加 0.01，文化競爭力得分增加 0.19；當文化意識指數得分每增加 0.01，文化競爭力得分增加 0.14；當文化資源指數得分每增加 0.01，文化競爭力得分增加 0.17；當城市行銷能力指數得分每增加 0.01，文化競爭力得分增加 0.14。由此可以看出，對文化競爭力而言，其二級指標對其的重要性依次為文化設施指數、文化資源指數、城市行銷能力指數、文化意識指數（圖 6.1.22），與 2012 年的文化設施指數、文化資源指數、文化意識指數、城市行銷能力指數相比僅僅是文化意識指數與城市行銷能力指數互換位置，這在一定程度上表明中國當前還是存在文化設施、文化資源發展極為不平衡。

表 6.1.31 城市文化競爭力 OLS 回歸方程

變量	系數	t 值	P 值
文化設施指數	19.44	1922.86	0.00
文化意識指數	13.61	626.48	0.00
文化資源指數	16.97	2457.25	0.00
城市行銷能力指數	13.63	617.77	0.00
常數	-14.63	-9935.02	0.00
F 統計量	31944218	F 統計量 P 值	0.00
R 方	1.00	VIF	11.94

注：VIF 為膨脹因數，當其大於 10 時，表明自變量存在嚴重多重共線性

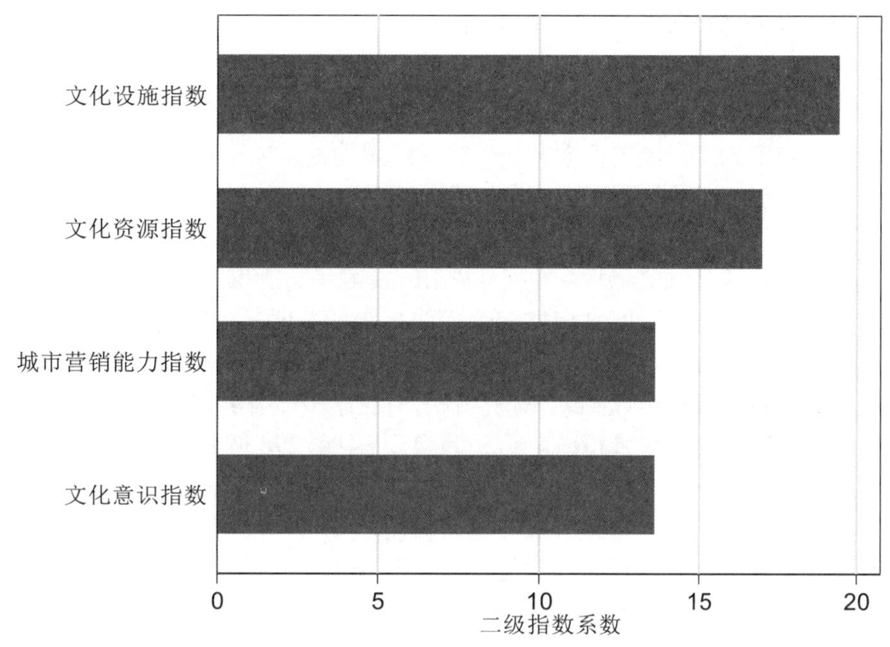

圖 6. 1. 22 各二級指數對文化競爭力的影響大小

對城市文化競爭力 4 項二級指標的分佈特徵進行分析時發現，所有二級指標也都不服從正態分佈，並同樣呈尖峰厚尾分佈，且具有右偏性質。另外，上述二級指標的東、中、西部地區均值比較與方差比較表明（表 6.1.32），從平均水平來看，中國城市文化設施指數、文化意識指數、文化資源指數、城市行銷能力指數都存在區域性差異，並也呈東部地區比中西部地區高的二級階梯狀特徵，同時東部地區雖然各項二級指數的平均水平比較高，但是離散程度也比其它地區高。

表 6.1.32 城市文化競爭力二級指標東、中、西部地區比較

	文化設施指數			文化意識指數			文化資源指數			城市行銷能力指數		
A	東部	中部	西部	東部	中部	西部	東部	中部	西部	東部	中部	西部
均值	0.20	0.15	0.15	0.30	0.23	0.22	0.28	0.22	0.22	0.31	0.24	0.24
方差	0.13	0.04	0.04	0.15	0.03	0.04	0.13	0.07	0.11	0.15	0.03	0.06
B	東中	東西	中西	東中	東西	中西	東中	東西	中西	東中	東西	中西
均值比較檢驗	0.00	0.00	0.99	0.00	0.00	0.45	0.00	0.01	1.00	0.00	0.00	0.32
方差比較檢驗	0.00	0.00	0.97	0.00	0.00	0.00	0.00	0.28	0.00	0.00	0.00	0.00
樣本數	125	109	64	125	109	64	125	109	64	125	109	64

注：A 部分為實際值，B 部分為相應檢驗的 P 值

6. 2 中國城市成長競爭力特徵分析

城市作為人類的聚集地，本身是不斷發展的，城市是一個動態發展的概念，城市成長競爭力是一個衡量城市動態發展的概念，城市成長競爭力就是城市在動態發展的過程中，要充分挖掘其潛在的潛能，利用其可利用資源，不斷的完善城市的社會組織體制，並展示其創新活力且可依據城市可持續發展的內在規律逐步提升自身綜合競爭力的能力。城市的發展不是靜態的，其是一個動態多維的過程。《中國城市成長競爭力評價指標體系》由實力指數、潛力指數、活力指數、能力指數四大指標綜合而成，包括 4 項二級指標，29 項三級指標。

按照 298 個城市的統計資料及調查資料，並根據中國城市競爭力研究會所構建的《中國城市成長競爭力比較評價指標體系》[①]計算分析，得出 2013 年中國城市成長競爭力排名[②]。在對中國城市成長競爭力排名進行統計分析時發現，中國 298 個城市的成長競爭力得分是否服從正態性分佈的 JB 檢驗統計量為 855.30，在 1%的統計性顯著水平下拒絕原假設，即說明中國城市成長競爭力不服從正態分佈。同時偏度為 2.19，峰度為 10.05，說明中國城市成長競爭力呈尖峰厚尾分佈，並且具有右偏性質（圖 6.1.23）。進一步分析發現，成長競爭力的地區性不平衡現象依然存在，呈東強西弱格局，在 112 個成長競爭力水平處於平均水平之上的城市中，東部地區城市有 81 個，占 72.32%，而中部地區有 20 個，占 17.86%，西部地區僅有 11 個，僅占 9.82%。同時，東部、中部、西部地區城市成長競爭力的均值比較表明（表 6.1.33），東部地區的城市成長競爭力的均值(1.87)明顯要高於中部(-1.11)與西部地區(-1.87)城市成長競爭力的均值，但是中西部地區並不存在顯著差異，說明從城市成長競爭力的平均水平來看，中國城市成長競爭力呈現出東部地區、中西部地區兩極分化格局。進一步地，由不同地區城市成長競爭力方差的比較分析可以得出，東部地區最高，為 4.97，其次為西部地區，為 4.08，中部地區最低，為 2.37，並且存在顯著差異。由此可見，中國中部地區的城市成長競爭力離散程度及差異程度要低一些，而東部地區的城市成長競爭力離散程度及差異程度則非常高。

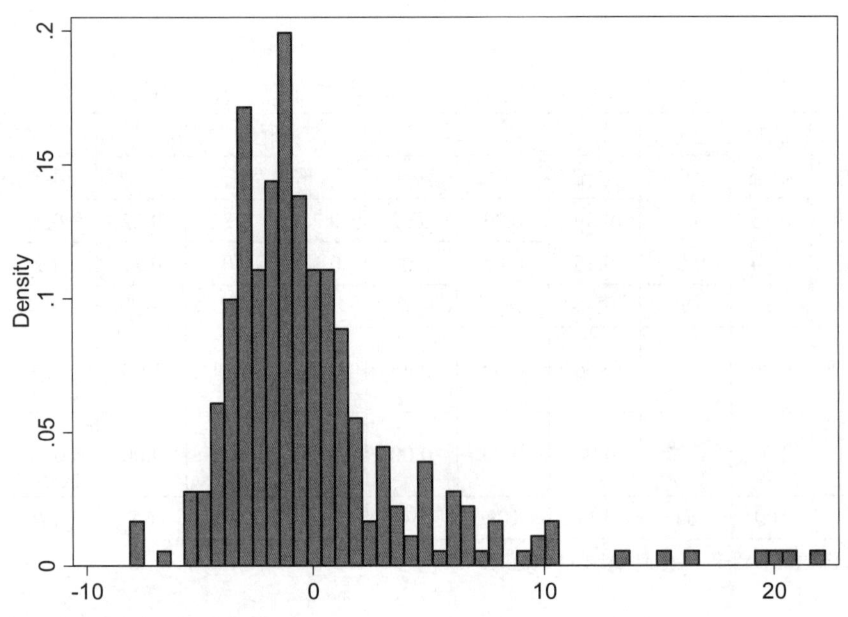

圖 6. 1. 23 城市成長競爭力得分長條圖

① 具體請參見附錄 1。
② 詳見第二篇。

表 6. 1. 33 城市成長競爭力東、中、西部地區比較

A			
	東部	中部	西部
均值	1.87	-1.11	-1.87
方差	4.97	2.37	4.08
B			
	東中	東西	中西
均值比較檢驗	0.00	0.00	0.12
方差比較檢驗	0.00	0.08	0.00
樣本數	125	109	64

注：A 部分為實際值，B 部分為相應檢驗的 P 值

進一步分析上述 4 項指標對成長競爭力的相對重要性，即由成長競爭力得分關於上述 4 項指數做 OLS 回歸。結果表明（表 6.1.34），所有變量的系數都在 1%的顯著性水平下統計顯著，並且由 VIF 可以看出，自變量不存在嚴重多重共線性。同時，當得分每增加 0.01，成長競爭力得分增加 0.06。當得分每增加 0.01，成長競爭力得分增加 0.11。當得分每增加 0.01，成長競爭力得分增加 0.18。當得分每增加 0.01，成長競爭力得分增加 0.04。因此可以得出，對成長競爭力而言，其二級指標的重要性依次為活力指數、潛力指數、實力指數、能力指數（圖 6.1.24），與 2012 年的實力指數、活力指數、潛力指數、能力指數相比有一定變化。說明當前城市競爭力的成長性主要取決於制度創新能力與發展潛力。

表 6. 1. 34 城市成長競爭力 OLS 回歸方程

變量	系數	t 值	P 值
實力指數	5.56	4.52	0.00
潛力指數	10.97	12.72	0.00
活力指數	18.25	17.31	0.00
能力指數	3.81	8.07	0.00
常數	-14.77	-39.04	0.00
F 統計量	1006.00	F 統計量 P 值	0.00
R 方	0.93	VIF	3.25

注：VIF 為膨脹因數，當其大於 10 時，表明自變量存在嚴重多重共線性

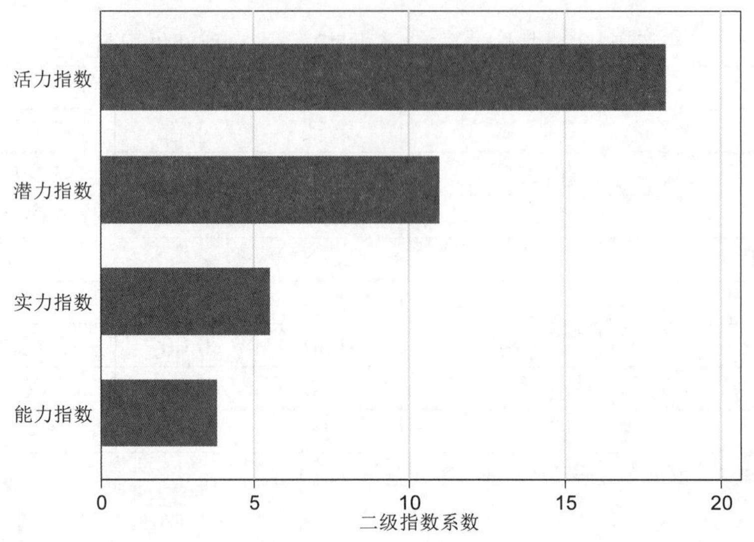

圖 6. 1. 24 各二級指數對成長競爭力的影響大小

下面來繼續分析潛力指數、活力指數與能力指數的特徵①。

6. 2. 1 潛力指數特徵分析

潛力指數包括居民消費潛力、金融資本潛力、人力資本潛力、市場潛力、區位、自然資源、環境質量、可持續發展這八項指數，它從居民消費、金融資本、人力資本、市場、區位自然資源、環境質量及可持續發展這八個維度來度量一個城市的發展潛力。其中，金融資本潛力考慮城市金融條件，反映城市財富，顯示城市財政基礎上的潛力。人力資本潛力，由於人力資本具有創新性，創造性，具有有效配置資源性，人力資本潛力在反映城市在資源配置方面潛力的同時，也反映城市的創新性，創造性。市場潛力反映城市的投資潛力，市場潛力通過八個維度來反映城市成長競爭力。區位，自然資源，環境質量是發展之本，只有佔有著合適的區位，充分的利用城市的自然資源，並且堅持可持續發展，城市才能長久穩定健康的發展。

分析發現，中國 298 個城市的潛力指數得分是否服從正態性分佈的 JB 檢驗統計量為 255.97，在 1%的統計性顯著水平下拒絕原假設，即說明中國城市潛力指數不服從正態分佈。另外，潛力指數的方差為 0.13，並且偏度為 1.46，峰度為 6.47，說明中國城市潛力指數呈尖峰厚尾分佈，並且具有右偏性質（圖 6.1.25）。進一步分析發現，潛力指數的地區性不平衡現象依然存在，呈東強西弱格局，同時，東部、中部、西部地區城市潛力指數的均值比較表明（表 6.1.35），東部地區的城市潛力指數的均值(0.46)明顯要高於中部(0.37)、西部地區(0.35)城市潛力指數的均值，中部地區城市成長競爭力均值要高於西部地區城市成長競爭力均值，說明從城市成長競爭力的平均水平來看，中國城市潛力指數呈現出東部地區、中部地區、西部地區由高到低的階梯狀格局。進一步地，由不同地區城市潛力指數方差的比較分析可以得出，東部地區最高，為 0.14，其次為西部地區，為 0.11，中部地區最低，為 0.10。由此可見，中國中部地區的城市潛力指數離散程度及差異程度要低一些，而東部地區的城市潛力指數離散程度及差異程度則非常高。

①實力指數的指標與綜合實力競爭力一致，此處略去，請參照 6. 1 節。

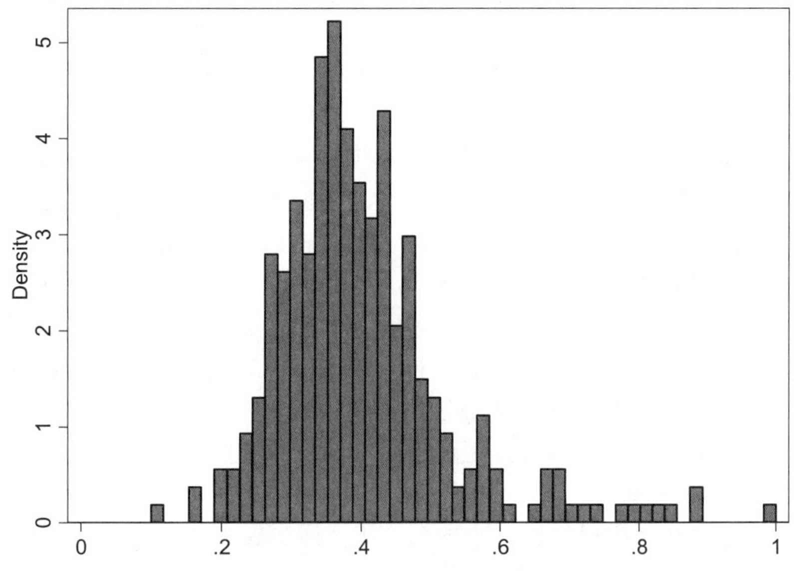

圖 6. 1. 25 潛力指數長條圖

表 6. 1. 35 城市潛力指數東、中、西部地區比較

A			
	東部	中部	西部
均值	0.46	0.37	0.35
方差	0.14	0.10	0.11
B			
	東中	東西	中西
均值比較檢驗	0.00	0.00	0.08
方差比較檢驗	0.00	0.03	0.30
樣本數	125	109	64

注：A 部分為實際值，B 部分為相應檢驗的 P 值

潛力指數由居民消費潛力、金融資本潛力、人力資本潛力、市場潛力、區位、自然資源、環境質量、可持續發展這八項三級指數進一步合成。居民消費潛力指數由人均可支配收入，人均可支配收入年增長率，人均消費支出，人均消費支出增長率及居民消費傾向來衡量。城市是創造，分配，消費財富的集中地，只有消費才能帶動增長，而居民消費在整個消費體系中占絕大比重，是城市生態鏈條中至關重要的一環。城市居民消費水平的高低在反映城市創造財富能力的同時，也為城市自身產業的發展創造出一個更具有潛力的市場。以消費帶動發展。適度的提高居民消費能力和水平，有助於城市的穩定，健康，長久的發展。消費結構是指人們在生活消費過程中所耗費的各種消費物件的比例關係及協調程度。消費結構及其變化是衡量居民生活水平的重要標誌，它反映居民的消費特徵及消費趨勢，反映居民生活水平提高程度及社會經濟發展狀況。

資本的流向先導於一個國家、地區的經濟起飛，而一個國家、地區的真正崛起，很大程度上取決於其金融體系的效率和資本市場的發達程度。區域經濟的快速發展必將帶動資本市場發展，並對資本市場提出更高要求。金融資本潛力指數由年末儲蓄總餘額，獲得銀行貸款的便利程度，獲得證券市場資本的便利程度，獲得民間資本的便利程度，獲得國家財政支持的程度，外資金融機構指數等指標來衡量。

城市人力資本的規模及其變動影響城市價值體系。與其他城市相比，城市人口，從業人員，專業技術人員和創業人員，為城市價值創造提供生產和消費基礎。一個城市人力資本潛力越大，在其充分發展的情況下，城市產業規模大，產業綜合規模變動快，城市價值體系大。人力資本潛力指數由人力資本投入指數，人力資本吸引水平指數，勞動力的自然增長率等構成。

市場潛力指數由市場認同度，市場認同度遞增程度，經濟輻射區域指數來度量。反映城市在市場方面的認同潛力及經濟輻射潛力。由於 2008 年美國次貸危機引發的全球性的金融危機，使中國市場結構發生改變，已經開始步入買方市場，市場競爭激烈，因此，對市場的控制能力對城市整體的發展起著重要的作用。

可持續發展是經濟發展的長期目標，在整合各種資源時，城市的生態系統，經濟系統，社會系統運行良好。由於資源具有稀缺性，且有很大一部分的資源為一次使用，不可再生資源，這就要求城市在發展過程中，注重資源的合理分派，合理使用。經濟生產模式由粗放型逐漸向集約型轉型。可持續發展指數通過資源和能源的耗速率(逆)，城市發展的可持續發展戰略，生態環境的退化速率(逆)，城市可持續發展的能源供給，工業化發展水平，產業製造能力，GDP 產值每億元耗電量（逆）來衡量。可持續發展指數與科技發展程度息息相關，合理的規劃，整合資源，有助於城市的可持續發展。

對城市潛力指數的三級指標進行統計分析時發現，所有八個三級指標的 JB 檢驗表明所有三級指標都不服從正態分佈。並且進一步地分析表明（表 6.1.35），從平均水平來看，城市居民消費潛力指數、城市金融資本潛力指數和可持續發展指數並不存在明顯的區域性差異。而城市人力資本潛力指數、城市市場潛力指數、環境質量水平指數與區位水平指數的平均水平呈現出東部高於中西部地區的二級階梯格局。而自然資源水平指數卻呈現出東部西部低於中部地區的情形。

表 6.1.36 城市潛力指數三級指標東、中、西部地區比較

	居民消費潛力指數			金融資本潛力指數			人力資本潛力指數			市場潛力指數		
A	東部	中部	西部	東部	中部	西部	東部	中部	西部	東部	中部	西部
均值	0.77	0.70	0.76	0.34	0.31	0.32	0.39	0.23	0.22	0.27	0.21	0.20
方差	0.12	0.19	0.18	0.13	0.04	0.06	0.21	0.11	0.12	0.12	0.05	0.07
B	東中	東西	中西	東中	東西	中西	東中	東西	中西	東中	東西	中西
均值比較檢驗	0.00	0.44	0.06	0.06	0.25	0.51	0.00	0.00	0.61	0.00	0.00	0.77
方差比較檢驗	0.00	0.00	0.83	0.00	0.00	0.00	0.00	0.00	0.28	0.00	0.00	0.00
樣本數	125	109	64	125	109	64	125	109	64	125	109	64
	區位水平指數			自然資源水平指數			環境質量水平指數			可持續發展指數		
A	東部	中部	西部	東部	中部	西部	東部	中部	西部	東部	中部	西部
均值	0.33	0.20	0.18	0.39	0.51	0.42	0.46	0.31	0.30	0.43	0.44	0.45
方差	0.18	0.10	0.13	0.17	0.17	0.09	0.13	0.09	0.13	0.12	0.07	0.09
B	東中	東西	中西	東中	東西	中西	東中	東西	中西	東中	東西	中西
均值比較檢驗	0.00	0.00	0.20	0.00	0.18	0.00	0.00	0.00	0.56	0.25	0.11	0.34
方差比較檢驗	0.00	0.00	0.01	0.70	0.00	0.00	0.00	0.91	0.00	0.00	0.00	0.10
樣本數	125	109	64	125	109	64	125	109	64	125	109	64

注：A 部分為實際值，B 部分為相應檢驗的 P 值

6. 2. 2 活力指數特徵分析

一個充滿活力、富有創造性的城市軟環境將會大幅度的提高城市的綜合競爭能力。一個城市具有活力，必然能吸引來更多的人力，資本的投入。世界城市的發展史表明，那些快速發展的城市必然是充滿活力的城市。城市活力指數包括文化力，學習力，創新力，法制力，應變力，開放力等指數衡量。其衡量城市文化，學習，創新，法制等軟環境的活力。

學習力體現一個城市在接受新理念、新思維的能力，良好的城市學習力將使城市在科技與觀念日新月異的現代社會中充滿活力，從而提升城市競爭力。

創新是打造國際化城市的根本要求，創新是打造國際化城市的核心競爭力。致力於建設現代化國際化城市，應該轉變城市發展理念，加大創新力度，以可持續的發展理念，引領城市發展的各項事業。

法制力指數，反映法制的健全程度和執行力。市場經濟需要一系列的健全的法律和規章制度來保障其公平公正。城市的法制力與政府的執行力相關。法制的建設對發揮城市的環境優勢具有基本意義。法制不僅僅是信用，機關效能的保證，還是戰略的制度基礎。創造一個穩定有序的社會環境，是城市發展的迫切需要。法制力指數由地方法規條例健全程度，政策法規透明度，政府執法能力共同衡量。

應變力考驗一個城市對突發事件的應對能力。世界充滿偶然，未來充滿不確定性。一個城市只有很好的對突發事件的應對能力，才能不斷發展。例如面對 2008 年發生的經濟危機，許多城市採取有效的應對措施。應變力指數由城市根據外部環境的變化及時調整自身發展戰略的能力和應對緊急事件的能力兩方面共同度量。

開放力指數反映城市的開放程度。隨著時代的進步，城市的開放已經成為不可逆轉的趨勢。城市的開放力很好的衡量城市的經濟發展潛力，開放力指數由外貿指數，產業國際化指數，對內對外政策，國際吸引指數共同衡量。

經過統計分析發現，中國 298 個城市的活力指數得分是否服從正態性分佈的 JB 檢驗統計量為 508.20，在 1%的統計性顯著水平下拒絕原假設，即說明中國城市活力指數不服從正態分佈。另外，活力指數的方差為 0.13，並且偏度為 1.92，峰度為 8.11，說明中國城市活力指數呈尖峰厚尾分佈，並且具有右偏性質（圖 6.1.26）。進一步分析發現，活力指數的地區性不平衡現象依然存在，呈東強西弱格局，同時，東部、中部、西部地區城市活力指數的均值比較表明（表 6.1.37），東部地區的城市活力指數的均值(0.42)要顯著高於中部(0.30)、西部地區(0.27)城市活力指數的均值，說明從城市成長競爭力的平均水平來看，中國城市活力指數呈現出東部地區、中部地區、西部地區由高到低的三級階梯狀格局。進一步地，由不同地區城市活力指數方差的比較分析可以得出，東部地區最高，為 0.15，其次為西部地區，為 0.09，中部地區最低，為 0.06。由此可見，中國中部地區的城市活力指數離散程度及差異程度要低一些，而東部地區的城市活力指數離散程度及差異程度則非常高。

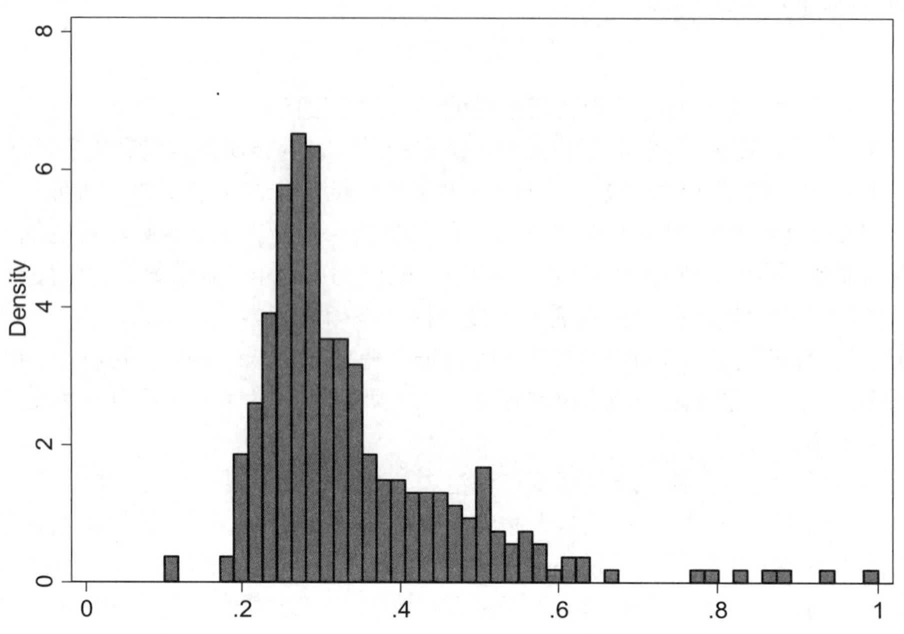

圖 6.1.26 活力指數長條圖

表 6.1.37 城市活力指數東、中、西部地區比較

A			
	東部	中部	西部
均值	0.42	0.30	0.27
方差	0.15	0.06	0.09
B			
	東中	東西	中西
均值比較檢驗	0.00	0.00	0.02
方差比較檢驗	0.00	0.00	0.00
樣本數	125	109	64

注：A 部分為實際值，B 部分為相應檢驗的 P 值

對城市活力指數的三級指標進行統計分析時發現，所有七個三級指標的 JB 檢驗表明所有三級指標都不服從正態分佈。並且進一步地分析表明（表 6.1.37），從平均水平來看，城市文化力指數、城市創新力指數、城市法制力指數和城市行銷力指數的平均水平呈現出東部高於中西部地區的二級階梯格局。而城市學習力指數、城市應變力指數和城市開放力指數卻呈現出東部、中部、西部由高到低的三級階梯格局，這也與 2012 年的結果一致。

表 6.1.38 城市活力指數三級指標東、中、西部地區比較

	文化力			學習力			創新力			法制力		
A	東部	中部	西部	東部	中部	西部	東部	中部	西部	東部	中部	西部
均值	0.30	0.23	0.22	0.29	0.19	0.17	0.34	0.17	0.19	0.39	0.25	0.26
方差	0.15	0.03	0.04	0.13	0.04	0.08	0.19	0.07	0.10	0.18	0.07	0.11
B	東中	東西	中西	東中	東西	中西	東中	東西	中西	東中	東西	中西
均值比較檢驗	0.00	0.00	0.45	0.00	0.00	0.02	0.00	0.00	0.22	0.00	0.00	0.37
方差比較檢驗	0.00	0.00	0.00	0.00	0.00	0.00	0.00	0.00	0.00	0.00	0.00	0.00
樣本數	125	109	64	125	109	64	125	109	62	125	109	64
	應變力			開放力			行銷力					
A	東部	中部	西部	東部	中部	西部	東部	中部	西部			
均值	0.58	0.40	0.30	0.42	0.38	0.37	0.31	0.24	0.24			
方差	0.20	0.15	0.19	0.13	0.02	0.02	0.15	0.03	0.06			
B	東中	東西	中西	東中	東西	中西	東中	東西	中西			
均值比較檢驗	0.00	0.00	0.00	0.01	0.00	0.00	0.00	0.00	0.32			
方差比較檢驗	0.01	0.84	0.03	0.00	0.00	0.85	0.00	0.00	0.00			
樣本數	125	109	64	125	109	64	125	109	64			

注：A 部分為實際值，B 部分為相應檢驗的 P 值

6.2.3 能力指數特徵分析

能力指數包括經濟增長能力、社會保障能力、城市吸引能力、城市流通能力 4 個三級指標，經濟增長能力反映城市在充分利用其可利用資源，合理規劃城市整體發展條件下，城市經濟發展的能力。社會保障能力體現城市經濟發展在追求效率的同時兼顧公平的能力，而吸引能力如同城市活力一樣，體現城市對人才和投資的吸引程度。流通能力體現各種資源的配置的有效程度，是資源積聚的體現。

經濟增長能力是城市經濟發展過程中利用優勢，提高自身競爭力最重要的能力之一，沒有經濟增長就不可能有社會進步。只有城市經濟增長才能為城市發展提供物質保證，只有保證穩定的經濟增長，才能有效保證城市的發展。

社會保障的本質是維護社會公平進而促進社會穩定發展。城市的社會保障能力則體現城市的公平，社會經濟的發展在追求高效率發展的同時通過社會保障對社會財富進行再分配，適當縮小各階層社會成員之間的收入差距，避免貧富懸殊，使社會成員的基本生活得到保障，有利於協調社會關系，維護社會穩定。在社會保障方面，香港逐步建立起一套適合自身特點，高效、科學的社會保障體制。這一體制是以政府供款的綜合援助金為主體，以公屋制和雇主責任制為兩翼，在保障市民安居樂業，保證香港社會的繁榮、穩定等方面發揮和正在發揮著舉世公認的重要作用。北京上海也在逐步提高自己的社會保障排名。

城市的發展，在某種程度上就是城市吸引力不斷增強的過程，由此可以吸引更多的人流、物流、資金流、資訊流等，從而推動城市實力的不斷提升。城市實力的提升與影響範圍

的擴大，本質上仍然是一種吸引力，儘管其流動的方向從表像上看是相反的，但其影響力的擴展本身就表明其對外部環境的吸引力在擴大。城市吸引能力體現城市集聚各種國內資源和國外資源的能力。正由於城市具有多元性，其對外的輸出能力和能級可擴散的範圍也就越大，這又支持整個城市實力的進一步擴展，從而使其發展得更快。

流通能力決定城市競爭力，只有好的周轉實現能力才能保證城市在經濟發展中的實現能力。城市流通能力是城市在人流、物流、資金流與資訊流樞紐作用的實現能力，也是資源集聚的體現。城市流通能力強的城市在人流，物流，資金流，資訊流的競爭優勢，使其能力指數排在前面。一般而言，城市流通能力與城市發展程度，經濟增長速度相關。

統計分析發現，中國 298 個城市的能力指數得分是否服從正態性分佈的 JB 檢驗統計量為 384.82，在 1%的統計性顯著水平下拒絕原假設，即說明中國城市能力指數不服從正態分佈。另外，能力指數的方差為 0.15，並且偏度為-1.69，峰度為 7.42，說明中國城市能力指數呈尖峰厚尾分佈，並且具有右偏性質（圖 6.1.27）。同時，東部、中部、西部地區城市能力指數的均值比較表明（表 6.1.39），東部地區的城市能力指數的均值(0.66)明顯要低於中部(0.71)和西部地區(0.80)城市能力指數的均值，這是由於中西部地區的後發優勢所致，平均來看，中國城市能力指數呈現出中部地區、西部地區高於東部地區的格局。進一步地，由不同地區城市能力指數方差的比較分析可以得出，東部地區最高，為 0.18，其次為西部地區，為 0.11，中部地區最低，為 0.10。不過中西部地區並不存在顯著差異，由此可見，中國中部地區與西部的城市能力指數離散程度及差異程度要低一些，而東部地區的城市能力指數離散程度及差異程度則非常高。

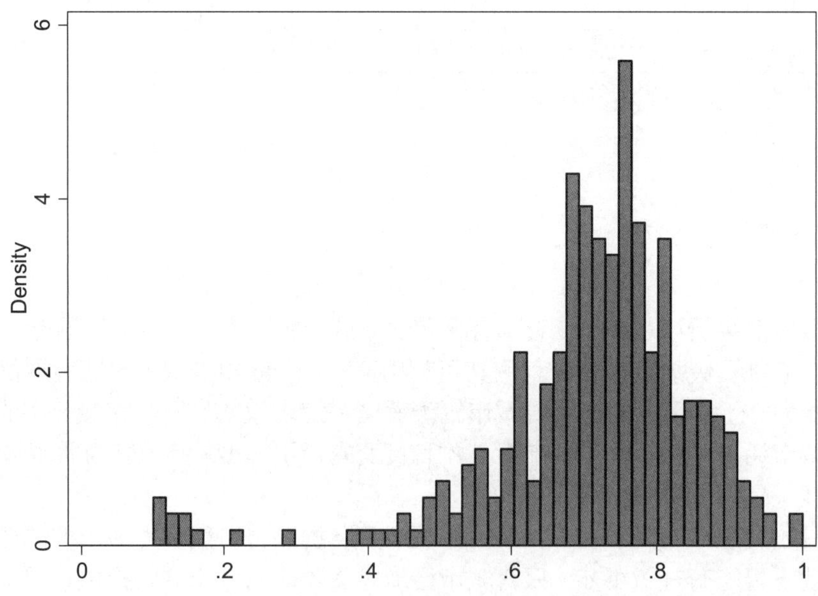

圖 6. 1. 27 能力指數長條圖

表 6.1.39 城市能力指數東、中、西部地區比較

A			
	東部	中部	西部
均值	0.66	0.71	0.80
方差	0.18	0.10	0.11
B			
	東中	東西	中西
均值比較檢驗	0.00	0.00	0.00
方差比較檢驗	0.00	0.00	0.66
樣本數	125	109	64

注：A 部分為實際值，B 部分為相應檢驗的 P 值

對城市能力指數的三級指標進行統計分析時發現，所有四個三級指標的 JB 檢驗表明所有三級指標都不服從正態分佈。並且進一步地分析表明（表 6.1.39），從平均水平來看，由於西部、中部地區的後發優勢，城市經濟增長能力的平均水平呈現出西部、中部、東部地區由高及低的三級階梯格局。而城市流通能力卻呈現出東中部、西部的兩級分化格局，城市吸引能力及城市社會保障能力均呈東部高於中西部的二級階梯格局。

表 6.1.40 城市能力指數三級指標東、中、西部地區比較

	經濟增長能力			社會保障能力			城市吸引能力			城市流通能力		
A	東部	中部	西部	東部	中部	西部	東部	中部	西部	東部	中部	西部
均值	0.65	0.72	0.81	0.30	0.25	0.25	0.33	0.20	0.19	0.31	0.30	0.19
方差	0.18	0.10	0.11	0.12	0.04	0.06	0.17	0.06	0.09	0.14	0.08	0.03
B	東中	東西	中西	東中	東西	中西	東中	東西	中西	東中	東西	中西
均值比較檢驗	0.00	0.00	0.00	0.00	0.00	0.46	0.00	0.00	0.28	0.47	0.00	0.00
方差比較檢驗	0.00	0.00	0.42	0.00	0.00	0.00	0.00	0.00	0.01	0.00	0.00	0.00
樣本數	125	109	64	125	109	64	125	109	64	125	109	64

注：A 部分為實際值，B 部分為相應檢驗的 P 值

第七篇　中國 30 個最具綜合競爭力城市點評

7. 1 上海城市競爭力點評分析

上海位於長江入海口，南瀕杭州灣，西與江蘇、浙江兩省相接，共同構成以上海為龍頭的中國最大經濟區——長三角經濟圈。上海是中國的經濟、交通、科技、工業、金融、貿易和航運中心，擁有中國大陸首個自貿區“中國（上海）自由貿易試驗區”、中國最大外貿港口和最大工業基地，是中國第一大城市，全市擁有超過 2000 萬的常住人口。上海以其濃厚的現代氣息及深厚的文化底蘊，擁有眾多歷史古跡，並由傳統的江南吳越文化與各地移民帶入的文化相融合形成了特有的海派文化，逐漸成為新興的旅遊勝地。2013 年 8 月中國（上海）自由貿易試驗區建設啟動實施，正致力於在 2020 年建成國際金融、航運和貿易中心。

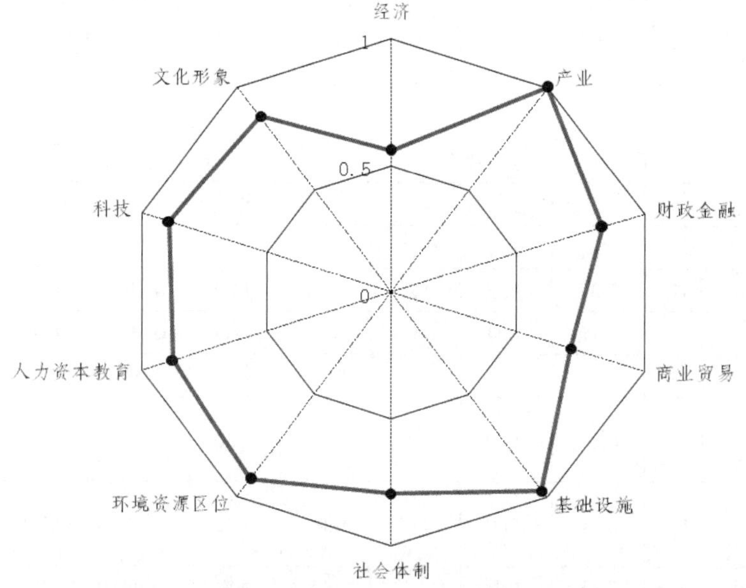

圖 7.1.1　2013 年上海分項競爭力雷達圖

結合上海分項競爭力雷達圖，得到上海 2013 年城市綜合競爭力的基本情況如下：上海 2013 年城市綜合競爭力的基本情況如下：經濟競爭力得分為 1575. 12，排名第 3 位，比 2012 年排名下降了 1 位；產業競爭力得分為 5469. 25，排名第 1 位，與上年持平；財政金融競爭力得分為 5493. 7，排名第 3 位，與上年持平；商業競爭力得分為 3697. 41，排名第 3 位，與上年持平；基礎設施競爭力得分為 5991. 11，排名第 2 位，與上年持平；社會體制競爭力得分為 2834. 31，排名第 2 位，與上年持平；環境資源區位競爭力得分為 2000. 21，排名第 2 位，與上年持平；人力資本競爭力得分為 3324. 64，排名第 3 位，與上年持平；科技競爭力得分為 5575. 62，排名第 2 位，與上年持平；文化競爭力得分為 3983. 85，排名第 2 位，與上年持平；綜合競爭力得分為 16163. 08，排名第 1 位，比 2012 年排名上升了 1 位。

經濟競爭力得分為 1575. 12，排名第 3 位，比 2012 年排名下降了 1 位，二級指標城市居民生活指數排名從第 13 名降到 15 名，其中人均可支配收入（人均潛在消費能力）0. 349 和人均消費支出為（人均實際消費水平）0. 309。居民生活指數下降引起經濟競爭下降了一名。

產業競爭力得分為 5469. 25，排名第 1 位，與上年持平，二級指標產業貢獻指數保持不變；由於三級指標產品市場認同度和企業利稅貢獻度一直都很高，所以上海市的產業競爭力保持了第一的位置。

財政金融競爭力得分為 5493. 7，排名第 3 位，與上年持平，二級指標金融業人力資本指數從 0. 874 下降到 0. 853；財政金融效率指數從 0. 332 上升到 0. 345。二級指標有降有升，財政金融競爭基本保持不變。

商業貿易競爭力得分為 3697. 41，排名第 3 位，與上年持平，二級指標國內商貿規模指數排名仍然是第 2 名；數值從 0. 867 上漲到 0. 981。二級指標有降有升，商業競爭力排名保持穩定。

基礎設施競爭力得分為 5991. 11，排名第 2 位，與上年持平，二級指標基礎設施供應指數依然保持第一名和基礎設施投資也是不變的，三級指標年供水總量 311282 萬立方米和年用電總量 13396200 萬千瓦時。供水量和供電量一直都很高，所以其基礎設施競爭力保持第二的位置。

社會體制競爭力得分為 2834. 31，排名第 2 位，與上年持平，二級指標社會治安指數排名保持不變，三級指標中刑事案件發生率 0.87%，社會安全民眾滿意度 93%。刑事案件發生率比較低和社會安全民眾滿意，社會體制競爭力保持了第二的位置。

環境資源區位競爭力得分 2000. 21，排名第 2 位，與上年持平，二級指標區位指數排名沒有變化，兩年數值都為 1，數值分別為 0. 506，其中三級指標自然區位優勢度 1 和文化區位優勢度 0.8，優勢比較明顯。

人力資本競爭力得分為 3324. 64，排名第 3 位，與上年持平，其中二級指標人力資本規模指數排名保持不變，數值從 0. 852 到 0. 931，人力資本吸引指數排名不變，數值為 0. 895，三級指標人力資本規模 891.903 和高素質人力資本儲備量 699884。上海市對人才有較強的吸引力。

科技資本競爭力得分為 5575. 62，排名第 2 位，與上年持平，其中二級指標科技投入指數排名保持不變數值為 1，科研成果轉化指數不變，數值為 0. 855；三級指標科技經費絕對投入量 2184975 萬元和科技成果轉換率 0.989。上海市比較注重科技投入，可以轉化率較高。

文化競爭力得分為 3983. 85，排名第 2 位，與上年持平，其中二級指標文化設施指數保持不變，數值為 0. 941，城市文化形象影響力不變；其中的三級指標劇院數 90 和每百人公共圖書數 485.65，由於上海市文化設施等指標變化不大，所以文化競爭變化不大。

2013 年 8 月中國（上海）自由貿易試驗區建設啟動實施，至年末，區內新設立企業 3633 戶。內資企業 3405 戶，註冊資本 685. 86 億元；外商投資企業 228 戶，註冊資本 9. 8 億美元。全年地方財政收入 4109. 51 億元，比上年增長 9. 8%。地方財政支出 4528. 61 億元，增長 8. 2%。營業稅改征增值稅試點以來，試點企業累計達 19. 5 萬戶，累計減稅超過 400 億元。全年實現金融業增加值 2823. 29 億元，比上年增長 13. 7%。2013 年新增各類金融單位 116 家。至年末，全市中外資金融機構本外幣各項存款餘額 69256. 32 億元，比年初增加 5474. 25 億元；貸款餘額 44357. 88 億元，比年初增加 3297. 46 億元。證券市場方面，全年通過上海證券市場股票籌資 2515. 72 億元，比上年下降 13%；發行公司債 3130. 42 億元，增長 58. 6%。至年末，上海證券市場上市證券 2786 只，比上年增加 688 只, 其中股票 997 只，減少 1 只。全年金融市場（不含外匯市場）交易總額達到 588. 87 萬億元，增長 20. 9%。上海證券交易所各類有價證券總成交金額 86. 51 萬億元，增長 58%，中國金融期貨交易所總成交金額 141. 01 萬億元，增長 85. 9%。全國銀行間貨幣和債券市場總成交金額 235. 3 萬億元，下降 10. 7%。上海黃金交易所總成交金額 5. 22 萬億元，增長 48%。

綜合分析，上海市的綜合排名比去年上升了一位，只有經濟競爭力與上年比有所下降，不過其他指標基本還是保持在第一名的位置，說明上海市經濟產值總數是增長的，人力資本競爭力和科技競爭力排名都比較靠前，說明上海市對人才的吸引力較大，這更有助於上海市的經濟進一步的發展。

7.2 香港城市競爭力點評分析

香港特別行政區，位於東亞地區的中心位置，並以快速發展的中國內地作為腹地，是國際商業、貿易及金融中心，全球聞名的國際化大都市，是僅次於倫敦和紐約的全球第三大金融中心，與美國紐約、英國倫敦並稱“紐倫港”。香港是中西文化交融之地，是全球最安全、富裕、繁榮的地區之一，也是國際和亞太地區重要的航運樞紐和最具競爭力的城市之一，經濟自由度指數位居世界首位，享有“東方之珠”、“購物天堂”等美譽。香港發展基於深厚的自由市場經濟政策，已發展為一個現代化、充滿活力和具大都會魅力的服務型經濟，為其作為全球商業平臺的角色創造理想環境。

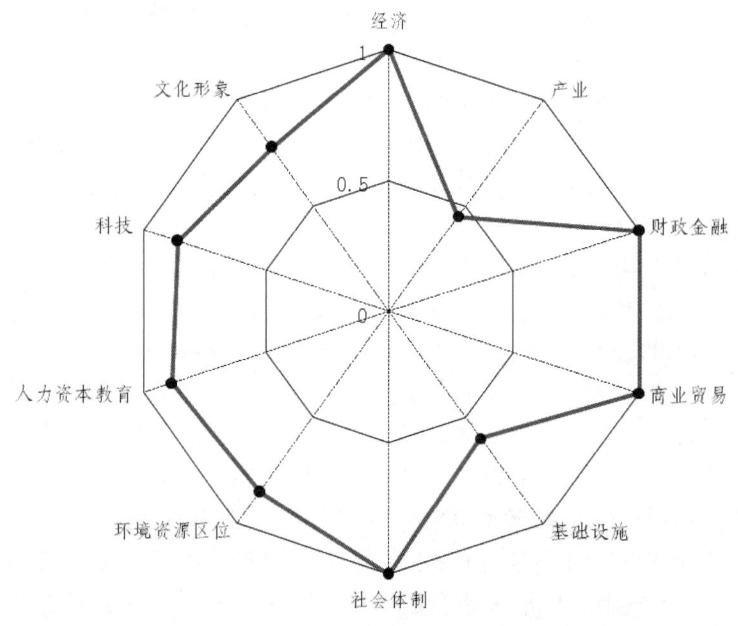

圖 7.2.1　2013 年香港分項競爭力雷達圖

綜合分析，得出香港 2013 年城市綜合競爭力的基本情況如下：經濟競爭力得分為 3512.36，排名第 1 位，與上年持平；產業競爭力得分為 1231.45，排名第 21 位，比 2012 年排名下降了 3 位；財政金融競爭力得分為 6849.41，排名第 1 位，與上年持平；商業競爭力得分為 5734.62，排名第 1 位，與上年持平；基礎設施競爭力得分為 2947.11，排名第 9 位，比 2012 年排名下降了 2 位；社會體制競爭力得分為 4307.94，排名第 1 位，與上年持平；環境資源區位競爭力得分為 1800.63，排名第 3 位，與上年持平；人力資本競爭力得分為 3368.16，排名第 2 位，與上年持平；科技競爭力得分為 5306.68，排名第 3 位，與上年持平；文化競爭力得分為 3463.78，排名第 3 位，與上年持平；綜合競爭力得分為 16099.8，排名第 2 位，比 2012 年排名下降了 1 位。

經濟競爭力得分為 3512.36，排名第 1 位，與上年持平，二級經濟指標中城市規模指數保持不變和城市國際吸引指數不變，其中的三級指標城市人口規模 715.64 萬，城區面積為 1104 平方公里。香港城區單位面積人口數量多，為發展經濟產生了有力的條件，其經濟競爭力保持了第一的位置。

產業競爭力得分 1231. 45，排名第 21 位，比 2012 年排名下降了 3 位。其中的二級指標產業效率指數從 0. 643 下降到 0. 545，三級指標從業者生產效率 442272.25 和企業銷售毛利率為 38.89。產業效率指數下降導致了產業競爭力得分下降，排名下降了 3 位。

財政金融競爭力得分為 6849. 41，排名第 1 位，與上年持平，二級指標財政金融效率指數不變，數值為 0. 815；三級指標人均財政預算內收入 43598.55 元和人均年末存款增長率 5.2%。二級指標和三級指標都保持了穩定，所以財政金融競爭相對穩定。

商業貿易競爭力得分為 5734. 62，排名第 1 位，與上年持平，二級指標外貿指數排名不變，數值 1，三級指標外貿依存度 386.19，進出口總額 9109.81 億美元。外貿指數保持了穩定，商業競爭力排名也相對穩定。

基礎設施競爭力得分為 2947. 11，排名第 9 位，比 2012 年排名下降了 2 位，二級指標基礎設施投資指數從 0. 527 下降到 0. 481，排名從 11 名下降到 17 名，三級指標固定資產投資水平 28489784 萬元和房地產開發水平 12301673 萬元。

環境資源區位競爭力得分為 1800. 63，排名第 3 位，與上年持平，二級指標區位指數不變，數值為 0. 978；三級指標交通區位優勢度 0.8 和經濟區位優勢度 1，經濟優勢比較明顯，交通發達。

產業競爭力方面，排名下降了 3 位，排名第 21 位。2013 年地區總就業人數為 3739 千人，比去年增加了 2. 4%。公務員人數為 161. 5 千人，比去年增加了 1. 5%。工業生產指數為 93. 3，比去年減少 0. 1，其中紡織製品 54. 0，比去年減少 6. 3；成衣為 36. 5 比去年減少 15. 3；金屬、電腦、電子及光學產品、機械及設備為 75. 1，比去年減少 6. 1。

基礎設施方面，排名第 9 位，比 2012 年排名下降了 2 位。本地固定資本形成總額為 502. 3 十億港元，以名義計算比去年減少了 2. 9%。

社會體制競爭力得分為 4307. 94，排名第 1 位，與上年持平，二級指標社會公平保障指數不變，數值為 1，三級指標基尼指數 0.907 和社會保障覆蓋率 80%。

人力資本競爭力得分為 5306. 68，排名第 3 位，與上年持平，其中二級指標人力資本規模指數不變，數值為 0. 775；其中的三級指標人力資本規模和高素質人力資本儲備量較高，具有明顯的人才優勢。

科技競爭力得分為 3368. 16，排名第 2 位，與上年持平，其中二級指標科技投入指數不變；其中的三級指標科技經費絕對投入量 1083699 萬元和科技經費相對投入量 0.653587。重視科技發展。

文化競爭力得分為 3463. 78，排名第 3 位，與上年持平，其中二級指標文化意識指數不變，數值 1；三級指標誠信意識指數 1 和創新意識指數 1，公民的誠信指數和創新意識指數都比較高，文化競爭力較強，保持了穩定的位置。

從雷達圖可知，香港的綜合競爭力下降一位，說明與內地城市相比，香港發展速度較慢，其產業競爭力比上一年下降 3 位，說明產業效率有所下降，香港的基礎設施競爭力下降是因為香港主要建設基本已經完成，2013 年香港特別行政區的其他各項指標穩步發展，勞動力市場達到了充分就業，通脹穩定，人民生活繼續得到改善。

7. 3 北京城市競爭力點評分析

北京，中華人民共和國的首都、直轄市和國家中心城市，中國的政治、文化、科教和國際交往中心，中國經濟、金融的決策和管理中心，是中國“四大古都”之一，擁有 6 項世界級遺產，是世界上擁有文化遺產項目數最多的城市，是一座有著三千餘年建城歷史、八百六十餘年建都史的歷史文化名城，擁有眾多歷史名勝古跡和人文景觀。同時，北京也是一座極具現代化氣息的國際化大都市，擁有中國第一個國家級高新技術產業開發區——中關村。中關村已經發展成為中國領先的 IT 資訊、生物工程等高技術產業群。北京商務中心區已建設成為重要的國際金融功能區和發展現代服務業的聚集地，中國國家大劇院、中央電視臺總部大樓、“鳥巢”等建築也成了新北京的現代符號。

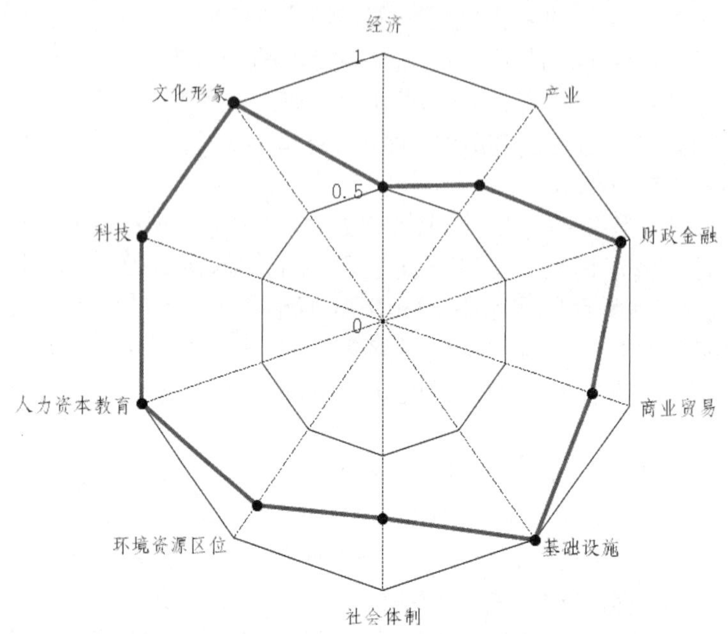

圖 7.3.1　2013 年北京分項競爭力雷達圖

北京 2013 年城市綜合競爭力基本情況如下：經濟競爭力得分為 1324.93，排名第 5 位，比 2012 年排名下降了 2 位；產業競爭力得分為 2638.74，排名第 6 位，與上年持平；財政金融競爭力得分為 6525.47，排名第 2 位，與上年持平；商業競爭力得分為 4665.7，排名第 2 位，與上年持平；基礎設施競爭力得分為 6273.29，排名第 1 位，與上年持平；社會體制競爭力得分為 2381.65，排名第 3 位，與上年持平；環境資源區位競爭力得分為 1791.1，排名第 4 位，與上年持平；人力資本競爭力得分為 3955.98，排名第 1 位，與上年持平；科技競爭力得分為 6465.92，排名第 1 位，與上年持平；文化競爭力得分為 4901.88，排名第 1 位，與上年持平；綜合競爭力得分為 15813.05，排名第 3 位，與上年持平。

經濟競爭力得分為 1324.93，排名第 5 位，比 2012 年排名下降了 2 位，二級指標城市效率指數從 0.318 下降到 0.315，其中人均 GDP（人均創造財富能力）為 0.266，地均 GDP（單位城市面積創造財富的規模）為 0.111。

產業競爭力得分為 2638.74，排名第 6 位，與上年持平，二級指標產業貢獻指數不變，數值 0.53，其中三級指標產品的市場認同度 15753.36 億和企業利稅貢獻度 17884849 萬元。

財政金融競爭力得分為 6525.47，排名第 2 位，與上年持平，二級指標金融資本質量指數不變，數值為 1。

商業貿易競爭力得分為 4665.7，排名第 2 位，與上年持平，二級指標商貿機構指數，數值為 1，三級指標限額以上批發零售企業數 8690 和限額以上批發零售企業每萬人擁有量 2018.6。

基礎設施競爭力得分為 6273.29，排名第 1 位，與上年持平，二級指標基礎設施投資保持不變，數值 0.94，三級指標房地產開發水平 30363340 萬元和固定資產投資水平 58515201 萬元。

社會體制競爭力得分為 2381.65，排名第 3 位，與上年持平，二級指標社會公平保障指數微小變化；三級指標基尼指數 0.985 和社會保障覆蓋率 82.386%。

環境資源區位競爭力得分為 1791. 1，排名第 4 位，與上年持平，二級指標中區位指數不變，數值 1，其中三級指標交通區位優勢度 1，文化區位優勢度 1，北京交通便利文化氣氛濃厚。

人力資本競爭力得分為 3955. 98，排名第 1 位，與上年持平，其中二級指標人力資本規模指數保持不變，數值為 1；其中的三級指標城市就業率 99.15%，高素質人力資本儲備量 842742。就業率高，高素質人才較多。

科技資本競爭力得分為 6465. 92，排名第 1 位與上年持平，其中二級指標科技人力資本指數不變，數值為 1；三級指標專業技術人員擁有量 603945 和科研人員吸引指數 1，北京相對其他城市很重視科技的投入。

文化競爭力得分為 4901. 88，排名第 1 位，與上年持平，其中二級指標文化設施指數不變；三級指標劇院數 139 和每百人公共圖書數 395. 1，劇院數量較多，人均圖書較多，文化競爭力較強，排名第一。

北京經濟競爭力和產業競爭力排名分別在第 5 名和第 6 名，而財政金融競爭力、商業競爭力、基礎設施競爭力、環境資源區位競爭力、人力資本競爭力、科技競爭力、文化競爭力等方面水平均與去年持平。說明 2013 年北京市在產業競爭力和經濟競爭力方面與其他特大城市相比水平有點低，但是其他方面的競爭力較強，所以北京市的綜合排名排在第 3 名。

7. 4 深圳城市競爭力點評分析

深圳，又作鵬城，位於珠江三角洲東岸，與香港一水之隔。深圳是廣東省省轄市，中國改革開放以來所設立的第一個經濟特區、中國四大一線城市之一，是中國改革開放的視窗，對外交往的重要國際門戶，中國國家區域中心城市（華南），國際重要的空海樞紐和外貿口岸，中國南方重要的高新技術研發和製造基地，中國重要的經濟和金融中心，現已發展為有相當影響力的國際化城市。深圳在中國的制度創新、擴大開放等方面承擔著試驗和示範的重要使命。深圳是中國的移民城市，外來人口增長快、比例高，語言、文化複雜、多樣，治安、社會問題也非常突出。該市的文化、體育等硬體設施水平可與北京、上海、廣州看齊，在中國大陸屬先進，2011 年 8 月還舉辦了第 26 屆世界大學生夏季運動會。

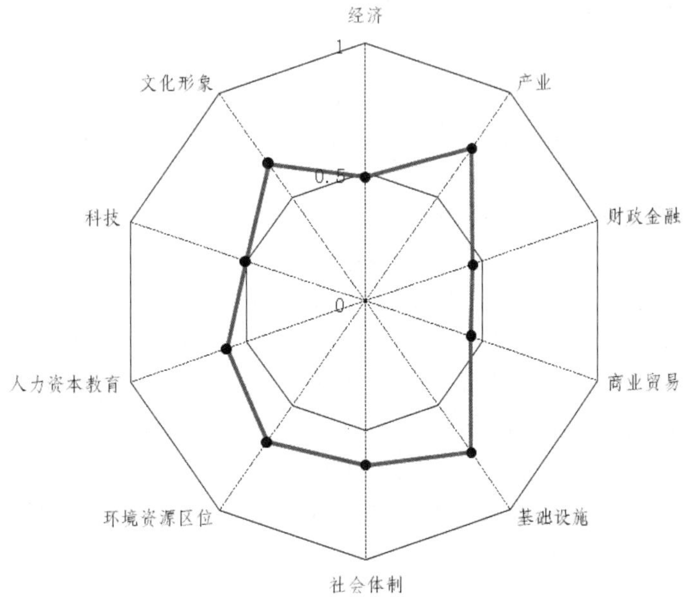

圖 7.4.1　2013 年深圳分項競爭力雷達圖

深圳 2013 年城市綜合競爭力的基本情況如下：經濟競爭力得分為 1229.74，排名第 6 位，與上年持平；產業競爭力得分為 3390.72，排名第 3 位，與上年持平；財政金融競爭力得分為 2382.83，排名第 4 位，與上年持平；商業競爭力得分為 1849.83，排名第 5 位，上升 1 位；基礎設施競爭力得分為 4003.1，排名第 4 位，與上年持平；社會體制競爭力得分為 1677.45，排名第 5 位，上升 9 位；環境資源區位競爭力得分為 1217.62，排名第 6 位，與上年持平；人力資本競爭力得分為 1844.4，排名第 7 位，上升 4 位；科技競爭力得分為 2349.78，排名第 6 位，下降 1 位；文化競爭力得分為 2752.83，排名第 5 位，下降 1 位；綜合競爭力得分為 9115.16，排名第 4 位，上升 1 位。

經濟競爭力得分為 1229.74，排名第 6 位，與上年持平，二級指標城市規模指數不變，數值為 0.658，其中三級指標城市人口規模 1046.7 萬和城區面積為 1922 平方公里。

財政金融競爭力得分為 2382.83，排名第 4 位，與上年持平，二級指標金融業人力資本指數排名不變，數值 0.463，三級指標金融業從業人數 12.77 和金融業從業人員每萬人擁有量 122.00。

產業競爭力得分為 3390.72，排名第 3 位，與上年持平，二指標產業貢獻指數排名不變，數值為 0.72，三級指標產品的市場認同度 20556.94 億和企業利稅貢獻度 22463633 萬元。

商業貿易競爭力得分為 1849.83，排名第 5 位，比 2012 年排名上升了 1 位，二級指標商貿機構指數從 0.273 上升到 0.301，三級指標限額以上批發零售企業數 1769 和限額以上批發零售企業每萬人擁有量 1046.7。

基礎設施競爭力得分為 4003.1，排名第 4 位，與上年持平，二級指標城市基礎供應指數不變，13 年數值 0.754；三級指標年供水總量 161480 萬立方米和年用電總量 6960198 萬千瓦時。

社會體制競爭力得分為 1677.45，排名第 5 位，排名上升 9 位，二級指標醫療保健指數從 0.389 上升到 0.59；三級指標嬰兒死亡率 0.81 和每十萬人擁有醫生數 21.64。

環境資源區位競爭力得分為 1217.62，排名第 6 位，與上年持平其中區位指數不變，數值 0.715；其中三級指標自然區位優勢度 0.9 和政治區位優勢度 0.6，與北京上海相比優勢並不明顯。

人力資本競爭力得分為 1844.4，排名第 7 位，上升 4 位，其中二級指標人力資本規模從 0.435 上升到 0.519；三級指標教育支出相對規模 1.7097 和城市就業率 99.5%。比較重視教育，就業率較高。

科技資本競爭力得分為 2349.78，排名第 6 位，下降 1 位，其中二級指標科技人力指數下降，數值為 0.521；三級指標專業技術人員擁有量 300160 和電腦人才擁有量 5.23。主要是科技人力指數下降，導致科技資本競爭力下降。

文化競爭力得分為 2752.83，排名第 5 位，比 2012 年排名下降了 1 位；總體來說文化發展速度有所減慢，劇院數量和人均圖書量發展速度一般。

從雷達圖上可知深圳市 2013 年商業競爭力有所上升，從排名上看，2013 年深圳市商業競爭力排名第 5 位，與去年相比上升一位。深圳市 2013 年在社會體制方面有很大的改善，社會體制競爭力排名上升 9 位，排名第 5 位。深圳市的人力資本競爭力上升 4 位，排名第 7 位。綜合來看，深圳市的綜合競爭力排名提升一位，位居第四。面對十分複雜的國內外形勢，深圳堅持穩中求進的工作總基調，堅定不移推進改革，努力創造科學發展的“深圳質量”，全市經濟呈現穩中有進、穩中向好的發展態勢，各項社會事業取得新發展。

7.5 廣州城市競爭力點評分析

廣州，簡稱穗，別稱羊城、花城，是廣東省會、副省級市，中國國家中心城市，世界著名的港口城市，位於廣東省的東南部，珠江三角洲北緣，西江、北江、東江三江匯合處，瀕臨南中國海，隔海與香港、澳門特別行政區相望，地理位置優越，是"海上絲綢之路"的起點之一，被稱為中國的"南大門"。是國家重要的經濟、金融、貿易、交通、會展和航運中心，也是於上海、北京之後的中國大陸經濟規模第三大的城市，與北京、上海並稱北上廣。從秦朝開始，廣州一直是郡治、州治、府治的行政中心。二千多年來一直都是華南地區的政治、軍事、經濟、文化和科教中心。廣州作為中國最大、歷史最悠久的對外通商口岸和海上絲綢之路的起點之一，有"千年商都"之稱，加上外國人士眾多，被稱為"第三世界首都"。

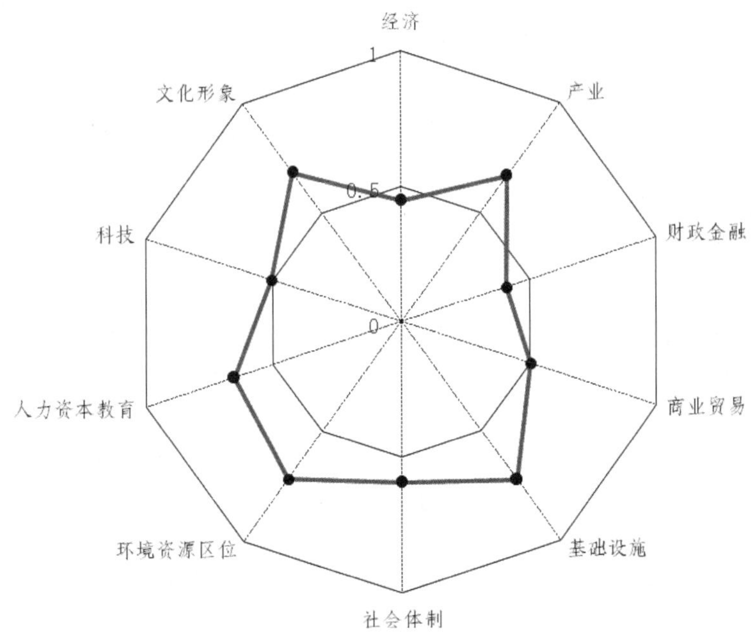

圖 7.5.1　2013 年廣州分項競爭力雷達圖

廣州 2013 年城市綜合競爭力的基本情況如下：經濟競爭力得分為 1081. 53，排名第 7 位，下降 2 位；產業競爭力得分為 2861. 54，排名第 5 位，與上年持平；財政金融競爭力得分為 1978. 12，排名第 6 位，上升 1 位；商業競爭力得分為 2226. 58，排名第 4 位，與上年持平；基礎設施競爭力得分為 3986. 21，排名第 5 位，與上年持平；社會體制競爭力得分為 1381. 43，排名第 8 位，下降 2 位；環境資源區位競爭力得分為 1354. 54，排名第 5 位，與上年持平；人力資本競爭力得分為 2197. 05，排名第 5 位，與上年持平；科技競爭力得分為 2382. 46，排名第 4 位，上升 3 位；文化競爭力得分為 2893. 81，排名第 4 位，上升 1 位；綜合競爭力得分為 9024. 81，排名第 5 位，比 2012 年下降 1 位。

經濟競爭力得分為 1081. 53，排名第 7 位，比 2012 年排名下降了 2 位，二級指標城市居民生活指數排名下降，三級指標人均可支配收入為 38054 元和人均消費支出為 30490 元。從資料上來看，實現地區生產總值 15420. 14 億元，按可比價格計算，比上年增長 11. 6%。其中，第一產業增加值 228. 87 億元，增長 2. 7 %；第二產業增加值 5227. 38 億元，增長 9. 2%；第三產業增加值 9963. 89 億元，增長 13. 3%。第一、二、三次產業增加值的比例為 1. 48：33. 90：64. 62。三次產業對經濟增長的貢獻率分別為 0. 4%、29. 0%和 70. 6%。

產業競爭力得分為 2861.54，排名第 5 位，與上年持平，二級指標產業貢獻指數微小變化；三級指標產品的市場認同度 15270.24 億和企業利稅貢獻度 17346300 萬元。

財政金融競爭力得分為 1978.12，排名第 6 位，排名上升 1 位，二級指標財政資本質量指數排名上升，三級指標資本使用率 63.319 和資本充裕指數 94600。

商業貿易競爭力得分為 2226.58，排名第 4 位，與上年持平，二級指標國內商貿規模指數排名不變，數值為 0.674，三級指標批發零售貿易業商品銷售總額和人均社會消費品零售額均有所提升。

基礎設施競爭力得分為 3986.21，排名第 5 位與上年持平，二級指標基礎設施投資指數不變，數值為 0.541；其中的三級指標固定資產投資水平 34122000 萬元和房地產開發水平 13053600 萬元。

社會體制競爭力得分為 1381.43，排名第 8 位，比 2012 年排名下降了 2 位，二級指標社會公平保障指數從 0.567 下降到 0.483；其中的三級指標基尼指數 0.98 和社會保障覆蓋率 66.37%。

環境資源區位競爭力得分為 1354.54，排名第 5 位，與上年持平，二級指標區位指數不變，數值為 0.737；其中三級指標自然區位優勢度 0.8 和交通區位優勢度 0.8 區位指數的個方面較為均衡。

人力資本競爭力得分為 2197.05，排名第 5 位，與上年持平，其中二級指標人力資本規模指數不變，數值為 0.725；三級指標城市就業率 94.1%和人力資本規模 597.6565，就業率有點低。

科技競爭力得分為 2382.46，排名第 4 位，上升 3 位，其中二級指標科研機構指數從 0.896 上升到 0.913；三級指標大學科研院所指數 79 和大學科研院所相對擁有量 6.195，高校和科研機構提高了廣州市的科技競爭得分。

文化競爭力得分為 2893.81，排名第 4 位，比 2012 年排名上升了 1 位，其中二級指標文化設施指數不變，三級指標劇院數 39 和每百人公共圖書數 193.42，文化競爭力穩中有進步的發展。

從雷達圖上可以看出廣州市的產業競爭力、財政金融競爭力、商業競爭力、基礎設施競爭力和環境資源區位競爭力等都保持穩中求進。社會體制競爭力排名第 8 位，下降 2 位。所以綜合來看，2013 年廣州市的各項指標發展較為均衡，全年經濟總體平穩增長，結構調整呈現積極變化，經濟運行的品質效益進一步提升，各項社會事業取得新進步。

7.6 天津城市競爭力點評分析

天津是中國四大中央直轄城市之一，是中國沿海開放的國際口岸城市。天津位於海河下游，地跨海河兩岸，是北京通往東北、華東地區鐵路的交通咽喉和遠洋航運的港口，有“河海要衝”和“畿輔門戶”之稱。天津港是世界等級最高、中國最大的人工深水港、輸送量世界第四的綜合性港口。自清朝末年開始即成為著名的工業城市，20 世紀初為遠東地區最重要的工業城市之一，目前其工業產值次於上海，居全中國第二，以濱海新區為載體成為中國金融企業、金融業務、金融市場和金融開放等方面的重大改革的先試先行的示範區。1860 年天津成為通商口岸後，西方多國在天津設立租界，天津成為中國北方開放的前沿和近代中國“洋務”運動的基地。由天津開始的軍事近代化，以及鐵路、電報、電話、郵政、採礦、近代教育、司法等方面建設，均開中國之先河。增速連續多年位於全國領先位置，天津已經形成了“雙城雙港”的城市形態。

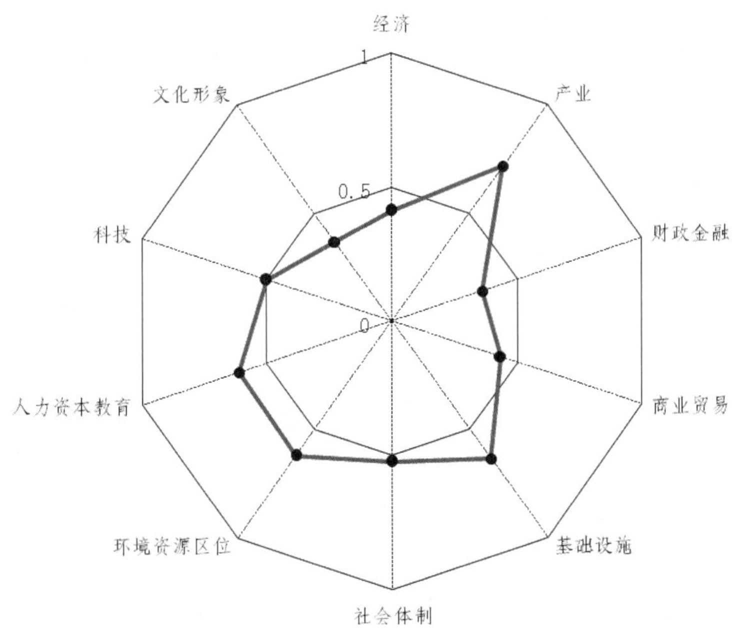

圖 7.6.1　2013 年天津分項競爭力雷達圖

天津 2013 年城市綜合競爭力的基本情況如下：經濟競爭力得分為 933.46，排名第 9 位，下降 2 位；產業競爭力得分為 3254.44，排名第 4 位，與上年持平；財政金融競爭力得分為 1577.19，排名第 7 位，上升 3 位；商業競爭力得分為 1722.61，排名第 6 位，上升 4 位；基礎設施競爭力得分為 3263.7，排名第 6 位，上升 2 位；社會體制競爭力得分為 889.78，排名第 14 位，下降 3 位；環境資源區位競爭力得分為 1040.95，排名第 11 位，上升 3 位；人力資本競爭力得分為 1971.62，排名第 6 位，上升 1 位；科技競爭力得分為 2318.79，排名第 7 位，下降 1 位；文化競爭力得分為 912.86，排名第 13 位，上升 4 位；綜合競爭力得分為 7048.11，排名第 6 位，與上年持平。

經濟競爭力得分為 933.46，排名第 9 位，下降 2 位，二級指標城市基本生活指數排名下降，其中的三級指標人均可支配收入為 29626 元和人均消費支出為 20024 元。

產業競爭力得分為 3254.44，排名第 4 位，與上年持平，二級指標產業貢獻指數排名不變，數值為 0.668，三級指標產品市場認同度 21103.5 億和企業利稅貢獻度 1229.77 億元。

財政金融競爭力得分為 1577.19，排名第 7 位，上升 3 位，二級指標金融資本質量指數排名上升到第 12 名，三級指標資本使用率 88.1135 和資本充裕指數 20100000。

商業貿易競爭力得分為 1722.61，排名第 6 位，上升 4 位，二級指標商貿人力資本指數微量下降，批發零售貿易業從業人數 14.74 和住宿餐飲業從業人數 6.73。

基礎設施競爭力得分為 3263.7，排名第 6 位，上升 2 位，二級指標城市基礎設施供應指數排名從 9 上升到 7 名，三級指標年供水總量 74483 萬立方米和年用電總量 6951505 萬千瓦時。

社會體制競爭力得分為 889.78，排名第 14 位，下降 3 位，二級指標社會公平保障指數排名從 4 下降到 10 名，其中的三級指標基尼指數 0.966 和社會保障覆蓋率 82.38%。

環境資源區位競爭力得分為 1040.95，排名第 11 位，上升 3 位，二級指標中的環境質量指數排名上升到 54 名，其中的三級指標城市綠化絕對量（地區綠地面積）21728 和山水環境優美程度（山水風光優美程度）0.425。

人力資本競爭力得分為 1971.62，排名第 6 位，上升 1 位，其中的二級指標人力資本質量指數排名從 11 升到 7 名；三級指標成人識字率 0.929 和專業技術人員數 173635，人才素質較高。

科技競爭力得分為 2318. 79，排名第 7 位，下降 1 位，其中二級指標科技投入指數不變；其中的三級指標科技經費絕對投入量 601721 萬元和人均科技經費擁有量 444.205，科技投入速度下降導致科技競爭下降。

文化競爭力得分為 912. 86，排名第 13 位，上升 4 位，二級指標文化設施指數排名從 17 上升到 13 名；三級指標劇院數 29 和每百人公共圖書數 135.87，文化設施大力發展，增加了文化競爭力。

從資料可以看出天津市 2013 年的財政金融競爭力上升了 3 位，排名第七位，財政收入較快增長。商業競爭力排名第 6 位，比 2012 年排名上升了 4 位。基礎設施競爭力排名第 6 位，比 2012 年排名上升了 2 位。社會體制競爭力排名第 14 位，比 2012 年排名下降了 3 位。2013 年天津市的商業競爭力有所加強，基礎設施競爭力有所下降，其他指標較為穩定。所以綜合排還是第 6 名沒有變化，綜合來講沒有上海、北京、廣州等城市有競爭力。

7. 7 杭州城市競爭力點評分析

杭州，簡稱杭，是浙江省省會、副省級市，浙江省第一大城市，長三角副中心城市、華東地區中心城市之一，長三角南翼金融中心，浙江省的政治、經濟、文化、科教、交通、傳媒、通信和金融中心，華東地區重要的經濟、科教、文化、金融中心及交通、通信樞紐，杭州都市經濟圈核心城市。杭州位於中國東南沿海、浙江省北部、錢塘江下游北岸、京杭大運河南端，是公安部授權的口岸簽證城市，國家旅遊局確定的中國最佳旅遊目的地城市，自古有“人間天堂”的美譽。多次榮獲中國最具安全感的城市（第一），中國（大陸）國際形象最佳城市中國十大，最具幸福感城市（第一）。“2012 年中國都市圈評價指數”，杭州圈在中國大陸是僅次於上海圈、廣州圈、首都圈（北京）的第四大都市圈。杭州正在以“城市東擴、旅遊西進，沿江開發、跨江發展”為總體發展目標，由“西湖時代”向“錢塘江時代”前進。

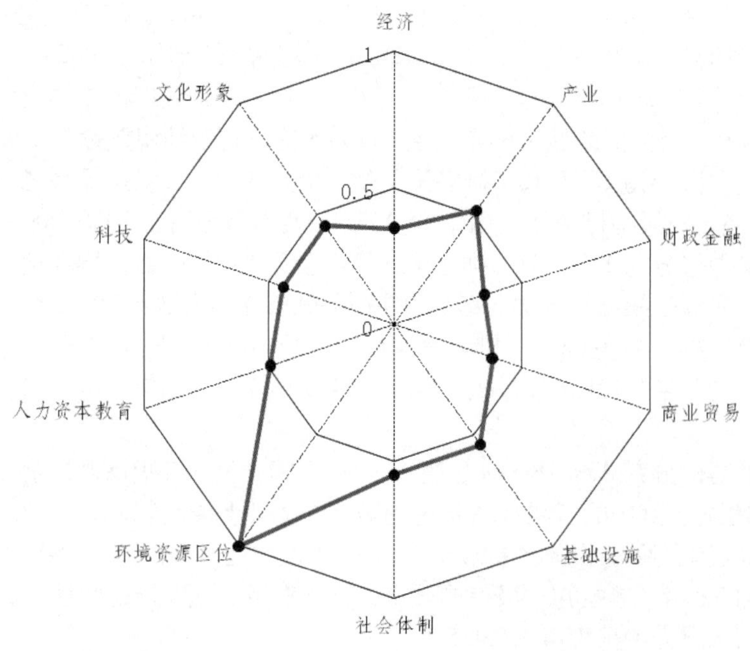

圖 7.7.1　2013 年杭州分項競爭力雷達圖

杭州 2013 年城市綜合競爭力的基本情況如下：經濟競爭力得分為 661. 12，排名第 17 位，比 2012 年排名下降了 7 位；產業競爭力得分為 1751. 23，排名第 11 位，下降 1 位；財政金融競爭力得分為 1507. 85，排名第 9 位，上升 2 位；商業競爭力得分為 1420. 59，排名第 8 位，上升 3 位；基礎設施競爭力得分為 2494. 12，排名第 10 位，上升 1 位；社會體制競爭力得分為 1057. 22，排名第 9 位，上升 10 位；環境資源區位競爭力得分為 2291. 15，排名第 1 位，與上年持平；人力資本競爭力得分為 1382. 9，排名第 12 位，與上年持平；科技競爭力得分為 1851. 3，排名第 9 位，與上年持平；文化競爭力得分為 1408. 26，排名第 6 位，與上年持平；綜合競爭力得分為 6747. 29，排名第 7 位，上升 1 位。

經濟競爭力得分為 661. 12，排名第 17 位，比 2012 年排名下降了 7 位，二級指標城市居民生活指數排名從 13 名下降到 24 名，其中的三級指標人均可支配收入為 37511 元和人均消費支出為 22800 元。

產業競爭力得分為 1751. 23，排名第 11 位，下降 1 位，二級業效率指數排名從 113 下降到 127 名，三級指標從業者生產效率 177839.02 和企業銷售毛利 11.047798。

財政金融競爭力得分為 1507. 85，排名第 9 位，比 2012 年排名上升了 2 位，二級指標財政金融效率指數排名從 17 名上升到 15 名，三級指標人均財政預算內收入 8985.465 和人均財政預算內支出 8554.58。

商業貿易競爭力得分為 1420. 59，排名第 8 位，比 2012 年排名上升了 3 位，二級指標國內貿易規模指數不變，三級指標批發零售貿易業商品銷售總額和社會消費品零售額出現不同層度上漲。

基礎設施競爭力得分為 2494. 12，排名第 10 位，比 2012 年排名上升了 1 位，二級指標基礎設施投資指數排名從 16 上升到 12 名，三級指標固定資產投資水平 31000218 萬元和房地產開發水平 13027234 萬元。

社會體制競爭力得分為 1057. 22，排名第 9 位，比 2012 年排名上升了 10 位，二級指標醫療保健指數上升到 21 名，三級指標嬰兒死亡率 0.87 和每十萬人擁有醫生數 29.49。

環境資源區位競爭力得分為 2291. 15，排名第 1 位，與上年持平，其中的二級指標環境改善投入指數排名不變；三級指標三廢綜合利用產品產值 1800000 和環保從業人數 4.51，環境改善較為明顯。

人力資本競爭力得分為 1382. 9，排名第 12 位，與上年持平，其中人力資本教育設施指數排名不變；其中的三級指標高校數 38 和中小學校密度 25735，高校可以為社會輸入大量人才，優勢明顯。

科技資本競爭力得分為 1851. 3，排名第 9 位，與上年持平，其中二級指標科技投入微量變化指數，三級指標科技經費絕對投入量 349228 萬元。

文化競爭力得分為 1408. 26，排名第 6 位，與上年持平，其中二級指標文化設施基礎指數排名不變；文化設施建設保持了穩定，文化競爭排名穩定。

從資料分析中可以看出 2013 年杭州市經濟競爭力排名第 11 位，下降 7 位。產業競爭力排名第 11 位，下降 1 位。商業貿易競爭力排名第 8 位，上升 3 位。社會體制競爭力排名第 9 位，上升 10 位。環境資源區位競爭力、人力資本競爭力、科技競爭力與上年持平；文化競爭力均與上年持平。說明 2013 年杭州經濟社會發展有了一定的進步，在華東地區具有較強的競爭力。

7. 8 蘇州城市競爭力點評分析

蘇州，古稱吳，現簡稱蘇，位於長江三角洲和太湖平原的中心地帶，著名的魚米之鄉、狀元之鄉、院士之鄉、歷史文化名城，自古享有“人間天堂”的美譽。早在東漢中期，就成為僅次於洛陽的中國第二大城市和世界十大城市之一，明清時期，更成為全國的經濟文化中心。當時，蘇州是中國最大的工商業城市，世界十大城市之一。蘇州是經國務院批准的享有地方立法權的較大的市，長江三角洲經濟圈北翼最重要的經濟中心，是江蘇省經濟最發達、現代化程度最高的城市，經濟總量長期居全省之冠，是全省的經濟中心、工商業中心、對外貿易中心和物流中心，也是全省重要的金融、文化、科教城市及交通樞紐。根據長江三角洲地區區域規劃，蘇州計劃建成高技術產業基地、現代服務業基地和創新型城市、歷史文化名城和旅遊勝地。蘇州園林是中國私家園林的代表，被聯合國教科文組織列為世界文化遺產。

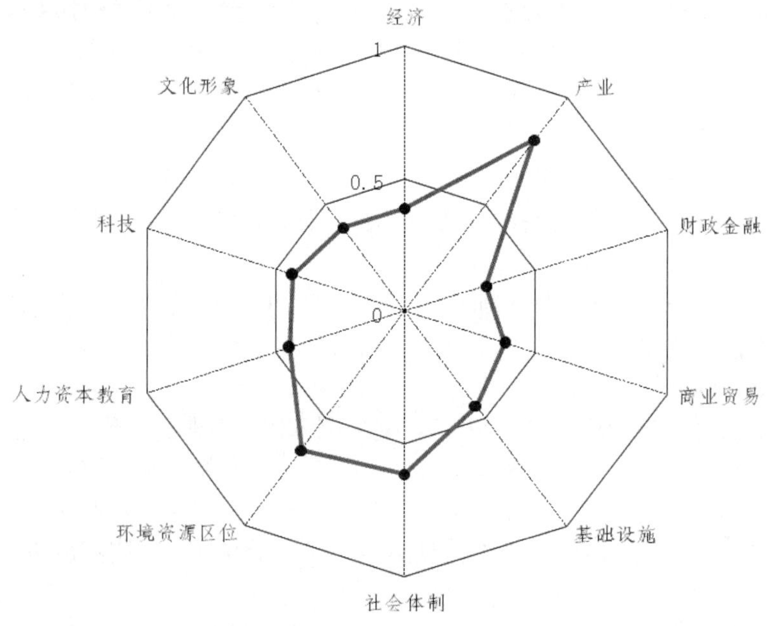

圖 7.8.1　2013 年蘇州分項競爭力雷達圖

蘇州 2013 年城市綜合競爭力的基本情況如下：經濟競爭力得分為 821. 13，排名第 12 位，下降 4 位；產業競爭力得分為 3913. 46，排名第 2 位，與上年持平；財政金融競爭力得分為 1182. 38，排名第 12 位，上升 2 位；商業競爭力得分為 1393. 82，排名第 9 位，與上年持平；基礎設施競爭力得分為 1676. 49，排名第 15 位，上升 6 位；社會體制競爭力得分為 1522. 38，排名第 6 位，下降 2 位；環境資源區位競爭力得分為 1134. 84，排名第 8 位，下降 1 位；人力資本競爭力得分為 1140. 03，排名第 18 位，上升 1 位；科技競爭力得分為 1787. 37，排名第 11 位，與上年持平；文化競爭力得分為 1060. 69，排名第 10 位，下降 3 位；綜合競爭力得分為 6426. 11，排名第 8 位，下降 1 位。

經濟競爭力得分為 821. 13，排名第 12 位，下降 4 位，二級指標城市效率指數排名從 49 名下降到 51 名，其中三級指標人均 GDP114109 元和地均 GDP 為 14151(萬元/每平方公里)。

產業競爭力得分為 3913. 46，排名第 2 位，與上年持平，二級指標產業貢獻指數排名不變，數值為 0. 741，三級指標產品的市場認同度 27898.91 億元和企業利稅貢獻度 2028.08 億元。

財政金融競爭力得分為 1182. 38，排名第 12 位，上升 2 位，二級指標金融資本質量指數排名從 24 上升到第 8 位，三級指標中的資本使用率 78.1949 和資本充裕指數 33100000。

商業貿易競爭力得分為 1393. 82，排名第 9 位，與上年持平，二級指標外貿指數排名不變，數值為 0. 369，三級指標外貿依存度 181.4034。

基礎設施競爭力得分為 1676. 49，排名第 15 位，上升 6 位，三級指標市民居住條件 31.69 和住宅投資總額 8814461 萬元。

社會體制競爭力得分為 1522. 38，排名第 6 位，比 2012 年排名下降了 2 位，二級指標社會公平保障指數排名從 13 下降到 16 位，數值 0. 399；三級指標基尼指數 0.94 和社會保障覆蓋率 57.1%。

環境資源區位競爭力得分為 1134. 84，排名第 8 位，下降 1 位，其中二級指標環境改善投入指數排名從第 5 名下降到第 6 名，數值為 0. 394；三級指標三廢綜合利用產品產值 639327 和環保從業人數 1.36。

人力資本競爭力得分為 1140. 03，排名第 18 位，上升 1 位，其中二級指標人力資本吸引指數排名不變，數值為 0. 69；三級指標移民化程度指數 1.28 和吸引人才指數 0.6，對人才的吸引力較強。

科技競爭力得分為 1787. 37，排名第 11 位，與上年持平，其中二級指標科技投入指數排名不變，數值 0. 343；三級指標科技經費絕對投入量 536050 萬元和科技經費相對投入量 0.4462。

文化競爭力得分為 1060. 69，排名第 10 位，下降 3 位，其中二級指標文化意識指數排名從 2 下降到 6 名；三級指標誠信意識指數 0.885 和競爭意識指數 0.857，文化意識排名下降了，文化排名有所下降。

從資料分析可以看出，2013 年蘇州經濟競爭力比上年下降 4 位，排名第 12 位。財政金融競爭力比上年上升了 2 位，排名第 12 位。基礎設施競爭力排名第 15 位，上升 6 位。文化競爭力排名下降 3 位，排名第 10 位。綜合來說 2013 年蘇州市全市綜合排名下降 1 位，但仍具有較強競爭力，其處於長江三角洲地帶，交通發達具有一定的地域優勢。

7. 9 臺北城市競爭力點評分析

臺北位於臺灣北部的臺北盆地，四周均與新北市接壤，人口密度則居第一。臺北市與周邊衛星市鎮所連結而成的臺北都會區，是臺灣人口最多的都會區；其作為臺北都會區的發展核心，亦是臺灣政治、經濟與文化發展的中心。臺北為臺灣的核心城市。也是臺灣的工商業中心，全島規模最大的公司、企業、銀行、商店的總部設在這裡。臺北市的歷史始於 1884 年臺北府城建城，是臺灣近代歷史的發展舞臺，集許多臺灣文化與人文地景之大成，並與鄰近的東亞城市長年在國際競爭力等項目互有高低、互見短長，是臺灣最國際化、亦為最具國際知名度的都市。2006 年年度智慧城市－首獎城市，2012 年全球十大夜生活之都。

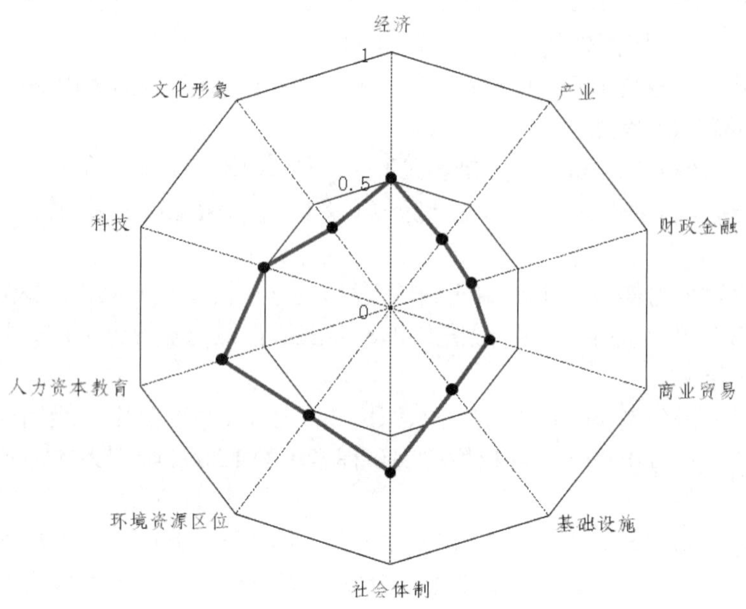

圖 7.9.1 2013 年臺北分項競爭力雷達圖

臺北 2013 年城市綜合競爭力的基本情況如下：經濟競爭力得分為 1338. 32，排名第 4 位，上升 7 位；產業競爭力得分為 306. 99，排名第 61 位，下降 7 位；財政金融競爭力得分為 1217. 78，排名第 11 位，下降 5 位；商業競爭力得分為 1432. 87，排名第 7 位，下降 2 位；基礎設施競爭力得分為 1295. 31，排名第 24 位，下降 2 位；社會體制競爭力得分為 1723. 75，排名第 4 位，上升 3 位；環境資源區位競爭力得分為 727. 68，排名第 17 位，上升 1 位；人力資本競爭力得分為 2277. 77，排名第 4 位，與上年持平；科技競爭力得分為 2361. 76，排名第 5 位，下降 1 位；文化競爭力得分為 1012. 05，排名第 11 位，與上年持平；綜合競爭力得分為 5801. 88，排名第 9 位，與上年持平。

經濟競爭力得分為 1338. 32，排名第 4 位，上升 7 位，二級指標城市效率指數排名不變，其中的三級指標人均 GDP113761 元和地均 GDP111887（萬元/平方公里）。

產業競爭力得分為 306. 99，排名第 61 位，下降 7 位，二級指標產業貢獻指數排名從 160 下降到 180 名，三級指標企業利稅貢獻度 279.15 億元和企業增值稅貢獻度 108.56 億元。

財政金融競爭力得分為 1217. 78，排名第 11 位，下降 5 位，二級指標財政金融規模指數排名從 19 下降到 23 名，數值為 0. 221，三級指標財政預算內收入 361.90 億元和財政預算內支出 381.53 億元。

商業貿易競爭力得分為 1432. 87，排名第 7 位，下降 2 位，二級指標國內商貿規模指數排名從 87 下降到 101 名，數值為 0. 152，三級指標批發零售貿易業商品銷售總額 6230131。

基礎設施競爭力得分為 1295. 31，排名第 24 位，下降 2 位，二級指標基礎設施供應指數排名從第 8 下降到第 9 名，數值為 0. 422，三級指標年供水總量 59188.6156 萬立方米和年用電總量 1626500 萬千瓦時。

社會體制競爭力得分為 1723. 75，排名第 4 位，上升 3 位，二級指標社會公平保障指數排名從 18 上升到 5 名，數值為 0. 529；三級指標基尼指數 0.96 和社會保障覆蓋率 80%。

環境資源區位競爭力得分為 727. 68，排名第 17 位，上升 1 位，其中二級指標區位指數排名不變數值為 0. 89；三級指標自然區位優勢度 0.8 和經濟區位優勢度 0.6 有一定的優勢。

人力資本競爭力得分為 2277. 77，排名第 4 位，與上年持平，其中的二級指標人力資本投入指數排名不變數值為 0. 958；三級指標人力資本基本投入 112639.02 和人力資本教育投入 4775.23743。

科技資本競爭力得分為 2361.76，排名第 5 位，比 2012 年排名下降了 1 位，其中二級指標科研機構指數排名不變，數值為 0.518；三級指標大學科研院所指數 27 和科研環境指數 0.8，科技能力較強，投入增量相對較慢

文化競爭力得分為 1012.05，排名第 11 位，與上年持平，其二級指標中城市行銷能力指數排名不變，數值為 0.448，三級指標城市文化影響指數 0.621 和城市功能定位指數 0.672，城市行銷能力指數保持了穩定，文化競爭排名保持了穩定。

從資料分析可以看出 2013 年臺北市基礎設施競爭力排名第 24 位，比 2012 年排名下降了 2 位。社會體制方面，排名第 4 位，上升了 3 位。商業競爭力方面，排名第 7 位，比 2012 年下降了 2 名。綜合來看，臺北經濟發展速度相對平穩，綜合競爭力排名第 9 位與去年持平。

7. 10 重慶城市競爭力點評分析

重慶市，簡稱渝，是中華人民共和國直轄市，2010 年被住房和城鄉建設部列為中國大陸五大國家中心城市之一，國家歷史文化名城，世界溫泉之都；國務院定位的國際大都市，長江上游地區經濟中心、金融中心和創新中心，及政治、航運、文化、科技、教育、通信、設計等中心，中國大陸西部最大的水、陸、空綜合交通樞紐，是中國人口最多、面積最大的城市。歷史文化名城，中國重要的現代製造業基地，統籌城鄉綜合配套改革試驗區。1951-2013 年日最高溫≥40℃天數 74 天，居全國省會級大城市首位，是“三大火爐”之一。重慶是全世界範圍內為數不多的，將索道作為公共交通工具的城市，亦是世界上少有的將遠端電梯作為公共交通工具的城市，主城區有一處自動扶梯和一處升降式電梯，均位於主城區的渝中區，可通用公交 IC 卡。

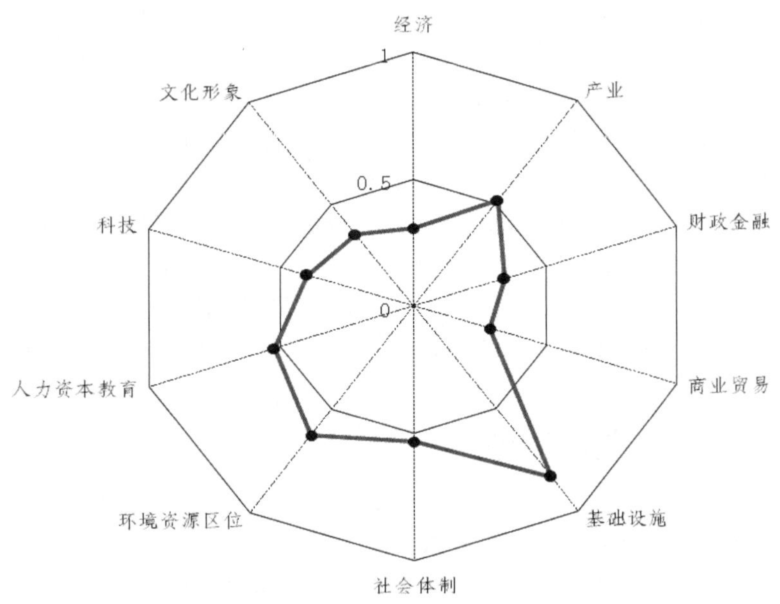

圖 7. 10. 1　2013 年重慶分項競爭力雷達圖

重慶 2013 年城市綜合競爭力的基本情況如下：經濟競爭力得分為 469.59，排名第 25 位，產業競爭力得分為 1713.13，排名第 12 位，上升 4 位；財政金融競爭力得分為 1427.45，排名第 10 位，下降 1 位；商業競爭力得分為 720.39，排名第 24 位，下降 7 位；基礎設施競爭力得分為 4894.42，排名第 3 位，與上年持平；社會體制競爭力得分為 950.49，排名第 13 位，上升 13 位；環境資源區位競爭力得分為 1063.86，排名第 9 位，上升 2 位；人力資

本競爭力得分為 1536.47，排名第 11 位，下降 3 位；科技競爭力得分為 1479.62，排名第 13 位，上升 5 位；文化競爭力得分為 818.62，排名第 16 位，下降 2 位；綜合競爭力得分為 5724.68，排名第 10 位，與上年持平。

經濟競爭力得分為 469.59，排名第 25 位，二級指標城市居民生活指數排名下降，數值為 0.176，其中三級指標人均可支配收入 22968 元和人均消費支出 5018.6 元。

產業競爭力得分為 1713.13，排名第 12 位，上升 4 位，二級指標業規模指數排名從第 4 上升到第 2 名，數值為 0.762；三級指標限額以上工業企業數 4778 個。

財政金融競爭力得分為 1427.45，排名第 10 位，下降 1 位，二級指標財經金融效率指數排名從 17 下降到 56 名，數值為 0.219。

商業貿易競爭力得分為 720.39，排名第 24 位，下降 7 位，二級指標居民消費指數下降，數值為 0.21，三級指標人均消費支出 5018.64 元和人均消費支出增長率-25%。

基礎設施競爭力得分為 4894.42，排名第 3 位，與上年持平，二級指標基礎設施投資指數排名不變；三級指標固定資產投資水平 7579.45 億元和房地產開發水平 2015.09 億元。

社會體制競爭力得分為 950.49，排名第 13 位，上升了 13 位，二級指標社會公平保障指數排名從第 8 名上升到 4 名，數值 0.567；三級指標指數 0.963 和社會保障覆蓋率 13.61%。

環境資源區位競爭力得分為 1063.86，排名第 9 位，上升 2 位，其中二級指標自然資源指數排名從 40 上升到 27 名，數值為 0.668；三級指標土地資源絕對豐富度 0.99731 和礦產能源相對豐富度 0.522。優勢較為明顯。

人力資本競爭力得分為 1536.47，排名第 11 位，比 2013 年排名下降了 3 位，其中二級指標人力資本素質指數排名從第 6 下降到第 19 名，數值為 0.403；三級指標高素質人力資本相對儲量 1091.81 人和大專以上人口比重 0.39。

科技資本競爭力得分為 1479.62，排名第 13 位，上升 5 位，其中的二級指標科技投入指數排名從 23 名上升到 19，數值 0.203；其中的三級指標專業技術人員擁有量 103225 和科技服務人員擁有量 4.65，科技投入增加導致排名上升。

文化競爭力得分為 818.62，排名第 16 位，下降 2 位，其中二級指標指數排名從文化資源指數從 8 名下降到 24 名，數值為 0.421，三級指標城市歷史文化指數 0.717 和文化行業人力資本指數 127.0640。文化資源指數下降，文化競爭得分排名下降。

由資料分析可知，2013 年重慶市的經濟競爭力排名 25 位。產業競爭力上升 4 位，排名第 12 位。商業貿易競爭力方面，下降 7 位，排名第 24 位。社會體制競爭力方面，排名上升 13 位，排名第 13 位。所有指標綜合重慶市的綜合排名仍然是第 10 名，雖然和其他直轄市相比較低，但是在西南地區排名第一，說明重慶市在西部大開發背景下有較強的發展潛力。

7.11 南京城市競爭力點評分析

南京，簡稱“寧”，江蘇省省會、副省級城市。南京是“中國四大古都”之一，有“六朝古都”之稱，千百年來，奔騰不息的長江不僅孕育了長江的文明，也催生了南京這座江南城市。南京襟江帶河，依山傍水，鐘山龍蟠，石頭虎踞，山川秀美，古跡眾多，是國務院確定的首批中國歷史文化名城和全國重點風景旅遊城市。南京是長江下游地區重要的產業城市和經濟中心，中國重要的文化教育中心之一，也是華東地區重要的交通樞紐。南京是一座充滿魅力、充滿活力的現代化城市，先後榮獲中國首批歷史文化名城、全國文明城市、全國衛生城市、國家園林城市、聯合國人居特別榮譽獎、全國首家軟體名城等稱號。南京是全國重要的綜合性工業生產基地。經過多年的發展，南京已形成電子資訊、石油化工、汽車製造、鋼鐵為支柱，以軟體和服務外包、智慧電網、風電光伏、軌道交通等新興產業為支撐，先進製造業和現代服務協調發展的產業格局。

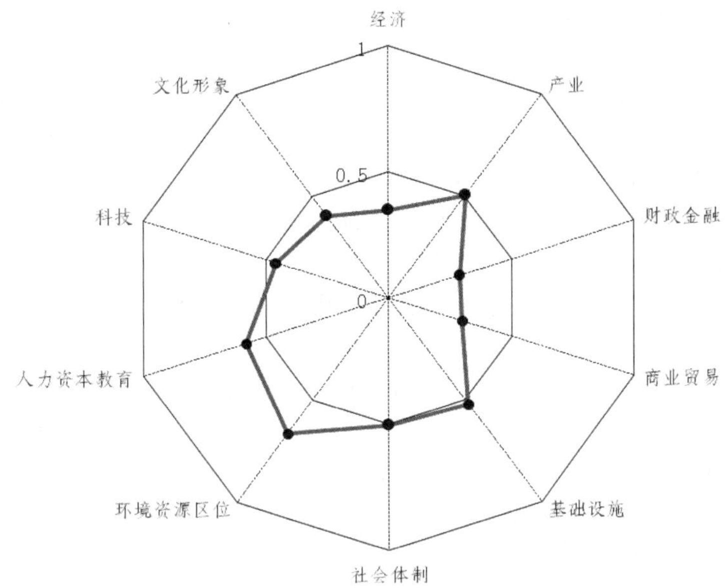

圖 7. 11. 1　2013 年南京分項競爭力雷達圖

南京 2013 年城市綜合競爭力的基本情況如下：經濟競爭力得分為 658. 18，排名第 20 位，下降 5 位；產業競爭力得分為 1653. 25，排名第 14 位，上升 1 位；財政金融競爭力得分為 990. 63，排名第 16 位，上升 4 位；商業競爭力得分為 795. 62，排名第 19 位，上升 1 位；基礎設施競爭力得分為 2348. 13，排名第 11 位，下降 1 位；社會體制競爭力得分為 750. 53，排名第 23 位，上升 27 位；環境資源區位競爭力得分為 1192. 61，排名第 7 位，上升 1 位；人力資本競爭力得分為 1812. 03，排名第 8 位，上升 1 位；科技競爭力得分為 1959. 59，排名第 8 位，與上年持平；文化競爭力得分為 1145. 14，排名第 7 位，上升 3 位；綜合競爭力得分為 5420. 56，排名第 11 位，與上年持平。

2013 年南京市經濟競爭力得分為 658. 18，排名第 20 位，下降 5 位。從二級指標來看，城市效率指數比 2012 年下降了 2 名。其中城市經營率比 2012 年降低了 12. 8%。相較其他城市，南京的經濟競爭力水平降低，經濟發展速度較慢。

產業競爭力得分為 1653. 25，排名第 14 位，上升 1 位。從二級指標來看，企業集群指數排名上升了 2 名，其中限額以上工業企業總資產增加了 6. 1%。提高南京市的產業競爭力要堅持努力擴大經濟規模，提高發展速度，調整第一產業結構，培育第二產業新的經濟增長點和鞏固第三產業相對優勢的發展戰略。第一產業、第二產業、第三產業總產值增加均超過 30%，其中服務業增幅達到 41. 8%。

財政金融競爭力得分為 990. 63，排名第 16 位，上升 4 位。分析二級指標，財政金融效率指數 0. 27，排名 22，較 2012 年上升了兩名，三級指標人均財政預算內收入增加了 20. 9%，人均年末貸款額增長了 214%。南京市以建設城市現代化、國際化和產業高端化的總體要求，著力推進現代金融體系和制度建設，推動南京成為華東地區重要區域金融中心。

商業貿易競爭力得分為 795. 62，排名第 19 位，上升 1 位。從二級指標來看，外貿指數 0. 202，排名 18，上升 3 位，其中進出口總額 5734393 萬美元，增長率 25. 7%，實際利用外資 356588 萬美元，增長了 26. 6%。“華東第一商圈”的新街口商圈和新興的夫子廟和湖南路商圈，近些年發展迅速。

基礎設施競爭力得分為 2348. 13，排名第 11 位，下降 1 位。2013 年基礎設施供應水平指數 0. 415，2012 為 0. 71，降低 7 位，為 11 名，其中家庭用煤氣液化氣普及用煤氣人口/

總人口下降了 28.0%。“十一五”期間，南京交通基礎設施建設快速發展，軌道交通聯網運營，高速鐵路帶來時空新體驗，南京“門戶城市”、“樞紐城市”地位得到進一步實現、鞏固和加強，但前面依然面臨很大挑戰。

社會體制競爭力得分為 750.53，排名第 23 位，上升 27 位。分析變化較大的二級指標，2013 年南京社會公平保障水平指數 0.356，排名 25，上升 34 位，其中社會保障和就業支出增長了 23.1%，衛生和保險和社會福利業從業人員增長 17.4%。社會管理指數排名 23，上升了 17 位，其中變化較大的三級指標政府機構規模指數增長了 0.3%，政府執法能力增長了 0.8%。堅持優先安排重大的民生工程，把政府職能的轉變與作風轉變結合起來。

環境資源區位競爭力得分為 1192.61，排名第 7 位，上升 1 位。二級指標環境資源水平指數 0.787，排名全國第四，三級指標氣候環境舒適度增長了 0.14%，自然災害少發率增加了 0.5%。南京市十分注意生態、環境、人居方面的內涵，重視有歷史文化傳統和地域特色明清古村落的保護，把優質環境資源變成經濟資源、經濟優勢。

人力資本競爭力得分為 1812.03，排名第 8 位，上升 1 位。分析二級指標，人力資本規模指數 0.59，排名第九，上升 1 位，其中高素質人力資本儲備量一年內增長了 25.4%，教育支出絕對規模增長了 24.6%。政府出臺鼓勵科技創新創業“1+8”系列政策、“科技九條”等，加大創業創新人才培養引進力度，全市 20 家科技創業特別社區正式掛牌運行，全年共有 34 項成果獲得國家科學技術獎勵。

科技競爭力得分為 1959.59，排名第 8 位，與上年持平。科技投入水平指數 0.216，排名 17，前進了 3 名，其中科技經費絕對投入量增長了 45.8%，貢獻最大。科研創新指數 0.334，排名第七，下降 1 位。

文化競爭力得分為 1145.14，排名第 7 位，上升 3 位。從二級指標來看，2013 年南京文化設施指數 0.352，排名第十，前進 3 位，一年內劇院數增加了 35.7%，顯現出政府一年來加大了相應的投入。文化意識指數 0.367，排名第九，前進了 6 名，其中創新意識指數上升了 0.9%，寬容意識指數上升了 0.8%。科學技術在現代社會中的作用越來越重要，但文化與科技的融合還不夠緊密，科技對文化的助推作用尚未完全顯現，使南京文化創新能力的進一步提升面臨新的挑戰。

總的來說，在經濟快速發展的同時，南京也清醒地看到，對照率先基本實現現代化的目標，城鄉居民收入增長、城鄉統籌發展、環境保護、節能減排等仍是弱項，產業結構優化的任務很重；對比城鄉居民的期盼，社會保障、醫療、住房、教育等需要解決的問題還有很多；對照先進城市的發展，南京經濟社會發展的規模和水平，還有一定的差距。這些都是政府繼續努力突破的難點，也是今後工作的重點。

7.12 澳門城市競爭力點評分析

澳門特別行政區，經過四百多年歐洲文明的洗禮，留下大量的歷史文化遺跡，東西文化的融和共存使澳門成為一個風貌獨特的城市。澳門北鄰珠海，西與珠海灣仔和橫琴對望，東與香港相距 60 公里，由澳門半島、冰仔島、路環島和路冰城四部分組成，總面積共 32.8 平方公里，人口 50 餘萬，這也使澳門成為全球人口密度最高的地區。澳門是世界四大賭城之一。1999 年 12 月 20 日澳門回歸中國之後，經濟迅速增長，比往日更繁榮，是一國兩制的成功典範。其著名的輕工業、美食、旅遊業、酒店和娛樂場使澳門長盛不衰，澳門成為亞洲最富裕的地區之一。

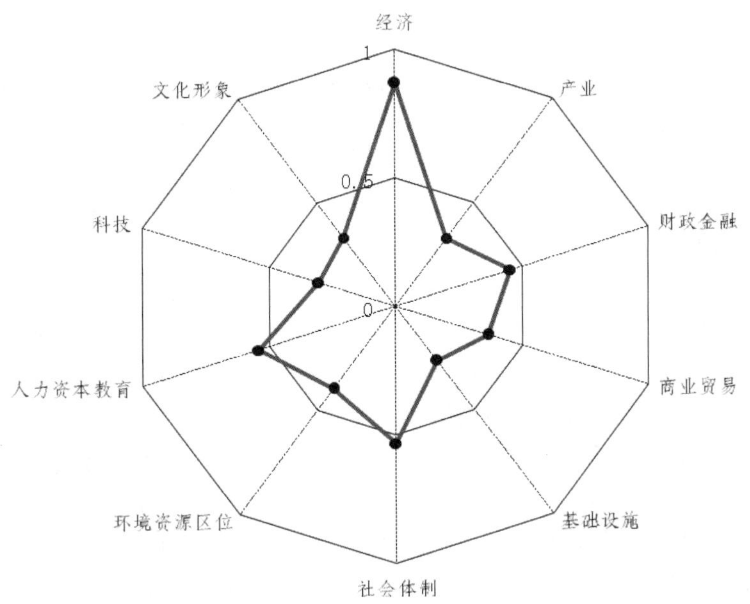

圖 7.12.1　2013 年澳門分項競爭力雷達圖

澳門 2013 年城市綜合競爭力的基本情況如下：經濟競爭力得分為 2937.3，排名第 2 位，上升 2 位；產業競爭力得分為 287.46，排名第 63 位，與上年持平；財政金融競爭力得分為 2335.07，排名第 5 位，與上年持平；商業競爭力得分為 1247.77，排名第 11 位，下降 3 位；基礎設施競爭力得分為 212.59，排名第 68 位，上升 5 位；社會體制競爭力得分為 961.61，排名第 12 位，上升 6 位；環境資源區位競爭力得分為 315.45，排名第 43 位，上升 2 位；人力資本競爭力得分為 1614.8，排名第 9 位，下降 3 位；科技競爭力得分為 683，排名第 31 位，上升 1 位；文化競爭力得分為 683.83，排名第 21 位，下降 2 位；綜合競爭力得分為 5120，排名第 12 位，上升 1 位。

2013 年澳門經濟競爭力得分為 2937.3，排名第 2 位，上升 2 位。從二級指標來看城市效率指數排名第一位。其中人均 GDP 為 483280 元，比 2012 年增加了 14.2%；地均 GDP 為 932234 萬元/平方公里，比 2012 年增加 16.6%。澳門在以博彩為主的服務出口拉動下，經濟運行事態穩定。

產業競爭力得分為 287.46，排名第 63 位，與上年持平。二級指標產業規模指數 0.142，排名下降了 7 名，位於 200 位。產業效率指數 0.672，提升了 0.06，其原因是從業者生產效率由 2012 年的 701173.7 增長到 2013 年的 817749.03，漲幅達 16.6%。為提升澳門相關產業競爭力及緩解通脹，政府擬完全免除對低度酒及燃料、潤滑油的稅項。

財政金融競爭力得分為 2335.07，排名第 5 位，與上年持平。2013 年財政金融規模指數為 0.183，排名 42。金融資本可獲得指數 0.193，排名 42，上升了 9 位，三級指標獲得銀行貸款便利程度增長了 44.2%，獲得民間及風險資本便利程度增長了 52.9%。回歸以來澳門財政收入大幅增加，並且持續盈餘，貨幣供應穩步增長，財政金融穩健。

商業貿易競爭力得分為 1247.77，排名第 11 位，下降 3 位。從二級指標來看，2013 年國內商業貿易規模指數為 0.233，降 8 位。博彩企業的高利潤拉動了房租、房價和物價的飆升及人才流動，導致一些中小企業因運營成本提升、人才流失而經營困難甚至歇業。

基礎設施競爭力得分為 212.59，排名第 68 位，上升 5 位。城市居民居住指數 0.424，上升 2 位。2013 年，澳門特區政府把保障和改善民生作為施政重點，及時優化各項民生福利政策。在四大民生領域提出較為長遠的政策構想，致力構建惠及下一代的社保、醫療、教育和住房保障長效機制，樹立起良好的政府形象。

社會體制競爭力得分為 961.61，排名第 12 位，上升 6 位。從二級指標來看，2013 年澳門社會公平保障水平指數為 0.524，前進 8 位，為第 7 名。社會管理指數 961.61，排名 12，進步 6 位。“一國兩制”、“澳人治澳”、高度自治成功落實，使澳門經濟發展碩果累累。

環境資源區位競爭力得分為 315.45，排名第 43 位，上升 2 位。2013 年澳門二級指標環境資源水平指數 0.559，排名 23，上升 5 位。針對九澳隧道工程施工，政府加強對工地內的污染控制，嚴防對周邊環境帶來不良影響。三廢綜合利用產品產值和城市從事水利環境和公共設施管理業的人數都有了大幅提高。

人力資本競爭力得分為 1614.8，排名第 9 位，下降 3 位。分析二級指標，其中成人識字率下降了 0.4%，專業技術人員比重下降了 4.2%。澳門應積極跟進相關法律法規，加大對教育的投入力度，推行終身學習理念，加強職業培訓和人才的培養，為澳門的科技進步提供了強大的推動力，進而帶動了澳門的經濟發展、提升了澳門居民的生活質量。

科技競爭力得分為 683，排名第 31 位，上升 1 位。科技人力資本指數 0.21，排名 37，前進 3 位，科研創新指數 0.194，排名 31，前進 13 位，其中年省級以上認定科技成果數增長最快，為 10.1%。澳門不僅擁有 15 年的免費教育政策，而且在此基礎上逐年加大對教育的投入，設立高等教育基金，不斷優化軟硬體條件及設施。充分發揮學校、家庭及社會的功能，提升教師的專業地位，為學生的全面發展營造健康的成長環境。

文化競爭力得分為 683.83，排名第 21 位，下降 2 位。分析二級指標，文化設施指數 0.207，由 2012 年的 20 位下降到 45 位，主要是每百萬人影劇院數下降了 4.2%。城市行銷能力指數 0.449，較 2012 年的 0.679 下降 2 位，為第 9 位，其中城市功能定位指數下降 0.3%，城市推廣度下降了 0.1%。澳門有深厚的歷史文化積澱，中西方文化並存，交相輝映，政府定要把握住機遇，必須通過加強硬體建設和提高文化軟實力，推進澳門文化的發展。

澳門特別行政區政府的基本經濟政策可以概括為：保持經濟發展勢頭，鞏固經濟發展基礎，逐步讓更多居民從經濟發展中受益及分享經濟成果，加快調整產業結構，促進經濟適度多元化，逐步提升經濟綜合競爭力，促進經濟朝著多元化、規範化、區域化和國際化方向發展，有效和妥善處理經濟發展中存在的問題，努力實現經濟健康、協調發展。

7.13 武漢城市競爭力點評分析

武漢，簡稱“漢”，湖北省省會，中部六省唯一的副省級城市。它是武昌、漢口、漢陽三鎮的統稱，世界第三大河長江及其最長支流漢江橫貫市區，將武漢一分為三，形成武昌、漢口、漢陽，三鎮跨江鼎立的格局。唐朝詩人李白在此寫下“黃鶴樓中吹玉笛，江城五月落梅花”，因此武漢自古又稱“江城”。如今，武漢已成為華中地區最大的中心城市，是長江中下游重要的產業城市和經濟中心，也是中國重要的文化教育中心。憑藉著其優越的地理位置，武漢成為中部乃至中國極為重要的交通樞紐。武漢是中國人口第四大城市，其中常住人口 979 萬，有著豐富的人力資源優勢。

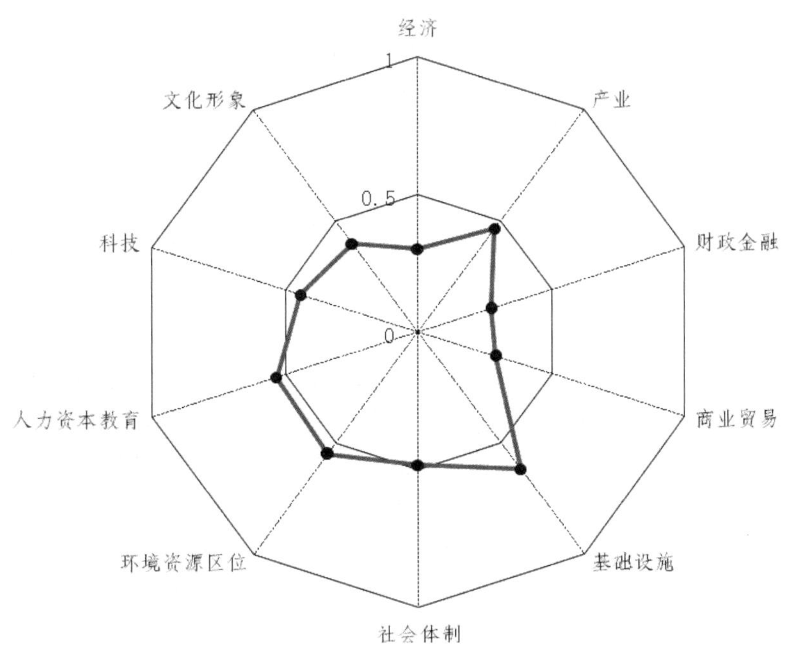

圖 7.13.1　2013 年武漢分項競爭力雷達圖

武漢 2013 年城市綜合競爭力的基本情況如下：經濟競爭力得分為 439.27，排名第 29 位，下降 9 位；產業競爭力得分為 1335.28，排名第 18 位，上升 3 位；財政金融競爭力得分為 886.09，排名第 18 位，上升 8 位；商業競爭力得分為 744.35，排名第 22 位，上升 1 位;基礎設施競爭力得分為 3109.68,排名第 8 位,上升 1 位;社會體制競爭力得分為 606.77,排名第 28 位，上升 11 位；環境資源區位競爭力得分為 812.37,排名第 15 位,與上年持平；人力資本競爭力得分為 1578.6，排名第 10 位，與上年持平；科技競爭力得分為 1840.52，排名第 10 位，與上年持平；文化競爭力得分為 1110.93，排名第 9 位，下降 1 位；綜合競爭力得分為 4845.27，排名第 13 位，比 2012 年排名下降 1 位。

武漢市經濟競爭力得分為 439.27，排名第 29 位，下降 9 位。從二級指標來看，城市效率指數排名下降了 6 名，城市國際吸引指數下降了 1 名。其中 GDP 增長率下降了 9.9%，簽訂外資合同數減少了 11.66%。

產業競爭力得分為 1335.28，排名第 18 位，上升 3 位。二級指標產業規模指數 0.47，由 16 位上升到 13 位，其中農業財富創造能力增加了 38.2%，達到 2353123.08 億元，工業財富創造能力增長 52.0%，較 2012 年有較大提高。產業效率指數 0.429，比 2012 年提高 46 名，其中三級指標銷售毛利率增幅 28.7%。武漢市正在著力打造全國重要的先進製造業中心城市，實現從勞動密集型向知識密集型的轉變。

財政金融競爭力得分為 886.09，排名第 18 位，上升 8 位。二級指標財政金融規模指數 0.298，排名 12，前進 6 名，其中變化最明顯的是財政收入占 GDP 比重增加了 42.0%。金融資本可獲得指數 0.249，排名進步 13 位，排名 15 名，這與獲得證券市場資本便利程度增加了 144.8%，獲得銀行貸款便利程度增加了 64.4%有關。武漢市產業金融、科技金融和消費金融的發展將獲得強勁的支撐，發展空間廣闊。

商業貿易競爭力得分為 744.35，排名第 22 位，上升 1 位。從二級指標來看，2013 年國內商業貿易規模指數 0.411，排名第 8，較 2012 年上升 1 名，其中批發零售貿易業商品銷售總額增長了 23.1%，社會消費品零售額增長 17.9%。2013 年商貿機構指數 0.239，排名前進 3 位，達到 18 名，其中限額以上批發零售企業數增加了 1.9%。

基礎設施競爭力得分為 3109.68，排名第 8 位，上升 1 位。基礎設施供應水平指數 0.423，排名第 8，前進 2 名，其中人均生活用水量增長了 80.3%，人均生活用電量增加了 72.9%。2013 年，武漢在基礎設施建設上投資 4255.16 億元。住宅投資量方面，投資總額從 595.3 增長到 737.3 億元，增幅 23.9%，居民居住條件改善明顯。

社會體制競爭力得分為 606.77，排名第 28 位，上升 11 位。社會治安水平指數由 2012 年的 0.456 增長到 2013 年的 0.481，名次更是有了跨越式變化。武漢市 2013 年政府社會管理水平指數 0.369，較 2012 年上升 16 名。這與武漢市強化社會綜合協調，規範綜合管理，進一步強化良好投資環境建設有關。

環境資源區位競爭力得分為 812.37，排名第 15 位，與上年持平。2013 年環境資源水平指數 0.463，排名上升 12 名，2013 年城市綠化絕對量增長 5.8%。空氣品質優良率為 87.7%，較上年提升 3.9 個百分點。環境改善投入指數 0.328，排名第 10，下降 1 位，建成區綠化覆蓋率增長 4.6%，但是工業廢水廢氣等處理情況出現輕微的不同程度的下滑。

人力資本競爭力得分為 1578.6，排名第 10 位，與上年持平。二級指標人力資源素質指數 0.345，排名 49，其中高素質人力資本相對儲備量下降了 12.9%。人力資本投入指數 0.327，排名 45，上升 6 位。武漢是中國重要的教育中心城市，高等教育水平居全國第三，在校大學生人數全國第一。

科技競爭力得分為 1840.52，排名第 10 位，與上年持平。科技投入水平指數 0.171，排名 29，前進 3 位，其中科技經費絕對投入量增長最快，為 30.46%。科技人力資本指數排名 20 位，下降 7 位，電腦人才每萬人擁有量下降 1.0%。2013 年末全市擁有政府部門屬科學技術研究機構 100 所，全年研究與實驗發展(R&D)經費支出 175 億元，比上年增加 39 億元。全年實現高新技術產業產值 3448.90 億元，增長 30.7%；高新技術產業增加值 1074.11 億元，增長 29.7%，這都為武漢市高新技術企業發展提供巨大的技術和人力資本支撐。

文化競爭力得分為 1110.93，排名第 9 位，下降 1 位。分析二級指標，2013 年武漢文化資源指數 0.494，排名第 12 位，下降 3 位，其主要原因是藝術家和文化組織指數下降了 89.1%，每萬人擁有教育文藝廣播影視業從業人數下降了 4.4%。政府應大力加強文藝精品創作，積極開展群眾文化活動，不斷豐富全市人民的精神文化生活，繼續推進公共文化服務體系建設，不斷提升武漢市公共圖書館服務水平，深入實施文化資訊資源分享工程；組織文化藝術科技的研究、應用和開發，推廣文化藝術科研成果。

綜合來看，2013 年面對國內外錯綜複雜的發展環境，武漢市著力穩增長、調結構、惠民生，深入實施“五大計劃”，經濟社會發展穩中向好、穩中有進，為建設國家中心城市奠定了堅實基礎，極大的豐富了人們的物質文化生活需求，改善了人民的生活水平。

7.14 成都城市競爭力點評分析

成都市，簡稱“蓉”，別稱“錦城”，歷史悠久，素有“天府之國”之美譽。因位於四川中部，故享有“西部之心”的美譽。現系西部政治、經濟、文化、交通中心，西南科技中心，西南商貿中心，西南金融中心，中國率先建立社會主義市場經濟體制試點城市，金融對外開放城市。1994 年 2 月 25 日，成都正式獲批副省級市，是中國歷史文化名城。2011 年 7 月 29 日，成都榮獲“中國民生成就典範城市”最高榮譽獎。2011 年 8 月 8 日，成都榮膺“2011 中國十佳優質生活城市”。2011 年 9 月 16 日，成都上榜“最中國文化名城”。2012 年 2 月 21 日，工信部正式授予成都“中國軟體名城”稱號。

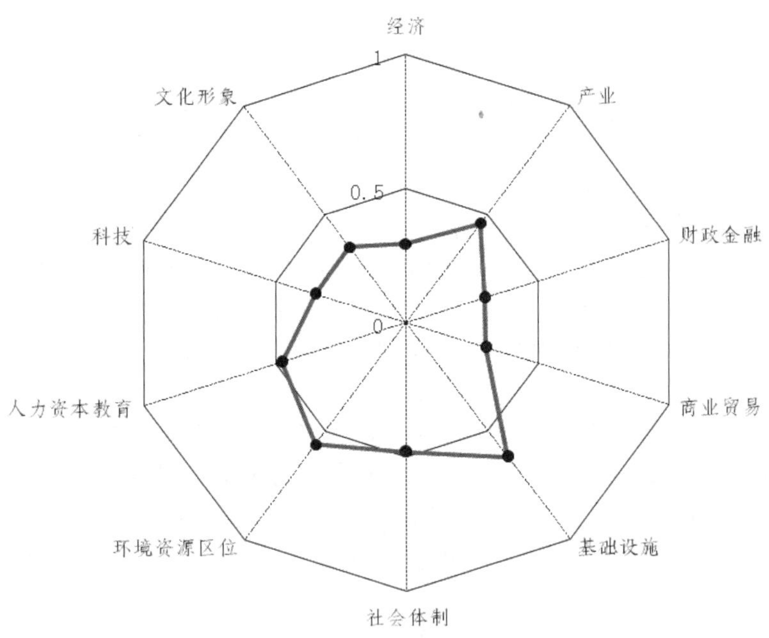

圖 7.14.1　2013 年成都分項競爭力雷達圖

成都 2013 年城市綜合競爭力的基本情況如下：經濟競爭力得分為 410.4，排名第 32 位，下降 18 位；產業競爭力得分為 1295.8，排名第 19 位，上升 13 位；財政金融競爭力得分為 1086.03，排名第 14 位，上升 2 位；商業競爭力得分為 826.43，排名第 16 位，上升 14 位；基礎設施競爭力得分為 3138.76，排名第 7 位，下降 1 位；社會體制競爭力得分為 588.93，排名第 29 位，與上年持平；環境資源區位競爭力得分為 849.14，排名第 14 位，下降 1 位；人力資本競爭力得分為 1279.4，排名第 13 位，上升 1 位；科技競爭力得分為 1043.76，排名第 23 位，上升 7 位；文化競爭力得分為 800.69，排名第 17 位，上升 3 位；綜合競爭力得分為 4404.86，排名第 14 位，上升 2 位。

2013 年成都市經濟競爭力得分為 410.4，排名第 32 位，下降 18 位。從二級指標來看，城市效率指數下降 5 名，城市國際吸引指數排名下降 5 位。其中城市經營率下降 11.9%，簽訂外資合同數減少了 19.7%。

產業競爭力得分為 1295.8，排名第 19 位，上升 13 位。二級指標產業結構指數 0.678，排名 25，提升 4 位，產業製造能力 57.91，增長了 28.1%，製造業每萬人擁有量增長了 27.9%，達到 411.5。成都市集中力量扶持擁有國際性產品和代表未來產業發展方向的企業做大做強，加強與企業交流對接，引進、培養高端創新型人才，為企業發展提供了堅實支撐。

財政金融競爭力得分為 1086.03，排名第 14 位，上升 2 位。從二級指標分析，2013 年成都市金融業人力資本指數 0.253，排名 17，比 2012 年前進 2 位，其中金融業從業人數增加了 9.3%，金融業從業人員每萬人擁有量增加了 9.1%。保險市場規模增長迅速，保費總收入在 15 個副省級城市中列第 3 位，增幅列第 1 位。但是成都金融業總體規模相對較小，金融業增加值占地區生產總值的比重相對較低，在西部地區的輻射力和影響力還不夠強。

商業貿易競爭力得分為 826.43，排名第 16 位，上升 14 位。從二級指標來看，2013 年外貿指數 0.226，而 2012 年只有 0.195，2013 年排名第十，前進了 14 名，三級指標進出口總額增長了 68.8%，實際利用外資增長了 65.7%，成都市正在從科學規劃功能區、促進資源聚集、促進商業創新等各個方面做出卓有成效的探索。

基礎設施競爭力得分為 3138.76，排名第 7 位，下降 1 位。二級指標城市居民居住指數 0.756，排名下降。成都是西南地區的交通及通信樞紐，一年來，成都市完善城市綜合地下管網，加強天然氣供給和城市電網改造，統籌推進新居工程、新型社區建設，完善新型社區配套設施，努力提升城鎮綜合承載能力。

社會體制競爭力得分為 588.93，排名第 29 位，與上年持平。二級指標中社會公平保障水平指數 0.352，排名 28 位，其中社會保障和就業支出增長了 28.7%，衛生和保險和社會福利業從業人員增長了 16.0%。2013 年醫療保健水平指數 0.597，排名下降 4 位，為 25 名。成都市體制方面依然存在許多問題，醫療保健水平有待更上一個臺階。

環境資源區位競爭力得分為 849.14，排名第 14 位，下降 1 位。成都按照建設世界現代田園城市的歷史定位和長遠目標，編制完善戰略功能區規劃，強力推進高端產業向功能區集聚，加快建設一批高水平產業功能區。完善功能區建設推進機制，探索功能區新型管理模式，更加注重資源高效利用，強化節約集約用地，提高資源對經濟社會全面協調可持續發展的保障能力。

人力資本競爭力得分為 1279.4，排名第 13 位，上升 1 位。2013 年成都市二級指標人力資本教育設施指數 0.609，排名 12，前進 1 位，其中每萬人中小學校數增長了 8.9%，中小學老師學生比 41.8%。加大對教育的投資力度，提高人力資本的總量及水平，促進人力資本在城鄉間及產業和部門之間的優化配置，是推動成都市經濟增長方式由粗放型向集約型轉變的重要手段。

科技競爭力得分為 1043.76，排名第 23 位，上升 7 位。二級指標中，2013 年成都市科技投入水平指數 0.165，較 2012 年增長了 0.007，上升 7 位，為 34 名，其中科技經費絕對投入量增加了 37.4%。科技人力資本指數 0.303，排名 17，一年間排名提高了 7 名，專業技術人員擁有量增長了 56.1%是主要原因。

文化競爭力得分為 800.69，排名第 17 位，上升 3 位。分析二級指標，2013 年成都市文化設施指數 0.283，排名上升 9 位，達到第 16 位，其中三級指標每百人公共圖書數增長了 25.4%。城市行銷能力指數 0.376，排名 21，上升 4 位。文化產業總量不大，增加值占地區生產總值比重較低，成都市提出“十二五”期間，全市文化產業增加值年均增長 23%以上，到 2015 年，文化產業增加值超過 700 億元，占全市地區生產總值比重超過 6%，成為國民經濟支柱性產業的目標。此外還需要實施文化產業人才戰略、大力發展文化旅遊等策略，才能促進成都市文化產業的轉型升級發展。

綜合來看，2013 年，面對世界經濟復蘇緩慢、國內經濟轉型力度加大的宏觀形勢，成都市緊緊圍繞打造西部經濟核心增長極，“穩中快進，領先發展”的工作基調，深入推進“五大興市戰略”，積極應對“4·20”蘆山強烈地震和汛期暴雨洪澇災害帶來的不利影響，全市經濟社會繼續保持良好發展勢頭。綜合排名提升兩名，排名第 14 位。

7.15 瀋陽城市競爭力點評分析

瀋陽，遼寧省省會，中國 15 個副省級城市之一，中國七大區域中心城市之一，中國特大城市，東北地區最大的國際大都市，東北地區政治，經濟，金融，文化，交通，資訊和旅遊中心。是中國最重要的重工業基地之一，被譽為共和國長子，素有“東方魯爾”的美譽。2010 年 4 月，瀋陽經濟區獲國務院批准為國家新型工業化綜合配套改革試驗區，是中國第八個國家綜合配套改革試驗區，標誌著瀋陽經濟區建設上升為國家戰略。瀋陽位於環渤海經濟圈（中國第三大經濟圈）之內，是環渤海地區與東北地區的重要結合部。

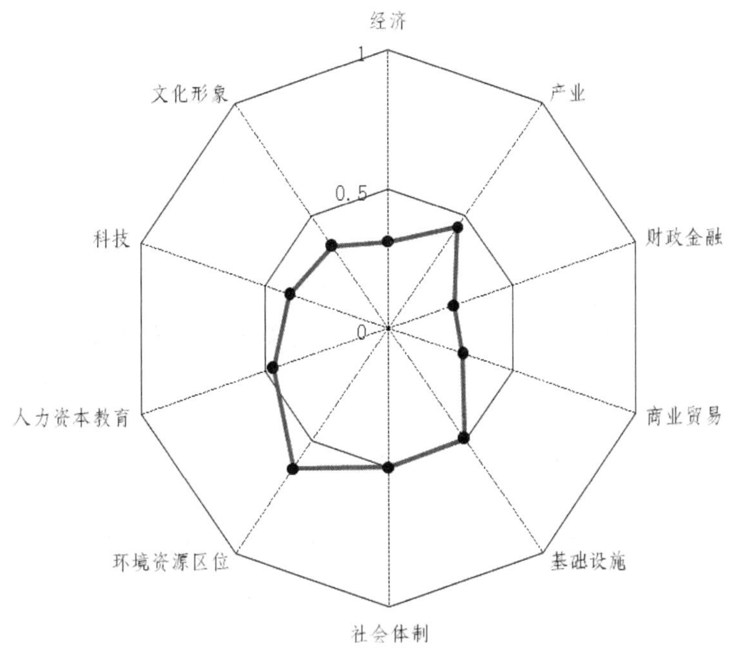

图 7.15.1　2013 年瀋陽分項競爭力雷達圖

瀋陽 2013 年城市綜合競爭力的基本情況如下：經濟競爭力得分為 489.25，排名第 24 位，下降 3 位；產業競爭力得分為 1223.75，排名第 22 位，下降 3 位；財政金融競爭力得分為 794.18，排名第 21 位，上升 4 位；商業競爭力得分為 797.64，排名第 18 位，上升 8 位；基礎設施競爭力得分為 2091.35，排名第 12 位，與上年持平；社會體制競爭力得分為 715.82，排名第 26 位，上升 7 位；環境資源區位競爭力得分為 1049.03，排名第 10 位，上升 6 位；人力資本競爭力得分為 1224.5，排名第 14 位，上升 6 位；科技競爭力得分為 1469.72，排名第 14 位，上升 1 位；文化競爭力得分為 912.31，排名第 14 位，上升 1 位；綜合競爭力得分為 4398.16，排名第 15 位，比 2012 年排名上升了 3 位。

2013 年瀋陽市經濟競爭力得分為 489.25，排名第 24 位，下降 3 位。城市規模指數排名下降 1 名，城市居民生活水平指數排名下降。其中城市人口規模下降了 10.8%，全市實現地區生產總值（GDP）6602.6 億元，比上年增長 11.6%，GDP 增長率降低了 15.4%。

產業競爭力得分為 1223.75，排名第 22 位，下降 3 位。從二級指標來看，2013 年產業貢獻指數 0.39，排名 19 位，下降 6 位，其中企業市場認同感遞增程度降低了 38.5%，企業增值稅貢獻度降低了 68.8%，企業利稅貢獻度降低了 36.6%。企業集群指數 0.42，排名比 2012 年下降 3 位，排名 22，其中市區工業企業數占全市工業企業數百分比下降了 10.1%。

財政金融競爭力得分為 794.18，排名第 21 位，上升 4 位。從二級指標來看，各指數排名均有上升，財政金融效率指數增長 2 位，金融資本可獲得指數增長 3 位。其中人均財政預算內收入增長了 49.5%，2013 年獲得證券市場資本便利程度較 2012 年大幅增長。瀋陽市入世後面臨外資金融機構競爭的壓力，改革進入攻堅階段，堅持改革開放，以充分發揮財政、金融杠杆功能為中心，以改革為動力。

商業貿易競爭力得分為 797.64，排名第 18 位，上升 8 位。從二級指標來看，2013 年外貿指數 0.188，排名 22，較 2012 年外貿指數 0.174，排名 37，有了很大提高，其中外貿依存度增長了 14.8%，進出口總額增長 35.2%。瀋陽市調整結構，優化產業佈局，是提高商業競爭力的有效手段。

基礎設施競爭力得分為 2091.35，排名第 12 位，與上年持平。基礎設施供應水平指數 0.314，排名 22，上升 2 位。其中人均生活用水量年增量高達 53.7%。瀋陽基礎設施完善，是東北地區最大的交通樞紐中心。編制完成新城總體規劃和專項規劃，啟動道路、電力等基礎設施建設，全面實施水系改造和綠化工程，農民回遷房建設加快推進，瀋陽南站等重點項目開工建設，“十二運”比賽場館及配套設施建設有序展開。

社會體制競爭力得分為 715.82，排名第 26 位，上升 7 位。二級指標社會治安水平指數為 0.504，排名 52，上升 3 位。醫療保健水平指數 0.602，排名 23，其中平均預期壽命增長 0.3%，每萬人醫生數增長 18.3%。瀋陽市著力構建黨委領導、政府負責、社會協同、群眾參與的基層社會管理格局，重在基層、貴在創新。

環境資源區位競爭力得分為 1049.03，排名第 10 位，上升 6 位。2013 年二級指標自然資源水平指數 0.487，排名大幅增長，其中城市農產品絕對自給度增長了 40.1%。在城市建設方面，瀋陽大力實施植樹綠化工程，整修改造了一批道路橋樑，強化建築市場監管，開展“清潔瀋陽”活動，城鄉環境面貌進一步改善。

人力資本競爭力得分為 1224.5，排名第 14 位，上升 6 位。人力資本規模指數 0.419，排名 19，上升 2 位，其中三級指標高素質人力資本儲備量增長了 31.1%，教育支出絕對規模 24.4%。瀋陽作為中國重要的工業基地，熟練工人獲取的便利性高，但高級人才獲得便利性還有待於進一步提升。在教育方面，瀋陽的成人高等教育在校人數比較多，中等以上學生占全部學生數比例也較高，人均公共教育支出處於中等水平。

科技競爭力得分為 1469.72，排名第 14 位，上升 1 位。科技人力資本指數 0.323，排名上升 6 位，為第 13 名。其中科技服務人員相對擁有量上升 31.5%，電腦人才每萬人擁有量上升 46.1%。近年來，瀋陽市認識到建立一個以企業為主，產學研有機結合的中國特色的技術創新體系是中國製造業發展的關鍵所在。科研機構和大專院校數量很多，科技實力、科技創新能力很強，但科技成果轉化能力一般，應通過強化產學研結合等途徑而加以提高。

文化競爭力得分為 912.31，排名第 14 位，上升 1 位。分析二級指標，2013 年瀋陽文化意識指數 0.311，排名 38，上升 7 位，其中重商意識指數增長 1.6%，寬容意識指數增長 1.3%。創業精神、創新氛圍較弱，誠信意識不強，這些都不利於市場經濟發展。開放競爭力較強，經濟國際化與人文國際化的程度較高，但區域國際化的程度較低，有進一步提高的餘地，瀋陽市要積極鼓勵創新創造，從根本上啟動文化發展的內生動力。

綜合來看，2013 年瀋陽市圍繞實現“三大目標”，紮實推進“五大任務”，突出做好穩增長、辦全運、惠民生等重點工作，經濟社會保持平穩健康發展。綜合排名上升 3 位，排名第 15 位。

7.16 大連城市競爭力點評分析

大連，別稱濱城，舊名達裡尼、青泥窪，位於遼東半島南端，地處黃渤海之濱，背依中國東北腹地，與山東半島隔海相望，是中國 15 個副省級城市之一，5 個計畫單列市之一，中國 14 個沿海開放城市之一。大連歷史悠久，作為甲午戰爭和日俄戰爭的主要戰場，大連在近代史上曾遭受兩次大的戰爭劫，淪為俄、日殖民地近半世紀。大連氣候冬無嚴寒，夏無酷暑，有“東北之窗”、“浪漫之都”等美稱，是中國東北對外開放的視窗，東北地區最大的港口城市；先後獲得國際花園城市、中國最佳旅遊城市、國家環保模範城市等榮譽。

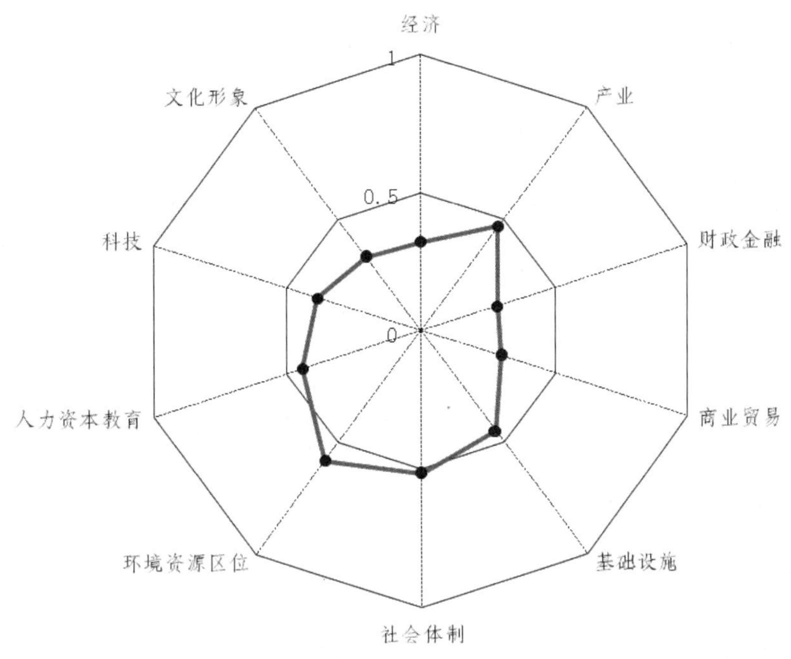

圖 7.16.1　2013 年大連分項競爭力雷達圖

大連 2013 年城市綜合競爭力的基本情況如下：經濟競爭力得分為 530.93，排名第 22 位，下降 10 位；產業競爭力得分為 1345.51，排名第 16 位，上升 1 位；財政金融競爭力得分為 960.25，排名第 17 位，與上年持平；商業競爭力得分為 798.76，排名第 17 位，上升 8 位；基礎設施競爭力得分為 1731.55，排名第 14 位，上升 1 位；社會體制競爭力得分為 829.99，排名第 18 位，下降 13 位；環境資源區位競爭力得分為 910.24，排名第 12 位，與上年持平；人力資本競爭力得分為 1103.82，排名第 19 位，下降 3 位；科技競爭力得分為 1368.28，排名第 16 位，下降 2 位；文化競爭力得分為 685.29，排名第 20 位，上升 3 位；綜合競爭力得分為 4195.22，排名第 16 位，比 2012 年排名下降 2 位。

經濟競爭力得分為 530.93，排名第 22 位，比 2012 年排名下降 10 位，二級指標城市居民生活指數排名下降，數值為 0.286；其中三級指標人均可支配收入 27539.2 元和人家消費支出 20417.64 元。

產業競爭力得分為 1345.51，排名第 25 位，上升 4 位，其二級指標產業效率指數排名上升 20 名，數值為 0.456，三級指標從業者生產效率 231596.75 和銷售額/總資產 3.486。

財政金融競爭力得分為 960.25，排名第 17 位，與上年持平，二級指標財政金融規模指數不變，數值 0.282，三級指標財政預算內收入 651.13 億元和財政預算內支出 734.94 億元。

商業貿易競爭力得分為 798.76，排名第 17 位，上升 8 位，二級指標國內商貿規模指數排名從 20 位上升到第 17 位，數值 0.318；其中三級指標批發零售貿易業商品銷售總額 3574.8 億元和社會消費品零售總額 2526.5 億元。

基礎設施競爭力得分為 1731.55，排名第 14 位，上升 1 位，二級指標基礎設施投資排名不變，數值為 0.63；三級指標固定資產投資水平 4580 億元和房地產開發水平 1107 億元。

社會體制競爭力得分為 829.99，排名第 18 位，下降 13 位，二級指標社會公平保障指數排名從第 5 下降到第 11 位，數值為 0.455；三級指標基尼指數 0.926 和社會保障覆蓋率 41.76%。

科技資本競爭力得分為 1368.28，排名第 16 位，下降 2 位，其中二級指標科技人力資本指數排名從第 12 下降到第 21 位，數值為 0.286；三級指標電腦人才擁有量 2.98 和科技服務人員擁有量 34.15。

環境資源區位競爭力得分為 910. 24，排名第 12 位，與上年持平，二級指標其中區位指數不變，數值為 0. 605；三級指標自然區位優勢度 0.9 和交通區位優勢度 0.8。

人力資本競爭力得分為 1103. 82，排名第 19 位，下降 3 位，其中二級指標人力資本素質排名從第 7 下降到第 17 位，數值為 0. 406；其中的三級指標高素質人力資本相對儲備量 1326.948 和大專以上人口比重 0.72。

文化競爭力得分為 685. 29，排名第 20 位，上升 3 位其中二級指標文化設施指數排名從第 35 上升到第 27 名，數值為 0. 248；三級指標劇院數 5 和每百人公共圖書數 189.62。

從資料分析可以看出大連經濟競爭力排名第 22 位，財政金融競爭力得分為 960. 25，排名第 17 位。2013 年大連市財政金融業實現了平穩發展。2013 年大連社會體制競爭力下滑，失業率上升， 綜合來看，大連在財政金融、產業競爭、商業貿易等方面實現了穩定發展。但是在社會體制、人力資本等方面卻出現下降走勢。從而使得大連市綜合競爭力排名下滑 2 位。

7. 17 寧波城市競爭力點評分析

寧波，簡稱甬，是中國浙江省的副省級城市，計畫單列市，有制定地方性法規權利的較大的市，是中華人民共和國文化部批准的全國歷史文化名城，浙江的三大經濟中心之一，位於浙東，長江三角洲南翼，北臨杭州灣，西接紹興，南靠台州，東北與舟山隔海相望。中央及浙江省分別將寧波市定義為長三角南翼經濟中心和浙江省經濟中心。全國紡織服裝企業 500 強出爐寧波獨佔 16 席。寧波人文積澱豐厚，屬於典型的江南水鄉兼海港城市，是國家歷史文化名城、中國大運河最南端出海口、“海上絲綢之路”東方始發港、中國優秀旅遊城市，公眾首選宜居城市之一。

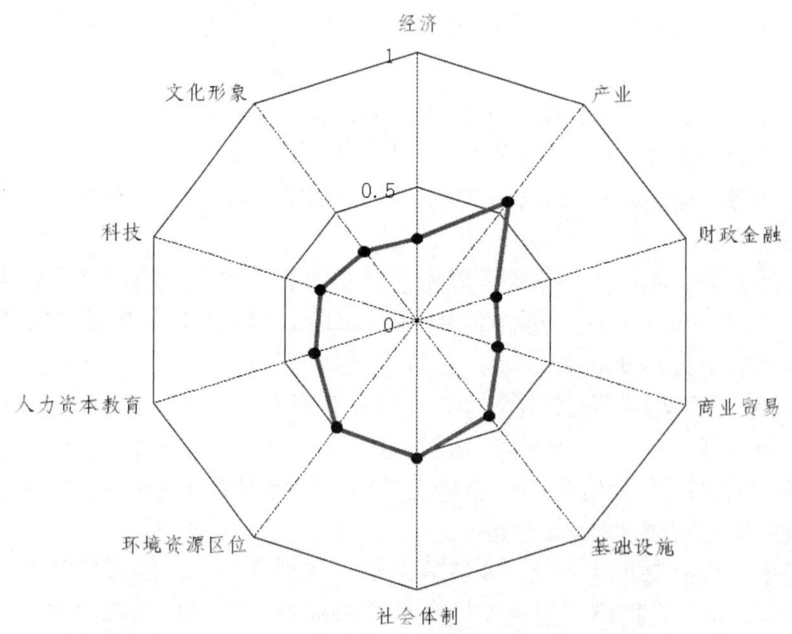

圖 7.17.1　2013 年寧波分項競爭力雷達圖

寧波 2013 年城市綜合競爭力的基本情況如下：經濟競爭力得分為 465. 59，排名第 26 位，下降 4 位；產業競爭力得分為 2017. 12，排名第 7 位，上升 1 位；財政金融競爭力得分為 1053. 07，排名第 15 位，上升 3 位；商業貿易競爭力得分為 849. 27，排名第 15 位，上升 3 位；基礎設施競爭力得分為 1632. 7，排名第 16 位，上升 2 位；社會體制競爭力得分為

778.37，排名第 19 位，下降 6 位；環境資源區位競爭力得分為 631.6，排名第 21 位，與上年持平；人力資本競爭力得分為 829.56，排名第 30 位，上升 1 位；科技競爭力得分為 1223.84，排名第 17 位，下降 1 位；文化競爭力得分為 609.13，排名第 22 位，上升 5 位；綜合競爭力得分為 4013.7，排名第 17 位，與上年持平。

經濟競爭力得分為 465.59，排名第 26 位，下降 4 位，二級指標城市效率指數排名下降 1 位，數值為 0.22，其中三級指標人均 GDP 為 85536 元和地均 GDP 為 6647 萬元/平方公里。

產業競爭力得分為 2017.12，排名第 7 位，上升 1 位，二級指標產業效率指數不變，數值為 0.424，其中三級指標銷售額/總資產 3.70581 和從業者生產效率 211882.18。

財政金融競爭力得分為 1053.07，排名第 15 位，上升 3 位，二級指標財政金融規模指數排名上升 3 位，數值 0.23；其中的三級指標財政收入占 GDP 比重 10.85。

商業貿易競爭力得分為 849.27，排名第 15 位，上升 3 位，二級指標國內商貿規模排名從第 14 到第 12 位，數值為 0.358，三級指標人均批發零售貿易業商品銷售額 97277.55 元和人均社會消費品零售額 26466.46 元。

基礎設施競爭力得分為 1632.7，排名第 16 位，上升 2 位，二級指標基礎設施投資指數排名從第 26 上升到第 24 位，數值為 0.39；三級指標房地產開發水平 7549448 萬元和固定資產投資水平 23855072 萬元。

社會體制競爭力得分為 778.37，排名第 19 位，下降 6 位，二級指標醫療保健排名從第 41 下降到第 55 位，數值為 0.554，三級指標嬰兒死亡率 0.942%和每十萬人擁有醫生數 24.05。

環境資源區位競爭力得分為 631.6，排名第 21 位，與上年持平，其中二級指標區位指數排名不變，數值為 0.495；其中的三級指標交通區位優勢 0.7 度和自然區位優勢度 0.8。

人力資本競爭力得分為 829.56，排名第 30 位，上升 1 位，其中人力資本規模指數排名從第 28 上升到第 25 位，數值為 0.386；三級指標人力資本規模 307.94 和高素質人力資本儲備量 192976。

科技資本競爭力得分為 1223.84，排名第 17 位，下降 1 位，其中二級指標科研機構指數排名不變數值為 0.382；三級指標大學科研院所指數 14 和科研環境指數 1.83。

文化競爭力得分為 609.13，排名第 22 位，上升 5 位，其中二級指標文化設施指數排名從第 25 上升到第 20 位，數值為 0.273；三級指標每百人公共圖書數 127.12 和劇院數 35。

從資料分析可知寧波市 2013 年經濟競爭力排名第 26 位，財政金融競爭力排名第 15 位。在環境資源上取得了進步，綜合來看，寧波市在 2013 年各方面都實現了平穩的發展，經濟，文化，社會，環境齊頭發展，這也使得寧波市綜合競爭力沒有發生變化，與上年持平，保持在第 17 位。

7.18 青島城市競爭力點評分析

青島，被譽為琴島和島城，中國副省級城市、計劃單列市和區域中心城市，山東省最大城市，是中國東部沿海重要的經濟、文化中心；也是中國海洋科研及其產業開發中心城市，中國最大的實驗區，是重要的現代化製造業及高新技術產業基地。青島擁有國際性海港和區域性樞紐空港，是 21 個全國性物流節點城市和 42 個全國性綜合交通樞紐之一。中國人民解放軍海軍北海艦隊、國家海洋局北海分局、國家質檢總局山東檢驗檢疫局、山東海事局、中國人民銀行青島市中心支行等單位的總部均設於青島。2008 年夏季奧林匹克運動會、殘奧會和 2009 年中華人民共和國第十一屆運動會分賽場設於青島，2014 年世界園藝博覽會和 2015 年世界休閒體育大會都將於青島舉辦。

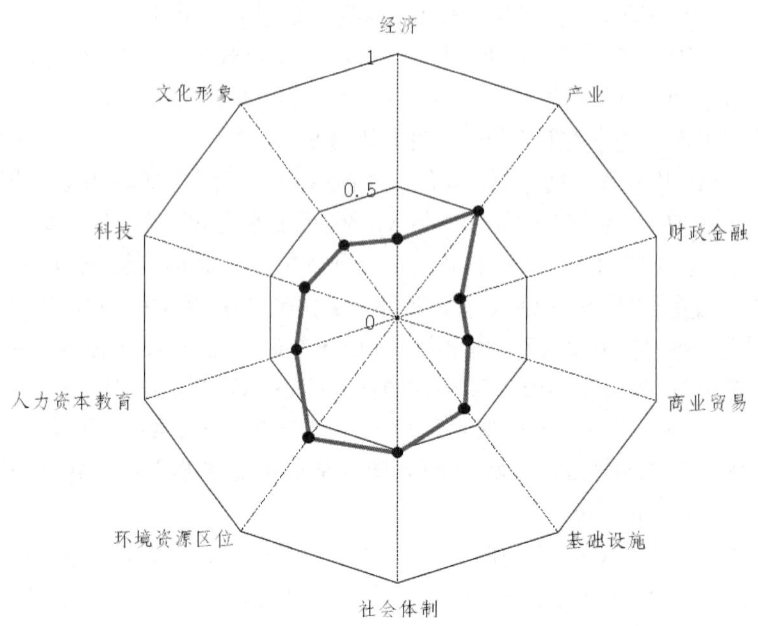

圖 7. 18. 1　2013 年青島分項競爭力雷達圖

青島 2013 年城市綜合競爭力的基本情況如下：經濟競爭力得分為 421. 36，排名第 31 位，下降 13 位；產業競爭力得分為 1640. 49，排名第 15 位，下降 3 位；財政金融競爭力得分為 639. 51，排名第 27 位，上升 2 位；商業競爭力得分為 610. 52，排名第 28 位，上升 1 位；基礎設施競爭力得分為 1519. 71，排名第 21 位，下降 7 位；社會體制競爭力得分為 768. 30，排名第 20 位，下降 10 位；環境資源區位競爭力得分為 854. 19，排名第 13 位，下降 4 位；人力資本競爭力得分為 887. 21，排名第 23 位，上升 1 位；科技競爭力得分為 1198. 52，排名第 20 位，下降 7 位；文化競爭力得分為 746. 41，排名第 18 位，與上年持平；綜合競爭力得分為 3805. 14，排名第 18 位，下降 3 位。

經濟競爭力得分為 421. 36，排名第 31 位，下降 13 位，二級指標居民生活指數排名從第 27 下降到第 43 名，數值為 0. 327 其中三級指標人均可支配收入為 32145 元和人家消費支出為 20391 元。

產業競爭力得分為 1640. 49，排名第 15 位，下降 3 位，二級指標產業規模排名從第 13 下降到第 15 位，數值為 0. 467。三級指標限額以上工業企業數 4727 個和服務業財富創造能力 3486.03 億元。

財政金融競爭力得分為 639. 51，排名第 27 位，上升 2 位，二級指標財政金融效率指數排名從第 45 上升到第 43 位，數值為 0. 23。

商業貿易競爭力得分為 610. 52，排名第 28 位，上升 1 位，二級指標外貿指數從第 20 上升到第 15 位，數值為 0. 212，三級指標外貿依存度 15.24 和進出口總額增長率 39.94%。

基礎設施競爭力得分為 1519. 71，排名第 13 位，上升 3 位，二級指標基礎設施供應指數排名從第 52 到第 43 位，數值為 0. 259，三級指標年供水總量 34109 萬立方米和年用電量 1963859 萬千瓦時。

社會體制競爭力得分為 768. 30，排名第 20 位，下降 10 位，二級指標社會公平保障排名降幅較大，數值為 0. 31；三級指標基尼指數 0.989 和社會保障覆蓋率 30.84%。

環境資源區位競爭力得分為 854. 19，排名第 13 位，下降 4 位，其中二級指標自然資源指數排名下降，數值為 0. 422；三級指標土地資源絕對豐富度 360.7 和礦產能源相對豐富度 0.126。

人力資本競爭力得分為 887.21，排名第 23 位，上升 1 位，其中人力投入指數排名從第 54 上升到第 52 位，數值為 0.317；三級指標人力資本基本投入 43161.52 和人力資本教育投入 1280.729

科技資本競爭力得分為 1198.52，排名第 20 位，下降 7 位，其中的二級指標科技人力資本指數排名從第 15 下降到第 26 位，數值為 0.255；三級指標科技服務人員相對擁有量 20.12 和科技電腦人才擁有量 0.48。

文化競爭力得分為 746.41，排名第 18 位，與上年持平，其中二級指標城市行銷能力指數排名不變，數值為 0.413；三級指標城市文化影響指數 0.5 和城市功能定位指數 0.358。

從資料分析可以看出青島市 2013 年的經濟競爭力排名第 31 位，產業競爭力也有所下降，其他指標保持平穩。綜合來看 2013 年青島市的綜合排名下降三位。但是青島作為全國的旅遊城市地處膠東半島，服務業和運輸業有較大的發展前景。

7.19 無錫城市競爭力點評分析

無錫，簡稱“錫”，古稱梁溪、金匱，被譽為“太湖明珠”，位於江蘇省南部，長江三角洲平原腹地，太湖流域的交通中樞，北倚長江，南瀕太湖，東接蘇州，西連常州，京杭大運河從中穿過；運河絕版地、江南水弄堂就位於無錫。無錫自古就是中國著名的魚米之鄉、中國四大米市之一。無錫同時也是一座繁華的現代化城市，中國民族工業的發源地之一，素有布碼頭、錢碼頭、小上海之稱。

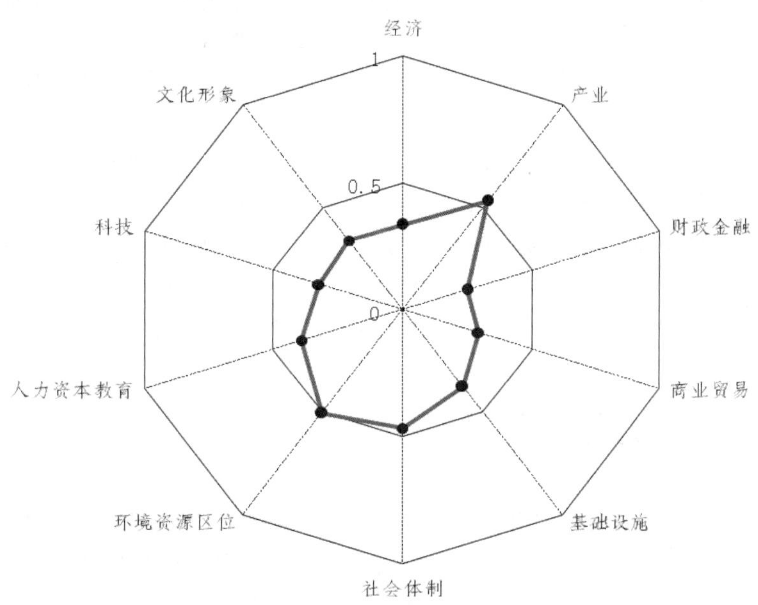

圖 7.19.1　2013 年無錫分項競爭力雷達圖

無錫 2013 年城市綜合競爭力的基本情況如下：經濟競爭力得分為 588.65，排名第 21 位，下降 5 位；產業競爭力得分為 1844.9，排名第 9 位，與上年持平；財政金融競爭力得分為 686.84，排名第 24 位，排名上升 3 位；商業競爭力得分為 763.86，排名第 20 位，下降 1 位；基礎設施競爭力得分為 1133.91，排名第 30 位，下降 2 位；社會體制競爭力得分為 484.62，排名第 33 位，上升 16 位；環境資源區位競爭力得分為 663.01，排名第 19 位，下降 2 位；人力資本競爭力得分為 846.74，排名第 27 位，與上年持平；科技競爭力得分為 853.79，排名第 26 位，下降 3 位；文化競爭力得分為 730.47，排名第 19 位，下降 3 位；綜合競爭力得分為 3547.78，排名第 19 位，比 2012 年排名上升 1 位。

經濟競爭力得分為 588. 65，排名第 21 位，下降 5 位，二級指標城市規模指數排名不變，數值為 0. 432，其中三級指標城市人口規模 643. 2 萬和城區面積 4627 平方公里。

產業競爭力得分為 1844. 9，排名第 16 位，與上年持平，二級指標產業規模不變，數值為 0. 481，三級指標限額以上工業企業數 5241 個。

財政金融競爭力得分為 686. 84，排名第 24 位，上升 3 位，二級指標金融資本質量指數排名上升到第 32 位，數值為 0. 285，其中的三級指標資本使用率 73.44。

商業貿易競爭力得分為 763. 86，排名第 20 位，下降 1 位，二級指標商貿機構指數排名從第 7 下降到第 9 位，數值為 0. 305，三級指標限額以上批發零售企業數 1943 和限額以上批發零售企業每萬人擁有量 643.2。

基礎設施競爭力得分為 1133. 91，排名第 31 位，上升 5 位，二級指標基礎設施投資排名不變，數值為 0. 476；三級指標固定資產投資水平 31691820 萬元和房地產開發水平 8777753 萬元。

社會體制競爭力得分為 484. 62，排名第 33 位，上升 16 位，二級指標醫療保健指數排名上升到第 97 名，數值為 0. 352；三級指標嬰兒死亡率 0.829%和每十萬人擁有醫生數 19.06。

環境資源區位競爭力得分為 663. 01，排名第 19 位，下降 2 位，二級指標區位指數排名不變，數值為 0. 451，三級指標自然區位優勢度 0.7 和交通區位優勢度 0.8。

人力資本競爭力得分為 846. 74，排名第 27 位，與上年持平。其中二級指標人力資本素質名不變數值為 0. 532；三級指標高素質人力資本相對儲備量 1599.60 和成人識字率 0.92。

科技資本競爭力得分為 853. 79，排名第 26 位，下降 3 位，其中的二級指標科研機構指數排名不變，數值 0. 43；三級指標電腦人才擁有量 0.88 和科技服務人員相對擁有量 18.81。

文化競爭力得分為 730. 47，排名第 19 位，比 2012 年排名下降了 3 位，二級指標其中文化意識指數排名從第 6 下降到第 8 位，數值 0. 389；三級指標誠信意識指數 0.603 和寬容意識指數 0.664。

從資料分析可以看出，無錫市經濟競爭力排名第 21 位，與上年相比下降 5 名。從社會系統來看，2013 年無錫市取得進步，社會體制競爭力顯著增強，上升 16 位。文化事業和文化產業有所發展。環境保護力度加強。總體看來，2013 年無錫市在經濟、文化、環境取得平穩發展的基礎上，從而使其綜合競爭力比 2012 年上升 1 名。而無錫市處於長江三角洲地區有一定的地理優勢，但其綜合競爭力不如蘇州、寧波等城市。

7. 20 濟南城市競爭力點評分析

濟南，簡稱濟，山東省省會、副省級市，北臨黃河，南依泰山，是山東省的政治、經濟、文化、金融、交通、會展和科教中心，濟南軍區領導機構駐地，中國人民銀行濟南分行所在地，新一線城市，是美國福布斯雜誌評選的中國 20 個最適宜建廠的城市。濟南因境內泉水眾多，被稱為“泉城”，素有“四面荷花三面柳，一城山色半城湖”的美譽，是首批中國優秀旅遊城市，史前文化——龍山文化的發祥地之一。濟南北連首都經濟圈，南接長三角經濟圈，東西連通山東半島與華中地區，是環渤海經濟區和京滬經濟軸上的重要交匯點，環渤海地區和黃河中下游地區中心城市，山東半島城市群。濟南是 2013 年第十屆中國藝術節主辦城市。

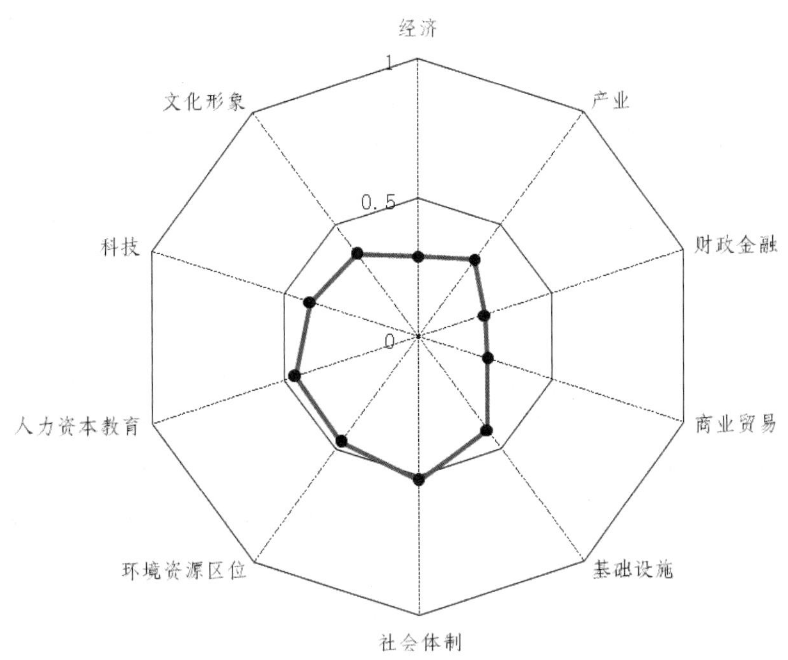

圖 7.20.1 2013 年濟南分項競爭力雷達圖

濟南 2013 年城市綜合競爭力的基本情況如下：經濟競爭力得分為 385.04，排名第 34 位，上升 2 位；產業競爭力得分為 391.91，排名第 53 位，下降 11 位；財政金融競爭力得分為 665.89，排名第 26 位，上升 9 位；商業競爭力得分為 516.62，排名第 31 位，上升 3 位；基礎設施競爭力得分為 1470.48，排名第 23 位，下降 7 位；社會體制競爭力得分為 833.49，排名第 16 位，下降 7 位；環境資源區位競爭力得分為 539.16，排名第 23 位，下降 3 位；人力資本競爭力得分為 1201.08，排名第 15 位，下降 2 位；科技競爭力得分為 1523.33，排名第 12 位，與上年持平；文化競爭力得分為 926.39，排名第 12 位，上升 1 位；綜合競爭力得分為 3422.46，排名第 20 位，下降 1 位。

經濟競爭力得分為 385.04，排名第 34 位，上升 2 位，城市規模指數排名不變，數值為 0.329，其中三級指標城市人口規模 668.5 萬和城區面積 8177 平方公里。

產業競爭力得分為 391.91，排名第 53 位，下降 11 位，二級指標產業貢獻指數排名下降幅度較大，數值為 0.215，三級指標產品的市場認同度 4068.63 億元和企業利稅貢獻度 4534663 萬元。

財政金融競爭力得分為 665.89，排名第 26 位，上升 9 位，二級指標財政金融規模指數排名從第 31 上升到第 25 位，數值為 0.21，三級指標財政預算內收入 324.93 億元和財政預算內支出 396.88 億元。

商業貿易競爭力得分為 516.62，排名第 31 位，上升 3 位，二級指標國內商貿規模指數排名不變，數值為 0.305，三級指標批發零售貿易業商品銷售總額 24835981 萬元和社會消費品零售額 21142868 萬元。

基礎設施競爭力得分為 1470.48，排名第 23 位，下降 7 位，二級指標基礎設施投資排名從第 30 下降到第 34 位，數值 0.329，三級指標年供水總量 32268 萬立方米和年用電總量 1983821 萬千瓦時。

社會體制競爭力得分為 833.49，排名第 16 位，下降 7 位，二級指標社會公平保障指數排名從第 11 下降到第 34 位，數值 0.341；三級指標基尼指數 0.967 和社會保障覆蓋率 29.87%。

環境資源區位競爭力得分為 539. 16，排名第 23 位，下降 3 位，其中二級指標環境資源指數排名從第 9 下降到第 23 位，數值為 0. 489；三級指標城市綠化絕對量 11956 和氣候環境舒適度 17.3652。

人力資本競爭力得分為 1201. 08，排名第 15 位，下降 2 位，其中二級指標人力資本規模指數排名從第 12 下降到第 13 位，數值為 0. 491；三級指標人力資本規模 251.5 和城市就業率 97.75。

科技資本競爭力得分為 1523. 33，排名第 12 位，與上年持平，其中二級指標科研機構指數排名不變，數值為 0. 856；三級指標大學科研院所指數 72 和科研環境指數 10.4575，較高，維持了排名。

文化競爭力得分為 926. 39，排名第 12 位，上升了 1 位，其中二級指標文化意識指數排名不變，數值為 0. 347，三級指標寬容意識指數 0.491 和創新意識指數 0.494。

從資料分析可知濟南 2013 年經濟競爭力排名第 34 位，比 2012 年排名上升了 2 位。文化方面取得了進步，成功舉辦第十屆中國藝術節，文化設施建設實現歷史性突破，“一院三館”如期完成並投入使用。總體來看，濟南市經濟、社會、文化、環境各方面發展平穩，變化不大。綜合競爭力相比去年下滑 1 名。

7. 21 西安城市競爭力點評分析

西安古稱長安、京兆，陝西省省會、副省級城市，西北地方第一大城市，中國國家區域中心城市（西北），國家重要的科研、教育和工業基地，陝西省的政治、經濟、文化和科教中心，世界歷史文化名城，亞洲知識技術創新中心，中國重要的製造基地。西安歷史悠久，是中國古代歷史上建都朝代最多、時間最長的都城，有著 7000 多年文明史、3100 多年建城史和 1100 多年的建都史，與雅典、羅馬、開羅並稱世界四大文明古都，是中華文明和中華民族重要發祥地，絲綢之路的起點。西安地處中國陸地版圖中心，是長三角、珠三角和京津冀通往西北和西南的門戶城市與重要交通樞紐，西安北瀕渭河，南依秦嶺，八水環繞（渭、涇、灃、澇、潏、滈、滻、灞），自然景觀優美。

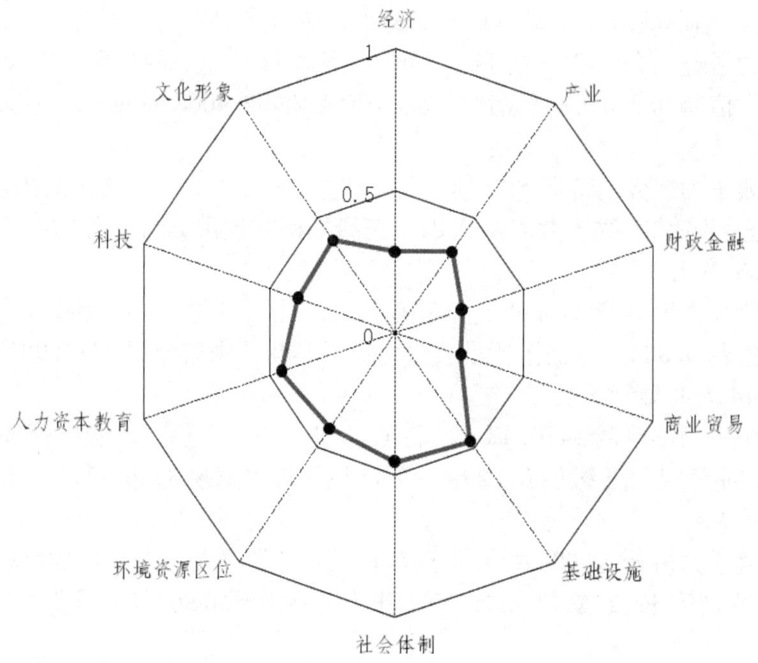

图 7.21.1　2013 年西安分項競爭力雷達圖

西安 2013 年城市綜合競爭力的基本情況如下：經濟競爭力得分為 373.05，排名第 36 位，上升 2 位；產業競爭力得分為 495.1，排名第 48 位，上升 1 位；財政金融競爭力得分為 760.37，排名第 22 位，下降 3 位；商業競爭力得分為 484.7，排名第 33 位，上升 20 位；基礎設施競爭力得分為 1919.62，排名第 13 位，與上年持平；社會體制競爭力得分為 390.92，排名第 38 位，下降 10 位；環境資源區位競爭力得分為 385.14，排名第 34 位，上升 16 位；人力資本競爭力得分為 1153.28，排名第 17 位，上升 1 位；科技競爭力得分為 1379.34，排名第 15 位，上升 7 位；文化競爭力得分為 1133.12，排名第 8 位，上升 1 位；綜合競爭力得分為 3307，排名第 21 位，上升 1 位。

2013 年西安經濟競爭力排名第 36 位，上升 2 位。二級指標城市規模指數 0.228，排名 22 位，其中全市生產總值 4884.13 億元，按可比價格計算，比上年增長 11.1%，增幅高於全國 3.4 個百分點，高於全省 0.1 個百分點。旅遊業是西安五大主導產業之一，西安市政府發佈《關於進一步加快發展西安市旅遊業的若干意見》，提出要加大旅遊業扶持力度，通過具有創新性的工作，旅遊國際總收入 6.41 億美元，同比增長 17.3%，促進其他服務業的發展，從而確保了全市經濟和社會發展總體上保持平穩態勢。

產業競爭力得分為 495.1，排名第 48 位，上升 1 位。二級指標產業規模指數 0.302，排名 38 位，農業財富創造能力增長了 39.79%，工業財富創造能力增長了 36.16%。第三產業占 GDP 的比重最大，超過 50%以上，其次是第二產業，特別是工業，占西安 GDP 的 35%左右，西安市堅持把開發區帶動作為重大發展戰略，通過資源合理配置，極大地推動了全市經濟社會發展。

財政金融競爭力排名第 22 位，下降 3 位。分析主要原因，財政金融效率指數為 0.236，排名 37 位，其中人均年末存款總餘額增長率 15.89%，比上年同期下降 23.66%。金融資本品質指數 0.291，排名 25，資本充裕指數 28650701 同比下降，顯現出西安金融業發展放緩。

商業貿易競爭力得分為 484.7，排名第 33 位，上升 20 位。全年社會消費品零售總額 2548.02 億元，比上年增長 14.0%，扣除價格因素，實際增長 12.1%。人均消費支出增長率實現了由負增長到正增長的轉變。雖為西部內陸城市，但西安積極運用國家西部發展資金等，支援企業擴大進出口貿易，加強外資項目的選擇，,實現了進出口總額較快增長，為全年的 GDP 總值的增加做出巨大貢獻。

基礎設施競爭力得分為 1919.62，排名第 13 位，與上年持平。二級指標基礎設施投資指數 0.504，排名 14 位，其中固定資產投資水平增長 3.1%，房地產開發水平上漲 18.3%。基礎設施行業人力資本指數 0.328，排名 21 位，電力煤氣及水生產供應從業人數下降 53.5%，建築業從業人數上升 53.10%。

社會體制競爭力得分為 390.92，排名第 38 位，下降 10 位。具體來看，西安市平均預期壽命下降了 0.003 年，政策法規透明度和地方法規條例健全程度分別下降了 0.001 和 0.003。現實生活中日趨嚴重的社會不公正現象會導致大面積負面效應的情況，迫切需要完善公共服務體系。應儘快建立社會運行狀況的監測體系及危機預警系統，形成完備的社會發展監控體系，對可能出現的問題和危機及早作出預測，防微杜漸。

環境資源區位競爭力得分為 385.14，排名第 34 位，上升 16 位。城市綠化絕對量由 2012 年的 10959 增長到 2013 年的 12839，同比增長 17.1%，氣候環境舒適度增長了 0.004，山水環境優美程度增長了 0.002，彰顯出西安市近年來對環境的重視程度，把為群眾創造水清天藍的生活環境作為當前最大的民生問題。

人力資本競爭力得分為 1153.28，排名第 17 位，上升 1 位。人力資本投入指數 0.296，排名 72，其中教育支出絕對規模由 2102 年的 530805，增長到 2013 年的 745310，增長率為 40.4%。人力資本教育設施指數 0.72，排名第 6 位，其中高校數增長 22%，中小學老師學生比增加了 71.6%。

科技競爭力得分為 1379. 34，排名第 15 位，上升 7 位。科技投入指數 0.126，排名 79，其中科技經費絕對投入量增加 8642 萬元，增長 19. 8%。科研機構指數 0.755，排名全國第六位，大學、科研院所指數增加 22%，西安市擁有明顯的科教資源優勢和較強的綜合科技實力，已形成以國家及部屬科研院所、高等院校為依託，自主創新技術成果向產業化推進進程。

文化競爭力得分為 1133. 12，排名第 8 位，上升 1 位。二級指標文化意識指數為 0.318，排名 34 位，其中誠信意識指數上漲了 1.5%，競爭意識指數 1.1%。西安做大文化產業不僅是發展利用歷史遺存，把本土文化與國內國際先進的文化理念相結合，把有創新能力的青年人才加入到文化產業建設的隊伍中，為文化產業的全面升級注入鮮活的力量。

綜合來看，西安在文化、基礎設施等方面的競爭力較強，環境資源區位和商業競爭力發展迅速，產業競爭力方面有待提高。

7. 22 東莞城市競爭力點評分析

東莞，廣東省下轄地級市，西臨珠江口，與廣州市、深圳市、惠州市接壤。東莞為“廣東四小虎”之一，更是國際加工業的重要一員。1985 年 9 月撤縣設市，1988 年 1 月升格為地級市，下轄 28 個鎮、4 個街道辦事處，440 個村委會，156 個居委會。全市陸地面積 2465 平方公里，戶籍人口 165. 65 萬，外來暫住人口 480 多萬，此外，還有港澳臺同胞 70 多萬人，海外僑胞 20 多萬人，是著名的僑鄉。

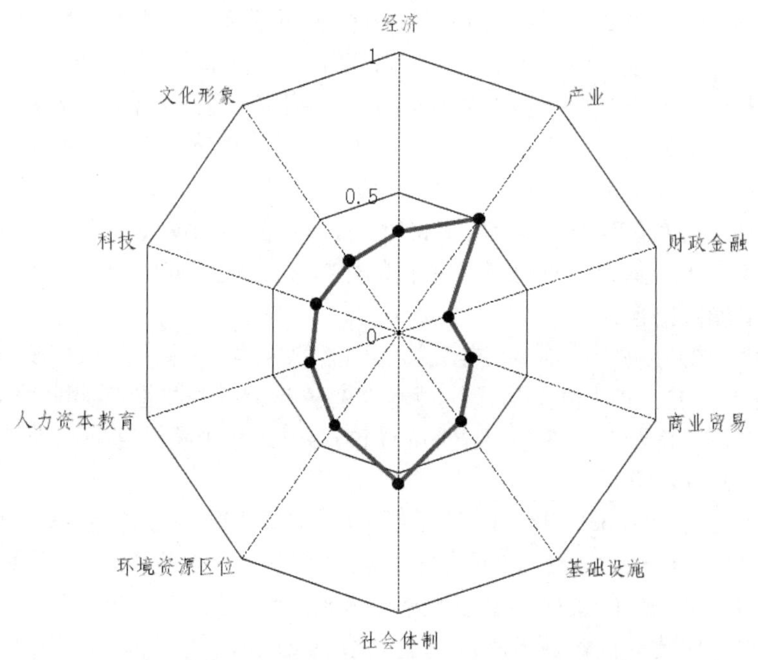

图 7.22.1　2013 年東莞分項競爭力雷達圖

東莞 2013 年城市綜合競爭力的基本情況如下：經濟競爭力得分為 710. 26，排名第 15 位，上升 4 位；產業競爭力得分為 1672. 37，排名第 13 位，下降 2 位；財政金融競爭力得分為 217. 75，排名第 57 位，下降 23 位；商業競爭力得分為 701. 52，排名第 25 位，上升 2 位；基礎設施競爭力得分為 1258. 66，排名第 25 位，下降 1 位；社會體制競爭力得分為 991. 09，排名第 10 位，上升 7 位；環境資源區位競爭力得分為 355. 51，排名第 38 位，上升 16 位；人力資本競爭力得分為 628. 68，排名第 40 位，下降 2 位；科技競爭力得分為 850. 91，排名第 27 位，下降 3 位；文化競爭力得分為 577.13，排名第 24 位，上升 2 位；綜合競爭力得分為 3274.02，排名第 22 位，比 2012 年排名下降 1 位。

2013 年東莞經濟競爭力排名第 15 位，上升 4 位。作為“廣東四小虎”之一，號稱“世界工廠”的東莞 2013 年實際利用外資總額達 305052 萬美元，同比增加 11.67%。全市新簽外商投資項目增加 455 個，而且利用外資金額有較大幅度的上升，顯示出東莞市平均每宗項目利用外資金額增大，招商引資質量進一步提高。城市經營率下降 0.3%，說明政府財政收入占 GDP 的比重有所下降。

產業競爭力得分為 1672.37，排名第 13 位，下降 2 位。限額以上工業企業數下降了 1656 個，企業市場認同感遞增程度由 25 驟降為 9.68，反映出企業整體活力水平下降,。東莞企業多為勞動密集型，耗用勞動和原材料、能源較多，產品附加值低，令東莞工業的競爭力不強，給城市的可持續發展帶來威脅，東莞工業結構和工業發展模式亟需轉型。

財政金融競爭力得分為 217.75，排名第 57 位，下降 23 位，主要是由於人均財政收入增長率和人均年末存款總餘額增長率分別下降了 59.2%和 52.4%，這反映本期財政收入的增長速度變緩。可能與勞動密集型工業帶來的人口密度過高、環境污染和生態失衡的問題日趨嚴重有關。

商業貿易競爭力得分為 701.52，排名第 25 位，上升 2 位。其中外貿依存度由 188.17 下降到 184.13。東莞之前走的是一條以引進外來廠商、吸納國內大量廉價勞動力，形成勞動密集型和加工貿易型產業結構，現在正在逐漸由“數量型”經濟向“質量型”經濟轉變。東莞今年的進出口總額在珠三角九市當中排名第二，僅次於深圳，儘管在進出口增量上較大，但進出口總額基數逐年擴大，其同比增長速度上比一些進出口總額較小的城市顯得較慢。

基礎設施競爭力得分為 1258.66，排名第 25 位，下降 1 位。二級指標交通設施水平指數 0.297，排名 56，較 2012 年排名 50 有了小幅下降，三級指標每萬人擁有公共汽、電車數下降了 3.4%，每萬人擁有計程車數下降了 0.36%。其他造成基礎設施競爭力下降的原因有：港口設施指數下降了 22.6%，郵政網點設施指數下降了 66.3%。東莞城市建設朝資源節約型、環境友好型方向發展，提升城市競爭力，促進全市經濟與社會發展的科學轉型，促進產業優化升級。

社會體制競爭力得分為 991.09，排名第 10 位，上升 7 位。政策法規透明度由 0.395 增長到 0.901，政府執法能力增長了 93.0%。按照建設“小政府、大社會”的總體目標，東莞推動政府全面正確履行職能，率先探索構建具有強大動力、充滿活力和可持續競爭力的行政體制機制，打造法治化、國際化營商環境，廣泛聽取各方的意見，傾聽民聲，反映民意，彙聚民智，東莞成為率先探路全國行政審批制度的領頭羊。

環境資源區位競爭力得分為 355.51，排名第 38 位，上升 16 位。分析二級指標，環境質量水平指數為 1，上升到第 1 位，其中生活垃圾無害化處理率提高了 10.4%。

人力資本競爭力得分為 628.68，排名第 40 位，下降 2 位。分析二級指標，人力資本投入指數 0.365，排名 32 位，下降 10 位。人力資本教育設施指數 0.164，下降 44 位，其中移民化程度指數降低了 1.3%。因為勞動力成本上升，產業模式轉型變得不可逆轉，但一些企業卻沒有系統地考慮人力資本戰略升級，這使得轉型的可靠性得不到印證，基礎也不牢固。

科技競爭力得分為 850.91，排名第 27 位，下降 3 位。分析二級指標，科研成果轉化指數 0.529，排名第九，較 2012 年下降了 3 名，旗下指標科技成果轉換率 0.798，較 2012 年下降了 0.6%。電腦人才每萬人擁有量下降了 0.36%。東莞是珠江三角洲地區民營企業和中小企業最集中的工業城市，經過改革開放 30 年的發展，當前正處於經濟社會轉型的關鍵時期。以工業設計推動東莞製造業自主創新，會加速東莞形成自主品牌優勢，扭轉東莞地區民營企業自主品牌和自主核心技術產品比例過低的局面，同時對珠三角乃至華南地區都將產生積極的輻射作用。

文化競爭力得分為 577.13，排名第 24 位，上升 2 位。劇院數增加 6 個，城市建築景觀和諧程度上升 0.002。東莞把"海納百川、厚德務實"的城市精神當成口號，努力營造尊重知識、尊重人才、尊重一切勞動者的文化環境，增強地方文化親和力、凝聚力、輻射力，從而提升了城市文化競爭力。

綜合來看，東莞在經濟、商業、社會體制方面具有較強的競爭力，財政金融和環境資源區位競爭力有待進一步發展，東莞經濟如果要持續發展並保持一定的競爭力，產業轉型是當前最首要的工作。

7.23 廈門城市競爭力點評分析

廈門位於中國東南沿海，臺灣海峽西岸，與臺灣隔海相望。全市總面積 1,565 平方公里，2013 年末全市戶籍人口 196.78 萬，常住人口 373 萬。下轄思明、湖裡、集美、海滄、同安、翔安六個行政區。廈門是中國最適宜居住的城市之一，2004 年獲得"聯合國人居獎"。 廈門氣候宜人，風景秀麗，環境整潔，擁有"國際花園城市"、"國家衛生城市"、"國家園林城市"、"國家環保模範城市"、"中國優秀旅遊城市"和"全國十佳人居城市"等殊榮。

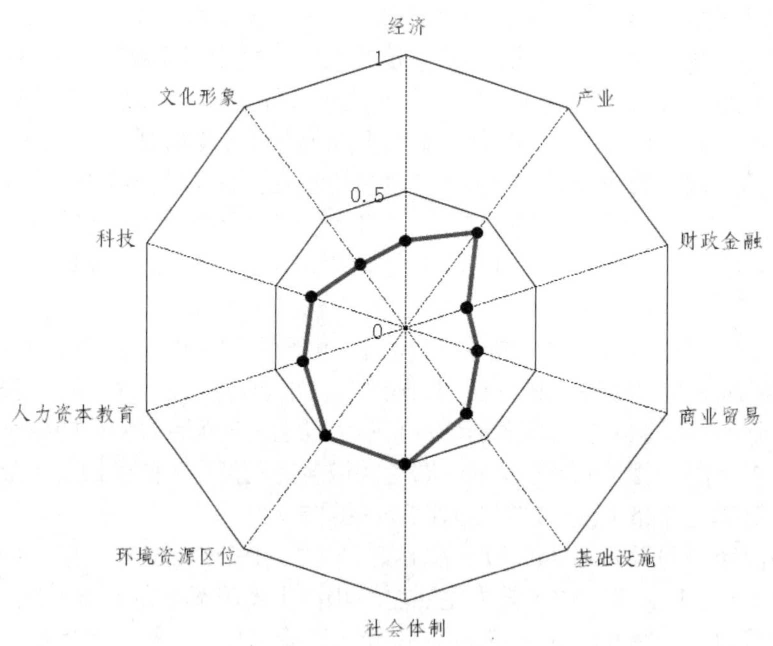

图 7.23.1　2013 年廈門分項競爭力雷達圖

廈門 2013 年城市綜合競爭力的基本情況如下：經濟競爭力得分為 527.48，排名第 23 位，上升 4 位；產業競爭力得分為 1125.2，排名第 25 位，下降 3 位；財政金融競爭力得分為 568.15，排名第 30 位，上升 15 位；商業競爭力得分為 642.25，排名第 26 位，下降 5 位；基礎設施競爭力得分為 1200.85，排名第 28 位，下降 3 位；社會體制競爭力得分為 721.79，排名第 25 位，下降 5 位；環境資源區位競爭力得分為 622.61，排名第 22 位，與上年持平；人力資本競爭力得分為 857.65，排名第 26 位，上升 9 位；科技競爭力得分為 1155.77，排名第 22 位，下降 2 位；文化競爭力得分為 402.15，排名第 38 位，上升 4 位；綜合競爭力得分為 3215.29，排名第 23 位，上升 1 位。

2013 經濟競爭力排名第 23 位，上升 4 位。全年地區生產總值 3018.16 億元，按可比價格計算，比上年增長 9.4%。城市人口增加 8 萬人，作為著名的旅遊城市，廈門每年都會吸引大批國外遊客，從而帶動本地經濟消費需求，增加居民收入，人均國際旅遊收入和人均可支配收入分別增加 52 美元和 4312 元，增長 16.9%和 14.7%。雖然簽訂外資合同數下降了 7.5%，但實際利用外資總額增長了 1.7%，顯示出外資質量的提高。

產業競爭力得分為 1125.2，排名第 25 位，下降 3 位。其中與限額以上工業企業數和外資企業數分別下降 711 個和 291 個是重要原因，降幅達 32.1%和 26.9%，但是外資企業平均產出能力卻有了大幅上升，反映出廈門採取措施，使外資進入製造業新設企業與金額都略微下降，但服務業外資數量和金額都有很大進展，進一步提高了外資質量水平。

財政金融競爭力排名第 30 位，上升 15 位。獲得銀行貸款便利程度和獲得民間及風險資本便利程度分別增長 29.0%和 47.2%，作為東部沿海開放城市，廈門把政策優勢轉化為發展優勢，努力謀求兩岸區域性金融服務中心建設，其金融業發展迅速，資本使用規模一年間增長了三倍。

商業貿易競爭力得分為 642.25，排名第 26 位，下降 5 位。受進出口總額增長率由 31%下降到 23%和社會消費品零售額增長率由 21%下降到 16%的影響，廈門市商業競爭力下降 5 位，與該地區的產業向外轉移，而且環境承載力下降等有關，此反映出城市發展過程中並沒有真正轉變發展方式。

社會體制競爭力得分為 721.79，排名第 25 位，下降 5 位。從失業率上看，廈門失業率一年間上升了近 3%，社會安全民眾滿意度和地方法規條例健全程度分別下降了 0.002 和 0.003，說明廈門一年內政府的確有失職的地方，構建和諧社會的過程中出現了有失公平的地方。

環境資源區位競爭力得分為 622.61，排名第 22 位，與上年持平。分析二級指標，環境品質水平指數 0.785，排名第 10 位，上升 4 位，生活垃圾無害化處理率增長了 1.4%，工業二氧化硫去除率增加了 76.4%。在環境容量有限、自然資源供給不足而經濟相對發達的廈門地區，要使環境保護與經濟發展同步，必須把環境保護擺上更加突出的戰略位置，與經濟社會發展統籌考慮、統一安排、同時部署。

人力資本教育競爭力得分為 857.65，排名第 26 位，上升 9 位。高素質人力資本相對儲備量和專業技術人員擁有量分別增長了大約四倍和兩倍，表明廈門也採取優惠政策和靈活措施吸引人才，其高素質人力資本儲備量增加迅速，提升潛力大。

文化形象競爭力由於宣傳到位，上升 4 位，修建軌道交通對提升城市綜合競爭力、促進城市經濟發展、完善城市基礎設施、提高城市服務水平有巨大的推動作用，廈門市應迎頭趕上，儘快建設軌道交通，提升城市服務水平和城市形象，積極參與區域競爭。2013 年 1 到 5 月廈門市 199 個城鄉基礎設施建設完成投資 188.06 億元，完成同期投資計劃的 137%，遠遠超出了序時進度。

科技競爭力得分為 1155.77，排名第 22 位，下降 2 位。科技投入水平指數 0.175，排名 28，下降了 4 位，其中科技經費相對投入量一年內下降了 7.1%。科研成果轉化指數 0.488.排名 17 位，下降 3 位，其中科技成果轉換率下降 0.75%。廈門市科技局也大力扶持原有的研發平臺體系，讓包括工程技術研究中心、重點實驗室、企業技術中心等在內的綜合研發平臺體系整體發力，全面推進廈門研發實力和核心競爭力的提升。

文化競爭力得分為 402.15，排名第 38 位，上升 4 位。二級指標文化設施指數 0.217，排名 36，較 2012 年有了跨越式發展，公共圖書總藏量增長 37.5%是主要原因。城市行銷能力指數 0.356，排名由第 36 位前進到第 29 位，城市功能定位指數增長了 0.57%，城市建築景觀和諧程度增長了 1.6%。兩岸關係發展的新形勢和廈門獨特的區位與文化優勢，為深化廈台文化交流合作提供良好條件，文化發展的政策法制環境有待進一步完善。

綜合來看，廈門經濟效率和產業層次競爭力優勢不明顯，要進一步提升基礎設施競爭力，應從薄弱環節入手，完善市內基本基礎設施，繼續發揮環境資源區位競爭力和科技競爭力的優勢，真正發揮經濟特區的視窗和示範作用。

7. 24 長沙城市競爭力點評分析

長沙，別稱"星城"、是著名的"楚漢名城"，國家歷史文化名城，國家級綜合配套改革試驗區之一，國家級兩化融合試驗區之一, 國家十二五規劃確定的重點開發區域，南中國綜合性交通樞紐。為湖南省省會，是湖南省政治、經濟、文化、交通、科技、金融、資訊中心，是中國中西部地區最具競爭力城市之一。

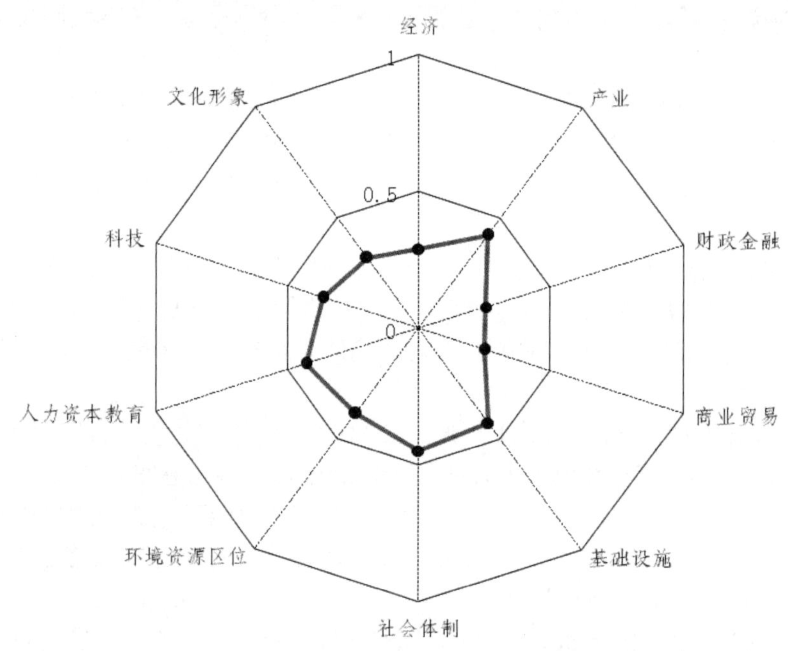

圖 7.24.1　2013 年長沙分項競爭力雷達圖

長沙 2013 年城市綜合競爭力的基本情況如下：經濟競爭力得分為 394.32，排名第 33 位，下降 7 位；產業競爭力得分為 1029.59，排名第 30 位，下降 6 位；財政金融競爭力得分為 721.99，排名第 23 位，上升 8 位；商業競爭力得分為 457.03，排名第 35 位，下降 4 位;基礎設施競爭力得分為 1562.1，排名第 17 位，上升 3 位;社會體制競爭力得分為 351.91，排名第 43 位，下降 16 位；環境資源區位競爭力得分為 283.62，排名第 45 位，上升 8 位；人力資本競爭力得分為 1025.92，排名第 20 位，下降 5 位；科技競爭力得分為 1169.69，排名第 21 位，下降 2 位；文化競爭力得分為 608.69，排名第 23 位，上升 11 位；綜合競爭力得分為 2935.79，排名第 24 位，下降 1 位。

經濟競爭力排名第 33 位，比 2012 年排名下降 7 位。在二級指標當中，城市規模指數為 0.401，排名第 17 位，城市效率指數為 0.231。全年實現地區生產總值 6399.91 億元，比上年增長 13.0%，低於 2012 年 14.5%的增長率，說明政府集中力量調整產業結構，轉變經濟發展方式，提高經濟質量和效益，實現經濟由粗放型向集約型轉變，也有利於經濟的可持續發展。城市經營率下降了 4.3%，政府財政收入占 GDP 的比重下降。

產業競爭力得分為 1029.59，排名第 30 位，下降 6 位。2013 年長沙產業效率指數 0.612，排名第 8，較 2012 年的第二位退步明顯，其中三級指標從業者生產效率下降了 57.5%，銷售毛利率下降了 60.7%。二級指標產業結構指數 0.669，排名 32，下降了 1 位，第二產業就業水平下降 6.1%，第三產業發展水平下降 5.7%。長沙的工業規模偏小，現代服務業發展不夠，公共服務質量有待提高。

財政金融競爭力得分為 721.99，排名第 23 位，上升 8 位。財政預算內收入增長 35.4%，獲得銀行貸款、證券市場資本、民間及風險資本的便利程度均增長 28%以上，說明長沙市金融組織體系不斷完善，金融業務規模日益擴大，服務地方經濟實力增強，金融改革開放步伐加快。

商業貿易競爭力得分為 457.03，排名第 35 位，下降 4 位。二級指標外貿指數 0.159，排名 56 位，下降 4 位，主要是因為進出口總額增長率下降 42.5%。商貿機構指數 0.195，排名 38，下降 10 名，跌幅較大，限額以上批發零售企業每萬人擁有量下降 43.6%。自古以來，長沙便是楚南重鎮，悠久的商業傳統，使其形成了濃厚的商業特徵，近年來長沙市發展放緩，商業競爭力有所下降。

基礎設施競爭力得分為 1562.1，排名第 17 位，上升 3 位。其中人均生活用水量立方米和人均生活用電量均增長了兩倍，其原因是長沙五年累計投入 1800 餘億元加強基礎設施建設，城市綜合服務功能和集聚輻射能力不斷增強，城市化率不斷提高，現代化區域性中心城市的格局已經形成。

社會體制競爭力得分為 351.91，排名第 43 位，下降 16 位。從二級指標來看，社會公平保障水平指數 0.331，排名 40，較 2012 年的 21 名退步明顯，主要是因為失業率上漲了 6.0%。醫療保健水平指數 0.603，排名 21，較 2012 年 19 名下降了 2 位，其三級指標平均預期壽命下降了 0.32%。

環境資源區位競爭力得分為 283.62，排名第 45 位，上升 8 位。城市土地資源絕對豐富度由 2012 年的 130 增長到 2013 年的 248。工業二氧化硫去除率一年內上漲了 36.9%，氣候環境舒適度也有了改善，長沙通過推進沿江建設、跨江發展戰略，打造生態宜居的“山水洲城”，城市綜合承載功能進一步提升。

人力資本競爭力得分為 1025.92，排名第 20 位，下降 5 位。二級指標人力資源素質指數 0.389，排名 27，而 2012 年長沙市排名第四，其中成人識字率下降了 0.31%，專業技術人員擁有量下降了 76.4%。人力資本規模指數排名下降 1 位，位於 16 名，其它人力資本儲備量下降了 20.8%。長沙市應繼續深化科技體制改革，完善科技人才評價、使用和激勵機制，大力宣導勇攀高峰的創新精神，積極營造開放包容的創新氛圍。

科技競爭力得分為 1169.69，排名第 21 位，下降 2 位。分析二級指標，科技人力資本指數 0.317，比 2012 年的 0.474 下降了 0.157，排名 16，其中專業技術人員擁有量下降了 76.4%，專業技術人員比重降低了 76.6%。長沙市近年來加大了對科技研發的投入，全社會研發投入占 GDP 的比重持續增長到 1.94%，接近創新型國家 2%的標準，成為全國科技創新投入最強的地區之一。但與北京上海等大城市相比，還有很大差距。

文化競爭力得分為 608.69，排名第 23 位，上升 11 位。每百人公共圖書數由 2012 年的 97 冊增長到 2013 年的 145 冊，城市文化影響指數和城市推廣度都增長了 0.004，文化產業是長沙的優勢產業，文化越來越成為經濟社會發展最具活力的元素，媒體傳播力不斷增強，文化影響力不斷擴大，產業競爭力不斷躍升。

總體來看，長沙市 2013 年金融業獲得快速發展，財政金融競爭力上升 8 名，但是其餘各方面發展變緩，尤其是社會體制方面，競爭力明顯下降，下滑 16 名。以此看來，長沙市在加強社會保障、提高市民幸福感上還要加強力度。2013 年其綜合競爭力下降 1 名。

7.25 鄭州城市競爭力點評分析

鄭州市，簡稱鄭，河南省省會，國家歷史文化名城，中國中部地區重要的中心城市和國家重要的綜合交通樞紐。鄭州位於河南省中部偏北，黃河下游。自古至今均為交通要塞，素有“中國鐵路心臟”之美譽。鄭州為七朝古都、中國八大古都之一、中國歷史文化名城、中原文化代表、世界歷史都市聯盟成員城市。

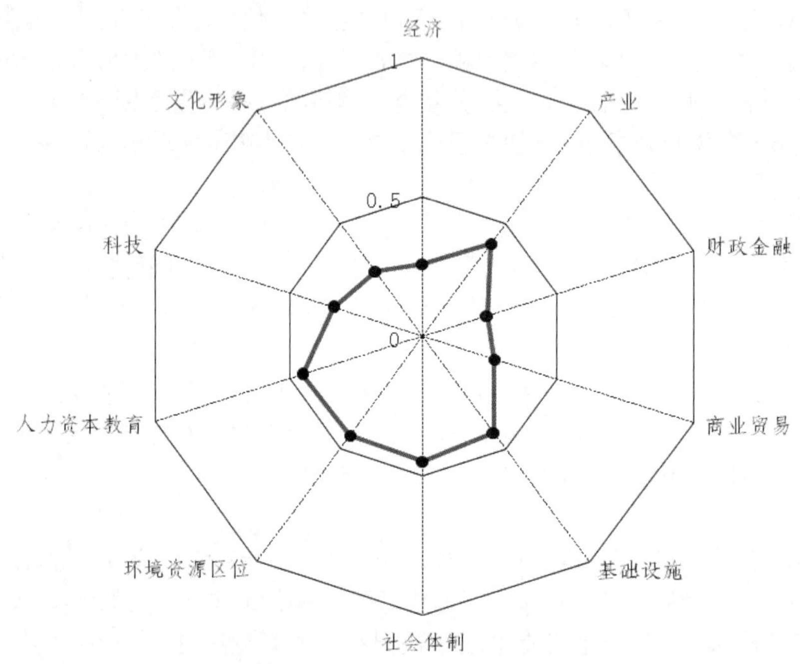

图 7.25.1　2013 年鄭州分項競爭力雷達圖

鄭州 2013 年城市綜合競爭力的基本情況如下：經濟競爭力得分為 255.02，排名第 47 位；產業競爭力得分為 939.5，排名第 32 位，上升 2 位；財政金融競爭力得分為 611.07，排名第 28 位，上升 2 位；商業競爭力得分為 577.76，排名第 29 位，上升 7 位；基礎設施競爭力得分為 1559.88，排名第 18 位，下降 1 位；社會體制競爭力得分為 359.33，排名第 42 位，下降 10 位；環境資源區位競爭力得分為 458.66，排名第 29 位，上升 17 位；人力資本競爭力得分為 1158.02，排名第 16 位，上升 1 位；科技競爭力得分為 931.45，排名第 24 位，上升 4 位；文化競爭力得分為 412.27，排名第 36 位，上升 3 位；綜合競爭力得分為 2837.82，排名第 25 位，上升 2 位。

2013 年鄭州市經濟競爭力排名第 47 位。全年完成生產總值 6201.9 億元，比上年增長 10%；人均生產總值 68070 元，比上年增長 7.9%。二級指標中，城市效率指數排名 70，其中城市化帶動率增長了 3%；城市國際吸引指數排名 32，城市國際吸引指數和簽訂外資合同數分別增長了 63.1%和 12.1%，作為一個中部內陸城市，在吸引外資方面頗具魅力。

產業競爭力得分為 939.5，排名第 32 位，上升 2 位。分析二級指標，產業結構指數為 0.677，排名 26 位，較 2012 年的 47 位有了很大提高，其中製造業每萬人擁有量增加了 83.0%，第二產業就業水平增加了 14.4%。鄭州作為省會城市優勢明顯，這在制定政策、法規等方面具有較大的自主性和不可比擬的優越性，有利於增強控制、配備資源的能力，鄭州經濟總體進入了工業化中級階段的起始時期。

財政金融競爭力得分為 611.07，排名第 28 位，上升 2 位。二級指標財政金融規模指數 0.25，排名 18，財政和資金實力雄厚。具體來看，年末金融機構存款總餘額增長 12.6%，全市完成地方財政總收入 1116 億元，比上年增長 14.5%。資本使用率由 2012 年的 36%增長到 2013 年的 68%，反映出鄭州市金融機構貸款總餘額與存款總餘額之比增大，這與鄭州市加大扶植型區域金融結構調整政策的力度，實行優惠的市場准入政策有關。

商業貿易競爭力得分為 577.76，排名第 29 位，上升 7 位。分析二級指標，2013 年鄭州市外貿指數 0.179，排名 30，較 2012 年上升了 26 位，其中強勁的動力來自於外貿依存度增長了 159.7%，進出口總額增長了 209.6%。居民消費指數 0.371，排名 26，較 2012 年的 89 名進步了 63 名，其中人均消費支出增長了 49.9%，大眾消費傾向增長了 25.6%。鄭州作為中原經濟區的發展龍頭，必然成為政策、資金、資訊、專案等的密集區，形成帶動中原經濟區發展的動力源和核心增長極。

基礎設施競爭力得分為 1559.88，排名第 18 位，下降 1 位。房地產開發水平增長 16.7%，房價收入比下降 11%，鄭州在房地產調控方面初見成效。市內道路、水電煤氣和文化衛生等基礎設施落後的狀況有一定改觀，但仍未表現出明顯的優勢，較其他城市發展，略顯緩慢。作為省會城市，應在條件許可的範圍內盡力優先發展基礎設施。

社會體制競爭力得分為 359.33，排名第 42 位，下降 10 位。二級指標政府社會管理水平指數 0.297，排名 68。具體來看，政府機構規模指數由 138 降為 133，地方法規條例健全程度由 0.438 降為 0.436，民眾對政府的滿意度由 0.34 降為 0.339，政府治理比較弱，在規劃、推銷、服務和創新等方面都需要繼續提高。

環境資源區位競爭力排名第 29 位，環境保護力度加大，取得了巨大進步，環境競爭力上升 17 位。二級指標區位水平指數 0.583，排名 13，與 2012 年持平。自然資源水平指數排名較為靠後，但其城市土地資源絕對豐富度和城市農產品絕對自給度分別增長了 178.3%和 19.6%，說明鄭州市政府採取相應措施，取得了較大的進步。工業固體廢物綜合利用率下降了 8%，鄭州市環境依然面臨巨大挑戰。

人力資本競爭力得分為 1158.02，排名第 16 位，上升 1 位。分析二級指標，人力資本教育設施指數 0.737，排名第 5，較 2012 年有了很大進步。其中高校老師數增長了 13.0%，中小學老師學生比增長了 94.8%。近年來，鄭州市解放思想，積極創新，出臺了許多新的措施來構築人才工作新格局。鄭州市以引進高層次和急需人才為重點，降低准入“門檻”，積極吸納各類人才來鄭貢獻聰明才智。

科技競爭力得分為 931.45，排名第 24 位，上升 4 位。從二級指標來看，科研創新指數 0.196，排名 29，上升 4 位。其中專利總數增長了 4.6%，年省級以上認定科技成果數增長了 2.9%。鄭州市注重引導、鼓勵和支援企業與高校、科研院所合作建立研發機構和各類研發中心、研發平臺，對研發中心建設給予重點支持，培育企業持續增強創新能力建設。

文化競爭力得分為 412.27，排名第 36 位，上升 3 位。文化設施指數 0.195，排名 52，較 2012 年上升了 11 位，主要是由於公共圖書總藏量增長了 10.0%。二級指標文化意識指數 0.287，排名前進 14 位，其中誠信意識指數增長了 1.3%，創新意識指數增長了 1.9%。鄭州市努力構建結構合理、門類齊全、科技含量高、富有創意、競爭力強的現代文化產業體系，推動文化產業跨越式發展，使之成為新的經濟增長點，為推動科學發展提供重要支撐。

綜合來看，2013 年鄭州市經濟雖平穩發展，但相對於其他城市增速較慢。應該加大投資力度，加快產業轉型。環境資源方面投入初見成效，環境競爭力明顯增強。綜合競爭力較去年上升 2 名。

7.26 新北城市競爭力點評分析

新北市，臺灣五大院轄市之一，位於臺灣最北端。新北全境環繞臺北市，東北與基隆市為鄰，東南接宜蘭縣、西南鄰桃園縣，其前身為臺灣省臺北縣，2010 年 12 月 25 日臺北縣正式改制升格為院轄市，定名為“新北市”。其人口眾多並匯集許多來自臺灣各地移民，有高度都市化的區域，也有鄉間風情與自然山川風貌，樣貌多元，人口組成及經濟產業具多樣性，堪稱是臺灣社會的縮影。

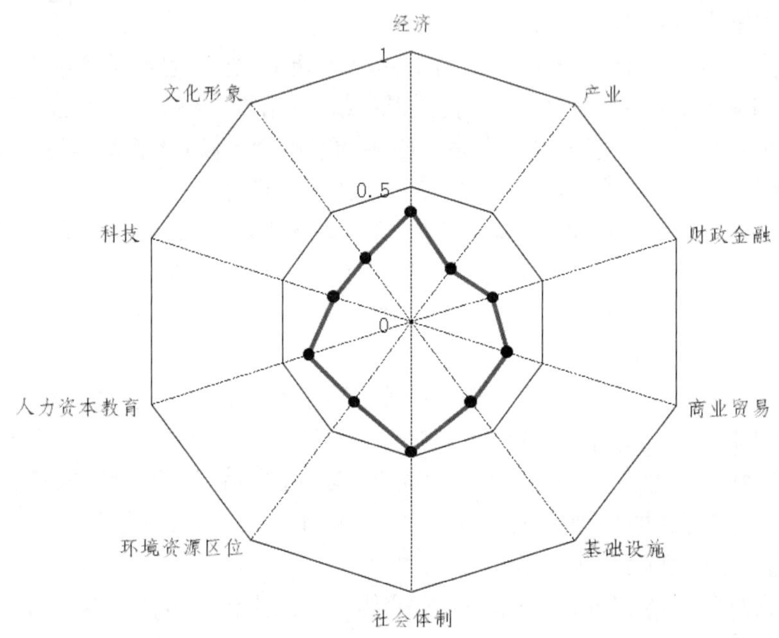

图 7.26.1　2013 年新北分項競爭力雷達圖

新北 2013 年城市競爭力的基本情況如下：經濟競爭力得分為 914.98，排名第 10 位，上升 3 位；產業競爭力得分為-368.9，排名第 201 位，下降 43 位；財政金融競爭力得分為 1150.03，排名第 13 位，下降 5 位；商業競爭力得分為 1272.9，排名第 10 位，下降 3 位；基礎設施競爭力得分為 1077.72，排名第 32 位，下降 5 位；社會體制競爭力得分為 576.05，排名第 30 位，上升 24 位；環境資源區位競爭力得分為 208.45，排名第 54 位，上升 31 位；人力資本競爭力得分為 884.65，排名第 24 位，下降 3 位；科技競爭力得分為 649.55，排名第 33 位，下降 4 位；文化競爭力得分為 436.35，排名第 34 位，上升 29 位；綜合競爭力得分為 2836.31，排名第 26 位，與上年持平。

2013 年新北經濟競爭力排名第 10 位。上升 3 位。新北市是臺灣經濟發展的火車頭，GDP 增速由 2012 年的 4%降為 2.69%，發展趨於平緩。城市效率指數 0.334，排名第 8，三級指標中城市經營率增長了 84.2%。

產業競爭力得分為-368.9，排名第 201 位，下降 43 位。從二級指標來看，2013 年新北市產業規模指數 0.327，下降 5 位，為 28 名，產業貢獻指數 0.228，排名下降 9 位，產業效率指數 0.169，排名下降了 25 位。

財政金融競爭力得分為 1150.03，排名第 13 位，下降 5 位。分析二級指標，金融資本可獲得指數 0.298，排名 18，較 2012 年排名第五名有明顯退步。人均年末儲蓄額和人均年末貸款額均下降 0.58%。

商業貿易競爭力得分為 1272.9，排名第 10 位，下降 3 位。從二級指標來看，2013 年新北國內商業貿易規模指數 0.163，排名 84，降幅較大；外貿指數 0.195，排名第 19 位，下降 7 位；商貿機構指數 0. 149，排名第 69 位，下降 24 位。

基礎設施競爭力得分為 1077. 72，排名第 32 位，下降 5 位。分析變化的二級指標，基礎設施投資指數 0. 216，排名 71，下降 5 位。基礎設施供應水平指數 0. 324，排名 17，下降 3 位。交通設施水平指數 0. 395，排名 24，後退 4 名。

社會體制競爭力排名第 30 位，上升 24 位。二級指標中，社會公平保障水平指數 0. 377，排名 21，其中社會保障覆蓋率增長 0. 003，其他各項指標基本持平。社會福利較上年都有所提高，在社會治安上，全市 2013 年刑案發生數為 54387 件，刑案破案數 48698 件，刑案發生數較上年減少，破案率提高，人們生活得到保障。總的看來 2013 年新北市在社會工作，社會救助，社會治安上都有了很大的進步，社會體制競爭力明顯增強。

科技競爭力得分為 649. 55，排名第 33 位，下降 4 位。從二級指標來看，2013 年新北市科技投入水平指數 0. 248，排名第 10，較 2012 年的第 7 名下降 3 位，其中人均科技經費擁有量下降了 0. 58%。科研創新指數 0. 221，排名 20，下降 3 位。

環境資源區位競爭力排名第 54 位，上升 31 位。環境資源水平指數 0. 404，其中氣候環境舒適度增加 0. 002，自然災害少發率增加 0. 008。空氣中總懸浮顆粒濃度為 57. 13，較前些年有很大改進，2013 年平均每人環保經費為 2000 元。從環境上看，2013 年新北市環境改善明顯，進步很大。

人力資本競爭力得分為 884. 65，排名第 24 位，下降 3 位。分析二級指標，人力資本投入指數 0. 606，排名第 8，後退了兩位；人力資源素質指數 0. 286，退步明顯；人力資本教育設施指數 0. 29，排名 89，降幅較大。

文化競爭力得分為 436. 35，排名第 34 位，上升 29 位。二級指標文化資源指數 0. 498，排名 11，其中城市歷史文化指數增長 0. 001，名勝古跡指數增長 0. 002。新北市鼓勵具有獨特產業歷史文化的工廠，以原有資源加上創意與觀光旅遊，為老工廠注入嶄新市場生命力。

總體來看，新北市經濟發展緩慢，工業，金融，對外貿易發展落後。需要加大力度，刺激經濟的發展，努力提高經濟模式，加快產業結構的轉型。新北市在社會、環境上的競爭力明顯上升。今後應該在此基礎上重點發展經濟，形成以經濟帶動社會保障、文化、環境資源的同步發展。2013 年新北市綜合競爭力與去年持平，排名第 26 位。

7. 27 佛山城市競爭力點評分析

佛山市位於廣東省中南部，地處珠江三角洲腹地，東倚廣州，南鄰港澳，地理位置優越，氣候溫和，雨量充足，四季如春，屬亞熱帶季風性濕潤氣候，自古就是富饒的魚米之鄉。佛山市現轄禪城區、南海區、順德區、高明區和三水區，全市總面積 3868 平方公里。佛山的商業發展歷史源遠流長，有著“廣紗中心”、“南國陶都”的美譽，悠久的歷史，孕育了佛山獨具魅力的嶺南傳統文化。佛山是粵劇的發祥地；是中國飲食文化的主要發源地；是著名的武術之鄉，是中國功夫傑出代表黃飛鴻的故鄉和李小龍的宗祖地。

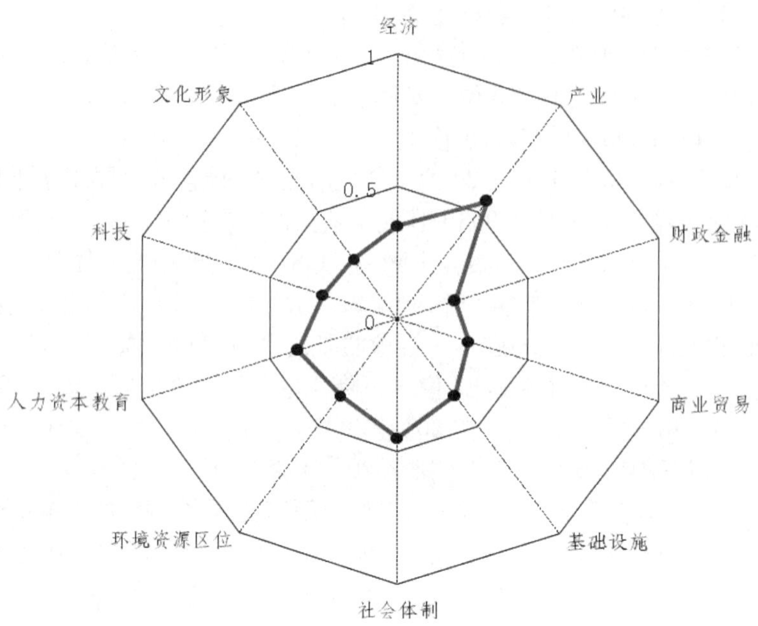

图 7.27.1　2013 年佛山分項競爭力雷達圖

佛山 2013 年城市綜合競爭力的基本情況如下：經濟競爭力得分為 659.28，排名第 19 位，下降 2 位；產業競爭力得分為 2005.77，排名第 8 位，下降 1 位；財政金融競爭力得分為 444.71，排名第 33 位，下降 11 位；商業競爭力得分為 611.14，排名第 27 位，下降 3 位；基礎設施競爭力得分為 971.79，排名第 34 位，上升 12 位；社會體制競爭力得分為 359.67，排名第 41 位，上升 36 位；環境資源區位競爭力得分為 198.58，排名第 56 位，上升 9 位；人力資本競爭力得分為 832.30，排名第 29 位，上升 19 位；科技競爭力得分為 581.87，排名第 36 位，上升 9 位；文化競爭力得分為 351.32，排名第 42 位，下降 7 位；綜合競爭力得分為 2804.78，排名第 27 位，上升 2 位。

2013 年佛山經濟競爭力得分為 659.28，排名第 19 位，下降 2 位。分析二級指標，城市規模指數 0.398，較 2012 年的 0.392 略有增長，但是排名下降了 2 位，為第 18 名，其中主要是由於 GDP 增長率下降了 27.8%。2013 年城市居民生活水平指數 0.358，排名 27，下降 3 位。

2013 年佛山產業競爭力得分為 2005.77，排名第 8 位，下降 1 位。產業規模指數 0.469，排名 14 位，後退了 2 位，其中限額以上工業企業數下降 17.8%。產業結構指數 0.668，排名 33，下降 7 位，主要是由於第三產業發展水平下降 2.4%所致。從資料中可以看出，佛山第二產業競爭力較強，第一、三產業競爭力較弱，工業競爭力總體水平較高，但高技術產業競爭力亟待提升。

財政金融競爭力得分為 444.71，排名第 33 位，下降 11 位。從二級指標來看，財政金融規模指數 0.197，排名 34，下降 10 名，主要是財政收入占 GDP 比重下降了 4.1%。財政金融效率指數 0.206，排名 70，而 2012 年排名 36 名，人均財政收入增長率下降了 42.2%，人均年末存款總餘額增長率下降了 59.4%是排名後退的主要原因。

商業貿易競爭力得分為 611.14，排名第 27 位，下降 3 位。二級指標國內商業貿易規模指數 0.296，排名 20 下降 4 位，批發零售貿易業商品銷售總額下降 32.4%，人均批發零售貿易業商品銷售額減少 32.7%。商貿人力資本指數 0.119，排名 78，下降 9 位，其中住宿餐飲業從業人數下降 12,1%，商貿從業人員萬人擁有量下降 2.5%。商業發展到今天，不是以規模論英雄，而是做到定位准確，資源配置得當，避免重複建設，應該自主創新，顯露特色。

基礎設施競爭力得分為 971.79，排名第 34 位，上升 12 位。二級指標基礎設施供應水平指數 0.376，排名 12，分析具體指標，人均生活用水量增長了 22%，家庭用煤氣液化氣普及用煤氣人口/總人口增長了 66.7%。房地產開發投資平穩增長，全市房地產開發投資完成 638.46 億元，增長 7.0%。政府加大投資和管理力度，在提升城市形象上實現新突破。

社會體制競爭力得分為 359.67，排名第 41 位，上升 36 位。從二級指標來看，社會公平保障水平指數為 0.354，排名第 26 位；社會治安水平指數為 0.495，排名第 55 位；政府社會管理水平指數為 0.368，排名第 34 位。其中社會保障和就業支出比 2012 年增加了 1.88 倍，衛生保險和社會福利業從業人員比去年增加了 1.15 倍，人均社會保障和就業支出增加了 1.15 倍。每萬人醫院病床數增加了 58%。人民生活得到保障。

環境資源區位競爭力得分為 198.58，排名第 56 位，上升 9 位。從二級指標來看，2013 年佛山的區位水平指數為 0.363，排名第 49 位；環境質量水平指數為 0.783，排名第 12 位。其中建成區綠化覆蓋率比 2012 年增加了 58%，生活汙水處理率增加了 23.7%，但環境資源區位整體得到明顯改善。

人力資本競爭力得分為 581.87，排名第 36 位，上升 9 位。從二級指標來看，人力資源素質指數為 0.601，排名第 6 位；人力資本吸引水平指數為 0.747，排名第 9 位。具體的，人力資本規模為 172.98 萬人，比 2012 年增加了 1.98 倍，高素質人力資本儲備量比 2012 年增加了 46%。人力資本建設仍在繼續，並取得了一定成效。

科技競爭力得分為 581.87，排名第 36 位，上升 9 位。分析二級指標，2013 年佛山市科技人力資本指數 0.323，排名 13，較 2012 年排名 37 有很大提高，其中科技服務人員擁有量增加了 16.4%，科技服務人員相對擁有量增加了 15.8%。佛山市利用產業集聚的特點，因勢利導支援專業鎮技術創新中心的建設。為了提升行業共性關鍵技術研究開發的能力，佛山市著力推動省級研究院建設，建立了華南家電研究院、華南精密製造技術研究開發院、廣東數位媒體技術研究開發院、廣東省建築衛生陶瓷研究院 4 家省級研究院。

文化競爭力得分為 351.32，排名第 42 位，下降 7 位。文化設施指數 0.239，排名 29 位，下降 2 名，每百萬人影劇院數減少了 0.44%。文化資源指數 0.261，排名 76，下降 1 名，其中藝術家和文化組織指數下降了 96.7%。近年來，佛山圍繞建設文化名城目標，推動傳統歷史文化與現代都市文化相互融合，塑造開放、相容和創新的佛山文化形象，全力打造“文化名城”品牌。

綜合看來，佛山市經濟運行平穩，但財政金融實力還相對較弱，應該重點發展，加大力度。不過，佛山在城市基礎設施建設、社會體制改善、環境資源保護上取得了進步。綜合競爭力上升 2 名。

7.28 昆明城市競爭力點評分析

昆明，雲南省會，又名“春城”，首批中國歷史文化名城，雲南省唯一的特大城市和西南地區（僅次於成都、重慶）第三大城市，是雲南省政治、經濟、文化、科技、交通中心，西部地區重要的中心城市和旅遊、商貿城市。

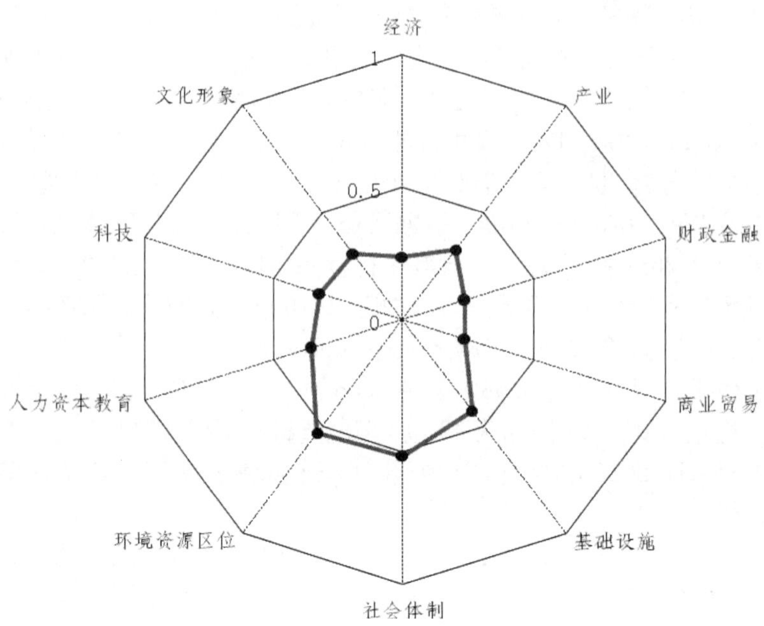

图 7.28.1 2013 年昆明分項競爭力雷達圖

昆明 2013 年城市競爭力的基本情況如下：經濟競爭力得分為 161.14，排名第 57 位，下降 5 位；產業競爭力得分為 281，排名第 65 位，上升 29 位；財政金融競爭力得分為 574.36，排名第 29 位，上升 29 位；商業競爭力得分為 358.24，排名第 38 位，上升 2 位；基礎設施競爭力得分為 1555.17，排名第 19 位，上升 7 位；社會體制競爭力得分為 830.28，排名第 17 位，下降 9 位；環境資源區位競爭力得分為 757.51，排名第 16 位，下降 6 位；人力資本競爭力得分為 653.71，排名第 38 位，上升 3 位；科技競爭力得分為 814.81，排名第 28 位，上升 3 位；文化競爭力得分為 532.35，排名第 26 位，下降 5 位；綜合競爭力得分為 2675.51，排名第 28 位，比 2012 年排名下降了 3 位。

2013 年經濟競爭力排名第 57 位，下降 5 位。全市實現地區生產總值 3011.14 億元。國際旅遊收入增加較多，增幅達到 22.82%。昆明市政府積極應對經濟下行壓力，著力解決經濟運行中的突出矛盾，上半年全市經濟運行總體平穩，國民經濟實現了較快平穩增長。

產業競爭力得分為 281，排名第 65 位，上升 29 位。其中，第一產業實現增加值 175.27 億元，同比增長 6.8%；第二產業實現增加值 1537.11 億元，同比增長 13.2%；第三產業實現增加值 1702.93 億元，同比增長 13.1%。

財政金融競爭力得分為 574.36，排名第 29 位，上升 29 位。全市地方公共財政預算內收入完成 317.69 億元，同比增長 25.2%，其中，稅收收入 395.91 億元，增長 16.8%。在稅收收入中，增值稅 55.22 億元，營業稅 161.06 億元。地方公共財政預算支出 585.75 億元，增長 11.5%。

商業貿易競爭力得分為 358.24，排名第 38 位，上升 2 位。二級指標國內商業貿易規模指數 0.251，排名 29，較 2012 年前進了 10 名，批發零售貿易業商品銷售總額上漲了 67.6%，社會消費品零售額上升了 33.0%。居民消費指數 0.331，排名 60，較 2012 年的 96 名有了很大進步，其中人均消費支出增長了 28.3%，人均消費支出增長率增長了 54.2%。

基礎設施競爭力得分為 1555.17，排名第 19 位，上升 7 位。二級指標基礎設施供應水平指數 0.263，排名 41，較 2012 年 0.252，排名 48 有了明顯的進步，其中人均生活用水量增長了 145.2%，人均生活用電量增長了 111.9%。二級指標交通設施水平指數 0.354，排名 33，較 2012 年進步了 19 名，其中貨運總量增長了 70.0%，年末實有鋪裝道路面積增長了 53.35。

社會體制競爭力得分為 830.28，排名第 17 位，下降 9 位。2013 年，全市年末參加基本養老保險人數 453.76 萬人，其中，參保職工 87.16 萬人。參加新型農村養老保險人數為 163.73 萬人，參加原農村養老保險的人數為 31.03 萬人。參加失地農民養老保險人數為 20.5 萬人。城鎮參加失業保險人數為 87.97 萬人，城鎮職工參加生育保險人數為 72.76 萬人，參加工傷保險人數為 84.67 萬人，參加城鎮基本職工醫療保險人數（市本級）為 141.29 萬人。參加城鄉居民基本醫療保險人數（市本級）為 385.53 萬人。城鎮登記失業率 2.67%。

環境資源區位競爭力得分為 757.51，排名第 16 位，下降 6 位。農產品相對自給度增加顯著，增幅達到 600%，完成了自給自足的目標。2013 年，全年完成營造林 63467 公頃，其中，人工造林 37467 公頃；封山育林及補植 26000 公頃。義務植樹 1413 萬株。森林覆蓋率達到 48%。

人力資本競爭力得分為 814.81，排名第 28 位，上升 3 位；其中高素質人才的儲備達到 507800 人，增加了 88%之多。這與教育支出絕對規模增大密不可分，教育支出達 666219，較 12 年增長一倍以上。

科技競爭力得分為 814.81，排名第 28 位，上升 3 位。從二級指標來看，科技投入水平指數 0.143，排名 52 位，較 2012 年前進 17 位，其中三級指標科技經費絕對投入量增長 81.2%，人均科技經費擁有量增長 79.8%。昆明擁有不少大學及科研機構，具有一定的科技實力和科技創新能力，但是科技轉化能力有待提高。

文化競爭力得分為 532.35，排名第 26 位，下降 5 位，這主要是由於劇院等傳統文化設施的大幅度減少所致，劇院數量銳減 20 餘家，現只剩 7 家。同時可以看到，昆明公共圖書數量有顯著提高，達到 238 萬本。城市文化影響指數增幅達到 10%以上。

綜合來看，昆明市 2013 年經濟發展速度下滑，但是金融業發展速度加快。社會保障，環境資源各方面發展平穩。綜合競爭力下降 3 名。

7.29 哈爾濱城市競爭力點評分析

哈爾濱，中國東北第一大城市，中華人民共和國黑龍江省省會，副省級城市，中國東北地區北部政治、經濟、文化和交通中心。哈爾濱位於東北亞中心位置，位居亞太經濟發展區腹地，被譽為歐亞大陸橋的明珠，是歐亞第一大陸橋和空中走廊的重要樞紐，優越的地理位置使之成為了中國東北地區第一大內河港口、第二大鐵路樞紐以及第三大國際航空港的所在地。哈爾濱是中國著名的歷史文化名城和旅遊城市，素有“共和國長子”、“冰城”、“天鵝項下的珍珠城”、“東方莫斯科”、“東方小巴黎”以及“冰城夏都”等美稱。

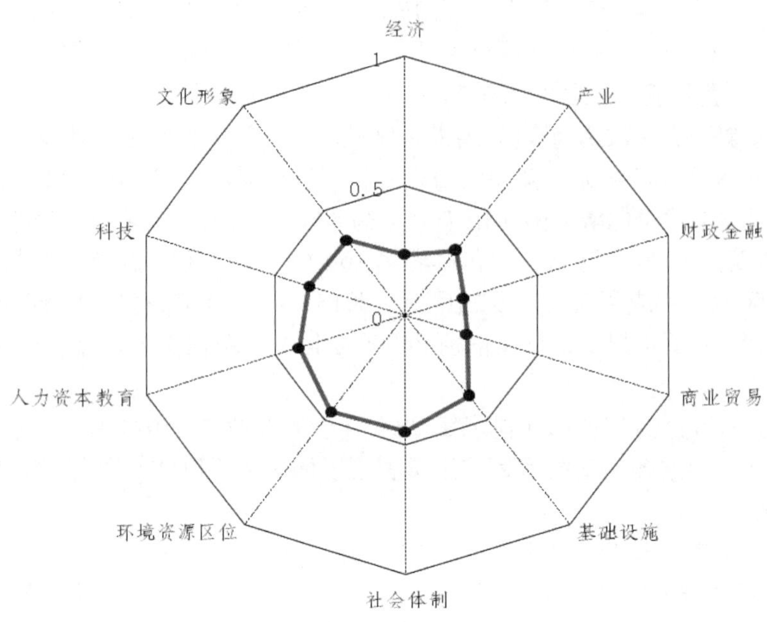

圖 7.29.1　2013 年哈爾濱分項競爭力雷達圖

哈爾濱 2013 年城市綜合競爭力的基本情況如下：經濟競爭力得分為 149.69，排名第 60 位，下降 20 位；產業競爭力得分為 150.17，排名第 84 位，下降 18 位；財政金融競爭力得分為 437.9，排名第 35 位，下降 3 位；商業競爭力得分為 333.89，排名第 39 位，與上年持平；基礎設施競爭力得分為 1225.93，排名第 27 位，上升 2 位；社會體制競爭力得分為 346.78，排名第 44 位，上升 64 位；環境資源區位競爭力得分為 525.21，排名第 25 位，上升 12 位；人力資本競爭力得分為 919.63，排名第 22 位，與上年持平；科技競爭力得分為 1212.56，排名第 19 位，上升 2 位；文化競爭力得分為 869.21，排名第 15 位，下降 3 位；綜合競爭力得分為 2577.53，排名第 29 位，上升 1 位。

2013 年哈爾濱市經濟競爭力得分為 149.69，排名第 60 位，下降 20 位。城市化帶動率下降 1.5%，簽訂外資合同數下降了 7.2%。經濟結構水平、市場發育程度與發達地區城市有較大差距，其經濟結構轉化速度、產業聚集程度都比較差，個體經濟決策自由度和市場發育程度都比較低，這些都是影響經濟活力發揮的制約因素。

產業競爭力得分為 150.17，排名第 84 位，下降 18 位。二級指標產業結構指數 0.543，下降 38 位，跌幅較大，主要是製造業每萬人擁有量下降了 14.4%，產業製造能力下降了 14.5%。當前哈爾濱市一些國有大型企業、中小企業面臨發展難題，找不到新增長點，產業融合是發展的新思路，要建立起相關工業企業間的生態平衡關系，實現可持續發展。

財政金融競爭力得分為 437.9，排名第 35 位，下降 3 位。二級指標財政金融效率指數 0.186，下降 10 位，其三級指標人均年末存款總餘額增長率下降了 52.2%。資本充裕指數下降了 50.6%。哈爾濱市充分發揮金融政策和信貸資金的導向作用，促進經濟結構調整，加強金融監管，努力防範和化解各類金融風險，提高競爭力。

商業貿易競爭力得分為 333.89，排名第 39 位，與上年持平。分析二級指標，外貿指數 0.147，下降 33 名，其中外貿依存度降低 1.2%，進出口總額增長率下降了 50.3%。二級指標商貿機構指數 0.194，排名 39，進步了 13 名，限額以上批發零售企業每萬人擁有量增長了 81.2%。哈爾濱商業整體級別不高，業態以百貨購物為主，缺乏特色商業場所，哈爾濱商業發展方向應逐漸由單一走向複合化。

2013 年哈爾濱市基礎設施競爭力得分為 1225.93，排名第 27 位，上升 2 位。基礎設施投資指數為 0.43，排名第 22 位，上升 1 位；對外交通設施水平指數為 0.265，排名第 35

位；基礎設施行業人力資本指數為 0.371，排名第 15 位。按三級指標來看，固定資產投資水平和房地產開發水平都有顯著提高，其中房地產開發水平比 2012 年增加了 2012599 萬元。路網設施指數、港口設施指數以及航空設施指數都有所增加，哈爾濱基礎設施有所改善。

社會體制競爭力方面有顯著的提高。排名第 44 位，上升 64 位。社會公平保障水平指數為 0.345，排名第 31 位；社會治安水平指數為 0.52，排名第 35 位。其中社會保障和就業支出比 2012 年增加了 421400，人均社會保障和就業支出增加了 395 元，年末全市城鎮企業基本養老保險參保人數為 123.1 萬人。新型農村社會養老保險參保人數 199.5 萬人，其中享受養老保險待遇人數為 59.3 萬人。城鎮居民社會養老保險參保人數 6.7 萬人，享受養老保險待遇人數為 4.1 萬人。人民生活保障水平有很大改善。

環境資源區位競爭力排名第 25 位，上升 12 位。從二級指標來看，區位水平指數為 0.517，排名第 22 位；自然資源水平指數為 0.726，排名第 16 位。環境改善投入指數為 0.314，排名第 12 位。全年全市國有建設用地供應總量 4252.9 公頃，增長 40.1%。其中，工礦倉儲用地 887.7 公頃，增長 2.7%；全年完成造林 43.8 萬畝，綠化村屯 305 個，綠化道路 379.2 公里，建設生態景觀林 8 處。環境資源有所改善。

人力資本競爭力得分為 1212.56，排名第 19 位，上升 2 位。從二級指標來看，人力資本規模指數為 0.43，排名第 16 位；人力資本教育設施指數為 0.667，排名第 10 位。具體的，哈爾濱市 2013 年人力資本規模為 263.23 萬人，比 2012 年增加了 37.676 萬人，教育支出絕對規模比 2012 年增長了 22.5%，人力資本教育成本增加了 22.5%。

科技競爭力得分為 1212.56，排名第 19 位，上升 2 位。2013 年哈爾濱科技經費絕對投入量增長了 28.7%，科技服務人員擁有量增長了 5.5%，每百萬人擁有大學、科研院所指數增長了 2.0%。哈爾濱市科技局整合科技資源，充分發揮優勢資源效能，提升了優勢產業競爭力。加大了對高新技術產業化的支援力度，通過動態解決產業鏈中的關鍵技術和瓶頸問題，帶動產業鏈的延伸。

文化競爭力得分為 869.21，排名第 15 位，下降 3 位。二級指標文化設施指數 0.345，排名 11，較 2012 年下降了 3 名，其中公共圖書總藏量增長了 13.3%，每百萬人影劇院數增長了 2.8%。文化資源指數 0.439，排名 16，下降 4 名，藝術家和文化組織指數下降了 89.9%。哈爾濱產業意識不強，運行機制僵化，管理缺乏活力，應學習和借鑒發達地區先進經驗，積極推進文化體制改革，文化產業的發展才會有一個新的歷史性突破。

綜合看來，2013 年哈爾濱經濟發展與其他城市相比增長較慢，雖然在社會保障，環境資源方面取得了很大的發展，但在經濟、文化、財政和商業等方面還有待提高，綜合競爭力上升 1 名。

7.30 長春城市競爭力點評分析

長春，古稱“茶啊沖”，漢譯“天之城”，被譽為北國春城。吉林省省會，東北亞區域國際化大都會，中國最大汽車工業城市、國際電影名城，中國建成區面積和建成區人口第九大城市，副省級城市，中國特大城市。東北地區第二大都市。轄 10 區、4 新城、1 國家先導區、1 國家綜合保稅區、1 生態旅遊度假區、4 市（縣）。長春是近海沿邊開放城市，享受國家沿海開放城市有關優惠政策。

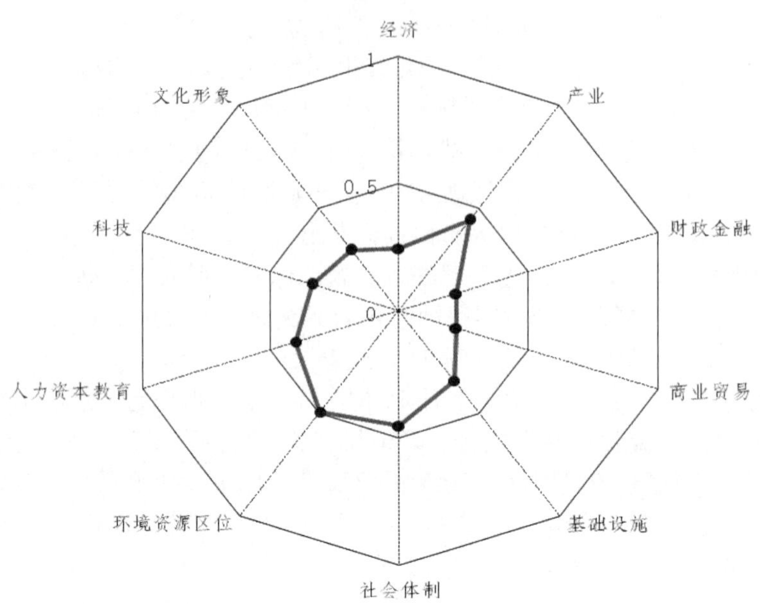

圖 7.30.1　2013 年長春分項競爭力雷達圖

長春 2013 年城市綜合競爭力的基本情況如下：經濟競爭力得分為 186.65，排名第 54 位，下降 6 位；產業競爭力得分為 1178.22，排名第 23 位，上升 2 位；財政金融競爭力得分為 433.7，排名第 36 位，上升 12 位；商業競爭力得分為 242.98，排名第 45 位，上升 5 位；基礎設施競爭力得分為 851.49，排名第 39 位，下降 7 位；社會體制競爭力得分為 378.58，排名第 40 位，與上年持平；環境資源區位競爭力得分為 632.80，排名第 20 位，上升 10 位；人力資本競爭力得分為 883.87，排名第 25 位，上升 3 位；科技競爭力得分為 928.31，排名第 25 位，上升 2 位；文化競爭力得分為 469.12，排名第 32 位，下降 1 位；綜合競爭力得分為 2530.16，排名第 30 位，比 2012 年排名上升 1 位。

長春 2013 年經濟競爭力，排名第 54 位，下降 6 位。城市規模指數為 0.331 排名第 27 位，城市效率指數為 0.212，排名第 67 位，城市國際吸引指數為 0.113，排名第 67 位。其中人口規模由 2012 年的 767.7 萬人下降到 761.8 萬人，GDP 增長率下降了 1.3 個百分點。其中城市化帶動率下降 0.5 個百分點。

產業競爭方面，排名第 23 位，上升 2 位。其中產業規模指數為 0.319，排名第 34 位，產業貢獻指數為 0.34，排名第 32 位，產業結構指數為 0.613，排名第 57 位，國際化指數為 0.334，排名第 23 位，企業集群指數為 0.426，排名第 20 位。其中第一產業、第二產業和第三產業總產值的增幅較大，分別增加了 28%、35%和 33%。為長春的就業形勢做出了貢獻。

財政金融競爭力方面，排名第 36 位，上升 12 位。財政金融規模指數為 0.204 排名第 30 位，財政金融效率指數為 0.208，排名第 68 位，金融資本質量指數為 0.287，排名第 28 位。其中資本使用規模達到 51559611 萬元，比 2012 年增加了 1.5 倍，人均財政預算內支出是 2012 年的 1.38 倍，資本使用率達到 92.6%。

商業貿易競爭力得分為 242.98，排名第 45 位，上升 5 位。外貿指數為 0.16 排名第 51 位，居民消費指數為 0.347，排名第 43 位。其中進出口總額從 2012 年的 1322447 萬美元增加到 2013 年的 1734887 萬美元，增加了 31.2%。人均消費支出為 17863 元，增加 24%。這都得益於國家振興東北老工業基地的戰略。

基礎設施競爭力得分為 851.49，排名第 39 位，下降 7 位。二級指標中，城市居民居住指數 0.635，排名 266，下降 52 位，其中市民居住條件人均住房面積下降了 7.4%。基礎設施行業人力資本指數 851.49，排名 39，下降了 7 位，其中建築業從業人數下降 0.52%，每萬人擁有量下降了 0.56%。

社會體制競爭力得分為 378.58，排名第 40 位，與上年持平。分析變動的二級指標，社會公平保障水平指數 0.335，排名 37，下降 21 位，失業率增長了 17.8%。醫療保健水平指數 0.56，排名 42，進步了 58 名，主要是每萬人醫生數增長了 2.0%，每萬人醫院病床數增長了 8.5%。

環境資源區位競爭力得分為 632.80，排名第 20 位，上升 10 位。環境品質水平指數為 0.706，排名第 75 位，環境改善投入指數為 0.312，排名第 13 位。環境投入加大，取得了一定的效果。全市煙塵控制區面積 327.71 平方公里，環境雜聲達標區面積 236.46 平方公里，區域環境雜聲平均值控制在 53.6 分貝，道路交通雜聲平均值控制在 68.6 分貝，雜聲達標區覆蓋率 78%以上，達到全國文明城市 A 類標準。

人力資本競爭力得分為 883.87，排名第 25 位，上升 3 位。人力資本規模指數為 0.377，排名第 30 位，人力資源素質指數為 0.429，排名第 15 位。人力資本規模比 2012 年增加 10% 左右，大專以上人口比重，專業技術人員擁有量都有大幅增加，從總體上提高了人力資本競爭力。

科技競爭力得分為 928.31，排名第 25 位，上升 2 位。分析二級指標，科技投入水平指數 0.122，排名 90，提高 27 位，其中人均科技經費擁有量增長了 27.2%。科技人力資本指數 0.319，排名 15，提高 4 位，主要原因是專業技術人員比重增長了 28.3%。長春是全國著名的科技文化城、汽車城和電影城，全市科研和教育人才優勢突出，長春市應採取切實措施，增大強項，彌補弱項，爭取用 5—10 年左右的時間，力圖使科技競爭力在國內 15 個副省級城市中進入中等以上水平。

文化競爭力得分為 469.12，排名第 32 位，下降 1 位。從二級指標來看，文化意識指數 0.315，排名 37，下降 4 位，競爭意識指數下降 0.28%，寬容意識指數下降 0.39%。文化資源指數 0.34，排名由 2012 年的 29 降到了 43，其中藝術家和文化組織指數下降了 88.3%。長春教育水平、科技水平在同類城市中並不落後，但城市文明水平亟待提高。

綜合看來，長春市 2013 年經濟總體雖是增長，但是增長速度不如其他城市，在產業結構，高新技術，對外貿易等方面還需加大力度。環境保護資源利用上取得了一定的成果。綜合競爭力較去年上升 1 名，挺進前 30。

第八篇 中國 30 個最具成長競爭力城市點評分析

8.1 天津城市成長競爭力點評分析

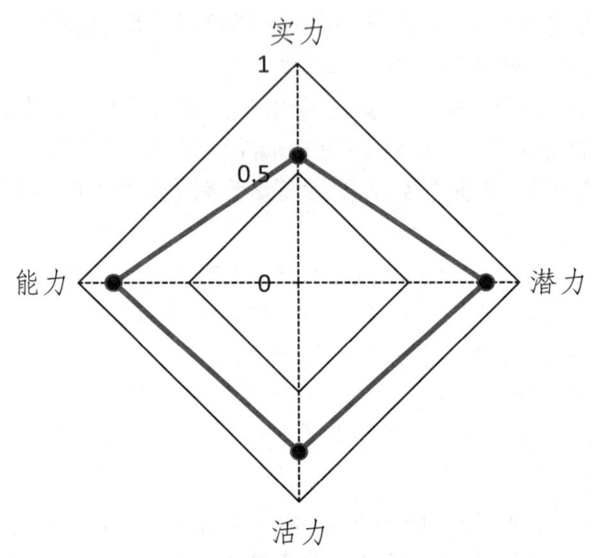

圖 8.1.1　2013 年天津成長競爭力雷達圖

天津 2013 年城市成長競爭力的基本情況如下：實力指數得分為 0.58，排名第 6 位，與上年持平；潛力指數得分為 0.85，排名第 4 位，比 2012 年排名上升了 11 位；活力指數得分為 0.77，排名第 7 位，比 2012 年排名上升了 1 位；能力指數得分為 0.84，排名第 42 位，比 2012 年排名下降了 37 位；成長競爭力得分為 2219.01，排名第 1 位，與上年持平。

2013 年天津市城市實力指數為 0. 58，排名第 6 位，與上年持平。其中，城市規模指數得分為 0.686，排名第 6 位，城市效率指數為 0.292，排名第 22 位，城市國際吸引指數為 0.283，排名第 6 位，城市居民生活指數排名欠佳，為第 50 位。2013 年天津市生產總值 14370.16 億元，按可比價格計算，比上年增長 12.5%。全年城市居民人均可支配收入 32658 元，增長 10.2%。

2013 年天津市城市潛力指數為 0.848，排名第四，比 2012 年排名上升了 11 位。其中金融、資本潛力指數和市場潛力指數均上升了 1 位，自然資源指數下降了 5 位，可持續發展指數上升了 22 位。全市共有環境監測站 21 個，國家生態示範區 1 個，自然保護區 8 個，自然保護區面積 9.06 萬公頃，天津的環境得到進一步改善。

2013 年天津活力指數得分為 0.77，排名第 7 位，比 2012 年排名上升了 1 位。其中文化活力指數上升 2 位，學習力指數上升了 22 位，創新力指數下降了 16 位，法制力指數下降了 28 位，行銷力指數上升了 7 位。2013 年天津市科技人才隊伍進一步壯大。引進外地人才 3537 人，新建博士後工作站 26 個，年末博士後流動站 74 個和工作站 180 個，在站博士後 850 人，人才隊伍不斷得到壯大。

2013 年天津市能力指數得分為 0.84，排名第 42 位，比 2012 年排名下降了 37 位。其中社會保障能力下降了 6 位，城市吸引能力下降了 1 位。2013 年全年城市居民人均可支配收入 32658 元，增長 10.2%；農村居民人均可支配收入 15405 元，增長 13.5%，社會保障範圍繼續擴大。

綜合來看，2013 年，面對錯綜複雜的國內外經濟環境，天津市堅持穩中求進、穩中求優，深入開展“促發展、惠民生、上水平”活動，積極推進經濟轉型發展，加快建設美麗天津，全市經濟保持平穩較快增長，發展質量和效益進一步提升。

8.2 重慶城市成長競爭力點評分析

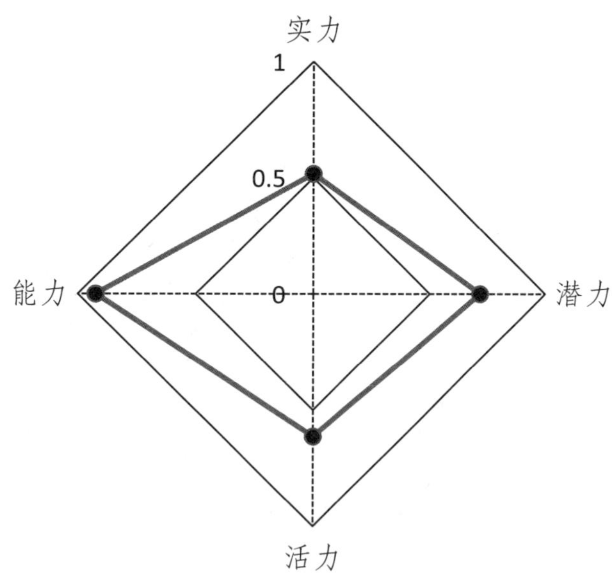

圖 8.2.1　2013 年重慶成長競爭力雷達圖

重慶 2013 年城市成長競爭力的基本情況如下：實力指數得分為 0.52，排名第 10 位，與上年持平；潛力指數得分為 0.72，排名第 10 位，比 2012 年排名下降了 6 位；活力指數得分為 0.61，排名第 11 位，比 2012 年排名上升了 24 位；能力指數得分為 0.92，排名第 9 位，比 2012 年排名上升了 1 位；成長競爭力得分為 2056.57，排名第 2 位，與上年持平。

重慶市處於長江和嘉陵江交匯處，構成西南地區的重要經濟中心，是中國重要的離岸金融中心和國際金融結算中心。2013 年重慶成長競爭力位居第 2 位，其中城市實力指數排名與上年持平，在城市實力指數中，城市規模指數排名第 4 位，城市效率指數排名從 2012 年的 78 名上升到 2013 年的 75 名，城市國際吸引指數排名從第 11 位上升到第 10 位。

經濟競爭力方面，初步核算，全年實現地區生產總值 12656.69 億元，比上年增長 12.3%。財政金融競爭力方面，全年完成公共財政預算收入 1692.92 億元，比上年增長 15.5%。

2013 年重慶市潛力指數得分為 0.72，排名第 10 位，比 2012 年排名下降了 6 位。其中金融資本潛力指數和人力資本潛力指數保持不變，市場潛力指數上升了 2 位，自然資源指數上升了 13 位，可持續發展指數上升了 8 位。按常住人口計算，2013 年全年人均地區生產總值達到 42795 元，比上年增長 11.3%。全年水資源總量 478.27 億立方米。年降水量 1026.9 毫米。新建市級森林公園 2 個，新造綠化林地 23.6 萬公頃，森林覆蓋率 42.1%。

2013 年重慶市活力指數得分為 0.61，排名第 11 位，比 2012 年排名上升了 24 位。其中文化力指數排名上升了 10 位，學習力指數上升了 45 位，創新力指數上升了 40 位，法制力指數上升了 9 位，應變力指數上升了 35 位，開放力指數上升了 12 位。2013 年全年實現貨物進出口總額 687.04 億美元，比上年增長 29.1%。全年實現服務貿易進出口總額 105 億美元，比上年增長 30%。實際利用內資金額 6007.20 億元，增長 1.6%。

2013 年重慶市能力指數得分為 0.92，排名第 9 位，比 2012 年排名上升了 1 位。年末全市常住人口 2970.00 萬人，比上年增加 25 萬人。全年城市居民享受政府最低生活保障人數為 45.81 萬人；農村居民享受政府最低生活保障人數為 62.66 萬人。城鄉居民最低生活保障標準分別為 350 元/月和 200 元/月，比上年增長 6.0%和 8.0%。

重慶經濟結構在不斷優化，發展的內生動力仍然強勁。隨著“穩增長、調結構、促改革”的一系列政策效應的持續發揮以及“五大功能區”建設的推進，必將引領重慶經濟實現可持續協調的科學發展，重慶的經濟將繼續保持穩定增長態勢。

8.3 深圳城市成長競爭力點評分析

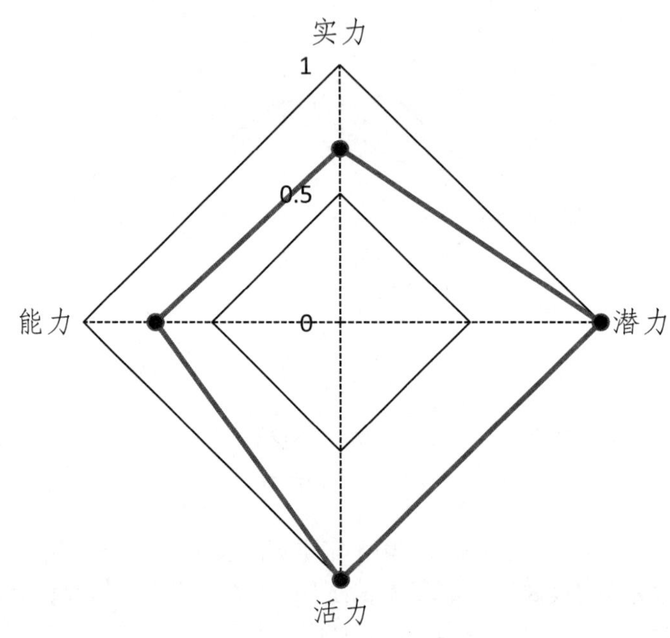

圖 8.3.1　2013 年深圳成長競爭力雷達圖

深圳 2013 年城市成長競爭力的基本情況如下：實力指數得分為 0.67，排名第 4 位，比 2012 年排名上升了 1 位；潛力指數得分為 1，排名第 1 位，與上年持平；活力指數得分為 1，排名第 1 位，與上年持平；成長競爭力得分為 2000.7，排名第 3 位，與上年持平。

2013 年深圳市實力指數得分為 0.67，排名第 4 位，比 2012 年排名上升了 1 位。深圳市 GDP 規模由 2012 年的 11505.53 萬元增長到 2013 年的 12950.08 萬元，增長 12.6%。全年完成公共財政預算收入 1731.26 億元，比上年增長 16.8%。其中稅收收入 1498.40 億元，增長 12.7%。公共財政預算支出 1690.20 億元，增長 7.7%。

2013 年深圳市潛力指數得分為 1，排名第 1 位，與上年持平。其中居民消費潛力指數上升了 57 位，金融資本潛力指數、人力資本潛力指數、市場潛力指數和區位指數均與上年持平，環境質量指數上升了 29 位。全年居民人均可支配收入 44653 元，比上年增長 9.6%。居民人均消費性支出 28812 元，增長 7.8%。恩格爾系數為 36.1%。全年建成區綠化覆蓋率 45.1%。全市生活垃圾無害化處理率 98.4%。

2013 年深圳市活力指數得分為 1，排名第 1 位，與上年持平。其中文化力指數上升 3 位，法制力指數上升 3 位，其他指數與上年持平。2013 年深圳人力資本教育競爭力為 1844.4，排名第 7 位。其中人力資本規模指數排名第 12 位，人力資本投入指數排名第 18 位，人力資本素質指數排名第 3 位，人力資本吸引指數排名第 1 位，人力資本教育設施指數排名第 208 位。2013 年深圳科技競爭力排名第 6 位，其中科技投入指數排名第 4 位，科技人力資本指數排名第 4 位，科研機構指數排名第 34 位，科研創新指數排名第 6 位。

2013 年深圳市能力指數得分為 0.72。其中經濟增長能力上升了 28 位，社會保障能力上升了 18 位，城市流通能力下降了 50 位。年末全市有 835.54 萬人參加了基本養老保險，930.45 萬人參加了失業保險。社區服務設施 8100 個，比上年增加 1157 個。全年共發放最低生活保障金 3657.79 萬元，下降 11.9%。

綜合來看，2013 年面對十分複雜的國內外形勢，深圳堅持穩中求進的工作總基調，堅定不移推進改革，努力創造科學發展的“深圳質量”，全市經濟呈現穩中有進、穩中向好的發展態勢，完成了全年經濟發展主要目標。各項社會事業取得新發展。

8.4 上海城市成長競爭力點評分析

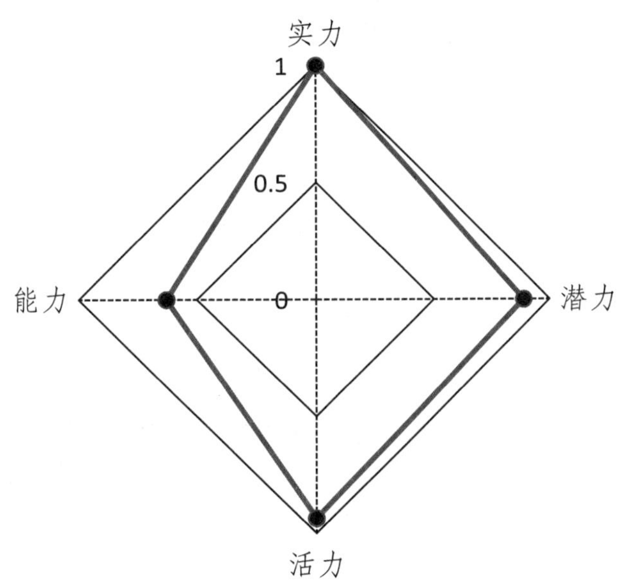

圖 8.4.1　2013 年上海成長競爭力雷達圖

上海 2013 年城市成長競爭力的基本情況如下：實力指數得分為 1，排名第 1 位，比 2012 年排名上升了 2 位；潛力指數得分為 0. 89，排名第 3 位，比 2012 年排名下降了 2 位；活力指數得分為 0. 94，排名第 2 位，與上年持平；成長競爭力得分為 1931. 7，排名第 4 位，與上年持平。

2013 年上海市實力指數得分為 1，排名第 1 位，比 2012 年排名上升了 2 位。2013 年上海經濟競爭力排名第 3 位，其中城市規模指數排名與 2012 年持平，排名第 1 位；城市效率指數排名第 14 位，城市國際吸引指數排名第 2 位，城市居民生活指數上升了兩位，排名第 13 位。從資料上分析，城市人口規模增加了 34.72 萬人，GDP 規模相比 2012 年增加了 1420.4 億元，增長率為 7.7%。總體來說，2013 年上海經濟呈穩步增長狀態，各經濟指標表現良好。

2013 年上海市潛力指數得分為 0. 89，排名第 3 位，比 2012 年排名下降了 2 位。其中金融資本潛力指數下降了 1 位，人力資本潛力指數下降了 1 位，自然資源指數下降了 3 位。全年城市居民家庭人均可支配收入 43851 元，比上年增長 9.1%；農村居民家庭人均可支配收入 19208 元，增長 10.4%。全年地方財政收入 4109.51 億元，比上年增長 9.8%。地方財政支出 4528.61 億元，增長 8.2%。建成區綠化覆蓋率達到 38.4%。全年新增造林面積 927 公頃，森林覆蓋率達到 13.1%。

2013 年上海活力指數得分為 0. 94，排名第 2 位，與上年持平。其中文化力指數上升了 1 位，學習力指數下降了 3 位，法制力指數下降了 1 位，行銷力指數上升了 3 位。從資料分析，失業率相比 2012 年增加了 0.11，民眾對政府的滿意度下降了 0.007。年內成功舉辦第三十屆“上海之春”國際音樂節、第十五屆中國上海國際藝術節、第十六屆上海國際電影節、第九屆中國國際動漫遊戲博覽會等重大文化活動。

2013 年上海市能力指數得分為 0. 63。其中經濟增長能力下降了 10 位，社會保障能力、城市吸引能力及城市流通能力均下降 1 位。上海市全年實現地區生產總值 21602.12 億元。按常住人口計算的上海市人均生產總值為 9.01 萬元。全市共有 1342.98 萬人（包括離退休人員）參加城鎮職工基本養老保險，有 71.52 萬人參加新型農村社會養老保險，有 8.47 萬人參加城鎮居民社會養老保險。

總體來看，上海市經濟呈穩步增長態勢，但是在發展的同時也要注重保護環境，堅持可持續發展道路，達到經濟和環境的協調發展。

8.5 北京城市成長競爭力點評分析

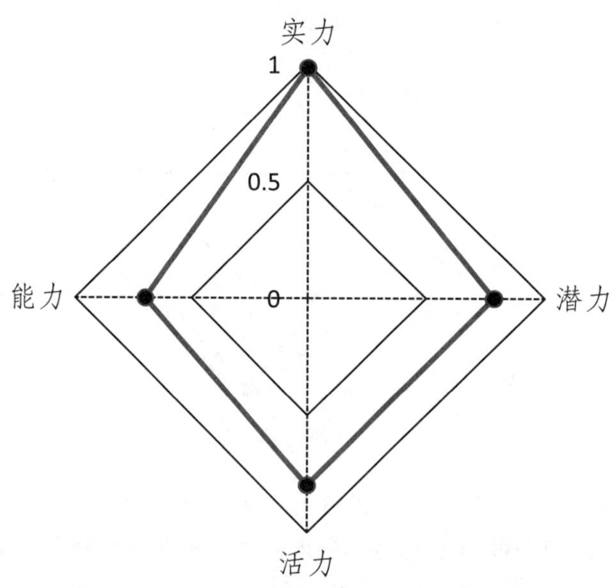

圖 8.5.1　2013 年北京成長競爭力雷達圖

北京 2013 年城市成長競爭力的基本情況如下：實力指數得分為 0. 98，排名第 3 位，比 2012 年排名下降了 2 位；潛力指數得分為 0. 79，排名第 7 位，比 2012 年排名下降了 2 位；活力指數得分為 0. 8，排名第 6 位，比 2012 年排名下降了 2 位；能力指數得分為 0. 70；成長競爭力得分為 1655，排名第 5 位，與上年持平。

2013 年北京實力指數得分為 0. 98，排名第 3 位，比 2012 年排名下降了 2 位。全年實現地區生產總值 19500.6 億元，比上年增長 7.7%。2013 年北京潛力指數得分為 0. 79，排名第 7 位，比 2012 年排名下降了 2 位。其中居民消費潛力指數下降 26 位，金融資本潛力指數和人力資本潛力指數均上升 1 位，可持續發展指數下降 7 位。全市完成地方公共財政預算收入 3661.1 億元，比上年增長 10.4%。全年完成人工造林面積 3.1 萬公頃，比上年增長 39%。全市林木綠化率達到 57.4%，比上年提高 1.9 個百分點。森林覆蓋率達到 40%，比上年提高 1.4 個百分點。

2013 年北京活力指數得分為 0. 8，排名第 6 位，比 2012 年排名下降了 2 位。其中文化力指數與上年持平，學習力指數下降 1 位，創新力指數下降 4 位，法制力指數下降 5 位，應變力指數上升 2 位，開放力指數上升 53 位，行銷力指數上升 2 位。2013 年研究與試驗發展經費支出 1200.7 億元，比上年增長 12.9%；相當於地區生產總值的 6.16%。全市研究與試驗發展活動人員 35.1 萬人，比上年增長 8.7%。全年北京地區海關進出口總值 4291 億美元，比上年增長 5.1%。其中出口 632.5 億美元，增長 6.1%；進口 3658.6 億美元，增長 5%。

2013 年北京能力指數得分為 0. 70。其中，社會保障能力上升 1 位，城市吸引能力下降 2 位，城市流通能力與上年持平。全年城鎮新增就業 42.9 萬人。年末全市實有城鎮登記失業人員 6.8 萬人，比上年末減少 0.4 萬人。城鎮登記失業率為 1.21%，比上年末下降 0.06 個百分點。

總體來看，2013 年北京市經濟增長能力下降，環境質量得到有效改善，社會和諧穩定。北京應該以改善環境質量為重點，同時維持經濟的持續健康增長。

8.6 蘇州城市成長競爭力點評分析

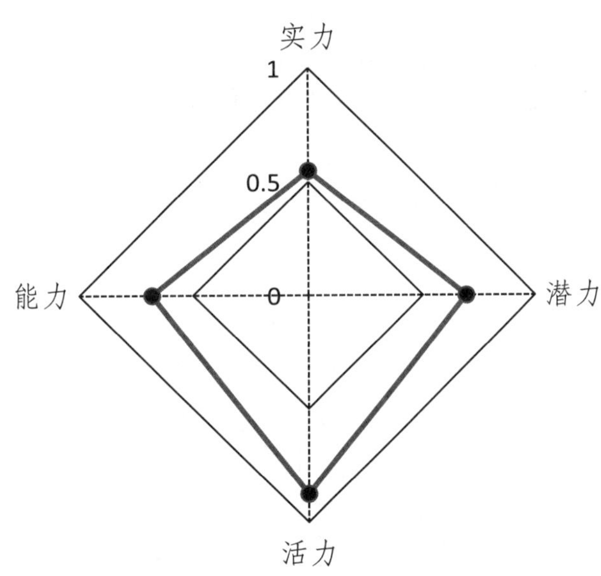

圖 8.6.1　2013 年蘇州成長競爭力雷達圖

蘇州 2013 年城市成長競爭力的基本情況如下：實力指數得分為 0. 55，排名第 8 位，比 2012 年排名下降了 2 位；潛力指數得分為 0. 69，排名第 12 位，比 2012 年排名上升了 4 位；活力指數得分為 0. 88，排名第 3 位，與上年持平；能力指數得分為 0. 68，比 2012 年排名下降了 48 位；成長競爭力得分為 1548. 87，排名第 6 位，比 2012 年排名上升了 1 位。

2013 年蘇州市城市實力指數得分為 0.55，排名第 8 位，比 2012 年排名下降了 2 位。全市實現地區生產總值 13015.7 億元，比上年增長 9.6%。其中，第一產業增加值 214.5 億元，增長 3.0%；第二產業增加值 6849.6 億元，增長 7.5%；第三產業增加值 5951.6 億元，增長 12.7%。人均地區生產總值（按常住人口計算）12.32 萬元，按年平均匯率計算近 2 萬美元。

2013 年蘇州市城市潛力指數得分為 0.69，排名第 12 位，比 2012 年排名上升了 4 位。其中居民消費潛力指數下降 25 位，金融資本潛力指數、人力資本潛力指數、市場潛力指數、區位指數均與上年持平，自然資源指數上升了 4 位，可持續發展指數下降了 6 位。市區居民人均可支配收入 41143 元，比上年增長 9.6%；人均消費性支出 25197 元，增長 9.1%。全市農民人均純收入 21578 元，比上年增長 11.2%；人均消費性支出 16251 元，增長 13%。全年實現地方公共財政預算收入 1331 億元，比上年增長 10.5%。全市農村新增林地綠地面積 4407 公頃，陸地森林覆蓋率達到 28.67%。市區新增綠地面積 505 萬平方米。市區建成區人均公園綠地面積 14.96 平方米，市區建成區綠化覆蓋率 42.5%。

2013 年蘇州市城市活力指數得分為 0. 88，排名第 3 位，與上年持平。其中文化力指數上升 16 位，學習力指數上升 1 位，創新力指數、應變力指數、開放力指數均與上年持平，法制力指數上升 1 位，行銷力指數上升 4 位。優化佈局城鄉文化設施，提高公共文化服務水平，蘇州成為國家公共文化體系示範區。全市文化產業主營業務收入超過 3000 億元，比上年增長 19.2%。著力培育文化產業項目載體，年末擁有省級以上文化產業示範基地 18 個。建立文化產業擔保基金、創業投資基金、風險補償專項資金等文化金融創新產品，促進產業融合發展。

2013 年蘇州市城市能力指數得分為 0. 68。其中經濟增長能力下降了 15 位，社會保障能力下降了 3 位，城市吸引能力下降了 3 位，城市流通能力下降了 13 位。實行商業保險運作的社會醫療救助制度，市區救助大病重病患者 3. 6 萬人次。全市基本建成保障性住房 29893 套、為 3977 戶困難家庭發放住房租賃補貼。

2013 年全市經濟社會發展態勢良好，在穩增長和調結構、惠民生和促改革方面取得了積極的成效，但是當前經濟發展環境依然錯綜複雜，受外需持續疲軟，國內結構性矛盾和資源環境等要素制約，深化改革、轉型發展、改善民生的任務還很艱巨。2014 年要繼續以穩增快轉為主線，以提高經濟發展質量和效益為中心，以改革創新和技術進步為動力，以增進民生福祉和可持續發展為目標，努力實現經濟平穩健康發展和社會全面進步。

8.7 廣州城市成長競爭力點評分析

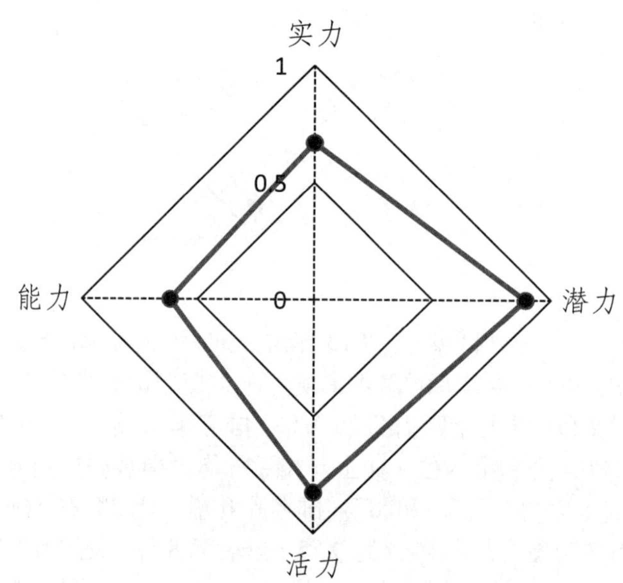

圖 8.7.1　2013 年廣州成長競爭力雷達圖

廣州 2013 年城市成長競爭力的基本情況如下：實力指數得分為 0. 67，排名第 5 位，比 2012 年排名下降了 1 位；潛力指數得分為 0. 89，排名第 2 位，比 2012 年排名上升了 4 位；活力指數得分為 0. 82，排名第 5 位，與上年持平；能力指數得分為 0. 62；成長競爭力得分為 1360. 76，排名第 7 位，比 2012 年排名下降了 1 位。

2013 年廣州市實力指數得分為 0. 67，排名第 5 位，比 2012 年排名下降了 1 位。2013 年，廣州市實現地區生產總值（GDP）15420.14 億元，按可比價格計算，比上年（下同）增長 11.6%。其中，第一產業增加值 228.87 億元，增長 2.7 %；第二產業增加值 5227.38 億元，增長 9.2%；第三產業增加值 9963.89 億元，增長 13.3%。第一、二、三次產業增加值的比例為 1.48：33.90：64.62。三次產業對經濟增長的貢獻率分別為 0.4%、29.0%和 70.6%。

2013 年廣州市潛力指數得分為 0.89，排名第 2 位，比 2012 年排名上升了 4 位，其中，金融資本潛力指數下降 1 位，人力資本潛力指數、市場潛力指數和區位指數均與上年持平，自然資源指數下降 3 位，環境質量指數上升 48 位，可持續發展指數下降 13 位。全年農村居民家庭人均純收入 18887 元，增長 12. 5%。農村居民家庭人均生活消費支出 11688 元，增長 6. 6%。農村居民恩格爾系數為 44. 2%。全年完成荒山荒（沙）地造林、更新造林、有林地造林面積 3439. 33 公頃，低產低效林改造面積 408 公頃。全市森林覆蓋率達到 42%，建成 2463 公里綠道。

2013 年廣州市城市活力指數得分為 0.82，排名第 5 位，與上年持平。其中文化力指數上升了 10 位，學習力指數下降了 4 位，創新力指數下降了 3 位，法制力指數下降了 27 位，應變力指數下降了 1 位，行銷力指數上升了 5 位。年末全市縣及縣級以上國有研究與開發機構、科技情報和文獻機構 152 個。全年受理專利申請 39751 件，增長 18. 9%；其中發明專利 12156 件，增長 23. 8%，占申請量的 30. 6%。

2013 年廣州市城市能力指數得分為 0. 62。其中經濟增長能力下降了 35 位，社會保障能力下降了 3 位，城市吸引能力與上年持平，城市流通能力下降了 25 位。年末，全市參加基本養老保險 749. 60 萬人，比上年末增長 2. 9%。

總之，2013 年廣州經濟總體平穩增長，結構調整呈現積極變化，經濟運行的質量效益進一步提升，各項社會事業取得新進步。

8.8 青島城市成長競爭力點評分析

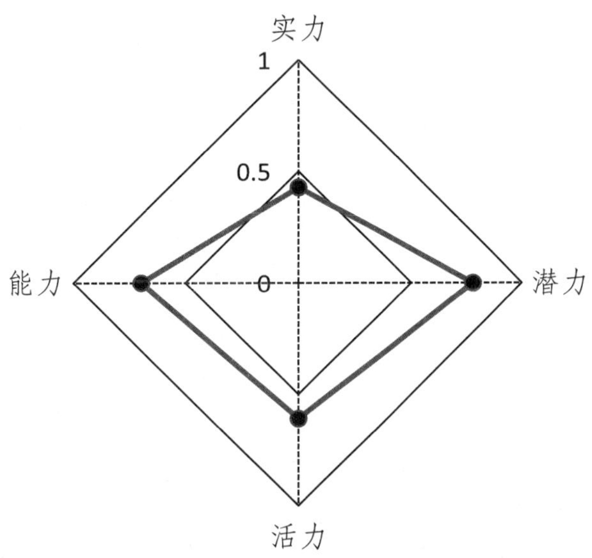

圖 8.8.1　2013 年青島成長競爭力雷達圖

青島 2013 年城市成長競爭力的基本情況如下：實力指數得分為 0.43，排名第 18 位，比 2012 年排名下降了 3 位；潛力指數得分為 0.78，排名第 8 位，比 2012 年排名下降了 5 位；活力指數得分為 0.61，排名第 12 位，比 2012 年排名下降了 3 位；能力指數得分為 0.70；成長競爭力得分為 1064.47，排名第 8 位，與上年持平。

2013 年青島市城市實力指數得分為 0.43，排名第 18 位，比 2012 年排名下降了 3 位。2013 年全市生產總值 8006.6 億元，按可比價格計算，增長 10%，其中，第一產業增加值 352.4 億元，增長 2.1%；第二產業增加值 3641.4 億元，增長 10.2%；第三產業增加值 4012.8 億元，增長 10.5%。三次產業比例為 4.4:45.5:50.1。人均 GDP 達到 89797 元。

2013 年青島市城市潛力指數得分為 0.78，排名第 8 位，比 2012 年排名下降了 5 位。其中，金融資本潛力指數上升了 2 位，人力資本潛力指數下降了 1 位，市場潛力指數上升了 4 位，區位指數與上年持平，自然資源指數下降了 26 位，環境質量指數下降了 5 位，可持續發展指數下降了 3 位。市區園林綠地面積達 2.8 萬公頃，增長 30.5%；新增公共綠地面積 1035 公頃，人均公園綠地面積 14.6 平方米。全市現有公園、動物園 87 個。

2013 年青島市城市活力指數得分為 0.61，排名第 12 位，比 2012 年排名下降了 3 位。其中文化力指數上升 5 位，創新力指數下降 1 位，法制力指數下降了 11 位，應變力指數上升了 2 位，開放力指數和行銷力指數均上升了 2 位。全年全市共取得重要科技成果 433 項。獲得國家級科技獎勵 5 項，獲得省級科技獎勵 89 項。全年共成交技術合同項目 3666 項，成交額 35.4 億元。全年發明專利申請 32901 件，發明專利授權 1930 件。

2013 年能力指數得分為 0.70。其中經濟增長能力上升了 28 位，社會保障能力下降了 33 位，城市吸引能力上升了 8 位，城市流通能力下降了 48 位。全年實現藍色經濟增加值 1428.2 億元，增長 18.0%（現價），占 GDP 比重為 17.8%。全年全市計劃總投資 1 億元及以上的新開工項目（含房地產項目）750 個，增長 78.1%。

綜合來看，2013 年青島經濟增長速度相比於 2012 年有所減緩，環境質量有所下降。

8.9 杭州城市成長競爭力點評分析

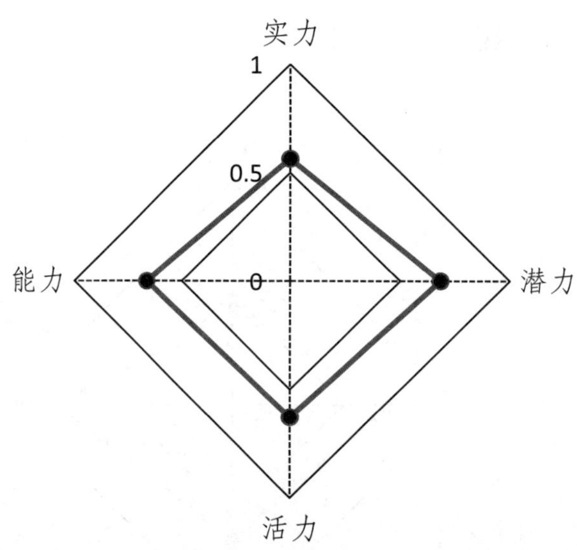

圖 8.9.1　2013 年杭州成長競爭力雷達圖

杭州 2013 年城市成長競爭力的基本情況如下：實力指數得分為 0.56，排名第 7 位，比 2012 年排名上升了 1 位；潛力指數得分為 0.68，排名第 13 位，比 2012 年排名下降了 6 位；活力指數得分為 0.63，排名第 9 位，與上年持平；能力指數得分為 0.67，比 2012 年排名上升了 1 位；成長競爭力得分為 1059.13，排名第 9 位，與上年持平。

2013 年杭州市城市實力指數得分為 0.56，排名第 7 位，比 2012 年排名上升了 1 位。2013 年，全市實現地區生產總值 8343.52 億元，比上年增長 8.0%。其中：第一產業增加值 265.42 億元，第二產業增加值 3661.98 億元，第三產業增加值 4416.12 億元，分別增長 1.5%、7.4% 和 9.0%。人均生產總值 94566 元，增長 7.4%。

2013 年杭州市城市潛力指數得分為 0.68，排名第 13 位，比 2012 年排名下降了 6 位。其中人力資本潛力指數、金融資本潛力指數及區位指數均與上年持平，市場潛力指數下降 2 位，自然資源指數下降了 5 位，環境質量指數上升了 38 位，可持續發展指數下降了 6 位。市區居民消費價格總水平比上年上漲 2.5%，漲幅與上年持平。

2013 年杭州市城市活力指數得分為 0.63，排名第 9 位，與上年持平。其中，文化力指數排名上升了 34 位，學習力指數排名下降了 1 位，創新力指數排名下降了 1 位，應變力指數排名上升了 27 位，開放力指數排名與上年持平，行銷力指數排名上升了 2 位。全市專利申請量 58279 件，專利授權量 41518 件，分別比上年增長 8.4%和 2.1%。全年新增國家重點扶持高新技術企業 223 家，培育認定省級研發中心 41 家，企業技術中心 64 家。

2013 年杭州市城市能力指數得分為 0.67，比 2012 年排名上升了 1 位。其中，經濟增長能力指數排名上升了 15 位，社會保障能力下降了 6 位，城市吸引能力與上年持平，城市流通能力下降了 32 位。年末全市參加社會基本養老保險人數達 637.10 萬人，比上年末增加 31.5 萬人；參加社會基本醫療保險 822.28 萬人，增加 17.48 萬人；參加職工失業、工傷、生育保險人數分別達 316.36、403.79、292.01 萬人，分別比上年末淨增 16.58、21.58、14.90 萬人。全市開工建設保障房 36334 套，竣工 39009 套，全面完成省下達目標任務。

綜合來看，2013 年杭州市經濟實力得到明顯提升，經濟發展速度加快，社會保障能力得到明顯改善。

8.10 大連城市成長競爭力點評分析

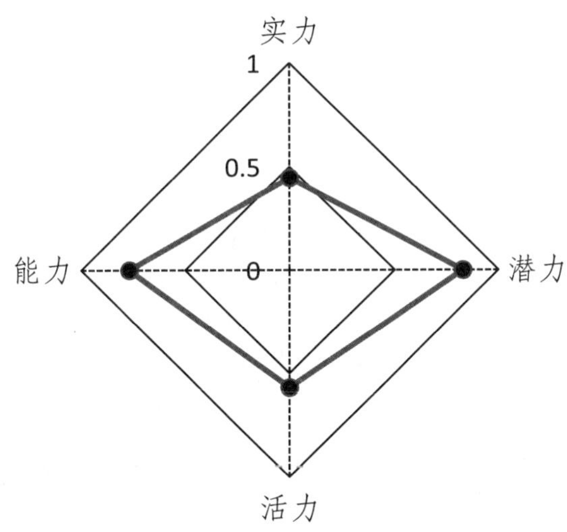

圖 8.10.1　2013 年大連成長競爭力雷達圖

大連 2013 年城市成長競爭力的基本情況如下：實力指數得分為 0.45，排名第 16 位，比 2012 年排名下降了 2 位；潛力指數得分為 0.83，排名第 5 位，比 2012 年排名上升了 3 位；活力指數得分為 0.57，排名第 16 位，與上年持平；能力指數得分為 0.77，比 2012 年排名下降了 12 位；成長競爭力得分為 1046.46，排名第 10 位，比 2012 年排名上升了 1 位。

2013 年大連市城市實力指數得分為 0.45，排名第 16 位，比 2012 年排名下降了 2 位。全年地區生產總值 7650.8 億元，比上年增長 9.0%。其中，第一產業增加值 477.6 億元，增長 4.8%；第二產業增加值 3892 億元，增長 9.4%；第三產業增加值 3281.2 億元，增長 9.1%。三次產業結構由上年的 6.4∶51.9∶41.7 調整為 6.2∶50.9∶42.9，對經濟增長的貢獻率分別為 3.2%、55.4%和 41.4%。人均生產總值 110600 元，按年末匯率折算為 18140 美元。

2013 年大連城市潛力指數得分為 0.83，排名第 5 位，比 2012 年排名上升了 3 位。金融資本潛力指數上升了 1 位，人力資本潛力指數、市場潛力指數和區位指數均與上年持平，自然資源指數上升了 39 位，環境質量指數上升了 13 位，可持續發展指數上升了 2 位。城市居民年人均可支配收入 30238 元，比上年增長 9.8%；年人均消費支出 22516 元，增長 10.3%。農村居民年人均純收入 17717 元，比上年增長 10.8%；年人均生活消費支出 8871 元，增長 16.2%。城市居民家庭恩格爾系數 36.3%，農村居民家庭恩格爾系數 39.6%。人均公共綠地面積 13.2 平方米，綠化覆蓋率 45.2%。

2013 年大連城市活力指數得分為 0.57，排名第 16 位，與上年持平。其中文化力指數上升了 14 位，學習力指數上升了 11 位，創新力指數上升了 26 位，法制力指數下降了 18 位，應變力指數與上年持平，開放力指數下降了 2 位，行銷力指數上升了 3 位。全年高新技術產業產值 9852 億元，比上年增長 20%。規模以上工業高新技術產品增加值 1961.4 億元，增長 32.7%。新認定高新技術企業 84 家、技術先進型服務企業 18 家，總數分別達到 458 家和 111 家。大連市成為全省唯一入選的全國首批“智慧城市”試點示範城市、國家級文化和科技融合示範基地。

2013 年大連城市能力指數得分為 0.77，比 2012 年排名下降了 12 位。其中經濟增長能力下降了 34 位，社會保障能力下降了 6 位，城市吸引能力下降了 4 位，城市流通能力下降了 11 位。截至年末，基本養老保險參保人數 192.3 萬人，征繳社會保險費 226.5 億元，分別比上年末增長 9.1%和 24.3%，其中企業參保人數 180.4 萬人，征繳保險費 207.3 億元，分別增長 9.6%和 26.6%。

綜合來看，2013 年大連市經濟實力有所下降，作為東北地區的區域中心，金融實力不斷得到加強，環境質量得到明顯改善，但社會保障能力及對於人才的吸引力下降，這是亟需解決的問題。

8.11 香港城市成長競爭力點評分析

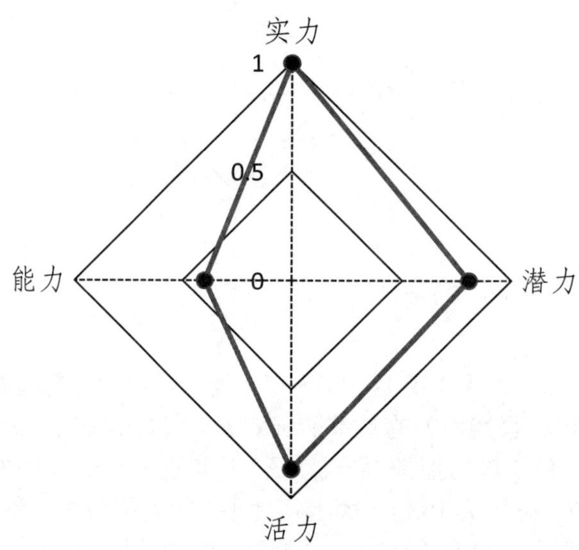

圖 8.11.1 2013 年香港成長競爭力雷達圖

香港 2013 年城市成長競爭力的基本情況如下：實力指數得分為 1，排名第 2 位，與上年持平；潛力指數得分為 0. 81，排名第 6 位，比 2012 年排名上升了 6 位；活力指數得分為 0. 87，排名第 4 位，比 2012 年排名上升了 2 位；能力指數得分為 0. 4，比 2012 年排名下降了 4 位；成長競爭力得分為 1000. 06，排名第 11 位，比 2012 年排名下降了 1 位。

2013 年香港的城市實力指數為 1，排名為第 2 名，與上年持平。香港是中西方文化交融之地，是全球最安全、富裕、繁榮的地區之一，也是國際和亞太地區重要的航運樞紐和最具競爭力的城市之一，經濟自由度指數位居世界首位，有“東方之珠”、“購物天堂”等美譽。香港是全球第十一大貿易經濟體系、第六大外匯市場及第十五大銀行中心。

2013 年香港城市潛力指數得分為 0.81，排名第 6 位，比 2012 年排名上升了 6 位。其中居民消費潛力指數上升了 43 位，金融資本潛力指數、人力資本潛力指數、市場潛力指數、區位指數均與上年持平，自然資源指數下降了 2 位。香港是繼紐約和倫敦之後的世界第三大金融中心，金融機構和市場緊密聯繫。政府的政策是維持和發展完善的法律架構、監管制度、基礎設施及行政體制，為參與市場的人士提供公平的競爭環境，維持金融及貨幣體系穩定，使香港能有效地與其他主要金融中心競爭。

2013 年香港城市活力指數得分為 0.87，排名第 4 位，比 2012 年排名上升了 2 位。其中文化力指數上升了 2 位，學習力指數下降了 1 位，創新力指數上升了 4 位，應變力指數上升了 5 位，開放力指數與上年持平，行銷力指數上升了 1 位。2013 全球創新指數排行榜中，香港位列第 7 位。儘管經濟持續疲軟，但香港在全球創新市場上由去年第 8 位攀升至今年的第 7 位。

2013 年香港城市能力指數得分為 0. 4，比 2012 年排名下降了 4 位。其中經濟增長能力下降了 2 位，社會保障能力與上年持平，城市吸引能力上升了 1 位，城市流通能力下降了 10 位。2013 年環球經濟面對不少挑戰，但是香港本地經濟保持穩健，全年增長 2.9%，較 2012 年的 1.5%，有顯著的進步。按組成服務行業分析及與上年同期比較，所有服務行業合計 2013 年的淨產值同比上升 3%。金融及保險業的淨產值升 5.5%，升幅最大。

香港經濟競爭力整體很好，但在稅收、人才及軟體設施等方面給的優勢正逐漸弱化，創新創業氣氛沒有明顯提升。同時過分依賴金融和房地產等少數行業，缺乏穩定增長點。

8.12 濟南城市成長競爭力點評分析

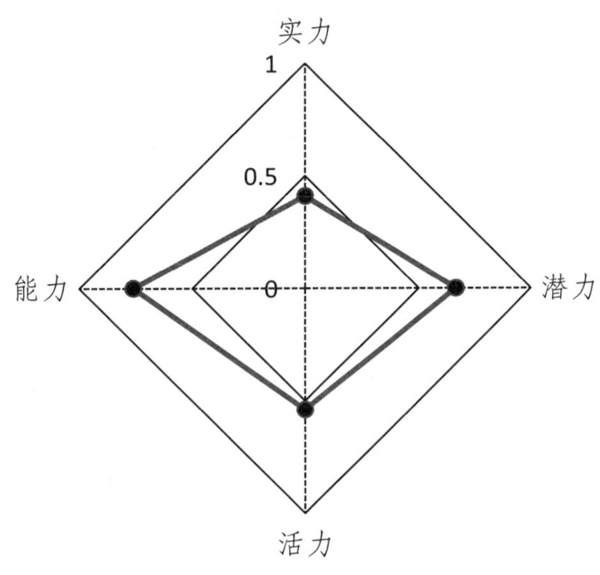

圖 8.12.1　2013 年濟南成長競爭力雷達圖

濟南 2013 年城市成長競爭力的基本情況如下：實力指數得分為 0. 41，排名第 20 位，比 2012 年排名下降了 1 位；潛力指數得分為 0. 66，排名第 16 位，比 2012 年排名下降了 5 位；活力指數得分為 0. 54，排名第 22 位，比 2012 年排名上升了 4 位；能力指數得分為 0. 76；成長競爭力得分為 979. 94，排名第 12 位，與上年持平。

2013 年濟南城市實力指數得分為 0.41，排名第 20 位，比 2012 年排名下降了 1 位。2013 年全市生產總值 5230.2 億元，比上年增長 9.6%。分產業看：第一產業增加值 284.7 億元，增長 3.9%；第二產業增加值 2053.2 億元，增長 10.1%；第三產業增加值 2892.3 億元，增長 9.7%。三次產業增加值比例為 5.4：39.3：55.3。

2013 年濟南城市潛力指數得分為 0.66，排名第 16 位，比 2012 年排名下降了 5 位。其中，金融資本潛力指數上升了 2 位，人力資本潛力指數上升了 1 位，市場潛力指數下降了

12 位，區位指數與上年持平，自然資源指數下降了 13 位，環境質量指數上升了 28 位，市場潛力指數下降了 16 位。全年城市居民人均可支配收入 35648 元，增長 9.5%；城市居民人均消費性支出 21667 元，增長 8.2%。城市居民恩格爾系數 30.6%，下降 0.2 個百分點；農村居民恩格爾系數 33.9%，下降 1.7 個百分點。年末城市建成區面積 470.6 平方公里，增加 12.6 平方公里。建成區新建綠地 705 萬平方米。年末綠地覆蓋率 39%，人均公園綠地面積 11.3 平方米。

2013 年濟南城市活力指數得分為 0.54，排名第 22 位，比 2012 年排名上升了 4 位。其中文化力指數上升了 17 位，學習力指數上升了 2 位，創新力指數上升了 12 位，法制力指數下降了 8 位，應變力指數上升了 17 位，開放力指數上升了 4 位，行銷力指數下降了 1 位。全年新簽外商投資項目 86 個，實現合同外資額 16.5 億美元，增長 2.0%；實際到賬外資 13.2 億美元，增長 8.2%。全年貨物進出口總額 95.7 億美元，增長 4.7%。

2013 年濟南城市能力指數得分為 0. 76。其中社會保障能力下降了 23 位，城市吸引能力上升了 10 位。全年實現規模以上工業增加值增長 11. 3%，按經濟類型看，公有制經濟增加值增長 5. 0%，非公有制經濟增加值增長 18. 2%；建築業增加值 362. 6 億元，增長 7. 7%；社會消費品零售總額 2633. 9 億元，增長 13. 4%。

綜合來看，2013 年在市委、市政府的堅強領導下，全市以加快轉變經濟發展方式為主線，緊緊圍繞“加快科學發展、建設美麗泉城”中心任務，凝心聚力，攻堅克難，穩增長、調結構、促改革、惠民生各項工作取得積極進展，經濟社會發展保持了穩中向好的發展勢頭。

8.13 南京城市成長競爭力點評分析

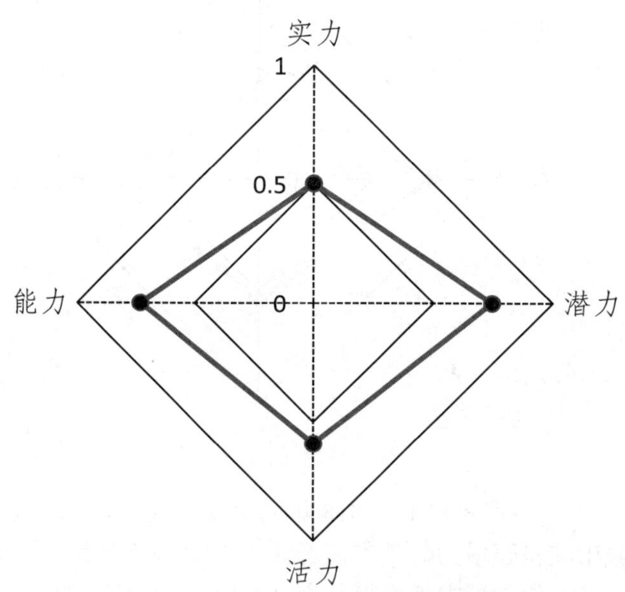

圖 8.13.1　2013 年南京成長競爭力雷達圖

南京 2013 年城市成長競爭力的基本情況如下：實力指數得分為 0.5，排名第 11 位，與上年持平；潛力指數得分為 0.75，排名第 9 位，比 2012 年排名上升了 14 位；活力指數得分為 0.59，排名第 13 位，與上年持平；能力指數得分為 0.73；成長競爭力得分為 901.35，排名第 13 位，與上年持平。

2013 年南京城市實力指數得分為 0.5，排名第 11 位，與上年持平全年實現地區生產總值 8011.78 億元，按可比價格計算，比上年增長 11.0%。其中，第一產業增加值 204.64 億元，增長 3.4%；第二產業增加值 3450.58 億元，增長 11.1%，其中全部工業增加值 2997.63 億元，增長 11.1%；第三產業增加值 4356.56 億元，增長 11.3%。

2013 年南京城市潛力指數得分為 0.75，排名第 9 位，比 2012 年排名上升了 14 位。其中居民消費潛力指數下降 43 位，金融資本潛力指數及人力資本潛力指數均下降 1 位，市場潛力指數及區位指數均與上年持平，自然資源指數上升了 8 位。全年城市居民人均可支配收入達到 39881 元，名義增長 9.8%，城市居民人均消費性支出 25647 元，增長 9.2%。全年農村居民人均純收入達 16531 元，名義增長 11.8%；農村居民人均純收入中位數為 14513 元。全年實現財政總收入 1591.59 億元，比上年增長 11.5%。

2013 年南京城市活力指數得分 0.59，排名第 13 位，與上年持平。其中文化力指數上升了 4 位，學習力指數下降了 3 位，創新力指數下降了 2 位，法制力指數上升了 4 位，應變力指數上升了 18 位，開放力指數上升了 17 位，行銷力指數上升了 9 位。年末南京有中國科學院院士和中國工程院院士分別為 48 人和 35 人。全年完成進出口總額 557.57 億美元，比上年增長 0.9%。其中，出口總額 322.66 億美元，增長 1.1%。

2013 年南京城市能力指數得分為 0.73。其中經濟增長能力上升了 26 位，社會保障能力上升了 34 位，城市吸引能力上升了 3 位，城市流通能力下降了 26 位。全年完成農林牧漁及農林牧漁服務業總產值 351.31 億元，比上年增長 10.3%。規模以上工業企業實現工業總產值 12647.14 億元，比上年增長 10.3%。全社會固定資產投資完成 5265.55 億元，比上年增長 12.4%。全市城鎮社會保險五大險種累計參保人數為 1360.92 萬人，比上年末新增 64.92 萬人。城鄉基本養老保險和城鄉當年醫療保險覆蓋率分別達到 98.3%和 98.1%。企業退休人員人均養老金提高到 2285 元。

綜合來看，2013 年南京市以提高經濟發展質量和效益為中心，著力推進穩增長、調結構、抓創新、促改革、惠民生各項工作，經濟社會發展穩中向好。

8.14 武漢城市成長競爭力點評分析

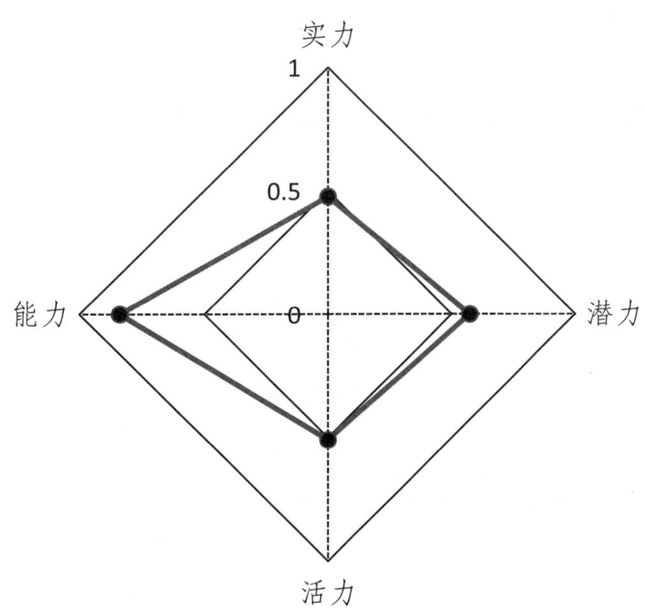

圖 8.14.1　2014 年武漢成長競爭力雷達圖

武漢 2013 年城市成長競爭力的基本情況如下：實力指數得分為 0.48，排名第 13 位，比 2012 年排名下降了 1 位；潛力指數得分為 0.57，排名第 26 位，比 2012 年排名下降了 9 位；活力指數得分為 0.51，排名第 31 位，比 2012 年排名上升了 2 位；能力指數得分為 0.84，排名第 44 位，比 2012 年排名上升了 45 位；成長競爭力得分為 781.30，排名第 14 位，比 2012 年排名上升了 2 位。

2013 年武漢城市實力指數得分為 0.48，排名第 13 位，比 2012 年排名下降了 1 位。全年地區生產總值 9051.27 億元，按可比價格計算，比上年增長 10.0%。其中，第一產業增加值 335.40 億元，增長 4.5%；第二產業增加值 4396.17 億元，增長 10.3%；第三產業增加值 4319.70 億元，增長 10.0%。一、二、三產業比重由上年的 3.8:48.3:47.9 調整為 3.7:48.6:47.7。

2013 年武漢城市潛力指數得分為 0.57，排名第 26 位，比 2012 年排名下降了 9 位。其中居民消費潛力指數上升了 14 位，金融資本潛力指數及市場潛力指數均上升了 2 位，人力資本潛力指數及區位指數均與上年持平，自然資源指數下降了 2 位，環境質量指數上升了 2 位。全年城市居民人均可支配收入 29821.22 元，比上年增長 10.2%。人均消費支出 20157.32 元，增長 7.1%。武漢地區金融機構本外幣各項存款餘額 14915.69 億元，比年初增加 1781.01 億元。人均公園綠地面積 10.54 平方米，增加 0.62 平方米。建成區綠化覆蓋率 38.85%，提高 0.66 個百分點。森林覆蓋率 27.41%，提高 0.3 個百分點。

2013 年武漢城市活力指數得分為 0.51，排名第 31 位，比 2012 年排名上升了 2 位。其中文化力指數下降了 10 位，學習力指數上升了 2 位，創新力指數上升了 6 位，法制力指數下降了 1 位，應變力指數上升了 35 位，開放力指數下降了 5 位，行銷力指數下降了 1 位。年末擁有國家級科技企業孵化器 18 家，國家 863 計劃成果產業化基地 10 個。全年外貿進出口總額 1350.36 億元，以美元計價為 217.52 億美元，比上年增長 6.9%。全年實際利用外資 52.50 億美元，比上年增長 18.1%。新批總投資 1000 萬美元以上外資項目數 46 個,比上年增加 2 個。

2013 年武漢城市能力指數得分為 0.84，排名第 44 位，比 2012 年排名上升了 45 位。其中經濟增長能力上升 48 位，社會保障能力上升 3 位，城市吸引能力下降 3 位。全年完成農業總產值 530.27 億元，比上年增長 4.5%。規模以上工業增加值 3113.30 億元，比上年增長 11.7%。城鎮基本養老保險參保職工 368.25 萬人，其中在職 249.14 萬人，退休 119.11 萬人。

綜合來看，2013 年武漢經濟增長較快，居民消費能力較強，經濟社會發展穩中向好、穩中有進，為建設國家中心城市奠定了堅實基礎。

8.15 瀋陽城市成長競爭力點評分析

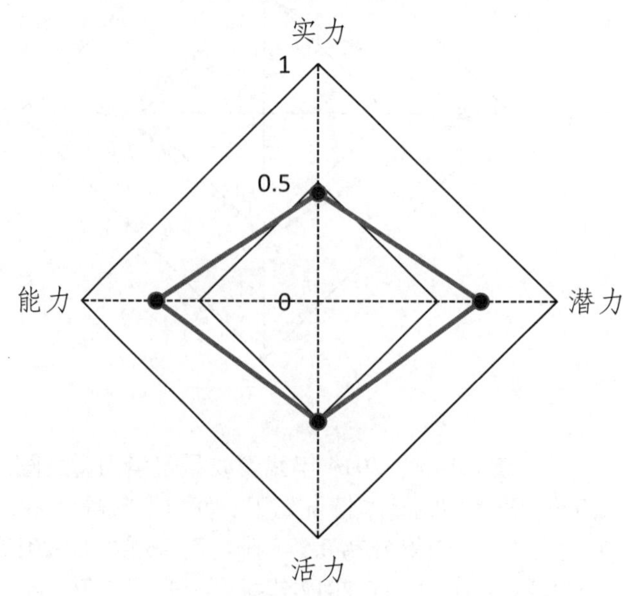

圖 8.15.1　2013 年瀋陽成長競爭力雷達圖

瀋陽 2013 年城市成長競爭力的基本情況如下：實力指數得分為 0.46，排名第 15 位，比 2012 年排名上升了 3 位；潛力指數得分為 0.68，排名第 14 位，比 2012 年排名上升了 10 位；活力指數得分為 0.51，排名第 33 位，比 2012 年排名下降了 3 位；能力指數得分為 0.68；成長競爭力得分為 780.06，排名第 15 位，與上年持平。

2013 年瀋陽城市實力指數得分為 0.46，排名第 15 位，比 2012 年排名上升了 3 位。全年地區生產總值 7158.6 億元，按可比價計算，比上年增長 8.8%。其中，第一產業增加值 335.5 億元，增長 4.7%；第二產業增加值 3709.2 億元，增長 10.1%；第三產業增加值 3113.8 億元，增長 7.6%。按常住人口計算，人均 GDP 為 86850 元，增長 8.2%。

2013 年瀋陽城市潛力指數得分為 0.68，排名第 14 位，比 2012 年排名上升了 10 位。其中居民消費潛力指數上升了 36 位，金融資本潛力指數及區位指數均與上年持平，人力資本潛力指數及市場潛力指數均下降 1 位。2013 年，城市居民人均可支配收入 29074 元，比上年增長 10.0%；人均消費支出 22252 元，增長 11.2%。農民人均純收入 14467 元，增長 10.9%；人均生活消費支出 7196 元，增長 8.6%。實施青山、碧水、藍天工程，全面開展城鄉綠化，棋盤山、臥龍湖生態保護利用穩步推進；瀋陽經濟技術開發區成為東北首個國家生態工業示範園區，法庫經濟開發區成為國家循環化改造示範試點園區。

2013 年瀋陽城市活力指數得分為 0.51，排名第 33 位，比 2012 年排名下降了 3 位。其中文化力指數下降了 28 位，學習力指數上升了 14 位，創新力指數上升了 7 位，法制力指數上升了 23 位，應變力指數上升了 7 位，開放力指數上升了 3 位，行銷力指數上升了 2 位。2013 年末，全市擁有市及市以上獨立科學研究與技術開發機構 104 個；省級以上工程(技術)中心 214 個。全年進出口總額 143.3 億美元，比上年增長 12.4%。

2013 年瀋陽城市能力指數得分為 0.68。其中經濟增長能力上升了 41 位，社會保障能力下降了 3 位，城市吸引能力與上年持平，城市流通能力上升了 8 位。全市參加城鎮基本養老保險 345.9 萬人，比上年末增加 25.2 萬人；城鎮居民養老保險 7.65 萬人，增加 0.3 萬人。

綜合來看，2013 年瀋陽市經濟持續增長，圍繞實現“三大目標”，扎實推進“五大任務”，突出做好穩增長、辦全運、惠民生等重點工作，經濟社會保持了平穩健康發展。

8.16 合肥城市成長競爭力點評分析

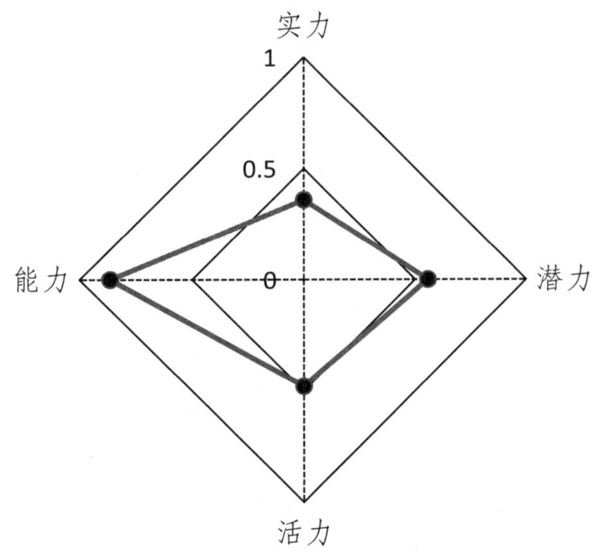

圖 8.16.1　2013 年合肥成長競爭力雷達圖

合肥 2013 年城市成長競爭力的基本情況如下：實力指數得分為 0.36，排名第 33 位，比 2012 年排名上升了 4 位；潛力指數得分為 0.56，排名第 30 位，與上年持平；活力指數得分為 0.48，排名第 40 位，比 2012 年排名上升了 5 位；能力指數得分為 0.87，排名第 30 位，比 2012 年排名上升了 10 位；成長競爭力得分為 778.58，排名第 16 位，比 2012 年排名上升了 1 位。

合肥 2013 年城市實力指數排名第 33 位，比 2012 年排名上升了 4 位，在城市產業競爭力指數中，產業規模指數排名從 46 位上升到 34 位，其中 2013 年生產總值增長率為 13.6%。產業國際化指數排名 53 名，實際利用外資 18.12 億美元，比上年增加了 9.42%。城市財政金融競爭力指數排名從 2012 年的 201 位上升到 32 名，其中財政金融規模指數排名從 34 名上升到 24 名，全年財政收入比上年增長 10.6%。

城市潛力指數排名 30 位，與上年持平，其中金融資本潛力指數排名從 2012 年的 34 位上升到 2013 年的 30 位，人力資本潛力指數排名從 2012 年的 32 位下降到 2013 年的 35 位，可持續發展指數排名有所上升，市政府重視本市的可持續發展能力，城市綠化面積增加，環境治理成果顯著，空氣質量得到改善。

城市活力指數排名第 40 位，比 2012 年排名上升了 5 位，其中學習力指數排名從 2012 年的 37 名上升到 2013 年的 33 名，政府科研投入逐年上升，市民學習意識強，營造了良好的學習氛圍，各類科研成果豐碩，科研機構效率提高，高新技術成果轉化率提高。

城市能力指數排名上升了 10 位，位居 30 名，其中經濟增長能力指數排名從 52 名上升到 42 名，社會保障能力指數排名從 78 名上升到 69 名，城市流通能力指數排名從 80 位上升到 59 位。各級醫療衛生條件得到改善，各項保障措施齊全。

綜上，合肥市 2013 年國民經濟和社會發展執行情況較好，但產業轉型的步伐還不夠快，主導產業培育、推動力度有待加強，新興產業仍處於起步階段。今後應著力提升產業能級和發展效益，提升城區功能和生態環境，提升治理機制和管理水平，提升民生保障和文化質量。

8.17 澳門城市成長競爭力點評分析

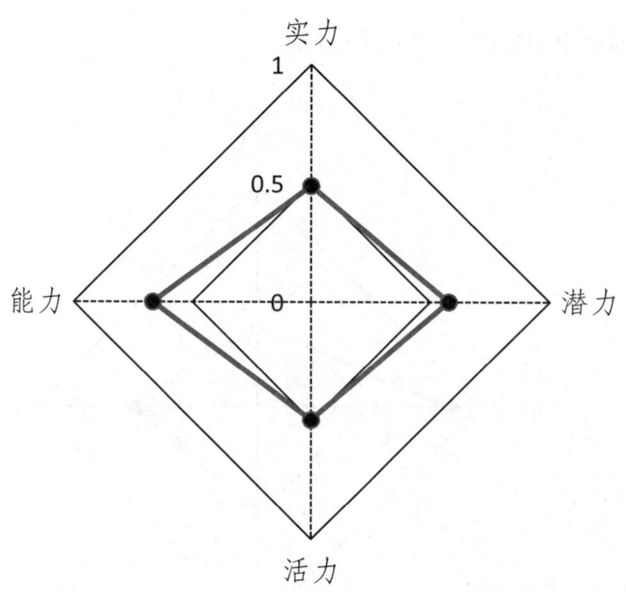

圖 8.17.1　2013 年澳門成長競爭力雷達圖

澳門 2013 年城市成長競爭力的基本情況如下：實力指數得分為 0.489，排名第 12 位，比 2012 年排名上升了 1 位；潛力指數得分為 0.577，排名第 24 位；活力指數得分為 0.497，排名第36位，比2012年排名上升了4位；能力指數得分為0.667；成長競爭力得分為718.72，排名第17位，比2012年排名下降了3位。

澳門城市實力指數排名第12位，比2012年排名上升了1位，其中經濟競爭力由第4位上升到第2位，2013年生產總值實際增長11.9%，人均本地生產總值約87306美元。經濟增長主要動力源自旅遊博彩業持續興旺，帶動服務出口上升。科技競爭力排名第31位，比2012年排名上升了1位，人力資本由40位上升到37位，科研成果轉化率由第17位上升到第15位。

城市潛力指數排名第24位，人力資本潛力指數排名第8位，與去年持平，市場潛力指數由59位上升到47位，環境質量指數為第92位，空氣質量略有下降。通過對比2012年世界各國人均GDP排行資料，目前澳門人均GDP已位居世界第四，僅次於盧森堡、卡塔爾和挪威。私人消費和政府最終消費支出分別上升6.5%及6.1%，這些指標共同作用使得城市潛力指數排名大幅上升。

城市活力指數排名第36位，比2012年排名上升了4位，其中文化力指數由20位上升到第13位，創新力指數由57位上升到43位。應變力指數排名第10位，與去年持平，行銷指數由第7位下降到第9位。2013年澳門市在法制建設方面的工作表現較好，政府的社會管理水平有所提升，地方法規條例健全程度、政策法規透明度提高。

2013年全年澳門本地生產總值實際增長11.9%。2013年澳門財政收入達1206億人民幣，財政支出預計471億澳門元。城市吸引能力排名全國第5位，上升了1名，其中澳門經濟增長較為強勁主要源自旅遊博彩業持續暢旺，服務出口增長理想及零售業增長強勁。私人消費和政府最終消費支出分別上升6.5%及6.1%。

綜上，澳門2013年成長競爭力得分雖有所下降，各項指標整體上都保持著良好的發展態勢，與全國大部分城市相比，與世界的距離更近，吸引外資的管道更多。

8.18 成都城市成長競爭力點評分析

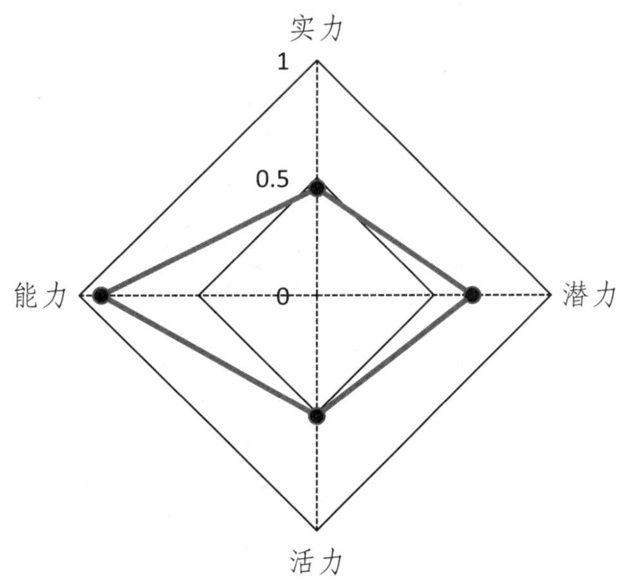

圖 8.18.1　2013 年成都成長競爭力雷達圖

成都2013年城市成長競爭力的基本情況如下：實力指數得分為0.46，排名第14位，比2012年排名上升了2位；潛力指數得分為0.66，排名第16位，比2012年排名下降了7位；活力指數得分為0.51，排名第28位，比2012年排名上升了1位；能力指數得分為0.91，排名第 13 位，比 2012 年排名下降了 1 位；成長競爭力得分為 695.94，排名第 18 位，比 2012 年排名上升了 2 位。

城市實力指數排名第 14 位，比 2012 年年上升 2 位，其中成都經濟競爭力排名第 32 位，其中城市規模指數排名第 9 位；城市效率指數排名第 67 位，城市國際吸引指數排名第 13 位。2013 年成都生產總值比上年增長 10.2%。產業效率指數排名第 38 位，產業國際化指數第 41 位。全年新批外商投資項目 201 個，外商投資實際到位 87.6 億美元，增長 5.3%。

城市潛力指數排名第 16 位，比 2012 年排名下降了 7 位，其中金融資本潛力排名第 10 位，市場潛力排名第 22 位。城市居民人均可支配收入比上年增長 10.2%。成都科技實力雄厚，人力資本投入力度大，已成為中國西南地區綜合實力第一強市。在信息技術科學研究領域，每年提供的高技術成果數以萬計，為 IT 產業的發展提供源源不斷的科技資源。市場認同度提高，市場潛力指數上升。

城市活力指數排名第 28 位，比 2012 年排名上升了 1 位，其中城市學習力指數排名第 43 位，創新力指數排名第 37 位，法制力指數排名第 43 位，開放力指數排名第 30 位。城市在 2013 年全年組織實施科技計劃項目繼續增加，科技創新能力加強，各項技術專利申報增加，成果轉化率提高。

城市能力指數排名第 13 位，比 2012 年排名下降了 1 位，其中經濟增長能力排名第 35 位，2013 年實現生產總值增長 10.2%，公共財政收入比上年增長 16.6%，城市吸引能力排名第 17 位。城市具有較強的環境競爭力，城市綠化面積增加，環境質量改善，氣候適宜，全年空氣質量良好。除擁有都江堰一青城山世界文化遺產，三千多年歷史的金沙遺址，武侯祠、杜甫草堂等國家級文物保護單位外，以成都為中心的周邊地區還聚集了九寨溝、三星堆、峨眉山和樂山大佛等一大批世界級旅遊景區景點。這些都提升了成都的城市形象，增強了對勞動力的吸引。

綜上，成都 2013 年雖受經濟形勢趨緊影響，經濟運行效益增長出現持續放緩趨勢，但各項成長競爭力指標小幅上升，確保了成都競爭力排名仍呈上升趨勢。

8.19 寧波城市成長競爭力點評分析

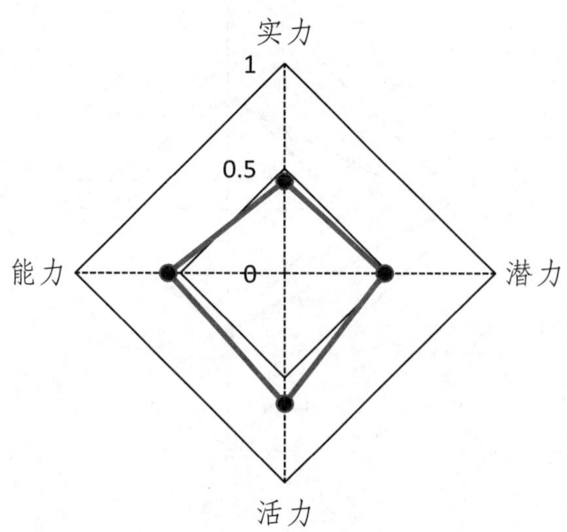

圖 8.19.1　2013 年寧波成長競爭力雷達圖

寧波 2013 年城市成長競爭力的基本情況如下：實力指數得分為 0.44，排名第 17 位，與上年持平；潛力指數得分為 0.48，排名第 54 位，比 2012 年排名下降了 25 位；活力指數得分為 0.62，排名第 10 位，比 2012 年排名上升了 1 位；成長競爭力得分為 683.99，排名第 19 位，與上年持平。

寧波 2013 年城市實力指數排名第 17 位，與上年持平，其中 2013 年生產總值按可比價格計算，比上年增長 8.1%。城市財政金融競爭力排名從 2012 年的 18 位上升到 2013 年的 15 位。其中財政金融規模排名從 2012 年的 14 名上升到 11 名，財政金融效率指數排名從 2012 年的 26 名上升到 21 名，金融業人力資本指數排名從 17 名上升到 12 名。2013 年寧波經濟總體運行良好，各指標均有所上升，同時其他城市發展較快，使得寧波實力排名與去年持平。

城市潛力指數排名第 54 位，比 2012 年排名下降了 25 位。其中市場潛力指數排名從 26 位下降到 30 位。2013 年寧波繼續深入開展電鍍、印染、化工、造紙等十大重污染行業環境整治提升工作，深入開展飲用水源保護區專項治理，建設寧波市重點污染源刷卡排汙系統，實施污染物總量控制管理，確保減排設施規範穩定運行。環境執法監管繼續強化，監測監控能力不斷提升，同時繼續開展各類生態環保創建活動，成效顯著。

城市活力指數排名第 10 位，比 2012 年排名上升了 1 位。其中創新力指數為 0.596，排名第 12 位，與去年持平，創新能力顯著提升，2013 年全市省級科學技術獎 33 項。城市法制力指數得分有所上升，從 2012 年的 34 位上升到第 10 位，安全生產事故指標連續第九年實現下降。同時加大了食品藥品檢驗力度。

城市流通能力指數排名從 35 名下降到 71 位。城市治安水平有所提高，嚴厲打擊違法犯罪行為，但社會治安水平還有待提高。城市流通能力增長率有所上升，2013 年完成全社會貨運量比上年增長 8.6%。

綜上，寧波 2013 年著力穩增長提效益、強創新惠民生，經濟運行總體保持了平穩發展態勢，產業發展基本穩定，質量效益繼續提高，創新驅動動力增強，民生福祉持續改善，確保了成長競爭力排名保持穩定。

8.20 昆明城市成長競爭力點評分析

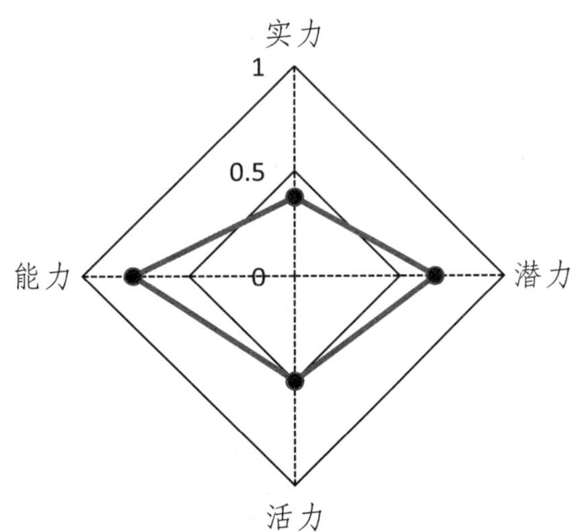

圖 8.20.1　2013 年昆明成長競爭力雷達圖

昆明 2013 年城市成長競爭力的基本情況如下：實力指數得分為 0.38，排名第 28 位，比 2012 年排名下降了 3 位；潛力指數得分為 0.67，排名第 15 位，比 2012 年排名下降了 5 位；活力指數得分為 0.5，排名第 34 位，比 2012 年排名上升了 4 位；成長競爭力得分為 673.75，排名第 20 位，比 2012 年排名上升了 2 位。

昆明是雲南省的政治、經濟、文化、科技及交通中心，2013 年成長競爭力位居第 20 位，比 2012 年排名上升了 2 位。城市實力指數排名 28 位，比 2012 年排名下降了 3 位，其中城市經濟競爭力從 52 位下降到 57 位。 2013 年地區生產總值按可比價計算，同比增長 12. 8%，增速比去年下降了 1. 3 個百分點。與全國其他城市相比，昆明在該指標方面的增長趨勢弱於其他城市，導致昆明排名下降。

城市潛力指數排名第 15 位，比 2012 年排名下降了 5 位，其中居民消費潛力指數排名第 3 位，金融資本潛力指數排名 27 位，人力資本潛力指數排名第 46 位，城鎮居民人均可支配收入增長 12. 3%。市場潛力指數排名第 19 位，可持續發展指數排名第 31 位。

城市活力指數排名第 34 位，比 2012 年排名上升了 4 位，其中 2013 年文化力指數排名第 25 位，學習力指數排名第 52 位，創新力指數第 62 位，法制力指數排名第 11 位。全市實施科技計劃項目 304 項，其中，重大科技計劃項目取得重大突破，各類文化學習場館開放，為居民提供了良好的學習氛圍。

2013 年生產總值同比增長 12. 8%，增長速度下降了 1. 3 個百分點。地方公共財政預算收入同比增長 19. 1%，與上年持平，地方公共財政預算支出增長 11. 5%，增長速度下降了 7. 5 個百分點。2013 年，全市各級衛生機構條件明顯改善，各類醫療保險齊全。此外自然和經濟區位優勢使昆明具有長遠發展的巨大潛力和廣闊的發展空間。

綜上，昆明 2013 年堅持穩中求進，著力深化改革開放，努力保障和改善民生，經濟運行保持平穩增長，經濟實力進一步增強，人民生活水平穩步提高，社會更加和諧穩定。

8.21 無錫城市成長競爭力點評分析

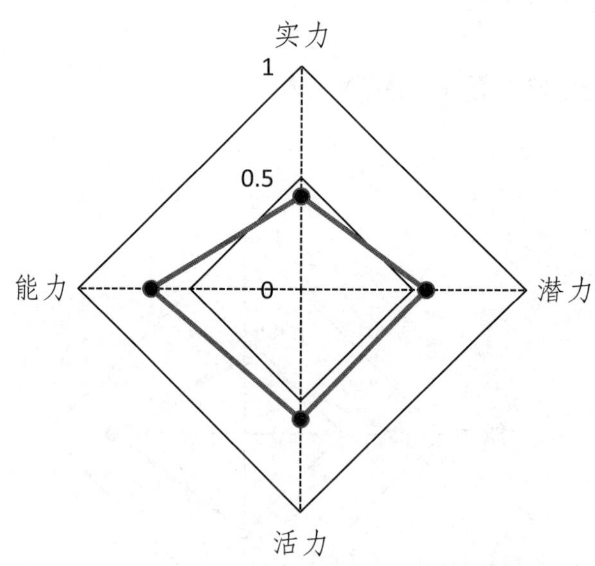

圖 8.22.1　無錫成長競爭力雷達圖

無錫 2013 年城市成長競爭力的基本情況如下：實力指數得分為 0. 42，排名第 19 位，比 2012 年排名上升了 1 位；潛力指數得分為 0. 56，排名第 31 位，比 2012 年排名上升了 11 位；活力指數得分為 0. 58，排名第 15 位，比 2012 年排名上升了 2 位；能力指數得分為 0. 68，比 2012 年排名下降了 15 位；成長競爭力得分為 669. 4，排名第 21 位，比 2012 年排名上升了 2 位。

無錫 2013 年城市成長競爭力排名第 21 位，比 2012 年排名上升了 2 位。城市實力指數排名第 19 位，比 2012 年排名上升了 1 位，其中經濟競爭力排名從 16 名下降到 21 位。全市生產總值按可比價格計算，比上年增長 9.3%，增速比去年略有下降。在經濟競爭力中，城市居民生活指數排名從 23 位上升到 19 位。

城市潛力指數排名第 31 位，比 2012 年排名上升了 11 位，其中金融資本潛力指數排名 34 位，與去年持平。2013 年公共財政預算收入比上年增長 8.0%，增速提高了 1 個百分點。財政支出結構繼續調整，公共財政預算支出比上年增長 9.7%。

城市活力指數排名第 15 位，比 2012 年排名上升了 2 位，其中法制力指數從 39 位上升到第 10 位，文化事業和文化產業加快發展，成功躋身 2013-2015 年國家公共文化服務體系示範區創建城市行列，學校、圖書館等文化學習設施齊全，保證了居民對學習的需求，政策法規透明度和政策執法能力相對其他城市有所上升。在科技創新中，高新技術產業產值占規模以上工業產值比重達到 41%，較上年提高 1.9 個百分點。

城市吸引能力排名從 15 位下降到 18 位。此外，無錫交通發達，已成為全國 54 個公路運輸中心之一和全國 34 個港口主樞紐之一，發揮著重要的門戶、紐帶作用。

綜上，2013 年無錫市在經濟、文化、環境取得平穩發展的基礎上，社會體制取得了巨大的進步，經濟總體保持了平穩增長，產業結構進一步優化，經濟運行質量穩步提升。

8.22 廈門城市成長競爭力點評分析

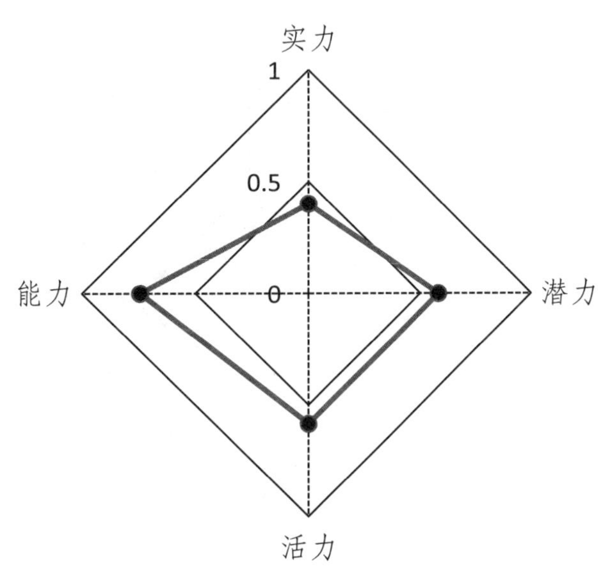

圖 8.22.1　2013 年廈門成長競爭力雷達圖

廈門 2013 年城市成長競爭力的基本情況如下：實力指數得分為 0.4，排名第 23 位，比 2012 年排名上升了 1 位；潛力指數得分為 0.58，排名第 23 位，比 2012 年排名下降了 1 位；活力指數得分為 0.58，排名第 14 位，比 2012 年排名下降了 2 位；成長競爭力得分為 632.97，排名第 22 位，比 2012 年排名下降了 1 位。

廈門 2013 年城市成長競爭力由第 21 位下降到 22 位，相比去年下降 1 位。其中城市實力指數排名第 23 位，比 2012 年排名上升了 1 位。在城市實力指數中，城市財政金融競爭力排名由 45 上升到第 30 位，上升了 15 名，財政金融效率由 21 位上升到 18 位，上升了 3 位，其中人均財政預算內收入得分 0.184，人均財政預算內支出得分 0.195，人均年末儲蓄額得分 0.232，人均年末貸款額得分 0.278，各項指標得分均比去年提高，顯示了較強的競爭力。廈門實力排名下降的原因是由於其他城市發展狀況相比廈門來說更好，導致廈門在該指標上排名下降。

城市潛力指數排名第 23 位，比 2012 年排名下降了 1 位。其中城鎮居民人均可支配收入增速比去年下降了 1.8 個百分點。市場潛力指數從 36 位下降到 41 位，環境質量指數排名第 10 位，可持續發展指數排名第 31 位，廈門是氣候宜人、風景優美、環境質量良好的海濱城市，環境競爭力很強，獲評首批全國質量強市示範城市、國家森林城市。

城市活力指數排名第 14 位，比 2012 年排名下降了 2 位。城市學習力指數排名 14 位，全市擁有各級學校、公共圖書館眾多，提供了良好的學習條件。創新力指數排名第 13 位，各類科技研發成果顯著增加，科技創新能力提升。應變力指數排名第 28 位，開放力指數排名第 10 位，法制力指數從 7 位下降到 23 位。

2013 年地區生產總值增長 11.6%，增速比上年下降 0.5 個百分點，財政支出增長 11.7% ，增速比去年下降 7.1 個百分點。城鎮居民人均可支配收入增長 10.1%，增速比上年下降 1。8 個百分點，城市居民消費增長能力較去年有所下降。

綜上，廈門市地理位置優越，城市國際吸引指數較強，在環境資源、文化形象、科技、人力資本教育競爭力方面有相對優勢，其沿海的地理位置和毗鄰臺灣的政治地位使其在兩岸交流日益密切的今天變得越來越重要。

8.23 貴陽城市成長競爭力點評分析

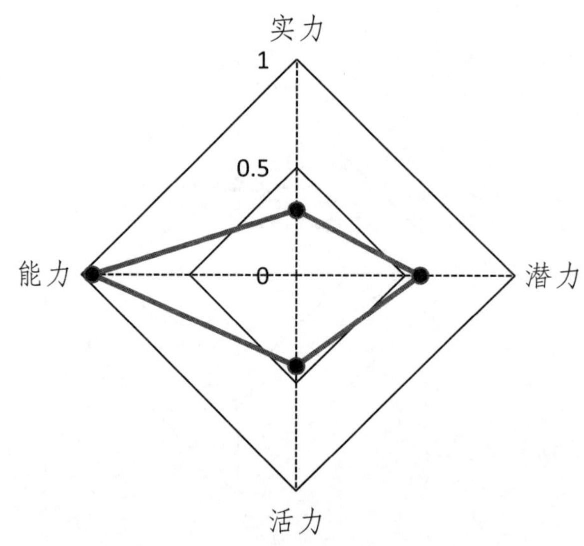

圖 8.23.1 貴陽成長競爭力雷達圖

貴陽 2013 年城市成長競爭力的基本情況如下：實力指數得分為 0.3，排名第 54 位，比 2012 年排名上升了 3 位；潛力指數得分為 0.57，排名第 27 位，比 2012 年排名上升了 19 位；活力指數得分為 0.42，排名第 62 位，比 2012 年排名上升了 2 位；能力指數得分為 0.95，排名第 3 位，比 2012 年排名上升了 5 位；成長競爭力得分為 610.55，排名第 23 位，比 2012 年排名上升了 23 位。

貴陽 2013 年城市成長競爭力排名第 23 位，比 2012 年排名上升了 23 位。城市實力指數排名第 54 位，比 2012 年排名上升了 3 位。2013 全年生產總值比上年增長 16.0%，增速比去年上升 0.1 個百分點。財政金融規模指數由 42 位上升到 35 位，2013 年財政總收入比上年增長 18.8%。

城市潛力指數排名第 27 位，比 2012 年排名上升了 19 位。其中城市居民家庭年人均可支配收入實際增長 6.6%，金融資本潛力指數由 39 位上升到 37 位，市場潛力指數由 38 位上升到 27 位，可持續發展指數由 59 位上升到 39 位，2013 年森林綠化面積增加，環境空氣質量得到進一步提升。

城市活力指數排名第 62 位，比 2012 年排名上升了 2 位。學習力指數由 85 位上升到 81 位，全市擁有眾多文化學習場館，極大方便了群眾的學習能力。創新力指數由 77 位上升到 75 位，各種高新技術成果豐碩，重大科技項目不斷增加。

城市能力指數排名第 3 位，比 2012 年排名上升了 5 位。其中經濟增長能力指數位列第 7 位，與去年持平，其中 2013 年生產總值比上年增長 16.0%。

綜上，2013 年貴陽市成長競爭力較上年有顯著提高，以科技創新為引領，以實體經濟為支撐，全市經濟發展穩中向好，經濟總量增加、產業結構優化、質量效益提高、可持續發展能力增強，生態文明示範城市建設取得新進展，經濟社會發展躍上新臺階。

8.24 長沙城市成長競爭力點評分析

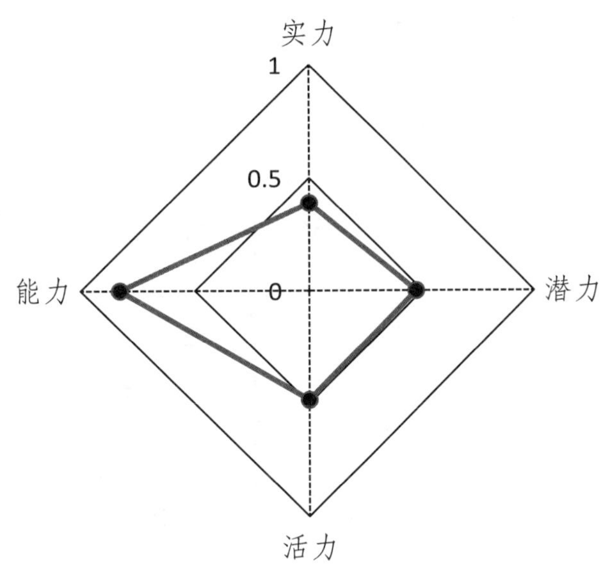

圖 8.24.1　2013 年長沙成長競爭力雷達圖

長沙 2013 年城市成長競爭力的基本情況如下：實力指數得分為 0.39，排名第 24 位，比 2012 年排名下降了 1 位；潛力指數得分為 0.47，排名第 60 位，比 2012 年排名下降了 20 位；活力指數得分為 0.48，排名第 38 位，比 2012 年排名上升了 10 位；能力指數得分為 0.83，排名第 47 位，比 2012 年排名上升了 40 位；成長競爭力得分為 586.27，排名第 24 位，與上年持平。

長沙是湖南省省會，以媒體和娛樂業聞名，其 2013 年成長競爭力位居第 24 位，與上年持平。其中城市實力指數排名第 24 位，比 2012 年排名下降了 1 位，經濟競爭力排名由 26 位下降到 33 位，2013 年生產總值比上年增長 12.0%，增速比去年下降了 1 個百分點。人均 GDP 比上年增長 10.8%，增速比去年下降 1.3 個百分點。城市產業競爭力從第 24 位下降到第 30 位，產業競爭力中產業效率指數從第 2 位下降到第 8 位，從業者生產效率和企業盈利能力有所下降，重點耗能工業企業的單位產品能耗比上年有不同程度的下降。產業結構指數從 31 名下降到 32 名。

城市潛力指數排名第 60 位，比 2012 年排名下降了 20 位，綠化面積和環境質量與上一年基本持平，但與全國其他城市發展趨勢相比，排名下降。

城市活力指數排名第 38 位，比 2012 年排名上升了 10 位，其中文化力指數從 61 位上升到 48 位，學習力指數由 55 位上升到 53 位。創新力指數基本保持不變，科研成果突出，高新技術產業增加值增長 19.1%，與其他城市相比，使得排名基本保持不變。現階段，長沙重點發展的主導產業包括工程機械、汽車及零部件、現代物流、服務外包、中成藥及生物製藥。長沙的外貿依存低，但近年來，長沙也逐漸成為外商投資的熱點，實際利用外資金額也有了突破性的增長。

城市能力指數排名第 47 位，比 2012 年排名上升了 40 位，其中城市吸引能力從 43 位上升到 27 位。2013 年實際使用外商直接投資比上年增長 14.2%，與去年相比利用外資項目數增加 56 個。

綜上，2013 年長沙市根據實際情況，及時解決經濟社會發展過程中的問題，經濟發展呈現平穩增長、穩中向好的良好態勢，各項社會事業取得新進步，但是工業面臨下行壓力，消費需求增長乏力，受經濟下行壓力增大、嚴控政府性消費、居民收入增幅出現回落以及刺激消費政策結束等因素影響，拉動作用減弱，全市消費增速低於預期。

8.25 煙臺城市成長競爭力點評分析

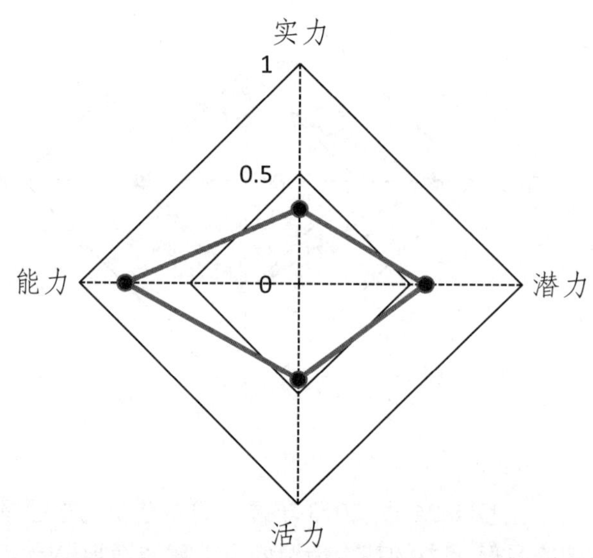

圖 8.25.1　2013 年煙臺成長競爭力雷達圖

煙臺 2013 年城市成長競爭力的基本情況如下：實力指數得分為 0.34，排名第 36 位，比 2012 年排名下降了 3 位；潛力指數得分為 0.57，排名第 28 位，比 2012 年排名下降了 9 位；活力指數得分為 0.43，排名第 60 位，比 2012 年排名上升了 14 位；能力指數得分為 0.8，排名第 75 位；成長競爭力得分為 583.22，排名第 25 位，與上年持平。

煙臺市是環渤海經濟圈內以及東亞地區國際性港城、商城、旅遊城，其 2013 年城市成長競爭力排名第 25 位，與上年持平。其中城市實力指數排名第 36 位，比 2012 年排名下降了 3 位，在城市實力指數中，經濟競爭力排名從 2012 年的 34 位下降到 2013 年的 46 位，其中城市規模指數由 24 位下降到 23 位，下降 1 位，城市效率指數與上年持平。2013 年實現生產總值比上年增長 10.2%，增速比上年下降了 0.1 個百分點。人均可支配收入指標有所下降，居民人均可支配收入扣除價格因素比上年增長 9.7%，增速比上年下降了 1.5 個百分點。

城市潛力指數排名第 28 位，比 2012 年排名下降了 9 位，市場潛力指數排名第 28 位，比 2012 年排名下降了 9 位。空氣環境質量良好，污水治理率上升，但是與其他城市相比，排名有明顯的下降。

城市活力指數排名第 60 位，比 2012 年排名上升了 14 位，其中文化力指數由 44 位上升到 43 位，擁有各種藝術表演團體和公共圖書館，為市民創造了良好的學習氛圍。2013 年取得的各類科技成果眾多，高新技術產業實現產值比上年增長 15.9%，高新技術成果轉化率提高，顯著提升了城市活力排名。

城市能力指數排名第 75 位， 2013 年生產總值按可比價格計算，比上年增長 10.2%，公共財政預算收入增長 12.6%，公共財政預算支出增長 13.6%。社會保障能力排名從 57 名上升到 48 名，社會保障和醫療衛生條件得到進一步改善。

綜上，煙臺市地處山東半島東部，瀕臨渤海和黃海，是中國首批沿海開放城市之一，是環渤海經濟圈內以及東北亞地區的國際性港城、商城、旅遊城，是中國最具投資潛力和發展活力的新興經濟強市。

8.26 哈爾濱城市成長競爭力點評分析

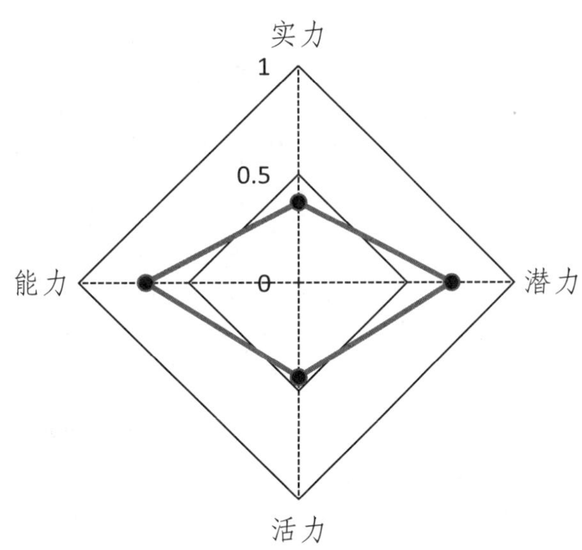

圖 8.26.1　2013 年哈爾濱成長競爭力雷達圖

哈爾濱 2013 年城市成長競爭力的基本情況如下：實力指數得分為 0.37，排名第 29 位，比 2012 年排名上升了 1 位；潛力指數得分為 0.71，排名第 11 位，比 2012 年排名上升了 9 位；活力指數得分為 0.44，排名第 56 位，比 2012 年排名下降了 2 位；成長競爭力得分為 581.91，排名第 26 位，比 2012 年排名上升了 39 位。

哈爾濱 2013 年城市成長競爭力排名第 26 位，比 2012 年排名上升了 39 位。實力指數排名第 29 位，比 2012 年排名上升了 1 位。其中城市規模指數由 23 位上升到 22 位，2013 全年生產總值比上年增長 8.9%。城市效率指數由 87 位上升到 84 位。其中城市居民家庭年人均可支配收入增長 12.0%，人均消費性支出增長 6.3%。產業競爭力排名第 84 位，與去年持平。

城市潛力指數排名第 11 位，比 2012 年排名上升了 9 位。其中居民消費潛力指數由第 91 位上升到 37 位，市場潛力指數由 60 位上升到 56 位。金融機構各項存款餘額比年初增加 1120.9 億元，各項貸款餘額比年初增加 701.6 億元。區位指數排名 22 位，與去年持平，自然資源指數由 19 位上升到 16 位，可持續發展指數由 14 位上升到 12 位，2013 年全市國有建設用地供應總量增長 40.1%，造林綠化面積不斷增加，空氣質量改善，污水處理率穩步上升。

城市活力指數排名第 56 位，比 2012 年排名下降了 2 位。其中文化力指數由第 8 位下降到第 29 位，創新力指數由 63 位下降到 71 位，科技創新力和高新技術轉化率略有上升，但同全國其他發展快速的城市相比排名下降。2013 年生產總值增長 8.9%，增速較上年下降 1.1 個百分點，人均地區生產總值增長 8.8%，增速較去年下降 1.1 個百分點。社會保障能力得到改善，醫療衛生條件提高。

綜上，2013 年哈爾濱成長競爭力較上年有顯著提高，經濟綜合實力跨上歷史新臺階，產業項目建設實現新突破，經濟發展活力不斷釋放，人民生活持續改善，精神文明與民主法治建設得到加強，全力推動產業結構優化升級，開創了產業建設提質增效、快速發展。

8.27 鄭州城市成長競爭力點評分析

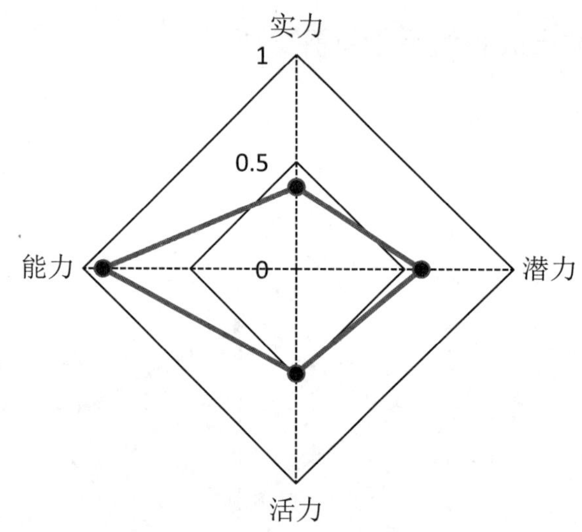

圖 8.27.1　鄭州成長競爭力雷達圖

鄭州 2013 年城市成長競爭力的基本情況如下：實力指數得分為 0.38，排名第 25 位，比 2012 年排名上升了 2 位；潛力指數得分為 0.58，排名第 24 位，比 2012 年排名上升了 7 位；活力指數得分為 0.49，排名第 37 位，比 2012 年排名上升了 7 位；能力指數得分為 0.91，排名第 12 位；成長競爭力得分為 554.97，排名第 27 位，比 2012 年排名上升了 2 位。

鄭州市是河南省的省會，全省政治、經濟、科技、文化和教育中心，是中國內陸腹地，其 2013 年城市成長競爭力排名第 27 位，比 2012 年排名上升了 2 位。其中城市實力指數排名第 25 位，比 2012 年排名上升了 2 位。在城市實力指數排名中，城市規模指數排名由 22 位上升到 21 位，2013 年生產總值比上年增長 10%，人均生產總值增長 7.9%，城市效率指數排名從 2012 年的 72 位上升到 70 位，城市居民生活指數排名 80 位，居民人均可支配收入年增長 9.8%，扣除價格因素比上年實際增長 6.8%。

城市潛力指數排名第 24 位，比 2012 年排名上升了 7 位，其中居民消費潛力指數由 51 位上升到 12 位，人均消費性支出增長 12.4%。市場潛力指數由 26 位上升到 20 位。

城市活力指數排名第 37 位，比 2012 年排名上升了 7 位，其中文化力指數從 2012 年的 63 位上升到 2013 年的 55 位，學習力指數由 44 位上升到 40 位，上升 4 位。全市公共文化場館開放，為市民創造了良好的學習環境。創新力指數由 62 位上升到 60 位，科技創新穩步發展。開放力指數從 2012 年的 23 位上升到 19 位，全年全市直接進出口總額比上年增長 19.3%。

城市能力指數排名第 12 位，社會保障能力排名從 2012 年的 46 位上升到 43 位，醫療衛生條件得到顯著改善。

綜上，2013 年，鄭州圍繞中原經濟區和鄭州航空港經濟綜合實驗區上升為國家戰略的重大歷史機遇，堅持開放創新雙驅動，加快推進了鄭州都市區建設，國民經濟發展實現新的跨越，社會各項事業取得全面進步。

8.28 長春城市成長競爭力點評分析

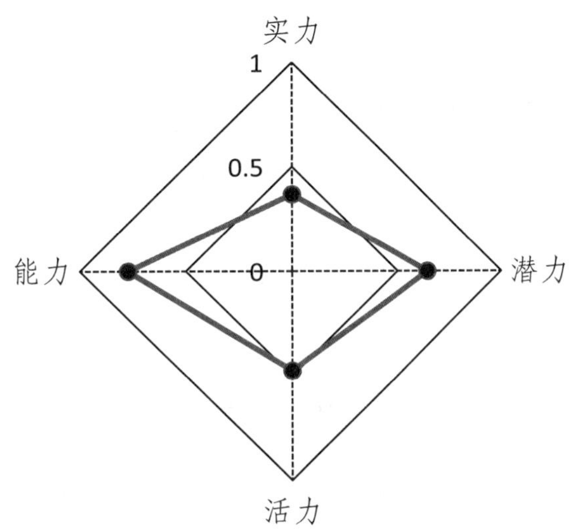

圖 8.28.1　2013 年長春成長競爭力雷達圖

長春 2013 年城市成長競爭力的基本情況如下：實力指數得分為 0. 37，排名第 30 位，比 2012 年排名上升了 1 位；潛力指數得分為 0. 64，排名第 18 位，比 2012 年排名下降了 5 位；活力指數得分為 0. 47，排名第 43 位，比 2012 年排名上升了 3 位；成長競爭力得分為 505. 98，排名第 28 位，與上年持平。

2013 年城市成長競爭力位居第 28 位，與上年持平。其中城市實力指數排名第 30 位，比 2012 年排名上升了 1 位。城市規模指數排名 28 位，與去年持平，2013 年長春市生產總值增長 12%。城市效率指數從 77 位上升到 67 位，人均 GDP 達到 58502 元。城鎮居民人均可支配收入顯著增加。城市科技競爭力指數由 27 位上升到第 25 位，上升了 2 位，其中科技人力資本指數由第 19 位上升到第 15 位，上升了 4 位。

城市潛力指數排名第 18 位，比 2012 年排名下降了 5 位。長春有森林城的美譽，城市綠化覆蓋率近 40%，綠化度居於亞洲大城市之冠，中國四大園林城市之一，為城市居民提供了一個優美的生活和工作環境。著名的淨月潭森林旅遊區總面積近二百平方公里，有亞洲最大的人工森林。長春市擁有豐富的土地資源和林業資源，農業產業化建設初具規模。長春環境資源豐富，但與全國其他城市良好發展勢頭相比，長春市在該指標上排名較去年略有下降。

城市活力指數排名第 43 位，比 2012 年排名上升了 3 位，其中應變力指數由 59 名上升到 35 名，學習力指數排名從 2012 年的 66 名上升到第 60 名，2013 年長春市所有文化場館實現免費開放，人均文化支出位於吉林省平均水平，平均每冊藏書年流通率、人均年增新書、人均到館次數達到中部標準以上，為市民創造了良好的學習氛圍，提高了市民學習意識和創新意識。城市法規條例更加健全，政策法規透明度更高。

綜上，2013 年，長春市經濟發展穩中有升，城市功能持續提升，民生狀況持續改善，城市建設、改造和管理取得了新突破，但科技成果轉化率和科技創新對發展的支撐帶動作用相比於其他城市略顯不足。

8.29 西安城市成長競爭力點評分析

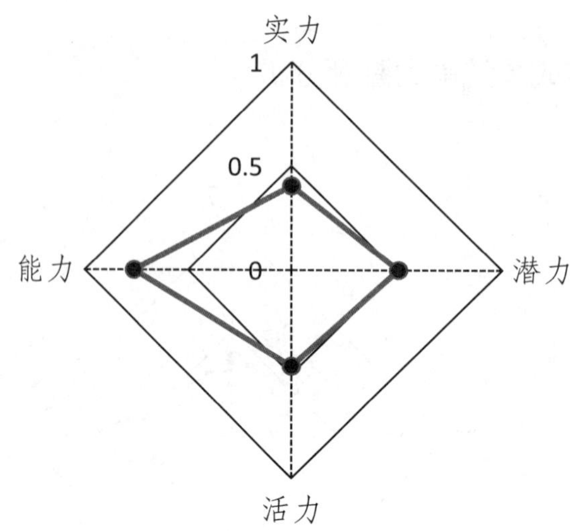

圖 8.27.1　2013 年西安成長競爭力雷達圖

西安 2013 年城市成長競爭力的基本情況如下：實力指數得分為 0.41，排名第 21 位，比 2012 年排名上升了 1 位；潛力指數得分為 0.51，排名第 40 位；活力指數得分為 0.46，排名第47位，比2012年排名上升了19位；能力指數得分為0.76；成長競爭力得分為505.81，排名第 29 位，比 2012 年排名下降了 2 位。

西安是陝西省省會，世界著名的歷史文化名城，在 2013 年城市競爭力中排名第 29 位，比 2012 年排名下降了 2 位。其中城市實力指數排名第 21 位，比 2012 年排名上升了 1 位，2013 年西安市生產總值比上年增長 11.1%。財政金融競爭力排名 19 位，與上年持平，財政收入比上年增長 19.9%，增速較上一年上升 4 個百分點。地方財政一般預算收入增長 26.5%，較去年增速上升了 1.9 個百分點，地方財政一般預算支出比上年增長 22.1%，增速較去年上升 1.3 個百分點。雖然西安市經濟增長延續了良好勢頭，但同全國其他發展較快的城市相比，排名下降了 2 位。

城市潛力指數排名第 40 位，市場潛力指數排名從 34 名上升到 17 名，城鎮居民人均可支配收入增長 10.4%，扣除價格因素實際增長 7.5%；城鎮居民人均消費性支出增長 11.3%，增速較去年上升 0.3 個百分點。2013 年全市金融保險業發展良好，提高了金融資本潛力指數。可持續發展指數有所提高，環境質量明顯改善，污水治理成效顯著，城市綠化面積較上年不斷擴大。

城市活力指數排名第 47 位，比 2012 年排名上升了 19 位，其中文化力指數排名從 2012 年的 40 位上升到 34 位，法制力指數排名從 2012 年的 65 位上升到 38 位，學習力指數 46 位，創新力指數 65 位，排名基本保持不變。城市競爭意識和市民經商意識相對有所下降，科技創新進展良好，高新技術利用率比去年有較大提升。

城市吸引能力排名從 2012 年的 36 名上升到 25 位，在全國區域經濟佈局上，西安具有承東啟西、東聯西進的區位優勢，在西部大開發戰略中具有重要的戰略地位。西安的比較優勢突出地表現在三個層次上：世界級的旅遊觀光資源優勢；國家級的科研教育和高新技術產業基地優勢；區域級的金融、商貿中心和交通、信息樞紐優勢。

綜上，2013 年西安市經濟發展平穩，在環境保護方面取得了很大進步，城市發展潛力得到顯著提升，但在社會、文化發展方面相比於其他城市還有待提高。

8.30 徐州城市成長競爭力點評分析

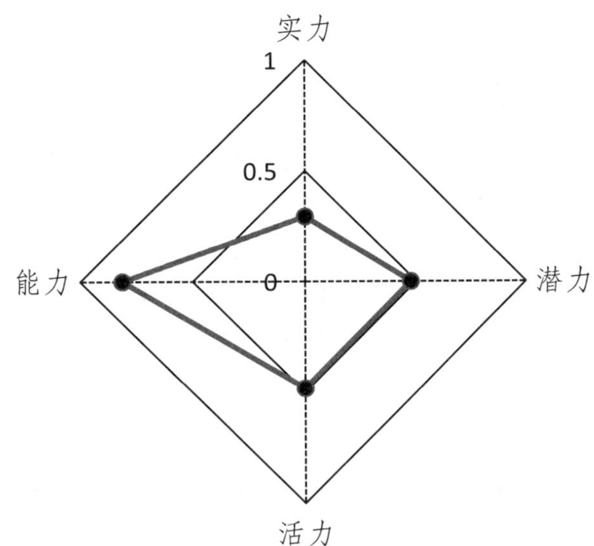

圖 8.30.1　2013 年徐州成長競爭力雷達圖

徐州 2013 年城市成長競爭力的基本情況如下：實力指數得分為 0. 29，排名第 59 位，比 2012 年排名上升了 2 位；潛力指數得分為 0. 47，排名第 55 位，比 2012 年排名上升了 32 位；活力指數得分為 0. 48，排名第 39 位，比 2012 年排名上升了 3 位；能力指數得分為 0. 81，排名第 58 位，比 2012 年排名上升了 45 位；成長競爭力得分為 498. 56，排名第 30 位，比 2012 年排名上升了 17 位。

2013 年城市成長競爭力排名第 30 位，比 2012 年排名上升了 17 位。城市實力指數排名第 59 位，比 2012 年排名上升了 2 位。其中城市規模指數由 33 位上升到 31 位，2013 年生產總值 4435. 82 億元，按可比價計算比上年增長 11. 8%。城市國際吸引力指數由 43 位上升到 42 位，產業規模指數由 34 位上升到 30 位，財政金融規模指數由 40 位上升到 36 位，2013 年財政總收入增長 15. 3%；公共財政預算收入增長了 20. 2%；公共財政預算支出增長 11. 0%。金融資本可獲得指數由 77 位上升到第 62 位。

城市潛力指數排名第 55 位，比 2012 年排名上升了 32 位。其中金融資本潛力指數由 70 位上升到 57 位，金融機構存款比年初增加 520. 40 億元。其中，儲蓄存款餘額增加了 295. 05 億元。市場潛力指數由 53 位上升到 42 位。2013 年全市環境質量較去年有明顯提高，城市綠化面積不斷增加，污水治理取得良好成果，空氣質量有明顯提升。

城市活力指數排名第 39 位，比 2012 年排名上升了 3 位。其中學習力指數略有下降，由 20 位下降到 23 位，創新力指數也由 20 位下降到 21 位，但相比於 2012 年，科技進展呈現良好發展態勢，科研機構創新能力穩步提升，科技產出也在不斷增長。

城市能力指數排名第 58 位，比 2012 年排名上升了 45 位。全年生產總值比上年增長 11. 8%。人均地區生產總值首次突破 5 萬元大關。

綜上，2013 年徐州市穩增長、調結構、惠民生、促和諧，在面臨諸多困難和較大壓力的情況下，經濟運行總體平穩，主要經濟指標增速好於全國、江蘇省平均水平，各項發展在攻堅克難中取得新成效，經濟社會發展躍上新臺階。

附錄 1　中國城市(城區)綜合競爭力比較評價指標體系說明

中國城市競爭力研究會構建的城市綜合競爭力比較評價指標體系包涵了表現性指標與結構性指標，其資料的獲取來源於權威的國家統計年鑒、各省市及城市統計年鑒及各城市政府網站所公佈的統計資料、專家評價和普遍的問卷調查。反映了規模（總量）、效率（均量）和增長(動態發展量)，並體現了城市政府、城市企業、城市居民三大主體在整個城市系統中的不同作用。該指標體系涵蓋了經濟、社會、文化、環境四大系統，體現了整個城市系統的經營管理能力、學習能力、創新能力、開放能力、聚集能力、可持續發展能力。它包括一級指標（單項競爭力）10 個，二級指標 50 個，三級指標 216 個。其中一級指標具體情況如下表：

表附錄 1－1

系統	一級指標(單項競爭力)
經濟系統	經濟競爭力
	產業競爭力
	財政金融競爭力
	商業貿易競爭力
	基礎設施競爭力
社會系統	社會體制競爭力
環境系統	環境、資源、區位競爭力
文化系統	人力資本教育競爭力
	科技競爭力
	文化形象競爭力

附錄 1.1　單項競爭力指標體系說明

(一)、經濟系統

1、城市經濟競爭力比較評價指標體系

二級指標 4 個，三級指標 16 個。

表附錄 1.1－1

二級指標	三級指標	指標內涵
城市規模指數	城市人口規模	地區人口總數
	城區面積	地區面積數（建成區）
	GDP 規模	地區 GDP 總量

	GDP 增長率[①]	地區 GDP 增長能力
城市效率指數	人均 GDP	人均創造財富能力
	地均 GDP	單位城市面積創造財富的規模
	城市經營率	政府財政收入占 GDP 的比重
	城市化率	地區非農業人口占地區總人口的比重(%)
	城市帶動率	地區 GDP 占地區 GDP 的比重
城市國際吸引指數	實際利用外資總額	吸引外資能力
	簽訂外資合同數	
	國際旅遊收入	地區年國際旅遊收入
	人均國際旅遊收入	地區年人均國際旅遊收入
城市居民生活指數	人均可支配收入	人均潛在消費能力
	人均消費支出	人均實際消費水平
	恩格爾系數（逆）[②])	居民消費結構

注:三級指標後面括弧中的數字為其計算二級指標時的權重，以下同。

2、城市產業競爭力比較評價指標體系

二級指標 6 個，三級指標 29 個

表附錄 1.1－2

二級指標	三級指標	指標內涵
產業規模指數	限額以上工業企業數	企業整體活力水平
	就業總人數	產業人力資本總量
	農業財富創造能力	第一產業總產值
	工業財富創造能力	第二產業總產值
	服務業財富創造能力	第三產業總產值
產業貢獻指數	產品的市場認同度	主營業務收入
	企業市場認同感遞增程度	產品銷售收入增長率
	企業利稅貢獻度	利稅總額
	企業增值稅貢獻度	增值稅總額
	企業利稅增值稅占 GDP 比重	企業利稅增值稅對 GDP 的貢獻度
產業效率指數	從業者生產效率	從業者人均 GDP
	企業銷售毛利率[③]	企業贏利能力
	資產/固定資產比率[④]	企業資產品質

① 對增長類的指標，由於統計資料可能存在的失真性及我國的實際國情，有可能在某項統計指標的年增長率上出現絕對值大於 50%以上的非持續性增長或負增長，對此奇異值，我們做了統一處理，都把其絕對值控制為 50%，其中大於 50%以上的非持續性增長都視為 50%，小於 50%以下的非持續性增長都視為－50%。

② 三級指標後面的“逆”表示該項指標的實際資料越高，其對系統具有負作用，但是我們已對其作了調整，調整請見附錄 2，並且本年鑒所列出的該類型的資料都是通過調整後使具有“逆”作用的指標具有和其他指標一樣的表示。

③ 銷售毛利率過高一般是煙草企業所在城市，因此為了消除奇異值，限最高為 50%。

④ 根據沃爾評分法，標準比率為 2.5，因此，我們認為當一個城市該項值為 2.5 時為最優，我們令 x 為該指標指數，則 $x=1-|x-2.5|/2.5$，並且如果 x 小於 0,我們就將其取值為 0。

	銷售額/總資產	
產業結構指數	工業化發展水平	二產產值占 GDP 比重
	第二產業就業水平	第二產業就業人員比重
	第三產業發展水平	三產占 GDP 比重,服務化
	第三產業就業水平	第三產業就業人員比重
	產業製造能力	綜合製造業總產值及製造業從業人數來獲得該指數值
	製造業人力資本指數	製造業從業人員每萬人擁有量
產業國際化指數	外資企業數	市外資企業數
	外資企業產出規模	外商投資企業總產值
	外資企業貢獻度	外資企業總產值占工業總產值百分比
	外資企業平均產出能力	外資企業總產值/外資企業數
	外資企業相對量	外資企業數占企業數百分比
產業集群指數	工業集中度	市區工業總產值占地區工業總產值比重
	企業固定資產集中度	市區工業企業固定資產占城區工業企業固定資產比重
	地區工業企業相對量	市區工業企業占全市工業企業數的百分比
	企業總資產規模	限額以上工業大中型企業總資產規模

3、城市財政金融競爭力比較評價指標體系

二級指標 5 個，三級指標 18 個。

表附錄 1.1－3

二級指標	三級指標	指標內涵
財政金融規模指數	財政預算內收入	財政實力
	財政預算內支出	財政支出能力
	年末儲蓄總餘額	資金供應總量
	年末貸款總餘額	資本使用規模
	財政收入占 GDP 比重	財政收入/GDP×100%
財政金融效率指數	人均財政預算內收入	人均財政實力
	人均財政預算內支出	人均財政支出能力
	人均年末儲蓄額	年末儲蓄總餘額/地區人口
	人均年末貸款額	年末貸款總餘額/地區人口
	人均財政收入增長率	人均財政收入年增長率
	人均年末存款增長率	人均年末存款年增長率

金融資本品質指數	資本使用率	金融機構貸款總餘額/存款總餘額×100%[①]
	資本充裕指數	金融機構存貸差
金融資本可獲得指數	獲得銀行貸款便利度	獲得銀行資本的難易
	獲得證券市場資本便利度	獲得證券市場資本難易
	獲得民間及風險資本便利度	獲得民間和風險資本難易
金融業人力資本指數	金融業從業人數	金融業從業人數
	金融業從業人員每萬人擁有量	金融從業人員占總人口比重

4、城市商業貿易競爭力比較評價指標體系

二級指標 5 個，三級指標 18 個

表附錄 1.1－4

二級指標	三級指標	指標內涵
國內商貿規模指數	批發零售貿易業商品銷售總額	城市批發零售貿易業商品銷售總額
	社會消費品零售額	城市社會消費品零售額
	人均批發零售貿易業商品銷售額	地區人均批發零售貿易業商品銷售額
	人均社會消費品零售額	地區人均社會消費品零售額
外貿指數	外貿依存度	進出口總額占 GDP 比重
	進出口總額	對外進出口總額
	進出口總額增長率	進出口總額年增長率
	實際利用外資金額	地區實際利用外資金額
商貿機構指數	限額以上批發零售企業數	地區限額以上批發零售企業數
	限額以上批發零售企業每萬人擁有量	每萬人擁有限額以上批發零售企業數
商貿人力資本指數	批發零售貿易業從業人數	從事批發零售貿易業的從業人員數量
	住宿餐飲業從業人數	從事住宿餐飲業的從業人數
	租賃和商業服務業從業人數	從事租賃和商業服務業的從業人數
	商貿從業人員萬人擁有量	商貿從業人員每萬人擁有量
居民消費指數	人均消費支出	地區年人均消費支出
	人均消費支出增長率	地區人均消費支出年增長率
	居民消費傾向	人均消費支出/人均可支配收入
	社會消費品零售額增長率	地區社會消費品零售額年增長率

5、基礎設施競爭力比較評價指標體系

二級指標 7 個，三級指標 30 個

附錄 1.1－5

① 為了消去奇異值的影響，超過 100%則算為 100%。

二級指標	三級指標	指標內涵
基礎設施投資指數	固定資產投資水平	固定資產投資完成額
	房地產開發水平	房地產開發投資額
基礎設施供應指數	年供水總量	城市年供水總量
	人均生活用水量	城市人均生活用水量
	年用電總量	城市年用電總量
	人均生活用電量	城市人均生活用電量
	煤氣液化氣供應水平	城市煤氣液化氣供應總量
	家庭用煤氣液化氣普及率	使用煤氣液化氣人口/總人口
居民居住指數	市民居住條件	人均住房使用面積
	住宅投資總額	居住投資量
	房價收入比（逆）	購房難易程度
交通設施指數	地區客運總量	交通設施水平
	地區貨運總量	
	人均鋪路面積	
	每萬人擁有公共汽、電車數	
	每萬人擁有計程車數	
	年末實有鋪裝道路面積	
對外交通設施指數	路網設施指數	公路鐵路密集程度,公路鐵路客、貨總運量
	港口設施指數	輸送量、噸位數、萬噸以上泊位,水運客貨總運量
	航空設施指數	國內外航空線路數、機場等級數,空運客、貨總運量
信息化設施指數	郵政網點設施指數	每十萬人擁有郵政網點數
	市民郵政消費	人均郵政業務量
	市民通信消費	人均通信消費
	固定電話使用者普及率	一般資訊設施水平①
	行動電話普及率	高級資訊設施水平②
	國際互聯網普及率	
基礎設施行業人力資本指數	交通倉儲郵電通信業從業人數	基礎設施行業從業人數
	電氣水生產供應從業人數	
	建築業從業人數	
	基礎設施行業從業者每萬人擁有量	基礎設施行業從業人員每萬人擁有量

(二)、社會系統

1、城市社會體制競爭力比較評價指標體系

① 固定電話使用者普及率最高為 100%，超過 100%則算為 100%。
② 行動電話普及率最高為 100%，超過 100%則算為 100%。

二級指標 4 個，三級指標 20 個

附錄 1.1－6

二級指標	三級指標	指標內涵
社會公平保障指數	失業率(逆)	登記失業人數/勞動力總數
	基尼指數（逆）	社會公平水平
	社會保障和就業支出	政府財政中社會保障和就業年支出額
	社會保障覆蓋率	市民接受社會保障面
	社會服務業人力資本絕對規模	衛生、社會保險和社會福利業從業人員
	人均社會保障和就業支出	人均社會保障和就業支出
	社會服務業人力資本相對規模	衛生、社會保險和社會福利業從業人員每萬人擁有量（0.1）
社會治安指數	刑事案件發生率(逆)	每十萬人發生的各種刑事案件數
	刑事案件偵破率	刑事案件偵破數/刑事案件總數
	社會安全民眾滿意度	市民對社會安全的滿意程度
醫療保健指數	平均預期壽命	城市男、女平均預期壽命平均值
	嬰兒死亡率(逆)	城市 1000 名嬰兒死亡數
	每十萬人擁有醫生數	城市每十萬人擁有醫生數
	每十萬人擁有醫院病床數	城市每十萬人擁有病床數
社會管理指數	政府機構規模指數	公共管理和社會組織從業人數/總人口
	地方法規條例健全程度	城市地方法規條例健全程度
	政策法規透明度	市民對法制的瞭解程度
	政府執法能力	城市政府執行法制能力
	政府辦事效率	城市政府辦事環節多少及時滯
	民眾對政府的滿意度	市民對政府的滿意程度

(三)、環境系統

1、城市環境、資源、區位競爭力比較評價指標體系

二級指標 5 個，三級指標 27 個

附錄 1.1－7

二級指標	三級指標	指標內涵
區位指數	自然區位優勢度	距離河湖的遠近

	交通區位優勢度	城市的交通地位
	經濟區位優勢度	城市的經濟地位
	政治區位優勢度	城市的行政級別
	文化區位優勢度	城市的文化影響力
自然資源指數	土地資源絕對豐富度	地區耕地面積
	土地資源相對豐富度	人均耕地面積
	農產品絕對自給度	主要農產品產量
	農產品相對自給度	人均農產品產量
	礦產能源絕對豐富度	主要礦產能源擁有量
	礦產能源相對豐富度	人均主要礦產能源擁有量
環境資源指數	城市綠化絕對量	地區綠地面積
	城市綠化相對量	人均綠地面積
	氣候環境舒適度	氣溫、溫差，城市晴好天數
	自然災害少發率	颱風、地震、洪水、風沙爆發頻率及危害程度
	山水環境優美程度	山水風光優美程度
環境品質指數	建成區綠化覆蓋率	城市建成區綠化覆蓋率
	生活汙水處理率	城市生活汙水處理率
	生活垃圾處理率	城市生活垃圾無害化處理率
	空氣品質指數	地區空氣評價等級
	工業廢水處理率	工業廢水排放達成率
	工業二氧化硫去除率	工業二氧化硫去除量/總排出量
	工業煙塵去除率	工業煙塵去除量/總排出量
	工業固體廢物綜合利用率	工業固體廢物綜合利用率
環境改善投入指數	三廢綜合利用產品產值	三廢治理水平
	環保從業人數	城市從事水利環境和公共設施管理業的人數
	環保從業者每萬人擁有量	環保人數占總人口的比重

(四)、文化系統

1、城市人力資本教育競爭力比較評價指標體系

二級指標 5 個，三級指標 22 個

附錄 1.1－8

二級指標	三級指標	指標內涵
人力資本規模指數	人力資本規模	勞動力總數
	高素質人力資本儲備量	高等學校在校學生總數
	其他人力資本儲備量	其他學校在校學生總數
	教育支出絕對規模	教育經費支出
	教育支出相對規模	教育支出占 GDP 比重
	城市就業率	1-失業率
人力資本投入指數	人力資本基本投入	在崗職工平均工資
	人力資本教育投入	人均教育經費支出
人力資本素質指數	高素質人力資本相對儲備量	每萬人高校學生數
	成人識字率	從業人員文化素質
	大專以上人口比重	
	創業人員指數	創業者占人口比重
	專業技術人員數	各類專業技術人員數
	專業技術人員占比重	每萬人各類專業技術人員數
人力資本吸引指數	移民化程度指數	流動人口占總人口比重
	吸引人才指數	城市吸引人才的政策優惠
	高校畢業生求職選擇	高校畢業生求職意願
人力資本教育設施指數	高校數	高等教育設施水平
	高校老師數	高等教育師資力量
	中小學師生比	基礎教育師資力量
	每萬人中小學校數	初等教育設施水平
	中小學校密度	每平方公里中小學校數

2、城市科技競爭力比較評價指標體系

二級指標 5 個，三級指標 18 個

附錄 1.1－9

二級指標	三級指標	指標內涵
科技投入指數	科技經費絕對投入量	財政支出中科技經費支出
	人均科技經費擁有量	人均科技經費
	科技經費相對投入量	科技經費占 GDP 的比重
科技人力資本指數	專業技術人員擁有量	專業技術人員數
	科技服務人員擁有量	科技服務人員數
	專業技術人員相對擁有量	專業技術人員每萬人擁有量
	科技服務人員相對擁有量	科技服務人員每萬人擁有量
	電腦人才擁有量	電腦從業人員每萬人擁有量
	電腦人才相對擁有量	電腦人才每萬人擁有量
	科研人員吸引指數	吸引科研人員的政策及環境

科研機構指數	大學科研院所指數	科研機構擁有量及級別
	大學科研院所相對擁有量	每百萬人擁有大學、科研院所指數
	科研環境指數	城市研究環境與配套設施
科技創新指數	專利總數	年獲取專利總數
	論文發表數	年國內論文發表數
	科技成果數	年省級以上認定科技成果數
科研成果轉化指數	科技成果轉換率	科技成果轉化數量與總量比
	科技進步對 GDP 貢獻率	科技進步作用程度

3、城市文化形象競爭力比較評價指標體系

二級指標 4 個，三級指標 18 個

附錄 1.1－10

二級指標	三級指標	指標內涵
文化設施指數	劇院數	市民享有文化設施水平
	公共圖書數	
	每百萬人影劇院數	
	每百人公共圖書數	
文化意識指數	誠信意識指數	市民誠實守信程度
	競爭意識指數	市民參與競爭的意識
	重商意識指數	市民經商意識
	創新意識指數	市民創新意識
	寬容意識指數	市民寬容意識
文化資源指數	城市歷史文化指數	城市歷史悠久度及影響力
	藝術家和文化組織指數	各種文化組織活躍程度、從事藝術創作的人數
	名勝古跡指數	名勝古跡數量及級別
	文化行業人力資本指數	每萬人擁有教育文藝廣播影視業從業人數
城市行銷能力指數	城市文化影響指數	城市文化對市民行為的影響度
	城市功能定位指數	城市定位是否明確、恰當
	城市建築景觀和諧程度	標誌性建築、商業街、廣場，建築格調
	城市知名度	城市國際國內知名度
	城市推廣度	城市行銷程度

附錄 1.2　中國城市綜合競爭力評價的資料獲取及評價賦值方式

(一)、指標資料的採集途徑及方式

根據指標資料形成方式的不同，中國城市競爭力研究會把城市競爭力指標分成客觀指標、主觀指標、主客觀結合指標。其中客觀指標的資料均來自 2001 至 2013 年《中國城市統計年鑒》、《中國城市年鑒》、《中國統計年鑒》及港、澳、台相關統計年鑒（對於其與大陸統計口徑的差異，我會以大陸統計口徑為標準作了適當的調整與估算），除此之外，我會還參考了其他的專業年鑒和各個城市的統計年鑒或年鑒及各城市政府網站所公佈的資料,如統計公報等等。

由於城市某些方面的可比資料不夠精確或存在一定的偏差,因此對於這些資料還應該在已有資料的基礎上進行專家評價,基於這類資料所形成的指標,我會稱之為主客觀結合指標。

主觀指標的原始資料來自問卷調查，通過設計一組可操作的問卷進行問卷調查，取得原始資料，然後在此基礎之上運用模糊綜合判斷法來獲取資料，因而軟性指標具有一定的主觀意向，並不一定完全反映了該城市在該項指標上的真實水平，但我們最大程度地做到客觀。

(二)、指標資料的加工處理

由於城市競爭力各項指數資料的量綱不同，因此，要對這些指標進行綜合統一分析，就必須對這些資料進行無量綱化處理。

我們在分析各種資料之前，都對所有的客觀資料、主客觀資料及主觀資料進行以下兩個步驟的加工處理：

1)　指數化處理

對於所有原始指標的資料，包括正向指標（未標記的指標，該指標資料越大越好）和逆向指標（標記為（逆）的指標，該指標資料越小越好），我們首先運用指數化處理的方式進行第一階段的處理。

對於正向指標，其指數化處理的計算公式如下：

$$X_i = \frac{x_i - \min(x)}{\max(x) - \min(x)}$$

對於逆向指標，為了使其指數有和正向指標指數有一樣的表示（即越大越好），其指數化處理的計算公式如下：

$$X_i = \frac{\max(x) - x_i}{\max(x) - \min(x)}$$

其中 X_i 是指標 i 的指數， x_i 為指標 i 的原始值， $\max(x)$ 、 $\min(x)$ 分別為指標 i 中所有樣本城市中原始資料的最大值和最小值。

另外，為了避免讀者會將綜合競爭力計算中數值為零的三級指標其原始資料誤認為零（有時候也可能存在原始資料為零的這種情形），我們將上述指數化的 X_i 的數值轉化為[0.1，1]之間的均勻分佈，具體方法如下：

$$Y_i = 0.9X_i + 0.1$$

2) 標準化處理

經過上述處理後，對指數化後的指標資料再進行標準化處理，標準化的計算公式如下：

$$X_i = \frac{x_i - \bar{x}}{\sigma(x)}$$

其中 X_i 是標準化後的數據，x_i 為指數化後的資料，$\bar{x}$ 為該項指標指數化後的平均值，$\sigma(x)$ 為該項指標指數化後的標準差。每一項指數經過標準化處理後其均值為 0，方差為 1。

(三)、中國城市競爭力評價賦值方式及程式

對中國城市競爭力的評價我會主要採用的是現階段學術界對城市競爭力評價比較通行的數學處理方式，即主成分分析方法來進行資料的處理並求得最終的評價結果。我們對分項競爭力的計算是基於二級指標的，即先對三級指標進行指數化及標準化處理後，並在此基礎上通過加權（權數為附錄 1.1 中各三級指標後的數值）得到二級指標的數值，然後再進行指數化處理得到二級指標的相對值，二級指標體現了我們評價分項競爭力所選的視角。另外，對綜合競爭力我們則是基於十大分項競爭力來進行主成分分析的，它體現了城市競爭力是一個多層次的系統概念。

1）主成分分析方法的基本原理

統計學中的主成分分析法原來是用來處理多維隨機變數在線性變換下其分量相關問題的，其方式是通過求協方差陣或相關系數矩陣的特徵值與特徵根運算，按所要求的貢獻率求出集中原來隨機變數主要資訊的、相互無關的主成分。在評價城市競爭力時，由於我會所選取的統計指標之間或多或少存在一定的相關性，而主成分分析法可以剔除這種相關性，並且在不損失已有信息量的情況下對城市競爭力進行測度。主成分方法的主要原理如下：

設 $X = (X_1, \cdots, X_k)$ 為 k 維隨機變數，A 為 X 的協方差矩陣，即

$$A = E[(X - E(X))(X - E(X)^T]$$

顯然，X 的協方差矩陣是非負定的，由對稱矩陣的性質我們可以得出，一定存在正交矩陣 $B(B\text{满足}B^T = B^{-1})$ 使得

$$BAB^T = \Lambda = \begin{pmatrix} \lambda_1 & \dots & 0 & 0 \\ 0 & \lambda_2 & 0 & \text{M} \\ \text{M} & 0 & \text{O} & 0 \\ 0 & \dots & 0 & \lambda_k \end{pmatrix}$$

其中，$\lambda_1 \geq \lambda_2 \geq \lambda_3 \geq \cdots \geq \lambda_k \geq 0$，令 $B^T = (B_1, B_2, \cdots, B_k),\ C = (B_1, B_2, \cdots, B_k)^T X,$ 則 $C_1, C_2, \cdots, C_k$ 是互不相關的，而且 C_i 的方差就是 λ_i。我們把 C_i 稱為 X 的第 i 個主成分，$\lambda_i / \sum_{j=1}^{k} \lambda_j$ 稱為主成分 C_i 的貢獻率，$\sum_{i=1}^{n} \lambda_i / \sum_{i=1}^{k} \lambda_i$ 稱為 $C_1, C_2, \cdots, C_j$ 的累計貢獻率$(n \leq k)$，而 $\rho(C_j, C_k)$（相關係數）則稱之為因數負荷量。

由於 C 的各分量之間相互無關，主成分是一定條件之下解釋隨機變數 X 差異能力最有效的線性組合。由於協方差陣或相關系數矩陣的特徵值之間相差較大，因而根據指定的貢獻率而確定的主成分的數量小於原來分量的數量，因此主成分分析法在壓縮隨機變數的數量（並且不損失原有資訊條件下）方面的作用是顯著的。同時主成分分析法對於剔除觀測資料中的重複相關資訊有著非常的作用。並且由於各分量之間相互無關可以由子系統數學模型合併調整得到整個大的系統的數學模型。因此，國內許多城市競爭力研究的學者都採用這一方法來測量和分析城市競爭力問題。

2）中國城市分項競爭力及城市總體競爭力量化程式

第一步對原始資料進行指數化和標準化，也就是"歸一化"處理。這是為了解決主成分分析法不具備"尺度不變性"而採取的步驟。我們已有敘述，見"(二)、指標資料的加工處理"。

第二步運用 SPSS 軟體（或者 SAS、Eviews、stata 軟體）編制的主成分分析法程式，對上述處理之後的資料進行主成分分析。

第三步對 SPSS 軟體（或者 SAS、Eviews、stata 軟體）所得的主成分分析的結果，我們可以得到城市總競爭力及城市分項競爭力各構成要素的相關矩陣，通過相關矩陣得到特徵值、累計特徵值及主成分的載荷。然後根據最初的幾個特徵值在全部特徵值的累計百分率大於或等於某一百分率的原則（我會對城市總競爭力定為 100%，對城市分項競爭力定為 100%），決定選取主成分的具體數值。假定前 n 個主成分分別為($n \le k$)：

$$C_{i1} = d_{11}X_{i1} + d_{12}X_{i2} + \text{L} \ + d_{1k}X_{ik}$$
$$C_{i2} = d_{21}X_{i1} + d_{22}X_{i2} + \text{L} \ + d_{2k}X_{ik}$$
$$\text{L L L L L L L L L L L L L L}$$
$$C_{in} = d_{n1}X_{i1} + d_{n2}X_{i2} + \text{L} \ + d_{nk}X_{ik}$$

或者可以寫成矩陣形式：$C = DX$

將某個城市的原始資料經過指數化、標準化處理後的各指標資料代入，可以得到 $C_1, C_2, ..., C_n$ 的數值，然後再根據這 n($n \le k$)個主成分對應的特徵值進行加權累加便可以構造一個城市的總競爭力或分項競爭力指數，其數學運算式如下：

$$V_i = (\lambda_{i1}C_{i1} + \lambda_{i2}C_{i2} + \text{L} \ + \lambda_{in}C_{in}) \times 100$$

其中 V_i 為總競爭力或分項競爭力指數；$\lambda_{i1}, \lambda_{i2}, \text{L} \ , \lambda_{in}$ 為前 n 個特徵值。用主成分分析法構建的競爭力指數有一部分為負值，這些負值說明該城市在被選所有城市中的相對地位，即處於平均水平之下，而不代表其競爭力的為真正的負值。

附錄 2　中國城市(城區)成長競爭力比較評價指標體系說明[①]

為了衡量一個城市動態發展的能力，中國城市競爭力研究會提出了成長競爭力的概念，我們認為城市的發展與增長是一個動態的、多維的系統，它是城市綜合實力、發展潛力、制度活力與實現能力"四位一體"的四維系統。為此，中國城市競爭力研究會構建了中國城市（城區）成長競爭力比較評價指標體系，該評價體系包含二級指標 4 個，三級指標[②]29 個。

一、實力指數[③]

實力指數與綜合競爭力一致，是綜合競爭力的指數化。詳見附錄 1。

表附錄 2－1

三級指標	指標內涵或計量基礎（四級指標）
城市經濟實力指數	經濟競爭力
城市產業實力指數	產業競爭力
城市財政金融實力指數	財政金融競爭力
城市商業貿易實力指數	商業貿易競爭力
城市基礎設施實力指數	基礎設施競爭力
城市社會體制實力指數	社會體制競爭力
城市環境資源區位實力指數	環境資源區位競爭力
城市人力教育實力指數	人力資本教育競爭力
城市科技實力指數	科技競爭力
城市文化形象實力指數	文化形象競爭力

二、潛力指數

共 8 個三級指標。

表附錄 2－2

三級指標	指標內涵或計量基礎（四級指標）
居民消費潛力指數	人均可支配收入
	人均可支配收入年增長率
	人均消費支出
	人均消費支出增長率
	居民消費傾向
金融資本潛力指數	年末儲蓄總餘額
	獲得銀行貸款的便利程度
	獲得證券市場資本的便利程度
	獲得民間資本的便利程度

① 中國城市（城區）成長競爭力評價指標體系的資料獲取及評價賦值方式見附錄 1。另外，我們對城市成長競爭力的計算各城市整體實力競爭力的計算一致，即"四力"指數中除"實力"指數外（實力指數則是綜合競爭力的指數化），也是在三級指標的基礎上用加權計算的方法先計算其值，然後再指數化便得其相應的指數值。成長競爭力則是在"四力"指數值的基礎上用主成分的分析方法計算而得。具體方法請參見附錄 1。

② 三級指標也包含了許多統計指標，我們稱之為四級指標，除實力指數是由前面的分析得出外，三級指標的計算是由四級指標加權計算而來的。具體計算請見附錄 1。

③ 實力指數就是前面所述整體實力競爭力指數化後的指數，具體請見附錄 1。

	獲得國家財政支持的程度
	外資金融機構指數
人力資本潛力指數	人力資本投入指數
	人力資本吸引水平指數
	勞動力的自然增長率
市場潛力指數	市場認同度
	市場認同度遞增程度
	經濟輻射區域指數
區位指數	同資源環境區位競爭力中城地區位水平指數
自然資源指數	同資源環境區位競爭力中自然資源指數
環境品質指數	同資源環境區位競爭力中環境品質指數
可持續發展指數	資源和能源的耗速率(逆)
	城市發展的可持續發展戰略
	生態環境的退化速率(逆)
	城市可持續發展的能源供給
	工業化發展水平
	產業製造能力
	GDP 產值每億元耗電量（逆）
	工業產值每億元耗電量（逆）

注:三級、四級指標後面括弧中的數字分別為其計算二級、三級指標時的權重，以下同。

三、活力指數

共 7 個三級指標。

三級指標	指標內涵或計量基礎（四級指標）
文化力指數	同文化形象競爭力文化意識指數
學習力指數	城市市民的學習意識
	城市市民的學習能力
	城市學習氛圍
創新力指數	制度創新力
	科研創新指數
法制力指數	地方法規條例健全程度
	政策法規透明度
	政府執法能力
應變力指數	城市根據外部環境的變化及時調整自身發展戰略的能力
	應對緊急事態的能力
開放力指數	外貿指數
	產業國際化指數
	對內對外開放政策（引進外資政策、戶口制度等）
	國際吸引指數
行銷力指數	同文化形象競爭力中的城市行銷指數

四、能力指數

共 4 個三級指標。

三級指標	指標內涵或計量基礎（四級指標）
經濟增長能力	GDP 增長能力
	財政收入增長能力
	人均 GDP 增長能力
	人均財政收入增長能力
	城市居民消費增長能力
	競爭力提升能力
社會保障能力	社會公平保障水平
	社會治安水平
	醫療保健水平
城市吸引能力	城市國際吸引指數
	流動人口指數
	人口密度
城市流通能力	人流
	物流
	資金流
	信息流

參考文獻

1. 《港澳經濟年鑒》編委會，2004-2013：《港澳經濟年鑒》，港澳經濟年鑒社
2. 2013 年 31 省市自治區統計年鑒
3. 亞瑟・奧沙利文(美)，2002：《城市經濟學:第 4 版 》，中信出版社
4. 愛德溫・S・米爾斯(美)主編，2003：《城市經濟學:第 2 卷 》，經濟科學出版社
5. 成德寧，2004：《城市化與經濟發展:理論、模式與政策》，科學出版社
6. 馮雲廷主編，2005：《城市經濟學》，東北財經大學出版社
7. 付曉東，2004：《經營城市與城市發展》，新華出版社
8. 付曉東，2005：《中國城市化與可持續發展》，新華出版社
9. 傅崇蘭, 周明俊主編，2003：《中國特色城市發展理論與實踐》，中國社會科學出版社
10. 顧朝林等，1999：《經濟全球化與中國城市發展》，商務印書館
11. 國家統計局城市社會經濟調查總隊編，2000-2013：《中國城市統計年鑒》，中國統計出版社
12. 郝壽義、倪鵬飛，1998：《中國城市競爭力研究》，《經濟科學》第 3 期
13. 紀良綱, 陳曉永等，2005：《城市化與產業集聚互動發展研究 》，冶金工業出版社
14. 李樹琮，2002：《中國城市化與小城鎮發展》，中國財政經濟出版社
15. 連玉明主編，2004：《中國城市報告》，中國時代經濟出版社
16. 劉如海，2000：《上海城市經濟競爭力的比較研究》，《現代城市研究》第 5 期
17. 盧紋岱，2000：《SPSS for Windows 統計分析》，電子工業出版社
18. 陸新根、徐斌，2003：《中國城市競爭力研究－－寧波等國內若干大城市的競爭力比較研究》，《浙江萬里學院學報》第 2 期
19. 呂玉印，2000：《城市發展的經濟學分析 》，生活讀書. 新知三聯書店上海分店
20. 馬傳棟、郭東海、李廣傑等，2002：《可持續城市經濟發展論》，中國環境科學出版社
21. 桂強芳總編，2007：《中國城市競爭力年鑒 2007》，中國城市競爭力年鑒出版社
22. 桂強芳總編，2008：《中國城市競爭力年鑒 2008》，中國城市競爭力年鑒出版社
23. 桂強芳總編，2009：《中國城市競爭力年鑒 2009》，中國城市競爭力年鑒出版社
24. 桂強芳總編，2010：《2010 中國城市地產年鑒》，中國城市競爭力年鑒出版社
25. 桂強芳總編，2011：《中國城市競爭力年鑒 2011》，深圳海天出版社
26. 桂強芳總編，2012：《中國城市競爭力年鑒 2012》中文版，中國城市競爭力年鑒出版社
27. 桂強芳總編，2012：《中國城市競爭力年鑒 2012》英文版，天窗出版社
28. 桂強芳總編，2013：《中國城市競爭力年鑒 2013》，中國城市競爭力年鑒出版社
29. 倪鵬飛，2001：《中國城市競爭力的分析範式和概念框架》，《經濟學動態》第 6 期
30. 倪鵬飛，2001：《中國城市競爭力理論研究與實證分析》，中國經濟出版社
31. 倪鵬飛等，2003：《中國城市競爭力聚類分析》，《中國工業經濟》第 7 期
32. 倪鵬飛主編，2010：《中國城市競爭力報告 NO. 8》, 社會科學文獻出版社
33. 倪鵬飛主編，2011：《中國城市競爭力報告 NO. 9》, 社會科學文獻出版社
34. 倪鵬飛主編，2012：《中國城市競爭力報告 NO. 10》, 社會科學文獻出版社
35. 倪鵬飛主編，2013：《中國城市競爭力報告 NO. 11》, 社會科學文獻出版社
36. 倪鵬飛主編，2014：《中國城市競爭力報告 NO. 12》, 社會科學文獻出版社
37. 寧越敏, 唐禮智，2001：《城市競爭力的概念和指標體系》，《現代城市研究》第 3 期

38. 邱東，1991：《多指標綜合評價方法的系統分析》，中國統計出版社
39. 饒會林，1999：《城市經濟學》，東北財經大學出版社
40. 藤田昌久(日)，雅克-弗朗科斯・蒂斯(比)著，2004：《集聚經濟學：城市產業區位與區域增長》，西南財經大學出版社
41. 塗文濤，方行明主編，2005：《城市經營學》，西南財經大學出版社
42. 汪冬梅，2005：《中國城市化問題研究》，中國經濟出版社
43. 王秉安，等，1999：《區域競爭力理論與實證》，航空工業出版社
44. 王放，2000：《中國城市化與可持續發展 》，科學出版社
45. 王福新，1999：《城市內部經濟競爭力分析》，《中國管理科學》第 8 期
46. 王青雲，2003：《資源型城市經濟轉型研究》，中國經濟出版社
47. 王雅莉，2004：《城市化經濟運行分析：一個城市化經濟的均衡模型及其應用》，上海三聯出版社
48. 香港、澳門、臺北市政府網站及中國內地各城市政府網站公佈的相關資料和統計公報
49. 向德平主編，2005：《城市社會學》，高等教育出版社
50. 嚴正主編，2004：《21 世紀中國發展問題報告》，中國發展出版社
51. 楊重光，梁本凡主編，2002：《中國城市經濟創新透視》，中國社會科學出版社
52. 于濤方，2004：《城市競爭與競爭力 》，東南大學出版社
53. 趙彥雲，1997：《中國國際競爭力評價》，《經濟研究資料》第 2 期
54. 趙勇，2004：《城鄉良性互動戰略》，商務印書館
55. 中國城市發展研究會，2000-2011：《中國城市年鑒》，中國城市年鑒社
56. 中華人民共和國國家統計局，2013：《中國統計年鑒》，中國統計出版社
57. 中華人民共和國國家統計局編，2000-2011：《中國統計年鑒》，中國統計出版社
58. 仲大軍，2003：《中國城市競爭力主要表現在哪裡？》，《開放導報》第 3 期
59. 朱臘雲，2002：《入世後如何提高中國城市競爭力》，《武漢冶金管理幹部學院學報》第 1 期
60. Douglas Webster and Larissa Muller, 2000: Urban Competitiveness Assessment in Developing Country Urban Regions: The Road Forward. Paper prepared for Urban Group, INFUD The World Bank.
61. Eamonn D' Arcy and Geoffrey Keogh, 1999: The Property Market and Urban Competitiveness:A Review. *Urban Studies*, Vol. 36, No. 5-6, 917-928.
62. Eamonn D' Arcy and Geoffrey Keogh, 1998:Territorial Competition and Property Market Process:An Exploratory Analysis. *Urban Studies*, Vol. 35, No. 81215-1230.
63. Edward *J. Malecki, 2002*:Hard and Soft Networks for Urban Competitiveness. *Urban Studies*, Vol. 39, No. 5-6, 929-945.
64. James Simmie and Peter Wood, 2002:Innovation and Competiti*ve Cities in the Global Ec*onomy:Introduction to the Special Issue, *European Planning Studies*, Vol. 10, No. 2.
65. Leo van den Berg and Erik Braum, 1999: Urban Competitiveness, Marketing and the Need for Organising Capacity. *Urban Studies*, Vol. 36, No. 5-6, 987-999.
66. Markku Sotarauta and Reija Linnamaa, 1998:Urban Competitiveness and Management of Urban Policy Networks:Some Reflections from Tampere and Oulu. Paper Presented in Conference Cities at the Millenium, 17. 12-19. 12. London. England.
67. Martin Boddy, 1999:Geographical Economics and Urban Competitiveness: A Critique, *Urban Studies, Vol. 36,* No. 5- 6, 811- 842.